Le langage C++

Édition Spéciale

Bjarne Stroustrup

AT&T Labs
Murray Hill, New Jersey

CampusPress
FRANCE

Publié par CampusPress France
19, rue Michel Le Comte
75003 PARIS
Tél. : 01 44 54 51 10

Mise en pages : TyPAO

ISBN : 2-7440-1089-8

Titre original : *The C++ Programming Language, Special Edition*

Traduit de l'américain par :
Christine Eberhardt

ISBN original : 0-201-70073-5

Addison Wesley Publishing Company

Préface

Programmer c'est comprendre.

Kristen Nygaard

Je trouve que l'utilisation du C++ est plus agréable que jamais. Le support de ce langage pour la conception et la programmation s'est amélioré de façon étonnante au fil des ans, et beaucoup de nouvelles techniques très utiles ont été développées pour son usage. Cependant, C++ n'est pas simplement agréable. Les programmeurs qui le pratiquent ont accru de façon significative leur productivité, facilité de maintenance, souplesse, et qualité dans des projets de toutes sortes et de toutes tailles. C++ a répondu dès à présent à une grande partie des espoirs que j'avais placés en lui, et il a également réussi dans des domaines que je n'avais même pas imaginés en rêve.

Cet ouvrage présente le C++ standard et les techniques de conception et de programmation clés supportées par ce langage. Le C++ standard est un langage beaucoup plus puissant et raffiné que sa version initiale. De nouvelles fonctionnalités de langage telles que les espaces de noms, les exceptions, les modèles, et l'identification du type à l'exécution permettent d'appliquer de nombreuses techniques plus directement qu'il n'était possible de le faire et la bibliothèque standard permet au programmeur de démarrer à un niveau beaucoup plus élevé que celui autorisé par le langage seul.

Un tiers environ des informations de la seconde édition de cet ouvrage provenaient de la première. Cette troisième édition est le résultat d'une réécriture encore plus importante. Même le programmeur C++ le plus expérimenté trouvera des informations intéressantes dans cet ouvrage qui reste pourtant à la portée des débutants. Cela grâce à l'explosion de l'utilisation du C++ qui a permis l'accumulation d'une quantité énorme d'expériences.

La définition d'une bibliothèque standard étendue permet de présenter différemment les concepts du C++. Cet ouvrage présente ce langage indépendamment de toute implémentation particulière, et les chapitres d'initiation présentent les concepts et constructions du langage en ordre ascendant, de sorte qu'une construction n'est utilisée qu'après avoir été définie. Il est cependant beaucoup plus facile d'utiliser une bibliothèque bien conçue que d'en comprendre les détails d'implémentation.

La bibliothèque standard peut donc être utilisée pour fournir des exemples réalistes et intéressants bien avant qu'un lecteur ne soit supposé comprendre son fonctionnement interne. La bibliothèque standard elle-même constitue aussi une source riche d'exemples de programmation et de techniques de conception.

Ce livre présente toutes les fonctionnalités de langage importantes et la bibliothèque standard du C++. Il s'articule autour des fonctionnalités du langage et de la bibliothèque. Celles-ci sont présentées dans le contexte de leur utilisation. On insiste donc particulièrement sur le langage en tant qu'outil pour la conception et la programmation plutôt que sur le langage lui-même. Ce livre illustre des techniques clés qui font du C++ un langage efficace et enseigne les concepts fondamentaux nécessaires pour le maîtriser. En dehors de l'illustration de détails techniques, les exemples sont tirés du domaine des logiciels système. Un ouvrage complémentaire, *The annotated C++ language standard*, présente la définition complète du langage accompagnée d'explications détaillées.

L'objectif principal de ce livre est de faire comprendre aux lecteurs de quelle façon les fonctionnalités offertes par C++ supportent les techniques de programmation clés. Le but est de les faire progresser de sorte que leur code ne soit plus simplement des copies d'exemples et l'émulation de styles de programmation issus d'autres langages. On ne peut atteindre la maîtrise de ce langage qu'avec une bonne compréhension de ses principes de base. Associées à la documentation de l'implémentation, les informations fournies sont suffisantes pour mener à bien des projets importants. Nous espérons que cet ouvrage apportera aux lecteurs de nouvelles perspectives et les aidera à devenir meilleurs programmeurs et concepteurs.

Remerciements

En plus des personnes citées dans les deux premières éditions, j'aimerai remercier Matt Austern, Hans Boehm, Don Caldwell, Lawrence Crowl, Alan Feuer, Andrew Forrest, David Gay, Tim Griffin, Peter Juhl, Brian Kernighan, Andrew Koenig, Mike Mowbray, Rob Murray, Lee Nackman, Joseph Newcomer, Alex Stepanov, David Vandevoorde, Peter Weinberger, et Chris Van Wyk pour avoir commenté la version préliminaire des chapitres de ce livre. Leur aide et leurs observations ont permis de faciliter la compréhension de ce livre et de le rendre plus complet.

Je tiens aussi à remercier les volontaires qui participent aux comités des standards du C++ et ont réalisé un travail très constructif grâce auquel le C++ est devenu ce qu'il est aujourd'hui. Il est quelque peu injuste d'en citer quelques-uns en particulier, mais il serait encore plus injuste de ne mentionner personne. J'aimerais donc remercier tout particulièrement Mike Ball, Dag Brück, Sean Corfield, Ted Goldstein, Kim Knuttila, Andrew Koenig, Josée Lajoie, Dmitry Lenkov, Nathan Myers, Martin O'Riordan, Tom Plum, Jonathan Shopiro, John Spicer, Jerry Schwarz, Alex Stepanov, et Mike Vilot, qui ont tous collaboré directement avec moi sur une partie du C++ et de sa bibliothèque standard.

Murray Hill, New Jersey

Bjarne Stroustrup

Table des matières

Partie I. Les fonctions de base

Partie III. La bibliothèque standard

Partie IV. Conception à l'aide du langage C++

Partie V. Annexes et index

Introduction

Cette introduction présente les fonctionnalités et concepts majeurs du langage de programmation C++ et de sa bibliothèque standard. Elle présente également ce livre et décrit l'approche choisie pour décrire les fonctions du langage et leur utilisation. Les chapitres d'introduction fournissent aussi des informations de base à propos du C++, de la conception du C++ et de son utilisation.

Chapitres

"... et vous, Marcus, vous m'avez donné beaucoup de choses ; je vous donnerai maintenant ce bon conseil. Mettez-vous dans la peau de plusieurs personnages. Renoncez à jouer le seul rôle de Marcus Cocoza. Vous vous êtes trop soucié de Marcus Cocoza, jusqu'en devenir son esclave et son prisonnier. Vous n'avez jamais rien réalisé sans d'abord vous préoccuper des conséquences pour le prestige et le bonheur de Marcus Cocoza. Vous aviez toujours peur que Marcus puisse faire quelque chose de stupide ou qu'il soit ennuyeux. Est-ce que cela aurait réellement été important ? Le monde est plein d'individus qui font des choses stupides... J'aimerai que vous vous sentiez libre, que votre cœur soit de nouveau léger. A partir de maintenant, vous devez être plusieurs personnes, beaucoup de personnes, autant de personnes que votre imagination pourra vous le permettre..."

Karen Blixen

"The dreamers" in *Seven gothic tales* [1]

---

1. Ecrit sous le pseudonyme de Isak Dinesen, Random House, Inc, Copyright, Isac Dinesen, 1934 renouvelé 1961.

1

Notes au lecteur

Le temps est venu, dit le morse,
de parler de beaucoup de choses.

L. Carroll

Structure de l'ouvrage — Comment apprendre le C++ ? — La conception du C++ — Efficacité et structure — Note philosophique — Note historique — Utilisation du C++ — C et C++ — Suggestions aux programmeurs C — Suggestions aux programmeurs C++ — Réflexion sur la programmation en C++ — Conseils

1.1 Structure de l'ouvrage

Ce livre se compose de six parties :

- **Introduction.** Les Chapitres 1 à 3 vous donnent un aperçu du langage C++, des styles clés de programmation qu'il supporte et de sa bibliothèque standard.
- **Partie I.** Les Chapitres 4 à 9 vous proposent une introduction didactique aux types prédéfinis du C++ et aux mécanismes de base permettant la construction de programmes.
- **Partie II.** Les Chapitres 10 à 15 vous proposent une introduction didactique à la programmation orientée objet et générique avec le langage C++.
- **Partie III.** Les Chapitres 16 à 22 présentent la bibliothèque standard.
- **Partie IV.** Les Chapitres 23 à 25 évoquent les questions de conception et de développement de logiciels.
- **Annexes.** Les Annexes A à C vous proposent des détails techniques du langage.

Le Chapitre 1 vous donne un aperçu de ce livre, des conseils pour mieux l'exploiter et des informations de contexte sur le C++ et son exploitation. Nous vous encourageons à le parcourir en vous arrêtant sur les points qui vous intéressent, puis d'y retourner lorsque vous aurez lu d'autres parties de cet ouvrage.

Les Chapitres 2 et 3 présentent les caractéristiques et les concepts essentiels du langage de programmation C++ et de sa bibliothèque standard. Il vous exposeront les concepts fondamentaux et les caractéristiques du langage et vous découvrirez toutes les possibilités d'exploitation des composants du langage C++. A tout le moins, ces chapitres devraient vous convaincre que le C++ n'est pas seulement du C et qu'il a considérablement évolué ces dernières années. Le Chapitre 2 est consacré à l'approfondissement du C++. Il se concentre sur les caractéristiques du langage qui supportent l'abstraction des données, la programmation orientée objet et la programmation générique. Le Chapitre 3 décrit les principes de base et les principaux mécanismes de la bibliothèque standard, sur lesquels nous reviendrons dans les chapitres suivants. Autre avantage, vous saurez employer les mécanismes de la bibliothèque dans les exercices plutôt que de vous fonder directement sur des caractéristiques prédéfinies de niveau inférieur.

Les chapitres d'introduction mettent en évidence une technique générale qui sera employée tout au long de ce livre : pour permettre une approche plus directe et réaliste des différentes techniques ou fonctionnalités, ils commencent parfois par une brève présentation d'un concept qui est approfondi plus tard. les exemples sont présentés avant de traiter l'ensemble d'un sujet.

La Partie I décrit le sous-ensemble du C++ qui supporte les styles de programmation traditionnellement employés en C ou en Pascal. Elle évoque les types fondamentaux, les expressions et les structures de contrôle des programmes C++. La modularité, telle qu'elle s'applique aux espaces de noms, aux fichiers sources et au traitement des exceptions, est également abordée. Partant du principe que vous êtes familiarisé avec les concepts de programmation fondamentaux maniés dans la Partie I, les mécanismes du C++ sont utilisés pour expliquer la récurrence et l'itération, mais je passe plus rapidement sur les utilisations concrètes de ces concepts sont moins approfondies.

La Partie II décrit les mécanismes du C++ qui permettent de définir et d'utiliser de nouveaux types. Les classes concrètes et abstraites (interfaces) y sont décrites (Chapitres 10 et 12), ainsi que la surcharge des opérateurs (Chapitre 11), le polymorphisme et l'exploitation des hiérarchies de classes (Chapitres 12 et 15). Le Chapitre 13 présente les modèles, à savoir les mécanismes du C++ grâce auxquels vous allez définir des familles de types et de fonctions. Il décrit les techniques de base de la mise en place des conteneurs, comme les listes, et du support de la programmation générique. Quant au Chapitre 14, il évoque le traitement des exceptions, la gestion des erreurs et présente des stratégies de mise en œuvre de la tolérance de panne. Cette fois, je pars du principe que vous n'êtes pas vraiment familiarisé avec la programmation orientée objet et générique et qu'une explication détaillée des principales techniques d'abstraction supportées par le C++ vous fait défaut. Par conséquent, je ne me contente pas de vous présenter ces caractéristiques pour expliquer les techniques en elles-mêmes. La Partie IV progresse encore dans cette direction.

La Partie III présente la bibliothèque standard du C++. L'objectif est de vous faire comprendre comment exploiter la bibliothèque, de vous présenter les techniques de conception globale et de programmation, mais aussi de vous inciter à étendre le contenu de la bibliothèque. Celle-ci vous propose des conteneurs (tels que ***list***, ***vector*** et ***map***, Chapitres 16, 17), des algorithmes standards (tels que ***sort***, ***find*** et ***merge***, Chapitres 18 et 19), des chaînes (Chapitre 20), les entrées/sorties (Chapitre 21), ainsi que le support du calcul numérique (Chapitre 22).

La Partie IV évoque les questions qui surgissent lorsque le langage C++ est employé pour la conception et l'implémentation de systèmes logiciels importants. Le Chapitre 23 est consacré aux questions de conception et de gestion. Le Chapitre 24 traite des relations entre le langage de programmation C++ et les problèmes liés à la conception. Le Chapitre 25 présente diverses méthodes d'utilisation des classes lors de la conception.

L'Annexe A contient la grammaire du C++, avec un certain nombre d'annotations. L'Annexe B évoque les relations entre le C, le C++, le Standard C++ (également nommé ISO C++ et ANSI C++) et les versions antérieures du C++. L'Annexe C propose quelques exemples de techniques d'écriture.

1.1.1 Exemples et références

Cet ouvrage accorde plus d'importance à l'organisation d'un programme qu'à l'écriture d'algorithmes en soi. Par conséquent, j'évite les algorithmes, qu'ils soient évidents ou difficiles à appréhender. En règle générale, un algorithme des plus simples permet de mieux illustrer un aspect de la définition du langage ou un point de structure. Par exemple, un tri Shell est employé là où, dans un programme réel, un quicksort serait plus approprié. Souvent, une nouvelle mise en œuvre avec un algorithme plus approprié est un exercice intéressant. Dans un programme réel, un appel de fonction de la bibliothèque est généralement plus adapté que le code présenté à titre d'illustration des caractéristiques du langage.

Les exemples du livre donnent nécessairement un aperçu quelque peu faussé du développement de logiciels. En effet, les exemples clarifient et simplifient les points abordés. Ce livre se concentre sur les caractéristiques du langage, les techniques de base qui composent chaque programme et les règles de composition.

Le choix des exemples reflète mes origines professionnelles, qui sont celles des compilateurs, des bibliothèques de base et des simulations. Les exemples sont des versions simplifiées de ce que l'on peut trouver dans de vrais programmes. Cette simplification est nécessaire pour éviter de se perdre dans les détails et se concentrer sur le langage de programmation et les questions de conception.

Il n'y a pas d'exemples "sympas" sans contrepartie en code réel. Les exemples démontrant la technicité du langage, comme ceux qui emploient des variables nommées ***x*** et ***y***, des types ***A*** et ***B*** et des fonctions ***f()*** et ***g()*** sont présentés dans l'Annexe C.

Dans les exemples de code, une police à largeur proportionnelle est utilisée pour les identificateurs. Par exemple :

```
#include<iostream>
int main ()
{
        std::cout<<"Hello, world !\n";
}
```

A première vue, ce style de présentation semblera peut-être peu naturel aux programmeurs habitués à voir du code sous forme de polices de caractères à largeur constante. Toutefois, les polices à largeur proportionnelle sont considérées comme plus appropriées à la présentation de textes, car elles permettent d'éviter les sauts de ligne inutiles.

Chaque fois que c'est possible, le langage C++ et les fonctionnalités des bibliothèques sont présentés dans le contexte de leur utilisation plutôt que sous la forme aride dont vous devez vous contenter dans certains manuels. Les caractéristiques du langage présentées et le niveau de détail avec lequel elles sont décrites reflètent mon opinion quant à l'utilisation efficace du C++. Il existe déjà un ouvrage, intitulé *The Annotated C++ Language Standard*, écrit par Andrew Koenig et moi-même, qui contient la définition complète du langage ainsi que les commentaires visant à le rendre plus accessible. Idéalement, cet ouvrage devrait être complété par un autre ouvrage de référence : *La Bibliothèque standard du C++ annotée*. Malheureusement, mon temps et mes qualités d'auteur sont limités et je ne puis pas m'engager à le produire pour l'instant.

Les références à d'autres parties du livre prennent la forme suivante : § 2.3.4 (Chapitre 2, section 3, sous-section 4), § B.5.6 (Annexe B, sous-section 5.6), ou § 6.6[10] (Chapitre 6, exercice 10). Dans le texte, l'emploi de l'italique montre l'insistance : "une chaîne littérale *n'est pas* acceptable". Il intervient également lors des premières occurrences de concepts importants (par exemple, *polymorphisme*), pour les associations de la grammaire du C++ (par exemple, *using-directive*) et enfin pour les commentaires dans les exemples de code. Les italiques gras font référence aux identificateurs, aux mots clés et aux valeurs numériques dans les exemples de code (par exemple, ***class***, ***counter*** et ***1712***).

1.1.2 Exercices

Les exercices sont situés en fin de chapitre. Ils consistent généralement à vous demander d'écrire un programme. Prenez toujours soin d'écrire suffisamment de code pour que la solution puisse être compilée et exécutée au moins dans quelques cas de figure. La difficulté des exercices varie considérablement, ce qui explique pourquoi le niveau de complexité est systématiquement indiqué. Celui-ci fonctionne de manière exponentielle. Par exemple, si un exercice annoté (*1) demande dix minutes, sachez qu'un exercice (*2) prendra une heure et qu'un (*3) exigera de vous environ une journée de travail. Le temps nécessaire à l'écriture et au test d'un programme dépend plus de votre expérience que de l'exercice en soi. Sans compter qu'un exercice (*1) pourra vous demander une journée si, avant de commencer réellement, vous devez faire connaissance avec un nouvel ordinateur et apprendre à le faire fonctionner. Par ailleurs, un programme de niveau (*5) pourra être finalisé en une heure par le développeur qui aura déjà en sa possession la collection de programmes nécessaire.

Pour la Partie I, tout ouvrage sur la programmation en C peut être exploité en tant que source d'exercices supplémentaires. En ce qui concerne les Parties II et III, les livres sur les structures de données et les algorithmes présenteront des exercices plus appropriés.

1.1.3 Note sur l'implémentation

Le langage employé dans ce livre est du C++ "pur" tel qu'il est défini dans le standard C++ [C++,1998]. Par conséquent, les exemples sont censés fonctionner avec toutes les mises en œuvre du C++. Les fragments de programme les plus importants de cet ouvrage ont été testés avec plusieurs mises en œuvre du C++. Les mises en œuvre et les cas de figure qui ont échoué dans la compilation ne seront pas précisés. En effet, ce type d'information serait rapidement dépassé, car les concepteurs fournissent un énorme travail pour que leur implémentation accepte correctement chaque caractéristique du langage. Pour savoir comment gérer d'anciens compilateurs C++ et du code écrit pour des compilateurs C, reportez-vous à l'Annexe B.

1.2 Comment apprendre le C++ ?

Pour apprendre le langage C++, le point essentiel consiste à se concentrer sur les concepts et à éviter de se perdre dans des détails techniques. Vous apprenez un langage de programmation afin d'améliorer vos compétences dans la conception et l'implémentation de nouveaux systèmes et la maintenance du système dont vous disposez actuellement. Il est donc important d'appréhender globalement la programmation et les techniques de conception.

C++ supporte une grande variété de styles de programmation. Tous sont fondés sur une vérification poussée des types statiques et tous visent à atteindre un niveau élevé d'abstraction et de représentation directe des idées du programmeur. Chaque style peut remplir ses objectifs de manière efficace tout en optimisant l'exécution et l'espace en mémoire. Les programmeurs ayant débuté avec d'autres langages (comme le C, Fortran, SmallTalk, Lisp, ML, Ada, Eiffel, le Pascal ou Modula-2) doivent réaliser que pour tirer tous les avantages du C++, ils doivent consacrer du temps à l'acquisition des styles et des techniques de programmation qui conviennent à un langage tel que celui-ci. Cette suggestion concerne également les programmeurs habitués à des versions antérieures, moins expressives, du C++.

L'application irréfléchie à un langage donné de techniques efficaces dans un autre langage produit en règle générale du code maladroit, aux performances réduites et difficile à maintenir. La méthode se révèle également frustrante, car chaque ligne de code et chaque message d'erreur du compilateur rappelle au développeur que le langage qu'il a employé diffère du langage habituellement utilisé. Vous pouvez adopter le style du Fortran, du C, du SmallTalk, etc. dans n'importe quel langage, mais la philosophie de ce langage est trop différente pour être efficace. Chaque langage peut être une source intarissable d'idées sur l'écriture de programmes en C++. Toutefois, vos idées doivent se transformer en quelque chose qui s'intègre à la structure globale et au système de types du C++ afin de situer son efficacité dans le contexte. Si vous tentez de vous battre contre le système de types d'un langage, sachez que seule une victoire à la Pyrrhus sera possible.

C++ vous permet d'avoir une approche graduelle de l'apprentissage. Celle-ci dépend de ce que vous savez déjà et de ce que vous souhaitez apprendre. Il n'y a pas d'approche unique valable pour tous. On peut supposer que vous apprenez le C++ pour devenir un meilleur programmeur et un meilleur concepteur. Par conséquent, vous ne vous contenterez pas d'apprendre une nouvelle syntaxe, mais vous découvrirez de nouvelles voies dans la construction de vos systèmes. Le processus doit être progressif, car l'acquisition d'une nouvelle compétence à un niveau élevé prend du temps et requiert de la pratique.

Vous utiliserez le C++ (souvent pour construire des systèmes réels) avant d'avoir compris toutes les caractéristiques et techniques du langage. En supportant plusieurs paradigmes de programmation (voir Chapitre 2), le C++ autorise une programmation productive à tous les niveaux d'expertise. Chaque nouveau style de programmation ajoute un nouvel outil à votre boîte à outils. Le C++ est organisé de manière que vous puissiez apprendre ses concepts dans un ordre globalement linéaire et en tirer progressivement des avantages pratiques. C'est important, car cela vous permet de tirer des profits proportionnels aux efforts consentis.

Dans le débat incessant sur la nécessité d'apprendre le C avant le C++, je suis convaincu que la meilleure méthode consiste à passer directement au C++. Ce langage est plus sûr, plus expressif et réduit la nécessité de se concentrer sur les techniques de bas niveau. Il se révélera plus logique de dominer les parties les plus épineuses du le C, nécessaires pour compenser son manque de fonctionnalités de haut niveau, après avoir été exposé au sous-ensemble commun au C et au C++ et à certaines techniques de haut niveau supportées directement dans le C++. L'Annexe B constitue un guide à l'intention des programmeurs qui passent du C++ au C, pour les aider à profiter du code hérité.

Il existe plusieurs mises en œuvre indépendantes du C++. Une grande diversité d'outils, de bibliothèques et d'environnements de développement de logiciels sont disponibles en grande quantité. Une masse de livres, manuels, journaux, lettres d'information, BBS, listes de diffusion, conférences et sessions de formation existent pour vous informer des toutes dernières évolutions du C++ à tous les niveaux : utilitaires, bibliothèques, mises en œuvre, etc. Si vous avez l'intention d'exploiter le C++ sérieusement, je vous suggère fortement de profiter de ces sources. Chacune montre des préférences ou des orientations, choisissez-en donc au moins deux. Par exemple, voyez [Barton,1994], [Booch,1994], [Henricson,1994], [Koenig,1994], [Martin,1994].

1.3 La conception du C++

La simplicité a été un critère important dans la conception du langage C++ : nous avons choisi de simplifier la définition du langage plutôt que le compilateur, la première option a été choisie. Toutefois, une grande importance a été accordée à la préservation de la compatibilité avec le C ; cela excluait l'obligation d'un "nettoyage" de la syntaxe du C.

C++ ne possède pas de types de données prédéfinis de haut niveau, pas plus qu'il n'intègre d'opérations primitives de haut niveau. Par exemple, il n'existe pas dans le C++ de type matrice avec opérateur d'inversion ni de type de chaîne incluant un opérateur de concaténation. Si l'utilisateur souhaite mettre en place un tel type, il peut le définir dans le langage à proprement parler. En fait, la définition d'un nouveau type générique ou spécifique à une application est l'activité de programmation la plus fondamentale du C++. Un type défini par l'utilisateur et bien conçu ne diffère d'un type prédéfini que dans la manière dont il a été défini, pas dans sa méthode d'utilisation. La bibliothèque standard du C++ décrite dans la Partie III fournit de nombreux exemples de ces types et de leur exploitation. Du point de vue de l'utilisateur, il y a peu de différence entre un type prédéfini et un type provenant de la bibliothèque standard.

Lors de la conception du langage C++, les fonctionnalités susceptibles d'induire des surcharges d'exécution ou de mémoire, même lorsqu'elles ne sont pas utilisées, ont été évitées. Par exemple, les constructions qui rendent nécessaire le stockage d'informations "d'entretien" pour chaque objet ont été rejetées ; si l'utilisateur déclare une structure composée de deux quantités 16 bits, la structure va donc entrer dans un registre 32 bits.

C++ a été conçu pour être exploité dans un environnement traditionnel de compilation et d'exécution, à savoir l'environnement de programmation C sur système Unix. Heureusement, le C++ ne s'est jamais limité à Unix ; il s'est contenté d'utiliser Unix et le C comme modèle relationnel entre langage, bibliothèques, compilateurs, éditeurs de liens, environnements d'exécution, etc. Ce modèle minimal a aidé le C++ à fonctionner avec succès sur presque toutes les plates-formes de traitement de l'information. Pourtant, il existe de bonnes raisons d'utiliser le C++ dans des environnements qui proposent un support plus complet. Des services tels que le chargement dynamique, la compilation incrémentielle et une base de données de définitions de types peuvent être mis en œuvre sans affecter le langage.

Dans le C++, les fonctionnalités de contrôle de type et de masquage des données sont fondées sur l'analyse lors de la compilation des programmes afin d'éviter d'endommager accidentellement des données. Elles ne pourvoient ni au secret des données ni à leur protection contre l'individu qui enfreint délibérément les règles. Malgré tout, elles peuvent être employées librement sans induire de surcharge d'exécution ou de mémoire. Le principe est le suivant : pour être utile, une fonctionnalité de langage ne doit pas seulement être élégante ; elle doit également être abordable dans un programme bien réel.

Pour une description systématique et détaillée de la conception du C++, voir [Stroustrup, 1994].

1.3.1 Efficacité et structure

C++ a été développé à partir du langage de programmation C et, à quelques exceptions près, il retient le C en tant que sous-ensemble. Le langage de base, à savoir le sous-ensemble C du C++, a été conçu de manière à préserver une correspondance étroite entre ses types, ses opérateurs, ses instructions et les objets que les ordinateurs ont à traiter directement : nombres, caractères et adresses. A l'exception des opérateurs ***new***, ***delete***, ***typeid***, ***dynamic_cast*** et ***throw*** et du ***bloc–try***, les expressions individuelles du C++, ainsi que les instructions, ne nécessitent aucun support à l'exécution.

C++ peut utiliser les mêmes séquences d'appel de fonction et de retour que le C ou des versions plus efficaces. Lorsque ces mécanismes relativement efficaces sont trop coûteux, une fonction du C++ peut être définie *en ligne*, ce qui permet au programmeur de bénéficier du confort de notation des fonctions sans alourdir l'exécution.

L'un des objectifs à l'origine du langage C consistait à remplacer le codage de l'assemblage pour les tâches de programmation système les plus exigeantes. Lorsque le C++ a été conçu, on s'est efforcé de ne pas remettre en question les avantages acquis dans ce domaine. La différence entre le C et le C++ réside essentiellement dans le niveau de priorité attribué aux types et à la structure. Le C est expressif et permissif. Le C++ est encore plus expressif. Toutefois, pour obtenir cette amélioration de l'expressivité, vous devez être plus attentif au niveau des types d'objets. Connaissant les types d'objets, le compilateur peut traiter correctement les expressions alors qu'autrement, vous auriez dû péniblement détailler des opérations. La connaissance des types d'objets permet également au compilateur de détecter des erreurs qui dans d'autres circonstances auraient persisté jusqu'à la phase de test et même plus avant. Notez qu'en employant le système des types pour vérifier les arguments de fonctions, pour protéger les données d'endommagements accidentels, pour créer de nouveaux types, de nouveaux opérateurs, etc., avec le C++, vous n'introduisez pas de consommation de mémoire supplémentaire.

En langage C++, le fait que l'accent ait été placé sur la structure reflète la montée en puissance des programmes écrits depuis la conception du C. Vous pouvez faire fonctionner un petit programme (disons 1 000 lignes) par le biais de la "force brute" même si vous enfreignez toutes les règles de style. Pour un programme plus important, ce ne sera tout simplement pas possible. Si la structure d'un programme de plus de 100 000 lignes est mauvaise, vous découvririez que les nouvelles erreurs surviennent aussi rapidement que les anciennes erreurs sont éradiquées. Le C++ a été conçu pour permettre aux programmes importants d'entrer dans le cadre d'une structure rationnelle visant à ce qu'une seule personne puisse raisonnablement gérer de gros volumes de code. En outre, l'objectif était également d'arriver à ce qu'une ligne de code moyenne du C++ exprime beaucoup plus que son équivalent en C ou en Pascal. Désormais, le C++ a fait la preuve qu'il avait largement dépassé ces buts.

Il n'est pas évident de bien structurer chaque portion de code, de la rendre indépendante du matériel, de la rendre facile à lire, etc. Le langage C++ possède des caractéristiques prévues pour la manipulation de services matériels de manière directe et efficace sans prendre en considération la fiabilité ou la facilité de compréhension. Il possède également des fonctionnalités permettant de masquer ce type de code par des interfaces sécurisées et élégantes.

Naturellement, les gros programmes requièrent une exploitation du C++ par des équipes de programmeurs. La priorité donnée à la modularité, aux interfaces fortement typées et à la flexibilité se révèle payante dans ce type de contexte. Le C++ intègre un équilibre des services aussi approprié aux gros programmes qu'un autre langage. Cependant, tandis que ceux-ci s'accroissent en volume, les problèmes associés à leur évolution et à leur maintenance, au lieu de rester des problèmes de langage, deviennent des problèmes plus génériques d'outils et de gestion. La Partie IV explore certains de ces problèmes.

Cet ouvrage insiste sur les techniques de mise en place des services génériques, des types globaux, des bibliothèques, etc. Ces techniques serviront les programmeurs de petites solutions au même titre que ceux qui se lancent dans des développements de grande envergure. En outre, dans la mesure où tous les programmes significatifs se composent de nombreuses parties indépendantes, les techniques d'écriture de ces parties forment les programmeurs pour toutes les applications.

Vous craignez peut-être qu'en spécifiant un programme à l'aide d'une structure de type plus détaillée, vous allez arriver à un code source plus volumineux. Or, ce n'est pas le cas avec le C++. En effet, un programme écrit en C++ qui déclare des types d'arguments de fonctions, qui utilise les classes, etc. est généralement plus court que son équivalent en C n'employant pas ces services. Lorsque vous utiliserez les bibliothèques, vos programmes C++ seront au final nettement plus courts que s'ils avaient été écrits en C, en supposant, bien entendu, qu'il soit possible de construire cet équivalent C.

1.3.2 Note philosophique

Un langage de programmation doit remplir deux types d'objectifs liés : il représente pour le programmeur le véhicule par lequel il spécifie des actions à exécuter, et il fournit un ensemble de concepts que le programmeur va exploiter lorsqu'il va réfléchir à la tâche à accomplir. Le premier objectif requiert idéalement un langage qui soit "près de la machine", de manière que tous les aspects importants d'un ordinateur puissent être gérés simplement et en toute efficacité dans un cadre raisonnablement évident pour le programmeur. Au départ, le langage C a été conçu dans cet état d'esprit. Le deuxième objectif requiert idéalement un langage "proche du problème à résoudre", de manière que les concepts d'une solution puissent être exprimés directement et de façon concise. Les services ajoutés au langage C pour créer le C++ ont été principalement conçus dans cet esprit.

La relation entre ce que nous pensons/programmons et les problèmes et les solutions que nous pouvons imaginer est fort étroite. C'est pourquoi la limitation des structures de langage dans le but d'éliminer les erreurs de programmation est au mieux une démarche dangereuse. Comme pour les langages naturels, il y a toujours un avantage à être au moins bilingue. La maîtrise d'un langage donne au programmeur un ensemble d'outils conceptuels ; ceux qui ne s'adaptent pas à une tâche sont tout simplement oubliés. Une bonne conception et l'absence d'erreurs ne peuvent pas être garanties simplement par la présence ou l'absence de fonctionnalités spécifiques d'un langage.

Le système de types est censé être spécialement utile pour accomplir des tâches complexes. Le concept de classe du C++ a, en fait, prouvé qu'il était un outil conceptuel puissant.

1.4 Note historique

Je suis l'inventeur du C++, j'ai écrit ses premières définitions et produit ses premières mises en œuvre. J'ai choisi et formulé les critères de conception du C++, j'ai conçu ses principaux services et j'ai été responsable du traitement des propositions d'extension du comité de standardisation du C++.

Il est clair que le langage C++ doit beaucoup au langage C [Kernighan,1978]. Le C est conservé en tant que sous-ensemble. J'ai également retenu la priorité donnée dans le C aux fonctionnalités qui sont de niveau suffisamment bas pour répondre aux tâches de programmation système les plus exigeantes. A son tour, le langage C doit beaucoup à son prédécesseur, le BPCL [Richards,1980] ; en fait, la convention de commentaire // a été (ré)introduite dans le C++. L'autre source majeure d'inspiration pour le C++ a été Simula67 [Dahl,1970] [Dahl,1972] ; le concept de classe (avec les classes dérivées et les fonctions virtuelles) lui a été emprunté. La fonctionnalité du C++ de surcharge des opérateurs et la liberté de placer une déclaration à chaque endroit où une instruction peut se produire s'apparentent au langage Algol68 [Woodward,1974].

Depuis l'édition originale de ce livre, le langage C++ a été revu dans le détail et considérablement affiné. La résolution des surcharges, les liaisons et la gestion de la mémoire sont les points sur lesquels les révisions ont été les plus considérables. En outre, quelques changements mineurs ont été introduits pour optimiser la compatibilité avec le C. Plusieurs généralisations et quelques extensions importantes ont été ajoutées : il s'agit des héritages multiples, des fonctions membres ***static*** et ***const***, des membres ***protected***, des modèles, du traitement des exceptions, de l'identification des types à l'exécution, et des espaces de noms. La volonté fédératrice de ces extensions et révisions consistait à faire du C++ un langage plus adapté à l'écriture et à l'exploitation des bibliothèques. L'évolution du C++ est décrite dans [Stroustrup,1994].

Les modèles ont été essentiellement conçus pour supporter les conteneurs typés en mode statique (listes, vecteurs et maps), ainsi que pour supporter une utilisation élégante et efficace de ces conteneurs (programmation générique). L'objectif principal consistait à réduire l'utilisation des macros et des conversions explicites de type. Les modèles se sont inspirés partiellement des génériques Ada (tant pour leurs forces que pour leurs faiblesses) et, partiellement, des modules paramétrés. De la même manière, le mécanisme de traitement des exceptions du C++ s'est en partie inspiré de Ada [Ichbiah,1979], de Clu [Liskov,1979] et de ML [Wikström,1987]. Les autres évolutions survenues au cours de la période allant de 1985 à 1995 (héritages multiples, fonctions virtuelles pures et espaces de noms) étaient essentiellement des généralisations qui découlaient de l'expérience de l'exploitation du C++ plutôt que d'idées empruntées à d'autres langages.

Les premières versions du langage, collectivement connues sous l'appellation "C avec classes" [Stroustrup,1994], ont été utilisées depuis 1980. A l'origine, j'avait inventé ce langage pour écrire des simulations pilotées par événements pour lesquelles Simula67 aurait été idéal, mis à part la question de l'efficacité. Le "C avec classes" a été utilisé pour l'implémentation de projets importants dans lesquels les caractéristiques permettant d'écrire des programmes économes en temps et en espace ont été sévèrement testées. Il manquait la surcharge d'opérateur, les références, les fonctions virtuelles, les modèles, les exceptions, et bien d'autres détails. La première exploitation du C++ à l'extérieur d'une entité de recherche a débuté en juillet 1983.

Le nom C++ (prononcé en anglais *see plus plus*, autrement dit "voir plus loin") a été choisi par Rick Mascitti pendant l'été 1983. Il évoque la nature évolutive des changements par rapport au C : dans ce langage, "++" est l'opérateur d'incrémentation. L'appellation légèrement plus courte "C+" est une erreur de syntaxe ; elle a également servi à désigner un langage sans aucun rapport avec le C++. Les connaisseurs de la sémantique du C savent que "C++" est inférieur à "++C". Le langage ne s'appelle pas D dans la mesure où il s'agit d'une extension du C et qu'il ne tente pas de remédier aux problèmes en supprimant des caractéristiques. Pour une autre interprétation de la signification du C++, voyez l'Annexe de [Orwell,1949].

En première instance, j'ai conçu le C++ pour que mes amis et moi-même puissions éviter de programmer en assembleur, en C, ou à l'aide de divers autres langages modernes de haut niveau. Son principal objectif était de faciliter l'écriture de bons programmes et que la tâche soit plus plaisante pour le programmeur isolé. Dans les premières années, il n'y avait aucune documentation sur la conception du langage ; la conception, la documentation et l'implémentation se sont développées en parallèle. Il n'y a pas eu de "projet C++", pas plus que l'établissement d'un "comité de conception C++". Avec le temps, le C++ a évolué de manière à résoudre les problèmes rencontrés par les utilisateurs et suite aux discussions entre amis et collègues.

Plus tard, la croissance explosive du C++ a provoqué certains changements. Au cours de l'année 1987, il était devenu évident qu'une standardisation formelle du C++ était inévitable et que nous avions besoin de commencer à préparer le terrain pour un effort de standardisation [Stroustrup,1994]. Il en a résulté un effort conscient pour maintenir le contact entre les concepteurs de compilateurs C++ et les principaux utilisateurs par le biais de la documentation et du courrier électronique, ainsi que par des rencontres lors de conférences sur le C++ et autres contextes.

Les laboratoires d'AT&T Bell y ont apporté une contribution majeure en me permettant de partager des projets de versions révisées du manuel de référence de X++ avec des implémenteurs et des utilisateurs. Dans la mesure où, parmi ces personnes, beaucoup travaillent pour des entreprises que l'on peut considérer comme concurrentes de AT&T, il ne faut pas sous-estimer l'importance de cette contribution. Une société moins éclairée aurait pu provoquer de graves problèmes de fragmentation du langage, tout simplement en ne faisant rien. Mais cela s'est passé autrement : environ une centaine de personnes provenant d'une dizaine d'entreprises ont lu et commenté ce qui est devenu le manuel de référence généralement accepté et le document de base de l'effort de standardisation pour le C+ ANSI. Les noms de ces personnes figurent dans *The Annotated C++ Référence Manual* [Ellis,1989]. En fin de compte, le comité X3J16 d'ANSI a été créé en décembre 1989 à l'initiative de Hewlett-Packard. En juin 1991, cette standardisation ANSI (nord-américaine) du C++ a été intégrée à un effort de standardisation ISO (internationale) du C++. Depuis 1990, ces comités conjoints pour les standards du C++ ont constitué le principal forum de l'évolution de ce langage et de l'affinement de sa définition. J'ai participé à tous ces comités. En particulier, en tant que président du groupe de travail pour les extensions, j'ai été directement responsable du traitement des propositions de changements du C++ et de l'ajout de nouvelles caractéristiques. Un premier projet de standard a été proposé au public en avril 1995. L'année 1998 a été celle de l'avènement d'un standard C++ international formellement approuvé.

C++ a évolué en parallèle avec certaines classes clés présentées dans ce livre. Par exemple, j'ai conçu des classes complexes, vectorielles et pile avec les mécanismes de surcharge des opérateurs. Les classes chaîne et liste ont été développées par Jonathan Shopiro et moi-même dans le cadre du même effort. Les classes de Jonathan ont été les premières à connaître un usage intensif dans le cadre d'une bibliothèque. La classe chaîne de la bibliothèque C++ standard prend ses racines dans ces premiers efforts. La bibliothèque de tâches décrite dans [Stroustrup,1987] et dans le § 12.7[11] faisait partie du premier programme "C avec classes" jamais écrit. Je l'ai écrit, ainsi que ses classes associées, pour supporter des simulations de type Simula. La bibliothèque de tâches a été révisée et remise en œuvre, notamment par Jonathan Shopiro, et reste aujourd'hui encore intensément utilisée. La bibliothèque de flux telle qu'elle est décrite dans la première édition de cet ouvrage a été conçue et mise en œuvre par moi-même. Jerry Schwartz l'a transformée en ce qui est devenu la bibliothèque iostreams (voir Chapitre 21), en exploitant la technique du manipulateur de Koenig (§ 21.4.6) et d'autres idées. Cette bibliothèque a été affinée ultérieurement au cours de la standardisation, à la période où le gros du travail a été accompli par Jerry Schwartz, Nathan Myers et Norihiro Kumagai. Le développement du service de modèles a été influencé par les modèles ***vector***, ***map***, ***list*** et ***sort***, élaborés par Andrew Koenig, Alex Stepanov, moi-même et d'autres. A son tour, le travail d'Alex Stepanov sur la programmation générique utilisant les modèles a mené aux parties conteneur et algorithme de la bibliothèque standard (§ 16.3, Chapitres 17 et 18, § 19.2). La bibliothèque ***valarray*** pour le calcul numérique (Chapitre 22) est essentiellement due au travail de Kent Budge.

1.5 Utilisation du C++

C++ est utilisé par des centaines de milliers de programmeurs dans tous les domaines d'application. Cette utilisation est supportée par une dizaine de mises en œuvre indépendantes, des centaines de bibliothèques, des centaines de livres, plusieurs publications techniques, de nombreuses conférences et d'innombrables consultants. Des formations sont largement proposées à tous les niveaux.

Les premières applications avaient tendance à être fortement influencées par la programmation des systèmes. Par exemple, plusieurs systèmes d'exploitation parmi les plus connus ont été écrits en

C++. [Campbell,1987], [Rozuer,1988], [Hamilton,1993], [Berg,1995], [Parrington,1995] et beaucoup d'autres intègrent des parties essentielles programmées en C++. J'ai considéré que dans le C++, l'efficacité de bas niveau devait être sans compromis. Cela permet d'utiliser ce langage pour écrire des pilotes de périphériques et d'autres logiciels qui se fondent sur la manipulation directe du matériel dans le cadre de contraintes de temps réel. Dans ce type de code, la prévisibilité des performances est au moins aussi importante que la vitesse brute. Souvent, également cruciale est la compacité du système qui en résulte. Le C++ a été conçu de manière que chaque caractéristique du langage soit utilisable dans le code, dans le respect de contraintes très serrées de temps et d'espace [Stroustrup,1994,§ 4.5].

La plupart des applications possèdent des sections de code qui sont essentielles à l'obtention de performances acceptables. Toutefois, ce n'est pas dans ces sections que se situe le volume de code le plus important. Dans la plupart des cas, la facilité d'extension et de test est essentielle. Le support du C++ pour ces questions a mené à une utilisation intensive où la fiabilité est une nécessité, dans des domaines où ces exigences évoluent considérablement avec le temps. Les exemples sont ceux des applications bancaires, commerciales, des assurances, des télécommunications et des applications militaires. Pendant de nombreuses années, le contrôle central du système de téléphonie longue distance nord-américain a été basé sur le C++ et tous les appels du 800 (préfixe utilisé aux USA pour les appels en PCV) ont été routés par un programme C++ [Kammath,1993]. Parmi ces applications, de nombreuses sont énormes en volume et leur durée de vie est importante. Par conséquent, la stabilité, la compatibilité et l'évolutivité ont été des soucis constants du développement du C++. Les programmes C++ constitués de millions de lignes ne sont pas rares.

A l'instar du langage C, le C++ n'a pas été conçu pour faire du calcul numérique. Il n'empêche que de nombreux calculs numériques, scientifiques et d'ingénierie sont effectués en C++. La raison essentielle en est que le travail numérique traditionnel doit souvent être combiné à des graphiques et à des traitements fondés sur des structures de données qui ne s'intègrent pas au moule traditionnel du Fortran [Budge,1992] [Barton,1994]. L'exploitation du C++ dans les domaines du graphique et de l'interface utilisateur est devenue considérable. Toute personne ayant utilisé soit un Apple Macintosh ou un PC sous Windows a utilisé le C++ indirectement, car les interfaces utilisateur principales de ces systèmes sont des programmes C++. En outre, certaines des bibliothèques parmi les plus répandues, supportant X ou Unix, sont également écrites en C++. Par conséquent, l'option C++ est incontournable pour un grand nombre d'applications dans lesquelles l'interface utilisateur joue un rôle important.

Toutes ces considérations nous amènent à ce qui constitue peut-être la force majeure du C++ : sa capacité à être employé efficacement pour construire des applications qui font appel à plusieurs domaines d'applications. Il n'est pas rare de trouver des applications devant fonctionner à la fois en réseau local et à grande distance, impliquant des fonctions numériques, des graphiques, des interactions de l'utilisateur et des accès à des bases de données. Traditionnellement, on a considéré comme différents ces types d'applications, qui ont été d'ailleurs développées par des communautés techniques distinctes utilisant des langages de programmation divers et variés. Cependant, le C++ a été largement exploité dans tous ces domaines. En outre, le langage est capable de coexister avec des fragments de code et de programmes écrits dans d'autres langages.

C++ est beaucoup employé dans l'enseignement et dans la recherche. Ce qui en a surpris certains, qui soulignaient (à juste titre) que le C++ n'est ni le plus concis ni le plus "propre" des langages jamais conçus. Et pourtant, le C++ reste malgré tout :

- suffisamment "propre" pour que l'enseignement des concepts de base de la programmation s'effectue dans de bonnes conditions ;
- suffisamment réaliste, efficace et souple pour satisfaire à l'élaboration de programmes exigeants ;
- suffisamment ouvert pour satisfaire les entreprises et les collaborations qui intègrent plusieurs environnements de développement et d'exécution ;
- suffisamment complet pour être un véhicule de l'enseignement des concepts et des techniques avancés ;
- suffisamment commercial pour que son utilisation survive largement à son enseignement dans le cadre académique.

C++ est un langage avec lequel vous pouvez grandir.

1.6 C et C++

Le C a été choisi en tant que langage de base pour le C++ pour différentes raisons :

- Ses composants de bas niveau sont relativement polyvalents et succincts.
- Il est approprié à la plupart des tâches de programmation des systèmes.
- Il fonctionne partout et sur tout.
- Il s'intègre à l'environnement de programmation Unix.

Le langage C a ses problèmes, mais tout langage conçu à partir de rien en aurait également ; en outre, le fait de connaître les problèmes du C est peut-être un avantage. Il est important de noter qu'en travaillant avec le C, cela a permis à ce que l'on nomme "C avec classes" de devenir en quelques mois à peine un outil bizarre certes, mais utile, à partir de l'idée première consistant à ajouter au C des classes de type Simula.

Tandis que l'usage du C++ s'étendait et que les services supplémentaires qu'il proposait au-delà de ceux du C devenaient de plus en plus significatifs, la question de leur compatibilité revenait sans cesse à l'ordre du jour. Clairement, certains problèmes pouvaient être évités si une partie de l'héritage du C était abandonnée (voir notamment [Sethi,1981]). Or cela n'a pas été fait pour les raisons suivantes :

- Il existe des millions de lignes de code C qui peuvent tirer profit du C++, s'il reste entendu que la réécriture complète du C en C++ devient inutile.
- Il existe des millions de lignes de fonctions de bibliothèques et de logiciels utilitaires écrits en C qui peuvent être employés sur et à partir de programmes C++ dans la mesure où les liaisons C++ sont compatibles et syntaxiquement similaires au C.
- Il existe des centaines de milliers de programmeurs qui connaissent le C et qui, par conséquent, n'ont besoin d'apprendre que les nouveautés apportées par le C++ sans avoir à repasser par toutes les bases.

- Enfin, le C++ et le C seront exploités sur les mêmes systèmes par les mêmes personnes pendant de nombreuses années encore, c'est pourquoi les différences doivent être ou très grandes ou très faibles de manière à minimiser les erreurs et les confusions.

La définition du C++ a été révisée de manière à assurer qu'une construction légale à la fois en C et en C++ ait la même signification dans les deux langages (§ B.2).

Le langage C a lui-même évolué, partiellement sous l'influence du développement du C++ [Rosler,1984]. Le standard ANSI du langage C [C,1990] contient une syntaxe de déclaration de fonction empruntée à "C avec classes". Le principe de l'emprunt fonctionne à double sens. Par exemple, le type de pointeur ***void**** a été inventé pour le C ANSI et mis en œuvre initialement dans le C++. Comme je vous l'avais annoncé lors de la première édition de ce livre, la définition du C++ a été revue afin de supprimer les incompatibilités injustifiées ; le C++ offre désormais une compatibilité avec le C plus importante qu'à l'origine. L'idéal était que le C++ soit aussi proche que possible du C ANSI, mais jusqu'à un certain point seulement [Koenig,1989]. La compatibilité totale n'a jamais été un objectif ; en effet, cela aurait mis en péril la sécurité des types et la souplesse d'intégration des types définis par l'utilisateur et des types prédéfinis.

La connaissance du C n'est pas un préalable à l'apprentissage du C++. La programmation en C encourage de nombreuses techniques et astuces qui deviennent inutiles en C++, du fait des caractéristiques du langage. Par exemple, la conversion de type explicite est plus rarement nécessaire en C++ qu'elle ne l'est en C (§ 1.6.1). Toutefois, un *bon* programme C a plutôt tendance à ressembler à un programme C++. A titre d'exemple, tous les programmes du Kernighan et Ritchie, *The C Programming Language (2e édition)* [Kernighan,1988] sont des programmes C++. L'expérience de tout langage intégrant les types statiques constitue une aide à l'acquisition du C++.

1.6.1 Suggestions aux programmeurs C

Mieux vous connaîtrez le langage C, plus il vous semblera difficile d'éviter de faire du C++ dans un style emprunté au C ; si vous tombez dans le piège, vous perdrez au passage les avantages que le C++ aurait pu vous apporter. Un conseil : lisez l'Annexe B, qui décrit les différences entre le C et le C++. Voici quelques domaines dans lesquels le C++ propose des méthodes plus intéressantes que le C pour l'écriture de vos programmes :

- En C++, les macros ne sont pratiquement jamais requises. Utilisez ***const*** (§ 5.4) ou ***enum*** (§ 4.8) pour définir des constantes manifestes, *en ligne* (§ 7.1.1) pour éviter la surcharge d'appel de fonction, les *modèles* (Chapitre 13) pour spécifier des familles de fonctions et des types et, enfin, les *espaces de noms* (§ 8.2) pour éviter les conflits de noms.
- Ne déclarez pas une variable avant d'en avoir besoin ; cela vous permettra de l'initialiser immédiatement. Une déclaration peut être codée dans tous les cas où une instruction peut l'être (§ 6.3.1), dans les initialiseurs d'instruction ***for*** (§ 6.3.3) et dans les conditions (§ 6.3.2.1).
- N'utilisez pas ***malloc()***. L'opérateur ***new*** (§ 6.2.6) se charge du même travail et le fait mieux. En outre, au lieu de ***realloc()***, essayez un ***vector*** (§ 3.8).
- Evitez autant que possible ***void****, l'arithmétique sur les pointeurs, les unions et les conversions explicites. Dans la plupart des cas, une conversion explicite signale une erreur de conception. Si vous devez les employer, essayez l'une des "nouvelles conversions" (§ 6.2.7) pour obtenir une instruction qui se révélera finalement plus précise que dans vos intentions initiales.

- Réduisez au minimum l'utilisation des tableaux et des chaînes de style C. Les classes ***string*** (§ 3.5) et ***vector*** (§ 3.7.1) de la bibliothèque standard C++ peuvent souvent faire l'affaire tout en simplifiant la programmation par rapport au style traditionnel du C. En règle générale, évitez de vous lancer dans la construction de ce qui existe déjà dans la bibliothèque standard.

Pour obéir aux conventions de liaisons du C, une fonction C++ doit être déclarée comme liée au C (§ 9.2.4).

Plus important, tentez de penser à vos programmes comme à un ensemble de concepts interactifs, représentés par les classes et les objets, plutôt qu'à une "bande" de structures de données attendant tranquillement que les fonctions viennent leur proposer de faire joujou avec elles.

1.6.2 Suggestions aux programmeurs C++

Cela fait maintenant une dizaine d'années que des programmeurs utilisent le C++ pour construire leurs applications. D'autres encore l'utilisent dans un environnement personnel et ont appris à vivre avec les restrictions imposées par les premiers compilateurs et les bibliothèques de première génération. Souvent, les programmeurs, même expérimentés en C++, n'ont pas remarqué qu'au fil des années ce ne sont pas de nouvelles fonctionnalités qui ont fait leur apparition, mais que ce sont les changements de relations entre les structures qui ont entraîné la faisabilité de nouvelles techniques fondamentales de programmation. En d'autres termes, ce à quoi vous n'aviez pas pensé lors de votre premier apprentissage du langage C++, ou ce que vous aviez trouvé peu pratique à exploiter dans le langage pourrait bien se révéler aujourd'hui une approche supérieure. Mais vous ne pourrez vous en rendre compte qu'en réexaminant les bases.

Lancez-vous dans la lecture des chapitres dans l'ordre. Si vous connaissez déjà le contenu d'un chapitre, vous en aurez fait le tour en quelques minutes. Si ce n'est pas le cas, vous aurez appris quelque chose à quoi vous ne vous attendiez pas. Moi-même, j'ai appris pas mal de choses en écrivant ce livre, et je crains que le programmeur connaissant toutes les caractéristiques et techniques du C++ présentées dans ce livre n'existe pas encore. En outre, pour bien utiliser le langage, vous avez besoin d'une perspective qui remette de l'ordre dans l'ensemble de ces caractéristiques et techniques. C'est ce que vous propose ce livre par le biais de son organisation et de ses exemples.

1.7 Réflexion sur la programmation en C++

La conception d'un programme doit idéalement se faire selon une approche en trois phases : l'analyse (comprendre clairement le problème), la conception (identifier les concepts fondamentaux impliqués dans une solution) et la programmation (exprimer cette solution dans un programme). Toutefois, il arrive souvent que les détails du problème et les concepts de la solution ne soient compris clairement et totalement que grâce à l'effort fourni pour les exprimer dans un programme et les faire fonctionner de façon acceptable. C'est là que le choix du langage de programmation prend toute son importance.

Dans la plupart des applications, on trouve des concepts qui ne sont pas facilement représentés en tant que types fondamentaux ou en tant que fonctions sans données associées. Etant donné un concept, il faut déclarer une classe pour le représenter dans le programme. Une classe C++ est un type. Cela signifie qu'elle spécifie le comportement des objets de sa classe : comment ils sont créés, comment il est possible de les manipuler et comment procéder pour les détruire. Une classe peut également spécifier comment sont représentés les objets, bien que ce problème soit de peu d'importance dans les premières phases de la conception d'un programme. Pour écrire de bons programmes, l'astuce consiste à se poser les bonnes questions : comment sont créés les objets de cette classe ? Est-il possible de copier et/ou de détruire ces objets ? Quelles opérations leur sont-elles applicables ? En l'absence de bonnes réponses à ces questions, dites-vous bien que le concept n'était pas bon au départ. Dans ce cas, la meilleure solution consiste peut-être à prolonger la réflexion sur le problème et la proposition de solution au lieu de commencer immédiatement à "écrire des bouts de code" pour chaque problème.

Les concepts les plus faciles à traiter sont ceux qui intègrent un formalisme mathématique traditionnel : nombres de tous types, ensembles, formes géométriques, etc. Les E/S orientées texte, les chaînes, les conteneurs de base, les algorithmes fondamentaux associés à ces conteneurs et certaines classes mathématiques font partie intégrante de la bibliothèque standard C++ (Chapitre 3, § 16.1.2). En outre, il existe une surprenante variété de bibliothèques supportant tant les concepts généraux que ceux spécifiques à un domaine.

Un concept n'existe pas dans un vide : il y a toujours des groupes de concepts liés. Dans un programme, l'organisation des relations entre classes, autrement dit la détermination des relations exactes entre les différents concepts impliqués dans une solution, est une tâche plus difficile que celle qui consiste à mettre en place les classes individuelles au départ. Le résultat ne doit pas être un galimatias dans lequel chaque classe (concept) dépend de toutes les autres. Prenons deux classes : A et B. Des relations comme "A appelle des fonctions de B", "A crée B" et "A possède un membre de B" posent rarement de gros problèmes, dans la mesure où des relations comme "A utilise les données de B" peuvent généralement être éliminées.

L'un des outils intellectuels les plus puissants de gestion de la complexité réside dans l'ordonnancement hiérarchique, à savoir l'organisation des concepts liés dans une structure arborescente dans laquelle le concept le plus général se trouve à la racine. Dans le C++, les classes dérivées représentent ces structures. Il est souvent possible d'organiser un programme dans le cadre d'un jeu d'arborescences ou de graphes acycliques dirigés de classes. Cela signifie que le programmeur spécifie un certain nombre de classes de base, chacune possédant son propre jeu de classes dérivées. Les fonctions virtuelles (§ 2.5.5, § 12.2.6) peuvent souvent intervenir pour définir des opérations associées à la version la plus générale d'un concept (une classe de base). Lorsque c'est nécessaire, l'interprétation de ces opérations peut être affinée pour des cas particuliers (classes dérivées).

Dans certains cas, même le graphe acyclique dirigé semble insuffisant pour organiser les concepts d'un programme ; certains concepts apparaissent comme mutuellement dépendants, et cette caractéristique est inhérente au concept. Si c'est le cas, il faut tenter de localiser les dépendances cycliques de manière qu'elles n'affectent pas la structure globale du programme. Si vous n'arrivez pas à éliminer ni à localiser ces dépendances mutuelles, il est fort probable qu'aucun langage de programmation ne peut vous aider à trouver une solution. Si vous ne parvenez pas à concevoir des relations facilement établies entre les concepts de base, votre programme deviendra probablement ingérable.

L'un des outils les plus appropriés à la mise au net des graphes de dépendance est la mise en place d'une séparation claire de l'interface et de l'implémentation. Les classes abstraites (§ 2.5.4, § 12.3) sont l'outil C++ le plus approprié pour cet objectif.

Une autre forme de mise en commun peut s'exprimer par le biais des modèles (§ 2.7, Chapitre 13). Un modèle de classe spécifie une famille de classes. Par exemple, un modèle de liste spécifie "liste de T" où "T" représente un type donné. Un modèle est donc un mécanisme de spécification de la génération d'un type étant donné la présence d'un autre type en tant qu'argument. Les modèles les plus courants sont les classes de conteneurs comme les listes, les tableaux et les tableaux associatifs, ainsi que les algorithmes fondamentaux utilisant ces conteneurs. Le fait d'exprimer la paramétrisation d'une classe et de ses fonctions associées *via* un type utilisant les héritages se révèle souvent un procédé erroné. Il est préférable d'exploiter les modèles.

Souvenez-vous que la plus grosse partie de la programmation peut se faire clairement et simplement à l'aide des types primitifs exclusivement, des fonctions simples et de quelques bibliothèques de classes. L'ensemble de l'appareillage impliqué dans la définition de nouveaux types ne doit être employé que lorsque le besoin effectif s'en fait sentir.

La question "Comment écrire un bon programme en C++ ?" revient à se demander comment écrire en bon français. Elle comprend deux réponses : "Sachez ce que vous voulez dire" et : "Pratiquez. Imitez les bons textes." Ces réponses sont tout aussi appropriées au langage C++ qu'à la langue française, et tout aussi difficiles à mettre en application.

1.8 Conseils

Voici un ensemble de règles dont vous devriez tenir compte pour apprendre le langage C++. Plus vous deviendrez compétent, plus vous les ferez évoluer afin qu'elles correspondent à vos types d'applications et à votre style de programmation. Elles sont délibérément simplistes et se refusent à entrer dans les détails. Ne les prenez donc pas au pied de la lettre. L'écriture d'un bon programme demande de l'intelligence, de l'intérêt et de la patience. Tout ne sera pas parfait dès le début, alors expérimentez !

1. Lorsque vous programmez, créez une représentation concrète des idées directrices de votre solution à certains problèmes. Permettez à la structure du programme de refléter ces idées aussi directement que possible :
   a. Si vous considérez un concept comme une idée à part entière, faites-en une classe.
   b. Si vous le considérez comme une entité propre, faites-en un objet dans une classe.
   c. Si deux classes ont une interface commune, faites-en une classe abstraite.
   d. Si les implémentations de deux classes ont des éléments communs indéniables, faites de cette "communauté" une classe de base.
   e. Si une classe est un conteneur d'objets, faites-en un modèle.
   f. Si une fonction implémente un algorithme associé à un conteneur, faites-en un modèle de fonction mettant en œuvre l'algorithme pour une famille de conteneurs.
   g. Si un ensemble de classes, modèles ou autre sont en relation logique, placez-les dans un espace de noms commun.
2. Pour définir soit une classe qui n'implémente pas d'entité mathématique, comme les matrices, soit un nombre complexe ou un type de bas niveau, comme les listes chaînées :
   a. N'utilisez pas les données globales, mais les membres.

b. N'utilisez pas les fonctions globales.

c. N'utilisez pas les membres de données publics.

d. N'utilisez pas les amies, sauf s'il s'agit d'éviter les écueils des points a et b.

e. Ne placez pas un "champ type" dans une classe ; employez les fonctions virtuelles.

f. N'employez pas les fonctions *en ligne*, sauf dans les cas où elles vous apportent des optimisations significatives.

Des règles de travail plus détaillées sont proposées dans la section "Conseils" de chaque chapitre. Traitez-les comme des directives et non comme des lois immuables. Ne suivez les conseils que lorsqu'ils vous semblent logiques. Il n'existe pas de substitut à l'intelligence, pas plus qu'à l'expérience, au bon sens et au bon goût.

Personnellement, je trouve les règles du genre "ne faites jamais cela ou cela" parfaitement inutiles. Par conséquent, les conseils que je vous donne sont formulés comme des suggestions. Quant aux suggestions négatives, j'ai évité de vous les présenter comme des interdictions formelles. Je ne connais pas de caractéristique essentielle dans le C++ qui n'ait jamais été employée à bon escient. Ces sections de conseils ne contiennent pas d'explications, mais renvoient à la section correspondante du livre. Les suggestions négatives comprennent généralement une proposition alternative.

2

Présentation générale du C++

La première chose que nous allons faire,
c'est de tuer tous les hommes de loi.

Shakespeare, Henry VI

Qu'est-ce que le C++ ? — Programmation de paradigmes — Programmation procédurale — Programmation modulaire — La compilation séparée — La gestion des exceptions — Abstraction des données — Les modules définissant des types — Les types définis par l'utilisateur — Les types concrets — Les types abstraits — Les fonctions virtuelles — Programmation orientée objet — Programmation générique — Les conteneurs — Algorithmes génériques — Langage et programmation — Conseils

2.1 Qu'est-ce que le C++ ?

C++ est un langage de programmation polyvalent dont les caractéristiques sont les suivantes :

- C'est une version améliorée du langage C.
- Il supporte l'abstraction des données.
- Il supporte la programmation orientée objet.
- Il supporte la programmation générique.

Au cours de ce chapitre, nous allons développer chacun de ces points sans entrer dans les détails de la définition du langage. L'objectif est de vous offrir une présentation générale du C++ ainsi que des techniques clés permettant son utilisation, et non de fournir toutes les informations nécessaires pour commencer à programmer en C++.

Si certaines parties de ce chapitre vous semblent trop compliquées, ignorez-les et poursuivez votre lecture. Toutes ces informations seront détaillées dans les chapitres suivants. Si vous sautez une partie de ce chapitre, nous vous conseillons néanmoins d'y revenir un peu plus tard.

Une connaissance pointue des caractéristiques d'un langage — et même de sa fonctionnalité complète — ne peut combler la lacune d'une mauvaise connaissance générale de ce langage et des techniques indispensables à son utilisation.

2.2 Programmation de paradigmes

La programmation orientée objet est une technique de programmation — un paradigme pour créer de *bons* programmes, de façon à répondre à un ensemble de problèmes. La traduction du terme "langage de programmation orienté objet" sera celle d'un langage fournissant des mécanismes destinés à supporter correctement le style de programmation orienté objet.

Il existe ici une distinction importante. Un langage *supporte* un style de programmation lorsqu'il fournit les fonctions à partir desquelles il sera possible d'appliquer ce style (de façon suffisamment simple, sécurisée et efficace). Ce langage ne supportera pas une technique si l'écriture de tels programmes nécessite des efforts excessifs ou un niveau de connaissance exceptionnel. Il *permettra* simplement à la technique d'être appliquée. Vous pouvez écrire, par exemple, des programmes structurés en Fortran 77 et des programmes orientés objet en langage C. Mais, ces langages ne supportant pas directement ces techniques, vous dépenseriez ainsi beaucoup d'énergie inutilement.

Le support d'un paradigme prend non seulement la forme évidente de fonctions du langage à partir desquelles il est possible d'utiliser directement le paradigme, mais également la forme plus subtile de contrôles d'exécution et/ou de compilation pour détecter d'éventuelles déviations involontaires du paradigme. Le contrôle des types en est l'exemple le plus évident. La détection des ambiguïtés et les contrôles d'exécution sont également utilisés pour étendre le support linguistique des paradigmes. Les fonctions extra-linguistiques, telles que les bibliothèques et les environnements de programmations, peuvent fournir un support plus large des paradigmes.

Un langage n'est pas nécessairement meilleur qu'un autre parce qu'il comporte une fonction supplémentaire. De nombreux exemples prouvent le contraire. Pour un langage, l'important est de disposer de fonctions suffisantes pour supporter les styles de programmation visés dans les domaines d'application recherchés.

- Les fonctions doivent toutes être intégrées harmonieusement au langage.
- Il doit être possible d'associer des fonctions pour résoudre des problèmes qui, dans le cas contraire, auraient requis des fonctions distinctes supplémentaires.
- Le langage doit contenir un nombre aussi petit que possible de "fausses" fonctions et de fonctions "spécialisées".
- L'implémentation d'une fonctionnalité ne doit pas être à l'origine d'une consommation supplémentaire de ressources pour les programmes n'en ayant pas besoin.
- Un utilisateur ne devrait avoir à connaître que le sous-ensemble du langage explicitement destiné à l'écriture d'un programme.

Le premier principe se rapporte à l'esthétique et à la logique. Les deux suivants sont l'expression de l'idéal minimaliste. Les deux derniers peuvent être résumés sous la forme "ce que vous ne connaissez pas n'aura aucune incidence sur vous".

C++ a été conçu pour prendre en charge l'abstraction des données, la programmation orientée objet ainsi que la programmation générique en complément des techniques de programmation C traditionnelles. Cette conception ne favorise en aucune façon un style de programmation particulier.

Les sections qui suivent prennent en compte certains styles de programmation et les mécanismes de langage clés les supportant. La présentation aborde une série de techniques, en commençant par la programmation procédurale, pour aboutir à l'utilisation des hiérarchies de classe dans la programmation orientée objet et à la programmation générique *via* les modèles. Chaque paradigme s'appuie sur ses prédécesseurs, chacun ajoutant quelque chose de nouveau dans la boîte à outils du programmeur C++ et chacun étant le reflet d'une approche de conception éprouvée.

La présentation des caractéristiques du langage n'est pas exhaustive. L'accent a été mis sur les approches de conception et le mode d'organisation des programmes, plutôt que sur les détails du langage. A ce stade, il est beaucoup plus important de comprendre ce que l'on peut faire avec le C++ que la façon dont on peut le faire.

2.3 Programmation procédurale

Le paradigme de programmation original est le suivant :

> *Choisissez les procédures.*
> *Utilisez les meilleurs algorithmes que vous pourrez trouver.*

L'accent sera mis sur le traitement, c'est-à-dire l'algorithme nécessaire pour effectuer les calculs désirés. Les langages supportent ce paradigme en offrant la possibilité de transmettre des arguments à des fonctions et de recevoir, en retour, des valeurs en provenance de ces fonctions. La littérature associée à cette méthode de programmation explique comment transmettre des arguments, comment distinguer les différents types d'arguments, les différents types de fonctions (procédures, sous-programmes et macros), etc.

Un exemple "de bon style" est la fonction racine carrée. A partir d'un argument virgule flottante double précision, cette fonction produit un résultat. Elle réalise pour cela un calcul mathématique bien précis :

```
double sqrt (double arg)
{
        // code de calcul de la racine carrée
}
void f()
{
        double root2 = sqrt (2);
        // ...
}
```

Les accolades, *{}*, expriment le groupement dans le C++. Elles indiquent le début et la fin du corps d'une fonction. Les doubles slash, *//*, débutent un commentaire qui se poursuit jusqu'à la fin de la ligne. Le mot clé ***void*** indique qu'une fonction ne renvoie aucune valeur.

Au niveau de l'organisation du programme, les fonctions permettent de mettre de l'ordre dans un labyrinthe d'algorithmes. Ces derniers sont eux-mêmes écrits à l'aide d'appels de fonctions et autres options de langage. Les paragraphes qui suivent présentent un bref résumé des fonctions de base du C++ permettant de formuler les calculs.

2.3.1 L'arithmétique et les variables

Chaque nom et expression possède un type qui détermine les opérations possibles. La déclaration

```
int pouce ;
```

par exemple, spécifie que ***pouce*** est du type ***int***. Cela signifie que ***pouce*** est une variable entière.

Une *déclaration* est une instruction qui introduit un nom dans le programme. Elle spécifie un type pour ce nom. Un *type* définit l'utilisation appropriée d'un nom ou d'une expression.

C++ propose divers types fondamentaux, directement liés aux fonctions du matériel. Par exemple :

```
bool      // Booléen, les valeurs possibles sont true (vrai) ou false (faux)
char      // caractère, par exemple, 'a', 'z' et '9'
int       // entier, par exemple, 1, 42 et 1216
double    // nombre virgule flottante double précision, par exemple 3,14 et 299793,0
```

Une variable de type ***char*** possède une taille appropriée pour recevoir un caractère sur une machine donnée (typiquement un octet). Une variable ***int*** possède une taille adaptée pour stocker un calcul entier sur une machine donnée (typiquement un mot).

Les opérateurs arithmétiques peuvent être utilisés pour toute combinaison de ces types :

```
+         //addition, unaire et binaire
-         //soustraction, unaire et binaire
*         //multiplication
/         //division
%         //reste de la division
```

Les opérateurs de comparaison sont utilisés de la même façon :

```
==      //égalité
!=      //non égalité
<       //inférieur à
>       //supérieur à
<=      //inférieur à ou égal
>=      //supérieur à ou égal
```

Dans les affectations et les opérations arithmétiques, le C++ réalise toutes les conversions appropriées entre les types de base, de telle sorte qu'il soit possible de les associer librement :

```
void une_fonction()          //fonction qui ne renvoie pas de valeur
{
        double d = 2,2;      //initialisation du nombre virgule flottante
        int i = 7;           //initialisation de l'entier
        d = d+i;             //on affecte la somme à d
        i = d*i;             //on affecte le produit à i
}
```

Comme pour le langage C, = est l'opérateur d'affectation et == teste l'égalité.

2.3.2 Les tests et les boucles

C++ comprend un ensemble conventionnel d'instructions destinées à formuler la sélection et le bouclage. Voici, par exemple, une fonction simple qui interroge l'utilisateur et renvoie une valeur booléenne indiquant la réponse :

```
bool accept()
{
        cout << "Voulez-vous continuer (o ou n)?\n";    // affichage de la question
        char answer = 0;
        cin >> answer;                                   //lecture de la réponse

        if (answer == 'o')
        return true;
else
        return false;
}
```

<< ("écrire dans") représente l'opérateur de sortie. ***cout*** est le flux de sortie standard. >> ("lire dans") représente l'opérateur d'entrée. ***cin*** est le flux d'entrée standard. Le type de l'opérande situé à droite de >> détermine l'entrée qui sera acceptée et représente la cible de l'opération d'entrée. Le caractère ***\n*** à la fin de la chaîne de sortie représente un retour à la ligne.

Cet exemple pourrait être amélioré en prenant en compte une réponse 'n' :

```
bool accept2()
{
        cout << "Voulez-vous continuer (o ou n)?\n";    // affichage de la question
        char answer = 0;
        cin >> answer;                                   //lecture de la réponse
```

```
        switch (answer)
        {
        case 'o' :
                return true;
        case 'n' :
                return false;
        default :
                cout << "Considérons que la réponse est non.\n";
                return false;
        }
}
```

Une instruction ***switch*** teste une valeur par rapport à un ensemble de constantes. Ces dernières doivent être distinctes, et si la valeur testée ne correspond à aucune d'entre elles, l'instruction ***default*** est exécutée. Cette instruction ne doit pas être obligatoirement fournie par le programmeur.

Les programmes dans lesquels n'apparaît aucune boucle sont très rares. Dans notre exemple, nous pouvons accorder à l'utilisateur le droit à l'erreur :

```
bool accept3()
{
        int tries = 1;
        while (tries < 4)
        {
        cout << "Voulez-vous continuer (o ou n)?\n";    // affichage de la question
        char answer = 0;
        cin >> answer;                                   //lecture de la réponse

        switch (answer)
        {
                case 'o' :
                        return true;
                case 'n' :
                        return false;
                default :
                        cout << "Désolé, nous ne comprenons pas cette réponse.\n";
                        tries = tries + 1;
                }
        }
        cout << "Considérons que la réponse est non.\n";
        return false;
}
```

L'instruction ***while*** s'exécute jusqu'à ce que la condition devienne ***false***.

2.3.3 Les pointeurs et les tableaux

Il est possible de déclarer un tableau de la façon suivante :

```
char v [10];        //tableau de 10 caractères
```

De façon analogue, on peut déclarer un pointeur de la façon suivante :

```
char* p;           //pointeur de caractère
```

Dans les déclarations, *[]* signifie "tableau de" et * signifie "pointeur de". Tous les tableaux possèdent 0 comme premier indice d'élément. Le tableau ***v*** possède donc les 10 éléments ***v[0]...v[9]***. Une variable pointeur peut contenir l'adresse d'un objet du type approprié :

```
P = &v[3];         //p pointe vers le quatrième élément de v
```

L'opérateur **&** unaire est l'opérateur d'adressage.

Dans l'exemple qui suit, nous allons copier dix éléments d'un tableau dans un autre :

```
void another_function();
{
        int v1[10];
        int v2[10];
        //...
        for (int i=0; i<10; ++i)
        vl[i]=v2[i];
}
```

Dans ce cas, l'instruction ***for*** peut avoir la signification suivante : "initialisez ***i*** à 0, tant que ***i*** est inférieur à ***10***, copiez le i^e^ élément, puis incrémentez ***i***". Lorsqu'il est appliqué à une variable entière, l'opérateur d'incrémentation **++** ajoute simplement ***1***.

2.4 Programmation modulaire

Au fil des années, l'élément primordial de la conception des programmes est passé de la conception des procédures à l'organisation des données. Cela se traduit, entre autres, par une augmentation de la taille des programmes. On appelle généralement *module* un ensemble de procédures connexes avec les données qu'elles manipulent. Le paradigme de programmation devient :

> *Choisissez vos modules.*
> *Découpez le programme de telle sorte*
> *que les données soient masquées par ces modules.*

Ce paradigme est également connu sous le terme *principe du masquage des informations*. Lorsque le regroupement de procédures avec les données associées se révèle impossible, le style de programmation procédural est suffisant. Les techniques destinées à concevoir de "bonnes procédures" s'appliquent maintenant à chaque procédure d'un module. L'exemple le plus courant d'un module est la définition d'une pile. Il faut :

- fournir une interface utilisateur pour la pile (par exemple, les fonctions ***push()*** et ***pop()***) ;
- s'assurer qu'on ne puisse accéder à la représentation de cette pile (par exemple, un tableau d'éléments) que par l'intermédiaire de cette interface ;
- s'assurer que la pile soit initialisée avant sa première utilisation.

C++ fournit un mécanisme permettant de regrouper des données, fonctions, etc. connexes en espace de noms distinct. L'interface utilisateur d'un module Pile(***Stack***), par exemple, pourrait être déclarée et utilisée comme suit :

```
namespace Stack        //interface
{
        void push (char);
        char pop ();
}
void f()
{
        Stack::push ('c');
        if (Stack::pop() != 'c')
        error ("impossible");
}
```

Stack:: indique que les fonctions ***push()*** et ***pop()*** sont celles de l'espace de noms ***Stack***. Ces noms pourront être employés d'une manière différente dans le programme sans interférer ou causer de confusion avec ces deux fonctions.

La définition de ***Stack*** pourrait être fournie dans une partie du programme compilée séparément :

```
namespace Stack
 {          //implémentation
        const int max_size = 200;
        char v[max_size];
        int top = 0;

        void push (char c) {    /* contrôle du dépassement de capacité et empilage de c */}
        char pop() {            /* contrôle de la présence et retrait d'un élément de la pile */}
}
```

Il est important de remarquer que le code utilisateur situé dans le module ***Stack*** est isolé de la représentation des données de ce module *via* l'implémentation ***Stack::push()*** et ***Stack::pop()***. L'utilisateur n'a pas besoin de savoir que la pile est implémentée à l'aide d'un tableau. De plus, l'implémentation peut être modifiée indépendamment du code utilisateur.

Les données étant une partie seulement des éléments à "masquer", la notion de masquage des données s'étend naturellement à la notion de *masquage des informations*. Cela signifie que les noms de fonction, de type, etc. peuvent également être attribués localement dans un module. En conséquence, le C++ permet de placer toute déclaration dans un espace de noms (§ 8.2). Le module ***Stack*** est l'une des représentations possibles d'une pile. Les sections qui suivent mettent en œuvre diverses piles, de façon à illustrer les différents styles de programmation.

2.4.1 La compilation séparée

C++ prend en charge la notion de compilation séparée du langage C. Cette dernière permet d'organiser un programme en un ensemble d'éléments partiellement indépendants.

Les déclarations liées à l'interface d'un module sont généralement placées dans un fichier auquel on attribue un nom significatif.

Ainsi, la déclaration :

```
namespace Stack
{                           //interface
    void push (char);
    char pop();
}
```

serait placée dans le fichier ***stack.h***. Les utilisateurs *incluront* ce fichier, nommé *fichier en-tête*, comme suit :

```
#include "stack.h"          // définit l'interface

void f()
{
    Stack::push('c');
    if (Stack::pop() != 'c') error("impossible");
}
```

Pour obtenir une compilation cohérente, le fichier qui fournit l'implémentation du module ***Stack*** devra également inclure l'interface :

```
#include "stack.h"          // définit l'interface

namespace Stack
{                           // représentation
    const int max_size = 200;
    char v[max_size];
    int top = 0;
}

void Stack::push(char c)
{
                            /* contrôle du dépassement de capacité et empilage de c */
}

char Stack::pop()
{
                            /* contrôle de la présence et retrait d'un élément de la pile */
}
```

Le code utilisateur est enregistré dans un troisième fichier que l'on peut appeler ***user.c***. Le code de ce fichier ainsi que celui du fichier ***stack.c*** partagent les informations correspondant à l'interface de la pile présentées dans le fichier ***stack.h***. Ces deux fichiers sont cependant indépendants et peuvent être compilés séparément.

Le programme obtenu sera représenté graphiquement comme suit :

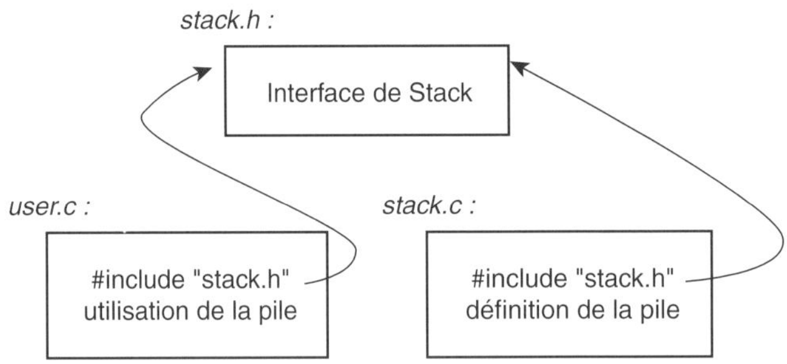

La compilation séparée se pratique dans tous les programmes réels. Il ne s'agit pas uniquement d'une préoccupation pour les programmes dans lesquels des ressources, telles qu'une pile, sont présentées sous la forme de modules. L'utilisation de la compilation séparée n'est pas un problème de langage à proprement parler. La question est comment tirer le meilleur parti d'une implémentation de langage particulière. Cette compilation a toutefois une énorme importance dans la pratique. La meilleure approche consiste à favoriser au maximum la modularité, à représenter logiquement cette modularité par l'intermédiaire des caractéristiques du langage, puis à l'exploiter physiquement à l'aide de fichiers (voir Chapitres 8 et 9).

2.4.2 La gestion des exceptions

Lorsqu'un programme est conçu sous la forme d'un ensemble de modules, la gestion des erreurs doit être adaptée à cette structure. Quelles seront les erreurs gérées par chaque module ? Il arrive souvent que le module qui détecte une erreur soit indécis sur l'action à engager. Une action de correction dépend plus, en effet, du module à l'origine de l'opération que du module qui a détecté l'erreur au cours de l'exécution des opérations. La taille des programmes étant en augmentation constante, et cela en particulier lorsque les bibliothèques sont très utilisées, les méthodes standards de gestion des erreurs (et plus généralement des "circonstances exceptionnelles") deviennent importantes.

Considérons de nouveau l'exemple de la pile ***Stack***. Que devrait-il se passer si nous tentions d'insérer un caractère de trop dans la pile ? Le créateur du module ***Stack*** ne sait pas quelles mesures l'utilisateur désire prendre dans ce cas, et ce dernier n'a pas logiquement la possibilité de détecter le problème (s'il le pouvait, le dépassement de capacité ne se produirait pas). La solution consiste à détecter le dépassement de capacité dans l'implémentation de ***Stack***, puis d'en informer l'utilisateur. Celui-ci pourra alors prendre la décision appropriée. Par exemple :

```
namespace Stack
{                               // interface
        void push(char);
        char pop();

        class Overflow { };     // type représentant les exceptions de dépassement de capacité
}
```

Lorsqu'un dépassement de capacité est détecté, ***Stack::push()*** peut appeler le code de gestion de l'exception, c'est-à-dire "déclencher (throw) une exception ***Overflow***" :

```
void Stack::push(char c)
{
	if (top == max_size)
		throw Overflow();
	// push c
}
```

Pour les exceptions de type ***Stack::Overflow***, ***throw*** transfère le contrôle à un gestionnaire dans une fonction ayant appelé directement ou indirectement ***Stack::push()***. Au cours de cette opération, l'implémentation va remonter dans la pile d'appel de fonction pour retrouver le contexte de cet appelant. ***throw*** agit donc comme un ***return*** à plusieurs niveaux. Par exemple :

```
void f()
{
	// ...
	try
	{		// ici, les exceptions sont gérées par le gestionnaire défini ci-dessous

	while (true)
		Stack::push('c');
	}
	catch (Stack::Overflow)
	{
			// dépassement de capacité de la pile ; on effectue l'action appropriée
	}
	// ...
}
```

La boucle ***while*** va tenter de s'exécuter indéfiniment. Par conséquent, la clause ***catch***, qui fournit le gestionnaire de ***Stack::Overflow***, sera activée après qu'un appel de ***Stack::push()*** aura déclenché une exception par l'instruction ***throw***.

En faisant appel à des mécanismes de gestion des exceptions, il vous est possible de réguler la gestion des erreurs et d'en simplifier la lecture. Le § 8.3 et le Chapitre 14 fournissent une description détaillée à ce sujet.

2.5 Abstraction des données

La modularité est fondamentale pour mener à bien la programmation de programmes de grande taille. Elle reste un élément clé pour toutes les discussions liées à la conception présentes dans cet ouvrage. Cependant, les modules tels qu'ils ont été décrits précédemment ne possèdent pas une forme adaptée à la représentation de systèmes complexes. Dans cet ouvrage, nous vous indiquerons tout d'abord comment utiliser les modules pour fournir une forme de type défini par l'utilisateur. Nous montrerons ensuite comment venir à bout de certains problèmes en définissant directement des types définis par l'utilisateur.

2.5.1 Les modules définissant des types

La programmation à l'aide de modules conduit à la centralisation de toutes les données appartenant à un même type sous le contrôle d'un module gestionnaire de type. Si vous aviez besoin, par exemple, de nombreuses piles — plutôt que de la seule et unique fournie par le module ***Stack*** ci-dessus — il serait possible de définir un gestionnaire de pile avec l'interface suivante :

```
namespace Stack
{
        struct Rep;                     // la définition de la structure de la pile se trouve ailleurs
        typedef Rep& stack;

        stack create();                 // création d'une nouvelle pile
        void destroy(stack s);          // supprime s

        void push(stack s, char c);     // empile c sur s
        char pop(stack s);              // récupère un élément dans s
}
```

La déclaration

```
struct Rep;
```

indique que ***Rep*** est le nom d'un type, mais ce dernier reste à définir (voir § 5.7). La déclaration

```
typedef Rep& stack;
```

attribue le nom ***Stack*** à une "référence de ***Rep***" (voir détails en § 5.5). Le principe est le suivant : une pile est identifiée par son ***Stack::stack*** et tous les détails supplémentaires sont masqués pour les utilisateurs.

Stack::stack possède un comportement très proche d'une variable d'un type intégré :

```
struct Bad_pop { };

void f()
{
        Stack::stack s1 = Stack::create();      // crée une nouvelle pile
        Stack::stack s2 = Stack::create();      // crée une autre nouvelle pile

        Stack::push(s1,'c');
        Stack::push(s2,'k');

        if (Stack::pop(s1) != 'c')
                throw Bad_pop();
        if (Stack::pop(s2) != 'k')
                throw Bad_pop();

        Stack::destroy(s1);
        Stack::destroy(s2);
}
```

Nous pourrions implémenter cette pile de différentes façons, mais il est important pour l'utilisateur de ne pas avoir à comprendre comment cette action a été réalisée. Tant que l'interface reste inchangée, l'utilisateur ne sera pas concerné si nous décidons de réimplémenter ***Stack***.

Une implémentation pourrait allouer préalablement quelques représentations de pile et faire ensuite référence à une pile inutilisée à l'aide de ***Stack::create()***. ***Stack::destroy()*** pourrait alors signaler une représentation comme "inutilisée", de telle sorte que cette dernière puisse être recyclée par ***Stack::create()*** :

```
namespace Stack
{                                   // représentation

        const int max_size = 200;

        struct Rep
        {
                char v[max_size];
                int top;
        };

        const int max = 16;         // nombre maximal de piles

        Rep stacks[max];            // représentations de piles préallouées
        bool used[max];             // used[i] est vrai si stacks[i] est en cours d'utilisation

        typedef Rep& stack;
}

void Stack::push(stack s, char c)
{
        /* contrôle du dépassement de capacité et empilage de c*/
}

char Stack::pop(stack s)
{
        /* contrôle de la présence et retrait d'un élément de s */
}

Stack::stack Stack::create()
{
        // obtient une Rep inutilisée, la signale comme utilisée, l'initialise, et en renvoie une référence
}

void Stack::destroy(stack s)
{
        /* signale s comme inutilisé */}
```

Nous venons d'associer un ensemble de fonctions d'interface à un type de représentation. La façon dont le "type de pile" va se comporter dépend en partie de la manière dont nous avons défini ces fonctions d'interface, en partie de la façon dont nous avons exposé le type de représentation aux utilisateurs des piles et en partie de la conception du type de représentation lui-même.

Cette solution n'est souvent pas idéale. Un problème important réside dans le fait que la présentation aux utilisateurs de tels "types truqués" peut largement varier en fonction des détails du type de représentation — et les utilisateurs ne devraient pas avoir à connaître ce dernier. Si nous avions choisi d'utiliser, par exemple, une structure de données plus élaborée pour identifier une pile, les règles d'affectation et d'initialisation de ***Stack::stack*** auraient été complètement modifiées. Cela pourrait être approprié dans certaines situations. Il s'agit toutefois de la preuve que nous avons simplement déplacé le problème de fourniture de piles du module ***Stack*** vers le type de représentation ***Stack::stack***.

Plus fondamentalement, les types définis par l'utilisateur, et implémentés par l'intermédiaire d'un module fournissant l'accès à un type d'implémentation, ne se comportent pas comme les types intégrés. Ils font l'objet d'un support plus faible et différent de ces derniers. La durée au cours de laquelle ***Stack::Rep*** peut être utilisée, par exemple, est contrôlée *via* ***Stack::create()*** et ***Stack::destroy()***, plutôt que par les règles de langage habituelles.

2.5.2 Les types définis par l'utilisateur

C++ aborde ce problème en permettant à l'utilisateur de définir directement des types se comportant d'une façon (pratiquement) analogue aux types intégrés. Ces types sont souvent nommés *types de données abstraits*. Dans cet ouvrage, nous préférerons le terme de *types définis par l'utilisateur*. Une définition plus acceptable du *type de données abstrait* nécessiterait une spécification "abstraite" mathématique. A partir d'une telle spécification, ce que nous appelons ici *types* serait, en fait, des exemples concrets d'entités véritablement abstraites. Le paradigme de programmation devient :

> *Choisissez les types dont vous avez besoin.*
> *Fournissez un ensemble complet d'opérations pour chaque type.*

Si un seul objet d'un certain type est suffisant, le style de programmation avec masquage des données à l'aide de modules est satisfaisant.

Les types arithmétiques, tels que les nombres rationnels et complexes, sont des exemples courants de types définis par l'utilisateur. Examinez l'exemple suivant :

```
class complex
{
        double re, im;
public:
        complex(double r, double i)
        {
                re=r;
                im=i;
        }               // construit un complexe à partir de deux scalaires
        complex(double r)
        {
                re=r;
```

```
            im=0;
        }           // construit un complexe à partir d'un scalaire
        complex()
        {
            re = im = 0;
        }           // complexe par défaut : (0,0)

        friend complex operator+(complex, complex);
        friend complex operator-(complex, complex);       // binaire
        friend complex operator-(complex);                // unaire
        friend complex operator*(complex, complex);
        friend complex operator/(complex, complex);

        friend bool operator==(complex, complex);         // égal
        friend bool operator!=(complex, complex);         // différent
        // ...
};
```

La déclaration de la classe (c'est-à-dire du type défini par l'utilisateur) ***complex*** spécifie la représentation d'un nombre complexe et l'ensemble des opérations sur ce nombre complexe. La représentation est *privée*. Cela signifie que ***re*** et ***im*** ne sont accessibles que par les fonctions spécifiées dans la déclaration de la classe ***complex***. On peut définir de telles fonctions de la façon suivante :

```
complex operator+(complex a1, complex a2)
{
    return complex(a1.re+a2.re,a1.im+a2.im);
}
```

Une fonction membre dont le nom est identique à celui de sa classe est nommée *constructeur*. Un constructeur définit une méthode d'initialisation d'un objet de sa classe. La classe ***complex*** fournit trois constructeurs. Le premier crée un ***complex*** à partir d'une paire de type ***double***, le deuxième part d'un ***double***, et le troisième crée un ***complex*** avec une valeur par défaut.

La classe ***complex*** peut être utilisée de la façon suivante :

```
void f(complex z)
{
    complex a = 2.3;
    complex b = 1/a;
    complex c = a+b*complex(1,2.3);
    // ...
    if (c != b)
        c = -(b/a)+2*b;
}
```

Le compilateur convertit les opérateurs associés à des nombres ***complex*** en appels de fonctions appropriés. Par exemple, ***c!=b*** signifie ***operator!= (c, b)*** et ***1/a*** signifie ***operator/ (complex (1), a)***.

La plupart des modules (mais pas la totalité) seront mieux représentés sous la forme de types définis par l'utilisateur.

2.5.3 Les types concrets

Les types définis par l'utilisateur peuvent répondre à une grande variété de besoins. Considérons, par exemple, un type ***Stack***, défini par l'utilisateur pour remplacer le type ***complex***. Pour rendre l'exemple plus réaliste, ce type ***Stack*** sera défini pour recevoir son nombre d'éléments en argument :

```
class Stack
{
        char* v;
        int top;
        int max_size;
    public:
        class Underflow { };      // utilisé comme exception
        class Overflow { };       // utilisé comme exception
        class Bad_size { };       // utilisé comme exception

        Stack(int s);             // constructeur
        ~Stack();                 // destructeur

        void push(char c);
        char pop();
};
```

Le constructeur ***Stack (int)*** sera appelé à chaque création d'un objet de la classe. Dans ce cas, l'initialisation sera prise en compte. Si un nettoyage est nécessaire lorsqu'un objet de la classe ne se trouve plus dans la portée courante, il est possible de déclarer un complément au constructeur. Celui-ci sera nommé *destructeur* :

```
Stack::Stack(int s)                // constructeur
{
    top = 0;
    if (s<0 || 10000<s)
        throw Bad_size();          // "||" signifie "ou"
    max_size = s;
    v = new char[s];               // alloue des éléments sur le tas
}

Stack::~Stack()       // destructeur
{
    delete[] v;       // libère les éléments pour permettre la réutilisation de leur espace (voir § 6.2.6)
}
```

Le constructeur initialise une nouvelle variable ***Stack***. Pour cela, il alloue dynamiquement de la mémoire sur le *tas* (mémoire disponible pour le programme ou *mémoire dynamique*) en utilisant l'opérateur ***new***. Le destructeur "nettoie" l'environnement en libérant cette mémoire. Toutes ces opérations se déroulent sans l'intervention des utilisateurs de ***Stack***. Ces derniers créent et utilisent ***Stack*** presque comme ils le feraient avec des variables appartenant à des types intégrés.

Par exemple :

```
Stack s_var1(10);                    // pile globale avec 10 éléments

void f(Stack& s_ref, int i)          // référence de Stack
{
        Stack s_var2(i);             // pile locale avec i éléments
        Stack* s_ptr = new Stack(20); // pointeur de Stack alloué sur le tas

        s_var1.push('a');
        s_var2.push('b');
        s_ref.push('c');
        s_ptr->push('d');
        // ...
}
```

Stack obéit aux mêmes règles concernant l'affectation des noms, la portée, l'allocation, la durée de vie, la copie, etc. qu'un type intégré tel que ***int*** et ***char***.

Les fonctions membres ***push()*** et ***pop()*** doivent, bien sûr, être définies à un endroit ou à un autre :

```
void Stack::push(char c)
{
        if (top == max_size)
                throw Overflow();
        v[top] = c;
        top = top + 1;
}

char Stack::pop()
{
        if (top == 0)
                throw Underflow();
        top = top - 1;
        return v[top];
}
```

A l'opposé des *types abstraits*, pour lesquels l'interface isole plus complètement un utilisateur des détails d'implémentation, des types tels que ***complex*** et ***Stack*** sont nommés *types concrets*.

2.5.4 Les types abstraits

Au cours de la transition de ***Stack*** en tant que "type truqué" implémenté par un module (voir § 2.5.1) vers un type approprié (voir § 2.5.3), une propriété a été perdue. La représentation n'est pas séparée de l'interface utilisateur. Elle fait partie, au contraire, de ce qui devrait être inclus dans un fragment de programme utilisant des ***Stack***. La représentation est privée, et donc uniquement accessible par l'intermédiaire des fonctions membres, mais elle est présente. Si elle est modifiée de façon importante, un utilisateur devra recompiler. C'est le prix à payer pour les types concrets se comportant de la même façon que des types intégrés. Nous ne pouvons avoir, en particulier, de véritables variables locales d'un type, sans connaître la taille de la représentation de ce type.

Pour les types qui ne sont modifiés que peu fréquemment, et lorsque les variables locales offrent une efficacité et une clarté indispensables, il s'agit d'une solution acceptable et souvent idéale. Cependant, si nous voulons isoler complètement les utilisateurs d'une pile des modifications de son implémentation, cette dernière pile est insuffisante. La solution consiste alors à découpler l'interface de la représentation et à fournir de véritables variables locales.

Nous commençons par définir l'interface :

```
class Stack
{
      public:
            class Underflow { };        // utilisé comme exception
            class Overflow { };         // utilisé comme exception

            virtual void push(char c) = 0;
            virtual char pop() = 0;
};
```

En Simula et en C++, le mot clé ***virtual*** signifie "peut être redéfini plus tard dans une classe dérivée de celle-ci". Une classe dérivée de ***Stack*** fournit une implémentation de l'interface ***Stack***. La syntaxe bizarre ***=0*** indique qu'une classe dérivée de ***Stack*** *doit* définir la fonction. Ainsi, ***Stack*** peut jouer le rôle d'interface pour toute classe qui implémente les fonctions ***push()*** et ***pop()***.

Cette pile pourrait être utilisée de la façon suivante :

```
void f(Stack& s_ref)
{
      s_ref.push('c');
      if (s_ref.pop() != 'c')
            throw Bad_pop();
}
```

Vous pouvez noter que ***f()*** utilise l'interface de ***Stack*** en ignorant complètement les détails de l'implémentation. Une classe qui fournit l'interface à divers autres classes est souvent nommée *type polymorphique*.

Il n'est pas surprenant de constater que l'implémentation pourrait être constituée de toute la fraction de la classe concrète ***Stack*** ne faisant pas partie de l'interface ***Stack*** :

```
class Array_stack : public Stack
{                 // Array_stack implémente Stack
            char* p;
            int max_size;
            int top;
      public:
            Array_stack(int s);
            ~Array_stack();

            void push(char c);
            char pop();
};
```

On peut traduire "***: public***" par "est dérivé de", "implémente" et "est un sous-type de".

Pour qu'une fonction telle que *f()* utilise une pile ***Stack*** en ignorant complètement les détails de l'implémentation, une seconde fonction devra créer un objet sur lequel elle pourra opérer. Par exemple :

```
void g()
{
    Array_stack as(200);
    f(as);
}
```

La fonction *f()* ne connaissant pas ***Array_stack***, mais uniquement l'interface de ***Stack***, elle fonctionnera tout aussi bien pour une implémentation différente de ***Stack***. Par exemple :

```
class List_stack : public Stack
{                               // List_stack implémente Stack
        list<char> lc;          // (bibliothèque standard) liste des caractères (voir § 3.7.3)
    public:
        List_stack() { }

        void push(char c)
    {
        lc.push_front(c);
    }
        char pop();
};

char List_stack::pop()
{
    char x = lc.front();        // récupère le premier élément
    lc.pop_front();             // supprime le premier élément
    return x;
}
```

La représentation est ici une liste de caractères. ***lc.push_front ()*** ajoute ***c*** comme premier élément de ***lc***, l'appel de ***lc.pop_front()*** supprime le premier élément et ***lc.front()*** indique le premier élément de ***lc***.

Une fonction peut créer une ***List_stack*** et la faire utiliser par *f()* :

```
void h()
{
    List_stack ls;
    f(ls);
}
```

2.5.5 Les fonctions virtuelles

Comment associe-t-on la définition de fonction appropriée à l'appel ***s_set.pop()*** dans *f()* ? Lorsque *f()* est appelée à partir de ***h()***, ***List_stack::pop()*** doit être appelée. Lorsque *f()* est appelée à partir de *g()*, ***Array_stack::pop()*** doit être appelée. Pour terminer cette résolution, un objet ***Stack*** doit contenir les informations signalant la fonction à appeler au moment de l'exécution. Une technique d'implémentation courante consiste pour le compilateur à convertir le nom d'une fonction ***virtual*** en un index dans un tableau de pointeurs de fonctions. Ce tableau est généralement nommé "table de fonction virtuelle" ou simplement ***vtbl***. Chaque classe contenant des fonctions virtuelles possède sa propre vtbl. Voici une représentation graphique de ce concept :

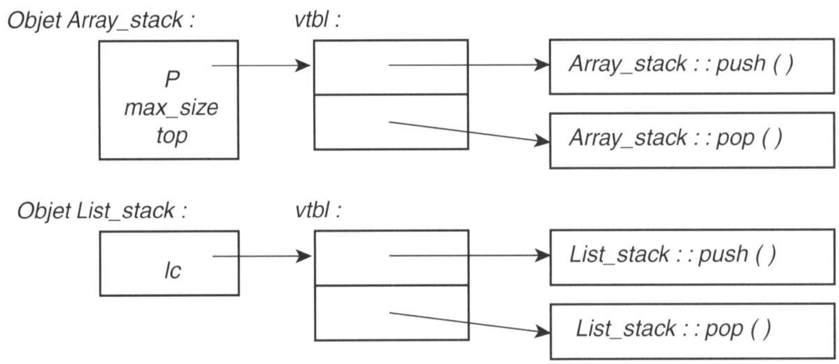

Les fonctions de la vtbl permettent une utilisation correcte de l'objet, même lorsque sa taille et la structure de ses données sont inconnues pour l'appelant. Ce dernier n'a besoin de connaître que l'emplacement de la vtbl dans une pile ***Stack*** et l'index utilisé pour chaque fonction virtuelle. Ce mécanisme d'appel virtuel peut être aussi efficace qu'un mécanisme "d'appel de fonction normal". Il occupe de la mémoire supplémentaire avec un pointeur dans chaque objet d'une classe avec des fonctions virtuelles plus une vtbl pour chacune de ces classes.

2.6 Programmation orientée objet

L'abstraction des données est l'élément fondamental d'une bonne conception. Elle restera au centre de nos préoccupations tout au long de cet ouvrage. Cependant, les types définis par l'utilisateur ne sont pas suffisamment souples pour répondre à nos besoins. Cette section commencera par la description des problèmes rencontrés avec les types de données utilisateurs simples, puis expliquera comment les surmonter à l'aide des hiérarchies de classe.

2.6.1 Les problèmes rencontrés avec les types concrets

Un type concret, comme un "type truqué" défini par l'intermédiaire d'un module, définit une sorte de boîte noire. Une fois cette boîte définie, elle n'interagit pas réellement avec le reste du programme. Il n'existe aucune façon de l'adapter à de nouvelles utilisations, si ce n'est en modifiant sa définition. Cette situation peut convenir à certains cas, mais elle peut aussi conduire à une implacable rigidité. Considérons, par exemple, la définition d'un type ***Shape*** destiné à un système graphique. Supposons que le système doive prendre en charge des cercles, des triangles et des carrés. Supposons également que nous ayons les deux classes :

```
class Point{ /* ... */ };
class Color{ /* ... */ };
```

/* et */ signalent respectivement le début et la fin d'un commentaire. Cette notation peut être employée pour des commentaires s'étendant sur plusieurs lignes ou des commentaires se terminant avant la fin d'une ligne.

Nous pourrions définir une forme de la façon suivante :

```
enum Kind { circle, triangle, square };      // énumération (voir § 4.8)

class Shape
{
        Kind k;                              // champ type
        Point center;
        Color col;
        // ...
    public:
        void draw();
        void rotate(int);
        // ...
};
```

Le "champ type" ***k*** est indispensable pour permettre aux opérations telles que ***draw()*** et ***rotate()*** de déterminer le type de forme sur laquelle elles s'exercent. La fonction ***draw()*** pourrait être définie comme suit :

```
void Shape::draw()
{
    switch (k)
    {
        case circle:
            // dessine un cercle
        break;
        case triangle:
            // dessine un triangle
        break;
        case square:
            // dessine un carré
        break;
    }
}
```

Quel désordre ! Des fonctions telles que ***draw()*** doivent "connaître" tous les types de forme auxquelles elles s'appliquent. Le code d'une fonction de ce type va donc prendre de l'importance à chaque ajout d'une nouvelle forme au système. Dans ce cas, chaque opération importante concernant l'ensemble des formes devra être examinée et (éventuellement) modifiée. Nous ne pourrons ajouter de nouvelles formes au système que si nous avons accès au code source pour chaque opération. L'ajout d'une nouvelle forme requiert donc un très bon niveau de compétence et peut constituer une source d'erreur dans le code traitant des formes plus anciennes. Le choix de formes particulières peut être sévèrement contraint par le fait que leur représentation doit être adaptée à la structure de taille fixe présentée par la définition du type général ***Shape***.

2.6.2 Les hiérarchies de classe

Le problème vient du fait qu'il n'existe aucune distinction entre les propriétés générales de chaque forme (une forme possède une couleur, elle peut être dessinée, etc.) et les propriétés d'un type spécifique de forme (un cercle est une forme qui possède un rayon, qui est dessinée à l'aide d'une fonction de traçage de cercle, etc.). La programmation orientée objet exprime cette distinction et en tire profit. Les langages fournissant des constructions à partir desquelles cette distinction peut être exprimée et utilisée supportent la programmation orientée objet.

Le mécanisme de l'héritage (emprunté par le C++ à Simula) offre une solution. Dans un premier temps, nous spécifions une classe qui définit les propriétés générales de toutes les formes :

```
class Shape
{
        Point center;
        Color col;
        // ...
    public:
        Point where()
        {
            return center;
        }
        void move(Point to)
        {
            center = to;
            /* ... */
            draw();
        }

        virtual void draw() = 0;
        virtual void rotate(int angle) = 0;
        // ...
};
```

Comme avec la pile ***Stack*** de type abstrait, les fonctions pour lesquelles l'interface appelante peut être définie — mais dont l'implémentation ne peut encore être définie — sont *virtuelles*. Les fonctions ***draw()*** et ***rotate()***, en particulier, ne peuvent être définies que pour des formes spécifiques. Elles sont donc déclarées ***virtual***.

A partir de cette définition, il nous est possible d'écrire des fonctions générales en manipulant des vecteurs de pointeurs de forme :

```
void rotate_all(vector<Shape*>& v, int angle)    // fait tourner les éléments de v de "angle" degrés
{
    for (int i = 0; i<v.size(); ++i)
        v[i]->rotate(angle);
}
```

Pour définir une forme particulière, nous devons la désigner comme étant effectivement une forme et spécifier ses propriétés (y compris les fonctions virtuelles).

```
class Circle : public Shape
{
        int radius;
    public:
        void draw()
        {
            /* ... */
        }
        void rotate(int) {}        // oui, la fonction nulle
};
```

En C++, on dit que la classe ***Circle*** est *dérivée* de la classe ***Shape*** et que la classe ***Shape*** est une *base* de la classe ***Circle***. Une autre terminologie nomme ***Circle*** et ***Shape*** respectivement sous-classe et superclasse. On dit que la classe dérivée hérite des membres de sa classe de base. L'utilisation des classes de base et dérivées est donc nommée *héritage*.

Le paradigme de programmation est le suivant :

> *Choisissez vos classes.*
> *Fournissez un ensemble complet d'opérations pour chaque classe.*
> *Rendez toute similitude explicite à l'aide de l'héritage.*

En l'absence d'une telle similitude, l'abstraction des données est suffisante. Le degré de similitude entre les types que l'on peut exploiter à l'aide de l'héritage et les fonctions virtuelles constitue un test décisif concernant l'adéquation de la programmation orientée objet pour résoudre un problème. Il est clair que dans certains domaines, tels que les graphiques interactifs, il existe d'énormes possibilités pour la programmation orientée objet. Dans d'autres domaines au contraire, comme dans le cas de types arithmétiques classiques et des calculs basés sur ces types, il semble que les fonctions nécessaires pour le support de la programmation orientée objet soient inutiles et que l'abstraction des données soit largement suffisante.

La détection des similitudes entre les types d'un système n'est pas une tâche sans importance. Au moment de la conception d'un système — et même pendant la rédaction du cahier des charges —, toutes les similitudes doivent être activement recherchées. Les classes pourront être conçues comme des blocs de construction pour d'autres types. Il sera également possible d'examiner les classes existantes afin de détecter les parties communes que l'on pourra exploiter dans une classe de base.

Reportez-vous en § 23.6, [Kerr, 1987] et [Booch, 1994] qui tente d'expliquer la programmation orientée objet sans faire appel à des constructions de langage de programmation spécifiques.

Les hiérarchies de classe et les classes abstraites (§ 2.5.4) ne sont pas mutuellement exclusives (§ 12.5). Elles se complètent. En général, les paradigmes présentés ici ont tendance à être complémentaires et se soutiennent souvent mutuellement. Les classes et les modules, par exemple, contiennent des fonctions, alors que les modules contiennent des classes et des fonctions. Le concepteur expérimenté applique divers paradigmes en fonction des besoins.

2.7 Programmation générique

Lorsqu'on a besoin d'une pile, il s'agit presque toujours d'une pile de caractères. Une pile représente un concept général, indépendant de la notion de caractère. Elle doit donc être représentée indépendamment.

Plus généralement, s'il est possible d'exprimer un algorithme indépendamment des détails de sa représentation sans trop de complications, il faut suivre cette voie.

Le paradigme de programmation est le suivant :

> *Choisissez vos algorithmes.*
> *Paramétrez-les de façon qu'ils soient en mesure de fonctionner avec une variété de types et de structures de données appropriés.*

2.7.1 Les conteneurs

Il est possible de généraliser un type "pile-de-caractères" en un type "pile-de-quelque-chose" en le transformant en *modèle* et en remplaçant le type spécifique *char* par un paramètre du modèle. Par exemple :

```
template<class T> class Stack
{
            T* v;
            int max_size;
            int top;
      public:
            class Underflow { };
            class Overflow { };

            Stack(int s);        // constructeur
            ~Stack();            // destructeur

            void push(T);
            T pop();
};
```

Le préfixe ***template<class T>*** signale que ***T*** est un paramètre de la déclaration dont ce préfixe fait partie.

Les fonctions membres pourraient être définies de façon analogue :

```
template<class T> void Stack<T>::push(T c)
{
      if (top == max_size)
            throw Overflow();
      v[top] = c;
      top = top + 1;
}

template<class T> T Stack<T>::pop()
```

```
{
        if (top == 0)
                throw Underflow();
        top = top - 1;
        return v[top];
}
```

A partir de ces définitions, nous pouvons utiliser les piles de la façon suivante :

```
Stack<char> sc(200);                    // pile de 200 caractères
Stack<complex> scplx(30);               // pile de 30 nombres complexes

Stack< list<int> > sli(45);             // pile de 45 listes d'entiers

void f()
{
        sc.push('c');
        if (sc.pop() != 'c')
                throw Bad_pop();

        scplx.push(complex(1,2));
        if (scplx.pop() != complex(1,2))
                throw Bad_pop();
}
```

De la même façon, nous pouvons définir des listes, des vecteurs, des tableaux associatifs, etc. comme modèles. Une classe contenant un ensemble d'éléments d'un certain type est nommée *classe conteneur* ou simplement *conteneur*.

Les modèles sont un mécanisme de compilation. En comparaison du "code écrit à la main", leur utilisation n'introduit donc aucun temps d'exécution supplémentaire.

2.7.2 Les Algorithmes génériques

La bibliothèque standard du C++ fournit divers conteneurs. Les utilisateurs peuvent également créer les leurs (voir Chapitres 3, 17 et 18). Le paradigme de la programmation générique peut permettre de paramétrer les algorithmes à l'aide des conteneurs. Nous devrions pouvoir, par exemple, trier, copier et effectuer des recherches sur des vecteurs, des listes ou des tableaux sans avoir besoin d'écrire des fonctions ***sort()***, ***copy()*** et ***search()*** pour chaque conteneur. Nous ne voulons pas non plus avoir besoin d'effectuer une conversion vers la structure de données spécifique reconnue par la seule fonction de tri. Nous devons donc trouver une méthode généralisée pour définir nos conteneurs qui nous permettrait de les manipuler sans avoir besoin de connaître exactement leur type.

Une méthode, celle qui a été adoptée pour les conteneurs et les algorithmes non numériques dans la bibliothèque standard du C++ (§ 3.8 et Chapitre 18), consiste à s'appuyer sur la notion de séquence et à manipuler ces dernières *via* des opérateurs d'itération.

Voici une représentation graphique de la notion de séquences :

Une séquence contient un début et une fin. Un opérateur d'itération fait référence à un élément et fournit une opération lui permettant de se référer à l'élément suivant de la séquence. La fin de la séquence correspond à un opérateur d'itération qui fait référence à un élément situé au-delà de cette séquence. La représentation physique de "cette fin" pourrait être un élément sentinelle, mais ce dernier n'est pas nécessaire. Cette notion de séquences couvre en fait une grande variété de représentations, comprenant des listes et des tableaux.

Une notation standard se révèle nécessaire pour des opérations telles que "accéder à un élément *via* un opérateur d'itération" et "faire pointer l'opérateur d'itération sur l'élément suivant". L'opérateur d'indirection * permettra donc "d'accéder à un élément *via* un opérateur d'itération" et l'opérateur d'incrémentation ++ permettra, quant à lui, de "faire pointer l'opérateur d'itération sur l'élément suivant".

A partir de là, nous pouvons écrire :

```
template<class In, class Out> void copy(In from, In too_far, Out to)
{
        while (from != too_far)
        {
                *to = *from;        // copie l'élément pointé
                ++to;               // sortie suivante
                ++from;             // entrée suivante
        }
}
```

Ce code copie un conteneur pour lequel nous pouvons définir des opérateurs d'itération avec la syntaxe et la sémantique appropriées.

Les types de pointeurs et le tableau de bas niveau intégrés du C++ disposent des opérations appropriées pour cette opération. Nous pouvons donc écrire :

```
char vc1[200];          // tableau de 200 caractères
char vc2[500];          // tableau de 500 caractères

void f()
{
        copy(&vc1[0],&vc1[200],&vc2[0]);
}
```

Ce code copie ***vc1*** de son premier à son dernier élément dans ***vc2*** en commençant au premier élément de ***vc2***.

Tous les conteneurs de bibliothèque standard (§ 16.3 et Chapitre 17) supportent cette notion d'opérateurs d'itération et de séquences.

Les deux paramètres de modèle ***In*** et ***Out*** permettent de signaler les types de la source et de la cible plutôt qu'un seul argument. Le choix de cette solution est dû au fait qu'il est souvent nécessaire de copier d'un type de conteneur vers un autre type de conteneur. Par exemple :

```
complex ac[200];

void g(vector<complex>& vc, list<complex>& lc)
{
        copy(&ac[0],&ac[200],lc.begin());
        copy(lc.begin(),lc.end(),vc.begin());
}
```

Ce code copie le tableau dans la ***list*** et la ***list*** dans le ***vector***. Pour un conteneur standard, ***begin()*** est un opérateur d'itération pointant sur le premier élément.

2.8 Post-scriptum

Aucun langage de programmation n'est parfait. Mais cette propriété n'est heureusement pas indispensable pour constituer un bon outil de création de systèmes. En fait, un langage de programmation à vocation multiple ne peut être parfait pour l'ensemble des tâches qu'il va servir à accomplir. La perfection dans un domaine impliquant toujours la spécialisation, ce qui sera idéal pour une tâche se révélera souvent insatisfaisant pour une autre. Le C++ constitue un outil permettant de créer une grande variété de systèmes et d'exprimer directement un large éventail d'idées.

On ne peut pas tout exprimer directement à l'aide des fonctions intégrées d'un langage. En fait, il ne s'agit même pas d'une situation idéale. Les fonctions du langage existent pour supporter divers styles de programmation et techniques. En conséquence, l'apprentissage du langage devrait surtout consister en la maîtrise des styles natifs et naturels de ce langage — et non la compréhension du moindre détail de toutes les fonctions du langage.

En pratique, le fait de connaître les fonctions les plus obscures du langage et d'utiliser le plus grand nombre d'entre elles ne présente que peu d'intérêt. Isolée, une fonction de langage ne présente que peu de valeur. Cette fonction ne prend toute sa signification que dans le contexte fourni par les techniques et les autres fonctions. Lorsque vous lirez les chapitres qui suivent, gardez toujours en mémoire le fait que l'objectif réel de l'examen des détails du C++ est d'être capable de les utiliser de façon appropriée pour supporter un bon style de programmation.

2.9 Conseils

1. Ne paniquez pas ! Tout deviendra clair un peu plus tard.
2. Vous n'avez pas besoin de connaître tous les détails du C++ pour écrire de bons programmes.
3. Concentrez-vous sur les techniques de programmation et non sur les fonctions du langage.

3

Présentation de la bibliothèque standard

Pourquoi perdre son temps à apprendre
quand l'ignorance est instantanée ?

Hobbes

Les bibliothèques standards — La sortie — Les chaînes — L'entrée — Les vecteurs — Le contrôle des limites — Les listes — Les maps — Présentation des conteneurs — Les algorithmes — Les opérateurs d'itération — Les parcours et prédicats — Algorithmes faisant appel aux fonctions membres — Présentation des algorithmes — Les nombres complexes — L'arithmétique appliquée aux vecteurs — Présentation de la bibliothèque standard — Conseils

3.1 Introduction

Aucun programme important ne peut être créé à partir d'un simple langage de programmation. Un ensemble de bibliothèques de support doit tout d'abord être développé pour constituer la base des futurs développements.

Ce chapitre complète le Chapitre 2 en présentant rapidement les fonctions de bibliothèque clés. Il vous fournira ainsi un aperçu de ce qui est réalisable avec le C++ et sa bibliothèque standard. Quelques types de bibliothèques très pratiques, tels que ***string***, ***vector***, ***list*** et ***map***, seront présentés, ainsi que la façon la plus courante de les utiliser. Nous pourrons ainsi fournir de meilleurs exemples et définir de meilleurs exercices dans les chapitres suivants. De la même façon que pour le chapitre précédent, nous vous encourageons fortement à le relire un peu plus tard et à ne pas vous décourager si vous n'en comprenez pas tous les détails. Son objectif est de vous donner un avant-goût de la suite et de présenter les utilisations les plus simples des fonctions de bibliothèque. Le Chapitre 16 présentera cette bibliothèque de façon plus détaillée.

Les fonctions de bibliothèque standard décrites dans cet ouvrage sont incluses dans toute implémentation du C++. Pour compléter la bibliothèque du C++ standard, la plupart des implémentations proposent des systèmes "d'interface utilisateur graphique", souvent nommés GUI ou systèmes à fenêtre. Ceux-ci permettent le dialogue entre un utilisateur et un programme. De façon analogue, la plupart des environnements de développement d'application fournissent des "bibliothèques de base", qui prennent en charge les environnements de développement et/ou d'exécution "standard" industriels ou d'entreprise. Nous ne décrivons pas de tels systèmes et bibliothèques. Notre intention est de fournir des exemples portables, sauf si le contraire est signalé. Nous encourageons naturellement un programmeur à explorer le plus de fonctions possible sur la plupart des systèmes, mais cette partie sera traitée dans les exercices.

3.2 Hello, world !

Le plus petit programme C++ concevable est

```
int main() { }
```

Il définit la fonction nommée ***main***, qui ne reçoit aucun argument et n'exécute rien.

Tout programme C++ doit contenir une fonction nommée ***main()***. Le programme commence par exécuter cette fonction. La valeur ***int*** renvoyée par ***main()*** est la valeur renvoyée par le programme au "système". Si aucune valeur n'est renvoyée, le système va recevoir une valeur signalant une fin d'exécution réussie. Une valeur non nulle renvoyée signale un échec.

En règle générale, un programme émet une sortie. Voici un programme qui affiche ***Hello, world !*** :

```
#include <iostream>

int main()
{
	std::cout << "Hello, world!\n";
}
```

La ligne ***#include <iostream>*** signale au compilateur qu'il doit *inclure* les déclarations des fonctions d'E/S de flux standard situées dans ***iostream***. Sans ces déclarations, l'expression

```
std::cout << "Hello, world!\n"
```

n'aurait aucun sens. L'opérateur **<<** ("envoyer vers") écrit son deuxième argument dans le premier. Dans notre exemple, la chaîne littérale "***Hello, world!\n***" est écrite dans le flux de sortie standard ***std:cout***. Une chaîne littérale est une séquence de caractères encadrée de guillemets doubles. Dans ce cas, un \ suivi d'un autre caractère signale un caractère spécial. Dans notre exemple, ***\n*** représente le caractère de retour à la ligne. ***Hello, world!*** sera donc suivi d'un retour à la ligne.

3.3 Espace de noms de la bibliothèque standard

La bibliothèque standard est définie dans un espace de noms (§ 2.4 et 8.2) nommé ***std***. C'est pourquoi le programme de l'exemple contient ***std::cout*** plutôt que ***cout***. On signale ainsi d'utiliser le ***cout*** standard.

Chaque fonction de bibliothèque standard est fournie par l'intermédiaire d'un en-tête standard analogue à ***<iostream>***. Par exemple :

```
#include<string>
#include<list>
```

Ces deux lignes rendent disponible la version standard de ***string*** et ***list***. Pour les utiliser, il suffit d'ajouter le préfixe ***std::***.

```
std::string s = "Rien ne sert de courir...";
std::list<std::string> slogans;
```

Pour simplifier, nous utiliserons rarement le préfixe ***std::*** explicitement dans les exemples. Nous n'inclurons pas non plus explicitement les en-têtes nécessaires. Pour compiler et exécuter les fragments de programmes présentés ici, vous devez mettre les "#include" des en-têtes appropriés (tel que décrit au § 3.7.5, au § 3.8.6 et au Chapitre 16). De plus, vous devez utiliser le préfixe ***std::*** ou rattacher chaque nom à ***std*** (voir § 8.2.3). Par exemple :

```
#include<string>                  // rend accessibles les fonctions de chaîne standard
using namespace std;               // rend accessibles les noms de std sans le préfixe std::

string s = "Ignorance is bliss!";  // ok: string est en fait std::string
```

Généralement, il n'est pas bon d'introduire tous les noms d'un espace de noms dans l'espace de noms global. Cependant, pour la concision des fragments de programmes permettant d'illustrer les fonctions de bibliothèque et de langage, nous avons omis les qualifications ***#include*** et ***std::*** répétitives. Dans cet ouvrage, nous utilisons presque exclusivement la bibliothèque standard. Lorsqu'un nom provenant de cette dernière est employé, il s'agit soit de l'utilisation de ce qui est fourni par le standard, soit d'une partie des explications sur la façon dont la fonction standard pourrait être définie.

3.4 Sorties

La bibliothèque ***iostream*** définit les sorties pour chaque type intégré. Par défaut, les valeurs envoyées vers la sortie ***cout*** sont converties en une séquence de caractères.

Par exemple :

```
void f()
{
        cout << 10;
}
```

va placer le caractère 1, suivi du caractère 0, dans le flux de sortie standard. Le code suivant également :

```
void g()
{
        int i = 10;
        cout << i;
}
```

Nous pouvons combiner des sorties de type différent de façon simple :

```
void h(int i)
{
        cout << "La valeur de i est ";
        cout << i;
        cout << '\n';
}
```

Si ***i*** a la valeur ***10***, les résultats affichés seront :

```
La valeur de i est 10
```

Une constante caractère représente un caractère encadré de guillemets simples. Vous pouvez noter qu'une constante de ce type est envoyée en sortie comme un caractère plutôt que comme une valeur numérique. Par exemple,

```
void k()
{
        cout << 'a';
        cout << 'b';
        cout << 'c';
}
```

affichera ***abc***.

Lorsque la sortie se compose de plusieurs éléments en relation, il devient vite lassant d'avoir à répéter le nom du flux de sortie. Il est heureusement possible d'utiliser le résultat d'une expression de sortie pour une autre sortie. Par exemple :

```
void h2(int i)
{
        cout << "La valeur de i est " << i << '\n';
}
```

Ce code est équivalent à ***h()***. Les flux sont détaillés dans le Chapitre 21.

3.5 Chaînes

La bibliothèque standard offre un type ***string*** permettant de compléter les chaînes littérales utilisées précédemment. Ce type fournit diverses opérations de chaîne utiles, telles que la concaténation. Voici un exemple :

```
string s1 = "Hello";
string s2 = "world";

void m1()
{
	string s3 = s1 + ", " + s2 + "!\n";

	cout << s3;
}
```

s3 est ici initialisé avec la séquence de caractère

Hello, world !

suivie d'un retour à la ligne. La concaténation est l'ajout de plusieurs chaînes. Vous pouvez ajouter des chaînes, des chaînes littérales et des caractères à une chaîne.

Dans de nombreuses applications, la forme la plus courante de concaténation consiste à ajouter quelque chose à la fin d'une chaîne. Elle est directement supportée par l'opération **+=**. Par exemple :

```
void m2(string& s1, string& s2)
{
	s1 = s1 + '\n';	// ajoute un retour à la ligne
	s2 += '\n';	// ajoute un retour à la ligne
}
```

Les deux méthodes d'ajout en fin de chaîne sont équivalentes d'un point de vue sémantique. Nous préférons cependant la dernière, car elle est plus concise et a plus de chances d'être implémentée efficacement.

On peut naturellement comparer les chaînes entre elles et avec des chaînes littérales. Par exemple :

```
string incantation;

void respond(const string& answer)
{
	if (answer == incantation) {
		// exerce la magie
	}
	else if (answer == "oui") {
		// ...
	}
	// ...
}
```

La classe ***string*** de la bibliothèque standard est décrite au Chapitre 20. Elle offre, en particulier, la possibilité de manipuler des sous-chaînes, comme dans l'exemple suivant :

```
string name = "Niels Stroustrup";

void m3()
{
        string s = name.substr(6,10);        // s = "Stroustrup"
        name.replace(0,5,"Nicholas");        // le nom devient "Nicolas Stroustrup"
}
```

L'opération ***substr()*** renvoie une chaîne, qui est la copie de la sous-chaîne indiquée par ses arguments. Le premier argument est un index de la chaîne (une position). Le second correspond à la longueur de la sous-chaîne. L'index débutant à 0, ***s*** récupère la valeur ***Stroustrup***.

L'opération ***replace()*** remplace une sous-chaîne par une valeur. Dans cet exemple, la sous-chaîne débutant à 0 et de longueur 5 est ***Niels***. Elle sera remplacée par ***Nicholas***. La valeur finale de ***name*** est donc ***Nicholas Stroustrup***. Vous pouvez noter que la chaîne de remplacement ne doit pas obligatoirement être de même taille que la sous-chaîne remplacée.

3.5.1 Les chaînes de style C

Une chaîne de style C est une chaîne de caractères terminée par un zéro (§ 5.2.2). Nous avons démontré que l'on peut facilement stocker une chaîne de style C dans un type ***string***. Pour pouvoir appeler des fonctions qui reçoivent des chaînes de style C, nous devons être capables d'extraire la valeur d'un type ***string*** sous la forme d'une chaîne de style C. La fonction ***c_str()*** a la charge de cette opération (§ 20.4.1). Nous pouvons afficher, par exemple, le ***name*** à l'aide de la fonction de sortie ***printf()*** (§ 21.8) du C de la façon suivante :

```
void f()
{
        printf("name: %s\n",name.c_str());
}
```

3.6 Entrées

La bibliothèque standard fournit les flux ***istream*** pour les entrées. Comme le font les flux ***ostream***, ceux-ci traitent les représentations de chaîne de caractères des types intégrés et peuvent facilement être développés pour prendre en compte les types définis par l'utilisateur.

>> ("lire dans") est utilisé comme opérateur d'entrée. ***cin*** est le flux d'entrée standard. C'est le type de l'opérande situé à droite de >> qui détermine l'entrée acceptée et la cible de l'opération d'entrée. Voici un exemple :

```
void f()
{
        int i;
        cin >> i;        // lit un entier et le place dans i
        double d;
        cin >> d;        // lit un nombre virgule flottante, double précision et le place dans d
}
```

Ce code lit un nombre tel que ***1234*** à partir de l'entrée standard et le stocke dans la variable entière ***i***, puis un nombre virgule flottante tel que ***12.34e5*** et le place dans la variable virgule flottante double précision ***d***.

Voici un exemple permettant d'effectuer des conversions pouce vers centimètre et centimètre vers pouce. Vous entrez un nombre suivi d'un caractère indiquant l'unité : des centimètres ou des pouces. Le programme affiche alors la valeur correspondante dans l'autre unité :

```
int main()
{
        const float factor = 2.54;      // 1 pouce = 2,54 cm
        float x, in, cm;
        char ch = 0;

        cout << "Entrez une longueur: ";

        cin >> x;                       // lit un nombre virgule flottante
        cin >> ch;                      // lit un suffixe

        switch (ch) {
        case 'i':                       // pouce
                in = x;
                cm = x*factor;
                break;
        case 'c':                       // cm
                in = x/factor;
                cm = x;
                break;
        default:
                in = cm = 0;
                break;
        }

        cout << in << " in = " << cm << " cm\n";
}
```

L'instruction ***switch*** teste une valeur par rapport à un ensemble de constantes. Les instructions ***break*** permettent de sortir de ***switch***. Les constantes des instructions ***case*** doivent être distinctes. Si la valeur testée ne correspond à aucune d'entre elles, c'est ***default*** qui est choisie. Le programmeur n'est pas obligé de fournir cette dernière instruction.

Nous avons souvent besoin de lire une séquence de caractères. Une façon pratique de réaliser cette opération consiste à passer par une chaîne. Par exemple :

```
int main()
{
        string str;

        cout << " Veuillez entrer votre nom \n";
        cin >> str;
```

```
        cout << "Hello, " << str << "!\n";
}
```

Si vous saisissez

Eric

la réponse sera

Hello, Eric !

Un caractère blanc, tel qu'un espace, termine la lecture par défaut. Si vous saisissez

Eric Bloodaxe

la réponse sera donc toujours

Hello, Eric !

La fonction ***getline()*** permet de lire une ligne complète. Par exemple :

```
int main()
{
        string str;

        cout << "Veuillez entrer votre nom\n";
        getline(cin,str);
        cout << "Hello, " << str << "!\n";
}
```

Avec ce programme, l'entrée de

Eric Bloodaxe

permet d'obtenir la sortie désirée :

Hello, Eric Bloodaxe !

Les chaînes standards ont cela d'intéressant qu'elles s'adaptent à la taille des données que vous désirez y placer. En conséquence, si vous entrez deux mégaoctets de points-virgules, le programme va afficher en retour des pages de points-virgule — sauf si votre machine ou si votre système d'exploitation vient à manquer d'une ressource importante.

3.7 Conteneurs

Le traitement informatique consiste souvent à créer des collections de diverses formes d'objets, puis à les manipuler. La lecture de caractères dans une chaîne puis l'impression de cette chaîne en est un exemple simple. Une classe dont l'objectif principal est de stocker des objets est couramment nommée *conteneur*. Les créations de conteneurs appropriés pour une tâche et du support de ces conteneurs *via* des opérations de base bien choisies représentent des étapes importantes de la construction d'un programme.

Pour illustrer les conteneurs les plus utiles de la bibliothèque standard, considérons un programme simple permettant de conserver les noms et les numéros de téléphone. Il s'agit du type de programme pour lequel les diverses approches doivent sembler "évidentes" à des personnes issues de milieux différents.

3.7.1 Les vecteurs

Un programmeur C choisirait probablement un tableau intégré de paires (nom, numéro) comme point de départ :

```
struct Entry {
        string name;
        int number;
};

Entry phone_book[1000];

void print_entry(int i)                    // utilisation simple
{
        cout << phone_book[i].name << ' ' << phone_book[i].number << '\n';
}
```

Cependant, un tableau intégré possède une taille fixe. Si nous choisissons une taille importante, de la mémoire sera gaspillée. Si nous choisissons une taille plus modeste, la capacité du tableau risque d'être dépassée. Dans un cas comme dans l'autre, il sera nécessaire de prévoir du code pour la gestion de mémoire de bas niveau. La bibliothèque standard fournit un ***vector*** (voir § 16.3), qui permet de résoudre ce problème :

```
vector<Entry> phone_book(1000);

void print_entry(int i)                    // utilisation simple, exactement comme pour un tableau
{
        cout << phone_book[i].name << ' ' << phone_book[i].number << '\n';
}

void add_entries(int n)                    // augmente la taille de n
{
        phone_book.resize(phone_book.size()+n);
}
```

La fonction membre ***size()*** de ***vector*** fournit le nombre d'éléments.

Notez l'utilisation des parenthèses dans la définition de ***phone_book***. Nous avons créé un objet simple de type ***vector<Entry>*** et nous avons fourni sa taille de base pour l'initialisation de l'annuaire. Cette méthode est très différente de la déclaration d'un tableau intégré :

```
vector<Entry> book(1000);           // vecteur de 1000 éléments
vector<Entry> books[1000];          // 1000 vecteurs vides
```

Si la paire de parenthèses présentes dans la déclaration de ***vector*** se transformait, par erreur, en une paire de crochets, votre compilateur détecterait certainement la faute et enverrait un message lors de toute tentative d'utilisation du vecteur.

Un vecteur est un objet simple, qu'il est possible d'attribuer.

Par exemple :

```
void f(vector<Entry>& v)
{
        vector<Entry> v2 = phone_book;
        v = v2;
        // ...
}
```

Pour affecter un vecteur il faut copier ses éléments. Après l'initialisation et l'affectation dans *f()*, ***v*** et ***v2*** contiendront une copie distincte de chaque ***Entry*** de l'annuaire. Lorsqu'un ***vector*** contient beaucoup d'éléments, ce type d'affectation et d'initialisation peut devenir très coûteux. Lorsque la copie n'est pas nécessaire, il est préférable d'utiliser des références ou des pointeurs.

3.7.2 Contrôle de limite

vector ne fournit pas de contrôle de limite par défaut. Par exemple :

```
void f()
{
        int i = phone_book[1001].number;        // 1001 est hors de l'intervalle admis
        // ...
}
```

Il est probable qu'au lieu de signaler une erreur, l'initialisation place une valeur aléatoire dans ***i***. Cela n'est pas acceptable. Dans les chapitres qui suivent, nous allons donc utiliser une adaptation de ***vector***, nommée ***Vec***, avec un contrôle de limite simple. Un ***Vec*** est analogue à un vecteur. La seule différence réside dans le fait qu'il déclenchera une exception de type ***out_of_range*** si un indice se trouve hors de l'intervalle admis.

Les techniques permettant d'implémenter des types tels que ***Vec*** et d'utiliser les exceptions efficacement seront traitées aux § 8.3 et 11.12, et au Chapitre 14. La définition présentée ici est toutefois suffisante pour les exemples de cet ouvrage :

```
template<class T> class Vec : public vector<T> {
public:
        Vec() : vector<T>() { }
        Vec(int s) : vector<T>(s) { }

        T& operator[](int i) { return at(i); }                    // intervalle contrôlé
        const T& operator[](int i) const { return at(i); }        // intervalle contrôlé
};
```

at() est une opération sur l'indice de ***vector*** qui déclenchera une exception de type ***out_of_range*** si son argument se trouve hors de l'intervalle admis de ***vector*** (voir § 16.3.3).

Pour revenir à notre exemple d'annuaire, nous pouvons maintenant utiliser un ***Vec*** pour garantir la détection des accès hors de l'intervalle admis. Par exemple :

```
Vec<Entry> phone_book(1000);

void print_entry(int i)        // utilisation simple, exactement comme pour vector
```

```
{
        cout << phone_book[i].name << ' ' << phone_book[i].number << '\n';
}
```

Un accès hors de l'intervalle admis déclenchera une exception qui pourra être détectée par l'utilisateur. Par exemple :

```
void f()
{
        try {
                for (int i = 0; i<10000; i++) print_entry(i);
        }
        catch (out_of_range) {
                cout<<"erreur de limite\n";
        }
}
```

L'exception va être déclenchée, puis détectée si l'on tente d'accéder à ***phone_book[i]*** avec ***i==1000***. Si l'utilisateur ne détecte pas ce type d'exception, le programme, au lieu de poursuivre ou de se bloquer d'une façon indéterminée, se terminera d'une façon bien définie. Une méthode permettant de minimiser toute surprise provenant des exceptions consiste à utiliser une fonction ***main()***, dont le corps est un bloc ***try*** :

```
int main()
try {
        // votre code
}
catch (out_of_range) {
        cerr << "erreur de limite\n";
}
catch (...) {
        cerr << " exception inconnue déclenchée\n";
}
```

Vous disposez ainsi de gestionnaires d'exception par défaut, de telle sorte que si la détection d'une exception a été oubliée, un message d'erreur sera imprimé dans ***cerr***, le flux de sortie standard pour les diagnostics d'erreur (§ 21.2.1).

3.7.3 Les listes

L'ajout et la suppression d'entrées dans l'annuaire peuvent être des opérations courantes. Dans ce cas, une liste serait plus appropriée qu'un vecteur pour représenter un annuaire simple. Par exemple :

```
list<Entry> phone_book;
```

Lorsque nous utilisons une liste, l'accès aux éléments n'est généralement pas réalisé à l'aide d'un indice, comme dans le cas des vecteurs. Dans cette liste, on recherchera plutôt un élément à l'aide d'une valeur donnée. Pour cette opération, nous tirons parti du fait qu'une liste est une séquence telle que définie au § 3.8 :

```
void print_entry(const string& s)
{
```

```
        typedef list<Entry>::const_iterator LI;

        for (LI i = phone_book.begin(); i != phone_book.end(); ++i) {
                Entry& e = *i;                    // référence utilisée comme raccourci
                if (s == e.name) {
                        cout << e.name << ' ' << e.number << '\n';
                        return;
                }
        }
}
```

La recherche de ***s*** débute au début de la liste et se poursuit jusqu'à la détection de la lettre ou jusqu'à la fin de la liste. Tous les conteneurs de la bibliothèque standard fournissent les fonctions ***begin()*** et ***end()***, qui renvoient un opérateur d'itération respectivement vers le premier élément et vers l'élément suivant le dernier (voir § 16.3.2). Etant donné un opérateur d'itération ***i***, ***++i*** est l'élément suivant et ****i*** est l'élément auquel il fait référence.

Pour un conteneur standard, l'utilisateur n'a pas besoin de connaître le type exact d'opérateur d'itération. Ce type fait partie de la définition du conteneur et il est possible d'y faire référence par son nom. Lorsqu'il n'est pas nécessaire de modifier un élément du conteneur, le type approprié est ***const_iterator***. Dans les autres cas, nous utilisons le type ***iterator*** normal (voir § 16.3.1).

L'ajout d'éléments dans une liste est une opération aisée :

```
void add_entry(Entry& e, list<Entry>::iterator i)
{
        phone_book.push_front(e);         // ajout au début
        phone_book.push_back(e);          // ajout à la fin
        phone_book.insert(i,e);           // ajout avant l'élément auquel 'i' fait référence
}
```

3.7.4 Les maps

L'écriture du code destiné à rechercher un nom dans une liste de paires (nom, numéro) est assez fastidieuse. De plus, une recherche linéaire ne sera efficace que dans le cas de listes courtes. Différentes structures de données permettent de supporter directement l'ajout, la suppression et la recherche de valeurs. La bibliothèque standard fournit, en particulier, le type ***map*** (voir § 17.4.1). Un ***map*** est un conteneur de paires de valeurs. Par exemple :

```
map<string,int> phone_book;
```

Dans un contexte différent, un ***map*** pourra être un tableau associatif ou dictionnaire.

Lorsqu'il est indexé à l'aide de la valeur correspondant à son premier type (appelé *clé*), un ***map*** renvoie la valeur correspondant au second type (nommé *valeur* ou *type mappé*). Par exemple :

```
void print_entry(const string& s)
{
        if (int i = phone_book[s]) cout << s << ' ' << i << '\n';
}
```

Si aucune correspondance n'a été trouvée pour la clé ***s***, une valeur par défaut est renvoyée par ***phone_book***. Pour un type entier dans un ***map***, cette valeur sera ***0***. Nous supposons ici que 0 n'est pas un numéro de téléphone valide.

3.7.5 Les conteneurs standards

Pour représenter un annuaire, il est possible d'utiliser un ***map***, une ***list*** ou un ***vector***. Chacune de ces structures possède des avantages, mais également des inconvénients. La création d'un ***vector***, par exemple, est simple et peu coûteuse. D'un autre côté, l'ajout d'un élément supplémentaire entre deux éléments déjà existants est une opération relativement complexe. Une ***list*** présente des propriétés parfaitement opposées. Un ***map*** ressemble à une ***list*** de paires (clé, valeur), à l'exception du fait qu'il est optimisé pour la recherche des valeurs à partir des clés.

La bibliothèque standard fournit une partie des types de conteneur les plus utiles et les plus généraux. Le programmeur peut ainsi sélectionner celui qui correspond le mieux aux besoins de l'application :

Récapitulatif des conteneurs standards

vector<T>	Un vecteur de taille variable (§ 16.3)
list<T>	Une liste doublement chaînée (§ 17.2.2)
queue<T>	Une file d'attente (§ 17.3.2)
stack<T>	Une pile (§ 17.3.1)
deque<T>	Une file d'attente à double fin (§ 17.2.3)
priority_queue<T>	Une file d'attente triée par valeur (§ 17.3.3)
set<T>	Un ensemble (§ 17.4.3)
multiset<T>	Un ensemble dans lequel une valeur peut apparaître plusieurs fois (§ 17.4.4)
map<key, val>	Un tableau associatif (§ 17.4.1)
multimap<key, val>	Un map dans lequel une clé peut apparaître plusieurs fois (§ 17.4.2)

Les conteneurs standards sont présentés aux § 16.2 et 16.3 et au Chapitre 17. Les conteneurs sont définis dans l'espace de noms ***std*** et présentés dans les en-têtes ***<vector>***, ***<list>***, ***<map>***, etc. (§ 16.2).

Les conteneurs standards et leurs opérations de base possèdent une notation identique. Par ailleurs, les opérations ont une signification équivalente. En général, les opérations de base s'appliquent à tout type de conteneur. Il est possible d'utiliser, par exemple, ***push_back()*** (avec une efficacité acceptable) pour ajouter des éléments à la fin d'un ***vector*** ainsi que pour une ***list***. De plus, chaque conteneur contient une fonction membre ***size()*** qui renvoie son nombre d'éléments.

La notation et la sémantique communes permettent aux programmeurs de fournir de nouveaux types de conteneurs, dont l'utilisation est très proche de celle du conteneur standard. Le vecteur avec contrôle de limite, ***Vec*** (§ 3.7.2), en est un exemple. Le Chapitre 17 explique comment ajouter un ***hash_map*** à la structure. L'uniformité des interfaces de conteneur nous permet également de spécifier des algorithmes indépendamment des types de conteneur individuels.

3.8 Algorithmes

L'utilisation d'une structure de données, telle qu'une liste ou un vecteur, n'est pas chose aisée. Nous avons besoin d'opérations pour l'accès de base, comme l'ajout ou la suppression d'éléments. De plus, il est très rare que l'on se contente de stocker simplement des objets dans un conteneur. Il faut pouvoir les trier, les imprimer, en extraire des sous-ensembles, supprimer des éléments, rechercher des objets, etc. En conséquence, la bibliothèque standard fournit non seulement les algorithmes les plus courants pour ces conteneurs, mais aussi les types de conteneurs les plus courants. Le code qui suit, par exemple, trie un ***vector*** et place une copie de chaque élément unique de ***vector*** dans une ***list*** :

```
void f(vector<Entry>& ve, list<Entry>& le)
{
        sort(ve.begin(),ve.end());
        unique_copy(ve.begin(),ve.end(),le.begin());
}
```

Les algorithmes standards sont traités au Chapitre 18. Ils sont décrits en terme de séquences d'éléments (§ 2.7.2). Une séquence est représentée par une paire d'opérateurs d'itération spécifiant le premier élément et l'élément suivant le dernier. Dans notre exemple, ***sort()*** trie la séquence depuis ***ve.begin()*** jusqu'à ***ve.end()*** — ce qui se trouve être tous les éléments d'un vecteur. Pour l'écriture, vous n'avez besoin de spécifier que le premier élément à écrire. Si plusieurs éléments doivent être écrits, ceux qui suivent l'élément initial seront écrasés.

Si nous voulions ajouter de nouveaux éléments à la fin d'un conteneur, nous pourrions écrire :

```
void f(vector<Entry>& ve, list<Entry>& le)
{
        sort(ve.begin(),ve.end());
        unique_copy(ve.begin(),ve.end(),back_inserter(le));     // ajout en fin de le
}
```

La fonction ***back_inserter()*** permet d'ajouter des éléments à la fin d'un conteneur en augmentant la capacité de celui-ci, de façon qu'il puisse les recevoir (§ 19.2.4). Les programmeurs C apprécieront le fait que, grâce aux conteneurs standards et aux ***back_inserter()***, la gestion de mémoire qui était explicite dans le style C devient inutile (§ 16.3.5). Si vous oubliez d'utiliser ***back_inserter()*** lorsque vous ajoutez des éléments en fin de conteneur, des erreurs pourront apparaître. Par exemple :

```
void f(vector<Entry>& ve, list<Entry>& le)
{
        copy(ve.begin(),ve.end(),le);             // erreur : le n'est pas un opérateur d'itération
        copy(ve.begin(),ve.end(),le.end());       // mauvais : on écrit au-delà de la fin
        copy(ve.begin(),ve.end(),le.begin());     // des éléments sont écrasés
}
```

3.8.1 Utiliser les opérateurs d'itération

Pour manipuler un conteneur, quelques opérateurs d'itération se référant à des éléments utiles sont disponibles. ***begin()*** et ***end()*** en sont les meilleurs exemples. De plus, de nombreux algorithmes renvoient des opérateurs d'itération. L'algorithme standard ***find***, par exemple, recherche une valeur dans une séquence et renvoie un opérateur d'itération vers l'élément trouvé. En utilisant ***find***, nous pouvons écrire une fonction permettant de compter le nombre d'occurrences d'un caractère dans une chaîne :

```
int count(const string& s, char c)          // compte le nombre d'occurrences de c dans s{
        int n = 0;
        string::const_iterator i = find(s.begin(),s.end(),c);
        while (i != s.end()) {
                i = find(i+1,s.end(),c))
                ++n;
        }
        return n;
}
```

L'algorithme ***find*** renvoie un opérateur d'itération sur la première occurrence d'une valeur dans une séquence ou l'opérateur d'itération de la "fin-plus-un". Examinez ce qui se passe pour un appel de ***count*** simple :

```
void f()
{
        string m = "Mary had a little lamb";
        int a_count = count(m,'a');
}
```

Le premier appel de ***find()*** détecte le ***'a'*** de ***Mary***. L'opérateur d'itération pointe donc sur ce caractère et non sur ***s.end()***. Nous entrons alors dans la boucle. Dans cette dernière, nous démarrons la recherche à ***i+1***. Nous commençons donc notre investigation à partir de l'élément suivant le ***'a'***. La boucle s'exécute pour détecter les trois autres ***'a'***. Cela étant fait, ***find()*** atteint la fin et renvoie ***s.end()***, de telle sorte que la condition ***i!=s.end()*** échoue. Nous sortons alors de la boucle.

Il est possible de représenter graphiquement l'appel de ***count()*** de la façon suivante :

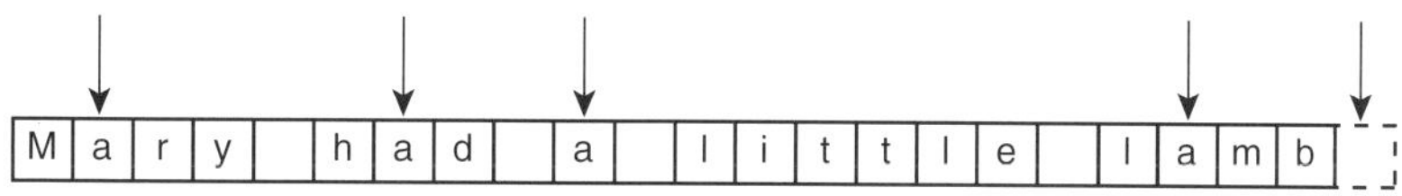

Les flèches indiquent les valeurs initiale, intermédiaire et finale de l'opérateur d'itération ***i***.

Naturellement, le fonctionnement de l'algorithme ***find*** est équivalent pour chaque conteneur standard. Par conséquent, nous pourrions généraliser la fonction ***count()*** de la même façon :

```
template<class C, class T> int count(const C& v, T val)
{
        typename C::const_iterator i = find(v.begin(),v.end(),val);     // "typename;" voir § C.13.5
        int n = 0;
        while (i != v.end()) {
                ++n;
                ++i;                                   // saute l'élément qui vient d'être trouvé
                i = find(i,v.end(),val);
        }
```

```
        return n;
}
```

Ce code fonctionne. Nous pouvons donc dire :

```
void f(list<complex>& lc, vector<string>& vc, string s)
{
        int i1 = count(lc,complex(1,3));
        int i2 = count(vc,"Chrysippus");
        int i3 = count(s,'x');
}
```

Nous n'avons cependant pas besoin de définir un modèle ***count***. Le comptage des occurrences d'un élément est d'un usage suffisamment général pour que la bibliothèque standard fournisse cet algorithme. Pour qu'il soit complètement général, ce ***count*** reçoit une séquence en argument au lieu d'un conteneur.

```
void f(list<complex>& lc, vector<string>& vs, string s)
{
        int i1 = count(lc.begin(),lc.end(),complex(1,3));
        int i2 = count(vs.begin(),vs.end(),"Diogenes");
        int i3 = count(s.begin(),s.end(),'x');
}
```

L'utilisation d'une séquence nous permet d'utiliser ***count*** pour un tableau intégré, mais également pour dénombrer les parties d'un conteneur. Par exemple :

```
void g(char cs[], int sz)
{
        int i1 = count(&cs[0],&cs[sz],'z');       // les 'z' du tableau
        int i2 = count(&cs[0],&cs[sz/2],'z');     // les 'z' dans la première moitié du tableau
}
```

3.8.2 Les types d'opérateurs d'itération

Qu'est-ce réellement qu'un opérateur d'itération ? Il s'agit d'un objet d'un certain type. Il existe cependant de nombreux types d'opérateurs d'itération, car ceux-ci doivent recevoir les informations nécessaires à la réalisation de leur travail sur un type de conteneur particulier. Ces types d'opérateurs d'itération peuvent être aussi différents que le sont les conteneurs et les besoins auxquels ils répondent. L'opérateur d'itération d'un ***vector***, par exemple, a de fortes chances d'être un pointeur ordinaire, car il s'agit d'une solution tout à fait acceptable pour se référer à un élément d'un vecteur.

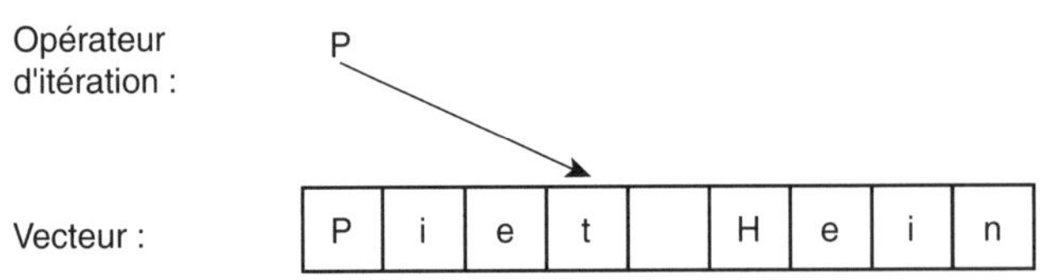

L'opérateur d'itération d'un ***vector*** pourrait également être implémenté sous la forme d'un pointeur du ***vector*** plus un index.

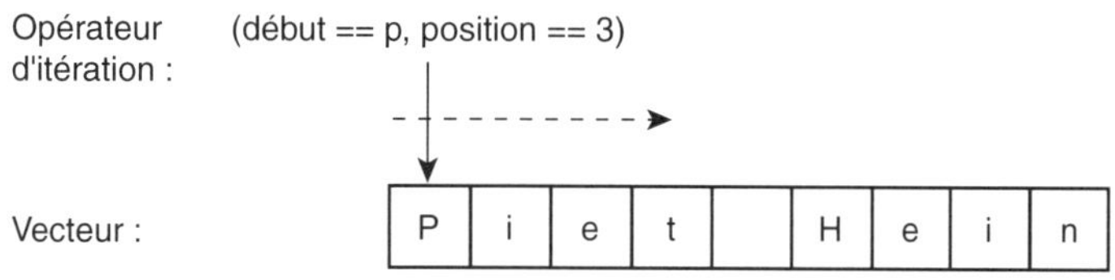

L'utilisation d'un opérateur d'itération de ce type permet d'effectuer un contrôle de limite (§ 19.3).

L'opérateur d'itération d'une liste doit être plus sophistiqué qu'un simple pointeur d'éléments, car un élément d'une liste en général ne sait pas où se situe le prochain élément de cette liste. Un opérateur d'itération de liste pourrait donc être le pointeur d'un lien.

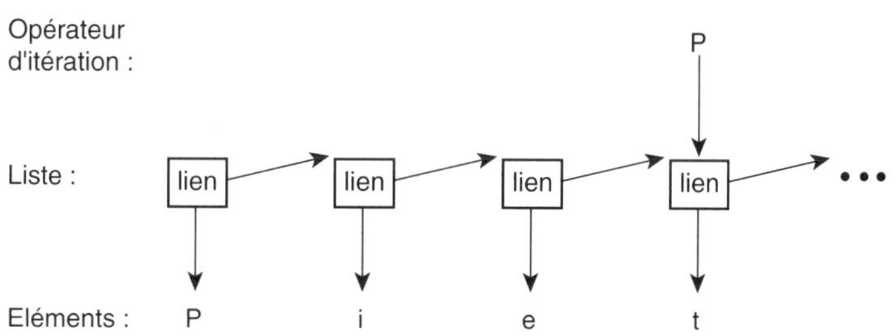

Les opérateurs d'itération ont tous en commun leur sémantique et le nom de leurs opérations. En appliquant, par exemple, **++** à tout opérateur d'itération, on obtient un opérateur d'itération qui fait référence à l'élément suivant. D'une façon analogue, * permet d'obtenir l'élément auquel l'opérateur d'itération fait référence. En fait, tout objet obéissant à quelques règles simples comme celles-ci est un opérateur d'itération (§ 19.2.1). En outre, les utilisateurs ont rarement besoin de connaître le type d'un opérateur d'itération spécifique. Chaque conteneur "connaît" ses types d'opérateurs d'itération et les rend disponibles sous les noms conventionnels ***iterator*** et ***const_iterator***. ***List<Entry>::iterator***, par exemple, est le type d'opérateur d'itération général pour ***list<Entry>***. Il est très rare que l'on ait besoin de connaître les détails sur la façon dont un type est défini.

3.8.3 Les opérateurs d'itération et les E/S

Les opérateurs d'itération représentent un concept général et utile pour gérer des séquences d'éléments dans des conteneurs. Ces derniers ne constituent pas, cependant, le seul emplacement dans lequel nous trouvons des séquences d'éléments. Un flux d'entrée, par exemple, produit une séquence de valeurs. Nous écrivons également une séquence de valeurs dans le flux de sortie. Par conséquent, la notion d'opérateur d'itération peut être appliquée utilement aux entrées et sorties.

Pour créer un ***ostream_iterator***, nous devons spécifier le flux à utiliser, ainsi que le type d'objet écrit dans ce dernier. Nous pouvons définir, par exemple, un opérateur d'itération faisant référence au flux de sortie standard ***cout*** :

```
ostream_iterator<string> oo(cout);
```

En affectant une valeur à ****oo***, on écrit la valeur attribuée dans ***cout***. Par exemple :

```
int main()
{
        *oo = "Hello, ";            // signifie cout << "Hello, "
        ++oo;
        *oo = "world!\n";           // signifie cout << "world!\n"
}
```

Il s'agit là d'une autre méthode pour écrire ce message vers la sortie standard. L'opération ***++oo*** permet d'imiter l'écriture dans un tableau *via* un pointeur. Cette méthode n'est pas celle que nous conseillerions pour exécuter cette tâche simple, mais l'utilité de traiter la sortie comme un conteneur en écriture seulement va rapidement devenir évidente, si ce n'est déjà fait.

De façon analogue, ***istream_iterator*** nous permet de traiter un flux d'entrée comme un conteneur en lecture seulement. Nous devons spécifier de nouveau le flux à utiliser et le type des valeurs attendues :

```
istream_iterator<string> ii(cin);
```

Les opérateurs d'itération d'entrée apparaissant invariablement sous la forme de paires représentant une séquence, nous devons fournir un ***istream_iterator*** pour signaler la fin de l'entrée. Voici l'opérateur ***istream_iterator*** par défaut :

```
istream_iterator<string> eos;
```

Nous pourrions maintenant lire ***Hello, world !*** à partir de l'entrée et l'écrire de nouveau de la façon suivante :

```
int main()
{
        string s1 = *ii;
        ++ii;
        string s2 = *ii;

        cout << s1 << ' ' << s2 << '\n';
}
```

En fait, les opérateurs ***istream_iterator*** et ***ostream_iterator*** ne sont pas censés être utilisés directement. Ils sont généralement fournis comme arguments pour les algorithmes. Nous pouvons écrire, par exemple, un programme simple destiné à lire un fichier, à trier les mots lus, à éliminer les doublons et à écrire le résultat dans un autre fichier :

```
int main()
{
        string from, to;
        cin >> from >> to;                  // récupère les noms des fichiers source et cible
```

```
        ifstream is(from.c_str());                    // flux d'entrée (c_str(); voir § 3.5)
        istream_iterator<string> ii(is);              // opérateur d'itération d'entrée pour le flux
        istream_iterator<string> eos;                 // sentinelle de l'entrée


        vector<string> b(ii,eos);                     // b est un vecteur initialisé par l'entrée
        sort(b.begin(),b.end());                      // tri de la mémoire tampon

        ofstream os(to.c_str());                      // flux de sortie
        ostream_iterator<string> oo(os,"\n");         // opérateur d'itération de sortie pour le flux

        unique_copy(b.begin(),b.end(),oo);            // copie la mémoire tampon vers la sortie
                                                      // supprime les valeurs dupliquées

        return !is.eof() && !os;                      // renvoie l'état d'erreur (voir § 3.2 et § 21.3.3)
}
```

Un ***ifstream*** est un ***istream*** que l'on peut associer à un fichier. De la même façon, un ***ofstream*** est un ***ostream*** qu'il est possible d'associer à un fichier. On utilise le deuxième argument de ***ostream _iterator*** pour délimiter les valeurs de sortie.

3.8.4 Les parcours et les prédicats

Les opérateurs d'itération permettent d'écrire des boucles pour parcourir une séquence. L'écriture de ces boucles peut cependant être fastidieuse. La bibliothèque standard offre donc plusieurs possibilités afin qu'une fonction puisse être appelée pour chaque élément d'une séquence.

Considérons, par exemple, un programme qui lit des mots en entrée et enregistre la fréquence de leurs occurrences. La représentation naturelle de ces chaînes et de leur fréquence associée est un ***map*** :

```
map<string, int> histogram;
```

L'action qui s'impose pour que chaque chaîne enregistre sa fréquence est :

```
void record(const string& s)
{
        histogram[s]++;          // enregistre la fréquence des "s"
}
```

Après la lecture de l'entrée, vous pourriez vouloir transmettre les données collectées en sortie. Le ***map*** est constitué d'une séquence de paires (***string***, ***int***). Par conséquent, vous pourriez appeler :

```
void print(const pair<const string,int>& r)
{
        cout << r.first << ' ' << r.second << '\n';
}
```

pour chaque élément du map (le premier élément d'une ***pair*** est nommé ***first***, et le second ***second***). Plutôt qu'une simple chaîne, le premier élément de la ***pair*** est de type ***const string***, car toutes les clés du ***map*** sont constantes.

Le programme main devient :

```
int main()
{
        istream_iterator<string> ii(cin);
        istream_iterator<string> eos;

        for_each(ii,eos,record);
        for_each(histogram.begin(),histogram.end(),print);
}
```

Notez qu'il n'est pas nécessaire de trier le ***map*** pour que la sortie soit ordonnée. Les éléments d'un ***map*** sont toujours ordonnés de telle sorte qu'une itération le parcourt dans l'ordre croissant.

De nombreuses tâches de programmation impliquent la recherche d'un élément dans un conteneur. L'algorithme ***find*** (§ 18.5.2), par exemple, offre une méthode pratique pour rechercher une valeur spécifique. Une variante plus générale de cette idée consiste à rechercher un élément remplissant une condition spécifique. Nous pourrions vouloir rechercher dans un ***map***, par exemple, la première valeur supérieure à ***42***. Un ***map*** est une séquence de paires (clé, valeur). Nous allons donc rechercher dans cette liste un élément ***pair<const string, int>*** dans lequel ***int*** est supérieur à ***42***.

```
bool gt_42(const pair<const string,int>& r)
{
        return r.second>42;
}

void f(map<string,int>& m)
{
        typedef map<string,int>::const_iterator MI;
        MI i = find_if(m.begin(),m.end(),gt_42);
        // ...
}
```

Nous pourrions également compter le nombre de mots dont la fréquence est supérieure à 42 :

```
void g(const map<string,int>& m)
{
        int c42 = count_if(m.begin(),m.end(),gt_42);
        // ...
}
```

Une fonction, telle que ***gt_42()***, qui est utilisée pour contrôler l'algorithme, est nommée *prédicat*. Un prédicat est appelé pour chaque élément et renvoie une valeur booléenne. Cette dernière sera employée par l'algorithme pour effectuer l'action demandée. ***find_if()***, par exemple, effectue une recherche jusqu'à ce que son prédicat renvoie ***true*** pour indiquer que l'élément recherché a été détecté. De façon analogue, ***count_if()*** calcule le nombre de fois où son prédicat est ***false***.

La bibliothèque standard fournit quelques prédicats utiles ainsi que des modèles permettant d'en créer davantage (§ 18.4.2).

3.8.5 Algorithmes faisant appel aux fonctions membres

De nombreux algorithmes appliquent une fonction aux éléments d'une séquence. Au § 3.8.4, par exemple,

```
for_each (ii, eos, record);
```

appelle ***record()*** pour lire les chaînes en entrée.

Les conteneurs de pointeurs sont souvent manipulés, et il serait beaucoup plus intéressant d'appeler une fonction membre de l'objet pointé plutôt qu'une fonction globale sur le pointeur. Nous pourrions vouloir, par exemple, appeler la fonction membre ***Shape::draw()*** pour chaque élément d'une ***list<Shape*>***. Pour cet exemple spécifique, nous écrirons simplement une fonction non membre qui appelle la fonction membre. Par exemple :

```
void draw(Shape* p)
{
        p->draw();
}

void f(list<Shape*>& sh)
{
        for_each(sh.begin(),sh.end(),draw);
}
```

En généralisant cette technique, nous pouvons écrire l'exemple de la façon suivante :

```
void g(list<Shape*>& sh)
{
        for_each(sh.begin(),sh.end(),mem_fun(&Shape::draw));
}
```

Le modèle ***mem_fun()*** de la bibliothèque standard (§ 18.4.4.2) reçoit le pointeur d'une fonction membre (§ 15.5) en argument et produit un résultat pouvant être appelé pour un pointeur de la classe du membre. Le résultat de ***mem_fun() (&Shape::draw)*** reçoit un type ***Shape**** en argument et renvoie ce qui est renvoyé par ***Shape::draw()***.

Le mécanisme de ***mem_fun()*** est important, car il permet aux algorithmes standards d'être utilisés pour des conteneurs d'objets polymorphiques.

3.8.6 Les algorithmes de la bibliothèque standard

La définition générale d'un algorithme est "un ensemble fini de règles qui produit une séquence d'opérations permettant de résoudre un ensemble spécifique de problèmes [et] possède cinq caractéristiques importantes : fini...précis...entrée...sortie...efficacité" [Knuth, 1968, § 1.1]. Dans le contexte de la bibliothèque standard C++, un algorithme est un ensemble de modèles opérant sur des séquences d'éléments.

La bibliothèque standard contient des douzaines d'algorithmes. Ceux-ci sont définis dans l'espace de noms ***std*** et présentés dans l'en-tête ***<algo>***. Ces algorithmes, ainsi que de nombreux autres (voir Chapitre 18), peuvent être appliqués à des éléments de conteneur, à des chaînes et à des tableaux intégrés.

Algorithmes standards sélectionnés

for_each()	Appelle la fonction pour chaque élément (§ 18.5.1)
find()	Recherche la première occurrence des arguments (§ 18.5.2)
find_if()	Recherche la première correspondance du prédicat (§ 18.5.2)
count()	Compte les occurrences de l'élément (§ 18.5.3)
count_if()	Compte les correspondances du prédicat (§ 18.5.3)
replace()	Remplace un élément par une nouvelle valeur (§ 18.6.4)
replace_if()	Remplace l'élément correspondant au prédicat par une nouvelle valeur (§ 18.6.4)
copy()	Copie les éléments (§ 18.6.1)
unique_copy()	Copie les éléments non dupliqués (§ 18.6.1)
sort()	Trie les éléments (§ 18.7.1)
equal_range()	Recherche tous les éléments possédant des valeurs équivalentes (§ 18.7.2)
merge()	Fusionne les séquences triées (§ 18.7.3)

3.9 Mathématiques

Comme le langage C, le C++ n'a pas été conçu spécifiquement pour les calculs numériques. De nombreuses tâches numériques sont cependant effectuées à l'aide de ce langage. La bibliothèque standard en est l'image.

3.9.1 Les nombres complexes

La bibliothèque standard prend en charge une famille de nombres complexes par l'intermédiaire de la classe ***complex*** décrite en § 2.5.2. Pour prendre en charge les nombres complexes pour lesquels les scalaires sont en simple précision, les nombres virgules flottantes (***float***), les nombres double précision (***double***), etc., la classe ***complex*** de la bibliothèque standard est un modèle :

```
template<class scalar> class complex {
public:
	complex(scalar re, scalar im);
	// ...
};
```

Les opérations arithmétiques courantes et les fonctions mathématiques les plus répandues sont supportées pour les nombres complexes. Par exemple :

```
// fonction exponentielle standard de <complex> :
template<class C> complex<C> pow(const complex<C>&, int);

void f(complex<float> fl, complex<double> db)
{
	complex<long double> ld = fl+sqrt(db);
	db += fl*3;
```

```
        fl = pow(1/fl,2);
        // ...
}
```

Reportez-vous au § 22.5 pour plus de détails.

3.9.2 Arithmétique appliquée aux vecteurs

Le *vector* décrit au § 3.7.1 a été conçu comme un mécanisme général permettant de stocker des valeurs. Ses principales caractéristiques sont la souplesse et la possibilité de s'adapter à l'architecture des conteneurs, des opérateurs d'itération ainsi que des algorithmes. Cependant, il ne prend pas en charge les opérations mathématiques sur les vecteurs. Il serait facile d'ajouter ce type d'opération dans *vector*, mais ses caractéristiques de généralité et de souplesse excluent toute optimisation, chose souvent considérée comme essentielle pour les travaux numériques sérieux. Par conséquent, la bibliothèque standard fournit le vecteur *valarray*, qui est moins général et plus facilement optimisable pour le traitement numérique :

```
template<class T> class valarray {
        // ...
        T& operator[](size_t);
        // ...
};
```

size_t est le type d'entier non signé que l'implémentation emploie pour les indices de tableau.

Les opérations arithmétiques courantes et les fonctions mathématiques les plus répandues sont supportées pour les vecteurs *valarray*. Par exemple :

```
// la fonction de valeur absolue standard de <valarray>:
template<class T> valarray<T> abs(const valarray<T>&);

void f(valarray<double>& a1, valarray<double>& a2)
{
        valarray<double> a = a1*3.14+a2/a1;
        a2 += a1*3.14;
        a = abs(a);
        double d = a2[7];
        // ...
}
```

Reportez-vous au § 22.4 pour tout détail supplémentaire.

3.9.3 Le support numérique de base

La bibliothèque standard comprend naturellement les fonctions mathématiques les plus courantes — telles que *log()*, *pow()* et *cos()* — pour les types virgules flottantes (§ 22.3). Les classes décrivant les propriétés des types intégrés — comme l'exposant maximum d'un type *float* — sont également fournies (§ 22.2).

3.10 Fonctions de la bibliothèque standard

Les fonctions offertes par la bibliothèque standard sont les suivantes :

- **Le support d'un langage dynamique de base.** Pour l'allocation et les informations de type exécution par exemple (voir § 16.1.3.).
- **La bibliothèque standard C.** Avec très peu de modifications pour réduire au maximum les violations du système des types (voir § 16.1.2).
- **Les chaînes et les flux d'E/S.** Avec la prise en charge des jeux de caractère internationaux et la localisation (voir Chapitres 20 et 21).
- **Une structure de conteneurs.** Tels que ***vector***, ***list*** et ***map*** ainsi que des algorithmes utilisant les conteneurs comme les parcours généraux, les tris et les fusions (voir Chapitres 16, 17, 18 et 19).
- **Le support du traitement numérique.** Les nombres complexes plus les vecteurs avec des opérations arithmétiques, les secteurs généralisés et de type BLAS, et une sémantique conçue pour simplifier l'optimisation (voir Chapitre 22).

Pour justifier son inclusion dans la bibliothèque, une classe doit être susceptible d'être utilisée par la quasi-totalité des programmeurs C++ (qu'ils soient débutants ou experts). Elle doit pouvoir être fournie sous une forme générale qui n'apporte pas une charge supplémentaire significative en comparaison d'une version plus simple du même utilitaire, et son utilisation doit être aisée. Pour l'essentiel, la bibliothèque standard C++ fournit les structures de données fondamentales les plus courantes ainsi que les algorithmes fondamentaux utilisés sur ces structures.

Chaque algorithme fonctionne avec tout conteneur, sans qu'aucune conversion ne soit nécessaire. Cette structure, nommée conventionnellement STL [Stepanov, 1994], peut être étendue dans la mesure où les utilisateurs ont la possibilité de fournir des conteneurs et des algorithmes permettant de compléter ceux de la partie standard et de les faire fonctionner directement avec les algorithmes et conteneurs standards.

3.11 Conseils

1. Ne réinventez pas la roue. Faites appel aux bibliothèques.
2. Ne croyez pas au Père Noël. Vous devez savoir ce que font vos bibliothèques, comment elles le font, et à quel coût.
3. Lorsque vous avez le choix, préférez la bibliothèque standard aux autres bibliothèques.
4. Ne croyez pas que la bibliothèque standard soit la solution idéale pour toute chose.
5. N'oubliez pas de mettre les ***#include*** des en-têtes pour les fonctions utilisées ; § 3.3.
6. N'oubliez pas que les utilitaires de la bibliothèque standard sont définis dans l'espace de noms ***std*** ; § 3.3.
7. Utilisez le type ***string*** plutôt que ___char*___ ; § 3.5 et § 3.6.
8. Si une erreur est possible, utilisez un vecteur à contrôle de limite (tel que ***Vec***) ; § 3.7.2.
9. Choisissez de préférence ***vector<T>***, ***list<T>*** et ***map<clé, valeur>*** à ***T[]*** ; § 3.7.1, § 3.7.3 et § 3.7.4.

10. Pour ajouter des éléments dans un conteneur, utilisez ***push_back()*** ou ***back_inserter()*** ; § 3.7.3 et § 3.8.
11. Préférez ***push_back()*** sur un ***vector*** plutôt que ***realloc()*** sur un tableau ; § 3.8.
12. Détectez les exceptions courantes dans la fonction ***main()*** ; § 3.7.2.

I

Les fonctions de base

Cette partie décrit les types intégrés du C++ ainsi que les fonctions de base permettant de construire les programmes. Le sous-ensemble C du C++ sera présenté ainsi que la prise en charge supplémentaire par le C++ des styles de programmation traditionnels. Cette partie décrit également les fonctions de base permettant de composer un programme C++ à partir des parties logiques et physiques.

Chapitres

4

Types et déclarations

N'acceptez rien moins que la perfection.

Anon

On n'atteint la perfection que lorsqu'on arrive au point de rupture.

C. N. Parkinson

Types — Les booléens — Les types de caractère — Les types entiers — Les types virgule flottante — Tailles — ***Void*** — Enumérations — Les déclarations — Les noms — La portée — Initialisation — Objets et lvalues — ***Typedef*** — Conseils — Exercices

4.1 Types

Examinez l'instruction suivante :

x = y+f(2);

Pour que cette instruction ait un sens dans un programme C++, les noms ***x***, ***y*** et ***f*** doivent avoir été déclarés de façon appropriée. Le programmeur doit donc spécifier l'existence des entités nommées ***x***, ***y*** et ***f*** et le fait qu'elles appartiennent à des types pour lesquels l'affectation (=), l'addition (+) et l'appel de fonction (()) sont significatifs.

Dans un programme C++, tout nom (identificateur) possède un type qui lui est associé. Ce dernier détermine les opérations qu'il est possible d'appliquer à ce nom (c'est-à-dire à l'entité auquel ce nom fait référence) ainsi que la façon dont de telles opérations sont interprétées. Les déclarations suivantes, par exemple

```
float x;          //x est une variable virgule
                  //flottante
int y = 7;        // y est une variable entière dont
                  // la valeur initiale est 7
float f(int);     // f est une fonction qui reçoit
                  // un argument de type int et qui
                  // renvoie un nombre virgule
                  // flottante
```

vont donner toute sa signification à notre exemple. ***y*** étant déclaré comme étant du type ***int***, on peut lui attribuer une valeur, l'utiliser dans des expressions arithmétiques, etc. D'un autre côté, ***f*** est déclaré comme étant une fonction qui reçoit un type ***int*** en argument. Il est donc possible de l'appeler avec un argument approprié.

Ce chapitre présente les types fondamentaux (§ 4.1.1) et les déclarations (§ 4.9). Les exemples illustrent uniquement les fonctions du langage et ne présentent aucun intérêt d'un point de vue fonctionnel. Des exemples plus réalistes seront présentés dans les chapitres suivants, une fois les bases du langage C++ décrites. Ce chapitre fournit simplement les éléments basiques à partir desquels les programmes C++ sont construits. Si vous désirez mener à bien un projet réel en C++, et en particulier si vous devez relire du code écrit par d'autres, vous devrez connaître ces éléments ainsi que la terminologie et la syntaxe simple qui s'y appliquent. Il n'est pas nécessaire, cependant, de connaître parfaitement le plus petit détail mentionné dans ce chapitre pour comprendre les suivants. Vous avez donc la possibilité de parcourir rapidement ce chapitre en étudiant les principaux concepts, puis d'y revenir un peu plus tard lorsque le besoin de comprendre un détail se fera sentir.

4.1.1 Les types fondamentaux

C++ possède un ensemble de types fondamentaux correspondants aux unités de stockage de base les plus courantes sur un ordinateur. Il offre également les méthodes d'utilisation de base pour chacun de ces types :

§ 4.2 Un type booléen (***bool***)

§ 4.3 Des types caractère (tels que ***char***)

§ 4.4 Des types entier (tels que ***int***)

§ 4.5 Des types virgule flottante (tels que ***double***)

Un utilisateur peut aussi définir :

§ 4.8 Des types énumérés pour représenter des ensembles de valeurs spécifiques (***enum***)

Il existe également :

§ 4.7 Un type ***void*** utilisé pour indiquer l'absence d'information

A partir de ces types, nous pouvons en construire d'autres :

§ 5.1 Des types pointeur (tels que ***int****)

§ 5.2 Des types tableau (tels que ***char[]***)

§ 5.5 Des types référence (tels que ***double&***)

§ 5.7 Des structures de données et des classes (Chapitre 10).

Les types booléen, caractère et entier sont nommés *types intégral*. Les types intégral et virgule flottante sont nommés collectivement *types arithmétiques*. Les énumérations et les classes (Chapitre 10) sont appelées *types définis par l'utilisateur*. Elles ne sont pas disponibles sans déclaration préalable, comme le sont les types fondamentaux. Les autres types sont nommés *types intégrés*.

Les types intégral et virgule flottante sont fournis en diverses tailles afin que le programmeur puisse choisir en fonction de la quantité de mémoire disponible, de la précision et de la plage disponible pour les calculs (§ 4.6). On part de l'hypothèse qu'un ordinateur fournit des octets pour stocker des caractères, des mots pour stocker et calculer des valeurs entières, certaines entités plus appropriées pour les calculs en virgules flottantes et des adresses pour se référer à ces entités. Les types fondamentaux du C++, associés aux pointeurs et tableaux, présentent aux programmeurs ces notions de niveau matériel d'une façon relativement indépendante de l'implémentation.

Dans la majorité des applications, on pourrait se contenter d'utiliser le type ***bool*** pour les valeurs logiques, le type ***char*** pour les caractères, le type ***int*** pour les valeurs entières et le type ***double*** pour les valeurs virgule flottante. Les types fondamentaux restants représentent des variations de ces premiers types. Ils sont destinés à l'optimisation ou à répondre à des besoins spécifiques. Leur utilisation doit se limiter à ces besoins particuliers. Pour lire du code C ou C++ ancien, il vous est cependant nécessaire de les connaître.

4.2 Les booléens

La valeur d'un booléen, ***bool***, est ***true*** ou ***false***. Ce type de donnée permet de représenter le résultat des opérations logiques. Par exemple :

```
void f(int a, int b)
{
	bool b1 = a==b;   // = est l'affectation, == est l'égalité
	// ...
}
```

Si ***a*** et ***b*** ont la même valeur, ***b1*** prend la valeur ***true***. Sinon ***b1*** prend la valeur ***false***.

bool est souvent utilisé comme type pour le résultat d'une fonction qui teste une condition (un prédicat). Par exemple :

```
bool is_open(File*);

bool greater(int a, int b) { return a>b; }
```

Par définition, ***true*** correspond à la valeur ***1*** après conversion en entier. ***false*** correspond à la valeur ***0***. A l'inverse, il est possible de convertir implicitement les entiers en valeurs ***bool*** : les entiers non nuls correspondent à ***true*** et ***0*** correspond à ***false***. Par exemple :

```
bool b = 7;        // bool (7) est true, b prend donc la valeur true
int i = true;      // int(true) a la valeur 1, i prend donc la valeur 1
```

Dans les expressions arithmétiques et logiques, les booléens sont convertis en entiers. Les opérations logiques et arithmétiques sur les entiers sont réalisées à partir des valeurs converties. Si le résultat est converti de nouveau en booléen, ***0*** deviendra ***false*** et une valeur non nulle sera convertie en ***true***.

```
void g()
{
        bool a = true;
        bool b = true;

        bool x = a+b;      // a+b est égal à 2, x devient donc true
        bool y = a|b;      // a|b est égal à 1, y devient donc true
}
```

Un pointeur peut être implicitement converti en un type ***bool*** (§ C.6.2.5). Un pointeur non nul est converti en ***true***. Les pointeurs nuls sont convertis en ***false***.

4.3 Les types de caractère

Une variable de type ***char*** peut stocker un caractère appartenant au jeu de caractères de l'implémentation. Par exemple :

```
char ch = 'a';
```

Un ***char*** est constitué presque universellement de 8 bits. Il peut donc prendre 256 valeurs différentes. Le jeu de caractères est généralement une variante du jeu ISO-646 (le jeu ASCII par exemple). Il produit donc les caractères apparaissant sur votre clavier. De nombreux problèmes sont dus au fait que cet ensemble n'est que partiellement standardisé (§ C.3).

Les variations entre les jeux de caractères supportant les différents langages naturels, et entre les jeux de caractères différents supportant le même langage naturel de diverses façons, peuvent être importantes. Nous ne nous intéresserons cependant ici qu'à l'effet de ces différences sur les règles du C++. La programmation dans un environnement multilangues et multijeux de caractères est un sujet beaucoup plus large et très intéressant qui sortirait du cadre de cet ouvrage, bien qu'il y soit fait référence dans plusieurs sections (§ 20.2, § 21.7, § C.3.3).

Nous ne prenons aucun risque en supposant que le jeu de caractères de l'implémentation comprend les nombres décimaux, les 26 caractères alphabétiques de l'anglais et quelques caractères de ponctuation de base. Il est plus risqué de supposer qu'il n'y ait pas plus de 127 caractères dans un jeu de caractères 8 bits (certains jeux comprennent 255 caractères), que les seuls caractères alphabétiques sont ceux de l'anglais (la plupart des langages européens en comprennent davantage), que les caractères alphabétiques sont contigus (l'EBCDIC place un intervalle vide entre le '*i*' et le '*j*'), ou que chaque caractère utilisé pour le code C++ est disponible (certains jeux de caractères nationaux ne comprennent pas *{} []* | \. Voir § C.3.1). Il faut éviter autant que possible d'émettre des hypothèses concernant la représentation des objets. Cette règle générale s'applique également aux caractères.

Chaque constante caractère possède une valeur entière. La valeur de '***b***', par exemple, est ***98*** dans le jeu de caractères ASCII. Voici un petit programme qui affiche la valeur entière du caractère saisi en entrée :

```
#include <iostream>

int main()
{
        char c;
        std::cin >> c;
        std::cout << "La valeur de '" << c << "' est " << int(c) << '\n';
}
```

La notation ***int (c)*** donne la valeur entière d'un caractère ***c***. La possibilité de conversion d'un type ***char*** en entier soulève la question : ***char*** est-il signé ou non signé ? Les 256 valeurs représentées par un octet de 8 bits peuvent être interprétées comme les valeurs ***0*** à ***255*** ou comme les valeurs ***–127*** à ***127***. Malheureusement, dans le cas d'un ***char*** ordinaire, ce choix est imposé par l'implémentation (§ C.1, § C.3.4). Le C++ fournit deux types pour lesquels la réponse est définie : ***signed char***, qui peut recevoir au minimum les valeurs ***–127*** à ***127***, et ***unsigned char***, qui peut recevoir au minimum les valeurs ***0*** à ***255***. Les différences n'apparaissent heureusement que pour des valeurs en dehors de la plage ***0*** à ***127***, et les caractères les plus courants se situent dans cet intervalle.

Les valeurs situées hors de cet intervalle, stockées dans un type ***char*** normal, peuvent poser des problèmes de portabilité. Consultez § C.3.4 si vous avez besoin d'utiliser plusieurs types de ***char*** ou si vous stockez des entiers dans des variables ***char***.

Un type ***wchar_t*** permet de recevoir des caractères appartenant à un jeu plus étendu, tel qu'Unicode. La taille de ce type est définie par l'implémentation et est suffisamment grande pour recevoir le jeu de caractères le plus large supporté par les paramètres locaux (langue et pays) et l'implémentation (§ 21.7, § C.3.3). Ce nom bizarre est un héritage du langage C. En C, ***wchar_t*** est un ***typedef*** (§ 4.9.7). Le suffixe ***_t*** a été rajouté pour le distinguer des ***typedef*** standards.

Notez que les types de caractère sont des types intégral (§ 4.1.1). Les opérations arithmétiques et logiques peuvent donc être appliquées (§ 6.2).

4.3.1 Les littérales caractère

Une littérale caractère, souvent nommée constante caractère, est un caractère encadré de guillemets simples, tel que '***a***' et '***0***'. Le type d'une littérale caractère est ***char***. Il s'agit de réelles constantes symboliques pour la valeur entière des caractères du jeu de la machine sur laquelle le programme

C++ s'exécute. Si cette machine utilise, par exemple, le jeu de caractères ASCII, la valeur de *'0'* est ***48***. En préférant la littérale caractère à la notation décimale, on obtient des programmes offrant une meilleure portabilité. Quelques caractères possèdent également des noms standards comprenant le \ comme caractère d'échappement. ***\n***, par exemple, est le retour à la ligne et ***\t*** représente une tabulation horizontale. Consultez § C.3.2 pour tout détail concernant les caractères d'échappement.

Une littérale caractère large a le format ***L 'ab'***. Le nombre de caractères entre les guillemets et leur signification sont définis par l'implémentation en fonction du type ***wchar_t***. Une littérale caractère large est du type ***wchar_t***.

4.4 Les types entiers

Comme le type ***char***, le type entier peut prendre trois formes : ***int*** "ordinaire", ***signed int*** et ***unsigned int***. De plus, les entiers peuvent avoir trois tailles : ***short int***, ***int*** "ordinaire" et ***long int***. Il est possible de faire référence au type ***long int*** de la même manière qu'au type ***long*** ordinaire. De façon analogue, ***short*** est le synonyme de ***short int***, ***unsigned*** est celui de ***unsigned int*** et ***signed*** est le synonyme de ***signed int***.

Les types d'entier non signés conviennent particulièrement bien aux applications dans lesquelles la mémoire est gérée comme un tableau de bits. L'utilisation du type ***unsigned*** (au lieu de ***int***) pour disposer d'un bit supplémentaire permettant de représenter les entiers positifs constitue rarement une bonne solution. Les règles de conversion implicites risquent, en effet, de faire échouer tout tentative pour garantir le caractère positif de certaines valeurs en les déclarant comme variables non signées (§ C.6.1, § C.6.2.1).

Contrairement aux types ***char*** ordinaires, les types ***int*** ordinaires sont toujours signés. Ils représentent ainsi des synonymes plus explicites.

4.4.1 Les littérales entier

Les littérales entier prennent les apparences suivantes : littérale caractère, décimal, octal et hexadécimal. Les littérales décimales sont les plus couramment utilisées. Elles ont le format suivant :

0   1234   976   12345678901234567890

S'il rencontre des littérales trop longues à représenter, le compilateur émet un message d'avertissement.

Une littérale commençant par ***x (0x)*** est un nombre hexadécimal (base 16). Une littérale débutant par un ***0*** suivi d'un chiffre est un nombre octal (base 8). Par exemple :

Décimal	***0***	***2***	***63***	***83***
Octal	***00***	***02***	***077***	***0123***
Hexadécimal	***0x0***	***0x2***	***0x3f***	***0x53***

Les lettres ***a***, ***b***, ***c***, ***d***, ***e***, ***f***, ou leurs équivalents en majuscules, sont utilisées pour représenter respectivement ***10***, ***11***, ***12***, ***13***, ***14*** et ***15***. Les notations octales et hexadécimales permettent de représenter des modèles de bits. L'utilisation de ces notations pour représenter de vrais nombres pourrait conduire à des surprises. Sur une machine sur laquelle un ***int*** est représenté comme le complément à deux d'un entier 16 bits, par exemple, ***0xffff*** représente le nombre décimal négatif ***–1***. Si un entier avait été représenté avec davantage de bits, on aurait obtenu ***65535***.

Le suffixe ***U*** peut être employé pour écrire explicitement des littérales ***unsigned*** (non signées). D'une façon analogue, le suffixe ***L*** peut permettre l'écriture explicite de littérales ***long***. ***3***, par exemple, est un ***int***, ***3U*** est un ***unsigned int*** et ***3L*** est un ***long int***. Si aucun suffixe n'apparaît, le compilateur choisit pour la littérale entier un type approprié en fonction de sa valeur et des tailles d'entier de l'implémentation (§ C.4).

Nous vous encourageons à limiter l'utilisation de constantes dont l'interprétation n'est pas irréfutable et à leur préférer des ***const*** bien documentés (§ 5.4) ou des initialiseurs d'énumérateur (§ 4.8).

4.5 Les types virgule flottante

Les types virgule flottante représentent les nombres en virgule flottante. Ces types existent en trois tailles : ***float*** (simple précision), ***double*** (double précision) et ***long double*** (précision étendue).

La signification exacte de simple, double et étendu dépend de l'implémentation. Le choix de la précision impose une parfaite compréhension du traitement en virgule flottante. Si vous ne possédez pas ces connaissances, faites-vous conseiller, prenez le temps d'étudier ou choisissez ***double*** en espérant que cette option soit la meilleure.

4.5.1 Les littérales virgule flottante

Une littérale virgule flottante est, par défaut, du type double. S'il rencontre des littérales virgule flottante trop longues pour être représentées, le compilateur émet, dans ce cas également, un avertissement. En voici quelques exemples :

1.23 .23 0.23 1. 1.0 1.2e10 1.23e-15

Notez qu'aucun espace ne doit être inséré au milieu d'une littérale virgule flottante. ***65.43 e–21***, par exemple, n'est pas une littérale virgule flottante, mais plutôt quatre mots clés lexicaux distincts (provoquant une erreur de syntaxe) :

65.43 e - 21

Si vous désirez définir une littérale virgule flottante de type ***float***, utilisez le suffixe ***f*** ou ***F*** :

3.14159265f 2.0f 2.997925F

4.6 Tailles

Certains aspects des types fondamentaux du C++, comme la taille d'un ***int***, dépendent de l'implémentation (§ C.2). Nous signalons ces dépendances et nous recommandons souvent de les éviter ou de choisir une solution minimisant leur impact. Pourquoi faut-il les prendre en compte ? Elles sont très importantes pour les programmeurs travaillant pour différents systèmes ou utilisant divers compilateurs. Si elles n'étaient pas prises en compte, ces programmeurs perdraient beaucoup de temps à retrouver et à corriger d'obscures erreurs. Les seuls à déclarer ne pas se soucier de la portabilité n'utilisent généralement qu'un seul type de système et estiment pouvoir prendre comme hypothèse le fait que "le langage correspond à ce qui est implémenté par leur compilateur". Il s'agit d'un raisonnement étroit et peu prévoyant. Si votre programme a du succès, il a de fortes chances de devoir être porté. Quelqu'un aura donc la charge de trouver et de corriger les problèmes liés aux fonctions dépendantes de l'implémentation. De plus, il est souvent nécessaire de compiler les programmes à l'aide de compilateurs différents pour un même système. Il est même probable qu'une version future de votre compilateur favori puisse appréhender certaines situations différemment de la précédente. Il est beaucoup plus simple de connaître et de restreindre l'impact des dépendances d'implémentation lorsqu'un programme est créé, plutôt que d'avoir à recoller les morceaux après coup.

Il est relativement simple de limiter l'impact des fonctions de langage dépendantes de l'implémentation. Il est beaucoup plus difficile de réduire l'impact des fonctions de bibliothèque dépendantes du système. Une solution consiste à choisir de préférence les fonctions de la bibliothèque standard.

La raison pour laquelle il existe plusieurs types d'entiers, plusieurs types non signés et plusieurs types virgule flottante réside dans le fait que le programmeur peut ainsi tirer un meilleur parti des caractéristiques du matériel. Sur de nombreuses machines, il existe des différences significatives en terme de besoins en mémoire, de temps d'accès à la mémoire et de rapidité de calcul entre les différentes variétés des types fondamentaux. Si vous connaissez une machine, il est généralement facile de choisir le type d'entier approprié pour une variable spécifique. Il se révèle plus difficile d'écrire du code de bas niveau réellement portable.

Les tailles des objets C++ s'expriment sous la forme de multiples de la taille d'un ***char***. Cette dernière est donc par définition ***1***. Il est possible d'obtenir la taille d'un objet ou d'un type à partir de l'opérateur ***sizeof*** (§ 6.2). Voici les relations garanties entre les tailles des types de données fondamentaux :

1==sizeof(char)<=sizeof(short)<=sizeof(int)<=sizeof(long)
1<= sizeof(bool)<=sizeof(long)
sizeof(char)<= sizeof(wchar_t)<= sizeof(long)
sizeof(float)<=sizeof(double)<= sizeof(long double)
sizeof(N)==sizeof(signed N)==sizeof(unsigned N)

N représente les types ***char***, ***short int***, ***int*** ou ***long int***. De plus, il est garanti qu'un ***char*** soit constitué d'au moins 8 bits, un ***short*** d'au moins 16 bits et un ***long*** de 32 bits au minimum. Un ***char*** est en mesure de contenir un caractère du jeu de la machine.

Voici une représentation graphique d'un ensemble plausible de types fondamentaux et un exemple de chaîne :

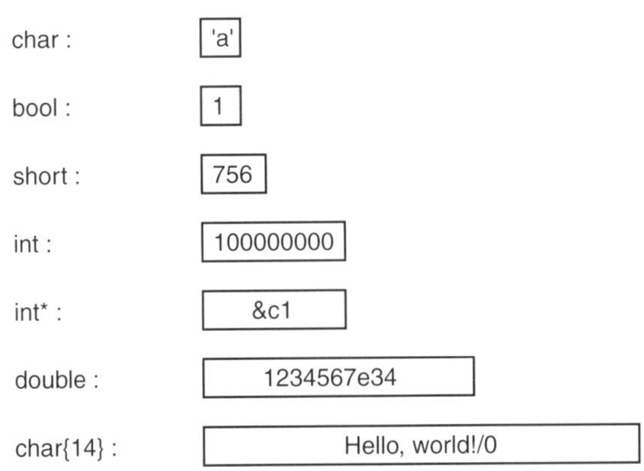

Avec une échelle identique (0,2 pouce pour un octet), un mégaoctet de mémoire s'étendrait sur quinze kilomètres environ vers la droite.

Le choix du type ***char*** par l'implémentation est supposé correspondre au type le plus approprié pour stocker et manipuler des caractères sur ordinateur donné. Il s'agit typiquement d'un octet de 8 bits. D'une façon analogue, le type ***int*** est supposé être choisi comme étant le plus approprié pour stocker et manipuler des entiers sur un ordinateur donné. Il s'agit typiquement d'un mot de 4 octets (32 bits). Poussez plus loin les suppositions serait imprudent. Il existe, par exemple, des machines sur lesquelles la taille du type ***char*** est de 32 bits.

<limits> permet de déterminer, si nécessaire, les aspects dépendants de l'implémentation pour une implémentation donnée. Par exemple :

```
#include <limits>
int main()
{
        cout << "virgule flottante le plus grand == " << numeric_limits<float>::max()
             << ", char signé == " << numeric_limits<char>::is_signed << '\n';
}
```

Dans les affectations et expressions, les types fondamentaux peuvent être combinés librement. Les valeurs sont converties chaque fois que possible sans perte d'information (§ C.6).

S'il est possible de représenter une valeur ***v*** de façon exacte dans une variable de type ***T***, une conversion de ***v*** vers ***T*** préservera cette valeur et ne posera aucun problème. Il est préférable d'éviter les situations dans lesquelles les conversions ne préservent pas la valeur (§ C.6.2.6).

Vous devez comprendre la conversion implicite pour pouvoir mener à bien un projet important et, en particulier, pour être en mesure de déchiffrer le code rédigé par les autres. Cette connaissance n'est cependant pas nécessaire pour lire les chapitres qui suivent.

4.7 Void

D'un point de vue syntaxique, ***void*** est un type fondamental. On ne peut toutefois l'utiliser que comme un sous-ensemble d'un type plus compliqué. Il n'existe aucun objet de type ***void***. ***Void*** est employé pour spécifier qu'une fonction ne renvoie aucune valeur, ou comme type de base pour les pointeurs d'objets de type inconnu. Par exemple :

```
void x;         // erreur : il n'existe pas d'objet de type void
void f();       // la fonction f ne renvoie aucune valeur (§ 7.3)
void* pv;       // pointeur d'un objet de type inconnu (§ 5.6)
```

Lors de la déclaration d'une fonction, il est nécessaire de spécifier le type de la valeur renvoyée. On pourrait logiquement penser que le fait d'omettre cette précision signale qu'une fonction ne renvoie aucune valeur. Mais cela ne serait pas conforme à la grammaire (Annexe A) et entrerait en conflit avec l'usage du langage C. Par conséquent, ***void*** est employé comme "pseudo-type renvoyé" pour indiquer qu'une fonction ne retourne aucune valeur.

4.8 Enumérations

Une *énumération* est un type dans lequel il est possible de stocker un ensemble de valeurs spécifiées par l'utilisateur. L'utilisation de l'énumération est très proche de celle d'un type entier.

Il est possible de définir des constantes entières nommées comme membres d'une énumération. Par exemple,

```
enum {ASM, AUTO, BREAK} ;
```

définit trois constantes entières, nommées énumérateurs, et leur attribue des valeurs. Ces dernières sont octroyées, par défaut, en ordre croissant à partir de 0. Donc ***ASM==0***, ***AUTO==1*** et ***BREAK==2***. Une énumération peut être nommée. Par exemple :

```
enum keyword { ASM, AUTO, BREAK };
```

Chaque énumération représente un type distinct. Le type d'un énumérateur est son énumération. ***AUTO*** par exemple est de type ***keyword***.

La déclaration d'une variable en ***keyword***, plutôt qu'en simple ***int***, permet à l'utilisateur et au compilateur de connaître l'utilisation de cette variable. Par exemple :

```
void f(keyword key)
{
        switch (key) {
        case ASM:
                // exécute quelque chose
                break;
        case BREAK:
                // exécute quelque chose
                break;
        }
}
```

Un compilateur peut émettre un avertissement lorsque deux valeurs ***keyword*** parmi trois sont traitées.

Il est possible d'initialiser un énumérateur à l'aide d'une *expression-constante* (§ C.5) d'un type intégral (§ 4.1.1). L'intervalle d'une énumération contient toutes les valeurs d'énumérateur de celle-ci, arrondies à la puissance binaire immédiatement supérieure, moins ***1***. Cet intervalle part de ***0*** si le plus petit énumérateur est positif, et de la puissance binaire négative la plus proche si le plus petit énumérateur est négatif. Il définit le plus petit champ de bit pouvant contenir les valeurs d'énumérateur. Par exemple :

```
enum e1 { dark, light };                  // intervalle 0:1
enum e2 { a = 3, b = 9 };                 // intervalle 0:15
enum e3 { min = -10, max = 1000000 };     // intervalle -1048576:1048575
```

Une valeur de type intégral peut être explicitement convertie en un type énumération. Le résultat d'une telle conversion est indéfini, sauf si la valeur appartient à l'intervalle de l'énumération. Par exemple :

```
enum flag { x=1, y=2, z=4, e=8 };     // intervalle 0:15

flag f1 = 5;              // erreur de type: 5 n'est pas de type flag
flag f2 = flag(5);        // ok: flag(5) est de type flag et appartient à la plage de valeurs de flag
```

```
flag f3 = flag(z|e);        // ok: flag(12) est de type flag et appartient à la plage de valeurs de flag
flag f4 = flag(99);         // indéfini: 99 n'appartient pas à la plage de valeurs de flag
```

La dernière affectation est une illustration de la raison pour laquelle il ne peut y avoir de conversion implicite d'un entier en énumération. La plupart des valeurs entières ne peuvent être représentées dans une énumération particulière.

La notion de plage de valeurs pour une énumération est différente de la notion d'énumération dans la famille de langages Pascal. Il existe cependant en C et C++ une longue tradition d'exemples de manipulation de bits pour lesquels des valeurs situées hors de l'ensemble des énumérateurs doivent être définies.

La taille d'une énumération est celle d'un type intégral qui peut stocker sa plage de valeurs et qui n'est pas supérieur à ***sizeof (int)***, à moins qu'un énumérateur ne puisse être représenté comme un ***int*** ou un ***unsigned int***. ***sizeof (e1)***, par exemple, pourrait être ***1*** ou ***4***, mais pas ***8*** sur une machine où ***sizeof (int)==4***.

Les énumérations sont converties par défaut en entiers pour les opérations arithmétiques (§ 6.2). Une énumération est un type établi par l'utilisateur. Ce dernier pourra donc définir ses propres opérations, telles que **++** et **<<**, pour une énumération (§ 11.2.3).

4.9 Les déclarations

Pour qu'un nom (identificateur) puisse être utilisé dans un programme C++, il doit être déclaré. Son type doit donc être spécifié afin que le compilateur puisse savoir à quel type d'entité il fait référence. Voici quelques exemples illustrant la diversité des déclarations :

```
char ch;
string s;
int count = 1;
const double pi = 3.1415926535897932385;
extern int error_number;

char* name = "Njal";
char* season[] = { "spring", "summer", "fall", "winter" };

struct Date { int d, m, y; };
int day(Date* p) { return p->d; }
double sqrt(double);
template<class T> T abs(T a) { return a<0 ? -a : a; }

typedef complex<short> Point;
struct User;
enum Beer { Carlsberg, Tuborg, Thor };
namespace NS { int a; }
```

A partir de ces exemples, on peut constater qu'une déclaration va au-delà d'une simple association d'un type avec un nom. La plupart de ces *déclarations* sont également des *définitions*. Cela signifie qu'elles définissent une entité pour le nom auquel elles se réfèrent. Pour ***ch***, cette entité est la quantité de mémoire à utiliser en tant que variable — cette mémoire sera allouée. Pour ***day***, il s'agit de la fonction spécifiée. Pour la constante ***pi***, c'est la valeur ***3,14159265358979323 85***. Pour ***Date***, cette entité est un nouveau type. Pour ***Point***, c'est le type ***complex<short>***, de telle sorte que ***Point*** devienne un synonyme de ***complex<short>***. Parmi les déclarations précédentes,

```
double sqrt(double);
extern int error_number;
struct User;
```

sont les seules à ne pas être également des définitions. L'entité à laquelle elles se réfèrent doit donc être définie à un autre endroit du code. Le code (corps) de la fonction ***sqrt*** doit être spécifié dans une autre déclaration. La mémoire pour la variable ***error_number*** de type ***int*** doit être allouée dans une autre déclaration de cette variable. Une autre déclaration doit définir le type ***User***. Par exemple :

```
double sqrt(double d) { /* ... */ }
int error_number = 1;

struct User { /* ... */ };
```

Un programme C++ doit toujours contenir une définition pour chaque nom (***#include*** est expliqué en § 9.2.3). Le code peut toutefois comprendre de nombreuses déclarations. Toutes celles d'une entité doivent être en accord concernant le type de l'entité auquel elles se réfèrent. Le fragment de code suivant contient donc deux erreurs :

```
int count;
int count;                    // erreur : redéfinition

extern int error_number;
extern short error_number;    // erreur : incompatibilité de type
```

Celui-ci ne comprend pas d'erreur (consultez le § 9.2 pour l'utilisation de ***extern***) :

```
extern int error_number;
extern int error_number;
```

Certaines définitions spécifient une "valeur" pour les entités qu'elles définissent. Par exemple :

```
struct Date { int d, m, y; };
typedef complex<short> Point;
int day(Date* p) { return p->d; }
const double pi = 3.1415926535897932385;
```

Pour les types, les modèles, les fonctions et les constantes, la "valeur" est permanente. Pour les types de données non constants, la valeur initiale peut ensuite être modifiée. Par exemple :

```
void f()
{
        int count = 1;
        char* name = "Bjarne";
        // ...
        count = 2;
        name = "Marian";
}
```

Parmi ces définitions, les seules à ne pas attribuer de valeurs sont les suivantes :

```
char ch;
string s;
```

Consultez les § 4.9.5 et § 10.4.2 pour tout détail concernant la façon d'attribuer une valeur par défaut à une variable. Une déclaration qui spécifie une valeur est une définition.

4.9.1 La structure d'une déclaration

Une déclaration comprend quatre parties : un "descripteur" en option, un type de base, un déclarateur et un initialiseur en option. A l'exception des définitions de fonction et d'espace de noms, une déclaration se termine par un point-virgule. Par exemple :

```
char* kings[] = { "Antigonus", "Seleucus", "Ptolemy" };
```

Ici, le type de base est ***char***, le déclarateur est ****kings[]*** et l'initialiseur est ***={...}***.

Un descripteur est un mot clé initial tel que ***virtual*** (§ 2.5.5, § 12.2.6) et ***extern*** (§ 9.2) spécifiant un attribut de ce qui est déclaré, cet attribut n'étant pas le type.

Un déclarateur se compose d'un nom et de quelques opérateurs de déclaration en option. Les opérateurs les plus courants sont (§ A.7.1) :

*	Pointeur	Préfixe
*const	Pointeur constant	Préfixe
&	Référence	Préfixe
[]	Tableau	Postfixe
()	Fonction	Postfixe

Leur utilisation serait simple s'ils étaient tous de type préfixe ou postfixe. Cependant, *, *[]* et *()* ont été conçus pour refléter leur utilisation dans les expressions (§ 6.2). Ainsi, * est un préfixe, et *[]* et *()* sont de type postfixe. Les opérateurs de déclaration de type postfixe possèdent une influence supérieure à celle des préfixes. Par conséquent, ****kings[]*** est un vecteur de pointeurs de quelque chose, et nous devons utiliser les parenthèses pour représenter des types tels qu'un "pointeur de fonction" (voir les exemples en § 5.1). Vous trouverez tous les détails complémentaires dans la grammaire en Annexe A.

Notez que, dans une déclaration, le type doit absolument être indiqué. Par exemple :

```
const c = 7;                                // erreur: pas de type
gt(int a, int b) { return (a>b) ? a : b; }  // erreur: pas de type renvoyé

unsigned ui;                                // ok: 'unsigned' correspond au type 'unsigned int'
long li;                                    // ok: 'long' correspond au type 'long int'
```

Le langage C++ standard diffère ici des versions précédentes du C et du C++, dans lesquelles les deux premiers exemples étaient acceptés. ***Int*** était, en effet, considéré comme étant le type par défaut lorsque ce dernier n'était pas spécifié (§ B.2). Cette règle du "***int*** implicite" constituait une source d'erreur et de confusion.

4.9.2 Déclarer plusieurs noms

Il est possible de déclarer plusieurs noms en une seule déclaration. Cette dernière contient alors simplement une liste de déclarateurs séparés par des virgules. Nous pouvons déclarer, par exemple, deux entiers de la façon suivante :

```
int x, y;// int x; int y;
```

Notez que les opérateurs s'appliquent uniquement aux noms individuels — et pas aux noms suivants situés dans la même déclaration. Par exemple :

```
int* p, y;        // int* p;      int y;     ET NON int* y;
int x, *q;        // int x;       int* q;
int v[10], *pv;   // int v[10];   int* pv;
```

Il est préférable d'éviter ce type de construction qui complique la lecture du programme.

4.9.3 Les noms

Un nom (identificateur) est constitué d'une séquence de lettres et de chiffres. Le premier caractère doit être une lettre. Le caractère souligné _ est considéré comme étant une lettre. Le C++ n'impose aucune limite concernant le nombre de caractères d'un nom. Certaines parties de l'implémentation, cependant, ne sont pas sous le contrôle de l'auteur du compilateur (en particulier, l'éditeur de liens) et imposent malheureusement quelquefois des limites. Certains environnements d'exécution imposent également l'élargissement, ou la restriction, de l'ensemble des caractères acceptés pour un identificateur. Les extensions (comme l'introduction du caractère ***$***, par exemple, dans un nom) produisent des programmes non portables. Un mot clé C++ (Annexe A), tel que ***new*** et ***int***, ne peut être utilisé comme nom pour une entité définie par l'utilisateur. Voici quelques exemples de noms :

```
hello      this_is_a_most_unusually_long_name
DEFINED    foO       bAr       u_name      HorseSense
var0       var1      CLASS     _class      ___
```

Voici quelques exemples de séquences de caractères pouvant être utilisées comme identificateurs :

```
012        a fool    $sys      class       3var
pay.due    foo~bar   .name     if
```

Les noms débutant par le caractère souligné sont réservés à des fonctions spéciales de l'implémentation et de l'environnement d'exécution. Ce type de noms ne doit donc pas être utilisé dans les programmes d'application.

A la lecture d'un programme, le compilateur recherche toujours la chaîne de caractères la plus longue pour un nom. En conséquence, ***var10*** est interprété comme un seul nom et non comme le nom ***var*** suivi du nombre ***10***. ***Elseif*** constitue également un seul nom, et non le mot clé ***else*** suivi du mot clé ***if***.

Les lettres majuscules et minuscules sont différenciées. Les deux noms ***Count*** et ***count*** sont donc différents. Il n'est cependant pas conseillé de choisir des noms dont la seule nuance se situe au niveau de la casse. En règle générale, il est préférable de choisir des noms ne présentant pas uniquement des différences mineures. La lettre o majuscule (***O***), par exemple, sera difficile à différencier du zéro (*0*). La même difficulté apparaîtra entre la lettre L minuscule (*l*) et un (*1*). Par conséquent, ***l0***, ***lO***, ***l1*** et ***ll*** ne sont pas de bons choix pour des noms d'identificateurs.

Les noms ayant une portée étendue doivent être relativement longs et suffisamment significatifs, comme ***vecteur***, ***Fenêtre_bordée*** et ***numéro_département***. Le code gagne toutefois en clarté si les noms possédant une portée limitée sont courts et conventionnels, comme ***x***, ***i*** et ***p***. Il est possible d'utiliser les classes (Chapitre 10) et les espaces de noms (§ 8.2) pour limiter les portées. Il est souvent pratique de limiter la longueur des noms fréquemment utilisés et de réserver les noms plus importants aux entités peu utilisées. Choisissez des noms qui reflètent la signification d'une entité plutôt que son implémentation. ***Annuaire***, par exemple, est un meilleur choix que ***list_numero***, même si les numéros de téléphone sont stockés dans une ***list*** (§ 3.7). Le choix des noms est un art.

Essayez de conserver un style cohérent pour l'affectation des noms. Ecrivez, par exemple, les types définis par l'utilisateur d'une bibliothèque non standard en majuscules, et débutez les entités ne correspondant pas à un type par une lettre minuscule (par exemple, ***Shape*** et ***current_token***). Faites appel aux majuscules pour les macros (si votre programme doit en comporter, comme ***HACK***) et introduisez des caractères soulignés pour séparer les mots dans un identificateur. La cohérence reste cependant difficile à obtenir, car les programmes se composent généralement de fragments provenant de sources différentes. Utilisez également les abréviations et les sigles de façon cohérente.

4.9.4 La portée

Une déclaration introduit un nom auquel est associé une portée. Cela signifie qu'un nom ne peut être employé que dans une partie spécifique du texte du programme. Dans le cas d'un nom déclaré dans une fonction (souvent nommé *nom local*), cette portée s'étend depuis le point de déclaration jusqu'à la fin du bloc dans lequel se trouve cette déclaration. Un *bloc* est une section de code encadrée par une paire d'accolades *{}*.

Un nom est *global* lorsqu'il est défini en dehors d'une fonction, d'une classe (Chapitre 10) ou d'un espace de noms (§ 8.2). La portée d'un nom global s'étend du point de déclaration à la fin du fichier. Une déclaration d'un nom dans un bloc peut en masquer une autre située dans le bloc conteneur. Dans ce cas, il est possible de redéfinir le nom de telle sorte qu'il fasse référence à une entité différente à l'intérieur d'un bloc. A la sortie de ce dernier, le nom reprend sa signification précédente. Par exemple :

```
int x;              // x global

void f()
{
        int x;          // x local masque le x global
        x = 1;          // affectation au x local

        {
                int x;  // masque le premier x local
                x = 2;  // affectation au second x local
        }

        x = 3;          // affectation au premier x local
```

```
}

int* p = &x;            // récupère l'adresse du x global
```

Les noms masqués sont inévitables lors de la création de programmes de grande taille. Le masquage d'un nom risque cependant facilement d'échapper au lecteur. Ce type d'erreurs étant relativement rare, elles peuvent être très difficiles à identifier. Il est donc recommandé de minimiser le masquage des noms. Le choix de ***i*** et de ***x*** pour des variables locales ou globales dans une fonction importante risque de créer des problèmes.

Il est possible de faire référence à un nom global masqué à l'aide de l'opérateur de résolution de portée *::*. Par exemple :

```
int x;

void f2()
{
        int x = 1;      // masque le x global
        ::x = 2;        // affectation au x global
        x = 2;          // affectation au x local
        // ...
}
```

Il n'existe aucun moyen d'utiliser un nom local masqué.

La portée d'un nom débute au point de déclaration, c'est-à-dire à la fin du déclarateur complet et avant l'initialiseur. Cela signifie que l'on peut utiliser un nom avant même d'en spécifier la valeur initiale. Par exemple :

```
int x;

void f3()
{
        int x = x;      // initialise x avec sa propre valeur (non initialisée)
}
```

Cette instruction n'est pas illégale, mais simplement stupide. Un bon compilateur émettra un avertissement si une variable est utilisée avant d'avoir été définie (voir également § 5.9[9]).

Il est possible qu'un seul nom fasse référence à deux objets d'un bloc sans faire appel à l'opérateur *::*. Par exemple :

```
int x = 11;

void f4()               // pervers:
{
        int y = x;      // utilisation de x global: y = 11
        int x = 22;
        y = x;          // utilisation de x local: y = 22
}
```

On considère comme déclarés les noms d'argument de fonction situés dans le bloc extérieur d'une fonction. Le code

```
void f5(int x)
{
        int x;                  // erreur
}
```

comprend une erreur parce que ***x*** est défini deux fois dans la même portée. En signalant cette pratique, on permet de détecter une erreur assez fréquente.

4.9.5 Initialisation

La spécification d'un initialiseur permet de déterminer la valeur initiale d'un objet. Lorsque aucun initialiseur n'est spécifié, un objet global (§ 4.9.4), un espace de noms (§ 8.2) ou un objet statique local (§ 7.1.2, § 10.2.4) (nommé collectivement *objets statiques*) est initialisé avec la valeur nulle du type approprié. Par exemple :

```
int a;            // signifie "int a = 0;"
double d;         // signifie "double d = 0.0;"
```

Les variables locales (quelquefois nommées *objets automatiques*) et les objets créés sur le tas (quelquefois nommés *objets dynamiques* ou *objets du tas*) ne sont pas initialisés par défaut. Par exemple :

```
void f()
{
        int x;        // x ne possède pas de valeur bien définie
        // ...
}
```

Les membres de tableau et de structure sont initialisés par défaut ou sont indépendants de l'aspect statique du tableau ou de la structure. Les types définis par l'utilisateur peuvent avoir une initialisation par défaut définie (§ 10.4.2).

Des objets plus compliqués requièrent plusieurs valeurs pour leur initialisation. Celle-ci s'effectue *via* des listes d'initialiseur. Ces dernières sont délimitées par *{* et *}* pour les initialisations de style C des tableaux (§ 5.2.1) et des structures (§ 5.7). Pour les types définis par l'utilisateur, on utilise des listes d'argument de style fonction (§ 2.5.2, § 10.2.3).

Notez qu'une paire de parenthèses vides *()* dans une déclaration signifie toujours "fonction" (§ 7.1). Par exemple :

```
int a[] = { 1, 2 };       // initialiseur de tableau
Point z(1,2);             // initialiseur de type fonction (initialisation par constructeur)
int f();                  // déclaration de fonction
```

4.9.6 Objets et lvalues

Il est possible d'allouer et d'utiliser des "variables" ne possédant pas de noms. On peut également attribuer une valeur à des expressions d'allure étrange (par exemple, ***p[a+10]=7**). Il faut donc pouvoir nommer "quelque chose en mémoire". Il s'agit de la notion la plus simple et la plus fondamentale d'un objet. Un *objet* est donc une région contiguë de mémoire. Une l*value* est une expression qui fait référence à un objet. La signification de l*value* était à l'origine "quelque chose que l'on peut placer à gauche d'une affectation". Toutes les lvalues ne peuvent cependant pas être utilisées "à gauche d'une affectation". Certaines peuvent, en effet, également faire référence à une constante (§ 5.5). Une lvalue qui n'a pas été déclarée en ***const*** est souvent nommée *lvalue modifiable*. Cette notion simple et de bas niveau d'un objet ne doit pas être confondue avec les notions d'objet de classe et d'objet de type polymorphique (§ 15.4.3).

Sauf indication contraire de la part du programmeur (§ 7.1.2, § 10.4.8), un objet déclaré dans une fonction est créé au moment de sa définition et détruit lorsque son nom sort de la portée courante (§ 10.4.4). Il s'agit d'un objet automatique. Les objets déclarés dans une portée globale ou d'espace de noms, ainsi que les variables statiques déclarées dans les fonctions ou les classes, sont créés et initialisés une seule fois et leur existence s'achève avec la fin du programme (§ 10.4.9). Il s'agit alors d'objets statiques. La durée de vie des éléments de tableau et des membres de classe ou de structure non statiques est déterminée par l'objet dont ils font partie.

Les opérateurs ***new*** et ***delete*** vous permettent de créer des objets en contrôlant directement leur durée de vie (§ 6.2.6).

4.9.7 Typedef

Au lieu de déclarer une nouvelle variable, une déclaration préfixée du mot clé ***typedef*** déclare un nouveau nom pour un type donné.

Par exemple :

```
typedef char* Pchar;
Pchar p1, p2;            // p1 et p2 sont de type char*
char* p3 = p1;
```

Un nom défini de cette façon, généralement appelé un "typedef", peut fournir un raccourci pratique pour un type dont le nom est trop complexe. ***Unsigned char***, par exemple, est trop long s'il est fréquemment utilisé. On pourrait donc définir un synonyme ***uchar*** :

```
typedef unsigned char uchar;
```

Une autre application de ***typedef*** permet de référencer directement un type en un unique emplacement. Par exemple :

```
typedef int int32;
typedef short int16;
```

Si nous utilisons ***int32*** chaque fois que nous avons besoin d'un entier long, il suffira de redéfinir une seule occurrence de ***int*** dans le code pour porter le programme vers une machine sur laquelle ***sizeof(int)*** a la valeur de **2** :

```
typedef long int32;
```

Les ***typedef*** ne sont pas des synonymes pour des types distincts. On peut donc les combiner librement avec les types dont ils représentent des synonymes. Si l'on recherche plutôt des types distincts avec une sémantique ou une représentation identique, il faut faire appel aux énumérations (§ 4.8) ou aux classes (Chapitre 10).

4.10 Conseils

1. Réduisez les portées ; § 4.9.4.
2. N'utilisez pas le même nom dans une portée et dans la portée "conteneur" ; § 4.9.4.
3. Ne déclarez qu'un nom dans une déclaration ; § 4.9.2.
4. Choisissez des noms courts pour le local et le courant. Attribuez des noms plus longs pour le non local et le moins courant ; § 4.9.3.
5. Evitez d'attribuer des noms d'apparence proche ; § 4.9.3.
6. Choisissez un style cohérent pour l'affectation des noms ; § 4.9.3.
7. Choisissez soigneusement les noms pour qu'ils reflètent la signification plutôt que l'implémentation ; § 4.9.3.
8. Utilisez un ***typedef*** pour définir un nom significatif pour un type intégré, si ce dernier est susceptible d'être modifié ; § 4.9.7.
9. Utilisez les ***typedef*** pour définir des synonymes de types. Utilisez les énumérations et les classes pour définir de nouveaux types ; § 4.9.7.
10. N'oubliez pas que chaque déclaration doit spécifier un type (il n'existe pas "d'***int*** implicite") ; § 4.9.1.
11. Ne faites pas de supposition inutile sur la valeur numérique des caractères ; § 4.3.1, § C.6.2.1.
12. Ne faites pas de supposition inutile concernant la taille des entiers ; § 4.6.
13. Ne faites pas de supposition inutile concernant la plage de valeurs des types virgule flottante ; § 4.6.
14. Choisissez de préférence un ***int*** ordinaire à un type ***short int*** ou ***long int*** ; § 4.6.
15. Choisissez de préférence un ***double*** à un ***float*** ou à un ***long double*** ; § 4.5.
16. Choisissez de préférence un ***char*** à un ***signed char*** ou à un ***unsigned char*** ; § C.3.4.
17. Ne faites pas de supposition inutile concernant les tailles des objets ; § 4.6.
18. Evitez l'arithmétique non signée ; § 4.4.
19. Envisagez avec méfiance les conversions ***signed*** vers ***unsigned*** et ***unsigned*** vers ***signed*** ; § C.6.2.6.
20. Envisagez avec méfiance les conversions virgule flottante vers entier ; § C.6.2.6.
21. Envisagez avec méfiance les conversions vers un type plus petit, comme ***int*** vers ***char*** ; § C.6.2.6.

4.11 Exercices

1. (*2) Exécutez le programme "Hello, world !" (§ 3.2). Si ce programme ne peut être compilé, examinez § B.3.1.
2. (*1) Pour chaque déclaration du § 4.9 : si la déclaration n'est pas une définition, écrivez la définition correspondante. Si la déclaration est une définition, écrivez une déclaration qui ne soit pas également une définition.
3. (*1.5) Ecrivez un programme permettant d'afficher les tailles des types fondamentaux, de quelques types de pointeurs et de quelques énumérations de votre choix. Utilisez l'opérateur ***sizeof()***.

4. (*1.5) Ecrivez une programme permettant d'afficher les lettres ***'a'..'z'*** et les chiffres ***'0'..'9'*** avec leurs valeurs entières. Renouvelez la même opération pour les autres caractères imprimables. Répétez le processus en utilisant la notation hexadécimale.
5. (*2) Quelles sont, sur votre système, les plus grandes et plus petites valeurs pour les types suivants : ***char***, ***short***, ***int***, ***long***, ***float***, ***double***, ***long double*** et ***unsigned***.
6. (*1) Quel est le nom local le plus long pouvant apparaître dans un programme C++ sur votre système ? Quel est le nom externe le plus long que vous puissiez utiliser dans un programme C++ sur votre système ? Existe-t-il des restrictions concernant les caractères constituant un nom ?
7. (*2) Dessinez un graphique des types entiers et fondamentaux dans lequel un type pointe vers un autre type si toutes les valeurs du premier peuvent être représentées comme des valeurs du second sur chaque implémentation conforme au standard. Dessinez le même graphique pour les types dans votre implémentation préférée.

5

Pointeurs, tableaux et structures

Le sublime et le ridicule sont souvent si étroitement liés qu'il est difficile de les séparer.

Tom Paine

Au sommaire de ce chapitre

5.1 Pointeurs

Pour un type ***T***, ***T**** est le type "pointeur de T". Cela signifie qu'une variable de type ***T**** peut contenir l'adresse d'un objet de type ***T***. Par exemple :

```
char c = 'a';
char* p = &c;          // p contient l'adresse de c
```

ou graphiquement :

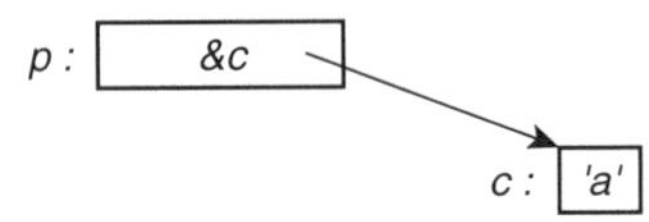

Malheureusement, les pointeurs de tableaux et les pointeurs de fonctions requièrent une notation plus compliquée :

```
int* pi;               // pointeur d'int
char** ppc;            // pointeur de pointeur de char
int* ap[15];           // tableau de 15 pointeurs d'int
int (*fp)(char*);      // pointeur de fonction recevant un argument char* ; renvoie un int
int* f(char*);         // fonction recevant un argument de type char* ; renvoie un pointeur d'int
```

Vous trouverez au § 4.9.1 toutes les explications concernant la syntaxe de la déclaration. La grammaire complète est présentée en Annexe A.

L'opération fondamentale sur un pointeur est *l'indirection*. Cette dernière fait référence à l'objet vers lequel est dirigé le pointeur. L'opérateur d'indirection unaire (préfixe) est *. Par exemple :

```
char c = 'a';
char* p = &c;          // p contient l'adresse de c
char c2 = *p;          // c2 == 'a'
```

La variable pointée par ***p*** est ***c***, et la valeur stockée dans ***c*** est ***'a'***. La valeur de ****p*** attribuée à ***c2*** est donc ***'a'***.

Il est possible d'effectuer quelques opérations arithmétiques sur les pointeurs d'éléments de tableau (§ 5.3). Les pointeurs de fonctions peuvent se révéler extrêmement utiles. Ils sont traités au § 7.7.

L'implémentation des pointeurs est censée refléter les mécanismes d'adressage de la machine sur laquelle s'exécute le programme. La plupart des machines sont en mesure d'adresser un octet. Celles qui n'en sont pas capables sont souvent équipées de matériel destiné à extraire les octets à partir des mots. D'un autre côté, peu de machines peuvent adresser directement un bit individuel. Par conséquent, le plus petit objet susceptible d'être alloué indépendamment, et pointé à l'aide d'un type de pointeur intégré, est un ***char***. Notez qu'un type ***bool*** occupe au moins autant d'espace qu'un ***char*** (§ 4.6). Pour stocker des valeurs plus petites de façon plus compacte, vous pouvez utiliser les opérations logiques (§ 6.2.4) ou les champs de bit dans les structures (§ C.8.1).

5.1.1 Zéro

Zéro (0) est un ***int***. En raison des conversions standards (§ C.6.2.3), 0 peut être utilisé comme constante de tout type intégral (§ 4.1.1), virgule flottante, pointeur ou pointeur de membre. Le type de 0 sera ensuite déterminé par le contexte. 0 sera généralement (mais pas nécessairement) représenté par le modèle de bit *tous nuls* de la taille appropriée.

Aucun objet n'est alloué avec l'adresse 0. Par conséquent, 0 se comporte comme une littérale pointeur, indiquant qu'un pointeur ne fait pas référence à un objet.

En langage C, il arrivait fréquemment qu'une macro ***NULL*** soit définie pour représenter le pointeur 0. En C++, un contrôle de type plus sérieux impose l'utilisation du 0 normal, plutôt que de toute macro ***NULL*** telle qu'évoquée. Le nombre de problèmes est ainsi considérablement réduit. Si vous pensez devoir définir ***NULL***, utilisez

```
const int NULL = 0;
```

Le qualificatif ***const*** (§ 5.4) évite toute redéfinition accidentelle de ***NULL*** et garantit l'utilisation de cette macro dans tous les cas où une constante est requise.

5.2 Tableaux

Pour un type ***T***, ***T[taille]*** est le type "tableau de ***taille*** éléments de type ***T***". Les éléments sont indexés de 0 à ***taille–1***. Par exemple :

```
float v[3];          // un tableau de trois nombres virgule flottante : v[0], v[1], v[2]
char* a[32];         // un tableau de 32 pointeurs de char : a[0]..a[31]
```

Le nombre d'éléments et les limites du tableau doivent être une expression constante (§ C.5). Si ces limites sont censées varier, utilisez un ***vector*** (§ 3.7.1, § 16.3). Par exemple :

```
void f(int i)
{
        int v1[i];           // erreur : la taille du tableau n'est pas une expression constante
        vector<int> v2(i);   // ok
}
```

Les tableaux à plusieurs dimensions sont représentés comme des tableaux de tableaux. Par exemple :

```
int d2[10][20];          // d2 est un tableau de 10 tableaux de 20 entiers
```

L'introduction de virgules dans la notation, ainsi que cela se pratique dans d'autres langages, risque de déclencher des erreurs de compilation. Une virgule (,) est, en effet, un opérateur de séquence (§ 6.2.2) qui n'est pas autorisé dans les expressions constantes (§ C.5). Essayez de compiler, par exemple, la ligne suivante :

```
int bad[5,2];            // erreur, virgule non autorisée dans une expression constante
```

Les tableaux à plusieurs dimensions sont décrits en § C.7. Il est préférable de les éviter en dehors du code de bas niveau.

5.2.1 Les initialiseurs de tableau

Un tableau peut être initialisé par une liste de valeurs. Par exemple :

```
int v1[] = { 1, 2, 3, 4 };
char v2[] = { 'a', 'b', 'c', 0 };
```

La taille d'un tableau possédant une liste d'initialisation est calculée en fonction des éléments de cette dernière. Par conséquent, ***v1*** et ***v2*** sont respectivement de type ***int[4]*** et ***char[4]***. Si une taille est explicitement spécifiée, le fait de fournir des éléments en surnombre dans une liste d'initialisation constitue une erreur. Par exemple :

```
char v3[2] = { 'a', 'b', 0 };      // erreur : trop d'initialiseurs
char v4[3] = { 'a', 'b', 0 };      // ok
```

Si l'initialiseur fournit trop peu d'éléments, on suppose que les éléments de tableau restants sont nuls. Par exemple :

```
int v5[8] = {1, 2, 3, 4};
```

est équivalent à

```
int v5[] = {1, 2, 3, 4, 0, 0, 0, 0};
```

Notez qu'il n'existe pas d'affectation de tableau correspondant à l'initialisation :

```
void f()
{
        v4 = { 'c', 'd', 0 };      // erreur : pas d'affectation de tableau
}
```

Si vous avez besoin de telles affectations, utilisez un ***vector*** (§ 16.3) ou ***valarray*** (§ 22.4).

Une méthode pratique d'initialisation d'un tableau de caractère consiste à utiliser une littérale chaîne (§ 5.2.2).

5.2.2 Les littérales chaîne

Une *littérale chaîne* est une séquence de caractères encadrée de guillemets doubles :

```
"voici une chaîne"
```

Une littérale chaîne contient un caractère de plus qu'il n'y paraît. Elle se termine, en effet, par le caractère nul ***'\0'***, dont la valeur est 0. Par exemple :

```
sizeof("Bohr")==5
```

Le type d'une littérale chaîne est "tableau du nombre approprié de caractères ***const***". "***Bohr***" est donc de type ***const char [5]***.

Dans les définitions précédentes du C et du C++, le type d'une littérale chaîne était ***char****. Il est donc possible d'attribuer une littérale chaîne à un type ***char****. Cette opération permet de garantir la validité de millions de lignes de code C et C++. Il s'agit toutefois d'une erreur de vouloir modifier une littérale chaîne par l'intermédiaire d'un tel pointeur :

```
void f()
{
```

```
        char* p = "Plato";
        p[4] = 'e';               // erreur : affectation sur const ; le résultat est indéfini
}
```

Ce type d'erreur ne peut généralement pas être détecté avant l'exécution. De plus, les implémentations n'appliquent pas toutes cette règle de la même façon. Le caractère constant des littérales chaîne est non seulement évident, mais il permet également aux implémentations d'optimiser de manière significative la façon dont les littérales chaîne sont stockées et accédées.

Si vous voulez pouvoir modifier une chaîne, vous devez en copier les caractères dans un tableau :

```
void f()
{
        char p[] = "Zeno";        // p est un tableau de 5 char
        p[0] = 'R';               // ok
}
```

Une littérale chaîne est allouée de façon statique. Il est donc prudent d'en renvoyer une à partir d'une fonction. Par exemple :

```
const char* error_message(int i)
{
        // ...
        return "Erreur de limite";
}
```

La mémoire dans laquelle est stocké ***erreur de limite*** ne s'évapore pas après un appel de ***error_message()***.

Le fait que deux littérales caractère identiques soient allouées en tant que littérale caractère unique est défini par l'implémentation (§ C.1). Par exemple :

```
const char* p = "Heraclitus";
const char* q = "Heraclitus";

void g()
{
        if (p == q) cout << "one!\n";       // le résultat est défini par l'implémentation
        // ...
}
```

Notez que, lorsqu'il s'applique aux pointeurs, **==** compare les adresses (valeurs de pointeur), et non les valeurs pointées.

La chaîne vide est représentée par une paire de doubles cotes adjacentes, *""*, (et appartient au type ***const char [1]***).

La convention du slash inversé pour représenter les caractères non graphiques (§ C.3.2) peut aussi être utilisée dans une chaîne. Elle permet de représenter les caractères guillemet double (*"*) et slash inversé (\). Le caractère de ce type le plus courant est celui de retour à la ligne, ***'\n'***. Par exemple :

```
cout<<"bip en fin de message\a\n";
```

Le caractère d'échappement *'\a'* est le caractère ASCII ***BEL*** (également connu comme *alerte*), qui provoque l'émission d'un son.

Une chaîne ne peut contenir de "réels" retours à la ligne :

```
"il ne s'agit pas d'une chaîne
mais d'une erreur de syntaxe"
```

Il est possible de séparer des chaînes longues par des espaces afin de clarifier le texte du programme. Par exemple :

```
char alpha[] =    "abcdefghijklmnopqrstuvwxyz"
                  "ABCDEFGHIJKLMNOPQRSTUVWXYZ";
```

Le compilateur va concaténer les chaînes adjacentes. ***Alpha*** aurait donc pu être initialisé à l'aide de la chaîne unique :

```
"abcdefghijklmnopqrstuvwxyzABCDEFGHIJKLMNOPQRSTUVWXYZ";
```

Le caractère nul peut apparaître dans une chaîne, mais de nombreux programmes risquent alors d'ignorer les caractères suivants. Par exemple, la chaîne ***"Jens\000Munk"*** sera traitée comme ***"Jens"*** par des fonctions de bibliothèque standard telles que ***strcpy()*** et ***strlen()***. Voir § 20.4.1.

Une chaîne possédant le préfixe ***L***, telle que ***L"angst"***, est une chaîne de caractères larges (§ 4.3, § C.3.3). Son type est ***constwchar_t[]***.

5.3 Pointeurs et tableaux

En C++, pointeurs et tableaux sont étroitement liés. Il est possible d'utiliser le nom d'un tableau comme pointeur de son élément initial. Par exemple :

```
int v[] = { 1, 2, 3, 4 };
int* p1 = v;            // pointeur de l'élément initial (conversion implicite)
int* p2 = &v[0];        // pointeur de l'élément initial
int* p3 = &v[4];        // pointeur de l'élément suivant le dernier
```

ou graphiquement :

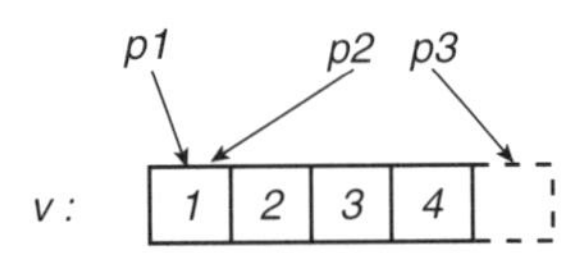

Il est possible de définir un pointeur en faisant référence à l'élément suivant le dernier élément du tableau. Ce pointeur est important pour de nombreux algorithmes (§ 2.7.2, § 18.3). Cependant, un pointeur tel que celui-ci n'est pas dirigé vers un élément du tableau et ne devrait pas être utilisé pour la lecture ou l'écriture. Il est beaucoup plus risqué de tenter d'obtenir l'adresse de l'élément précédent l'élément initial. Cette opération devrait être évitée. Dans certaines architectures de machine, les tableaux sont souvent alloués sur des limites d'adressage de la machine. Il s'agit de la raison pour laquelle "l'adresse précédant l'élément initial" n'a tout simplement aucun sens.

La conversion implicite d'un nom de tableau vers le pointeur de l'élément initial est largement utilisée dans les appels de fonction du code style C. Par exemple :

```
extern "C" int strlen(const char*);   // de <string.h>

void f()
{
        char v[] = "Annemarie";
        char* p = v;                  // conversion implicite de char[] en char*
        strlen(p);
        strlen(v);                    // conversion implicite de char[] en char*
        v = p;                        // erreur : affectation impossible pour un tableau
}
```

La même valeur est transmise à la fonction ***strlen()*** de la bibliothèque standard dans les deux appels. Le problème réside dans le fait que la conversion implicite est impossible. En d'autres termes, il n'existe aucun moyen de déclarer une fonction de telle sorte que le tableau ***v*** soit copié lorsque la fonction est appelée. Il n'existe heureusement aucune conversion implicite ou explicite d'un pointeur vers un tableau.

La conversion implicite de l'argument du tableau en pointeur signifie que la taille du tableau est perdue pour la fonction appelée. Cette dernière doit cependant déterminer, d'une façon ou d'une autre, cette taille pour effectuer une opération significative. Comme les autres fonctions de la bibliothèque standard du C recevant des pointeurs de caractère, ***strlen()*** détecte la fin de chaîne à l'aide de la valeur nulle. ***strlen(p)*** renvoie le nombre de caractères de la chaîne. Le caractère nul de fin n'est pas compris. Il s'agit de programmation de bas niveau. Les deux éléments ***vector*** (§ 16.3) et ***string*** (Chapitre 20) ne sont pas affectés par ce problème.

5.3.1 La consultation des tableaux

Un accès efficace aux tableaux (et aux structures de données analogues) est un facteur clé pour de nombreux algorithmes (voir § 3.8, Chapitre 18). Cet accès peut être obtenu, soit par l'intermédiaire d'un pointeur de tableau associé à un index, soit par l'intermédiaire d'un pointeur d'élément. Voici, par exemple, le parcours d'une chaîne de caractères à l'aide d'un index :

```
void fi(char v[])
{
        for (int i = 0; v[i]!=0; i++) use(v[i]);
}
```

Voici le parcours équivalent à l'aide d'un pointeur :

```
void fp(char v[])
{
        for (char* p = v; *p!=0; p++) use(*p);
}
```

L'opérateur d'indirection * s'applique à un pointeur de telle sorte que ****p*** soit le caractère pointé par ***p***, et que **++** incrémente le pointeur pour qu'il fasse référence à l'élément suivant du tableau.

Il n'existe aucune raison valable pour qu'une version soit plus rapide qu'une autre. Avec un compilateur moderne, les deux exemples devraient produire un code identique (voir § 5.9[8]). Les programmeurs choisiront leur version en fonction de la logique et de l'esthétique.

Le résultat de l'emploi des opérateurs arithmétiques **+**, **–**, **++** ou **—** dépend du type de l'objet pointé. Lorsqu'on applique un opérateur arithmétique à un pointeur ***p*** de type ***T****, on suppose que ***p*** pointe sur un élément d'un tableau d'objets de type ***T***. ***p+1*** pointe sur l'élément de tableau suivant, et ***p–1*** pointe sur l'élément précédent. Cela implique que la valeur entière de ***p+1*** sera ***sizeof(T)*** plus grande que la valeur entière de ***p***. Si une notation hexadécimale est utilisée par défaut pour les valeurs de pointeur, l'exécution du code suivant, par exemple :

```
#include <iostream>

int main ()
{
        int vi[10];
        short vs[10];

        std::cout << &vi[0] << ' ' << &vi[1] << '\n';
        std::cout << &vs[0] << ' ' << &vs[1] << '\n';
}
```

produit le résultat

```
0x7fffaef0 0x7fffaef4
0x7fffaedc 0x7fffaede
```

Ce résultat indique que, dans mon implémentation, ***sizeof(short)*** a la valeur ***2*** et que ***sizeof(int)*** a la valeur ***4***.

La soustraction de pointeurs est définie uniquement lorsque les deux pointeurs sont dirigés sur des éléments du même tableau (bien que le langage n'offre aucun moyen rapide de garantir cet état de fait). Lorsque l'on soustrait un pointeur à un autre, le résultat correspond au nombre d'éléments de tableau situés entre les deux pointeurs (un entier). Il est possible de soustraire ou d'ajouter un entier à un pointeur. Dans les deux cas, le résultat est une valeur de pointeur. Si cette valeur n'est pas dirigée sur un élément du même tableau que celui du pointeur original ou sur l'élément suivant le dernier, son utilisation produira un résultat indéfini. Par exemple :

```
void f()
{
        int v1[10];
        int v2[10];

        int i1 = &v1[5]-&v1[3];         // i1 = 2
        int i2 = &v1[5]-&v2[3];         // résultat indéfini

        int* p1 = v2+2;                 // p1 = &v2[2]
        int* p2 = v2-2;                 // *p2 indéfini

}
```

Des opérations arithmétiques compliquées sur les pointeurs sont généralement inutiles. Il est souvent préférable de les éviter. L'addition de pointeurs n'a aucun sens et n'est pas autorisée.

Les tableaux ne fournissent pas leur propre description, car il n'est pas garanti que le nombre d'éléments d'un tableau soit stocké avec celui-ci. Cela signifie que, pour parcourir un tableau qui ne contient pas de caractère de fin, comme dans le cas des chaînes de caractères, nous devons fournir le nombre de ses éléments d'une façon ou d'une autre. Par exemple :

```
void fp(char v[], unsigned int size)
{
        for (int i=0; i<size; i++) use(v[i]);

        const int N = 7;
        char v2[N];
        for (int i=0; i<N; i++) use(v2[i]);
}
```

Notez que la plupart des implémentations C++ ne fournissent aucun contrôle de limite pour les tableaux. Ce concept de tableau est fondamentalement de bas niveau. Une notion plus avancée peut être fournie *via* l'emploi des classes (§ 3.7.1).

5.4 Constantes

En C++, il existe un concept de constante définie par l'utilisateur (nommée ***const***) et permettant d'indiquer qu'une valeur ne change pas directement. Cette notion peut se révéler très utile dans certaines situations. De nombreux objets, par exemple, ne changent pas réellement de valeur après l'initialisation. Les constantes symboliques permettent d'obtenir un code plus facile à maintenir que des littérales directement intégrées au code. Les pointeurs sont souvent lus, mais jamais mis à jour, et la plupart des paramètres de fonction sont également lus, mais pas modifiés.

Il est possible d'ajouter le mot clé ***const*** à la déclaration d'un objet afin de le déclarer comme constant. Une valeur ne pouvant être attribuée à une constante, celle-ci doit être initialisée. Par exemple :

```
const int model = 90;            // modèle est une const
const int v[] = { 1, 2, 3, 4 };  // v[i] est une const
const int x;                     // erreur : pas d'initialiseur
```

La déclaration de quelque chose en ***const*** garantit que sa valeur ne sera pas changée dans les limites de sa portée :

```
void f()
{
        model = 200;             // erreur
        v[2]++;                  // erreur
}
```

Notez que ***const*** modifie un type. Cela signifie qu'au lieu de spécifier la façon dont la constante doit être allouée, il restreint les possibilités d'utilisation d'un objet. Par exemple :

```
void g(const X* p)
{
                                 // ne peut modifier *p ici
}
```

```
void h()
{
        X val;                  // val peut être modifié
        g(&val);
        // ...
}
```

Un compilateur évolué peut tirer parti d'un objet déclaré comme constante de plusieurs façons. Par exemple, l'initialiseur d'une constante est souvent (mais pas toujours) une expression constante (§ C.5). Dans ce cas, il peut être évalué au moment de la compilation. De plus, si le compilateur connaît toutes les utilisations de la constante, il n'a pas besoin d'allouer de mémoire pour la stocker. Par exemple :

```
const int c1 = 1;
const int c2 = 2;
const int c3 = my_f(3);     // ne connaît pas la valeur de c3 au moment de la compilation
extern const int c4;        // ne connaît pas la valeur de c4 au moment de la compilation
const int* p = &c2;         // doit allouer de la mémoire pour c2
```

A partir de ces lignes, le compilateur connaît les valeurs de ***c1*** et ***c2*** pouvant être utilisées dans des expressions constantes. Les valeurs de ***c3*** et ***c4*** n'étant pas connues au moment de la compilation (à partir des seules informations disponibles dans cette unité de compilation ; voir § 9.1), de la mémoire doit leur être allouée. L'adresse de ***c2*** étant utilisée, de la mémoire doit également lui être allouée. Le cas le plus simple est celui pour lequel la valeur de la constante est connue à la compilation. Aucune mémoire n'a alors besoin d'être allouée. ***C1*** en est un exemple. Le mot clé ***extern*** indique que ***c4*** est défini dans une autre partie du code (§ 9.2).

Il est généralement nécessaire d'allouer de la mémoire pour un tableau de constantes, car le compilateur ne peut, dans la plupart des cas, savoir quels éléments de ce tableau sont référencés dans les expressions. Sur de nombreuses machines, cependant, il est possible d'améliorer l'efficacité en plaçant les tableaux de constantes dans une mémoire en lecture seulement.

Les applications les plus courantes pour ***const*** sont les limites de tableau et les étiquettes ***case***. Par exemple :

```
const int a = 42;
const int b = 99;
const int max = 128;

int v[max];

void f(int i)
{
        switch (i) {
        case a:
                // ...
        case b:
                // ...
        }
}
```

Les énumérateurs (§ 4.8) représentent souvent une alternative aux ***const*** dans de telles situations.

L'utilisation de ***const*** avec les fonctions membres de classe est traitée en § 10.2.6 et en § 10.2.7.

L'utilisation des constantes symboliques devrait être systématique pour éviter les "nombres magiques" dans le code. Si une constante numérique, telle qu'une limite de tableau, est répétée dans le code, il devient difficile de réviser ce dernier, car chaque occurrence de cette constante devra être modifiée afin que la mise à jour soit correcte. Le choix d'une constante symbolique localise les informations. Une constante numérique représente généralement une hypothèse du programme. ***4*** pourrait représenter, par exemple, le nombre d'octets dans un entier, ***128*** le nombre de caractères nécessaires pour l'entrée en mémoire tampon et ***6.24*** le taux de change entre la couronne danoise et le dollar américain. Lorsqu'elles apparaissent dans le code sous forme de constantes numériques, ces valeurs deviennent difficiles à repérer et à comprendre. Ce type de valeurs numériques passe souvent inaperçu et se transforme en erreur lorsqu'un programme est porté ou lorsqu'une autre modification viole les hypothèses qu'elles représentent. Ce type de problème de maintenance peut être minimisé en exprimant les hypothèses sous la forme de constantes symboliques bien documentées.

5.4.1 Les pointeurs et les constantes

L'utilisation d'un pointeur implique deux objets : le pointeur lui-même et l'objet pointé. En "préfixant" la déclaration d'un pointeur avec ***const***, l'objet devient une constante (et non le pointeur). Pour déclarer le pointeur comme une constante, nous utilisons l'opérateur de déclaration ****const*** plutôt que l'opérateur * simple. Par exemple :

```
void f1(char* p)
{
        char s[] = "Gorm";

        const char* pc = s;          // pointeur de constante
        pc[3] = 'g';                 // erreur : PC pointe sur une constante
        pc = p;// ok

        char *const cp = s;          // pointeur constant
        cp[3] = 'a';                 // ok
        cp = p;                      // erreur : cp est une constante

        const char *const cpc = s;   // pointeur const de const
        cpc[3] = 'a';                // erreur : cpc pointe sur une constante
        cpc = p;                     // erreur : cpc est une constante
}
```

L'opérateur de déclaration qui rend un pointeur constant est ****const***. Il n'existe pas d'opérateur ***const****. Le mot clé ***const*** apparaissant avant une * est donc interprété comme faisant partie du type de base. Par exemple :

```
char *const cp;              // pointeur const de char
char const* pc;              // pointeur de char const
const char* pc2;             // pointeur de char const
```

Certaines personnes trouvent plus judicieux de lire ce type de déclarations de droite à gauche. Par exemple, "***cp*** est un pointeur ***const*** d'un ***char***" et "***pc2*** est un pointeur d'un ***char const***".

Un objet qui est une constante lorsqu'on y accède par l'intermédiaire d'un pointeur pourrait devenir variable si l'on y accède par d'autres moyens. Cette règle est particulièrement intéressante pour les arguments de fonction. En déclarant un argument pointeur en ***const***, la fonction ne peut modifier l'objet pointé. Par exemple :

```
char* strcpy(char* p, const char* q); // *q ne peut être modifié
```

Vous pouvez attribuer l'adresse d'une variable à un pointeur de constante sans problème. En revanche, l'adresse d'une constante ne peut être attribuée à un pointeur sur lequel aucune restriction ne s'applique, car cette opération autoriserait le changement de la valeur de l'objet. Par exemple :

```
void f4()
{
        int a = 1;
        const int c = 2;
        const int* p1 = &c;// ok
        const int* p2 = &a;// ok
        int* p3 = &c;       // erreur : initialisation de int* avec const int*
        *p3 = 7;            // tente de modifier la valeur de c
}
```

Il est possible de supprimer explicitement les restrictions sur un pointeur de ***const*** à l'aide d'une conversion de type explicite (§ 10.2.7.1 et § 15.4.2.1).

5.5 Références

Le terme *référence* est synonyme d'objet. La principale application des références concerne la spécification des arguments et des valeurs renvoyées pour les fonctions en général, et les opérateurs surchargés en particulier (voir chapitre 11). La notation ***X&*** signifie *référence à **X***. Par exemple :

```
void f()
{
        int i = 1;
        int& r = i;         // r et i font maintenant référence au même int
        int x = r;          // x = 1

        r = 2;              // i = 2
}
```

Pour garantir la validité d'une référence (c'est-à-dire l'associer à un objet), nous devons l'initialiser. Par exemple :

```
int i = 1;
int& r1 = i;            // ok : r1 est initialisé
int& r2;                // erreur : initialiseur manquant
extern int& r3;         // ok : r3 est initialisé dans une autre partie du code
```

L'initialisation d'une référence est une opération tout à fait différente d'une affectation à cette dernière. En dépit des apparences, aucun opérateur ne s'applique à une référence. Par exemple :

```
void g()
{
        int ii = 0;
        int& rr = ii;
        rr++;              // ii est incrémenté de 1
        int* pp = &rr;     // pp pointe sur ii
}
```

Ce code est correct, mais ***rr++*** n'incrémente pas la référence ***rr***. Au contraire, **++** s'applique à un ***int*** qui se trouve être ***ii***. Par conséquent, la valeur d'une référence ne peut être modifiée après l'initialisation. Pour qu'un pointeur de l'objet soit indiqué par une référence ***rr***, nous pouvons écrire ***&rr***.

L'implémentation évidente d'une référence est celle d'un pointeur (constant) auquel on applique l'indirection à chaque utilisation. Se représenter les références de cette façon n'a aucune conséquence tant qu'on garde en mémoire le fait qu'une référence n'est pas un objet qu'il est possible de manipuler comme un pointeur :

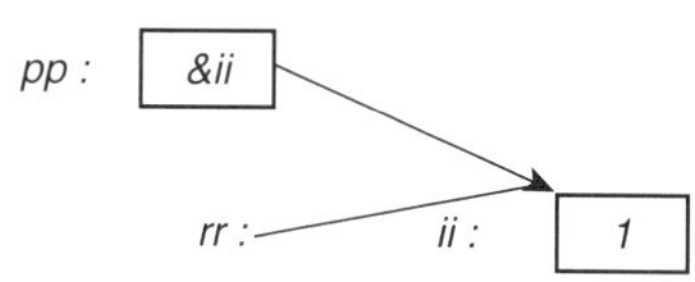

Dans certains cas, le compilateur peut optimiser une référence de telle sorte qu'aucun objet ne représente cette dernière à l'exécution.

L'initialisation d'une référence est une opération banale lorsque l'initialiseur est une lvalue (un objet dont vous pouvez obtenir l'adresse ; voir § 4.9.6). L'initialiseur d'un ***T&*** "simple" doit être une lvalue de type ***T***.

L'initialiseur d'un ***const T&*** n'a pas besoin d'être une lvalue ou même d'appartenir au type ***T***. Dans des cas semblables :

- Une conversion de type implicite en ***T*** est tout d'abord appliquée, si nécessaire (§ C.6).
- La valeur obtenue est ensuite placée dans une variable temporaire de type ***T***.
- Cette variable temporaire est alors utilisée comme valeur de l'initialiseur.

Examinez le code suivant :

```
double& dr = 1;             // erreur: lvalue requise
const double& cdr = 1;      // ok
```

L'interprétation de cette dernière initialisation pourrait être :

```
double temp = double(1);      // crée tout d'abord une variable temporaire avec la valeur correcte
const double& cdr = temp;     // utilise ensuite la variable temporaire comme initialiseur pour cdr
```

Une variable temporaire créée pour recevoir un initialiseur de référence persiste jusqu'à la fin de la portée de sa référence.

Il est nécessaire de différencier les références de variable et les références de constante. L'introduction d'une variable temporaire dans le cas de la variable est, en effet, une source d'erreur importante. Une affectation à une variable deviendrait une affectation à une variable temporaire — destinée à disparaître rapidement. Un tel problème n'existe pas pour les références de constante. Ces dernières sont souvent importantes en tant qu'arguments de fonction (§ 11.6).

Il est possible d'utiliser une référence permettant de spécifier un argument de fonction de telle sorte que cette dernière puisse changer la valeur d'un objet qui lui est transmis. Par exemple :

```
void increment(int& aa) { aa++; }

void f()
{
        int x = 1;
        increment(x);           // x = 2
}
```

La sémantique de la transmission d'argument est définie comme étant celle de l'initialisation. L'argument ***aa*** d'***increment*** est donc devenu un synonyme de ***x*** lors de l'appel de cette fonction. Pour qu'un programme ne soit pas trop difficile à comprendre, il est souvent préférable d'éviter les fonctions qui modifient leurs arguments. Il est préférable de renvoyer explicitement une valeur depuis la fonction ou d'exiger un argument pointeur :

```
int next(int p) { return p+1; }

void incr(int* p) { (*p)++; }

void g()
{
        int x = 1;
        increment(x);           // x = 2
        x = next(x);            // x = 3
        incr(&x);               // x = 4
}
```

Contrairement à des notations telles que ***x=next(x)*** et ***incr(&x)***, ***increment (x)*** n'indique pas clairement au lecteur que la valeur de ***x*** est en cours de modification. Par conséquent, il est préférable de n'utiliser les arguments référence "ordinaires" que lorsque le nom de la fonction indique clairement la modification de l'argument référence.

Il est également possible d'utiliser les références pour déterminer les fonctions pouvant être placées des deux côtés d'une affectation. Une grande partie des applications les plus intéressantes concerne la conception de types originaux définis par l'utilisateur. Définissons, par exemple, un tableau associatif simple. Envisageons tout d'abord la structure ***Pair*** :

```
struct Pair {
        string name;
        double val;
};
```

L'idée de base est qu'une chaîne possède une valeur virgule flottante associée. Il est facile de définir une fonction, ***value()***, qui maintienne une structure de données constituée d'une ***Pair*** pour chaque chaîne qui lui a été présentée. Pour raccourcir la présentation, on utilise une implémentation très simple (et peu efficace) :

```
vector<Pair> pairs;

double& value(const string& s)
/*
        maintient un ensemble de paires :
        on recherche s, on renvoie sa valeur si la recherche aboutit. Dans le cas contraire on crée une
        nouvelle paire et on renvoie la valeur par défaut 0
*/
{
        for (int i = 0; i < pairs.size(); i++)
                if (s == pairs[i].name) return pairs[i].val;

        Pair p = { s, 0 };
        pairs.push_back(p);         // ajoute une paire à la fin (§ 3.7.3)

        return pairs[pairs.size()-1].val;
}
```

Cette fonction peut être interprétée comme un tableau de valeurs en virgule flottante indexées par des chaînes de caractères. Pour une chaîne argument donnée, ***value()*** recherche l'objet virgule flottante correspondant (*et non* la valeur de l'objet virgule flottante correspondant). Elle renvoie ensuite une référence de cet objet. Par exemple :

```
int main()          // compte le nombre d'occurrences de chaque mot en entrée
{
        string buf;

        while (cin>>buf) value(buf)++;

        for (vector<Pair>::const_iterator p = pairs.begin(); p!=pairs.end(); ++p)
                cout << p->name << ": " << p->val << '\n';
}
```

Chaque fois, la boucle ***while*** lit un mot dans le flux d'entrée standard ***cin*** et le place dans la chaîne ***buf*** (§ 3.6). Elle met ensuite à jour le compteur associé à la chaîne. La table des différents mots de l'entrée obtenue est alors affichée, chaque mot étant accompagné de son nombre d'occurrences. Avec ce programme, l'entrée suivante, par exemple :

```
aa bb bb aa aa bb aa aa
```

donnera le résultat :

```
aa : 5
bb : 3
```

Il est facile de perfectionner ce code avec un type de tableau associatif approprié. Pour ce faire, une classe modèle devra être utilisée avec l'opérateur de sélection [] surchargé (§ 11.8). Il est encore plus simple d'employer un ***map*** de la bibliothèque standard (§ 17.4.1).

5.6 Pointeur de void

Le pointeur de tout type d'objet peut être attribué à une variable de type ***void****. Un type ***void**** peut être attribué à un autre ***void****. Il est possible de comparer l'égalité et l'inégalité de ces ***void****. De plus, un ***void**** peut être explicitement converti vers un autre type. Les opérations autres que celles-ci ne pourraient être effectuées sans risque, le compilateur ne sachant pas quel type d'objet est effectivement pointé. Ces opérations sont donc susceptibles de produire des erreurs de compilation. Pour utiliser un ***void****, nous devons le convertir explicitement en un pointeur d'un type spécifique. Par exemple :

```
void f(int* pi)
{
        void* pv = pi;      // ok : conversion implicite de int* en void*
        *pv;                // erreur : l'indirection ne s'applique pas à un type void*
        pv++;               // erreur : on ne peut incrémenter un type void* (la taille de l'objet pointé est
                            inconnue)

        int* pi2 = static_cast<int*>(pv);              // reconversion explicite en int*

        double* pd1 = pv;                              // erreur
        double* pd2 = pi;                              // erreur
        double* pd3 = static_cast<double*>(pv);        // hasardeux
}
```

Il est généralement dangereux d'utiliser un pointeur converti en un type différent de celui de l'objet pointé. Une machine pourrait, par exemple, supposer que tout double est alloué sur une limite de 8 octets. Dans ce cas, un comportement étrange serait susceptible d'apparaître si ***pi*** pointait vers un ***int*** alloué d'une autre façon. Cette forme de conversion de type explicite est fondamentalement dangereuse et peu élégante. Par conséquent, la notation utilisée, ***static_cast***, n'a pas, non plus, été conçue pour être élégante.

L'application principale de ***void**** concerne la transmission de pointeurs à des fonctions qui ne sont pas autorisées à émettre des hypothèses concernant le type de l'objet et le renvoi, par des fonctions, d'objets non typés. Pour utiliser un tel objet, nous devons employer une conversion de type explicite.

Les fonctions utilisant des pointeurs ***void**** se trouvent généralement à un niveau très bas du système, c'est-à-dire à un endroit où les ressources matérielles réelles sont manipulées. Par exemple :

```
void* my_alloc(size_t n);      // alloue n octets dans mon tas particulier
```

Des occurrences de ***void**** dans les niveaux supérieurs du système devraient être considérées avec prudence, car elles signalent probablement des erreurs de conception. Lorsqu'il est utilisé pour l'optimisation, ***void**** peut être masqué par une interface de type sécurisé (§ 13.5, § 24.4.2).

Les pointeurs de fonction (§ 7.7) et les pointeurs de membre (§ 15.5) ne peuvent être attribués à un ***void****.

5.7 Structures

Un tableau est un agrégat d'éléments de même type. Une structure (***struct***) est un agrégat d'éléments de types (presque) arbitraires. Par exemple :

```
struct address {
        char* name;           // "Jim Dandy"
        long int number;      // 61
        char* street;         // "South St"
        char* town;           // "New Providence"
        char state[2];        // 'N' 'J'
        long zip;             // 7974
};
```

Ce code définit un nouveau type nommé ***address***, et constitué des éléments nécessaires pour envoyer un courrier. Remarquez le point virgule à la fin. En C++, il s'agit de l'un des rares cas où il est indispensable de placer un point virgule après une accolade de fin. C'est la raison pour laquelle on a souvent tendance à l'oublier.

Les variables de type ***address*** doivent être déclarées exactement de la même façon que les autres. On peut accéder aux *membres* individuels *via* l'opérateur point (**.**). Par exemple :

```
void f()
{
        address jd;
        jd.name = "Jim Dandy";
        jd.number = 61;
}
```

La notation employée pour l'initialisation des tableaux peut également s'appliquer à l'initialisation des variables de type structure. Par exemple :

```
address jd = {
        "Jim Dandy",
        61, "South St",
        "New Providence", {'N','J'}, 7974
};
```

Il est cependant préférable d'utiliser un constructeur (§ 10.2.3). Notez que ***jd.state*** ne pourrait pas être initialisé par la chaîne "***NJ***". Les chaînes se terminent par le caractère ***'\0'***. "***NJ***" comprend trois caractères — un de trop pour convenir à ***jd.state***.

On accède souvent aux objets structure par l'intermédiaire des pointeurs. L'opérateur **->** (opérateur d'adressage indirect) est alors utilisé pour cette opération. Par exemple :

```
void print_addr(address* p)
{
        cout << p->name << '\n'
                << p->number << ' ' << p->street << '\n'
                << p->town << '\n'
                << p->state[0] << p->state[1] << ' ' << p->zip << '\n';
}
```

Lorsque ***p*** est un pointeur, ***p–>m*** est équivalent à ***(*p).m***.

Les objets de type structure peuvent être affectés, transmis comme arguments de fonction et renvoyés comme résultat d'une fonction. Par exemple :

```
address current;

address set_current(address next)
{
        address prev = current;
        current = next;
        return prev;
}
```

Certaines opérations plausibles, telles que la comparaison (== et !=), ne sont pas définies. Il est cependant possible à l'utilisateur de définir de tels opérateurs (Chapitre 11).

La taille d'un objet d'un type structure n'est pas nécessairement égale à la somme des tailles de ses membres. De nombreuses machines imposent, en effet, à certains types d'objets d'être alloués sur des limites dépendantes de l'architecture. De cette façon, ces objets peuvent être manipulés beaucoup plus efficacement. On alloue, par exemple, souvent la mémoire pour les entiers sur des limites de mot. Sur de telles machines, on dit que les objets doivent être correctement *alignés*. Cette méthode produit des "trous" dans les structures. Sur de nombreuses machines, par exemple, ***sizeof (address)*** a la valeur ***24***, et non ***22*** comme on aurait pu s'y attendre. Vous pouvez minimiser l'espace perdu en classant simplement les membres par taille (en commençant par les plus grands). Quoi qu'il en soit, il est généralement préférable de classer les membres en fonction de la lisibilité, et de ne les trier par taille que si le besoin d'optimisation se fait sentir.

Le nom d'un type sera utilisé immédiatement après son apparition dans le code, et non après la fin de la déclaration complète. Par exemple :

```
struct Link {
        Link* previous;
        Link* successor;
};
```

Il est impossible de déclarer de nouveaux objets d'un type structure avant la fin de la déclaration. Par exemple :

```
struct No_good {
        No_good member;         // erreur : définition récursive
};
```

Ce code comprend une erreur. Le compilateur ne peut déterminer la taille de ***No_good***. Pour que deux types structure (ou plus) puissent réciproquement se faire référence, il est possible de déclarer un nom comme étant d'un type structure. Par exemple :

```
struct List;                    // à définir plus tard

struct Link {
        Link* pre;
        Link* suc;
```

```
        List* member_of;
};

struct List {
        Link* head;
};
```

En l'absence de la première déclaration de ***List***, l'utilisation de ***List*** dans la déclaration de ***Link*** aurait provoqué une erreur de syntaxe.

Il est possible d'utiliser le nom d'un type structure avant que ce dernier ne soit défini. Pour ce faire, il est indispensable de ne pas avoir à connaître le nom d'un membre ou la taille de la structure. Par exemple :

```
class S;                    // 'S' est le nom d'un type

extern S a;
S f();
void g(S);
S* h(S*);
```

Cependant, un grand nombre de déclarations de ce genre ne peuvent être utilisées avant la définition du type ***S*** :

```
void k(S* p)
{
        S a;            // erreur : S n'est pas défini. La taille est requise pour l'allocation

        f();            // erreur : S n'est pas défini. La taille est requise pour renvoyer une valeur
        g(a);           // erreur : S n'est pas défini. La taille est requise pour transmettre un argument
        p->m = 7;       // erreur : S n'est pas défini. Le nom du membre n'est pas connu

        S* q = h(p);    // ok : les pointeurs peuvent être alloués et transmis
        q->m = 7;       // erreur : S n'est pas défini. Le nom du membre n'est pas connu
}
```

Une ***struct*** est une forme simple de ***class*** (Chapitre 10).

Pour des raisons historiques, il est possible de déclarer une ***struct*** et une entité autre (pas une structure) avec le même nom dans la même portée. Par exemple :

```
struct stat { /* ... */ };
int stat(char* name, struct stat* buf);
```

Dans ce cas, le nom simple (***stat***) n'est pas celui de la structure. Pour faire référence à la structure on doit ajouter le préfixe ***struct***. De façon analogue, il est possible d'utiliser les mots clés ***class***, ***union*** (§ C.8.2) et ***enum*** (§ 4.8) comme préfixe pour supprimer toute ambiguïté. Il est, bien sûr, préférable d'éviter la surcharge des noms et de ne pas faire appel à cette technique.

5.7.1 Equivalence des types

Deux structures représentent des types différents, même lorsqu'elles possèdent les mêmes membres. Par exemple :

```
struct S1 { int a; };
struct S2 { int a; };
```

sont deux types différents, donc

```
S1 x;
S2 y = x;          // erreur : type incompatible
```

Les types structure sont également différents des types fondamentaux, d'où

```
S1 x;
int i = x;         // erreur : type incompatible
```

Dans un programme, chaque ***struct*** doit posséder une définition unique (§ 9.2.3).

5.8 Conseils

1. Evitez toute arithmétique fantaisiste avec les pointeurs (voir § 5.3).
2. Prenez garde à ne pas écrire au-delà des limites d'un tableau (voir § 5.3.1).
3. Utilisez ***0*** plutôt que ***NULL*** (voir § 5.1.1).
4. Préférez ***vector*** et ***valarray*** aux tableaux intégrés (de style C) (voir § 5.3.1).
5. Préférez ***string*** aux tableaux de caractères terminés par ***0*** (voir § 5.3.6).
6. Minimisez l'utilisation des arguments références (voir § 5.5).
7. Evitez l'emploi de ***void**** en dehors du code de bas niveau (voir § 5.6).
8. Evitez l'emploi de littérales non anodines ("nombres magiques") dans le code. Préférez l'utilisation et la définition de constantes symboliques (voir § 4.8, § 5.4).

5.9 Exercices

1. (*1) Ecrivez les déclarations pour les éléments suivants : un pointeur de caractère, un tableau de 10 entiers, une référence d'un tableau de 10 entiers, un pointeur d'un tableau de chaînes de caractères, un pointeur de pointeur d'un caractère, une constante entière, un pointeur de constante entière et une constante pointeur d'un entier. Initialisez chacun de ces éléments.
2. (*1.5) Sur votre système, quelles sont les restrictions des types de pointeur ***char****, ***int**** et ***void**** ? Un ***int****, par exemple, peut-il avoir une valeur impaire ? Indication : alignement.
3. (*1) Utilisez ***typedef*** pour définir les types ***unsigned char***, ***const unsigned char***, pointeur d'entier, pointeur de pointeur de ***char***, pointeur de tableau de ***char***, tableau de 7 pointeurs d'***int***, pointeur d'un tableau de 7 pointeurs d'***int***, et tableau de 8 tableaux de 7 pointeurs d'***int***.
4. (*1) Ecrivez une fonction qui échange les valeurs de deux entiers. Utilisez ***int**** comme type d'argument. Ecrivez une seconde fonction d'échange en utilisant ***int&*** comme type d'argument.

5. (*1.5) Quelle est la taille du tableau ***str*** de l'exemple suivant :

   char str[] = "a short string";

   Quelle est la longueur de la chaîne "a short string" ?
6. (*1) Définissez les fonctions ***f(char)***, ***g(char&)*** et ***h(const char&)***. Appelez-les avec les arguments ***'a'***, ***49***, ***3300***, ***c***, ***uc*** et ***sc*** où ***c*** est un ***char***, ***uc*** est un ***unsigned char*** et ***sc*** est de type ***signed char***. Quels sont les appels autorisés ? Dans quels appels le compilateur va-t-il introduire une variable temporaire ?
7. (*1.5) Définissez une table avec les noms des mois de l'année et le nombre de jours dans chaque mois. Ecrivez le code correspondant. Renouvelez cette opération deux fois : la première en utilisant un tableau de ***char*** pour les noms et un tableau pour le nombre de jours, la seconde en utilisant un tableau de structures, chacune d'entre elles contenant le nom d'un mois et le nombre de jours qu'il comprend.
8. (*2) Effectuez quelques tests pour savoir si votre compilateur génère effectivement du code équivalent pour une itération à l'aide de pointeurs et une itération utilisant un index (§ 5.3.1). Si différents degrés d'optimisation peuvent être demandés, examinez si la qualité du code généré est affectée et dans quelle mesure.
9. (*1.5) Trouvez un exemple de situation où un nom est utilisé dans son propre initialiseur.
10. (*1) Définissez un tableau de chaînes contenant les noms des mois. Affichez ces chaînes. Transmettez le tableau à une fonction qui est susceptible de les afficher.
11. (*2) Lisez une séquence de mots en entrée. Choisissez ***Quit*** comme mot de fin d'entrée. Affichez les mots dans l'ordre de leur entrée. Evitez deux affichages du même mot. Modifiez le programme de telle façon qu'il effectue un tri avant l'affichage des mots.
12. (*2) Ecrivez une fonction qui compte le nombre d'occurrences d'une paire de lettres dans une ***string***. Ecrivez ensuite une seconde fonction qui effectue la même opération dans un tableau de ***char*** (une chaîne de style C) terminé par le caractère nul. Par exemple, la paire "ab" apparaît deux fois dans "xabaacbaxabb".
13. (*1.5) Définissez une ***struct Date*** pour garder une trace des dates. Fournissez des fonctions qui lisent les ***Date*** en entrée, écrivent des ***Date*** en sortie et initialisent une ***Date*** à partir d'une date.

6

Expressions et instructions

Une optimisation prématurée est la source de tous les maux.

D. Knuth

D'un autre côté, nous ne pouvons pas ignorer l'efficacité.

Jon Bentley

L'exemple de la calculatrice de bureau — La fonction d'entrée — Les arguments de ligne de commande — Récapitulatif des opérateurs — Les opérateurs logiques et relationnels — Incrémentation et décrémentation — Le tas ou la mémoire dynamique — La conversion de type explicite — Récapitulatif des instructions — Les déclarations — Les instructions de sélection — Les déclarations dans les conditions — Les instructions d'itération — ***Goto*** — Commentaires et retraits du texte — Conseils — Exercices

6.1 La calculatrice de bureau

Les instructions et expressions sont présentées par l'intermédiaire du programme calculatrice de bureau. Celui-ci fournit les quatre opérations arithmétiques standards comme opérateurs infixés sur les nombres virgule flottante. L'utilisateur a également la possibilité de définir des variables. Par exemple, à partir de l'entrée

```
r = 2.5
area = pi * r * r
```

(pi est prédéfini) le programme calculatrice va écrire

```
2.5
19.635
```

où 2.5 est le résultat de la première ligne d'entrée et 19.635 le résultat de la seconde.

La calculatrice est constituée de quatre parties principales : un analyseur, une fonction d'entrée, une table de symboles et un pilote. En réalité, il s'agit d'un compilateur miniature dans lequel l'analyseur effectue l'analyse syntaxique, la fonction d'entrée manipule les entrées et effectue l'analyse lexicale, la table des symboles stocke les informations permanentes et le pilote gère l'initialisation, la sortie et les erreurs. Nous pourrions ajouter de nombreuses fonctions à cette calculatrice pour en augmenter l'intérêt (§ 6.6[20]), mais le code est déjà suffisamment long, et la plupart de ces fonctions n'apporteraient pas d'informations supplémentaires concernant l'utilisation du C++.

6.1.1 L'analyseur

Voici la grammaire du langage reconnu par la calculatrice :

```
    program:
    END                          // END est la fin de l'entrée
    expr_list END

expr_list:
    expression PRINT             // PRINT est le point-virgule
    expression PRINT expr_list

expression:
    expression + term
    expression - term
    term

term:
    term / primary
    term * primary
    primary

primary:
    NUMBER
    NAME
    NAME = expression
```

- primary
(expression)

En d'autres termes, un programme est une séquence d'expressions séparées par des points-virgules. Les unités de base d'une expression sont les nombres, les noms et les opérateurs *, /, +, – (à la fois unaire et binaire) et =. Les noms n'ont pas besoin d'être déclarés avant leur utilisation.

Le style d'analyse syntaxique est généralement nommé *descente récurrente*. Il s'agit d'une technique répandue, directe et progressive. Avec un langage tel que le C++, dans lequel les appels de fonction sont relativement peu coûteux, cette technique se révèle très efficace. A chaque production de la grammaire correspond une fonction qui en appelle d'autres. Les symboles de fin (par exemple, ***END***, ***NUMBER***, + et –) sont reconnus par l'analyseur lexical ***get_token()***. Les symboles non terminaux sont reconnus par les fonctions de l'analyseur syntaxique ***expr()***, ***term()*** et ***prim()***. Dès que les deux opérandes d'une (sous-)expression sont connus, cette dernière est évaluée. Dans un compilateur réel, le code pourrait être généré à cet instant.

L'analyseur utilise une fonction ***get_token()*** pour obtenir les données en entrée. La valeur de l'appel le plus récent de cette fonction se trouve dans la variable globale ***curr_tok***. Le type de cette variable est l'énumération ***Token_value*** :

```
enum Token_value {
        NAME,           NUMBER,         END,
        PLUS='+',       MINUS='-',      MUL='*',        DIV='/',
        PRINT=';',      ASSIGN='=',     LP='(',         RP=')'
};

Token_value curr_tok = PRINT;
```

La représentation de chaque mot clé par la valeur entière de son caractère est pratique et efficace et peut constituer une aide pour des utilisateurs de débogueur. Ce procédé fonctionne aussi longtemps qu'aucun des caractères utilisés en entrée ne possède de valeur employée en tant qu'énumérateur — et nous ne connaissons actuellement aucun jeu de caractères comportant un caractère imprimable avec une valeur entière sur un seul chiffre. Nous choisissons ***PRINT*** comme valeur initiale pour ***curr_tok***, car il s'agit de la valeur que prendra cette variable lorsque la calculatrice aura évalué une expression et affiché sa valeur. Nous démarrons donc le système dans un état normal pour réduire au maximum les possibilités d'erreur. Cette solution nous permet également d'éviter le recours à un code de démarrage spécial.

Chaque fonction de l'analyseur reçoit un argument de type booléen (§ 4.2). Ce dernier indique si la fonction doit appeler ***get_token()*** pour obtenir le mot clé suivant. Chaque fonction de l'analyseur évalue "son" expression et renvoie la valeur. La fonction ***expr()*** traite l'addition et la soustraction. Elle est constituée d'une simple boucle qui recherche les termes à ajouter ou à soustraire :

```
double expr(bool get)               // ajoute et soustrait
{
        double left = term(get);

        for (;;)                    // "pour toujours"
                switch (curr_tok) {
                case PLUS:
```

```
                left += term(true);
                break;
            case MINUS:
                left -= term(true);
                break;
            default:
                return left;
            }
    }
```

Cette fonction n'agit généralement que peu elle-même. Elle en appelle d'autres pour effectuer le travail.

L'instruction ***switch*** teste la valeur de sa condition (qui est fournie entre parenthèses après le mot clé ***switch***) par rapport à un ensemble de constantes. Les instructions ***break*** permettent de sortir de l'instruction ***switch***. Les constantes indiquées à la suite des étiquettes ***case*** doivent être différentes. Si la valeur testée ne correspond à aucune étiquette de ce type, le cas ***default*** est choisi. Ce cas ne doit pas être obligatoirement prévu par le programmeur.

Notez qu'une expression telle que ***2–3+4*** est évaluée en ***(2–3)+4***, ainsi que le spécifie la grammaire.

La notation curieuse ***for(;;)*** représente la méthode standard pour spécifier une boucle infinie. Il s'agit d'une forme dégénérée de l'instruction ***for*** (§ 6.3.3). ***while(true)*** est une alternative. L'instruction ***switch*** est exécutée de façon répétitive jusqu'à ce que quelque chose de différent de + et – soit détecté. Dans ce cas, l'instruction ***return*** correspondant au cas par défaut est exécutée.

Les opérateurs += et –= permettent de traiter l'addition et la soustraction. ***Left=left+term()*** et ***left=left–term()*** auraient pu être utilisés sans changer la signification du programme. Cependant, ***left+=term()*** et ***left–=term()*** représentent non seulement une notation plus concise, mais expriment également l'opération recherchée directement. Chaque opérateur d'affectation est un mot clé lexical distinct, si bien que ***a + = 1*** est une erreur de syntaxe due à l'espace introduit entre le + et le =.

Les opérateurs d'affectation sont fournis pour les opérateurs binaires :

```
+ - * / % & | ^ << >>
```

On obtient donc les opérateurs d'affectation possibles suivants :

```
= += -= *= /= %= &= |= ^= <<= >>=
```

Le % est l'opérateur modulo, ou reste. &, | et ^ sont les opérateurs logiques bit à bit ET, OU et OU exclusif. << et >> sont les opérateurs de décalage à gauche et à droite. Le § 6.2 fournit un résumé des opérateurs et de leur signification. Pour un opérateur binaire @ appliqué à des opérandes de types intégrés, une expression ***x@=y*** signifie ***x=x@y***, mais ***x*** n'est évalué qu'une seule fois.

Les Chapitres 8 et 9 expliquent comment organiser un programme sous la forme d'un ensemble de modules. A une exception près, les déclarations de cet exemple de calculatrice peuvent être classées de telle façon que chaque chose soit déclarée une seule fois avant d'être utilisée. L'exception est ***expr()***, qui appelle ***term()***, qui appelle ***prim()***, qui appelle à son tour ***expr()***. Cette boucle doit être interrompue d'une façon ou d'une autre. Une déclaration

```
double expr(bool);
```

avant la définition de ***prim()*** conviendra parfaitement.

La fonction ***term()*** traite la multiplication et la division exactement comme ***expr()*** traite l'addition et la soustraction :

```
double term(bool get)          // multiplie et divise
{
        double left = prim(get);

        for (;;)
                switch (curr_tok) {
                case MUL:
                        left *= prim(true);
                        break;
                case DIV:
                        if (double d = prim(true)) {
                                left /= d;
                                break;
                        }
                        return error("division par 0");
                default:
                        return left;
                }
}
```

Le résultat d'une division par zéro est indéfini, et généralement désastreux. Nous testons donc cette valeur avant la division, et nous appelons ***error()*** si elle est détectée. La fonction ***error()*** est décrite au § 6.1.4.

La variable ***d*** est introduite dans le programme au moment exact où elle est requise. Elle est initialisée immédiatement. La portée d'un nom introduit dans une condition est l'instruction contrôlée par cette condition. La valeur obtenue est la valeur de la condition (§ 6.3.2.1). Par conséquent, la division et l'affectation ***left/=d*** ne sont réalisées que si et seulement si ***d*** est différent de zéro.

La fonction ***prim()***, qui traite un *primary*, est très proche de ***expr()*** et ***term()***. Mais comme nous nous situons plus bas dans la hiérarchie des appels, une partie du travail réel est réalisé et aucune boucle n'est nécessaire :

```
double number_value;
string string_value;

double prim(bool get)          // gère les primary
{
        if (get) get_token();

        switch (curr_tok) {
        case NUMBER:           // constante virgule flottante
        {       double v = number_value;
                get_token();
                return v;
        }
        case NAME:
```

```
        {       double& v = table[string_value];
                if (get_token() == ASSIGN) v = expr(true);
                return v;
        }
        case MINUS:             // moins unaire
                return -prim(true);
        case LP:
        {       double e = expr(true);
                if (curr_tok != RP) return error(") attendu");
                get_token();        // mange le ')'
                return e;
        }
        default:
                return error("primary attendu");
        }
}
```

Lorsqu'un ***NUMBER*** (c'est-à-dire une littérale entier ou virgule flottante) apparaît, sa valeur est renvoyée. Le programme d'entrée ***get_token()*** place la valeur dans la variable globale ***number_value***. L'utilisation d'une variable globale dans un programme est souvent le signe d'une structure retouchée — une sorte d'optimisation a été appliquée. Nous nous trouvons dans cette situation. Dans l'idéal, un mot clé lexical est constitué de deux parties : une valeur spécifiant le type de mot clé (une ***Token_value*** dans ce programme) et (lorsque nécessaire) la valeur du mot clé. Ce code ne contient qu'une seule variable simple, ***curr_tok***. La variable globale ***number_value*** est donc nécessaire pour stocker la valeur du dernier ***NUMBER*** lu. L'élimination de cette fausse variable globale sera étudiée en exercice (§ 6.6[21]). Il n'est pas vraiment indispensable de sauvegarder la valeur de ***number_value*** dans la variable locale ***v*** avant d'appeler ***get_token()***. Pour chaque entrée légale, la calculatrice utilise toujours un nombre dans le calcul avant d'en lire un autre en entrée. Cependant, la sauvegarde et l'affichage correct de la valeur après une erreur constituent une aide non négligeable pour l'utilisateur.

Exactement comme la valeur du dernier ***NUMBER*** est conservée dans ***number_value***, la représentation de la chaîne de caractères du dernier ***NAME*** aperçu est conservée dans ***string_value***. Avant d'appliquer quoi que ce soit à un nom, la calculatrice doit déterminer s'il s'agit d'une affectation ou d'une simple lecture. Dans les deux cas, la table des symboles est consultée. Cette table est un ***map*** (§ 3.7.4, § 17.4.1) :

```
map<string,double>table;
```

Lorsque ***table*** est indexé par une ***string***, la valeur obtenue est le ***double*** correspondant à la ***string***. Par exemple, si l'utilisateur entre

```
radius = 6378.388
```

la calculatrice exécutera

```
double& v = table["radius"];
// ... expr() calcule la valeur à attribuer...
v = 6378.388;
```

La référence ***v*** est utilisée pour attendre le ***double*** associé au ***radius*** pendant que ***expr()*** évalue la valeur située à droite de l'opérateur (6378.388).

6.1.2 La fonction d'entrée

La lecture des données en entrée constitue souvent la partie la plus négligée d'un programme. Ce dernier devant communiquer avec une personne, il doit faire face aux fantaisies, aux conventions et aux erreurs apparemment aléatoires de celle-ci. Toute tentative pour forcer la personne à se comporter d'une façon plus adaptée à la machine est souvent considérée (avec raison) comme offensive. La tâche d'un programme d'entrée de bas niveau consiste à lire des caractères et à composer des mots clés de plus haut niveau pour ceux-ci. Ces mots clés représenteront, par la suite, les unités d'entrée pour les programmes de haut niveau. L'entrée de bas niveau est réalisée ici par ***get_token()***. Il est inutile d'écrire un programme d'entrée de bas niveau. De nombreux systèmes fournissent pour cette opération des fonctions standards.

get_token() est créé en deux étapes. Nous fournissons tout d'abord une version moins simple qu'il ne paraît, et qui impose une charge à l'utilisateur. Nous modifions ensuite cette version pour la rendre un peu moins élégante, mais beaucoup plus simple à utiliser.

L'idée consiste à lire un caractère, à l'utiliser pour choisir le type de mot clé à composer, puis à renvoyer la ***Token_value*** représentant le mot clé lu.

Les instructions initiales transfèrent le premier caractère différent d'un espace dans ***ch*** et contrôlent la réussite de l'opération de lecture :

```
Token_value get_token()
{
        char ch = 0;
        cin>>ch;

        switch (ch) {
        case 0:
                return curr_tok=END;        // attribut et renvoi
```

Par défaut, l'opérateur >> saute les blancs (c'est-à-dire les espaces, les tabulations, les nouvelles lignes, etc.) et ne modifie pas la valeur de ***ch*** si l'opération d'entrée a échoué. Par conséquent, ***ch==0*** indique la fin de l'entrée.

L'affectation est un opérateur. Le résultat de l'affectation représente la valeur de la variable sur laquelle s'applique l'affectation. Cela nous permet d'attribuer la valeur ***END*** à ***curr_tok***, et de la renvoyer dans la même instruction. Remplacez deux instructions par une seule est préférable pour la maintenance. Si l'affectation et le renvoi sont séparés dans le code, un programmeur pourrait, en effet, mettre à jour l'un et oublier l'autre.

Examinons quelques cas séparément avant de considérer la fonction complète. Le caractère de fin d'expression ***';'***, les parenthèses et les opérateurs sont gérés simplement en renvoyant leurs valeurs :

```
        case ';':
        case '*':
        case '/':
        case '+':
```

```
        case '-':
        case '(':
        case ')':
        case '=':
                return curr_tok=Token_value(ch);
```

Les nombres sont gérés de la façon suivante :

```
        case '0': case '1': case '2': case '3': case '4':
        case '5': case '6': case '7': case '8': case '9':
        case '.':
                cin.putback(ch);
                cin >> number_value;
                return curr_tok=NUMBER;
```

Le regroupement des étiquettes ***case*** horizontalement plutôt que verticalement ne représente généralement pas une solution judicieuse, car elle complique la lecture. Attribuer une ligne par chiffre se révèle cependant relativement fastidieux. L'opérateur **>>** étant déjà défini pour la lecture des constantes virgule flottante dans un ***double***, le code est extrêmement simple. Le caractère initial (un chiffre ou un point) est tout d'abord replacé dans ***cin***. La constante peut alors être lue dans ***number_value***.

Un nom est géré d'une façon analogue :

```
    default:                // NAME, NAME=; ou erreur
        if (isalpha(ch)) {
                cin.putback(ch);
                cin>>string_value;
                return curr_tok=NAME;
        }
        error("mot clé erroné");
        return curr_tok=PRINT;
```

La fonction ***isalpha()*** de la bibliothèque standard (§ 20.4.2) est utilisée pour ne pas avoir à établir la liste de chaque caractère comme une étiquette ***case*** séparée. L'opérateur **>>** appliqué à une chaîne (dans ce cas, ***string_value***) continue la lecture jusqu'à la rencontre d'un blanc. Pour qu'un opérateur puisse utiliser un nom en tant qu'opérande, l'utilisateur devra donc terminer ce nom par un blanc. Il ne s'agit pas d'une solution idéale. C'est pourquoi nous reviendrons sur ce problème au § 6.1.3.

Voici enfin la fonction d'entrée complète :

```
    Token_value get_token()
    {
        char ch = 0;
        cin>>ch;

        switch (ch) {
        case 0:
                return curr_tok=END;
        case ';':
        case '*':
```

```
        case '/':
        case '+':
        case '-':
        case '(':
        case ')':
        case '=':
                return curr_tok=Token_value(ch);
        case '0': case '1': case '2': case '3': case '4':
        case '5': case '6': case '7': case '8': case '9':
        case '.':
                cin.putback(ch);
                cin >> number_value;
                return curr_tok=NUMBER;
        default:                // NAME, NAME =, ou erreur
                if (isalpha(ch)) {
                        cin.putback(ch);
                        cin>>string_value;
                        return curr_tok=NAME;
                }
                error("mot clé erroné");
                return curr_tok=PRINT;
        }
}
```

La conversion d'un opérateur en sa valeur de mot clé est banale parce que le ***Token_value*** d'un opérateur a été défini comme valeur entière de l'opérateur (§ 4.8).

6.1.3 L'entrée de bas niveau

L'utilisation de la calculatrice telle qu'elle a été définie jusqu'à présent comporte quelques inconvénients. L'ajout d'un point-virgule après une expression afin que sa valeur puisse être affichée est rébarbatif, et l'introduction d'un espace après chaque nom n'est vraiment pas facile. Par exemple, ***x=7*** est un identificateur — alors que l'analyse devrait en être : l'identificateur ***x***, suivi de l'opérateur = et du nombre 7. Les deux problèmes sont résolus en remplaçant les opérations d'entrée orientées défaut de ***get_token()*** par du code capable de lire les caractères individuels. Nous allons tout d'abord définir le retour à la ligne comme équivalent au point-virgule signalant la fin de l'expression :

```
Token_value get_token()
{
        char ch;

        do {            // saute l'espace à l'exception de '\n'
                if(!cin.get(ch)) return curr_tok = END;
        } while (ch!='\n' && isspace(ch));

        switch (ch) {
        case ';':
        case '\n':
                return curr_tok=PRINT;
```

L'instruction ***do*** utilisée est équivalente à ***while***, mis à part le fait que l'instruction contrôlée est toujours exécutée au moins une fois. L'appel ***cin.get(ch)*** transfère un caractère du flux d'entrée standard vers ***ch***. ***get()*** ne saute pas les espaces par défaut, comme le fait l'opérateur >>. Le test ***if(!cin.get(ch))*** échoue si aucun caractère ne peut être lu dans ***cin***. Dans ce cas, ***END*** est renvoyé pour terminer la session de calculatrice. L'opérateur ! (NON) apparaît, car ***get()*** renvoie ***true*** en cas de succès.

La fonction ***isspace()*** fournit le test standard pour un espace (§ 20.4.2). ***isspace(c)*** renvoie une valeur non nulle si ***c*** est un espace. Elle renvoie zéro dans le cas contraire. Le test est implémenté sous la forme d'une recherche de table. L'utilisation de ***isspace()*** est donc beaucoup plus rapide que le test des caractères espace individuel. Des fonctions similaires testent si le caractère est un chiffre, ***isdigit()***, une lettre, ***isalpha()***, un chiffre ou une lettre, ***isalnum()***.

Une fois l'espace sauté, le caractère suivant est utilisé pour déterminer le type de mot clé lexical à venir.

Le problème causé par >>, qui continue la lecture d'une chaîne jusqu'à rencontrer un espace, est résolu en lisant un seul caractère à la fois jusqu'à ce que ce caractère ne soit plus une lettre ou un chiffre :

```
default:            // NAME, NAME=, ou erreur
        if (isalpha(ch)) {
                string_value = ch;
                while (cin.get(ch) && isalnum(ch)) string_value.push_back(ch);
                cin.putback(ch);
                return curr_tok=NAME;
        }
        error("mot clé erroné");
        return curr_tok=PRINT;
```

Ces deux améliorations pourraient être implémentées en modifiant une seule section de code local. La création de programmes pour lesquels l'implémentation des améliorations se fait uniquement par des modifications locales est un objectif important de la conception.

6.1.4 La gestion des erreurs

Ce programme étant très simple, la gestion des erreurs ne représente pas une préoccupation majeure. La fonction ***error*** compte simplement les erreurs, affiche un message et se termine :

```
int no_of_errors;

double error(const string& s)
{
        no_of_errors++;
        cerr << "erreur: " << s << '\n';
        return 1;
}
```

cerr est un flux de sortie sans mémoire tampon associée. Il est généralement utilisé pour signaler les erreurs (§ 21.2.1).

La raison pour laquelle on renvoie les erreurs est que celles-ci se produisent généralement au cours de l'évaluation d'une expression. Dans ce cas, il reste soit à suspendre l'évaluation complète, soit à renvoyer une valeur qui aura peu de chances de provoquer des erreurs ultérieures. Cette dernière solution est préférable pour notre calculatrice simple. Si ***get_token*** avait conservé une trace des numéros de ligne, ***error()*** aurait pu informer l'utilisateur de l'emplacement approximatif de l'erreur. Cette information peut être utile lorsque la calculatrice n'est pas utilisée de façon interactive (§ 6.6[19]).

Il arrive souvent que le programme doive être interrompu après l'apparition d'une erreur, car aucune méthode judicieuse de poursuite n'a été imaginée. Ce problème peut être résolu en appelant ***exit()***, qui commence par nettoyer quelques éléments tels que les flux de sortie, puis qui termine le programme avec son argument en valeur de retour (§ 9.4.1.1).

Les exceptions (§ 8.3, Chapitre 14) permettent d'implémenter des mécanismes de gestion d'erreur plus stylisés, mais le code présenté ici convient parfaitement pour une calculatrice de 150 lignes.

6.1.5 Le pilote

Toutes les pièces du programme étant en place, il ne manque plus qu'un pilote pour le démarrage. ***Main()*** peut jouer ce rôle pour cet exemple simple :

```
int main()
{

    table["pi"] = 3.1415926535897932385;     // insère des noms prédéfinis
    table["e"] = 2.7182818284590452354;

    while (cin) {
        get_token();
        if (curr_tok == END) break;
        if (curr_tok == PRINT) continue;
        cout << expr(false) << '\n';
    }

    return no_of_errors;
}
```

Conventionnellement, ***main()*** devrait renvoyer zéro si le programme se termine normalement. Dans le cas contraire, il doit renvoyer une valeur non nulle (§ 3.2). Renvoyer le nombre d'erreurs est une très bonne solution. La seule initialisation nécessaire consiste à insérer les noms prédéfinis dans la table des symboles.

La tâche principale de la boucle ***main*** consiste à lire les expressions et à afficher la réponse. Elle est exécutée par la ligne :

```
cout<<expr(false)<<'\n';
```

L'argument ***false*** indique à ***expr()*** qu'il n'est pas nécessaire d'appeler ***get_token()*** pour obtenir un mot clé courant sur lequel travailler.

Le test de ***cin*** à chaque tour de boucle garantit la fin du programme si un problème est détecté au niveau du flux d'entrée. Le test de ***END*** permet, quant à lui, d'interrompre correctement la boucle lorsque ***get_token()*** rencontre la fin de fichier. Une instruction ***break*** est une porte de sortie de l'instruction ***switch***, ou de la boucle (c'est-à-dire une instruction ***for***, ***while*** ou ***do***) la plus proche dans laquelle elle est incluse. Le test de ***PRINT*** (c'est-à-dire de ***'\n'*** et ***';'***) libère ***expr()*** de la prise en charge des expressions vides. Une instruction ***continue*** représente un branchement en fin de boucle. Dans cet exemple

```
while (cin) {
        // ...
        if (curr_tok == PRINT) continue;
        cout << expr(false) << '\n';
}
```

est donc équivalent à

```
while (cin) {
        // ...
        if (curr_tok != PRINT)
                cout << expr(false) << '\n';
}
```

6.1.6 Les en-têtes

La calculatrice fait appel à des fonctions de bibliothèque standard. Il est donc nécessaire d'inclure les en-têtes appropriés pour compléter le programme :

```
#include<iostream>     // E/S
#include<string>       // chaînes
#include<map>          // map
#include<cctype>       // isalpha(), etc.
```

Ces en-têtes fournissent tous des fonctions dans l'espace de noms ***std***. Pour utiliser les noms fournis, nous devons donc employer la qualification explicite avec ***std::*** ou placer les noms dans l'espace global à l'aide de la ligne

```
using namespace std;
```

Nous avons choisi cette dernière solution pour éviter de compliquer la description des expressions. Les Chapitres 8 et 9 expliquent comment organiser cette calculatrice en modules en utilisant les espaces de noms. Ils vous indiqueront également comment l'organiser dans les fichiers source. Sur de nombreux systèmes, les en-têtes standards possèdent des équivalents avec un suffixe ***.h***. Ces derniers permettent de déclarer les classes, fonctions, etc. et de les placer dans l'espace de noms global (§ 9.2.1, § 9.2.4, § B.3.1).

6.1.7 Les arguments de ligne de commande

Une fois le programme écrit et testé, nous avons trouvé très ennuyeux d'avoir à le démarrer, à saisir les expressions et, enfin, à le quitter. L'utilisation la plus courante consiste à évaluer une seule expression. Le fait de pouvoir représenter cette expression sous la forme d'un argument de ligne de commande nous permettrait d'éviter quelques frappes.

Un programme débute par l'appel de ***main()*** (§ 3.2, § 9.4). Cette fonction reçoit ensuite deux arguments spécifiant le nombre d'arguments, généralement nommé ***argc***, et un tableau d'arguments, généralement nommé ***argv***. Les arguments étant des chaînes de caractères, le type de ***argv*** est ***char*[argc+1]***. Le nom du programme (tel qu'il apparaît sur la ligne de commande) est transmis comme ***argv[0]***. ***Argc*** est donc toujours au moins égal à ***1***. La liste des arguments se termine par zéro. On obtient donc l'égalité ***argv[argc]==0***. Par exemple, pour la commande

dc 150/1.1934

les arguments possèdent les valeurs qui apparaissent à la figure suivante.

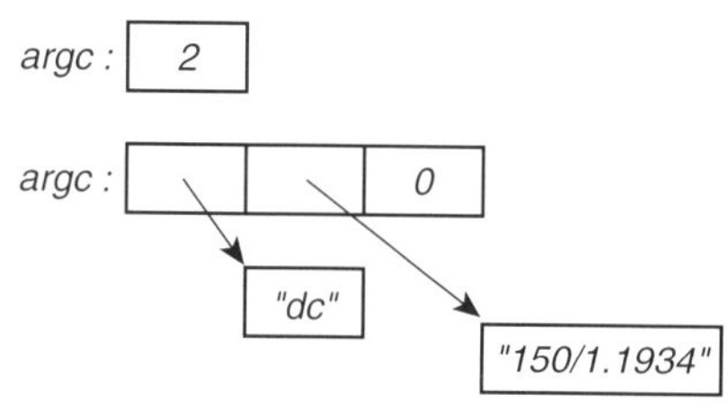

Les conventions d'appel de ***main()*** étant communes au C et au C++, les tableaux et chaînes utilisés sont de style C.

Il est relativement facile de récupérer un argument de ligne de commande. Le problème réside plutôt dans le fait de savoir comment l'utiliser avec une programmation minimale. Le principe consiste à lire la chaîne de commande exactement de la même façon que le flux d'entrée. Un flux qui lit une chaîne est nommé ***istringstream***. Malheureusement, il n'existe aucune méthode élégante permettant à ***cin*** de faire référence à un ***istringstream***. Il faut donc trouver un moyen pour que les fonctions d'entrée de la calculatrice fassent référence à un ***istringstream*** ou à ***cin***, selon le type d'argument fourni sur la ligne de commande.

Une solution simple consiste à introduire un pointeur global ***input*** dirigé sur le flux d'entrée à utiliser, et à faire en sorte qu'il soit employé par chaque routine d'entrée :

```
istream* input;    // pointeur du flux d'entrée

int main(int argc, char* argv[])
{

    switch (argc) {
    case 1:                                    // lecture de l'entrée standard
        input = &cin;
        break;
    case 2:                                    // lecture de la chaîne d'argument
        input = new istringstream(argv[1]);
        break;
    default:
        error("trop d'arguments");
        return 1;
    }
```

```
        table["pi"] = 3.1415926535897932385;        // insertion des noms prédéfinis
        table["e"] = 2.7182818284590452354;

        while (*input) {
                get_token();
                if (curr_tok == END) break;
                if (curr_tok == PRINT) continue;
                cout << expr(false) << '\n';
        }

        if (input != &cin) delete input;
        return no_of_errors;
}
```

Un ***istringstream*** est, en fait, un ***istream*** qui lit son argument chaîne de caractères (§ 21.5.3). Lorsqu'il atteint la fin de sa chaîne, un ***istringstream*** échoue exactement de la même façon que les autres flux lorsqu'ils atteignent la fin de l'entrée (§ 3.6, § 21.3.3). Pour utiliser un ***istringstream***, vous devez inclure ***<sstream>***.

Il serait facile de modifier ***main()*** pour qu'elle accepte plusieurs arguments de ligne de commande. Cette opération n'est cependant pas nécessaire, car il est possible de faire passer plusieurs expressions pour un seul argument :

```
dc "rate=1.1934;150/rate;19.75/rate;217/rate"
```

Le point-virgule étant un séparateur de commande sur nos systèmes Unix, nous utilisons les guillemets. D'autres systèmes posséderont des conventions différentes pour la transmission des arguments à un programme au démarrage.

La modification de toutes les routines d'entrée dans le but d'utiliser ****input*** au lieu de ***cin*** (cela afin de profiter de la souplesse apportée par plusieurs possibilités de source d'entrée) n'était pas élégante. Cette modification aurait pu être évitée si nous avions été prévoyants. Nous aurions, en effet, pu introduire ***input*** depuis le début. D'un point de vue plus général et pratique, il convient de noter que la source d'entrée devrait vraiment être le paramètre d'un module de la calculatrice. En fait, le problème fondamental avec cet exemple réside dans le fait que ce que nous appelons "calculatrice" n'est qu'un ensemble de fonctions et de données. Aucun module (§ 2.4) ou objet (§ 2.5.2) ne représente explicitement la calculatrice. Si nous avions conçu un module de calculatrice ou un type calculatrice, nous aurions naturellement considéré de quoi ces paramètres étaient constitués (§ 8.5[3], § 10.6[16]).

6.1.8 A propos du style

Pour ceux d'entre vous qui ne connaissent pas les tableaux associatifs, l'utilisation de la bibliothèque standard ***map*** comme table de symboles pourrait sembler une tricherie. Ce n'est pas le cas. La bibliothèque standard, tout comme les autres bibliothèques, est destinée à être utilisée. Il arrive souvent qu'une bibliothèque ait reçu beaucoup plus d'attention pour sa conception et son implémentation qu'un programmeur n'aurait pu se le permettre pour un bloc de code utilisé dans un unique programme.

La calculatrice (et en particulier la première version) ne contient que peu de code de bas niveau, de style C traditionnel. De nombreux détails complexes, traditionnellement rencontrés en C, ont été remplacés par des utilisations de classes de bibliothèque standard telles que ***ostream***, ***string*** et ***map*** (§ 3.4, § 3.5, § 3.7.4, Chapitre 17).

Remarquez la relative rareté des calculs, des boucles, et même des affectations. Il s'agit d'une situation que l'on devrait retrouver pour tout code ne manipulant pas directement le matériel ou n'implémentant pas des abstractions de bas niveau.

6.2 Récapitulatif des opérateurs

Cette section présente un résumé des expressions les plus courantes ainsi que quelques exemples. Dans ces tableaux, un ***nom_classe*** est le nom d'une classe, un ***membre*** est un nom de membre, un ***objet*** est une expression produisant un objet classe, un ***pointeur*** est une expression produisant un pointeur, un ***expr*** est une expression et une ***lvalue*** est une expression représentant un objet non constant. Un ***type*** peut être un nom de type général (avec *, *()*, etc.) uniquement lorsqu'il apparaît entre parenthèses. Des restrictions s'appliquent dans tous les autres cas (§ A.5).

La syntaxe des expressions dépend des types d'opérandes. Le sens des opérateurs présentés ici n'est valide qu'avec des opérandes de type intégré (§ 4.1.1). De plus, il vous est possible de définir la signification des opérateurs s'appliquant à des opérandes de type défini par l'utilisateur (§ 2.5.2, Chapitre 11).

Opérateurs

Résolution de portée	***nom_classe : : membre***
Résolution de portée	***nom_espacedenoms : : membre***
Global	***: : nom***
Global	***nom-qualifié***
Sélection de membre	***objet . membre***
Sélection de membre	***pointeur –> membre***
Indiçage	***pointeur [expr]***
Appel de fonction	***expr (expr_liste)***
Construction de valeur	***type (expr_liste)***
Postincrémentation	***lvalue++***
Postdécrémentation	***lvalue—***
Identification du type	***typeid (type)***
Identification du type d'exécution	***typeid (expr)***
Conversion contrôlée d'exécution	***dynamic_cast<type> (expr)***
Conversion contrôlée de compilation	***static_cast<type> (expr)***

Opérateurs *(suite)*

Conversion non contrôlée	***reinterpret_cast<type> (expr)***
Conversion const	***const_cast<type> (expr)***
Taille de l'objet	***sizeof expr***
Taille du type	***sizeof (type)***
Préincrémentation	***++ lvalue***
Prédécrémentation	***— lvalue***
Complément	***~ expr***
Non	***! expr***
Moins unaire	***– expr***
Plus unaire	***+ expr***
Adressage	***& lvalue***
Indirection	**** expr***
création (allocation)	***new type***
Création (allocation et initialisation)	***new type (expr–liste)***
Création (emplacement)	***new (expr–liste) type***
Création (emplacement et initialisation)	***new (expr–liste) type (expr–liste)***
Destruction (dé-allocation)	***delete pointeur***
Destruction de tableau	***delete[] pointeur***
Casting (conversion de type)	***(type) expr***
Sélection de membre	***objet .* pointeur-vers-membre***
Sélection de membre	***pointeur ->* pointeur-vers-membre***
Multiplication	***expr * expr***
Division	***expr / expr***
Modulo (reste)	***expr % expr***
Addition (plus)	***expr + expr***
Soustraction (moins)	***expr – expr***
Décale à gauche	***expr << expr***
Décale à droite	***expr >> expr***
Inférieur à	***expr < expr***
Inférieur ou égal à	***expr <= expr***

Opérateurs *(suite)*

Supérieur à	***expr > expr***
Supérieur ou égal à	***expr >= expr***
Egal	***expr == expr***
Différent	***expr != expr***
ET bit à bit	***expr & expr***
OU exclusif bit à bit	***expr ^ expr***
OU inclusif bit à bit	***expr | expr***
ET logique	***expr && expr***
OU inclusif logique	***expr || expr***
Expression conditionnelle	***expr ? expr : expr***
Affectation simple	***lvalue = expr***
Multiplie et affecte	lvalue *= expr
Divise et affecte	***lvalue /= expr***
Modulo et affecte	***lvalue %= expr***
Ajoute et affecte	***lvalue += expr***
Soustrait et affecte	***lvalue -= expr***
Décale à gauche et affecte	***lvalue <<= expr***
Décale à droite et affecte	***lvalue >>= expr***
ET et affectation	***lvalue &= expr***
OU inclusif et affectation	***lvalue |= expr***
OU exclusif et affectation	***lvalue ^= expr***
Déclenchement d'une exception	***throw expr***
virgule (séquence)	***expr, expr***

Les différentes parties de ce tableau regroupent des opérateurs de même niveau de priorité. Ceux apparaissant dans les premières parties ont la priorité sur ceux des parties suivantes. Par exemple : a+b*c signifie a+(b*c) plutôt que (a+b)*c, car * possède une priorité supérieure à l'opérateur **+**.

Les opérateurs unaires et les opérateurs d'affectation sont associatifs à droite. Tous les autres sont associatifs à gauche. Cela signifie que ***a=b=c*** est équivalent à ***a=(b=c)***, que ***a+b+c*** est équivalent à ***(a+b)+c***, et que *p++ signifie *(p++) et non (*p)++.

$$Certaines règles de grammaire ne peuvent être exprimées en termes de priorité (également nommée force de liaison) d'associativité.$$ Par exemple, ***a=b<c?d=e:f=g*** signifie ***a=((b<c)?(d=e):(f=g))***, mais vous devez étudier la grammaire (§ A.5) pour en arriver à cette conclusion.

6.2.1 Les résultats

Le type des résultats des opérateurs arithmétiques est déterminé par un ensemble de règles connues sous le nom de "conversions arithmétiques courantes" (§ C.6.3). L'objectif global est de produire un résultat en fonction du type d'opérande "le plus large". Si un opérateur binaire, par exemple, est associé à un opérande virgule flottante, le calcul s'effectue en utilisant une arithmétique virgule flottante. Le résultat est alors une valeur virgule flottante. Si un opérande ***long*** est utilisé, le calcul s'effectue avec une arithmétique d'entier long et le résultat est de type ***long***. Les opérandes plus petits qu'un ***int*** (comme les types ***bool*** et ***char***) sont convertis en ***int*** avant l'application de l'opérateur.

Les opérateurs de comparaison, ==, <=, etc., donnent des résultats booléens. Le sens et le type de résultat des opérateurs définis par l'utilisateur sont déterminés par leurs déclarations (§ 11.2).

Lorsque la logique ne s'y oppose pas, le résultat d'un opérateur dont l'opérande est une lvalue est une lvalue correspondant à cet opérande. Par exemple :

```
void f(int x, int y)
{
        int j = x = y;              // la valeur de x=y est la valeur de x après l'affectation
        int* p = &++x;              // p pointe sur x
        int* q = &(x++);            // erreur : x++ n'est pas une lvalue (ce n'est pas la valeur stockée dans x)
        int* pp = &(x>y?x:y);       // adresse de l'int avec la plus grande valeur }
```

Si les deuxième et troisième opérandes de ?: sont des lvalue et qu'elles appartiennent au même type, le résultat sera une lvalue et appartiendra également à ce type. Cette préservation des lvalue apporte une plus grande souplesse dans l'utilisation des opérateurs. Cela peut se révéler utile, en particulier lorsqu'on écrit du code devant fonctionner uniformément et efficacement, à la fois avec les types intégrés et les types définis par l'utilisateur (par exemple lorsqu'on écrit des modèles ou des programmes qui génèrent du code C++).

Le résultat de ***sizeof*** est un type intégral non signé, nommé ***size_t*** et défini dans ***<cstddef>***. Le résultat d'une soustraction de pointeurs est un type intégral signé, nommé ***ptrdiff_t*** et défini dans ***<cstddef>***.

Les implémentations n'ont pas à contrôler le dépassement de valeur pour l'arithmétique.

Par exemple :

```
void f()
{
        int i = 1;
        while (0 < i) i++;
        cout << "i est devenu négatif!" << i << '\n';
}
```

Ce code va tenter d'augmenter la valeur de ***i*** au-delà de l'entier le plus grand. Le résultat de cette opération est indéfini, mais la valeur est typiquement un nombre négatif (***–2147483648*** sur notre machine). De façon analogue, l'effet d'une division par zéro est indéfini, mais elle provoque généralement l'arrêt immédiat du programme. Le dépassement de capacité, le débordement négatif et la division par zéro ne déclenchent pas d'exceptions standards (§ 14.10).

6.2.2 L'ordre d'évaluation

L'ordre de l'évaluation des sous-expressions est indéfini. Vous ne pouvez supposer, en particulier, une évaluation de l'expression de gauche à droite. Par exemple :

```
int x = f(2)+g(3);        // l'ordre d'appel des deux fonctions f() et g() est indéfini
```

En l'absence de restrictions concernant l'ordre d'évaluation de l'expression, il est possible de générer un meilleur code. Cette absence peut cependant conduire à des résultats indéfinis. Par exemple,

```
int i = 1;
v[i] = i++;               // résultat indéfini
```

pourrait être évalué en ***v[1]=1*** ou en ***v[2]=1***, ou pourrait même se comporter de façon plus étrange. Peu de compilateurs signalent ce type d'ambiguïté.

Avec les opérateurs **,** (virgule), **&&** (et logique) et || (ou logique), vous êtes assuré que l'opérande gauche est évalué avant l'opérande droite. Par exemple, ***b=(a=2,a+1)*** attribue ***3*** à ***b***. Vous trouverez des exemples de l'utilisation de || et **&&** au § 6.2.3. En ce qui concerne les types intégrés, le deuxième opérande de **&&** n'est évalué que si son premier opérande prend la valeur ***true***. De la même façon, le second opérande de || n'est évalué que si son premier opérande prend la valeur ***false***. C'est ce que l'on nomme quelquefois une *évaluation en court circuit*. Notez que l'opérateur de séquence **,** (virgule) est logiquement différent de la virgule permettant de séparer les arguments dans un appel de fonction. Examinez le code suivant :

```
f1(v[i],i++);             // deux arguments
f2( (v[i],i++) );         // un argument
```

L'appel de ***f1*** comprend les deux arguments : ***v[1]*** et ***i++***. L'ordre de l'évaluation des expressions argument est indéfini. Le codage d'expressions argument dont la valeur dépend de l'ordre de l'évaluation est une très mauvaise pratique de programmation et produit un comportement indéfini. L'appel de ***f2*** comprend un argument, l'expression ***(v[i], i++)***, qui est équivalent à ***i++***.

Il est possible d'employer des parenthèses pour forcer le groupage. Par exemple, ***a*b/c*** signifie ***(a*b)/c***. Il faudra donc introduire des parenthèses pour obtenir ***a*(b/c)***. Cette dernière expression ne pourrait être évaluée comme ***(a*b)/c*** que si l'utilisateur ne peut faire de différence. Ces deux expressions sont très différentes, en particulier pour de nombreux calculs en virgule flottante. Un compilateur devra donc les évaluer en respectant exactement la notation.

6.2.3 La hiérarchie des opérateurs

Les niveaux de priorité et les règles d'associativité reflètent l'usage le plus courant. Par exemple :

```
if (i<=0||max<i)//...
```

signifie "si ***i*** est inférieur ou égal à 0 ou si ***max*** est inférieur à ***i***". Cette instruction est donc équivalente à

```
if ((i<=0)||(max<i))//...
```

et non à l'instruction légale

```
if (i<=(0||max)<i)//...
```

Les parenthèses devraient cependant être utilisées chaque fois qu'un programmeur a un doute concernant l'application de ces règles. En pratique, on a plus souvent recours aux parenthèses lorsque les sous-expressions se compliquent. Mais ces dernières constituent souvent une source d'erreur. En conséquence, si le besoin de parenthèses se fait sentir, vous pouvez envisager de partager l'expression en utilisant une variable supplémentaire.

Dans certains cas, la hiérarchie des opérateurs n'est pas suffisante pour obtenir une interprétation unique. Par exemple :

```
if (i &mask == 0)        // == évalué avant &, mask == 0 considéré comme opérande de &
```

Ce code n'applique pas un masque à ***i*** pour tester ensuite la nullité du résultat. == ayant une priorité supérieure à ***&***, l'expression est interprétée comme ***i&(mask==0)***. La détection de ce type d'erreur est heureusement suffisamment simple pour être directement réalisée par le compilateur. Dans ce cas, les parenthèses sont importantes :

```
if ((i&mask)==0)         //...
```

Il est intéressant de noter que le code suivant ne se comporte pas exactement tel qu'un mathématicien aurait pu l'espérer :

```
if (0<=x<=99)            //...
```

Ce code est légal, mais le résultat de la première comparaison étant ***true*** ou ***false***, il est interprété comme ***(0<=x)<=99***. Cette valeur booléenne est ensuite implicitement convertie en ***1*** ou ***0***, qui est alors comparé à ***99***, ce qui produit la valeur ***true***. Pour tester l'appartenance de ***x*** à l'intervalle ***0...99***, vous pourriez coder :

```
if (0<=x&&x<=99)         //...
```

Les débutants commettent souvent l'erreur d'utiliser = (affectation) à la place de == (égalité) dans une condition :

```
if (a = 7)               // la condition est l'affectation d'une valeur à une constante !
```

Cette erreur est naturelle, car = signifie "égal" dans beaucoup de langages. Le signalement de ce type d'erreur est également très simple à signaler pour un compilateur.

6.2.4 Les opérateurs logiques bit à bit

Les opérateurs logiques bit à bit ***&***, |, ^, ~, << et >> s'appliquent à des objets de type entier — c'est-à-dire ***bool***, ***char***, ***short***, ***int***, ***long*** et à leurs équivalents ***non signés***. Les résultats sont également des entiers.

Une utilisation typique des opérateurs logiques bit à bit consiste à implémenter la notion d'un petit ensemble (un vecteur de bits). Dans ce cas, chaque bit d'un entier non signé représente un membre de l'ensemble, et le nombre de bits limite le nombre de membres. L'opérateur binaire ***&*** est interprété comme une intersection, | comme une union, ^ comme une différence symétrique et ~ comme le complément. Il est possible d'utiliser une énumération pour nommer les membres d'un ensemble de ce type. Voici un court exemple emprunté à une implémentation de ***ostream*** :

```
enum ios_base::iostate {
        goodbit=0, eofbit=1, failbit=2, badbit=4
};
```

L'implémentation d'un flux peut définir et tester son état, comme dans l'exemple suivant :

```
state = goodbit;
// ...
if (state&(badbit|failbit))        // mauvais flux
```

Les parenthèses supplémentaires sont nécessaires, car **&** possède une priorité supérieure à |.

Une fonction qui atteint la fin de l'entrée peut le signaler de la façon suivante :

```
state|=eofbit;
```

L'opérateur |= permet d'ajouter des informations à l'état. L'affectation simple ***state=eofbit*** aurait, quant à elle, permis de remettre tous les autres bits à zéro.

Ces indicateurs d'état de flux peuvent être observés hors de l'implémentation du flux. Nous pourrions détecter les différences d'état entre deux flux de la façon suivante :

```
int diff = cin.rdstate()^cout.rdstate();        // rdstate() renvoie l'état
```

Le calcul des différences d'état de flux n'est pas une opération très courante. Pour d'autres types analogues, il s'agit d'une opération essentielle. Considérez, par exemple, la comparaison d'un vecteur de bits qui représente l'ensemble des interruptions prises en charge avec un autre représentant l'ensemble des opérations en attente de traitement.

Il convient de noter que ces manœuvres entre bits ne sont pas tirées de l'interface utilisateur, mais de l'implémentation des ***iostream***. La manipulation des bits peut être très importante lorsqu'elle est opportune. Elle devrait cependant être réservée aux niveaux bas d'un système pour des questions de fiabilité, de facilité de maintenance, de portabilité, etc. Vous trouverez des notions générales d'un ensemble en consultant les éléments ***set*** (§ 17.4.3), ***bitset*** (§ 17.5.3) et ***vector<bool>*** (§ 16.3.11) de la bibliothèque standard.

L'utilisation des champs (§ C.8.1) représente un raccourci vraiment très utile pour le décalage et le masquage destinés à extraire les champs de bit d'un mot. Cette opération peut également être réalisée à l'aide des opérateurs logiques bit à bit. Il est possible, par exemple, d'extraire les 16 bits centraux d'un type ***long*** 32 bits de la façon suivante :

```
unsigned short middle (long a) {return (a>>8)&0xffff;}
```

Vous ne devez pas confondre les opérateurs logiques bit à bit et les opérateurs logiques **&&**, || et !. Ces derniers renvoient ***true*** ou ***false*** et sont principalement utilisés pour le test d'une instruction ***if***, ***while*** ou ***for*** (§ 6.3.2, § 6.3.3). !***0*** (non nul), par exemple, est la valeur ***true*** alors que ***~0*** (complément de zéro) est le modèle de bit "tout à 1" correspondant à la valeur ***–1*** dans la représentation de complément à deux.

6.2.5 Incrémentation et décrémentation

L'opérateur **++** permet d'exprimer directement l'incrémentation. Par définition, ***++lvalue*** signifie ***lvalue+=1***, ce qui signifie également ***lvalue=lvalue+1***. L'expression représentant l'objet à incrémenter n'est évaluée qu'une seule fois. La décrémentation s'exprime d'une façon similaire à l'aide de l'opérateur **—**. Il est possible d'utiliser les deux opérateurs **++** et **—** dans les deux versions préfixe et postfixe. La valeur de ***++x*** est la nouvelle valeur (c'est-à-dire incrémentée) de ***x***. Par exemple, ***y=++x*** est équivalent à ***y=(x+=1)***. La valeur de ***x++***, cependant, reste l'ancienne valeur de ***x***. Par exemple, ***y=x++*** est équivalent à ***y=(t=x,x+=1,t)***, où ***t*** est une variable de même type que ***x***.

Comme pour l'addition et la soustraction de pointeurs, l'application de **++** et **—** à des pointeurs fonctionne en terme d'éléments du tableau vers lequel le pointeur est dirigé. ***p++*** fait pointer ***p*** sur l'élément suivant (§ 5.3.1).

Les opérateurs d'incrémentation sont particulièrement utiles pour incrémenter et décrémenter les variables dans les boucles. Il est possible de copier, par exemple, une chaîne terminée par la valeur nulle de la façon suivante :

```
void cpy(char* p, const char* q)
{
        while (*p++ = *q++) ;
}
```

Il convient d'étudier attentivement ce type de codage car

```
while (*p++=*q++);
```

est plutôt obscur pour des programmeurs non initiés au C, et revient régulièrement en C et C++.

Examinons tout d'abord une méthode plus traditionnelle pour copier un tableau de caractères :

```
int length = strlen(q);
for (int i = 0; i<=length; i++) p[i] = q[i];
```

Ce code n'est pas très efficace. La longueur d'une chaîne terminée par zéro est détectée en lisant cette chaîne et en recherchant la valeur nulle de fin. Deux lectures de la chaîne s'imposent donc : une première lecture pour trouver sa longueur et une seconde pour la copier. Nous allons plutôt coder :

```
int i;
for (i = 0; q[i]!=0 ; i++) p[i] = q[i];
p[i] = 0;            // valeur nulle de fin
```

p et ***q*** étant des pointeurs, il est possible de supprimer la variable ***i*** utilisée pour l'indexation :

```
while (*q != 0) {
        *p = *q;
        p++;          // pointe sur le caractère suivant
        q++;          // pointe sur le caractère suivant
}
*p = 0;               // caractère nul de fin
```

L'opération de postincrémentation nous permettant d'utiliser d'abord la valeur, puis de l'incrémenter, nous pouvons réécrire la boucle comme suit :

```
while (*q != 0) {
        *p++ = *q++;
}
*p = 0;               // caractère nul de fin
```

La valeur de ****p++=*q++*** est ****q***. Nous pouvons donc réécrire l'exemple comme suit :

```
while ((*p++=*q++) !=0) { }
```

Dans ce cas, nous ne remarquons la valeur nulle de ***q** qu'une fois la copie dans ***p** réalisée et lorsque ***p*** a été incrémenté. Par conséquent, nous pouvons supprimer la dernière affectation du caractère nul de fin. Il est encore possible de réduire l'exemple en prenant conscience du fait que nous n'avons pas besoin du bloc vide et que "***!=0***" est redondant puisque le résultat d'un pointeur ou d'une condition intégrale est toujours comparé à zéro. Nous obtenons donc la version que nous avions présentée au départ :

```
while (*p++=*q++);
```

Cette version est-elle plus difficile à lire que les précédentes ? Pas pour un programmeur C ou C++ expérimenté. Cette version est-elle plus efficace en temps ou en espace que les précédentes ? A l'exception de la première version qui appelait ***strlen()***, pas vraiment. La version la plus efficace différera selon les architectures de machine et les compilateurs.

La méthode la plus efficace pour copier sur votre machine une chaîne de caractères terminée par zéro devrait être la fonction de copie de chaîne standard :

```
char* strcpy(char*, const char*);     // dans <string.h>
```

Pour une opération de copie plus générale, il est possible de faire appel à l'algorithme *copy* standard (§ 2.7.2, § 18.6.1). Utilisez aussi souvent que possible les utilitaires de bibliothèque standard. Evitez de bricoler avec des pointeurs et des octets. On peut employer les fonctions de bibliothèque standard en version ***inline*** (§ 7.1.1), ou les implémenter à l'aide d'instructions machine spécialisées. Il est souvent erroné de penser qu'un morceau de code écrit à la main surclasse des fonctions de bibliothèque.

6.2.6 Le tas ou la mémoire dynamique

La durée de vie d'un objet nommé est déterminée par sa portée (§ 4.9.4). Il est souvent utile, cependant, de créer un objet dont l'existence est indépendante de la portée dans laquelle il a été conçu. Il est courant, en particulier, d'imaginer des objets pouvant être utilisés après la fin de la fonction dans laquelle ils ont été créés. De tels objets sont conçus à l'aide de l'opérateur ***new***. L'opérateur ***delete*** permet, quant à lui, de les détruire. On dit que les objets alloués *via* l'opérateur ***new*** sont "sur le tas" (on dit également qu'ils sont "alloués dynamiquement en mémoire").

Examinons la façon dont nous pourrions créer un compilateur en utilisant le style appliqué à la calculatrice (§ 6.1). Les fonctions d'analyse de syntaxe pourraient construire une arborescence des expressions disponibles pour le générateur de code :

```
struct Enode {
        Token_value oper;
        Enode* left;
        Enode* right;
        // ...
};

Enode* expr(bool get)
{
        Enode* left = term(get);

        for (;;)
                switch(curr_tok) {
```

```
          case PLUS:
          case MINUS:
          {     Enode* n = new Enode;        // crée un Enode sur le tas
                n->oper = curr_tok;
                n->left = left;
                n->right = term(true);
                left = n;
                break;
          }
          default:
                return left;                 // renvoie le nœud
          }
}
```

Un générateur de code utiliserait alors les nœuds obtenus et les supprimerait :

```
void generate(Enode* n)
{
      switch (n->oper) {
      case PLUS:
            // ...
            delete n;                        // supprime un Enode dans le tas
      }
}
```

Un objet créé par ***new*** existe jusqu'à ce qu'il soit explicitement détruit par ***delete***. L'espace qu'il occupait peut alors être réutilisé par ***new***. Les implémentations du C++ ne disposent pas toutes d'un programme de récupération de mémoire recherchant les objets qui ne sont plus référencés. Nous allons donc supposer que tout objet créé par ***new*** est supprimé manuellement avec ***delete***. Si un programme de récupération est fourni, cet opérateur pourra être omis (§ C.9.1).

L'opérateur ***delete*** ne pourrait être appliqué qu'à un pointeur retourné par ***new*** ou à zéro. Cette dernière solution n'a aucun effet.

Il vous est également possible de définir des versions plus spécialisées de l'opérateur ***new*** (§ 15.6).

6.2.6.1 Les tableaux

Des tableaux d'objets peuvent également être créés à l'aide de ***new***. Par exemple :

```
char* save_string(const char* p)
{
      char* s = new char[strlen(p)+1];
      strcpy(s,p);                           // copie de p dans s
      return s;
}

int main(int argc, char* argv[])
{
      if (argc < 2) exit(1);
      char* p = save_string(argv[1]);
```

```
        // ...
        delete[] p;
}
```

L'opérateur "simple" ***delete*** est utilisé pour supprimer les objets individuels. ***Delete[]*** permet de supprimer des tableaux.

Pour libérer la mémoire allouée par ***new***, ***delete*** et ***delete[]*** doivent pouvoir déterminer la taille de l'objet alloué. Cela implique qu'un objet alloué *via* l'opérateur ***new*** standard occupe une place légèrement supérieure à celle d'un objet statique. Un mot est, en effet, généralement nécessaire pour stocker la taille de l'objet.

Notez qu'un ***vector*** (§ 3.7.1, § 16.3) est un véritable objet et peut, en tant que tel, être alloué et désalloué à l'aide des opérateurs ***new*** et ***delete*** standards. Par exemple :

```
void f(int n)
{
        vector<int>* p = new vector<int>(n);      // objet individuel
        int* q = new int[n];                      // tableau
        // ...
        delete p;
        delete[] q;
}
```

6.2.6.2 Epuisement de la mémoire

Les opérateurs ***new***, ***delete***, ***new[]*** et ***delete[]*** sont implémentés à l'aide de fonctions :

```
void* operator new(size_t);               // espace pour un objet individuel
void operator delete(void*);

void* operator new[](size_t);             // espace pour un tableau
void operator delete[](void*);
```

Lorsqu'un opérateur ***new*** doit allouer de la mémoire pour un objet, il appelle ***operator new()*** afin de réserver le nombre d'octets appropriés. De façon analogue, lorsqu'un opérateur ***new*** doit allouer de la mémoire pour un tableau, il appelle ***operator new[]()***.

Les implémentations standards de ***operator new()*** et ***operator new[]()*** n'initialisent pas la mémoire renvoyée.

Que se passe-t-il lorsque ***new*** n'obtient pas la mémoire nécessaire pour l'allocation ? Le programme d'affectation déclenche par défaut une exception ***bad_alloc***. Par exemple :

```
void f()
{
        try {
                for(;;) new char[10000];
        }
        catch(bad_alloc) {
                cerr << " mémoire épuisée!\n";
        }
}
```

Quelle que soit la quantité de mémoire disponible, ce code va finir par appeler le gestionnaire de l'exception ***bad_alloc***.

Il est possible de spécifier le comportement de ***new*** en cas d'épuisement de la mémoire. Lorsqu'une allocation échoue, l'opérateur ***new*** commence par appeler une fonction spécifiée. Pour ce faire, il lance un appel à ***set_new_handler()*** déclarée dans ***<new>***.

Par exemple :

```
void out_of_store()
{
        cerr << "Echec de l'opérateur new : mémoire épuisée\n";
        throw bad_alloc();
}

int main()
{
        set_new_handler(out_of_store);        // définit out_of_store en new_handler
        for (;;) new char[10000];
        cout << "Fin\n";
}
```

Ce code n'affichera jamais le mot ***Fin***, mais plutôt

```
Echec de l'opérateur new : mémoire épuisée
```

Le § 14.4.5 présente une implémentation acceptable d'un ***operator new()***. Celui-ci vérifie s'il est possible d'invoquer un nouveau gestionnaire et déclenche une ***bad_alloc*** dans le cas contraire. Si vous créez ce type de gestionnaire, il ne devrait pas se contenter de terminer simplement le programme. Si vous connaissez le fonctionnement de ***new*** et ***delete*** — parce que vous avez fourni vos propres ***operator new()*** et ***operator delete()***, par exemple —, le gestionnaire pourrait tenter de trouver de la mémoire pour ***new***. En d'autres termes, un utilisateur pourrait fournir un programme de récupération de mémoire et rendre ainsi facultative l'utilisation de ***delete***. Cela n'est, bien sûr, pas une tâche pour un débutant. La meilleure solution pour la majorité de ceux qui ont besoin d'un programme de récupération de mémoire automatique est d'en acquérir un (§ C.9.1).

En fournissant un ***new_handler***, nous prenons en compte le contrôle de disponibilité de mémoire effectué pour chaque utilisation normale de ***new*** dans le programme. Il existe deux méthodes permettant de contrôler l'allocation de mémoire. Nous avons la possibilité, soit de fournir des fonctions d'allocation et de désallocation non standard (§ 15.6) pour les utilisations standards de ***new***, soit de s'appuyer sur des informations d'allocation supplémentaires fournies par l'utilisateur (§ 10.4.11, § 19.4.5).

6.2.7 La conversion de type explicite

Il arrive quelquefois que l'on ait à gérer de la "mémoire brute". Il s'agit de la mémoire dans laquelle seront stockés des objets dont le compilateur ne connaît pas le type. Un programme d'allocation de mémoire pourrait, par exemple, renvoyer un ***void**** pointant sur la mémoire nouvellement allouée. Nous pourrions également exiger qu'une valeur entière soit traitée comme l'adresse d'un périphérique d'E/S.

```
void* malloc(size_t);

void f()
{
	int* p = static_cast<int*>(malloc(100));	// nouvelle allocation utilisée comme int
	IO_device* d1 = reinterpret_cast<IO_device*>(0Xff00); // périphérique à l'adresse 0Xff00
	// ...
}
```

Un compilateur ne connaît pas le type de l'objet pointé par le ***void****. Il ne peut pas non plus savoir si l'entier ***0Xff00*** est une adresse valide. Par conséquent, la validité des conversions est entièrement à la charge du programmeur. Une conversion de type explicite, souvent nommée *casting* ou *coercition*, est parfois indispensable. On constate, cependant, qu'elle est souvent surutilisée et constitue une source d'erreur importante.

L'opérateur ***static_cast*** réalise les conversions entre types de même famille, comme celles d'un type de pointeur vers un autre, d'une énumération vers un type intégral ou d'un type virgule flottante vers un type intégral. L'opérateur ***reinterpret_cast*** gère les conversions entre types différents, telles celles d'un entier vers un pointeur. Cette distinction permet au compilateur d'appliquer un contrôle de type minimal pour ***static_cast***. Pour un programmeur, elle simplifie également la recherche des conversions les plus risquées représentées comme ***reinterpret_cast***. Certaines conversions avec ***static_cast*** sont portables. En revanche, très peu de conversions ***reinterpret_cast*** le sont. Il n'existe pratiquement aucune garantie pour une conversion ***reinterpret_cast***, mais celle-ci produit généralement une valeur d'un nouveau type dont le modèle de bit est identique à celui de son argument. Si la valeur cible possède au moins autant de bits que la valeur originale, nous pouvons reconvertir le résultat, *via* ***reinterpret_cast***, vers son type original. La validité du résultat d'une conversion ***reinterpret_cast*** n'est garantie que si le type du résultat est identique à celui qui a permis de définir la valeur concernée. Notez que ce type de conversion est celui que l'on doit utiliser pour les pointeurs de fonction (§ 7.7).

Si vous ressentez le besoin de coder une conversion de type explicite, prenez le temps de déterminer si elle est *réellement* nécessaire. En C++, une conversion de type est inutile dans la plupart des cas où elle s'impose en langage C (§ 1.6). Ce type de conversion peut être complètement évitée dans de nombreux programmes. Dans d'autres, il est possible de limiter son utilisation à quelques sous-programmes. Au cours de cet ouvrage, la conversion de type explicite n'est utilisée en situation réaliste que dans les § 6.2.7, § 7.7, § 13.5, § 15.4 et § 25.4.1.

Une forme de conversion contrôlée à l'exécution, ***dynamic_cast*** (§ 15.4.1), et une conversion permettant de supprimer les qualificatifs ***const***, ***const_cast*** (§ 15.4.2.1), sont également disponibles.

Le langage C++ a hérité de la notation ***(T)e*** du C. Cette dernière effectue toute conversion que l'on peut exprimer comme une combinaison de ***static_cast***, ***reinterpret_cast*** et ***const_cast*** pour créer une valeur de type ***T*** à partir de l'expression ***e*** (§ B.2.3). Cette conversion de style C est beaucoup plus dangereuse que les opérateurs de conversion nommés, car la notation est plus difficile à repérer dans un programme long et parce que le type de conversion recherché par le programmeur n'est pas explicite. En fait, ***(T)e*** pourrait réaliser une conversion portable entre des types liés, ou une conversion non portable entre des types sans aucun lien, ou supprimer le modificateur ***const*** d'un type de pointeur. Vous ne pouvez savoir sans connaître les types exacts de ***T*** et de ***e***.

6.2.8 Les constructeurs

La construction d'une valeur de type ***T*** à partir d'une valeur ***e*** se traduit par la notation fonctionnelle ***T(e)***. Par exemple :

```
void f(double d)
{
    int i = int(d);               // tronque d
    complex z = complex(d);       // crée un complexe à partir de d
    // ...
}
```

La construction ***T(e)*** est quelquefois nommée *conversion de style fonction*. Dans le cas d'un type ***T*** intégré, ***T(e)*** est équivalent à ***static_cast<T>(e)***. Cela implique malheureusement que l'utilisation de cette notation peut être risquée. Pour les types arithmétiques, les valeurs peuvent être tronquées. Même une conversion explicite d'un type entier plus long vers un plus court (tel que ***long*** vers ***char***) peut résulter en un comportement indéfini. Nous avons essayé d'utiliser cette notation exclusivement lorsque la construction d'une valeur était bien définie. C'est-à-dire pour les conversions arithmétiques vers des types inférieurs (§ C.6), pour les conversions d'entiers vers des énumérations (§ 4.8) et pour la construction d'objets de type défini par l'utilisateur (§ 2.5.2, § 10.2.3).

Les conversions de pointeur ne peuvent être codées directement à l'aide de la notation ***T(e)***. Par exemple, ***char*(2)*** constitue une erreur de syntaxe. La protection contre ce type de conversion dangereuse peut malheureusement être contournée par des noms ***typedef*** (§ 4.9.7) pour les types de pointeur.

La notation constructeur ***T()*** est utilisée pour exprimer la valeur par défaut du type ***T***. Par exemple :

```
void f(double d)
{
    int j = int();                // valeur int par défaut
    complex z = complex();        // valeur complexe par défaut
    // ...
}
```

La valeur d'une utilisation explicite du constructeur pour un type intégré est ***0*** converti vers ce type (§ 4.9.5). ***int()*** est donc une autre façon d'écrire ***0***. Dans le cas d'un type ***T*** défini par l'utilisateur, ***T()*** est défini par le constructeur par défaut, s'il existe (§ 10.4.2).

L'utilisation de la notation constructeur pour les types intégrés est particulièrement importante lors de la création des modèles. Dans ce cas, le programmeur ne sait pas si un paramètre de modèle fera référence à un type intégré ou à un type défini par l'utilisateur (§ 16.3.4, § 17.4.1.2).

6.3 Récapitulatif des instructions

Voici un résumé et quelques exemples d'instructions C++ :

Syntaxe des instructions

Instruction:

déclaration
{ liste-instruction(opt)
try { liste-instruction(opt)} liste-descripteur
expression(opt) ;

if (condition) instruction
if (condition) instruction else instruction
switch (condition) instruction

while (condition) instruction
do instruction while (expression) ;
for (instruction-init-for condition(opt) ; expression(opt)) instruction

case expression-constante : instruction
default : instruction
break ;
continue ;

return expression(opt) ;

goto identificateur ;
identificateur : instruction

liste-instruction:

instruction liste-instruction(opt)

condition:

expression
déclarateur spécificateur-type = expression

liste-descripteur:

catch (déclaration-exception) { liste-instruction(opt) }
liste-descripteur liste-descripteur(opt)

Notez qu'une déclaration est une instruction et qu'il n'existe pas d'instruction d'affectation ou d'instruction d'appel de procédure. Les affectations et les appels de fonction sont des expressions. Les instructions de gestion des exceptions, c'est-à-dire les *blocs try*, sont décrites au § 8.3.1.

6.3.1 Déclarations en tant qu'instructions

Une déclaration est une instruction. Sauf dans le cas où une variable est déclarée ***static***, son initialiseur est exécuté à chaque transmission du contrôle à la déclaration (voir aussi § 10.4.8). La raison pour laquelle les déclarations sont autorisées dans tous les endroits où il est possible de coder une instruction (et quelques autres emplacements ; § 6.3.2.1, § 6.3.3.1) réside dans le fait que le programmeur peut ainsi minimiser les erreurs dues à des variables non initialisées. Il est rarement nécessaire d'introduire une variable avant d'avoir à y stocker une valeur. Par exemple :

```
void f(vector<string>& v, int i, const char* p)
{
        if (p==0) return;
        if (i<0 || v.size()<=i) error("mauvais index");
        string s = v[i];
        if (s == p) {
                // ...
        }
        // ...
}
```

La possibilité d'insérer des déclarations après le code exécutable est essentielle pour beaucoup de constantes ainsi que pour les styles de programmation à affectation simple. Le recul de la définition d'une variable à l'emplacement où un initialiseur convenable est disponible peut aussi permettre d'obtenir de meilleures performances pour les types définis par l'utilisateur. Par exemple,

```
string s; /* ... */ s = "le mieux est l'ennemi du bon.";
```

peut être beaucoup plus lent que

```
string s = "Voltaire";
```

On déclare le plus souvent une variable sans initialiseur quand cette dernière nécessite une instruction pour être initialisée. Les tableaux et les variables d'entrée en sont des exemples.

6.3.2 Instructions de sélection

Il est possible de tester une valeur à l'aide d'une instruction ***if*** ou ***switch*** :

```
if        (condition) instruction
if        (condition) instruction else instruction
switch    (condition) instruction
```

Les opérateurs de comparaison

```
==    !=    <    <=    >    >=
```

renvoient la valeur booléenne ***true*** si la comparaison est vraie et la valeur ***false*** dans les autres cas.

Dans une instruction ***if***, la première (ou la seule) instruction est exécutée si l'expression est non nulle. Dans le cas contraire, la deuxième instruction est exécutée (si elle a été spécifiée). Cela signifie que toute expression de pointeur ou arithmétique peut être codée comme condition. Par exemple, si ***x*** est un entier, alors

```
if (x) //...
```

signifie

```
if (x !=0) //...
```

Pour un pointeur ***p***,

```
if (p) //...
```

est une instruction directe du test "***p*** pointe-t-il sur un objet valide", alors que

```
if (p !=0) //...
```

pose la même question indirectement, en établissant une comparaison avec une valeur dont on sait qu'elle pointe sur un objet. Notez que la représentation du pointeur ***0*** n'est pas constituée uniquement de zéros sur toutes les machines (§ 5.1.1). Tous les compilateurs que nous avons contrôlés ont généré le même code pour les deux formes du test.

Les opérateurs logiques

```
&&   ||   !
```

sont le plus souvent utilisés dans les conditions. Les opérateurs ***&&*** et || n'évaluent leur second argument que si cette opération est nécessaire. Par exemple,

```
if (p && l<p->count) //...
```

teste d'abord si ***p*** est non nul. Le test ***l<p–>count*** n'est évalué que dans ce cas.

On peut facilement remplacer des instructions ***if*** par des *expressions conditionnelles*. Par exemple,

```
if (a <= b)
        max = b;
else
        max = a;
```

s'exprime mieux à l'aide de la notation suivante :

```
max = (a<=b)?b:a;
```

Les parenthèses qui encadrent la condition ne sont pas indispensables, mais elles simplifient la lecture du code.

Une instruction ***switch*** peut remplacer un ensemble d'instructions ***if***. Par exemple,

```
switch (val) {
case 1:
        f();
        break;
case 2:
        g();
        break;
default:
        h();
        break;
}
```

pourrait également s'écrire

```
if (val == 1)
        f();
else if (val == 2)
        g();
else
        h();
```

La signification est la même, mais la première version (***switch***) est meilleure, car la nature de l'opération (la comparaison d'une valeur avec un ensemble de constantes) est explicite. L'instruction ***switch*** est donc plus facile à lire pour des exemples complexes. Cette instruction permet également d'obtenir un code de meilleure qualité.

Attention, chaque ***case*** d'une instruction ***switch*** doit être suivi d'une instruction de sortie, sauf si vous voulez exécuter le ***case*** suivant. Considérons par exemple :

```
switch (val) {
case 1:
        cout << "cas 1\n";
case 2:
        cout << "cas 2\n";
default:
        cout << "défaut: cas non défini\n";
}
```

Appelé avec ***val==1***, ce code affiche

```
cas 1
cas 2
défaut : cas non défini
```

à la grande surprise de tout non initié. Nous vous conseillons de commenter les cas (rares) dans lesquels l'exécution en cascade des différents ***case*** est intentionnelle, afin que ces instructions ne puissent être considérées comme une erreur. Une instruction ***break*** est la méthode la plus courante de terminer un ***case***, mais un ***return*** est souvent très pratique (§ 6.1.1).

6.3.2.1 Les déclarations dans les conditions

Pour éviter l'emploi abusif d'une variable, nous vous encourageons à créer cette dernière avec une portée aussi limitée que possible. Il est généralement préférable de retarder la définition d'une variable locale jusqu'au moment où il devient possible de lui attribuer une valeur initiale. De cette façon, la variable ne peut être utilisée avant qu'une valeur initiale ne lui ait été attribuée.

La déclaration d'une variable dans une condition représente l'une des meilleures applications de ces deux principes. Par exemple :

```
if (double d = prim(true)) {
        left /= d;
        break;
}
```

Ici, ***d*** est déclarée et initialisée. De plus, sa valeur après initialisation est testée pour la condition. La portée de ***d*** s'étend de sa déclaration à la fin de l'instruction contrôlée par la condition. Si ***if***, par exemple, avait comporté une instruction ***else***, la portée de ***d*** aurait été étendue aux deux instructions ***if*** et ***else***.

L'alternative la plus évidente et traditionnelle consiste à déclarer ***d*** avant la condition. Dans ce cas, cependant, la portée de ***d*** débute avant son initialisation ou après la zone dans laquelle elle est effectivement utile :

```
double d;
// ...

d2 = d;         // attention!
// ...

if (d = prim(true)) {
        left /= d;
        break;
}
// ...

d = 2.0;        // deux utilisations sans rapport de d
```

Outre les avantages logiques découlant de la déclaration des variables dans les conditions, ce style permet d'obtenir un code source très compact.

Une déclaration dans une condition doit déclarer et initialiser une seule variable ou ***const***.

6.3.3 Les instructions itératives

Une boucle peut prendre la forme d'une instruction ***for***, ***while*** ou ***do*** :

while (condition) instruction
do instruction while (expression);
for (for-init-instruction condition$_{opt}$***; expression***$_{opt}$***) instruction***

Chacune d'entre elles exécute de façon répétitive une instruction (nommée instruction *contrôlée* ou *corps de la boucle*) jusqu'à ce que la condition devienne fausse ou que l'exécution de la boucle soit interrompue d'une autre façon.

L'instruction ***for*** permet de coder les boucles standards. La variable de boucle (c'est-à-dire la condition de fin) et l'expression permettant de mettre à jour cette dernière peuvent être regroupées sur une seule ligne. On gagne ainsi en lisibilité et on réduit, par conséquent, la fréquence des erreurs. L'instruction d'initialisation peut être vide si aucune initialisation n'est nécessaire. Si aucune *condition* n'apparaît, l'instruction ***for*** va boucler indéfiniment, sauf si l'utilisateur code explicitement une sortie *via* ***break***, ***return***, ***goto***, ***throw*** ou s'il utilise une méthode moins évidente telle qu'un appel de ***exit()*** (§ 9.4.1.1). Si aucune *expression* n'est codée, le corps de la boucle devra contenir une variable de boucle avec sa mise à jour. Si la boucle n'appartient pas à la catégorie simple "présentation d'une variable de boucle, test de la condition, mise à jour de la variable de boucle", elle sera souvent mieux représentée par une instruction ***while***. L'instruction ***for*** est également employée pour représenter une boucle sans condition de fin explicite :

```
for(;;) {      // "pour toujours"
        // ...
}
```

while exécute simplement son instruction contrôlée jusqu'à ce que sa condition devienne ***false***. Nous avons tendance à privilégier les instructions ***while*** quand il n'existe pas de variable de boucle évidente ou lorsque la mise à jour d'une variable de boucle s'impose naturellement au niveau du corps de la boucle. Une boucle d'entrée est un exemple dans lequel il n'existe pas de variable évidente :

```
while(cin>>ch) //...
```

Nous avons pu constater que l'instruction ***do*** constituait une source d'erreur et de confusion importante. Son corps est, en effet, toujours exécuté une fois avant que la condition ne soit évaluée. Cependant, pour que le corps fonctionne correctement, du code très proche de la condition doit être exécuté au moins une fois. Or, nous avons souvent constaté que la condition ne se comportait pas comme prévu lors de la première création ainsi que lors des tests du programme. Des variations au niveau du comportement ont également été notées longtemps après la modification du code la précédant. Par conséquent, nous vous conseillons d'éviter les instructions ***do***.

6.3.3.1 Les déclarations dans les instructions for

Il est possible de déclarer une variable dans la partie initialisation d'une instruction ***for***. Si cet initialiseur est une déclaration, la portée de la variable (ou des variables) se termine à la fin de l'instruction ***for***. Par exemple :

```
void f(int v[], int max)
{
	for (int i = 0; i<max; i++) v[i] = i*i;
}
```

Si la valeur finale d'un index doit être connue à la sortie d'une boucle ***for***, il est nécessaire de déclarer la variable index en dehors de cette boucle (§ 6.3.4).

6.3.4 Goto

C++ possède l'infâme instruction ***goto*** :

```
goto identificateur ;
identificateur : instruction
```

Il existe plusieurs applications pour ***goto*** en programmation générale de haut niveau. Cette instruction peut se révéler très pratique lorsque le code C++ est généré par un programme plutôt qu'écrit directement par un programmeur. Il est possible de coder des ***goto***, par exemple, dans un analyseur syntaxique généré à partir d'une grammaire depuis un générateur d'analyseur. Un ***goto*** peut également être important dans les cas rares pour lesquels une efficacité optimale est indispensable (dans la boucle intérieure d'une application temps réel, par exemple).

L'une des quelques applications les plus judicieuses de cette instruction consiste à sortir d'une boucle imbriquée ou d'une instruction ***switch*** (un ***break*** ne permet de remonter qu'un seul niveau de boucle ou d'instruction ***switch***). Par exemple :

```
void f()
{
	int i;
```

```
        int j;

        for (i = 0; i<n; i++)
                for (j = 0; j<m; j++) if (nm[i][j] == a) goto found;
        // introuvable
        // ...
found:
        // nm[i][j] == a
}
```

Il existe également une instruction ***continue*** qui permet de se brancher en fin de boucle, comme expliqué en § 6.1.5.

6.4 Commentaires et retraits du texte

Une utilisation pertinente des commentaires et un emploi cohérent des retraits du texte peuvent considérablement améliorer la lecture et la compréhension d'un programme. Plusieurs styles d'indentation sont actuellement utilisés. Il n'existe pas de raison particulière pour en privilégier un sur les autres (même si, comme la plupart des programmeurs, nous avons nos préférences). Les styles de commentaire suivent la même logique.

L'abus de commentaires peut compromettre sérieusement la lisibilité d'un programme. Le compilateur ne comprend pas le contenu d'un commentaire. Il n'existe donc aucun moyen de garantir qu'un commentaire :

- ait un sens ;
- décrive le programme ;
- soit à jour.

De nombreux programmes contiennent des commentaires incompréhensibles, ambigus ou tout simplement faux. De mauvais commentaires sont pires que pas de commentaire du tout.

Au lieu de rajouter des commentaires, il est préférable d'effectuer des précisions *dans le langage lui-même*. Cette remarque concerne des commentaires tels que :

```
// la variable "v" doit être initialisée
// la variable "v" ne doit être utilisée que par la fonction "f()"
// appeler la fonction "init()" avant d'appeler toute autre fonction dans ce fichier
// appeler la fonction "cleanup()" à la fin de votre programme
// ne pas utiliser la fonction "weird()"
// la fonction "f()" reçoit deux arguments
```

Une utilisation correcte du langage C++ rend souvent de tels commentaires inutiles. On pourrait employer, par exemple, les règles de l'édition des liens (§ 9.2), ainsi que les règles de visibilité, d'initialisation et de libération des ressources (§ 10.4.1) pour rendre les exemples précédents redondants.

Lorsque quelque chose a été clairement établi dans le langage, il est inutile de faire apparaître une seconde mention dans un commentaire. Par exemple :

```
a = b+c;    // a prend la valeur de b+c
count++;    // on incrémente le compteur
```

De tels commentaires augmentent la quantité de texte devant être parcourue par le lecteur, ils compliquent souvent la structure du programme et peuvent être faux. Notez, cependant, que ces commentaires sont largement utilisés à des fins d'enseignement dans des ouvrages de langage de programmation tels que celui-ci. Il s'agit de l'une des nombreuses différences existant entre le programme d'un manuel et un programme réel.

Voici les règles que nous avons adoptées pour les commentaires :

- Un commentaire apparaît pour chaque fichier source et indique la partie commune des déclarations qu'il contient, des références aux manuels, des remarques générales pour la maintenance, etc.
- Un commentaire est inséré pour chaque classe, modèle et espace de noms.
- Un commentaire apparaît pour chaque fonction complexe, signalant ainsi son objectif, l'algorithme employé (sauf s'il est évident) et éventuellement quelques informations à propos des hypothèses concernant son environnement.
- Un commentaire est présent pour chaque constante ainsi que pour chaque variable globale et d'espace de noms.
- Quelques commentaires sont insérés afin d'éclairer les lignes de code peu claires et/ou non portables.
- Très peu de commentaires seront rajoutés en dehors des cas cités ci-dessus.

Par exemple :

```
// tbl.c : implémentation de la table des symboles.
/*
        Elimination gaussienne avec rotation partielle.
        Voir Ralston : "Un premier cours..."pg 411.
*/
// swap() suppose que la structure de pile est celle d'un SGI R6000.
/*****************************************************
        Copyright (c) 1997 AT&T, Inc.
        Tous droits réservés
*****************************************************/
```

Un ensemble de commentaires bien choisis et bien rédigés est un élément important de la qualité d'un programme. La rédaction de bons commentaires peut se révéler aussi difficile que l'écriture du programme lui-même. C'est un art qu'il convient de cultiver.

Notez également que si les commentaires // sont utilisés exclusivement dans une fonction, toute partie de cette dernière peut être annotée à l'aide des commentaires de style /**/, et vice versa.

6.5 Conseils

1. Préférez la bibliothèque standard aux autres bibliothèques et aux "codes écrits à la main" (voir § 6.1.8).
2. Evitez toute expression compliquée (voir § 6.2.3).
3. Si la priorité d'un opérateur n'apparaît pas clairement, placez des parenthèses (voir § 6.2.3).

4. Evitez les conversions de type explicite (voir § 6.2.7).
5. Lorsque ces dernières sont indispensables, codez de préférence les opérateurs de conversion les plus spécifiques plutôt que des conversions de style C (voir § 6.2.7).
6. Employez la notation ***T(e)*** exclusivement pour des constructions bien définies (voir § 6.2.8).
7. Evitez les expressions dont l'ordre d'évaluation est indéfini (voir § 6.2.2).
8. Evitez les *goto* (voir § 6.3.4).
9. Evitez de coder des instructions *do* (voir § 6.3.3).
10. Ne déclarez pas une variable avant de posséder une valeur pour l'initialiser (voir § 6.3.1, § 6.3.2.1, § 6.3.3.1).
11. Insérez des commentaires précis (voir § 6.4).
12. Adoptez un style d'indentation cohérent (voir § 6.4).
13. Définissez de préférence un membre ***operator new()*** (§ 15.6) pour remplacer ***operator new()*** global (voir § 6.2.6.2).
14. En lisant les données en entrée, considérez toujours les entrées mal formées (voir § 6.1.3).

6.6 Exercices

1. (*1) Réécrivez l'instruction ***for*** suivante à l'aide de l'instruction ***while*** équivalente :

    ```
    for (i=0; i<max_length; i++) if (input_line[i] == '?') quest_count++;
    ```

    Reprenez cette instruction en utilisant un pointeur comme variable contrôlée, de telle sorte que le test soit de la forme ****p=='?'***.
2. (*1) Insérez toutes les parenthèses dans les expressions suivantes :

    ```
    a = b + c * d << 2 & 8
    a & 077 != 3
    a == b || a == c && c < 5
    c = x != 0
    0 <= i < 7
    f(1,2)+3
    a = - 1 + + b -- - 5
    a = b == c ++
    a = b = c = 0
    a[4][2] *= * b ? c : * d * 2
    a-b,c=d
    ```

3. (*2) Lisez une séquence de paires (nom, valeur) éventuellement séparées par un espace, où le nom est un mot séparé par un espace et où la valeur est un entier ou une valeur virgule flottante. Calculez et affichez la somme et la moyenne pour chaque nom ainsi que la somme et la moyenne pour tous les noms (§ 6.1.8).
4. (*1) Ecrivez un tableau de valeurs pour les opérations logiques bit à bit (§ 6.2.4) pour toutes les combinaisons possibles d'opérandes ***0*** et ***1***.

5. (*1.5) Trouvez cinq constructions C++ dont la signification est indéfinie (§ C.2). (*1.5) Trouvez cinq constructions C++ dont la signification dépend de l'implémentation (§ C.2).
6. (*1) Trouvez dix exemples de code C++ non portable.
7. (*2) Ecrivez cinq expressions pour lesquelles l'ordre d'évaluation est indéfini. Exécutez-les pour voir comment elles sont analysées par une ou, mieux encore, plusieurs implémentations.
8. (*1.5) Que se passe-t-il si vous effectuez une division par zéro sur votre système ? Que se passe-t-il en cas de dépassement de capacité ou de dépassement négatif de capacité ?
9. (*1) Placez toutes les parenthèses dans les expressions suivantes :

```
*p++
*--p
++a--
(int*)p->m
*p.m
*a[i]
```

10. (*2) Ecrivez les fonctions suivantes : une fonction ***strlen()*** renvoyant la longueur d'une chaîne de style C, une fonction ***strcpy()*** copiant une chaîne dans une autre et une fonction ***strcmp()*** comparant deux chaînes. Examinez ce que devraient être les types d'arguments et les types retournés. Comparez alors vos fonctions avec les versions de bibliothèque standard telles que déclarées dans ***<cstring> (<string.h>)*** et telles que spécifiées au § 20.4.1.
11. (*1) Examinez comment votre compilateur réagit aux erreurs suivantes :

```
void f(int a, int b)
{
        if (a = 3) // ...
        if (a&077 == 0) // ...
        a := b+1;
}
```

Imaginez des erreurs plus simples et examinez les réactions du compilateur.

12. (*2) Modifiez le programme présenté au § 6.6[3] de façon à calculer également la médiane.
13. (*2) Ecrivez une fonction ***cat()*** recevant deux arguments chaîne de style C et renvoyant une chaîne qui est la concaténation des arguments. Utilisez l'opérateur ***new*** afin de trouver de la mémoire pour le résultat.
14. (*2) Ecrivez une fonction ***rev()*** recevant un argument chaîne et inversant les caractères qui la composent. Cela signifie que, après ***rev(p)***, le dernier caractère de ***p*** sera le premier, etc.
15. (*1.5) Que fait l'exemple suivant ?

```
void send(int* to, int* from, int count)
// commentaire utile délibérément supprimé
{
        int n = (count+7)/8;
        switch (count%8) {
        case 0:     do {  *to++ = *from++;
        case 7:           *to++ = *from++;
```

```
        case 6:         *to++ = *from++;
        case 5:         *to++ = *from++;
        case 4:         *to++ = *from++;
        case 3:         *to++ = *from++;
        case 2:         *to++ = *from++;
        case 1:         *to++ = *from++;
            } while (--n>0);
        }
}
```

Pourquoi quelqu'un serait-il amené à écrire ce code ?

16. (*2) Ecrivez une fonction ***atoi(const char*)*** qui reçoit une chaîne contenant des chiffres et qui renvoie les ***int*** correspondants. Par exemple, ***atoi("123")*** est ***123***. Transformez ***atoi()*** de façon à gérer la notation octale et hexadécimale du C++ en plus des nombres décimaux ordinaires. Modifiez ***atoi()*** pour gérer la notation constante caractère du C++.
17. (*2) Ecrivez une fonction ***itoa(int i, char b[])*** qui crée une représentation chaîne de ***i*** dans ***b*** et renvoie ***b***.
18. (*2) Saisissez l'exemple de la calculatrice et faites-le fonctionner. N'essayez pas de gagner du temps en utilisant un texte déjà saisi. Vous apprendrez davantage en retrouvant et en corrigeant les "petites erreurs" que vous ne manquerez pas de faire.
19. (*2) Modifiez la calculatrice pour afficher les numéros de ligne en cas d'erreur.
20. (*3) Autorisez un utilisateur à définir des fonctions dans la calculatrice. Suggestion : définissez une fonction comme une séquence d'opérations exactement comme un utilisateur les aurait saisies. Une séquence de ce type peut être stockée sous la forme d'une chaîne de caractères ou d'une liste de jetons. Lisez et exécutez ensuite ces opérations lors de l'appel de la fonction. Si vous désirez qu'une fonction définie par l'utilisateur reçoive des arguments, vous devrez imaginer une notation dans ce sens.
21. (*1.5) Convertissez la calculatrice pour utiliser une structure ***symbol*** au lieu des variables statiques ***number_value*** et ***string_value***.
22. (*2.5) Ecrivez un programme qui supprime les commentaires d'un autre programme C++. Pour cela, lisez dans ***cin***, supprimez les commentaires // et /**/ et écrivez le résultat dans ***cout***. Ne vous inquiétez pas de l'aspect du résultat (ce qui constituerait un autre exercice beaucoup plus difficile). Ne vous préoccupez pas des programmes incorrects. Concentrez-vous sur les //, /* et */ dans les commentaires, ainsi que sur les chaînes et les constantes caractère.
23. (*2) Examinez quelques programmes de façon à vous faire une idée concernant la palette d'indentations et de styles de commentaires utilisés à l'heure actuelle.

7

Fonctions

La répétition est humaine, la récurrence divine.

L. Peter Deutsch

Déclarations et définitions des fonctions — Transmission d'arguments — Valeurs retournées — Surcharge des fonctions — La résolution des ambiguïtés — Arguments par défaut — ***stdargs*** — Pointeurs de fonction — Macros — Conseils — Exercices

7.1 Déclarations des fonctions

Pour exécuter une tâche dans un programme C++, on appelle une fonction. La définition de cette dernière vous permet de spécifier la façon dont une opération doit être menée. Une fonction ne peut être appelée que si elle a été préalablement déclarée.

Une déclaration de fonction donne le nom de celle-ci, le type de la valeur retournée (si elle existe), le nombre et les types des arguments devant être fournis lors de son appel. Par exemple :

```
Elem* next_elem();
char* strcpy(char* to, const char* from);
void exit(int);
```

La sémantique de la transmission des arguments est identique à celle de l'initialisation. Les types des arguments sont contrôlés. De plus, une conversion implicite de ces types est réalisée si nécessaire. Par exemple :

```
double sqrt(double);

double sr2 = sqrt(2);          // appelle sqrt() avec l'argument double(2)
double sq3 = sqrt("three");    // erreur : sqrt() doit recevoir un argument de type double
```

Il est important de ne pas sous-estimer l'intérêt de ces contrôles et conversions de type.

Une déclaration de fonction peut contenir des noms d'argument. Ces derniers seront susceptibles d'apporter quelques éclaircissements aux lecteurs d'un programme et seront simplement ignorés par le compilateur. Comme nous l'avons mentionné au § 4.7, le type retour ***void*** signifie que la fonction ne renvoie aucune valeur.

7.1.1 Les définitions des fonctions

Toute fonction appelée dans un programme doit être définie (une seule fois) à un endroit ou à un autre. Une définition de fonction est une déclaration dans laquelle apparaît le corps de cette fonction. Par exemple :

```
extern void swap(int*, int*);  // une déclaration

void swap(int* p, int* q)      // une définition
{
        int t = *p;
        *p = *q;
        *q = t;
}
```

La définition et les déclarations d'une même fonction doivent spécifier le même type. Le nom des arguments peut cependant différer, car ceux-ci ne font pas partie du type.

Il n'est pas rare de rencontrer des définitions de fonctions avec des arguments inutilisés :

```
void search(table* t, const char* key, const char*)
{
        // aucune utilisation du troisième argument
}
```

S'il n'est pas nommé, un argument reste inutilisé. Les arguments non nommés apparaissent typiquement lors d'une simplification du code ou avec la planification d'extensions. Dans les deux cas, la conservation de l'argument non utilisé permet de garantir la validité des appels de la fonction après la modification.

Il est possible de définir une fonction en version ***inline***. Par exemple :

```
inline int fac(int n)
{
	return (n<2) ? 1 : n*fac(n-1);
}
```

Le spécificateur ***inline*** est destiné au compilateur. Au lieu de spécifier le code, puis de l'appeler *via* le mécanisme habituel d'appel de fonction, il lui demande de remplacer directement l'appel de fonction par le code. Un compilateur évolué peut générer la constante ***720*** pour un appel de ***fac(6)***. Les fonctions ***inline*** mutuellement récurrentes, récursives ou indépendantes de l'entrée, etc. étant autorisées, on est assuré que pour chaque appel d'une fonction de ce type, le code est effectivement inséré. Selon son niveau d'intelligence, un compilateur peut générer ***720***, un autre ***6*fac(5)***, ou encore un appel de ***fac(6)*** non substitué ***inline***.

Lorsqu'on désire profiter du développement ***inline*** en l'absence d'une compilation évoluée et d'utilitaires d'édition de liens indispensables, la définition (et non uniquement la déclaration) d'une fonction ***inline*** doit être réalisée dans la portée (§ 9.2). Un spécificateur ***inline*** n'affecte pas la sémantique d'une fonction. Comme pour ses variables ***static***, une fonction ***inline*** possède toujours, en particulier, une adresse unique (§ 7.1.2).

7.1.2 Les variables statiques

Une variable locale est initialisée par sa définition au cours de l'exécution du programme. Cette opération se produit lors de chaque appel de la fonction et lorsque chacun de ces appels génère sa propre copie de la variable. Si une variable locale est déclarée en ***static***, un unique objet, alloué de façon statique, permettra de représenter cette variable pour l'ensemble des appels de la fonction. Elle sera initialisée uniquement à la première exécution de la définition. Par exemple :

```
void f(int a)
{
	while (a--) {
		static int n = 0;	// initialisée une seule fois
		int x = 0;		// initialisée 'a' fois dans chaque appel de f()

		cout << "n == " << n++ << ", x == " << x++ << '\n';
	}
}

int main()
{
	f(3);
}
```

Ce code affiche le résultat suivant :

```
n == 0, x == 0
n == 1, x == 0
n == 2, x == 0
```

Une variable statique apporte une "mémoire" à sa fonction sans introduire de variable globale susceptible d'être utilisée et altérée par d'autres fonctions (voir aussi § 10.2.4).

7.2 Transmission d'arguments

Au moment de l'appel d'une fonction, une certaine quantité de mémoire est réservée pour ses arguments formels. Chacun de ces arguments est initialisé avec l'argument réel correspondant. La sémantique de la transmission d'argument est identique à celle de l'initialisation. Le type de l'argument réel est comparé à celui de l'argument formel correspondant, et toutes les conversions de types définis par l'utilisateur et standards sont réalisées. Des règles particulières s'appliquent à la transmission des tableaux (§ 7.2.1), et un utilitaire autorise la transmission des arguments sans contrôle (§ 7.6). Un autre utilitaire permet de spécifier des arguments par défaut (§ 7.5). Examinez le code suivant :

```
void f(int val, int& ref)
{
        val++;
        ref++;
}
```

Lorsque la fonction *f()* est appelée, ***val++*** incrémente une copie locale du premier argument réel, alors que ***ref++*** incrémente le second argument réel. Par exemple,

```
void g()
{
        int i = 1;
        int j = 1;
        f(i,j);
}
```

va incrémenter ***j***, et non ***i***. Le premier argument ***i*** est, en effet, transmis *par valeur*, et le second argument ***j*** est transmis *par référence*. Comme nous l'avons mentionné au § 5.5, les fonctions modifiant des arguments appelés par référence compliquent la lecture des programmes et devraient être évitées (voir également § 21.2.1). La transmission d'un objet de grande taille par référence peut toutefois se révéler sensiblement plus efficace qu'une transmission par valeur. Dans ce cas, l'argument pourrait être déclaré avec ***const***. Cette notation nous permet, en effet, d'indiquer que la référence est utilisée uniquement pour des raisons d'efficacité et non afin que la fonction appelée puisse modifier la valeur de l'objet :

```
void f(const Large& arg)
{
        // la valeur de "arg" ne peut être modifiée sans appliquer explicitement une conversion de type
}
```

Lorsque le mot clé ***const*** est absent de la déclaration d'un argument par référence, la volonté de modifier la variable est claire :

```
void g(Large& arg);                    // suppose que g() modifie arg
```

De façon analogue, la déclaration d'un argument pointeur avec ***const*** signale clairement au lecteur que la valeur de l'objet pointé par cet argument ne sera pas modifiée par la fonction. Par exemple :

```
int strlen(const char*);                  // nombre de caractères dans une chaîne de style C
char* strcpy(char* to, const char* from); // copie une chaîne de style C
int strcmp(const char*, const char*);     // compare des chaînes de style C
```

L'importance de l'utilisation d'arguments avec ***const*** est proportionnelle à la taille du programme.

Notez que la sémantique de la transmission d'arguments est différente de celle de l'affectation. Cette remarque est importante pour les arguments ***const***, les arguments référence ainsi que les arguments appartenant à un type défini par l'utilisateur (§ 10.4.4.1).

Une constante littérale, une constante, et un argument que l'on doit convertir peuvent être transmis avec ***const&***, mais pas sans le qualificatif ***const***. En autorisant les conversions sur un argument ***const T&***, on est sûr de pouvoir attribuer à ce dernier exactement le même ensemble de valeurs qu'à un argument ***T*** en transmettant la valeur dans une variable temporaire. Par exemple :

```
float fsqrt(const float&);     // sqrt de style Fortran recevant un argument référence

void g(double d)
{
        float r = fsqrt(2.0f);   // transmet une référence sur une variable temporaire contenant 2.0f
        r = fsqrt(r);            // transmet la référence à r
        r = fsqrt(d);            // transmet la référence  à une variable temporaire contenant float(d)
}
```

En supprimant la possibilité de conversion pour les arguments référence sans le qualificatif ***const*** (§ 5.5), on évite l'apparition d'erreurs dues à l'introduction des variables temporaires. Par exemple :

```
void update(float& i);

void g(double d, float r)
{
        update(2.0f);        // erreur : argument const
        update(r);           // transmet la référence vers r
        update(d);           // erreur : conversion de type requise
}
```

Si ces appels avaient été autorisés, la fonction ***update()*** aurait mis à jour les variables temporaires, qui auraient alors été immédiatement supprimées. Il s'agit du genre de surprise qui se révèle très désagréable pour un programmeur.

7.2.1 Les arguments tableau

Lorsqu'un tableau est utilisé comme argument de fonction, c'est le pointeur de son élément initial qui est transmis.

Par exemple :

```
int strlen(const char*);

void f()
{
	char v[] = "un tableau";
	int i = strlen(v);
	int j = strlen("Nicholas");
}
```

Cela signifie qu'un argument de type *T[]* sera converti en un type *T** lorsqu'il sera transmis. Cela implique qu'une affectation sur un élément d'un argument tableau modifie la valeur d'un élément du tableau argument. En d'autres termes, les tableaux se différencient par le fait qu'ils ne sont pas et ne peuvent pas être transmis par valeur.

La fonction appelée ne connaît pas la taille d'un tableau. Cela peut représenter un problème, mais il existe plusieurs façons de le contourner. Les chaînes de style C sont terminées par le caractère nul. On peut donc facilement calculer leur taille. En ce qui concerne les autres tableaux, il est possible de transmettre un second argument indiquant cette taille. Par exemple :

```
void compute1(int* vec_ptr, int vec_size);		// première solution

struct Vec {
	int* ptr;
	int size;
};

void compute2(const Vec& v);				// deuxième solution
```

Une autre alternative consiste à utiliser un type, tel que *vector* (§ 3.7.1, § 16.3), au lieu d'un tableau.

Les tableaux à plusieurs dimensions sont plus complexes (§ C.7), mais il est souvent possible de les remplacer par des tableaux de pointeurs ne nécessitant aucun traitement particulier. Par exemple :

```
char* day[] = {
	"mon", "tue", "wed", "thu", "fri", "sat", "sun"
};
```

Une fois encore, le type *vector* et les types analogues représentent des alternatives aux pointeurs et tableaux intégrés de bas niveau.

7.3 Valeurs retournées

Une fonction qui n'est pas déclarée avec *void* doit renvoyer une valeur (la fonction *main()* est un cas particulier ; § 3.2). Inversement, une valeur ne peut être renvoyée par une fonction déclarée avec *void*. Par exemple :

```
int f1() { }		// erreur : aucune valeur retournée
void f2() { }		// ok
```

```
int f3() { return 1; }          // ok
void f4() { return 1; }         // erreur : valeur renvoyée dans une fonction void

int f5() { return; }            // erreur : valeur retournée manquante
void f6() { return; }           // ok
```

Une valeur renvoyée est spécifiée dans une instruction ***return***. Par exemple :

```
int fac(int n) { return (n>1) ? n*fac(n-1) : 1; }
```

Une fonction qui s'appelle elle-même est récurrente.

Une fonction peut contenir plusieurs instructions ***return*** :

```
int fac2(int n)
{
        if (n > 1) return n*fac2(n-1);
        return 1;
}
```

Comme pour la transmission d'arguments, la sémantique du renvoi de valeurs par une fonction est identique à celle de l'initialisation. On considère que l'instruction ***return*** initialise une variable non nommée du type renvoyé. Le type d'une expression ***return*** est comparé à celui du type renvoyé, et toute conversion vers un type standard ou défini par l'utilisateur est effectuée. Par exemple :

```
double f() { return 1; }                // 1 est implicitement converti en double(1)
```

A chaque appel d'une fonction, une nouvelle copie de ses arguments et de ses variables locales (automatiques) est créée. La mémoire est réutilisée après la fin de l'exécution de la fonction. Le pointeur d'une variable locale ne devrait donc jamais être renvoyé. Le contenu de l'emplacement pointé pourra changer de façon imprévisible :

```
int* fp() { int local = 1; /* ... */ return &local; }   // mauvais
```

Cette erreur est moins courante que celle faisant appel aux références :

```
int& fr() { int local = 1; /* ... */ return local; }    // mauvais
```

Un compilateur peut heureusement signaler facilement le renvoi de références à des variables locales.

Une fonction ***void*** ne peut renvoyer de valeur. L'appel d'une fonction de ce type ne produit pas de valeur. Une fonction ***void*** peut donc utiliser un appel de fonction ***void*** comme expression dans une instruction ***return***. Par exemple :

```
void g(int* p);

void h(int* p) { /* ... */ return g(p); }       // ok : renvoi de "aucune valeur"
```

Ce type d'instruction est important lors de l'écriture de fonctions modèles pour lesquelles le type renvoyé est un paramètre de modèle (§ 18.4.4.2).

7.4 Les noms de fonction surchargés

Il est généralement conseillé d'attribuer des noms distincts à des fonctions différentes. Cependant, lorsque des fonctions effectuent la même tâche sur des objets de type différent, il peut être pratique de leur attribuer un nom identique. L'utilisation d'un même nom pour des opérations s'appliquant à des types différents est nommée *surcharge*. La technique est déjà utilisée en C++ pour les opérations de base. L'addition, par exemple, ne possède qu'un seul nom, +, alors qu'il est possible de l'appliquer à des valeurs entières, virgule flottante ou à des types pointeur. Cette idée peut facilement être étendue à des fonctions définies par le programmeur. Par exemple :

```
void print(int);            // imprime un int
void print(const char*);    // imprime une chaîne de caractères de style C
```

En ce qui concerne le compilateur, le nom représente souvent la seule partie pouvant être commune entre certaines fonctions. Dans un certain sens, les fonctions sont analogues, mais le langage ne contraint pas plus qu'il ne facilite la tâche du programmeur. La surcharge des noms de fonction est donc principalement une commodité de notation. Cette dernière peut se révéler très utile pour des fonctions possédant un nom conventionnel, tel que ***sqrt***, ***print*** et ***open***. Lorsqu'un nom est significatif d'un point de vue sémantique, cette commodité devient essentielle. C'est le cas, en particulier, des opérateurs tels que +, * et << pour les constructeurs (§ 11.7) et en programmation générique (§ 2.7.2, Chapitre 18). Lorsqu'une fonction ***f*** est appelée, le compilateur doit déterminer quelle version de cette fonction doit être appelée. Il compare pour cela les types des arguments réels avec les types des arguments formels de toutes les fonctions nommées ***f***. Le principe consiste à appeler la fonction correspondant le mieux aux arguments. Une erreur de compilation est générée si cette correspondance n'est pas trouvée. Par exemple :

```
void print(double);
void print(long);

void f()
{
        print(1L);          // print(long)
        print(1.0);         // print(double)
        print(1);           // erreur, ambigu : print(long(1)) ou print(double(1)) ?
}
```

Le choix de la version à appeler parmi un ensemble de fonctions surchargées est effectué en examinant la meilleure correspondance entre le type de l'expression argument et les paramètres (arguments formels) des fonctions. Ce choix est réalisé en fonction des critères suivants :

- Correspondance exacte. La correspondance est obtenue sans conversion ou avec des conversions très simples (nom de tableau vers pointeur, nom de fonction vers pointeur de fonction et ***T*** vers ***const T***, par exemple).
- Correspondance obtenue à l'aide des promotions intégrales (***bool*** vers ***int***, ***char*** vers ***int***, ***short*** vers ***int*** et les équivalents ***unsigned*** ; § C.6.1), ***float*** vers ***double*** et ***double*** vers ***long double***.
- Correspondance obtenue à l'aide de conversions standards (par exemple ***int*** vers ***double***, ***double*** vers ***int***, ***Derived**** vers ***Base**** (§ 12.2), ***T**** vers ***void**** (§ 5.6), ***int*** vers ***unsigned int*** (§ C.6)).
- Correspondance obtenue à l'aide de conversions définies par l'utilisateur (§ 11.4).
- Correspondance obtenue à l'aide des points de suspension **...** dans une déclaration de fonction (§ 7.6).

Si deux fonctions correspondent aux critères de plus haut niveau, l'appel est rejeté comme étant ambigu. Les règles de résolution sont élaborées principalement en fonction de règles C et C++ complexes concernant les types numériques intégrés (§ C.6). Par exemple :

```
void print(int);
void print(const char*);
void print(double);
void print(long);
void print(char);

void h(char c, int i, short s, float f)
{
        print(c);       // correspondance exacte : appel de print(char)
        print(i);       // correspondance exacte : appel de print (int)
        print(s);       // promotion vers intégral : appel de print(int)
        print(f);       // promotion virgule flottante vers double : print(double)

        print('a');     // correspondance exacte : appel de print(char)
        print(49);      // correspondance exacte : appel de print(int)
        print(0);       // correspondance exacte : appel de print(int)
        print("a");     // correspondance exacte : appel de print(const char*)
}
```

0 étant un entier, l'appel de ***print(0)*** déclenche l'appel de ***print(int)***. ***'a'*** étant un caractère (§ 4.3.1), l'appel de ***print('a')*** déclenche l'appel de ***print(char)***. Nous établissons une distinction entre les conversions et les promotions. Il est, en effet, préférable de favoriser des promotions sûres, telles que ***char*** vers ***int***, à des conversions hasardeuses telles que ***int*** vers ***char***.

La résolution de la surcharge est indépendante de l'ordre de déclaration des fonctions considérées.

La surcharge s'appuie sur un ensemble de règles relativement complexes, et un programmeur pourra être surpris par la fonction sélectionnée. Alors, pourquoi coder de cette façon ? Examinez l'alternative à la surcharge. Nous avons souvent besoin d'effectuer des opérations analogues sur des objets de types différents. Sans la surcharge, nous devons définir plusieurs fonctions avec des noms distincts :

```
void print_int(int);
void print_char(char);
void print_string(const char*);     // chaîne de style C

void g(int i, char c, const char* p, double d)
{
        print_int(i);           // ok
        print_char(c);          // ok
        print_string(p);        // ok

        print_int(c);           // ok ? appelle print_int(int(c))
        print_char(i);          // ok? appelle print_char(char(i))
        print_string(i);        // erreur
        print_int(d);           // ok? appelle print_int(int(d))
}
```

En comparaison de la fonction ***print()*** surchargée, nous devons maintenant nous souvenir de plusieurs noms et les utiliser correctement. Cela peut rapidement devenir fastidieux, décourager toute tentative de programmation générique (§ 2.7.2) et détourner l'attention du programmeur sur des problèmes secondaires. En l'absence de toute surcharge, toutes les conversions standards s'appliquent aux arguments de ces fonctions. Il peut également en résulter des erreurs. Dans l'exemple précédent, cela implique qu'un seul des quatre appels possédant un "mauvais" argument soit détecté par le compilateur. La surcharge peut donc augmenter les chances de rejet d'un argument non approprié par le compilateur.

7.4.1 Surcharge et type retourné

Les types retournés ne sont pas pris en compte dans la résolution de la surcharge. Cela permet d'isoler du contexte la résolution d'un opérateur individuel (§ 11.2.1, § 11.2.4) ou un appel de fonction. Examinez le code suivant :

```
float sqrt(float);
double sqrt(double);

void f(double da, float fla)
{
        float fl = sqrt(da);        // appelle sqrt(double)
        double d = sqrt(da);        // appelle sqrt(double)
        fl = sqrt(fla);             // appelle sqrt(float)
        d = sqrt(fla);              // appelle sqrt(float)
}
```

Si le type retourné avait été pris en compte, il ne serait plus possible d'étudier un appel de ***sqrt()*** isolément. Il serait également impossible de déterminer quelle fonction appeler.

7.4.2 Surcharge et portées

Les fonctions déclarées dans des portées hors espace de noms différentes ne peuvent se surcharger. Par exemple :

```
void f(int);

void g()
{
        void f(double);
        f(1);                       // appelle f(double)
}
```

La meilleure correspondance pour ***f(1)*** aurait été sans conteste ***f(int)***. Mais ***f(double)*** est la seule fonction dans la portée courante. Dans une telle situation, des déclarations locales peuvent être ajoutées ou supprimées afin d'obtenir le comportement désiré. Comme toujours, le masquage intentionnel peut se révéler une technique très pratique. Le masquage non intentionnel constitue, quant à lui, une source de surprises. Si l'on désire que la surcharge s'étende au-delà des portées de classe (§ 15.2.2) ou de l'espace de noms (§ 8.2.9.2), il est possible de coder des ***using–déclarations*** ou ***using–directives*** (§ 8.2.2). Consultez également § 8.2.6 et § 8.2.9.2.

7.4.3 La résolution manuelle des ambiguïtés

Si vous déclarez trop peu (ou trop) de versions surchargées pour une fonction, des ambiguïtés peuvent apparaître. Par exemple :

```
void f1(char);
void f1(long);

void f2(char*);
void f2(int*);

void k(int i)
{
        f1(i);          // ambigu: f1(char) ou f1(long)
        f2(0);          // ambigu: f2(char*) ou f2(int*)
}
```

Dans ce cas, il est nécessaire de considérer la totalité des versions surchargées d'une fonction comme un ensemble et de voir si ce dernier possède un sens en regard de la sémantique de la fonction. On peut souvent régler le problème en ajoutant une version permettant de résoudre les ambiguïtés, comme par exemple,

```
inline void f1(int n) { f1(long(n)); }
```

vous résolvez toutes les ambiguïtés analogues à ***f1(i)*** en faveur d'un type plus large ***long int***.

Il est également possible d'ajouter une conversion explicite de type pour résoudre un appel spécifique. Par exemple :

```
f2(static_cast<int*>(0));
```

Cependant, cette méthode ne représente qu'un pis-aller. Un nouvel appel analogue sera très vite effectué et devra, à son tour, être traité.

Certains débutants en C++ sont irrités par les erreurs d'ambiguïtés signalées par le compilateur. Les programmeurs plus expérimentés apprécient ces messages, qui constituent des indicateurs très précieux des erreurs de conception.

7.4.4 La résolution pour de multiples arguments

Lorsque l'efficacité ou la précision des calculs diffèrent de façon significative en fonction des types concernés, il est possible de garantir l'utilisation de l'algorithme (fonction) le plus simple à partir des règles de résolution de la surcharge. Par exemple :

```
int pow(int, int);
double pow(double, double);

complex pow(double, complex);
complex pow(complex, int);
complex pow(complex, double);
complex pow(complex, complex);

void k(complex z)
```

```
{
    int i = pow(2,2);                // appelle pow(int,int)
    double d = pow(2.0,2.0);         // appelle pow(double,double)
    complex z2 = pow(2,z);           // appelle pow(double,complex)
    complex z3 = pow(z,2);           // appelle pow(complex,int)
    complex z4 = pow(z,z);           // appelle pow(complex,complex)
}
```

Quand les fonctions surchargées ont deux arguments ou plus, la correspondance trouvée pour chaque argument est meilleure lorsqu'on applique les règles du § 7.4. La fonction sélectionnée est celle qui constitue la meilleure correspondance pour un argument, et une correspondance supérieure ou égale pour tous les autres arguments. Si aucune fonction de ce type n'existe, l'appel est rejeté, car il est considéré comme ambigu. Par exemple :

```
void g()
{
    double d = pow(2.0,2);           // erreur: pow(int(2.0),2) ou pow(2.0,double(2))?
}
```

Cet appel est ambigu, car ***2.0*** représente la meilleure correspondance pour le premier argument de ***pow(double,double)*** et ***2*** constitue la meilleure correspondance pour le deuxième argument de ***pow(int,int)***.

7.5 Arguments par défaut

Une fonction générale a souvent besoin de plus d'arguments que ceux nécessaires pour traiter les cas simples. Les fonctions créant des objets (§ 10.2.3), en particulier, fournissent souvent plusieurs options pour offrir une certaine souplesse d'utilisation. Considérez une fonction destinée à afficher un entier. On pourrait laisser à l'utilisateur le soin de choisir la base dans laquelle afficher cet entier. Dans la plupart des programmes, les entiers seront affichés comme des valeurs entières décimales. Par exemple :

```
void print(int value, int base =10);   // la base par défaut est 10

void f()
{
    print(31);
    print(31,10);
    print(31,16);
    print(31,2);
}
```

devrait produire le résultat suivant :

```
31 31 1f 11111
```

On peut obtenir l'équivalent d'un argument par défaut *via* la surcharge :

```
void print(int value, int base);
inline void print(int value) { print(value,10); }
```

Cependant, avec cette méthode, l'objectif de disposer d'une seule fonction ***print*** et d'un raccourci est moins évident pour le lecteur.

Le type d'un argument par défaut est contrôlé au moment de la déclaration de fonction et évalué à l'instant de l'appel. Les arguments par défaut ne peuvent être transmis que s'ils figurent en fin de liste. Par exemple :

```
int f(int, int =0, char* =0);        // ok
int g(int =0, int =0, char*);        // erreur
int h(int =0, int, char* =0);        // erreur
```

Attention, l'espace existant entre le caractère * et le signe = est significatif (*= est un opérateur d'affectation ; § 6.2) :

```
int nasty(char*=0);                  // erreur de syntaxe
```

Un argument par défaut ne peut être répété ou modifié dans une déclaration différente de la même portée. Par exemple :

```
void f(int x = 7);
void f(int = 7);                     // erreur : on ne peut répéter un argument par défaut
void f(int = 8);                     // erreur : arguments par défaut différents

void g()
{
        void f(int x = 9);           // ok : cette déclaration masque la déclaration extérieure
        // ...
}
```

La déclaration d'un nom dans une portée imbriquée est souvent réalisée de telle sorte que ce nom masque une déclaration du même nom dans une portée extérieure. Cela constitue une source d'erreur importante.

7.6 Nombre d'arguments non spécifiés

Pour certaines fonctions, il est impossible de spécifier le nombre et le type de tous les arguments pouvant apparaître dans un appel. Ce type de fonction est déclaré de la façon suivante : la liste des déclarations d'arguments est terminée par trois points de suspension (**...**) signifiant "et peut-être quelques autres arguments". Par exemple :

```
int printf (const char*...);
```

Cette ligne indique qu'un appel de la fonction ***printf()*** (§ 21.8) de la bibliothèque standard doit contenir au minimum un argument, ***char****. Par exemple :

```
printf("Hello, world!\n");
printf("Je m'appelle %s %s\n", first_name, second_name);
printf("%d + %d = %d\n",2,3,5);
```

Une fonction telle que celle-ci doit s'appuyer sur des informations qui ne sont pas disponibles pour le compilateur lors de l'interprétation de sa liste d'arguments. Dans le cas de ***printf()***, le premier argument est une chaîne de format contenant des séquences de caractères spéciaux. Ces dernières permettront à la fonction de manipuler correctement d'autres arguments. *%s* signifie "argument de type ***char**** attendu" et *%d* signifie "argument de type ***int*** attendu". Cependant, le compilateur ne peut garantir la présence effective des arguments attendus ni leur appartenance au type approprié. Par exemple :

```
#include <stdio.h>

int main()
{
	printf("Je m'appelle %s %s\n",2);
}
```

Ce code ne provoquera aucune erreur de compilation, mais le résultat paraîtra (au mieux) étrange.

Dans le cas où un argument n'aurait pas été déclaré, le compilateur ne disposera pas des informations nécessaires pour effectuer le contrôle de type standard et la conversion de type éventuelle. Un type ***char*** ou un type ***short*** serait alors transmis comme un ***int*** et un type ***float*** serait transmis comme un ***double***. Il ne s'agit pas forcément du résultat recherché par le programmeur.

Un programme bien conçu n'aura besoin que de quelques fonctions pour lesquelles les types d'arguments ne seront pas complètement spécifiés. Dans la plupart des cas où l'on aurait pu envisager de ne pas spécifier les types d'arguments, il est possible de faire appel aux fonctions surchargées et aux fonctions utilisant des arguments par défaut afin d'obtenir un contrôle du type. Les points de suspension sont indispensables uniquement lorsque le nombre *et* le type des arguments est susceptible de varier. L'utilisation la plus courante de ces points de suspension consiste à spécifier une interface pour les fonctions de bibliothèque C définies avant que le langage C++ n'ait offert d'autres alternatives :

```
int fprintf(FILE*, const char* ...);     // dans <cstdio>
int execl(const char* ...);              // dans l'en-tête Unix
```

Vous trouverez un ensemble de macros standards, permettant d'accéder aux arguments non spécifiés de ce type de fonction, dans **<cstdarg>**. Ecrivons, par exemple, une fonction d'erreur qui reçoive un argument entier indiquant le niveau de gravité de l'erreur, suivi d'un nombre arbitraire de chaînes. L'idée consiste à composer le message d'erreur en transmettant chaque mot comme un argument chaîne distinct. La liste des arguments chaîne devrait se terminer par un pointeur nul de ***char*** :

```
extern void error(int ...);
extern char* itoa(int, char[]);          // voir § 6.6[17]

const char* Null_cp = 0;

int main(int argc, char* argv[])
{
	switch (argc) {
	case 1:
		error(0,argv[0],Null_cp);
		break;
	case 2:
```

```
            error(0,argv[0],argv[1],Null_cp);
            break;
        default:
            char buffer[8];
            error(1,argv[0], "avec",itoa(argc-1,buffer),"arguments", Null_cp);
        }
        // ...
}
```

La fonction ***itoa()*** renvoie la chaîne de caractères représentant son argument entier.

Vous remarquerez que l'utilisation de l'entier ***0*** en tant que caractère de fin n'aurait pas été portable : sur certaines implémentations, le zéro entier et le pointeur nul n'ont pas la même représentation. Cela illustre les subtilités et la surcharge de travail auxquelles un programmeur doit faire face lorsqu'il renonce au contrôle du type en utilisant les points de suspension.

La fonction d'erreur pourrait être définie de la façon suivante :

```
void error(int severity ...)      // "gravité" suivie d'une liste de char* terminée par un caractère nul
{
    va_list ap;
    va_start(ap,severity);        // début des arguments

    for (;;) {
        char* p = va_arg(ap,char*);
        if (p == 0) break;
        cerr << p << ' ';
    }

    va_end(ap);                   // nettoyage des arguments

    cerr << '\n';
    if (severity) exit(severity);
}
```

Une ***va_list*** est tout d'abord définie et initialisée par un appel de ***va_start()***. La macro ***va_start*** reçoit en arguments le nom de la ***va_list*** ainsi que celui du dernier argument formel. La macro ***va_arg()*** permet de récupérer les arguments non nommés dans l'ordre. Pour chaque appel, le programmeur doit fournir un type. ***va_arg()*** part de l'hypothèse qu'un argument de ce type a effectivement été transmis, mais elle ne dispose généralement d'aucun moyen de s'en assurer. Avant de terminer une fonction dans laquelle apparaît ***va_start()***, il est nécessaire d'appeler ***va_end()***. ***va_start()*** pourrait, en effet, modifier la pile de telle sorte que la fonction ne puisse se terminer normalement. ***va_end()*** va annuler de telles modifications.

7.7 Pointeur de fonction

Sur une fonction, seules deux opérations sont envisageables : l'appeler et récupérer son adresse. Le pointeur obtenu en récupérant l'adresse d'une fonction peut ensuite permettre d'appeler cette dernière.

Par exemple :

```
void error(string s) { /* ... */ }

void (*efct)(string);          // pointeur de fonction

void f()
{
        efct = &error;         // efct pointe vers error
        efct("erreur");        // appelle error via efct
}
```

Le compilateur va découvrir que ***efct*** est un pointeur et va appeler la fonction pointée. Il n'est donc pas obligatoire d'appliquer l'indirection à un pointeur de fonction à l'aide de *. De façon analogue, l'utilisation de **&** pour obtenir l'adresse d'une fonction est facultative :

```
void (*f1)(string) = &error;   // ok
void (*f2)(string) = error;    // ok aussi ; même signification que &error

void g()
{
        f1("Vasa");// ok
        (*f1)("Mary Rose");    // ok
}
```

Les types d'arguments des pointeurs de fonction sont déclarés exactement comme ceux des fonctions elles-mêmes. Dans les affectations de pointeur, le type de la fonction complète doit correspondre exactement. Par exemple :

```
void (*pf)(string);            // pointeur de void(string)
void f1(string);               // void(string)
int f2(string);                // int(string)
void f3(int*);                 // void(int*)

void f()
{
        pf = &f1;              // ok
        pf = &f2;              // erreur : mauvais type retourné
        pf = &f3;              // erreur : mauvais type d'argument

        pf("Hera");            // ok
        pf(1);                 // erreur : mauvais type d'argument

        int i = pf("Zeus");    // erreur : void affecté à un int
}
```

Les règles s'appliquant à la transmission d'arguments sont les mêmes pour les appels de fonction directs et les appels de fonction *via* un pointeur.

Il est souvent pratique de définir un nom pour un type "pointeur-vers-fonction". Cette méthode permet d'éviter la syntaxe de déclaration qui se révèle relativement complexe. Voici un exemple tiré d'un en-tête de système Unix :

```
typedef void (*SIG_TYP)(int);      // de <signal.h>
typedef void (*SIG_ARG_TYP)(int);
SIG_TYP signal(int, SIG_ARG_TYP);
```

Les tableaux de pointeurs de fonctions constituent des éléments de programmation très utiles. Le menu système, par exemple, de mon éditeur de texte orienté souris est implémenté à l'aide de tableaux de ce type. Le système ne peut être décrit en détail dans cet ouvrage, mais en voici l'idée générale :

```
typedef void (*PF)();

PF edit_ops[] = {        // édite les opérations
        &cut, &paste, &copy, &search
};

PF file_ops[] = {        // gestion de fichier
        &open, &append, &close, &write
};
```

Nous pouvons alors définir et initialiser les pointeurs contrôlant les actions sélectionnées à partir d'un menu associé aux boutons de la souris :

```
PF* button2 = edit_ops;
PF* button3 = file_ops;
```

Dans une implémentation complète, davantage d'informations seraient nécessaires pour définir chaque élément du menu. La chaîne représentant le texte à afficher, par exemple, doit être stockée à un endroit ou à un autre. Dans un système, la signification des boutons de souris change fréquemment en fonction du contexte. De telles modifications sont obtenues (partiellement) en changeant la valeur des pointeurs de bouton. Lorsqu'un utilisateur sélectionne un élément de menu, tel que l'élément 3 du bouton 2, l'opération associée est exécutée :

```
button2[2]();        // appelle la troisième fonction du bouton 2
```

La meilleure façon d'apprécier à sa juste valeur la puissance des pointeurs de fonction consiste à tenter d'écrire ce code sans y faire appel — et sans employer les fonctions virtuelles très proches (§ 12.2.6). Un menu peut être modifié au moment de l'exécution en insérant de nouvelles fonctions dans le tableau des opérateurs. Il est également facile de créer de nouveaux menus au moment de l'exécution.

Il est également possible de faire appel aux pointeurs de fonction pour fournir une forme simple de programmes polymorphiques. Il s'agit des programmes applicables à des objets appartenant à différents types :

```
typedef int (*CFT)(const void*, const void*);

void ssort(void* base, size_t n, size_t sz, CFT cmp)
/*
        Trie les "n" éléments du vecteur "base" en ordre croissant en utilisant la fonction comparaison
```

```
        sur laquelle pointe "cmp". La taille des éléments est "sz".
        Shell sort (Knuth, Vol3, pg84)
*/
{
        for (int gap=n/2; 0<gap; gap/=2)
                for (int i=gap; i<n; i++)
                        for (int j=i-gap; 0<=j; j-=gap) {
                                char* b = static_cast<char*>(base); // Conversion nécessaire
                                char* pj = b+j*sz;                  // &base[j]
                                char* pjg = b+(j+gap)*sz;           // &base[j+gap]
                                if (cmp(pjg,pj)<0) {                // échange de base[j] et base[j+gap]:
                                        for (int k=0; k<sz; k++) {
                                                char temp = pj[k];
                                                pj[k] = pjg[k];
                                                pjg[k] = temp;
                                        }
                                }
                        }
}
```

Le programme ***ssort()*** ne connaît pas le type des objets triés. Il est uniquement informé du nombre d'éléments (la taille du tableau), de la taille de chacun d'entre eux et de la fonction à appeler pour effectuer une comparaison. Le type de ***ssort()*** a été choisi identique à celui du programme de tri de la bibliothèque C standard, ***qsort()***. Les programmes réels utilisent ***qsort()***, ***sort*** (l'algorithme de la bibliothèque standard C++) (§ 18.7.1) ou un programme de tri spécialisé. Ce style de code est courant en C, mais il ne s'agit pas de la façon la plus élégante d'exprimer cet algorithme en C++ (§ 13.3, § 13.5.2).

Une fonction de ce type pourrait être utilisée pour trier un tableau tel que celui-ci :

```
struct User {
        char* name;
        char* id;
        int dept;
};

User heads[] = {
        "Ritchie D.M.","dmr",11271,
        "Sethi R.","ravi",11272,
        "Szymanski T.G.","tgs",11273,
        "Schryer N.L.","nls",11274,
        "Schryer N.L.","nls",11275,
        "Kernighan B.W.","bwk",11276
};

void print_id(User* v, int n)
{
        for (int i=0; i<n; i++)
                cout << v[i].name << '\t' << v[i].id << '\t' << v[i].dept << '\n';
}
```

Pour pouvoir effectuer un tri, nous devons d'abord définir les fonctions de comparaison appropriées. Une fonction de comparaison doit renvoyer une valeur négative si son premier argument est inférieur à zéro, elle doit renvoer à zéro si les arguments sont égaux et à un nombre positif dans les autres cas :

```
int cmp1(const void* p, const void* q)      // compare les chaînes de nom
{
	return strcmp(static_cast<const User*>(p)->name,static_cast<const User*>(q)->name);
}

int cmp2(const void* p, const void* q)      // compare les numéros dept
{
	return static_cast<const User*>(p)->dept - static_cast<const User*>(q)->dept;
}
```

Ce programme trie et affiche :

```
int main()
{
	cout << "En-têtes par ordre alphabétique :\n";
	ssort(heads,6,sizeof(User),cmp1);
	print_id(heads,6);
	cout << '\n';

	cout << " En-têtes par numéro de dépt :\n";
	ssort(heads,6,sizeof(User),cmp2);
	print_id(heads,6);
}
```

Vous pouvez récupérer l'adresse d'une fonction surchargée en lui attribuant ou en initialisant un pointeur de fonction. Dans ce cas, c'est le type de la cible qui permet de sélectionner la fonction. Par exemple :

```
void f(int);
int f(char);

void (*pf1)(int) = &f;       // void f(int)
int (*pf2)(char) = &f;       // int f(char)
void (*pf3)(char) = &f;      // erreur : pas de void f(char)
```

Une fonction doit être appelée par l'intermédiaire d'un pointeur en respectant exactement les types d'argument et de valeur renvoyée. Il n'existe pas de conversion implicite des types d'arguments ou de valeurs renvoyées lors de l'affectation ou de l'initialisation de pointeurs de fonction. Cela signifie que

```
int cmp3(const mytype*,const mytype*);
```

ne représente pas un argument approprié pour ***ssort()***. En acceptant ***cmp3*** comme argument de ***ssort()***, on ne peut pas assurer que ***cmp3*** soit appelé avec des arguments de type ***mytype**** (voir aussi § 9.2.5).

7.8 Macros

Les macros étaient très importantes en C. Elles perdent cependant une grande partie de leur intérêt en C++. La première règle s'appliquant aux macros consiste à ne les utiliser qu'en cas de besoin. Pratiquement toutes les macros mettent en évidence un point faible du langage de programmation, du programme ou du programmeur. Les macros posent également un problème important à de nombreux outils de programmation, car elles réorganisent le texte du programme avant que le compilateur n'en prenne connaissance. Si vous faites appel aux macros, vous devez vous attendre à une qualité inférieure de service de la part d'outils tels que les débogueurs ou les outils de référence croisée. Si vous devez utiliser des macros, lisez attentivement le manuel de référence de votre implémentation de préprocesseur C++ et restez aussi simple que possible. Pensez également aux futurs lecteurs et suivez la convention d'affectation des noms de macro, qui consiste à utiliser les lettres majuscules. La syntaxe des macros est présentée en § A. 11.

Une macro simple se définit comme suit :

```
#define NOM suite de la ligne
```

où ***NOM*** sera remplacé par ***suite de la ligne*** à chaque apparition dans le code. Par exemple,

```
named = NOM
```

sera interprété comme

```
named = suite de la ligne
```

Une macro peut également être définie de façon à recevoir des arguments. Par exemple :

```
#define MAC(x,y) argument1: x argument2: y
```

Deux chaînes arguments devront être codées pour chaque utilisation de ***MAC***. Elles remplaceront ***x*** et ***y*** lorsque la macro sera interprétée. Par exemple,

```
expanded = MAC(foo bar, yuk yuk)
```

sera interprété comme

```
expanded = argument1: foo bar argument2: yuk yuk
```

Les noms de macros ne peuvent être surchargés. De plus, le préprocesseur n'a pas la possibilité de gérer des appels de macro récurrents :

```
#define PRINT(a,b) cout<<(a)<<(b)
#define PRINT(a,b,c) cout<<(a)<<(b)<<(c)     /* erreur? : à redéfinir, pas de surcharge possible */

#define FAC(n) (n>1)?n*FAC(n-1):1           /* erreur : macro récurrente */
```

Les macros manipulent des chaînes de caractères. Elles sont peu sensibles à la syntaxe C++ et complètement ignorantes des règles de portée et de type du C++. Le compilateur ne prend connaissance que de la forme développée d'une macro. Une erreur à ce niveau ne sera donc signalée qu'après l'interprétation de la macro, et non au moment de sa définition. Cet état de fait peut produire de mystérieux messages d'erreur.

Voici quelques exemples de macros :

```
#define CASE break;case
#define FOREVER for(;;)
```

Voici quelques exemples de macros absolument superflues :

```
#define PI 3.141593
#define BEGIN {
#define END }
```

Et voici quelques macros dangereuses :

```
#define SQUARE(a) a*a
#define INCR_xx (xx)++
```

Pour comprendre le risque, essayez de développer le code suivant :

```
int xx = 0;                     // compteur global

void f()
{
        int xx = 0;             // variable locale
        int y = SQUARE(xx+2);   // y=xx+2*xx+2; c'est-à-dire y=xx+(2*xx)+2
        INCR_xx;                // incrémente la version xx locale
}
```

Si une macro se révèle nécessaire, utilisez l'opérateur de résolution de portée *::* pour faire référence aux noms globaux (§ 4.9.4). Encadrez les occurrences d'un nom d'argument de macro par des parenthèses chaque fois que possible. Par exemple :

```
#define MIN(a,b) (((a)<(b))?(a):(b))
```

Si vous devez coder des macros exigeant la présence de commentaires, il est prudent d'employer les caractères */**/*. Il arrive, en effet, que des préprocesseurs C ne connaissant pas les commentaires *//* soient utilisés parmi les outils C++. Par exemple :

```
#define M2(a) something(a)    /* commentaire avisé */
```

Les macros peuvent vous permettre de concevoir votre propre langage privé. Ce "langage amélioré" présente néanmoins l'inconvénient de rester incompréhensible pour la plupart des programmeurs C++. Par ailleurs, le préprocesseur C est un processeur de macro très simple. Si vous ne vous limitez pas à des opérations élémentaires, l'objectif risque d'être impossible à atteindre, ou la difficulté d'être dissuasive. Les mécanismes ***const***, ***inline***, ***template*** et ***namespace*** constituent des alternatives à de nombreuses utilisations traditionnelles des constructions de préprocesseurs. Par exemple :

```
const int answer = 42;
template<class T> inline T min(T a, T b) { return (a<b)?a:b; }
```

Lors du codage d'une macro, il n'est pas rare d'avoir à renommer quelque chose. On peut créer une chaîne en concaténant deux chaînes *via* l'opérateur de macro *##*. Par exemple :

```
#define NAME2(a,b) a##b

int NAME2(hack,cah)();
```

produira

```
int hackcah();
```

qui sera lu par le compilateur.

La directive

```
#undef X
```

garantit qu'aucune macro nommée ***X*** ne sera définie. Cela procure une protection contre les macros indésirables. Il n'est cependant pas toujours facile de savoir quels auraient pu être les effets de ***X*** sur une partie de code.

7.8.1 La compilation conditionnelle

Une utilisation des macros est presque impossible à éviter. La directive ***#ifdef identificateur*** permet d'ignorer, sous condition, toutes les entrées jusqu'à la prochaine directive ***#endif***. Par exemple :

```
int f(int a
#ifdef arg_two
,int b
#endif
);
```

produit

```
int f(int a
);
```

pour le compilateur, sauf si la macro ***arg_two*** a été définie par un ***#define***. Cet exemple met en difficulté certains outils qui attendent du programmeur un comportement raisonnable.

La plupart des utilisations de ***#ifdef*** ne sont pas aussi étranges. Utilisée avec mesure, cette directive n'est pas dangereuse. Consultez également le § 9.3.3.

Les noms des macros utilisées pour contrôler ***#ifdef*** doivent être choisis soigneusement afin qu'ils n'entrent pas en conflit avec des identificateurs ordinaires. Par exemple :

```
struct Call_info {
        Node* arg_one;
        Node* arg_two;
        // ...
};
```

Ce texte source d'aspect inoffensif pourrait déclencher quelques perturbations si l'on code ensuite :

```
#define arg_two x
```

Certains en-têtes courants et incontournables contiennent malheureusement un grand nombre de macros dangereuses et inutiles.

7.9 Conseils

1. Méfiez-vous des arguments référence non accompagnés du qualificatif ***const***. Si vous désirez que la fonction puisse modifier ses arguments, faites appel de préférence aux pointeurs et au renvoi de valeur (voir § 5.5).
2. Utilisez des arguments référence ***const*** lorsque vous devez minimiser la copie d'arguments (voir § 5.5).
3. Utilisez ***const*** largement et de façon cohérente (voir § 7.2).
4. Evitez de faire appel aux macros (voir § 7.8).
5. Evitez d'utiliser des arguments dont le nombre n'est pas spécifié (voir § 7.6).
6. Ne renvoyez pas de pointeurs ou de références à des variables locales (voir § 7.3).
7. Lorsque des fonctions effectuent la même tâche d'un point de vue conceptuel sur des types différents, utilisez la surcharge (voir § 7.4).
8. Lorsque la surcharge s'applique à des entiers, fournissez des fonctions permettant de supprimer les ambiguïtés courantes (voir § 7.4.3).
9. Lorsque vous envisagez l'utilisation d'un pointeur de fonction, vérifiez si une fonction virtuelle (§ 2.5.5) ou un modèle (§ 2.7.2) ne constituerait pas une meilleure alternative (voir § 7.7).
10. Si vous devez coder des macros, choisissez des noms avec de nombreuses majuscules (voir § 7.8).

7.10 Exercices

1. (*1) Ecrivez les déclarations des éléments suivants : une fonction recevant des arguments de type pointeur de caractère et référence d'entier et ne renvoyant aucune valeur, un pointeur d'une fonction telle que celle-ci, une fonction recevant un tel pointeur comme argument et une fonction renvoyant un pointeur de ce type. Rédigez la définition d'une fonction recevant en argument un pointeur tel que celui-ci et renvoyant son argument comme valeur retournée. Conseil : faites appel à ***typedef***.
2. (*1) Que signifie la ligne de code suivante ? Où trouverait-elle son intérêt ?

   typedef int (&rifii) (int, int);

3. (*1.5) Ecrivez un programme tel que "Hello, world !" recevant un nom comme argument de ligne de commande et affichant "Hello, *nom* !". Modifiez ce programme de façon qu'il reçoive un nombre quelconque de noms en argument et qu'il affiche hello pour chacun d'entre eux.
4. (*1.5) Ecrivez un programme qui lise un nombre arbitraire de fichiers dont les noms lui sont transmis en arguments de ligne de commande, et qui les écrive les uns après les autres dans la sortie ***cout***. Ce programme concaténant ses arguments pour produire sa sortie, vous pourriez l'appeler ***cat***.
5. (*2) Convertissez un petit programme C en C++. Modifiez les fichiers en-tête pour déclarer toutes les fonctions appelées et le type de chaque argument. Remplacez ***#define*** par ***enum***, ***const*** ou ***inline*** lorsque cette opération est possible. Supprimez les déclarations externes des fichiers ***.c*** et convertissez, si nécessaire, toutes les définitions de fonctions en définitions de fonctions C++.

Remplacez les appels de ***malloc()*** et ***free()*** par ***new*** et ***delete***. Supprimez toute conversion de type explicite non indispensable.

6. (*2) Implémentez ***ssort()*** (§ 7.7) en utilisant un algorithme de tri plus efficace. Conseil : ***qsort()***.
7. (*2.5) Soit le code :

```
struct Tnode {
        string word;
        int count;
        Tnode* left;
        Tnode* right;
};
```

Ecrivez une fonction permettant de saisir de nouveaux mots dans l'arborescence des ***Tnode***. Ecrivez une fonction pour transcrire une arborescence de ***Tnode***, et une deuxième permettant, quant à elle, de transcrire une arborescence de ***Tnode*** dont les mots seraient triés en ordre alphabétique. Modifiez ***Tnode*** de telle façon qu'il stocke (uniquement) le pointeur d'un mot de longueur aléatoire stocké comme un tableau de caractères dans la mémoire dynamique (le tas) à l'aide de ***new***. Modifiez les fonctions afin qu'elles utilisent la nouvelle définition de ***Tnode***.

8. (*2.5) Ecrivez une fonction qui inverse un tableau à deux dimensions (voir § C.7).
9. (*2) Ecrivez un programme de chiffrement qui lise dans ***cin*** et écrive les caractères chiffrés dans ***cout***. Vous pourriez appliquer ce schéma de chiffrement simple : la forme cryptée d'un caractère ***c*** est ***c^key[i]***, où ***key*** est une chaîne transmise comme argument de ligne de commande. Le programme utilise les caractères de ***key*** de façon cyclique jusqu'à ce que toutes les entrées aient été lues. On retrouve le texte original en chiffrant de nouveau le texte codé avec la même clé. Si aucune clé n'est transmise (ou une chaîne nulle), les données ne sont pas chiffrées.
10. (*3.5) Ecrivez un programme qui aide à déchiffrer les messages cryptés sans connaître la clé avec la méthode décrite au § 7.10[9].
11. (*3) Ecrivez une fonction ***error*** qui reçoive une chaîne de format de style ***printf*** contenant des directives ***%s***, ***%c***, ***%d*** et un nombre arbitraire d'arguments. Evitez ***printf()***. Consultez le § 21.8 si vous ne connaissez pas la signification de ***%s***, ***%c*** et ***%d***. Utilisez ***<cstdarg>***.
12. (*1) Comment choisiriez-vous les noms des types pointeur de fonction définis à l'aide de ***typedef*** ?
13. (*2) Examinez quelques programmes afin de vous faire une idée de la diversité des styles utilisés pour le choix des noms. Comment sont utilisées les lettres majuscules ? Comment est employé le souligné ? Quand utilise-t-on des noms courts tels que ***i*** et ***x*** ?
14. (*1) Quelles sont les erreurs dans ces définitions de macro ?

```
#define PI = 3.141593;
#define MAX(a,b) a>b?a:b
#define fac(a) (a)*fac((a)-1)
```

15. (*3) Créez un processeur de macro qui définisse et qui développe des macros simples (de la même façon que le préprocesseur C). Lisez dans ***cin*** et écrivez dans ***cout***. N'essayez pas de gérer les macros avec argument dans un premier temps. Conseil : la calculatrice (§ 6.1) contient un tableau de symboles et un analyseur lexical que vous pourriez modifier.

16. (*2) Implémentez la fonction ***print()*** du § 7.5.
17. (*2) Ajoutez des fonctions telles que ***sqrt()***, ***log()*** et ***sin()*** à la calculatrice du § 6.1. Conseil : vous devrez prédéfinir les noms et appeler les fonctions par l'intermédiaire d'un tableau de pointeurs de fonction. N'oubliez pas de contrôler les arguments d'un appel de fonction.
18. (*1) Ecrivez une fonction factorielle qui n'emploie pas la récursivité. Voir aussi § 11.14[6].
19. (*2) Ecrivez des fonctions permettant d'ajouter un jour, un mois et une année à une ***Date***, comme défini au § 6.6[13]. Ecrivez une fonction qui donne le jour de la semaine pour une ***Date*** donnée. Ecrivez une fonction qui fournisse la ***Date*** du premier lundi suivant une date donnée.

8

Espaces de noms et exception

Nous sommes en 787 !
Après Jésus-Christ ?

Monty Python

Aucune règle n'est suffisamment générale
pour ne pas admettre quelques exceptions.

Robert Burton

Modularisation, interfaces et exceptions — Espaces de noms — ***using*** — ***using espace de noms*** — Eviter les conflits de noms — La recherche d'un nom — Composition d'un espace de noms — Les alias d'espace de noms — Les espaces de noms et le code C — Exceptions — ***throw*** et ***catch*** — Les exceptions et la structure du programme — Conseils — Exercices

8.1 Modularisation, interfaces et exceptions

Un programme réaliste est toujours constitué de plusieurs parties distinctes. Même le programme "Hello, world !" comporte deux parties : la demande codée d'affichage de "Hello, world !" et le système d'E/S qui réalise l'affichage.

Examinons l'exemple de la calculatrice, présenté au § 6.1. On peut considérer qu'elle se compose de cinq parties :

1. L'analyseur, qui analyse la syntaxe.
2. L'analyseur lexical, qui compose les mots clés à partir des caractères.
3. La table des symboles, dans laquelle sont stockées les paires (chaîne, valeur).
4. Le pilote, ***main()***.
5. Le gestionnaire des erreurs.

Ce programme peut être représenté graphiquement tel que montré à la figure ci-dessous.

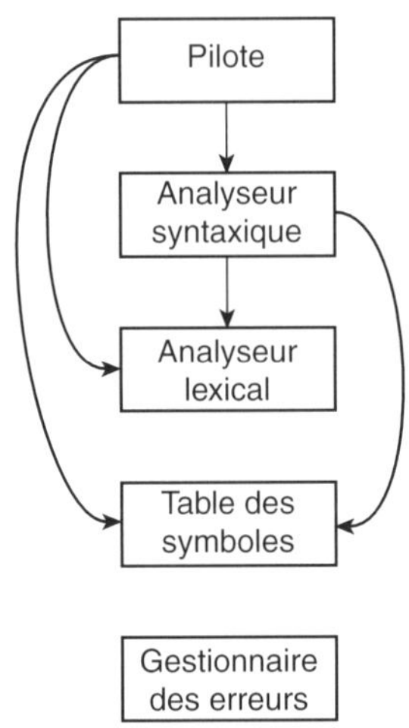

Chaque flèche signifie "utilisant". Pour simplifier la figure, nous n'avons pas représenté le fait que chaque partie est reliée à la gestion des erreurs. En fait, la calculatrice a été conçue en trois parties, le pilote et le gestionnaire des erreurs ayant ensuite été ajoutés pour compléter le tout.

Lorsqu'un module en utilise un autre, il n'éprouve pas la nécessité de tout connaître concernant ce dernier. Dans l'idéal, une grande partie des détails d'un module sont inconnus pour ses utilisateurs. Nous distinguons, par conséquent, un module de son interface. L'analyseur syntaxique, par exemple, s'appuie directement sur l'interface de l'analyseur lexical, plutôt que sur l'analyseur lexical complet. Celui-ci implémente simplement les services annoncés sur son interface. Voir la représentation graphique de la figure suivante.

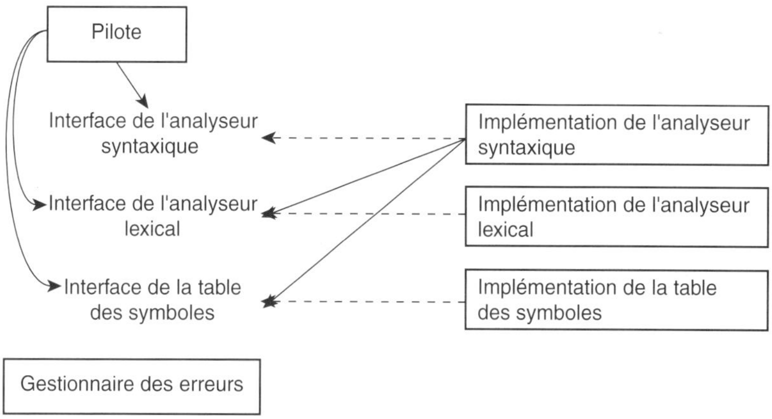

Les lignes pointillées signifient "implémente". A notre sens, il s'agit de la structure réelle du programme. Notre travail de programmeur consiste à représenter fidèlement ce schéma dans le code. A partir de là, nous obtiendrons un code simple, efficace, clair, facile à maintenir, etc., parce qu'il reflétera directement notre conception de base.

Les sections qui suivent montrent comment la structure logique du programme de la calculatrice peut être éclaircie. Le § 9.3 explique la façon dont on peut organiser physiquement le texte source du programme pour en tirer parti. La calculatrice est un petit programme. En situation réelle nous n'aurions pas autant utilisé les espaces de noms et la compilation séparée (§ 2.4.1, § 9.1). Son objectif consiste uniquement à présenter les techniques utiles pour des programmes plus importants sans être inondé de code. Dans les programmes réels, chaque "module", représenté par un espace de noms distinct, possédera souvent des centaines de fonctions, de classes, de modèles, etc.

Pour illustrer les diverses techniques et caractéristiques du langage, nous développons la modularisation de la calculatrice en étapes successives. En "situation réelle", le développement d'un programme a peu de chances de suivre toutes ces étapes. Un programmeur expérimenté devrait sélectionner sa conception dès le départ. Cependant, lorsqu'un programme évolue sur plusieurs années, il n'est pas rare qu'il subisse d'importantes modifications de structure.

La gestion des erreurs est présente dans la totalité de la structure d'un programme. Lorsqu'on découpe un programme en modules ou, à l'inverse, lorsque l'on constitue un programme à partir de modules, nous devons nous efforcer de minimiser les dépendances entre modules dues à la gestion des erreurs. Le C++ fournit des exceptions permettant de séparer la détection et le signalement des erreurs. Par conséquent, la discussion concernant la représentation des modules en tant qu'espaces de noms (§ 8.2) sera suivie d'une démonstration sur la façon d'utiliser les exceptions. Nous pourrons ainsi encore améliorer la modularité (§ 8.3).

Il existe de nombreuses notions de modularité. Toutes ne pourront pas être traitées dans ce chapitre et le suivant. Nous pourrions utiliser, par exemple, des processus d'exécution et de communication pour représenter les aspects importants de la modularité. De façon analogue, l'utilisation d'espaces d'adressage distincts et la communication d'informations entre les espaces d'adressage sont des sujets importants qui ne seront pas abordés ici. Nous considérons ces notions de modularité comme largement indépendantes et orthogonales. Il est intéressant de noter que, dans chaque cas, il est facile de séparer un système en modules. Le problème crucial est de fournir une communication sûre, pratique et efficace entre les frontières des modules.

8.2 Espaces de noms

Un espace de noms est un mécanisme permettant d'exprimer un regroupement logique. Cela signifie que, si certaines déclarations peuvent être associées selon certains critères, il est possible de les placer dans un espace de noms commun pour exprimer ce fait. Les déclarations de l'analyseur syntaxique de la calculatrice (§ 6.1.1), par exemple, pourraient être placées dans un espace de noms Parser :

```
namespace Parser {
        double expr(bool);
        double prim(bool get) { /* ... */ }
        double term(bool get) { /* ... */ }
        double expr(bool get) { /* ... */ }
}
```

La fonction ***expr()*** doit d'abord être déclarée, puis définie pour rompre la boucle de dépendance décrite au § 6.1.1.

La partie entrée de la calculatrice pourrait également être placée dans son propre espace de noms :

```
namespace Lexer {
        enum Token_value {
                NAME,           NUMBER,         END,
                PLUS='+',       MINUS='-',      MUL='*',        DIV='/',
                PRINT=';',      ASSIGN='=',     LP='(',         RP=')'
        };

        Token_value curr_tok;
        double number_value;
        string string_value;

        Token_value get_token() { /* ... */ }
}
```

Ce code est suffisamment explicite, on comprend aisément ce que les deux analyseurs fournissent à un utilisateur. Cependant, si nous avions inclus le code source des fonctions, cette structure serait devenue très complexe. Si les corps des fonctions sont inclus dans la déclaration d'un espace de noms de taille réaliste, il devient nécessaire de parcourir laborieusement des pages ou des écrans d'informations pour identifier les services fournis, c'est-à-dire pour trouver l'interface.

Une alternative à l'utilisation d'interfaces spécifiées séparément consiste à fournir un outil permettant d'extraire une interface à partir d'un module comportant les détails de l'implémentation. Cependant, cette solution ne nous paraît pas acceptable. La spécification d'interfaces est une activité de conception de base (voir § 23.4.3.4). Un module peut fournir diverses interfaces à différents utilisateurs et, le plus souvent, une interface est conçue bien avant la concrétisation des détails d'implémentation.

Voici une version de l'analyseur syntaxique avec l'interface séparée de l'implémentation :

```
namespace Parser {
    double prim(bool);
    double term(bool);
    double expr(bool);
}

double Parser::prim(bool get) { /* ... */ }
double Parser::term(bool get) { /* ... */ }
double Parser::expr(bool get) { /* ... */ }
```

Vous remarquerez qu'après avoir séparé l'implémentation de l'interface, chaque fonction possède une déclaration et une définition. Les utilisateurs ne verront que l'interface contenant les déclarations. L'implémentation — dans ce cas, les corps des fonctions — sera placée dans un endroit où un utilisateur n'aura pas à chercher.

Comme nous l'avons démontré, il est possible de déclarer un membre dans une définition d'espace de noms et de le définir plus tard avec la notation *espace de noms::nom du membre*.

Les membres d'un espace de noms doivent être introduits en respectant la notation suivante :

```
namespace nom-espace de noms {
    // déclaration et définitions
}
```

Vous ne pouvez pas déclarer un nouveau membre d'un espace de noms en dehors de la définition de celui-ci en utilisant la syntaxe du qualificatif. Par exemple :

```
void Parser::logical(bool);          // erreur : Parser ne contient pas de logical()
```

L'objectif consiste à ne pas trop compliquer la recherche des noms dans une déclaration d'espace de noms, ainsi qu'à intercepter des erreurs telles que les fautes d'orthographe et les incompatibilités de type. Par exemple :

```
double Parser::trem(bool);           // erreur : pas de trem() dans Parser
double Parser::prim(int);            // erreur : Parser::prim() reçoit un argument booléen
```

Un espace de noms représente une portée. Il s'agit donc d'un concept fondamental et relativement simple. Plus un programme est long, plus les espaces de noms deviennent indispensables pour représenter les séparations logiques des diverses parties. Les portées locales ordinaires, les portées globales et les classes sont des espaces de noms (§ C.10.3).

Dans l'idéal, chaque entité d'un programme appartient à une unité logique identifiable ("module"). Par conséquent, toute déclaration située dans un programme complexe devrait se trouver dans un espace de noms nommé, de façon que son rôle logique dans le programme soit indiqué. La fonction ***main()*** est une exception. En effet, Elle doit être globale afin que l'environnement d'exécution puisse la reconnaître comme spéciale (§ 8.3.3).

8.2.1 Les noms qualifiés

Un espace de noms est une portée. Les règles de portée habituelles s'y appliquent donc. Lorsqu'un nom est précédemment déclaré dans l'espace de noms ou dans une portée où est incluse la portée courante, il peut être utilisé directement. S'il provient d'un autre espace de noms, il pourra être employé en le qualifiant du nom de ce dernier. Par exemple :

```
double Parser::term(bool get)              //notez le qualificatif Parser::
{
        double left = prim(get);           // pas de qualificatif requis

        for (;;)
                switch (Lexer::curr_tok) { // notez le qualificatif Lexer::
                case Lexer::MUL:           // idem
                        left *= prim(true); // pas de qualificatif requis
                // ...
                }
        // ...
}
```

Le qualificatif ***Parser*** est indispensable pour définir ce ***term()*** comme étant celui déclaré dans ***Parser***, et non une fonction globale sans rapport. ***term()*** étant un membre de ***Parser***, ***prim()*** ne nécessite pas de qualificatif. Cependant, si le qualificatif ***Lexer*** n'était pas présent, ***curr_tok*** aurait été considéré comme non déclaré, car les membres de l'espace de noms ***Lexer*** ne se trouvent pas dans la portée courante, celle de l'espace de noms ***Parser***.

8.2.2 Using-déclarations

Lorsque l'on utilise fréquemment un nom en dehors de son espace de noms, il peut devenir fastidieux de le répéter sans cesse. Examinez le code suivant :

```
double Parser::prim(bool get)           // gère les primary
{
        if (get) Lexer::get_token();

        switch (Lexer::curr_tok) {
        case Lexer::NUMBER:             // constante virgule flottante
                Lexer::get_token();
                return Lexer::number_value;
        case Lexer::NAME:
        {       double& v = table[Lexer::string_value];
                if (Lexer::get_token() == Lexer::ASSIGN) v = expr(true);
                return v;
        }
        case Lexer::MINUS:              // moins unaire
                return -prim(true);
        case Lexer::LP:
        {       double e = expr(true);
                if (Lexer::curr_tok != Lexer::RP) return Error::error(") attendu");
                Lexer::get_token();     // mange le ')'
                return e;
        }
        case Lexer::END:
                return 1;
```

```
        default:
            return Error::error("primary attendu");
        }
}
```

La répétition du qualificatif ***Lexer*** est fastidieuse et détourne l'attention du lecteur. On peut supprimer cette redondance à l'aide d'une construction *using-déclaration* permettant de signaler que le ***get_token*** utilisé dans cette portée est celui de l'espace de noms ***Lexer***. Par exemple :

```
double Parser::prim(bool get)// gère les primary
{
        using Lexer::get_token;         // le get_token de Lexer
        using Lexer::curr_tok;          // le curr_tok de Lexer
        using Error::error;             // error de Error

        if (get) get_token();

        switch (curr_tok) {
        case Lexer::NUMBER:             // constante virgule flottante
                get_token();
                return Lexer::number_value;
        case Lexer::NAME:
        {       double& v = table[Lexer::string_value];
                if (get_token() == Lexer::ASSIGN) v = expr(true);
                return v;
        }
        case Lexer::MINUS:              // moins unaire
                return -prim(true);
        case Lexer::LP:
        {       double e = expr(true);
                if (curr_tok != Lexer::RP) return error(") attendu");
                get_token();            // mange le ')'
                return e;
        }
        case Lexer::END:
                return 1;
        default:
                return error("primary attendu");
        }
}
```

Une *using-déclaration* introduit un synonyme local.

Ce type de synonyme doit être, de préférence, aussi "local" que possible afin d'éviter des confusions.

Cependant, toutes les fonctions de l'analyseur syntaxique emploient des ensembles de noms analogues dans d'autres modules. Nous pouvons, par conséquent, placer les *using-déclarations* dans la définition de l'espace de noms de ***Parser*** :

```
namespace Parser {
        double prim(bool);
```

```
        double term(bool);
        double expr(bool);

        using Lexer::get_token;       // get_token de Lexer
        using Lexer::curr_tok;        // curr_tok de Lexer
        using Error::error;           // error de Error
}
```

Cette opération nous permet de simplifier les fonctions de ***Parser*** presque autant que dans notre version originale (§ 6.1.1) :

```
double Parser::term(bool get)        // multiplie et divise
{
        double left = prim(get);

        for (;;)
                switch (curr_tok) {
                case Lexer::MUL:
                        left *= prim(true);
                        break;
                case Lexer::DIV:
                        if (double d = prim(true)) {
                                left /= d;
                                break;
                        }
                        return error("division par 0");
                default:
                        return left;
                }
}
```

Nous aurions pu introduire les noms de mot clé dans l'espace de noms de ***Parser***. Nous avons cependant conservé le qualificatif qui nous rappelle la dépendance de ***Parser*** vis-à-vis de ***Lexer***.

8.2.3 Using-directives

Que diriez-vous de simplifier les fonctions de ***Parser*** afin qu'elles correspondent *exactement* à nos versions originales ? Cela constituerait un objectif raisonnable pour un programme de grande taille, que l'on convertirait pour utiliser les espaces de noms depuis une version antérieure dans laquelle la modularité est moins explicite.

Une *using-directive* rend les noms d'un espace de noms disponibles (§ 8.2.8). Par exemple :

```
namespace Parser {
        double prim(bool);
        double term(bool);
        double expr(bool);

        using namespace Lexer;        // rend disponible
                                      // tous les noms dans
                                      // Lexer
        using namespace Error;        // rend disponible
```

```
                                    // tous les noms de
                                    // Error
}
```

Cela nous permet d'écrire les fonctions de ***Parser*** exactement comme nous l'avions fait à l'origine (§ 6.1.1) :

```
double Parser::term(bool get)       // multiplie et
                                    // divise
{
        double left = prim(get);

        for (;;)
                switch (curr_tok) {         // curr_tok de
                                            // Lexer
                case MUL:                   // MUL de Lexer
                        left *= prim(true);
                        break;
                case DIV:                   // DIV de Lexer
                        if (double d = prim(true)) {
                                left /= d;
                                break;
                        }
                        return error("division par 0");
                                            // erreur de Error
                default:
                        return left;
                }
}
```

Les *using-directives* représentent un bon outil pour la transition (§ 8.2.9). Elles doivent cependant être évitées dans les autres cas. Dans un espace de noms, une *using-directive* est un outil de composition de l'espace de noms (§ 8.2.8). Dans une fonction (uniquement), elle peut permettre de simplifier sans risque la notation (§ 8.3.3.1).

8.2.4 Les interfaces multiples

La définition de l'espace de noms que nous avons développée pour ***Parser*** n'est pas l'interface présentée par ce dernier à ses utilisateurs. Il s'agit plutôt de l'ensemble des déclarations requises pour écrire de façon aisée les fonctions individuelles de l'analyseur syntaxique. L'interface de ***Parser*** devrait être beaucoup plus simple :

```
namespace Parser {
        double expr(bool);
}
```

Les deux définitions d'espace de noms de ***Parser*** peuvent coexister afin que chacune soit susceptible d'être utilisée à l'emplacement le plus approprié. L'espace de noms ***Parser*** fournit :

- Un environnement commun pour les fonctions implémentant l'analyseur syntaxique.
- Une interface externe présentée par l'analyseur à ses utilisateurs.

Le code du pilote, ***main()***, devrait donc voir uniquement :

```
namespace Parser {              // interface pour les
                                // utilisateurs
        double expr(bool);
}
```

Les fonctions implémentant l'analyseur syntaxique devraient considérer l'interface choisie comme étant la meilleure pour représenter leur environnement partagé. C'est-à-dire :

```
namespace Parser {              // interface pour les
                                // fonctions
                                // d'implémentation
        double prim(bool);
        double term(bool);
        double expr(bool);

        using Lexer::get_token;  // get_token de Lexer
        using Lexer::curr_tok;   // curr_tok de Lexer
        using Error::error;      // error de Error
}
```

Reportez-vous aussi au graphique de la figure ci-dessous.

Les flèches sur ce graphique signifient "s'appuie sur l'interface fournie par".

Parser' est la petite interface présentée aux utilisateurs. Le nom ***Parser'*** (***Parser prime***) n'est pas un identificateur C++. Il a été choisi délibérément pour indiquer que cette interface ne possède pas de nom distinct dans le programme. Cet état de fait ne devrait cependant pas créer de confusion. Les programmeurs inventent, en effet, naturellement des noms différents et évidents pour les interfaces. De plus, la structure physique du programme (voir § 9.3.2) fournit naturellement des noms (de fichier) séparés.

L'interface fournie pour les fonctions d'implémentation est plus large que celle présentée aux utilisateurs. Si cette interface avait été destinée à un module de taille réaliste dans un système réel, elle aurait été modifiée plus souvent que celle perçue par les utilisateurs. Il est important que les utilisateurs d'un module (dans ce cas, ***main()*** utilisant ***Parser***) ne soient pas affectés par de tels changements.

Il n'est pas nécessaire d'utiliser deux espaces de noms distincts pour représenter les deux interfaces. Nous aurions cependant pu le faire si nous l'avions désiré. La conception des interfaces est l'une des activités de base à partir de laquelle il est possible d'obtenir des avantages importants. Par conséquent, il est essentiel de bien définir le but à atteindre et d'évaluer les différentes alternatives.

N'oubliez pas que la solution présentée est la plus simple parmi celles qui ont été étudiées, et souvent la meilleure. Sa principale faiblesse réside dans le fait que les deux interfaces n'ont pas de noms distincts et que le compilateur ne possède pas nécessairement les informations suffisantes pour contrôler la cohérence des deux définitions d'espace de noms. Cependant, même si le compilateur n'a pas toujours la possibilité de contrôler la cohérence, il y parvient généralement. Du reste, l'éditeur des liens détecte la plupart des erreurs oubliées par le compilateur.

La solution présentée ici est celle que nous avons utilisée lors de la discussion concernant la modularité physique (§ 9.3) et celle que nous recommandons en l'absence de contraintes logiques supplémentaires (voir aussi § 8.2.7).

8.2.4.1 Les alternatives de conception d'interface

L'objectif des interfaces est de réduire au maximum les dépendances entre les différentes parties d'un programme. Des interfaces minimales produisent des systèmes plus faciles à comprendre, offrent de meilleures propriétés de masquage des données, sont plus faciles à modifier et se compilent plus rapidement.

Lorsque des dépendances sont envisagées, les compilateurs et les programmeurs ont tendance à les aborder de façon assez simple : "Si une définition se trouve dans la portée courante au point ***X***, tout ce qui est écrit à ce point dépend de ce qui a été établi dans cette définition." Les choses ne se présentent pas toujours ainsi, car la plupart des définitions n'ont aucun rapport avec la majeure partie du code. Examinez le code suivant :

```
namespace Parser {                  // interface pour les fonctions d'implémentation
        // ...
        double expr(bool);
        // ...
}

int main()
{
        // ...
        Parser::expr(false);
        // ...
}
```

La fonction ***main()*** dépend uniquement de ***Parser::expr()***. Mais la détermination de cet état de fait nécessite du temps, de la réflexion, des évaluations, etc. Par conséquent, lorsqu'ils travaillent sur des programmes de taille réelle, les programmeurs et les systèmes de compilation ne prennent aucun risque et supposent que, là où il pourrait y avoir dépendance, elle existe. Il s'agit d'une approche parfaitement acceptable.

Nous allons donc nous efforcer de formuler notre programme de telle sorte que l'ensemble des dépendances potentielles soit réduit à l'ensemble des dépendances réelles.

Testons, pour commencer, le plus évident : définir une interface utilisateur pour l'analyseur syntaxique sous la forme de l'interface d'implémentation que nous possédons déjà :

```
namespace Parser {                  // interface pour les fonctions d'implémentation

        // ...
```

```
        double expr(bool);
        // ...
}

namespace Parser_interface {        // interface pour les utilisateurs
        using Parser::expr;
}
```

Il apparaît clairement que les utilisateurs de ***Parser_interface*** dépendent uniquement, et indirectement, de ***Parser::expr()***. Cependant, un examen rapide du graphique des dépendances aboutit au résultat de la figure suivante.

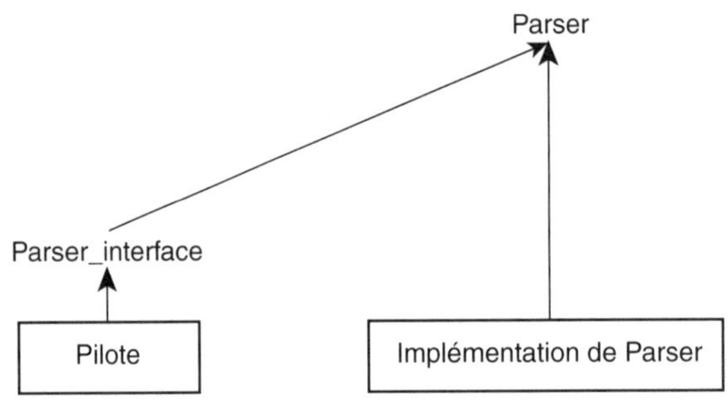

Le *pilote* semble maintenant vulnérable à toute modification de l'interface ***Parser***, de laquelle il était pourtant censé être isolé. Même cette apparence de dépendance est indésirable. Nous allons donc réduire explicitement la dépendance de ***Parser_interface*** vis-à-vis de ***Parser***. Pour ce faire, nous définissons ***Parser_interface*** là où n'apparaît que la partie pertinente de l'interface d'implémentation de ***Parser*** (qui a été précédemment nommée ***Parser'***) dans la portée locale :

```
namespace Parser {                  // interface pour les utilisateurs
        double expr(bool);
}

namespace Parser_interface {        // interface nommée séparément pour les utilisateurs
        using Parser::expr;
}
```

ou graphiquement, en vous reportant à la figure ci-dessous.

Pour garantir la cohérence de ***Parser*** et ***Parser'***, nous nous appuyons de nouveau sur le système de compilation dans son ensemble (plutôt que simplement sur le compilateur qui traite une seule unité de compilation). Cette solution ne diffère de celle du § 8.2.4 que par l'espace de noms supplémentaire ***Parser_interface***. Si nous en avions exprimé le désir, nous aurions pu représenter ***Parser _interface*** de façon concrète en lui fournissant sa propre fonction ***expr()*** :

```
namespace Parser_interface {
    double expr(bool);
}
```

Parser n'a maintenant plus besoin de se trouver dans la portée courante pour définir ***Parser_interface***. Il ne devra se trouver dans cette portée que lorsque ***Parser_interface::expr()*** est défini :

```
double Parser_interface::expr(bool get)
{
    return Parser::expr(get);
}
```

Cette dernière variante peut être représentée graphiquement, comme sur la figure ci-après.

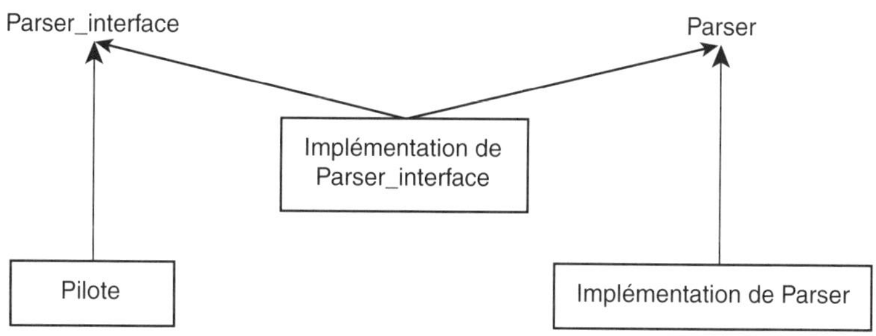

Toutes les dépendances sont maintenant réduites au minimum. Chaque chose a été concrétisée et nommée de façon appropriée. Cette solution est toutefois largement excessive par rapport à la majorité des problèmes à surmonter.

8.2.5 Eviter les conflits de noms

Les espaces de noms sont destinés à représenter une structure logique. La structure de ce type la plus simple est la distinction entre le code écrit par une personne et celui écrit par quelqu'un d'autre. Cette simple différence peut prendre une grande importance d'un point de vue pratique.

Lorsque nous n'utilisons qu'une seule portée globale, il n'est pas nécessaire d'accroître la difficulté en créant un programme en plusieurs parties. Le problème réside dans le fait que les parties prétendument distinctes définissent chacune les mêmes noms. Associés dans un même programme, ces noms vont entrer en conflit. Examinez le code suivant :

```
// my.h:
    char f(char);
    int f(int);
```

```
        class String { /* ... */ };

// your.h:
        char f(char);
        double f(double);
        class String { /* ... */ };
```

A partir de ces définitions, une troisième équipe ne pourrait facilement utiliser à la fois ***my.h*** et ***your.h***. La solution évidente consiste à englober chaque ensemble de déclaration dans son propre espace de noms :

```
namespace My {
        char f(char);
        int f(int);
        class String { /* ... */ };
}

namespace Your {
        char f(char);
        double f(double);
        class String { /* ... */ };
}
```

Nous pouvons maintenant utiliser les déclarations de ***My*** et ***Your*** en qualifiant explicitement les noms (§ 8.2.1) avec des *using-déclarations* (§ 8.2.2) ou des *using-directives* (§ 8.2.3).

8.2.5.1 Les espaces de noms non nommés

Il est souvent pratique d'englober un ensemble de déclarations dans un espace de noms afin de les protéger d'éventuels conflits de noms. Plutôt que de présenter une interface aux utilisateurs, l'objectif est donc de garantir la localisation du code. Par exemple :

```
#include "header.h"
namespace Mine {
        int a;
        void f() { /* ... */ }
        int g() { /* ... */ }
}
```

Comme nous ne désirons pas que le nom ***Mine*** soit connu en dehors d'un contexte local, il faut se donner la peine d'inventer un nom global redondant, qui pourrait éventuellement entrer en conflit avec celui de quelqu'un d'autre. Dans ce cas, nous pouvons tout simplement omettre le nom de l'espace de noms :

```
#include "header.h"
namespace {
        int a;
        void f() { /* ... */ }
        int g() { /* ... */ }
}
```

Un moyen doit bien sûr exister pour permettre l'accès aux membres d'un espace non nommé à partir de l'extérieur. Par conséquent, un espace de noms non nommé possède une *using-directive* implicite. La déclaration précédente est équivalente à

```
namespace $$$ {
        int a;
        void f() { /* ... */ }
        int g() { /* ... */ }
}
using namespace $$$;
```

où *$$$* est un nom unique dans la portée dans laquelle l'espace de noms est défini. Dans des unités de traduction distinctes, les espaces de noms non nommés sont différents. Il n'est pas possible de nommer le membre d'un espace de noms non nommé depuis une autre unité de traduction.

8.2.6 La recherche d'un nom

Une fonction qui reçoit un argument de type ***T*** est le plus souvent définie dans le même espace de noms que cet argument. Par conséquent, si une fonction ne peut être trouvée dans le contexte de son utilisation, il faut rechercher dans les espaces de noms de ses arguments. Par exemple :

```
namespace Chrono {
        class Date { /* ... */ };

        bool operator==(const Date&, const std::string&);

        std::string format(const Date&);        //représentation de la chaîne
        // ...
}

void f(Chrono::Date d, int i)
{
        std::string s = format(d);              // Chrono::format()
        std::string t = format(i);              // erreur : pas de fonction format() dans la portée
}
```

Cette règle de recherche évite au programmeur de nombreuses frappes et ne pollue pas l'espace de noms comme pourrait le faire une *using-directive* (§ 8.2.3). Elle se révèle très pratique, en particulier pour les opérandes d'opérateur (§ 11.2.4) et les arguments de modèle (§ C.13.8.4), pour lesquels la qualification explicite peut devenir très lourde.

Notez que l'espace de noms lui-même doit se trouver dans la portée et que la fonction doit être déclarée pour pouvoir être trouvée et utilisée.

Une fonction peut, bien sûr, recevoir des arguments en provenance de plusieurs espaces de noms. Par exemple :

```
void f(Chrono::Date d, std::string s)
{
        if (d == s) {
                // ...
```

```
        }
        else if (d == "August 4, 1914") {
            // ...
        }
}
```

Dans ce cas, nous recherchons la fonction dans la portée de l'appel (comme toujours) et dans les espaces de noms de chaque argument (y compris dans chaque classe d'argument et dans les classes de base). Nous effectuons ensuite la résolution de surcharge habituelle (§ 7.4) pour toutes les fonctions trouvées. Pour l'appel ***d==s***, en particulier, nous recherchons ***operator==*** dans la portée dans laquelle ***f()*** est incluse, dans l'espace de noms ***std*** (où == est défini pour ***string***) et dans l'espace de noms ***Chrono***. Il existe un ***std::operator==()***, mais il ne reçoit pas d'argument ***Date***. Nous allons donc utiliser ***Chrono::operator==()*** qui reçoit, quant à lui, cet argument. Consultez également le § 11.2.4.

Lorsque le membre d'une classe appelle une fonction, les autres membres de la même classe ainsi que ses classes de base sont choisis de préférence aux fonctions que l'on pourrait identifier à partir des types d'arguments (§ 11.2.4).

8.2.7 Les alias d'espace de noms

Si les utilisateurs choisissent des noms courts pour leurs espaces de noms, les possibilités de conflits sont importantes :

```
namespace A {    // nom court, risque de conflit
    // ...
}

A::String s1 = "Grieg";
A::String s2 = "Nielsen";
```

D'un autre côté, l'utilisation de noms longs peut vite devenir fastidieuse en situation réelle :

```
namespace American_Telephone_and_Telegraph {    // trop long
    // ...
}

American_Telephone_and_Telegraph::String s3 =  "Grieg";
American_Telephone_and_Telegraph::String s4 = "Nielsen";
```

On peut résoudre ce dilemme en fournissant un alias court pour un nom plus long :

```
// utilise un alias de l'espace de noms pour raccourcir les noms:

namespace ATT = American_Telephone_and_Telegraph;

ATT::String s3 = "Grieg";
ATT::String s4 = "Nielsen";
```

Les alias d'espace de noms permettent également de faire référence à "la bibliothèque" et de définir, à partir d'une seule déclaration, de quelle bibliothèque il s'agit effectivement.

Par exemple :

```
namespace Lib = Foundation_library_v2r11;

// ...

Lib::set s;
Lib::String s5 = "Sibelius";
```

L'opération de remplacement d'une version de bibliothèque par une autre est ainsi largement simplifiée. L'utilisation de ***Lib***, au lieu de ***Foundation_library_v2r11***, vous permet de mettre à jour la version "v3r02" en modifiant l'initialisation de l'alias ***Lib***, puis en recompilant. La compilation va détecter les incompatibilités au niveau du source. Une surutilisation des alias (de tous types) peut également créer des confusions.

8.2.8 Composition d'un espace de noms

Nous désirons souvent composer une interface à partir de celles déjà existantes. Par exemple :

```
namespace His_string {
        class String { /* ... */ };
        String operator+(const String&, const String&);
        String operator+(const String&, const char*);
        void fill(char);
        // ...
}

namespace Her_vector {
        template<class T> class Vector { /* ... */ };
        // ...
}

namespace My_lib {
        using namespace His_string;
        using namespace Her_vector;
        void my_fct(String&);
}
```

Nous pouvons maintenant écrire le programme en nommant ***My_lib :***

```
void f()
{
        My_lib::String s = "Byron";
                // trouve My_lib::His_string::String
        // ...
}

using namespace My_lib;

void g(Vector<String>& vs)
{
```

```
        // ...
        my_fct(vs[5]);
        // ...
}
```

Si un nom qualifié explicitement (tel que ***My_lib::string***) n'est pas déclaré dans l'espace de noms mentionné, le compilateur examine l'ensemble des espaces de noms figurant dans les *using-directives* (telles que ***His_string***).

Nous n'avons besoin de connaître l'espace de noms réel d'une entité que lorsque nous devons définir quelque chose :

```
void My_lib::fill(char c)        // erreur : aucune fonction fill()déclarée dans My_lib
{
        // ...
}

void His_string::fill(char c)    // ok : fill() déclarée dans His_string
{
        // ...
}

void My_lib::my_fct(My_lib::Vector<My_lib::String>& v)    // ok
{
        // ...
}
```

Dans l'idéal, un espace de noms devrait :

- représenter un ensemble de fonctions cohérent d'un point de vue logique ;
- ne pas offrir, pour les utilisateurs, d'accès à des fonctions sans relation ;
- ne pas alourdir excessivement la notation.

Les techniques de composition présentées ici et dans les sous-sections suivantes — avec le mécanisme ***#include*** (§ 9.2.1) — offrent un très bon support pour obtenir de tels espaces de noms.

8.2.8.1 Sélection

Il arrive que l'on ait besoin d'accéder à seulement quelques noms d'un espace de noms. Nous pouvons réaliser cette opération en écrivant une déclaration d'espace de noms ne contenant que les noms désirés. Nous pourrions déclarer, par exemple, une version de ***His_string*** fournissant uniquement la chaîne ***String*** elle-même et l'opérateur de concaténation :

```
namespace His_string {                 // une partie seulement de His_string
        class String { /* ... */ };
        String operator+(const String&, const String&);
        String operator+(const String&, const char*);
}
```

Cependant, à moins d'être le concepteur ou le responsable de la maintenance de ***His_string***, cette méthode peut facilement devenir confuse. Une modification concernant la définition "réelle" de ***His_string*** ne sera pas répercutée dans cette déclaration. La sélection de fonctions dans un espace de noms est plus explicite si l'on utilise les *using-déclarations* :

```
namespace My_string {
        using His_string::String;
        using His_string::operator+;          // utilise un des + de His_string
}
```

Une *using-déclaration* introduit chaque déclaration avec un nom donné dans la portée courante. Elle peut, en particulier, introduire toutes les variantes d'une fonction surchargée.

De cette façon, si le responsable de la maintenance de ***His_string*** ajoute une fonction membre à ***String*** ou une version surchargée de l'opérateur de concaténation, la modification sera automatiquement disponible pour les utilisateurs de ***My_string***. Inversement, si une fonction est supprimée de ***His_string*** ou que son interface est modifiée, les utilisations de ***My_string*** qui en sont affectées seront détectées par le compilateur (voir aussi le § 15.2.2).

8.2.8.2 Composition et sélection

En combinant la composition (à l'aide des *using-directives*) et la sélection (à l'aide des *using-déclarations*), vous obtenez la souplesse indispensable à la plupart des exemples du monde réel. Ces mécanismes permettent de fournir l'accès à diverses ressources en évitant les ambiguïtés et les conflits de nom dus à leur composition. Par exemple :

```
namespace His_lib {
        class String { /* ... */ };
        template<class T> class Vector { /* ... */ };
        // ...
}

namespace Her_lib {
        template<class T> class Vector { /* ... */ };
        class String { /* ... */ };
        // ...
}

namespace My_lib {
        using namespace His_lib;      // tout le contenu de His_lib
        using namespace Her_lib;      // tout le contenu de Her_lib

        using His_lib::String;        // résout les conflits potentiels en faveur de His_lib
        using Her_lib::Vector;        // résout les conflits potentiels en faveur  de Her_lib

        template<class T> class List { /* ... */ };
                                      // code supplémentaire
        // ...
}
```

Lorsqu'on examine un espace de noms, les noms explicitement déclarés (y compris ceux déclarés avec les *using-déclarations*) sont prioritaires sur ceux présents dans une autre portée et auxquels on accède *via* les *using-directives* (voir aussi § C.10.1). Par conséquent, un utilisateur de ***My_lib*** va voir la résolution du conflit entre les noms ***String*** et ***Vector*** en faveur de ***His_lib::String*** et ***Her_lib::Vector***. De même, ***My_lib::List*** sera utilisée par défaut, indépendamment du fait que ***His_lib*** ou ***Her_lib*** fournissent une ***List***.

Lorsque l'on introduit un nom dans un nouvel espace de noms, nous préférons généralement ne pas le modifier. On évite ainsi le fait d'avoir à mémoriser deux noms différents pour la même entité. Un nouveau nom est cependant quelquefois nécessaire, ou simplement plus élégant. Par exemple :

```
namespace Lib2 {
        using namespace His_lib;                    // tout le contenu de His_lib
        using namespace Her_lib;                    // tout le contenu de Her_lib

        using His_lib::String;                      // résout les conflits de nom en faveur de His_lib
        using Her_lib::Vector;                      // résout les conflits de nom en faveur de Her_lib

        typedef Her_lib::String Her_string;         //renomme

        template<class T> class His_vec             // "renomme"
        : public His_lib::Vector<T> { /* ... */ };

        template<class T> class List { /* ... */ };
                                                    // code supplémentaire
        // ...
}
```

Il n'existe pas de mécanisme de langage spécifique permettant de renommer. Pour effectuer cette opération, on emploie des mécanismes généraux destinés à obtenir de nouvelles entités.

8.2.9 Les espaces de noms et le code ancien

Des millions de lignes de code C et C++ s'appuient sur les noms globaux et les bibliothèques existantes. Comment pouvons-nous utiliser les espaces de noms afin de réduire les problèmes présents dans ce code ? Une reconception du code existant ne représente pas toujours une solution viable. Il est heureusement possible d'utiliser les bibliothèques C de la même façon que si elles étaient définies dans un espace de noms. Cela ne peut toutefois s'appliquer aux bibliothèques écrites en C++ (§ 9.2.4). D'un autre côté, les espaces de noms sont conçus pour pouvoir être introduits dans un programme C++ plus ancien avec des perturbations minimales.

8.2.9.1 Les espaces de noms et le langage C

Considérons le programme C le plus ancien :

```
#include <stdio.h>

int main()
{
        printf("Hello, world!\n");
}
```

Le découpage de ce programme ne présente aucun intérêt. Transformer des bibliothèques standards en cas particuliers n'est pas, non plus, une idée satisfaisante. Par conséquent, les règles du langage qui s'appliquent aux espaces de noms sont conçues de telle façon que l'on puisse transformer un programme écrit sans les espaces de noms en un programme plus structuré utilisant ces derniers. Le programme de la calculatrice (§ 6.1) en est un exemple.

La construction *using-directive* représente un élément clé de ce processus. Voici comment introduire dans un espace de noms les déclarations des ressources d'E/S du C standard en provenance de l'en-tête ***stdio.h*** :

```
// stdio.h:

namespace std {
    // ...
    int printf(const char* ... );
    // ...
}
using namespace std;
```

Nous obtenons ainsi une compatibilité ascendante. Un nouveau fichier en-tête ***cstdio*** est également défini pour ceux ne désirant pas que les noms soient disponibles implicitement :

```
// cstdio:

namespace std {
    // ...
    int printf(const char* ... );
    // ...
}
```

Les responsables de l'implémentation de la bibliothèque standard C++, qui s'inquiètent de la réplication des déclarations, vont, bien sûr, inclure ***cstdio*** dans la définition de ***stdio.h*** :

```
// stdio.h:

#include<cstdio>
using namespace std;
```

Nous considérons les *using-directives* non locales essentiellement comme un outil de transition. La majorité du code faisant référence à des noms issus d'autres espaces de noms peut être formulée plus clairement à l'aide d'une qualification explicite et des *using-déclarations*.

Les relations entre les espaces de noms et l'édition des liens sont décrites au § 9.2.4.

8.2.9.2 Les espaces de noms et la surcharge

La surcharge franchit les limites des espaces de noms (§ 7.4). Cette condition est essentielle pour permettre la migration des bibliothèques existantes vers les espaces de noms avec un minimum de modifications au niveau du code source. Par exemple :

```
// ancien A.h:
```

```
        void f(int);
        // ...

// ancien B.h:

        void f(char);
        // ...

// ancien user.c:

        #include "A.h"
        #include "B.h"

        void g()
        {
                f('a');         // appelle la fonction f() dans B.h
        }
```

Il est possible de mettre ce programme à niveau vers une version utilisant les espaces de noms sans modifier le code actuel :

```
// nouveau A.h:

        namespace A {
                void f(int);
                // ...
        }

// nouveau B.h:

        namespace B {
                void f(char);
                // ...
        }

// nouveau user.c:

        #include "A.h"
        #include "B.h"

        using namespace A;
        using namespace B;

        void g()
        {
                f('a');         // appelle la fonction f() dans B.h
        }
```

Si nous avions voulu conserver ***user.c*** sans aucune modification, nous aurions placé les *using-directives* dans les fichiers en-tête.

8.2.9.3 Les espaces de noms sont ouverts

Un espace de noms est ouvert. Cela signifie qu'il est possible de lui ajouter des noms à partir de plusieurs déclarations d'espace de noms. Par exemple :

```
namespace A {
    int f();        // A possède maintenant un membre f()
}

namespace A {
    int g();        // A possède maintenant deux membres f() et g()
}
```

Nous pouvons ainsi supporter des parties importantes de programmes dans un seul espace de noms. Pour cela, nous devons distribuer la définition de l'espace de noms dans plusieurs fichiers en-tête et code source. Comme le montre l'exemple de la calculatrice (§ 8.2.4), l'ouverture des espaces de noms nous permet de présenter différentes interfaces à plusieurs types d'utilisateurs en proposant des parties différentes d'un seul espace de noms. Cette ouverture constitue également une aide pour la transition. Par exemple :

```
// mon en-tête:
    void f();       // ma fonction
    // ...
    #include<stdio.h>
    int g();        // ma fonction
    // ...
```

Ce code peut être réécrit sans modifier l'ordre des déclarations :

```
// mon en-tête :

    namespace Mine {
        void f();   // ma fonction
        // ...
    }

    #include<stdio.h>

    namespace Mine {
        int g();    // ma fonction
        // ...
    }
```

Lors de la création de nouveaux codes, au lieu de placer des parties réellement importantes de code dans un unique espace de noms, nous préférons utiliser plusieurs espaces de noms de plus petite taille (voir § 8.2.8). Cependant, en pratique, cette opération est souvent impossible à réaliser lorsque l'on convertit des parties de logiciel importantes pour utiliser les espaces de noms.

Si l'on définit le membre d'un espace de noms précédemment déclaré, la syntaxe ***Mine::*** est d'un emploi plus sûr qu'une réouverture de ***Mine***.

Par exemple :

```
void Mine::ff()          // erreur : aucune fonction ff() déclarée dans Mine
{
    // ...
}
```

Un compilateur va détecter cette erreur. De nouvelles fonctions pouvant toutefois être ajoutées dans un espace de noms, un compilateur ne peut détecter l'erreur équivalente dans un espace de noms rouvert :

```
namespace Mine {         // réouverture de Mine pour définir des fonctions
    void ff()            // aucune fonction ff() déclarée dans Mine ; ff() est ajoutée dans Mine par cette
                         définition
    {
        // ...
    }

    // ...
}
```

Le compilateur n'a aucun moyen de savoir que vous n'aviez pas l'intention de créer cette nouvelle fonction ***ff()***.

8.3 Exceptions

Lorsqu'un programme est composé de différents modules, et en particulier lorsque ces modules proviennent de bibliothèques développées séparément, la gestion des erreurs doit être scindée en deux parties distinctes :

1. Le signalement des conditions d'erreur pouvant être résolues localement.
2. Le traitement des erreurs détectées ailleurs.

Le créateur d'une bibliothèque peut détecter les erreurs d'exécution, mais n'a, en général, aucune idée de ce qu'il doit en faire. L'utilisateur d'une bibliothèque devrait savoir comment venir à bout de telles erreurs, mais il ne peut pas les détecter — dans ce cas, elles seraient traitées dans le code de l'utilisateur et ne seraient pas détectées par la bibliothèque.

Dans l'exemple de la calculatrice, nous avons contourné ce problème en concevant le programme comme un ensemble. Nous avons pu ainsi intégrer la gestion des erreurs à notre structure globale. Cependant, lorsque nous partageons les parties logiques de la calculatrice en espaces de noms séparés, nous constatons que chacun de ces derniers dépend de l'espace de noms ***Error*** (§ 8.2.2) et que la gestion des erreurs s'appuie sur un comportement approprié de chaque module après l'une d'entre elles. Supposons que nous ne puissions concevoir la calculatrice dans son ensemble et que nous ne voulions pas de la liaison étroite entre ***Error*** et les autres modules. Supposons plutôt que l'analyseur syntaxique soit écrit sans que l'on sache comment un pilote désire traiter les erreurs.

Même si ***error()*** était très simple, elle incorporerait une stratégie concernant la gestion des erreurs :

```
namespace Error {
    int no_of_errors;
```

```
    double error(const char* s)
    {
        std::cerr << "erreur: " << s << '\n';
        no_of_errors++;
        return 1;
    }
}
```

La fonction ***error()*** affiche un message d'erreur, fournit une valeur par défaut qui permet à son appelant de poursuivre un traitement et garde une trace d'un état d'erreur simple. Il est important que chaque partie du programme connaisse l'existence de ***error()***, sache comment l'appeler et ce que l'on peut en attendre. Cependant, dans le cas d'un programme constitué de bibliothèques développées séparément, cela se révèle pratiquement impossible.

En C++ les exceptions permettent de séparer le signalement de la gestion des erreurs. Dans cette section, les exceptions sont décrites brièvement dans le cadre de l'exemple de la calculatrice. Le Chapitre 14 fournira davantage de détails à ce sujet.

8.3.1 Déclencher et capturer

La notion d'*exception* permet de simplifier le signalement des erreurs. Par exemple :

```
struct Range_error {
    int i;
    Range_error(int ii) { i = ii; }   // constructeur (§ 2.5.2, § 10.2.3)
};
char to_char(int i)
{
    if (i<numeric_limits<char>::min() || numeric_limits<char>::max()<i)     // voir § 22.2
        throw Range_Error(i);
    return i;
}
```

La fonction ***to_char()*** renvoie le ***char*** avec la valeur numérique ***i*** ou déclenche une ***Range_error***. L'idée principale est la suivante : une fonction détectant un problème qu'elle ne peut traiter *déclenche* une exception, en espérant que son appelant (direct ou indirect) pourra résoudre le problème en question. Une fonction désirant traiter un problème peut indiquer qu'elle est prête à *capturer* les exceptions du type utilisé pour signaler le problème. Pour appeler ***to_char()*** et capturer l'exception qui pourrait être déclenchée, il est possible d'écrire :

```
void g(int i)
{
    try {
        char c = to_char(i);
        // ...
    }
    catch (Range_error) {
        cerr << "erreur\n";
    }
}
```

La construction

```
catch ( /* ... */ ) {
        // ...
}
```

est le *gestionnaire d'exception*. On ne peut l'utiliser qu'immédiatement après un bloc préfixé du mot clé ***try*** ou immédiatement après un autre gestionnaire d'exception. ***catch*** est un autre mot clé. Les parenthèses contiennent une déclaration dont l'usage est analogue à celui d'une déclaration d'argument de fonction. Cette déclaration spécifie le type des objets susceptibles d'être capturés par ce gestionnaire et, en option, les noms des objets capturés. Si nous voulons connaître, par exemple, la valeur de la ***Range_error*** déclenchée, il nous faut fournir un nom pour l'argument à capturer, exactement de la même façon que nous nommons les arguments de fonction. Par exemple :

```
void h(int i)
{
        try {
                char c = to_char(i);
                // ...
        }
        catch (Range_error x) {
                cerr << "erreur: to_char("<< x.i << ")\n";
        }
}
```

A partir du moment où du code d'un bloc ***try*** — ou appelé par ce bloc — déclenche une exception, les gestionnaires du bloc ***try*** seront examinés. Si le type de l'exception déclenchée fait partie de ceux spécifiés pour un gestionnaire, ce dernier est exécuté. Dans le cas contraire, les gestionnaires d'exception sont ignorés et le bloc ***try*** se comporte exactement comme un bloc ordinaire. Si une exception est déclenchée et qu'elle n'est capturée par aucun bloc ***try***, le programme se termine (§ 14.7).

En fait, la gestion des exceptions du C++ consiste à transférer les contrôles vers du code désigné dans une fonction appelante. Des informations concernant l'erreur peuvent éventuellement être transmises à l'appelant. Les programmeurs C peuvent considérer la gestion des exceptions comme un mécanisme satisfaisant pour remplacer ***setjmp/longjmp*** (§ 16.1.2). Les interactions importantes entre la gestion des exceptions et les classes sont décrites au Chapitre 14.

8.3.2 Distinction des exceptions

Plusieurs erreurs d'exécution sont possibles dans un programme. On peut faire correspondre de telles erreurs à des exceptions auxquelles on attribue des noms distincts. Nous préférons cependant définir des types n'ayant d'autre objectif que celui de la gestion des exceptions. Nous n'utilisons jamais, en particulier, de type intégré, tel qu'***int***, pour une exception. Dans un programme très long, il n'existerait aucune méthode efficace permettant de trouver des utilisations d'exceptions ***int*** sans rapport entre elles. Nous ne pourrions donc pas garantir que ces autres utilisations n'interfèrent pas avec la nôtre.

Notre calculatrice (§ 6.1) doit gérer deux types d'erreurs d'exécution : les erreurs de syntaxe et les tentatives de division par zéro. Le code détectant une tentative de division par zéro n'est pas tenu de transmettre une valeur à un gestionnaire. Il est donc possible de représenter cette division à l'aide d'un simple type vide :

```
struct Zero_divide {};
```

D'un autre côté, un gestionnaire voudra probablement obtenir une indication concernant le type d'erreur de syntaxe détecté. Dans ce cas, nous allons transmettre une chaîne :

```
struct Syntax_error {
        const char* p;
        Syntax_error(const char* q) { p = q; }
};
```

Pour respecter les conventions d'écriture, nous avons ajouté un constructeur (§ 2.5.2, § 10.2.3) à la structure.

Un utilisateur de l'analyseur syntaxique peut établir une distinction entre deux exceptions en codant un gestionnaire pour chacune d'entre elles après un bloc ***try***. Le gestionnaire approprié sera examiné au besoin. Lorsque nous parvenons en fin de code, l'exécution se poursuit après la fin de la liste des gestionnaires :

```
        try {
                // ...
                expr(false);
                // ce code est exécuté si et seulement si expr() n'a déclenché aucune exception
                // ...
        }
        catch (Syntax_error) {
                // gestion d'une erreur de syntaxe
        }
        catch (Zero_divide) {
                // gestion de la division par zéro
        }
// ce code n'est exécuté que si expr n'a déclenché aucune exception ou si une exception
// syntax_error ou Zero_divide a été capturée (et que son gestionnaire n'a pas interrompu
// l'exécution, déclenché une exception ou modifié le flux de l'exécution d'une autre façon).
```

Une liste de gestionnaires ressemble quelque peu à une instruction ***switch***, mais aucune instruction ***break*** n'est nécessaire. La syntaxe d'une liste de gestionnaires est différente de celle d'une liste de ***case***, en partie pour cette raison et en partie pour indiquer que chaque gestionnaire est associé à une portée (§ 4.9.4).

Une fonction ne doit pas nécessairement capturer toutes les exceptions possibles. Le bloc ***try*** précédent, par exemple, ne capturait pas les exceptions susceptibles d'être générées par les opérations d'entrée de l'analyseur syntaxique. Ces exceptions sont simplement "transmises", pour éventuellement être récupérées par un appelant avec un gestionnaire approprié.

Du point de vue du langage, on considère qu'une exception est prise en charge dès l'entrée dans son gestionnaire. De cette façon, toute exception déclenchée au cours de l'exécution d'un gestionnaire doit être traitée par les appelants du bloc ***try***. Le code suivant, par exemple, ne déclenchera pas une boucle infinie.

```
class input_overflow { /* ... */ };

void f()
{
        try {
                // ...
        }
        catch (input_overflow) {
                // ...
                throw input_overflow();
        }
}
```

Il est possible d'imbriquer des gestionnaires d'exception. Par exemple :

```
class XXII { /* ... */ };

void f()
{
        // ...
        try {
                // ...
        }
        catch (XXII) {
                try {
                        // quelque chose de compliqué
                }
                catch (XXII) {
                        // échec du code du gestionnaire compliqué
                        }
        }
        // ...
}
```

Il est toutefois très rare de rencontrer ce type de construction dans du code "écrit à la main". Le plus souvent, elle signale des maladresses de style.

8.3.3 Les exceptions dans la calculatrice

Le mécanisme de gestion des exceptions de base nous permet de transformer l'exemple de la calculatrice du § 6.2, afin de séparer la gestion des erreurs détectées à l'exécution de la logique principale de la calculatrice. Nous allons ainsi obtenir une organisation de programme se rapprochant avec plus de réalisme de ce que l'on trouve dans des programmes construits à partir de parties distinctes, vaguement liées.

On peut commencer par supprimer ***error()***. Les fonctions de l'analyseur syntaxique ne connaîtront, au contraire, que les types utilisés pour signaler les erreurs :

```
namespace Error {
        struct Zero_divide { };
```

```
        struct Syntax_error {
                const char* p;
                Syntax_error(const char* q) { p = q; }
        };
}
```

L'analyseur syntaxique détecte trois erreurs de syntaxe :

```
Token_value Lexer::get_token()
{
        using namespace std;            // pour utiliser cin, isalpha(), etc.

                // ...

                default:                // NAME, NAME =, ou erreur
                        if (isalpha(ch)) {
                                cin.putback(ch);
                                cin >> string_value;
                                return curr_tok=NAME;
                        }
                        throw Error::Syntax_error("mot clé erroné");
        }
}

double Parser::prim(bool get)           // gère les primary
{
        // ...

        case Lexer::LP:
        {       double e = expr(true);
                if (curr_tok != Lexer::RP) throw Error::Syntax_error("`)' attendu");
                get_token();            // mange le ')'
                return e;
        }
        case Lexer::END:
                return 1;
        default:
                throw Error::Syntax_error("primary attendu");
        }
}
```

Lorsqu'une erreur de syntaxe est détectée, ***throw*** permet de transmettre le contrôle à un gestionnaire défini dans un appelant (direct ou indirect). L'opérateur ***throw*** transmet également une valeur au gestionnaire. Par exemple :

```
throw Syntax_error ("primary attendu");
```

transmet au gestionnaire un objet ***Syntax_error*** contenant le pointeur de la chaîne ***primary attendu***. Aucune donnée n'a besoin d'être transmise lorsqu'une erreur de division par zéro est signalée :

```
double Parser::term(bool get)           // multiplie et divise
{
```

```
        // ...
        case Lexer::DIV:
                if (double d = prim(true)) {
                        left /= d;
                        break;
                }
                throw Error::Zero_divide();

        // ...
}
```

Le pilote peut maintenant être défini de façon à gérer les exceptions ***Zero_divide*** et ***Syntax_error***. Par exemple :

```
int main(int argc, char* argv[])
{
        // ...
        while (*input) {
                try {
                        Lexer::get_token();
                        if (Lexer::curr_tok == Lexer::END) break;
                        if (Lexer::curr_tok == Lexer::PRINT) continue;
                        cout << Parser::expr(false) << '\n';
                }
                catch(Error::Zero_divide) {
                        cerr << "Tentative de division par zéro\n";
                        skip();
                }
                catch(Error::Syntax_error e) {
                        cerr << "Erreur de syntaxe:" << e.p << "\n";
                        skip();
                }
        }

        if (input != &cin) delete input;
        return no_of_errors;
}
```

Après une erreur, la fonction ***skip()*** tente de ramener l'analyseur syntaxique dans un état bien défini en sautant les mots clés jusqu'à trouver une fin de ligne ou un point-virgule. ***no_of_errors*** et ***input*** représentent des candidats évidents pour un espace de noms ***Driver*** :

```
namespace Driver {
        int no_of_errors;
        std::istream* input;
        void skip();
}

void Driver::skip()
{
        no_of_errors++;
```

```
        while (*input) {    // supprime les caractères jusqu'au retour à la ligne ou à un point-virgule
            char ch;
            input->get(ch);

            switch (ch) {
            case '\n':
            case ';':
                input->get(ch);
                return;
            }
        }
    }
```

Le code de la fonction ***skip()*** est délibérément écrit à un niveau d'abstraction plus bas que celui de l'analyseur syntaxique. On évite ainsi qu'il ne soit déclenché par des exceptions provenant de l'analyseur au cours de la gestion des exceptions de l'analyseur.

Nous avons retenu l'idée de compter le nombre d'erreurs et de signaler ce dernier sous la forme de valeur retournée par le programme. Même dans le cas où le programme a pu résoudre le problème, il est souvent intéressant de savoir s'il a rencontré une erreur.

Nous n'avons pas placé ***main()*** dans l'espace de noms ***Driver***. La fonction ***main()*** globale est la fonction initiale d'un programme (§ 3.2). Située dans un autre espace de noms, ***main()*** ne possède aucune signification particulière.

8.3.3.1 Les autres stratégies de gestion des erreurs

Le code initial de gestion des erreurs était plus court et plus élégant que la version faisant appel aux exceptions. Cette élégance était toutefois obtenue par la création de liens étroits entre toutes les parties du programme. Cette approche n'est pas adaptée aux programmes composés de bibliothèques développées séparément.

Nous pourrions envisager d'éliminer la fonction séparée de gestion des erreurs ***skip()*** en introduisant une variable d'état dans ***main()***. Par exemple :

```
    int main(int argc, char* argv[])        // exemple d'un mauvais style de programmation
    {
        // ...

        bool in_error = false;
        while (*Driver::input) {
            try {
                Lexer::get_token();
                if (Lexer::curr_tok == Lexer::END) break;
                if (Lexer::curr_tok == Lexer::PRINT) {
                    in_error = false;
                    continue;
                }
                if (in_error == false) cout << Parser::expr(false) << '\n';
            }
            catch(Error::Zero_divide) {
```

```
                cerr << "tentative de division par zéro\n";
                in_error = true;
            }
            catch(Error::Syntax_error e) {
                cerr << "Erreur de syntaxe:" << e.p << "\n";
                in_error = true;
            }
        }

        if (Driver::input != std::cin) delete Driver::input;
        return Driver::no_of_errors;
}
```

Cette idée est insatisfaisante pour plusieurs raisons :

- Les variables d'état représentent une source courante de confusion et d'erreurs, en particulier si on les laisse se multiplier et affecter des sections plus importantes d'un programme. Nous considérons la version de ***main()*** utilisant ***in_error*** moins lisible que celle utilisant ***skip()***.
- La stratégie consistant à séparer le code de la gestion des erreurs du code "normal" est généralement satisfaisante.
- Réaliser la gestion des erreurs en utilisant le même niveau d'abstraction que le code ayant provoqué l'erreur est assez risqué. Dans ce cas, le code de gestion de l'erreur pourrait reproduire la même erreur que celle l'ayant initialement déclenché. Un exercice sera consacré à l'examen d'une telle situation pour la version de ***main()*** utilisant ***in_error*** (§ 8.5[7]).
- La modification du code "normal" permettant l'ajout du code de gestion des erreurs demande davantage de travail que l'ajout de sous-programmes de gestion des erreurs séparés.

La gestion des erreurs est destinée à traiter les problèmes non locaux. Lorsqu'une erreur peut être traitée localement, il ne faut jamais hésiter. Il n'existe, par exemple, aucune raison d'utiliser une exception pour gérer l'erreur "trop d'arguments" :

```
int main(int argc, char* argv[])
{
        using namespace std;
        using namespace Driver;

        switch (argc) {
        case 1:             // lecture dans l'entrée standard
                input = &cin;
                break;
        case 2:             // lecture de la chaîne d'arguments
                input = new istringstream(argv[1]);
                break;
        default:
                cerr << "trop d'arguments\n";
                return 1;
        }

        // comme avant
}
```

Les exceptions sont détaillées dans le Chapitre 14.

8.4 Conseils

1. Utilisez les espaces de noms pour représenter la structure logique (voir § 8.2).
2. Placez tous les noms non locaux, à l'exception de ***main()***, dans un espace de noms (voir § 8.2).
3. Concevez un espace de noms de telle sorte que vous puissiez l'utiliser commodément, sans obtenir fortuitement l'accès à des espaces de noms sans rapport (voir § 8.2.4).
4. Evitez d'attribuer des noms très courts aux espaces de noms (voir § 8.2.7).
5. Choisissez, si nécessaire, des alias d'espaces de noms pour abréger les noms longs (voir § 8.2.7).
6. Evitez d'imposer une notation trop lourde aux utilisateurs de vos espaces de noms (voir § 8.2.2, § 8.2.3).
7. Lorsque vous définissez des membres d'espace de noms, utilisez la notation ***espace de noms ::membre*** (voir § 8.2.8).
8. Employez *using espace de noms* uniquement dans une portée locale ou pour la transition (voir § 8.2.9).
9. Utilisez les exceptions pour établir une distinction entre le traitement des "erreurs" et le code destiné au traitement ordinaire (voir § 8.3.3).
10. Préférez les types définis par l'utilisateur aux types intégrés pour les exceptions (voir § 8.3.2).
11. Evitez les exceptions lorsque les structures de contrôle locales sont suffisantes (voir § 8.3.3.1).

8.5 Exercices

1. (*2.5) Ecrivez une liste doublement chaînée du module ***string*** dans le style du module ***Stack*** du § 2.4. Testez-la en créant une liste de noms de langage de programmation. Fournissez une fonction ***sort()*** pour cette liste, ainsi qu'une seconde fonction qui inverse l'ordre des chaînes qu'elle contient.
2. (*2) Choisissez un programme de taille moyenne utilisant au moins une bibliothèque ne faisant pas appel aux espaces de noms et modifiez-le afin qu'il utilise un espace de noms pour cette bibliothèque. Indication : § 8.2.9.
3. (*2) Modifiez le programme de la calculatrice en un module utilisant les espaces de noms dans le style du § 2.4. N'introduisez pas de *using-directive* globale. Gardez une trace des erreurs que vous avez faites. Suggérez des méthodes pour les éviter à l'avenir.
4. (*1) Ecrivez un programme qui déclenche une exception dans une fonction et qui la capture dans une autre.
5. (*2) Ecrivez un programme constitué de fonctions s'appelant les unes les autres sur dix niveaux. Attribuez un argument à chaque fonction pour déterminer à quel niveau une exception est déclenchée. Faites capturer ces exceptions par la fonction ***main()*** et affichez celle qui a été

capturée. N'oubliez pas de traiter le cas où une exception est capturée dans la fonction qui l'a déclenchée.

6. (*2) Modifiez le programme du § 8.5[5] de façon à mesurer si le coût de la capture des exceptions est différent selon l'emplacement dans une pile de classe. Ajoutez un objet chaîne à chaque fonction et mesurez de nouveau.
7. (*1) Trouvez l'erreur dans la première version de ***main()*** au § 8.3.3.1.
8. (*2) Ecrivez une fonction qui renvoie une valeur ou qui déclenche cette valeur selon un argument. Mesurez la différence d'exécution entre les deux méthodes.
9. (*2) Modifiez la version de la calculatrice du § 8.5[3] pour utiliser les exceptions. Gardez une trace des erreurs réalisées. Suggérez des méthodes pour éviter de telles erreurs à l'avenir.
10. (*2.5) Ecrivez des fonctions ***plus()***, ***minus()***, ***multiply()***, ***divide()*** qui contrôlent un éventuel dépassement (négatif) de capacité et qui déclenchent des exceptions si de telles erreurs se produisent.
11. (*2) Modifiez la calculatrice afin qu'elle utilise les fonctions du § 8.5[10].

9

Fichiers sources et programmes

La forme doit être en rapport avec la fonction.

Le Corbusier

Compilation séparée — Edition des liens — Les fichiers en-tête — Les en-têtes de bibliothèque standard — La règle de l'unicité de la définition — Liaison avec du code non C++ — L'édition des liens et les pointeurs de fonction — Utilisation des fichiers en-tête pour exprimer la modularité — Organisation avec en-tête unique — Organisation avec en-tête multiple — Les inclusions sécurisées — Programmes — Conseils — Exercices

9.1 Compilation séparée

Le fichier représente l'unité de compilation et l'unité de stockage (dans un système de fichiers) traditionnelles. Certains systèmes ne stockent pas, ne compilent pas et présentent les programmes C++ aux programmeurs sous la forme d'ensembles de fichiers. La discussion qui suit traite en priorité les systèmes utilisant les fichiers de façon traditionnelle.

Il est généralement impossible de stocker un programme complet dans un seul fichier. Pour des applications de taille moyenne, le fait même de stocker le code de l'utilisateur dans un unique fichier est à la fois peu réaliste et peu commode. Le mode d'organisation d'un programme en fichiers peut mettre en valeur sa structure logique, simplifiant ainsi sa compréhension pour un lecteur et aidant le compilateur à appliquer cette structure logique. Lorsque l'unité de compilation est un fichier, ce dernier devra être entièrement recompilé à chaque modification (même mineure). Même dans le cas d'un programme de taille modeste, le temps requis pour les opérations de compilation peut être réduit de façon significative par un découpage du programme en fichiers de taille appropriée.

Un utilisateur présente un *fichier source* au compilateur. Ce dernier est alors prétraité. Cela signifie que le traitement des macros (§ 7.8) est réalisé et que les directives ***#include*** incluent les en-têtes (§ 2.4.1, § 9.2.1). Ce prétraitement produit une *unité de traduction*. C'est sur cette dernière que le compilateur va travailler. Dans cet ouvrage, nous avons différencié le fichier source et l'unité de traduction uniquement lorsque la distinction entre ce qui est perçu par le programmeur et le code sur lequel travaille le compilateur était indispensable.

Pour être en mesure d'effectuer une compilation séparée, le programmeur doit fournir des déclarations indiquant la façon d'analyser une unité de traduction indépendamment du reste du programme. Dans un programme constitué de nombreuses parties compilées séparément, les déclarations doivent être cohérentes, exactement de la même façon qu'elles auraient dû l'être si le programme avait été constitué d'un unique fichier source. Votre système disposera d'outils permettant de garantir cette cohérence. L'*éditeur de liens*, en particulier, est capable de détecter de nombreux types d'incohérences. Il s'agit du programme qui relie les parties compilées séparément. Il est quelquefois également nommé *chargeur*. L'édition des liens peut être totalement réalisée avant qu'un programme ne commence à s'exécuter. Des ajouts peuvent aussi intervenir plus tard (dans ce cas, le nouveau code sera "lié dynamiquement").

L'organisation d'un programme en fichiers source est généralement nommée *structure physique* du programme. La séparation physique d'un programme en fichiers distincts devrait être réalisée en accord avec la structure logique de celui-ci. Les règles de dépendance s'appliquant à la composition des programmes à partir des espaces de noms guideront également la composition en fichiers source. Cependant, les structures logiques et physiques d'un programme n'ont pas besoin d'être identiques. Il peut être utile, par exemple, d'utiliser plusieurs fichiers source pour stocker les fonctions en provenance d'un seul espace de noms, pour stocker une collection de définitions d'espaces de noms dans un seul fichier et pour disperser la définition d'un espace de noms dans plusieurs fichiers (§ 8.2.4).

Dans ce chapitre, nous allons d'abord considérer certains détails techniques liés à l'édition des liens, puis étudier deux méthodes permettant de découper le programme de la calculatrice de bureau (§ 6.1, § 8.2) en fichiers.

9.2 Edition des liens

Les noms de fonctions, de classes, de modèles, de variables, d'espaces de noms, d'énumérations et d'énumérateurs doivent être utilisés de façon cohérente sur l'ensemble des unités de traduction, sauf s'ils sont explicitement spécifiés comme étant locaux.

Le programmeur doit garantir le fait que chaque espace de noms, classe, fonction, etc. soit correctement déclaré dans chacune des unités de traduction où il apparaît, et que toutes les déclarations faisant référence à la même entité soient cohérentes. Par exemple, considérez les deux fichiers :

```
// file1.c:
    int x = 1;
    int f() { /* un traitement...*/ }

// file2.c:
    extern int x;
    int f();
    void g() { x = f(); }
```

Les entités ***x*** et ***f()*** utilisées par ***g()*** dans ***file2.c*** sont celles définies dans ***file1.c***. Le mot clé ***extern*** indique que la déclaration de ***x*** dans ***file2.c*** est (simplement) une déclaration et non une définition (§ 4.9). Si ***x*** avait été initialisé, ***extern*** aurait été ignoré, car une déclaration avec une initialisation est toujours une définition. Un objet doit être défini une seule fois dans un programme. S'il est déclaré plusieurs fois, les types doivent correspondre exactement. Par exemple :

```
// file1.c:
    int x = 1;
    int b = 1;
    extern int c;

// file2.c:
    int x;              // qui signifie int x = 0;
    extern double b;
    extern int c;
```

Ce code contient trois erreurs : ***x*** est défini deux fois, ***b*** est déclaré deux fois avec des types différents et ***c*** est déclaré deux fois, mais non défini. Ce type d'erreurs (erreurs d'édition de liens) ne peut être détecté par le compilateur qui n'examine qu'un seul fichier à la fois. La plupart d'entre elles sont cependant décelées par l'éditeur des liens. Notez qu'une variable définie sans initialiseur dans la portée globale ou de l'espace de noms est initialisée par défaut. Ce n'est *pas* le cas pour les variables locales (§ 4.9.5, § 10.4.2) ou les objets créés sur le tas (§ 6.2.6). Les fragments de programme suivants, par exemple, contiennent deux erreurs :

```
// file1.c:
    int x;
    int f() { return x; }

// file2.c:
    int x;
    int g() { return f(); }
```

L'appel de *f()* dans ***file2.c*** est une erreur, car *f()* n'a pas été déclaré dans ce fichier. ***x*** étant défini deux fois, le programme ne pourra pas être lié. Notez qu'en langage C, ces erreurs n'en sont pas (§ D.2.2).

Un nom pouvant être utilisé dans des unités de traduction différentes de celle dans laquelle il a été défini possède une *liaison externe*. Tous les noms des exemples précédents ont une liaison externe. Un nom auquel on ne peut faire référence que dans l'unité de traduction dans laquelle il a été défini possède une *liaison interne*.

Une fonction ***inline*** (§ 7.1.1, § 10.2.9) doit être définie, à l'aide de définitions identiques (§ 9.2.3), dans chaque unité de traduction où elle apparaît. Par conséquent, l'exemple suivant n'est pas simplement maladroit. Il est illégal :

```
// file1.c:
        inline int f(int i) { return i; }

// file2.c:
        inline int f(int i) { return i+1; }
```

Cette erreur est malheureusement très difficile à détecter pour une implémentation. La combinaison suivante de liaisons externes et d'utilisation de codes ***inline*** a été interdite, de façon à simplifier la vie des créateurs de compilateur :

```
// file1.c:
        extern inline int g(int i);
        int h(int i) { return g(i); }       // erreur : g() n'est pas définie dans cette unité de traduction

// file2.c:
        extern inline int g(int i) { return i+1; }
```

Les ***const*** (§ 5.4) et les ***typedef*** (§ 4.9.7) possèdent une liaison interne par défaut. L'exemple qui suit est donc légal (même s'il peut prêter à confusion) :

```
// file1.c:
        typedef int T;
        const int x = 7;

// file2.c:
        typedef void T;
        const int x = 8;
```

Les variables globales, qui sont locales dans une unité de compilation, constituent une source de confusion courante. Il est préférable de les éviter. Pour garantir la cohérence, les ***const*** et ***inline*** globales ne sont généralement placées que dans les fichiers en-tête (§ 9.2.1).

Un type ***const*** peut se voir attribuer une liaison externe avec une déclaration explicite :

```
// file1.c:
        extern const int a = 77;

// file2.c:
        extern const int a;
```

```
void g()
{
        cout << a << '\n';
}
```

Dans cet exemple, ***g()*** va afficher *77*.

Un espace de noms non nommé (§ 8.2.5) peut être utilisé pour localiser les noms dans une unité de compilation. L'effet de l'espace de noms non nommé est très proche de celui d'une liaison interne. Par exemple :

```
// file 1.c:
        namespace {
                class X { /* ... */ };
                void f();
                int i;
                // ...
        }

// file2.c:
        class X { /* ... */ };
        void f();
        int i;
        // ...
```

La fonction ***f()*** dans ***file1.c*** n'est pas celle du fichier ***file2.c***. L'emploi d'un nom local dans une unité de traduction et du même nom pour une entité possédant une liaison externe revient à chercher délibérément les ennuis.

Dans les programmes C et C++ plus anciens, on utilise le mot clé ***static*** pour demander "une utilisation de liaison interne" (§ B.2.3). Evitez ce mot clé en dehors des fonctions (§ 7.1.2) et des classes (§ 10.2.4).

9.2.1 Les fichiers en-tête

Les types qui apparaissent dans l'ensemble des déclarations du même objet, fonction, classe, etc. doivent être cohérents. Le code source analysé par le compilateur, puis par l'éditeur de liens, doit donc être cohérent. Bien qu'elle ne soit pas parfaite, une méthode simple pour obtenir la cohérence des déclarations dans différentes unités de traduction consiste à inclure des *fichiers en-tête* contenant des informations d'interface dans les fichiers source comprenant le code exécutable et/ou les définitions de données.

Le mécanisme ***#include*** est un utilitaire de manipulation de texte permettant de rassembler des fragments de programmes source dans une seule unité (fichier) pour la compilation. La directive

```
#include "à_inclure"
```

remplace la ligne dans laquelle le ***#include*** apparaît par le contenu du fichier ***à_inclure***. Le contenu de ce fichier doit être du texte source C++, qui, après avoir été inclus, sera analysé par le compilateur.

Pour inclure des en-têtes de bibliothèque standard, encadrez le nom à l'aide de crochets pointus **< >** plutôt qu'avec des guillemets.

Par exemple :

```
#include <iostream>        // à partir du répertoire d'inclusion standard
#include "myheader.h"      // à partir du répertoire courant
```

Les espaces sont significatifs entre les < > ou " " d'une directive d'inclusion :

```
#include < iostream >      // ne trouvera pas <iostream>
```

Il peut paraître extravagant de recompiler un fichier dès qu'il est inclus quelque part. Cependant, un fichier inclus ne contient généralement que des déclarations, et non du code exigeant une analyse approfondie par le compilateur. De plus, les implémentations C++ les plus récentes fournissent une sorte de précompilation des fichiers en-tête afin de minimiser le travail induit par la compilation répétée du même en-tête.

A priori, un en-tête peut contenir :

Des espaces de noms nommés	***namespace N { /*...*/ }***
Des définitions de type	***struct Point { int x, y; }***
Des déclarations de modèle	***template<class T> class Z***
Des définitions de modèle	***template<class T> class V { /*...*/ }***
Des déclarations de fonction	***extern int strlen (const char*)***
Des définitions de fonction ***inline***	***inline char get (char* p) { return *p++; }***
Des déclarations de données	***extern int a***
Des définitions de constantes	***const float pi = 3,141593***
Des énumérations	***enum Light { red, yellow, green }***
Des déclarations de noms	***class Matrix***
Des directives d'inclusion	***#include <algorithm>***
Des définitions de macro	***#define VERSION 12***
Des directives de compilation conditionnelles	***#ifdef _cplusplus***
Des commentaires	***/*contrôle de fin de fichier*/***

Il ne s'agit pas là d'une liste de conditions requises par le langage. Cette liste traduit simplement une façon raisonnable d'utiliser le mécanisme ***#include*** pour représenter la structure physique d'un programme. A l'inverse, un en-tête ne devrait jamais contenir :

Des définitions de fonctions ordinaires	***char get (char* p) { return *p++; }***
Des définitions de données	***int a***
Des définitions d'agrégats	***short tbl[] = { 1, 2, 3 }***
Des espaces de noms non nommés	***namespace { /*...*/ }***
Des définitions de modèles exportés	***export template<class T>f(T t) { /*...*/ }***

Par convention, les fichiers en-tête prennent l'extension ***.h*** et ceux contenant les définitions de données ou de fonctions prennent l'extension ***.c***. On y fait souvent référence sous la forme "fichiers .h" et "fichiers .c", respectivement. Il est également possible de rencontrer des conventions telles que ***.C***, ***.cxx***, ***.cpp*** et ***.cc***. Le manuel de votre compilateur sera tout à fait précis à ce sujet.

La raison pour laquelle il est recommandé de placer la définition des constantes simples, et non celle des agrégats, dans les fichiers en-tête réside dans le fait que les implémentations ont énormément de mal à éviter la duplication des agrégats présentée dans plusieurs unités de traduction. Par ailleurs, les cas simples sont beaucoup plus courants, et par là même nettement plus favorables à l'obtention d'un code de qualité.

Il est plus prudent d'utiliser les directives ***#include*** de façon simple. Nous recommandons de n'y placer que les définitions et déclarations complètes et de ne réaliser cette opération que dans la portée globale, les blocs de spécification de l'édition des liens et dans les définitions d'espaces de noms lors de la conversion de code ancien (§ 9.2.2). Comme toujours, il est conseillé d'éviter l'utilisation des macros. Il est, en effet, très désagréable d'avoir à rechercher une erreur due à un nom substitué par macro en quelque chose de totalement différent, cette macro étant définie dans un en-tête inclus indirectement et totalement inconnu.

9.2.2 Les en-têtes de bibliothèque standard

Les fonctions de la bibliothèque standard sont disponibles dans un ensemble d'en-têtes standards (§ 16.1.2). Aucun suffixe n'est nécessaire pour ces derniers. On les reconnaît par le fait qu'ils sont inclus à l'aide de la syntaxe ***#include<...>***, et non avec ***#include"..."***. L'absence de l'extension ***.h*** n'implique rien concernant la façon dont l'en-tête est stocké. Un en-tête tel que ***<map>*** peut être stocké sous la forme d'un fichier texte nommé ***map.h*** dans un répertoire standard. Les en-têtes standards ne doivent pas nécessairement être stockés d'une façon conventionnelle. Une implémentation peut tirer parti de la connaissance de la définition de bibliothèque standard, de façon à optimiser l'implémentation de cette bibliothèque et la manière dont les en-têtes standards sont gérés. Une implémentation pourrait savoir, par exemple, que la bibliothèque mathématique standard (§ 22.3) est intégrée et traiter ***#include<cmath>*** comme un déclencheur, de façon à rendre disponibles les fonctions mathématiques standards sans lire aucun fichier.

A chaque en-tête de bibliothèque C ***<X.h>*** correspond un en-tête C++ ***<cX>***. Par exemple, ***#include<cstdio>*** est équivalent à ***#include<stdio.h>***. Voici le contenu d'un fichier ***stdio.h*** typique :

```
#ifdef __cplusplus       // le code qui suit s'adresse uniquement aux compilateurs acceptant le code C++
                         // (§ 9.2.4)
namespace std {          // la bibliothèque standard est définie dans l'espace de noms std (§ 8.2.9)
extern "C" {             // les fonctions de stdio possèdent une liaison C (§ 9.2.4)
#endif
        // ...
        int printf(const char* ...);
        // ...
#ifdef __cplusplus
}
}
using namespace std;     // rend stdio disponible dans l'espace de noms global
#endif
```

Cela signifie que les déclarations réelles sont (vraisemblablement) partagées. Cependant, pour que le C et le C++ puissent partager un en-tête, l'édition des liens et les questions d'espaces de noms doivent être traitées.

9.2.3 La règle de l'unicité de la définition

Une classe donnée, une énumération, un modèle, etc., doivent être définis une seule fois dans un programme.

D'un point de vue pratique, cela signifie qu'il doit exister une seule définition pour une classe résidant dans un unique fichier. La règle du langage ne peut malheureusement pas être aussi simple. La définition d'une classe pourrait être composée, par exemple, à partir d'une expansion de macro, alors qu'elle pourrait être incluse textuellement dans deux fichiers source par des directives ***#include*** (§ 9.2.1). Pire encore, un "fichier" n'est pas un concept faisant partie des définitions de langage C et C++. Il existe des implémentations dans lesquelles les programmes ne sont pas stockés dans des fichiers source.

Par conséquent, la règle indiquant qu'il ne doit exister qu'une seule définition pour une classe, un modèle, etc. a été rédigée d'une façon un peu plus complexe et subtile. Cette règle est connue sous le nom de ODR (*One-Definition Rule*). Elle indique que deux définitions d'une classe, d'un modèle ou d'une fonction ***inline*** sont acceptées comme exemples de la même définition si et seulement si :

- Elles apparaissent dans des unités de traduction différentes.
- Elles sont identiques, mot clé pour mot clé.
- La signification de ces mots clés est la même dans chaque unité de traduction.

Par exemple :

```
// file1.c:
        struct S { int a; char b; };
        void f(S*);

// file2.c:
        struct S { int a; char b; };
        void f(S* p) { /* ... */ }
```

La règle d'unicité de la définition indique que cet exemple est valide et que ***S*** fait référence à la même classe dans les deux fichiers source. Il n'est cependant pas prudent d'écrire une définition deux fois. Le responsable de la maintenance du fichier ***file2.c*** va naturellement supposer que la définition de ***S*** contenue par ce fichier est la seule existante et qu'il a toute liberté de la modifier. Une erreur très difficile à détecter pourrait ainsi être introduite.

L'objectif de cette règle est d'autoriser l'inclusion d'une définition de classe dans des unités de traduction différentes à partir d'un fichier source commun. Par exemple :

```
// file s.h:
        struct S { int a; char b; };
        void f(S*);

// file1.c:
        #include "s.h"
```

```
    //utilisation de f() ici

// file2.c:
    #include "s.h"
    void f(S* p) { /* ... */ }
```

Voir aussi le graphique de la figure suivante.

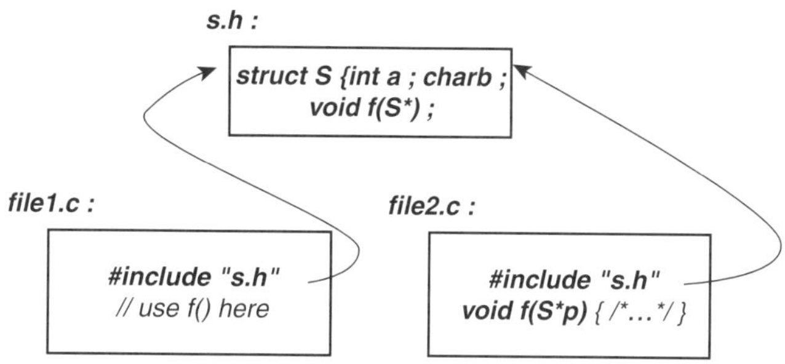

Voici les trois façons de violer cette règle :

```
// file1.c:
    struct S1 { int a; char b; };

    struct S1 { int a; char b; };      // erreur : définition double
```

Il s'agit d'une erreur, car une ***struct*** ne doit pas être définie deux fois dans la même unité de traduction.

```
// file1.c:
    struct S2 { int a; char b; };

// file2.c:
    struct S2 { int a; char bb; };    // erreur
```

Il s'agit d'une erreur, car on utilise ***S2*** pour nommer des classes dont le nom de membre est différent.

```
// file1.c:
    typedef int X;
    struct S3 { X a; char b; };

// file2.c:
    typedef char X;
    struct S3 { X a; char b; };       // erreur
```

Ici, les deux définitions de ***S3*** sont identiques au niveau des mots clés, mais l'exemple comprend une erreur, car la signification du nom ***X*** est légèrement différente dans les deux fichiers.

Le contrôle de la cohérence des définitions de classe dans des unités de traduction distinctes dépasse les possibilités de la plupart des implémentations du C++. En conséquence, les déclarations qui violent cette règle peuvent être à l'origine d'erreurs difficiles à détecter. La technique qui consiste à placer des définitions partagées dans les en-têtes et à les inclure ne protège malheureusement pas contre cette dernière forme de violation de la règle d'unicité des définitions. Des ***typedef*** et des macros locaux peuvent modifier la signification des déclarations incluses :

```
// file s.h:
    struct S { Point a; char b; };

// file1.c:
    #define Point int
    #include "s.h"
    // ...

// file2.c:
    class Point { /* ... */ };
    #include "s.h"
    // ...
```

La meilleure défense contre ce type de torpillage est de rendre les en-têtes aussi autonomes que possible. Si la classe ***Point*** avait été déclarée dans l'en-tête ***s.h***, par exemple, l'erreur aurait pu être détectée.

A partir du moment où la règle d'unicité est respectée, il est possible d'inclure une définition de modèle dans plusieurs unités de traduction. De plus, un modèle exporté peut être utilisé uniquement à partir d'une déclaration :

```
// file1.c:
    export template<class T> T twice(T t) { return t+t; }

// file2.c:
    template<class T> T twice(T t);        // déclaration
    int g(int i) { return twice(i); }
```

Le mot clé ***export*** signifie "accessible à partir d'une autre unité de traduction" (§ 13.7).

9.2.4 Liaison avec du code non C++

Il n'est pas rare qu'un programme C++ contienne des parties écrites dans un autre langage. De façon analogue, il est courant que des fragments de code C++ soient utilisés dans des programmes principalement écrits dans un autre langage. La coopération entre les parties de programme rédigées dans des langages différents peut se révéler difficile. Un problème peut également apparaître entre des parties de programme écrites dans le même langage, mais compilées à l'aide de compilateurs distincts. Différents langages et différentes implémentations du même langage, par exemple, pourraient ne pas utiliser de la même façon les registres de la machine pour stocker les arguments, avoir un format différent pour les arguments placés dans une pile, le format des types intégrés tels que les chaînes et les entiers, la forme des noms transmis par le compilateur à l'éditeur de liens et le niveau du contrôle des types requis par l'éditeur de liens. Pour simplifier le problème, il est possible de spécifier une convention de *liaison*. Celle-ci devra être utilisée dans une déclaration ***extern***. Le code ci-dessous, par exemple, déclare la fonction ***strcpy()*** de la bibliothèque standard C et C++, et spécifie qu'elle devrait être liée selon les conventions d'édition des liens du C :

```
extern "C" char* strcpy (char*, const char*);
```

Le résultat de cette déclaration ne diffère de celui de la déclaration "normale"

```
extern char* strcpy (char*, const char*);
```

que par la convention de liaison utilisée pour l'appel de ***strcpy()***.

La directive ***extern "C"*** est particulièrement utile, car la relation entre le C et le C++ est très étroite. Il convient de noter que le ***C*** qui apparaît dans ***extern "C"*** indique une convention de liaison, et non un langage. Cette directive est souvent utilisée pour lier des programmes en assembleur ou en Fortran adhérant aux conventions d'une implémentation C.

Une directive ***extern "C"*** spécifie la convention de liaison (uniquement) et n'influence en aucune façon la sémantique des appels de la fonction. Une fonction déclarée en ***extern "C"*** obéit toujours au contrôle de type et aux règles de conversion des arguments du C++, et non aux règles moins contraignantes du langage C. Par exemple :

```
extern "C" int f();

int g()
{
	return f(1);		// erreur : aucun argument attendu
}
```

La multiplication de la directive ***extern "C"*** peut être une source de problème. Il existe, par conséquent, un mécanisme permettant de spécifier la liaison pour un groupe de déclarations. Par exemple :

```
extern "C" {
	char* strcpy(char*, const char*);
	int strcmp(const char*, const char*);
	int strlen(const char*);
	// ...
}
```

Cette construction, généralement nommée *bloc de liaison*, peut être utilisée pour englober un en-tête C complet afin de l'adapter à une utilisation avec le C++. Par exemple :

```
extern "C" {
#include<string.h>
}
```

Cette technique est couramment utilisée pour produire un en-tête C++ à partir d'un en-tête C. La compilation traditionnelle (§ 7.8.1) pourra être employée pour créer un en-tête C et C++ commun :

```
#ifdef __cplusplus
extern "C" {
#endif

	char* strcpy(char*, const char*);
	int strcmp(const char*, const char*);
	int strlen(const char*);
	// ...

#ifdef __cplusplus
}
#endif
```

Le nom de macro prédéfini ***__cplusplus*** permet de garantir la suppression des constructions C++ lorsque le fichier est utilisé comme en-tête C.

Toute déclaration peut apparaître dans un bloc de liaison :

```
extern "C" {            // toute déclaration peut apparaître ici, par exemple :
    int g1;             // définition
    extern int g2;      // déclaration, et non définition
}
```

La portée et la classe de stockage des variables ne sont pas affectées. ***G1*** est donc toujours une variable globale et est toujours définie plutôt que simplement déclarée. Pour déclarer une variable sans la définir, vous devez coder le mot clé ***extern*** directement dans la déclaration. Par exemple :

```
extern "C" int g3;      // déclaration, non une définition
```

A première vue, ce code peut sembler étrange. C'est la simple conséquence du fait que la signification n'est pas modifiée lorsqu'on ajoute ***"C"*** dans une déclaration ***extern***, et du fait que la signification d'un fichier reste inchangée lorsqu'il se trouve inclus dans un bloc de liaison.

Un nom peut être déclaré dans un espace de noms avec une liaison C. Dans ce cas, cet espace va modifier la façon dont on accède à ce nom dans le programme C++, mais pas la manière dont il est considéré par l'éditeur de liens. La fonction ***printf()*** obtenue à partir de ***std*** en est un exemple typique :

```
#include<cstdio>

void f()
{
    std::printf("Hello, ");  // ok
    printf("world!\n");      // erreur : pas de printf() globale
}
```

Même si l'on applique la syntaxe ***std::printf***, il s'agit toujours de la fonction ***printf()*** du langage C (§ 21.8).

Au lieu d'encombrer l'espace de noms global, cette technique nous permet d'inclure des bibliothèques avec une liaison C dans l'espace de noms de notre choix. Nous ne disposons malheureusement pas de la même souplesse pour les en-têtes définissant des fonctions avec une liaison C++ dans l'espace de noms global. En effet, la liaison des entités C++ doit prendre en compte les espaces de noms afin que les fichiers objet générés reflètent l'utilisation, ou l'absence d'utilisation, de ces derniers.

9.2.5 L'édition des liens et les pointeurs de fonction

Lorsqu'on mélange des fragments de code C et C++ dans un programme, il est quelquefois nécessaire de transmettre des pointeurs de fonction définis dans un langage à des fonctions définies dans un autre langage. Si les implémentations des deux langages partagent les conventions d'édition des liens et les mécanismes d'appel de fonction, cette transmission de pointeur de fonction est triviale. Dans la plupart des cas, on ne peut toutefois considérer cette banalisation comme effective. Il faut donc s'assurer avec soin qu'une fonction est appelée exactement comme elle devrait l'être.

Lorsqu'une liaison est spécifiée dans une déclaration, elle s'applique à tous les types de fonction, les noms de fonction et les noms de variable introduits par la déclaration. Cela autorise un grand nombre de combinaisons de liaisons. Par exemple :

```
typedef int (*FT)(const void*, const void*);                // FT possède une liaison C++

extern "C" {
    typedef int (*CFT)(const void*, const void*);          // CFT possède une liaison C
    void qsort(void* p, size_t n, size_t sz, CFT cmp);     // cmp possède une liaison C
}

void isort(void* p, size_t n, size_t sz, FT cmp);           // cmp possède une liaison C++
void xsort(void* p, size_t n, size_t sz, CFT cmp);          // cmp possède une liaison C
extern "C" void ysort(void* p, size_t n, size_t sz, FT cmp); // cmp possède une liaison C++

int compare(const void*, const void*);                      // compare() possède une liaison C++
extern "C" int ccmp(const void*, const void*);              // ccmp() possède une liaison C
void f(char* v, int sz)
{
    qsort(v,sz,1,&compare);    // erreur
    qsort(v,sz,1,&ccmp);       // ok

    isort(v,sz,1,&compare);    // ok
    isort(v,sz,1,&ccmp);       // erreur
}
```

Une implémentation dans laquelle les langages C et C++ utilisent les mêmes conventions d'appel pourrait accepter les lignes signalées avec ***erreur*** comme une extension du langage.

9.3 Utilisation des fichiers en-tête

Dans cette section, nous illustrerons l'utilisation des en-têtes à travers l'examen de quelques solutions permettant d'exprimer la structure physique du programme de la calculatrice (§ 6.1, § 8.2).

9.3.1 Le fichier en-tête unique

La solution la plus simple au problème de partitionnement d'un programme en plusieurs fichiers consiste à placer les définitions dans un nombre de fichiers ***.c*** approprié, puis de déclarer les types requis dans un seul fichier ***.h***, qui sera ensuite inclus dans chaque fichier ***.c***. Pour le programme de la calculatrice, nous pourrions utiliser cinq fichiers ***.c*** : ***lexer.c***, ***parser.c***, ***table.c***, ***error.c*** et ***main.c***, pour stocker les définitions de données et de fonctions. L'utilisation de l'en-tête ***dc.h*** nous permettra de stocker les définitions de chaque nom utilisé dans les fichiers ***.c***.

L'en-tête ***dc.h*** aura l'allure suivante :

```
// dc.h:

namespace Error {
    struct Zero_divide { };

    struct Syntax_error {
        const char* p;
```

```
            Syntax_error(const char* q) { p = q; }
      };
}

#include <string>

namespace Lexer {

      enum Token_value {
            NAME,            NUMBER,          END,
            PLUS='+',        MINUS='-',       MUL='*',         DIV='/',
            PRINT=';',       ASSIGN='=',      LP='(',          RP=')'
      };

      extern Token_value curr_tok;
      extern double number_value;
      extern std::string string_value;

      Token_value get_token();
}

namespace Parser {
      double prim(bool get);          // gère les primary
      double term(bool get);          // multiplie et divise
      double expr(bool get);          // ajoute et soustrait

      using Lexer::get_token;
      using Lexer::curr_tok;
}

#include <map>

extern std::map<std::string,double> table;

namespace Driver {
      extern int no_of_errors;
      extern std::istream* input;
      void skip();
}
```

Utilisé dans chaque déclaration d'une variable, le mot clé ***extern*** permet d'éviter les définitions multiples découlant de l'inclusion de ***dc.h*** dans les divers fichiers ***.c***. Les définitions correspondantes se retrouvent dans les fichiers ***.c*** appropriés.

Sans encore aborder le code réel, ***lexer.c*** aura l'allure suivante :

```
// lexer.c:

#include "dc.h"
#include <iostream>
#include <cctype>

Lexer::Token_value Lexer::curr_tok;
double Lexer::number_value;
```

```
std::string Lexer::string_value;

Lexer::Token_value Lexer::get_token() { /* ... */ }
```

Cette utilisation des en-têtes garantit l'inclusion de chaque déclaration dans le fichier contenant sa définition. Lorsqu'on compile ***lexer.c***, par exemple, le code présenté au compilateur sera :

```
namespace Lexer {        // de dc.h
        // ...
        Token_value get_token();
}

// ...

Lexer::Token_value Lexer::get_token() { /* ... */ }
```

Le compilateur va donc détecter à coup sûr toute incohérence dans les types spécifiés pour un nom. Si ***get_token()*** avait été déclaré pour renvoyer une ***Token_value*** et défini pour renvoyer un ***int***, la compilation de ***lexer.c*** aurait échoué avec une erreur d'incompatibilité de type. Si une définition est manquante, l'éditeur des liens va détecter le problème. Si une déclaration est omise, un fichier ***.c*** ne pourra être compilé.

Le fichier ***parser.c*** aura l'allure suivante :

```
// parser.c:

#include "dc.h"

double Parser::prim(bool get) { /* ... */ }
double Parser::term(bool get) { /* ... */ }
double Parser::expr(bool get) { /* ... */ }
```

Le fichier ***table.c*** aura l'allure suivante :

```
// table.c:

#include "dc.h"

std::map<std::string,double> table;
```

La table des symboles est simplement une variable du type ***map*** de la bibliothèque standard. ***table*** est ainsi définie comme étant globale. Dans un programme de taille réaliste, ce type d'encombrement mineur de l'espace de noms global se développe et finit par causer des problèmes. Dans cet ouvrage, nous avons conservé cette négligence uniquement dans le but de la signaler.

Le fichier ***main.c*** aura finalement l'allure suivante :

```
// main.c:

#include "dc.h"
#include <sstream>
```

```
int Driver::no_of_errors = 0;
std::istream* Driver::input = 0;

void Driver::skip() { /* ... */ }

int main(int argc, char* argv[]) { /* ... */ }
```

Pour être reconnue comme la fonction ***main()*** du programme, cette fonction doit être globale. C'est pourquoi aucun espace de noms n'apparaît ici.

La structure physique du système peut être telle que représentée à la figure ci-dessous.

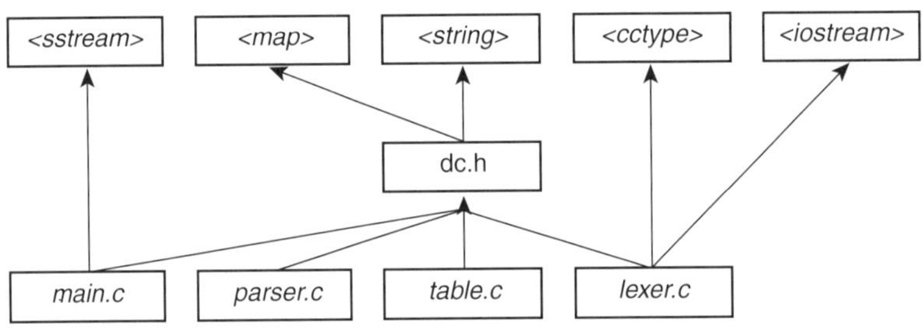

Vous pouvez noter que les en-têtes situés dans le haut sont tous destinés aux fonctions de bibliothèque standard. Ces dernières étant parfaitement connues et stables, elles peuvent être ignorées dans de nombreuses formes d'analyse de programme. Pour des programmes de petite taille, la structure peut être simplifiée en déplaçant toutes les directives ***#include*** dans l'en-tête commun.

Le style de partitionnement physique avec en-tête unique convient particulièrement bien lorsque le programme est petit et que ses différents éléments ne sont pas destinés à être utilisés séparément. Notez que si les espaces de noms sont utilisés, la structure logique du programme est toujours représentée dans ***dc.h***. Lorsque les espaces de noms ne sont pas employés, la structure n'apparaît pas clairement, même si des commentaires apportent quelques éclaircissements.

Pour des programmes de taille supérieure, il est possible d'envisager l'emploi d'un unique fichier en-tête dans un environnement de développement conventionnel fondé sur les fichiers. Une modification de l'en-tête commun impose une recompilation du programme complet, et les mises à jour de cet unique en-tête par plusieurs programmeurs constitueraient une source d'erreurs. La structure logique s'altère au fur et à mesure de l'augmentation de la taille du programme, excepté lorsque les styles de programmation qui dépendent fortement des espaces de noms et des classes sont largement favorisés.

9.3.2 Les fichiers en-tête multiples

Une autre organisation physique consiste à placer dans chaque module logique un en-tête définissant les fonctions fournies. Chaque fichier ***.c*** comprend donc son propre fichier ***.h***, et généralement des fichiers ***.h*** supplémentaires spécifiant ce dont il a besoin dans les divers modules pour implémenter les services annoncés dans l'interface. Cette organisation physique correspond à l'organisation logique d'un module. L'interface destinée aux utilisateurs est placée dans son fichier ***.h***, l'interface destinée aux fonctions d'implémentation est placée dans un fichier suffixé ***_impl.h***, et les définitions de fonction du module, les variables, etc. sont placées dans les fichiers ***.c***. De cette façon, l'analyseur syntaxique est représenté par trois fichiers. L'interface utilisateur de cet analyseur est fournie par ***parser.h*** :

```
// parser.h:

namespace Parser {           // interface pour les utilisateurs
        double expr(bool get);
}
```

L'environnement partagé pour les fonctions implémentant l'analyseur syntaxique est présenté par ***parser_impl.h*** :

```
// parser_impl.h:

#include "parser.h"
#include "error.h"
#include "lexer.h"

namespace Parser {           // interface pour les fonctions d'implémentation
        double prim(bool get);
        double term(bool get);
        double expr(bool get);

        using Lexer::get_token;
        using Lexer::curr_tok;
}
```

L'en-tête de l'utilisateur ***parser.h*** est inclus afin que le compilateur ait la possibilité de contrôler la cohérence (§ 9.3.1).

Les fonctions implémentant l'analyseur syntaxique sont stockées dans ***parser.c***. Ce fichier contient également les directives ***#include*** pour les en-têtes requis par les fonctions de ***Parser*** :

```
// parser.c:

#include "parser_impl.h"
#include "table.h"

double Parser::prim(bool get) { /* ... */ }
double Parser::term(bool get) { /* ... */ }
double Parser::expr(bool get) { /* ... */ }
```

Voir une représentation graphique de l'analyseur syntaxique et de son utilisation par le pilote à la figure suivante.

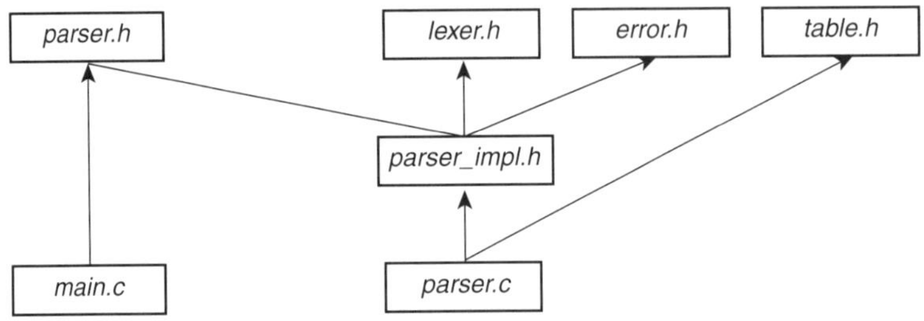

Comme il fallait s'y attendre, nous sommes très proches de la structure logique décrite au § 8.3.3. Pour simplifier cette structure, nous aurions pu inclure ***table.h*** dans ***parser_impl.h***, plutôt que dans ***parser.c***. Cependant, ***table.h*** n'est pas indispensable pour exprimer le contexte partagé des fonctions de ***parser***. Il n'est requis que par leur implémentation. En fait, il est uniquement utilisé par la fonction ***expr()***. Si nous étions vraiment déterminés à minimiser les dépendances, nous pourrions donc placer ***expr()*** dans son propre fichier ***.c*** et inclure ***table.h*** uniquement dans ce fichier (voir figure ci-dessous).

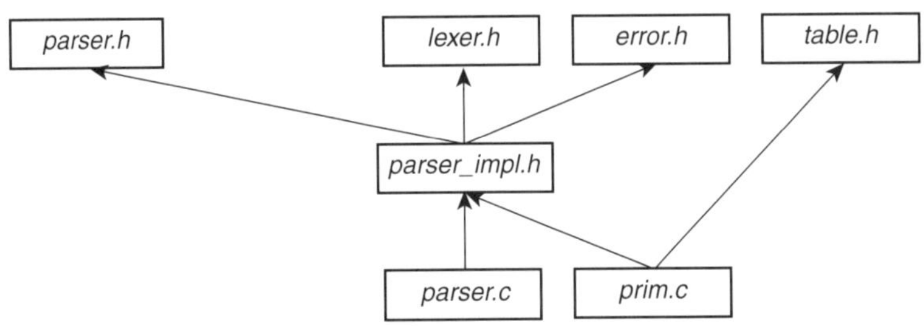

Une telle élaboration ne peut convenir qu'aux modules les plus importants. Dans les modules réels, il est courant d'inclure des fichiers supplémentaires pour des fonctions individuelles. Par ailleurs, il n'est pas rare de trouver plusieurs ***_impl.h***, car différents sous-ensembles des fonctions du module nécessitent des contextes partagés distincts.

Veuillez noter que ***_impl.h*** n'est pas un standard ni même une convention courante. Il s'agit simplement d'une notation qui nous est propre.

Mais pourquoi se torturer avec ce système relativement complexe de fichiers à en-têtes multiples ? La réflexion est à l'évidence beaucoup plus courte si nous nous contentons de placer chaque déclaration dans un seul en-tête, comme nous l'avions fait avec ***dc.h***.

L'organisation à en-têtes multiples est destinée aux modules et aux programmes dont la taille est bien supérieure à celle de notre petit analyseur syntaxique ou à celle de notre calculatrice. Le principal avantage de ce type d'organisation réside dans le fait qu'elle offre une meilleure localisation des problèmes. Lorsqu'on analyse et modifie un programme de grande taille, il est essentiel de pouvoir concentrer son attention sur une portion relativement minime de code. Dans une organisation à en-têtes multiples, il est facile de déterminer exactement de quoi dépend le code de l'analyseur et d'ignorer le reste du programme. La méthode à en-tête unique nous oblige à examiner chaque déclaration utilisée par un module et à déterminer si elle est appropriée. Le fait est que la maintenance du code est invariablement réalisée avec des informations incomplètes et d'un point de vue local. L'organisation à en-têtes multiples nous permet de travailler "à l'envers", uniquement à partir d'une perspective locale. La solution à en-tête unique — de même que toute autre organisation tournant autour d'un registre d'information global — nécessite une étude progressive et laissera de nombreuses questions concernant "qui dépend de quoi" sans réponses.

Une meilleure localisation diminue la quantité d'informations nécessaires pour compiler un module et permet ainsi d'accélérer le processus de compilation. L'effet peut être dramatique. Nous avons pu voir des temps de compilation chuter d'un facteur de dix lorsque les résultats d'une simple analyse de dépendance conduisent à une meilleure utilisation des en-têtes.

9.3.2.1 Les autres modules de la calculatrice

L'organisation des modules restants de la calculatrice peut être rapprochée de celle de l'analyseur syntaxique. Ces modules sont toutefois si petits qu'ils n'ont pas besoin de leurs propres fichiers ***impl.h***. Des fichiers de ce type sont requis uniquement lorsqu'un module logique est constitué de nombreuses fonctions nécessitant un contexte partagé.

Le gestionnaire des erreurs a été réduit à l'ensemble des types d'exception afin qu'aucun fichier ***error.c*** ne soit nécessaire :

```
// error.h:

namespace Error {
	struct Zero_divide { };

	struct Syntax_error {
		const char* p;
		Syntax_error(const char* q) { p = q; }
	};
}
```

L'analyseur lexical fournit une interface relativement complexe :

```
// lexer.h:

#include <string>

namespace Lexer {

	enum Token_value {
		NAME,		NUMBER,		END,
		PLUS='+',	MINUS='-',	MUL='*',	DIV='/',
		PRINT=';',	ASSIGN='=',	LP='(',		RP=')'
	};

	extern Token_value curr_tok;
	extern double number_value;
	extern std::string string_value;

	Token_value get_token();
}
```

L'implémentation de l'analyseur lexical dépend bien sûr de ***lexer.h***, mais également de ***error.h***, de ***<iostream>*** et des fonctions déterminant les types de caractères déclarés dans ***<cctype>*** :

```
// lexer.c:

#include "lexer.h"
#include "error.h"
#include <iostream>
#include <cctype>

Lexer::Token_value Lexer::curr_tok;
double Lexer::number_value;
std::string Lexer::string_value;

Lexer::Token_value Lexer::get_token() { /* ... */ }
```

Nous aurions pu créer un fichier ***impl.h*** pour ***Lexer*** à partir des instructions incluses pour ***error.h***. Nous considérons toutefois cela comme étant excessif pour un programme aussi petit.

Nous incluons toujours l'interface fournie par le module — dans ce cas, ***lexer.h*** — dans l'implémentation de celui-ci afin de permettre au compilateur de contrôler la cohérence.

La table des symboles est en grande partie indépendante, bien que l'en-tête ***<map>*** de la bibliothèque standard pourrait y introduire toutes sortes de choses intéressantes permettant d'implémenter une classe modèle ***map*** efficace :

```
// table.h:

#include <map>
#include <string>

extern std::map<std::string,double> table;
```

Nous supposons que chaque en-tête peut être inclus dans plusieurs fichiers ***.c***. Nous devons donc séparer la déclaration de ***table*** de sa définition, même si ***table.c*** et ***table.h*** ne diffèrent que par le seul mot clé ***extern*** :

```
// table.c:

#include "table.h"

std::map<std::string,double> table;
```

Le pilote dépend de tout le reste :

```
// main.c:

#include "parser.h"
#include "lexer.h"
#include "error.h"
#include "table.h"
```

```
namespace Driver {
    int no_of_errors;
    std::istream* input;
    void skip();
}

#include <sstream>

int main(int argc, char* argv[]) { /* ... */ }
```

L'espace de noms ***Driver*** étant exclusivement utilisé par la fonction ***main()***, nous l'avons placé dans ***main.c***. Nous aurions pu également le transformer en ***driver.h*** puis l'inclure. Dans un système plus étendu, il peut être utile d'organiser les choses de telle sorte que le pilote ait le moins de dépendance directe possible. Souvent, il peut être aussi intéressant de réduire ce qui est réalisé par la fonction ***main()***. Il suffit alors de faire appeler par cette dernière une fonction pilote placée dans un fichier source séparé. Cette solution est particulièrement importante lorsque le code doit être utilisé comme bibliothèque. Dans ce cas, nous ne pouvons nous appuyer sur le code de ***main()***, et nous devons être préparés à être appelés par diverses fonctions (§ 9.6[8]).

9.3.2.2 Utilisation des en-têtes

Le nombre d'en-têtes utilisés dans un programme dépend de nombreux facteurs, et notamment de la façon dont les fichiers sont gérés sur votre système. Si, par exemple, votre éditeur ne comporte aucune fonction permettant d'examiner plusieurs fichiers à la fois, l'utilisation de nombreux en-têtes perd une grande partie de son intérêt. De la même façon, si le temps nécessaire pour ouvrir et lire vingt fichiers de cinquante lignes chacun est sensiblement plus long que la lecture d'un seul fichier de mille lignes, nous vous invitons à bien réfléchir avant d'appliquer le style des en-têtes multiples à un petit projet.

Un conseil : pour l'environnement d'exécution du programme, il est possible de gérer une douzaine d'en-têtes en plus des en-têtes standards. Cependant, si vous répartissez les déclarations d'un programme de grande dimension dans des en-têtes de taille minimale (en plaçant chaque déclaration de structure dans son propre fichier, etc.), vous pouvez rapidement vous retrouver avec des centaines de fichiers impossibles à gérer. Cette solution est excessive.

Dans le cadre de projets importants, il est impossible d'éviter les en-têtes multiples. Dans ce type de projet, il est normal de gérer des centaines de fichiers (sans compter les en-têtes standards). Cette opération devient réellement complexe lorsque ces fichiers se comptent par milliers. Les techniques de base présentées ici peuvent toujours s'appliquer à cette échelle, mais leur gestion demande des efforts importants. N'oubliez pas que pour des programmes réels, le style de l'en-tête unique ne représente pas une bonne option. De tels programmes posséderont de multiples en-têtes. Le choix entre les deux styles d'organisation est offert pour chaque partie du programme.

Le style à en-tête unique et celui à en-têtes multiples ne représentent pas réellement des solutions alternatives. Il s'agit de techniques complémentaires que l'on doit envisager dès qu'un module significatif est conçu et qui, de plus, doivent être reconsidérées au fur et à mesure de l'évolution du système. Il est essentiel de toujours garder en mémoire le fait qu'une interface ne fournit pas un service égal pour tous. Cela vaut généralement la peine d'établir une distinction entre l'interface des fonctions d'implémentation et celle des utilisateurs. De plus, de nombreux systèmes importants sont structurés de façon à pouvoir fournir une interface simple pour la majorité des utilisateurs et une interface plus complète pour les utilisateurs experts. Les interfaces destinées à ces derniers ("interfaces complètes") ont tendance à inclure beaucoup plus de fonctions qu'un utilisateur moyen ne pourra en appréhender. En fait, l'interface des utilisateurs moyens peut souvent être identifiée en supprimant les fonctions qui nécessitent l'inclusion d'en-têtes, ces en-têtes définissant une fonctionnalité que l'utilisateur moyen ne devrait pas connaître. Le terme "utilisateur moyen" n'est pas péjoratif. Dans les domaines pour lesquels nous n'avons pas *besoin* d'être experts, il est préférable de se classer dans la catégorie des utilisateurs moyens. De cette façon, nous minimisons les problèmes.

9.3.3 Les inclusions sécurisées

Le principe des en-têtes multiples consiste à représenter chaque module logique en tant qu'unité autonome et cohérente. Lorsque le programme est observé dans sa totalité, un grand nombre de déclarations nécessaires afin que chaque module logique soit complet se révèlent redondantes. Lorsque la taille des programmes est importante, cette redondance peut constituer une source d'erreur. Un en-tête contenant des définitions de classes ou de fonctions ***inline*** peut, en effet, être inclus deux fois dans la même unité de compilation (§ 9.2.3).

Nous avons deux solutions :

- réorganiser le programme pour supprimer la redondance ;
- trouver une méthode qui autorise l'inclusion répétée des en-têtes.

La première approche — qui a conduit à la version finale de la calculatrice — est fastidieuse et impraticable pour des programmes de taille réaliste. Cette redondance permet également la bonne compréhension de chaque partie du programme lorsque ces parties sont étudiées séparément.

Les avantages de l'analyse des inclusions redondantes et les simplifications qui en découlent peuvent être significatifs d'un point de vue logique et réduisent les temps de compilation. Cette analyse peut toutefois rarement être complète. Il faut donc appliquer une méthode qui autorise la redondance des directives ***#include***. Il est préférable d'appliquer cette méthode systématiquement, puisqu'il n'existe aucun moyen de savoir avec quel degré de minutie un utilisateur va effectuer son analyse.

La solution traditionnelle consiste à insérer des *inclusions sécurisées* dans les en-têtes. Par exemple :

```
// error.h:

#ifndef CALC_ERROR_H
#define CALC_ERROR_H

namespace Error {
        // ...
}

#endif        // CALC_ERROR_H
```

Le contenu du fichier situé entre les deux directives ***#ifndef*** et ***#endif*** est ignoré par le compilateur si ***CALC_ERROR_H*** est défini. A la première apparition de ***error.h*** au cours de la compilation, son contenu va être lu et une valeur sera attribuée à ***CALC_ERROR_H***. Si le compilateur se voit présenter de nouveau ***error.h*** pendant la compilation, le contenu de ce fichier sera ignoré. Il s'agit d'une sorte de détournement de macro, mais cette technique fonctionne parfaitement et s'étend aux deux mondes C et C++. Les en-têtes standards comprennent tous des inclusions sécurisées.

Les fichiers en-tête sont inclus dans des contextes généralement arbitraires, et il n'existe pas de protection d'espace de noms contre les conflits de noms de macro. Pour les inclusions sécurisées, nous choisissons par conséquent des noms relativement longs et compliqués.

Lorsqu'on maîtrise cette méthode, on a tendance à inclure *beaucoup* d'en-têtes directement et indirectement. Même dans le cas d'implémentations C++ qui optimisent le traitement de ces en-têtes, leur prolifération peut être nuisible. Elle peut allonger inutilement le temps de compilation et introduire de nombreuses déclarations et macros dans la portée courante. Ces dernières pourraient influer sur le sens du programme d'une façon imprévisible et défavorable. Les en-têtes doivent donc uniquement être inclus lorsque cela se révèle nécessaire.

9.4 Programmes

Un programme est un ensemble d'unités compilées séparément, puis réunies par un éditeur de liens. Chaque fonction, objet, type, etc. utilisé dans cet ensemble doit posséder une définition unique (§ 4.9, § 9.2.3). Le programme doit contenir une seule fonction ***main()*** (§ 3.2). Le principal traitement effectué par le programme débute par l'appel de ***main()*** et se termine avec une valeur renvoyée par cette fonction. L'***int*** renvoyé par ***main()*** est transmis comme résultat du programme au système qui avait appelé cette fonction.

Ce scénario simple doit être développé pour les programmes contenant des variables globales (§ 10.4.9) ou déclenchant une exception non capturée (§ 14.7).

9.4.1 Initialisation des variables non locales

En principe, une variable définie en dehors de toute fonction (c'est-à-dire les variables ***static*** de classe, d'espace de noms et globales) est initialisée avant l'appel de ***main()***. Dans une unité de traduction, ces variables non locales sont initialisées dans l'ordre de leur déclaration (§ 10.4.9). Si une variable de ce type ne possède aucun initialiseur explicite, elle est initialisée par défaut avec la valeur correspondant à son type (§ 10.4.2). La valeur d'initialisation par défaut pour les types intégrés et les énumérations est ***0***. Par exemple :

```
double x = 2;           // variables non locales
double y;
double sqx = sqrt(x+y);
```

Ici, ***x*** et ***y*** sont initialisées avant ***sqx***. L'appel est donc celui de ***sqrt(2)***.

Dans des unités de traduction différentes, l'ordre de l'initialisation des variables globales ne peut être garanti. Il est donc imprudent de créer des dépendances d'ordre entre les initialiseurs des variables globales situées dans différentes unités de compilation. De plus, il est impossible de capturer une exception déclenchée par l'initialiseur d'une variable globale (§ 14.7). Il est généralement préférable de minimiser l'utilisation de ce type de variables et de limiter, en particulier, l'utilisation de celles nécessitant une initialisation compliquée.

Il existe plusieurs techniques permettant de forcer l'ordre d'initialisation des variables globales présentes dans différentes unités de traduction. Aucune d'entre elles n'est toutefois à la fois portable et efficace. Les bibliothèques liées dynamiquement, en particulier, ne peuvent coexister harmonieusement avec les variables globales ayant des dépendances compliquées.

Une fonction qui renvoie une référence constitue souvent une bonne alternative à une variable globale. Par exemple :

```
int& use_count()
{
        static int uc = 0;
        return uc;
}
```

L'appel de ***use_count()*** se comporte maintenant comme une variable globale, à l'exception du fait qu'elle est initialisée au moment de sa première utilisation (§ 5.5). Par exemple :

```
void f()
{
        cout << ++use_count();          // lit et incrémente
        // ...
}
```

L'initialisation des variables statiques non locales est contrôlée par le mécanisme permettant à une implémentation de lancer un programme C++. Ce mécanisme ne fonctionnera de façon appropriée que si la fonction ***main()*** est exécutée. Par conséquent, il est préférable d'éviter les variables non locales nécessitant une initialisation à l'exécution du code C++ destiné à être intégré dans un programme écrit dans un autre langage.

Notez que les variables initialisées par des expressions constantes (§ C.5) ne peuvent dépendre de la valeur d'objets en provenance d'autres unités de traduction et ne nécessitent pas une initialisation à l'exécution. Ce type de variables peut donc être utilisé sans risque dans tous les cas.

9.4.1.1 Fin du programme

Un programme peut se terminer de plusieurs façons :

- en renvoyant une valeur en provenance de ***main()*** ;
- en appelant ***exit()*** ;
- en appelant ***abort()*** ;
- en déclenchant une exception non capturée.

Il existe également une variété de mauvais comportements et de méthodes dépendantes de l'implémentation susceptibles de provoquer une fin de programme incontrôlée.

Lorsqu'un programme est interrompu par une fonction de bibliothèque standard ***exit()***, les destructeurs des objets statiques construits sont appelés (§ 10.4.9, § 10.2.4). Cependant, si le programme est interrompu par la fonction de bibliothèque standard ***abort()***, ces destructeurs ne sont pas appelés. Cela implique qu'***exit()*** ne termine pas immédiatement un programme. L'appel de cette fonction dans un destructeur peut déclencher une récurrence infinie.

La fonction ***exit()*** est du type :

```
void exit(int);
```

De la même façon que la valeur renvoyée par ***main()*** (§ 3.2), l'argument de la fonction ***exit()*** est renvoyé au "système" comme valeur du programme. Une valeur nulle signale une fin d'exécution réussie.

L'appel de ***exit()*** signifie que les destructeurs des variables locales de la fonction appelante ne seront pas sollicités. Le déclenchement et la capture d'une exception garantissent la destruction des objets locaux (§ 14.4.7). Un appel de ***exit()*** termine également le programme sans donner la possibilité à l'appelant de la fonction qui est à l'origine de l'appel de traiter le problème. Il est donc souvent préférable de quitter un contexte en déclenchant une exception et de laisser l'appelant décider des opérations suivantes.

La fonction de bibliothèque standard C (et C++) ***atexit()*** permet l'exécution de code à la fin de l'exécution d'un programme. Par exemple :

```
void my_cleanup();

void somewhere()
{
        if (atexit(&my_cleanup)==0) {
                // my_cleanup sera appelé en fin d'exécution normale
        }
        else {
                // trop de fonctions atexit !

        }
}
```

Cela ressemble fortement à l'appel automatique des destructeurs pour les variables globales en fin d'exécution du programme (§ 10.4.9, § 10.2.4). Notez qu'un argument de ***atexit()*** ne peut recevoir d'argument ou renvoyer un résultat. Il existe également une limite au nombre de fonctions ***atexit***. Celle-ci est déterminée par l'implémentation. ***atexit()*** indique à quel moment cette limite est atteinte en renvoyant une valeur non nulle. Cette contrainte diminue l'attrait initial de la fonction.

Le destructeur d'un objet créé avant un appel de ***atexit(f)*** sera sollicité après l'invocation de ***f***. Dans le cas contraire, le destructeur d'objet sera appelé avant ***f***.

Les fonctions ***exit()***, ***abort()*** et ***atexit()*** sont déclarées dans **<*cstdlib*>**.

9.5 Conseils

1. Utilisez les fichiers en-tête pour représenter les interfaces et pour faire ressortir la structure logique (voir § 9.1, § 9.3.2).
2. Un en-tête doit être inclus dans le fichier source qui implémente ses fonctions (voir § 9.3.1).
3. Ne définissez pas d'entités globales ayant le même nom et des significations "analogues-mais-différentes" dans des unités de traduction différentes (voir § 9.2).
4. Evitez d'introduire des définitions de fonctions non ***inline*** dans les en-têtes (voir § 9.2.1).

5. Utilisez la directive ***#include*** uniquement en portée globale et dans les espaces de noms (voir § 9.2.1).
6. N'incluez que des déclarations complètes (voir § 9.2.1).
7. Faites appel aux inclusions sécurisées (voir § 9.3.3).
8. Incluez des en-têtes C dans les espaces de noms afin d'éviter les noms globaux (voir § 9.3.2).
9. Les en-têtes doivent être autonomes (voir § 9.2.3).
10. Il faut distinguer les interfaces utilisateur des interfaces de fonction d'implémentation (voir § 9.3.2).
11. Il faut distinguer les interfaces des utilisateurs moyens de celles des utilisateurs experts (voir § 9.3.2).
12. Evitez les objets non locaux qui nécessitent une initialisation à l'exécution, quand le code doit être inséré dans un programme écrit dans un autre langage (voir § 9.4.1).

9.6 Exercices

1. (*2) Localisez l'emplacement des en-têtes de bibliothèque standard sur votre système. Etablissez la liste de leurs noms. Des en-têtes non standards sont-ils stockés avec les en-têtes standards ? Un en-tête non standard peut-il être inclus en utilisant la notation < > ?
2. (*2) Où sont conservés les en-têtes pour les bibliothèques de base non standards ?
3. (*2.5) Ecrivez un programme permettant de lire un fichier source et d'imprimer les noms des fichiers inclus (par ***#include***). Décalez les noms de fichiers afin de signaler les fichiers ***#include*** par des fichiers inclus. Testez ce programme sur des fichiers source réels (vous aurez ainsi un aperçu de la quantité d'informations incluses).
4. (*3) Modifiez le programme de l'exercice précédent afin d'imprimer le nombre de lignes de commentaires, le nombre de lignes non commentées ainsi que le nombre de mots séparés par un espace et ne faisant pas partie des commentaires, pour chaque fichier inclus.
5. (*2.5) Une inclusion sécurisée externe est une construction qui contrôle l'extérieur du fichier qu'elle protège et qui n'inclut qu'une seule fois par compilation. Définissez une construction de ce type. Imaginez une façon de la tester. Etablissez une liste de ses avantages et inconvénients par rapport aux inclusions sécurisées décrites au § 9.3.3. Les inclusions sécurisées extérieures présentent-elles un avantage significatif pour l'exécution sur votre système ?
6. (*3) Comment la liaison dynamique est-elle obtenue sur votre système ? Quelles restrictions s'appliquent au code lié dynamiquement ? Quelles sont les conditions requises pour que du code puisse être lié dynamiquement ?
7. (*3) Ouvrez et lisez 100 fichiers contenant 1 500 caractères chacun. Ouvrez et lisez un fichier contenant 150 000 caractères. Conseil : consultez l'exemple au § 21.5.1. Existe-t-il une différence de performance ? Quel est le plus grand nombre de fichiers qu'il soit possible d'ouvrir simultanément sur votre système ? Considérez ces questions vis-à-vis de l'utilisation des fichiers inclus.
8. (*2) Modifiez la calculatrice de bureau pour qu'elle puisse être appelée depuis ***main()*** ou à partir d'autres fonctions comme un simple appel de fonction.
9. (*2) Dessinez les "diagrammes de dépendance des modules" (§ 9.3.2) pour la version de la calculatrice qui utilisait ***error()*** à la place des exceptions (§ 8.2.2).

II

Les mécanismes de l'abstraction

Cette deuxième partie décrit les fonctions de C++ qui permettent de définir et d'utiliser de nouveaux types. Les techniques de programmation orientée objet et de programmation générique sont présentées dans les chapitres suivants.

Chapitres

"Il n'y a rien de plus difficile à effectuer, rien dont le succès est plus incertain, rien de plus dangereux à traiter, que le fait d'être l'initiateur d'un nouvel ordre des choses. Le réformateur se fait des ennemis de tous ceux auxquels l'ancien ordre profitait, et n'obtient que de tièdes défenseurs en tous ceux auxquels profite le nouvel ordre."

Machiavel *Le Prince* § VI

10

Classes

Ces types ne sont pas "abstraits" ; ils sont aussi réels que int *et* float.

Doug McIlroy

Concepts et classes — Les membres de classe — Le contrôle d'accès — Les constructeurs — Les membres ***static*** — La copie par défaut — Les fonctions membres ***const*** — ***this*** — ***struct*** — Définition des fonctions dans la classe — Les classes concrètes — Les fonctions membres et les fonctions assistantes — Les opérateurs surchargés — Utilisation des classes concrètes — Les destructeurs — La construction par défaut — Les variables locales — Copie définie par l'utilisateur — ***new*** et ***delete*** — Les objets comme membres — Les tableaux — La mémoire statique — Les variables temporaires — Les unions — Conseils — Exercices

10.1 Introduction

L'objectif du concept de classe de C++ est de fournir aux programmeurs un outil de création de nouveaux types, aussi faciles d'utilisation que les types intégrés. Pour compléter les classes, les classes dérivées (Chapitre 12) et les modèles (Chapitre 13) permettent d'organiser les classes connexes de telle sorte que le programmeur puisse tirer parti de leurs relations.

Un type est une représentation concrète d'un concept. Avec ses opérations +, –, *, etc., le type intégré ***float*** de C++, par exemple, fournit une approximation concrète du concept mathématique d'un nombre réel. Une classe est un type défini par l'utilisateur. La conception d'un nouveau type permet de fournir une définition d'un concept n'ayant pas d'équivalent direct parmi les types intégrés. Nous pourrions fournir, par exemple, un type ***Trunk_line*** dans un programme traitant de téléphonie, un type ***Explosion*** pour un jeu vidéo ou encore un type ***list<Paragraph>*** pour un programme de traitement de texte. Un programme fournissant des types très proches des concepts de l'application sera plus facile à comprendre et à modifier qu'un autre. Un ensemble de types bien choisi permet d'obtenir un programme plus concis. De plus, un tel programme rend possible toutes sortes d'analyses du code. Il permet, en particulier, au compilateur de déceler les emplois illégaux d'objets qui seraient restés indétectés jusqu'à un test approfondi du programme.

L'idée de base de la définition d'un nouveau type est de séparer les détails secondaires de l'implémentation (telle la structure de données utilisée pour stocker un objet d'un certain type) des propriétés essentielles pour une utilisation correcte de cette implémentation (telle la liste complète des fonctions pouvant accéder aux données). La meilleure façon d'obtenir cette séparation est d'imposer une interface spécifique pour toutes les utilisations de la structure de données ainsi que pour les programmes de gestion internes.

Ce chapitre traite principalement des types "concrets" et relativement simples, qui, logiquement, ne diffèrent pas énormément des types intégrés. Dans l'idéal, l'utilisation de ces types devrait être identique à celle des types intégrés. Seule la façon dont ils sont créés devrait diverger.

10.2 Classes

Une *classe* est un type défini par l'utilisateur. Nous allons voir ici les fonctions de base qui permettent de définir une classe, de créer les objets de cette dernière et de les manipuler.

10.2.1 Les fonctions membres

Considérons l'implémentation du concept d'une date. ***Struct*** permettra de définir la représentation d'une ***Date*** tandis qu'un ensemble de fonctions autorisera la manipulation des variables de ce type :

```
struct Date {                           // représentation
        int d, m, y;
};

void init_date(Date& d, int, int, int);  // initialise d
void add_year(Date& d, int n);           // ajoute n années à d
void add_month(Date& d, int n);          // ajoute n mois à d
void add_day(Date& d, int n);            // ajoute n jours à d
```

Aucune relation explicite n'apparaît entre le type de données et ces fonctions. Cette relation peut être établie en déclarant les fonctions en tant que membres :

```
struct Date {
        int d, m, y;

        void init(int dd, int mm, int yy);      // initialise
        void add_year(int n);                   // ajoute n années
        void add_month(int n);                  // ajoute n mois
        void add_day(int n);                    // ajoute n jours
};
```

Les fonctions déclarées dans une définition de classe (une ***struct*** est une sorte de classe ; § 10.2.8) sont nommées *fonctions membres*. Elles ne peuvent être appelées que pour une variable spécifique du type approprié grâce à la syntaxe standard de l'accès à un membre de structure. Par exemple :

```
Date my_birthday;

void f()
{
        Date today;

        today.init(16,10,1996);
        my_birthday.init(30,12,1950);

        Date tomorrow = today;
        tomorrow.add_day(1);
        // ...
}
```

Des structures différentes étant susceptibles de posséder des fonctions membres de même nom, il faut spécifier le nom de la structure lors de la définition de l'une de ces dernières :

```
void Date::init(int dd, int mm, int yy)
{
        d = dd;
        m = mm;
        y = yy;
}
```

Dans une fonction membre, il est possible d'utiliser les noms des membres sans référence explicite à un objet. Dans ce cas, le nom se réfère au membre de l'objet pour lequel la fonction a été appelée. Lorsqu'on appelle ***Date::init()*** pour ***today***, par exemple, l'affectation ***m=mm*** concerne ***today.m***. De la même façon, lorsque ***Date::init()*** est appelée pour ***my_birthday***, l'affectation ***m=mm*** concerne ***my_birthday.m***. Une fonction membre de classe sait toujours pour quel objet elle a été appelée.

La construction

```
class X { ... };
```

est nommée *définition de classe* parce qu'elle définit un nouveau type. Pour des raisons historiques, on fait souvent référence à une définition de classe sous le nom de *déclaration de classe*. Une définition de classe peut être dupliquée dans différents fichiers source à l'aide de ***#include*** sans violer la règle d'unicité de la définition (§ 9.2.3).

10.2.2 Le contrôle d'accès

La déclaration de ***Date*** dans la sous-section précédente fournit un ensemble de fonctions qui permettent de manipuler une ***Date***. Elle ne spécifie pas, cependant, que ces fonctions devraient être les seules à dépendre directement de la représentation de ***Date*** et les seules à accéder directement aux objets de la classe ***Date***. Cette restriction pourra être exprimée à l'aide d'une ***class***, plutôt qu'avec une ***struct*** :

```
class Date {
        int d, m, y;
public:
        void init(int dd, int mm, int yy);      // initialise

        void add_year(int n);                   // ajoute n années
        void add_month(int n);                  // ajoute n mois
        void add_day(int n);                    // ajoute n jours
};
```

L'intitulé ***public*** sépare le corps de la classe en deux parties. Les noms situés dans la première partie *privée* ne peuvent être utilisés que par les fonctions membres. La seconde partie *publique* constitue l'interface publique des objets de la classe. Une ***struct*** est simplement une ***class*** dont les membres sont publics par défaut (§ 10.2.8). Les fonctions membres peuvent être définies et utilisées exactement comme précédemment. Par exemple :

```
inline void Date::add_year(int n)
{
        y += n;
}
```

L'utilisation de membres privés est toutefois interdite aux fonctions non membres. Par exemple :

```
void timewarp(Date& d)
{
        d.y -= 200;          // erreur : Date::y est privé
}
```

La restriction de l'accès d'une structure de données à une liste de fonctions explicitement déclarées offre plusieurs avantages. Si une ***Date*** prend une valeur illégale, par exemple, l'erreur se trouve obligatoirement dans le code d'une fonction membre. Cela signifie que la première étape de la correction — la localisation de l'erreur — est effectuée avant même que le programme ne soit exécuté. Il s'agit d'un cas particulier de la remarque générale mentionnant que toute modification du comportement du type ***Date*** peut et doit être obtenue en changeant ses membres. Si vous modifiez, en particulier, la représentation d'une classe, vous n'avez besoin de changer que les fonctions membres pour tirer parti de la nouvelle représentation. Le code de l'utilisateur dépend directement de l'interface publique et n'a pas besoin d'être réécrit (il pourrait néanmoins avoir besoin d'être recompilé). Un autre avantage réside dans le fait qu'un utilisateur potentiel n'a besoin d'examiner que la définition des fonctions membres pour savoir comment utiliser une classe.

La protection des données privées s'appuie sur la restriction de l'utilisation des noms de membres de la classe. Il est donc possible de la contourner avec la manipulation d'adresses et la conversion de types explicites. Nous parlons bien sûr ici de fraude. Le langage C++ protège davantage des accidents que d'un contournement délibéré des règles (la fraude). Une protection contre une utilisation malveillante d'un langage à usage général ne peut être obtenue qu'au niveau matériel. Et même à ce niveau, elle est difficile à établir dans les systèmes réels.

La fonction ***init()*** a été ajoutée, en partie parce qu'il est utile de disposer d'une fonction définissant la valeur d'un objet, et en partie parce que le fait de rendre les données privées oblige à les fournir.

10.2.3 Les constructeurs

L'utilisation de fonctions telles que ***init()*** dans le but de fournir l'initialisation des objets de classe n'est pas très élégante et constitue une source d'erreurs. Il n'est mentionné nulle part qu'un objet doit être initialisé, et c'est la raison pour laquelle un programmeur pourrait oublier de le faire, ou le faire deux fois (avec souvent un résultat tout aussi désastreux). Une meilleure approche consiste à permettre au programmeur de déclarer une fonction dont l'objectif explicite est d'initialiser des objets. Une telle fonction qui construit des valeurs d'un type donné a été nommée *constructeur*. Un constructeur est identifiable par le fait qu'il possède un nom identique à celui de la classe. Par exemple :

```
class Date {
        // ...
        Date(int, int, int);        // constructeur
};
```

Lorsqu'une classe possède un constructeur, tous ses objets seront initialisés. Si le constructeur a besoin d'arguments, ces derniers doivent être fournis :

```
Date today = Date(23,6,1983);
Date xmas(25,12,1990);          // forme abrégée
Date my_birthday;               // erreur : pas d'initialisation
Date release1_0(10,12);         // erreur: troisième argument manquant
```

Il est souvent intéressant de fournir plusieurs méthodes d'initialisation d'un objet de classe. Cette opération peut être réalisée en définissant plusieurs constructeurs. Par exemple :

```
class Date {
        int d, m, y;
public:
        // ...
        Date(int, int, int);        // jour, mois, année
        Date(int, int);             // jour, mois, année d'aujourd'hui
        Date(int);                  // jour, mois et année d'aujourd'hui
        Date();                     // Date par défaut : aujourd'hui
        Date(const char*);          // date en représentation chaîne
};
```

Les constructeurs obéissent aux mêmes règles de surcharge que les autres fonctions (§ 7.4). Tant qu'ils posséderont des types d'arguments suffisamment différents, le compilateur sera en mesure de sélectionner le plus approprié :

```
Date today(4);
Date july4("July 4, 1983");
Date guy("5 Nov");
Date now;                    // initialisé par défaut avec la date du jour
```

La prolifération des constructeurs dans notre exemple de ***Date*** est typique. Lors de la conception d'une classe, un programmeur est toujours tenté d'ajouter des fonctions uniquement pour la raison que l'on pourrait en avoir besoin. Une réflexion plus approfondie est nécessaire pour choisir soigneusement les fonctions réellement indispensables et n'inclure que ces dernières. Cette réflexion conduit généralement à des programmes plus concis et faciles à comprendre. L'un des moyens les plus efficaces pour réduire le nombre de fonctions en rapport consiste à utiliser des arguments par défaut (§ 7.5). Dans notre ***Date***, chaque argument peut se voir attribuer une valeur par défaut interprétée comme "choisir la valeur par défaut : ***today*** (aujourd'hui)".

```
class Date {
        int d, m, y;
public:
        Date(int dd =0, int mm =0, int yy =0);
        // ...
};

Date::Date(int dd, int mm, int yy)
{
        d = dd ? dd : today.d;
        m = mm ? mm : today.m;
        y = yy ? yy : today.y;

                // contrôle de la validité de la Date
}
```

Lorsque l'on utilise une valeur d'argument pour indiquer "choisir la valeur par défaut", celle-ci ne doit pas appartenir à l'ensemble des valeurs possibles pour l'argument. C'est effectivement le cas pour ***day*** et ***month***. Pour ***year***, en revanche, zéro pourrait ne pas être un choix judicieux. Heureusement, il n'y a pas d'année zéro dans le calendrier européen. 1 apr. J.-C. (***year==1***) vient immédiatement après 1 av. J.-C. (***year==–1***).

10.2.4 Les membres statiques

L'avantage de disposer d'une valeur par défaut pour ***Date*** a un coût : notre classe ***Date*** est désormais dépendante de la variable globale ***today***. Cette classe ne peut être employée que lorsque ***today*** est définie et correctement utilisée dans toute partie du code. Il s'agit du type de contrainte qui rend une classe inutilisable en dehors du contexte dans lequel elle a été initialement créée. Les utilisateurs ont trop de surprises désagréables en tentant d'utiliser de telles classes. De plus, la maintenance est complexe. Il est possible "qu'une seule petite variable globale" ne soit pas trop difficile à gérer. Mais ce style produit un code inutilisable, excepté pour son programmeur original. Il devrait donc être évité.

Nous pouvons heureusement bénéficier de cet avantage sans avoir à nous encombrer d'une variable globale accessible publiquement. Une variable qui fait partie d'une classe, mais non d'un objet de cette classe, est appelée *membre* ***static***. Il existe une copie et une seule d'un membre ***static***. De façon analogue, une fonction ayant besoin d'accéder aux membres d'une classe, mais ne nécessitant pas d'être appelée pour un objet particulier, est nommée *fonction membre* ***static***.

Dans le code suivant, nous avons préservé la sémantique des valeurs par défaut concernant ***Date***, tout en supprimant les problèmes dus à la dépendance vis-à-vis d'une variable globale :

```
class Date {
        int d, m, y;
        static Date default_date;
public:
        Date(int dd =0, int mm =0, int yy =0);
        // ...
        static void set_default(int, int, int);
};
```

Nous pouvons maintenant définir le constructeur ***Date*** comme suit :

```
Date::Date(int dd, int mm, int yy)
{
        d = dd ? dd : default_date.d;
        m = mm ? mm : default_date.m;
        y = yy ? yy : default_date.y;

        // contrôle de la validité de la date
}
```

Il est possible de changer la date par défaut si nécessaire. On fait référence à un membre ***static*** exactement de la même façon qu'à tout autre membre. Il est possible aussi de faire référence à un membre ***static*** sans mentionner d'objet. Le nom est alors qualifié avec celui de sa classe. Par exemple :

```
void f()
{
        Date::set_default(4,5,1945);
}
```

Les membres ***static*** doivent être définis à un endroit ou à un autre. Par exemple :

```
Date Date::default_date(16,12,1770);

void Date::set_default(int d, int m, int y)
{
        Date::default_date = Date(d,m,y);
}
```

La valeur par défaut est maintenant la date de naissance de Beethoven, jusqu'à ce que l'on en décide autrement.

Notez que ***Date()*** est une notation pour la valeur de ***Date::default_date***. Par exemple :

```
Date copy_of_default_date = Date();
```

En conséquence, il n'est nul besoin de fonction distincte pour lire la date par défaut.

10.2.5 Copier des objets de classe

Les objets de classe peuvent être copiés par défaut. L'un d'entre eux peut, en particulier, être initialisé avec une copie d'un autre objet de la même classe. Il est possible de réaliser cette opération lorsque des constructeurs ont été déclarés. Par exemple :

```
Date d = today;            // initialisation par copie
```

La copie d'un objet de classe est, par défaut, la copie de chaque membre. Si ce comportement n'est pas adapté à une classe ***X***, il est possible d'en fournir un plus approprié en définissant un constructeur de copie, ***X::X(constX&)***. Ce sujet est détaillé au § 10.4.4.1.

De façon analogue, des objets de classe peuvent être copiés par défaut par une affectation. Par exemple :

```
void f(Date& d)
{
        d = today;
}
```

Une fois encore, la sémantique par défaut est une copie de chaque membre. Si ce comportement n'est pas adapté à une classe ***X***, l'utilisateur pourra définir un opérateur d'affectation approprié (§ 10.4.4.1).

10.2.6 Les fonctions membres constantes

La ***Date*** que nous avons définie jusqu'à présent fournit des fonctions membres pour attribuer une valeur à une ***Date*** et la modifier. Nous n'avons malheureusement pas encore fourni de méthode qui permette d'examiner la valeur d'une ***Date***. Ce problème est facilement résolu par l'ajout de fonctions pour lire le jour, le mois et l'année :

```
class Date {
        int d, m, y;
public:
        int day() const { return d; }
        int month() const { return m; }
        int year() const;
        // ...
};
```

Il est important de noter que le mot clé ***const*** apparaît après la liste d'arguments (vide) dans les déclarations de fonctions. Il permet d'indiquer que ces fonctions ne modifient pas l'état d'une ***Date***.

Le compilateur va ainsi détecter toute tentative de violation de cette déclaration.

Par exemple :

```
inline int Date::year() const
{
	return y++;		// erreur : on tente de changer la valeur d'un membre d'une fonction const
}
```

Lorsqu'une fonction membre ***const*** est définie en dehors de sa classe, le suffixe ***const*** est requis :

```
inline int Date::year() const	// correct
{
	return y;
}

inline int Date::year()		// erreur : const manquant dans le type de fonction membre
{
	return y;
}
```

En d'autres termes, le mot clé ***const*** fait partie du type de ***Date::day()*** et ***Date::year()***.

Une fonction membre ***const*** peut être appelée pour des objets ***const*** ou non-***const***. En revanche, une fonction membre non-***const*** ne peut être appelée que pour des objets non-***const***. Par exemple :

```
void f(Date& d, const Date& cd)
{
	int i = d.year()	;	// ok
	d.add_year(1);		// ok

	int j = cd.year();	// ok
	cd.add_year(1);		// erreur : on ne peut modifier la valeur de la constante cd
}
```

10.2.7 Autoréférence

Les fonctions de mise à jour ***add_year()***, ***add_month()*** et ***add_day()*** ont été définies dans le but de ne pas renvoyer de valeur. Dans un ensemble de fonctions de mise à jour en relation tel que celui-ci, il est souvent préférable de renvoyer une référence de l'objet mis à jour, de façon à pouvoir enchaîner les opérations. Nous aimerions écrire, par exemple :

```
void f(Date& d)
{
	// ...
	d.add_day(1).add_month(1).add_year(1);
	// ...
}
```

pour ajouter un jour, un mois et une année à ***d***. Pour cela, chaque fonction doit être déclarée de façon à renvoyer une référence à une ***Date*** :

```
class Date {
	// ...
```

```
        Date& add_year(int n);        // ajoute n années
        Date& add_month(int n);       // ajoute n mois
        Date& add_day(int n);         // ajoute n jours
};
```

Dans ce cas, chaque fonction membre (non-***static***) connaît l'objet pour lequel elle a été appelée et peut y faire explicitement référence. Par exemple :

```
Date& Date::add_year(int n)
{
        if (d==29 && m==2 && !leapyear(y+n)) {        // on prend en compte le 29 février
                d = 1;
                m = 3;
        }
        y += n;
        return *this;
}
```

L'expression ****this*** fait référence à l'objet pour lequel une fonction membre a été appelée. Il s'agit de l'équivalent de ***THIS*** de Simula et de ***self*** de Smalltalk.

Dans une fonction membre non-***static***, le mot clé ***this*** est le pointeur de l'objet pour lequel la fonction a été appelée. Dans une fonction membre non-***const*** d'une classe ***X***, le type de ***this*** est ***X *const***. La présence du mot clé ***const*** indique clairement que l'utilisateur n'est pas censé modifier la valeur de ***this***. Dans une fonction membre ***const*** d'une classe ***X***, le type de ***this*** est ***const X *const*** pour empêcher toute modification de l'objet lui-même (voir aussi § 5.4.1).

La plupart des utilisations de ***this*** sont implicites. Chaque référence à un membre non-***static*** depuis une classe s'appuie sur une utilisation implicite de ***this*** pour obtenir le membre de l'objet approprié. La fonction ***add_year***, par exemple, aurait pu être définie à l'aide du code équivalent suivant :

```
Date& Date::add_year(int n)
{
        if (this->d==29 && this->m==2 && !leapyear(this->y+n)) {
                this->d = 1;
                this->m = 3;
        }
        this->y += n;
        return *this;
}
```

Une utilisation explicite de ***this*** apparaît avec la manipulation des listes chaînée (§ 24.3.7.4).

10.2.7.1 Constance physique et logique

Une fonction membre peut logiquement être ***const***, tout en ayant néanmoins besoin de modifier la valeur d'un membre. La fonction ne semble pas modifier l'état de son objet vis-à-vis de l'utilisateur. Certains détails, ne pouvant être directement observés par ce dernier, sont toutefois mis à jour. Cette situation est souvent nommée *constance logique*. La classe ***Date***, par exemple, pourrait contenir une fonction renvoyant une représentation chaîne qu'un utilisateur serait en mesure d'utiliser en sortie. Il est probable que la construction de cette représentation soit une opération relativement coûteuse.

Par conséquent, à moins que la valeur de ***Date*** n'ait été modifiée, il serait intéressant d'en conserver une copie afin que des requêtes répétées renvoient simplement cette dernière. Ce procédé est courant avec des structures de données plus complexes, mais examinons la façon de le mettre en place pour une ***Date*** :

```
class Date {
        bool cache_valid;
        string cache;
        void compute_cache_value();              // remplit le cache
        // ...
public:
        // ...
        string string_rep() const;               // représentation chaîne
};
```

Du point de vue d'un utilisateur, ***string_rep*** ne modifie pas l'état de sa ***Date***. Par conséquent, elle devrait être une fonction membre ***const***. D'autre part, la mémoire cache doit être remplie afin de pouvoir être utilisée. Pour cela, il est possible de faire appel à la manière forte :

```
string Date::string_rep() const
{
        if (cache_valid == false) {
                Date* th = const_cast<Date*>(this);     // neutralise const
                th->compute_cache_value();
                th->cache_valid = true;
        }
        return cache;
}
```

Dans cet exemple, on fait appel à l'opérateur ***const_cast*** (§ 15.4.2.1) pour obtenir un pointeur de type ***Date**** pour ***this***. Cette méthode n'est guère élégante. De plus, son succès est loin d'être garanti lorsqu'elle est appliquée à un objet initialement déclaré comme un ***const***. Par exemple :

```
Date d1;
const Date d2;
string s1 = d1.string_rep();
string s2 = d2.string_rep();                    // comportement indéfini
```

string_rep() reconvertit simplement vers le type initial de ***d1*** pour que l'appel puisse fonctionner. Cependant, ***d2*** a été défini comme un ***const***, et l'implémentation pourrait avoir appliqué une forme de protection mémoire afin de garantir le fait que sa valeur n'ait pas été corrompue. Par conséquent, il n'existe aucune assurance pour que le résultat de ***d2.string_rep()*** soit identique dans toutes les implémentations.

10.2.7.2 Mutable

La conversion de type explicite "qui supprime ***const***", ainsi que le comportement dépendant de l'implémentation qui en résulte, peuvent être évités si l'on déclare les données impliquées dans la gestion du cache comme étant ***mutable*** :

```
class Date {
        mutable bool cache_valid;
```

```
        mutable string cache;
        void compute_cache_value() const;        // remplit le cache (mutable)
        // ...
public:
        // ...
        string string_rep() const;               // représentation chaîne
};
```

Le spécificateur ***mutable*** signale qu'un membre devrait être stocké de telle sorte qu'une mise à jour soit possible, même lorsqu'il s'agit du membre d'un objet ***const***. En d'autres termes, ***mutable*** signifie "ne peut jamais être ***const***". La définition de ***string_rep()*** peut ainsi être simplifiée :

```
string Date::string_rep() const
{
        if (!cache_valid) {
                compute_cache_value();
                cache_valid = true;
        }
        return cache;
}
```

Il est également possible de valider des utilisations acceptables de ***string_rep()***. Par exemple :

```
Date d3;
const Date d4;
string s3 = d3.string_rep();
string s4 = d4.string_rep();    // ok!
```

Il est plus approprié de déclarer des membres comme étant ***mutable*** lorsqu'une partie (seulement) d'une représentation est susceptible de changer. Si la majeure partie d'un objet est modifiée alors que ce dernier demeure logiquement ***const***, il est souvent préférable de placer les données à changer dans un objet séparé et d'y accéder indirectement. Si l'on applique cette technique, l'exemple de la chaîne-avec-cache devient :

```
struct cache {
        bool valid;
        string rep;
};

class Date {
        cache* c;                                // initialisation dans le constructeur (§ 10.4.6)
        void compute_cache_value() const;        // remplit l'élément sur lequel pointe le cache
        // ...
public:
        // ...
        string string_rep() const;               // représentation chaîne
};

string Date::string_rep() const
{
        if (!c->valid) {
```

```
            compute_cache_value();
            c->valid = true;
        }
        return c->rep;
    }
```

Les techniques de programmation qui supportent une mémoire cache se généralisent à diverses formes d'évaluation peu soignées.

10.2.8 Les structures et les classes

Par définition, une structure est une classe dans laquelle les membres sont publics par défaut. Cela signifie que

```
struct s { ...
```

est un simple raccourci de

```
class s { public: ...
```

De la même façon que ***public:*** indique que les membres qui suivent sont publics, il est possible de coder le descripteur d'accès ***private:*** de façon à signaler que les membres suivants sont privés. Les déclarations suivantes sont équivalentes (à l'exception des noms qui diffèrent quelque peu) :

```
class Date1 {
        int d, m, y;
public:
        Date1(int dd, int mm, int yy);

        void add_year(int n);           // ajoute n années
};

struct Date2 {
private:
        int d, m, y;
public:
        Date2(int dd, int mm, int yy);

        void add_year(int n);           // ajoute n années
};
```

Le style que vous allez choisir dépend des circonstances et de vos préférences. Nous privilégions généralement l'utilisation de ***struct*** pour les classes dont toutes les données sont publiques. Nous considérons ce type de classes comme "n'étant pas tout à fait des types appropriés, simplement des structures de données". Pour de telles structures, les constructeurs et les fonctions d'accès conservent tout leur intérêt, mais davantage comme raccourci que comme garantie des propriétés du type (invariants, voir § 24.3.7.1).

Dans une classe, il n'est pas nécessaire de déclarer d'abord les données. En fait, il est souvent préférable de placer les membres de données en dernier, de façon à faire ressortir les fonctions fournissant l'interface utilisateur publique.

Par exemple :

```
class Date3 {
public:
        Date3(int dd, int mm, int yy);

        void add_year(int n);           // ajoute n années
private:
        int d, m, y;
};
```

En ce qui concerne le code réel, dans lequel l'interface publique et les détails d'implémentation sont nettement plus développés, nous préférons généralement le style utilisé pour ***Date3***. Il est possible de coder plusieurs spécificateurs d'accès dans une seule déclaration de classe. Par exemple :

```
class Date4 {
public:
        Date4(int dd, int mm, int yy);
private:
        int d, m, y;
public:
        void add_year(int n);           // ajoute n années
};
```

La multiplication de sections publiques ou privées, comme dans ***Date4***, a tendance à compliquer le code. La liberté d'accroître le nombre de spécificateurs d'accès dans une classe se révèle toutefois utile pour le code généré par la machine.

10.2.9 Les définitions de fonctions dans la classe

Une fonction membre définie, et non simplement déclarée, dans la définition de classe est considérée comme ***inline***. Cela signifie qu'une définition dans la classe des fonctions membres concerne des fonctions courtes et fréquemment utilisées. Comme la définition de classe dont elle fait partie, une fonction membre définie dans la classe peut être dupliquée dans plusieurs unités de traduction à l'aide de ***#include***. Comme la classe elle-même, elle doit toujours posséder la même signification, quel que soit l'endroit où elle est employée (§ 9.2.3).

Le fait de placer la définition des membres de données en fin de définition de classe peut conduire à un problème mineur avec les fonctions ***inline*** publiques se référant à la représentation. Examinez le code suivant :

```
class Date {                            // pourrait prêter à confusion
public:
        int day() const { return d; }   // renvoie Date::d
        // ...
private:
        int d, m, y;
};
```

Ce code C++ est tout à fait valide, car une fonction membre déclarée dans une classe peut faire référence à chaque membre de la classe comme si cette dernière était complètement définie avant que le corps de la fonction membre ait été considéré. Cela peut toutefois paraître complexe à un lecteur.

Par conséquent, nous avons pour habitude, soit de placer en premier lieu les données, soit de définir les fonctions membres ***inline*** après la classe elle-même.

```
class Date {
public:
        int day() const;
        // ...
private:
        int d, m, y;
};

inline int Date::day() const { return d; }
```

10.3 Les types efficaces définis par l'utilisateur

Nous avons abordé dans la section précédente certaines parties de la conception de ***Date*** dans le but de présenter les fonctions de langage de base pour la définition des classes. Nous allons maintenant nous employer à décrire la conception d'une classe ***Date*** simple et efficace. Nous verrons ensuite comment les fonctions du langage supportent cette conception.

Les petites abstractions sont courantes dans de nombreuses applications. Les exemples en sont nombreux : les caractères latins, les caractères chinois, les entiers, les nombres à virgule flottante, les nombres complexes, les points, les pointeurs, les coordonnées, les transformations, les paires (pointeur, décalage), les dates, les heures, les intervalles, les liaisons, les associations, les nœuds, les paires (valeur, unité), les emplacements de disque, les emplacements de code source, les caractères BCD, les lignes, les rectangles, les nombres avec fraction, les chaînes de caractères, les vecteurs et les tableaux. Chaque application en utilise plusieurs. Il arrive souvent qu'un petit sous-ensemble de ces types soit fortement sollicité. Une application type en utilise quelques-uns directement, et un plus grand nombre indirectement à partir des bibliothèques.

C++ et certains autres langages de programmation prennent directement en charge une petite partie de ces abstractions. La majorité, toutefois, ne peut être prise en charge et supportée directement à cause de la diversité existante. Par ailleurs, le concepteur d'un langage de programmation à usage général ne peut prévoir le moindre besoin de chaque application. Il faut donc fournir à l'utilisateur des mécanismes lui permettant de définir de petits types. Ces derniers sont nommés *types concrets* ou *classes concrètes* afin de pouvoir être différenciés des classes abstraites (§ 12.3) et de celles situées dans les hiérarchies de classes (§ 12.2.4, § 12.4).

Parmi les objectifs explicites du langage C++ figurait la prise en charge de la définition et de l'utilisation de types de données définis par l'utilisateur. Cet objectif constitue la base d'une programmation élégante. Comme toujours, la simplicité et la banalisation se révèlent beaucoup plus efficaces que la complication et la sophistication.

Cette nouvelle façon d'appréhender les choses va nous permettre de construire une meilleure classe ***Date***.

```
class Date {
public:     // interface publique :
      enum Month { jan=1, feb, mar, apr, may, jun, jul, aug, sep, oct, nov, dec };

      class Bad_date { };                  // classe exception

      Date(int dd =0, Month mm =Month(0), int yy =0);// 0 signifie "prend une valeur par défaut"

// fonctions pour examiner la Date :
      int day() const;
      Month month() const;
      int year() const;

      string string_rep() const;           // représentation chaîne
      void char_rep(char s[]) const;       // représentation chaîne style C

      static void set_default(int, Month, int);

// fonctions pour modifier la Date :
      Date& add_year(int n);               // ajoute n années
      Date& add_month(int n);              // ajoute n mois
      Date& add_day(int n);                // ajoute n jours
private:
      int d, m, y;                         // représentation
      static Date default_date;
};
```

Cet ensemble d'opérations est caractéristique d'un type défini par l'utilisateur :

1. Un constructeur spécifie de quelle façon les objets/variables de ce type doivent être initialisés.
2. Un ensemble de fonctions permet à l'utilisateur de consulter une ***Date***. Ces fonctions sont définies en ***const*** pour indiquer qu'elles ne modifient pas l'état de l'objet/variable pour lequel elles sont appelées.
3. Un ensemble de fonctions permettent à l'utilisateur de manipuler des dates sans que celui-ci ait besoin de connaître les détails de la représentation ou de se débattre avec une sémantique compliquée.
4. Un ensemble d'opérations est défini implicitement pour que les ***Date*** puissent être copiées.
5. Une classe, ***Bad_date***, permet de signaler les erreurs telles que les exceptions.

Nous avons défini un type ***Month*** pour résoudre le problème de l'écriture de la date. Le 7 juin peut, en effet, prendre les deux formes suivantes : ***Date (6, 7)*** (style américain) ou ***Date (7, 6)*** (style européen). Nous avons aussi inclus un mécanisme qui permet de traiter les arguments par défaut.

Nous avons envisagé l'introduction des types distincts ***Day*** et ***Year*** afin de traiter une confusion possible entre ***Date(1995, jul, 27)*** et ***Date(27, jul, 1995)***. Ces types présenteraient cependant moins d'intérêt que ***Month***. De telles erreurs sont pratiquement toutes détectées au moment de l'exécution ; le 26 juillet de l'année 27 n'est, en effet, pas une date courante. Comment gérer des dates historiques antérieures à l'année 1800 ? Il s'agit d'une question compliquée qu'il est préférable de laisser à des historiens experts. Par ailleurs, un jour ne peut être correctement contrôlé indépendamment de son mois et de l'année. Consultez le § 11.7.1 qui présente une méthode permettant de définir un type ***Year*** pratique.

La date par défaut doit être définie à un endroit ou à un autre en tant que ***Date*** valide. Par exemple :

```
Date Date::default_date(22, jan, 1901);
```

Nous n'avons pas fait appel à la technique du cache du § 10.2.7.1. Cette dernière ne présente, en effet, aucun intérêt pour un type aussi simple. Il sera possible de l'introduire, si nécessaire, comme un détail d'implémentation sans affecter l'interface de l'utilisateur.

Voici un exemple court d'utilisation des ***Date*** :

```
void f(Date& d)
{
        Date lvb_day = Date(16,Date::dec,d.year());

        if (d.day()==29 && d.month()==Date::feb) {
                // ...
        }

        if (midnight()) d.add_day(1);

        cout << "Jour suivant:" << d+1 << '\n';
}
```

Ce code repose sur l'hypothèse que l'opérateur de sortie **<<** et l'opérateur d'addition + ont été déclarés pour les ***Date***. Ces déclarations apparaissent au § 10.3.3.

Vous pouvez remarquer la notation ***Date::feb***. La fonction ***f()*** n'est pas un membre de ***Date***. Il est donc nécessaire de préciser qu'elle fait référence à ***feb*** de ***Date***, et non à une autre entité.

Mais pourquoi définir un type spécifique pour quelque chose d'aussi simple qu'une date ? Nous pourrions tout aussi bien définir une structure :

```
struct Date {
        int day, month, year;
};
```

et laisser les programmeurs décider de son emploi. Dans ce cas, tout utilisateur devrait, soit manipuler directement les composants des ***Date***, soit fournir des fonctions distinctes permettant de réaliser cette opération. La notion de date serait, en effet, éparpillée dans le système, ce qui la rendrait très difficile à comprendre, à documenter ou à modifier. La présentation d'un concept sous la forme d'une simple structure entraîne inévitablement du travail supplémentaire pour chaque utilisateur de cette dernière.

Il ne faut pas non plus oublier que, même si le type ***Date*** semble simple, son emploi demande quelque réflexion. Pour incrémenter une ***Date***, par exemple, il est nécessaire de prendre en compte les années bissextiles, le fait que les mois sont de longueur différente, et ainsi de suite (note : § 10.6[1]). On peut également remarquer que la représentation jour-mois-année se révèle un peu légère pour de nombreuses applications. Si nous décidions de la modifier, nous n'aurions à changer qu'un ensemble précis de fonctions. Pour représenter le nombre des jours avant ou après le 1er janvier 1970, par exemple, nous n'aurions besoin de changer que les fonctions membres de ***Date*** (§ 10.6[2]).

10.3.1 Les fonctions membres

Il faut bien sûr prévoir l'implémentation de chaque fonction membre. Voici, par exemple, la définition du constructeur de ***Date*** :

```
Date::Date(int dd, Month mm, int yy)
{
        if (yy == 0) yy = default_date.year();
        if (mm == 0) mm = default_date.month();
        if (dd == 0) dd = default_date.day();

        int max;

        switch (mm) {
        case feb:
                max = 28+leapyear(yy);
                break;
        case apr: case jun: case sep: case nov:
                max = 30;
                break;
        case jan: case mar: case may: case jul: case aug: case oct: case dec:
                max = 31;
                break;
        default:
                throw Bad_date();        // someone cheated
        }
        if (dd<1 || max<dd) throw Bad_date();

        y = yy;
        m = mm;
        d = dd;
}
```

Le constructeur vérifie que les données fournies représentent une ***Date*** valide. Si ce n'est pas le cas, comme par exemple pour ***Date(30, Date::feb, 1994)***, il déclenche une exception (§ 8.3, Chapitre 14) indiquant qu'un incident s'est produit. Si les données fournies sont acceptées, l'initialisation de base est effectuée. L'initialisation est une opération relativement complexe, car elle implique une validation des données. D'autre part, lorsqu'une ***Date*** a été créée, il est possible de l'utiliser et de la copier sans contrôle supplémentaire. En d'autres termes, le constructeur établit la partie invariante de la classe (dans ce cas, il indique une date valide). Les autres fonctions membres peuvent s'appuyer sur cette partie invariante et doivent la maintenir. Cette technique de conception permet de simplifier énormément le code (§ 24.3.7.1).

Nous employons la valeur ***Month(0)*** pour indiquer "prendre le mois par défaut" plutôt que pour faire croire à l'existence de 13 mois dans une année. Notez que la valeur ***0*** peut être utilisée, car elle se situe dans la plage de valeurs garantie pour l'énumération ***Month*** (§ 4.8).

Nous avons envisagé d'effectuer la validation des données dans une fonction séparée ***is_date()***. Cette solution aurait toutefois compliqué le code utilisateur résultant, lequel aurait ainsi été moins fiable que du code s'appuyant sur la capture des exceptions. En supposant que << soit défini pour ***Date***, par exemple :

```
void fill(vector<Date>& aa)
{
	while (cin) {
		Date d;
		try {
			cin >> d;
		}
		catch (Date::Bad_date) {
						// ma gestion d'erreur
			continue;
		}
		aa.push_back(d);		// voir § 3.7.3
	}
}
```

Comme cela arrive fréquemment avec des types concrets aussi simples, les définitions des fonctions membres varient entre le trivial et le pas-trop-compliqué. Par exemple :

```
inline int Date::day() const
{
	return d;
}

Date& Date::add_month(int n)
{
	if (n==0) return *this;

	if (n>0) {
		int delta_y = n/12;
		int mm = m+n%12;
		if (12 < mm) {	// note: int(dec)==12
			delta_y++;
			mm -= 12;
		}

		// gère les cas où Month(mm) ne contient pas le jour d

		y += delta_y;
		m = Month(mm);
		return *this;
	}
```

```
            // gère n négatif

        return *this;
}
```

10.3.2 Les fonctions assistantes

Un certain nombre de fonctions sont associées à une classe. Il n'est pas nécessaire pour ces fonctions d'être définies dans la classe elle-même, car elles n'ont pas besoin d'accéder directement à sa représentation. Par exemple :

```
int diff(Date a, Date b);  // nombre de jours de l'intervalle [a,b) ou [b,a)
bool leapyear(int y);
Date next_weekday(Date d);
Date next_saturday(Date d);
```

La définition de telles fonctions dans la classe elle-même compliquerait l'interface de cette dernière. De plus, le nombre de fonctions qui doivent être potentiellement examinées au moment d'envisager une modification de la représentation serait considérablement augmenté.

Comment de telles fonctions sont-elles "associées" avec la classe ***Date*** ? Traditionnellement, leurs déclarations étaient simplement placées dans le même fichier que la déclaration de ***Date***. Les utilisateurs ayant besoin de Date les rendaient disponibles en totalité en incluant le fichier définissant l'interface (§ 9.2.1). Par exemple :

```
#include "Date.h"
```

En plus d'utiliser un en-tête ***Date.h*** spécifique, il est possible de rendre l'association explicite en incluant la classe et ses fonctions assistantes dans un espace de noms (§ 8.2) :

```
namespace Chrono {      // ressources pour la gestion du temps

        class Date { /* ... */};

        int diff(Date a, Date b);
        bool leapyear(int y);
        Date next_weekday(Date d);
        Date next_saturday(Date d);
        // ...
}
```

L'espace de noms ***Chrono*** contiendrait aussi naturellement des classes en relation telles que ***Time*** et ***Stopwatch***, ainsi que leurs fonctions assistantes. L'utilisation d'un espace de noms pour stocker une seule classe est une solution exagérée qui présente de nombreux inconvénients.

10.3.3 Les opérateurs surchargés

Il est souvent pratique de prévoir des fonctions qui permettent l'emploi d'une notation conventionnelle. ***Operator==***, par exemple, définit un opérateur d'égalité permettant de comparer des ***Date*** :

```
inline bool operator==(Date a, Date b)      // égalité
{
```

```
        return a.day()==b.day() && a.month()==b.month() && a.year()==b.year();
}
```

Voici des candidats logiques à cette fonction :

```
bool operator!=(Date, Date);                    // inégalité
bool operator<(Date, Date);                     // inférieur à
bool operator>(Date, Date);                     // supérieur à
// ...

Date& operator++(Date& d);                      // ajoute un jour à la Date
Date& operator--(Date& d);                      // enlève un jour à la Date

Date& operator+=(Date& d, int n);               // ajoute n jours
Date& operator-=(Date& d, int n);               // enlève n jours

Date operator+(Date d, int n);                  // ajoute n jours
Date operator-(Date d, int n);                  // enlève n jours

ostream& operator<<(ostream&, Date d);          // transmet d en sortie
istream& operator>>(istream&, Date& d);         // lit d
```

Dans le cas de ***Date***, ces opérateurs représentent un simple confort d'utilisation. Pour un grand nombre de types cependant, tels les nombres complexes (§ 11.3), les vecteurs (§ 3.7.1) et les objets de type fonction (§ 18.4), l'utilisation des opérateurs conventionnels est tellement ancrée dans l'esprit des gens que leur définition est devenue presque obligatoire. La surcharge des opérateurs sera traitée au Chapitre 11.

10.3.4 La signification des classes concrètes

Les types simples définis par l'utilisateur (tels que ***Date***) sont nommés *types concrets* afin de les distinguer des classes abstraites (§ 2.5.4) et des hiérarchies de classes (§ 12.3). Cette notation permet également de faire ressortir leur similitude avec des types intégrés tels que ***int*** et ***char***. Ces types ont été appelés aussi *types valeur*, et leur utilisation *programmation orientée valeur*. Leur modèle d'utilisation et la "philosophie" de leur conception sont tout à fait différents de ce qui est annoncé pour la programmation orientée objet (§ 2.6.2).

L'objectif d'un type concret est de réaliser une seule chose, relativement réduite, bien et efficacement. L'utilisateur n'a généralement pas les moyens de modifier le comportement d'un type concret. Les types concrets ne sont pas destinés à afficher un comportement polymorphique (§ 2.5.5, § 12.2.6).

Si certains détails du type concret ne sont pas adaptés à votre situation, vous pouvez en créer un nouveau avec le comportement recherché. Si vous désirez "réutiliser" un type concret, il vous est possible de l'employer dans l'implémentation de votre nouveau type, exactement comme vous l'auriez fait avec un ***int***. Par exemple :

```
class Date_and_time {
private:
        Date d;
```

```
        Time t;
public:
        Date_and_time(Date d, Time t);
        Date_and_time(int d, Date::Month m, int y, Time t);
        // ...
};
```

Le mécanisme des classes dérivées traité au Chapitre 12 peut être utilisé pour définir de nouveaux types à partir d'une classe concrète en décrivant les différences désirées. La définition d'un ***Vec*** à partir de ***vector*** (§ 3.7.2) en est un exemple.

Avec un compilateur de qualité acceptable, une classe concrète telle que ***Date*** ne subit aucune surcharge masquée dans le temps ou dans l'espace. La taille d'un type concret est connue à la compilation, de telle sorte que les objets puissent être alloués sur la pile d'exécution (c'est-à-dire sans opération en mémoire dynamique). La structure de chaque objet est connue à la compilation, de façon que les opérations de développement en ligne puissent être effectuées simplement. De même, la compatibilité de structure avec des langages tels que C et Fortran s'obtient sans effort particulier.

Un bon ensemble de types concrets peut constituer la base des applications. Lorsque des classes trop coûteuses et générales sont utilisées, l'absence de "types simples, efficaces et appropriés" dans une application peut conduire à une perte d'efficacité en mémoire et en exécution. L'absence de types concrets peut également produire des programmes confus et entraîner une perte de temps lorsque chaque programmeur doit écrire du code pour manipuler directement des structures de données "fréquemment utilisées".

10.4 Objets

On peut créer des objets de plusieurs façons. Certains sont des variables locales, d'autres des variables globales, d'autres encore des membres de classe, etc. Nous allons étudier ici ces différents cas, les règles qui les gouvernent, les constructeurs utilisés pour initialiser les objets et les destructeurs qui permettent de libérer les ressources avant que ces objets ne deviennent inutilisables.

10.4.1 Destructeurs

Un constructeur initialise un objet. En d'autres termes, il crée l'environnement dans lequel les fonctions membres opèrent. Quelquefois, la création de cet environnement implique l'acquisition d'une ressource, comme d'un fichier, d'un verrou ou de la mémoire, qui devra être libérée après usage (§ 14.4.7). Certaines classes ont donc besoin d'une fonction qui sera appelée lors de la destruction d'un objet. Inévitablement, on nomme de telles fonctions *destructeurs*. : les destructeurs "nettoient" et libèrent les ressources. Ils sont appelés implicitement lorsqu'une variable automatique sort de la portée courante, lorsqu'un objet en mémoire dynamique est supprimé, etc. Un utilisateur n'aura besoin d'appeler explicitement un destructeur que dans des circonstances très particulières (§ 10.4.11).

L'usage le plus courant d'un destructeur consiste à libérer la mémoire acquise dans un constructeur. Considérons un tableau simple d'éléments du type ***Name***. Le constructeur de ***Table*** doit allouer de la mémoire pour stocker ces éléments. Lorsque le tableau est supprimé, cette mémoire doit pouvoir être récupérée pour des utilisations ultérieures. Cette opération peut être réalisée à l'aide d'une fonction spéciale qui complète le constructeur :

```
class Name {
    const char* s;
    // ...
};

class Table {
    Name* p;
    size_t sz;
public:
    Table(size_t s = 15) { p = new Name[sz = s]; }    // constructeur

    ~Table() { delete[] p; }                           // destructeur

    Name* lookup(const char *);
    bool insert(Name*);
};
```

La notation ***~Table()*** représentant le destructeur fait appel au symbole de complément ~ pour faire allusion à la relation du destructeur avec le constructeur ***Table()***.

La paire constructeur/destructeur représente le mécanisme habituel qui permet de mettre en œuvre la notion d'objet de taille variable en C++. Les conteneurs de la bibliothèque standard, tels que ***map***, utilisent une variante de cette technique pour fournir la mémoire destinée à leurs éléments. La discussion qui suit illustre donc les techniques sur lesquelles vous vous appuyez à chaque utilisation d'un conteneur standard (y compris une ***string*** standard). La discussion s'applique aussi aux types sans destructeur. Ces derniers sont simplement considérés comme possédant un destructeur n'ayant aucune action.

10.4.2 Les constructeurs par défaut

De même, la plupart des types peuvent être considérés comme ayant un constructeur par défaut, un constructeur qu'il est possible d'appeler sans fournir d'argument. L'argument par défaut ***15*** fait de ***Table::Table(size_t)*** un constructeur par défaut. Si un utilisateur a déclaré un constructeur par défaut, ce dernier sera automatiquement utilisé. Dans le cas contraire, le compilateur tentera d'en générer un si nécessaire et, bien sûr, si l'utilisateur n'en a pas déclaré d'autres. Un constructeur par défaut généré par le compilateur appelle implicitement les constructeurs par défaut pour les membres d'une classe de type ***class*** ou d'un type de base (§ 12.2.2). Par exemple :

```
struct Tables {
    int i;
    int vi[10];
    Table t1;
    Table vt[10];
};

Tables tt;
```

Dans ce code, ***tt*** sera initialisé à l'aide d'un constructeur par défaut qui appelle ***Table (15)*** pour ***tt.tl*** et chaque élément de ***tt.vt***. ***tt.i*** et les éléments de ***tt.vi*** ne sont pas initialisés, car ces objets n'appartiennent pas à un type ***class***. La différence de traitement entre les classes et les types intégrés s'explique par la compatibilité C et la crainte d'une consommation excessive de ressources à l'exécution. Les types ***const*** et les références devant être initialisés (§ 5.5, § 5.4), une classe contenant des membres ***const*** ou référence ne peut être construite par défaut, à moins que le programmeur ne fournisse explicitement un constructeur (§ 10.4.6.1). Par exemple :

```
struct X {
        const int a;
        const int& r;
};

X x;  // erreur : pas de constructeur par défaut pour X
```

Les constructeurs par défaut peuvent être appelés explicitement (§ 10.4.10). Les types intégrés possèdent eux aussi des constructeurs par défaut (§ 6.2.8).

10.4.3 Construction et destruction

Voyons maintenant les différentes façons de créer un objet et, par la suite, de le détruire. Un objet peut être créé comme :

§ 10.4.4 **Un objet automatique nommé.** Il sera créé à chaque apparition de sa déclaration au cours de l'exécution du programme, puis détruit dès que le programme sort du bloc dans lequel il apparaît.

§ 10.4.5 **Un objet de mémoire dynamique.** Il sera créé à l'aide de l'opérateur ***new*** et détruit avec l'opérateur ***delete***.

§ 10.4.6 **Un objet membre non statique.** Il sera créé comme membre d'un autre objet de classe et détruit en même temps que l'objet dont il est un membre.

§ 10.4.7 **Un élément de tableau.** Il sera créé et détruit en même temps que le tableau auquel il appartient.

§ 10.4.8 **Un objet statique local.** Il sera créé lors de la première apparition de sa déclaration au cours de l'exécution du programme, puis détruit à la fin de l'exécution de ce programme.

§ 10.4.9 **Un objet statique de classe, d'espace de noms ou global.** Il sera créé une fois "au début du programme", puis détruit une fois à la fin de l'exécution de ce programme.

§ 10.4.10 **Un objet temporaire.** Il sera créé au cours de l'évaluation d'une expression et détruit à la fin de l'expression complète dans lequel il apparaît.

§ 10.4.11 **Un objet placé en mémoire.** Il sera obtenu à partir d'une fonction fournie par l'utilisateur et guidé par des arguments fournis au cours de l'opération d'allocation.

§ 10.4.12 **Un membre d'*union*.** Il ne possède pas obligatoirement de constructeur ou de destructeur.

Cette liste est approximativement triée par ordre d'importance. Les sous-sections qui suivent reprennent en détail ces diverses façons de créer des objets ainsi que leurs applications.

10.4.4 Les variables locales

Le constructeur d'une variable locale est exécuté dès que le flux du contrôle passe par la déclaration de cette variable. Le destructeur d'une variable locale est exécuté dès que se termine l'exécution du bloc dans lequel elle se trouve. Les destructeurs de variables locales sont exécutés dans l'ordre inverse de leur construction. Par exemple :

```
void f(int i)
{
	Table aa;
	Table bb;
	if (i>0) {
		Table cc;
		// ...
	}
	Table dd;
	// ...
}
```

Dans ce code, ***aa***, ***bb*** et ***dd*** sont créés (dans cet ordre) à chaque appel de *f()*, et ***dd***, ***bb*** et ***aa*** sont détruits (dans cet ordre) chaque fois que la fonction *f()* se termine. Si ***i>0*** pour un appel, alors ***cc*** sera créé après ***bb*** et détruit avant que ***dd*** ne soit créé.

10.4.4.1 La copie d'objets

Si ***t1*** et ***t2*** sont des objets d'une classe ***Table***, ***t2=t1*** signifie par défaut "une copie membre à membre de ***t1*** dans ***t2***" (§ 10.2.5). Une telle interprétation d'une affectation peut créer un effet surprenant (et généralement non recherché) lorsqu'elle s'applique aux objets d'une classe possédant des membres pointeurs. La copie membre à membre ne représente généralement pas la bonne sémantique pour la copie d'objets contenant des ressources gérées par une paire constructeur/destructeur. Par exemple :

```
void h()
{
	Table t1;
	Table t2 = t1;		// initialisation de la copie: problème
	Table t3;

	t3 = t2;		// affectation copie: problème
}
```

Dans cet exemple, le constructeur par défaut de ***Table*** est appelé deux fois : une pour chacun des objets ***t1*** et ***t3***. Il n'est pas appelé pour ***t2***, car cette variable a été initialisée par la copie. Le destructeur de ***Table*** est néanmoins appelé trois fois : une pour chacun des objets ***t1***, ***t2*** et ***t3*** ! L'interprétation par défaut d'une affectation est une copie au niveau des membres. A la fin de ***h()***, ***t1***, ***t2*** et ***t3*** vont donc contenir chacun un pointeur de tableau de noms alloué en mémoire dynamique lors de la création de ***t1***. Le pointeur du tableau de noms alloué au moment de la création de ***t3*** ayant été écrasé avec l'affectation ***t3=t2***, il n'existe plus. Ainsi, en l'absence d'une récupération automatique des ressources (§ 10.4.5), sa mémoire sera définitivement perdue pour le programme. D'autre part, le tableau créé pour ***t1*** se retrouve en ***t1***, ***t2*** et ***t3***. Il va donc être supprimé trois fois. Le résultat de cette exécution est indéfini et probablement désastreux.

De telles anomalies peuvent être évitées si l'on définit précisément l'expression "copie d'un tableau" :

```
class Table {
    // ...
    Table(const Table&);                    // constructeur de copie
    Table& operator=(const Table&);         // affectation copie

};
```

Le programmeur a toute liberté de définir ces opérations de copie de façon appropriée. Cependant, pour ce type de conteneur, la méthode traditionnelle consiste à copier les éléments contenus (ou tout au moins de donner à l'utilisateur du conteneur l'apparence qu'une copie a été réalisée ; voir § 11.12). Par exemple :

```
Table::Table(const Table& t)                // constructeur de copie
{
    p = new Name[sz=t.sz];
    for (int i = 0; i<sz; i++) p[i] = t.p[i];
}

Table& Table::operator=(const Table& t)     // affectation
{
    if (this != &t) {                       // attention à l'auto-affectation: t = t
        delete[] p;
        p = new Name[sz=t.sz];
        for (int i = 0; i<sz; i++) p[i] = t.p[i];
    }
    return *this;
}
```

Le constructeur et l'affectation copie sont généralement très différents. La raison principale réside dans le fait qu'un constructeur de copie initialise de la mémoire non initialisée, alors que l'opérateur d'affectation copie doit traiter un objet parfaitement construit.

Dans certains cas, il est possible d'optimiser l'affectation, mais la stratégie générale pour un opérateur d'affectation reste simple : une protection contre l'auto-affectation, la suppression des anciens éléments, l'initialisation, puis la copie dans les nouveaux éléments. Il est généralement nécessaire de copier tous les membres non statiques (§ 10.4.6.3).

10.4.5 La mémoire dynamique

Le constructeur d'un objet créé en mémoire dynamique est appelé par l'opérateur ***new***. Il n'est supprimé que lorsque l'opérateur ***delete*** est appliqué sur un pointeur de cet objet. Examinez le code suivant :

```
int main()
{
```

```
        Table* p = new Table;
        Table* q = new Table;

        delete p;
        delete p;    // provoquera probablement une erreur d'exécution
}
```

Le constructeur ***Table::Table()*** est appelé deux fois. Il en va de même pour le destructeur ***Table::~Table()***. Les opérateurs ***new*** et ***delete*** de cet exemple ne correspondent malheureusement pas. L'objet pointé par ***p*** est donc supprimé deux fois tandis que celui pointé par ***q*** ne l'est pas. Ne pas supprimer un objet n'est pas considéré comme une erreur au niveau du langage, mais plutôt comme une perte de place. Cependant, dans le cas d'un programme dont l'exécution peut se prolonger, cette perte de mémoire représente une erreur sérieuse et difficile à cerner. Certains outils permettent de détecter de telles fuites de mémoire. La double suppression de ***p*** est une erreur grave. Le comportement obtenu sera indéfini et très probablement désastreux.

Certaines implémentations de C++ recyclent automatiquement la mémoire occupée par des objets inaccessibles, mais leur comportement n'est pas standardisé. Même lorsqu'un programme de récupération de mémoire est en cours d'exécution, ***delete*** va appeler un destructeur si ce dernier a été défini. On a donc toujours une erreur sérieuse avec la double suppression de l'objet. Dans de nombreux cas, il s'agit néanmoins d'un inconvénient mineur. Lorsque l'on sait qu'un programme de récupération de mémoire est présent, il est possible d'éliminer les destructeurs consacrés uniquement à la gestion de mémoire. Cette simplification s'obtient, bien sûr, au prix de la portabilité et, pour certains programmes, au prix d'une éventuelle augmentation du temps d'exécution ainsi que d'une maîtrise moindre du comportement de l'exécution (§ C.9.1).

Une fois l'opérateur ***delete*** appliqué à un objet, un accès à ce dernier constitue une erreur. Les implémentations ne peuvent malheureusement pas détecter ce type d'erreurs de façon fiable.

L'utilisateur peut spécifier la façon dont ***new*** effectue l'allocation ainsi que la façon dont ***delete*** réalise la désallocation (§ 6.2.6.2 et § 15.6). Il est possible aussi de préciser comment vont se comporter l'allocation, l'initialisation (construction) et les exceptions entre elles (§ 14.4.5 et § 19.4.5). Les tableaux en mémoire dynamique sont traités en § 10.4.7.

10.4.6 Les objets de classe comme membres

Considérons une classe utilisée pour stocker les informations concernant une petite organisation :

```
class Club {
        string name;
        Table members;
        Table officers;
        Date founded;
        // ...
        Club(const string& n, Date fd);
};
```

Le constructeur de ***Club*** reçoit le nom du club ainsi que sa date de fondation comme arguments. Les arguments du constructeur d'un membre sont spécifiés dans une liste d'initialisation de celui-ci, liste située dans la définition du constructeur de la classe conteneur.

Par exemple :

```
Club::Club(const string& n, Date fd)
    : name(n), members(), officers(), founded(fd)
{
    // ...
}
```

Les initialiseurs du membre sont précédés de deux points (:) et séparés entre eux par des virgules (,).

Les constructeurs des membres sont appelés avant que le corps du constructeur de la classe conteneur ne soit exécuté. Les constructeurs sont appelés dans l'ordre de leur déclaration dans la classe, plutôt que dans l'ordre de leur apparition dans la liste des initialiseurs. Pour éviter toute confusion, mieux vaut respecter l'ordre de déclaration dans la liste d'initialisation. Les destructeurs de membre sont appelés dans l'ordre inverse de la construction.

Si le constructeur d'un membre n'a pas besoin d'arguments, il n'est pas nécessaire de faire apparaître ce membre dans la liste des initialiseurs de membre. Le code suivant

```
Club::Club(const string& n, Date fd)
    : name(n), founded(fd)
{
    // ...
}
```

est donc équivalent à la version précédente. Dans les deux cas, ***Club::officers*** est construit par ***Table::Table*** avec l'argument par défaut ***15***.

Lorsqu'un objet de classe contenant des objets de classe est détruit, le corps de son destructeur (si un destructeur est spécifié) est d'abord exécuté. Les destructeurs des membres sont ensuite exécutés dans l'ordre inverse de la déclaration. Un constructeur constitue l'environnement d'exécution des fonctions membres d'une classe en partant du bas vers le haut (et en commençant par les membres). Le destructeur désassemble cet environnement en partant du haut vers le bas (et en terminant par les membres).

10.4.6.1 Initialisation de membre nécessaire

Les initialiseurs de membre sont essentiels pour les types dont l'initialisation diffère de l'affectation, c'est-à-dire pour les objets membres de classes sans constructeur par défaut, pour les membres ***const*** et pour les membres références. Par exemple :

```
class X {
    const int i;
    Club c;
    Club& pc;
    // ...
    X(int ii, const string& n, Date d, Club& c) : i(ii), c(n,d), pc(c) { }
};
```

Il n'existe aucune autre façon d'initialiser de tels membres, et le fait de ne pas initialiser d'objets de ces types constituerait une grave erreur. Cependant, pour la plupart d'entre eux, le programmeur a le choix entre l'utilisation d'un initialiseur et celle d'une affectation. Dans ce cas, nous préférons généralement utiliser la syntaxe de l'initialiseur de membre. On obtient ainsi souvent une meilleure efficacité, et cette méthode permet de rendre l'exécution de l'initialisation parfaitement explicite. Par exemple :

```
class Person {
    string name;
    string address;
    // ...
    Person(const Person&);
    Person(const string& n, const string& a);
};

Person::Person(const string& n, const string& a)
    : name(n)
{
    address = a;
}
```

Dans ce code, ***name*** est initialisé avec une copie de ***n***. ***Address***, quant à lui, est d'abord initialisé avec une chaîne vide, puis une copie de ***a*** lui est affectée.

10.4.6.2 Les constantes membres

Il est possible aussi d'initialiser un membre constante intégral statique en ajoutant un initialiseur au format expression-constante dans sa déclaration de membre. Par exemple :

```
class Curious {
public:
    static const int c1 = 7;          // ok, mais se souvenir de la définition
    static int c2 = 11;               // erreur: non const
    const int c3 = 13;                // erreur: non static
    static const int c4 = f(17);      // erreur: initialiseur non constant intra-class
    static const float c5 = 7.0;      // erreur: intra-class non intégral
    // ...
};
```

Si (et seulement si) vous utilisez un membre initialisé de telle sorte qu'il ait besoin d'être stocké comme un objet en mémoire, ce membre devra être défini quelque part (d'une manière unique). L'initialiseur ne devrait pas être répété :

```
const int Curious::c1;              // nécessaire, mais ne pas répéter ici l'initialiseur

const int* p = &Curious::c1;        // ok : Curious::c1 a été défini
```

Dans une déclaration de classe, vous pouvez également utiliser un énumérateur (§ 4.8, § 14.4.6, § 15.3) comme constante symbolique. Par exemple :

```
class X {
    enum { c1 = 7, c2 = 11, c3 = 13, c4 = 17 };
    // ...
};
```

De cette façon, vous n'êtes pas tenté d'initialiser les variables, les nombres à virgule flottante, etc., dans une classe.

10.4.6.3 Copie des membres

Un constructeur ou une affectation copie par défaut (§ 10.4.4.1) recopie tous les éléments d'une classe. Si cette opération ne peut être réalisée, toute tentative pour copier un objet d'une telle classe constituera une erreur. Par exemple :

```
class Unique_handle {
private:                    // les opérations de copie sont privées pour éviter la copie (§ 11.2.2)
        Unique_handle(const Unique_handle&);
        Unique_handle& operator=(const Unique_handle&);
public:
        // ...
};

struct Y {
        // ...
        Unique_handle a;    // nécessite une initialisation explicite
};
Y y1;
Y y2 = y1;                  // erreur : ne peut copier Y::a
```

De plus, une affectation par défaut ne peut être générée si un membre non statique est une référence, un ***const*** ou un type défini par l'utilisateur sans une affectation copie.

Notez que le constructeur de copie par défaut laisse un membre référence se rapporter au même objet, à la fois dans l'objet original et dans l'objet copié. Cela peut constituer un problème si l'objet auquel on fait référence doit être supprimé.

Lors de l'écriture d'un constructeur de copie, il est nécessaire de reproduire chaque élément qui doit l'être. Les éléments sont initialisés par défaut avec les valeurs par défaut, mais il arrive souvent que ce résultat ne soit pas celui recherché dans un constructeur de copie. Par exemple :

```
Person::Person(const Person& a) : name(a.name) { }    // attention !
```

Dans cet exemple, nous avons oublié de copier l'***address***. ***Address*** est donc initialisé avec la chaîne vide par défaut. Lors de l'ajout d'un nouveau membre à une classe, il est nécessaire de toujours vérifier s'il existe des constructeurs définis par l'utilisateur devant être mis à jour afin d'initialiser et de copier le nouveau membre.

10.4.7 Les tableaux

Si l'objet d'une classe peut être construit sans fournir d'initialiseur explicite, les tableaux de cette classe peuvent alors être définis. Par exemple :

```
Table tbl[10];
```

Ce code va créer un tableau de ***10 Table*** et initialiser chaque ***Table*** *via* un appel de ***Table::Table()*** avec l'argument par défaut ***15***.

Dans une déclaration de tableau, il n'existe aucun moyen de spécifier des arguments explicites pour un constructeur. Si vous devez absolument initialiser les membres d'un tableau avec différentes valeurs, vous pouvez écrire un constructeur par défaut capable de lire directement ou indirectement et d'écrire des données non locales. Par exemple :

```
class Ibuffer {
        string buf;
public:
        Ibuffer() { cin>>buf; }
        // ...
};

void f()
{
        Ibuffer words[100];      // chaque mot est initialisé à partir de cin
        // ...
}
```

Mieux vaut éviter de telles subtilités.

Le destructeur de chaque élément d'un tableau est appelé lorsque ce dernier est détruit. Cette opération est implicite pour les tableaux qui ne sont pas alloués *via* l'opérateur ***new***. Comme le langage C, C++ ne fait pas de distinction entre le pointeur d'un objet individuel et celui de l'élément initial d'un tableau (§ 5.3). Par conséquent, le programmeur doit indiquer si la suppression concerne un tableau ou un objet individuel. Par exemple :

```
void f(int sz)
{
        Table* t1 = new Table;
        Table* t2 = new Table[sz];
        Table* t3 = new Table;
        Table* t4 = new Table[sz];

        delete t1;        // bon
        delete[] t2;      // bon
        delete[] t3;      // mauvais : problème
        delete t4;        // mauvais : problème
}
```

Les détails concernant la façon dont les tableaux et les objets individuels sont alloués dépendent de l'implémentation. Par conséquent, des implémentations différentes réagiront différemment à des utilisations incorrectes des opérateurs ***delete*** et ***delete[]***. Dans des cas simples et de peu d'intérêt, comme celui de l'exemple précédent, un compilateur peut détecter le problème. Il est cependant probable qu'un incident se produise au moment de l'exécution.

Logiquement, l'opérateur de destruction des tableaux ***delete[]*** n'est pas nécessaire. Toutefois, supposons que l'implémentation de la mémoire dynamique ait été requise pour stocker des informations suffisantes pour chaque objet, de façon à indiquer s'il s'agit d'un objet individuel ou d'un tableau. L'utilisateur aurait pu être soulagé d'une charge, mais cette obligation aurait pu imposer une surconsommation d'espace et de temps significative dans certaines implémentations C++.

Comme toujours, si vous trouvez les tableaux de style C trop lourds, faites appel à une classe telle que ***vector*** (§ 3.7.1, § 16.3). Par exemple ;

```
void g()
{
        vector<Table>* p1 = new vector<Table>(10);
        Table* p2 = new Table;

        delete p1;
        delete p2;
}
```

10.4.8 La mémoire statique locale

Le constructeur d'un objet statique local (§ 7.1.2) est appelé à la première rencontre entre le flux de contrôle et la définition de l'objet. Examinez le code suivant :

```
void f(int i)
{
        static Table tbl;
        // ...
        if (i) {
                static Table tbl2;
                // ...
        }
}

int main()
{
        f(0);
        f(1);
        f(2);
        // ...
}
```

Dans ce code, le constructeur est appelé une seule fois pour ***tbl***, et ce au cours du premier appel de ***f()***. ***Tbl*** étant déclaré ***static***, il n'est pas détruit à la fin de l'exécution de ***f()***. Il n'est pas non plus construit une seconde fois lorsque ***f()*** est de nouveau appelé. Le bloc contenant la déclaration de ***tbl2*** n'étant pas exécuté pour l'appel de ***f(0)***, ***tbl2*** est seulement construit au cours de l'appel de ***f(1)***. Il n'est pas construit une seconde fois lorsque le bloc dans lequel il se trouve est exécuté de nouveau.

Lorsque le programme se termine, les destructeurs des objets statiques locaux sont appelés dans l'ordre inverse de leur construction (§ 9.4.1.1). Le moment exact de cette opération n'est pas spécifié.

10.4.9 Mémoire non locale

Une variable définie en dehors de toute fonction (c'est-à-dire les variables ***static*** de classe, d'espace de noms et globales) est initialisée (construite) avant l'appel de ***main()***. Une variable de ce type verra son destructeur appelé après la fin d'exécution de ***main()***. La liaison dynamique complique légèrement ce schéma en retardant l'initialisation jusqu'à l'édition des liens.

Dans une unité de traduction, les constructeurs d'objets non locaux sont exécutés dans l'ordre d'apparition de leurs définitions. Examinez le code suivant :

```
class X {
    // ...
    static Table memtbl;
};

Table tbl;

Table X::memtbl;

namespace Z {
    Table tbl2;
}
```

L'ordre de la construction est ***tlb***, ***X::memtbl***, puis ***Z::tbl2***. Notez qu'à l'inverse d'une définition, une déclaration, telle celle de ***memtbl*** dans ***X***, ne modifie pas l'ordre de construction. Les destructeurs sont appelés dans l'ordre inverse de la construction : ***Z::tbl2***, puis ***X::memtbl*** et enfin ***tbl***.

Dans des unités de compilation différentes, aucune garantie indépendante de l'implémentation n'existe concernant l'ordre de construction des objets non locaux. Par exemple :

```
// file1.c:
    Table tbl1;

// file2.c:
    Table tbl2;
```

L'ordre de construction de ***tbl1*** et ***tbl2*** dépend uniquement de l'implémentation. Il n'est même pas garanti que cet ordre soit fixe dans chaque implémentation. La liaison dynamique ou même une petite modification du processus de compilation peuvent modifier la séquence. L'ordre de la destruction dépend également de l'implémentation.

Lors de la conception d'une bibliothèque, il peut être indispensable ou simplement pratique d'inventer un type dont le seul objectif est l'initialisation et la libération des ressources. Un type tel que celui-ci ne devrait être utilisé qu'une seule fois : dans le but d'allouer un objet statique, de telle sorte que le constructeur et le destructeur soient appelés. Par exemple :

```
class Zlib_init {
    Zlib_init();     // Zlib est prêt à être utilisé
    ~Zlib_init();    // nettoyage après Zlib
};

class Zlib {
    static Zlib_init x;
    // ...
};
```

Dans un programme constitué d'unités compilées séparément, il n'est malheureusement pas garanti qu'un objet de ce type soit initialisé avant sa première utilisation et détruit après son dernier emploi. Une implémentation C++ particulière pourrait offrir ce type de garantie, mais il s'agit encore d'une exception. Un programmeur pourrait s'assurer d'une initialisation appropriée en appliquant la stratégie employée par les implémentations pour les objets statiques locaux : un détecteur de "première-fois". Par exemple :

```
class Zlib {
	static bool initialized;
	static void initialize() { /* initialize */ initialized = true; }
public:
			// pas de constructeur

	void f()
	{
		if (initialized == false) initialize();
		// ...
	}
	// ...
};
```

Lorsque les fonctions qui ont besoin de tester le détecteur de première-fois sont nombreuses, cette technique peut s'avérer fastidieuse. Dans la majorité des cas, cependant, la situation reste gérable. Cette technique s'appuie sur le fait que des objets alloués statiquement sans constructeur sont initialisés à ***0***. Le cas le plus difficile est celui dans lequel le temps d'exécution de la première opération s'avère critique. Une consommation de ressources supplémentaires pour le test et l'initialisation éventuelle pourrait, en effet, poser un problème. Dans ce cas, une ruse supplémentaire s'impose (§ 21.5.2).

Dans le cas d'un objet simple, une autre approche consiste à le présenter comme une fonction (§ 9.4.1) :

```
int& obj() { static int x = 0; return x; }		// initialisé à la première utilisation
```

Les détecteurs de première-fois ne gèrent pas toutes les situations imaginables. Il est possible, par exemple, de créer des objets qui se réfèrent les uns aux autres au cours de la construction. Mieux vaut éviter de telles situations. Si des objets de ce genre sont nécessaires, ils doivent être construits soigneusement par étapes. Il n'existe pas de construction analogue pour un détecteur de "dernière-fois". Consultez plutôt les § 9.4.1.1 et § 21.5.2.

10.4.10 Les objets temporaires

Les objets temporaires sont le plus souvent le résultat d'expressions arithmétiques. Au cours de l'évaluation de ***x*y+z***, par exemple, le résultat partiel de ***x*y*** doit être mentionné à un endroit ou à un autre. Excepté lorsque les performances sont primordiales (§ 11.6), le programmeur se préoccupe rarement des objets temporaires. Cette situation se produit toutefois de temps en temps (§ 11.6, § 22.4.7).

A moins qu'il ne soit lié à une référence, ou utilisé pour initialiser un objet nommé, un objet temporaire est détruit à la fin de l'expression complète dans laquelle il a été créé. Une *expression complète* ne doit pas être une sous-expression d'une autre expression.

La classe ***string*** standard contient la fonction membre ***c_str()*** qui renvoie un tableau de caractères terminé par la valeur nulle dans le style C (§ 3.5.1, § 20.4.1). L'opérateur + est également défini pour la concaténation des chaînes. Ces ressources sont très utiles pour des ***string***. Cependant, lorsqu'elles se trouvent combinées entre elles, elles peuvent être à l'origine de problèmes complexes. Par exemple :

```
void f(string& s1, string& s2, string& s3)
{
        const char* cs = (s1+s2).c_str();
        cout << cs;
        if (strlen(cs=(s2+s3).c_str())<8 && cs[0]=='a') {
                // cs utilisé ici
        }
}
```

Votre première réaction sera probablement:"Il s'agit d'une mauvaise solution". Nous sommes d'accord avec vous. Il arrive toutefois que l'on rencontre du code tel que celui-ci. Dans ce cas, mieux vaut savoir comment il est interprété.

Un objet temporaire de classe ***string*** est créé pour stocker ***s1+s2***. Un pointeur d'une chaîne de style C est alors extrait de cet objet. Ensuite, à la fin de l'expression, l'objet temporaire est supprimé. Où la chaîne de style C a-t-elle été allouée ? Cette allocation fait probablement partie de l'objet temporaire dans lequel est stocké ***s1+s2***. Mais il n'existe aucune garantie pour que cette mémoire existe après la destruction de l'objet temporaire. Par conséquent, ***cs*** pointe vers de la mémoire désallouée. L'opération de sortie ***cout<<cs*** pourrait fonctionner, mais ce serait vraiment un hasard. Un compilateur est en mesure de détecter et de mettre en garde contre de nombreuses variantes de ce problème.

L'exemple avec l'instruction ***if*** est un peu plus subtil. La condition fonctionnera comme prévu, car l'expression complète dans laquelle l'objet temporaire recevant ***s2+s3*** est créé représente la condition elle-même. Cet objet temporaire est toutefois détruit avant que l'instruction contrôlée ne soit exécutée. Il n'existe donc aucune garantie permettant d'affirmer qu'une utilisation de ***cs*** fonctionne.

Veuillez noter que, dans ce cas, comme dans beaucoup d'autres, les problèmes concernant les objets temporaires proviennent d'une utilisation "bas niveau" d'un type de données de haut niveau. En améliorant le style de programmation, vous obtiendrez non seulement un fragment de programme plus facile à comprendre, mais vous éviterez les problèmes concernant les objets temporaires. Par exemple :

```
void f(string& s1, string& s2, string& s3)
{
        cout << s1+s2;
        string s = s2+s3;

        if (s.length()<8 && s[0]=='a') {
                // utilisation de s ici
        }
}
```

Il est possible d'utiliser un objet temporaire comme initialiseur pour une référence ***const*** ou un objet nommé.

Par exemple :

```
void g(const string&, const string&);

void h(string& s1, string& s2)
{
        const string& s = s1+s2;
        string ss = s1+s2;

        g(s,ss);                        // nous pouvons utiliser s et ss ici
}
```

Ce code est correct. L'objet temporaire est détruit lorsque "sa" référence ou son objet nommé sortent de la portée courante. N'oubliez pas que le renvoi d'une référence à une variable locale est une erreur (§ 7.3) et qu'un objet temporaire ne peut être lié à une référence non ***const*** (§ 5.5).

Un objet temporaire peut également être créé en appelant explicitement un constructeur. Par exemple :

```
void f(Shape& s, int x, int y)
{
        s.move(Point(x,y));     // construit Point à transmettre à Shape::move()
        // ...
}
```

De tels objets temporaires sont détruits exactement de la même façon que ceux générés implicitement.

10.4.11 Placement des objets

L'opérateur ***new*** crée son objet en mémoire dynamique par défaut. Nous pourrions cependant désirer allouer l'objet à un endroit autre. Considérons une classe simple :

```
class X {
public:
        X(int);
        // ...
};
```

Nous pouvons placer des objets n'importe où en fournissant une fonction d'allocation comprenant des arguments supplémentaires qui seront ensuite livrés à l'opérateur ***new*** :

```
void* operator new(size_t, void* p) { return p; }         // opérateur avec placement explicite

void* buf = reinterpret_cast<void*>(0xF00F);             // adresse significative
X* p2 = new(buf)X;             // construit un X en 'buf;' appelle : operator new(sizeof(X),buf)
```

Cet usage a déterminé le fait que la syntaxe ***new(buf)X*** destinée à fournir des arguments supplémentaires à ***operator new()*** soit nommée *syntaxe de placement*. Notez que chaque ***operator new()*** reçoit une taille en premier argument, et que la taille de l'objet alloué est fournie implicitement (§ 15.6). L'***operator new()*** utilisé par l'opérateur ***new*** est choisi selon les règles habituelles de correspondance des arguments (§ 7.4). Chaque ***operator new()*** reçoit une ***size_t*** en premier argument.

Operator new() représente l'opérateur le plus simple de ce type de programme d'affectation. Il est défini dans l'en-tête standard ***<new>***.

Reinterpret_cast est le plus primitif et, potentiellement, le plus mauvais des opérateurs de conversion de type (§ 6.2.7). Dans la plupart des cas, il produit simplement une valeur possédant le même modèle de bit que son argument. On peut donc l'utiliser pour des conversions de valeurs entières vers des pointeurs et vice versa. Cette opération est dépendante de l'implémentation, elle est dangereuse, mais peut, à l'occasion, s'avérer absolument indispensable.

La construction ***new*** de placement peut également permettre l'allocation de mémoire à partir d'un champ spécifique :

```
class Arena {
public:
        virtual void* alloc(size_t) =0;
        virtual void free(void*) =0;
        // ...
};

void* operator new(size_t sz, Arena* a)
{
        return a->alloc(sz);
}
```

Des objets dont les types sont arbitraires peuvent maintenant être alloués à partir de différents ***Arena*** si nécessaire. Par exemple :

```
extern Arena* Persistent;
extern Arena* Shared;

void g(int i)
{
        X* p = new(Persistent) X(i);        // X en mémoire persistante
        X* q = new(Shared) X(i);            // X en mémoire partagée
        // ...
}
```

Le fait de placer un objet dans une zone qui n'est pas (directement) contrôlée par le gestionnaire de mémoire dynamique standard nécessitera quelques précautions au moment de la destruction de cet objet. Le mécanisme de base pour cette opération est l'appel explicite d'un destructeur :

```
void destroy(X* p, Arena* a)
{
        p->~X();        // appelle le destructeur
        a->free(p);     // libère la mémoire
}
```

Notez que des appels explicites de destructeurs, comme l'utilisation de programmes d'affectation *globaux* spécialisés, devraient être évités chaque fois que possible. Ce type d'appels s'avère néanmoins indispensable de temps à autre. Il serait difficile, par exemple, d'implémenter un conteneur général efficace sur des lignes de la bibliothèque standard vector (§ 3.7.1, § 16.3.8) sans utiliser de destructeur explicite. S'il ne peut éviter l'appel explicite d'un destructeur, un débutant devrait en tout état de cause demander l'avis d'un collègue plus expérimenté avant de réaliser cette opération.

Dans le § 14.4.4, vous étudierez de quelle façon les ***new*** de placement interagissent avec la gestion des exceptions.

Il n'existe pas de syntaxe particulière pour le placement des tableaux. Cette syntaxe est d'ailleurs inutile puisque les types arbitraires peuvent être alloués par l'intermédiaire du ***new*** de placement. Il est néanmoins possible de définir un ***operator delete()*** particulier pour les tableaux (§ 19.4.5).

10.4.12 Les unions

Une union nommée est définie en tant que structure dans laquelle chaque membre possède la même adresse (§ C.8.2). Une union peut posséder des fonctions membres, mais pas de membre statique.

D'une manière générale, un compilateur ne peut savoir quel membre d'une union est utilisé. Le type de l'objet stocké dans une union est donc inconnu. Une union pourrait par conséquent ne pas avoir de membre possédant des constructeurs et des destructeurs. Dans ce cas, cet objet ne pourrait être protégé de la corruption. Il serait tout aussi impossible de garantir l'appel du destructeur approprié lorsque l'union sort de la portée courante.

Il est préférable de réserver l'utilisation des unions au code de bas niveau ainsi qu'au code d'implémentation des classes conservant une trace de ce qui est stocké dans l'union (§ 10.6[20]).

10.5 Conseils

1. Représentez des concepts comme des classes (voir § 10.1).
2. N'employez les (structures de) données publiques que lorsqu'il s'agit de données et lorsque aucun invariant n'est significatif pour les membres de données (voir § 10.2.8).
3. Le type concret représente le type le plus simple de classe. Lorsque c'est possible, préférez le type concret aux classes plus compliquées ou aux structures de données normales (voir § 10.3).
4. Ne définissez une fonction comme membre que si elle doit accéder directement à la représentation d'une classe (voir § 10.3.2).
5. Utilisez un espace de noms pour rendre explicite l'association entre une classe et ses fonctions assistantes (voir § 10.3.2).
6. Une fonction membre qui ne modifie pas la valeur de son objet doit être définie en ***const*** (voir § 10.2.6).
7. Une fonction qui doit accéder à la représentation d'une classe, mais qui n'a pas besoin d'être appelée pour un objet spécifique, devra être définie comme fonction membre ***static*** (voir § 10.2.4).
8. Si vous désirez créer un invariant pour une classe, utilisez un constructeur (voir § 10.3.1).
9. Si un constructeur prend une ressource, sa classe a besoin d'un destructeur pour libérer cette ressource (voir § 10.4.1).
10. Si une classe possède un membre pointeur, elle a besoin d'opérations de copie (constructeur de copie et affectation copie) (voir § 10.4.4.1).
11. Si une classe possède un membre référence, elle a certainement besoin d'opérations de copie (constructeur de copie et affectation copie) (voir § 10.4.6.3).

12. Si une classe nécessite une opération de copie ou un destructeur, elle a probablement besoin d'un constructeur, d'un destructeur, d'une affectation copie et d'un constructeur de copie (voir § 10.4.4.1).
13. Contrôlez les auto-affectations dans les affectations copie (voir § 10.4.4.1).
14. Lorsque l'on écrit un constructeur de copie, il est nécessaire de reproduire chaque élément qui doit l'être (attention aux initialiseurs par défaut) (voir § 10.4.4.1).
15. Lorsque vous ajoutez un nouveau membre à une classe, contrôlez toujours si certains constructeurs définis par l'utilisateur nécessitent une mise à jour pour initialiser ce membre (voir § 10.4.6.3).
16. Utilisez les énumérateurs lorsque vous devez définir des constantes entières dans des déclarations de classe (voir § 10.4.6.1).
17. Evitez de produire des dépendances concernant l'ordre lorsque vous construisez des objets espace de noms et globaux (voir § 10.4.9).
18. Codez des détecteurs de première-fois de façon à minimiser les dépendances vis-à-vis de l'ordre (voir § 10.4.9).
19. N'oubliez pas que les objets temporaires sont détruits à la fin de l'expression complète dans laquelle ils ont été créés (voir § 10.4.10).

10.6 Exercices

1. (*1) Trouvez l'erreur présente dans le ***Date::add_year()*** au § 10.2.2. Recherchez ensuite deux erreurs supplémentaires dans la version du § 10.2.7.
2. (*2.5) Complétez et testez ***Date***. Reprenez son implémentation en introduisant la représentation du "nombre de jour après le 1/1/1970".
3. (*2) Recherchez une classe ***Date*** qui soit utilisée commercialement. Faites la critique des fonctions fournies par cette classe. Demandez, si possible, l'avis d'un utilisateur réel.
4. (*1) Comment accédez-vous à ***set_default*** dans la classe ***Date*** de l'espace de noms ***Chrono*** (§ 10.3.2) ? Donnez au moins trois méthodes différentes.
5. (*2) Définissez une classe ***Histogram*** qui garde le compte des nombres compris dans des intervalles spécifiés en arguments du constructeur d'***Histogram***. Fournissez des fonctions qui permettent d'afficher l'histogramme. Prévoyez la gestion des valeurs hors limite.
6. (*2) Définissez des classes qui permettent de fournir les nombres aléatoires de distributions fixes (par exemple, uniforme et exponentiel). Chaque classe possède un constructeur spécifiant des paramètres pour la distribution, ainsi qu'une fonction ***draw*** renvoyant la valeur suivante.
7. (*2.5) Complétez la classe ***Table*** de façon à stocker des paires (nom, valeur). Modifiez ensuite le programme de la calculatrice du § 6.1 afin d'utiliser la classe ***Table*** plutôt que ***map***. Comparez les deux versions.
8. (*2) Réécrivez ***Tnode*** au § 7.10[7] comme une classe possédant des constructeurs, destructeurs, etc. Définissez une arborescence de ***Tnode*** comme une classe possédant des constructeurs, destructeurs, etc.

9. (*3) Définissez, implémentez et testez un ensemble d'entiers (la classe ***Intset***). Fournissez une union, une intersection et des opérations de différence symétrique.
10. (*1.5) Modifiez la classe ***Intset*** en un ensemble de nœuds, où ***Node*** est une structure que vous définirez.
11. (*3) Définissez une classe pour l'analyse, le stockage, l'évaluation et l'impression d'expressions arithmétiques simples, constituées de constantes entières ainsi que des opérateurs +, –, * et /. L'interface publique devrait avoir l'allure suivante :

```
class Expr {
        // ...
public:
        Expr(const char*);
        int eval();
        void print();
};
```

L'argument chaîne pour le constructeur ***Expr::Expr()*** est l'expression. La fonction ***Expr::eval()*** renvoie la valeur de l'expression tandis que ***Expr::print()*** affiche une représentation de l'expression en ***cout***. Un programme devrait avoir l'allure suivante :

```
Expr x("123/4+123*4-3");
cout << "x = " << x.eval() << "\n";
x.print();
```

Définissez la classe ***Expr*** deux fois : une première fois en utilisant une liste chaînée de nœuds comme représentation, une autre fois en utilisant une chaîne de caractères comme représentation. Testez plusieurs façons d'afficher l'expression : avec les parenthèses, avec la notation postfixe, en code assembleur, etc.

12. (*2) Définissez une classe ***Char_queue*** de telle sorte que l'interface publique ne dépende pas de la représentation. Implémentez ***Char_queue (a)*** comme une liste chaînée, ***(b)*** comme un vecteur. Ne vous préoccupez pas des conflits d'accès.
13. (*3) Concevez une classe pour une table de symboles, ainsi qu'une classe d'entrée de table de symboles pour un langage. Examinez un compilateur de ce langage, de façon à avoir un aperçu de la table des symboles.
14. (*2) Modifiez la classe expression du § 10.6[11] afin de gérer des variables et l'opérateur d'affectation =. Utilisez la classe de table des symboles du § 10.6[13].
15. (*1) Modifiez le programme :

```
#include <iostream>

int main()
{
        std::cout << "Hello, world!\n";
}
```

de façon à aboutir au résultat suivant :

```
Initialisation
```

Hello, world !
Libération des ressources

Ne modifiez pas la fonction ***main()***.

16. (*2) Définissez une classe ***Calculator*** pour laquelle les fonctions de calculatrice du § 6.1 fourniraient une grande partie de l'implémentation. Créez des ***Calculator*** et appelez-les à partir de la ligne de saisie, pour récupérer la ligne de commande avec cin, et à partir de chaînes dans le programme. Autorisez diverses possibilités de sortie, exactement de la même façon que l'entrée peut être obtenue à partir de diverses sources.
17. (*2) Définissez deux classes, chacune avec un membre ***static***, de telle sorte que la construction de chaque membre ***static*** implique une référence à l'autre. Où de telles constructions devraient-elles apparaître dans le code réel ? Comment ces classes peuvent-elles être modifiées afin d'éliminer la dépendance de l'ordre dans les constructeurs ?
18. (*2.5) Comparez la classe ***Date*** (§ 10.3) avec votre solution au § 5.9[13] et au § 7.10[19]. Commentez les erreurs trouvées et les différences probables de maintenance des deux solutions.
19. (*3) Ecrivez une fonction qui, à partir d'un ***istream*** et d'un ***vector<string>***, produise un ***map<string, vector<int>>*** recevant chaque chaîne ainsi que les nombres de lignes sur lesquelles la chaîne apparaît. Exécutez le programme sur un fichier texte comprenant 1 000 lignes au minimum en recherchant au moins 10 mots.
20. (*2) Reprenez la classe ***Entry*** du § C.8.2 et modifiez-la de telle sorte que chaque membre d'union soit toujours utilisé en fonction de son type.

11

Surcharge des opérateurs

Lorsque j'utilise un mot, sa signification est exactement celle pour laquelle je l'ai choisi — ou exactement celle que je lui ait choisie — jamais plus ni moins.

Humpty Dumpty

La notation — Les fonctions opérateur — Opérateurs unaires et binaires — Signification prédéfinie pour les opérateurs — Les opérateurs et les types définis par l'utilisateur — Les opérateurs dans les espaces de noms — Type complexe — Opérateurs membre et non membre — Arithmétique multimode — Initialisation — Copier — Conversions — Les littérales — Les fonctions assistantes — Les opérateurs de conversion — Résolution des ambiguïtés — Les amies — Amies et membres — Les objets de grande taille — Affectation et initialisation — Indiçage — Appel de fonction — Indirection — Incrémentation et décrémentation — Une classe ***string*** — Conseils — Exercices

11.1 Introduction

Chaque domaine technique — et de nombreux domaines non techniques — a développé une notation raccourcie destinée à simplifier la présentation et les discussions dans lesquelles apparaissent des concepts fréquemment utilisés. Une longue pratique nous permet de mieux comprendre, par exemple, que

*x+y*z*

signifie

multiplier y par z et ajouter le résultat à x.

Il est difficile de surestimer l'importance de la notation concise dans le cas des opérations courantes.

Comme la plupart des langages, C++ prend en charge un ensemble d'opérateurs pour ses types intégrés. Mais la majorité des concepts pour lesquels des opérateurs sont utilisés conventionnellement ne sont pas des types intégrés dans C++. Ils doivent donc être représentés comme des types définis par l'utilisateur. Si vous avez besoin, par exemple, de l'arithmétique sur les complexes, de l'algèbre des matrices, des signaux logiques ou de chaînes de caractères en C++, ces notions devront être représentées par l'intermédiaire des classes. La définition d'opérateurs pour de telles classes autorise quelquefois un programmeur à fournir une notation plus pratique et conventionnelle que la notation fonctionnelle de base, afin de manipuler des objets. Par exemple :

```
class complex {           // complexe très simplifié
        double re, im;
public:
        complex(double r, double i) : re(r), im(i) { }
        complex operator+(complex);
        complex operator*(complex);
};
```

définit une implémentation simple du concept des nombres complexes. Un ***complex*** est représenté par une paire de nombres à virgule flottante double précision manipulés par les opérateurs + et *. Le programmeur définit ces deux opérateurs à l'aide de ***complex::operator+ ()*** et ***complex::operator* ()*** respectivement. Si ***b*** et ***c*** sont de type ***complex***, par exemple, ***b+c*** signifie ***b.operator+ (c)***. Nous sommes maintenant capables de donner une interprétation conventionnelle aux expressions complexes :

```
void f()
{
        complex a = complex(1, 3.1);
        complex b = complex(1.2, 2);
        complex c = b;

        a = b+c;
        b = b+c*a;
        c = a*b+complex(1,2);
}
```

Dans ce cas, les règles de priorité habituelles s'appliquent. La seconde instruction signifie donc ***b=b+(c*a)***, et non ***b=(b+c)*a***.

La majorité des applications de la surcharge des opérateurs concernent les types concrets (§ 10.3). L'utilité des opérateurs définis par l'utilisateur ne s'applique cependant pas uniquement à ces derniers. La conception d'interfaces générales et abstraites, par exemple, amène souvent à l'emploi d'opérateurs tels que **–>**, *[]* et *()*.

11.2 Les fonctions opérateur

La déclaration de fonctions pourra permettre l'attribution d'une signification aux opérateurs suivants (§ 6.2) :

```
+      -      *      /      %      ^       &
|      ~      !      =      <      >       +=
-=     *=     /=     %=     ^=     &=      |=
<<     >>     >>=    <<=    ==     !=      <=
>=     &&     ||     ++     --     ->*     ,
->     []     ()     new    new[]  delete  delete[]
```

Un utilisateur ne peut définir les opérateurs suivants :

- *::* (résolution de la portée ; § 4.9.4, § 10.2.4) ;
- . (sélection de membre ; § 5.7) ;
- .* (sélection de membre *via* un pointeur de fonction ; § 15.5).

La seconde opérande de ces derniers est un nom, plutôt qu'une valeur. De plus, ils fournissent la méthode principale permettant de faire référence aux membres.

Il n'est pas possible de définir de nouveaux mots clés d'opérateur. Cependant, lorsque l'ensemble des opérateurs n'est pas approprié, vous pouvez utiliser la notation d'un appel de fonction. Utilisez ***pow()***, par exemple, et non **. Ces restrictions pourraient sembler draconiennes, mais des règles plus souples seraient susceptibles de conduire à des ambiguïtés. La définition d'un opérateur **, par exemple, pour représenter l'élévation à une certaine puissance, pourrait sembler une tâche facile à première vue. Mais considérez le cas plus attentivement. Cet opérateur ** devrait-il lier vers la gauche (comme en Fortran) ou vers la droite (comme en Algol) ? L'expression ***a**p*** devrait-elle être interprétée comme ***a*(*p)*** ou comme ***(a)**(p)*** ?

Le nom d'une fonction opérateur est constitué du mot clé ***operator*** suivi de l'opérateur lui-même (comme par exemple, ***operator<<***). Une fonction opérateur peut être déclarée et appelée exactement de la même façon qu'une autre. L'utilisation de l'opérateur n'est qu'un raccourci d'un appel explicite de la fonction opérateur. Par exemple :

```
void f(complex a, complex b)
{
        complex c = a + b;                  // raccourci
        complex d = a.operator+(b);         // appel explicite
}
```

Dans la définition précédente de ***complex***, les deux initialiseurs sont synonymes.

11.2.1 Opérateurs binaires et unaires

Il est possible de définir un opérateur binaire soit par l'intermédiaire d'une fonction membre non statique recevant un argument, soit par l'intermédiaire d'une fonction non membre recevant deux arguments. Pour tout opérateur binaire @, ***aa@bb*** peut être interprété en ***aa.operator@ (bb)*** ou en ***operator@ (aa, bb)***. Si les deux sont définis, la résolution de la surcharge (§ 7.4) détermine quelle interprétation devra être utilisée. Par exemple :

```
class X {
public:
        void operator+(int);
        X(int);
};

void operator+(X,X);
void operator+(X,double);

void f(X a)
{
        a+1;        // a.operator+(1)
        1+a;        // ::operator+(X(1),a)
        a+1.0;      // ::operator+(a,1.0)
}
```

Un opérateur unaire, qu'il s'agisse d'un préfixe ou d'un postfixe, peut être défini soit par l'intermédiaire d'une fonction membre non statique ne recevant pas d'argument, soit par l'intermédiaire d'une fonction non membre recevant un argument. Pour tout opérateur unaire préfixe @, ***@aa*** peut être interprété en ***aa.operator@ ()*** ou en ***operator@ (aa)***. Si les deux sont définis, la résolution de portée (§ 7.4) détermine quelle interprétation devra être utilisée. Pour tout opérateur unaire postfixe @, ***aa@*** peut être interprété en ***aa.operator@ (int)*** ou en ***operator@ (aa, int)***. Des explications complémentaires seront fournies en § 11.11. Si les deux sont définis, la résolution de portée (§ 7.4) détermine l'interprétation à utiliser. Un opérateur ne peut être déclaré qu'en fonction de la syntaxe définie pour lui dans la grammaire (§ A.5). Un utilisateur, par exemple, ne peut définir un % unaire ou un + ternaire. Examinez le code suivant :

```
class X {
            // membres (avec pointeur "this" implicite) :

        X* operator&();             // & unaire préfixe (adresse de)
        X operator&(X);             // & binaire (et)
        X operator++(int);          // incrémentation version postfixe (voir § 11.11)
        X operator&(X,X);           // erreur : ternaire
        X operator/();              // erreur : / unaire
};

// fonctions non membre :

X operator-(X);                     // moins unaire préfixe
X operator-(X,X);                   // moins binaire
```

```
X operator--(X&,int);          // décrémentation version postfixe
X operator-();                 // erreur : pas d'opérande
X operator-(X,X,X);            // erreur : ternaire
X operator%(X);                // erreur : % unaire
```

L'opérateur *[]* est décrit en § 11.8, l'opérateur *()* en § 11.9, l'opérateur **->** en § 11.10, les opérateurs **++** et **—** en § 11.11 et les opérateurs d'affectation et de libération de mémoire en § 6.2.6.2, § 10.4.11, § 15.6.

11.2.2 Signification prédéfinie pour les opérateurs

La signification d'un opérateur défini par l'utilisateur ne dépend que de quelques hypothèses. ***Operator=***, ***operator[]***, ***operator()*** et ***operator->***, par exemple, doivent être des fonctions membres non statiques. Cette hypothèse garantit le fait que leur première opérande soit une lvalue (§ 4.9.6).

La signification de certains opérateurs intégrés est équivalente à la combinaison d'autres opérateurs possédant les mêmes arguments. Si ***a*** est de type ***int***, par exemple, ***++a*** signifie ***a+=1*** qui, à son tour, signifie ***a=a+1***. De telles relations ne s'appliquent pas aux opérateurs définis par l'utilisateur, excepté lorsque la définition a été réalisée de cette façon. Un compilateur ne générera pas, par exemple, une définition de ***Z::operator+=()*** à partir des définitions de ***Z::operator+()*** et de ***Z::operator=()***.

Pour des raisons historiques, les opérateurs = (affectation), **&** (adresse de) et **,** (séquence ; § 6.2.2) possèdent un sens prédéfini lorsqu'ils s'appliquent à des objets de classe. Ce sens peut être inaccessible aux utilisateurs généraux si ces opérateurs sont définis comme privés :

```
class X {
private:
        void operator=(const X&);
        void operator&();
        void operator,(const X&);
        // ...
};

void f(X a, X b)
{
        a = b;          // erreur : l'opérateur = est privé
        &a;             // erreur : l'opérateur & est privé
        a,b;            // erreur : l'opérateur ',' est privé
}
```

On peut également leur attribuer de nouveaux sens avec des définitions appropriées.

11.2.3 Les opérateurs et les types définis par l'utilisateur

Une fonction opérateur doit être un membre ou recevoir au moins un argument d'un type défini par l'utilisateur (les fonctions redéfinissant les opérateurs ***new*** et ***delete*** n'en font pas partie). Cette règle garantit le fait qu'un utilisateur ne pourra changer le sens d'une expression, sauf si l'expression en question contient un objet d'un type défini par cet utilisateur. Il n'est pas possible, en particulier, de définir une fonction opérateur qui s'applique exclusivement à des pointeurs. Cette restriction garantit les capacités évolutives de C++, mais pas la mutabilité (à l'exception des opérateurs **=**, **&** et **,** pour les objets de classe).

Une fonction opérateur conçue pour accepter un type de base en première opérande ne peut être une fonction membre. Considérons, par exemple, l'ajout d'une variable complexe ***aa*** à un entier ***2*** : avec une fonction membre déclarée de façon appropriée, ***aa+2*** pourra être interprété en ***aa.operator+(2)***, ce qui ne sera pas le cas de ***2+aa***. Il n'existe, en effet, aucune classe ***int*** permettant de définir + afin de signifier ***2.operator+(aa)***. Même si cette classe existait, deux fonctions membres différentes seraient requises pour prendre en charge ***2+aa*** et ***aa+2***. Le compilateur ne connaissant pas la signification de + attribuée par l'utilisateur, il ne peut supposer que cette opération est commutative et va donc interpréter ***2+aa*** en ***aa+2***. On résout cet exemple de façon très simple à l'aide de fonctions non membre (§ 11.3.2, § 11.5).

Les énumérations sont des types définis par l'utilisateur, et pour lesquels nous pouvons définir des opérateurs. Par exemple :

```
enum Day { sun, mon, tue, wed, thu, fri, sat };

Day& operator++(Day& d)
{
        return d = (sat==d) ? sun : Day(d+1);
}
```

Les ambiguïtés sont contrôlées dans chaque expression. Dès qu'un opérateur défini par l'utilisateur fournit une interprétation possible, l'expression est vérifiée selon les règles du § 7.4.

11.2.4 Les opérateurs dans les espaces de noms

Un opérateur peut être soit le membre d'une classe, soit défini dans un espace de noms (éventuellement l'espace de noms global). Examinez cette version simplifiée des E/S chaîne de la bibliothèque standard :

```
namespace std {            // std simplifié

        class ostream {
                // ...
                ostream& operator<<(const char*);
        };

        extern ostream cout;

        class string {
                // ...
        };

        ostream& operator<<(ostream&, const string&);
}

int main()
{
```

```
    char* p = "Hello";
    std::string s = "world";
    std::cout << p << ", " << s << "!\n";
}
```

Ce code va naturellement afficher ***Hello, world !***. Mais pour quelle raison ? Vous remarquerez que nous n'avons pas rendu accessible le contenu de ***std*** en écrivant :

```
using namespace std;
```

Nous avons préféré coder le préfixe ***std::*** pour ***string*** et ***cout***. En d'autres termes, nous avons évité d'encombrer l'espace de noms global ou d'introduire des dépendances inutiles.

L'opérateur de sortie pour les chaînes de style C (***char****) est un membre de ***std::ostream***. Par définition :

```
std::cout << p
```

signifie donc

```
std::cout.operator<<(p)
```

Cependant, ***std::ostream*** ne possède pas de fonction membre permettant d'envoyer un ***std::string***. L'expression

```
std::cout<<s
```

signifie donc

```
operator<<(std::cout,s)
```

Les opérateurs définis dans des espaces de noms peuvent être identifiés à partir de leurs types d'opérande, exactement comme il est possible d'identifier des fonctions à partir de leurs types d'argument (§ 8.2.6). ***cout***, en particulier, appartient à l'espace de noms ***std***. C'est donc cet espace qui sera parcouru lors de la recherche d'une définition appropriée pour **<<**. Le compilateur va alors trouver et utiliser :

```
std::operator<<(std::ostream&, const std::string&)
```

Pour un opérateur binaire @, ***x@y*** (où ***x*** est de type ***X*** et ***y*** de type ***Y***) est interprété comme suit :

1. Si ***X*** est une classe, et qu'un membre de cette classe ou de l'une de ses bases définit ***operator@***, il s'agit bien de l'@ à utiliser.
2. Dans le cas contraire :

   les déclarations de @ sont recherchées dans le contexte environnant ***x@y*** ;

   si ***X*** est défini dans l'espace de noms ***N***, les déclarations de @ sont recherchées dans ***N*** ;

   si ***Y*** est défini dans l'espace de noms ***M***, les déclarations de @ sont recherchées dans ***M***.

Si des déclarations de ***operator@*** sont trouvées dans le contexte environnant, dans ***N*** ou dans ***M***, nous tentons d'utiliser ces opérateurs.

Dans tous les cas, il est possible de trouver des déclarations pour plusieurs ***operator@***. Les règles de résolution de surcharge (§ 7.4) s'appliquent alors pour identifier l'opérateur le plus approprié, s'il existe. Ce mécanisme de recherche ne s'applique que si l'opérateur possède au moins une opérande de type défini par l'utilisateur. Des conversions définies par l'utilisateur (§ 11.3.2, § 11.4) seront, par conséquent, envisagées. Notez qu'un nom ***typedef*** est simplement un synonyme, et non un type défini par l'utilisateur (§ 4.9.7).

11.3 Type complexe

L'implémentation des nombres complexes présentée dans l'introduction s'avère trop restrictive. Après examen d'un manuel de mathématique, par exemple, il est important de pouvoir évaluer les expressions suivantes :

```
void f()
{
        complex a = complex(1,2);
        complex b = 3;
        complex c = a+2.3;
        complex d = 2+b;
        complex e = -b-c;
        b = c*2*c;
}
```

Nous aimerions également disposer de quelques opérateurs supplémentaires, tels que **==** pour la comparaison et **<<** pour la sortie, ainsi que d'un ensemble de fonctions mathématique appropriées telles que ***sin()*** et ***sqrt()***.

La classe ***complex*** étant un type concret, sa conception suit les instructions du § 10.3. De plus, les utilisateurs de l'arithmétique complexe ont un tel besoin des opérateurs que la définition de ***complex*** met en œuvre une grande partie des règles de base concernant la surcharge des opérateurs.

11.3.1 Opérateurs membres et non membres

Nous préférons minimiser le nombre de fonctions manipulant directement la représentation d'un objet. Cet objectif peut être atteint en ne définissant que des opérateurs (tels que **+=**) modifiant par nature la valeur de leur premier argument dans la classe elle-même. Les opérateurs (tels que **+**) qui produisent simplement une nouvelle valeur en fonction de celles de leurs arguments sont alors définis en dehors de la classe et font appel aux opérateurs essentiels pour leur implémentation :

```
class complex {
        double re, im;
public:
        complex& operator+=(complex a);          // doit pouvoir accéder à la représentation
        // ...
};

complex operator+(complex a, complex b)
{
        complex r = a;
        return r += b;                           // accède à la représentation via +=
}
```

A partir de ces déclarations, nous pouvons écrire :

```
void f(complex x, complex y, complex z)
{
        complex r1 = x+y+z;              // r1 = operator+(x,operator+(y,z))
        complex r2 = x;                  // r2 = x
        r2 += y;                         // r2.operator+=(y)
        r2 += z;                         // r2.operator+=(z)
}
```

Mise à part une éventuelle différence au niveau de l'efficacité, les deux calculs ***r1*** et ***r2*** sont équivalents.

La définition des opérateurs d'affectation composés, tels que += et *=, a tendance à être beaucoup plus simple que celle de leurs équivalents "simples" + et *. Cet état de fait peut paraître surprenant au premier abord, mais l'explication est le suivante : trois objets sont impliqués dans une addition (les deux opérandes et le résultat), alors que deux objets seulement sont impliqués dans une opération +=. Dans ce dernier cas, on améliore l'efficacité d'exécution en éliminant les variables temporaires. Par exemple :

```
inline complex& complex::operator+=(complex a)
{
        re += a.re;
        im += a.im;
        return *this;
}
```

Dans ce code, aucune variable temporaire n'est nécessaire pour stocker le résultat de l'addition. Il sera donc plus simple à analyser par le compilateur.

Un bon optimiseur générera également un code proche du code optimal pour l'utilisation de l'opérateur + simple. Nous ne possédons cependant pas toujours un bon optimiseur, et les types ne sont pas tous aussi simples que ***complex***. Le § 11.5 traite donc les différentes façons de définir des opérateurs avec un accès direct à la représentation des classes.

11.3.2 Arithmétique multimode

Pour prendre en charge l'expression

```
complex d = 2+b;
```

nous devons définir l'opérateur + de telle sorte qu'il accepte des opérandes de types différents. Dans la terminologie Fortran, nous avons besoin d'une *arithmétique multimode*. Nous pouvons obtenir cette dernière en ajoutant simplement les versions appropriées des opérateurs :

```
class complex {
        double re, im;
public:
        complex& operator+=(complex a) {
                re += a.re;
                im += a.im;
                return *this;
        }
```

```
        complex& operator+=(double a) {
                re += a;
                return *this;
        }

        // ...
};

complex operator+(complex a, complex b)
{
        complex r = a;
        return r += b;          // appelle complex::operator+=(complex)
}

complex operator+(complex a, double b)
{
        complex r = a;
        return r += b;          // appelle complex::operator+=(double)
}

complex operator+(double a, complex b)
{
        complex r = b;
        return r += a;          // appelle complex::operator+=(double)
}
```

L'ajout d'un ***double*** à un nombre complexe est une opération plus simple que l'ajout d'un ***complex***. Les opérations s'appliquant à des opérandes ***double*** ne touchent pas à la partie imaginaire d'un nombre complexe et sont ainsi plus efficaces.

A partir de ces déclarations, nous pouvons écrire :

```
void f(complex x, complex y)
{
        complex r1 = x+y;       // appelle operator+(complex,complex)
        complex r2 = x+2;       // appelle operator+(complex,double)
        complex r3 = 2+x;       // appelle operator+(double,complex)
}
```

11.3.3 Initialisation

Pour traiter les affectations et initialisations de variables ***complex*** avec des scalaires, nous avons besoin d'une conversion scalaire (nombre entier ou à virgule flottante) vers ***complex***. Par exemple :

```
complex b = 3;                  // devrait être équivalent à b.re=3, b.im=0
```

Un constructeur recevant un seul argument spécifie une conversion à partir de son type d'argument vers le type du constructeur. Par exemple :

```
class complex {
        double re, im;
public:
        complex(double r) :re(r), im(0) { }
```

```
        // ...
};
```

Le constructeur spécifie l'intégration traditionnelle de la ligne réelle dans le plan complexe.

Un constructeur est une prescription permettant de créer une valeur d'un type donné. On y fait appel lorsqu'une valeur d'un certain type est attendue et que cette dernière peut être créée par un constructeur à partir de la valeur fournie comme initialiseur ou de la valeur attribuée. Un constructeur qui requiert un seul argument n'a donc pas besoin d'être appelé explicitement. Par exemple,

```
complex b = 3;
```

signifie

```
complex b = complex(3);
```

Une conversion définie par l'utilisateur n'est appliquée implicitement que dans le cas où elle est unique (§ 7.4). Vous trouverez en § 11.7.1 une méthode permettant de spécifier des constructeurs ne pouvant être appelés qu'explicitement.

Le constructeur qui reçoit deux doubles est, bien sûr, toujours nécessaire, et un constructeur par défaut initialisant un ***complex*** à ***(0,0)*** est également utile :

```
class complex {
        double re, im;
public:
        complex() : re(0), im(0) { }
        complex(double r) : re(r), im(0) { }
        complex(double r, double i) : re(r), im(i) { }
        // ...
};
```

Les arguments par défaut nous permettent de résumer en :

```
class complex {
        double re, im;
public:
        complex(double r =0, double i =0) : re(r), im(i) { }
        // ...
};
```

Lorsqu'un constructeur est déclaré explicitement pour un type, il n'est pas possible d'utiliser une liste d'initialiseurs (§ 5.7, § 4.9.5) comme initialiseur. Par exemple :

```
complex z1 = { 3 };        // erreur : complex possède un constructeur
complex z2 = { 3, 4 };     // erreur : complex possède un constructeur
```

11.3.4 Copier

Un constructeur de copie défini par défaut pour ***complex*** permet de compléter ceux déclarés explicitement (§ 10.2.5). Un constructeur de copie par défaut recopie simplement tous les membres. Nous aurions pu rendre ce constructeur explicite en écrivant :

```
class complex {
        double re, im;
```

```
public:
    complex(const complex& c) : re(c.re), im(c.im) { }
    // ...
};
```

Cependant, lorsque la sémantique du constructeur de copie par défaut est appropriée, nous préférons nous appuyer sur la définition par défaut. Le code obtenu est plus concis, et chacun devrait être en mesure de connaître celui par défaut. Les compilateurs, en particulier, connaissent le constructeur de copie par défaut et ses éventuelles opportunités d'optimisation. L'écriture manuelle de la copie membre à membre est fastidieuse. De plus, des erreurs peuvent être introduites lorsque les classes possèdent de nombreuses données membres (§ 10.4.6.3).

L'utilisation d'un argument référence pour le constructeur de copie s'avère nécessaire. Le constructeur de copie définit le mode de réalisation de la copie — y compris celle d'un argument. C'est pourquoi la ligne suivante :

```
complex::complex(complex c) : re(c.re), im(c.im) { }    // erreur
```

constitue une erreur. Dans ce cas, tout appel impliquerait une récurrence infinie.

Pour d'autres fonctions recevant des arguments de type ***complex***, nous préférons les arguments valeur aux arguments référence. En fait, le choix revient au concepteur. Du point de vue de l'utilisateur, il existe très peu de différences entre une fonction recevant un argument ***complex*** et une autre recevant un argument ***const complex&***. Cette question sera traitée de façon plus détaillée au § 11.6.

Les constructeurs de copie sont généralement utilisés dans des initialisations simples telles que :

```
complex x = 2;              // crée complex(2) ; puis initialise x avec cette valeur
complex y = complex(2,0);   // crée complex(2,0) ; puis initialise y avec cette valeur
```

Les appels au constructeur de copie peuvent toutefois être optimisés de façon très banale. Nous aurions pu écrire le code équivalent :

```
complex x(2);               //initialise x avec 2
complex y(2,0);             //initialise y avec (2,0)
```

Dans le cas de types arithmétiques, tels que ***complex***, nous préférons la version dans laquelle apparaît l'opérateur =. Il est possible de restreindre l'ensemble des valeurs acceptées avec une initialisation de style = par rapport à une autre de style ***()***. Pour ce faire, il suffit de définir le constructeur de copie comme privé (§ 11.2.2) ou de déclarer un constructeur ***explicit*** (§ 11.7.1).

De la même façon que pour l'initialisation, l'affectation de deux objets de même classe est définie par défaut comme une affectation membre à membre (§ 10.2.5). Nous aurions pu la définir explicitement avec ***complex::operator=***, mais pour un type simple tel que ***complex*** il n'y a aucune raison de réaliser cette opération. L'affectation par défaut convient parfaitement.

Le constructeur de copie — qu'il soit défini par l'utilisateur ou généré par le compilateur — est utilisé non seulement pour l'initialisation des variables, mais également pour la transmission d'arguments, le renvoi de valeur et la gestion des exceptions (§ 11.7). La sémantique de ces opérations est définie pour être celle de l'initialisation (§ 7.1, § 7.3, § 14.2.1).

11.3.5 Constructeurs et conversions

Pour chacun des quatre opérateurs arithmétiques standards, trois versions ont été définies :

```
complex operator+(complex,complex);
complex operator+(complex,double);
complex operator+(double,complex);
// ...
```

Cette technique peut devenir fastidieuse et facilement se transformer en une source possible d'erreurs. Que se passerait-il si nous avions trois solutions pour le type de chacun des arguments de chaque fonction ? Nous aurions besoin de trois versions pour chaque fonction à argument unique, de neuf versions pour chaque fonction à deux arguments, de vingt-sept versions pour chaque fonction à trois arguments, etc. Ces variantes sont souvent très proches. En fait, presque toutes impliquent une conversion simple des arguments vers un type courant, suivi d'un algorithme standard.

L'autre solution permettant de fournir des versions différentes d'une fonction pour chaque combinaison d'argument consiste à s'appuyer sur les conversions. Notre classe ***complex***, par exemple, fournit un constructeur qui convertit un ***double*** en ***complex***. Par conséquent, il serait possible de déclarer une seule version de l'opérateur d'égalité pour cette classe :

```
bool operator==(complex,complex);

void f(complex x, complex y)
{
        x==y;       // signifie operator==(x,y)
        x==3;       // signifie operator==(x,complex(3))
        3==y;       // signifie operator==(complex(3),y)
}
```

Il existe des situations dans lesquelles il est préférable de définir des fonctions séparées. Dans certains cas, par exemple, la conversion peut générer une consommation supplémentaire de ressources. Dans d'autres cas, un algorithme plus simple peut être utilisé pour des types d'argument spécifiques. Lorsque ces questions ne sont pas significatives, le fait de s'appuyer sur les conversions et de ne fournir que la variante la plus générale d'une fonction — plus, éventuellement, quelques variantes critiques — restreint l'explosion combinatoire des variantes qui peuvent apparaître avec l'arithmétique multi-mode.

Lorsque plusieurs variantes d'une fonction ou d'un opérateur existent, le compilateur doit sélectionner la "bonne" en fonction des types d'argument et des conversions (standards et définies par l'utilisateur) disponibles. Si aucune variante ne correspond parfaitement, l'expression est ambiguë et constitue une erreur (§ 7.4).

Un objet construit à partir d'une utilisation explicite ou implicite de constructeur est automatique. Il sera détruit à la première opportunité (§ 10.4.10).

Aucune conversion implicite définie par l'utilisateur ne peut s'appliquer du côté gauche d'un **.** (ou d'un **->**). Cette règle s'applique même lorsque le **.** est implicite. Par exemple :

```
void g(complex z)
{
        3+z;                // ok: complex(3)+z
```

```
        3.operator+=(z);        // erreur : 3 n'est pas un objet de la classe
        3+=z;                   // erreur : 3 n'est pas un objet de la classe
}
```

Le fait qu'un opérateur demande une lvalue comme opérande gauche pourra être exprimé en définissant cet opérateur comme membre.

11.3.6 Les littérales

Il n'est pas possible de définir des littérales pour un type de classe, car ***1.2*** et ***12e3*** sont des littérales de type ***double***. Cependant, il est souvent envisageable d'utiliser des littérales des types de base si les fonctions membres de la classe sont utilisées pour en fournir une interprétation. Les constructeurs recevant un unique argument proposent un mécanisme général pour cette opération. Lorsque des constructeurs sont simples et définis en ligne, les appels de constructeur avec des littérales comme arguments peuvent être considérés comme des littérales. ***Complex(3)***, par exemple, peut être considéré comme un littérale de type ***complex***, même si techniquement ce n'est pas le cas.

11.3.7 Les autres fonctions membres

Jusqu'à présent, nous n'avons fourni à la classe ***complex*** que des constructeurs et des opérateurs arithmétiques. Ce n'est pas suffisant pour un emploi réel. Nous devons souvent être capable d'examiner la valeur des parties réelles et imaginaires :

```
class complex {
        double re, im;
public:
        double real() const { return re; }
        double imag() const { return im; }
        // ...
};
```

Contrairement aux autres membres de ***complex***, ***real()*** et ***imag()*** ne modifient pas la valeur d'un ***complex***. On peut donc les déclarer comme ***const***.

Toutes sortes d'opérations utiles peuvent être définies à partir de ***real()*** et ***imag()***, sans pour autant se voir accorder un accès direct à la représentation de ***complex***. Par exemple :

```
inline bool operator==(complex a, complex b)
{
        return a.real()==b.real() && a.imag()==b.imag();
}
```

Notez que nous avons uniquement besoin de lire les parties réelles et imaginaires. Il est rarement nécessaire de les écrire. Si nous devons effectuer une "mise à jour partielle", nous pouvons :

```
void f(complex& z, double d)
{
        // ...
        z = complex(z.real(),d);        // affecte d à z.im
}
```

Un bon optimiseur générera une seule affectation pour cette instruction.

11.3.8 Les fonctions assistantes

En réunissant toutes les pièces du puzzle, la classe ***complex*** devient :

```
class complex {
        double re, im;
public:
        complex(double r =0, double i =0) : re(r), im(i) { }

        double real() const { return re; }
        double imag() const { return im; }

        complex& operator+=(complex);
        complex& operator+=(double);
        //\-=, *=, and /=
};
```

Nous devons également fournir quelques fonctions assistantes :

```
complex operator+(complex,complex);
complex operator+(complex,double);
complex operator+(double,complex);

//\-, *, et /

complex operator-(complex);                    // moins unaire
complex operator+(complex);                    // plus unaire

bool operator==(complex,complex);
bool operator!=(complex,complex);

istream& operator>>(istream&,complex&);        // entrée
ostream& operator<<(ostream&,complex);         // sortie
```

Notez que les membres ***real()*** et ***imag()*** sont essentiels pour la définition des comparaisons. La définition de la plupart des fonctions assistantes qui suivent s'appuie de la même façon sur ***real()*** et ***imag()***.

Il nous est possible de fournir des fonctions qui permettront aux utilisateurs de raisonner en termes de coordonnées polaires :

```
complex polar(double rho, double theta);
complex conj(complex);

double abs(complex);
double arg(complex);
double norm(complex);

double real(complex);          // pour des convenances de notation
double imag(complex);          // pour des convenances de notation
```

Nous devons enfin fournir un ensemble approprié de fonctions mathématiques standards.

```
complex acos(complex);
complex asin(complex);
complex atan(complex);
// ...
```

Du point de vue de l'utilisateur, le type ***complex*** présenté ici est presque identique au ***complex<double>*** disponible dans le fichier en-tête ***<complex>*** de la bibliothèque standard (§ 22.5).

11.4 Les opérateurs de conversion

L'utilisation d'un constructeur pour spécifier un type de conversion est pratique, mais peut avoir des implications indésirables. Un constructeur ne peut spécifier :

1. Une conversion implicite à partir d'un type défini par l'utilisateur vers un type de base (parce que les types de base ne sont pas des classes).
2. Une conversion à partir d'une nouvelle classe vers une classe définie précédemment (sans modifier la déclaration de l'ancienne classe).

Ces problèmes peuvent être résolus en définissant un *opérateur de conversion* pour le type source. Une fonction membre ***X::operator T()***, où ***T*** est un nom de type, définit une conversion de ***X*** vers ***T***. Il est envisageable de définir, par exemple, un entier non négatif sur six bits, ***Tiny***, que l'on pourrait librement associer avec des entiers dans des opérations arithmétiques :

```
class Tiny {
        char v;
        void assign(int i) { if (i&~077) throw Bad_range(); v=i; }
public:
        class Bad_range { };

        Tiny(int i) { assign(i); }
        Tiny& operator=(int i) { assign(i); return *this; }

        operator int() const { return v; }          // conversion vers fonction int
};
```

L'intervalle des valeurs est contrôlé dès qu'un ***Tiny*** est initialisé par un ***int*** et dès qu'un ***int*** est affecté à un ***Tiny***. Le contrôle des valeurs n'est pas nécessaire lorsque nous copions un ***Tiny***. Le constructeur de copie par défaut et l'affectation par défaut conviennent donc parfaitement.

Pour pouvoir effectuer les opérations entières habituelles sur les variables ***Tiny***, nous définissons la conversion implicite de ***Tiny*** vers ***int***, ***Tiny::operator int()***. Notez que le type cible de la conversion fait partie du nom de l'opérateur et ne peut se retrouver comme valeur renvoyée par la fonction de conversion :

```
Tiny::operator int() const { return v; }          // exact
int Tiny::operator int() const { return v; }      // erreur
```

Sur ce plan également, un opérateur de conversion ressemble à un constructeur.

Lorsqu'un ***Tiny*** apparaît à un endroit où un ***int*** est requis, l'***int*** approprié est automatiquement utilisé.

Par exemple :

```
int main()
{
        Tiny c1 = 2;
        Tiny c2 = 62;
        Tiny c3 = c2-c1;          // c3 = 60
        Tiny c4 = c3;             // pas de contrôle des valeurs (inutile)
        int i = c1+c2;            // i = 64

        c1 = c1+c2;               // erreur de valeur : c1 ne peut être égal à 64
        i = c3-64;                // i = -4
        c2 = c3-64;               // erreur de valeur : c2 ne peut être égal à -4
        c3 = c4;                  // pas de contrôle des valeurs (inutile)
}
```

Les fonctions de conversion sont particulièrement utiles pour gérer les structures de données lorsque la lecture (implémentée par un opérateur de conversion) est très simple, alors que l'affectation et l'initialisation s'avèrent sensiblement plus compliquées.

Les types ***istream*** et ***ostream*** s'appuient sur une fonction de conversion pour que des instructions telles que la suivante puissent être autorisées :

```
while (cin>>x) cout<<x;
```

L'opération d'entrée ***cin>>x*** renvoie un ***istream&***. Cette valeur est convertie implicitement en une valeur indiquant l'état de ***cin***. Elle peut alors être testée par le ***while*** (§ 21.3.3). Il est cependant généralement préférable de ne pas définir une conversion implicite d'un type dans un autre lorsque cette conversion fait perdre des informations.

En règle générale, il est plus prudent d'introduire les opérateurs de conversion avec parcimonie. Lorsqu'ils sont utilisés à l'excès, ces opérateurs créent des ambiguïtés. Ces dernières sont détectées par le compilateur, mais leur résolution reste laborieuse. La meilleure solution consiste probablement à effectuer les conversions au départ *via* des fonctions nommées, telles que ***X::make_int()***. Lorsque l'emploi d'une telle fonction atteint une fréquence pour laquelle son utilisation explicite devient inélégante, il est possible de la remplacer par un opérateur de conversion ***X::operator int()***.

Lorsque l'utilisateur défini en même temps des conversions et des opérateurs, il est possible que des ambiguïtés apparaissent entre ces derniers et les opérateurs intégrés. Par exemple :

```
int operator+(Tiny,Tiny);

void f(Tiny t, int i)
{
        t+i;   // erreur, ambigu : operator+(t,Tiny(i)) ou int(t)+i ?
}
```

Par conséquent, il est souvent préférable de s'appuyer sur des conversions définies par l'utilisateur ou sur des opérateurs définis par l'utilisateur pour un type donné, mais pas sur les deux.

11.4.1 Les ambiguïtés

L'affectation d'une valeur de type ***V*** à un objet de classe ***X*** est légale s'il existe un opérateur d'affectation ***X::operator=(Z)*** pour lequel ***V*** est **Z**, ou s'il existe une conversion unique de ***V*** vers **Z**. L'initialisation est traitée de façon équivalente.

Dans certains cas, il est possible de construire une valeur du type désiré par l'utilisation répétée des constructeurs ou des opérateurs de conversion. Cette opération doit être gérée *via* des conversions explicites. Un seul niveau de conversion implicite défini par l'utilisateur est légal. Dans certaines situations, il existe plusieurs façons de construire une valeur du type désiré. De tels cas sont illégaux. Par exemple :

```
class X { /* ... */ X(int); X(char*); };
class Y { /* ... */ Y(int); };
class Z { /* ... */ Z(X); };

X f(X);
Y f(Y);

Z g(Z);

void k1()
{
        f(1);               // erreur : ambigu f(X(1)) ou f(Y(1))?
        f(X(1));            // ok
        f(Y(1));            // ok

        g("Mack");          // erreur : deux conversions définies par l'utilisateur sont nécessaires ;
                            g(Z(X("Mack"))) n'est pas testé
        g(X("Doc"));        // ok: g(Z(X("Doc")))
        g(Z("Suzy"));       // ok: g(Z(X("Suzy")))
}
```

Les conversions définies par l'utilisateur ne sont envisagées que si elles sont nécessaires pour résoudre un appel. Par exemple :

```
class XX { /* ... */ XX(int); };

void h(double);
void h(XX);

void k2()
{
        h(1);        // h(double(1)) ou h(XX(1))? h(double(1))!
}
```

L'appel ***h(1)*** signifie ***h(double(1))***, car cette alternative utilise une conversion standard au lieu d'une conversion définie par l'utilisateur (§ 7.4).

Les règles de conversion ne sont jamais les plus simples à implémenter, les plus simples à documenter, ni les plus générales que l'on puisse imaginer. Leur emploi est cependant beaucoup plus sûr, et les résolutions obtenues offrent moins de surprises. Il est nettement plus facile de résoudre manuellement une ambiguïté que de retrouver une erreur due à une conversion dont on ignorait l'existence.

En appliquant une analyse ascendante stricte, le type renvoyé n'est pas utilisé dans la résolution de surcharge. Par exemple :

```
class Quad {
public:
        Quad(double);
        // ...
};

Quad operator+(Quad,Quad);

void f(double a1, double a2)
{
        Quad r1 = a1+a2;              // ajout en double précision
        Quad r2 = Quad(a1)+a2;        // force l'arithmétique quad
}
```

La raison de ce choix de conception est qu'une analyse ascendante stricte est plus compréhensible, et aussi qu'il n'est pas du ressort du compilateur de décider quelle précision le programmeur désirera appliquer pour l'addition.

Une fois les types des deux cotés d'une initialisation ou d'une affectation déterminés, ils sont utilisés pour résoudre l'initialisation ou l'affectation en question. Par exemple :

```
class Real {
public:
        operator double();
        operator int();
        // ...
};

void g(Real a)
{
        double d = a;        // d = a.double();
        int i = a;           // i = a.int();

        d = a;               // d = a.double();
        i = a;               // i = a.int();
}
```

Dans ces cas, l'analyse du type s'effectue toujours du bas vers le haut. Un seul opérateur et ses types d'argument sont considérés à un instant donné.

11.5 Friend (amie)

Une déclaration de fonction membre ordinaire spécifie trois éléments logiquement distincts :

1. La fonction peut accéder à la partie privée de la déclaration de classe.

2. La fonction se trouve dans la portée de la classe.
3. La fonction doit être appelée sur un objet (possède un pointeur ***this***).

En déclarant une fonction membre ***static*** (§ 10.2.4), nous ne pouvons lui attribuer que les deux premières propriétés. En déclarant une fonction comme ***friend***, nous ne pouvons lui attribuer que la première propriété.

Nous pourrions définir, par exemple, un opérateur qui multiplie une ***Matrix*** par un ***Vector***. ***Vector*** et ***Matrix*** masquent naturellement leur représentation et fournissent un ensemble complet d'opérations permettant de manipuler les objets de leur type. Notre programme de multiplication ne peut cependant être membre des deux. Nous ne désirons pas non plus fournir des fonctions d'accès de bas niveau afin que chaque utilisateur puisse lire et écrire la représentation complète de ***Matrix*** et de ***Vector***. Pour éviter cela, nous déclarons ***operator**** ami des deux :

```
class Matrix;

class Vector {
	float v[4];
	// ...
	friend Vector operator*(const Matrix&, const Vector&);
};

class Matrix {
	Vector v[4];
	// ...
	friend Vector operator*(const Matrix&, const Vector&);
};

Vector operator*(const Matrix& m, const Vector& v)
{
	Vector r;
	for (int i = 0; i<4; i++) {		// r[i] = m[i] * v;
		r.v[i] = 0;
		for (int j = 0; j<4; j++) r.v[i] += m.v[i].v[j] * v.v[j];
	}
	return r;
}
```

La déclaration friend peut se trouver dans la partie privée ou publique d'une déclaration de classe. Son emplacement n'a aucune importance. De la même façon qu'une fonction membre, une fonction amie est explicitement déclarée dans la déclaration de la classe dont elle est une amie. Elle fait donc partie de cette interface au même titre qu'une fonction membre.

La fonction membre d'une classe peut être l'amie d'une autre. Par exemple :

```
class List_iterator {
	// ...
	int* next();
};
```

```
class List {
    friend int* List_iterator::next();
    // ...
};
```

Il n'est pas inhabituel que toutes les fonctions d'une classe soient amies d'une autre. Il existe une notation abrégée pour exprimer cette situation :

```
class List {
    friend class List_iterator;
    // ...
};
```

Cette déclaration définit toutes les fonctions membres de ***List_iterator*** comme amies de ***List***.

Il est évident que les classes "amies" doivent être utilisées uniquement pour exprimer des concepts très proches. Il est souvent nécessaire de choisir entre la définition d'une classe comme membre (une classe imbriquée) ou comme amie (§ 24.4).

11.5.1 Localiser les amies

Comme la déclaration d'un membre, celle d'une amie n'introduit pas de nom dans la portée environnante. Par exemple :

```
class Matrix {
    friend class Xform;
    friend Matrix invert(const Matrix&);
    // ...
};

Xform x;                              // erreur : aucun Xform dans la portée
Matrix (*p)(const Matrix&) = &invert; // erreur : aucun invert() dans la portée
```

Quand les programmes sont de taille importante, il est préférable qu'une classe n'introduise pas "subrepticement" de noms dans la portée où elle se trouve incluse. Cela est très important pour une classe modèle susceptible d'être instanciée dans de nombreux contextes différents (Chapitre 13).

Une classe amie doit préalablement être déclarée dans la portée dans laquelle elle se trouve incluse, ou être définie dans la portée hors classe de premier niveau englobant la classe qui la déclare comme amie. Par exemple :

```
class X { /* ... */ };          // amie de Y

namespace N {
    class Y {
        friend class X;
        friend class Z;
        friend class AE;
    };
    class Z { /* ... */ };      // amie de Y
}

class AE { /* ... */ };         // pas une amie de Y
```

Une fonction amie peut être déclarée explicitement, exactement de la même façon que les classes amies. Elle peut également être localisée par l'intermédiaire de ses types d'argument (§ 8.2.6), comme si elle avait été déclarée dans la portée hors classe de premier niveau dans laquelle sa classe est incluse. Par exemple :

```
void f(Matrix& m)
{
        invert(m);                    // invert() amie de Matrix
}
```

Une fonction amie devrait donc être déclarée explicitement dans une portée encadrante, ou recevoir un argument de sa classe. Dans le cas contraire, l'amie ne peut être appelée. Par exemple :

```
// pas de f() ici

void g();                       // ami de X

class X {
        friend void f();        // inutile
        friend void g();
        friend void h(const X&); // peut être localisé via ses arguments
};

void f() { /* ... */ }          // n'est pas un ami de X
```

11.5.2 Amies et membres

Quand faut-il faire appel à une fonction amie et à quel moment une fonction membre représente-t-elle la meilleure solution pour spécifier une opération ? Dans un premier temps, nous essayons de minimiser le nombre de fonctions accédant à la représentation d'une classe et tentons de définir un ensemble de fonctions d'accès aussi appropriées que possible. Par conséquent, la première question n'est pas : "Devrait-elle être un membre, un membre statique ou une amie ?", mais plutôt : "A-t-elle réellement besoin de l'accès ?". L'ensemble des fonctions n'ayant pas vraiment besoin de l'accès est généralement moins important que ce à quoi nous nous attendions de prime abord.

Certaines opérations doivent obligatoirement être des membres — comme, par exemple, les constructeurs, les destructeurs et les fonctions virtuelles (§ 12.2.6). Mais, en règle générale, le choix existe. Les noms de membres étant locaux à la classe, une fonction doit être un membre, excepté s'il existe une réelle contre-indication à cela.

Considérons une classe ***X*** offrant différents modes de présentation d'une opération :

```
class X {
        // ...
        X(int);

        int m1();
        int m2() const;

        friend int f1(X&);
        friend int f2(const X&);
```

```
        friend int f3(X);
};
```

Les fonctions membres ne peuvent être appelées que pour des objets de leur classe. Aucune conversion définie par l'utilisateur n'est appliquée. Par exemple :

```
void g()
{
        99.m1();    // erreur : X(99).m1() n'est pas essayé
        99.m2();    // erreur : X(99).m2() n'est pas essayé
}
```

Ici, la conversion ***X(int)*** n'est pas appliquée pour constituer un ***X*** à partir de ***99***.

La fonction globale ***f1()*** possède une propriété analogue, car les conversions implicites ne sont pas utilisées pour les arguments référence non-***const*** (§ 5.5, § 11.3.5). Il serait toutefois possible d'appliquer des conversions aux arguments de ***f2()*** et de ***f3()*** :

```
void h()
{
        f1(99);     // erreur: f1(X(99)) n'est pas essayé
        f2(99);     // ok: f2(X(99));
        f3(99);     // ok: f3(X(99));
}
```

Une opération modifiant l'état d'un objet de classe devrait, par conséquent, être un membre ou une fonction globale recevant un argument référence non-***const*** (ou un argument pointeur non-***const***). Les opérateurs nécessitant des opérandes lvalue pour les types de base (=, *=, ++, etc.) sont naturellement définis comme membres pour les types définis par l'utilisateur.

A l'inverse, si une conversion de type implicite est désirée pour toutes les opérandes d'une opération, la fonction qui l'implémente doit être une fonction non-membre recevant un argument référence ***const*** ou un argument non-référence. C'est souvent le cas pour des fonctions implémentant des opérateurs ne nécessitant pas d'opérandes lvalue lorsqu'ils s'appliquent aux types de base (+, –, ||, etc.). De tels opérateurs ont souvent besoin d'accéder aux représentations de leur classe d'opérande. Les opérateurs binaires constituent, par conséquent, la source la plus courante de fonctions ***friend***.

Si aucune conversion de type n'est définie, il n'existe aucune raison de préférer un membre à une amie recevant un argument référence, ou vice versa. Dans certains cas, le programmeur pourrait avoir une prédilection pour la syntaxe d'un appel plutôt que pour celle d'un autre. Il semble, par exemple, que la notation ***inv(m)*** soit souvent préférée à l'alternative ***m.inv()*** pour inverser une ***Matrix m***. Naturellement, si ***inv()*** inverse effectivement ***m*** elle-même au lieu de renvoyer une nouvelle ***Matrix*** qui serait l'inverse de ***m***, cette fonction devrait être un membre.

Toutes choses égales par ailleurs, choisissez un membre. Il n'est pas possible de savoir si quelqu'un définira un jour un opérateur de conversion. Il est également impossible de prédire si un futur changement peut nécessiter des modifications concernant l'état de l'objet impliqué. La syntaxe de l'appel d'une fonction membre indique clairement à l'utilisateur que l'objet peut être modifié. Un argument référence est beaucoup moins explicite. Par ailleurs, les expressions situées dans le corps d'un membre peuvent être sensiblement plus courtes que les expressions équivalentes dans une fonction globale. Une fonction non-membre doit utiliser un argument explicite, alors que le membre peut utiliser ***this*** implicitement. Il convient également de noter que les noms de membres étant locaux à la classe, ils ont tendance à être plus courts que ceux des fonctions non-membre.

11.6 Objets de grande taille

Les opérateurs ***complex*** ont été définis de façon à recevoir des arguments de type ***complex***. Cela implique que chaque opérande soit copiée pour chacune des utilisations d'un opérateur ***complex***. La consommation de ressources supplémentaires due à la copie de ***double*** peut être perceptible, mais s'avère souvent inférieure à celle produite par une paire de pointeurs. Toutes les classes ne possèdent malheureusement pas de représentation pratique de petite taille. Pour éviter une copie excessive, il est possible de déclarer les fonctions recevant des arguments référence. Par exemple :

```
class Matrix {
        double m[4][4];
public:
        Matrix();
        friend Matrix operator+(const Matrix&, const Matrix&);
        friend Matrix operator*(const Matrix&, const Matrix&);
};
```

Les références permettent d'utiliser, sans opération de copie excessive, des expressions dans lesquelles apparaissent les opérateurs arithmétiques habituels pour des objets de grande taille. Les pointeurs ne peuvent être utilisés, car il est impossible de redéfinir la signification d'un opérateur s'appliquant sur un pointeur. L'addition pourrait être définie comme suit :

```
Matrix operator+(const Matrix& arg1, const Matrix& arg2)
{
        Matrix sum;
        for (int i=0; i<4; i++)
                for (int j=0; j<4; j++)
                        sum.m[i][j] = arg1.m[i][j] +  arg2.m[i][j];
        return sum;
}
```

Cet ***operator+()*** accède aux opérandes de + *via* des références, mais renvoie une valeur d'objet. Le renvoi d'une référence semblerait être plus efficace :

```
class Matrix {
        // ...
        friend Matrix& operator+(const Matrix&, const Matrix&);
        friend Matrix& operator*(const Matrix&, const Matrix&);
};
```

Ce code est légal, mais il pose un problème d'allocation de mémoire. Une référence au résultat étant transmise hors de la fonction comme une référence à la valeur renvoyée, cette dernière ne peut être une variable automatique (§ 7.3). Un opérateur étant souvent utilisé plus d'une fois dans une même expression, le résultat ne peut être une variable locale ***static***. Le résultat devrait être alloué sur le tas. Il est cependant souvent moins coûteux de copier la valeur renvoyée (en temps d'exécution, en espace de code et en espace de données) que d'allouer et (éventuellement) désallouer dynamiquement un objet sur le tas. La programmation en est également énormément simplifiée.

Il existe des techniques permettant d'éviter de copier le résultat. La plus simple consiste à utiliser une mémoire tampon d'objets statiques. Par exemple :

```
const max_matrix_temp = 7;

Matrix& get_matrix_temp()
{
	static int nbuf = 0;
	static Matrix buf[max_matrix_temp];

	if (nbuf == max_matrix_temp) nbuf = 0;
	return buf[nbuf++];
}

Matrix& operator+(const Matrix& arg1, const Matrix& arg2)
{
	Matrix& res = get_matrix_temp();
	// ...
	return res;
}
```

Dans ce cas, une ***Matrix*** ne sera copiée que lorsque le résultat d'une expression sera affecté. Mais, que le ciel vous vienne en aide si vous écrivez une expression qui entraîne la création de plus de ***max_matrix_temp*** variables temporaires !

Une technique moins sujette aux erreurs consiste à définir le type matrix comme un descripteur (§ 25.7) d'un type de représentation contenant réellement les données. De cette façon, les descripteurs de matrix peuvent gérer les objets de représentation de telle sorte que l'allocation et la copie soient minimisées (§ 11.12 et § 11.14[18]). Cette stratégie s'appuie toutefois sur des opérateurs renvoyant des objets, plutôt que sur des références ou des pointeurs. Une autre méthode consiste à définir des opérations ternaires et à les faire appeler automatiquement pour des expressions telles que ***a=b+c*** et ***a+b*i*** (§ 21.4.6.3, § 22.4.7).

11.7 Les opérateurs essentiels

En règle générale, pour un type ***X***, le constructeur de copie ***X(const X&)*** se charge de l'initialisation avec un objet du même type. On ne soulignera jamais assez le fait que *l'affectation et l'initialisation sont deux opérations différentes* (§ 10.4.4.1). Cela est particulièrement important lorsqu'un destructeur est déclaré. Si une classe ***X*** possède un destructeur qui effectue une tâche non banale, telle que la désallocation sur le tas, cette classe aura probablement besoin de l'effectif complet des fonctions permettant de contrôler la construction, la destruction et la copie :

```
class X {
	// ...
	X(Sometype);		// constructeur : crée des objets
	X(const X&);		// constructeur de copie
```

```
        X& operator=(const X&);     // affectation de copie : libération des ressources et copie
        ~X();                       // destructeur : libération des ressources
};
```

Un objet est copié dans trois autres cas : en tant qu'argument de fonction, en tant que valeur renvoyée par une fonction et en tant qu'exception. Lorsqu'un argument est transmis, une variable jusqu'à présent non initialisée — le paramètre formel — est initialisée. La sémantique est identique à celles des autres initialisations. La situation est la même pour les exceptions et les valeurs renvoyées de fonction. Dans de tels cas, le constructeur de copie sera appliqué. Par exemple :

```
string g(string arg)
{
        return arg;
}

int main ()
{
        string s = "Newton";
        s = g(s);
}
```

La valeur de ***s*** devrait évidemment être "***Newton***" après l'appel de ***g()***. L'obtention d'une copie de cette valeur dans l'argument ***arg*** est une tâche relativement aisée. Cette opération sera réalisée à l'aide d'un appel du constructeur de copie de ***string***. Un autre appel de ***string(const string&)*** permettra d'obtenir une copie de cette valeur à partir de ***g()***. Cette fois, la variable initialisée est une variable temporaire qui est ainsi affectée à ***s***. Il est souvent possible d'optimiser l'une de ces opérations de copie (mais pas les deux). Des variables temporaires telles que celles-ci sont, bien sûr, détruites à l'aide de ***string::~string()*** (§ 10.4.10).

Lorsque ***X::operator=(const X&)*** et que le constructeur de copie ***X::X(const X&)*** ne sont pas explicitement déclarés par le programmeur pour l'opérateur d'affectation d'une classe ***X***, les opérations manquantes sont générées par le compilateur (§ 10.2.5).

11.7.1 Les constructeurs explicites

Un constructeur à unique argument définit par défaut une conversion implicite. Pour certains types, cette situation est idéale. Par exemple :

```
complex z = 2;     //initialise z avec complex(2)
```

Dans d'autres cas, la conversion implicite est indésirable et constitue une source d'erreurs. Par exemple :

```
string s = 'a';     //définit s comme une chaîne avec int('a') éléments
```

Il y a peu de chances pour que cette signification soit celle recherchée par la personne ayant défini ***s***.

Il est possible de supprimer la conversion implicite en déclarant un constructeur comme ***explicit***. Un constructeur de ce type ne sera appelé qu'explicitement. En particulier, lorsqu'un constructeur de copie est requis en principe (§ 11.3.4), un constructeur ***explicit*** ne sera pas appelé implicitement.

Par exemple :

```
class String {
    // ...
    explicit String(int n);          // préalloue n octets
    String(const char* p);           // la valeur initiale est la chaîne de style C p
};

String s1 = 'a';                     // erreur : pas de conversion implicite char->String
String s2(10);                       // ok : une chaîne avec de l'espace pour dix caractères
String s3 = String(10);              // ok : une chaîne avec de l'espace pour dix caractères
String s4 = "Brian";                 // ok: s4 = String("Brian")
String s5("Fawlty");

void f(String);

String g()
{
    f(10);                           // erreur : pas de conversion implicite int->String
    f(String(10));
    f("Arthur");                     // ok: f(String("Arthur"))
    f(s1);

    String* p1 = new String("Eric");
    String* p2 = new String(10);

    return 10;                       // erreur : pas de conversion implicite int->String
}
```

La différence entre

```
String s1 = 'a';                     //erreur : pas de conversion implicite char->String
```

et

```
String s2(10);                       //ok : chaîne avec de l'espace pour dix caractères
```

peut sembler subtile. Elle l'est cependant beaucoup moins dans du code réel que dans le cas d'exemples fictifs.

Dans ***Date***, nous utilisions un type ***int*** simple pour représenter une année (§ 10.3). Si ***Date*** avait été essentielle dans notre conception, nous aurions introduit un type ***Year*** afin d'obtenir un contrôle plus rigoureux au moment de la compilation. Par exemple :

```
class Year {
    int y;
public:
    explicit Year(int i) : y(i) { }      // construit Year à partir de int
    operator int() const { return y; }   // conversion : Year vers int
};

class Date {
```

```
public:
        Date(int d, Month m, Year y);
        // ...
};

Date d3(1978,feb,21);                  // erreur : 21 n'est pas de type Year
Date d4(21,feb,Year(1978));            // ok
```

La classe ***Year*** représente un simple "habillage" d'un ***int***. Grâce à ***operator int()***, ***Year*** est implicitement converti en ***int*** dès que cette opération s'avère nécessaire. En déclarant le constructeur ***explicit***, nous nous assurons du fait qu'une conversion ***int*** vers ***Year*** ne se produira que si elle a réellement été demandée, et également du fait que les affectations "accidentelles" seront détectées à la compilation. Les fonctions membres de ***Year*** étant facilement développées en ligne, cette opération ne génère aucun délai d'exécution et ne nécessite pas d'espace supplémentaire.

Il est possible de faire appel à une technique similaire pour définir des types d'intervalle de valeurs (§ 25.6.1).

11.8 Indiçage

La fonction ***operator[]*** permet de définir les indices s'appliquant aux objets de classe. Le type du deuxième argument (l'indice) d'une fonction ***operator[]*** est indifférent. Cela autorise la définition de vecteurs, de tableaux associatifs, etc.

Reprenons, par exemple, le code du § 5.5. Un tableau associatif est employé pour écrire un petit programme destiné à compter le nombre d'occurrences des mots dans un fichier. Nous allons maintenant utiliser une fonction. On définit ici un type tableau associatif :

```
class Assoc {
        struct Pair {
                string name;
                double val;
                Pair(string n ="", double v =0) :name(n), val(v) { }
        };
        vector<Pair> vec;

        Assoc(const Assoc&);                    // privé pour empêcher la copie
        Assoc& operator=(const Assoc&);         // privé pour empêcher la copie
public:
        Assoc() {}
        double& operator[](const string&);
        void print_all() const;
};
```

Un ***Assoc*** conserve un vecteur de ***Pair***. L'implémentation fait appel à la même méthode de recherche (aussi banale et inefficace) qu'au § 5.5 :

```
double& Assoc::operator[](const string& s)
        // recherche de s ; renvoie sa valeur si trouvée ; sinon crée une nouvelle Pair et renvoie la valeur
        par défaut 0
```

```
{
        for (vector<Pair>::const_iterator p = vec.begin(); p!=vec.end(); ++p)
                if (s == p->name) return p->val;

        vec.push_back(Pair(s,0));        // valeur initiale : 0

        return vec.back().val;           // renvoie le dernier élément (§ 16.3.3)
}
```

La représentation d'un ***Assoc*** étant masquée, nous devons être capables de l'imprimer :

```
void Assoc::print_all() const
{
        for (vector<Pair>::const_iterator p = vec.begin(); p!=vec.end(); ++p)
                cout << p->name << ": " << p->val << '\n';
}
```

Nous pouvons enfin écrire le programme ***main*** :

```
int main()  // compte les occurrences de chaque mot en entrée
{
        string buf;
        Assoc vec;
        while (cin>>buf) vec[buf]++;
        vec.print_all();
}
```

Le concept de tableau associatif a été développé au § 17.4.1.

Un ***operator[] ()*** doit être une fonction membre.

11.9 Appel de fonction

L'appel de fonction, c'est-à-dire la notation *expression(liste-expression)*, peut être interprété comme un opérateur binaire, l'*expression* étant l'opérande gauche et la *liste-expression* l'opérande droite. L'opérateur d'appel *()* peut être surchargé exactement de la même façon que les autres opérateurs. Pour un ***operator() ()***, une liste d'arguments est évaluée et contrôlée en fonction des règles de transmission d'argument habituelles. La surcharge de l'appel de fonction semble être utile à définir des types pour lesquels une seule opération est définie, ou pour lesquels une opération est prédominante.

L'utilisation la plus évidente, et probablement la plus importante, de l'opérateur *()* consiste à fournir la syntaxe de l'appel de fonction habituel pour les objets se comportant comme des fonctions. Ces derniers sont souvent nommés *objets fonction* (§ 18.4). De tels objets sont essentiels, car ils nous permettent d'écrire du code dans lequel des opérations importantes apparaissent comme paramètres. La bibliothèque standard fournit, par exemple, de nombreux algorithmes qui appellent une fonction pour chaque élément d'un conteneur. Examinez le code suivant :

```
void negate(complex& c) { c = -c; }

void f(vector<complex>& aa, list<complex>& ll)
```

```
{
        for_each(aa.begin(),aa.end(),negate);     // met au négatif tous les éléments du vecteur
        for_each(ll.begin(),ll.end(),negate);     // met au négatif tous les éléments de la liste
}
```

Ce code met au négatif tout élément situé dans le vecteur et dans la liste.

Si nous désirions ajouter ***complex(2, 3)*** à chaque élément, nous réaliserions cette opération comme suit :

```
void add23(complex& c)
{
        c += complex(2,3);
}

void g(vector<complex>& aa, list<complex>& ll)
{
        for_each(aa.begin(),aa.end(),add23);
        for_each(ll.begin(),ll.end(),add23);
}
```

Comment est-il possible d'écrire une fonction qui ajoute de façon répétitive une valeur complexe arbitraire ? Nous avons besoin d'un élément auquel transmettre cette dernière. Par la suite, celui-ci pourra utiliser cette valeur chaque fois qu'il sera appelé. Cela n'est naturellement pas envisageable pour les fonctions. Nous finissons généralement par "transmettre" la valeur arbitraire en la laissant dans le contexte environnant de la fonction. Il ne s'agit pas d'une bonne pratique de programmation. Nous pouvons toutefois écrire une classe offrant le comportement recherché :

```
class Add {
        complex val;
public:
        Add(complex c) { val = c; }                        // enregistre la valeur
        Add(double r, double i) { val = complex(r,i); }

        void operator()(complex& c) const { c += val; }    // ajoute la valeur à l'argument
};
```

Un objet de classe ***Add*** est initialisé avec un nombre complexe. Lorsqu'on l'appelle à l'aide de *()*, il ajoute ce nombre à son argument. Par exemple :

```
void h(vector<complex>& aa, list<complex>& ll, complex z)
{
        for_each(aa.begin(),aa.end(),Add(2,3));
        for_each(ll.begin(),ll.end(),Add(z));
}
```

Ce code va ajouter ***complex(2, 3)*** à tout élément du tableau et *z* à chaque élément de la liste. Il convient de noter que ***Add(z)*** construit un objet qui est utilisé de façon répétitive par ***for_each()***. Il ne s'agit pas simplement d'une fonction. La fonction qui est appelée de façon répétitive est ***operator() ()*** de ***Add(z)***.

Ce code fonctionne, car ***for_each*** applique *()* à son troisième argument sans se préoccuper de la nature exacte de ce dernier.

```
template<class Iter, class Fct> Iter for_each(Iter b, Iter e, Fct f)
{
        while (b != e) f(*b++);
        return b;
}
```

A première vue, cette technique peut paraître ésotérique. Cependant, elle se révèle simple, efficace et extrêmement utile (§ 3.8.5, § 18.4).

Operator() () peut également être utilisé comme opérateur d'indice ou opérateur d'indiçage pour les tableaux à plusieurs dimensions (§ 22.4.5).

Un ***operator() ()*** doit être une fonction membre.

11.10 Indirection

L'opérateur d'indirection **->** peut être défini comme un opérateur postfixe unaire. Cela signifie qu'à partir de :

```
class Ptr {
        // ...
        X* operator->();
};
```

des objets de la classe ***Ptr*** peuvent permettre d'accéder aux membres de la classe ***X*** d'une façon très proche de celle dont les pointeurs sont utilisés. Par exemple :

```
void f(Ptr p)
{
        p->m = 7;                       // (p.operator->())->m = 7
}
```

La transformation de l'objet ***p*** en un pointeur ***p.operator–>()*** ne dépend pas du membre ***m*** pointé. C'est la raison pour laquelle ***operator–>()*** est un opérateur postfixe unaire. La syntaxe n'étant pas modifiée, un nom de membre est toujours requis après l'opérateur **–>**. Par exemple :

```
void g(Ptr p)
{
        X* q1 = p->;                    // erreur de syntaxe
        X* q2 = p.operator->();         // ok
}
```

La surcharge de **–>** est surtout utile pour créer des "pointeurs intelligents". Ces derniers se comportent comme des pointeurs normaux et effectuent, en sus, une action, dès que l'on accède à un objet par leur intermédiaire. On pourrait définir, par exemple, une classe ***Rec_ptr*** permettant d'accéder aux objets de la classe ***Rec*** stockés sur le disque. Le constructeur de ***Rec_ptr*** reçoit un nom qu'il est possible d'utiliser pour localiser l'objet sur le disque. ***Rec_ptr::operator–>()*** place l'objet en mémoire principale lorsqu'on y accède *via* son ***Rec_ptr***. Le destructeur de ***Rec_ptr*** écrit finalement l'objet mis à jour sur le disque :

```
class Rec_ptr {
        const char* identifier;
```

```
        Rec* in_core_address;
        // ...
public:
        Rec_ptr(const char* p) : identifier(p), in_core_address(0) { }
        ~Rec_ptr() { write_to_disk(in_core_address,identifier); }
        Rec* operator->();
};

Rec* Rec_ptr::operator->()
{
        if (in_core_address == 0) in_core_address = read_from_disk(identifier);
        return in_core_address;
}
```

Rec_ptr pourrait être utilisé de la façon suivante :

```
struct Rec {                    // le Rec sur lequel pointe un Rec_ptr
        string name;
        // ...
};

void update(const char* s)
{
        Rec_ptr p(s);           // lit Rec_ptr pour s
        p->name = "Roscoe";     // mise à jour de s ; le récupère d'abord sur le disque si nécessaire
        // ...
}
```

Un ***Rec_ptr*** réel serait naturellement un modèle, de telle sorte que le type ***Rec*** soit un paramètre. Un programme réaliste devrait également contenir du code destiné à la gestion des erreurs et emploierait une méthode moins naïve pour dialoguer avec le disque.

Pour des pointeurs ordinaires, l'emploi de l'opérateur **->** est équivalent à certaines utilisations des opérateurs * et *[]* unaires. A partir de

```
Y* p;
```

on en déduit

```
p->m == (*p).m == p[0].m
```

Comme c'est toujours le cas, il n'existe pas une telle garantie pour les opérateurs définis par l'utilisateur. On peut fournir l'équivalence lorsque c'est nécessaire :

```
class Ptr_to_Y {
        Y* p;
public:
        Y* operator->() { return p; }
        Y& operator*() { return *p; }
        Y& operator[](int i) { return p[i]; }
};
```

Si vous fournissez plusieurs de ces opérateurs, il est préférable de donner l'équivalence. Il est également prudent de garantir que ***++x*** et ***x+=1*** aient le même effet que ***x=x+1*** pour une variable simple ***x*** d'une classe si les opérateurs **++**, **+=**, **=** et **+** sont fournis.

La surcharge de l'opérateur **->** est importante pour une classe de programmes intéressants. En effet, *l'indirection* est un concept clé et la surcharge de **->** offre une méthode directe et efficace de représenter ce concept dans un programme. Les opérateurs d'itération (Chapitre 19) en fournissent un exemple important. Il est également possible d'envisager l'opérateur **->** comme une façon d'obtenir une forme de *délégation* (§ 24.2.4) limitée, mais utile, en C++.

L'opérateur **->** doit être une fonction membre. S'il est utilisé, son type renvoyé doit être un pointeur ou un objet d'une classe sur lequel vous pouvez appliquer **->**. Lorsqu'il est déclaré pour une classe modèle, ***operator->()*** reste souvent inutilisé. C'est pourquoi il est préférable d'ajourner le contrôle des contraintes sur le type renvoyé jusqu'à l'utilisation réelle.

11.11 Incrémentation et décrémentation

Une fois les "pointeurs intelligents" créés, on décide souvent de fournir les opérateurs d'incrémentation **++** et de décrémentation **—** pour reproduire leur emploi sur les types intégrés. Cette opération est particulièrement nécessaire lorsque l'objectif consiste à remplacer un type de pointeur ordinaire par un type de "pointeur intelligent" qui possède la même sémantique, mais qui offre, en supplément, un contrôle d'erreur d'exécution. Considérons, par exemple, un programme traditionnel :

```
void f1(T a)        // utilisation traditionnelle
{
        T v[200];
        T* p = &v[0];
        p--;
        *p = a;     // 'p' est hors des valeurs autorisées, non détecté !
        ++p;
        *p = a;     // ok
}
```

Nous pourrions remplacer le pointeur ***p*** par un objet d'une classe ***Ptr_to_T*** auquel il n'est possible d'appliquer l'indirection que s'il pointe effectivement vers un objet. Nous pourrions aussi faire en sorte que l'on puisse incrémenter et décrémenter ***p*** à condition qu'il pointe sur un objet situé dans un tableau, et que les opérations d'incrémentation et de décrémentation permettent également d'atteindre un objet de ce tableau. Le code correspondant serait alors le suivant :

```
class Ptr_to_T {
        // ...
};

void f2(T a)        // contrôlé
{
        T v[200];
        Ptr_to_T p(&v[0],v,200);
        p--;
        *p = a;     // erreur d'exécution : 'p' est hors des valeurs autorisées
```

```
        ++p;
        *p = a;         // ok
}
```

Les opérateurs d'incrémentation et de décrémentation ont cela de particulier par rapport aux opérateurs de C++ qu'il est possible de les utiliser à la fois en version préfixe et postfixe. Nous devons, par conséquent, définir l'incrémentation et la décrémentation préfixe et postfixe de ***Ptr_to_T***. Par exemple :

```
class Ptr_to_T {
        T* p;
        T* array;
        int size;
public:

        Ptr_to_T(T* p, T* v, int s);   // liaison avec tableau v de taille s, valeur initiale p
        Ptr_to_T(T* p);                // liaison avec un seul objet, valeur initiale p

        Ptr_to_T& operator++();        // préfixe
        Ptr_to_T operator++(int);      // postfixe

        Ptr_to_T& operator--();        // préfixe
        Ptr_to_T operator--(int);      // postfixe

        T& operator*();                // préfixe
};
```

L'argument ***int*** permet d'indiquer que la fonction doit être appelée pour une application en version postfixe de **++**. Le type ***int*** n'est jamais utilisé. L'argument permet simplement de différencier les applications préfixe et postfixe. Il est possible de se souvenir de la version préfixe d'un ***operator++*** en notant qu'il s'agit de la version sans l'argument, exactement comme pour tous les opérateurs logiques et arithmétiques unaires. L'argument "factice" n'est utilisé que pour la version postfixée des opérateurs **++** et **—**.

En utilisant ***Ptr_to_T***, l'exemple est équivalent au code suivant :

```
void f3(T a)                    // contrôlé
{
        T v[200];
        Ptr_to_T p(&v[0],v,200);
        p.operator--(0);
        p.operator*() = a;      // erreur d'exécution : 'p' hors de l'intervalle admis
        p.operator++();
        p.operator*() = a;      // ok
}
```

Un exercice sera consacré à compléter la classe ***Ptr_to_T*** au § 11.14[19]. Son élaboration en un modèle utilisant les exceptions afin de signaler les erreurs d'exécution sera l'objet d'un autre exercice (§ 14.12[2]). Vous pourrez trouver un exemple d'application des opérateurs **++** et **—** pour l'itération au § 19.3. Un modèle de pointeur dont le comportement suit les règles d'héritage sera présenté au § 13.6.3.

11.12 Une classe String

Voici une version plus réaliste de la classe ***String***. Nous l'avons conçue pour répondre exactement à nos besoins. Cette classe fournit la sémantique des valeurs, les opérations de lecture et d'écriture de caractères, un accès contrôlé et non contrôlé, un flux d'E/S, des chaînes littérales en tant que littérales et des opérateurs d'égalité et de concaténation. Elle représente les chaînes sous la forme de tableaux de caractères, terminés par le caractère nul, de style C. Elle fait appel aux références pour minimiser les opérations de copie. L'amélioration de cette classe et/ou le développement de sa fonctionnalité constituent un bon exercice (§ 11.14[7-12]). Une fois ces exercices réalisés, vous pourrez abandonner votre classe ***String*** et utiliser celle de la bibliothèque standard (Chapitre 20).

Notre ***String*** emploie trois classes auxiliaires : l'utilisation de ***Srep*** permet de partager une représentation réelle entre plusieurs ***String*** possédant la même valeur ; ***Range*** pourra être déclenchée en cas d'erreur d'intervalle de valeur ; ***Cref*** sera destinée à simplifier l'implémentation d'un opérateur d'indice qui différencie la lecture et l'écriture :

```
class String {
        struct Srep;            // représentation
        Srep *rep;
public:
        class Cref;             // référence d'un char

        class Range { };        // pour les exceptions

        // ...
};
```

Comme tout autre membre, une *classe membre* (souvent nommée *classe imbriquée*) peut être déclarée dans la classe elle-même et définie plus tard :

```
struct String::Srep {
        char* s;                        // pointeur des éléments
        int sz;                         // nombre de caractères
        int n;                          // compte les références

        Srep(int nsz, const char* p)
        {
                n = 1;
                sz = nsz;
                s = new char[sz+1];     // ajoute de l'espace pour le terminateur
                strcpy(s,p);
        }

        ~Srep() { delete[] s; }
```

```
        Srep* get_own_copy()          // clone si nécessaire
        {
                if (n==1) return this;
                n--;
                return new Srep(sz,s);
        }

        void assign(int nsz, const char* p)
        {
                if (sz != nsz) {
                        delete[] s;
                        sz = nsz;
                        s = new char[sz+1];
                }
                strcpy(s,p);
        }

private:                              // évite la copie :
        Srep(const Srep&);
        Srep& operator=(const Srep&);
};
```

La classe ***String*** fournit l'ensemble des constructeurs, destructeurs et opérations d'affectation habituels :

```
class String {
        // ...

        String();                         // x = ""
        String(const char*);              // x = "abc"
        String(const String&);            // x = other_string
        String& operator=(const char *);
        String& operator=(const String&);
        ~String();

        // ...
};
```

Cette ***String*** possède une sémantique de valeur. Cela signifie qu'après une affectation ***s1=s2***, les deux chaînes ***s1*** et ***s2*** sont bien distinctes et que des modifications ultérieures sur l'une d'elles n'affectera pas l'autre. Une autre solution consisterait à attribuer une sémantique de pointeur à ***String***. Dans ce cas, toute modification de ***s2*** après ***s1=s2*** affectera également la valeur de ***s1***. Nous préférons attribuer une sémantique de valeur à tous les types sur lesquels s'appliquent les opérations arithmétiques conventionnelles (tels que les types complex, vector, matrix, et string). Cependant, pour pouvoir obtenir cette sémantique, une ***String*** doit être implémentée sous la forme d'un descripteur de sa représentation, et cette dernière est copiée uniquement lorsque cela s'avère nécessaire :

```
String::String()                      // la chaîne vide est la valeur par défaut
{
        rep = new Srep(0,"");
```

```
}

String::String(const String& x)              // constructeur de copie
{
      x.rep->n++;
      rep = x.rep;                           // représentation partagée
}

String::~String()
{
      if (--rep->n == 0) delete rep;
}

String& String::operator=(const String& x)   // affectation par copie
{
      x.rep->n++;                            // protection contre "st=st"
      if (--rep->n == 0) delete rep;
      rep = x.rep;                           // représentation partagée
      return *this;
}
```

Des opérations de pseudo-copie recevant des arguments ***const char**** sont fournies afin d'autoriser les chaînes littérales :

```
String::String(const char* s)
{
      rep = new Srep(strlen(s),s);
}

String& String::operator=(const char* s)
{
      if (rep->n == 1)          // recycle Srep
            rep->assign(strlen(s),s);
      else {                    // utilise le nouveau Srep
            rep->n--;
            rep = new Srep(strlen(s),s);
      }
      return *this;
}
```

La conception des opérateurs d'accès pour une chaîne est un exercice difficile, car un accès doit idéalement être réalisé *via* une notation conventionnelle (c'est-à-dire en utilisant *[]*), avec une efficacité maximum et un contrôle de valeur. Vous ne pouvez malheureusement pas obtenir toutes ces propriétés simultanément. Dans cet ouvrage, nous avons choisi de fournir des opérations non contrôlées efficaces dont la notation est légèrement moins pratique, ainsi que des opérateurs contrôlés, mais moins efficaces, dont la notation est conventionnelle :

```
class String {
      // ...
```

```
        void check(int i) const { if (i<0 || rep->sz<=i) throw Range(); }

        char read(int i) const { return rep->s[i]; }
        void write(int i, char c) { rep=rep->get_own_copy(); rep->s[i]=c; }

        Cref operator[](int i) { check(i); return Cref(*this,i); }
        char operator[](int i) const { check(i); return rep->s[i]; }

        int size() const { return rep->sz; }

        // ...
};
```

L'idée consiste à utiliser *[]* pour obtenir un accès contrôlé dans le cadre d'une utilisation normale. L'utilisateur est autorisé à optimiser en contrôlant l'intervalle des valeurs une seule fois pour un ensemble d'accès. Par exemple :

```
int hash(const String& s)
{
        int h = s.read(0);
        const int max = s.size();
        for (int i = 1; i<max; i++) h ^= s.read(i)>>1;// accés non contrôlé à s
        return h;
}
```

La définition d'un opérateur tel que *[]*, qui sera utilisé à la fois pour la lecture et l'écriture, est difficile lorsqu'on ne peut se contenter de renvoyer une référence et laisser l'utilisateur décider de ce qu'il faut en faire. Ce n'est pas une solution envisageable, car nous avons défini ***String*** de telle sorte que la représentation soit partagée par les ***String*** qui ont été affectées, transmises comme arguments valeur, etc., jusqu'à ce que quelqu'un écrive effectivement dans une ***String***. Alors seulement, la représentation est copiée. On nomme généralement cette technique *copie-sur-écriture*. La copie réelle est effectuée par ***String::Srep::get_own_copy()***.

Pour que ces fonctions d'accès soient en ligne, leurs définitions doivent être placées de telle sorte que la définition de ***Srep*** se trouve dans la portée. Cela implique que ***Srep*** soit défini dans ***String***, ou que les fonctions d'accès soient définies ***inline*** en dehors de ***String*** et après ***String::Srep*** (§ 11.14[2]).

Pour différencier une lecture d'une écriture, ***String::operator[] ()*** renvoie une ***Cref*** lorsqu'elle est appelée pour un objet non-***const***. Une ***Cref*** se comporte comme une ***char&***, à l'exception du fait que ***String::Srep::get_own_copy()*** est appelée lorsqu'on y écrit :

```
class String::Cref {                                    // référence à s[i]
friend class String;
        String& s;
        int i;
        Cref(String& ss, int ii) : s(ss), i(ii) { }
public:
        operator char() const { return s.read(i); }     // donne une valeur
        void operator=(char c) { s.write(i,c); }        // change une valeur
};
```

Par exemple :

```
void f(String s, const String& r)
{
        int c1 = s[1];      // c1 = s.operator[](1).operator char()
        s[1] = 'c';         // s.operator[](1).operator=('c')

        int c2 = r[1];      // c2 = r.operator[](1)
        r[1] = 'd';         // erreur : affectation à un char, r.operator[](1) = 'd'
}
```

Notez que dans le cas d'un objet non-***const***, ***s.operator[] (1)*** est ***Cref(s, 1)***.

Voici quelques fonctions permettant de compléter la classe ***String*** :

```
class String {
        // ...

        String& operator+=(const String&);
        String& operator+=(const char*);

        friend ostream& operator<<(ostream&, const String&);
        friend istream& operator>>(istream&, String&);

        friend bool operator==(const String& x, const char* s)
                { return strcmp(x.rep->s, s) == 0; }

        friend bool operator==(const String& x, const String& y)
                { return strcmp(x.rep->s, y.rep->s) == 0; }

        friend bool operator!=(const String& x, const char* s)
                { return strcmp(x.rep->s, s) != 0; }

        friend bool operator!=(const String& x, const String& y)
                { return strcmp(x.rep->s, y.rep->s) != 0; }
};

String operator+(const String&, const String&);
String operator+(const String&, const char*);
```

Les opérations d'E/S et de concaténation seront traitées en exercice.

Le programme ***main*** teste simplement les opérateurs de ***String*** :

```
String f(String a, String b)
{
        a[2] = 'x';
        char c = b[3];
        cout << "in f: " << a << ' ' << b << ' ' << c << '\n';
        return b;
}
```

```
int main()
{
        String x, y;
        cout << "Veuillez entrer deux chaînes\n";
        cin >> x >> y;
        cout << "input: " << x << ' ' << y << '\n';
        String z = x;
        y = f(x,y);
        if (x != z) cout << "x a été altéré!\n";
        x[0] = '!';
        if (x == z) cout << "l'écriture a échoué!\n";
        cout << "exit: " << x << ' ' << y << ' ' << z << '\n';
}
```

Il manque peut-être à la classe ***String*** de nombreuses fonctions que vous pourriez considérer comme importantes, ou même essentielles. Elle ne fournit, par exemple, aucune opération permettant de produire une représentation de chaîne C de sa valeur (§ 11.14[10], Chapitre 20).

11.13 Conseils

1. Définissez principalement des opérateurs permettant d'imiter l'utilisation conventionnelle (voir § 11.1).
2. Pour les opérandes de taille importante, utilisez des types d'argument référence ***const*** (voir § 11.6).
3. Pour les résultats de taille importante, envisagez d'optimiser le renvoi (voir § 11.6).
4. Choisissez de préférence les opérations de copie par défaut si elles sont appropriées pour une classe (voir § 11.3.4).
5. Redéfinissez ou interdisez la copie si le défaut n'est pas approprié pour un type (voir § 11.2.2).
6. Choisissez de préférence des fonctions membres pour les opérations ayant besoin d'accéder à la représentation (voir § 11.5.2).
7. Choisissez de préférence des fonctions non-membres pour les opérations n'ayant pas besoin d'accéder à la représentation (voir § 11.5.2).
8. Utilisez les espaces de noms pour associer les fonctions assistantes à "leur" classe (voir § 11.2.4).
9. Utilisez des fonctions non-membres pour les opérateurs symétriques (voir § 11.3.2).
10. Utilisez *()* pour l'indiçage des tableaux à plusieurs dimensions (voir § 11.9).
11. Définissez les constructeurs recevant un seul "argument taille" comme ***explicit*** (voir § 11.7.1).
12. En dehors de toute utilisation particulière, privilégiez la classe ***string*** standard (Chapitre 20) et non le résultat de vos propres exercices (voir § 11.12).
13. Envisagez les conversions implicites avec circonspection (voir § 11.4).
14. Faites appel aux fonctions membres pour représenter les opérateurs requérant une lvalue comme opérande gauche (voir § 11.3.5).

11.14 Exercices

1. (*2) Dans le programme qui suit, quelles conversions sont utilisées dans chaque expression ?

```
struct X {
        int i;
        X(int);
        operator+(int);
};

struct Y {
        int i;
        Y(X);
        operator+(X);
        operator int();
};

extern X operator*(X, Y);
extern int f(X);

X x = 1;
Y y = x;
int i = 2;

int main()
{
        i + 10;     y + 10;     y + 10 * y;
        x + y + i; x * x + i; f(7);
        f(y);       y + y;      106 + y;
}
```

   Modifiez le programme afin qu'il imprime les valeurs de chaque expression légale.

2. (*2) Complétez et testez la classe ***String*** du § 11.12.
3. (*2) Définissez une classe ***INT*** qui se comporte comme un ***int***. Conseil : définissez ***int::operator int()***.
4. (*1) Définissez une classe ***RINT*** qui se comporte comme un ***int***, à l'exception du fait que les seules opérations autorisées soient + (unaire et binaire), – (unaire et binaire), *, /, et %. Conseil : ne définissez pas ***RINT::operator int()***.
5. (*3) Définissez une classe ***LINT*** qui se comporte comme une classe ***RINT***, mais possédant une précision d'au moins 64 bits.
6. (*4) Définissez une classe implémentant une arithmétique avec une précision arbitraire. Testez-la en calculant le factoriel de ***1000***. Conseil : vous aurez besoin de gérer la mémoire en suivant une méthode proche de celle utilisée pour la classe ***String***.
7. Définissez un opérateur d'itération externe pour la classe ***String*** :

```
class String_iter {
        // se réfère à string et à l'élément de string
```

```
public:
        String_iter(String& s);        // opérateur d'itération pour s
        char& next();                  // référence l'élément suivant

        // d'autres opérations de votre choix
};
```

Comparez ce code, en termes d'utilité, de style de programmation et d'efficacité, au fait de posséder un opérateur d'itération interne pour ***String*** (c'est-à-dire une notion d'élément courant pour la chaîne et des opérations associées à cet élément).

8. (*1.5) Fournissez un opérateur de sous-chaîne pour une classe ***String*** en surchargeant ***()***. Quelles autres opérations aimeriez-vous être capable de réaliser sur une chaîne ?
9. (*3) Concevez une classe ***String*** de telle sorte que l'opérateur de sous-chaîne puisse être utilisé à gauche d'une affectation. Ecrivez tout d'abord une version dans laquelle une chaîne puisse être affectée à une sous-chaîne de même longueur. Ecrivez ensuite une version dans laquelle les longueurs pourraient différer.
10. (*2) Définissez pour ***String*** une opération qui produise une représentation de chaîne C de sa valeur. Etudiez les avantages et les inconvénients de disposer de cette opération comme d'un opérateur de conversion. Recherchez différentes solutions permettant d'allouer la mémoire destinée à cette représentation de chaîne C.
11. (*2.5) Définissez et implémentez un utilitaire de correspondance de modèle d'expression régulière simple pour la classe ***String***.
12. (*1.5) Modifiez l'utilitaire de correspondance de modèle de la question précédente afin qu'il fonctionne avec la classe ***string*** de la bibliothèque standard. Notez que vous ne pouvez modifier la définition de ***string***.
13. (*2) Ecrivez un programme que l'on a rendu illisible en y introduisant des surcharges d'opérateur et des macros. Une idée : définissez + pour signifier – et vice versa pour les ***INT***. Utilisez ensuite une macro qui définisse ***int*** pour signifier ***INT***. Redéfinissez des fonctions courantes en utilisant des arguments de type référence. L'insertion de quelques commentaires trompeurs peut créer une grande confusion.
14. (*3) Echangez le résultat de la question précédente avec celui d'un ami. Essayez d'imaginer ce que le programme de votre ami réalise sans l'exécuter. A la fin de cet exercice, vous saurez ce qui doit être évité.
15. (*2) Définissez un type ***Vec4*** en tant que vecteur de quatre ***float***. Définissez ***operator[]*** pour ***Vec4***. Définissez les opérateurs **+**, **–**, *****, **/**, **=**, **+=**, **–=**, ***=** et **/=** pour des combinaisons de vecteurs et de nombres à virgule flottante.
16. (*3) Définissez une classe ***Mat4*** en tant que vecteur de quatre ***Vec4***. Définissez ***operator[]*** de façon à renvoyer un ***Vec4*** pour ***Mat4***. Définissez les opérations de matrice habituelles pour ce type. Définissez une fonction qui effectue une élimination Gaussienne pour une ***Mat4***.
17. (*2) Définissez une classe ***Vector*** analogue à ***Vec4***, mais dont la taille est transmise en argument au constructeur ***Vector::Vector(int)***.

18. (*3) Définissez une classe ***Matrix*** analogue à ***Mat4***, mais dont les dimensions sont transmises comme argument au constructeur ***Matrix::Matrix(int, int)***.
19. (*2) Complétez la classe ***Ptr_to_T*** du § 11.11 et testez-la. Pour être complète, cette classe doit contenir au moins la définition des opérateurs *, ->, = ++ et —. Ne provoquez pas d'erreur d'exécution jusqu'à ce que l'on applique effectivement l'indirection à un pointeur fou.
20. (*1) A partir des deux structures :

    struct S { int x, y; };
    struct T { char* p; char* q; };

    écrivez une classe "C" autorisant l'utilisation de ***x*** et ***p*** d'une structure ***S*** et ***T***, un peu comme si ***y*** et ***t*** avaient été membres de "C".
21. (*1.5) Définissez une classe ***Index*** permettant de contenir l'index d'une fonction d'élévation à une puissance ***mypow(double, Index)***. Trouvez une solution pour que ***2**I*** appelle ***mypow(2. I)***.
22. (*2) Définissez une classe ***Imaginary*** permettant de représenter les nombres imaginaires. Définissez la classe ***Complex*** en fonction de cette dernière. Implémentez les opérateurs arithmétiques de base.

12

Les classes dérivées

Ne multipliez pas les objets sans nécessité.

W. Occam

Concepts et classes — Les classes dérivées — Les fonctions membres — Construction et destruction — Les hiérarchies de classe — Les champs type — Les fonctions virtuelles — Les classes abstraites — Les hiérarchies de classes traditionnelles — Les classes abstraites comme interfaces — Localisation de la création des objets — Classes abstraites et hiérarchies de classes — Conseils — Exercices

12.1 Introduction

C++ a emprunté à Simula le concept d'une classe en tant que type défini par l'utilisateur, ainsi que le concept des hiérarchies de classe. Il lui a aussi emprunté la notion selon laquelle, pour la conception de systèmes, les classes devaient permettre la représentation des concepts du monde du programmeur et de l'application. C++ fournit des constructions de langage qui supportent directement ces notions. A l'inverse, en s'appuyant sur la fonctionnalité du langage pour supporter les concepts de conception, on obtient une utilisation efficace de C++. Le fait de se servir des constructions de langage uniquement comme support de notation pour des types de programmation plus traditionnels vous fera passer à côté des avantages clés de C++.

Un concept n'existe pas s'il est isolé. Il coexiste avec des concepts associés et puise une grande partie de sa puissance dans ses relations avec ces derniers. Essayez, par exemple, d'expliquer ce qu'est une voiture. Vous allez rapidement introduire les notions de roue, de moteur, de conducteur, de piéton, de camion, d'ambulance, de route, d'huile, de motel, etc. Les classes étant utilisées pour représenter les concepts, il reste à représenter les relations entre ceux-ci. Il est cependant impossible d'exprimer directement des relations arbitraires dans un langage de programmation. Et même si nous pouvions réaliser cette opération, son intérêt serait nul. Les classes doivent être définies plus précisément que nos concepts de tous les jours. La notion de classe dérivée — et ses mécanismes de langage associés — est fournie pour exprimer les relations hiérarchiques, c'est-à-dire les similitudes entre classes. Les concepts de cercle et de triangle, par exemple, sont liés, en ce sens qu'ils représentent tous deux des formes. Ils possèdent donc en commun le concept de forme. Les classes ***Circle*** (cercle) et ***Triangle*** seront définies comme ayant la classe ***Shape*** (forme) en commun. En représentant un cercle et un triangle dans un programme sans faire appel à la notion de forme, nous perdrions quelque chose d'essentiel. Ce chapitre explore les implications de cette idée simple, qui se trouve être à la base de ce qui est couramment nommé la programmation orientée objet.

La présentation des fonctionnalités du langage et des techniques évolue du simple et concret au plus sophistiqué et abstrait. Pour de nombreux programmeurs, cette progression se traduira par un passage du familier au moins connu. Il ne s'agit pas d'un simple parcours depuis les "mauvaises anciennes techniques" vers la "seule bonne méthode". Lorsque nous signalons les limites d'une technique pour en mettre une autre en évidence, nous réalisons notre étude dans le contexte de problèmes spécifiques. Pour des problèmes différents, ou dans d'autres contextes, la première technique pourrait se révéler la meilleure. De très bons logiciels ont été créés en utilisant toutes les techniques présentées ici. L'objectif est de vous aider à obtenir une connaissance suffisante de ces techniques, afin de pouvoir sélectionner intelligemment la plus appropriée aux problèmes réels.

Dans ce chapitre, nous introduirons tout d'abord la fonctionnalité de base du langage supportant la programmation orientée objet. L'utilisation de ces fonctions dans le but de développer des programmes bien structurés sera ensuite étudiée dans le contexte d'un exemple plus large. Le Chapitre 15 traite d'autres fonctions de support de la programmation orientée objet, telles que l'héritage multiple et l'identification du type à l'exécution.

12.2 Classes dérivées

Dans ce chapitre, nous allons étudier le développement d'un programme destiné à la gestion du personnel d'une entreprise. La structure des données d'un programme tel que celui-ci pourrait être la suivante.

```
struct Employee {
        string first_name, family_name;
        char middle_initial;
        Date hiring_date;
        short department;
        // ...
};
```

Nous pourrions ensuite tenter de définir un manager :

```
struct Manager {
        Employee emp;                    // enregistrement Employee du Manager
        set<Employee*> group;            // personnes sous sa responsabilité, ou collaborateurs
        short level;
        // ...
};
```

Un manager est également un employé. Les données ***Employee*** sont stockées dans le membre ***emp*** d'un objet ***Manager***. Cette caractéristique peut sembler évidente pour celui qui lit le programme, mais rien n'indique au compilateur et autres outils que ***Manager*** soit aussi ***Employee***. Un ***Manager**** n'est pas un ***Employee****. Il n'est donc pas possible d'utiliser l'un lorsque l'autre est requis. On ne peut, en particulier, insérer un ***Manager*** dans une liste de ***Employee*** sans avoir à écrire du code spécial. Nous pourrions soit faire appel à une conversion de type explicite sur un ***Manager****, soit introduire l'adresse d'un membre ***emp*** dans une liste de ***Employee***. Cependant, aucune de ces solutions n'est élégante. De plus, toutes sont relativement compliquées. L'approche correcte consiste à établir explicitement qu'un ***Manager*** est un ***Employee*** en ajoutant quelques éléments d'information :

```
struct Manager : public Employee {
        set<Employee*> group;
        short level;
        // ...
};
```

Manager est donc *dérivée* de ***Employee***, et à l'inverse, ***Employee*** est une classe de base pour ***Manager***. La classe ***Manager*** possède les membres de la classe ***Employee*** (le ***nom***, l'***age***, etc.) en plus des siens (***group***, ***level***, etc.).

La dérivation est souvent représentée graphiquement à l'aide d'une flèche partant de la classe dérivée et dirigé vers sa classe de base. Il est ainsi indiqué que la classe dérivée fait référence à sa base :

On dit souvent qu'une classe dérivée hérite des propriétés de sa base. La relation est donc aussi nommée *héritage*. Une classe de base est quelquefois nommée *super-classe* et la classe dérivée *sous-classe*. Cette terminologie peut toutefois induire en erreur si l'on remarque que les données dans un objet de classe dérivée représentent une version améliorée de celles d'un objet de la classe de base. Une classe dérivée est plus importante que sa classe de base en ce sens qu'elle contient plus de données et fournit davantage de fonctions.

Une implémentation courante et efficace de la notion de classe dérivée consiste à représenter un objet de cette dernière comme un objet de la classe de base. Les informations appartenant spécifiquement à la classe dérivée sont ajoutées à la fin. Par exemple :

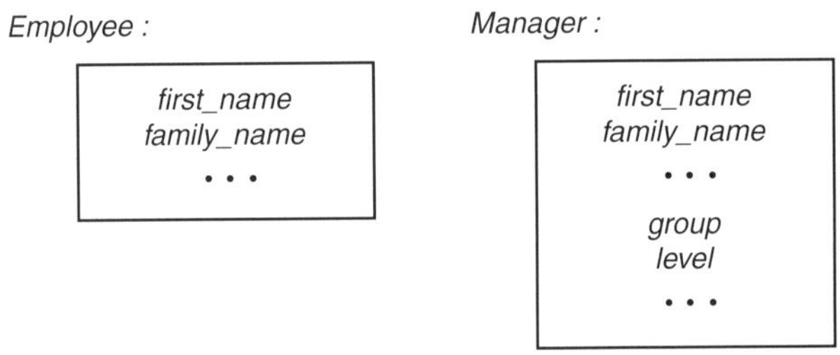

En dérivant ***Manager*** d'***Employee*** de cette façon, ***Manager*** devient un sous-type de ***Employee***. Un ***Manager*** peut ainsi être utilisé dans tous les cas où un ***Employee*** est accepté. Nous pouvons maintenant créer une liste d'employés dont certains sont des managers :

```
void f(Manager m1, Employee e1)
{
	list<Employee*> elist;

	elist.push_front(&m1);
	elist.push_front(&e1);
	// ...
}
```

Un ***Manager*** est (aussi) un ***Employee***. Un ***Manager**** peut donc être utilisé comme un ***Employee****. Un employé n'est cependant pas nécessairement un manager. Il n'est donc pas possible d'utiliser ***Employee**** comme un ***Manager****. En règle générale, si une classe ***Derived*** possède une classe de base publique (§ 15.3) ***Base***, il est possible d'affecter un ***Derived**** à une variable de type ***Base**** sans utiliser de conversion de type explicite. La conversion inverse, de ***Base**** vers ***Derived****, doit être explicite. Par exemple :

```
void g(Manager mm, Employee ee)
{
	Employee* pe = &mm;		// ok : chaque manager est un employé
	Manager* pm = &ee;		// erreur : tous les employés ne sont pas manager

	pm->level = 2;		// suite de l'erreur précédente : ee ne possède pas de 'level'

	pm = static_cast<Manager*>(pe);	// force brutale : fonctionne parce que pe pointe sur le
					manager mm

	pm->level = 2;		// très bien : pm pointe vers le manager mm qui possède un 'level'
}
```

En d'autres termes, un objet d'une classe dérivée peut être traité comme un objet de sa classe de base s'il est manipulé *via* des pointeurs et des références. L'inverse n'est pas vrai. Les conversions ***static_cast*** et ***dynamic_cast*** seront traitées au § 15.4.2.

L'utilisation d'une classe en tant que base est équivalente à la déclaration d'un objet (non nommé) de cette classe. Par conséquent, une classe doit être définie pour pouvoir être utilisée comme base (§ 5.7) :

```
class Employee;                          // déclaration seulement, pas une définition

class Manager : public Employee {        // erreur : Employee n'est pas défini
    // ...
};
```

12.2.1 Les fonctions membres

Les structures de données simples, telles que ***Employee*** et ***Manager***, présentent peu d'intérêt et ne sont pas très utiles. Nous devons fournir des informations d'un type approprié, fournissant un ensemble adapté d'opérations qui présentent le concept. Nous devons réaliser cette opération sans nous lier aux détails d'une représentation particulière. Par exemple :

```
class Employee {
    string first_name, family_name;
    char middle_initial;
    // ...
public:
    void print() const;
    string full_name() const
        { return first_name + ' ' + middle_initial + ' ' + family_name; }
    // ...
};

class Manager : public Employee {
    // ...
public:
    void print() const;
    // ...
};
```

Un membre d'une classe dérivée peut utiliser les membres publics — et protégés (§ 15.3) — de sa classe de base de la même façon que s'ils avaient été déclarés dans la classe dérivée elle-même.

Par exemple :

```
void Manager::print() const
{
    cout << "Il s'appelle " << full_name() << '\n';
    // ...
}
```

Cependant, une classe dérivée ne peut utiliser les noms privés d'une classe de base :

```
void Manager::print() const
{
        cout << "Il s'appelle " << family_name << '\n';        // erreur!
        // ...
}
```

Le compilateur refusera cette seconde version de ***Manager::print()***. Le membre d'une classe dérivée n'a aucune permission spéciale pour accéder aux membres privés de sa classe de base. ***Family_name*** n'est donc pas accessible pour ***Manager::print()***.

Cela pourrait surprendre quelques-uns d'entre vous, mais considérez l'hypothèse d'une fonction membre d'une classe dérivée qui aurait accès aux membres privés de sa classe de base. Le concept de membre privé perdrait une grande partie de sa signification si un programmeur pouvait obtenir l'accès à la partie privée d'une classe simplement en dérivant une nouvelle classe à partir de celle-ci. De plus, il ne serait plus possible de découvrir toutes les utilisations d'un nom privé en examinant les fonctions déclarées comme membres et amies de cette classe. Il faudrait examiner chaque fichier source du programme complet pour identifier les classes dérivées, examiner chaque fonction de ces classes, puis découvrir chaque classe dérivée de ces dernières, etc. Cela se révèle fastidieux et souvent impraticable. Si le cas s'y prête, il est possible d'utiliser des membres ***protected*** — au lieu de ***private***. Un membre protégé est équivalent à un membre public pour une classe dérivée, mais il reste un membre privé pour les autres fonctions (§ 15.3).

Pour une classe dérivée, la solution la plus élégante consiste à n'utiliser que les membres publics de sa classe de base. Par exemple :

```
void Manager::print() const
{
        Employee::print();        // affiche les informations de l'employé

        cout << level;            // affiche les informations spécifiques du manager
        // ...
}
```

La notation *::* est indispensable, car ***print()*** a été redéfinie dans ***Manager***. De telles réutilisations de noms sont typiques. Un imprudent pourrait écrire :

```
void Manager::print() const
{
        print();        // oh la !

                        // affiche les informations spécifiques au Manager
}
```

et voir le programme entraîné dans une séquence inattendue d'appels récurrents.

12.2.2 Les constructeurs et les destructeurs

Certaines classes dérivées ont besoin de constructeurs. Si la classe de base possède des constructeurs, alors l'un d'entre eux doit être appelé. Certains constructeurs peuvent être appelés implicitement par défaut. Cependant, si tous les constructeurs d'une classe de base requièrent des arguments, un constructeur pour cette base doit être appelé explicitement. Examinez le code suivant :

```
class Employee {
    string first_name, family_name;
    short department;
    // ...
public:
    Employee(const string& n, int d);
    // ...
};

class Manager : public Employee {
    set<Employee*> group;        // ensemble des collaborateurs
    short level;
    // ...
public:
    Manager(const string& n, int d, int lvl);
    // ...
};
```

Les arguments destinés aux constructeurs de la classe de base sont spécifiés dans la définition d'un constructeur d'une classe dérivée. De ce point de vue, le comportement de la classe de base est identique à celui d'un membre de la classe dérivée (§ 10.4.6). Par exemple :

```
Employee::Employee(const string& n, int d)
    : family_name(n), department(d)    // initialise les membres
{
    // ...
}

Manager::Manager(const string& n, int d, int lvl)
    : Employee(n,d),                   // initialise la base
      level(lvl)                       // initialise les membres
{
    // ...
}
```

Un constructeur de classe dérivée ne peut spécifier que les initialiseurs de ses propres membres et de ses bases immédiates ; il ne peut directement initialiser les membres d'une base. Par exemple :

```
Manager::Manager(const string& n, int d, int lvl)
    : family_name(n),      // erreur : family_name n'est pas déclaré dans manager
      department(d),       // erreur : department n'est pas déclaré dans manager
      level(lvl)
{
    // ...
}
```

Cette définition contient trois erreurs : le constructeur de ***Employee*** n'est pas appelé et l'initialisation directe des membres de ***Employee*** est tentée à deux reprises.

Les objets de classe sont construits de bas en haut : d'abord la base, puis les membres et enfin la classe dérivée elle-même. Ils sont détruits dans l'ordre inverse : d'abord la classe dérivée elle-même, puis les membres et enfin la base. Les membres et les bases sont construits selon l'ordre des déclarations dans la classe. Ils sont détruits dans l'ordre inverse. Consultez également les § 10.4.6 et 15.2.4.1.

12.2.3 La copie

La copie des objets de classe est définie par le constructeur de copie ainsi que par les affectations (§ 10.4.4.1). Examinez le code suivant :

```
class Employee {
	// ...
	Employee& operator=(const Employee&);
	Employee(const Employee&);
};

void f(const Manager& m)
{
	Employee e = m;		// e est construit à partir de la partie m de Employee de m
	e = m;			// affectation de la partie m de Employee de m à e
}
```

Seule la partie ***Employee*** de ***Manager*** est copiée, car les fonctions de copie de ***Employee*** ne connaissent rien des ***Manager***. C'est ce que l'on nomme communément le *slicing* (découpage). Ce peut être une source de surprises et d'erreurs. L'une des raisons pour lesquelles on transmet des pointeurs et des références d'objets de classes dans une hiérarchie est justement d'éviter cette opération. La préservation du comportement polymorphique (§ 2.5.4, § 12.2.6) et l'amélioration de l'efficacité en sont d'autres motifs.

12.2.4 Les hiérarchies de classe

Une classe dérivée peut elle-même être une classe de base. Par exemple :

```
class Employee { /* ... */ };
class Manager : public Employee { /* ... */ };
class Director : public Manager { /* ... */ };
```

Un ensemble de classes en liaison tel que celui-ci est traditionnellement nommé *hiérarchie de classe*. Une hiérarchie est le plus souvent une arborescence, mais il peut aussi s'agir d'une structure graphique plus générale. Par exemple :

```
class Temporary { /* ... */ };
class Secretary : public Employee { /* ... */ };
class Tsec : public Temporary, public Secretary { /* ... */ };
class Consultant : public Temporary, public Manager { /* ... */ };
```

ou graphiquement :

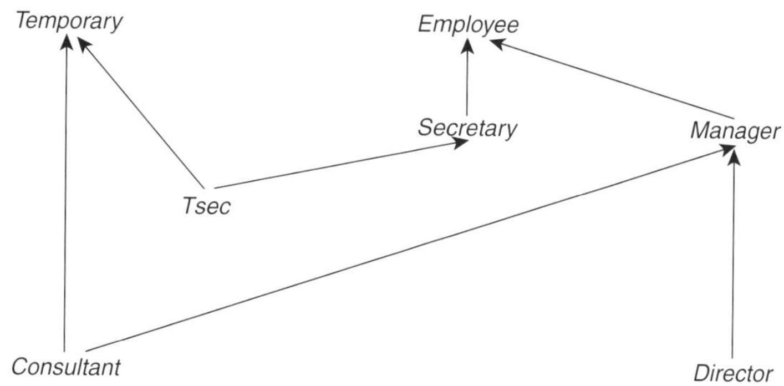

Ainsi, comme il est expliqué en détails dans le § 15.2, C++ permet de représenter un graphique acyclique de classes.

12.2.5 Les champs type

Avant d'utiliser les classes dérivées dans un but différent de celui d'un simple raccourci pratique pour les déclarations, nous devons résoudre le problème suivant : à partir d'un pointeur de type ***base****, à quel type dérivé l'objet pointé appartient-il réellement ? Quatre solutions fondamentales sont envisageables :

1. S'assurer que seuls les objets d'un type spécifique seront pointés (§ 2.7, Chapitre 13).
2. Placer un champ type dans la classe de base afin que les fonctions puissent l'examiner.
3. Utiliser une le ***dynamic_cast*** (§ 15.4.2, § 15.4.5).
4. Utiliser des fonctions virtuelles (§ 2.5.5, § 12.2.6).

Les pointeurs de classes de base sont couramment utilisés dans la conception de *classes conteneur* telles que ***set***, ***vector*** et ***list***. Dans ce cas, la première solution produit des listes homogènes, c'est-à-dire des listes d'objets de même type. On peut appliquer les solutions 2, 3 et 4 pour construire des listes hétérogènes, c'est-à-dire des listes (pointeurs-vers) d'objets de différents types. La solution 3 est une variante prise en charge par le langage de la solution 2. La solution 4 est une variation spéciale, avec type sécurisé, de la solution 2. Les combinaisons des solutions 1 et 4 sont particulièrement intéressantes. Elles produiront un code préférable à celui des solutions 2 et 3 dans presque toutes les situations.

Examinons tout d'abord la solution du champ type simple afin de mieux comprendre pourquoi il est préférable de l'éviter dans la plupart des cas. L'exemple des managers/employés pourrait être redéfini de la façon suivante :

```
struct Employee {
        enum Empl_type { M, E };
        Empl_type type;
```

```
        Employee() : type(E) { }

        string first_name, family_name;
        char middle_initial;

        Date hiring_date;
        short department;
        // ...
};

struct Manager : public Employee {
        Manager() { type = M; }

        set<Employee*> group;        // ensemble des collaborateurs
        short level;
        // ...
};
```

A partir de ce code, il est maintenant possible d'écrire une fonction qui affiche les informations concernant chaque ***Employee*** :

```
void print_employee(const Employee* e)
{
        switch (e->type) {
        case Employee::E:
                cout << e->family_name << '\t' << e->department << '\n';
                // ...
                break;
        case Employee::M:
        {       cout << e->family_name << '\t' << e->department << '\n';
                // ...
                const Manager* p = static_cast<const Manager*>(e);
                cout << " level " << p->level << '\n';
                // ...
                break;
        }
        }
}
```

Celle-ci pourra être utilisée de la façon suivante afin d'afficher une liste des employés :

```
void print_list(const list<Employee*>& elist)
{
        for (list<Employee*>::const_iterator p = elist.begin(); p!=elist.end(); ++p)
                print_employee(*p);
}
```

Ce code fonctionne parfaitement, en particulier dans un programme de petite taille et maintenu par une seule personne. Il présente toutefois l'inconvénient de laisser au programmeur le soin de manipuler les types sans possibilité de contrôle pour le compilateur. Ce problème est généralement amplifié par le fait que des fonctions telles que ***print_employee()*** sont organisées pour tirer parti de la similitude des classes impliquées. Par exemple :

```
void print_employee(const Employee* e)
{
        cout << e->family_name << '\t' << e->department << '\n';
        // ...
        if (e->type == Employee::M) {
                const Manager* p = static_cast<const Manager*>(e);
                cout << " level " << p->level << '\n';
                // ...
        }
}
```

Il peut être laborieux de localiser tous les tests de ce style sur un champ type immergé dans une fonction longue gérant de nombreuses classes dérivées. Et même, lorsqu'il est possible de les découvrir, il peut être difficile de comprendre ce qui se passe. Par ailleurs, tout ajout d'un nouveau type d'***Employee*** implique une modification de la totalité des fonctions clés du système — celles contenant des tests sur le champ type. Le programmeur doit étudier chaque fonction susceptible de nécessiter un test sur le champ type après une modification. Cela implique l'accès à du code source sensible ainsi que la surconsommation de ressources nécessaires pour le test du code affecté. L'utilisation d'une conversion de type explicite indique clairement qu'une amélioration est possible.

En d'autres termes, l'utilisation d'un champ type est une technique susceptible d'introduire des erreurs conduisant à des problèmes de maintenance. Les problèmes deviennent de plus en plus sérieux au fur et à mesure que se développe le programme, car l'utilisation d'un champ type introduit une violation des principes de modularité et de masquage des données. Chaque fonction utilisant un champ type doit connaître la représentation, ainsi que tous les détails, de l'implémentation de chacune des classes dérivées de celle qui contient le champ type.

Il semble également que l'existence de données communes, accessibles depuis chaque classe dérivée, telles qu'un champ type, encourage à ajouter une grande quantité de données. La base commune se transforme ainsi en registre contenant toutes sortes "d'informations utiles". L'implémentation de la base et les classes dérivées vont alors s'entremêler de façon indésirable. Pour une conception précise et une maintenance simplifiée, il est nécessaire de garder séparées des questions distinctes et d'éviter les dépendances mutuelles.

12.2.6 Les fonctions virtuelles

Les fonctions virtuelles permettent de résoudre les problèmes occasionnés par le champ type en autorisant le programmeur à déclarer des fonctions dans une classe de base qu'il sera ensuite possible de redéfinir dans chaque classe dérivée. Le compilateur et le chargeur garantiront la bonne correspondance entre les objets et les fonctions s'y appliquant. Par exemple :

```
class Employee {
        string first_name, family_name;
        short department;
        // ...
public:
        Employee(const string& name, int dept);
```

```
    virtual void print() const;
    // ...
};
```

Le mot clé ***virtual*** signale que ***print()*** peut se comporter comme une interface pour la fonction ***print()*** définie dans cette classe, ainsi qu'avec les fonctions ***print()*** définies dans les classes qui en sont dérivées. Lorsque des fonctions ***print()*** sont définies dans les classes dérivées, le compilateur garantit le fait que la bonne version soit appelée pour l'objet ***Employee***.

Si l'on désire qu'une déclaration de fonction virtuelle puisse jouer le rôle d'interface pour les fonctions définies dans les classes dérivées, les types d'argument spécifiés pour les fonctions de la classe dérivée ne doivent pas être différents de ceux déclarés dans la base. De plus, très peu de modifications sont permises pour le type retourné (§ 15.6.2). On appelle quelquefois une fonction membre virtuelle une *méthode*.

Une fonction virtuelle *doit* être définie pour la classe dans laquelle elle est initialement déclarée (sauf si elle est déclarée comme étant une fonction virtuelle pure ; § 12.3). Par exemple :

```
void Employee::print() const
{
    cout << family_name << '\t' << department << '\n';
    // ...
}
```

Une fonction virtuelle peut être utilisée même lorsque aucune classe n'est dérivée de sa classe. Une classe dérivée ne nécessitant pas sa propre version de fonction virtuelle n'a pas besoin d'en fournir une. Au cours de la dérivation d'une classe, fournissez simplement une fonction appropriée si elle est requise. Par exemple :

```
class Manager : public Employee {
    set<Employee*> group;
    short level;
    // ...
public:
    Manager(const string& name, int dept, int lvl);
    void print() const;
    // ...
};

void Manager::print() const
{
    Employee::print();
    cout << "\tlevel " << level << '\n';
    // ...
}
```

On dit qu'une fonction située dans une classe dérivée, et possédant le même nom et le même ensemble de types d'argument qu'une fonction virtuelle située dans une base, *se substitue* à la version de la fonction virtuelle de la classe de base. Excepté dans le cas où on indique explicitement la version d'une fonction virtuelle devant être appelée (comme dans l'appel ***Employee::print()***), la fonction de substitution est choisie comme étant la plus appropriée pour l'objet en faveur duquel elle est appelée.

La fonction globale ***print_employee()*** (§ 12.2.5) devient maintenant inutile, car les fonctions membres ***print()*** ont pris sa place. On peut afficher une liste d'employés de la façon suivante :

```
void print_list(const list<Employee*>& s)
{
        for (list<Employee*>::const_iterator p = s.begin(); p!=s.end(); ++p)         // voir § 2.7.2
                (*p)->print();
}
```

ou même

```
void print_list(const listt<Employee*>& s)
{
        for_each(s.begin(),s.end(),mem_fun(&Employee::print));      // voir § 3.8.5
}
```

Les informations concernant chaque ***Employee*** apparaîtront en fonction de son type. Par exemple :

```
int main()
{
        Employee e("Brown",1234);
        Manager m("Smith",1234,2);
        list<Employee*> empl;
        empl.push_front(&e);            // voir § 2.5.4
        empl.push_front(&m);
        print_list(empl);
}
```

produit le résultat suivant :

```
Smith 1234
        level 2
Brown 1234
```

Notez que ce code fonctionnera même si ***Employee::print_list()*** a été écrit et compilé avant la conception de la classe dérivée ***Manager*** ! Il s'agit d'une caractéristique clé des classes. Employée de façon appropriée, elle devient la pierre angulaire des conceptions orientées objet et apporte une certaine stabilité à un programme en cours d'évolution.

Le mécanisme permettant d'obtenir un comportement "adéquat" de la part des fonctions de ***Employee***, indépendamment du type d'***Employee*** effectivement utilisé, se nomme *polymorphisme*. Un type possédant des fonctions virtuelles est nommé *type polymorphique*. Pour obtenir un comportement polymorphique en C++, les fonctions membres appelées doivent être ***virtual*** et les objets doivent être manipulés *via* des pointeurs ou des références. Lorsqu'on manipule un objet directement (plutôt que par l'intermédiaire d'un pointeur ou d'une référence), son type exact est connu par le compilateur et le polymorphisme n'est plus nécessaire à l'exécution.

Pour implémenter le polymorphisme, le compilateur doit stocker une certaine variété d'information concernant le type dans chaque objet de la classe ***Employee*** et les utiliser pour appeler la version correcte de la fonction virtuelle ***print()***. Dans une implémentation typique, l'espace réservé est juste suffisant pour stocker un pointeur (§ 2.5.5). Cet espace n'est réservé que dans les objets d'une classe contenant des fonctions virtuelles — et non dans tous les objets, ni même dans chaque objet d'une classe dérivée. Cette surcharge de traitement s'applique uniquement aux classes pour lesquelles vous déclarez des fonctions virtuelles. Si vous aviez choisi la solution avec le champ type, une quantité de mémoire comparable aurait été nécessaire pour le champ.

L'appel d'une fonction à l'aide de l'opérateur de résolution de portée *::*, comme dans le cas de ***Manager::print()***, garantit la non-utilisation du mécanisme virtuel. Dans le cas contraire, ***Manager::print()*** subirait une récurrence infinie. L'utilisation d'un nom qualifié possède un autre effet bénéfique. En effet, lorsqu'une fonction ***virtual*** est également ***inline*** (ce qui n'est pas rare), la substitution en ligne peut être appliquée à des appels spécifiés à l'aide de *::*. Le programmeur dispose ainsi d'une méthode efficace permettant de gérer des cas importants dans lesquels une fonction virtuelle en appelle une autre pour le même objet. La fonction ***Manager::print()*** est un exemple de cette situation. Le type de l'objet étant déterminé dans l'appel de ***Manager::print()***, cette opération ne doit pas être renouvelée dynamiquement pour l'appel résultant de ***Employee::print()***.

Il est important de se rappeler que l'implémentation traditionnelle d'un appel de fonction virtuelle représente simplement un appel de fonction indirect (§ 2.5.5). Les questions d'efficacité ne devraient donc pas détourner le programmeur de l'emploi d'une fonction virtuelle quand un appel de fonction ordinaire pourrait présenter une efficacité acceptable.

12.3 Classes abstraites

De nombreuses classes ont cela de commun avec ***Employee*** qu'elles sont utiles à la fois en tant que classes et en tant que bases pour des classes dérivées. Pour de telles classes, les techniques décrites dans la section précédente sont suffisantes. Toutes les classes ne sont toutefois pas créées sur ce modèle. Certaines d'entre elles, comme la classe ***Shape*** (forme), représentent des concepts abstraits pour lesquels il ne peut exister d'objet. Une classe ***Shape*** n'a de sens, en effet, qu'en tant que base pour des classes dérivées. On peut considérer le fait qu'il n'est pas possible de fournir des définitions sensées pour ses fonctions virtuelles :

```
class Shape {
public:
        virtual void rotate(int) { error("Shape::rotate"); }        // inélégant
        virtual void draw() { error("Shape::draw"); }
        // ...
};
```

Le fait de tenter la création d'une forme de cette sorte non spécifiée est stupide, mais cette opération est légale :

```
Shape s; //stupide : "forme sans forme"
```

Cela est stupide, car toute opération sur ***s*** produira une erreur.

Une meilleure alternative consiste à déclarer les fonctions virtuelles de la classe ***Shape*** comme *fonctions virtuelles pures*. Une fonction virtuelle devient "pure" lorsque l'initialiseur est ***=0*** :

```
class Shape {                          // classe abstraite
public:
    virtual void rotate(int) = 0;      // fonction virtuelle pure
    virtual void draw() = 0;           // fonction virtuelle pure
    virtual bool is_closed() = 0;      // fonction virtuelle pure
    // ...
};
```

Une classe contenant une ou plusieurs fonctions virtuelles pures est une *classe abstraite*. Aucun objet de cette classe ne peut être créé :

```
Shape s;  //erreur : variable de la classe abstraite Shape
```

Une classe abstraite ne peut être utilisée qu'en tant qu'interface et en tant que base pour les autres classes. Par exemple :

```
class Point { /* ... */ };

class Circle : public Shape {
public:
    void rotate(int) { }                   // se substitue à Shape::rotate
    void draw();                           // se substitue à Shape::draw
    bool is_closed() { return true; }      // se substitue à Shape::is_closed

    Circle(Point p, int r);
private:
    Point center;
    int radius;
};
```

Une fonction virtuelle pure dont la définition n'apparaît pas dans une classe dérivée demeure une fonction virtuelle pure. Par conséquent la classe dérivée dans laquelle n'apparaît pas cette définition est également une classe abstraite. Cela nous permet de créer des implémentations par étapes :

```
class Polygon : public Shape {             // classe abstraite
public:
    bool is_closed() { return true; }      // se substitue à Shape::is_closed
    // ... draw et rotate ne sont pas remplacées...
};

Polygon b;          // erreur: déclaration d'un objet de la classe abstraite Polygon

class Irregular_polygon : public Polygon {
    list<Point> lp;
public:
    void draw();                           // se substitue à Shape::draw
    void rotate(int);                      // se substitue à Shape::rotate
    // ...
};

Irregular_polygon poly(some_points);       // très bien (suppose un constructeur approprié)
```

Une application importante des classes abstraites consiste à fournir une interface sans exposer de détails d'implémentation. Un système d'exploitation pourrait, par exemple, utiliser une classe abstraite dans le but de masquer les détails concernant ses pilotes de périphérique :

```
class Character_device {
public:
        virtual int open(int opt) = 0;
        virtual int close(int opt) = 0;
        virtual int read(char* p, int n) = 0;
        virtual int write(const char* p, int n) = 0;
        virtual int ioctl(int ...) = 0;
        virtual ~Character_device() { }        // destructeur virtuel
};
```

Nous pouvons alors spécifier divers pilotes sous la forme de classes dérivées de ***Character_device*** et, par la suite, les manipuler *via* cette interface. L'importance des destructeurs virtuels est expliquée au § 12.4.2.

Avec l'introduction des classes abstraites, nous possédons la fonctionnalité de base permettant de créer un programme complet de façon modulaire en utilisant les classes comme blocs de construction.

12.4 Conception des hiérarchies de classes

Examinons un problème de conception simple : offrir la possibilité à un programme de récupérer une valeur entière depuis une interface utilisateur. Il existe un nombre étonnant de solutions à ce problème. Pour protéger (isoler) notre programme contre cette multitude, et afin de pouvoir examiner les différents choix de conception possibles, commençons par définir un modèle de programme pour cette opération d'entrée simple. Nous examinerons plus tard les détails de son implémentation à l'aide d'un système interface utilisateur réel.

Le principe consiste à disposer d'une classe ***Ival_box*** connaissant la plage des valeurs d'entrée qui seront acceptées. Un programme peut demander sa valeur à une ***Ival_box***. Il peut également exiger l'affichage d'un message à l'utilisateur, si nécessaire. Un programme a enfin la possibilité d'interroger une ***Ival_box*** si l'utilisateur a modifié la valeur depuis son dernier examen par le programme.

Il existe de nombreuses façons d'implémenter cette idée de base. Nous devons donc supposer qu'il existera également un grand nombre de ***Ival_box*** différentes, telles que des barres de défilement, des boîtes ordinaires dans lesquelles un utilisateur peut saisir un nombre, numéroter et dialoguer par la voix.

L'approche générale consiste à créer un "système interface utilisateur virtuel" pour l'application à utiliser. Ce dernier fournit une partie des services proposés par les systèmes interface utilisateur existants. Une grande variété de systèmes peut être implémentée pour garantir la portabilité du code de l'application. Il existe, bien sûr, d'autres façons d'isoler une application du système interface utilisateur. Nous avons choisi cette approche pour son caractère général, parce qu'elle nous permet de démontrer diverses techniques de conception, parce que ces techniques sont également celles qui autorisent la construction des systèmes interface utilisateur "réels", et, plus important encore, parce que ces techniques sont applicables à des problèmes dépassant de beaucoup le domaine très limité des systèmes d'interface.

12.4.1 Une hiérarchie de classe traditionnelle

Notre première solution est une hiérarchie de classe traditionnelle, comme on en rencontre souvent dans les programmes C++ plus anciens, Smalltalk et Simula.

La classe ***Ival_box*** définit l'interface de base avec toutes les ***Ival_box***. Elle spécifie également une implémentation par défaut, qui pourra être substituée par la propre version de certains types plus spécifiques de ***Ival_box***. De plus, nous déclarons les données nécessaires à l'implémentation de la notion de base :

```
class Ival_box {
protected:
        int val;
        int low, high;
        bool changed;
public:
        Ival_box(int ll, int hh) { changed = false; val = low = ll; high = hh; }

        virtual int get_value() { changed = false; return val; }
        virtual void set_value(int i) { changed = true; val = i; }         // pour l'utilisateur
        virtual void reset_value(int i) { changed = false; val = i; }      // pour l'application
        virtual void prompt() { }
        virtual bool was_changed() const { return changed; }
};
```

L'implémentation par défaut des fonctions est assez négligée et n'est fournie ici que pour illustrer la sémantique nécessaire. Une classe réaliste aurait fourni, par exemple, un contrôle de la plage des valeurs.

Un programmeur pourrait employer ces "classes ***ival***" de la façon suivante :

```
void interact(Ival_box* pb)
{
        pb->prompt();       // alerte l'utilisateur
        // ...
        int i = pb->get_value();
        if (pb->was_changed()) {
                // nouvelle valeur ; on effectue un traitement
        }

        else {
                // l'ancienne valeur était correcte ; on effectue un autre traitement
        }
        // ...
}

void some_fct()
{
        Ival_box* p1 = new Ival_slider(0,5);        // Ival_slider dérivé de Ival_box
        interact(p1);
```

```
        Ival_box* p2 = new Ival_dial(1,12);
        interact(p2);
}
```

La plus grande partie du code d'application est rédigée en terme de ***Ival_box*** ordinaires (pointeurs de). Ainsi, l'application n'a pas besoin de connaître le nombre — éventuellement — important de variantes du concept ***Ival_box***. La connaissance de telles classes est isolée dans les fonctions relativement peu nombreuses qui créent des objets de ce type. Les utilisateurs sont ainsi tenu à l'écart des modifications réalisées dans les implémentations des classes dérivées. La plus grande partie du code peut ignorer le fait qu'il existe différents types de ***Ival_box***.

Pour simplifier la discussion, la partie concernant la façon dont un programme attend les entrées n'est pas traitée ici. Il est possible à un programme de réellement attendre les données de l'utilisateur dans ***get_value()***. Il peut également associer la ***Ival_box*** à un événement et se préparer à répondre à un rappel, ou encore générer un ***thread*** pour la ***Ival_box*** et surveiller ensuite l'état de ce dernier. De telles décisions sont essentielles dans la conception des systèmes d'interface utilisateur. Leur développement dans cette section nous détournerait cependant de la présentation des techniques de programmation et de la fonctionnalité du langage. Les techniques de conception décrites ici, ainsi que les fonctions de langage les supportant, ne sont pas spécifiques aux interfaces utilisateur. Elles s'appliquent à une gamme de problèmes beaucoup plus étendue.

Les différents types de ***Ival_box*** sont définis sous la forme de classes dérivées de cette dernière. Par exemple :

```
class Ival_slider : public Ival_box {
                // données graphiques pour définir l'allure d'une barre de défilement, etc.
public:
        Ival_slider(int, int);

        int get_value();
        void prompt();
};
```

Les membres de données de ***Ival_box*** ont été déclarés en ***protected*** afin d'autoriser leur accès depuis les classes dérivées. De cette façon, il est possible à ***Ival_slider::get_value()*** de déposer une valeur dans ***Ival_box::val***. Un membre ***protected*** est accessible depuis les membres d'une classe, ainsi que depuis ceux des classes dérivées. Les utilisateurs généraux ne peuvent, quant à eux, y accéder (§ 15.3).

Pour compléter ***Ival_slider***, nous pourrions définir d'autres variantes du concept de ***Ival_box***. ***Ival_dial***, par exemple, vous permettrait de sélectionner une valeur en tournant un bouton. ***flashing_ival_slider*** clignoterait quand vous lui demanderiez de ***prompt()***, et ***popup_ival_slider*** répondrait à ***prompt()*** en apparaissant suffisamment en vue pour que l'utilisateur puisse difficilement l'ignorer.

D'où pourraient provenir les données graphiques ? La plupart des systèmes interface utilisateur fournissent une classe définissant les propriétés de base d'une entité apparaissant sur l'écran. Par conséquent, si nous empruntons le système de "Big Bucks Inc.", nous devrions transformer chacune de nos classes ***Ival_slider***, ***Ival_dial***, etc., en une sorte de ***BBwindow***. La façon la plus simple d'y parvenir consiste à réécrire notre ***Ival_box*** de telle sorte qu'elle dérive de ***BBwindow***. De cette façon, chacune de nos classes héritera de toutes les propriétés d'une ***BBwindow***. Chaque ***Ival_box*** pourra, par exemple, être placée sur l'écran, être conforme aux règles de style graphique, être redimensionnée, être déplacée, etc., en fonction du standard établi par le système ***BBwindow***. Notre hiérarchie de classe aurait l'allure suivante :

```
class Ival_box : public BBwindow { /* ... */ };    // réécrite pour utiliser BBwindow
class Ival_slider : public Ival_box { /* ... */ };

class Ival_dial : public Ival_box { /* ... */ };
class Flashing_ival_slider : public Ival_slider { /* ... */ };
class Popup_ival_slider : public Ival_slider { /* ... */ };
```

ou graphiquement :

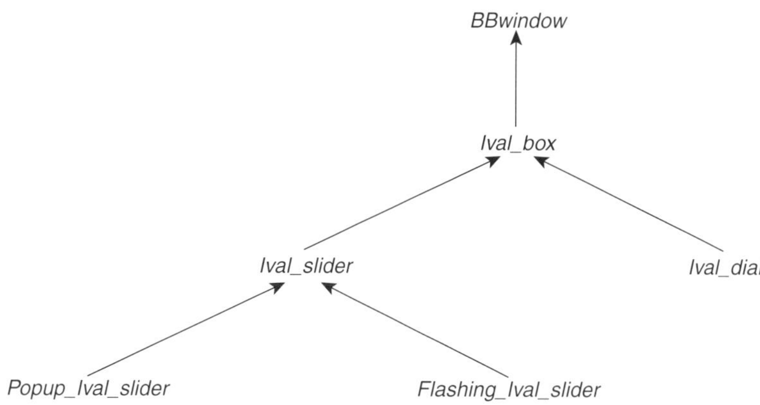

12.4.1.1 Critique

Cette conception donne de bons résultats, et ce type de hiérarchie représente une solution acceptable pour de nombreux problèmes. Certains détails fâcheux pourraient, cependant, nous amener à examiner des alternatives concernant la conception.

BBwindow a été promue classe de base de ***Ival_box***. Cela n'est pas tout à fait correct. L'utilisation de ***BBwindow*** ne fait pas partie de notre notion de base d'une ***Ival_box***. Il s'agit d'un détail de l'implémentation. La dérivation de ***Ival_box*** depuis ***BBwindow*** a introduit un détail de l'implémentation dans une décision de conception de premier niveau. Cela peut se révéler correct. L'utilisation de l'environnement défini par "Big Buck Inc.", par exemple, pourrait représenter une décision clé concernant la façon dont notre organisation gère ses affaires. Cependant, que se passerait-il si nous voulions également adapter nos implémentations de ***Ival_box*** à des systèmes "Imperial Bananas", "Liberated Software" et "Compiler Whizzes" ? Nous devrions alors maintenir quatre versions distinctes de notre programme :

```
class Ival_box : public BBwindow { /* ... */ };    // BB version
class Ival_box : public CWwindow { /* ... */ };    // CW version
class Ival_box : public IBwindow { /* ... */ };    // IB version
class Ival_box : public LSwindow { /* ... */ };    // LS version
```

La multiplication des versions compliquerait excessivement la maintenance du programme.

Un autre problème est dû au fait que chaque classe dérivée partage les données de base déclarées dans ***Ival_box***. Ces données représentent, bien sûr, un détail de l'implémentation qui s'est introduit dans notre interface ***Ival_box***. D'un point de vue pratique, ces données sont erronées dans un grand nombre de cas. Une ***Ival_slider*** n'a pas besoin, par exemple, de la valeur stockée spécifiquement. Cette dernière peut facilement être calculée à partir de la position de la barre de défilement lors de l'exécution de ***get_value()***. En règle générale, la gestion de deux ensembles de données, qui sont liés, mais cependant différents, est toujours source d'erreurs. Tôt ou tard, ces données ne seront plus synchronisées. L'expérience montre également que les programmeurs débutants ont tendance à triturer les données protégées de façon inutile et à provoquer ainsi des problèmes de maintenance. Il est préférable de définir des données privées de telle sorte que les personnes qui créeront les classes dérivées ne puissent y toucher. Mieux encore, les données devraient se trouver dans les classes dérivées, où elles pourraient être définies en fonction des besoins sans compliquer la vie des classes ne présentant aucun lien avec ces dernières. Dans presque tous les cas, une interface protégée ne devrait contenir que des fonctions, des types et des constantes.

La dérivation depuis ***BBwindow*** présente l'avantage de mettre les fonctions offertes par ***BBwindow*** à la disposition des utilisateurs de ***Ival_box***. Cela signifie aussi malheureusement que des modifications au niveau de la classe ***BBwindow*** pourraient forcer les utilisateurs à recompiler, ou même à réécrire leur code, de manière à l'adapter à ces changements. Le mode de fonctionnement de la majorité des implémentations C++, en particulier, implique qu'une modification au niveau de la taille d'une classe de base nécessite une recompilation de toutes les classes dérivées.

Notre programme pourrait enfin être exécuté dans un environnement mixte, dans lequel coexisteraient des fenêtres issues de systèmes interface utilisateur différents. Cela pourrait s'avérer utile lorsque deux systèmes partagent un même écran, ou lorsqu'il est nécessaire pour notre programme de communiquer avec des utilisateurs de systèmes différents. Le fait que nos systèmes interface utilisateur soient "câblés" comme une seule et unique base de notre seule et unique interface ***Ival_box*** n'est pas suffisamment souple pour gérer ces situations.

12.4.2 Les classes abstraites

Reprenons maintenant notre hiérarchie de classe et créons-en une nouvelle afin de résoudre les problèmes énoncés dans la critique de la hiérarchie traditionnelle :

1. Le système interface utilisateur devrait être un détail de l'implémentation non accessible aux utilisateurs pour lesquels il ne présente pas d'intérêt.
2. La classe ***Ival_box*** ne devrait contenir aucune donnée.
3. Aucune recompilation du code utilisant la famille de classes ***Ival_box*** ne devrait être requise après une modification du système interface utilisateur.
4. Les ***Ival_box*** destinées à des systèmes d'interface différents devraient pouvoir coexister dans notre programme.

Plusieurs approches peuvent être envisagées pour résoudre ce problème. Celle que nous présentons ici est bien adaptée au langage C++.

Nous spécifions tout d'abord la classe ***Ival_box*** comme une interface pure :

```
class Ival_box {
public:
        virtual int get_value() = 0;
        virtual void set_value(int i) = 0;
        virtual void reset_value(int i) = 0;
        virtual void prompt() = 0;
        virtual bool was_changed() const = 0;
        virtual ~Ival_box() { }
};
```

Cette déclaration est plus élégante que la déclaration originale de ***Ival_box***. Les données, ainsi que les implémentations simplistes des fonctions membres, ont disparu. Le cas est le même pour le constructeur, puisqu'il n'existe plus de données à initialiser. Nous avons ajouté un destructeur virtuel afin de garantir un "nettoyage" approprié des données qui seront définies dans les classes dérivées.

La définition de ***Ival_slider*** devrait avoir l'allure suivante :

```
class Ival_slider : public Ival_box, protected BBwindow {
public:
        Ival_slider(int,int);
        ~Ival_slider();

        int get_value();
        void set_value(int i);
        // ...
protected:
                // fonctions se substituant aux fonctions virtuelles de BBwindow
                // par exemple : BBwindow::draw(), BBwindow::mouse1hit()
private:
                // données requises pour la barre de défilement
};
```

La classe dérivée ***Ival_slider*** hérite de la classe abstraite ***Ival_box***, qui lui impose d'implémenter les fonctions virtuelles pures de la classe de base. Elle hérite également de ***BBwindow*** qui lui offre les moyens de réaliser cette opération. ***Ival_box*** fournissant l'interface destinée à la classe dérivée, elle est dérivée en ***public***. ***BBwindow*** représentant uniquement une aide pour l'implémentation, elle est dérivée en ***protected*** (§ 15.3.2). Cela implique qu'un programmeur utilisant ***Ival_slider*** ne puisse employer directement la fonctionnalité définie par ***BBwindow***. L'interface fournie par ***Ival_slider*** est celle qui est héritée par ***Ival_box***, complétée de ce qui est explicitement déclaré par ***Ival_slider***. Nous avons préféré une dérivation ***protected*** à une dérivation ***private***, plus restrictive (et généralement plus sécurisée), pour mettre ***BBwindow*** à disposition des classes dérivées de ***Ival_slider***.

Une dérivation directe depuis plusieurs classes est généralement nommée *héritage multiple* (§ 15.2). Notez que ***Ival_slider*** doit substituer les fonctions à la fois de ***Ival_box*** et de ***BBwindow***. Elle doit donc être dérivée directement, ou indirectement, de ces deux classes. Comme présenté en § 12.4.1.1, il est possible de dériver ***Ival_slider*** indirectement de ***BBwindow*** en définissant cette dernière comme classe de base de ***Ival_box***. Cette solution engendre cependant des effets indésirables. De façon analogue, définir la "classe d'implémentation" ***BBwindow*** comme membre de ***Ival_box*** n'est pas une bonne solution, car une classe ne peut substituer les fonctions virtuelles de ses membres (§ 24.3.4). Une conception totalement différente est obtenue en représentant la fenêtre avec un membre ***BBwindow**** dans ***Ival_box*** à l'aide d'un ensemble distinct de choix techniques (§ 12.7[14], § 25.7).

Il est intéressant de noter que cette déclaration de ***Ival_slider*** permet d'écrire le code de l'application exactement de la même façon que précédemment. Nous avons simplement restructuré les détails de l'implémentation de façon plus logique.

De nombreuses classes nécessitent une forme de "nettoyage" avant qu'un objet ne disparaisse. La classe abstraite ***Ival_box*** ne pouvant savoir si une telle opération est nécessaire, elle doit supposer que c'est le cas. Nous garantissons la libération des ressources en définissant un constructeur virtuel ***Ival_box::~Ival_box()*** dans la base et en le substituant de façon appropriée dans les classes dérivées. Par exemple :

```
void f(Ival_box* p)
{
        // ...
        delete p;
}
```

L'opérateur ***delete*** détruit explicitement l'objet pointé par ***p***. Nous n'avons aucun moyen de savoir exactement à quelle classe appartient l'objet pointé par ***p***. Cependant, grâce au destructeur virtuel de ***Ival_box***, l'opération de libération des ressources appropriée, telle que définie (en option) par le destructeur de la classe, sera exécutée.

Il est maintenant possible de définir la hiérarchie ***Ival_box*** de la façon suivante :

```
class Ival_box { /* ... */ };
class Ival_slider : public Ival_box, protected BBwindow { /* ... */ };
class Ival_dial : public Ival_box, protected BBwindow { /* ... */ };

class Flashing_ival_slider : public Ival_slider { /* ... */ };
class Popup_ival_slider : public Ival_slider { /* ... */ };
```

ou graphiquement :

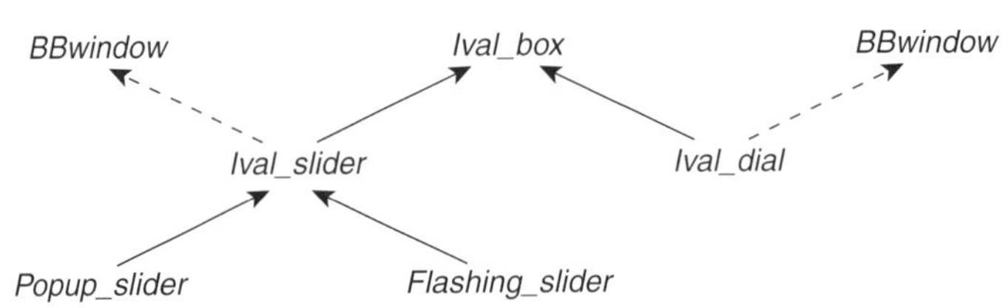

Nous avons représenté l'héritage protégé à l'aide d'un pointillé. Pour les utilisateurs généraux, il ne s'agit que d'un détail de l'implémentation.

12.4.3 Les autres implémentations

Cette conception est plus élégante et facile à maintenir que la conception traditionnelle — tout en faisant preuve de la même efficacité. Elle ne résout cependant toujours pas le problème du contrôle de version :

```
class Ival_box { /* ... */ };          // commun
class Ival_slider : public Ival_box, protected BBwindow { /* ... */ };     // pour BB
class Ival_slider : public Ival_box, protected CWwindow { /* ... */ };     // pour CW
// ...
```

De plus, même si les deux systèmes interface utilisateur pouvaient eux-mêmes coexister, il n'existe aucune solution permettant de faire coexister une ***Ival_slider*** pour des ***BBwindow*** avec une ***Ival_slider*** pour des ***CWwindow***.

La solution la plus évidente consiste à définir différentes classes ***Ival_slider*** avec des noms distincts :

```
class Ival_box { /* ... */ };
class BB_ival_slider : public Ival_box, protected BBwindow { /* ... */ };
class CW_ival_slider : public Ival_box, protected CWwindow { /* ... */ };
// ...
```

ou graphiquement :

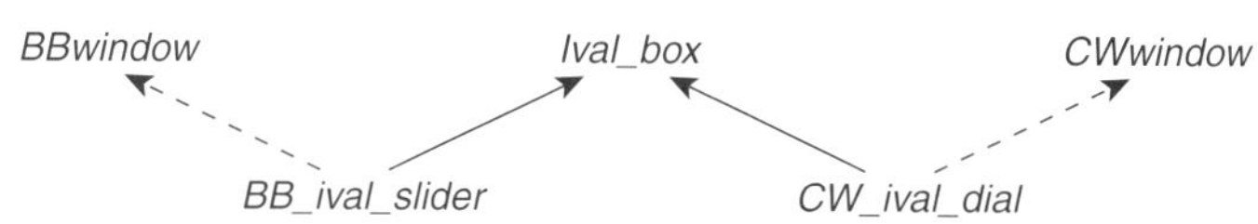

Pour isoler davantage nos classes orientées application ***Ival_box*** des détails de l'implémentation, il est possible de dériver une classe abstraite ***Ival_slider*** de ***Ival_box***, puis de dériver les ***Ival_slider*** spécifiques au système :

```
class Ival_box { /* ... */ };
class Ival_slider : public Ival_box { /* ... */ };

class BB_ival_slider : public Ival_slider, protected BBwindow { /* ... */ };
class CW_ival_slider : public Ival_slider, protected CWwindow { /* ... */ };
// ...
```

ou graphiquement :

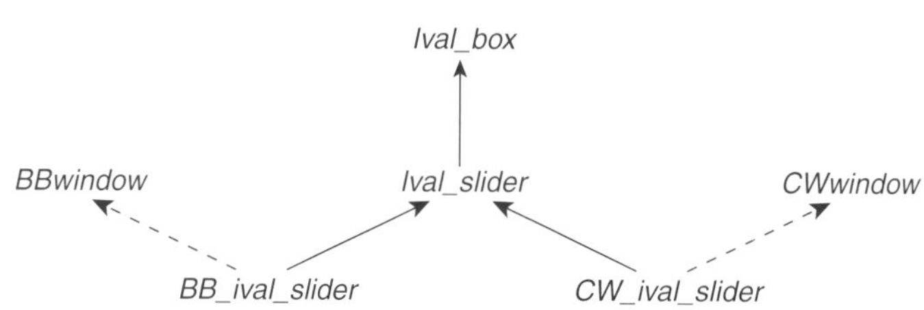

Le résultat obtenu peut encore être amélioré en utilisant des classes plus spécifiques dans la hiérarchie de l'implémentation. Si le système "Big Bucks Inc." possède, par exemple, une classe ***slider***, nous pouvons dériver notre ***Ival_slider*** directement de la classe ***BBslider***.

class BB_ival_slider : public Ival_slider, protected BBslider { /* ... */ };
class CW_ival_slider : public Ival_slider, protected CWslider { /* ... */ };

ou graphiquement :

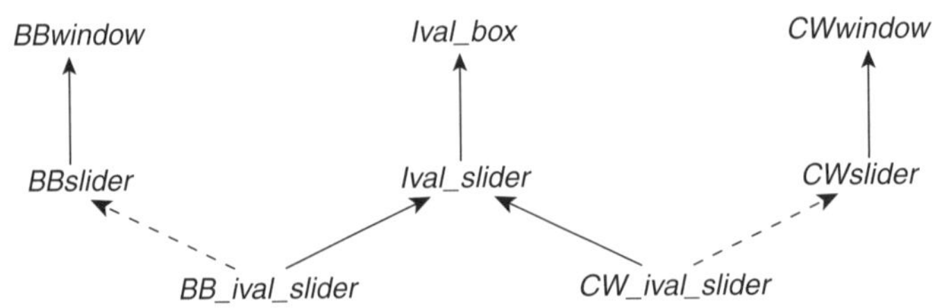

Cette amélioration prend toute son importance lorsque — comme c'est souvent le cas — nos abstractions sont relativement proches de celles fournies par le système utilisé pour l'implémentation. La programmation peut alors être réduite en faisant correspondre les concepts similaires. Dans ce cas, la dérivation depuis des classes de base générales, telles que ***BBwindow***, n'est que rarement réalisée.

La hiérarchie complète sera constituée de notre hiérarchie conceptuelle orientée application originale. Il s'agit d'une hiérarchie d'interfaces représentées sous la forme de classes dérivées :

```
class Ival_box { /* ... */ };
class Ival_slider : public Ival_box { /* ... */ };
class Ival_dial : public Ival_box { /* ... */ };
class Flashing_ival_slider : public Ival_slider { /* ... */ };
class Popup_ival_slider : public Ival_slider { /* ... */ };
```

Elle sera ensuite suivie par les implémentations de cette hiérarchie pour divers systèmes interface utilisateur graphiques, représentés sous la forme de classes dérivées :

```
class BB_ival_slider : public Ival_slider, protected BBslider { /* ... */ };
class BB_flashing_ival_slider : public Flashing_ival_slider, protected
BBwindow_with_bells_and_whistles { /* ... */ };
class BB_popup_ival_slider : public Popup_ival_slider, protected BBslider { /* ... */ };
class CW_ival_slider : public Ival_slider, protected CWslider { /* ... */ };
// ...
```

Cette hiérarchie peut être représentée graphiquement de la façon suivante :

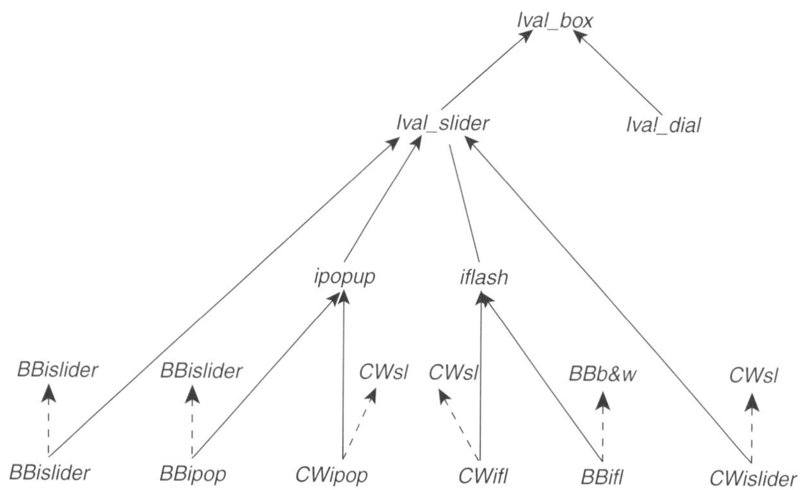

Lorsqu'elle est encadrée par les classes de l'implémentation, la hiérarchie de classes ***Ival_box*** originale demeure inchangée.

12.4.3.1 Critique

La conception de la classe abstraite est souple et presque aussi simple à traiter que la conception équivalente qui s'appuie sur une base commune définissant le système interface utilisateur. Dans cette dernière, la classe des fenêtres constitue la racine de l'arborescence. Dans la première, la hiérarchie de classe de l'application originale apparaît inchangée. Elle représente la racine des classes fournissant ses implémentations. Du point de vue de l'application, ces conceptions sont équivalentes, car la quasi-totalité du code fonctionne de la même façon dans les deux cas. Dans chaque cas, vous pouvez généralement examiner la famille de classes ***Ival_box*** sans vous préoccuper des détails de l'implémentation liés à la fenêtre. Nous n'aurions pas besoin de réécrire ***interact()*** du § 12.4.1, par exemple, si nous basculions d'une hiérarchie de classe vers une autre.

L'implémentation de chacune des classes ***Ival_box*** doit être réécrite lors de chaque modification de l'interface publique du système interface utilisateur. Cependant, dans la conception de la classe abstraite, la quasi-totalité du code utilisateur est protégée des modifications au niveau de la hiérarchie de l'implémentation. Il ne nécessite aucune recompilation après un tel changement. Cela s'avère important lorsque le fournisseur de la hiérarchie d'implémentation sort une nouvelle version "presque compatible". De plus, les utilisateurs de la hiérarchie de la classe abstraite sont moins susceptibles d'être bloqués dans une implémentation propriétaire que ne le sont les utilisateurs d'une hiérarchie classique. Les utilisateurs de la hiérarchie de la classe abstraite ***Ival_box*** ne peuvent utiliser accidentellement les fonctions de cette implémentation, car les fonctions explicitement spécifiées dans la hiérarchie ***Ival_box*** sont les seules accessibles. Rien n'est hérité implicitement d'une classe de base spécifique à l'implémentation.

12.4.4 Localiser la création d'objets

Il est possible d'écrire la plus grande partie d'une application à l'aide de l'interface ***Ival_box***. Si, par la suite, les interfaces dérivées évoluent de façon à fournir davantage de fonctions qu'une ***Ival_box*** ordinaire, alors la majeure partie d'une application pourra être écrite à l'aide d'interfaces ***Ival_box***, ***Ival_slider***, etc. La création d'objets doit cependant être effectuée en utilisant des noms spécifiques à l'implémentation tels que ***CW_ival_dial*** et ***BB_flashing_ival_slider***. Nous avons intérêt à minimiser les emplacements dans lesquels apparaissent de tels noms. De plus, la création d'objets est difficile à localiser si elle n'est pas réalisée avec méthode.

La solution consiste, comme toujours, à introduire une indirection. Il existe de nombreuses façons de réaliser cette opération. Un moyen simple consiste à introduire une classe abstraite permettant de représenter l'ensemble des opérations de création :

```
class Ival_maker {
public:
	virtual Ival_dial* dial(int, int) =0;                    // construit dial
	virtual Popup_ival_slider* popup_slider(int, int) =0;    // construit popup slider
	// ...
};
```

Pour chaque interface de la famille de classes ***Ival_box***, la classe ***Ival_maker*** offre une fonction permettant de construire un objet. Ce type de classe est quelquefois nommé *fabrique* et ses fonctions sont parfois appelées *constructeurs virtuels* (§ 15.6.2), ce qui peut induire en erreur.

Tous les systèmes interface utilisateur sont maintenant représentés par une classe dérivée de ***Ival_maker*** :

```
class BB_maker : public Ival_maker {       // construit les versions BB
public:
	Ival_dial* dial(int, int);
	Popup_ival_slider* popup_slider(int, int);
	// ...
};

class LS_maker : public Ival_maker {       // construit les versions LS
public:
	Ival_dial* dial(int, int);
	Popup_ival_slider* popup_slider(int, int);
	// ...
};
```

Chaque fonction crée un objet de l'interface et du type d'implémentation désiré. Par exemple :

```
Ival_dial* BB_maker::dial(int a, int b)
{
	return new BB_ival_dial(a,b);
}

Ival_dial* LS_maker::dial(int a, int b)
{
```

```
        return new LS_ival_dial(a,b);
}
```

Etant donné un pointeur de ***Ival_maker***, un utilisateur peut maintenant créer des objets sans avoir besoin de connaître exactement quel système interface utilisateur est utilisé. Par exemple :

```
void user(Ival_maker* pim)
{
        Ival_box* pb = pim->dial(0,99);      // crée la numérotation appropriée
        // ...
}

BB_maker BB_impl;                            // pour les utilisateurs de BB
LS_maker LS_impl;                            // pour les utilisateurs de LS

void driver()
{
        user(&BB_impl);                      // utilise BB
        user(&LS_impl);                      // utilise LS
}
```

12.5 Hiérarchies de classe et classes abstraites

Une classe abstraite est une interface. Une hiérarchie de classe représente le moyen de construire des classes de façon incrémentielle. Chaque classe fournit naturellement une interface pour les utilisateurs et certaines classes abstraites fournissent une fonctionnalité importante à partir de laquelle il sera possible de construire. "Interface" et "bloc de construction" sont les principaux rôles des classes abstraites et des hiérarchies de classe.

Une hiérarchie classique est une hiérarchie dans laquelle les classes individuelles fournissent la fonctionnalité utile pour les utilisateurs et se comportent comme des blocs de construction pour l'implémentation des classes plus avancées ou spécialisées. De telles hiérarchies sont idéales pour supporter la programmation par perfectionnement incrémentiel. Elles fournissent le support maximum pour l'implémentation de nouvelles classes, tant que ces dernières sont fortement liées à la hiérarchie existante.

Les hiérarchies classiques ont tendance à rapprocher fortement les questions d'implémentation avec les interfaces fournies aux utilisateurs. Les classes abstraites peuvent simplifier le problème. Les hiérarchies de classe abstraites offrent une façon élégante et puissante de représenter des concepts sans les surcharger avec les problèmes d'implémentation ou augmenter de façon significative les temps d'exécution. Après tout, un appel de fonction virtuel est peu coûteux et indépendant du type d'obstacle d'abstraction qu'il franchit. Le fait d'appeler le membre d'une classe abstraite ne s'avère pas plus coûteux que l'appel d'une autre fonction ***virtual***.

Le résultat logique de ce raisonnement est un système présenté aux utilisateurs sous la forme d'une hiérarchie de classe abstraites et implémenté par une hiérarchie classique.

12.6 Conseils

1. Evitez l'emploi des champs type (voir § 12.2.5).
2. Utilisez les pointeurs et les références pour éviter le slicing (voir § 12.2.3).
3. Utilisez les classes abstraites pour orienter la conception vers des interfaces précises (voir § 12.3).
4. Utilisez les classes abstraites pour minimiser les interfaces (voir § 12.4.2).
5. Utilisez les classes abstraites pour isoler les détails de l'implémentation des interfaces (voir § 12.4.2).
6. Utilisez les fonctions virtuelles afin que de nouvelles implémentations puissent être ajoutées sans affecter le code de l'utilisateur (voir § 12.4.1).
7. Utilisez les classes abstraites pour minimiser la recompilation du code de l'utilisateur (voir § 12.4.2).
8. Utilisez les classes abstraites afin que d'autres implémentations puissent coexister (voir § 12.4.3).
9. Une classe avec une fonction virtuelle devrait contenir un destructeur virtuel (voir § 12.4.2).
10. Généralement, une classe abstraite n'a pas besoin de constructeur (voir § 12.4.2).
11. Séparez les représentations de concepts distincts (voir § 12.4.1.1).

12.7 Exercices

1. (*1) Définissez

```
class Base {
public:
        virtual void iam() { cout << "Base\n"; }
};
```

   Dérivez deux classes de ***Base***. Pour chacune d'entre elles, définissez ***iam()*** de telle sorte qu'elle affiche le nom de la classe. Créez des objets de ces classes et appelez ***iam()***. Affectez des pointeurs d'objets de classes dérivées à des pointeurs ***base**** et appelez ***iam()*** *via* ces pointeurs.

2. (*3.5) Implémentez un système de graphiques simples en utilisant toute fonction graphique disponible sur votre système (si vous ne possédez pas un bon système graphique ou que vous n'avez aucune expérience dans ce domaine, vous pouvez envisager une simple "implémentation ASCII" dans laquelle un point est une position de caractère, et dans laquelle vous écrivez en plaçant le caractère approprié à une certaine position) : ***Window(n, m)*** crée une zone d'une taille de ***n*** fois ***m*** à l'écran. On utilise des coordonnées (***x***, ***y***) (cartésiennes) pour adresser les points de l'écran. La position courante d'une ***Window w*** est ***w.current()***. La position initiale de ***current*** est ***Point(0, 0)***. La position courante peut être définie à l'aide de ***w.current(p)***, où ***p*** est un ***Point***. Un ***Point*** est spécifié *via* une paire de coordonnées : ***Point(x, y)***. On spécifie une ***Line*** *via* une paire de ***Point*** : ***Line(w.current(),p2)***. La classe ***Shape*** représente l'interface commune des ***Dot***, ***Line***, ***Rectangle***, ***Circle***, etc. Un ***Point*** n'est pas une ***Shape*** (forme). Un ***Dot***, ***Dot(p)*** peut être utilisé pour représenter un ***Point p*** à l'écran. Une ***Shape*** est invisible, jusqu'à l'exécution de ***draw()n***. Par exemple : ***w.draw(Circle(w.current(),10))***. Chaque ***Shape*** possède neuf points de contact : ***e (est)***, ***w (ouest)***, ***n (nord)***, ***s (sud)***, ***ne***, ***nw***, ***se***, ***sw*** et ***c (centre)***. Par exemple, ***Line (x.c(), y.nw())*** crée une ligne depuis le centre de ***x*** vers le coin supérieur gauche de ***y***. Après avoir dessiné une

Shape, la position courante est le ***se()*** de cette dernière. Un ***Rectangle*** est spécifié à l'aide de ses coins inférieur gauche et supérieur droit : ***Rectangle (w.current(), Point(10, 10))***. Comme test simple, affichez la forme d'une maison avec un toit, deux fenêtres et une porte.

3. (*2) Les aspects importants d'une ***Shape*** apparaissent à l'écran sous la forme d'un ensemble de segments. Implémentez des opérations permettant de faire varier l'apparence de ces segments : ***s.thickness(n)*** définit l'épaisseur de la ligne en ***0***, ***1***, ***2***, ***3***, où ***2*** est la valeur par défaut et où ***0*** signifie invisible. De plus, un segment peut être ***solid*** (ligne continue), ***dashed*** (un pointillé) ou ***dotted*** (constitué d'une suite de points). Cette caractéristique est définie par la fonction ***Shape::outline()***.
4. (*2.5) Fournissez une fonction ***Line::arrowhead()*** qui ajoute des têtes de flèche à la fin d'une ligne. Une ligne possède deux extrémités. Une flèche peut pointer dans deux directions par rapport à cette ligne. L'argument ou les arguments de ***arrowhead()*** doivent donc pouvoir exprimer au moins quatre possibilités.
5. (*3.5) Assurez-vous que les points et les segments sortant des limites d'une ***Window*** n'apparaissent pas à l'écran. Evitez de partir du système graphique de l'implémentation pour réaliser cette vérification.
6. (*2.5) Ajoutez un type ***Text*** au système graphique. Un ***Text*** est une ***Shape*** rectangulaire affichant des caractères. La taille d'un caractère est, par défaut, d'une unité de coordonnées sur chacun des axes de coordonnées.
7. (*2) Définissez une fonction permettant de dessiner une ligne reliant deux formes. Celle-ci devra trouver les deux points de contact les plus proches et les raccorder.
8. (*3) Ajoutez une notion de couleur au système graphique simple. Trois choses peuvent être colorées : l'arrière-plan, l'intérieur d'une forme close et les contours des formes.
9. (*2) Examinez le code suivant :

```
class Char_vec {
        int sz;
        char element[1];
public:
        static Char_vec* new_char_vec(int s);
        char& operator[](int i) { return element[i]; }
        // ...
};
```

   Définissez la fonction ***new_char_vec()*** de façon à allouer de la mémoire contiguë à un objet ***Char_vec***. Cette opération doit permettre l'indexation d'éléments *via* ***element***, comme présenté. Dans quelle situation cette astuce pose-t-elle de sérieux problèmes ?

10. (*2.5) A partir des classes ***Circle***, ***Square*** et ***Triangle*** dérivées d'une classe ***Shape***, définissez une fonction ***intersect()*** qui reçoive deux arguments ***Shape****. Celle-ci doit également appeler les fonctions permettant de déterminer si deux formes se chevauchent. Il sera nécessaire d'ajouter les fonctions (virtuelles) appropriées aux classes pour obtenir ce résultat. Ne vous préoccupez pas du code nécessaire pour contrôler le chevauchement. Assurez-vous simplement de l'appel des fonctions adéquates. Ce type d'opération est couramment nommé *double dispatch* ou *multi méthode*.

11. (*5) Concevez et implémentez une bibliothèque pour l'écriture de simulations orientées événement. Conseil : ***<task.h>***. Il s'agit toutefois d'un programme ancien. Il est possible de mieux faire. Une classe ***task*** devrait exister. Un objet de cette classe devrait être capable d'enregistrer son état, puis de restaurer cet état (vous pourriez définir ***task::save()*** et ***task::restore()***) de telle sorte qu'il puisse fonctionner comme un coprogramme. On peut définir des tâches spécifiques comme des objets de classes dérivées de ***task***. Le programme à exécuter par une tâche pourrait être spécifié sous la forme d'une fonction virtuelle. Il devrait être possible de transmettre des arguments à une nouvelle tâche comme arguments de ses constructeurs. On devrait pouvoir implémenter un concept de temps virtuel à l'aide d'un programmateur. Fournissez une fonction ***task::delay(long)*** qui "consomme" du temps virtuel. L'une des principales décisions de conception consistera à intégrer, ou non, le programmateur dans la classe ***task***. Les tâches auront besoin de communiquer. Créez pour cela une classe ***queue***. Imaginez de quelle façon une tâche pourrait attendre des entrées en provenance de plusieurs files d'attente. Gérez les erreurs d'exécution de façon uniforme. Comment pourriez-vous corriger des programmes écrits en utilisant une telle bibliothèque ?
12. (*2) Définissez les interfaces pour les classes ***Warrior***, ***Monster*** et ***Object*** (qui est un élément que vous pouvez prendre, glisser, utiliser, etc.). Elles seront destinées à un jeu d'aventure.
13. (*1.5) Pourquoi existe-t-il deux classes ***Point*** et ***Dot*** au § 12.7[2] ? Dans quelle situation serait-il intéressant d'ajouter aux classes ***Shape*** des versions concrètes de classes clés telles que ***Line***.
14. (*3) Elaborez une stratégie d'implémentation différente pour l'exemple ***Ival_box*** (§ 12.4). Vous partirez de l'idée que chaque classe constitue pour une application une interface contenant un unique pointeur vers l'implémentation. Chacune de ces "classes interface" sera un descripteur d'une "classe d'implémentation". Il existera une hiérarchie d'interface et une hiérarchie d'implémentation. Ecrivez des extraits de code suffisamment détaillés pour illustrer des problèmes éventuels avec la conversion de type. Etudiez la facilité d'utilisation, de programmation et de réutilisation des implémentations et des interfaces lorsqu'on ajoute un nouveau concept à la hiérarchie. Examinez également la facilité avec laquelle il est possible de réaliser des modifications au niveau des interfaces et des implémentations, ainsi que la nécessité de recompiler après un changement dans l'implémentation.

13

Les modèles

Placez ici votre citation.

B. Stroustrup

Les modèles — Un modèle de chaîne simple — L'instanciation — Les paramètres de modèle — Le contrôle des types — Les modèles de fonction — Déduction d'un argument de modèle — Spécifier les arguments de modèle — La surcharge d'un modèle de fonction — Spécification des règles via les arguments de modèle — Les arguments de modèle par défaut — Spécialisation — Dérivation et modèles — Les modèles de membre — Les conversions — Organisation du code source — Conseils — Exercices

13.1 Introduction

Des concepts distincts devraient être représentés indépendamment les uns des autres. Aucune association ne devrait être faite sans nécessité particulière. Si ce principe n'est pas respecté, vous combinez des concepts sans aucune relation ou créez des dépendances inutiles. Dans les deux cas, vous composez vos systèmes à partir d'un ensemble de composants moins souple. Les modèles offrent un moyen simple de représenter une large gamme de concepts généraux et de les associer. L'efficacité, tant du point de vue de l'exécution que de l'occupation en mémoire des classes et des fonctions obtenues, peut rivaliser avec celle d'un code plus spécialisé écrit "à la main".

Les modèles permettent de supporter directement la programmation générique (§ 2.5), c'est-à-dire la programmation dans laquelle les types représentent des paramètres. Le mécanisme des modèles de C++ autorise, en effet, un type à apparaître sous la forme d'un paramètre de la définition d'une classe ou d'une fonction. Un modèle dépend uniquement des propriétés qu'il exploite effectivement dans ses types "paramètre". Il n'impose pas de liaison explicite des différents types utilisés comme arguments. Les types "argument" utilisés pour un modèle n'impose pas, en particulier, l'appartenance à une hiérarchie d'héritage unique.

Les modèles sont présentés dans ce chapitre. Nous nous intéresserons principalement aux techniques nécessaires à la conception, la mise en œuvre et l'utilisation de la bibliothèque standard. Cette bibliothèque se doit d'être plus générale, plus souple et efficace que la plupart des logiciels. Par conséquent, les techniques applicables à son élaboration et à son implémentation doivent nécessairement être efficaces dans la conception de solutions pour une grande variété de problèmes. Ces techniques permettent à un implémenteur de masquer les mises en œuvre sophistiquées par des interfaces simples, et de n'exposer la complexité à l'utilisateur que lorsque ce dernier en a vraiment besoin. ***sort(v)***, par exemple, peut constituer une interface pour des algorithmes de tri d'éléments appartenant à un certain nombre de types stockés dans une variété de conteneurs. La fonction de tri la plus appropriée pour l'élément ***v*** sera automatiquement sélectionnée.

Chaque abstraction importante de la bibliothèque standard est représentée sous la forme d'un modèle (par exemple, ***string***, ***ostream***, ***complex***, ***list*** et ***map***). Il en va de même pour les opérations clés (par exemple, la comparaison de ***string***, l'opérateur de sortie <<, l'addition de ***complex***, l'acquisition de l'élément suivant d'une ***list*** et ***sort()***). Les chapitres consacrés à la bibliothèque (Partie 3 de ce livre) constituent, de ce fait, une source riche en exemples de modèles. Il vous sera également fourni un certain nombre de techniques de programmation s'appuyant sur ces modèles. Ce chapitre se concentre donc sur des exemples de petite taille illustrant les aspects techniques des modèles ainsi que les techniques fondamentales permettant de les utiliser :

- § 13.2 : Les mécanismes de base pour définir et utiliser les modèles de classe
- § 13.3 : Les modèles de fonction, la surcharge de fonction et la déduction du type
- § 13.4 : Emploi des paramètres de modèle pour spécifier les règles s'appliquant aux algorithmes génériques
- § 13.5 : Les définitions multiples offrant le choix de l'implémentation d'un modèle
- § 13.6 : La dérivation et les modèles (polymorphisme de compilation et d'exécution)
- § 13.7 : Organisation du code source

Les modèles ont été présentés en § 2.7.1 et en § 3.8. Vous trouverez les règles détaillées s'appliquant à la résolution des noms et à la syntaxe des modèles en § C.13.

13.2 Un modèle de chaîne simple

Considérons une chaîne de caractères. Une chaîne est une classe contenant des caractères et fournissant des opérations telles que l'indiçage, la concaténation et la comparaison. Nous aimerions attribuer ce comportement à de nombreux types de caractères. Selon le contexte, par exemple, il pourrait être intéressant de disposer de chaînes de caractères signés, de caractères non signés, de caractères chinois ou de caractères grecs. La notion de "chaîne" doit donc être représentée avec aussi peu de dépendance que possible vis-à-vis d'un type de caractère spécifique. La définition d'une chaîne s'appuie principalement sur le fait qu'un caractère puisse être copié. Nous pouvons donc constituer un type plus général en reprenant la chaîne de ***char*** en § 11.12, et en définissant le type de caractère en paramètre :

```
template<class C> class String {
        struct Srep;
        Srep *rep;
public:
        String();
        String(const C*);
        String(const String&);

        C read(int i) const;
        // ...
};
```

Le préfixe ***template<class C>*** indique que l'on déclare un modèle et qu'un type C apparaîtra en argument dans la déclaration. L'argument C étant introduit, il est ensuite utilisé exactement de la même façon que les autres noms de types. Sa portée s'étend jusqu'à la fin de la déclaration préfixée par ***template<class C>***. Il convient de noter que ce préfixe signale que ***C*** est un nom de *type*. Il ne s'agit pas nécessairement du nom d'une *classe*.

Le nom d'un modèle de classe, suivi d'un type placé entre **<>**, représente le nom d'une classe (comme le définit le modèle). Il peut donc être utilisé comme tout autre nom de classe. Par exemple :

```
String<char> cs;
String<unsigned char> us;
String<wchar_t> ws;

class Jchar {
        // caractère japonais
};

String<Jchar> js;
```

A l'exception de sa syntaxe particulière, ***String<char>*** fonctionne exactement comme si elle avait été définie avec la classe ***String*** en § 11.12. Le fait de définir ***String*** comme un modèle nous permet de disposer des fonctions disponibles pour une ***String*** de ***char*** pour toute autre chaîne et toute autre sorte de caractères. Si nous utilisons, par exemple, la bibliothèque standard ***map*** et le modèle ***String***, l'exemple du § 11.8 devient :

```
int main()          // compte les occurrences de chaque mot en entrée
{
        String<char> buf;
        map<String<char>,int> m;
        while (cin>>buf) m[buf]++;
                    // affiche le résultat
}
```

La version correspondant à notre type de caractère japonais ***Jchar*** serait :

```
int main()          // compte les occurrences de chaque mot en entrée
{
        String<Jchar> buf;
        map<String<Jchar>,int> m;
        while (cin>>buf) m[buf]++;
                    // affiche le résultat
}
```

La classe modèle ***basic_string***, proche de notre ***String*** modélisée (§ 11.12, § 20.3), est disponible dans la bibliothèque standard. Dans cette dernière, ***string*** est définie comme un synonyme de ***basic_string<char>*** :

```
typedef basic_string<char> string;
```

Nous pouvons donc réécrire le programme de comptage des mots comme suit :

```
int main()          // compte les occurrences de chaque mot en entrée
{
        string buf;
        map<string,int> m;
        while (cin>>buf) m[buf]++;
                    // affiche le résultat
}
```

Les ***typedef*** sont généralement utilisés dans le but de raccourcir les noms des classes générées à partir des modèles. Il est également souvent préférable d'ignorer les détails concernant la façon dont un type est défini. Ce mot clé nous permet de masquer le fait qu'un type est généré à partir d'un modèle.

13.2.1 Définir un modèle

Générer une classe à partir d'un modèle de classe est une opération ordinaire. L'utilisation d'un modèle n'entraîne donc aucun mécanisme d'exécution autre que ceux utilisés pour une classe créée "à la main". Il n'implique pas non plus nécessairement une réduction de la quantité de code générée.

Il peut s'avérer intéressant de déboguer une classe particulière, telle que ***String***, avant de la transformer en un modèle, tel que ***String<C>***. Cette opération permet de traiter de nombreux problèmes de conception, ainsi que la plupart des erreurs de code dans le contexte d'un exemple concret. Tous les programmeurs connaissent ce type de débogage. De plus, nous appréhendons mieux un exemple concret qu'un concept abstrait. Nous aurons ensuite tout loisir de traiter les problèmes pouvant résulter de la généralisation sans être perturbé par des erreurs plus conventionnelles. De la même manière, pour comprendre un modèle, il est souvent utile d'imaginer son comportement sur un type particulier, tel que ***char***, avant de tenter de saisir le modèle dans sa généralité.

Les membres d'une classe modèle sont déclarés et définis exactement de la même façon que ceux d'une classe ordinaire. Ils ne sont pas nécessairement définis dans la classe modèle elle-même. Leur définition doit être alors fournie ailleurs (§ C.13.7). Des membres de ce type sont eux-mêmes des modèles paramétrés *via* les paramètres de leur classe modèle. Lorsque l'un d'entre eux est défini en dehors de sa classe, il doit être explicitement déclaré comme modèle. Par exemple :

```
template<class C> struct String<C>::Srep {
        C* s;           // pointeur d'éléments
        int sz;         // nombre d'éléments
        int n;          // compte référence
        // ...
};

template<class C> C String<C>::read(int i) const { return rep->s[i]; }

template<class C> String<C>::String()
{
        rep = new Srep(0,C());
}
```

Les paramètres de modèle, tels que ***C***, sont des paramètres. Il ne s'agit pas de noms de types définis à l'extérieur du modèle. Cela n'affecte, cependant, en rien le mode d'écriture du code du modèle dans lequel ils apparaissent. Dans la portée de ***String<C>***, la qualification avec ***<C>*** est redondante pour le nom du modèle lui-même. ***String<C>::String*** est donc le nom du constructeur. Vous pouvez bien sûr rester explicite :

```
template<class C> String<C>::String<C>()
{
        rep = new Srep(0,C());
}
```

De même qu'une seule fonction est capable de définir une fonction membre de classe dans un programme, un seul modèle de fonction peut définir une fonction membre d'un modèle de classe dans un programme. La surcharge ne peut s'appliquer qu'aux fonctions (§ 13.3.2). La spécialisation (§ 13.5) nous permet, quant à elle, d'offrir des implémentations différentes pour un même modèle.

Il n'est pas possible de surcharger le nom d'un modèle de classe. Si un tel modèle est déclaré dans une portée, aucune autre entité de même nom ne pourra y être déclarée (voir également § 13.5). Par exemple :

```
template<class T> class String { /* ... */ };

class String { /* ... */ };          // erreur : définition double
```

Un type utilisé comme argument de modèle doit fournir l'interface attendue par le modèle. Un type utilisé comme un argument de ***String***, par exemple, doit fournir les opérations de copie habituelles (§ 10.4.4.1, § 20.2.1). Vous remarquerez que des arguments différents pour le même paramètre de modèle n'ont aucunement besoin d'être liés par le biais de l'héritage.

13.2.2 L'instanciation de modèle

Le processus consistant à générer une déclaration de classe à partir d'une classe modèle et d'un argument de modèle est souvent nommé *instanciation de modèle* (§ C.13.7). Une fonction peut également être générée ("instanciée") à partir d'une fonction modèle et d'un argument de modèle. La version d'un modèle pour un argument de modèle particulier est nommée *spécialisation.*

L'implémentation garantit le fait que les versions d'une fonction modèle soient générées pour chaque ensemble d'arguments de modèle utilisé. Cette opération *n'est pas* à la charge du programmeur (§ C.13.7). Par exemple :

```
String<char> cs;

void f()
{
	String<Jchar> js;

	cs = "C'est l'implémentation qui a la charge de générer le code requis";
}
```

L'implémentation va générer les déclarations de ***String<char>*** et ***String<Jchar>***, de leurs types ***Srep*** correspondants, de leurs destructeurs et constructeurs par défaut ainsi que de l'affectation ***String<char>::operator= (char*)***. Les fonctions membres autres que celles-ci ne sont pas utilisées et ne devraient pas être générées. Les classes produites sont tout à fait ordinaires. Elles obéissent à toutes les règles habituelles s'appliquant aux classes. De la même façon, les fonctions générées sont ordinaires. Elles obéissent à toutes les règles habituelles s'appliquant aux fonctions.

Les modèles représentent un moyen puissant de générer du code à partir de définitions relativement courtes. Par conséquent, il est important de prendre garde à ne pas gaspiller de la mémoire en produisant des définitions de fonction pratiquement identiques (§ 13.5).

13.2.3 Les paramètres de modèle

Un modèle peut contenir plusieurs paramètres typés, des paramètres de types ordinaires tels que ***int*** et des paramètres de modèle (§ C.13.3). Par exemple :

```
template<class T, T def_val> class Cont {/*...*/}
```

Vous constaterez qu'un paramètre de modèle peut apparaître dans la définition des paramètres suivants.

Les arguments entiers permettent de représenter les tailles et les limites de façon très satisfaisante. Par exemple :

```
template<class T, int i> class Buffer {
	T v[i];
	int sz;
```

```
public:
        Buffer() : sz(i) {}
        // ...
};

Buffer<char,127> cbuf;
Buffer<Record,8> rbuf;
```

Des conteneurs simples tels que ***Buffer*** peuvent jouer un rôle important lorsque l'efficacité d'exécution et la concision s'avèrent primordiales (on évite ainsi l'utilisation plus générale d'une ***string*** ou d'un ***vector***). La taille étant transmise comme argument de modèle, l'utilisation du tas n'est pas nécessaire pour l'implémenteur de ***Buffer***. Le type ***Range*** en est un autre exemple (§ 25.6.1).

Un argument de modèle peut être une expression constante (§ C.5), l'adresse d'un objet ou d'une fonction avec une liaison externe (§ 9.2), ou un pointeur de membre non surchargé (§ 15.5). Un pointeur utilisé comme argument de modèle doit être de la forme ***&of***, où ***of*** est le nom d'un objet ou d'une fonction. Il peut également être de la forme ***f***, où ***f*** est le nom d'une fonction. Le pointeur d'un membre doit être de la forme ***&X::of***, où ***of*** est le nom d'un membre. Une littérale chaîne n'est *pas* acceptable comme argument de modèle.

Un argument de modèle entier doit être une constante :

```
void f(int i)
{
        Buffer<int,i> bx;          // erreur : expression constante attendue
}
```

Inversement, un paramètre de modèle qui ne représente pas un type est une constante dans le modèle. Toute tentative destinée à en modifier la valeur sera signalée comme une erreur.

13.2.4 Les équivalences de type

Il est possible de générer des types à partir d'un modèle en fournissant des arguments de modèle. Par exemple :

```
String<char> s1;
String<unsigned char> s2;
String<int> s3;

typedef unsigned char Uchar;
String<Uchar> s4;
String<char> s5;

Buffer<String<char>,10> b1;
Buffer<char,10> b2;
Buffer<char,20-10> b3;
```

Quand on emploie le même ensemble d'arguments de modèles pour un modèle, on fait toujours référence au même type généré. Dans ce contexte, on peut toutefois se poser la question de l'interprétation du terme "même". Les ***typedef*** n'introduisant pas de nouveaux types, ***String<Uchar>***

représente donc le même type que ***String<unsigned char>***. Inversement, ***char*** et ***unsigned char*** étant des types différents (§ 4.3), ***String<char>*** et ***String<unsigned char>*** sont différents.

Le compilateur est capable d'évaluer des expressions constantes (§ C.5). Il va donc reconnaître ***Buffer<char, 20–10>*** comme étant le même type que ***Buffer<char, 10>***.

13.2.5 Le contrôle des types

Un modèle est défini, puis utilisé, en l'associant à un ensemble d'arguments de modèles. Lorsque le modèle est défini, les erreurs de syntaxe sont contrôlées. Certaines erreurs qui peuvent être détectées indépendamment d'un ensemble particulier d'arguments de modèles sont également susceptibles de bénéficier d'un contrôle. Par exemple :

```
template<class T> class List {
        struct Link {
                Link* pre;
                Link* suc;
                T val;
                Link(Link* p, Link* s,const T& v) :pre(p), suc(s), val(v) { }
        }               // erreur de syntaxe : point-virgule manquant
        Link* head;
public:
        List() : head(7) { }                            // erreur : pointeur initialisé avec un type int
        List(const T& t) : head(new Link(0,o,t)) { }    // erreur : identificateur 'o' indéfini
        // ...
        void print_all() { for (Link* p = head; p; p=p->suc) cout << p->val << '\n'; }
};
```

Un compilateur est capable de détecter les erreurs de sémantique simples au moment de la définition ou de l'utilisation. Les utilisateurs préfèrent généralement la détection la plus rapide. Certaines erreurs "simples" ne sont cependant pas faciles à détecter. Le code précédent contient trois "fautes". Indépendamment de la nature du paramètre de modèle, un pointeur ***T**** ne peut être initialisé par l'entier ***7***. De la même façon, l'identificateur ***o*** (une faute de frappe pour ***0***, bien sûr) ne peut être un argument du constructeur ***List<T>::Link***, car aucun nom s'apparentant à celui-ci n'apparaît dans la portée.

Un nom utilisé dans une définition de modèles doit apparaître dans la portée courante, ou dépendre de façon assez évidente d'un paramètre de modèle (§ C.13.8.1). La façon la plus courante et la plus évidente de dépendre d'un paramètre de modèle ***T*** est d'utiliser un membre de ***T*** ou de recevoir un argument de type ***T***. Dans ***List<T>::print_all()***, ***cout<<p–>val*** représente un exemple un peu plus subtil.

Les erreurs liées à l'utilisation des paramètres de modèle ne peuvent être détectées avant l'utilisation du modèle. Par exemple :

```
class Rec { /* ... */ };

void f(List<int>& li, List<Rec>& lr)
{
        li.print_all();
        lr.print_all();
}
```

La fonction ***li.print_all()*** passe correctement le contrôle, mais ***lr.print_all()*** produit une erreur de type, car aucun opérateur de sortie **<<** n'est défini pour ***Rec***. Les erreurs liées à un paramètre de modèle ne peuvent être détectées avant la première utilisation de ce modèle pour un argument particulier. Il s'agit du *premier point d'instanciation*, ou plus simplement du *point d'instanciation* (§ C.13.7). L'implémentation peut ajourner ce contrôle à la liaison du programme. Si cette unité de traduction n'avait contenu qu'une déclaration de ***print_all()***, l'implémentation aurait dû retarder le contrôle des types (§ 13.7). Quel que soit le moment du contrôle, le même ensemble de règles est vérifié. Une fois encore, les utilisateurs préfèrent le contrôle le plus précoce. Les contraintes sur les arguments de modèle peuvent être exprimées sous la forme de fonctions membres (§ 13.9[16]).

13.3 Les modèles de fonction

La première et la plus évidente application des modèles consiste à définir et à utiliser des classes conteneur telles que ***basic_string*** (§ 20.3), ***vector*** (§ 16.3), ***list*** (§ 17.2.2) et ***map*** (§ 17.4.1). Les fonctions modèle arrivent en second plan. Le tri d'un tableau en est un exemple simple :

```
template<class T> void sort(vector<T>&);        // déclaration

void f(vector<int>& vi, vector<string>& vs)
{
        sort(vi);                               // sort(vector<int>&);
        sort(vs);                               // sort(vector<string>&);
}
```

Lorsqu'une fonction modèle est appelée, les types des arguments de fonction déterminent la version du modèle à utiliser. En fait, les arguments du modèle sont déduits des arguments de fonction (§ 13.3.1).

La fonction modèle doit, bien sûr, être définie à un endroit ou à un autre (§ C.13.7) :

```
template<class T> void sort(vector<T>& v)       // définition
                                                // Shell sort (Knuth, Vol. 3, pg. 84).
{
        const size_t n = v.size();

        for (int gap=n/2; 0<gap; gap/=2)
                for (int i=gap; i<n; i++)
                        for (int j=i-gap; 0<=j; j-=gap)
                                if (v[j+gap]<v[j]) {    // échange v[j] et v[j+gap]
                                        T temp = v[j];
                                        v[j] = v[j+gap];
                                        v[j+gap] = temp;
                                }
}
```

Nous vous incitons à comparer cette définition avec la fonction ***sort()***, définie en § 7.7. Cette version modélisée est plus courte et plus élégante, car elle s'appuie sur un plus grand nombre d'informations concernant le type des éléments triés. Le processus de comparaison ne s'appuyant pas sur un pointeur, elle est également plus rapide. Aucun appel de fonction indirect n'est nécessaire et le développement ***inline*** d'un simple < est une tâche aisée. Il est encore possible de simplifier ce code en utilisant le modèle de la bibliothèque standard ***swap()*** (§ 18.6.8) :

```
if (v[j+gap]<v[j]) swap(v[j],v[j+gap]);
```

Dans ce cas, aucune charge de traitement supplémentaire n'est introduite.

Dans cet exemple, l'opérateur < intervient au cours de la comparaison. Cependant, tous les types ne possèdent pas cet opérateur. L'utilisation de cette version de la fonction ***sort()*** est donc limitée. Il est néanmoins possible de contourner facilement cette contrainte (voir § 13.4).

13.3.1 Les arguments des modèles de fonction

Les modèles de fonction jouent un rôle essentiel dans les algorithmes génériques s'appliquant à une grande variété de types de conteneurs (§ 2.7.2, § 3.8, Chapitre 18). La possibilité de déduire les arguments de modèles pour un appel à partir des arguments de fonction est cruciale.

Le compilateur peut déduire les types en argument à partir d'un appel, à condition que la liste d'arguments de la fonction identifie de façon unique l'ensemble des arguments du modèle (§ C.13.4). Par exemple :

```
template<class T, int i> T& lookup(Buffer<T,i>& b, const char* p);

class Record {
        const char[12];
        // ...
};

Record& f(Buffer<Record,128>& buf, const char* p)
{
        return lookup(buf,p);     // utilise lookup() où T est un Record et i est 128
}
```

T est identifié dans ce code comme étant un ***Record*** et ***i*** comme étant ***128***.

Notez que les paramètres d'un modèle de classe ne sont jamais déduits. Cette opération serait souvent obscure, voire impossible, puisque l'on peut disposer de plusieurs constructeurs pour une même classe. La spécialisation fournit un mécanisme permettant de sélectionner implicitement l'implémentation d'une classe (§ 13.5). Si nous avons besoin de créer un objet d'un type déduit, il est souvent possible de faire appel à une fonction (voir ***make_pair()*** en § 17.4.1.2).

Lorsqu'un argument de modèle ne peut être déduit à partir des arguments d'une fonction modèle (§ C.13.4), nous devons le spécifier explicitement. On utilise pour cela une méthode identique à celle permettant de spécifier explicitement les arguments de modèle pour une classe modèle. Par exemple :

```
template<class T> class vector { /* ... */ };
template<class T> T* create();         // construit un T et renvoie un pointeur de T

void f()
{
```

```
        vector<int> v;                  // classe, modèle 'int' en argument
        int* p = create<int>();         // fonction, modèle 'int' en argument
}
```

Une utilisation courante de la spécification explicite consiste à fournir un type renvoyé pour une fonction modèle :

```
template<class T, class U> T implicit_cast(U u) { return u; }
void g(int i)
{
        implicit_cast(i);                   // erreur : on ne peut déduire T
        implicit_cast<double>(i);           // T est un double ; U est un int
        implicit_cast<char,double>(i);      // T est un char ; U est un type double
        implicit_cast<char*,int>(i);        // T est un char* ; U est un int ; erreur : on ne peut convertir
                                            un int en char*
}
```

Seuls les derniers arguments de la liste peuvent être omis de la liste des arguments de modèle explicite.

En spécifiant explicitement les arguments de modèle, il est possible de définir des familles de fonctions de conversion et des fonctions de création d'objets (§ 13.3.2, § C.13.1, § C.13.5). On a souvent recours à la version explicite d'une conversion implicite (§ C.6), telle que ***implicit_cast()***. La syntaxe des conversions ***dynamic_cast***, ***static_cast***, etc., (§ 6.2.7, § 15.4.1) correspond à celle d'une fonction modèle explicitement qualifiée. Les opérateurs de conversion des types intégrés fournissent cependant des opérations ne pouvant pas être représentées par d'autres fonctions du langage.

13.3.2 La surcharge d'un modèle de fonction

Il est possible de déclarer plusieurs modèles de fonction de même nom. On peut également déclarer une combinaison de modèles de fonction et de fonctions ordinaires avec le même nom. Au moment de l'appel d'une fonction surchargée, il est donc nécessaire de résoudre la surcharge afin d'identifier la fonction ou la fonction modèle à appeler. Par exemple :

```
template<class T> T sqrt(T);
template<class T> complex<T> sqrt(complex<T>);
double sqrt(double);

void f(complex<double> z)
{
        sqrt(2);            // sqrt<int>(int)
        sqrt(2.0);          // sqrt(double)
        sqrt(z);            // sqrt<double>(complex<double>)
}
```

Une fonction modèle est une généralisation de la notion de fonction. De la même façon, les règles de résolution en présence de plusieurs modèles de fonction sont des généralisations des règles de résolution de la surcharge des fonctions. En fait, nous recherchons pour chaque modèle la spécialisation correspondant le mieux à l'ensemble des arguments de fonction. Nous appliquons ensuite à ces spécialisations, ainsi qu'à toutes les fonctions ordinaires, les règles de résolution de surcharge de fonction habituelles :

1. On identifie l'ensemble des spécialisations de modèle de fonction (§ 13.2.2) sur lesquelles s'appliquera la résolution de surcharge. Chaque modèle de fonction est considéré. On décide ensuite quels arguments de modèle (s'ils existent) doivent être utilisés si aucun autre modèle de fonction ou fonction du même nom ne se trouve dans la portée. Dans le cas de l'appel de ***sqrt(z)***, on obtient les deux candidats ***sqrt<double> (complex<double>)*** et ***sqrt<complex<double> > (complex<double>)***.
2. Lorsque deux fonctions modèle peuvent être appelées et que l'une d'entre elles est plus spécialisée que l'autre (§ 13.5.1), seule cette dernière sera considérée dans les étapes suivantes. Pour l'appel de ***sqrt(z)***, cela signifie que ***sqrt<double> (complex<double>)*** est privilégié par rapport à ***sqrt<complex<double> >(complex<double>)*** : tout appel correspondant à ***sqrt<T> (complex<T>)*** correspondra également à ***sqrt<T>(T)***.
3. On applique la résolution de surcharge à cet ensemble de fonctions, ainsi qu'à toute fonction ordinaire comme on le ferait sur des fonctions ordinaires (§ 7.4). Lorsqu'un argument de fonction modèle a été déterminé par déduction (§ 13.3.1), il ne pourra être également appliqué à des promotions, des conversions standards ou des conversions définies par l'utilisateur. Dans le cas de ***sqrt(2)***, ***sqrt<int> (int)*** correspond parfaitement, et sera donc sélectionné de préférence à ***sqrt(double)***.
4. Lorsqu'une fonction et une spécialisation correspondent aussi bien l'une que l'autre, le choix se porte sur la fonction. Pour ***sqrt(2.0)***, ***sqrt(double)*** sera donc choisi de préférence à ***sqrt<double> (double)***.
5. Si rien ne correspond, l'appel est une erreur. Si nous terminons avec deux solutions ou plus, l'appel est ambigu ou contient une erreur.

Par exemple :

```
template<class T> T max(T,T);

const int s = 7;

void k()
{
	max(1,2);		// max<int>(1,2)
	max('a','b');		// max<char>('a','b')
	max(2.7,4.9);		// max<double>(2.7,4.9)
	max(s,7);		// max<int>(int(s),7) (conversion triviale utilisée)

	max('a',1);		// erreur : ambigu (pas de conversion standard)
	max(2.7,4);		// erreur : ambigu (pas de conversion standard)
}
```

Nous pourrions résoudre les deux ambiguïtés à l'aide d'une qualification explicite :

```
void f()
{
	max<int>('a',1);		// max<int>(int('a'),1)
```

```
        max<double>(2.7,4);     // max<double>(2.7,double(4))
}
```

ou en ajoutant les déclarations appropriées :

```
inline int max(int i, int j) { return max<int>(i,j); }
inline double max(int i, double d) { return max<double>(i,d); }
inline double max(double d, int i) { return max<double>(d,i); }
inline double max(double d1, double d2) { return max<double>(d1,d2); }

void g()
{
        max('a',1);             // max(int('a'),1)
        max(2.7,4);             // max(2.7,double(4))
}
```

Les règles de surcharge ordinaires (§ 7.4) s'appliquent aux fonctions ordinaires et l'utilisation de ***inline*** garantit qu'aucune charge de traitement supplémentaire ne s'impose.

La définition de ***max()*** est triviale. Elle aurait pu être écrite explicitement. L'utilisation d'une spécialisation du modèle représente toutefois une méthode simple et générale pour définir de telles fonctions de résolution.

Les règles de résolution de surcharge garantissent un comportement approprié des fonctions modèle vis-à-vis de l'héritage :

```
template<class T> class B { /* ... */ };
template<class T> class D : public B<T> { /* ... */ };

template<class T> void f(B<T>*);

void g(B<int>* pb, D<int>* pd)
{
        f(pb);      // f<int>(pb)
        f(pd);      // f<int>(static_cast<B<int>*>(pd)); conversion standard D<int>* vers B<int>*
                    utilisée
}
```

Dans cet exemple, la fonction modèle ***f()*** accepte un ***B<T>**** pour tout type ***T***. La présence d'un argument de type ***D<int>**** amène le compilateur à déduire le fait suivant : en choisissant ***T*** comme étant un ***int***, un appel de ***f(B<int>*)*** permet la résolution de l'appel de façon unique.

Un argument de fonction qui n'est pas pris en compte pour la déduction d'un paramètre de modèle est traité de la même façon qu'un argument d'une fonction ordinaire. Les règles de conversion habituelles seront appliquées. Examinez le code suivant :

```
template<class T, class C> T get_nth(C& p, int n);     // lit le ne élément
```

Cette fonction renvoie probablement la valeur du n^e^ élément d'un conteneur de type ***C***. Ce type devant être déduit dans un appel à partir d'un argument réel de ***get_nth()***, les conversions ne s'appliquent pas au premier argument. Le second argument étant tout à fait ordinaire, la gamme complète des conversions possibles peut lui être appliquée.

Par exemple :

```
class Index {
public:
        operator int();
        // ...
};

void f(vector<int>& v, short s, Index i)
{
        int i1 = get_nth<int>(v,2);      // correspondance exacte
        int i2 = get_nth<int>(v,s);      // conversion standard : short vers int
        int i3 = get_nth<int>(v,i);      // conversion définie par l'utilisateur : Index vers int
}
```

13.4 Spécification des règles *via* les arguments de modèle

Dans cette section, nous allons étudier le tri de chaînes. Trois concepts apparaissent : la chaîne, le type d'élément et le critère à partir duquel l'algorithme de tri compare les éléments de la chaîne.

Nous ne pouvons intégrer le critère de tri au conteneur, ce dernier n'étant pas capable (en général) d'imposer ses besoins sur les types d'éléments. Il est également impossible d'intégrer le critère de tri aux types d'éléments, car il existe de nombreuses façons de trier des éléments.

Les critères de tri ne sont donc intégrés ni au conteneur, ni aux types d'éléments. Le critère doit, de préférence, être fourni lors de la réalisation d'une action spécifique. Dans le cas de chaînes de caractères représentant des noms suédois, quel critère de classement pourrions-nous utiliser pour une comparaison ? Deux types de classements sont couramment employés pour trier les noms suédois. Cependant, ni un type de chaîne général, ni un algorithme de tri général ne connaîtra les conventions de tri pour ce type de noms. Par conséquent, toute solution générale nécessite que l'algorithme de tri s'exprime sous la forme de termes généraux. Ces derniers peuvent être définis pour un type spécifique, mais également pour une utilisation d'un type spécifique. Généralisons, par exemple, la fonction de bibliothèque standard C ***strcmp()*** pour des ***String*** de tout type ***T*** (§ 13.2) :

```
template<class T, class C>
int compare(const String<T>& str1, const String<T>& str2)
{
        for(int i=0; i<str1.length() && i< str2.length(); i++)
                if (!C::eq(str1[i],str2[i])) return C::lt(str1[i],str2[i]) ? -1 : 1;
        return str1.length()-str2.length();
}
```

Si l'on désire que la fonction ***compare()*** ignore la casse, reflète les paramètres locaux, etc., il suffit de définir de façon appropriée ***C::eq()*** et ***C::lt()***. Il est ainsi possible de faire appel à tout algorithme (comparaison, tri, etc.) pouvant être décrit en termes d'opérations fournies par les "opérations-C". Le conteneur peut alors être représenté. Par exemple :

```
template<class T> class Cmp {      // normal, comparaison par défaut
public:
        static int eq(T a, T b) { return a==b; }
```

```
        static int lt(T a, T b) { return a<b; }
};

class Literate {                    // comparaison de noms suédois en fonction des conventions littéraires
public:
        static int eq(char a, char b) { return a==b; }
        static int lt(char,char);   // examen de la table en fonction de la valeur du caractère (§ 13.9[14])
};
```

Nous pouvons maintenant choisir les règles de comparaison *via* une spécification explicite des arguments du modèle :

```
void f(String<char> swede1, String<char> swede2)
{
        compare< char,Cmp<char> >(swede1,swede2);
        compare< char,Literate >(swede1,swede2);
}
```

En comparaison de solutions telles que la transmission de pointeurs de fonctions, la transmission des opérations de comparaison comme paramètres du modèle présente deux avantages significatifs. Plusieurs opérations peuvent être transmises dans un seul argument sans augmenter le coût d'exécution. De plus, la définition ***inline*** des opérateurs de comparaison ***eq()*** et ***lt()*** est triviale, alors que le développement ***inline*** d'un appel *via* un pointeur de fonction impose une attention exceptionnelle de la part d'un compilateur.

On peut naturellement prévoir des opérations de comparaison pour les types définis par l'utilisateur, ainsi que pour les types intégrés. Des algorithmes généraux pourront ainsi être appliqués aux types avec un critère de comparaison élaboré (voir § 18.4).

Chaque classe générée à partir d'un modèle de classe récupère une copie de chacun des membres ***static*** de ce modèle (voir § C.13.1).

13.4.1 Les paramètres de modèle par défaut

Il est fastidieux de spécifier explicitement un critère de comparaison à chaque appel. Une valeur par défaut peut heureusement être utilisée, de telle sorte que les critères de comparaison les moins courants soient les seuls à devoir être explicitement spécifiés. Une fois encore, le mécanisme de surcharge nous permet d'obtenir ce résultat :

```
template<class T, class C>
int compare(const String<T>& str1, const String<T>& str2);       // comparaison à l'aide de C

template<class T>
int compare(const String<T>& str1, const String<T>& str2);       // comparaison à l'aide de Cmp<T>
```

Nous pouvons également fournir la convention habituelle sous la forme d'un argument de modèle par défaut :

```
template<class T, class C = Cmp<T> >
int compare(const String<T>& str1, const String<T>& str2)
{
```

```
        for(int i=0; i<str1.length() && i< str2.length(); i++)
            if (!C::eq(str1[i],str2[i])) return C::lt(str1[i],str2[i]) ? -1 : 1;
        return str1.length()-str2.length();
}
```

A partir de là, nous pouvons écrire :

```
void f(String<char> swede1, String<char> swede2)
{
        compare(swede1,swede2);                     // utilise Cmp<char>
        compare<char,Literate>(swede1,swede2);      // utilise Literate
}
```

Un exemple moins ésotérique (si vous n'êtes pas suédois) consiste à comparer en prenant, ou non, en compte la casse :

```
class No_case { /* ... */ };

void f(String<char> s1, String<char> s2)
{
        compare(s1,s2);                    // différencie les majuscules des minuscules
        compare<char,No_case>(s1,s2);      // casse indifférente
}
```

La technique consistant à établir les règles *via* un argument de modèle, puis à fournir une valeur par défaut pour cet argument de façon à livrer les règles les plus courantes, est largement employée par la bibliothèque standard (§ 18.4). Singulièrement, cette technique n'est pas utilisée pour les comparaisons de ***basic_string*** (§ 13.2, Chapitre 20). Les paramètres de modèle qui permettent d'exprimer les règles sont souvent appelés "traits". Par exemple, la bibliothèque standard string s'appuie sur ***char_traits*** (§ 20.2.1), les algorithmes standards sur ***iterator_traits*** (§ 19.2.2) et les conteneurs de la bibliothèque standard sur les ***allocator*** (programme d'affectation, § 19.4).

Le contrôle de la sémantique d'un argument par défaut pour un paramètre de modèle n'est réalisé que lorsque l'argument est réellement utilisé. Tant que l'argument de modèle par défaut ***Cmp<T>*** n'est pas utilisé, nous pouvons comparer [***compare()***] sur les chaînes d'un type ***X*** pour lequel ***Cmp<X>*** ne pourrait être compilé (disons parce que < n'a pas été défini pour un *X*). Il s'agit d'un point crucial dans la conception des conteneurs standards s'appuyant sur un argument de modèle pour spécifier les valeurs par défaut (§ 16.3.4).

13.5 Spécialisation

Un modèle fournit par défaut une seule définition. Cette dernière sera utilisée pour chaque argument de modèle (ou combinaison d'arguments de modèle) qu'un utilisateur pourra imaginer. Cela n'a pas toujours de sens pour le créateur d'un modèle. Nous pourrions vouloir dire "si l'argument de modèle est un pointeur, utiliser cette implémentation ; si ce n'est pas le cas, utiliser cette autre implémentation" ou "signaler une erreur excepté si l'argument de modèle est un pointeur dérivé de la classe ***My_base***". Un grand nombre de ces problèmes de conception peuvent être traités en fournissant des définitions de modèle différentes et en laissant le compilateur choisir la plus appropriée en fonction des arguments de modèle fournis. Ces définitions sont nommées *spécialisations définies par l'utilisateur*, ou tout simplement *spécialisations utilisateur*.

Examinez les utilisations probables d'un modèle ***Vector*** :

```
template<class T> class Vector {      // type de vecteur général
        T* v;
        int sz;
public:
        Vector();
        Vector(int);

        T& elem(int i) { return v[i]; }
        T& operator[](int i);

        void swap(Vector&);
        // ...
};

Vector<int> vi;
Vector<Shape*> vps;
Vector<string> vs;
Vector<char*> vpc;
Vector<Node*> vpn;
```

La plupart des vecteurs seront des ***Vector*** d'un type de pointeur. Il existe plusieurs raisons à cela. La principale est que pour préserver le comportement polymorphique à l'exécution, nous devons faire appel aux pointeurs (§ 2.5.4, § 12.2.6). Cela signifie que toute personne pratiquant la programmation orientée objet et utilisant également les conteneurs avec type sécurisé (tels que les conteneurs de la bibliothèque standard) finit par obtenir un grand nombre de conteneurs de pointeurs.

Le comportement par défaut de la plupart des implémentations de C++ consiste à dupliquer le code pour les fonctions modèle. Cette solution s'avère très acceptable pour les performances d'exécution. Cependant, si l'on n'y prend pas garde, le code se parsème de cas critiques. L'exemple du ***Vector*** en est une illustration.

Il existe heureusement une solution évidente à ce problème. Les conteneurs de pointeurs peuvent partager une unique implémentation. On fait alors appel à la spécialisation. Nous définissons tout d'abord une version (une spécialisation) de ***Vector*** pour les pointeurs de type ***void*** :

```
template<> class Vector<void*> {
        void** p;
        // ...
        void*& operator[](int i);
};
```

Cette spécialisation peut ensuite être utilisée comme implémentation commune pour tous les ***Vector*** de pointeurs.

Le préfixe ***template<>*** indique qu'il s'agit d'une spécialisation pouvant être indiquée sans paramètre de modèle. Les arguments de modèle pour lesquels la spécialisation doit être utilisée sont indiqués entre les deux signes <> situés après le nom. ***<void*>*** signale donc que cette définition doit être utilisée comme l'implémentation de chaque ***Vector*** pour lequel ***T*** est un ***void****.

Vector<void*> est une spécialisation complète. Il n'existe donc aucun paramètre de modèle permettant de spécifier ou de déduire à quel moment utiliser la spécialisation. ***Vector<void*>*** est employé pour les ***vector*** déclarés de la façon suivante :

```
Vector<void*> vpv;
```

Pour définir une spécialisation qui sera utilisée uniquement pour chaque ***Vector*** de pointeurs, nous avons besoin d'une *spécialisation partielle* :

```
template<class T> class Vector<T*> : private Vector<void*> {
public:
        typedef Vector<void*> Base;

        Vector() : Base() {}
        explicit Vector(int i) : Base(i) {}

        T*& elem(int i) { return static_cast<T*&>(Base::elem(i)); }
        T*& operator[](int i) { return static_cast<T*&>(Base::operator[](i)); }

        // ...
};
```

La notation ***<T*>*** après le nom indique que cette spécialisation doit être utilisée pour chaque type de pointeur. Cela signifie que cette définition doit être utilisée pour chaque ***Vector*** possédant un argument de modèle que l'on peut exprimer sous la forme ***T****. Par exemple :

```
Vector<Shape*> vps;        // <T*> est <Shape*>, T est donc Shape
Vector<int**> vppi;        // <T*> est <int**>, T est donc int*
```

Vous pouvez noter que lorsqu'on utilise une spécification partielle, on déduit un paramètre de modèle à partir du modèle de spécialisation. Le paramètre de modèle n'est pas simplement l'argument du modèle réel. Dans le cas de ***Vector<Shape*>***, ***T*** est ***Shape*** et non ***Shape****.

A partir de cette spécialisation partielle de ***Vector***, nous obtenons une implémentation partagée pour tous les ***Vector*** de pointeurs. La classe ***Vector<T*>*** est simplement une interface où ***void**** est implémentée exclusivement *via* dérivation et développement ***inline***.

Il est important que ce perfectionnement de l'implémentation de ***Vector*** soit obtenu sans affecter l'interface présentée aux utilisateurs. La spécialisation représente une façon de spécifier des implémentations alternatives pour des utilisations différentes d'une interface commune. Nous aurions pu naturellement attribuer des noms différents au ***Vector*** général et au ***Vector*** de pointeurs. Cependant, après avoir tenté l'expérience, nous avons constaté que beaucoup oubliaient d'utiliser les classes de pointeurs et obtenaient donc une quantité de code beaucoup plus importante que prévu. Dans ce cas, il est préférable de masquer les détails d'implémentation cruciaux derrière une interface commune. Cette technique s'est avérée efficace pour maîtriser le développement du code en utilisation réelle. Ceux qui ne font pas appel à une technique telle que celle-ci ont pu constater que la duplication du code utilise plusieurs mégaoctets de mémoire, même pour des programmes de taille raisonnable. En supprimant le temps requis pour compiler ces versions supplémentaires des opérations du vecteur, cette technique peut aussi accélérer de façon étonnante les temps de compilation et de liaison. L'utilisation d'une seule spécialisation pour implémenter toutes les listes de pointeurs représente un exemple de la technique générale de minimisation du développement de code en maximisant la quantité de code partagée.

Le modèle général doit être déclaré avant toute spécialisation. Par exemple :

```
template<class T> class List<T*> { /* ... */ };

template<class T> class List { /* ... */ };    // erreur : modèle général après la spécialisation
```

L'information importante indiquée par le modèle général est l'ensemble des paramètres de modèle que l'utilisateur doit fournir pour l'utiliser ou pour utiliser l'une de ses spécialisations. Par conséquent, une déclaration du cas général suffit pour être en mesure de déclarer ou de définir une spécialisation :

```
template<class T> class List;

template<class T> class List<T*> { /* ... */ };
```

S'il est utilisé, le modèle général doit être défini à un endroit ou à un autre (§ 13.7).

Lorsqu'un utilisateur spécialise un modèle quelque part, cette spécialisation doit se trouver dans la portée pour chaque utilisation du modèle avec le type pour lequel il a été spécialisé. Par exemple :

```
template<class T> class List { /* ... */ };

List<int*> li;

template<class T> class List<T*> { /* ... */ };    // erreur
```

Dans ce cas, la spécialisation de ***List*** pour ***int**** intervient après l'utilisation de ***List<int*>***.

Toutes les spécialisations d'un modèle doivent être déclarées dans le même espace de noms que le modèle lui-même. Si elle est utilisée, une spécialisation explicitement déclarée (à l'opposé d'une spécialisation générée à partir d'un modèle plus général) doit également être explicitement définie à un endroit ou à un autre (§ 13.7). En d'autres termes, spécialiser explicitement un modèle implique qu'aucune définition ne soit générée pour cette spécialisation.

13.5.1 L'ordre des spécialisations

Une spécialisation est *plus spécialisée* qu'une autre lorsque chaque liste d'arguments correspondant à son modèle de spécialisation correspond aussi à l'autre, mais pas *vice versa*. Par exemple :

```
template<class T> class Vector;          // général
template<class T> class Vector<T*>;      // spécialisé pour tout pointeur
template<> class Vector<void*>;          // spécialisé pour void*
```

Chaque type peut être utilisé comme argument de modèle pour le ***Vector*** le plus général, mais seuls les pointeurs peuvent être utilisés pour ***Vector<T*>***, et seuls les ***void**** peuvent être utilisés pour ***Vector<void*>***.

Les versions les plus spécialisées seront choisies de préférence dans les déclarations d'objets, de pointeurs, etc. (§ 13.5), et pour la résolution de surcharge (§ 13.3.2).

Il est possible de spécifier un format de spécialisation en termes de types composés à l'aide de constructions autorisées pour la déduction de paramètre de modèle (§ 13.3.1).

13.5.2 La spécialisation d'une fonction modèle

La spécialisation s'applique bien sûr également aux fonctions modèle. Considérez le tri Shell des § 7.7 et 13.3. Il compare les éléments à l'aide de l'opérateur < et les échange en utilisant un code détaillé. Voici une meilleure définition :

```
template<class T> bool less(T a, T b) { return a<b; }

template<class T> void sort(Vector<T>& v)
{
	const size_t n = v.size();

	for (int gap=n/2; 0<gap; gap/=2)
		for (int i=gap; i<n; i++)
			for (int j=i-gap; 0<=j; j-=gap)
				if (less(v[j+gap],v[j])) swap(v[j],v[j+gap]);
}
```

Cela n'améliore pas l'algorithme lui-même, mais permet d'améliorer son implémentation. Dans ce code, ***sort()*** ne va pas trier correctement un ***Vector<char*>***, car < va comparer les deux ***char****. Cela signifie qu'il va comparer les adresses du premier ***char*** de chaque chaîne. Nous préférerions qu'il compare les caractères pointés. Une spécialisation simple de ***less()*** pour ***const char**** prendra cela en compte :

```
template<> bool less<const char*>(const char* a, const char* b)
{
	return strcmp(a,b)<0;
}
```

Comme dans le cas des classes (§ 13.5), le préfixe ***template<>*** indique que la spécialisation peut être indiquée sans paramètre de modèle. La notation ***<const char*>*** après le nom de fonction modèle signifie que cette spécialisation doit être utilisée lorsque l'argument modèle est ***const char****. L'argument modèle pouvant être déduit à partir de la liste des arguments de fonction, il n'est pas nécessaire de le spécifier explicitement. Nous pourrions donc simplifier la définition de la spécialisation :

```
template<> bool less<>(const char* a, const char* b)
{
	return strcmp(a,b)<0;
}
```

Le préfixe ***template<>*** étant présent, la seconde paire <> vide est redondante. Nous pourrions donc écrire simplement :

```
template<> bool less(const char* a, const char* b)
```

```
{
        return strcmp(a,b)<0;
}
```

Nous préférons cette forme plus courte de déclaration.

Examinez la définition évidente de ***swap()*** :

```
template<class T> void swap(T& x, T& y)
{
        T t = x;    // copie x dans la variable temporaire
        x = y;      // copie y dans x
        y = t;      // copie la variable temporaire dans y
}
```

Appelé pour des ***Vector*** de ***Vector***, ce code s'avérera inefficace. Il échange les ***Vector*** en copiant tous les éléments. Ce problème peut également être résolu avec la spécialisation appropriée. Un objet ***Vector*** contiendra uniquement les données permettant d'accorder un accès indirect aux éléments (comme ***string*** ; § 11.12, § 13.2). Un échange pourra ainsi être réalisé en se communiquant ces représentations. Pour pouvoir manipuler cette représentation, ***Vector*** a été fourni avec une fonction membre ***swap()*** (§ 13.5) :

```
template<class T> void Vector<T>::swap(Vector & a)        // échange des représentations
{
        swap(v,a.v);
        swap(sz,a.sz);

}
```

Ce membre ***swap()*** peut maintenant permettre de définir une spécialisation de la fonction ***swap()*** générale :

```
template<class T> void swap(Vector<T>& a, Vector<T>& b)
{
        a.swap(b);
}
```

Ces spécialisations de ***less()*** et ***swap()*** sont utilisées dans la bibliothèque standard (§ 16.3.9, § 20.3.16). Elles constituent des exemples de techniques largement applicables. La spécialisation est avantageuse lorsqu'il existe une bonne alternative à un algorithme général pour un ensemble d'arguments de modèle (ici, ***swap()***). De plus, la spécialisation est intéressante lorsque l'algorithme général ne donne pas le résultat escompté à la suite d'une irrégularité d'un type d'argument (ici, ***less()***). Ces "types irréguliers" sont souvent les types tableau et pointeur intégrés.

13.6 Dérivation et modèles

Les modèles et la dérivation sont des mécanismes permettant de créer de nouveaux types à partir de ceux déjà existants. Ils permettent également d'écrire du code efficace exploitant diverses formes de similitude. Comme présenté en § 3.7.1, § 3.8.5 et § 13.5, les combinaisons de ces deux mécanismes sont à la base de nombreuses techniques utiles.

Dériver une classe modèle à partir d'une classe ordinaire est une façon de fournir une implémentation commune pour un ensemble de modèles. La liste du § 13.5 en est un bon exemple :

```
template<class T> class List<T*> : private List<void*> { /* ... */ };
```

Un modèle permet également de fournir une interface élégante et sécurisée au niveau des types pour une fonctionnalité peu sûre et difficile d'utilisation.

Il est souvent pratique de dériver une classe modèle à partir d'une autre. Une classe de base peut être utilisée en tant que bloc de construction dans l'implémentation des classes suivantes. Lorsque les données ou que les opérations dans une classe de base telle que celle-ci dépendent d'un paramètre de modèle d'une classe dérivée, la base elle-même doit être paramétrée. En § 3.7.1, ***Vec*** en est un exemple.

```
template<class T> class vector { /* ... */ };
template<class T> class Vec : public vector<T> { /* ... */ };
```

Les règles de résolution de surcharge pour les fonctions modèle garantissent la bonne marche des fonctions sur des types dérivés tels que celui-ci (§ 13.3.2).

La plupart du temps, le paramètre de modèle est identique pour la base et la classe dérivée. Il ne s'agit cependant pas d'une condition requise. Des techniques intéressantes, bien que rarement employées, s'appuient sur la transmission du type dérivé lui-même vers la classe de base. Par exemple :

```
template <class C> class Basic_ops {          // opérateurs de base sur les conteneurs
public:
        bool operator==(const C&) const;      // compare tous les éléments
        bool operator!=(const C&) const;
        // ...
        const C& derived() { return static_cast<const C&>(*this); }       // rend les opérations de C
                                                                          accessibles
};

template<class T> class Math_container : public Basic_ops< Math_container<T> > {
public:
        size_t size() const;
        T& operator[](size_t);
        const T& operator[](size_t) const;
        // ...
};
```

Dans ce cas, la définition des opérations de base sur les conteneurs peut être séparée de la définition des conteneurs eux-mêmes. Ces derniers peuvent ainsi être définis une seule fois. Il demeure néanmoins nécessaire d'exprimer la définition d'opérations telles que == et !=, à la fois en termes du conteneur, et de ses éléments. La classe de base doit donc être transmise au modèle de conteneur.

En supposant qu'un ***Math_container*** soit analogue à un vecteur traditionnel, les définitions d'un membre ***Basic_ops*** auraient la forme suivante :

```
template <class C> bool Basic_ops<C>::operator==(const C& a) const
{
        if (derived().size() != a.size()) return false;
```

```
        for (int i = 0; i<derived().size(); ++i)
                if (derived()[i] != a[i]) return false;
        return true;
}
```

Une autre technique permettant de séparer les conteneurs des opérations consisterait à les combiner à partir des arguments de modèle :

```
template<class T, class C> class Mcontainer {
        C elements;
public:
        T& operator[](size_t i) { return elements[i]; }
        // ...

        friend bool operator==(const Mcontainer&, const Mcontainer&);        // compare les éléments
        friend bool operator!=(const Mcontainer&, const Mcontainer&);
        // ...
};

template<class T> class My_array { /* ... */ };

Mcontainer< double,My_array<double> > mc;
```

Une classe générée à partir d'un modèle de classe est tout à fait ordinaire. Elle peut donc posséder des fonctions ***friend*** (§ C.13.2). Dans cet exemple, les fonctions amies nous ont permis d'obtenir le style avec argument symétrique conventionnel pour == et != (§ 11.3.2). Dans de tels cas, il peut également être préférable de transmettre un modèle comme argument C plutôt qu'un conteneur (§ 13.2.3).

13.6.1 La paramétrage et l'héritage

Un modèle paramétre la définition d'un type ou d'une fonction avec un autre type. Le code qui implémente le modèle est le même pour tous les types de paramètres. Une classe abstraite définit une interface. Il est souvent possible de partager le code destiné à des implémentations différentes de la classe abstraite en hiérarchies de classes. La plus grande partie du code utilisant la classe abstraite ne dépend pas de son implémentation. D'un point de vue conceptuel, les deux approches sont si proches qu'elles pourraient prendre un nom commun. Puisqu'elles permettent toutes deux d'exprimer une seule fois un algorithme et de l'appliquer à divers types, il y est quelquefois fait référence sous le nom de ***polymorphique***. Pour les distinguer, ce qui est fourni par les fonctions virtuelles est nommé *polymorphisme d'exécution* et ce qui est fourni par les modèles est nommé *polymorphisme de compilation* ou *polymorphisme paramétrique*.

Quand faut-il utiliser un modèle et quand devons-nous nous appuyer sur une classe abstraite ? Dans les deux cas, nous manipulons des objets qui partagent un ensemble commun d'opérations. Si aucune relation hiérarchique n'est requise entre ces objets, il est préférable de les utiliser sous la forme d'arguments de modèle. Si les types réels de ces objets ne peuvent être connus à la compilation, il est préférable de les représenter comme des classes dérivées d'une classe abstraite commune. Si l'efficacité de l'exécution est essentielle, c'est-à-dire si le développement ***inline*** des opérations est primordial, on doit utiliser un modèle. Ce sujet est développé en § 24.4.1.

13.6.2 Les modèles de membres

Une classe, ou un modèle de classe, peut posséder des membres qui sont eux-mêmes des modèles. Par exemple :

```
template<class Scalar> class complex {
        Scalar re, im;
public:
        template<class T>
                complex(const complex<T>& c) : re(c.real()), im(c.imag()) { }
        // ...
};

complex<float> cf(0,0);
complex<double> cd = cf;        // ok : utilise conversion float vers double

class Quad {
                                // pas de conversion vers int
};

complex<Quad> cq;
complex<int> ci = cq;           // erreur : pas de conversion Quad vers int
```

En d'autres termes, vous pouvez construire un ***complex<T1>*** à partir d'un ***complex<T2>*** si, et seulement si, il vous est possible d'initialiser un ***T1*** avec un ***T2***.

Malheureusement, C++ accepte certaines conversions aberrantes entre des types intégrés. Celle de ***double*** vers ***int*** en est un exemple. Les problèmes de troncation pourraient être détectés à l'exécution à l'aide de la conversion contrôlée du § C.6.2.6 :

```
template<class Scalar> class complex {
        Scalar re, im;
public:
        complex() : re(0), im(0) { }
        complex(const complex<Scalar>& c) : re(c.real()), im(c.imag()) { }

        template<class T2> complex(const complex<T2>& c)
                : re(checked_cast<Scalar>(c.real())), im(checked_cast<Scalar>(c.imag())) { }
        // ...
};
```

Pour que ce code soit complet, nous avons ajouté un constructeur par défaut et un constructeur de copie. Chose curieuse, un constructeur de modèle n'est jamais utilisé pour générer un constructeur de copie. Si le constructeur de copie n'avait pas été explicitement déclaré, un constructeur de copie par défaut aurait donc été généré. Dans ce cas, le constructeur de copie généré aurait été identique à celui que nous avons explicitement spécifié.

```
class Shape {
        // ...
        template<class T> virtual bool intersect(const T&) const =0;        // erreur : modèle virtuel
};
```

Ce code ne peut être autorisé. S'il l'était, la technique de la table traditionnelle des fonctions virtuelles (§ 2.5.5) ne pourrait être utilisée pour la mise en œuvre des fonctions virtuelles. A chaque appel d'***intersect()*** avec un nouveau type d'argument, l'éditeur des liens devrait ajouter une nouvelle entrée à la table virtuelle pour la classe ***Shape***.

13.6.3 Les relations d'héritage

Un modèle de classe peut être considéré comme un mode d'emploi pour la création de types particuliers. En d'autres termes, l'implémentation du modèle est un mécanisme qui génère des types requis en fonction de la spécification de l'utilisateur. C'est pourquoi un modèle de classe est quelquefois nommé *générateur de type*.

En ce qui concerne les règles du langage C++, il n'existe aucune relation entre deux classes générées à partir d'un même modèle. Par exemple :

```
class Shape { /* ... */ };
class Circle : public Shape { /* ... */ };
```

Au vu de ces déclarations, nous pourrions tenter de traiter un ***set<Circle*>*** comme un ***set<Shape*>***. Il s'agit d'une erreur de logique grave fondée sur un argument erroné : "un ***Circle*** (cercle) est une ***Shape*** (forme), un ensemble de cercles est donc également un ensemble de formes. Par conséquent, nous devrions pouvoir utiliser un ensemble de cercles comme un ensemble de formes". La partie "par conséquent" de cet argument ne tient pas. Un ensemble de cercles garantit, en effet, que le membre de l'ensemble est un cercle. Un ensemble de formes n'offre pas cette garantie. Par exemple :

```
class Triangle : public Shape { /* ... */ };

void f(set<Shape*>& s)
{
        // ...
        s.insert(new Triangle());
        // ...
}

void g(set<Circle*>& s)
{
        f(s);           // erreur, type incompatible : s est un set<Circle*>, et non un set<Shape*>
}
```

Ce code ne peut être compilé, car il n'existe aucune conversion intégrée de ***set<Circle*>&*** vers ***set<Shape*>&***. L'assurance du fait que les membres d'un ***set<Circle*>*** soient des ***Circle*** nous permet d'appliquer efficacement, et de façon sécurisée aux membres de l'ensemble, les opérations spécifiques au cercle telles que la recherche du rayon. Si nous avions autorisé le fait qu'un ***set<Cirlce*>*** soit traité comme un ***set<Shape*>***, nous n'aurions plus pu offrir cette garantie. Imaginons, par exemple, que ***f()*** insère un ***Triangle**** dans son argument ***set<Shape*>***. Si le ***set<Shape*>*** avait pu être un ***set<Circle*>***, la garantie de base qu'un ***set<Circle*>*** contienne uniquement des ***Circle**** aurait été violée.

13.6.3.1 Les conversions de modèle

L'exemple de la section précédente démontre qu'il ne peut exister de relation *par défaut* entre des classes générées à partir des mêmes modèles. Nous aimerions cependant pouvoir représenter une telle relation pour certains modèles. Lorsque nous définissons un modèle de pointeurs, par exemple, il serait intéressant de retrouver les relations d'héritage entre les objets pointés. Les modèles de membre (§ 13.6.2) nous permettent, si nécessaire, de spécifier un grand nombre de relations de ce type. Examinez le code suivant :

```
template<class T> class Ptr {                      // pointeur vers T
        T* p;
public:
        Ptr(T*);
        template<class T2> operator Ptr<T2> ();    // convertit Ptr<T> en Ptr<T2>
        // ...
};
```

Nous aimerions définir les opérateurs de conversion de façon à obtenir les relations d'héritage auxquelles nous sommes habitués pour les pointeurs intégrés de ces ***Ptr***. Par exemple :

```
void f(Ptr<Circle> pc)
{
        Ptr<Shape> ps = pc;         // devrait fonctionner
        Ptr<Circle> pc2 = ps;       // devrait donner une erreur
}
```

Il pourrait s'avérer intéressant d'autoriser la première initialisation si, et seulement si, ***Shape*** est effectivement une classe de base publique directe, ou indirecte, de ***Circle***. En général, nous avons besoin de définir l'opérateur de conversion de telle sorte qu'une conversion ***Ptr<T>*** vers ***Ptr<T2>*** ne soit acceptée que s'il est possible d'affecter un ***T**** à un ***T2****. Ce résultat peut être obtenu de la façon suivante :

```
template<class T>
        template<class T2>
                Ptr<T>::operator Ptr<T2> () { return Ptr<T2>(p); }
```

L'instruction ***return*** ne pourra être compilée que si, et seulement si, ***p*** (qui est un ***T****) peut être un argument du constructeur ***Ptr<T2> (T2*)***. Ainsi, s'il est possible de convertir implicitement ***T**** en ***T2****, la conversion ***Ptr<T>*** vers ***Ptr<T2>*** fonctionnera. Par exemple :

```
void f(Ptr<Circle> pc)
{
        Ptr<Shape> ps = pc;         // ok : peut convertir Circle* vers Shape*
        Ptr<Circle> pc2 = ps;       // erreur : ne peut convertir un Shape* vers un Circle*
}
```

Veillez à définir uniquement des conversions possédant une signification logique.

Notez que, pour un modèle, les listes de paramètres de modèle ne peuvent être combinées à ses membres de modèle. Par exemple :

```
template<class T, class T2>              // erreur
        Ptr<T>::operator Ptr<T2> () { return Ptr<T2>(p); }
```

13.7 Organisation du code source

Il existe deux façons évidentes d'organiser le code à l'aide des modèles :

1. En incluant les définitions de modèle avant leur utilisation dans une unité de traduction.
2. En incluant les déclarations de modèle uniquement avant leur utilisation dans une unité de traduction et en compilant leurs définitions séparément.

On commence quelquefois par déclarer les fonctions modèle, on les utilise ensuite et on les définit enfin dans une seule unité de traduction.

Pour étudier les différences entre les deux approches principales, considérons un modèle simple :

```
#include<iostream>

template<class T> void out(const T& t) { std::cerr << t; }
```

Nous pourrions placer ce code dans un fichier ***out.c*** et l'inclure dans tous les cas où ***out()*** est requise. Par exemple :

```
// user1.c:
        #include "out.c"
                // utilise out()

// user2.c:
        #include "out.c"
                // utilise out()
```

En fait, la définition de ***out()***, ainsi que toutes les déclarations dont elle dépend, sont incluses dans plusieurs unités de compilation. Le compilateur a la charge de générer le code (uniquement) lorsque c'est nécessaire, et d'optimiser le processus de lecture des multiples définitions. Dans cette stratégie, les fonctions modèle sont traitées exactement comme les fonctions ***inline***.

Dans ce cas, un problème évident apparaît. La totalité des éléments dont dépend la définition de ***out()*** est ajoutée dans chaque fichier utilisant cette fonction. La quantité d'informations devant être traitée par le compilateur est ainsi considérablement augmentée. Un autre problème réside dans le fait que les utilisateurs peuvent être amenés à dépendre de déclarations incluses uniquement pour la définition de ***out()***. Ce danger peut être minimisé en utilisant les espaces de noms, en évitant de coder des macros et en réduisant la quantité d'informations incluses.

La stratégie de la compilation séparée est la conclusion logique de ce raisonnement : si la définition du modèle n'apparaît pas dans le code utilisateur, aucune de ses dépendances ne peut affecter ce code. Nous avons donc partagé le fichier ***out.c*** original en deux :

```
// out.h:
        template<class T> void out(const T& t);

// out.c:
        #include<iostream>
        #include "out.h"

        export template<class T> void out(const T& t) { std::cerr << t; }
```

Le fichier ***out.c*** contient maintenant toutes les informations requises pour définir ***out()***, et ***out.h*** contient uniquement les informations nécessaires pour l'appeler. Un utilisateur n'inclura que la déclaration (l'interface) :

```
// user1.c:
        #include "out.h"
        // use out()

// user2.c:
        #include "out.h"
        // use out()
```

Dans cette stratégie, les fonctions modèle sont traitées comme des fonctions non définies ***inline***. La définition (dans ***out.c***) est compilée séparément, et l'implémentation se charge de trouver la définition de ***out()*** lorsque cette opération s'avère nécessaire. Cette stratégie alourdit la tâche de l'implémentation. Au lieu de traquer les copies redondantes d'une définition de modèle, celle-ci doit rechercher la définition unique lorsqu'elle est nécessaire.

Il convient de noter que, pour être accessible depuis les autres unités de compilation, une définition de modèle doit être explicitement déclarée à l'aide d'***export*** (§ 9.2.3). Pour cela, il suffit d'ajouter le mot clé ***export*** à la définition, ou dans une déclaration précédente. En l'absence de ce mot clé, la définition doit se trouver dans toute portée où le modèle est utilisé.

Le choix de la stratégie ou de la combinaison de stratégies dépend du système de compilation et d'édition des liens utilisé, du type d'application que vous créez ainsi que des contraintes externes concernant la façon de construire les systèmes. En règle générale, les fonctions ***inline*** et les petites fonctions principalement destinées à appeler d'autres fonctions modèle sont de bonnes candidates pour l'inclusion dans chaque unité de compilation dans laquelle elles apparaissent. Dans le cas d'une implémentation pour laquelle l'éditeur des liens fournit un support moyen de l'instanciation des modèles, cette technique peut accélérer la compilation et améliorer la qualité des messages d'erreur.

Lorsqu'une définition est incluse, il devient délicat d'en affecter la signification *via* des macros et des déclarations. Par conséquent, il est préférable de compiler séparément les fonctions modèle les plus importantes ainsi que celles possédant des dépendances non négligeables vis-à-vis du contexte. Il convient également de noter que lorsque la définition d'un modèle nécessite un grand nombre de déclarations, ces dernières peuvent déclencher des effets secondaires indésirables si elles sont incluses dans le contexte dans lequel le modèle est utilisé.

Nous considérons comme idéale l'approche consistant à compiler séparément les définitions de modèle et à inclure uniquement les déclarations dans le code utilisateur. Cependant, en appliquant une solution idéale il faut toujours considérer les contraintes pratiques. La compilation séparée des modèles s'avère, en effet, coûteuse dans certaines implémentations.

Quelle que soit la stratégie adoptée, les membres ***static*** non définis ***inline*** (§ C.13.1) doivent posséder une définition unique dans une unité de compilation donnée. Cela signifie qu'il est préférable de ne pas utiliser de tels membres pour des modèles inclus dans de nombreuses unités de traduction.

L'idéal est d'obtenir du code dont le comportement est identique, qu'il soit compilé comme une seule unité, ou séparé en plusieurs unités traduites séparément. Cette solution idéale peut être approchée en limitant la dépendance d'un modèle vis-à-vis de son environnement. Cette technique est préférable à celle consistant à introduire dans le processus d'instanciation la plus grande partie possible de son contexte de définition.

13.8 Conseils

1. Utilisez les modèles pour représenter des algorithmes s'appliquant à de nombreux types d'arguments (voir § 13.3).
2. Utilisez les modèles pour représenter des conteneurs (voir § 13.2).
3. Fournissez des spécialisations pour les conteneurs de pointeurs afin de minimiser la quantité de code (voir § 13.5).
4. La forme générale d'un modèle doit toujours être déclarée avant ses spécialisations (voir § 13.5).
5. Une spécialisation doit être déclarée avant d'être utilisée (voir § 13.5).
6. Minimisez la dépendance d'une définition de modèle vis-à-vis de ses contextes d'instanciation (voir § 13.2.5, § C.13.8).
7. Définissez chaque spécialisation déclarée (voir § 13.5).
8. Déterminez si un modèle a besoin de spécialisations pour les tableaux et chaînes de style C (voir § 13.5.2).
9. Paramétrez pour établir des règles (voir § 13.4).
10. Faites appel à la spécialisation et à la surcharge pour fournir une interface unique aux implémentations du même concept pour des types différents (voir § 13.5).
11. Fournissez une interface simple pour les cas simples et appliquez la surcharge et les arguments par défaut pour représenter les cas moins courants (voir § 13.5, § 13.4).
12. Corrigez les erreurs dans des exemples concrets avant de généraliser vers un modèle (voir § 13.2.1).
13. N'oubliez pas d'exporter (***export***) les définitions de modèle devant être accessibles depuis d'autres unités de traduction (voir § 13.7).
14. Compilez séparément les modèles de grande taille et les modèles possédant des dépendances complexes vis-à-vis du contexte (voir § 13.7).
15. Utilisez les modèles pour représenter les conversions, mais définissez ces dernières avec beaucoup de soin (voir § 13.6.3.1).
16. Contraignez les arguments de modèle à l'aide d'une fonction membre ***constraint()*** si nécessaire (voir § 13.9[16]).
17. Minimisez les temps de compilation et d'édition des liens *via* l'instanciation explicite (voir § C.13.10).
18. Quand l'efficacité de l'exécution est primordiale, choisissez de préférence un modèle aux classes dérivées (voir § 13.6.1).
19. Si l'ajout de nouvelles variantes sans recompilation est important, préférez les classes dérivées aux modèles (voir § 13.6.1).

20. Lorsqu'on ne peut définir une base commune, choisissez de préférence un modèle aux classes dérivées (voir § 13.6.1).
21. Quand les structures et les types intégrés avec des contraintes de compatibilité sont importants, préférez les modèles aux classes dérivées (voir § 13.6.1).

13.9 Exercices

1. (*2) Corrigez les erreurs dans la définition de ***List*** en § 13.2.5. Ecrivez le code C++ équivalent à ce qui doit être généré par le compilateur pour la définition de ***List*** et la fonction ***f()***. Testez rapidement en exécutant le code que vous avez créé et celui généré par le compilateur à partir du modèle. Si votre connaissance du système le permet, comparez les codes générés.
2. (*3) Ecrivez un modèle de classe de listes chaînées qui accepte des éléments de tout type dérivé d'une classe ***Link*** contenant les informations nécessaires pour chaîner les éléments. C'est ce que l'on appelle une *liste intrusive*. En utilisant cette liste, écrivez une liste simplement chaînée qui accepte des éléments de tout type (une liste non intrusive). Comparez les performances des deux classes de liste et évaluez les compromis entre elles.
3. (*2.5) Ecrivez des listes doublement chaînées intrusives et non intrusives. Quelles opérations doivent être fournies en plus de celles qui vous semblaient nécessaires pour une liste simplement chaînée ?
4. (*2) Complétez le modèle ***String*** du § 13.2 en fonction de la classe ***String*** du § 11.12.
5. (*2) Définissez un tri ***sort()*** qui reçoive le critère de comparaison comme argument de modèle. Définissez une classe ***Record*** avec deux membres de données ***count*** et ***price***. Triez un ***vector <Record>*** sur chaque membre de données.
6. (*2) Implémentez un modèle ***qsort()***.
7. (*2) Ecrivez un programme qui lise des paires (***key***, ***value***) et qui affiche la somme des ***value*** correspondant à chaque ***key***. Précisez les conditions pour qu'un type soit une ***key*** et une ***value***.
8. (*2.5) Implémentez une classe ***Map*** simple à partir de la classe ***Assoc*** du § 11.8. Assurez-vous que la classe ***Map*** fonctionne correctement en utilisant des chaînes de style C et des ***string*** comme clés. Assurez-vous que ***Map*** fonctionne correctement pour des types avec et sans constructeur par défaut. Fournissez un moyen permettant de parcourir les éléments d'un ***Map***.
9. (*3) Comparez les performances du programme de comptage des mots du § 11.8 à un programme n'utilisant pas un tableau associatif. Faites appel au même style d'E/S dans les deux cas.
10. (*3) Réimplémentez la classe ***Map*** du § 13.9[8] à l'aide d'une structure de données plus appropriée (une arborescence).
11. (*2.5) Utilisez ***Map*** pour implémentez une fonction de tri topologique. Ce tri est décrit page 262, vol. 1 (seconde édition) [Knuth, 1968].
12. (*1.5) Transformez le programme de somme du § 13.9[7] de telle sorte qu'il fonctionne correctement avec des noms contenant des espaces.
13. (*2) Ecrivez des modèles ***readline()*** pour différents types de lignes. Par exemple (article, quantité, prix).

14. (*2) Appliquez la technique décrite pour ***Literate*** en § 13.4 dans le but de trier des chaînes en ordre lexicographique inverse. Assurez-vous que la technique fonctionne à la fois pour des implémentations C++ dans lesquelles un ***char*** est ***signed*** et pour les implémentations C++ dans lesquelles ce type est ***unsigned***. Créez une variante de cette technique afin de fournir un tri ne prenant pas en compte la casse.
15. (*1.5) Créez un exemple illustrant au moins trois différences entre un modèle de fonction et une macro (sans compter les différences dans la syntaxe de définition).
16. (*2) Imaginez un scénario qui garantisse le test par le compilateur de contraintes générales sur les arguments de modèle pour chaque modèle pour lequel un objet est construit. Il est nécessaire de ne pas se contenter de tester simplement les contraintes de la forme "l'argument ***T*** doit être une classe dérivée de ***My_base***".

14

Gestion des exceptions

Ne m'interrompez pas pendant que j'interrompts.

Winston S. Churchill

Gestion des erreurs — Regroupement des exceptions — Capturer les exceptions — Capturer toutes les exceptions — Le redéclenchement — Gestion des ressources — ***auto_ptr*** — Les exceptions et ***new*** — L'épuisement des ressources — Les exceptions dans les constructeurs — Les exceptions dans les destructeurs — Exceptions qui ne sont pas des erreurs — Spécifications d'exceptions — Les exceptions inattendues — Exceptions non capturées — Exceptions et efficacité — Les alternatives pour la gestion des erreurs — Les exceptions standards — Conseils — Exercices

14.1 Gestion des erreurs

Comme nous l'avons souligné en § 8.3, le créateur d'une bibliothèque peut détecter les erreurs d'exécution, mais n'a généralement aucune idée de la façon de les traiter. L'utilisateur d'une bibliothèque, quant à lui, doit savoir comment traiter de telles erreurs, mais ne peut les détecter — sinon elles auraient dû être traitées dans le code de l'utilisateur qui n'aurait pas laissé à la bibliothèque le soin de les détecter. La notion *d'exception* permet de résoudre plus facilement de tels problèmes. Le principe est qu'une fonction détectant un problème qu'elle ne peut traiter *déclenche* une exception, en espérant que son appelant (direct ou indirect) pourra trouver une solution. Une fonction qui veut traiter ce type de problème peut le signaler en déclarant qu'elle est prête à *capturer* cette exception (§ 2.4.2, § 8.3).

Ce style de gestion des erreurs présente quelques avantages sur les techniques plus traditionnelles. Examinons les alternatives. Après avoir détecté un problème qu'il ne peut traiter localement, le programme pourrait :

1. se terminer ;
2. renvoyer une valeur signalant "une erreur" ;
3. renvoyer une valeur légale et laisser le programme dans un état illégal ;
4. appeler une fonction de traitement d'une "erreur".

Le cas 1, "terminer le programme", est le scénario par défaut lorsque aucune exception n'est capturée. Pour la plupart des erreurs, nous pouvons et nous devons faire mieux. Une bibliothèque qui ne connaît pas l'objectif et la stratégie générale du programme dans lequel elle est intégrée ne peut se contenter d'appeler ***exit()*** ou ***abort()***. Une bibliothèque qui termine le programme sans condition ne peut être utilisée dans un programme ne pouvant se permettre d'être brutalement interrompu. Il est possible de considérer les exceptions comme un moyen de transmettre le contrôle à un appelant lorsque aucun déclenchement d'action significative n'est envisageable localement.

Le cas 2, "renvoyer une valeur signalant une erreur", n'est pas toujours envisageable, car il n'existe souvent aucune "valeur d'erreur" acceptable. Si une fonction renvoie un ***int***, par exemple, *chaque* ***int*** pourrait constituer un résultat plausible. Et même lorsqu'il est possible d'envisager cette approche, cette solution ne s'avère pas totalement satisfaisante, car la valeur d'erreur doit être contrôlée dans chaque appel. La taille d'un programme peut ainsi être facilement doublée (§ 14.8). Cette approche est donc rarement appliquée avec suffisamment de méthode pour détecter toutes les erreurs.

Le cas 3, "renvoyer une valeur légale et laisser le programme dans un état illégal", présente un inconvénient. La fonction appelante pourrait, en effet, ne pas remarquer dans quel état le programme se trouve. De nombreuses fonctions de la bibliothèque C standard, par exemple, définissent la variable globale ***errno*** pour signaler une erreur (§ 20.4.1, § 22.3). L'expérience montre, cependant, que les programmes ne testent pas ***errno*** assez régulièrement pour éviter les erreurs dues au renvoi de valeurs par les appels qui échouent. Par ailleurs, l'utilisation de variables globales dans le but d'enregistrer les conditions d'erreur ne donne pas de bons résultats en cas de conflit d'accès.

La gestion des exceptions ne doit pas être appliquée lorsque le cas 4, "appeler une fonction de traitement d'erreur", est approprié. Cependant, en l'absence d'exceptions, une fonction de traitement d'erreur s'appuiera sur les trois autres cas pour savoir comment traiter l'erreur. Vous trouverez une explication plus détaillée des exceptions et des fonctions de gestion des erreurs en § 14.4.5.

Le mécanisme de gestion des exceptions offre une alternative aux techniques traditionnelles lorsque celles-ci se révèlent insuffisantes, peu élégantes et susceptibles d'introduire des erreurs. Ce mécanisme permet de séparer explicitement le code de gestion des erreurs du code "ordinaire", ce qui simplifie la lecture du programme. Le mécanisme de gestion des exceptions représente un style de gestion des erreurs plus régulier, simplifiant ainsi la coopération entre des parties de programme écrites séparément.

Un aspect du scénario de gestion des exceptions semblera nouveau aux programmeurs C et Pascal. La réponse par défaut à une erreur (et en particulier à une erreur dans une bibliothèque) consiste à terminer le programme. La réponse traditionnelle était de se tirer d'affaire sans trop de casse. La gestion des exceptions "fragilise" donc quelque peu les programmes dans le sens où davantage d'attention et d'efforts sont nécessaires pour leur bonne exécution. Cette solution est cependant préférable à l'obtention de résultats erronés plus loin dans le processus de développement — ou une fois le processus considéré comme terminé et le programme remis à des utilisateurs innocents. Lorsque l'interruption du programme est inacceptable, nous pouvons capturer l'ensemble des exceptions (§ 14.3.2), ou toutes celles d'un type spécifique (§ 14.6.2). Une exception n'interrompra donc un programme que si le programmeur le lui a permis. Cette solution est préférable à une fin inconditionnelle intervenant lorsqu'un redémarrage incomplet traditionnel conduit à une erreur catastrophique.

Certains programmeurs ont tenté d'adoucir l'interruption brutale du programme en affichant des messages d'erreur, en ouvrant des boîtes de dialogue pour demander de l'aide à l'utilisateur, etc. Ce type d'approche est surtout intéressant pour une situation de débogage dans laquelle l'utilisateur est un programmeur connaissant la structure du programme. S'il n'est pas développeur, une solution dans laquelle une bibliothèque demande de l'aide à l'utilisateur/opérateur (éventuellement absent) n'est pas envisageable. Il convient aussi de noter que, dans de nombreux cas, les messages d'erreur n'ont aucune destination possible (si le programme s'exécute, par exemple, dans un environnement dans lequel ***cerr*** n'est pas connecté à un élément que l'utilisateur peut remarquer). Ces messages seraient de toute façon incompréhensibles pour un utilisateur final. Au mieux, le message d'erreur pourrait ne pas apparaître dans la bonne langue (en finnois pour un utilisateur anglais, par exemple). Au pire, il ferait référence à des concepts de bibliothèque parfaitement inconnus pour un utilisateur. Une bonne bibliothèque ne produit pas ce type de verbiage. Avec les exceptions, le code détectant un problème qu'il est incapable de résoudre a la possibilité de le transmettre à une partie du système susceptible de lui trouver une solution. Une partie seulement du système qui connaît le contexte dans lequel s'exécute le programme a une chance de composer un message d'erreur significatif.

Le mécanisme de gestion des exceptions peut être considéré comme l'équivalent des mécanismes de contrôle des ambiguïtés et de contrôle du type à la compilation. Ce mécanisme accroît l'importance du processus de conception et peut augmenter le travail nécessaire à l'exécution d'une version initiale d'un programme. Toutefois, le code obtenu a de bien plus grandes chances de s'exécuter comme prévu, de s'intégrer de façon acceptable dans un programme plus large, d'être compréhensible pour d'autres programmeurs et de pouvoir être facilement manipulé par des outils. La gestion des exceptions fournit des fonctions de langage spécifiques permettant de supporter le "bon style", tout comme certaines fonctions C++ supportent le "bon style" qu'il n'est possible de pratiquer que de manière informelle et incomplète dans les autres langages tels que C et Pascal.

Il faut reconnaître que la gestion des erreurs restera une tâche difficile et que le mécanisme de gestion des exceptions — bien que plus formalisé que les techniques qu'il remplace — est encore relativement peu structuré en comparaison de fonctionnalités de langage impliquant uniquement un flux de contrôle local. Le mécanisme de gestion des exceptions de C++ permet au programmeur de traiter les erreurs à l'endroit le plus naturel pour cette opération, en fonction de la structure du système. Les exceptions mettent en évidence la complexité de la gestion des erreurs. Elles ne sont toutefois pas à l'origine de cette complexité. Vous ne devez pas accabler le messager en cas de mauvaise nouvelle.

C'est le moment idéal pour revoir le § 8.3, dans lequel sont présentés la syntaxe de base, la sémantique et les aspects pratiques de la gestion des exceptions.

14.1.1 A propos des exceptions

"Exception" fait partie des termes qui n'ont pas la même signification selon les individus. Le mécanisme de gestion des exceptions de C++ est conçu pour supporter le traitement des erreurs et de toute autre condition exceptionnelle (d'où le nom). Il est destiné, en particulier, à supporter la gestion des erreurs dans des programmes constitués de composants développés indépendamment.

Le mécanisme est conçu pour prendre en charge uniquement les exceptions synchrones, telles que les contrôles de limite de tableau et les erreurs d'E/S. Les événements asynchrones, tels que les interruptions clavier et certaines erreurs arithmétiques, ne sont pas nécessairement exceptionnels. Ils ne sont donc pas traités directement par la gestion des exceptions. En règle générale, pour être traités de façon efficace et élégante, ils requièrent des mécanismes fondamentalement différents de celui des exceptions (tel qu'il est défini ici). Pour traiter ce type d'événements, de nombreux systèmes proposent des mécanismes tels que les signaux. Ces derniers étant souvent dépendants du système, nous ne les décrirons pas ici. Le mécanisme de gestion des exceptions est une structure de contrôle non locale, fondée sur le dépilement de la pile que l'on peut considérer comme un autre mécanisme de retour. Il est donc possible d'envisager des utilisations légitimes des exceptions n'ayant aucun rapport avec les erreurs (§ 14.5). L'objectif principal du mécanisme de gestion des exceptions, ainsi que celui de ce chapitre, est la gestion des erreurs et le support de la tolérance de panne.

La notion de ***thread*** ou de processus est inconnue en C++ standard. Nous ne traiterons donc pas ici les circonstances exceptionnelles liées aux conflits d'accès. Les fonctions permettant de régler ce problème sur votre système sont décrites dans la documentation qui l'accompagne. Nous remarquerons simplement que le mécanisme de gestion des exceptions de C++ a été conçu pour être efficace dans un programme concurrent aussi longtemps que le programmeur (ou le système) applique les règles de concurrence de base, telles que le verrouillage approprié d'une structure de données partagée pendant son utilisation.

Le rôle des mécanismes de gestion des exceptions de C++ consiste à signaler et à traiter les erreurs et les événements exceptionnels. Le programmeur peut toutefois décider de ce qui doit être considéré comme exceptionnel dans un programme donné. Il ne s'agit pas toujours d'une tâche facile (§ 14.5). Un événement se produisant pratiquement à chaque exécution d'un programme peut-il être considéré comme exceptionnel ? Un événement qui est prévu et traité peut-il être considéré comme une erreur ? La réponse à ces deux questions est oui. "Exceptionnel" ne signifie pas "qui ne se produit presque jamais" ou "désastreux". Il est préférable d'attribuer à une exception le sens suivant : "une partie du système n'ayant pu réaliser ce qui lui a été demandé". Dans ce cas, nous pouvons tenter autre chose. Les déclenchements d'exception devraient être peu fréquents en comparaison des appels de fonction. Dans le cas contraire, la structure du système a été masquée. Nous pouvons toutefois nous attendre que la plupart des programmes de grande taille *déclenchent* et *capturent* quelques exceptions au cours d'une exécution normale et réussie.

14.2 Regroupement des exceptions

Une exception est un objet d'une classe représentant une occurrence exceptionnelle. Le code qui détecte une erreur (souvent une bibliothèque) *déclenche* (***throw***) un objet (§ 8.3). Un bloc de code exprime le désir de traiter une exception *via* la clause ***catch***. Le mot clé ***throw*** a pour effet de parcourir la pile à la recherche d'un ***catch*** approprié (dans une fonction qui appelle directement ou indirectement la fonction qui a déclenché l'exception).

Il est souvent possible de classer naturellement les exceptions par famille. Cela signifie que l'héritage peut s'avérer utile pour structurer les exceptions et simplifier leur gestion. Les exceptions d'une bibliothèque mathématique, par exemple, pourraient être organisées de la façon suivante :

```
class Matherr { };
class Overflow: public Matherr { };
class Underflow: public Matherr { };
class Zerodivide: public Matherr { };
// ...
```

Ce code nous permet de traiter toute ***Matherr*** sans en connaître précisément le type. Par exemple :

```
void f()
{
        try {
                // ...
        }
        catch (Overflow) {
                // traite Overflow ou toute dérivée d'Overflow
        }
        catch (Matherr) {
                // traite toute Matherr qui n'est pas Overflow
        }
}
```

Dans ce code, on traite spécifiquement une exception ***Overflow***. Toute autre exception ***Matherr*** sera traitée dans le cas général.

L'organisation des exceptions en hiérarchies peut jouer un rôle important pour la fiabilité du code. Examinez, par exemple, comment il serait possible de gérer toutes les exceptions d'une bibliothèque de fonctions mathématiques sans faire appel à un tel mécanisme de regroupement. Vous devriez alors avoir recours à une liste exhaustive des exceptions :

```
void g()
{
        try {
```

```
        // ...
    }
    catch (Overflow) { /* ... */ }
    catch (Underflow) { /* ... */ }
    catch (Zerodivide) { /* ... */ }
}
```

Cette technique est non seulement fastidieuse, mais également peu fiable. Un programmeur peut, en effet, facilement oublier d'ajouter une exception à la liste. Considérez ce qui aurait été nécessaire si nous n'avions pas regroupé les exceptions mathématiques. Lorsque nous avons ajouté une nouvelle exception à la bibliothèque mathématique, nous aurions dû modifier chacun des blocs de code prenant en compte chaque exception mathématique. Ce type de mise à jour universelle ne peut généralement être appliqué après la version initiale de la bibliothèque. Il n'existe souvent aucun moyen permettant de retrouver chaque extrait de code concerné. Et même si cette méthode existait, nous ne pourrions supposer que chaque extrait de code source est disponible, ou qu'il est possible d'y réaliser des modifications. Ces problèmes de maintenance conduiraient à établir une règle selon laquelle aucune nouvelle exception ne pourrait être ajoutée dans une bibliothèque après sa première version. Cette situation serait inacceptable pour presque toutes les bibliothèques. Ce raisonnement a conduit à définir les exceptions comme des hiérarchies de classes par bibliothèque ou par sous-système (§ 14.6.2).

Il convient de noter que ni les opérations mathématiques intégrées, ni la bibliothèque mathématique de base (partagée avec C) ne signalent les erreurs arithmétiques comme des exceptions. En effet, la détection de certaines erreurs arithmétiques, telles que la division par zéro, est asynchrone sur de nombreuses architectures de machine avec pipeline. La hiérarchie ***Matherr*** présentée ici n'est qu'une illustration. Les exceptions de bibliothèque standard sont décrites en § 14.10.

14.2.1 Les exceptions dérivées

L'utilisation de hiérarchies de classes pour la gestion des exceptions produit des gestionnaires ne s'intéressant qu'à un sous-ensemble des informations disponibles. En d'autres termes, une exception est généralement capturée par un gestionnaire à cause de sa classe de base, et non parce que ce gestionnaire s'intéresse à sa classe exacte. La sémantique de la capture et de la nomination d'une exception est identique à celle d'une fonction recevant un argument. Cela signifie que l'argument formel est initialisé avec la valeur de l'argument (§ 7.2). L'exception déclenchée est donc "découpée" en l'exception capturée (§ 12.2.3). Par exemple :

```
class Matherr {
    // ...
    virtual void debug_print() const { cerr << "Erreur mathématique"; }
};

class Int_overflow: public Matherr {
    const char* op;
    int a1, a2;

public:
    Int_overflow(const char* p, int a, int b) { op = p; a1 = a; a2 = b; }
```

```
        virtual void debug_print() const { cerr << op << '(' << a1 << ',' << a2 << ')'; }
        // ...
};

void f()
{
        try {
                g();
        }
        catch (Matherr m) {
                // ...
        }
}
```

Lorsque le gestionnaire ***Matherr*** s'exécute, ***m*** est un objet ***Matherr*** — même si l'appel de ***g()*** a déclenché ***Int_overflow***. Cela implique que les informations supplémentaires présentes dans une ***Int_overflow*** soient inaccessibles.

Comme toujours, il est possible d'utiliser les pointeurs ou les références pour éviter la perte d'informations de façon permanente. Nous pourrions écrire, par exemple :

```
int add(int x, int y)
{
        if ((x>0 && y>0 && x>INT_MAX-y) || (x<0 && y<0 && x<INT_MIN-y))
                throw Int_overflow("+",x,y);

        return x+y;                             // x+y ne vont pas déborder
}

void f()
{
        try {
                int i1 = add(1,2);
                int i2 = add(INT_MAX,-2);
                int i3 = add(INT_MAX,2);        // c'est parti !
        }
        catch (Matherr& m) {
                // ...
                m.debug_print();
        }
}
```

Le dernier appel de ***add()*** déclenche une exception qui provoque celui de ***Int_overflow::debug_print()***. Si l'exception avait été capturée par valeur, plutôt que par référence, c'est ***Matherr::debug_print()*** qui aurait été appelée.

14.2.2 Les exceptions composées

Un groupement d'exceptions n'est pas nécessairement une structure arborescente. Une exception appartient souvent à deux groupes.

Par exemple :

```
class Netfile_err : public Network_err, public File_system_err { /* ... */ };
```

Une telle ***Netfile_err*** peut être capturée par des fonctions qui traitent les exceptions réseau :

```
void f()
{
	try {
		// quelque chose
	}
	catch(Network_err& e) {
		// ...
	}
}
```

ou par des fonctions traitant les exceptions de système de fichiers :

```
void g()
{
	try {
		// quelque chose d'autre
	}
	catch(File_system_err& e) {
		// ...
	}
}
```

Cette organisation non hiérarchique de la gestion des erreurs est importante lorsque des services, tels que la gestion de réseau, sont transparents pour les utilisateurs. Dans ce cas, le créateur de ***g()*** pourrait même ignorer la présence d'un réseau (voir aussi § 14.6).

14.3 Capturer les exceptions

Examinez le code suivant :

```
void f()
{
	try {
		throw E();
	}
	catch(H) {
		// quand nous trouvons-nous ici ?
	}
}
```

Le gestionnaire est appelé :

1. Si ***H*** est de même type que ***E***.
2. Si ***H*** est une base publique non ambiguë de ***E***.

3. Si ***H*** et ***E*** sont des types pointeurs et lorsque les deux cas précédents concernent les types auxquels ils font référence.
4. Lorsque ***H*** est une référence et que les deux premiers cas concernent le type auquel ***H*** fait référence.

De plus, de la même façon qu'il est possible d'ajouter ***const*** à un paramètre de fonction, on peut ajouter ce dernier aux types utilisés afin de capturer une exception. Cela ne modifie pas l'ensemble des exceptions qu'il nous est possible de capturer. Cette opération nous empêche seulement de modifier l'exception capturée.

En règle générale, une exception est copiée au moment de son déclenchement. Le gestionnaire ne reçoit donc qu'une copie de l'original. En fait, une exception peut être copiée plusieurs fois avant sa capture. Par conséquent, il nous est impossible de déclencher une exception qui ne puisse être copiée. Les implémentations ont un large choix de stratégies pour le stockage et la transmission des exceptions. Vous êtes cependant toujours assuré qu'il reste une mémoire suffisante pour qu'un ***new*** puisse déclencher l'exception standard ***bad_alloc*** signalant l'épuisement de cette ressource (§ 14.4.5).

14.3.1 Le redéclenchement

Après avoir déclenché une exception, il arrive souvent qu'un gestionnaire ne puisse traiter l'erreur complètement. Dans ce cas, il effectue ce qui peut l'être localement, puis déclenche de nouveau l'exception. Cette opération permet de traiter une erreur à l'emplacement le plus approprié. Cela peut être réalisé même lorsque les informations nécessaires pour traiter au mieux l'erreur ne sont pas disponibles en un seul emplacement. L'action de reprise est alors répartie sur plusieurs gestionnaires. Par exemple :

```
void h()
{
	try {
				// code qui pourrait déclencher des erreurs Math
	}
	catch (Matherr) {
		if (can_handle_it_completely) {
				// traite la Matherr

			return;
		}
		else {
				// on effectue ici ce qui peut l'être

			throw;		// on redéclenche l'exception
		}
	}
}
```

Le mot clé ***throw*** codé sans opérande signale le redéclenchement d'une exception. Si cette opération est tentée alors qu'aucune exception ne peut être déclenchée, la fonction ***terminate()*** (§ 14.7) sera appelée. Un compilateur peut détecter et signaler une partie, mais pas la totalité, de ce type de situation.

L'exception redéclenchée est l'exception originale capturée, et non uniquement la partie qui était accessible en tant que ***Matherr***. En d'autres termes, si une ***Int_overflow*** avait été déclenchée, un appelant de ***h()*** pourrait toujours capturer une ***Int_overflow*** qu'une fonction ***h()*** aurait capturée comme une ***Matherr***, puis décidé de redéclencher.

14.3.2 Capturer toutes les exceptions

Une version dégénérée de la technique "capturer-et-redéclencher" peut se révéler importante. Comme pour les fonctions, les trois points **...** indiquent "tout argument" (§ 7.6). L'expression ***catch(...)*** signifie donc "capturer toute exception". Par exemple :

```
void m()
{
        try {
                // quelque chose
        }
        catch (...) {           // gère toute exception
                // libération des ressources
                throw;
        }
}
```

Cela signifie que si une exception se déclenche à la suite de l'exécution de la partie principale de ***m()***, le gestionnaire libère les ressources. Une fois ce "nettoyage" local réalisé, l'exception à l'origine de cette opération est redéclenchée afin de compléter le processus de gestion de l'erreur. Vous trouverez en § 14.6.3.2 une technique permettant d'obtenir des informations concernant une exception capturée par un gestionnaire "**...**".

Un aspect important de la gestion des erreurs en général, et de celle des exceptions en particulier, est de maintenir les invariants dont dépend le programme (§ 24.3.7.1). Si ***m()***, par exemple, est supposée laisser certains pointeurs dans l'état dans lequel elle les a découverts, il nous est alors possible de leur attribuer des valeurs acceptables dans le code du gestionnaire. De cette façon, un gestionnaire "capturer toute exception" peut être utilisé pour maintenir des invariants arbitraires. Cependant, dans un grand nombre de cas importants, un gestionnaire de ce type ne représente pas la solution la plus élégante à ce problème (voir § 14.4).

14.3.2.1 L'ordre des gestionnaires

Une exception dérivée étant susceptible d'être capturée par des gestionnaires pour plusieurs types d'exceptions, l'ordre d'apparition de ces gestionnaires après une instruction ***try*** est significatif. Les gestionnaires sont, en effet, pris en compte en fonction de cet ordre. Par exemple :

```
void f()
{
        try {
                // ...
        }
        catch (std::ios_base::failure) {
                // traite toute erreur de flux d'e/s (§ 14.10)
        }
```

```
        catch (std::exception& e) {
                // gère toute exception de la bibliothèque standard (§ 14.10)
        }
        catch (...) {
                // gère toutes les autres exceptions (§ 14.3.2)
        }
}
```

Le compilateur connaissant la hiérarchie des classes, il est capable de repérer un grand nombre d'erreurs de logique. Par exemple :

```
void g()
{
        try {
                // ...
        }
        catch (...) {
                // gère toutes les exceptions (§ 14.3.2)
        }
        catch (std::exception& e) {
                // gère toute exception de bibliothèque standard (§ 14.10)
        }
        catch (std::bad_cast) {
                // gère une erreur de dynamic_cast (§ 15.4.2)
        }
}
```

Dans ce code, une ***exception*** ne sera jamais considérée. ***bad_cast*** étant dérivée de ***exception***, elle ne sera jamais spécifiquement traitée, même si nous supprimions le gestionnaire "toute capture".

14.4 Gestion des ressources

Lorsqu'une fonction acquiert une ressource — c'est-à-dire quand elle ouvre un fichier, alloue de la mémoire dans le tas, définit un verrou de contrôle d'accès, etc. — il est souvent essentiel pour la suite de l'exécution du système que cette ressource soit libérée de façon appropriée. Cette "libération appropriée" est souvent réalisée par la fonction qui avait acquis la ressource avant que le contrôle ne soit rendu à son appelant. Par exemple :

```
void use_file(const char* fn)
{
        FILE* f = fopen(fn,"r");

                // utilise f

        fclose(f);
}
```

Cette solution peut paraître acceptable. Cependant, si un incident se produit entre les appels de ***fopen()*** et de ***fclose()***, une exception pourrait provoquer l'interruption de ***use_file()*** sans que

fclose() n'ait été appelée. On retrouve exactement le même cas dans des langages ne supportant pas la gestion des exceptions. La fonction de bibliothèque standard C ***longjmp()***, par exemple, peut provoquer un problème identique. Même une simple instruction ***return*** est susceptible d'interrompre ***use_file*** sans fermer ***f***.

Une première tentative afin d'introduire la tolérance de panne dans ***use_file()*** pourrait être la suivante :

```
void use_file(const char* fn)
{
        FILE* f = fopen(fn,"r");
        try {
                        // utilise f
        }
        catch (...) {
                fclose(f);
                throw;
        }
        fclose(f);
}
```

Le code utilisant le fichier est inclus dans un bloc ***try*** qui capture toute exception, ferme le fichier et redéclenche l'exception.

Cette solution manque de concision, s'avère fastidieuse et potentiellement coûteuse. Elle est susceptible d'introduire des erreurs en détournant l'attention des programmeurs. Il existe heureusement une méthode plus élégante. Le problème a la forme générale suivante :

```
void acquire ()
{
        //acquisition ressource 1
        //...
        //acquisition ressource n

        //utilisation des ressources

        //libération ressource n
        //...
        //libération ressource 1
}
```

Il est important que les ressources soient libérées dans l'ordre inverse de leur acquisition. Ce comportement est très proche de celui des objets locaux créés par des constructeurs, puis détruits par des destructeurs. Nous pouvons ainsi gérer les problèmes d'acquisition et de libération des ressources en utilisant de façon appropriée des objets de classe possédant des constructeurs et des destructeurs. Il est possible de définir, par exemple, une classe ***File_ptr*** se comportant comme un ***FILE**** :

```
class File_ptr {
        FILE* p;
public:
        File_ptr(const char* n, const char* a) { p = fopen(n,a); }
        File_ptr(FILE* pp) { p = pp; }
```

```
        ~File_ptr() { fclose(p); }

        operator FILE*() { return p; }
};
```

Un ***File_ptr*** peut être construit, soit à partir d'un ***FILE****, soit à partir des arguments requis pour ***fopen()***. Dans les deux cas, ***File_ptr*** sera détruit à la fin de sa portée et son destructeur fermera le fichier. Notre programme est maintenant réduit à son minimum :

```
void use_file(const char* fn)
{
        File_ptr f(fn,"r");
                // utilise f
}
```

Le destructeur sera appelé dans tous les cas, que la fonction se termine normalement ou qu'elle se termine à la suite du déclenchement d'une exception. Les mécanismes de gestion des exceptions nous permettent ainsi de supprimer le code de traitement des erreurs de l'algorithme principal. Le code obtenu est plus simple et moins sujet aux erreurs que son équivalent traditionnel.

Le processus de recherche "dans la pile" d'un gestionnaire pour une exception est nommé "dépilement de la pile". Au fur et à mesure du dépilement de la pile d'appel, les destructeurs des objets construits localement sont appelés.

14.4.1 Utiliser les constructeurs et les destructeurs

La technique de gestion des ressources à l'aide des objets locaux est généralement nommée "acquisition de ressource par initialisation". Il s'agit d'une technique générale s'appuyant sur les propriétés des constructeurs et des destructeurs, ainsi que sur leur interaction avec la gestion des exceptions.

Un objet n'est considéré comme construit qu'après la fin de l'exécution de son constructeur. A ce moment seulement, le dépilement de la pile appellera le destructeur de cet objet. Un objet composé de sous-objets est construit dans la mesure où ses sous-objets ont été totalement construits. Un tableau est construit dans la mesure où ses éléments ont été construits (et seuls les éléments complètement construits sont détruits au cours du déroulement de pile).

L'un des objectifs d'un constructeur est de garantir la construction correcte et complète de son objet. Lorsqu'il ne peut obtenir ce résultat, un constructeur correctement conçu restaure — autant que possible — l'état du système avant la création. Dans l'idéal, les constructeurs atteignent toujours l'un de ces objectifs et ne laissent pas leurs objets "à moitié construits". Pour atteindre ce but, il est possible d'appliquer aux membres la technique "acquisition de ressource par initialisation".

Considérez une classe ***X*** pour laquelle un constructeur doit acquérir deux ressources : un fichier ***x*** et un verrou ***y***. Cette acquisition pourrait échouer et déclencher une exception. Le constructeur de la classe ***X*** ne doit jamais se terminer en ayant acquis le fichier et pas le verrou. Ce résultat peut être obtenu sans compliquer davantage la tâche du programmeur. Nous utilisons les objets de deux classes, ***File_ptr*** et ***Lock_ptr*** pour symboliser les ressources acquises. L'acquisition d'une ressource est matérialisée par l'initialisation de l'objet local qui représente la ressource :

```
class X {
        File_ptr aa;
```

```
        Lock_ptr bb;
public:
        X(const char* x, const char* y)
                : aa(x,"rw"),       // acquisition de 'x'
                  bb(y)             // acquisition de 'y'
        {}
        // ...
};
```

L'implémentation peut maintenant se charger de la totalité de la comptabilité. L'utilisateur peut s'en désintéresser complètement. Si une exception se déclenche après la construction de ***aa***, mais avant celle de ***bb***, alors seul le destructeur de ***aa*** sera appelé.

Si l'on adopte ce modèle simple d'acquisition des ressources, il est donc inutile pour l'auteur d'un constructeur d'écrire un code de gestion des exceptions explicite.

La ressource la plus courante acquise de façon *ad hoc* est la mémoire. Par exemple :

```
class Y {
        int* p;
        void init();
public:
        Y(int s) { p = new int[s]; init(); }
        ~Y() { delete[] p; }
        // ...
};
```

Cette pratique est fréquente et peut conduire à des "fuites de mémoire". Si une exception est déclenchée par ***init()***, la mémoire acquise ne sera pas libérée. Le destructeur ne sera pas appelé, car l'objet n'était pas complètement construit. Voici une variante plus sûre :

```
class Z {
        vector<int> p;
        void init();
public:
        Z(int s) : p(s) { init(); }
        // ...
};
```

La mémoire utilisée par ***p*** est maintenant gérée par ***vector***. Si ***init()*** déclenche une exception, la mémoire acquise sera libérée au moment de l'appel (implicite) du destructeur de ***p***.

14.4.2 auto_ptr

La bibliothèque standard fournit la classe modèle ***auto_ptr***, qui supporte la technique "acquisition de ressource par initialisation". La classe ***auto_ptr*** est initialisée par un pointeur et il est possible de lui appliquer l'indirection de la même façon qu'à un pointeur. L'objet pointé sera également implicitement supprimé en fin de portée de cette classe. Par exemple :

```
void f(Point p1, Point p2, auto_ptr<Circle> pc, Shape* pb)   // ne pas oublier de supprimer pb à la fin
{
        auto_ptr<Shape> p(new Rectangle(p1,p2));              // p pointe sur un rectangle
```

```
        auto_ptr<Shape> pbox(pb);

        p->rotate(45);      // utilise auto_ptr<Shape> exactement comme un Shape*
        // ...
        if (in_a_mess) throw Mess();
        // ...
}
```

Dans ce code, ***Rectangle*** et ***Shape*** pointés par ***pb***, ainsi que ***Circle*** pointé par ***pc*** sont supprimés, qu'une exception soit déclenchée ou non.

Pour obtenir cette *sémantique de propriété* (également nommée *sémantique de copie destructrice*), la sémantique de copie des ***auto_ptr*** doit être radicalement différente de celle des pointeurs ordinaires : lorsqu'un ***auto_ptr*** est copié dans un autre, l'objet source ne pointe plus sur rien. Un ***auto_ptr*** étant modifié lors de sa copie, on ne peut copier un ***const auto_ptr***.

Le modèle ***auto_ptr*** est déclaré dans ***<memory>***. Il peut être décrit par une implémentation :

```
template<class X> class std::auto_ptr {
        template <class Y> struct auto_ptr_ref { /* ... */ };         // classe assistante
        X* ptr;
public:
        typedef X element_type;

        explicit auto_ptr(X* p =0) throw() { ptr=p; }       // throw() signifie "ne déclenche rien" ; voir § 14.6
        ~auto_ptr() throw() { delete ptr; }

                // notez que les constructeurs de copie et les affectations reçoivent des arguments non const:
        auto_ptr(auto_ptr& a) throw();                                          // copie, puis a.ptr=0
        template<class Y> auto_ptr(auto_ptr<Y>& a) throw();                     // copie, puis a.ptr=0
        auto_ptr& operator=(auto_ptr& a) throw();                               // copie, puis a.ptr=0
        template<class Y> auto_ptr& operator=(auto_ptr<Y>& a) throw();          // copie, puis a.ptr=0

        X& operator*() const throw() { return *ptr; }
        X* operator->() const throw() { return ptr; }
        X* get() const throw() { return ptr; }                          // extrait le pointeur
        X* release() throw() { X* t = ptr; ptr=0; return t; }           // abandonne la propriété
        void reset(X* p =0) throw() { if (p!=ptr) { delete ptr; ptr=p; } }

        auto_ptr(auto_ptr_ref<X>) throw();                              // copie à partir de auto_ptr_ref
        template<class Y> operator auto_ptr_ref<Y>() throw();           // copie vers auto_ptr_ref
        template<class Y> operator auto_ptr<Y>() throw();               // copie destructrice à partir de auto_ptr
};
```

L'objectif d'***auto_ptr_ref*** est d'implémenter la sémantique de copie destructrice pour des ***auto_ptr*** ordinaires, tout en rendant impossible la copie d'un ***const auto_ptr***. Le constructeur et l'affectation du modèle garantissent le fait qu'un ***auto_ptr<D>*** puisse être implicitement converti en un ***auto_ptr<B>*** s'il est possible de convertir un ***D**** en un ***B****. Par exemple :

```
void g(Circle* pc)
{
```

```
    auto_ptr<Circle> p2 = pc;        // p2 a maintenant la responsabilité de la suppression
    auto_ptr<Circle> p3 = p2;        // p3 a maintenant la responsabilité de la suppression et p2 ne l'a
                                     plus
    p2->m = 7;                       // erreur du programmeur : p2.get()==0
    Shape* ps = p3.get();            // extrait le pointeur à partir d'un auto_ptr
    auto_ptr<Shape> aps = p3;        // transfert de propriété et conversion du type
    auto_ptr<Circle> p4 = pc;        // erreur du programmeur : p4 a maintenant la responsabilité de la
                                     suppression
}
```

Si plusieurs ***auto_ptr*** détiennent un objet, l'effet est indéfini. Il est probable que l'objet sera supprimé deux fois (avec des effets indésirables).

Notez que la sémantique de copie destructrice de ***auto_ptr*** indique qu'elle ne répond pas aux conditions requises pour les éléments d'un conteneur standard ou pour des algorithmes standards tels que ***sort()***. Par exemple :

```
vector< auto_ptr<Shape> >& v;     // dangereux, utilisation de auto_ptr dans un conteneur
// ...
sort(v.begin(),v.end());          // ne faites pas ceci : le tri va probablement perturber v
```

Auto_ptr n'est, bien évidemment, pas un pointeur actif général. Il fournit cependant le service pour lequel il a été conçu — c'est-à-dire la sécurité des exceptions pour les pointeurs automatiques — avec très peu de surcharge de traitement.

14.4.3 Avertissement

Les programmes n'ont pas tous besoin de pouvoir répondre à l'ensemble des formes de panne existantes, et les ressources ne sont pas toutes suffisamment importantes pour qu'on les protège en appliquant la technique "acquisition de ressource par initialisation", ***auto_ptr*** et ***catch(...)***. Pour de nombreux programmes qui se contentent de lire une entrée et de s'exécuter jusqu'à leur achèvement, par exemple, la réponse la plus appropriée à une erreur d'exécution sérieuse s'avère être l'abandon du processus (après avoir effectué le diagnostic approprié). Il faut donc laisser le soin au système de relâcher toutes les ressources acquises et laisser l'utilisateur réexécuter le programme avec une entrée plus appropriée. La stratégie que nous venons de décrire est uniquement destinée à des applications pour lesquelles une réponse simple à une erreur d'exécution est totalement insatisfaisante. Le concepteur d'une bibliothèque, en particulier, ne peut généralement pas émettre d'hypothèses concernant les conditions de tolérance de panne requises pour un programme qui utilise la bibliothèque. Il se voit ainsi forcé d'éviter toutes les pannes d'exécution inconditionnelles et de relâcher la totalité des ressources avant qu'une fonction de bibliothèque ne rende le contrôle au programme appelant. La stratégie "acquisition de ressource par initialisation", alliée à l'utilisation des exceptions pour signaler les pannes, est adaptée à un grand nombre de bibliothèques de ce type.

14.4.4 les exceptions et new

Examinez le code suivant :

```
void f(Arena& a, X* buffer)
{
```

```
    X* p1 = new X;
    X* p2 = new X[10];

    X* p3 = new(buffer[10]) X;    // place X en mémoire tampon (la mémoire n'aura pas besoin d'être
                                  libérée)
    X* p4 = new(buffer[11]) X[10];

    X* p5 = new(a) X;             // allocation à partir de Arena a (libération à partir de a)
    X* p6 = new(a) X[10];
}
```

Que se passe-t-il si le constructeur de ***X*** déclenche une exception ? La mémoire allouée par l'opérateur ***new()*** est-elle libérée ? Dans un cas ordinaire, la réponse est oui. Les initialisations de ***p1*** et ***p2*** ne provoquent donc aucune fuite de mémoire.

Si l'on applique la syntaxe de placement (§ 10.4.11), la réponse ne peut être aussi simple. Certaines applications de cette syntaxe allouent de la mémoire, qui devrait alors être libérée. D'autres, cependant, ne le font pas. De plus, l'objectif de la syntaxe de placement est d'effectuer une allocation non standard, et ce type d'opération requiert une libération non standard. Par conséquent, l'action à envisager dépend de l'allocateur utilisé. Si l'on a fait appel à ***Z::operator new()***, ***Z::operator delete()*** sera appelé s'il existe. Dans le cas contraire, aucune libération ne sera tentée. Les tableaux sont gérés de façon équivalente (§ 15.6.1). Cette stratégie prend correctement en charge l'opérateur ***new*** de placement de bibliothèque standard (§ 10.4.11), ainsi que toute situation dans laquelle le programmeur a fourni une paire de fonctions d'allocation et de libération correspondantes.

14.4.5 L'épuisement des ressources

Le choix de l'attitude à adopter lorsqu'une tentative d'acquisition de ressource échoue est un problème de programmation très fréquent. Dans un exemple précédent, nous avons ouvert des fichiers (à l'aide de ***fopen()***) et nous avons réservé de la mémoire dans le tas (à l'aide de l'opérateur ***new***) sans nous préoccuper de ce qui pourrait se produire si le fichier était introuvable ou si la mémoire était épuisée. Lorsqu'ils se trouvent confrontés à ce type de problème, les programmeurs ont deux styles de solutions :

La reprise :	On demande à un appelant de corriger le problème puis de poursuivre.
La fin d'exécution :	On abandonne le traitement et on rend le contrôle à un appelant.

Dans le premier cas, un appelant doit être prêt à apporter de l'aide pour résoudre les problèmes dans des blocs de code inconnus. Dans le deuxième, un appelant doit être capable de prendre en compte l'échec d'une tentative d'acquisition de ressource. Ce cas est préférable dans la plupart des situations. Il permet à un système de maintenir une meilleure séparation entre les niveaux d'abstraction. Il convient de noter que lorsqu'on applique la stratégie de fin d'exécution on ne met pas fin au programme, mais uniquement à un traitement individuel. La "fin d'exécution" est le terme traditionnel permettant de désigner une stratégie qui transmet le contrôle d'un traitement "en échec" vers un gestionnaire d'erreurs associé à l'appelant (qui peut tenter à nouveau le traitement qui a échoué). On évite ainsi toute démarche consistant à rectifier une mauvaise situation et à reprendre à partir du point auquel le problème avait été détecté.

En C++, le modèle de reprise est supporté par le mécanisme d'appel de fonction. Le modèle de la fin d'exécution est, quant à lui, supporté par le mécanisme de gestion des exceptions. Ces deux modèles peuvent être illustrés par une implémentation et une utilisation simple de ***operator new()*** de la bibliothèque standard :

```
void* operator new(size_t size)
{
	for (;;) {
		if (void* p = malloc(size)) return p;		// tente d'obtenir de la mémoire
		if (_new_handler == 0) throw bad_alloc();	// pas de gestionnaire : on abandonne
		_new_handler();					// on demande de l'aide
	}
}
```

Dans ce code, c'est la fonction ***malloc()*** de la bibliothèque C standard qui effectue la recherche réelle de mémoire. Des implémentations différentes de ***operator new()*** pourraient appliquer une autre méthode. Lorsque suffisamment de mémoire est disponible, ***operator new()*** peut renvoyer un pointeur vers celle-ci. Sinon, ***_new_handler*** est appelé. Si ce nouveau gestionnaire peut trouver davantage de mémoire que ***malloc()***, le traitement peut se poursuivre. Dans le cas contraire, le gestionnaire ne peut rendre le contrôle à ***operator new()*** sans déclencher une boucle infinie. Le ***_new_handler()*** pourrait alors choisir de déclencher une exception, et laisser le soin à un appelant de régler le problème :

```
void my_new_handler()
{
	int no_of_bytes_found = find_some_memory();
	if (no_of_bytes_found < min_allocation) throw bad_alloc();	// on abandonne
}
```

Un bloc ***try*** devrait se trouver quelque part avec un gestionnaire approprié :

```
	try {
		// ...
	}
	catch (bad_alloc) {
		// traite d'une façon ou d'une autre l'épuisement de la mémoire
	}
```

Le ***_new_handler*** utilisé dans l'implémentation de ***operator new()*** est le pointeur d'une fonction maintenue par la fonction standard ***set_new_handler()***. Si nous voulons que ***my_new_handler()*** soit utilisé de la même façon que ***_new_handler***, nous devons coder :

```
set_new_handler (&my_new_handler);
```

Si nous voulons également capturer ***bad_alloc***, nous pourrions coder :

```
void f()
{
	void(*oldnh)() = set_new_handler(&my_new_handler);

	try {
```

```
        // ...
    }
    catch (bad_alloc) {
        // ...
    }
    catch (...) {
        set_new_handler(oldnh);    // redéfinition du gestionnaire
        throw;                     // redéclenchement de l'exception
    }

    set_new_handler(oldnh);        // redéfinition du gestionnaire
}
```

Mieux encore, il est possible d'éviter l'utilisation du gestionnaire ***catch(...)*** en appliquant à ***_new_handler*** (§ 14.12[1]) la technique "acquisition de ressource par initialisation" décrite en § 14.4.

Avec ***_new_handler***, aucune information supplémentaire n'est transmise depuis le lieu de détection de l'erreur vers la fonction assistante. Il pourrait être facile de transmettre davantage d'informations. Cependant, plus la quantité d'informations transmises entre le code détectant une erreur d'exécution et une fonction intervenant dans le processus de correction est importante, plus les blocs de code deviennent dépendants l'un de l'autre. Cela signifie que tout changement dans un bloc de code imposera de connaître, et peut-être même de modifier l'autre. Pour que des éléments de logiciel distincts restent séparés, il est généralement conseillé de minimiser de telles dépendances. Pour obtenir cette séparation, le mécanisme de gestion des exceptions est préférable aux appels de fonction de programmes assistants fournis par un appelant.

En règle générale, il est conseillé d'organiser l'allocation des ressources en couches (niveaux d'abstraction) et d'éviter que l'une d'entre elles ait besoin d'aide de la part de celle qui l'a appelée. L'expérience avec de gros systèmes montre que ceux qui sont appréciés évoluent dans ce sens.

Pour déclencher une exception, il faut disposer d'un "objet" exception. Une implémentation C++ doit toujours disposer d'une mémoire suffisante pour être capable de déclencher une ***bad_alloc*** en cas d'épuisement de la mémoire. Il est possible, toutefois, que le déclenchement d'une autre exception soit la cause d'un épuisement de la mémoire.

14.4.6 Les exceptions dans les constructeurs

Pour un constructeur, les exceptions représentent une solution au signalement des erreurs. Un constructeur ne renvoyant pas de valeur distincte pouvant être testée par un appelant, les solutions traditionnelles (c'est-à-dire ne faisant pas appel aux exceptions) sont :

1. Renvoyer un objet dans un état invalide et s'en remettre à l'utilisateur pour le test de cet état.
2. Définir une variable non locale (par exemple, ***errno***) pour signaler l'échec de la création, et laisser l'utilisateur tester cette variable.
3. N'effectuer aucune initialisation dans le constructeur, et s'en remettre à l'utilisateur pour l'appel d'une fonction d'initialisation avant la première utilisation.

4. Marquer l'objet comme "non initialisé", et faire en sorte que la première fonction membre appelée pour cet objet effectue l'initialisation réelle et puisse signaler une erreur si l'initialisation échoue.

La gestion des exceptions permet de transmettre des informations signalant l'échec de la construction à l'extérieur d'un constructeur. Une classe ***Vector*** simple, par exemple, pourrait se protéger d'une demande excessive de mémoire de la façon suivante :

```
class Vector {
public:
        class Size { };

        enum { max = 32000 };

        Vector(int sz)
        {
                if (sz<0 || max<sz) throw Size();
                // ...
        }

        // ...
};
```

Le code créant les ***Vector*** peut maintenant détecter des erreurs ***Vector::Size***. Nous avons ainsi la possibilité de les corriger :

```
Vector* f(int i)
{
        try {
                Vector* p = new Vector(i);
                        // ...
                return p;
        }
        catch(Vector::Size) {
                        // traitement des erreurs de taille
        }
}
```

Le gestionnaire d'erreurs lui-même peut, bien sûr, appliquer l'ensemble standard des techniques de base pour le signalement des erreurs et le redémarrage. Dès qu'une exception est transmise à un appelant, la vision de l'incident se modifie. Si les renseignements appropriés accompagnent la transmission de l'exception, la quantité d'informations disponibles pour traiter le problème peut ainsi augmenter. En d'autres termes, l'objectif de base des techniques de gestion des erreurs est de transmettre des renseignements concernant une erreur depuis le point initial de la détection vers un point où suffisamment d'informations seront disponibles pour corriger le problème de façon fiable et pratique.

La technique "acquisition de ressource par initialisation" est la façon la plus sûre et la plus élégante de gérer des constructeurs acquérant plus d'une ressource (§ 14.4). Elle résout le problème de la gestion de ressources multiples par l'application répétée de la technique (simple) de gestion d'une seule ressource.

14.4.6.1 Les exceptions et l'initialisation d'un membre

Que se passe-t-il si l'initialiseur d'un membre déclenche (directement ou indirectement) une exception ? Cette dernière est transmise par défaut vers la classe qui avait appelé le constructeur pour le membre. Le constructeur lui-même peut cependant capturer de telles exceptions en incluant le corps complet de la fonction — y compris la liste d'initialisation du membre — dans un bloc ***try***. Par exemple :

```
class X {
        Vector v;
        // ...
public:
        X(int);
        // ...
};

X::X(int s)
try
        :v(s)                   // initialise v par s
{
        // ...
}
catch (Vector::Size) {      // les exceptions déclenchées pour v sont capturées ici
        // ...
}
```

Les constructeurs de copie (§ 10.4.4.1) ont cela de particulier qu'ils sont appelés implicitement, et il arrive souvent qu'ils effectuent à la fois l'acquisition et la libération des ressources. La bibliothèque standard, en particulier, s'appuie sur un comportement approprié — ne déclenchant pas d'exception — des constructeurs de copie. Il s'agit des raisons pour lesquelles il convient de s'assurer qu'un constructeur de copie ne déclenche une exception que dans des circonstances réellement désastreuses. Un redémarrage complet après une exception dans un constructeur de copie a peu de chances d'être réalisable, quel que soit le contexte de son utilisation. Pour être potentiellement sécurisé, un constructeur de copie doit abandonner deux objets, qui répondent chacun à l'invariant de sa classe (§ 24.3.7.1).

Les opérateurs d'affectation de copie devront naturellement être traités avec autant de soin que les constructeurs de copie.

14.4.7 Les exceptions dans les destructeurs

Du point de vue de la gestion des exceptions, il existe deux façons d'appeler un destructeur :

1. **L'appel normal.** Après la sortie normale d'une portée (§ 10.4.3), un ***delete*** (§ 10.4.5), etc.
2. **L'appel pendant une gestion d'exception.** Au cours du déroulement de la pile (§ 14.4), le mécanisme de gestion des exceptions sort d'une portée contenant un objet avec un destructeur.

Dans la deuxième méthode, une exception ne doit pas s'échapper du destructeur lui-même. Dans le cas contraire, on considère qu'il s'agit d'une erreur du mécanisme de gestion des exceptions. ***std::terminate()*** (§ 14.7) est alors appelé. Après tout, il n'existe aucune méthode générale permettant au mécanisme de gestion des exceptions ou au destructeur de déterminer s'il est possible d'ignorer l'une des exceptions afin de pouvoir gérer l'autre.

Lorsqu'un constructeur appelle des fonctions susceptibles de déclencher des exceptions, il lui est possible de se protéger lui-même. Par exemple :

```
X::~X()
try {
        f();    // pourrait déclencher une exception
}
catch (...) {
                // un traitement
}
```

La fonction de bibliothèque standard ***uncaught_exception()*** renvoie ***true*** lorsqu'une exception a été déclenchée, mais pas encore capturée. Le programmeur peut ainsi choisir différentes actions dans un destructeur selon que l'objet a été détruit normalement ou pendant un dépilement de la pile.

14.5 Exceptions qui ne sont pas des erreurs

Si une exception est capturée sans influence néfaste sur le comportement du programme, pourquoi s'agirait-il d'une erreur ? Uniquement parce que le programmeur considère une exception comme une erreur et les mécanismes de gestion des exceptions comme des outils permettant de traiter ces erreurs. Ces mécanismes pourraient également être considérés comme une autre structure de contrôle. Par exemple :

```
void f(Queue<X>& q)
{
        try {
                for (;;) {
                        X m = q.get();      // déclenche 'Empty' si la file d'attente est vide
                        // ...
                }
        }
        catch (Queue<X>::Empty) {
                return;
        }
}
```

Ce code présente un certain attrait. Il illustre un cas dans lequel ce qui doit être considéré comme une erreur est imprécis.

La gestion des exceptions est un mécanisme moins structuré que les structures de contrôle locales telles que ***if*** et ***for***. De plus, ce mécanisme est souvent moins efficace lorsqu'une exception est effectivement déclenchée. Il est donc préférable de n'envisager les exceptions que lorsque les structures de contrôle plus traditionnelles manquent d'élégance ou sont impossibles à utiliser. Notez que la bibliothèque standard propose une ***queue*** d'éléments arbitraires sans faire appel aux exceptions (§ 17.3.2).

L'utilisation des exceptions pour diverses possibilités de retour peut constituer une technique élégante pour mettre fin aux fonctions de recherche — en particulier celles qui s'avèrent fortement récurrentes telles que la recherche dans une arborescence. Par exemple :

```
void fnd(Tree* p, const string& s)
{
	if (s == p->str) throw p;		// s trouvé
	if (p->left) fnd(p->left,s);
	if (p->right) fnd(p->right,s);
}

Tree* find(Tree* p, const string& s)
{
	try {
		fnd(p,s);
	}
	catch (Tree* q) {			// q->str==s
		return q;
	}
	return 0;
}
```

Un tel usage des exceptions peut toutefois être facilement suremployé et produire un code complexe. Vous devriez autant que possible adhérer au principe "gestion des exceptions égale gestion des erreurs". Le code se sépare ensuite distinctement en deux catégories : le code ordinaire et le code de la gestion des erreurs. Il est ainsi plus compréhensible. Dans le monde réel, les frontières entre le bon et le mauvais ne sont malheureusement pas toujours aussi claires. L'organisation du programme en sera le reflet.

La gestion des erreurs est fondamentalement difficile. Tout ce qui peut contribuer à clarifier le concept d'erreur et son mode de gestion doit être soigneusement considéré.

14.6 Spécifications d'exceptions

Le déclenchement ou la capture d'une exception affecte le mode de relation entre une fonction et les autres. Il peut donc être intéressant de spécifier l'ensemble des exceptions susceptibles d'être déclenchées dans la déclaration de fonction. Par exemple :

```
void f(int a) throw (x2, x3);
```

Cet exemple indique que la fonction ***f()*** ne peut déclencher que les exceptions ***x2***, ***x3*** (ainsi que celles dérivées de ces types). Lorsqu'une fonction spécifie quelles exceptions elle est susceptible de déclencher, elle offre une garantie efficace à ses appelants. Au cours de l'exécution, toute tentative destinée à annuler cette garantie de la part de la fonction sera transformée en un appel de ***std::unexpected()***. L'interprétation par défaut de ***unexpected()*** est ***std::terminate()***, qui appelle normalement à son tour ***abort()***. Vous trouverez tous les détails concernant ces deux fonctions en § 9.4.1.1.

En effet :

```
void f() throw (x2, x3)
{
```

```
        // code
}
```

est équivalent à :

```
void f()
try
{
        // code
}
catch (x2) { throw; }          // redéclenchement
catch (x3) { throw; }          // redéclenchement
catch (...) {
        std::unexpected();     // unexpected() ne rendra pas le contrôle
}
```

L'avantage le plus appréciable est que la *déclaration* de fonction appartient à une interface qui peut être visualisée par ses appelants. Les *définitions* de fonction, quant à elles, ne sont pas universellement disponibles. Même lorsque nous avons accès au code source de toutes nos bibliothèques, nous évitons autant que possible de nous y plonger. De plus, une fonction avec une *spécification d'exceptions* est plus concise et plus claire que la version équivalente écrite "à la main".

On suppose qu'une fonction déclarée sans *spécification d'exceptions* peut déclencher n'importe quelle exception. Par exemple :

```
int f();                       // peut déclencher toute exception
```

Une fonction qui ne déclenchera aucune exception peut être déclarée avec une liste vide :

```
int g() throw ();              // aucune exception déclenchée
```

On pourrait penser que, par défaut, une fonction ne déclenche aucune exception. Cela imposerait toutefois de coder les spécifications d'exceptions pour presque toutes les fonctions. Cela constituerait des occasions supplémentaires pour recompiler et interdirait toute coopération avec des logiciels écrits dans des langages différents. Les programmeurs devraient ainsi être encouragés à renoncer aux mécanismes de gestion des exceptions et à écrire un code contrefait pour supprimer les exceptions. Toute personne qui ne remarquerait pas la subversion aurait un faux sentiment de sécurité.

14.6.1 Contrôler les spécifications d'exceptions

Malgré l'ampleur des contrôles, il est impossible de détecter chaque violation d'une spécification d'interface au moment de la compilation. Il est possible de se tourner vers les *spécifications d'exceptions* en supposant qu'une fonction va déclencher toute exception envisageable. Les règles pour le contrôle de compilation des *spécifications d'exceptions* interdisent les absurdités pouvant être facilement détectées.

Lorsqu'une déclaration de fonction contient une *spécification d'exceptions*, chaque déclaration de cette fonction (y compris la définition) devra posséder une *spécification d'exceptions* avec exactement le même ensemble de types d'exceptions. Par exemple :

```
int f() throw (std::bad_alloc);
```

```
int f()        // erreur : spécification d'exceptions manquante
{
        // ...
}
```

Il faut savoir qu'il n'est pas obligatoire de contrôler précisément les *spécifications d'exceptions* au-delà d'une unité de compilation. Une implémentation peut, bien sûr, se charger de cette opération. Cependant, pour de nombreux systèmes en activité depuis un certain temps, il est important que l'implémentation n'effectue pas ce contrôle — ou, dans le cas contraire, qu'elle signale les erreurs graves uniquement lorsque les violations ne seront pas détectées à l'exécution.

L'objectif est de garantir que le fait d'ajouter une exception à un endroit ou à un autre n'imposera pas une mise à jour complète des spécifications d'exceptions en rapport, et une recompilation de tout le code potentiellement concerné. Un système peut alors fonctionner dans un état partiellement mis à jour en s'appuyant sur la détection dynamique (à l'exécution) des exceptions imprévues. Cette condition est essentielle pour la maintenance des gros systèmes. Dans ce cas, en effet, une mise à jour importante peut s'avérer très coûteuse et le code source n'est pas toujours accessible en totalité.

Il n'est possible de substituer à une fonction virtuelle qu'une fonction possédant une *spécification d'exceptions* au moins aussi restrictive que celle (explicite ou implicite) de la première. Par exemple :

```
class B {
public:
        virtual void f();                   // peut déclencher toute exception
        virtual void g() throw(X,Y);
        virtual void h() throw(X);
};

class D : public B {
public:
        void f() throw(X);                  // ok
        void g() throw(X);                  // ok : D::g() est plus restrictif que B::g()
        void h() throw(X,Y);                // erreur : D::h() est moins restrictif que B::h()
};
```

Cette règle ne fait intervenir que le bon sens. Si une classe dérivée déclenchait une exception non annoncée par la fonction originale, on ne pourrait attendre d'un appelant qu'il la capture. Par ailleurs, une fonction de substitution qui déclenche moins d'exceptions respecte clairement la règle établie par la *spécification d'exceptions* de la fonction remplacée.

De la même façon, il est possible d'affecter le pointeur d'une fonction possèdant une *spécification d'exceptions* plus restrictive au pointeur d'une fonction avec spécification moins restrictive ; le contraire est impossible. Par exemple :

```
void f() throw(X);
void (*pf1)() throw(X,Y) = &f;      // ok
void (*pf2)() throw() = &f;         // erreur : f() est moins restrictive que pf2
```

Il est impossible, en particulier, d'affecter un pointeur d'une fonction sans *spécification d'exceptions* à un pointeur d'une fonction qui en possède une.

```
void g();// peut déclencher toute exception

void (*pf3)() throw(X) = &g;          // erreur : g() est moins restrictive que pf3
```

La *spécification d'exceptions* ne fait pas partie du type d'une fonction. Par conséquent, un ***typedef*** ne devrait pas en contenir. Par exemple :

```
typedef void (*PF) () throw(X);        //erreur
```

14.6.2 Les exceptions inattendues

Une *spécification d'exceptions* peut conduire à des appels de ***unexpected()***. En règle générale, ces appels ne doivent pas être réalisés en dehors des tests. On peut les éviter en organisant soigneusement les exceptions et la spécification des interfaces. Il est également possible de les intercepter et de les neutraliser.

Les exceptions d'un sous-système ***Y*** bien défini seront souvent dérivées d'une classe ***Yerr***. Etant donné le code suivant, par exemple :

```
class Some_Yerr : public Yerr { /*...*/ };
```

une fonction déclarée

```
void f() throw (Xerr, Yerr, exception);
```

transmettra toute ***Yerr*** à son appelant. ***f()***, en particulier, devrait traiter une ***Some_Yerr*** en la transmettant à son appelant. De cette façon, aucune ***Yerr*** ne déclenchera d'appel ***unexpected()*** dans ***f()***.

Toutes les exceptions déclenchées par la bibliothèque standard sont dérivées de la classe ***exception*** (§ 14.10).

14.6.3 Correspondance des exceptions

De temps à autre, la règle consistant à mettre fin à un programme en cas d'exception non attendue s'avère trop draconienne. Dans de telles situations, il est possible de trouver une solution acceptable en transformant le comportement de ***unexpected()***.

La façon la plus simple d'obtenir ce résultat est d'ajouter l'exception ***std::bad_exception*** de la bibliothèque standard dans une *spécification d'exceptions*. Dans ce cas, ***unexpected()*** se contentera de déclencher ***bad_exception***. Par exemple :

```
class X { };
class Y { };

void f() throw(X,std::bad_exception)
{
        // ...
        throw Y();          // déclenche une "mauvaise" exception
}
```

La *spécification d'exceptions* va détecter l'exception ***Y*** indésirable et déclencher à sa place une exception de type ***bad_exception***.

bad_exception ne présente aucun inconvénient particulier. Elle offre simplement un mécanisme moins radical que l'appel de ***terminate()***. Ce mécanisme reste toutefois primitif. On perd, en particulier, les informations permettant d'identifier l'exception à l'origine du problème.

14.6.3.1 L'interprétation utilisateur des exceptions

Considérons une fonction ***g()*** écrite pour un environnement non intégré à un réseau. Supposons ensuite que ***g()*** ait été déclarée avec une *spécification d'exceptions* de telle sorte qu'elle ne déclenche que des exceptions liées à son "sous-système ***Y***" :

```
void g() throw (Yerr);
```

Supposons maintenant que nous ayons besoin d'appeler ***g()*** dans un environnement en réseau.

Cette fonction ne connaîtra alors pas les exceptions de réseau et appellera ***unexpected()*** si elle en rencontre. Pour utiliser ***g()*** dans un environnement distribué, nous devons fournir le code permettant de gérer des exceptions de réseau ou réécrire la fonction. Si cette dernière solution ne peut être envisagée, nous pouvons traiter le problème en redéfinissant la signification de ***unexpected()***.

L'épuisement de mémoire est traité par le ***_new_handler*** déterminé par ***set_new_handler()***. De la même façon, la réponse à une exception non attendue est déterminée par un ***_unexpected_handler*** défini par ***std::set_unexpected()*** dans ***<exception>*** :

```
typedef void(*unexpected_handler)();
unexpected_handler set_unexpected(unexpected_handler);
```

Pour traiter correctement les exceptions inattendues, nous devons commencer par définir une classe qui nous permette d'appliquer la technique "acquisition de ressource par initialisation" aux fonctions ***unexpected()*** :

```
class STC {          // enregistre et réinitialise la classe
        unexpected_handler old;
public:
        STC(unexpected_handler f) { old = set_unexpected(f); }
        ~STC() { set_unexpected(old); }
};
```

Nous définissons ensuite une fonction avec le comportement désiré d'une ***unexpected()***. Dans ce cas :

```
class Yunexpected : Yerr { };

void throwY() throw(Yunexpected) { throw Yunexpected(); }
```

Utilisée comme une fonction ***unexpected()***, ***throwY()*** fait correspondre toute exception non attendue avec ***Yunexpected***. Nous fournissons enfin une version de ***g()*** à utiliser dans l'environnement réseau :

```
void networked_g() throw(Yerr)
{
        STC xx(&throwY);        // unexpected() déclenche maintenant Yunexpected
        g();
}
```

Yunexpected étant dérivée de ***Yerr***, la *spécification d'exceptions* n'est pas violée. Si ***throwY()*** avait déclenché une exception ne respectant pas la *spécification d'exceptions*, la fonction ***terminate()*** aurait été appelée.

L'enregistrement et la restauration de ***_unexpected_handler***, permet à plusieurs sous-systèmes de contrôler la gestion des exceptions inattendues sans interférer entre eux. Cette technique, qui fait correspondre une exception non attendue à une exception connue, est une variante plus souple de ce qui est proposé sous la forme de ***bad_exception***.

14.6.3.2 Récupérer le type d'une exception

En faisant correspondre les exceptions inattendues à ***Yunexpected***, un utilisateur de ***networked_g()*** n'ignore pas que toute exception de ce type sera remplacée par une ***Yunexpected***. Un tel utilisateur ne sait pas, toutefois, quelle exception a été remplacée. Cette information a été perdue dans ***throwY()***. Une technique simple permet d'enregistrer et de transmettre cette information :

```
class Yunexpected : public Yerr {
public:
        Network_exception* pe;
        Yunexpected(Network_exception* p) :pe(p?p->clone():0) { }
        ~Yunexpected() { delete p; }
};

void throwY() throw(Yunexpected)
{
        try {
                throw;                    // redéclenche pour être capturée immédiatement
!
        }
        catch(Network_exception& p) {
                throw Yunexpected(&p);    // déclenche l'exception remplacée

        }
        catch(...) {
                throw Yunexpected(0);
        }
}
```

Le redéclenchement et la capture d'une exception nous permet de connaître toute exception d'un type qu'il nous est possible de nommer. La fonction ***throwY()*** est appelée à partir de ***unexpected()***, qui est elle-même appelée depuis un gestionnaire ***catch(...)***. Une exception à redéclencher est donc existante. Une fonction ***unexpected()*** ne peut ignorer l'exception et rendre le contrôle. Si elle tente cette opération, la fonction ***unexpected()*** elle-même déclenchera une ***bad_exception*** (§ 14.6.3).

14.7 Exceptions non capturées

Lorsqu'une exception est déclenchée, mais pas capturée, la fonction ***std::terminate()*** est appelée. La fonction ***terminate()*** est également appelée lorsque le mécanisme de gestion des exceptions découvre la pile altérée, et dans le cas où un destructeur, appelé pendant un déroulement de la pile provoqué par une exception, tente de terminer le traitement à l'aide d'une exception.

Une exception non attendue est traitée à l'aide du ***_unexpected_handler*** déterminé par ***set _unexpected()***. De la même façon, la réponse à une exception non capturée est déterminée par un ***_uncaught_handler*** défini par ***std::set_terminate()*** dans ***<exception>*** :

```
typedef void(*terminate_handler)();
terminate_handler set_terminate(terminate_handler);
```

La valeur renvoyée est la fonction précédente transmise à ***set_terminate()***.

Il arrive qu'il soit nécessaire d'abandonner la gestion des exceptions en faveur de techniques de gestion des erreurs moins subtiles. Il serait possible d'utiliser ***terminate()***, par exemple, pour interrompre un processus ou éventuellement pour réinitialiser un système. L'objectif est cependant que ***terminate()*** reste une mesure drastique à appliquer uniquement lorsque la stratégie de récupération des erreurs implémentée par le mécanisme de gestion des exceptions a échoué, et qu'il est impératif de passer à un autre niveau de la stratégie de tolérance de panne.

Terminate() va appeler ***abort()*** par défaut (§ 9.4.1.1). Ce comportement est approprié pour la majorité des utilisateurs — en particulier au cours du processus de débogage.

Un ***_uncaught_handler*** n'est pas supposé rendre le contrôle à son appelant. S'il tente cette opération, ***terminate()*** appellera ***abort()***.

Notez que ***abort()*** signale une sortie anormale d'un programme. Il est possible de faire appel à la fonction ***exit()*** pour sortir d'un programme avec une valeur renvoyée. Cette dernière indiquera au système extérieur si cette sortie est normale ou non (§ 9.4.1.1).

Il revient à l'implémentation de décider si des destructeurs doivent être appelés lors de la fin d'un programme due à une exception non capturée. Sur certains systèmes, il est essentiel que les destructeurs ne soient pas appelés afin que le programme puisse être repris depuis le débogueur. Sur d'autres, l'architecture *impose* d'appeler les destructeurs tout en recherchant un gestionnaire.

Si vous désirez garantir la libération des ressources lors de l'apparition d'une exception non capturée, vous pouvez ajouter à ***main()*** un gestionnaire de détection de toute exception (§ 14.3.2) en sus des gestionnaires auxquels vous vous intéressez effectivement. Par exemple :

```
int main()
try {
    // ...
}
catch (std::range_error)
{
    cerr << "Erreur de limite: encore une fois!\n";
}
catch (std::bad_alloc)
{
    cerr << "nouvel épuisement de la mémoire\n";
}
catch (...) {
    // ...
}
```

Ce code va capturer toutes les exceptions, sauf celles déclenchées par la construction et la destruction des variables globales. Il n'existe aucun moyen de capturer les exceptions déclenchées au cours de l'initialisation des variables globales. La seule façon d'obtenir le contrôle dans le cas d'un déclenchement depuis l'initialiseur d'un objet statique non local est ***set_unexpected()*** (§ 14.6.2). Cela est une autre raison d'éviter les variables globales.

Lorsqu'une exception est capturée, le point exact à partir duquel elle a été déclenchée reste généralement inconnu. Cela représente une perte d'information en comparaison de ce qu'un débogueur pourrait connaître de l'état d'un programme. Dans certains environnements de développement C++, pour certains programmes et pour certaines personnes, il pourrait alors être préférable de ne *pas* capturer les exceptions à partir desquelles il n'a pas été prévu que le programme récupère.

14.8 Exceptions et efficacité

En principe, quand aucune exception ne se déclenche, la gestion des exceptions peut être implémentée sans générer de surcharge à l'exécution. De plus, il est possible de réaliser cette opération de telle sorte que le déclenchement d'une exception soit avantageux en comparaison d'un appel de fonction. Il est cependant difficile (mais possible) d'obtenir ce résultat sans augmenter excessivement la consommation de mémoire, tout en maintenant la compatibilité avec les séquences d'appel C, les conventions de débogage, etc. Veuillez toutefois vous rappeler que les solutions alternatives aux exceptions ne sont pas non plus gratuites. Il n'est pas rare de rencontrer des systèmes traditionnels dans lesquels la moitié du code est consacrée à la gestion des erreurs.

Considérons une fonction ***f()*** simple qui semble n'avoir aucun lien avec la gestion des exceptions :

```
void g(int);

void f()
{
	string s;
	// ...
	g(1);
	g(2);
}
```

Ici, le fait que ***g()*** déclenche une exception doit cependant être envisagé. ***f()*** doit donc contenir le code garantissant que ***s*** est correctement détruit dans ce cas. Cependant, si ***g()*** n'avait pas déclenché d'exception, elle aurait dû signaler son erreur d'une autre façon. Par conséquent, le code ordinaire permettant de gérer les erreurs à la place des exceptions ne serait pas celui présenté ci-dessus, mais quelque chose comme :

```
bool g(int);

bool f()
{
	string s;
	// ...
	if (g(1))
		if (g(2))
```

```
                return true;
            else
                return false;
        else
            return false;
    }
```

Les erreurs ne sont généralement pas traitées de façon aussi systématique, et il n'est pas toujours primordial de le faire. Cependant, lorsqu'une gestion des erreurs soigneuse et systématique est indispensable, il est préférable de laisser le soin à l'ordinateur de réaliser cette opération *via* les mécanismes de gestion des exceptions.

Les spécifications d'exceptions (§ 14.6) peuvent s'avérer particulièrement utiles pour l'amélioration du code généré. Si nous avions établi que ***g()*** ne déclenchait pas d'exception :

```
void g(int) throw();
```

la génération du code de ***f()*** aurait pu être améliorée. Il est intéressant de noter qu'aucune fonction C traditionnelle ne déclenche d'exception. Dans la majorité des programmes, il est donc possible de déclarer chaque fonction C avec la spécification vide ***throw()***. Une implémentation saura que seules quelques fonctions de la bibliothèque standard C (telles que ***atexit()*** et ***qsort()***) sont susceptibles de déclencher des exceptions, et elle sera capable d'en tirer parti de façon à générer un code de meilleure qualité.

Avant d'attribuer une *spécification d'exceptions* vide à une "fonction C", réfléchissez pour déterminer si cette dernière pourrait éventuellement déclencher une exception. Cette fonction aurait, en effet, pu être convertie pour utiliser l'opérateur C++ ***new*** qui, quant à lui, est susceptible de déclencher ***bad_alloc***. Elle pourrait également appeler une bibliothèque C++ qui déclenche une exception.

14.9 Les alternatives pour la gestion des erreurs

L'objectif du mécanisme de gestion des exceptions est de fournir le moyen à une partie d'un programme d'en informer une autre de la détection d'une "circonstance exceptionnelle". On part de l'hypothèse que les deux parties du programme sont écrites indépendamment, et que celle qui gère l'exception peut réaliser une opération judicieuse concernant l'erreur.

Pour utiliser efficacement les gestionnaires dans un programme, nous avons besoin d'une stratégie globale. Les diverses parties du programme doivent donc s'accorder sur la façon d'utiliser les exceptions et sur l'emplacement du traitement des erreurs. Les mécanismes de gestion des exceptions étant fondamentalement non locaux, il est essentiel de suivre une stratégie globale. Cela signifie qu'il est préférable d'envisager la stratégie de gestion des erreurs dans les toutes premières phases de conception. Cela signifie également que cette stratégie doit être simple (par rapport à la complexité du programme total) et explicite. Dans un domaine aussi délicat que le recouvrement des erreurs, on ne pourrait suivre sans incohérence une stratégie complexe.

Pour commencer, vous ne devez pas vous imaginer qu'un seul mécanisme, ou une seule technique, est capable de gérer toutes les erreurs. Cela conduirait à une trop grande complexité. Les bons systèmes à tolérance de panne sont multiniveaux. Chaque niveau prend en charge autant d'erreurs qu'il le peut sans devenir trop compliqué, puis laisse le reste aux niveaux supérieurs. La notion de fin d'exécution (***terminate()***) est destinée à supporter ce schéma en fournissant une porte de sortie si le mécanisme de gestion des exceptions lui-même est altéré, ou si son utilisation est incomplète et laisse des exceptions non capturées. De la même façon, la notion d'inattendu (***unexpected()***) est destinée à fournir une porte de sortie en cas d'échec de la stratégie faisant appel aux *spécifications d'exceptions* pour fournir des pare-feu (***firewall***).

Toutes les fonctions ne doivent pas devenir un pare-feu. Dans de nombreux systèmes, il est impossible d'écrire chaque fonction avec un niveau de contrôle suffisant pour garantir le fait qu'elle se termine avec succès, ou qu'elle échoue d'une façon bien définie. Les raisons pour lesquelles on ne peut pas toujours obtenir ce résultat varient d'un programme à l'autre et d'un programmeur à l'autre. Cependant, pour les programmes les plus longs :

1. La quantité de travail nécessaire pour assurer cette notion de "fiabilité" est trop importante pour que celle-ci soit réalisée de façon cohérente.
2. Les surcharges en temps et en espace sont trop importantes pour que le système s'exécute de façon acceptable (on aura tendance à contrôler encore et encore les mêmes erreurs, telles que les arguments invalides).
3. Les fonctions écrites dans des langages différents n'obéiront pas aux règles.
4. Cette notion de "fiabilité" purement locale introduit une complexité qui devient, en réalité, une charge pour la fiabilité du système global.

La séparation du programme en sous-systèmes distincts qui se terminent avec succès, ou échouent d'une façon bien définie, s'avère cependant essentielle, réalisable et économique. Ainsi, une bibliothèque importante, un sous-système ou une fonction clé devraient être conçus de cette façon. Les spécifications d'exceptions sont destinées aux interfaces de bibliothèques et de sous-systèmes de ce type.

Dans la majorité des cas, nous n'avons pas le plaisir de concevoir l'ensemble du code d'un système depuis le début. Par conséquent, pour mettre en place une stratégie générale de gestion des erreurs dans toutes les parties d'un programme, nous devons prendre en compte les fragments de programme implémentés à l'aide de stratégies différentes de la nôtre. Il nous faut donc aborder divers problèmes liés à la façon dont un fragment de programme gère les ressources et à l'état dans lequel il laisse le système après une erreur. L'objectif est que le fragment de programme paraisse suivre la stratégie générale de gestion des erreurs, même si celle qu'il suit en interne est différente.

Il est quelquefois nécessaire de passer d'un style de signalement des erreurs à un autre. Nous pourrions, par exemple, contrôler ***errno*** et éventuellement déclencher une exception après un appel destiné à une bibliothèque C ou, inversement, déclencher une exception et définir ***errno*** avant de rendre le contrôle à un programme C depuis une bibliothèque C++ :

```
void callC() throw(C_blewit)
{
	errno = 0;
	c_function();
	if (errno) {
			// libération des ressources, si cette opération est possible et nécessaire
		throw C_blewit(errno);
	}
}
```

```
extern "C" void call_from_C() throw()
{
        try {
                c_plus_plus_function();
        }
        catch (...) {
                        // libération des ressources, si cette opération est possible et nécessaire
                errno = E_CPLPLFCTBLEWIT;
        }
}
```

Dans de telles situations, il est important d'être suffisamment méthodique pour garantir l'achèvement de la conversion des styles de signalement des erreurs.

La gestion des erreurs devrait être, autant que possible, hiérarchique. Lorsqu'une fonction détecte une erreur d'exécution, elle ne devrait pas demander d'aide à son appelant pour le redémarrage ou l'acquisition de ressources. De telles requêtes créent des cycles dans les dépendances du système. Le programme devient plus difficile à comprendre et on introduit la possibilité de boucles infinies dans le code de gestion des erreurs et de redémarrage.

Les simplifications obtenues par des techniques telles que "l'acquisition de ressource par initialisation", et par des hypothèses du type "les exceptions représentent des erreurs", devraient permettre de normaliser le code de gestion des erreurs. Consultez le § 24.3.7.1 qui indique comment utiliser les invariants et les insertions pour normaliser le déclenchement des exceptions.

14.10 Les exceptions standards

Voici un tableau des exceptions standards indiquant les fonctions, opérateurs et utilitaires généraux qui permettent de les déclencher :

Exceptions standards (déclenchées par le langage)

Nom	*Déclenché par*	*Référence*	*En-tête*
bad_alloc	*New*	§ 6.2.6.2, § 19.4.5	*<new>*
bad_cast	*dynamic_cast*	§ 15.4.1.1	*<typeinfo>*
bad_typeid	*Typeid*	§ 15.4.4	*<typeinfo>*
bad_exception	*spécification de l'exception*	§ 14.6.3	*<exception>*
out_of_range	*at()*	§ 3.7.2, § 13.3.3, § 20.3.3	*<stdexcept>*
	bitset<>::operator[]()	§ 17.5.3	*<stdexcept>*
invalid_argument	*constructeur de bitset*	§ 17.5.3.1	*<stdexcept>*
overflow_error	*bitset<>::to_ulong()*	§ 17.5.3.3	*<stdexcept>*
ios_base::failure	*ios_base::clear()*	§ 21.3.6	*<ios>*

Les exceptions de bibliothèque font partie d'une hiérarchie de classes dont la racine est la classe d'exceptions de la bibliothèque standard, ***exception,*** présentée dans ***<exception>*** :

```
class exception {
public:
        exception() throw();
        exception(const exception&) throw();
        exception& operator=(const exception&) throw();
        virtual ~exception() throw();

        virtual const char* what() const throw();
private:
        // ...
};
```

La hiérarchie a la forme suivante :

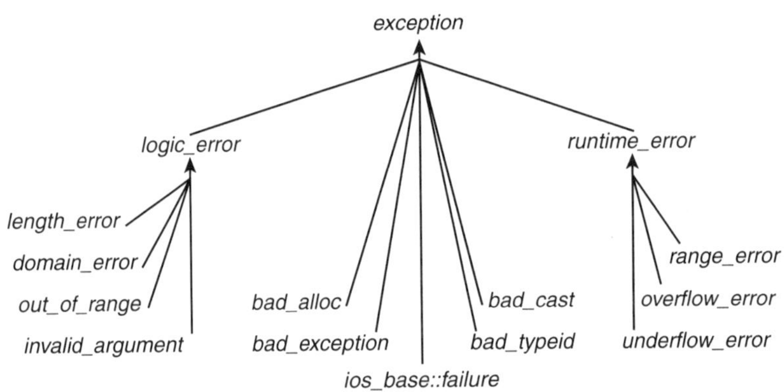

Ce schéma paraît plutôt compliqué pour organiser les huit exceptions standards. Cette hiérarchie tente cependant de prendre en charge des exceptions complémentaires par rapport à celles définies par la bibliothèque standard. Dans ce contexte, les erreurs logiques sont des erreurs qui pourraient, en principe, être détectées avant le début de l'exécution du programme, ou par des tests des arguments de fonctions et de constructeurs. Toutes les autres erreurs sont des erreurs d'exécution. Certaines personnes considèrent cette structure comme utile pour toutes les erreurs et exceptions. Ce n'est pas notre avis.

Les classes d'exception de la bibliothèque standard n'ajoutent pas de fonctions à l'ensemble fourni par ***exception***. Elles définissent simplement de façon appropriée les fonctions virtuelles requises. Nous pouvons donc écrire :

```
void f()
try {
            // utilise la bibliothèque standard
}
catch (exception& e) {
```

```
        cout << " exception de bibliothèque standard" << e.what() << '\n';        // eh bien, peut-être
        // ...
    }
    catch (...) {
        cout << "autre exception\n";
        // ...
    }
```

Les exceptions standards sont dérivées de ***exception***. Cependant, toutes les exceptions ne suivent pas cette règle. Nous ne pouvons donc capturer la totalité des exceptions en capturant ***exception***. De la même façon, il serait faux de supposer que toute exception dérivée de ***exception*** est une exception de bibliothèque standard : les programmeurs peuvent, en effet, introduire leurs propres exceptions dans cette hiérarchie.

Notez que les opérations d'***exception*** ne déclenchent pas elles-mêmes d'exceptions. Cela implique, en particulier, que le déclenchement d'une exception de bibliothèque standard ne provoque pas d'exception ***bad_alloc***. Le mécanisme de gestion des exceptions se réserve de la mémoire pour maintenir les exceptions (éventuellement sur la pile). Il est bien sûr possible d'écrire du code qui épuise par la suite toute la mémoire du système, en provoquant ainsi une panne.

Voici une fonction qui teste — lorsqu'elle est appelée — si l'appel de fonction ou si le mécanisme de gestion des exceptions manque de mémoire :

```
void perverted()
{
    try {
        throw exception();        // déclenchement d'exception récurrent
    }
    catch (exception& e) {
        perverted();              // appel de fonction récurrent
        cout << e.what();
    }
}
```

L'instruction de sortie a simplement pour but d'éviter que le compilateur ne réutilise la mémoire occupée par l'exception nommée ***e***.

14.11 Conseils

1. Utilisez les exceptions pour la gestion des erreurs (voir § 14.1, § 14.5, § 14.9).
2. Evitez les exceptions lorsque des structures de contrôle plus locales seraient suffisantes (voir § 14.1).
3. Appliquez la technique "allocation de ressource par initialisation" pour gérer les ressources (voir § 14.4).
4. Tous les programmes n'ont pas besoin d'être sécurisés par les exceptions (voir § 14.4.3).
5. Employez "allocation de ressource par initialisation" et les gestionnaires d'exceptions pour maintenir les invariants (voir § 14.3.2).

6. Minimisez l'utilisation des blocs ***try***. Au lieu de coder explicitement des gestionnaires, appliquez la méthode "acquisition de ressource par initialisation" (voir § 14.4).
7. Toutes les fonctions n'ont pas besoin de traiter la totalité des erreurs possibles (voir § 14.9).
8. Déclenchez une exception pour signaler un problème dans un constructeur (voir § 14.4.6).
9. Evitez de déclencher des exceptions depuis les constructeurs de copie (voir § 14.4.6.1).
10. Evitez de déclencher des exceptions depuis les destructeurs (voir § 14.4.7).
11. Capturez et signalez toutes les exceptions dans ***main()*** (voir § 14.7).
12. Séparez le code contenant la gestion des erreurs du reste du code (voir § 14.4.5, § 14.5).
13. Avant de déclencher une exception dans un constructeur, assurez-vous que toute ressource acquise dans ce constructeur est libérée (voir § 14.4).
14. Conservez une gestion des ressources hiérarchique (voir § 14.4).
15. Utilisez les *spécifications d'exceptions* pour les interfaces principales (voir § 14.9).
16. Traquez les fuites de mémoire dues aux allocations *via* ***new***, et qui ne sont pas libérées en cas d'exception (voir § 14.4.1, § 14.4.2, § 14.4.4).
17. Partez toujours de l'hypothèse que toute exception susceptible d'être déclenchée par une fonction le sera (voir § 14.6).
18. Ne supposez pas que toute exception est dérivée de la classe ***exception*** (voir § 14.10).
19. Une bibliothèque ne devrait pas décider seule de la fin d'un programme. Déclenchez plutôt une exception et laissez l'appelant décider (voir § 14.1).
20. Une bibliothèque ne devrait pas émettre de diagnostic à l'attention d'un utilisateur final. Déclenchez plutôt une exception et laissez l'appelant décider (voir § 14.1).
21. Etablissez votre stratégie de gestion des erreurs très tôt dans la phase de conception (voir § 14.9).

14.12 Exercices

1. (*2) Généralisez la classe ***STC*** (§ 14.6.3.1) en un modèle capable d'utiliser la technique "acquisition de ressource par initialisation" pour stocker et réinitialiser des fonctions de divers types.
2. (*3) Complétez la classe ***Ptr_to_T*** du § 11.11 afin d'obtenir un modèle qui emploie des exceptions pour signaler les erreurs d'exécution.
3. (*3) Ecrivez une fonction qui effectue des recherches dans une arborescence binaire de nœud en fonction d'un champ ***char****. Si un nœud contenant ***hello*** est trouvé, ***find("hello")*** renverra le pointeur de ce nœud. Utilisez une exception pour signaler "non trouvé".
4. (*3) Définissez une classe ***Int*** se comportant exactement comme le type intégré ***int***, à l'exception du fait qu'elle déclenche des exceptions plutôt que des dépassements de capacité ou des dépassements négatifs de capacité.
5. (*2.5) Prenez les opérations de base pour ouvrir, fermer, lire et écrire depuis votre interface C vers votre système d'exploitation. Fournissez les fonctions C++ équivalentes qui appellent les fonctions C, mais qui déclenchent des exceptions en cas d'erreur.

6. (*2.5) Ecrivez un modèle ***Vector*** complet avec des exceptions ***Range*** et ***Size***.
7. (*1) Ecrivez une boucle qui calcule la somme d'un ***Vector*** tel que défini en § 14.12[6] sans examiner la taille de ce ***Vector***. En quoi cette idée est-elle mauvaise ?
8. (*2.5) Considérez l'utilisation d'une classe ***Exception*** comme la base de toutes les classes utilisées comme exceptions. Quelle forme aura-t-elle ? Comment devrait-elle être utilisée ? Quels seraient ses avantages ? Quels seraient les inconvénients si l'on imposait l'utilisation d'une telle classe ?
9. (*1) Soit le code

   ```
   int main() { /*...*/ }
   ```

   modifiez cette ligne afin qu'elle capture toutes les exceptions, les transforme en messages d'erreur et appelle ***abort()***. Conseil : ***call_from_C()*** en § 14.9 ne traite pas tous les cas.
10. (*2) Ecrivez une classe ou un modèle approprié pour l'implémentation des callback.
11. (*2.5) Ecrivez une classe ***Lock*** pour les systèmes qui supportent les accès concurrents.

15

Les hiérarchies de classes

L'abstraction est une ignorance sélective.

Andrew Koenig

Héritage multiple — La résolution des ambiguïtés — L'héritage et les ***using-déclarations*** — Les classes de base dupliquées — Les classes de base virtuelles — Les applications de l'héritage multiple — Contrôle de l'accès — ***protected*** — Accéder aux classes de base — Détermination des types à l'exécution — ***dynamic _cast*** — Les conversions statiques et dynamiques — Conversion depuis des bases virtuelles — ***typeid*** — Les informations de type étendues — Bonnes et mauvaises utilisations de RTTI — Pointeurs de membres — Le tas — Les constructeurs virtuels — Conseils — Exercices

15.1 Introduction et présentation

Ce chapitre explique de quelle façon les classes dérivées et les fonctions virtuelles interagissent avec les autres fonctionnalités du langage telles que le contrôle d'accès, la recherche de noms, la gestion du tas, les constructeurs, les pointeurs et les conversions de type. Il est constitué de cinq parties principales :

§ 15.2 Héritage multiple

§ 15.3 Contrôle d'accès

§ 15.4 Identification du type à l'exécution

§ 15.5 Pointeurs de membres

§ 15.6 Utilisation du tas

Une classe est généralement construite à partir d'un treillis de classes de base. La plupart des treillis ayant été historiquement des arbres, un *treillis de classes* est souvent nommé *hiérarchie de classes*. Nous nous efforcerons de concevoir les classes de telle sorte que les utilisateurs ne soient pas trop concernés par la façon dont elles sont composées. Le mécanisme de l'appel virtuel, en particulier, garantit le fait que lorsque nous appelons une fonction ***f()*** sur un objet, cette dernière sera appelée quelle que soit la classe dans la hiérarchie qui aura fourni la déclaration de ***f()*** utilisée pour l'appel. Ce chapitre traite principalement des méthodes permettant de composer des treillis de classes et de contrôler l'accès à des parties de classe. Nous étudierons également la fonctionnalité qui permettra de parcourir les treillis de classes à la compilation et à l'exécution.

15.2 Héritage multiple

Comme nous l'avons déjà signalé en § 2.5.4 et 12.3, une classe peut posséder plus d'une classe de base directe. Plusieurs classes peuvent donc être spécifiées à la suite des : dans une déclaration. Examinons une simulation dans laquelle des activités concurrentes sont représentées par une classe ***Task***. La récupération et l'affichage de données est obtenue par l'intermédiaire d'une classe ***Displayed***. Nous pouvons donc définir une classe des entités simulées. Il s'agira de la classe ***Satellite*** :

```
class Satellite : public Task, public Displayed {
    // ...
};
```

L'utilisation de plus d'une classe de base immédiate est généralement nommée *héritage multiple*. Si l'on n'utilise, au contraire, qu'une seule classe de base directe, il s'agit *d'héritage simple*.

En plus de toute opération définie spécifiquement pour un ***Satellite***, il est possible d'appliquer l'union des opérations de ***Task*** et ***Displayed***. Par exemple :

```
void f(Satellite& s)
{
    s.draw();          // Displayed::draw()
    s.delay(10);       // Task::delay()
    s.transmit();      // Satellite::transmit()
}
```

De la même façon, on peut transmettre un ***Satellite*** à des fonctions qui attendent un ***Task*** ou un ***Displayed***. Par exemple :

```
void highlight(Displayed*);
void suspend(Task*);

void g(Satellite* p)
{
        highlight(p);      // transmet un pointeur vers la partie Displayed de Satellite
        suspend(p);        // transmet un pointeur vers la partie Task de Satellite
}
```

Ce code fait clairement apparaître la nécessité d'une technique de compilation (simple) pour garantir que des fonctions qui attendent un ***Task*** accèdent à une partie différente d'un ***Satellite*** que celles attendant un ***Displayed***. Les fonctions virtuelles se comportent comme à l'accoutumée. Par exemple :

```
class Task {
        // ...
        virtual void pending() = 0;
};

class Displayed {
        // ...
        virtual void draw() = 0;
};

class Satellite : public Task, public Displayed {
        // ...
        void pending();    // se substitue à Task::pending()
        void draw();       // se substitue à Displayed::draw()
};
```

Ce code garantit que ***Satellite::draw()*** et ***Satellite::pending()*** seront appelés pour un ***Satellite*** respectivement traité comme un ***Displayed*** et un ***Task***.

Il convient de noter que dans le cas d'un héritage simple, les possibilités du programmeur pour l'implémentation des classes ***Displayed***, ***Task*** et ***Satellite*** sont limitées. Un ***Satellite*** peut être un ***Task*** ou un ***Displayed***, non les deux (sauf si la classe ***Task*** est dérivée de ***Displayed*** ou vice versa). Dans les deux cas, on perd en flexibilité.

Pourquoi aurait-on besoin d'une classe ***Satellite*** ? L'exemple du ***Satellite*** est réel. Il a réellement existé — et il existe peut-être encore — un programme contenant les lignes utilisées ici pour décrire l'héritage multiple. Ce programme permettait d'étudier la conception des systèmes de communication impliquant des satellites, des stations au sol, etc. A partir d'une telle simulation, il était possible de répondre à des questions concernant le flux des informations, de déterminer les réponses appropriées lors du blocage d'une station au sol à cause d'une pluie diluvienne, d'étudier un compromis entre des connexions par satellite et des connexions par liaison terrienne, etc. De telles simulations impliquaient un ensemble d'opérations d'affichage et de débogage. Il était également nécessaire d'enregistrer l'état d'objets tels que ***Satellite*** et de leurs sous-composants pour l'analyse, le débogage et la récupération des erreurs.

15.2.1 La résolution des ambiguïtés

Deux classes de base peuvent contenir des fonctions membres de même nom. Par exemple :

```
class Task {
	// ...
	virtual debug_info* get_debug();
};

class Displayed {
	// ...
	virtual debug_info* get_debug();
};
```

Lorsqu'un ***Satellite*** est employé, il est nécessaire de lever l'ambiguïté pour sélectionner l'une de ces fonctions :

```
void f(Satellite* sp)
{
	debug_info* dip = sp->get_debug();		// erreur : ambigu
	dip = sp->Task::get_debug();// ok
	dip = sp->Displayed::get_debug();		// ok
}
```

La levée explicite de l'ambiguïté s'avère toutefois complexe. Il est donc généralement préférable de résoudre de tels problèmes en définissant une nouvelle fonction dans la classe dérivée :

```
class Satellite : public Task, public Displayed {
	// ...

	debug_info* get_debug()		// se substitue à Task::get_debug() et Displayed::get_debug()
	{
		debug_info* dip1 = Task::get_debug();
		debug_info* dip2 = Displayed::get_debug();
		return dip1->merge(dip2);
	}
};
```

Ce code localise les informations concernant les classes de base de ***Satellite***. La fonction ***Satellite::get_debug()*** remplaçant les deux fonctions ***get_debug()*** de ses deux classes de base, elle est appelée à chaque appel de ***get_debug()*** pour un objet ***Satellite***.

Un nom qualifié tel que ***Telstar::draw*** peut faire référence à un ***draw*** déclaré dans ***Telstar*** ou dans l'une de ses classes de base. Par exemple :

```
class Telstar : public Satellite {
	// ...
	void draw()
	{
```

```
                draw();                             // appel récurrent
                Satellite::draw();                  // trouve Displayed::draw
                Displayed::draw();
                Satellite::Displayed::draw();       // qualification double redondante
        }
};
```

En d'autres termes, si un ***Satellite::draw*** ne correspond pas à un ***draw*** déclaré dans ***Satellite***, le compilateur examine récursivement ses classes de base. Il va donc rechercher ***Task::draw*** et ***Displayed::draw***. Si sa recherche donne un résultat unique, ce nom sera utilisé. Sinon, ***Satellite::draw*** n'existe pas ou est ambigu.

15.2.2 L'héritage et les using-déclarations

La résolution de la surcharge ne s'étend pas au-delà d'une portée de classe (§ 7.4). Les ambiguïtés entre fonctions appartenant à des classes de base différentes, en particulier, ne sont pas résolues à partir des types d'arguments.

Lorsqu'on combine des classes non liées, telles que ***Task*** et ***Displayed*** dans l'exemple de ***Satellite***, l'expérience montre qu'une similitude dans le nom n'indique pas un but commun. Quand de tels conflits de nom se produisent, il s'agit souvent d'une surprise pour le programmeur. Par exemple :

```
class Task {
        // ...
        void debug(double p);           // n'affiche des informations que si la priorité est inférieure à p
};

class Displayed {
        // ...
        void debug(int v);              // plus 'v' est important, plus la quantité d'informations imprimée
                                        est importante
};

class Satellite : public Task, public Displayed {
        // ...
};

void g(Satellite* p)
{
        p->debug(1);                    // erreur : ambigu. Displayed::debug(int) ou Task::debug(double) ?
        p->Task::debug(1);              // ok
        p->Displayed::debug(1);         // ok
}
```

Il est possible que l'utilisation d'un même nom dans des classes de base différentes soit le résultat d'un choix de conception délibéré et d'un désir de l'utilisateur de fonder la sélection sur les types d'arguments. Dans ce cas, une *using-déclaration* (§ 8.2.2) peut introduire les fonctions dans une portée commune.

Par exemple :

```
class A {
public:
	int f(int);
	char f(char);
	// ...
};

class B {
public:
	double f(double);
	// ...
};

class AB: public A, public B {
public:
	using A::f;
	using B::f;
	char f(char);		// masque A::f(char)
	AB f(AB);
};

void g(AB& ab)
{
	ab.f(1);		// A::f(int)
	ab.f('a');		// AB::f(char)
	ab.f(2.0);		// B::f(double)
	ab.f(ab);		// AB::f(AB)
}
```

Les *using-déclarations* permettent à un programmeur de composer un ensemble de fonctions surchargées à partir de classes de base et de la classe dérivée. Les fonctions déclarées dans la classe dérivée masquent celles qui, dans le cas contraire, auraient été disponibles depuis la classe de base. Les fonctions virtuelles des classes de base peuvent être substituées (§ 15.2.3.1).

Dans une définition de classe, une *using-déclaration* (§ 8.2.2) doit faire référence aux membres d'une classe de base. Cette *using-déclaration* ne devrait pas être utilisée depuis l'extérieur de la classe du membre auquel elle est destinée, de ses classes dérivées et de leurs fonctions membres. Une *using-directive* (§ 8.2.3) ne devrait pas apparaître dans une définition de classe et ne devrait pas être utilisée pour une classe.

Une *using-déclaration* ne peut être utilisée pour obtenir l'accès à des informations supplémentaires. Il s'agit simplement d'un mécanisme plus simple d'utilisation permettant de rendre des informations accessibles (§ 15.3.2.2).

15.2.3 Les classes de base dupliquées

Le fait de spécifier plusieurs classes de base introduit la possibilité qu'une classe apparaisse deux fois comme base. Si ***Task*** et ***Displayed*** avaient toutes deux été dérivées d'une classe ***Link***, par exemple, un ***Satellite*** aurait eu deux classes de base ***Link*** :

```
struct Link {
    Link* next;
};

class Task : public Link {
    // Link est utilisée pour maintenir une liste de toutes les tâches (la liste de planification)
    // ...
};

class Displayed : public Link {
    // Link est utilisée pour maintenir une liste de tous les objets affichés (la liste d'affichage)
    // ...
};
```

Cette situation ne cause aucun problème. Deux objets ***Link*** distincts sont utilisés pour représenter les liaisons, et les deux listes n'interfèrent aucunement entre elles. Naturellement, il est possible de faire référence aux membres de la classe ***Link*** sans introduire d'ambiguïté (§ 15.2.3.1). On peut représenter un objet ***Satellite*** de la façon suivante :

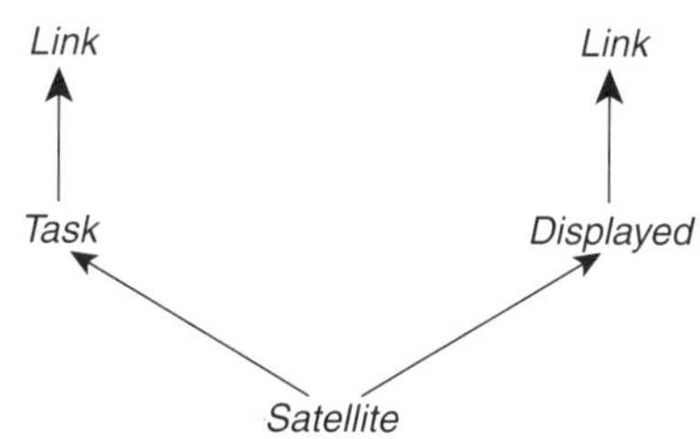

Lorsqu'une classe de base commune ne doit pas être représentée par deux objets distincts, il est possible d'utiliser une classe de base virtuelle (§ 15.2.4).

Généralement, une classe de base dupliquée telle que ***Link*** est un détail de l'implémentation qui ne devrait pas être utilisé en dehors de sa classe dérivée immédiate. Si l'on doit faire référence à une telle base depuis un point où plusieurs copies de la base sont "visibles", il faut coder explicitement la référence pour résoudre l'ambiguïté. Par exemple :

```
void mess_with_links(Satellite* p)
{
    p->next = 0;                      // erreur : ambigu (quel Link ?)
    p->Link::next = 0;                // erreur : ambigu (quel Link ?)
    p->Task::Link::next = 0;          // ok
    p->Displayed::Link::next = 0;     // ok
    // ...
}
```

Il s'agit exactement du mécanisme utilisé pour résoudre des références ambiguës aux membres (§ 15.2.1).

15.2.3.1 Substitution

Une fonction virtuelle d'une classe de base dupliquée peut être remplacée par une (seule) fonction dans une classe dérivée. On pourrait représenter, par exemple, la faculté d'un objet à se lire et à s'écrire lui-même dans un fichier de la façon suivante :

```
class Storable {
public:
        virtual const char* get_file() = 0;
        virtual void read() = 0;
        virtual void write() = 0;
        virtual ~Storable() { write(); }        // pour être appelé depuis des destructeurs de substitution
                                                // (voir § 15.2.4.1)
};
```

Plusieurs programmeurs pourraient, bien sûr, s'appuyer sur ce code pour développer des classes pouvant ensuite être utilisées indépendamment ou en combinaison afin d'en construire d'autres, plus élaborées. Une façon de stopper et de redémarrer une simulation, par exemple, consiste à enregistrer les composants d'une simulation, puis à les restaurer par la suite. Cette idée peut être mise en œuvre de la façon suivante :

```
class Transmitter : public Storable {
public:
        void write();
        // ...
};

class Receiver : public Storable {
public:
        void write();
        // ...
};

class Radio : public Transmitter, public Receiver {
public:
        const char* get_file();
        void read();
        void write();
        // ...
};
```

En règle générale, une fonction de substitution appelle ses versions des classes de base, puis effectue le travail spécifique à la classe dérivée :

```
void Radio::write()
{
        Transmitter::write();
```

```
        Receiver::write();
        // écrit les informations spécifiques à la radio
}
```

La conversion d'une classe de base dupliquée en une classe dérivée est traitée en § 15.4.2. Le § 25.6 présente une technique permettant de remplacer chacune des fonctions ***write()*** par des fonctions distinctes dans des classes dérivées.

15.2.4 Les classes de base virtuelles

L'exemple ***Radio*** de la section précédente fonctionne, car la classe ***Storable*** peut être dupliquée efficacement, facilement et en toute sécurité. Ce n'est pas souvent le cas pour un type de classe constituant un bon point de départ pour d'autres classes. Nous pourrions définir, par exemple, ***Storable*** de telle sorte qu'elle contienne le nom du fichier à utiliser pour stocker l'objet :

```
class Storable {
public:
        Storable(const char* s);
        virtual void read() = 0;
        virtual void write() = 0;
        virtual ~Storable();
private:
        const char* store;

        Storable(const Storable&);
        Storable& operator=(const Storable&);
};
```

A partir de cette modification mineure de ***Storable***, nous devons changer la conception de ***Radio***. Toutes les parties d'un objet doivent partager une seule copie de ***Storable***. Dans le cas contraire, il deviendrait très difficile d'éviter de stocker de multiples copies de l'objet. Ce type de partage peut être spécifié à l'aide d'une classe de base virtuelle. Toute base ***virtual*** d'une classe dérivée est représentée par le même objet (partagé). Par exemple :

```
class Transmitter : public virtual Storable {
public:
        void write();
        // ...
};

class Receiver : public virtual Storable {
public:
        void write();
        // ...
};

class Radio : public Transmitter, public Receiver {
public:
        void write();
        // ...
};
```

ou graphiquement :

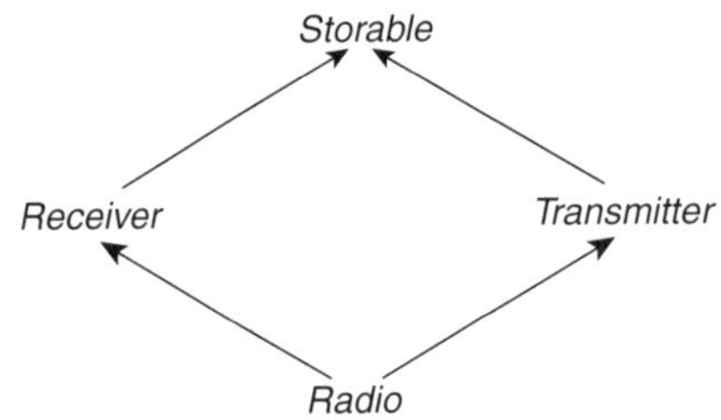

Comparez ce diagramme avec le schéma de l'objet ***Satellite*** en § 15.2.3 et observez les différences entre l'héritage ordinaire et l'héritage virtuel. Dans un graphique d'héritage, chaque classe de base d'un nom donné étant spécifiée comme virtuelle, elle sera représentée par un seul objet de cette classe. En outre, chaque classe de base non spécifiée comme ***virtual*** possédera son propre sous-objet la représentant.

15.2.4.1 Programmation des bases virtuelles

Le fait de définir des fonctions pour une classe avec une base virtuelle ne permet pas au programmeur de savoir si la base sera partagée avec d'autres classes dérivées. Cela peut constituer un problème lorsqu'on implémente un service pour lequel un seul appel d'une fonction de classe de base doit être effectué. Le langage garantit, par exemple, que le constructeur d'une base virtuelle sera appelé une fois et une seule. Le constructeur d'une base virtuelle est appelé (implicitement ou explicitement) depuis le constructeur pour l'objet complet (le constructeur pour la classe la plus dérivée). Par exemple :

```
class A {           // aucun constructeur
    // ...
};

class B {
public:
    B();            // constructeur par défaut
    // ...
};

class C {
public:
    C(int);         // pas de constructeur par défaut
};

class D : virtual public A, virtual public B, virtual public C
{
    D() { /* ... */ }                   // erreur : pas de constructeur par défaut pour C
    D(int i) : C(i) { /* ... */ };      // ok
    // ...
};
```

Le constructeur d'une base virtuelle est appelé avant ceux de ses classes dérivées.

Au besoin, le programmeur peut simuler ce schéma en appelant une fonction de classe de base virtuelle uniquement depuis la classe la plus dérivée. Supposons, par exemple, que nous ayons une classe ***Window*** basique qui sache comment dessiner son contenu :

```
class Window {
                              // éléments de base
    virtual void draw();
};
```

Il existe également différentes façons de décorer une fenêtre et de compléter la fonctionnalité :

```
class Window_with_border : public virtual Window {
    // éléments de bordure
    void own_draw();          // affiche la bordure
    void draw();
};

class Window_with_menu : public virtual Window {
    // éléments de menu
    void own_draw();          // affiche le menu
    void draw();
};
```

Les fonctions ***own_draw()*** n'ont pas besoin d'être virtuelles, car elles sont censées être appelées depuis une fonction virtuelle ***draw()*** qui "connaît" le type de l'objet pour lequel elle a été appelée.

Cet état de fait nous permet de composer une classe ***Clock*** plausible :

```
class Clock : public Window_with_border, public Window_with_menu {
    // éléments d'horloge
    void own_draw();          // affiche le fond et les aiguilles de l'horloge
    void draw();
};
```

ou graphiquement :

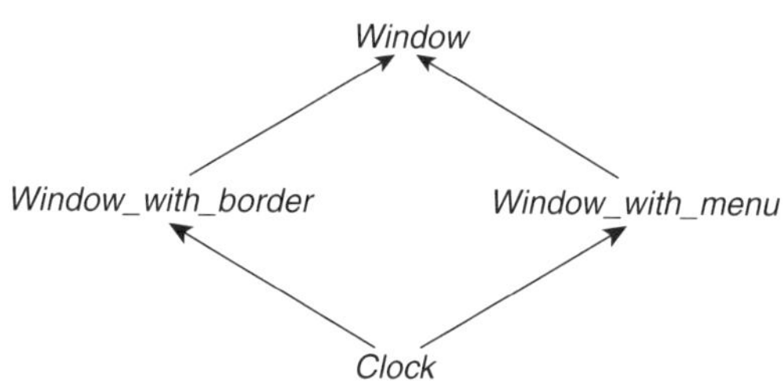

Les fonctions ***draw()*** peuvent maintenant être créées à l'aide des fonctions ***own_draw()*** de telle sorte que l'appelant de toute fonction ***draw()*** obtienne un appel, et un seul, de ***Window::draw()***. Cette procédure est indépendante du type de ***Window*** pour lequel ***draw()*** est appelée.

```
void Window_with_border::draw()
{
	Window::draw();
	own_draw();		// affiche la bordure
}

void Window_with_menu::draw()
{
	Window::draw();
	own_draw();		// affiche le menu
}

void Clock::draw()
{
	Window::draw();
	Window_with_border::own_draw();
	Window_with_menu::own_draw();
	own_draw();		// affiche le fond et les aiguilles de l'horloge
}
```

La conversion d'une classe de base ***virtual*** en une classe dérivée sera traitée en § 15.4.2.

15.2.5 Les applications de l'héritage multiple

L'application la plus simple et la plus évidente de l'héritage multiple est "l'association" de deux classes pour participer à l'implémentation d'une troisième. La classe ***Satellite***, créée à partir de ***Task*** et de ***Displayed*** en § 15.2, en est un exemple. Cette utilisation de l'héritage multiple est directe, efficace et importante, mais présente peu d'intérêt. Si elle permet d'alléger la tâche du programmeur, cette technique n'affecte cependant pas de façon significative la conception globale d'un programme. Elle peut même, dans certains cas, aller à l'encontre du souhait de masquer les détails de l'implémentation. Une technique n'a cependant pas besoin d'être ingénieuse pour être utile.

La fourniture des implémentations pour les classes abstraites est une utilisation plus fondamentale de l'héritage multiple, dans le sens où elle affecte la façon dont un programme est conçu. La classe ***BB_ival_slider*** (§ 12.3) en est un exemple :

```
class BB_ival_slider
	: public Ival_slider		// interface
	, protected BBslider		// implémentation
{
		// implémentation des fonctions requises par 'Ival_slider' et 'BBslider'
		// à l'aide des fonctions fournies par 'BBslider'
};
```

Dans cet exemple, les deux classes de base jouent des rôles logiquement distincts. L'une des deux bases est une classe abstraite publique qui fournit l'interface. L'autre est une classe concrète protégée qui fournit les "détails" de l'implémentation. Ces rôles se reflètent à la fois dans le style des classes et dans le contrôle d'accès fourni. Ici, l'utilisation de l'héritage multiple est essentiel, car la classe dérivée doit remplacer des fonctions virtuelles de l'interface et de l'implémentation.

L'héritage multiple permet à des classes très proches de partager des informations sans introduire de dépendance vis-à-vis d'une classe de base commune et unique dans un programme. C'est le cas dans lequel se produit *l'héritage en losange* (par exemple, ***Radio*** (§ 15.2.4) et ***Clock*** (§ 15.2.4.1)). Une classe de base virtuelle (à l'opposé d'une classe de base ordinaire) est nécessaire si la classe de base ne peut être dupliquée.

Nous avons pu constater qu'un treillis d'héritage en losange est plus facile à gérer si la classe de base virtuelle, ou si les classes qui en sont directement dérivées, sont abstraites. Considérons de nouveau les classes ***Ival_box***, du § 12.4, par exemple. Nous avions défini toutes les classes ***Ival_box*** comme étant abstraites afin de refléter leur rôle en tant qu'interface pure. Cette opération nous avait permis de placer tous les détails de l'implémentation dans des classes d'implémentation spécifiques. Tout le partage des détails d'implémentation était également réalisé dans la hiérarchie classique du système de fenêtres utilisé pour l'implémentation.

Il serait intéressant que la classe implémentant un ***Popup_ival_slider*** partage une grande partie de l'implémentation de la classe mettant en œuvre un ***Ival_slider*** ordinaire. Ces classes d'implémentation pourraient tout partager, à l'exception de la gestion des messages de l'utilisateur. Cependant, il semblerait alors naturel d'éviter la duplication des objets ***Ival_slider*** dans les objets d'implémentation de la barre de défilement obtenue. Nous pourrions ainsi définir ***Ival_slider*** comme une base virtuelle :

```
class BB_ival_slider : public virtual Ival_slider, protected BBslider { /* ... */ };
class Popup_ival_slider : public virtual Ival_slider { /* ... */ };
class BB_popup_ival_slider
        : public virtual Popup_ival_slider, protected BB_ival_slider { /* ... */ };
```

ou graphiquement :

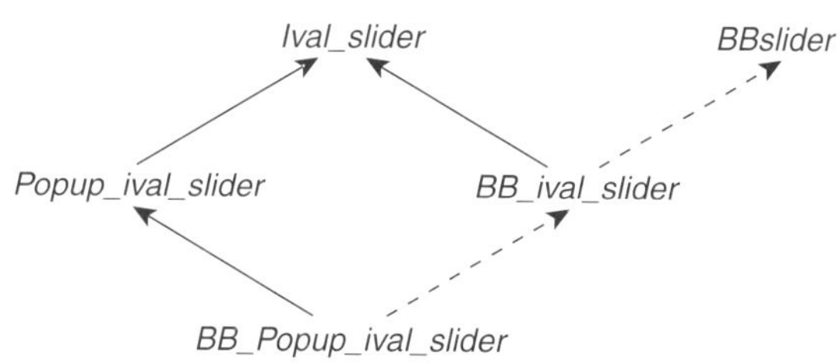

Il est facile d'imaginer des interfaces dérivées de ***Popup_ival_slider*** différentes, ainsi que d'autres classes d'implémentation dérivées de telles classes et de ***BB_popup_slider***.

Si nous poursuivions dans ce sens, la totalité des dérivations des classes abstraites qui constituent nos interfaces d'application deviendraient virtuelles. Cette approche semble être la plus logique, la plus générale et la plus souple. La raison pour laquelle nous ne l'avons pas mise en œuvre est due en partie à des raisons historiques et en partie au fait que les techniques les plus évidentes et courantes permettant d'implémenter des bases virtuelles imposent une surcharge de traitement en temps et en espace qui réduit considérablement l'intérêt d'une utilisation étendue de ces techniques dans une classe. Si cette surcharge devenait un problème pour une conception qui, sans ces techniques ne présenterait aucun intérêt, notez qu'un objet représentant un ***Ival_slider*** ne contient généralement qu'un pointeur de table virtuelle. Comme nous l'avons signalé en § 15.2.4, une classe abstraite de ce type ne contenant aucune donnée variable peut être dupliquée sans conséquences désagréables. Nous pouvons donc éliminer la base virtuelle en faveur de bases ordinaires :

```
class BB_ival_slider : public Ival_slider, protected BBslider { /* ... */ };
class Popup_ival_slider : public Ival_slider { /* ... */ };
class BB_popup_ival_slider
        : public Popup_ival_slider, protected BB_ival_slider { /* ... */ };
```

ou graphiquement

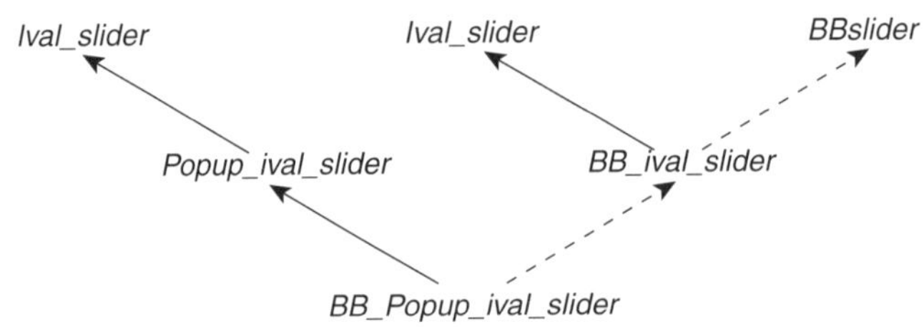

Il s'agit vraisemblablement d'une optimisation viable de l'alternative présentée précédemment. Cette dernière est néanmoins plus élégante.

15.2.5.1 Substitution des fonctions de bases virtuelles

Une classe dérivée peut remplacer une fonction virtuelle de sa classe de base virtuelle directe ou indirecte. Deux classes distinctes peuvent, en particulier, remplacer des fonctions virtuelles différentes dans la base virtuelle. De cette façon, plusieurs classes dérivées sont susceptibles d'apporter des implémentations à l'interface définie dans une classe de base virtuelle commune. La classe ***Window***, par exemple, pourrait posséder des fonctions ***set_color()*** et ***prompt()***. Dans ce cas, ***Window_with_border*** remplacerait ***set_color()*** pour le contrôle du jeu de couleurs et ***Window_with_menu*** pourrait remplacer ***prompt()*** pour le contrôle du dialogue avec l'utilisateur :

```
class Window {
        // ...
        virtual set_color(Color) = 0;   // définit la couleur d'arrière-plan
        virtual void prompt() = 0;
};

class Window_with_border : public virtual Window {
        // ...
        set_color(Color);               // contrôle la couleur d'arrière-plan
};

class Window_with_menu : public virtual Window {
        // ...
        void prompt();                  // contrôle le dialogue avec l'utilisateur
};
```

```
class My_window : public Window_with_menu, public Window_with_border {
        // ...
};
```

Que se passe-t-il si différentes classes dérivées remplacent la même fonction ? Cette situation ne peut être obtenue que si, et seulement si, une classe de substitution est dérivée de chaque classe remplaçant la fonction. Cela signifie qu'une fonction doit remplacer toutes les autres. ***My_window***, par exemple, pourrait remplacer ***prompt()*** pour améliorer le service rendu par ***Window_with_menu*** :

```
class My_window : public Window_with_menu, public Window_with_border {
        // ...
        void prompt();                // ne laisse pas le contrôle du dialogue utilisateur à la base
};
```

ou graphiquement

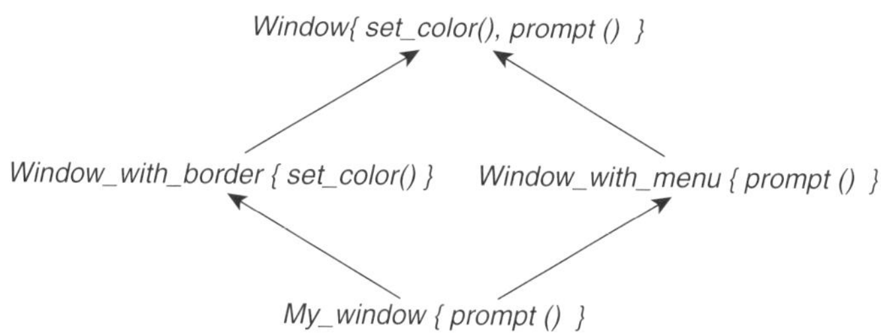

Si deux classes remplacent une fonction de la classe de base, mais qu'aucune ne remplace l'autre, la hiérarchie des classes est erronée. Aucune table des fonctions virtuelles ne peut être créée, car tout appel de cette fonction sur l'objet complet aurait été ambigu. Si ***Radio*** en § 15.2.4, par exemple, n'avait pas déclaré ***write()***, les déclarations de ***write()*** dans ***Receiver*** et ***Transmitter*** auraient déclenché une erreur au moment de la définition de ***Radio***. Un conflit de ce type peut être résolu en ajoutant une fonction de substitution à la classe la plus dérivée.

Une classe qui fournit une partie — mais pas la totalité — de l'implémentation d'une classe de base virtuelle est souvent nommée une "mixin".

15.3 Contrôle de l'accès

Un membre d'une classe peut être ***private***, ***protected*** ou ***public*** :

- S'il est ***private***, son nom ne peut être utilisé que par les fonctions membres et les amies de la classe dans laquelle il est déclaré.
- S'il est ***protected***, son nom ne peut être utilisé que par les fonctions membres et les amies de la classe dans laquelle il est déclaré ainsi que par les classes dérivées de cette dernière (voir § 11.5).
- S'il est ***public***, son nom peut être utilisé par toute fonction.

Cela reflète l'idée selon laquelle il existe trois types de fonctions accédant à une classe : les fonctions implémentant la classe (ses amies et membres), les fonctions implémentant une classe dérivée (les amies et membres de la classe dérivée) et les autres. On obtient graphiquement :

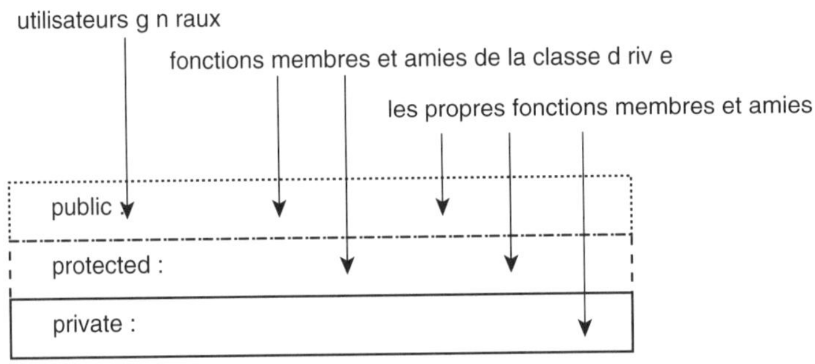

Le contrôle de l'accès s'applique uniformément aux noms. Ce à quoi le nom fait référence n'affecte en rien le contrôle de son utilisation. Cela signifie que nous pouvons avoir des fonctions membres, des types, des constantes privés ainsi que des membres de données privés. Une classe ***List*** non intrusive efficace (§ 16.2.1), par exemple, requiert souvent des structures de données pour suivre les éléments. Il est préférable que ce type d'informations reste privé :

```
template<class T> class List {
private:
        struct Link { T val; Link* next; };
        struct Chunk {
                enum { chunk_size = 15 };
                Link v[chunk_size];
                Chunk* next;
        };
        class Underflow { };

        Chunk* allocated;
        Link* free;
        Link* get_free();
        Link* head;
public:
        void insert(T);
        T get();
        // ...
};

template<class T> void List<T>::insert(T val)
{
        Link* lnk = get_free();
        lnk->val = val;
        lnk->next = head;
```

```
        head = lnk;
}

template<class T> List<T>::Link* List<T>::get_free()
{
        if (free == 0) {
                // alloue un nouveau chunk et place ses Link sur la liste libre
        }
        Link* p = free;
        free = free->next;
        return p;
}

template<class T> T List<T>::get()
{
        if (head == 0) throw Underflow();

        Link* p= head;
        head = p->next;
        p->next = free;
        free = p;
        return p->val;
}
```

La portée d'une ***List<T>*** s'ouvre en codant ***List<T>::*** dans une définition de fonction membre. Le type renvoyé de ***get_free()*** étant mentionné avant le nom ***List<T>::get_free()***, le nom complet ***List<T>::Link*** doit être préféré à l'abréviation ***Link<T>***.

Les fonctions qui ne sont pas membres (à l'exception des amies) ne disposent pas d'un tel accès :

```
void would_be_meddler(List<T>* p)
{
        List<T>::Link* q = 0;                    // erreur : List<T>::Link est privé
        // ...
        q = p->free;                             // erreur : List<T>::free est privé
        // ...
        if (List<T>::Chunk::chunk_size > 31) {   // erreur : List<T>::Chunk::chunk_size est privé
                // ...
        }
}
```

Dans une ***class***, un membre est privé par défaut. Dans une ***struct***, un membre est public par défaut (§ 10.2.8).

15.3.1 Les membres protégés

Pour illustrer l'utilisation des membres protégés, considérons l'exemple ***Window*** du § 15.2.4.1. Le service fourni par les fonctions ***own_draw()*** était incomplet (délibérément). Ces dernières ont été conçues pour être utilisées comme des blocs de construction par les classes dérivées (uniquement) et ne sont ni sécurisées, ni pratiques dans le cas d'une utilisation générale. De leur côté, les opérations de ***draw()*** ont été conçues pour un usage général. Cette distinction peut être représentée en séparant l'interface des classes ***Window*** en deux : l'interface protégée et l'interface publique.

```
class Window_with_border {
public:
        virtual void draw();
        // ...
protected:
        void own_draw();
        // code
private:
        // représentation, etc.
};
```

Une classe dérivée ne peut accéder aux membres protégés d'une classe de base que pour des objets de son propre type :

```
class Buffer {
protected:
        char a[128];
        // ...
};

class Linked_buffer : public Buffer { /* ... */ };

class Cyclic_buffer : public Buffer {
        // ...
        void f(Linked_buffer* p) {
                a[0] = 0;        // ok : accès au propre membre protégé de cyclic_buffer
                p->a[0] = 0;     // erreur : accès à un membre protégé d'un type différent
        }
};
```

Cela évite les erreurs subtiles qui pourraient se produire dans le cas où une classe dérivée corromprait les données appartenant à d'autres classes de ce type.

15.3.1.1 Utilisation des membres protégés

Le modèle simple privé/public de masquage des données accompagne de façon avantageuse la notion de types concrets (§ 10.3). Cependant, lorsqu'on emploie des classes dérivées, il existe deux sortes d'utilisateurs d'une classe : les classes dérivées et "le public général". Les membres et amies qui implémentent les opérations dans la classe opèrent sur les objets de classe au nom de ces utilisateurs. Le modèle privé/public permet aux programmeurs de distinguer clairement les implémenteurs du public général, mais il ne fournit pas le moyen de répondre spécifiquement aux classes dérivées.

Les membres déclarés ***protected*** sont beaucoup plus exposés aux abus que ceux déclarés ***private***. La déclaration de membres de données protégés, en particulier, signale généralement une erreur de conception. Le choix de placer une quantité de données significative dans une classe commune à la disposition de toutes les classes dérivées expose ces données à la corruption. Pire encore, les données protégées, telles que les données publiques, ne peuvent être restructurées facilement, car il n'existe aucun moyen efficace d'en retrouver chaque utilisation. Les données protégées posent donc un problème de maintenance logicielle.

Mais nous n'avons heureusement pas à utiliser de données protégées. L'option ***private***, qui est l'option par défaut pour les classes, représente généralement la meilleure solution. L'expérience montre qu'il existe toujours des alternatives au fait de placer une quantité significative d'informations dans une classe de base commune directement disponible pour les classes dérivées.

Il convient de noter qu'aucune de ces objections n'est valable pour des *fonctions membres* protégées. L'option ***protected*** est une bonne façon de spécifier des opérations à utiliser dans les classes dérivées. Le ***Ival_slider*** en § 12.4.2 en est un exemple. Si la classe d'implémentation avait été ***private***, il aurait été impossible de poursuivre la dérivation.

Vous trouverez en § C.11.1 des exemples techniques illustrant l'accès aux membres.

15.3.2 Accéder aux classes de base

Comme c'est le cas pour un membre, il est possible de déclarer une classe de base ***private***, ***protected*** ou ***public***. Par exemple :

```
class X : public B { /* ... */ };
class Y : protected B { /* ... */ };
class Z : private B { /* ... */ };
```

La dérivation publique transforme la classe dérivée en un sous-type de sa classe de base. C'est la forme la plus courante de dérivation. Les dérivations protégées et privées permettent de représenter les détails de l'implémentation. Les bases protégées sont utiles dans les hiérarchies de classes pour lesquelles le développement de la dérivation est de règle. Le ***Ival_slider*** du § 12.4.2 en est un bon exemple. Les bases privées sont plus utiles lorsqu'on définit une classe en réduisant l'interface à une base de manière à fournir de meilleures garanties. ***Vec***, par exemple, apporte le contrôle des limites à sa base privée ***vector*** (§ 3.7.1) et le modèle de ***list*** de pointeurs apporte le contrôle des types à sa base ***list<void*>*** (§ 13.5).

Le spécificateur d'accès pour une classe de base ne doit pas obligatoirement apparaître. Dans ce cas, une ***class*** possède une base privée par défaut, et une ***struct*** possède une base publique par défaut. Par exemple :

```
class XX : B { /* ... */ };        // B est une base privée
struct YY : B { /* ... */ };       // B est une base publique
```

Le code est, bien sûr, plus facile à lire si l'on code explicitement le spécificateur d'accès.

Le spécificateur d'accès contrôle l'accès aux membres de la classe de base, ainsi que la conversion des pointeurs et références depuis le type de la classe dérivée vers le type de la classe de base. Considérons une classe ***D*** dérivée d'une classe de base ***B*** :

- Si ***B*** est une base ***private***, ses membres publics et protégés ne peuvent être utilisés que par les amies et fonctions membres de ***D***. Les amies et membres de ***D*** sont les seuls à pouvoir convertir un ***D**** en un ***B****.

- Si ***B*** est une base ***protected***, ses membres publics et protégés ne peuvent être utilisés que par les amies, les fonctions membres et des classes dérivées de ***D***. Les amies, les membres et les classes dérivées de ***D*** sont les seuls à pouvoir convertir un ***D**** en un ***B****.
- Si ***B*** est une base ***public***, ses membres publics peuvent être utilisés par toute fonction. De plus, ses membres protégés peuvent être utilisés par les membres, les amies et les classes dérivées de ***D***. Toute fonction peut convertir un ***D**** en un ***B****.

En fait, nous avons repris les règles de l'accès aux membres (§ 15.3). L'accès aux bases est, en effet, adopté de la même façon que pour les membres. Nous avons choisi, par exemple, de définir ***BBwindow*** comme une base protégée de ***Ival_slider*** (§ 12.4.2), car ***BBwindow*** faisait partie de l'implémentation de ***Ival_slider*** plutôt que de son interface. Nous n'avons toutefois pu masquer totalement ***BBwindow*** en la définissant comme base privée, car nous voulions pouvoir dériver de ***Ival_slider*** d'autres classes nécessitant un accès à l'implémentation.

Vous trouverez des exemples techniques illustrant l'accès aux bases en § C.11.2.

15.3.2.1 L'héritage multiple et le contrôle d'accès

Lorsque le treillis de l'héritage multiple permet d'atteindre un nom ou une classe de base en empruntant plusieurs chemins, ce nom ou cette classe de base est accessible si elle l'est par au moins un des chemins disponibles. Par exemple :

```
struct B {
        int m;
        static int sm;
        // ...
};

class D1 : public virtual B { /* ... */ } ;
class D2 : public virtual B { /* ... */ } ;
class DD : public D1, private D2 { /* ... */ };

DD* pd = new DD;
B* pb = pd;             // ok : accessible via D1
int i1 = pd->m;         // ok : accessible via D1
```

S'il est possible d'atteindre une entité simple par plusieurs chemins, nous pouvons toujours y faire référence sans ambiguïté. Par exemple :

```
class X1 : public B { /* ... */ } ;
class X2 : public B { /* ... */ } ;
class XX : public X1, public X2 { /* ... */ };

XX* pxx = new XX;
int i1 = pxx->m;        // erreur, ambigu : XX::X1::B::m ou XX::X2::B::m
int i2 = pxx->sm;       // ok : il n'existe qu'un seul B::sm dans un XX
```

15.3.2.2 Les using-déclarations et le contrôle d'accès

Les *using-déclarations* ne peuvent être utilisées pour obtenir l'accès à des informations supplémentaires. Il s'agit simplement d'un mécanisme plus pratique destiné à rendre des informations accessibles. En outre, une fois l'accès disponible, il peut être accordé à d'autres utilisateurs. Par exemple :

```
class B {
private:
        int a;
protected:
        int b;
public:
        int c;
};

class D : public B {
public:
        using B::a;          // erreur : B::a est privé
        using B::b;          // rend B::b disponible publiquement via D
};
```

Lorsqu'une *using-déclaration* est combinée avec une dérivation privée ou protégée, elle peut être employée pour spécifier les interfaces de certaines fonctions offertes par une classe. Par exemple :

```
class BB : private B {   // accorde l'accès à B::b et B::c, mais pas à B::a
public:
        using B::b;
        using B::c;
};
```

Voir aussi § 15.2.2.

15.4 Détermination des types à l'exécution

Une utilisation possible des ***Ival_box*** définies en § 12.4 aurait été de les transmettre à un système contrôlant un écran, et de permettre à ce système de transmettre à son tour les objets au programme d'application dès qu'une activité se produit. De nombreuses interfaces utilisateur fonctionnent de cette façon. Cependant, un système d'interface utilisateur ne connaîtra pas nos ***Ival_box***. Les interfaces du système seront spécifiées à l'aide des classes et objets de ce dernier plutôt qu'avec les classes de notre application. Cette procédure est nécessaire et tout à fait appropriée. Elle a cependant pour effet de nous faire perdre les informations concernant le type des objets transmis au système, puis renvoyés un peu plus tard.

Pour retrouver le type "perdu" d'un objet, nous devons demander à cet objet de révéler son type. Pour réaliser une opération, quelle qu'elle soit, sur un objet, nous devons disposer d'un pointeur ou d'une référence du type approprié à l'objet. Par conséquent, l'opération la plus évidente, et la plus utile, pour interroger le type d'un objet en cours d'exécution est une opération de conversion de type renvoyant un pointeur valide si l'objet appartient au type attendu, et un pointeur nul dans le cas contraire. Il s'agit exactement du rôle de l'opérateur ***dynamic_cast***. Supposons, par exemple, que "le système" appelle ***my_event_handler()*** avec un pointeur dirigé vers un ***BBwindow*** à l'endroit où une activité s'est produite. Nous pourrions alors invoquer notre code d'application à l'aide de la fonction ***do_something()*** de ***Ival_box*** :

```
void my_event_handler(BBwindow* pw)
{
        if (Ival_box* pb = dynamic_cast<Ival_box*>(pw))        // pw pointe-t-il vers une Ival_box ?
                pb->do_something();
        else {
                        // événement inattendu !
        }
}
```

Il est possible d'expliquer ce qui se passe en disant que ***dynamic_cast*** effectue une traduction à partir du langage orienté implémentation du système de l'interface utilisateur vers le langage de l'application. Il est important de noter ce qui n'est *pas* mentionné par cet exemple : le type réel de l'objet. L'objet sera un type particulier de ***Ival_box*** (disons un ***Ival_slider***) implémenté par un type particulier de ***BBwindow*** (disons un ***BBslider***). Il n'est ni nécessaire, ni désirable, de rendre explicite le type réel de l'objet pour cette interaction entre "le système" et l'application. L'objectif d'une interface est de représenter l'essentiel d'une interaction. Si elle est bien conçue, elle masque les détails secondaires.

Il est possible de représenter graphiquement l'action

```
pb = dynamic_cast<Ival_box*>(pw)
```

de la façon suivante :

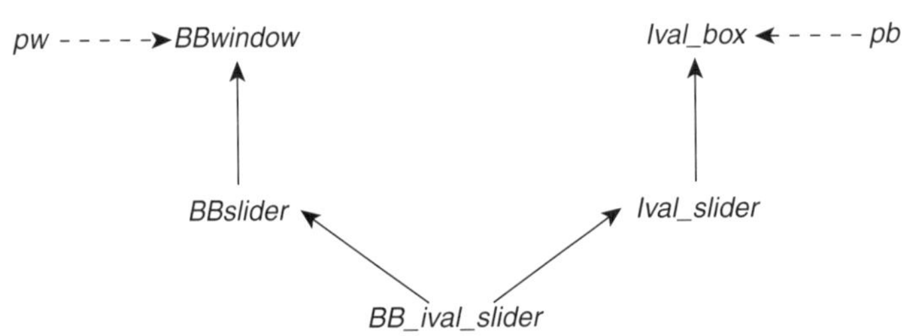

Les flèches provenant de ***pw*** et de ***pb*** représentent les pointeurs de l'objet transmis. Les flèches supplémentaires représentent les relations d'héritage entre les différentes parties de l'objet transmis.

L'utilisation des informations de type à l'exécution est conventionnellement nommée RTTI ("Run-Time Type Information").

Une conversion d'une classe de base vers une classe dérivée est souvent nommée *conversion contrôlée vers le bas* (*downcast*). Cela est dû à la convention de représentation des arborescences d'héritage qui partent de la racine et se développent vers le bas. De la même façon, une conversion d'une classe dérivée vers une classe de base est nommée *conversion contrôlée vers le haut (upcast)*.

15.4.1 Dynamic_cast

L'opérateur ***dynamic_cast*** reçoit deux opérandes, un type encadré de < et > et un pointeur ou une référence encadrés de *(* et *)*.

Considérons tout d'abord le cas du pointeur :

```
dynamic_cast<T*>(p)
```

Si ***p*** est de type ***T**** ou une classe de base accessible de ***T***, le résultat est exactement le même que si nous avions simplement affecté ***p*** à un ***T****. Par exemple :

```
class BB_ival_slider : public Ival_slider, protected BBslider {
        // ...
};

void f(BB_ival_slider* p)
{
        Ival_slider* pi1 = p;                               // ok
        Ival_slider* pi2 = dynamic_cast<Ival_slider*>(p);   // ok

        BBslider* pbb1 = p;                                 // erreur : BBslider est une base protégée
        BBslider* pbb2 = dynamic_cast<BBslider*>(p);        // ok : pbb2 devient 0
}
```

Ce cas n'est pas le plus intéressant. Il est cependant rassurant de savoir que ***dynamic_cast*** empêche une violation accidentelle de la protection des classes de base privées et protégées.

L'objectif de ***dynamic_cast*** est de traiter le cas dans lequel l'exactitude de la conversion ne peut être déterminée par le compilateur. Dans notre exemple,

```
dynamic_cast<T*>(p)
```

examine l'objet pointé par ***p*** (s'il existe). Si cet objet est de classe ***T***, ou possède une classe de base unique de type ***T***, ***dynamic_cast*** renvoie un pointeur de type ***T****. Sinon, il renvoie ***0***. Si la valeur de ***p*** est ***0***, ***dynamic_cast<T*>(p)*** renvoie ***0***. Notez que la conversion doit se faire vers un objet identifié de façon unique. L'objet pointé par ***p*** possédant plus d'un sous-objet représentant des bases de type ***T***, il est possible de créer des exemples dans lesquels la conversion échoue et où ***0*** est renvoyé (voir § 15.4.2).

Pour effectuer une conversion contrôlée vers le bas ou une conversion entre classes sœurs, un opérateur ***dynamic_cast*** nécessite un pointeur ou une référence vers un type polymorphique. Par exemple :

```
class My_slider: public Ival_slider {   // base polymorphique (Ival_slider possède des fonctions
                                        virtuelles)
        // ...
};

class My_date : public Date {           // base non polymorphique (Date ne possède pas de fonctions
                                        virtuelles)
        // ...
};
```

```
void g(Ival_box* pb, Date* pd)
{
        My_slider* pd1 = dynamic_cast<My_slider*>(pb);        // ok
        My_date* pd2 = dynamic_cast<My_date*>(pd);            // erreur: Date non polymorphique
}
```

La condition selon laquelle le type du pointeur doit être polymorphique facilite l'implémentation de ***dynamic_cast***. Elle simplifie, en effet, la recherche d'un emplacement où il est possible de stocker les informations nécessaires concernant le type de l'objet. Une implémentation typique attachera un "objet information de type" à un objet. Pour ce faire, elle placera un pointeur des informations de type dans la table des fonctions virtuelles de l'objet (§ 2.5.5). Par exemple :

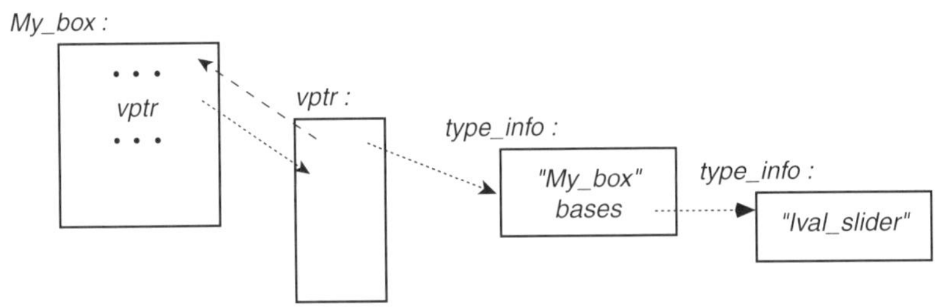

Les flèches en tirets représentent un déplacement permettant de retrouver le début de l'objet complet uniquement à partir d'un pointeur d'un sous-objet polymorphique. De toute évidence, ***dynamic_cast*** peut être implémenté efficacement. Ne sont concernées que certaines comparaisons d'objets ***type_info*** représentant uniquement des classes de base. Aucune recherche coûteuse ou comparaison de chaîne ne s'avère nécessaire.

La restriction de ***dynamic_cast*** aux types polymorphiques a aussi un sens d'un point de vue logique. Lorsqu'un objet ne possède pas de fonction virtuelle, il ne peut être manipulé en toute sécurité si l'on ne connaît pas son type exact. Par conséquent, il est important de ne pas récupérer un tel objet dans un contexte dans lequel son type est inconnu. Si son type est connu, il est inutile d'utiliser ***dynamic_cast***.

Le type cible de ***dynamic_cast*** n'a pas besoin d'être polymorphique. Cela nous permet "d'habiller" un type concret en un type polymorphique pour la transmission *via* un système d'E/S objet (voir § 25.4.1), puis, par la suite, d'extraire ce type concret. Par exemple :

```
class Io_obj {      // classe de base pour le système d'E/S objet
        virtual Io_obj* clone() = 0;
};

class Io_date : public Date, public Io_obj { };

void f(Io_obj* pio)
{
        Date* pd = dynamic_cast<Date*>(pio);
        // ...
}
```

Il est possible d'utiliser un ***dynamic_cast*** vers une ***void**** pour déterminer l'adresse de début d'un objet de type polymorphique. Par exemple :

```
void g(Ival_box* pb, Date* pd)
{
        void* pd1 = dynamic_cast<void*>(pb);         // ok
        void* pd2 = dynamic_cast<void*>(pd);         // erreur : Date n'est pas polymorphique
}
```

Cela n'est utile que pour l'interaction avec des fonctions de très bas niveau.

15.4.1.1 dynamic_cast des références

Pour que le comportement d'un objet soit polymorphique, celui-ci doit être manipulé par l'intermédiaire d'un pointeur ou d'une référence. Lorsqu'on utilise une ***dynamic_cast*** pour un type pointeur, ***0*** signale un incident. Cela ne peut être envisagé pour des références.

Si nous considérons un résultat de pointeur, nous devons envisager la possibilité que ce résultat soit nul, c'est-à-dire que le pointeur ne soit pas dirigé vers un objet. Par conséquent, le résultat d'une ***dynamic_cast*** d'un pointeur devrait toujours être testé explicitement. Pour un pointeur ***p***, ***dynamic_cast<T*>(p)*** peut être interprété par une question "l'objet pointé par ***p*** est-il de type ***T*** ?"

Par ailleurs, nous pourrions légitimement supposer qu'une référence se rapporte à un objet. Par conséquent, ***dynamic_cast<T&>(r)*** d'une référence ***r*** peut être interprété, non pas comme une question, mais comme une affirmation : "l'objet auquel ***r*** fait référence est de type ***T***". Le résultat d'une ***dynamic_cast*** pour une référence est implicitement testé par l'implémentation de ***dynamic_cast*** lui-même. Si l'opérande d'un ***dynamic_cast*** d'une référence n'est pas du type attendu, une exception ***bad_cast*** est déclenchée. Par exemple :

```
void f(Ival_box* p, Ival_box& r)
{
        if (Ival_slider* is = dynamic_cast<Ival_slider*>(p)) {       // p pointe-t-il vers un Ival_slider ?
                // utilise 'is'
        }
        else {
                // *p n'est pas une barre de défilement
        }

        Ival_slider& is = dynamic_cast<Ival_slider&>(r);             // r fait référence à un Ival_slider !
                // utilise 'is'
}
```

Il existe une différence fondamentale entre le résultat de l'échec d'une conversion de pointeur dynamique et celui de l'échec d'une conversion de référence dynamique. Il s'agit de la divergence entre les références et les pointeurs. Si l'utilisateur désire se protéger contre de mauvaises conversions de références, le gestionnaire approprié doit être fourni. Par exemple :

```
void g()
{
        try {
                f(new BB_ival_slider,*new BB_ival_slider);      // arguments transmis comme Ival_box
                f(new BBdial,*new BBdial);                      // arguments transmis comme Ival_box
```

```
        }
        catch (bad_cast) {                          // § 14.10
                // ...
        }
}
```

Le premier appel de *f()* va se terminer normalement, alors que le second va déclencher une exception ***bad_cast*** qui sera détectée par ***g()***.

Il est possible que le codage des tests explicites d'une valeur nulle ait été omis. Si cela vous inquiète, vous pouvez écrire une fonction de conversion qui déclenchera une exception. Vous éviterez ainsi le renvoi de ***0*** (§ 15.8[1]) en cas d'incident.

15.4.2 Explorer les hiérarchies de classe

Lorsqu'on utilise seulement l'héritage simple, une classe et ses classes de base constituent une arborescence dont la racine est unique. Ce schéma est simple, mais souvent contraignant. Lorsqu'on utilise l'héritage multiple, la racine n'est pas unique. Cela ne complique pas énormément les choses. Si une classe apparaît plusieurs fois dans une hiérarchie, il est néanmoins nécessaire d'envisager avec soin toute référence aux objets représentant cette classe.

Il est, bien sûr, préférable d'obtenir des hiérarchies aussi simples que notre application nous le permet (et pas davantage). Cependant, lorsqu'une hiérarchie relativement complexe se développe, il devient rapidement nécessaire de pouvoir la parcourir afin de trouver la classe à utiliser comme interface. Ce besoin se fait sentir dans deux situations : lorsque nous désirons nommer explicitement un objet ou un membre d'une classe de base (les § 15.2.3 et 15.2.4.1 en sont des exemples), et lorsque nous voulons obtenir un pointeur de l'objet représentant une base ou une base dérivée d'un objet à partir du pointeur d'un objet complet ou d'un sous-objet (les § 15.4 et 15.4.1 en sont des exemples).

Nous étudierons ici la façon de parcourir une hiérarchie de classes à l'aide de conversions de type afin d'obtenir un pointeur du type désiré. Pour illustrer les mécanismes disponibles et les règles qui les régissent, considérons un treillis contenant à la fois une base dupliquée et une base virtuelle :

```
class Component : public virtual Storable { /* ... */ };
class Receiver : public Component { /* ... */ };
class Transmitter : public Component { /* ... */ };
class Radio : public Receiver, public Transmitter { /* ... */ };
```

ou graphiquement :

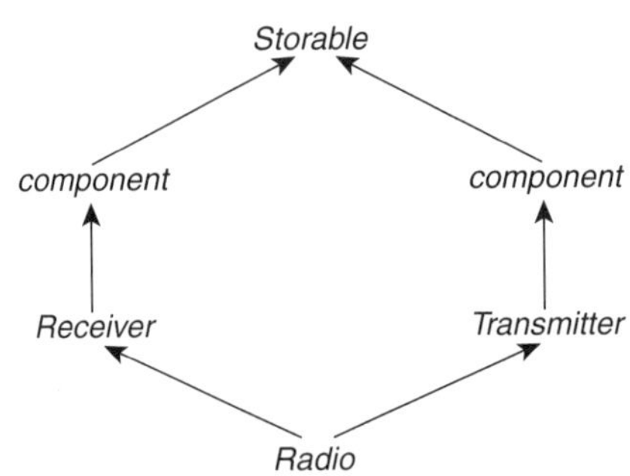

Figure 15.10

Ici, un objet ***Radio*** possède deux sous-objets de la classe ***Component***. Par conséquent, une ***dynamic_cast*** de ***Storage*** en ***Component*** dans un objet ***Radio*** sera ambiguë et renverra une valeur nulle. Il n'existe tout simplement aucune méthode permettant de savoir à quelle ***Component*** s'adressait le programme :

```
void h1(Radio& r)
{
        Storable* ps = &r;
        // ...
        Component* pc = dynamic_cast<Component*>(ps);   // pc = 0
}
```

En règle générale, cette ambiguïté ne peut être détectée au cours de la compilation :

```
void h2(Storable* ps)    // ps pourrait ou non pointer vers un Component
{
        Component* pc = dynamic_cast<Component*>(ps);
        // ...
}
```

Ce type de détection d'ambiguïté d'exécution n'est requis que pour les bases virtuelles. Pour les bases ordinaires, il existe toujours un sous-objet unique d'une conversion donnée (ou aucun) lorsqu'on effectue une conversion contrôlée vers le bas (c'est-à-dire vers une classe dérivée ; § 15.4). L'ambiguïté équivalente se produit au cours d'une conversion contrôlée vers le haut (c'est-à-dire vers une classe de base ; § 15.4). Elle est détectée à la compilation.

15.4.2.1 Les conversions statiques et dynamiques

Un ***dynamic_cast*** peut effectuer une conversion d'une classe de base virtuelle polymorphique vers une classe dérivée ou une classe sœur (§ 15.4.1). Un ***static_cast*** (§ 6.2.7) n'examine pas l'objet à convertir. Elle ne peut donc pas :$$$$

```
void g(Radio& r)
{
        Receiver* prec = &r;                        // Receiver est une base ordinaire de Radio
        Radio* pr = static_cast<Radio*>(prec);      // ok, non contrôlé
        pr = dynamic_cast<Radio*>(prec);            // ok, contrôlé à l'exécution

        Storable* ps = &r;                          // Storable est une base virtuelle de Radio
        pr = static_cast<Radio*>(ps);               // erreur : on ne peut convertir depuis une base virtuelle
        pr = dynamic_cast<Radio*>(ps);              // ok, contrôlé à l'exécution
}
```

Le ***dynamic_cast*** nécessite un opérande polymorphique, car aucune information stockée dans un objet non polymorphique ne peut être utilisée afin de trouver les objets pour lesquels il représente une base. En particulier, un objet d'un type, avec des contraintes de format déterminées par un autre langage — tel que Fortran ou C — pourrait être utilisé comme classe de base virtuelle. Pour de tels objets, seules les informations de type statique seront disponibles. Cependant, les informations requises pour fournir une identification de type à l'exécution incluent les informations requises pour implémenter le ***dynamic_cast***.

Pourquoi voudrait-on utiliser un ***static_cast*** pour parcourir une hiérarchie de classes ? L'utilisation d'un ***dynamic_cast*** (§ 15.4.1) impose une légère surcharge de traitement à l'exécution. Plus important encore, des millions de lignes de code ont été écrites avant que le ***dynamic_cast*** ne devienne disponible. Ce code s'appuie sur les différentes façons de s'assurer qu'une conversion est valide. Le contrôle effectué par ***dynamic_cast*** apparaît donc redondant. Un tel code est cependant généralement écrit à l'aide de conversions de style C (§ 6.2.7). Ce code contient encore souvent des erreurs obscures. Choisissez si possible le ***dynamic_cast***, qui s'avère plus sûr.

Le compilateur ne peut émettre aucune hypothèse concernant la mémoire pointée par un ***void****. Cela implique que ***dynamic_cast*** — qui doit examiner un objet pour en déterminer le type — ne puisse effectuer de conversion à partir d'un ***void****. Un ***static_cast*** est alors nécessaire. Par exemple :

```
Radio* f(void* p)
{
        Storable* ps = static_cast<Storable*>(p);        // se fie au programmeur
        return dynamic_cast<Radio*>(ps);
}
```

Les deux conversions ***dynamic_cast*** et ***static_cast*** respectent ***const*** et les contrôles d'accès.

Par exemple :

```
class Users : private set<Person> { /* ... */ };

void f(Users* pu, const Receiver* pcr)
{
        static_cast<set<Person>*>(pu);                   // erreur : violation d'accès
        dynamic_cast<set<Person>*>(pu);                  // erreur : violation d'accès

        static_cast<Receiver*>(pcr);                     // erreur : ne peut annuler const
        dynamic_cast<Receiver*>(pcr);                    // erreur : ne peut annuler const

        Receiver* pr = const_cast<Receiver*>(pcr);       // ok
        // ...
}
```

Il est impossible d'effectuer une conversion vers une classe de base privée. Pour "se défaire de ***const***", un ***const_cast*** est nécessaire (§ 6.2.7). Et même avec une conversion de ce type, le résultat ne pourra être utilisé en toute sécurité qu'à la seule condition que l'objet n'ait pas été déclaré initialement avec ***const*** (§ 10.2.7.1).

15.4.3 Construction et destruction d'objets de classe

Un objet de classe représente davantage qu'une simple zone de mémoire (§ 4.9.6). Il est construit à partir de "mémoire brute" par ses constructeurs, et retourne à cette "mémoire brute" lors de l'exécution de ses destructeurs. La construction se fait du bas vers le haut et la destruction du haut vers le bas. Un objet de classe est considéré comme un objet à partir du moment où il a été construit ou détruit. Tout cela se reflète dans les règles du RTTI, de la gestion des exceptions (§ 14.4.7) et des fonctions virtuelles.

Il n'est pas judicieux de s'appuyer sur des détails concernant l'ordre de construction et de destruction. Il est cependant possible d'observer cet ordre lors de l'appel de fonctions virtuelles, ***dynamic_cast*** ou ***typeid*** (§ 15.4.4) à un moment où l'objet n'est pas encore complet. Si le constructeur de ***Component*** de la hiérarchie de la § 15.4.2, par exemple, appelle une fonction virtuelle, il appellera une version définie pour ***Storable*** ou ***Component***, mais pas une version issue de ***Receiver***, ***Transmitter*** ou ***Radio***. A ce point de la construction, l'objet n'est pas encore une ***Radio***. Il s'agit simplement d'un objet partiellement construit. Il est préférable d'éviter l'appel des fonctions virtuelles au cours de la construction et de la destruction.

15.4.4 typeid et les informations de type étendues

L'opérateur ***dynamic_cast*** répond à la plupart des besoins en information concernant le type d'un objet au moment de l'exécution. La chose la plus importante est qu'il garantisse le fait que le code écrit pour l'utiliser fonctionne correctement avec des classes dérivées de celles mentionnées explicitement par le programmeur. De la même façon que les fonctions virtuelles, un ***dynamic_cast*** préserve donc la flexibilité et les possibilités de développement.

Il arrive cependant quelquefois que l'on ait besoin de connaître le type exact d'un objet. Nous pourrions vouloir, par exemple, connaître le nom de la classe de l'objet ou son format. L'opérateur ***typeid*** répond à ce besoin en produisant un objet représentant le type de son opérande. Si ***typeid()*** avait été une fonction, sa déclaration aurait eu l'allure suivante :

```
class type_info;
const type_info& typeid(type_name) throw();               // pseudo déclaration
const type_info& typeid(expression) throw(bad_typeid);    // pseudo déclaration
```

Cela signifie que ***typeid()*** renvoie une référence à un type de bibliothèque standard nommé ***type_info*** défini dans ***<typeinfo>***. A partir d'un opérande *nom-type*, ***typeid()*** renvoie une référence à un ***type_info*** représentant le *nom-type*. A partir d'un opérande *expression*, ***typeid()*** renvoie une référence à un ***type_info*** qui représente le type de l'objet indiqué par *l'expression*. ***typeid()*** est le plus souvent utilisé pour rechercher le type d'un objet auquel renvoie une référence ou un pointeur :

```
void f(Shape& r, Shape* p)
{
        typeid(r);        // type de l'objet auquel r fait référence
        typeid(*p);       // type de l'objet pointé par p
        typeid(p);        // type de pointeur, c'est-à-dire Shape* (peu commun, en dehors des erreurs)
}
```

Si la valeur de l'opérande pointeur ou référence est ***0***, ***typeid()*** déclenche une exception ***bad_typeid***.

La partie indépendante de l'implémentation de ***type_info*** a l'allure suivante :

```
class type_info {
public:
        virtual ~type_info();                          // est polymorphique

        bool operator==(const type_info&) const;       // peut être comparé
```

```
        bool operator!=(const type_info&) const;
        bool before(const type_info&) const;          // classement

        const char* name() const;                     // nom du type
private:
        type_info(const type_info&);                  // empêche la copie
        type_info& operator=(const type_info&);       // empêche la copie
        // ...
};
```

La fonction ***before()*** permet de trier les ***type_info***. Il n'existe aucun rapport entre les relations d'héritage et celles définies par ***before***.

Il n'existe *pas* de garantie concernant l'unicité d'un objet ***type_info*** pour chaque type du système. En fait, lorsqu'on utilise des bibliothèques liées dynamiquement, il peut être difficile pour une implémentation d'éviter la duplication des objets ***type_info***. Par conséquent, pour tester l'égalité, nous devrions utiliser == sur des objets ***type_info***, et non sur les pointeurs de ces objets.

Nous avons quelquefois besoin de connaître le type exact d'un objet de manière à effectuer un service standard sur l'objet complet (et non simplement sur une base de cet objet). Dans l'idéal, de tels services se présentent sous la forme de fonctions virtuelles, de telle sorte qu'il ne soit pas nécessaire de connaître le type exact. Dans certains cas, il est impossible d'envisager une interface commune pour chaque objet manipulé. Le détour par le type exact devient alors nécessaire (§ 15.4.4.1). Une autre utilisation, beaucoup plus simple, consistait à obtenir le nom d'une classe pour l'émission en sortie d'un diagnostic :

```
#include<typeinfo>

void g(Component* p)
{
        cout << typeid(*p).name();
}
```

La représentation caractère du nom d'une classe est définie par l'implémentation. Cette chaîne de style C se situe dans la mémoire détenue par le système. Le programmeur ne devrait donc pas tenter de la supprimer par ***delete[]***.

15.4.4.1 Les informations de type étendues

En règle générale, la détermination du type exact d'un objet constitue la première étape de l'acquisition et de l'utilisation d'informations plus détaillées.

Considérons comment une implémentation, ou un outil, peut mettre à la disposition des utilisateurs des informations concernant les types disponibles à l'exécution. Supposons que nous disposions d'un outil générant des descriptions de formats d'objet pour chaque classe utilisée. Nous pouvons placer ces descripteurs dans un ***map*** afin de permettre au code utilisateur de trouver les informations concernant les formats :

```
#include <typeinfo>

map<const char*, Layout> layout_table;
```

```
void f(B* p)
{
        Layout& x = layout_table[typeid(*p).name()];
                // utilise x
}
```

Une autre personne pourrait fournir un type d'information complètement différent :

```
struct TI_eq {
        bool operator()(const type_info* p, const type_info* q) { return *p==*q; }
};

struct TI_hash {
        int operator()(const type_info* p);          // calcule la valeur de hachage (§ 17.6.2.2)
};

hash_map<type_info*,Icon,hash_fct,TI_hash,TI_eq> icon_table;          // § 17.6

void g(B* p)
{
        Icon& i = icon_table[&typeid(*p)];
                // utilise i
}
```

Cette association des ***typeid*** avec des informations permet à plusieurs personnes, ou outils, d'associer différentes informations avec les types de façon totalement indépendante :

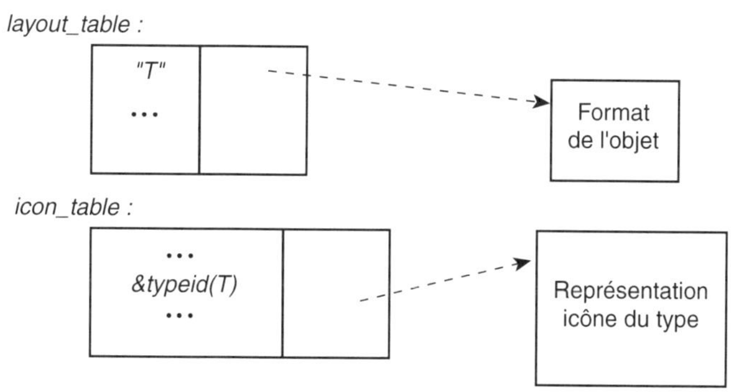

Cela est très important, car la probabilité de parvenir à satisfaire tous les utilisateurs à partir d'un ensemble unique d'informations est nulle.

15.4.5 Bonnes et mauvaises utilisations de RTTI

Les informations de type à l'exécution explicites ne devraient être utilisées que lorsque cela s'avère nécessaire. Le contrôle statique (au cours de la compilation) est plus sûr, moins coûteux et produit — quand il est possible de l'appliquer — des programmes mieux structurés. RTTI peut permettre, par exemple, d'écrire des *instructions switch* à peine masquées :

```
// mauvaise utilisation des informations de type à l'exécution :

void rotate(const Shape& r)
{
        if (typeid(r) == typeid(Circle)) {
                // ne fait rien
        }
        else if (typeid(r) == typeid(Triangle)) {
                // fait pivoter le triangle
        }
        else if (typeid(r) == typeid(Square)) {
                // fait pivoter le carré
        }
        // ...
}
```

Le remplacement de ***typeid*** par une ***dynamic_cast*** ne permettrait pas d'améliorer ce code de façon significative.

Cet exemple n'est malheureusement pas purement fictif. Ce type de code se retrouve réellement dans les programmes. De nombreux programmeurs expérimentés dans des langages tels que C, Pascal, Modula-2 et Ada ont tendance à organiser leur logiciel sous la forme d'un ensemble d'instructions *switch*. Or, la plupart du temps, une autre solution pourrait être choisie. Préférez les fonctions virtuelles (§ 2.5.5, § 12.2.6) aux RTTI pour traiter les situations dans lesquelles il est nécessaire de déterminer le type à l'exécution.

On rencontre, cependant, de nombreux exemples d'utilisation appropriée de RTTI. C'est le cas lorsque le code d'un service prend la forme d'une classe et qu'un utilisateur souhaite compléter la fonctionnalité *via* la dérivation. L'utilisation de ***Ival_box*** en § 15.4 en est un exemple. Si l'utilisateur désire, et est capable, de modifier les définitions des classes de bibliothèque, disons ***BBwindow***, il est alors possible d'éviter l'utilisation des RTTI. Dans le cas contraire, elles seront nécessaires. Même dans le cas où l'utilisateur est prêt à modifier les classes de base, cette opération peut déclencher des problèmes. Il pourrait devenir nécessaire, par exemple, d'introduire des implémentations fictives de fonctions virtuelles dans les classes pour lesquelles ces fonctions ne sont pas requises ou ne sont pas significatives. Ce problème est traité de façon plus détaillée en § 24.4.3. Vous trouverez en § 25.4.1 une application de RTTI permettant d'implémenter un système d'E/S objet simple.

Pour ceux d'entre vous qui ont quelque expérience des langages s'appuyant fortement sur le contrôle de type dynamique (langages tels que ***Smalltalk*** ou ***Lisp***), il est tentant d'utiliser RTTI en conjonction avec des types excessivement généraux. Examinez le code suivant :

```
// mauvaise utilisation des informations de type à l'exécution

class Object { /* ... */ };                    // polymorphique

class Container : public Object {
public:
```

```
        void put(Object*);
        Object* get();
        // ...
};

class Ship : public Object { /* ... */ };

Ship* f(Ship* ps, Container* c)
{
        c->put(ps);
        // ...
        Object* p = c->get();
        if (Ship* q = dynamic_cast<Ship*>(p)) {          // contrôle d'exécution
                return q;
        }
        else {
                        // effectue autre chose (généralement, une gestion des erreurs)
        }
}
```

La classe ***Object*** est ici un objet d'implémentation inutile. Elle est excessivement générale, car elle ne correspond pas à une abstraction dans le domaine de l'application et oblige le programmeur à utiliser une abstraction de niveau implémentation. Les problèmes de ce type sont souvent mieux résolus à l'aide de modèles de conteneur ne comprenant qu'un seul type de pointeur :

```
Ship* f(Ship* ps, list<Ship*>& c)
{
        c.push_front(ps);
        // ...
        return c.pop_front();
}
```

Combinée avec l'utilisation des fonctions virtuelles, cette technique permet de gérer la plupart des situations.

15.5 Pointeurs de membres

De nombreuses classes offrent des interfaces très générales et excessivement simples. Celles-ci sont destinées à être appelées de différentes façons. Un grand nombre d'interfaces utilisateur "orientées objet", par exemple, définissent un ensemble de requêtes auxquelles chaque objet représenté à l'écran devrait pouvoir répondre. De telles requêtes peuvent être présentées directement ou indirectement par les programmes. Considérons une variante simple de ce concept :

```
class Std_interface {
public:
        virtual void start() = 0;
        virtual void suspend() = 0;
        virtual void resume() = 0;
        virtual void quit() = 0;
```

```
        virtual void full_size() = 0;
        virtual void small() = 0;

        virtual ~Std_interface() {}
};
```

La signification exacte de chaque opération est définie par l'objet sur lequel elle est appelée. Il existe souvent une couche de logiciel entre la personne, ou le programme, qui émet la requête et l'objet qui la reçoit. Dans l'idéal, de telles couches intermédiaires ne devraient pas avoir besoin d'informations concernant les opérations individuelles telles que ***resume()*** et ***full_size()***. Si c'était le cas, ces couches devraient être mises à jour pour chaque modification de l'ensemble des opérations. Par conséquent, de telles couches se contentent de transmettre des données représentant l'opération à appeler depuis la source de la requête vers son destinataire.

Une façon simple d'obtenir ce résultat consiste à envoyer une ***string*** représentant l'opération à appeler. Pour invoquer ***suspend()***, par exemple, nous pourrions envoyer la chaîne "***suspend***". Il est cependant nécessaire que quelqu'un crée cette chaîne et la décode afin de déterminer à quelle opération elle correspond — si cette opération existe. Cela peut souvent sembler indirect et fastidieux. Il est généralement préférable de simplement envoyer un entier représentant l'opération. ***2***, par exemple, pourrait être envoyé pour représenter ***suspend()***. Toutefois, bien qu'un entier soit très facile à traiter pour les machines, sa signification est relativement obscure pour les personnes. Nous sommes donc toujours obligés d'écrire du code pour indiquer que ***2*** signifie ***suspend()***, et pour appeler cette fonction.

C++ offre la possibilité de faire indirectement référence au membre d'une classe. Le pointeur d'un membre est une valeur identifiant le membre d'une classe. Vous pouvez le considérer comme la position du membre dans un objet de cette classe. Cependant, une implémentation prend en compte les différences entre les membres de données, les fonctions virtuelles, les fonctions non virtuelles, etc.

Considérons ***Std_interface***. Si nous désirons appeler ***suspend()*** pour un objet sans mention directe à celui-ci, nous avons besoin d'un pointeur de membre faisant référence à ***Std_interface::suspend()***. Il nous faut également un pointeur ou une référence de l'objet que nous voulons suspendre. Considérons un exemple très simple :

```
typedef void (Std_interface::* Pstd_mem)();      // pointeur d'un type membre

void f(Std_interface* p)
{
        Pstd_mem s = &Std_interface::suspend;

        p->suspend();                            // appel direct

        (p->*s)();                               // appel via le pointeur de membre
}
```

Il est possible d'obtenir un *pointeur de membre* en appliquant l'opérateur d'adressage **&** à un nom de membre de classe totalement qualifié. Par exemple, ***&Std_interface::suspend***. Une variable de type "pointeur d'un membre d'une classe ***X***" est déclarée sous la forme ***X::****.

L'utilisation de ***typedef*** pour compenser le manque de lisibilité de la syntaxe du déclarateur C est typique. Vous remarquerez toutefois que le déclarateur ***X::**** correspond exactement au déclarateur * traditionnel.

L'utilisateur d'un pointeur de membre ***m*** peut être combiné avec un objet. Les opérateurs **–>*** et **.*** permettent au programmeur d'exprimer de telles combinaisons. Par exemple, ***p–>*m*** relie ***m*** à l'objet pointé par ***p*** et ***obj.*m*** relie ***m*** à l'objet ***obj***. Le résultat peut être exploité en accord avec le type de ***m***. Il est impossible d'enregistrer le résultat d'une opération **–>*** ou **.*** pour une utilisation ultérieure.

Naturellement, si nous connaissions le membre à appeler, nous pourrions l'invoquer directement. Comme pour les pointeurs de fonctions ordinaires, ceux de fonctions membres sont utilisés lorsque nous devons faire référence à une fonction sans avoir besoin de connaître son nom. Un pointeur de membre n'est cependant pas un pointeur d'un emplacement en mémoire, comme l'est celui d'une variable ou d'une fonction. Il est plus proche d'un déplacement dans une structure, ou d'un index dans un tableau. Lorsqu'on associe un pointeur de membre avec celui d'un objet du type approprié, il devient possible d'identifier un membre particulier d'un objet particulier.

Cela peut être représenté graphiquement :

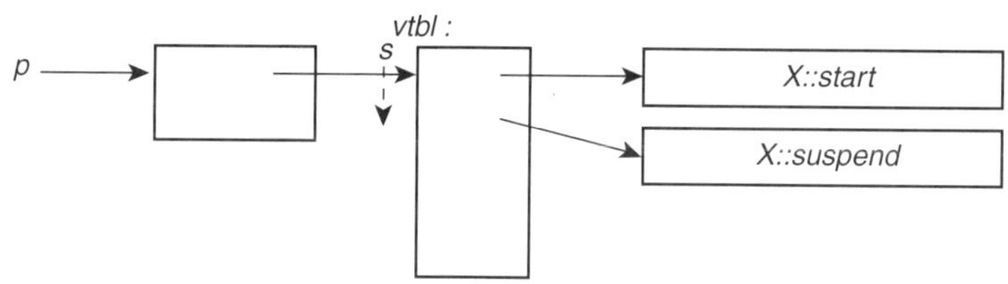

Le pointeur d'un membre virtuel (***s*** dans cet exemple) étant une sorte de décalage, il ne dépend pas de l'emplacement en mémoire d'un objet. Il est donc possible de transmettre en toute sécurité le pointeur d'un membre virtuel entre différents espaces d'adressage, cela aussi longtemps qu'un format d'objet identique est utilisé dans l'ensemble de ces espaces. De la même façon que les pointeurs de fonctions ordinaires, ceux de fonctions membres non virtuelles ne peuvent être échangés entre différents espaces d'adressage.

Il convient de noter que la fonction appelée par l'intermédiaire d'un pointeur de fonctions peut être ***virtual***. Lorsque nous appelons ***suspend()*** par l'intermédiaire d'un pointeur de fonctions, par exemple, nous obtenons la bonne fonction ***suspend()*** pour l'objet sur lequel s'applique le pointeur de fonctions. Il s'agit d'un aspect essentiel des pointeurs de fonctions.

Un interpréteur pourrait utiliser des pointeurs de membres pour appeler des fonctions présentées comme des chaînes :

```
map<string,Std_interface*> variable;
map<string,Pstd_mem> operation;

void call_member(string var, string oper)
{
        (variable[var]->*operation[oper])();        // var.oper()
}
```

Vous trouverez une utilisation intéressante des pointeurs de fonctions membres dans ***mem_fun()*** (§ 3.8.5, § 18.4).

Un membre statique n'est pas associé à un objet particulier. Le pointeur d'un membre statique est donc simplement un pointeur ordinaire. Par exemple :

```
class Task {
        // ...
        static void schedule();
};

void (*p)() = &Task::schedule;              // ok
void (Task::* pm)() = &Task::schedule;      // erreur : pointeur ordinaire affecté à un pointeur de membre
```

Les pointeurs de membres de données sont décrits en § C.12.

15.5.1 Les classes de base et dérivées

Une classe dérivée possède, au minimum, les membres hérités de ses classes de base. En fait, elle en possède souvent davantage. Cela signifie que nous pouvons affecter sans risque le pointeur d'un membre d'une classe de base à celui d'un membre d'une classe dérivée, mais pas le contraire. Cette propriété est souvent nommée *contravariance*. Par exemple :

```
class text : public Std_interface {
public:
        void start();
        void suspend();
        // ...
        virtual void print();
private:
        vector s;
};

void (Std_interface::* pmi)() = &text::print;      // erreur
void (text::*pmt)() = &Std_interface::start;       // ok
```

Cette règle de contravariance semble être à l'opposé de la règle selon laquelle nous pouvons affecter un pointeur d'une classe dérivée à un pointeur de sa classe de base. En fait, les deux règles permettent de garantir le fait qu'un pointeur ne sera jamais dirigé sur un objet ne possédant pas, au minimum, les propriétés annoncées par le pointeur. Dans ce cas, on peut appliquer ***Std_interface::**** à toute ***Std_interface***, et la plupart des objets de ce type ne sont vraisemblablement pas de type ***text***. Par conséquent, ils ne possèdent pas le membre ***text::print*** avec lequel nous tentons d'initialiser ***pmi***. En refusant l'initialisation, le compilateur nous évite une erreur d'exécution.

15.6 Le tas (mémoire dynamique)

Il est possible de contrôler la gestion de mémoire pour une classe en définissant ***operator new()*** et ***operator delete()*** (§ 6.2.6.2). La substitution des versions globales s'avère cependant être un exercice délicat. Quelqu'un d'autre pourrait, en effet, s'appuyer sur certains aspects par défaut de leur comportement ou pourrait même avoir fourni d'autres versions de ces fonctions.

Une approche plus sélective, et souvent meilleure, consiste à fournir ces opérations pour une classe spécifique. Cette classe pourrait être la base de nombreuses classes dérivées. Nous pourrions, par exemple, désirer que la classe ***Employee*** du § 12.2.6 fournisse pour elle-même, et pour toutes ses classes dérivées, un opérateur d'allocation et de libération spécialisé :

```
class Employee {
        // ...
public:
        // ...
        void* operator new(size_t);
        void operator delete(void*, size_t);
};
```

Les membres ***operator new()*** et ***operator delete()*** sont implicitement des membres ***static***. Par conséquent, ils ne possèdent pas de pointeur ***this*** et ne modifient pas d'objet. Ils apportent la mémoire qu'un constructeur pourra initialiser et qu'un destructeur pourra libérer.

```
void* Employee::operator new(size_t s)
{
        // alloue 's' octets de mémoire et renvoie un pointeur de cette mémoire
}
void Employee::operator delete(void* p, size_t s)
{
        // suppose que 'p' pointe vers les 's' octets de mémoire alloués par
        // Employee::operator new() et libère cette mémoire
}
```

L'utilisation du mystérieux argument ***size_t*** devient maintenant évidente. Il s'agit de la taille de l'objet effectivement supprimé. La suppression d'un ***Employee*** "ordinaire" fournit une valeur d'argument de ***sizeof(Employee)***. La suppression d'un ***Manager*** fournit une valeur d'argument de ***sizeof(Manager)***. De cette façon, un opérateur d'allocation spécifique à la classe n'est pas obligé de stocker les informations de taille pour chaque allocation. Ce type de programme peut naturellement stocker de telles informations (comme doit le faire un opérateur d'allocation à usage général) et ignorer l'argument ***size_t*** de ***operator delete()***. Cela complique cependant considérablement l'optimisation de la vitesse et de la consommation en mémoire d'un opérateur d'allocation à usage général.

Comment un compilateur sait-il de quelle façon fournir la taille appropriée à ***operator delete()*** ? A partir du moment où le type spécifié dans l'opération ***delete*** correspond au type réel de l'objet, l'opération est facile. Ce n'est cependant pas toujours le cas :

```
class Manager : public Employee {
        int level;
        // ...
};

void f()
{
        Employee* p = new Manager;          // problème (le type exact est perdu)
        delete p;
}
```

Ici, le compilateur n'obtiendra pas la bonne taille. De la même façon que lorsqu'on supprime un tableau, l'utilisateur doit intervenir. On ajoute pour cela un destructeur virtuel à la classe de base, ***Employee*** :

```
class Employee {
public:
        void* operator new(size_t);
        void operator delete(void*, size_t);
        virtual ~Employee();
        // ...
};
```

Même un destructeur vide conviendra :

```
Employee::~Employee() {}
```

La libération de mémoire doit alors s'effectuer depuis le destructeur (qui connaît la taille). Par ailleurs, la présence d'un destructeur dans ***Employee*** garantit le fait que chaque classe dérivée de cette dernière sera également fournie avec un destructeur (en récupérant ainsi la bonne taille). Par exemple :

```
void f()
{
        Employee* p = new Manager;
        delete p;           // maintenant correct (Employee est polymorphique)
}
```

L'affectation de mémoire est réalisée à l'aide d'un appel (généré par le compilateur) :

```
Employee::operator new(sizeof(Manager))
```

La libération est également réalisée par un appel (toujours généré par le compilateur) :

```
Employee::operator delete(p, sizeof(Manager))
```

En d'autres termes, si vous désirez fournir une paire d'opérateurs d'allocation/libération fonctionnant correctement pour des classes dérivées, il vous sera nécessaire de fournir un destructeur virtuel dans la classe de base, ou vous devrez vous abstenir d'utiliser l'argument ***size_t*** dans le programme de libération. Naturellement, le langage aurait pu être conçu de telle sorte que vous ne soyez pas concerné par ce type de problème. Cela ne pourrait cependant être obtenu qu'au détriment des optimisations possibles dans le système moins sécurisé.

15.6.1 L'allocation des tableaux

Les fonctions ***operator new()*** et ***operator delete()*** permettent à un utilisateur de prendre en charge l'allocation et la désallocation d'objets individuels. ***operator new[] ()*** et ***operator delete[] ()*** jouent exactement le même rôle pour l'allocation et la désallocation des tableaux. Par exemple :

```
class Employee {
public:
        void* operator new[](size_t);
        void operator delete[](void*, size_t);
        // ...
```

```
};

void f(int s)
{
        Employee* p = new Employee[s];
        // ...
        delete[] p;
}
```

Dans ce cas, la mémoire requise sera obtenue par l'appel

```
Employee::operator new[](sizeof(Employee)*s+delta)
```

Ici, ***delta*** est un supplément minime défini par l'implémentation. Cette mémoire est ensuite libérée par l'appel :

```
Employee::operator delete[](p);        // libère s*sizeof(Employee)+delta octets
```

Le système se "souvient" du nombre d'éléments (***s***).

15.6.2 Les "constructeurs virtuels"

Lorsqu'on entend parler de destructeurs virtuels, la première question qui vient à l'esprit est "un constructeur peut-il être virtuel" ? La réponse est non, mais vous pouvez facilement obtenir l'effet recherché.

Pour créer un objet, un constructeur a besoin d'en connaître le type exact. Par conséquent, un constructeur ne peut être virtuel. Par ailleurs, un constructeur n'est pas tout à fait une fonction ordinaire. Il dialogue avec les programmes de gestion de la mémoire d'une façon différente de celle des fonctions membres ordinaires. Il ne peut donc exister de pointeur de constructeurs.

Ces deux restrictions peuvent être contournées en définissant une fonction qui appelle un constructeur et renvoie un objet construit. Il est très pratique, en effet, de pouvoir créer un nouvel objet sans en connaître le type exact. Le ***Ival_box_maker*** (§ 12.4.4) est un exemple d'une classe spécialement conçue pour réaliser cette opération. Nous présentons ici une autre variante de cette idée, dans laquelle les objets d'une classe peuvent fournir des copies, ou un nouvel objet de leur type aux utilisateurs. Examinez le code suivant :

```
class Expr {
public:
        Expr();                         // constructeur par défaut
        Expr(const Expr&);              // constructeur de copie

        virtual Expr* new_expr() { return new Expr(); }
        virtual Expr* clone() { return new Expr(*this); }
        // ...
};
```

Des fonctions, telles que ***new_expr()*** et ***clone()***, étant virtuelles et construisant (indirectement) des objets, on les appelle souvent des "constructeurs virtuels" — ce qui représente un abus de langage étrange. Elles utilisent simplement chacune un constructeur pour créer l'objet approprié.

Une classe dérivée peut remplacer ***new_expr()*** et/ou ***clone()*** pour renvoyer un objet de son propre type :

```
class Cond : public Expr {
public:
        Cond();
        Cond(const Cond&);

        Cond* new_expr() { return new Cond(); }
        Cond* clone() { return new Cond(*this); }
        // ...
};
```

Cela signifie qu'étant donné un objet de la classe ***Expr***, un utilisateur peut créer un nouvel objet "exactement du même type ". Par exemple :

```
void user(Expr* p)
{
        Expr* p2 = p->new_expr();
        // ...
}
```

Le pointeur affecté à ***p2*** est d'un type approprié, mais inconnu.

Le type renvoyé de ***Cond::new_expr()*** et de ***Cond::clone()*** était ***Cond**** et non ***Expr****.

Un ***Cond*** peut ainsi être cloné sans perdre les informations de type. Par exemple :

```
void user2(Cond* pc, Expr* pe)
{
        Cond* p2 = pc->clone();
        Cond* p3 = pe->clone();        // erreur
        // ...
}
```

Le type d'une fonction de substitution doit être identique à celui de la fonction virtuelle originale, à l'exception du fait que le type renvoyé peut être plus souple. Cela signifie que si le type renvoyé initial était ***B****, alors celui de la fonction de substitution pourrait être ***D****, mais uniquement à condition que ***B*** soit une base publique de ***D***. De la même façon, un type renvoyé de ***B&*** peut être plus souple que celui de ***D&***.

Notez qu'un relâchement analogue des règles pour les types d'arguments conduirait à des violations de type (voir § 15.8[12]).

15.7 Conseils

1. Utilisez l'héritage multiple ordinaire pour exprimer l'union de fonctions (voir § 15.2, § 15.2.5).
2. Utilisez l'héritage multiple pour séparer les détails d'implémentation de l'interface (voir § 15.2.5).
3. Utilisez une base ***virtual*** pour représenter quelque chose de commun à quelques-unes, et non à la totalité, des classes d'une hiérarchie (voir § 15.2.5).

4. Evitez les conversions de type explicite (voir § 15.4.5).
5. Faites appel à un ***dynamic_cast*** lorsque le parcours de la hiérarchie des classes est inévitable (voir § 15.4.1).
6. Codez ***dynamic_cast*** de préférence à ***typeid*** (voir § 15.4.4).
7. Choisissez de préférence l'option ***private*** à l'option ***protected*** (voir § 15.3.1.1).
8. Ne déclarez pas de membres de données protégés (voir § 15.3.1.1).
9. Lorsqu'une classe définit ***operator delete()***, elle doit posséder un destructeur virtuel (voir § 15.6).
10. N'appelez pas les fonctions virtuelles au cours d'une construction ou d'une destruction (voir § 15.4.3).
11. N'abusez pas de la qualification explicite pour la résolution des noms de membres. Utilisez-la de préférence dans les fonctions de substitution (voir § 15.2.1).

15.8 Exercices

1. (*1) Ecrivez un modèle ***ptr_cast*** qui se comporte comme ***dynamic_cast***, mais qui déclenche une ***bad_cast*** et ne renvoie pas ***0***.
2. (*2) Ecrivez un programme qui illustre la séquence des appels de constructeur suivant l'état d'un objet par rapport à RTTI pendant la construction. Illustrez la destruction de façon analogue.
3. (*3.5) Implémentez une version du jeu de cartes ***Reversi/Othello***. Chaque joueur peut être un humain ou l'ordinateur. Efforcez-vous de faire fonctionner le programme et de rendre le joueur ordinateur suffisamment "doué" pour qu'il soit intéressant de l'affronter.
4. (*3) Améliorez l'interface utilisateur du jeu en § 15.8[3].
5. (*3) Définissez une classe d'objet graphique avec un ensemble plausible d'opérations, de façon à constituer une classe de base commune pour une bibliothèque d'objets graphiques. Examinez une bibliothèque de graphiques pour savoir quel type d'opération y est fourni. Définissez une classe d'objets de base de données avec un ensemble plausible d'opérations, de façon à constituer une classe de base commune pour les objets stockés sous la forme de séquences de champs dans une base de données. Examinez une bibliothèque de base de données pour savoir quelles opérations y sont fournies. Définissez un objet de base de données graphique avec et sans utilisation de l'héritage multiple. Comparez les avantages de ces deux solutions.
6. (*2) Ecrivez une version de l'opération ***clone()*** de la § 15.6.2 qui soit capable de placer ses objets clonés dans un ***Arena*** (voir § 10.4.11) transmis comme un argument. Implémentez un ***Arena*** simple comme une base dérivée de ***Arena***.
7. (*2) Sans regarder dans le livre, écrivez autant de mots clés C++ que vous le pouvez.
8. (*2) Ecrivez un programme conforme au standard C++ et contenant une séquence d'au moins dix mots clés consécutifs non séparés par des identificateurs, des opérateurs, des caractères de ponctuation, etc.
9. (*2.5) Dessinez un format de mémoire plausible pour une ***Radio*** telle que défini en § 15.2.3.1. Expliquez comment un appel de fonction virtuelle pourrait être implémenté.

10. (*2) Dessinez une format de mémoire plausible pour une ***Radio*** telle que défini en § 15.2.4. Expliquez comment un appel de fonction virtuelle pourrait être implémenté.

11. (*3) Etudiez comment ***dynamic_cast*** pourrait être implémenté. Définissez et implémentez un modèle ***dcast*** se comportant comme ***dynamic_cast***, mais s'appuyant uniquement sur les fonctions et données que vous définissez. Assurez-vous qu'il est possible d'ajouter de nouvelles classes au système sans changer les définitions de ***dcast*** ou des classes précédemment écrites.

12. (*2) Supposons que les règles de contrôle du type pour les arguments soient relâchées d'une façon analogue au relâchement des types renvoyés, de telle sorte qu'une fonction recevant un ***Derived**** puisse écraser un ***Base****. Ecrivez ensuite un programme qui corromprait un objet d'une classe ***Derived*** sans utiliser de conversion de type. Décrivez un relâchement sécurisé des règles de substitution pour les types d'arguments.

III

La bibliothèque standard

Cette partie décrit la bibliothèque standard de C++. Elle présente la conception de cette bibliothèque ainsi que les techniques clés utilisées pour son implémentation. L'objectif est de comprendre son utilisation, d'illustrer les techniques de programmation et de conception utiles et de montrer comment développer la bibliothèque comme prévu.

Chapitres

16

Organisation de la bibliothèque et conteneurs

C'était nouveau. C'était remarquable.
C'était simple. Ça devait réussir !

H. Nelson

Les contraintes de conception de la bibliothèque standard — L'organisation de la bibliothèque standard — Les en-têtes standards — Le support du langage — La conception des conteneurs — Les opérateurs d'itération — Les conteneurs basés — Les conteneurs STL — ***vector*** — Les opérateurs d'itération — L'accès aux éléments — Les constructeurs — Les opérations sur une pile — Les opérations sur une liste — Taille et capacité — ***vector<bool>*** — Conseils — Exercices

16.1 Conception de la bibliothèque standard

Que devrait contenir une bibliothèque C++ standard ? L'idéal serait qu'un programmeur puisse y trouver les modèles, fonctions, classes, etc., les plus intéressants, significatifs et généraux. Cependant, la question n'est pas : "Que devrait contenir *une* bibliothèque ?", mais : "Que devrait contenir *la bibliothèque standard* ?". Une bibliothèque standard doit pouvoir être fournie par chaque implémenteur afin que tout programmeur puisse l'utiliser.

La bibliothèque standard de C++ :

1. Fournit le support des fonctions du langage tel que la gestion de mémoire (§ 6.2.6) et les informations de type à l'exécution (§ 15.4).
2. Fournit des informations concernant les aspects du langage définis par l'implémentation, telles que la valeur la plus grande d'un ***float*** (§ 22.2).
3. Fournit des fonctions qui ne peuvent être implémentées de façon optimale dans le langage lui-même pour chaque système, comme ***sqrt()*** (§ 22.3) et ***memmove()*** (§ 19.4.6).
4. Fournit des utilitaires évolués sur lesquels un programmeur peut s'appuyer afin d'assurer la portabilité, comme les listes (§ 17.2.2), les maps (§ 17.4.1), les fonctions de tri (§ 18.7.1) et les flux d'entrées/sorties (Chapitre 21).
5. Fournit une structure permettant de développer la fonctionnalité offerte, comme des conventions et des fonctions de support, à partir desquelles un utilisateur peut fournir des E/S d'un type défini par l'utilisateur dans le style des E/S existantes pour les types intégrés.
6. Fournit la base commune aux autres bibliothèques.

De plus, quelques fonctions — comme les générateurs de nombres aléatoires (§ 22.7) — sont fournies par la bibliothèque standard simplement parce qu'elles sont conventionnelles et pratiques.

La conception de la bibliothèque est principalement déterminée par les trois derniers rôles, qui sont en relation très étroite. La portabilité, par exemple, constitue généralement un critère de conception important pour une bibliothèque spécialisée. De plus, les types de conteneur courants, comme les listes et les maps, sont essentiels pour une bonne communication entre des bibliothèques développées séparément.

Le dernier rôle est particulièrement important d'un point de vue conceptuel, car il permet de limiter la portée de la bibliothèque standard et d'imposer des contraintes sur ses ressources. Les utilitaires de liste et de chaîne, par exemple, sont fournis par la bibliothèque standard. Dans le cas contraire, les bibliothèques développées séparément ne pourraient communiquer qu'en utilisant les types intégrés. Les utilitaires graphiques et de correspondance de critères ne sont cependant pas fournis. Ces derniers sont évidemment d'une grande utilité, mais ils sont rarement impliqués directement dans les communications entre des bibliothèques développées séparément.

A moins qu'une fonctionnalité ne soit requise d'une manière ou d'une autre pour supporter ces rôles, celle-ci peut être fournie en dehors de la bibliothèque standard. Cette solution implique certains avantages et inconvénients : tout élément fourni en dehors de la bibliothèque standard offre notamment l'opportunité aux autres bibliothèques de proposer des réalisations concurrentes.

16.1.1 Les contraintes de conception

Les rôles d'une bibliothèque standard imposent plusieurs contraintes concernant sa conception. Les fonctions fournies par cette bibliothèque doivent :

1. Etre irremplaçables et abordables par quasiment tous les programmeurs professionnels, même débutants, y compris les créateurs de bibliothèques différentes.
2. Etre utilisées directement ou indirectement par chaque programmeur pour tout ce qui se trouve dans la même portée que celle de la bibliothèque.
3. Etre suffisamment efficaces pour offrir de véritables alternatives aux fonctions, classes et modèles codés à la main pour l'implémentation des bibliothèques supplémentaires.
4. Etre libres de toute règle, ou offrir à l'utilisateur la possibilité de fournir des règles sous forme d'arguments.
5. Etre *primitives*, au sens mathématique du terme. Cela signifie qu'un composant remplissant deux rôles qui ne sont pas étroitement liés présentera à coup sûr un temps de traitement plus long que des composants individuels conçus pour remplir un rôle unique.
6. Etre pratiques, efficaces et offrir un bon niveau de sécurité pour les utilisations courantes.
7. Etre complètes. La bibliothèque standard peut laisser des fonctions importantes à la charge d'autres bibliothèques. Mais si elle se charge d'une tâche, elle doit fournir une fonctionnalité suffisante pour que des utilisateurs individuels ou des implémenteurs n'aient pas besoin de la remplacer afin de réaliser le travail de base.
8. Bien s'accorder et développer les opérations et types intégrés.
9. Etre sécurisées par défaut au niveau des types.
10. Soutenir les styles de programmation couramment reconnus.
11. Etre développables, pour traiter les types définis par l'utilisateur d'une façon analogue à celle dont les types intégrés et les types de la bibliothèque standard sont traités.

L'intégration d'un critère de comparaison dans une fonction de tri, par exemple, est inacceptable. Les mêmes données peuvent, en effet, être triées selon des critères différents. C'est pour cette raison que la fonction ***qsort()*** de la bibliothèque standard C reçoit en argument une fonction de comparaison et ne s'appuie pas sur quelque chose de fixe, comme par exemple l'opérateur < (§ 7.7). D'autre part, la surcharge de traitement imposée par un appel de fonction pour chaque comparaison diminue les chances de ***qsort()*** de pouvoir jouer le rôle de bloc de construction pour le développement de la bibliothèque. Pour presque tous les types de données, il est facile d'effectuer une comparaison sans imposer le temps de traitement supplémentaire d'un appel de fonction.

Ce temps supplémentaire est généralement peu important. Cependant, le temps système supplémentaire dû à l'appel de fonctions peut dominer le temps d'exécution pour certains algorithmes et inciter les utilisateurs à rechercher d'autres solutions. Ce problème peut être résolu en fournissant le critère de comparaison par l'intermédiaire d'un argument de modèle tel que décrit au § 13.4. L'exemple illustre la tension entre l'efficacité et la généralité. On demande à une bibliothèque standard d'effectuer ses tâches avec une efficacité suffisante pour que les utilisateurs ne soient pas tentés de fournir leurs propres mécanismes. Dans le cas contraire, les implémenteurs de fonctions plus avancées seraient obligés de boycotter la bibliothèque standard pour rester compétitifs. Cela compliquerait considérablement la tâche du développeur de bibliothèque, ainsi que la vie des utilisateurs désireux de rester indépendants de la plate-forme, ou d'utiliser plusieurs bibliothèques développées séparément.

Le caractère primitif requis et le fait que cette bibliothèque doit être "pratique pour les utilisations courantes" semblent deux conditions antinomiques. La première prohibe, en effet, l'optimisation de la bibliothèque standard pour les cas courants. Cependant, les composants qui répondent à des besoins courants, mais non primitifs, peuvent être inclus dans la bibliothèque standard afin de compléter la fonctionnalité primitive. Il est ainsi possible d'éviter le remplacement des fonctions. Le culte de l'orthogonalité ne doit pas nous empêcher de simplifier la vie de l'utilisateur occasionnel ou débutant. Il ne doit pas non plus nous obliger à conserver le comportement par défaut d'un composant complexe ou dangereux.

16.1.2 Organisation de la bibliothèque standard

Les fonctions de la bibliothèque standard sont définies dans l'espace de noms ***std*** et présentées sous la forme d'un ensemble d'en-têtes. Ces derniers permettent d'identifier les principales parties de la bibliothèque. La liste de ces en-têtes constitue donc une vue d'ensemble de la bibliothèque et fournit un guide pour sa description dans ce chapitre et dans les suivants.

Dans la suite de cette sous-section, nous présenterons une liste des en-têtes groupés par fonction. Chacun d'entre eux sera accompagné de brèves explications et des références des sections dans lesquelles il est étudié. Le regroupement a été choisi en fonction de l'organisation du standard. Une référence au standard (telle que § s.18.1) signifie que la fonction n'est pas traitée ici.

Un en-tête standard dont le nom débute par la lettre ***c*** est équivalent à l'en-tête de la bibliothèque standard C. Pour chaque en-tête ***<cX>*** définissant des noms dans l'espace de noms ***std***, il existe un en-tête ***<X.h>*** définissant les mêmes noms dans l'espace de noms global (voir § 9.2.2).

Conteneurs

<vector>	Tableau de ***T*** à une dimension	§ 16.3
<list>	Liste double chaînée de ***T***	§ 17.2.2
<deque>	File d'attente à double accès de ***T***	§ 17.2.3
<queue>	File d'attente de ***T***	§ 17.3.2
<stack>	Pile de ***T***	§ 17.3.1
<map>	Tableau associatif de ***T***	§ 17.4.1
<set>	Ensemble de ***T***	§ 17.4.3
<bitset>	Tableau de booléens	§ 17.5.3

Les conteneurs associatifs ***multimap*** et ***multiset*** se trouvent respectivement en ***<map>*** et ***<set>***. La ***priority_queue*** est déclarée dans ***<queue>***.

Utilitaires généraux

<utility>	Opérateurs et paires	§ 17.1.4, § 17.4.1.2
<functional>	Objets fonction	§ 18.4
<memory>	Opérateurs d'allocation pour les conteneurs	§ 19.4.4
<ctime>	Date et heure de style C	§ s.20.5

L'en-tête ***<memory>*** contient également le modèle ***auto_ptr***, qui est principalement utilisé pour aplanir l'interaction entre les pointeurs et les exceptions (§ 14.4.2).

Opérateurs d'itération

<iterator>	Itérateurs et support de l'itérateur	Chapitre 19

Les itérateurs fournissent le mécanisme permettant de rendre les algorithmes standards génériques pour l'ensemble des conteneurs standards et des types analogues (§ 2.7.2, § 19.2.1).

Algorithmes

<algorithm>	Algorithmes généraux	Chapitre 18
<cstdlib>	bsearch() qsort()	§ 18.11

Un algorithme général typique peut être appliqué à toute séquence (§ 3.8, § 18.3) de tout type d'élément. Les fonctions de la bibliothèque standard C ***bsearch()*** et ***qsort()*** s'appliquent aux tableaux intégrés uniquement avec des éléments d'un type sans constructeurs de copie définis par l'utilisateur et sans destructeurs (§ 7.7).

Diagnostics

<exception>	Classe d'exceptions	§ 14.10
<stdexcept>	Exceptions standards	§ 14.10
<cassert>	Macro ***assert***	§ 24.3.7.2
<cerrno>	Gestion des erreurs de style C	§ 20.4.1

Les assertions s'appuyant sur les exceptions sont décrites en § 24.3.7.1.

Chaînes

<string>	Chaîne de ***T***	Chapitre 20
<cctype>	Classification des caractères	§ 20.4.2
<cwtype>	Classification des caractères étendus	§ 20.4.2
<cstring>	Fonctions de chaîne de style C	§ 20.4.1

Chaînes *(suite)*

<cwchar>	Fonctions de chaîne de caractères étendus de style C	§ 20.4
<cstdlib>	Fonctions de chaîne de style C	§ 20.4.1

L'en-tête ***<cstring>*** déclare la famille de fonctions ***strlen()***, ***strcpy()***, etc. L'en-tête ***<cstdlib>*** déclare ***atof()*** et ***atoi()*** qui convertissent des chaînes de style C en valeurs numériques.

Entrées/Sorties

<iosfwd>	Prédéclarations des fonctions d'E/S	§ 21.1
<iostream>	Opérations et objets ***iostream*** standards	§ 21.2.1
<ios>	Bases ***iostream***	§ 21.2.1
<streambuf>	Mémoires tampon de flux	§ 21.6
<istream>	Modèles de flux d'entrée	§ 21.3.1
<ostream>	Modèles de flux de sortie	§ 21.2.1
<iomanip>	Opérateurs d'insertion et d'extraction	§ 21.4.6.2
<sstream>	Flux vers/depuis les chaînes	§ 21.5.3
<cstdlib>	Fonctions de classification de caractères	§ 20.4.2
<fstream>	Flux vers/depuis les fichiers	§ 21.5.1
<cstdio>	Famille ***printf()*** d'E/S	§ 21.8
<cwchar>	E/S de caractères étendus de style ***printf()***	§ 21.8

Les opérateurs d'insertion et d'extraction sont des objets qui, appliqués à un flux, permettent d'en manipuler l'état (en changeant, par exemple, le format des sorties en virgule flottante) (§ 21.4.6).

Localisation

<locale>	Représente les différences culturelles	§ 21.7
<clocale>	Représente les différences culturelles de style C	§ 21.7

Les paramètres locaux (***locale***) localisent les différences telles que le format de sortie des dates, le symbole utilisé pour représenter la monnaie et les critères de collation de chaîne qui varient entre les différentes cultures et langages naturels.

Support du langage

<limits>	Plages de valeurs des numériques	§ 22.2
<climits>	Macros de plage de valeurs-scalaires numériques de style C	§ 22.2.1
<cfloat>	Macros de plage de valeurs numériques à virgule flottante de style C	§ 22.2.1

Support du langage *(suite)*

<new>	Gestion de mémoire dynamique	§ 16.1.3
<typeinfo>	Support de l'identification du type à l'exécution	§ 15.4.1
<exception>	Support de la gestion des exceptions	§ 14.10
<cstddef>	Support du langage de bibliothèque C	§ 6.2.1
<cstdarg>	Listes d'arguments de fonction de longueur variable	§ 7.6
<csetjmp>	Déroulement de pile de style C	§ s.18.7
<cstdlib>	Fin d'exécution du programme	§ 9.4.1.1
<ctime>	Horloge système	§ s.18.7
<csignal>	Gestion de signal de style C	§ s.18.7

L'en-tête ***<cstddef>*** définit le type des valeurs retournées par ***sizeof()***, ***size_t***, le type du résultat d'une soustraction de pointeurs, ***ptrdiff_t*** (§ 6.2.1), et l'horrible macro ***NULL*** (§ 5.1.1).

Les caractères numériques

<complex>	Opérations et nombres complexes	§ 22.5
<valarray>	Opérations et vecteurs numériques	§ 22.4
<numeric>	Opérations numériques généralisées	§ 22.6
<cmath>	Fonctions mathématiques standards	§ 22.3
<cstdlib>	Nombres aléatoires de style C	§ 22.7

Pour des raisons historiques, ***abs()***, ***fabs()*** et ***div()*** se trouvent dans ***<cstdlib>***, et non dans ***<cmath>*** avec le reste des fonctions mathématiques (§ 22.3).

L'utilisateur ou l'implémenteur d'une bibliothèque n'est pas autorisé à ajouter ou à supprimer des déclarations dans les en-têtes standards. Il n'est pas non plus permis de modifier le contenu des en-têtes en définissant des macros avant leur inclusion ou en tentant de changer la signification des déclarations dans les en-têtes par des déclarations dans leur contexte (§ 9.2.3). Tout programme ou implémentation se comportant de cette façon ne serait pas conforme au standard et les programmes s'appuyant sur de telles astuces ne seront pas portables. Même si ce type de programmes fonctionne aujourd'hui, la prochaine version d'une partie quelconque d'une implémentation peut les mettre en échec. Evitez donc ce genre de manœuvres.

Pour utiliser une fonction de bibliothèque standard, il est nécessaire d'inclure son en-tête. La solution consistant à écrire soi-même les déclarations appropriées n'est *pas conforme* au standard. En effet, certaines implémentations optimisent la compilation à partir de l'inclusion de l'en-tête standard, alors que d'autres fournissent des implémentations optimisées des fonctions de la bibliothèque standard à partir de ces en-têtes. Les programmeurs ne peuvent généralement pas prévoir la façon dont les implémenteurs utiliseront les en-têtes standards. De plus, ils ne devraient pas avoir à la connaître.

Un programmeur peut toutefois spécialiser des modèles d'utilitaires, tels que ***swap()*** (§ 16.3.9), pour des types de bibliothèques non standards définies par l'utilisateur.

16.1.3 Le support du langage

Une petite partie de la bibliothèque standard fournit le support du langage. Il s'agit des utilitaires devant être présents afin qu'un programme puisse s'exécuter.

Les fonctions de la bibliothèque qui supportent les opérateurs ***new*** et ***delete*** sont traitées en § 6.2.6, § 10.4.11, § 14.4.4 et § 15.6. Elles se trouvent dans ***<new>***.

L'identification du type à l'exécution s'appuie sur la classe ***type_info***, qui est décrite en § 15.4.4 et présentée dans l'en-tête ***<typeinfo>***.

Les classes d'exceptions standards sont traitées en § 14.10 et présentées dans ***<new>***, ***<typeinfo>***, ***<ios>***, ***<exception>*** et ***<stdexcept>***.

Le démarrage et la fin d'exécution du programme sont traités en § 3.2, § 9.4 et § 10.4.9.

16.2 La conception des conteneurs

Un conteneur est un objet qui en contient d'autres. Les listes, les vecteurs et les tableaux associatifs en sont des exemples. En général, il est possible d'ajouter et de supprimer des objets dans un conteneur.

Cette idée peut, bien sûr, être présentée aux utilisateurs de différentes façons. Les conteneurs de la bibliothèque standard C++ ont été conçus pour satisfaire à deux critères : offrir le maximum de liberté dans la conception d'un conteneur individuel, et permettre aux conteneurs de présenter une interface commune aux utilisateurs. On obtient ainsi une efficacité optimale concernant l'implémentation des conteneurs, et les utilisateurs ont la possibilité d'écrire du code indépendant du conteneur utilisé.

Les conceptions de conteneurs répondent généralement à un seul de ces deux critères. La partie conteneurs et algorithmes de la bibliothèque standard (souvent nommée la STL) peut être considérée comme une solution offrant simultanément la généralité et l'efficacité. Les sections qui suivent présentent les avantages et les inconvénients des deux styles de conteneurs traditionnels. Cette comparaison est le moyen que nous avons choisi pour aborder la conception des conteneurs standards.

16.2.1 Conteneurs spécialisés et itérateurs

La façon la plus évidente de fournir un vecteur et une liste consiste à les définir de la façon la plus significative selon l'usage projeté :

```
template<class T> class Vector {      // optimal
public:
        explicit Vector(size_t n);    // initialise pour contenir n objets avec la valeur T()

        T& operator[](size_t);        // indiçage
        // ...
};

template<class T> class List {        // optimal
```

```
public:
        class Link { /* ... */ };

        List();                        // initialement vide
        void put(T*);                  // insertion avant l'élément courant
        T* get();                      // lecture de l'élément courant

        // ...
};
```

Chaque classe fournit des opérations quasi parfaites. De plus, il nous est possible de choisir pour chaque classe une représentation appropriée sans avoir à nous préoccuper des autres types de conteneurs. Cela permet d'obtenir une implémentation des opérations très proche de l'idéal. Les opérations les plus courantes, telles que ***put()*** pour une ***List*** et ***operator[] ()*** pour un ***Vector***, sont courtes et facilement insérées en ligne.

Une utilisation courante de la plupart des conteneurs consiste à les parcourir en examinant les éléments l'un après l'autre. Cette opération est généralement réalisée en définissant une classe d'itérateurs appropriée au type de conteneur (voir § 11.5 et § 11.14[7]).

Cependant, un utilisateur qui parcourt le contenu d'un conteneur s'inquiète rarement de savoir si les données sont stockées dans une ***List*** ou dans un ***Vector***. Dans ce cas, le code d'itération ne doit pas dépendre du moyen de stockage utilisé (***List*** ou ***Vector***). Dans l'idéal, le même bloc de code devrait s'appliquer aux deux cas.

Une solution consiste à définir une classe d'itérateurs fournissant une opération lire-élément-suivant qui pourra être implémentée pour tout conteneur. Par exemple :

```
template<class T> class Itor {     // interface commune (classe abstraite § 2.5.4, § 12.3)
public:
            // renvoie 0 pour signaler qu'il n'y a plus d'éléments

        virtual T* first() = 0;    // pointeur du premier élément
        virtual T* next() = 0;     // pointeur de l'élément suivant
};
```

Nous pouvons maintenant fournir les implémentations pour les ***Vector*** et les ***List*** :

```
template<class T> class Vector_itor : public Itor<T> {       // implémentation du vecteur
        Vector<T>& v;
        size_t index;                                         // index de l'élément en cours
public:
        Vector_itor(Vector<T>& vv) :v(vv), index(0) { }
        T* first() { return (v.size()) ? &v[index=0] : 0; }
        T* next() { return (++index<v.size()) ? &v[index] : 0; }
};

template<class T> class List_itor : public Itor<T> {         // implémentation de la liste
        List<T>& lst;
        List<T>::Link p;           // pointe sur l'élément courant
public:
```

```
        List_itor(List<T>&);
        T* first();
        T* next();
};
```

Voici la représentation graphique. Les lignes hachurées doivent être interprétées comme "implémenté à l'aide de".

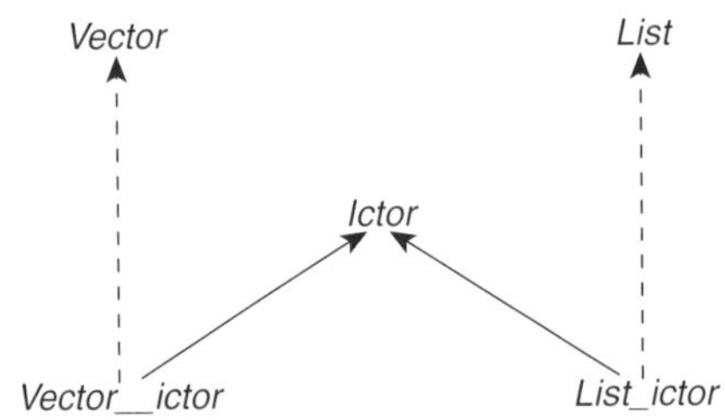

La structure interne des deux itérateurs est tout à fait différente. Cela n'a cependant aucune importance pour les utilisateurs. Nous pouvons maintenant écrire le code destiné à parcourir le contenu de tout conteneur pour lequel nous pouvons implémenter ***Itor***. Par exemple :

```
int count(Itor<char>& ii, char term)
{
        int c = 0;
        for (char* p = ii.first(); p; p=ii.next()) if (*p==term) c++;
        return c;
}
```

Il existe cependant un problème. Même si elles subissent la surcharge de traitement d'un appel de fonction (virtuel), les opérations sur un itérateur ***Itor*** restent simples. Dans de nombreuses situations, cette surcharge est mineure en comparaison du reste des opérations. Le parcours d'un conteneur simple représente l'opération sensible pour de nombreux systèmes à haute performance, et un appel de fonction est beaucoup plus coûteux qu'une addition d'entiers ou que l'indirection d'un pointeur qui implémente ***next()*** pour un ***vector*** ou une ***list***. Par conséquent, ce modèle n'est pas approprié, ou tout au moins pas idéal, pour une bibliothèque standard.

Ce modèle conteneur-et-itérateur a cependant été utilisé avec succès dans de nombreux systèmes. Ses avantages et ses inconvénients peuvent être résumés de la façon suivante (un + indique un avantage et un – signale un inconvénient) :

+ Les conteneurs individuels sont simples et efficaces.

+ Peu de similitudes sont requises pour les conteneurs. Il est possible d'utiliser des itérateurs et des classes de descripteurs (§ 25.7.1) pour adapter des conteneurs développés indépendamment à une structure commune.

+ La banalisation de l'utilisation est réalisée *via* des itérateurs (plutôt que par l'intermédiaire d'un type de conteneur général ; § 16.2.2).

+ Des itérateurs différents peuvent permettre de répondre à des besoins différents sur le même conteneur.

+ Les conteneurs sont sécurisés par défaut au niveau des types. De plus, ils sont homogènes (tous les éléments d'un conteneur appartiennent au même type). Un conteneur hétérogène peut être fourni sous la forme d'un conteneur homogène de pointeurs vers une base commune.

+ Les conteneurs ne sont pas intrusifs (il n'est pas nécessaire pour un objet de posséder une classe de base particulière ou un champ de liaison pour être membre d'un conteneur). Les conteneurs non intrusifs fonctionnent de façon acceptable avec les types intégrés et les ***struct*** dont le format est imposé.

– Chaque accès d'un itérateur subit un temps de traitement supplémentaire dû à l'appel de la fonction virtuelle. L'augmentation du temps de réponse peut être important en comparaison de fonctions d'accès en ligne simples.

– Une hiérarchie de classes d'itérateurs a tendance à être compliquée.

– Les conteneurs n'ont rien en commun. Les objets de chaque conteneur ne possèdent rien non plus en commun. Cela complique la fourniture de services universels, tels que la persistance et les E/S d'objets.

La souplesse apportée par les itérateurs est particulièrement importante. Il est possible de fournir une interface commune, telle qu'***Itor***, longtemps après la conception et l'implémentation des conteneurs (ici, ***Vector*** et ***List***). La première étape d'une conception est concrète ; nous pouvons, par exemple, concevoir un tableau et inventer une liste. Nous ne découvririons que plus tard une abstraction couvrant à la fois les tableaux et les listes dans un contexte donné.

En fait, il nous est possible d'effectuer cette "abstraction tardive" à plusieurs reprises. Supposons que nous voulions représenter un ensemble. Il s'agit d'une abstraction très différente d'un ***Itor***, bien que nous puissions fournir une interface ***Set*** à ***Vector*** et à ***List*** d'une façon très proche de la fourniture d'***Itor*** comme interface de ***Vector*** et à ***List*** :

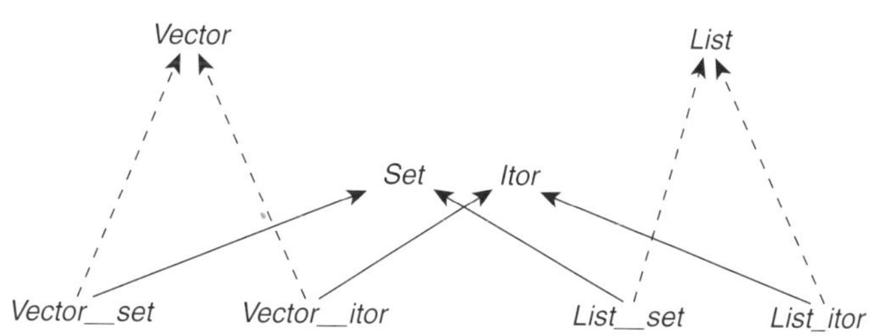

De cette façon, une abstraction tardive utilisant des classes abstraites nous permet de fournir des implémentations différentes d'un concept, même lorsqu'il n'existe aucune similitude significative entre ces dernières. Les listes et les vecteurs, par exemple, possèdent quelques caractéristiques communes évidentes. Nous pourrions cependant facilement implémenter un ***Itor*** pour un ***istream***.

Logiquement, les deux derniers points de la liste représentent les principales faiblesses de l'approche. Cette dernière reste, en effet, insatisfaisante pour une bibliothèque standard, même si l'on élimine le temps de traitement supplémentaire requis pour l'appel de fonction concernant les itérateurs et les interfaces analogues des conteneurs (comme il est possible de le faire dans certains contextes).

En comparaison de conteneurs intrusifs, les conteneurs non intrusifs subissent une légère surcharge en temps de traitement et en espace mémoire. Mais nous ne considérons pas qu'il s'agit d'un problème. Si cela le devenait, il serait possible de fournir un itérateur, tel que ***Itor***, pour un conteneur intrusif (§ 16.5[11]).

16.2.2 Les conteneurs basés

Il est possible de définir un conteneur intrusif sans s'appuyer sur les modèles, ni sur toute autre façon de paramétrer une déclaration de type. Par exemple :

```
struct Link {
	Link* pre;
	Link* suc;
	// ...
};

class List {
	Link* head;
	Link* curr;		// élément courant
public:
	Link* get();		// supprime et retourne l'élément courant
	void put(Link*);	// insertion avant l'élément courant
	// ...
};
```

Une ***List*** est maintenant une liste de ***Link***. Elle peut contenir des objets de tout type dérivé de ***Link***. Par exemple :

```
class Ship : public Link { /* ... */ };

void f(List* lst)
{
	while (Link* po = lst->get()) {
		if (Ship* ps = dynamic_cast<Ship*>(po)) {	// Ship doit être polymorphique (§ 15.4.1)
			// utilise Ship
		}
		else {
			// effectue autre chose
		}
	}
}
```

Simula a défini ses conteneurs standards de cette manière. Cette approche peut donc être considérée comme étant l'approche originale des langages supportant la programmation orientée objet. De nos jours, une classe commune pour tous les objets est généralement nommée ***Object***, ou porte un nom similaire. En règle générale, une classe ***Object*** fournit des services communs supplémentaires en plus d'assurer la liaison pour les conteneurs.

Souvent (mais pas nécessairement), cette approche est développée afin de fournir un type de conteneur commun :

```
class Container : public Object {
public:
        virtual Object* get();                  // supprime et retourne l'élément courant
        virtual void put(Object*);              // insertion avant l'élément courant
        virtual Object*& operator[](size_t);    // indiçage
        // ...
};
```

Notez que les opérations fournies par ***Container*** sont virtuelles. Des conteneurs individuels peuvent ainsi les remplacer de façon appropriée :

```
class List : public Container {
public:
        Object* get();
        void put(Object*);
        // ...
};

class Vector : public Container {
public:
        Object*& operator[](size_t);
        // ...
};
```

Un problème surgit immédiatement. Quelles opérations désirons-nous que ***Container*** fournisse ? Il serait possible de n'assurer que les opérations pouvant être supportées par chaque conteneur. Cependant, l'intersection des ensembles d'opérations sur tous les conteneurs représente une interface excessivement petite. En fait, dans de nombreux cas intéressants, cette intersection est vide. Pour rester réaliste, il est donc nécessaire de fournir l'union des opérations essentielles sur les divers conteneurs que nous avons l'intention de supporter. Une telle union d'interfaces avec un ensemble de concepts est nommée *interface riche* (§ 24.4.3).

Nous pouvons soit fournir des implémentations par défaut des fonctions dans l'interface riche, soit forcer chaque classe dérivée à implémenter chacune des fonctions en les définissant comme virtuelles pures. Dans les deux cas, nous obtenons un grand nombre de fonctions signalant simplement une erreur d'exécution. Par exemple :

```
class Container : public Object {
public:
        struct Bad_op {         // classe d'exception
                const char* p;
                Bad_op(const char* pp) :p(pp) { }
        };

        virtual void put(Object*) { throw Bad_op("put"); }
```

```
        virtual Object* get() { throw Bad_op("get"); }
        virtual Object*& operator[](int) { throw Bad_op("[]"); }
        // ...
};
```

Si nous désirons nous protéger contre l'éventualité qu'un conteneur ne supporte pas ***get()***, nous devons capturer ***Container::Bad_op*** à un endroit ou à un autre. Nous pourrions écrire maintenant l'exemple ***Ship*** de la façon suivante :

```
class Ship : public Object { /* ... */ };

void f1(Container* pc)
{
        try {
                while (Object* po = pc->get()) {
                        if (Ship* ps = dynamic_cast<Ship*>(po)) {
                                // utilise Ship
                        }
                        else {
                                // effectue autre chose
                        }
                }
        }
        catch (Container::Bad_op& bad) {
                                // effectue autre chose
        }
}
```

Ce code est fastidieux. Le contrôle de ***Bad_op*** se situera donc généralement à un autre endroit. En nous appuyant sur le fait que les exceptions sont capturées ailleurs, nous réduisons l'exemple à :

```
void f2(Container* pc)
{
        while (Object* po = pc->get()) {
                Ship& s = dynamic_cast<Ship&>(*po);
                        // utilise Ship
        }
}
```

Nous pensons cependant que la technique consistant à s'appuyer sur un contrôle à l'exécution est de mauvais goût et inefficace. Dans de telles situations, nous préférons la solution avec contrôle statique :

```
void f3(Itor<Ship>* i)
{
        while (Ship* ps = i->next()) {
                // utilise Ship
        }
}
```

Les avantages et les inconvénients de l'approche de l'"objet pointé" pour la conception d'un conteneur (voir aussi § 16.5[10]) peuvent être résumés de la façon suivante (un + indique toujours un avantage, et un – signale un inconvénient) :

– Les opérations sur les conteneurs individuels subissent la surcharge de traitement d'une fonction virtuelle.

– Tous les conteneurs doivent être dérivés de ***Container***. Cela implique l'utilisation d'interfaces riches. Il est également nécessaire d'être très prévoyant et de s'appuyer sur le contrôle des types à l'exécution. L'intégration d'un conteneur développé indépendamment dans une structure commune s'avère être, au mieux, une méthode très maladroite (voir § 16.5[12]).

+ La base commune ***Container*** permet d'utiliser facilement des conteneurs fournissant des ensembles d'opérations analogues.

– Les conteneurs sont hétérogènes et non sécurisés au niveau du type par défaut (la seule garantie est que les éléments sont de type ***Object****). Il est possible, si nécessaire, de définir des conteneurs homogènes et sécurisés au niveau du type à l'aide des modèles.

– Les conteneurs sont intrusifs (en effet, chaque élément doit appartenir à un type dérivé d'***Object***). Les objets de types intégrés, et les structures dont le format est imposé de façon externe, ne peuvent être placés directement dans les conteneurs.

– Pour pouvoir être utilisé, un type approprié doit être attribué à l'aide d'une conversion de type explicite à tout élément récupéré dans un conteneur.

+ Les classes ***Container*** et ***Object*** permettent d'implémenter des services destinés à chaque objet ou à chaque conteneur. La fourniture de services universels, tels que la persistance et les E/S d'objet, en est ainsi considérablement simplifiée.

En comparaison de l'approche utilisant les itérateurs et les conteneurs non liés, l'approche de l'objet pointé impose une complexité inutile à l'utilisateur. De plus, elle implique des temps de traitement supplémentaires significatifs à l'exécution et restreint les types d'objet pouvant être placés dans un conteneur. Enfin, pour un grand nombre de classes, "dériver de ***Object***" revient à exposer un détail de l'implémentation. Cette approche est donc loin d'être idéale pour une bibliothèque standard.

Cependant, le caractère général et la souplesse de cette approche ne doivent en aucun cas être sous-estimés. Elle a, en effet, été utilisée avec succès dans de nombreuses applications. Ces avantages se situent dans des domaines pour lesquels l'efficacité est moins importante que la simplicité apportée par une seule interface ***Container***, et des services tels que les E/S d'objets.

16.2.3 Les conteneurs STL

Les itérateurs et les conteneurs de la bibliothèque standard (souvent regroupés sous le nom de structure STL, § 3.10) constituent l'approche permettant d'obtenir le meilleur des deux modèles traditionnels décrits précédemment. La STL n'a cependant pas été conçue dans cette optique, mais est le résultat d'une recherche obstinée d'algorithmes génériques et d'une efficacité maximale.

L'efficacité recherchée exclut les fonctions virtuelles en ligne, difficiles à intégrer pour les fonctions d'accès courtes et fréquemment utilisées. Par conséquent, nous ne pouvons pas présenter une interface standard aux conteneurs, ni une interface d'itérateur standard sous la forme d'une classe abstraite. Chaque type de conteneur supporte plutôt un ensemble standard d'opérations de base. Pour éviter les problèmes des interfaces riches (§ 16.2.2, § 24.4.3), les opérations ne pouvant être implémentées efficacement pour tous les conteneurs ne sont pas incluses dans l'ensemble des opérations communes. L'indiçage, par exemple, est fourni pour ***Vector***, mais pas pour ***List***. De plus, chaque type de conteneur fournit ses propres itérateurs supportant un ensemble standard d'opérations.

Les conteneurs standards ne sont pas dérivés d'une base commune. Chaque conteneur implémente plutôt la totalité de l'interface du conteneur standard. De la même façon, il n'existe aucune classe de base d'itérateur commune. L'utilisation des itérateurs et des conteneurs standards n'implique aucun contrôle de type implicite ou explicite à l'exécution.

Le problème, important et difficile, de la fourniture de services communs pour tous les conteneurs est traité *via* des "allocateurs" transmis comme arguments de modèle (§ 19.4.3), et non par une base commune.

Avant d'entrer dans les détails et d'aborder des exemples de code, il est possible de résumer les avantages et les inconvénients de l'approche de la STL de la façon suivante (un + indique toujours un avantage, et un – signale un inconvénient) :

+ Les conteneurs individuels sont simples et efficaces (pas aussi simples cependant que peuvent l'être des conteneurs réellement indépendants, mais tout aussi efficaces).

+ Chaque conteneur fournit un ensemble d'opérations standard avec une sémantique et des noms standards. Des opérations supplémentaires peuvent être fournies, si nécessaire, pour un type de conteneur particulier. De plus, les classes de descripteurs (§ 25.7.1) peuvent permettre d'intégrer des conteneurs développés indépendamment dans une structure commune (§ 16.5[14]).

+ Les itérateurs standards améliorent la banalisation de l'utilisation. Chaque conteneur fournit les itérateurs supportant un ensemble d'opérations standards avec une sémantique et des noms standards. Un type d'itérateur est défini pour chaque conteneur, de telle sorte que ces itérateurs soient aussi simples et efficaces que possible.

+ Des itérateurs différents, ainsi que d'autres interfaces généralisées, peuvent être définis en plus des itérateurs standards afin de répondre aux besoins variés des conteneurs.

+ Les conteneurs sont sécurisés par défaut au niveau des types. De plus, ils sont homogènes (tous les éléments d'un conteneur appartiennent au même type). Un conteneur hétérogène peut être fourni sous la forme d'un conteneur homogène de pointeurs vers une base commune.

+ Les conteneurs ne sont pas intrusifs (il n'est pas nécessaire pour un objet de posséder une classe de base particulière ou un champ de liaison pour être membre d'un conteneur). Les conteneurs non intrusifs fonctionnent de façon acceptable avec les types intégrés et les ***struct*** dont le format est imposé.

+ Une conteneur intrusif peut être adapté dans une structure générale. Il imposera naturellement des contraintes sur ses types d'éléments.

+ Chaque conteneur reçoit un argument nommé *allocateur*. Ce dernier peut être utilisé comme descripteur pour l'implémentation des services de chacun des conteneurs. Cela simplifie considérablement la fourniture de services universels, tels que la persistance et les E/S d'objets (§ 19.4.3).

– Aucune représentation d'exécution standard des conteneurs ou des itérateurs ne peut être transmise comme argument de fonction (bien qu'il soit facile de définir de telles représentations pour les conteneurs et les itérateurs standards lorsque cela s'avère nécessaire ; § 19.3).

En d'autres termes, les conteneurs et les itérateurs ne possèdent pas de représentations standards fixées. Chaque conteneur fournit plutôt une interface standard sous la forme d'un ensemble d'opérations. Les conteneurs peuvent ainsi être utilisés indifféremment. Les itérateurs sont traités de façon analogue. Cela génère un temps de traitement et une occupation de mémoire supplémentaires minimaux, tout en permettant à l'utilisateur d'exploiter la partie commune à la fois au niveau des conteneurs (comme avec l'approche des objets pointés) et des itérateurs (comme avec l'approche du conteneur spécialisé).

L'approche de la STL s'appuie fortement sur les modèles. Pour éviter une duplication excessive du code, une spécialisation partielle destinée à fournir des implémentations partagées pour les conteneurs de pointeurs est généralement nécessaire (§ 13.5).

16.3 Vector

Dans cette section, ***vector*** est décrit comme un exemple de conteneur standard complet. Sauf indication contraire, tout ce qui concerne ***vector*** s'applique à l'ensemble des conteneurs standards. Le Chapitre 17 décrit les fonctions spécifiques des ***list***, ***set***, ***map***, etc. Nous allons découvrir certains détails des fonctions offertes par ***vector*** et par les conteneurs analogues. L'objectif est de connaître les utilisations possibles de ***vector*** ainsi que son rôle dans la conception globale de la bibliothèque standard.

Vous trouverez une présentation des conteneurs standards et des fonctions fournies en § 17.1. Dans les sections qui suivent, ***vector*** est présenté par étapes : les types de membres, les itérateurs, l'accès aux éléments, les constructeurs, les opérations de pile, les opérations de liste, la taille et la capacité, les fonctions assistantes et ***vector<bool>***.

16.3.1 Les types

Le ***vector*** standard est un modèle défini dans l'espace de noms ***std*** et présenté dans ***<vector>***. Il définit tout d'abord un ensemble de noms de types standards :

```
template <class T, class A = allocator<T> > class std::vector {
public:
        // types:

        typedef T value_type;                          // type d'élément
        typedef A allocator_type;                      // type de gestionnaire de mémoire
        typedef typename A::size_type size_type;
        typedef typename A::difference_type difference_type;

        typedef \fP\f(BIimplementation_dependent1\f(CW\fZ iterator;         // T*
        typedef \fP\f(BIimplementation_dependent2\f(CW\fZ const_iterator;   // const T*
        typedef std::reverse_iterator<iterator> reverse_iterator;
        typedef std::reverse_iterator<const_iterator> const_reverse_iterator;
```

```
        typedef typename A::pointer pointer;                // pointeur d'élément
        typedef typename A::const_pointer const_pointer;
        typedef typename A::reference reference;            // référence d'élément
        typedef typename A::const_reference const_reference;

        // ...
};
```

Chaque conteneur standard définit ces noms de types comme membres. Il les définit chacun de la façon la plus appropriée à leur implémentation.

Le type des éléments du conteneur est transmis en tant que premier argument du modèle et est connu comme son ***value_type***. Le ***allocator_type***, qui est fourni en option comme second argument de modèle, définit la façon dont ***value_type*** doit se comporter vis-à-vis de divers mécanismes de gestion de mémoire. Un allocateur procure, en particulier, les fonctions qui seront utilisées par un conteneur pour allouer et libérer la mémoire destinée à ses éléments. Les allocateurs sont traités en § 19.4. En règle générale, ***size_type*** spécifie le type utilisé pour l'indexation du conteneur. Quant à ***difference_type***, il est le type du résultat de la soustraction de deux itérateurs pour un conteneur. Enfin, ***size_type*** et ***difference_type*** correspondent à ***size_t*** et à ***ptrdiff_t*** pour la plupart des conteneurs (§ 6.2.1).

Les itérateurs ont été présentés en § 2.7.2 et seront détaillés au Chapitre 19. Ils peuvent être considérés comme les pointeurs des éléments d'un conteneur. Chaque conteneur fournit un type nommé ***iterator***, permettant de pointer vers ses éléments un type ***const_iterator***, qui peut être employé lorsque les éléments ne nécessitent pas de modification. Comme avec les pointeurs, nous utilisons la version plus sûre ***const***, sauf s'il existe une contre-indication. Les types réels des itérateurs de ***vector*** sont définis par l'implémentation. Les définitions conventionnelles évidentes d'un ***vector*** seraient respectivement ***T**** et ***const T****.

Les types d'un itérateur inverse pour ***vector*** sont construits à partir des modèles ***reverse_iterator*** standard (§ 19.2.5). Ils présentent une séquence en ordre inverse.

Comme illustré en § 3.8.1, ces ***typename*** de membres offrent la possibilité à un utilisateur d'écrire du code employant un conteneur sans avoir besoin de connaître les types réels manipulés. Ils lui permettent en particulier d'écrire du code qui fonctionnera pour tout conteneur standard. Par exemple :

```
template<class C> typename C::value_type sum(const C& c)
{
        typename C::value_type s = 0;
        typename C::const_iterator p = c.begin();    // commence au début
        while (p!=c.end()) {                         //continue jusqu'à la fin
                s += *p;                             // lit la valeur de l'élément
                ++p;                                 // fait pointer p vers l'élément suivant
        }
        return s;
}
```

L'ajout de ***typename*** avant les noms des types de membres d'un paramètre de modèle n'est pas une opération aisée. Le compilateur n'est cependant pas devin. Il n'existe aucune méthode générale lui permettant de savoir si le membre d'un type d'argument d'un modèle est un ***typename*** (§ C.13.5).

Comme dans le cas des pointeurs, les préfixes * et ++ représentent respectivement l'indirection (§ 2.7.2, § 19.2.1) et l'incrémentation de l'itérateur

16.3.2 Les itérateurs

Comme le montrent les sous-sections précédentes, les itérateurs peuvent être utilisés pour parcourir des conteneurs sans que le programmeur ait besoin de connaître le type réel employé pour identifier les éléments. Quelques fonctions membres clés permettent au programmeur de trouver la fin de la séquence d'éléments :

```
template <class T, class A = allocator<T> > class vector {
public:
    // ...
    // iterators:

    iterator begin();               // pointe sur le premier élément
    const_iterator begin() const;
    iterator end();                 // pointe sur l'élément suivant le dernier
    const_iterator end() const;

    reverse_iterator rbegin();      // pointe sur le premier élément de la séquence inverse
    const_reverse_iterator rbegin() const;
    reverse_iterator rend();        // pointe sur l'élément suivant le dernier de la séquence inverse
    const_reverse_iterator rend() const;

    // ...
};
```

La paire ***begin()/end()*** fournit les éléments du conteneur dans l'ordre normal. Cela signifie que l'élément ***0*** est suivi de l'élément ***1***, puis de l'élément ***2***, etc. La paire ***rbegin()/rend()*** fournit les éléments dans l'ordre inverse. En effet, l'élément ***n–1*** est suivi de l'élément ***n–2***, puis de l'élément ***n–3***, etc. Voici, par exemple, comment se présente une séquence lorsqu'on utilise un ***iterator*** :

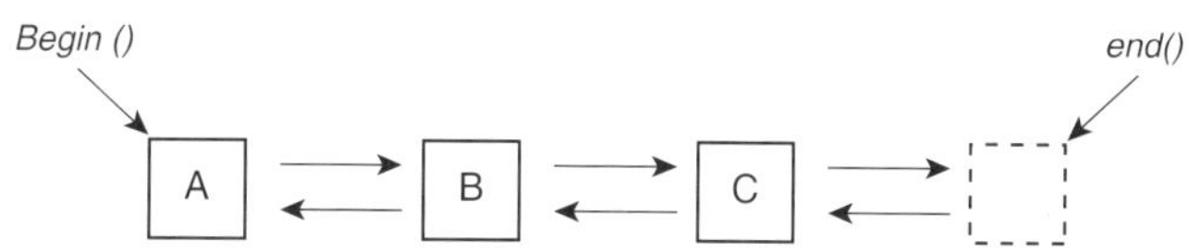

Voici la même séquence lorsqu'on utilise un ***reverse_iterator*** (§ 19.2.5) :

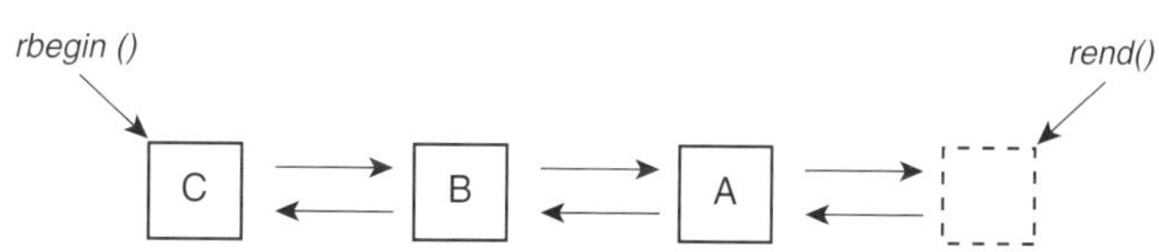

Cela nous permet d'utiliser des algorithmes en considérant une séquence d'éléments en ordre inverse. Par exemple :

```
template<class C> typename C::iterator find_last(C& c, typename C::value_type v)
{
        typename C::reverse_iterator ri = find(c.rbegin(),c.rend(),v);
        if (ri == c.rend()) return c.end();                 // utilise c.end() pour indiquer "introuvable"
        typename C::iterator i = ri.base();
        return --i;
}
```

Pour un ***reverse_iterator***, ***ri.base()*** renvoie un ***iterator*** pointant sur l'adresse située directement après le point vers lequel est dirigé ***ri*** (§ 19.2.5). Sans l'aide des itérateurs inverses, nous aurions dû écrire une boucle explicite :

```
template<class C> typename C::iterator find_last(C& c, typename C::value_type v)
{
        typename C::iterator p = c.end();                   // recherche en arrière depuis la fin
        while (p!=c.begin())
                if (*--p==v) return p;
        return c.end();                                     // utilise c.end() pour indiquer "introuvable"
}
```

Un itérateur inversé est un itérateur tout à fait ordinaire. Nous aurions donc pu écrire :

```
template<class C> typename C::iterator find_last(C& c, typename C::value_type v)
{
        typename C::reverse_iterator p = c.rbegin();        // considère la séquence en ordre inverse
        while (p!=c.rend()) {
                if (*p==v) {
                        typename C::iterator i = p.base();
                        return --i;
                }
                ++p;                                        // note : incrémente, ne décrémente pas (--)
        }
        return c.end();                                     // utilise c.end() pour indiquer "introuvable"
}
```

Il convient de noter que ***C::reverse_iterator*** n'est pas du même type que ***C::iterator***.

16.3.3 L'accès aux éléments

En comparaison d'autres conteneurs, un aspect important de ***vector*** est qu'il permet d'accéder facilement et efficacement aux éléments individuels dans n'importe quel ordre :

```
template <class T, class A = allocator<T> > class vector {
public:
        // ...
        // accès aux éléments :

        reference operator[](size_type n);                  // accès non contrôlé
        const_reference operator[](size_type n) const;
```

```
        reference at(size_type n);              // accès contrôlé
        const_reference at(size_type n) const;

        reference front();                      // premier élément
        const_reference front() const;
        reference back();                       // dernier élément
        const_reference back() const;

        // ...
};
```

L'indexation est effectuée *via* ***operator[] ()***, et ***at()***. ***operator[] ()*** fournit l'accès non contrôlé, alors que ***at()*** effectue un contrôle de la plage des valeurs et déclenche une exception ***out_of_range*** lorsqu'un index est incorrect. Par exemple :

```
void f(vector<int>& v, int i1, int i2)
try {
        for(int i = 0; i < v.size(); i++) {
                // plage de valeurs déjà contrôlée : on utilise ici v[i] non contrôlé
        }

        v.at(i1) = v.at(i2);        // contrôle la plage des valeurs au moment de l'accès

        // ...
}
catch(out_of_range) {
                // erreur : valeur hors de l'intervalle admis
}
```

Ce code illustre le principe selon lequel l'opérateur d'indiçage non contrôlé peut être utilisé en toute sécurité lorsque la plage des valeurs a déjà été contrôlée. Dans le cas contraire, il est plus sage de faire appel à la fonction ***at()***. Cette distinction est importante lorsqu'une efficacité maximale est recherchée. Lorsque ce n'est pas le cas, ou quand il n'est pas certain qu'une plage de valeurs ait été correctement contrôlée, il est préférable d'utiliser un vecteur avec un opérateur contrôlé (tel que ***Vec*** en § 3.7.1) ou un itérateur contrôlé (§ 19.3).

Pour suivre les tableaux, l'accès par défaut est non contrôlé. Il vous est également possible de créer un utilitaire sécurisé (contrôlé) au-dessus d'une fonction rapide. Vous ne pourrez cependant pas créer d'utilitaire rapide au-dessus d'un autre plus lent.

Les opérations d'accès renvoient des valeurs de type ***reference*** ou ***const_reference*** selon qu'elles s'appliquent ou non à un objet ***const***. Une référence est un type approprié pour l'accès aux éléments. Pour l'implémentation simple et évidente de ***vector<X>***, le type ***reference*** est ***X&*** et le type ***const_reference*** est ***const X&***. L'effet de la création d'une référence en dehors de l'intervalle admis est indéfini. Par exemple :

```
void f(vector<double>& v)
{
        double d = v[v.size()];     // indéfini : mauvais index
```

```
        list<char> lst;
        char c = lst.front();      // indéfini : la liste est vide
}
```

Parmi les séquences standards, seuls ***vector*** et ***deque*** (§ 17.2.3) supportent l'indiçage. L'objectif est de ne pas perturber les utilisateurs en mettant à leur disposition des opérations inefficaces. L'indiçage aurait pu être fourni pour ***list*** (§ 17.2.2), par exemple, mais cette opération aurait été dangereusement inefficace (c'est-à-dire ***O(n)***).

Les membres ***front()*** et ***back()*** renvoient respectivement les références du premier et du dernier élément. Ils ne présentent réellement d'intérêt que lorsque l'on sait que ces éléments existent et ont une importance particulière dans le code où ils apparaissent. Un ***vector*** utilisé comme une ***stack*** (§ 16.3.5) est un exemple évident. Notez que ***front()*** renvoie une référence de l'élément vers lequel ***begin()*** retourne un itérateur. Nous considérons souvent ***front()*** comme le premier élément et ***begin()*** comme le pointeur du premier élément. Le rapport entre ***back()*** et ***end()*** est moins simple : ***back()*** est le dernier élément, et ***end()*** pointe sur l'élément suivant le dernier.

16.3.4 Les constructeurs

Bien sûr, ***vector*** fournit, un ensemble complet (§ 11.7) de constructeurs, de destructeurs et d'opérations de copie :

```
template <class T, class A = allocator<T> > class vector {
public:
        // ...
        // constructeurs, etc.:

        explicit vector(const A& = A());
        explicit vector(size_type n, const T& val = T(), const A& = A());     // n copies de val
        template <class In>                              // In doit être un itérateur en entrée (§ 19.2.1)
                vector(In first, In last, const A& = A());                    // copie depuis [first:last[
        vector(const vector& x);

        ~vector();

        vector& operator=(const vector& x);

        template <class In>                          // In doit être un itérateur en entrée (§ 19.2.1)
                void assign(In first, In last);      // copie depuis [first:last[
        void assign(size_type n, const T& val);      // n copies de val

        // ...
};
```

Un ***vector*** offre un accès rapide à des éléments arbitraires, mais il est relativement coûteux de modifier sa taille. Il est donc habituel d'attribuer une taille initiale à la création d'un ***vector***. Par exemple :

```
vector<Record> vr(10000);

void f(int s1, int s2)
```

```
{
        vector<int> vi(s1);

        vector<double>* p = new vector<double>(s2);
}
```

Les éléments d'un vecteur alloué de cette façon sont initialisés à l'aide du constructeur par défaut correspondant au type d'élément. Cela signifie que chacun des 10 000 éléments de ***vr*** est initialisé par ***Record()*** et que chacun des ***s1*** éléments de ***vi*** est initialisé par ***int()***. Notez que pour un type intégré, le constructeur par défaut effectue une initialisation nulle correspondant au type approprié (§ 4.9.5, § 10.4.2).

Lorsqu'un type ne possède pas de constructeur par défaut, il est impossible de créer un vecteur avec des éléments de ce type sans fournir explicitement la valeur de chaque élément. Par exemple :

```
class Num {        // précision infinie
public:
        Num(long);
                        // pas de constructeur par défaut
        // ...
};

vector<Num> v1(1000);              // erreur : pas de Num par défaut
vector<Num> v2(1000,Num(0));       // ok
```

Un ***vector*** ne pouvant posséder un nombre négatif d'éléments, sa taille doit être une grandeur positive. C'est la raison pour laquelle le ***size_type*** d'un ***vector*** doit être du type ***unsigned***. Cela permet d'obtenir une plus grande plage de valeurs pour les tailles de vecteur dans certaines architectures. Cependant, il peut y avoir quelques surprises :

```
void f(int i)
{
        vector<char> vc0(-1);   // assez facile à détecter par le compilateur qui émettra un avertissement
        vector<char> vc1(i);
}

void g()
{
        f(-1);                  // amène f() à accepter un nombre positif très grand !
}
```

Dans l'appel de ***f(–1)***, ***–1*** est converti en un entier positif (plutôt grand) (§ C.6.3). Si vous êtes chanceux, le compilateur trouvera un moyen d'attirer votre attention.

La taille d'un ***vector*** peut aussi être fournie implicitement en donnant l'ensemble initial des éléments. Cette opération peut être réalisée en fournissant au constructeur une séquence de valeurs à partir de laquelle il construira le ***vector***. Par exemple :

```
void f(const list<X>& lst)
{
        vector<X> v1(lst.begin(),lst.end());       // copie des éléments dans la liste
```

```
        char p[] = "despair";
        vector<char> v2(p,&p[sizeof(p)-1]);        // copie des caractères depuis la chaîne de style C
}
```

Dans chaque cas, le constructeur de ***vector*** ajuste la taille du vecteur à mesure qu'il copie les éléments depuis la séquence en entrée.

Les constructeurs de ***vector*** pouvant être appelés avec un seul argument sont déclarés avec ***explicit*** afin d'éviter des conversions accidentelles (§ 11.7.1). Par exemple :

```
vector<int> v1(10);                    // ok : vecteur de 10 int
vector<int> v2 = vector<int>(10);      // ok : vecteur de 10 int
vector<int> v3 = v2;                   // ok : v3 est une copie de v2
vector<int> v4 = 10;                   // erreur : tentative de conversion implicite de 10 vers vector<int>
```

Le constructeur de copie et les opérateurs d'affectation-copie permettent de copier les éléments d'un ***vector***. Si ce dernier possède de nombreux éléments, l'opération peut s'avérer coûteuse. On transmet donc habituellement les ***vector*** par référence. Par exemple :

```
void f1(vector<int>&);                 // style courant
void f2(const vector<int>&);           // style courant
void f3(vector<int>);                  // style rare

void h()
{
        vector<int> v(10000);

        // ...

        f1(v);             // transmet un référence
        f2(v);             // transmet une référence
        f3(v);             // copie les 10000 éléments dans un nouveau vecteur que f3() pourra utiliser
}
```

Les fonctions ***assign*** fournissent des services équivalents aux constructeurs multiarguments. Comme = ne reçoit qu'une seule opérande droite, ces fonctions s'avèrent nécessaires ; ***assign()*** permet donc de prendre en compte une valeur d'argument par défaut ou un intervalle de valeurs. Par exemple :

```
class Book {
        // ...
};

void f(vector<Num>& vn, vector<char>& vc, vector<Book>& vb, list<Book>& lb)
{
        vn.assign(10,Num(0));                // affecte un vecteur de 10 copies de Num(0) à vn

        char s[] = "literal";
        vc.assign(s,&s[sizeof(s)-1]);        // affecte "literal" à vc

        vb.assign(lb.begin(),lb.end());      // affecte les éléments de la liste

        // ...
}
```

Il est donc possible d'initialiser un ***vector*** avec toute séquence de son type d'élément et, de la même façon, d'affecter toute séquence de ce type. L'avantage le plus important est d'éviter d'introduire explicitement une multitude de constructeurs et de fonctions de conversion. Notez que l'affectation modifie complètement les éléments d'un vecteur. D'un point de vue conceptuel, les anciens éléments sont tous écrasés, et les nouveaux sont insérés. Après l'affectation, la taille d'un ***vector*** correspond au nombre d'éléments affectés. Par exemple :

```
void f()
{
        vector<char> v(10,'x');      // v.size()==10, chaque élément a la valeur 'x'
        v.assign(5,'a');             // v.size()==5, chaque élément a la valeur 'a'
        // ...
}
```

L'opération réalisée par ***assign()*** pourrait, bien sûr, être effectuée indirectement en créant un ***vector*** approprié, puis en l'affectant. Par exemple :

```
void f2(vector<Book>& vh, list<Book>& lb)
{
        vector<Book> vt(lb.begin(),lb.end());
        vh = vt;
        // ...
}
```

Ce code manque cependant d'élégance et d'efficacité.

La construction d'un vecteur avec deux arguments du même type peut conduire à une ambiguïté évidente :

```
vector<int> v(10,50);// vector(size,value) ou vector(iterator1,iterator2)? vector(size,value)!
```

Un ***int*** n'est cependant pas un itérateur, et l'implémentation doit garantir le fait que ce code appelle :

```
vector(vector<int>::size_type, const int&, const vector<int>::allocator_type&);
```

et non :

```
vector(vector<int>::iterator, vector<int>::iterator, const vector<int>::allocator_type&);
```

La bibliothèque obtient ce résultat avec une surcharge appropriée des constructeurs. Les ambiguïtés équivalentes pour ***assign()*** et ***insert()*** (§ 16.3.6) sont traitées de façon analogue.

16.3.5 Les opérations sur une pile

Nous considérons le plus souvent un ***vector*** comme une structure de données compacte, qui peut être indexée afin d'accéder aux éléments. Nous pouvons toutefois ignorer cette conception concrète et considérer un ***vector*** comme un exemple d'une notion plus abstraite de séquence. Cette dernière approche, associée à une observation des utilisations courantes des tableaux et des ***vector***, nous permet de comprendre que les opérations de pile sont particulièrement significatives pour un ***vector*** :

```
template <class T, class A = allocator<T> > class vector {
public:
        // ...
```

```
        // opérations de pile :

        void push_back(const T& x);         // ajoute en fin
        void pop_back();                    // supprime le dernier élément
        // ...
};
```

Ces fonctions traitent un vecteur de la même façon qu'une pile en manipulant sa "fin". Par exemple :

```
void f(vector<char>& s)
{
        s.push_back('a');
        s.push_back('b');
        s.push_back('c');
        s.pop_back();
        if (s[s.size()-1] != 'b') error("impossible!");
        s.pop_back();
        if (s.back() != 'a') error("Ne devrait jamais se produire !");
}
```

A chaque appel de ***push_back()***, le vecteur ***s*** grossit d'un élément. Ce dernier est ensuite ajouté en fin. L'élément ***s[s.size()–1]***, également connu comme ***s.back()*** (§ 16.3.3), est donc l'élément placé le plus récemment dans le vecteur.

A l'exception de l'appellation ***vector*** qui remplace ***stack***, il n'apparaît rien ici d'inhabituel. On emploie le suffixe ***_back*** pour souligner le fait que les éléments sont ajoutés à la fin du ***vector***, et non au début. Cette façon d'ajouter un élément pourrait s'avérer coûteuse, car il serait alors nécessaire d'allouer de la mémoire supplémentaire pour son stockage. Une implémentation doit cependant garantir le fait que des opérations répétitives sur la pile ne génèrent que rarement une surcharge de traitement liée à l'augmentation.

Notez que ***pop_back()*** ne renvoie aucune valeur. Elle dépile simplement. Si nous désirons savoir quels éléments se trouvaient en haut de la pile avant cette opération, il est alors nécessaire de procéder à son examen. Ce n'est pas notre style de pile de prédilection (§ 2.5.3, § 2.5.4), mais il peut cependant être le plus efficace. De plus, il correspond au standard.

Quel intérêt les opérations de type pile sur un vecteur présentent-elles ? Le premier est de permettre l'implémentation d'une ***stack*** (§ 17.3.1). Mais leur intérêt majeur réside dans la construction d'un ***vector*** de façon incrémentielle. Nous pourrions désirer, par exemple, lire un vecteur de points depuis l'entrée. Nous ne connaissons cependant pas le nombre de points devant être lus. Nous ne pouvons donc pas allouer un vecteur de taille appropriée, et lire ce dernier. Il est alors préférable de coder :

```
vector<Point> cities;

void add_points(Point sentinel)
{
        Point buf;

        while (cin >> buf) {
                if (buf == sentinel) return;
```

```
                // contrôle le nouveau point
            cities.push_back(buf);
        }
}
```

Dans ce code, le ***vector*** peut se développer autant que nécessaire. Si un nouveau point avait dû être placé dans le ***vector***, nous aurions initialisé ***cities*** directement à partir de l'entrée dans un constructeur (§ 16.3.4). Il n'est pas rare, cependant, d'appliquer un traitement en entrée et d'étendre graduellement une structure de données au fur et à mesure de la progression du programme. ***push_back()*** supporte ce processus.

Dans les programmes C, cette utilisation est l'une des plus courantes de la fonction de bibliothèque standard C ***realloc()***. C'est pour cette raison que ***vector*** — et, en général, tout conteneur standard — offre une alternative moins spécifique, plus élégante et tout aussi efficace à ***realloc()***.

La taille ***size()*** d'un vecteur augmente implicitement *via* ***push_back()***. Aucun dépassement de capacité ne peut donc survenir (tant qu'il y a suffisamment de mémoire disponible pour l'affectation ; voir § 19.4.1). Un dépassement négatif des capacités peut cependant se produire pour un ***vector*** :

```
void f()
{
    vector<int> v;
    v.pop_back();           // effet indéfini : l'état de v devient indéfini
    v.push_back(7);         // effet indéfini (l'état de v est indéfini), probablement mauvais
}
```

Le résultat d'un débordement négatif de capacité est indéfini, mais l'implémentation évidente de ***pop_back()*** provoque l'écrasement de la mémoire non détenue par le ***vector***. Le débordement négatif, tout comme le dépassement de capacité, doit être évité.

16.3.6 Les opérations sur une liste

Les opérations ***push_back()***, ***pop_back()*** et ***back()*** (§ 16.3.5) permettent d'utiliser effectivement un ***vector*** comme une pile. Il est cependant quelquefois utile de pouvoir ajouter des éléments à un ***vector*** et en supprimer :

```
template <class T, class A = allocator<T> > class vector {
public:
    // ...
    // opérations de liste :

    iterator insert(iterator pos, const T& x);              // ajoute x avant pos
    void insert(iterator pos, size_type n, const T& x);     // ajoute n copies de x avant pos
    template <class In>                                     // In doit être un itérateur en entrée (§ 19.2.1)
        void insert(iterator pos, In first, In last);       // insère les éléments depuis la séquence

    iterator erase(iterator pos);                           // supprime l'élément en pos
    iterator erase(iterator first, iterator last);          // efface la séquence
    void clear();                                           // efface tous les éléments

    // ...
};
```

Pour illustrer le mode de fonctionnement de ces opérations, nous allons effectuer certaines manipulations (qui n'ont aucun sens) d'un vecteur de noms de fruits. Nous définissons tout d'abord le vecteur et nous le remplissons avec quelques noms :

```
vector<string> fruit;

fruit.push_back("peach");
fruit.push_back("apple");
fruit.push_back("kiwifruit");
fruit.push_back("pear");
fruit.push_back("starfruit");
fruit.push_back("grape");
```

Si nous ne désirons plus les fruits dont le nom commence par la lettre ***p***, nous pouvons supprimer leur nom de la façon suivante :

```
sort(fruit.begin(),fruit.end());
vector<string>::iterator p1 = find_if(fruit.begin(),fruit.end(),initial('p'));
vector<string>::iterator p2 = find_if(p1,fruit.end(),initial_not('p'));
fruit.erase(p1,p2);
```

En d'autres termes, on trie le ***vector***, on recherche le premier et le dernier fruits dont le nom commence par la lettre ***p***, puis on supprime ces éléments de ***fruit***. Le § 18.4.2 explique comment écrire des fonctions telles que ***initial(x)*** (la lettre initiale est-elle ***x*** ?) et ***initial_not()*** (la lettre initiale est-elle différente de ***p*** ?).

L'opération ***erase(p1, p2)*** supprime les éléments depuis ***p1*** jusqu'à ***p2*** (ce dernier étant non inclus). Cela peut être représenté par un graphique :

```
fruit[]:
                                    p1                  p2
                                    |                   |
                                    v                   v
     apple     grape     kiwifruit  peach     pear      starfruit
```

peach et ***pear*** ont donc été supprimés. On obtient

```
fruit[] :
     apple     grape     kiwifruit  starfruit
```

Comme toujours, la séquence spécifiée par l'utilisateur commence au début et se termine à l'élément suivant le dernier de la séquence sur laquelle s'applique l'opération.

Il serait tentant d'écrire :

```
vector<string>::iterator p1 = find_if(fruit.begin(),fruit.end(),initial('p'));
vector<string>::reverse_iterator p2 = find_if(fruit.rbegin(),fruit.rend(),initial('p'));
fruit.erase(p1,p2+1);          // erreur de type
```

Mais ***vector<fruit>::iterator*** et ***vector<fruit>::reverse_iterator*** ne doivent pas nécessairement être du même type. Nous ne pourrions donc pas nous appuyer sur l'appel de ***erase()*** pour compiler. Pour être utilisé avec un ***iterator***, un ***reverse_iterator*** doit être explicitement converti :

```
fruit.erase(p1,p2.base());     // extrait l'itérateur depuis reverse_iterator (§ 19.2.5)
```

En supprimant un élément d'un ***vector***, on en modifie la taille. Les éléments situés après ceux qui viennent d'être supprimés sont copiés dans les positions libérées. Dans cet exemple, ***fruit.size()*** devient ***4*** et le ***starfruit***, qui était égal à ***fruit[5]***, est maintenant ***fruit[3]***.

Il est naturellement également possible de supprimer un seul élément. Dans ce cas, un seul itérateur est requis pour cet élément précis (et non une paire d'itérateurs). Par exemple :

```
fruit.erase(find(fruit.begin(),fruit.end(),"starfruit"));
fruit.erase(fruit.begin()+1);
```

Ce code supprime ***starfruit*** et ***grape***, ne laissant ainsi que deux éléments dans ***fruit*** :

fruit[] :

apple ***kiwifruit***

Il est également possible d'insérer des éléments dans un vecteur. Par exemple :

```
fruit.insert(fruit.begin()+1,"cherry");
fruit.insert(fruit.end(),"cranberry");
```

Le nouvel élément est inséré avant la position mentionnée, et les éléments situés entre cet emplacement et la fin sont déplacés pour libérer de l'espace. Nous obtenons :

fruit[]:

apple ***cherry*** ***kiwifruit*** ***cranberry***

Notez que ***f.insert(f.end(),x)*** est équivalent à ***f.push_back(x)***.

Nous pouvons également insérer des séquences complètes :

```
fruit.insert(fruit.begin()+2,citrus.begin(),citrus.end());
```

Si ***citrus*** est un conteneur,

citrus[] :

lemon ***grapefruit*** ***orange*** ***lime***

nous obtenons :

fruit[] :

apple ***cherry*** ***lemon*** ***grapefruit*** ***orange*** ***lime*** ***kiwifruit*** ***cranberry***

Les éléments de ***citrus*** sont copiés dans ***fruit*** par ***insert()***. La valeur de ***citrus*** reste inchangée.

Il est évident que les fonctions ***insert()*** et ***erase()*** sont plus générales que ne le sont des opérations s'appliquant uniquement à l'extrémité finale d'un ***vector*** (§ 16.3.5). Elles peuvent également être plus coûteuses. Pour faire de la place à un nouvel élément, ***insert()*** pourrait avoir à réallouer chaque élément dans une partie différente de mémoire. Si les insertions et les suppressions dans un conteneur sont courantes, il est préférable que ce dernier soit une ***list***, et non un ***vector***. En effet, une ***list*** est optimisée pour ***insert()*** et ***erase()*** plutôt que pour l'indiçage (§ 16.3.3).

L'insertion et la suppression dans un vecteur (mais pas une ***list*** ou un conteneur associatif tel qu'un ***map***) déplacent potentiellement les éléments. Par conséquent, un itérateur dirigé vers un élément d'un vecteur pourrait pointer après un ***insert()*** ou un ***erase()*** sur un autre élément, ou encore sur aucun élément particulier. N'accédez jamais à un élément par l'intermédiaire d'un itérateur invalide. L'effet est indéfini et pourrait s'avérer désastreux. Gardez-vous, en particulier, d'utiliser l'itérateur qui a été utilisé pour signaler l'emplacement d'une insertion. ***Insert()*** rend invalide son premier argument. Par exemple :

```
void duplicate_elements(vector<string>& f)
{
    for(vector<string>::iterator p = f.begin(); p!=f.end(); ++p) f.insert(p,*p);    // Non !
}
```

Pensez-y (§ 16.5[15]). L'implémentation d'un ***vector*** déplacerait tous les éléments — ou au moins tous les éléments situés après ***p*** — pour faire de la place au nouvel arrivant.

L'opération ***clear()*** efface tous les éléments d'un conteneur ; ***c.clear()*** est donc un raccourci pour ***c.erase(c.begin(), c.end())***. Après ***c.clear()***, ***c.size()*** est nul.

16.3.7 L'adressage des éléments

Le plus souvent, la cible d'un ***erase()*** ou d'un ***insert()*** est un emplacement bien connu (tel que ***begin()*** ou ***end()***), le résultat d'une opération de recherche (tel que ***find()***) ou un emplacement déterminé pendant une itération. Dans de telles situations, nous disposons d'un itérateur qui pointe sur l'élément approprié. Nous faisons cependant souvent référence aux éléments d'un ***vector*** *via* l'indiçage. Comment est-il possible d'obtenir l'itérateur adéquat comme argument de ***erase()*** ou ***insert()*** pour l'élément de valeur d'index ***7*** d'un conteneur ***c*** ? Cet élément étant le septième après le début, ***c.begin()+7*** est une réponse correcte. Il serait préférable d'éviter d'autres solutions qui pourraient sembler plausibles en faisant une analogie avec les tableaux. Considérez le code suivant :

```
template<class C> void f(C& c)
{
    c.erase(c.begin()+7);          // ok
    c.erase(&c[7]);                // non général
    c.erase(c+7);                  // erreur : l'ajout de 7 à un conteneur n'a aucun sens
    c.erase(c.back());             // erreur : c.back() est une référence, pas un itérateur
    c.erase(c.end()-2);            // ok (deuxième élément avant la fin)
    c.erase(c.rbegin()+2);         // erreur : vector::reverse_iterator et vector::iterator sont
                                   des types différents

    c.erase((c.rbegin()+2).base()); // compliqué, mais correct (voir § 19.2.5)
}
```

Il se trouve que la solution la plus tentante, ***&c[7]***, fonctionne effectivement avec l'implémentation évidente de ***vector***, où ***c[7]*** fait directement référence à l'élément et où son adresse est un itérateur valide. Cela n'est cependant pas le cas pour les autres conteneurs. Un itérateur de liste ou d'un ***map***, par exemple, n'est certainement pas un simple pointeur d'un élément. Par conséquent, leurs itérateurs ne supportent pas ***[]***. Donc, ***&c[7]*** représenterait une erreur qui serait détectée par le compilateur.

Les solutions ***c+7*** et ***c.back()*** sont de simples erreurs de type. Un conteneur n'est pas une variable numérique à laquelle nous pouvons ajouter ***7***, et ***c.back()*** est un élément possédant une valeur, telle que "pear", qui n'identifie pas l'emplacement de la poire dans le conteneur ***c***.

16.3.8 Taille et capacité

Jusqu'à présent, ***vector*** a été décrit avec un minimum de références à la gestion de mémoire. Un vecteur se développe si nécessaire. En général, c'est tout ce qui importe. Il est toutefois possible de s'enquérir directement de la façon dont un ***vector*** utilise la mémoire, et, de temps à autre, il peut être intéressant de l'affecter directement. Les opérations sont les suivantes :

```
template <class T, class A = allocator<T> > class vector {
public:
        // ...
        // capacité :

        size_type size() const;                  // nombre d'éléments
        bool empty() const { return size()==0; }
        size_type max_size() const;              // taille du plus grand vecteur possible
        void resize(size_type sz, T val = T());  // a ajouté des éléments initialisés par val

        size_type capacity() const;              // taille de la mémoire allouée (en nombre d'éléments)
        void reserve(size_type n);               // réserve de la mémoire pour un total de n éléments ;
                                                 pas d'initialisation
                                                 // déclenche un length_error si n>max_size()

        // ...
};
```

A un instant donné, un vecteur contient un certain nombre d'éléments. Ce nombre peut être obtenu en appelant ***size()*** et être modifié à l'aide de ***resize()***. Un utilisateur peut donc déterminer la taille d'un vecteur et la modifier si elle lui semble insuffisante ou excessive. Par exemple :

```
class Histogram {
        vector<int> count;
public:
        Histogram(int h) : count(max(h,8)) {}
        void record(int i);
        // ...
};
void Histogram::record(int i)
{
        if (i<0) i = 0;
        if (count.size()<=i) count.resize(i+i);    // réserve beaucoup de mémoire
        count[i]++;
}
```

L'emploi de ***resize()*** avec un vecteur est très proche de l'utilisation de la fonction de la bibliothèque standard C ***realloc()*** sur un Tableau C alloué sur le tas.

Lorsque la taille d'un ***vector*** doit être modifiée pour s'adapter à un nombre plus important (ou inférieur) d'éléments, la totalité de ses éléments peut être déplacée vers de nouveaux emplacements. Par conséquent, il est déconseillé de conserver des pointeurs d'éléments d'un ***vector*** dont la taille peut être modifiée. Après une opération ***resize()***, de tels pointeurs pourraient se trouver dirigés sur la mémoire libérée. Il est préférable de gérer un index. Notez que ***push_back()***, ***insert()*** et ***erase()*** modifient implicitement la taille d'un ***vector***.

En plus de la place destinée aux éléments contenus, une application pourrait réserver de l'espace supplémentaire pour une éventuelle expansion. Une programmeur qui prévoit une expansion peut indiquer à l'implémentation du ***vector*** de réserver de l'espace *via* ***reserve()***. Par exemple :

```
struct Link {
	Link* next;
	Link(Link* n =0) : next(n) {}
	// ...
};

vector<Link> v;

void chain(size_t n)	// remplit v avec n Link de telle sorte que Link pointe vers son prédécesseur
{
	v.reserve(n);
	v.push_back(Link(0));
	for (int i = 1; i<n; i++) v.push_back(Link(&v[i-1]));
	// ...
}
```

Un appel de ***v.reserve(n)*** garantit qu'aucune allocation ne sera nécessaire lorsque la taille de ***v*** augmentera jusqu'à ce que ***v.size()*** dépasse ***n***.

La réservation de la mémoire présente deux avantages. Tout d'abord, même une implémentation très simple peut allouer suffisamment d'espace en une seule opération, plutôt que d'acquérir petit à petit la mémoire nécessaire. Cependant, dans un grand nombre de cas, il existe un avantage logique qui l'emporte sur le gain en efficacité potentiel. Lorsqu'un ***vector*** se développe, les éléments d'un conteneur sont susceptibles d'être déplacés. Les liens créés entre les éléments de ***v*** dans l'exemple précédent ne sont garantis que parce que l'appel de ***reserve()*** indique qu'aucune allocation n'aura lieu au cours de la création du vecteur. Ainsi, en plus d'un gain d'efficacité éventuel, ***reserve()*** offre dans certains cas une garantie d'exactitude.

Cette même garantie peut être employée pour assurer qu'un épuisement de mémoire et qu'une réallocation des éléments potentiellement coûteuse auront lieu à des moments prévisibles. Cela peut être d'une grande importance pour des programmes avec des contraintes de temps réel strictes.

Notez que ***reserve()*** ne modifie pas la taille d'un ***vector***. Elle n'a donc pas à initialiser de nouveaux éléments. A tous les égards, elle diffère de ***resize()***.

De la même façon que ***size()*** fournit le nombre courant d'éléments, ***capacity()*** fournit le nombre courant d'emplacements mémoire réservés ; ***c.capacity()–c.size()*** représente le nombre d'éléments pouvant être insérés sans déclencher de nouvelle allocation. On ne réduit pas la capacité d'un ***vector*** en diminuant sa taille. On obtient simplement de la place pour son expansion future. Si vous désirez rendre de la mémoire au système, affectez une nouvelle valeur au vecteur. Par exemple :

```
v = vector<int>(4,99);
```

Un ***vector*** obtient la mémoire dont il a besoin pour ses éléments en appelant les fonctions membres de son allocateur (fourni comme un paramètre du modèle). L'allocateur par défaut, nommé ***allocator*** (§ 19.4.1), utilise le mot clé ***new*** pour obtenir de la mémoire. L'exception ***bad_alloc*** sera donc déclenchée s'il ne peut obtenir cette mémoire. Des allocateurs différents choisiront d'autres manières de procéder (voir § 19.4.2).

Les fonctions ***reserve()*** et ***capacity()*** sont uniques à ***vector*** et aux conteneurs compacts analogues. Les conteneurs tels que ***list*** ne fournissent pas de fonctions équivalentes.

16.3.9 Les autres fonctions membres

De nombreux algorithmes, dont les algorithmes de tri importants, effectuent des échanges d'éléments. La méthode d'échange la plus simple (§ 13.5.2) consiste à copier les éléments. Cependant, un vecteur est généralement implémenté avec une structure se comportant comme un descripteur (§ 13.5, § 17.1.3) des éléments. L'échange de deux vecteurs sera donc beaucoup plus efficace si l'on choisit d'interchanger les descripteurs. Cette opération est réalisée à l'aide de ***vector::swap()***. La différence de durée entre cette fonction et la fonction ***swap()*** par défaut peut s'avérer importante dans certains cas :

```
template <class T, class A = allocator<T> > class vector {
public:
        // ...

        void swap(vector&);

        allocator_type get_allocator() const;
};
```

La fonction ***get_allocator()*** permet au programmeur d'accéder à l'allocateur d'un ***vector*** (§ 16.3.1, § 16.3.4). Cette fonction offre surtout la garantie que les données en provenance d'une application liée à un vecteur sont allouées de façon analogue au vecteur lui-même (§ 19.4.1).

16.3.10 Les fonctions assistantes

On peut comparer deux vecteurs à l'aide de **==** et **<** :

```
template <class T, class A>
bool std::operator==(const vector<T,A>& x, const vector<T,A>& y);

template <class T, class A>
bool std::operator<(const vector<T,A>& x, const vector<T,A>& y);
```

Deux vecteurs ***v1*** et ***v2*** sont égaux si ***v1.size()==v2.size()*** et si ***v1[n]==v2[n]*** pour tout index valide ***n***. De la même façon, **<** est un classement lexicographique. En d'autres termes, l'opérateur **<** pourrait être défini pour les vecteurs de la façon suivante :

```
template <class T, class A>
inline bool std::operator<(const vector<T,A>& x, const vector<T,A>& y)
{
        return lexicographical_compare(x.begin(),x.end(),y.begin(),y.end());      // voir § 18.9
}
```

Cela signifie que ***x*** est inférieur à ***y*** si le premier élément ***x[i]*** qui n'est pas égal à l'élément correspondant ***y[i]*** est inférieur à ***y[i]***, ou si ***x.size()<y.size()*** avec chaque ***x[i]*** égal à son ***y[i]*** correspondant.

La bibliothèque standard fournit également les opérateurs !=, <=, >, et >=, avec des définitions correspondantes à celles de == et <.

Swap() étant une fonction membre, on l'appelle à l'aide de la syntaxe ***v1.swap(v2)***. Tous les types ne possèdent cependant pas un membre ***swap()***. C'est pourquoi les algorithmes génériques font appel à la syntaxe conventionnelle ***swap(a, b)***. La bibliothèque standard fournit la spécialisation afin que ce processus fonctionne également pour les vecteurs :

```
template <class T, class A> void std::swap(vector<T,A>& x, vector<T,A>& y)
{
        x.swap(y);
}
```

16.3.11 Vector<bool>

La spécialisation (§ 13.5) ***vector<bool>*** est fournie *via* un ***vector*** compact de ***bool***. Une variable ***bool*** étant adressable, elle occupe au moins un octet. Il est cependant facile d'implémenter ***vector<bool>*** de telle sorte que chaque élément n'occupe qu'un bit.

Les opérations traditionnelles d'un vecteur sont utilisables pour ***vector<bool>*** et conservent leur signification habituelle. L'indiçage et l'itération, en particulier, fonctionnent sans surprise. Par exemple :

```
void f(vector<bool>& v)
{
        for (int i = 0; i<v.size(); ++i) cin >> v[i];          // itération à l'aide de l'indiçage

        typedef vector<bool>::const_iterator VI;
        for (VI p = v.begin(); p!=v.end(); ++p) cout<<*p;      // itération à l'aide d'un itérateur
}
```

Ce résultat ne pourra être obtenu que si l'implémentation simule l'adressage d'un seul bit. Un pointeur étant incapable d'adresser une unité de mémoire inférieure à un octet, ***vector<bool>::iterator*** ne peut être un pointeur. On ne peut, en particulier, envisager un ***bool**** comme itérateur pour un ***vector<bool>*** :

```
void f(vector<bool>& v)
{
        bool* p = v.begin();      // erreur : type invalide
        // ...
}
```

Une technique d'adressage d'un bit est présentée en § 17.5.3.

La bibliothèque fournit ***bitset***, un ensemble de valeurs booléennes avec les opérations associées (§ 17.5.3).

16.4 Conseils

1. Utilisez les fonctionnalités de bibliothèque standard pour maintenir la portabilité (voir § 16.1).
2. N'essayez pas de redéfinir les fonctionnalités de la bibliothèque standard (voir § 16.1.2).
3. Ne considérez pas que la bibliothèque standard est idéale pour tout.
4. Lors de la création d'une nouvelle fonctionnalité, étudiez si elle peut être présentée dans la structure offerte par la bibliothèque standard (voir § 16.3).
5. N'oubliez pas que les fonctions de la bibliothèque standard sont définies dans l'espace de noms ***std*** (voir § 16.1.2).
6. Déclarez les fonctions de la bibliothèque standard en incluant leur en-tête, et non à l'aide d'une déclaration explicite (voir § 16.1.2).
7. Tirez parti de l'abstraction tardive (voir § 16.2.1).
8. Evitez les interfaces riches (voir § 16.2.2).
9. Préférez les algorithmes avec des itérateurs inverses aux boucles explicites traitant un ordre inverse (voir § 16.3.2).
10. Utilisez ***base()*** pour extraire un ***iterator*** à partir d'un ***reverse_iterator*** (voir § 16.3.2).
11. Transmettez les conteneurs par référence (voir § 16.3.4).
12. Préférez les types d'itérateurs, tels que ***list<char>::iterator***, aux pointeurs pour adresser les éléments d'un conteneur (voir § 16.3.1).
13. Utilisez des itérateurs ***const*** lorsque vous n'avez pas besoin de modifier les éléments d'un conteneur (voir § 16.3.1).
14. Utilisez ***at()*** directement ou indirectement si vous désirez que soit effectué un contrôle de la plage des valeurs (voir § 16.3.3).
15. Préférez ***push_back()*** ou ***resize()*** sur un conteneur à ***realloc()*** sur un tableau (voir § 16.3.5).
16. N'utilisez pas les itérateurs dans un vecteur dont la taille a été modifiée (voir § 16.3.8).
17. Choisissez ***reserve()*** pour éviter d'invalider les itérateurs (voir § 16.3.8).
18. Choisissez ***reserve()*** pour rendre les performances prévisibles (voir § 16.3.8).

16.5 Exercices

Vous trouverez les solutions de certains exercices de ce chapitre en examinant le texte source d'une implémentation de la bibliothèque standard. Nous vous conseillons d'essayer de trouver vos propres solutions avant de chercher comment l'implémenteur de votre bibliothèque a abordé les problèmes.

1. (*1.5) Créez un ***vector<char>*** contenant les lettres de l'alphabet dans l'ordre. Imprimez les éléments de ce vecteur dans l'ordre et dans l'ordre inverse.
2. (*1.5) Créez un ***vector<string>*** et lisez une liste de noms de fruits depuis ***cin*** dans ce vecteur. Triez la liste puis affichez-la.

3. (*1.5) A partir du vecteur défini en § 16.5[2], écrivez une boucle permettant d'afficher les noms de tous les fruits dont la première lettre est ***a***.
4. (*1) A partir du vecteur défini en § 16.5[2], écrivez une boucle permettant de supprimer tous les fruits dont la lettre initiale est ***a***.
5. (*1) A partir du vecteur défini en § 16.5[2], écrivez une boucle pour supprimer tous les agrumes.
6. (*1.5) A partir du vecteur défini en § 16.5[2], écrivez une boucle permettant de supprimer tous les fruits que vous n'aimez pas.
7. (*2) Complétez les classes ***Vector***, ***List*** et ***Itor*** du § 16.2.1.
8. (*2.5) Etant donné une classe ***Itor***, examinez comment fournir des itérateurs pour une itération en avant, une itération en arrière, une itération dans un conteneur qui pourrait être modifié au cours de cette opération et une itération dans un conteneur inaltérable. Organisez cet ensemble de conteneurs de telle sorte qu'un utilisateur puisse utiliser indifféremment des itérateurs fournissant une fonctionnalité suffisante pour un algorithme. Optimisez l'implémentation des conteneurs. De quels autres types d'itérateurs un utilisateur pourrait-il avoir besoin ? Etablissez la liste des avantages et des points faibles de votre approche.
9. (*2) Complétez les classes ***Container***, ***Vector*** et ***List*** du § 16.2.2.
10. (*2.5) Générez 10 000 nombres aléatoires uniformément répartis dans la plage de valeurs ***0*** à ***1 023*** et stockez-les dans un (a) ***vector*** de bibliothèque standard, (b) ***Vector*** du § 16.5[7] et (c) ***Vector*** du § 16.5[9]. Dans chaque cas, calculez la moyenne arithmétique des éléments du vecteur (comme si vous ne la connaissiez pas déjà). Chronométrez les boucles obtenues. Estimez, mesurez et comparez l'occupation en mémoire pour les trois styles de vecteur.
11. (*1.5) Ecrivez un itérateur permettant d'utiliser le ***Vector*** du § 16.2.2 comme un conteneur dans le style du § 16.2.1.
12. (*1.5) Ecrivez une classe dérivée de ***Container*** permettant d'utiliser le ***Vector*** du § 16.2.1 comme un conteneur dans le style du § 16.2.2.
13. (*2) Ecrivez des classes permettant d'utiliser les ***Vector*** des § 16.2.1 et 16.2.2 comme des conteneurs standards.
14. (*2) Ecrivez un modèle qui implémente un conteneur avec les mêmes fonctions membres et les mêmes types de membres que le ***vector*** standard pour un type de conteneur existant (non standard, non issu d'un exercice). Ne modifiez pas le type du conteneur existant. Comment traiteriez-vous la fonctionnalité offerte par le ***vector*** non standard et non par le ***vector*** standard ?
15. (*1.5) Décrivez le comportement possible de ***duplicate_elements()*** du § 16.3.6 pour un ***vector<string>*** avec les trois éléments ***don't do this***.

17

Conteneurs standard

Il est temps maintenant d'établir
des bases théoriques solides pour votre travail.

Sam Morgan

Les conteneurs standards — Récapitulatif des opérations et conteneurs — L'efficacité — La représentation — Les conditions requises pour un élément — Les séquences — ***vector*** — ***list*** — ***deque*** — Les adaptateurs — ***stack*** — ***queue*** — ***priority_queue*** — Les conteneurs associatifs — ***map*** — Les comparaisons — ***multimap*** — ***set*** — ***multiset*** — Les "presque conteneurs" — ***bitset*** — Les tableaux — Les tables de hachage — Implémentation d'un ***hash_map*** — Conseils — Exercices

17.1 Les conteneurs standards

Deux types de conteneurs sont définis dans la bibliothèque standard : les conteneurs de séquences et les conteneurs associatifs. Les séquences sont très proches de ***vector*** (§ 16.3). Sauf indication contraire, les types et les fonctions membres mentionnés pour ***vector*** s'appliquent également à tout autre conteneur en produisant le même résultat. Les conteneurs associatifs offrent, en supplément, un accès aux éléments à partir de clés (§ 3.7.4).

Les tableaux intégrés (§ 5.2), les ***string*** (Chapitre 20), les ***valarray*** (§ 22.4) et les ***bitset*** (§ 17.5.3) contiennent des éléments. Ils peuvent donc être considérés comme des conteneurs. Ces types ne sont pourtant pas des conteneurs standards complètement développés. S'ils l'étaient, leur principal objectif serait détourné. Un tableau intégré, par exemple, ne peut à la fois contenir sa propre taille et rester compatible, pour le format, avec les tableaux du C.

L'un des principes des conteneurs standards est, lorsque le contexte l'autorise, l'interchangeabilité. L'utilisateur peut alors faire son choix selon des critères d'efficacité et son besoin en opérations spécialisées. Si la recherche à partir d'une clé est courante, par exemple, on peut choisir un ***map*** (§ 17.4.1). Si les opérations de liste générales dominent, on pourra coder une ***list*** (§ 17.2.2). Si de nombreuses opérations d'ajout et de suppression s'effectuent en queue du conteneur, on pourra envisager un ***deque*** (file d'attente dans laquelle il est possible d'ajouter ou de supprimer des éléments aux deux extrémités ; § 17.2.3), une ***stack*** (§ 17.3.1) ou une ***queue*** (§ 17.3.2). Un utilisateur a également la possibilité de créer des conteneurs supplémentaires et de les intégrer à la structure fournie par les conteneurs standards (§ 17.6). ***vector*** (§ 16.3) devrait être utilisé par défaut. Il sera, en effet, implémenté pour fonctionner correctement dans un grand nombre de situations.

La démarche consistant à traiter différents types de conteneurs — et plus généralement tous les types de sources d'informations — de façon uniformisée conduit à la programmation générique (§ 2.7.2, § 3.8). La bibliothèque standard fournit de nombreux algorithmes génériques (Chapitre 18), qui peuvent éviter au programmeur d'avoir à traiter directement avec les détails des conteneurs individuels.

17.1.1 Récapitulatif des opérations

Cette section fournit la liste des membres les plus courants pour les conteneurs standards. Pour plus de détails, consultez vos en-têtes standards (***<vector>***, ***<list>***, ***<map>***, etc. ; § 16.1.2).

Types de membres (§ 16.3.1)

value_type	Type d'élément
allocator_type	Type du gestionnaire de mémoire
size_type	Type des indices, des comptes d'éléments, etc.
difference_type	Type de la différence entre deux itérateurs
iterator	Se comporte comme ***value_type****
const_iterator	Se comporte comme ***const value_type****
reverse_iterator	Parcourt le conteneur en ordre inverse ; comme ***value_type****

Types de membres (§ 16.3.1) *(suite)*

const_reverse_iterator	Parcourt le conteneur en ordre inverse ; comme ***const value_type****
reference	Se comporte comme ***value_type&***
const_reference	Se comporte comme ***const_value_type&***
key_type	Type de clé (uniquement pour les conteneurs associatifs)
mapped_type	Type de ***mapped_value*** (uniquement pour les conteneurs associatifs)
key_compare	Type du critère de comparaison (uniquement pour les conteneurs associatifs)

Un conteneur peut être considéré comme une séquence organisée soit dans l'ordre défini par l'itérateur du conteneur, soit en ordre inverse. Dans le cas d'un conteneur associatif, l'ordre est basé sur le critère de comparaison du conteneur (< par défaut) :

Itérateurs (§ 16.3.2)

begin()	Pointe sur le premier élément
end()	Pointe sur l'élément suivant le dernier élément
rbegin()	Pointe sur le premier élément de la séquence inverse (le dernier)
rend()	Pointe sur l'élément suivant le dernier élément de la séquence inverse (avant le premier)

Il est possible d'accéder directement à certains éléments :

Accès aux éléments (§ 16.3.3)

front()	Premier élément
back()	Dernier élément
[]	Indiçage, accès non contrôlé (pas pour une liste)
at()	Indiçage, accès contrôlé (pas pour une liste)

La plupart des conteneurs offrent des opérations efficaces qui s'appliquent sur la fin de leur séquence d'éléments. De plus, les listes et les files d'attente à double accès fournissent les opérations équivalentes qui s'appliquent au début de leurs séquences :

Opérations sur les piles et les files d'attente (§ 16.3.5, § 17.2.2.2)

push_back()	Ajoute en fin de séquence
pop_back()	Supprime le dernier élément
push_front()	Ajoute un nouveau premier élément (uniquement pour ***list*** et ***deque***)
pop_front()	Supprime le premier élément (uniquement pour ***list*** et ***deque***)

Les conteneurs fournissent des opérations pour les listes :

Opérations sur les listes (§ 16.3.6)

insert(p,x)	Ajoute ***x*** avant ***p***
insert(p,n,x)	Ajoute ***n*** copies de ***x*** avant ***p***
insert(p,first,last)	Ajoute les éléments de ***[first::last[*** avant ***p***
erase(p)	Supprime l'élément en ***p***
erase(first,last)	Efface [first::last[
clear()	Efface tous les éléments

Tous les conteneurs fournissent des opérations liées au nombre d'éléments ainsi que quelques opérations supplémentaires :

Autres opérations (§ 16.3.8, § 16.3.9, § 16.3.10)

size()	Nombre d'éléments
empty()	Le conteneur est-il vide ?
max_size()	Taille maximum du conteneur
capacity()	Mémoire allouée pour ***vector*** (uniquement pour ***vector***)
reserve()	Réserve de l'espace pour une expansion future (uniquement pour ***vector***)
resize()	Modifie la taille du conteneur (uniquement pour ***vector***, ***list*** et ***deque***)
swap()	Echange les éléments de deux conteneurs
get_allocator()	Obtient une copie de l'allocateur du conteneur
==	Le contenu des deux conteneurs est-il identique ?
!=	Le contenu des deux conteneurs est-il différent ?
<	Un conteneur se situe-t-il avant un autre d'un point de vue lexicographique ?

Les conteneurs fournissent divers constructeurs et opérations d'affectation :

Constructeurs, etc. (§ 16.3.4)

container()	Conteneur vide
container(n)	***n*** éléments avec la valeur par défaut (pas pour les conteneurs associatifs)
container(n,x)	***n*** copies de ***x*** (pas pour les conteneurs associatifs)
container(first,last)	Eléments initiaux dans ***[first::last[***
container(x)	Constructeur de copie ; éléments initiaux issus du conteneur ***x***
~container()	Détruit le conteneur et tous ses éléments

Affectations (§ 16.3.4)

operator=(x)	Affectation copie ; éléments du conteneur ***x***
assign(n,x)	Affecte ***n*** copies de ***x*** (pas pour les conteneurs associatifs)
assign(first,last)	Affecte à partir de [first::last[

Les conteneurs associatifs permettent une recherche à partir de clés :

Opérations associatives (§ 17.4.1)

operator[](k)	Accède à l'élément de clé ***k*** (pour les conteneurs avec des clés uniques)
find(k)	Cherche l'élément de clé ***k***
lower_bound(k)	Cherche le premier élément de clé ***k***
upper_bound(k)	Cherche le premier élément de clé supérieure à ***k***
equal_range(k)	Trouve les éléments ***lower_bound*** et ***upper_bound*** de clé ***k***
key_comp()	Copie de l'objet de comparaison de clé
value_comp()	Copie de l'objet de comparaison ***mapped_value***

Pour compléter ces opérations courantes, la plupart des conteneurs fournissent quelques opérations spécialisées.

17.1.2 Récapitulatif des conteneurs

On peut résumer les conteneurs standards de la façon suivante :

Opérations sur les conteneurs standards

	[]	***Opérations de liste***	***Opérations en début***	***Opérations en fin (pile)***	***Itérateurs***
	§ 16.3.3 § 17.4.1.3	§ 16.3.6 § 20.3.9	§ 17.2.2.2 § 20.3.9	§ 16.3.5 § 20.3.12	§ 19.2.1
vector	***const***	***O(n)+***		***const+***	***Ran***
list		***const***	***const***	***const***	***Bi***
deque	***const***	***O(n)***	***const***	***const***	***Ran***
stack				***const+***	
queue			***const***	***const+***	
priority_queue			***O(log(n))***	***O(log(n))***	
map	***O(log(n))***	***O(log(n))+***			***Bi***
multimap		***O(log(n))+***			***Bi***

Opérations sur les conteneurs standards *(suite)*

	[]	*Opérations de liste*	*Opérations en début*	*Opérations en fin (pile)*	*Itérateurs*
set		*O(log(n))+*			*Bi*
multiset		*O(log(n))+*			*Bi*
string	*const*	*O(n)+*	*O(n)+*	*const+*	*Ran*
array	const				*Ran*
valarray	*const*				*Ran*
bitset	*const*				*Ran*

Dans la colonne *Itérateurs*, ***Ran*** représente un itérateur à accès aléatoire et ***Bi*** signifie itérateur bidirectionnel. Les opérations associées à un itérateur bidirectionnel représentent un sous-ensemble de celles d'un itérateur à accès aléatoire (§ 19.2.1). Les autres indications permettent d'évaluer l'efficacité des opérations. Le mot clé ***const*** indique que la durée de l'opération ne dépend pas du nombre d'éléments dans le conteneur. Une autre notation conventionnelle pour un *temps constant* est ***O(1)***. Une entrée ***O(n)*** précise que la durée de l'opération est proportionnelle au nombre d'éléments pris en compte. Un suffixe + indique qu'un coût supplémentaire intervient à l'occasion. L'insertion d'un élément dans une liste, par exemple, a un coût fixe (c'est pourquoi elle est indiquée comme ***const***), alors que la même opération sur un ***vector*** implique le déplacement des éléments qui suivent le point d'insertion (c'est pourquoi elle est signalée comme ***O(n)***). De temps à autre, il est nécessaire de déplacer tous les éléments (dans ce cas, nous avons ajouté un +). La notation du "***O*** majuscule" est conventionnelle. Nous avons ajouté le + à l'attention des programmeurs désireux de prévoir les performances. Une traduction conventionnelle de ***O(n)+*** est *temps linéaire amorti*.

Lorsque la valeur d'une constante est importante, celle-ci peut naturellement masquer un léger coût proportionnel au nombre d'éléments. Cependant, pour les structures de données de grande taille, ***const*** pourrait être traduit par "peu coûteux", ***O(n)*** par "coûteux" et ***O(log(n))*** par "relativement peu coûteux". Même pour des valeurs de ***n*** modérément importantes, ***O(log(n))*** est plus proche d'un temps constant que de ***O(n)***. Un supplément d'étude sera nécessaire pour pouvoir examiner précisément les performances. Il faut comprendre, en particulier, quels éléments sont pris en compte pour obtenir le ***n***. Aucune opération de base n'est "très coûteuse", c'est-à-dire ***O(n*n)*** ou pire.

A l'exception de ***string***, l'évaluation des coûts présentée ici reflète les conditions requises par le standard. Les données concernant ***string*** sont issues de nos propres hypothèses.

Ces évaluations de complexité et de coût représentent un plafond. Elles permettent de guider les utilisateurs et indiquent ce qu'ils peuvent attendre d'une implémentation. Les implémenteurs tenteront, bien sûr, de faire mieux dans des cas importants.

17.1.3 La représentation

Le standard n'impose pas de représentation particulière pour chaque conteneur. Il en spécifie simplement les interfaces et quelques conditions de complexité. Les implémenteurs choisiront les implémentations appropriées, et souvent bien optimisées, pour répondre aux conditions générales.

Un conteneur sera très souvent représenté par une structure de données contenant les éléments accédés par l'intermédiaire d'un descripteur muni d'informations de taille et de capacité. Pour un ***vector***, la structure de données de l'élément sera très certainement un tableau :

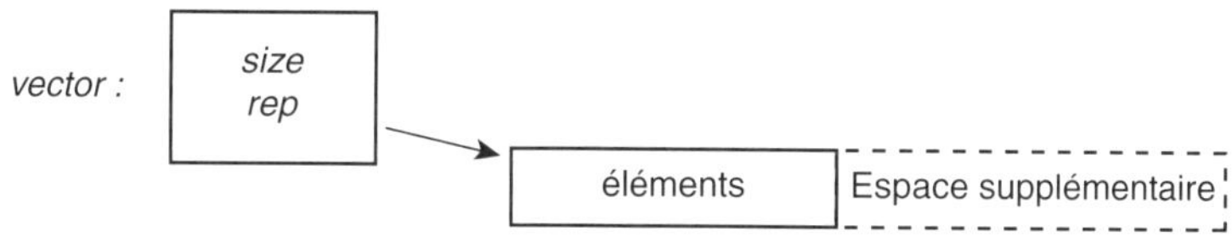

De la même façon, une liste est le plus souvent représentée par un ensemble de liaisons pointant sur les éléments :

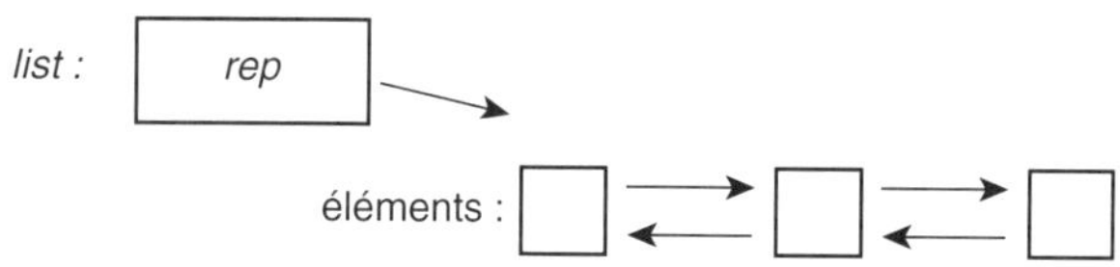

La représentation la plus probable d'un ***map*** est une arborescence (équilibrée) de nœuds pointant sur des paires (clé, valeur) :

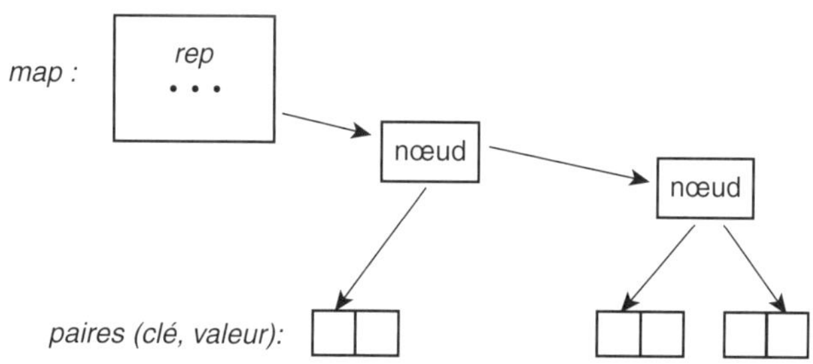

Une ***string*** pourrait être implémentée comme décrit en § 11.12, ou sous la forme d'une séquence de tableaux contenant chacun quelques caractères :

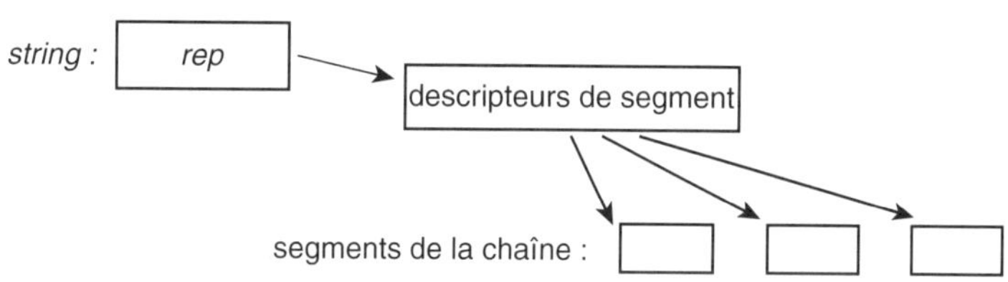

17.1.4 Les conditions requises pour un élément

Les éléments d'un conteneur sont des copies des objets insérés. Pour devenir un élément d'un conteneur, un objet doit donc appartenir à un type que l'implémentation du conteneur sera capable de copier. Ce dernier peut reproduire les éléments à l'aide d'un constructeur de copie ou d'une affectation. Dans chaque cas, le résultat de la copie doit être un objet équivalent. On peut donc estimer que tout test d'égalité susceptible d'être imaginé sur la valeur des objets doit considérer la copie comme égale à l'original. En d'autres termes, la copie d'un élément doit être très proche d'une copie ordinaire des types intégrés (y compris les pointeurs). Par exemple,

```
X& X::operator=(const X& a)         // opérateur d'affectation approprié
{
                                    // copie tous les membres de a dans *this
        return *this;
}
```

X est ici un type d'élément acceptable pour un conteneur standard, mais dans le code qui suit :

```
void Y::operator=(const Y& a)       // opérateur d'affectation inapproprié
{
                                    // met à zéro tous les membres de a
}
```

Y ne convient pas, car son affectation ne possède ni le type retourné, ni la sémantique conventionnels.

Le compilateur est capable de détecter certaines violations des règles s'appliquant aux conteneurs standards. En revanche, d'autres ne peuvent l'être, et sont néanmoins susceptibles de provoquer un comportement inattendu. Une opération de copie qui déclenche une exception, par exemple, pourrait laisser un élément partiellement copié en mémoire. Elle pourrait même laisser le conteneur dans un état qui pourrait être la cause de problèmes ultérieurs. De telles opérations de copie signalent une mauvaise conception (§ 14.4.6.1).

Lorsque la copie des éléments n'est pas appropriée, la solution de rechange consiste à placer les pointeurs des objets, et non les objets eux-mêmes, dans les conteneurs. L'exemple le plus évident est celui des types polymorphiques (§ 2.5.4, § 12.2.6). Nous préférons, par exemple, ***vector<Shape*>*** à ***vector<Shape>*** pour préserver le comportement polymorphique.

17.1.4.1 Les comparaisons

Une condition requise par les conteneurs associatifs est la possibilité d'ordonner leurs éléments. C'est également le cas de nombreuses opérations susceptibles d'être appliquées aux conteneurs (par exemple ***sort()***). L'opérateur < est utilisé par défaut pour définir l'ordre. Si cet opérateur n'est pas approprié, le programmeur doit prévoir une solution de remplacement (§ 17.4.1.5, § 18.4.2). Le critère de classement doit définir un *ordre strict*. Cela peut se traduire par le fait que l'égalité et l'opération inférieur-à doivent être transitives. Cela signifie que pour un critère de classement ***cmp*** :

1. ***cmp(x,x)*** est ***false***.
2. Si ***cmp(x,y)*** et ***cmp(y,z)***, alors ***cmp(x,z)***.

3. Définissez ***equiv(x,y)*** pour être !***(cmp(x,y)||cmp(y,x))***. Si ***equiv(x,y)*** et ***equiv(y,z)***, alors on a ***equiv(x,z)***.

Considérez le code suivant :

```
template<class Ran> void sort(Ran first, Ran last);    // utilise < pour la comparaison
template<class Ran, class Cmp> void sort(Ran first, Ran last, Cmp cmp);    // utilise cmp
```

La première version fait appel à <, et la seconde utilise une comparaison ***cmp*** fournie par l'utilisateur. Nous pourrions décider, par exemple, de trier ***fruit*** à l'aide d'une comparaison ne distinguant pas les majuscules des minuscules. Il suffit de définir un objet fonction (§ 11.9, § 18.4) qui effectue la comparaison lorsqu'il est appelé pour une paire de ***string*** :

```
class Nocase {    // comparaison de chaîne sans prendre en compte la casse
public:
        bool operator()(const string&, const string&) const;
};

bool Nocase::operator()(const string& x, const string& y) const
                // renvoie true si x est inférieur à y d'un point de vue lexicographique, sans prendre en
                compte la casse
{
        string::const_iterator p = x.begin();
        string::const_iterator q = y.begin();

        while (p!=x.end() && q!=y.end() && toupper(*p)==toupper(*q)) {
                ++p;
                ++q;
        }
        if (p == x.end()) return q != y.end();
        if (q == y.end()) return false;
        return toupper(*p) < toupper(*q);
}
```

Il est possible d'appeler ***sort()*** en utilisant ce critère de comparaison. Etant donné, par exemple :

```
fruit:
        apple    pear    Apple    Pear    lemon
```

Un tri *via* ***sort(fruit.begin(),fruit.end(),Nocase())*** produirait le résultat :

```
fruit:
        Apple    apple    lemon    Pear    pear
```

alors qu'un ***sort(fruit.begin(),fruit.end())*** ordinaire produirait :

```
fruit:
        Apple    Pear    apple    lemon    pear
```

en supposant que les lettres majuscules précèdent les lettres minuscules dans le jeu de caractères.

Attention, l'opérateur < ne définit pas un ordre lexicographique dans les chaînes de style C (c'est-à-dire, ***char****) (§ 13.5.2). Lorsque ces dernières seront utilisées comme des clés, les conteneurs associatifs ne fonctionneront donc pas comme on pourrait l'espérer. Pour obtenir un fonctionnement approprié, il est nécessaire d'utiliser une opération inférieur-à, qui effectue une comparaison en fonction de l'ordre lexicographique. Par exemple :

```
struct Cstring_less {
        bool operator()(const char* p, const char* q) const { return strcmp(p,q)<0; }
};

map<char*,int,Cstring_less> m;      // map qui utilise strcmp() pour comparer des clés const char*
```

17.1.4.2 Les autres opérateurs relationnels

Les conteneurs et les algorithmes utilisent < par défaut lorsqu'une comparaison inférieur-à s'impose. Quand le choix par défaut ne convient pas, il est possible pour le programmeur de fournir un critère de comparaison. Aucun mécanisme n'est cependant fournit pour transmettre un test d'égalité. Au contraire, lorsqu'un programmeur fournit une comparaison ***cmp***, l'égalité est testée à l'aide de deux comparaisons. Par exemple :

```
if (x == y)                          // n'est pas effectué si l'utilisateur a fourni une comparaison

if (!cmp(x,y) && !cmp(y,x)    )      // effectué lorsque l'utilisateur a fourni une comparaison cmp
```

Cela nous évite d'avoir à ajouter un paramètre d'égalité dans chaque conteneur associatif ainsi que dans la plupart des algorithmes. Cette méthode peut paraître coûteuse, mais la bibliothèque ne contrôle que rarement l'égalité et, dans 50 % des cas, un seul appel de ***cmp()*** est nécessaire.

L'utilisation d'une relation d'équivalence définie par inférieur à (signe < par défaut) au lieu de l'égalité (== par défaut) a également des applications pratiques. Les conteneurs associatifs (§ 17.4), par exemple, comparent les clés à l'aide d'un test d'équivalence !***(cmp(x,y)||cmp(y,x))***. Dans ce cas, il n'est pas nécessaire que des clés équivalentes soient égales. Un ***multimap*** (§ 17.4.2), par exemple, qui utilise une comparaison prenant comme critère la casse considérera les chaînes ***Last***, ***last***, ***lAst***, ***laSt*** et ***lasT*** comme équivalentes, alors que ces chaînes seraient considérées comme différentes par un test d'égalité (==). Cela nous permet d'ignorer des différences que nous estimons non significatives pour un tri.

Il est aisé de construire les autres comparaisons habituelles à partir de < et ==. La bibliothèque standard les définit dans l'espace de noms ***std::rel_ops*** et les présente dans l'en-tête ***<utility>*** :

```
template<class T> bool rel_ops::operator!=(const T& x, const T& y) { return !(x==y); }
template<class T> bool rel_ops::operator>(const T& x, const T& y) { return y<x; }
template<class T> bool rel_ops::operator<=(const T& x, const T& y) { return !(y<x); }
template<class T> bool rel_ops::operator>=(const T& x, const T& y) { return !(x<y); }
```

Bien que ces opérations ne soient pas créées implicitement, leur introduction dans l'espace de noms ***rel_ops*** garantit leur simplicité d'utilisation :

```
void f()
{
        using namespace std;
        // !=, >, etc., non généré par défaut
}
```

```
void g()
{
    using namespace std;
    using namespace std::rel_ops;
    // !=, >, etc., généré par défaut
}
```

Les opérations **!=**, etc., ne sont pas définies directement dans ***std***, car elles ne sont pas toujours nécessaires. De plus, leur définition pourrait quelquefois interférer avec le code utilisateur. Si vous deviez écrire, par exemple, une bibliothèque mathématique généralisée, vous souhaiteriez vos propres opérateurs relationnels, et non ceux de la bibliothèque standard.

17.2 Les séquences

Les séquences suivent le modèle décrit pour ***vector*** (§ 16.3). Les séquences fondamentales fournies par la bibliothèque standard sont les suivantes :

vector ***list*** ***deque***

A partir de ces dernières,

stack ***queue*** ***priority_queue***

sont créées en fournissant les interfaces appropriées. Ces séquences sont nommées *adaptateurs de conteneur*, *adaptateurs de séquence*, ou simplement *adaptateurs* (§ 17.3).

17.2.1 vector

Le conteneur ***vector*** standard est détaillé en § 16.3. Les fonctions destinées à réserver de la mémoire (§ 16.3.8) sont uniques à ce conteneur. L'indiçage à l'aide de ***[]*** n'inclut pas de contrôle de la plage de valeurs par défaut. Si ce contrôle est requis, choisissez ***at()*** (§ 16.3.3), un vecteur contrôlé (§ 3.7.1) ou un itérateur contrôlé (§ 19.3). Un ***vector*** fournit des itérateurs à accès aléatoire (§ 19.2.1).

17.2.2 list

Une ***list*** est une séquence optimisée pour l'insertion et la suppression d'éléments. En comparaison d'un ***vector*** (et d'un ***deque***, § 17.2.3), l'indiçage serait très lent. Cette fonction n'est donc pas fournie pour une ***list***. Par conséquent, une ***list*** procure des itérateurs bidirectionnels (§ 19.2.1), et non à accès aléatoire. Cela signifie qu'elle sera généralement implémentée à l'aide d'une forme de liste doublement chaînée (voir § 17.8[16]).

Une ***list*** fournit toutes les opérations et types de membres offerts par un ***vector*** (§ 16.3), à l'exception de l'indiçage, de ***capacity()*** et de ***reserve()*** :

```
template <class T, class A = allocator<T> > class std::list {
public:
    // les mêmes types et opérations qu'un vector, à l'exception de [], at(), capacity() et reserve()
    // ...
};
```

17.2.2.1 Collage, tri et fusion

En supplément des opérations de séquence générales, ***list*** fournit plusieurs opérations particulièrement bien adaptées à la manipulation des listes :

```
template <class T, class A = allocator<T> > class list {
public:
    // ...
        // opérations spécifiques à une liste :

    void splice(iterator pos, list& x);              // déplace tous les éléments à partir de x vers la
                                                      position pos dans cette liste sans copie
    void splice(iterator pos, list& x, iterator p) ;  // déplace *p à partir de x vers la position pos
                                                      dans cette liste sans copie
    void splice(iterator pos, list& x, iterator first, iterator last);

    void merge(list&);                               // fusionne les listes triées
    template <class Cmp> void merge(list&, Cmp);

    void sort();
    template <class Cmp> void sort(Cmp);

    // ...
};
```

Sur une ***list***, les opérations sont toutes *stables*. Cela signifie qu'elles préservent l'ordre relatif des éléments possédant des valeurs équivalentes.

Les exemples présentés au § 16.3.6 fonctionnent même lorsque ***fruit*** est défini comme étant une ***list***. De plus, il est possible d'extraire des éléments d'une liste et de les insérer dans une autre, à l'aide d'une seule opération "splice". Etant donné le code :

```
fruit:
    apple     pear

citrus:
    orange    grapefruit    lemon
```

orange peut être collé depuis ***citrus*** vers ***fruit*** de la façon suivante :

```
list<string>::iterator p = find_if(fruit.begin(),fruit.end(),initial('p'));
fruit.splice(p,citrus,citrus.begin());
```

Le résultat est la suppression du premier élément de ***citrus*** (***citrus.begin()***) et son insertion immédiatement avant le premier élément de ***fruit*** dont la lettre initiale est ***p*** :

```
fruit:
    apple     orange    pear

citrus:
    grapefruit    lemon
```

Notez que, contrairement à ***insert()*** (§ 16.3.6), ***splice()*** ne copie pas les éléments, mais modifie simplement les structures de données ***list*** s'y référant.

La fonction ***splice()*** ne s'applique pas uniquement à des plages de valeurs et à des éléments individuels. Tous les éléments d'une ***list*** peuvent également être collés :

```
fruit.splice(fruit.begin(),citrus);
```

On obtient le résultat suivant :

```
fruit:
        grapefruit      lemon     apple     orange    pear

citrus:
        <vide>
```

Chaque version de ***splice()*** reçoit en second argument la liste à partir de laquelle sont retirés les éléments. Ces derniers peuvent ainsi être supprimés de leur liste originale. Un itérateur n'aurait pu effectuer seul cette opération. En effet, il n'existe aucun moyen général permettant de déterminer le conteneur d'un élément uniquement à partir de l'itérateur sur cet élément (§ 18.6).

L'argument itéateur doit, bien sûr, être un itérateur valide pour la ***list*** vers laquelle il est supposé pointer. Cela signifie qu'il doit être dirigé vers un élément de la ***list***, ou être l'élément ***end()*** de cette dernière. Dans le cas contraire, le résultat est indéfini et pourrait s'avérer désastreux. Par exemple :

```
list<string>::iterator p = find_if(fruit.begin(),fruit.end(),initial('p'));
fruit.splice(p,citrus,citrus.begin());     // ok
fruit.splice(p,citrus,fruit.begin());      // erreur: fruit.begin() ne pointe pas dans citrus
citrus.splice(p,fruit,fruit.begin());      // erreur: p ne pointe pas dans citrus
```

La première version de ***splice()*** est correcte, même si ***citrus*** est vide.

Une fonction ***merge()*** combine deux listes triées en supprimant les éléments de l'une d'entre elles, et en les insérant dans l'autre. L'ordre est toujours préservé. Par exemple,

```
f1:
        apple     quince         pear
f2:
        lemon     grapefruit     orange    lime
```

peuvent être triés et fusionnés de la façon suivante :

```
f1.sort();
f2.sort();
f1.merge(f2);
```

On obtient :

```
f1:
        apple     grapefruit     lemon     lime      orange    pear      quince
f2:
        <vide>
```

Si l'une des listes à fusionner n'est pas triée, ***merge()*** produira toujours une liste contenant l'union des éléments des deux listes, mais sans aucune garantie concernant l'ordre du résultat.

De la même façon que ***splice()***, ***merge()*** s'abstient de copier les éléments. Elle supprime les éléments dans la liste source et les colle dans la liste cible. Après un ***x.merge(y)***, la liste ***y*** est vide.

17.2.2.2 Les opérations sur le premier élément (front)

Les opérations se référant au premier élément d'une ***list*** sont fournies afin de compléter celles qui travaillent sur le dernier élément fourni par chaque séquence (§ 16.3.6) :

```
template <class T, class A = allocator<T> > class list {
public:
    // ...
        // accès à l'élément:

    reference front();                  // référence au premier élément
    const_reference front() const;

    void push_front(const T&);          // ajoute un nouveau premier élément
    void pop_front();                   // supprime le premier élément

    // ...
};
```

front est le premier élément d'un conteneur. Pour une ***list***, les opérations sur l'élément de premier rang sont aussi efficaces et pratiques que celles effectuées sur le dernier élément (§ 16.3.5). Si un choix doit être réalisé, il est cependant préférable d'opter pour ces dernières. Du code contenant des opérations sur le dernier élément peut s'appliquer aussi bien à un ***vector*** qu'à une ***list***. Il est donc préférable d'opter pour ce type d'opérations. Elles sont, en effet, largement plus adaptables lorsque du code écrit à l'aide d'une ***list*** est susceptible d'évoluer vers un algorithme générique applicable à divers conteneurs. Il s'agit d'un cas particulier de la règle selon laquelle il est judicieux d'utiliser un ensemble minimal d'opérations pour effectuer une tâche si l'on désire obtenir une flexibilité maximum (§ 17.1.4.1).

17.2.2.3 Les autres opérations

L'insertion et la suppression d'éléments sont des opérations particulièrement efficaces sur des listes. Lorsque ces opérations sont fréquentes, on choisira donc de préférence les listes. Cela justifie le support de méthodes communes permettant de supprimer les éléments directement :

```
template <class T, class A = allocator<T> > class list {
public:
    // ...

    void remove(const T& val);
    template <class Pred> void remove_if(Pred p);

    void unique();                                  // élimine les doublons à l'aide de ==
    template <class BinPred> void unique(BinPred b); // élimine les doublons à l'aide de b
```

```
        void reverse();                    // inverse l'ordre des éléments
};
```

Par exemple, étant donné :

fruit:
apple orange grapefruit lemon orange lime pear quince

Il est possible de supprimer tous les éléments dont la valeur est "***orange***" en codant :

```
fruit.remove("orange");
```

On obtient :

fruit:
apple grapefruit lemon lime pear quince

Il est souvent plus intéressant de supprimer tous les éléments répondant à un critère que ceux possédant une valeur donnée. C'est l'objectif de la fonction ***remove_if()***. Par exemple :

```
fruit.remove_if(initial('l'));
```

supprime chaque élément de ***fruit*** dont l'initiale est ***'l'***, ce qui donne :

fruit:
apple grapefruit pear quince

On a souvent besoin de supprimer des éléments pour éliminer les doublons. L'opération ***unique()*** est proposée dans ce but. Par exemple :

```
fruit.sort();
fruit.unique();
```

Il est nécessaire d'opérer un tri, car ***unique*** ne supprime que les doublons apparaissant l'un à côté de l'autre. Si ***fruit*** avait contenu, par exemple :

apple pear apple apple pear

une simple opération ***fruit.unique()*** aurait produit :

apple pear apple pear

alors qu'en triant préalablement on aurait obtenu :

apple pear

Si seuls certains doublons doivent être éliminés, il est alors possible de fournir un prédicat destiné à spécifier les doublons à supprimer. Nous pourrions définir, par exemple, un prédicat binaire (§ 18.4.2) ***initial2(x)*** permettant de comparer des chaînes dont l'initiale est ***x***, et renvoyant ***false*** pour chaque ***string*** dont l'initiale est différente. Etant donné :

pear pear apple apple

nous pouvons supprimer les doublons consécutifs pour chaque ***fruit*** dont l'initiale est ***p*** avec un appel :

```
fruit.unique(initial2('p'));
```

qui devrait donner le résultat :

> ***pear*** ***apple*** ***apple***

Comme nous l'avons signalé au § 16.3.2, il est quelquefois nécessaire de visualiser un conteneur en ordre inverse. Dans une ***list***, il est possible d'inverser les éléments de telle sorte que le premier devienne le dernier, etc., sans avoir à les copier. L'opération ***reverse()*** se charge de cette tâche. Etant donné le code :

```
fruit:
        banana    cherry    lime      strawberry
```

fruit.reverse() produit le résultat

```
fruit:
        strawberry    lime     cherry    banana
```

Tout élément supprimé d'une liste est détruit. Notez cependant que la destruction d'un pointeur n'implique pas que l'objet pointé soit également supprimé. Si vous désirez qu'un conteneur de pointeurs supprime (***delete***) les éléments pointés lorsque le pointeur est supprimé, vous devez le créer vous-même (§ 17.8[13]).

17.2.3 deque

Une ***deque*** (qui rime avec contrôle) est une file d'attente à double-accès. Il s'agit donc d'une séquence optimisée de telle sorte que les opérations s'appliquant à ses deux extrémités soient presque aussi efficaces que pour une ***list***, et que l'indiçage ait une efficacité proche de celle d'un ***vector*** :

```
template <class T, class A = allocator<T> > class std::deque {
        // mêmes types et opérations qu'un vector (§ 16.3.3, § 16.3.5, § 16.3.6)
        // et mêmes opérations sur élément de premier rang qu'une liste (§ 17.2.2.2)
};
```

L'insertion et la suppression des éléments situés "au milieu" ont une efficacité plus proche de celle d'un ***vector*** que de celle d'une ***list***. Par conséquent, on utilise généralement une ***deque*** lorsque les ajouts et les suppressions se situent "aux extrémités". Nous pourrions, par exemple, utiliser ce conteneur pour modéliser un tronçon de chemin de fer, ou pour représenter un paquet de cartes dans un jeu :

```
deque<car> siding_no_3;
deque<Card> bonus;
```

17.3 Adaptateurs de séquence

Il est impossible de construire des séquences ***vector***, ***list*** et ***deque*** les unes à partir des autres sans perdre en efficacité. En revanche, on peut implémenter efficacement, et avec élégance, des ***stack*** et des ***queue*** à l'aide de l'une de ces trois séquences de base. De cette façon, ***stack*** et ***queue*** ne sont pas définis comme des conteneurs distincts, mais comme des adaptateurs de conteneurs de base.

Ces derniers fournissent une interface contrôlée pour les conteneurs. Ils n'offrent pas d'itérateurs. Ils sont sensés être utilisés uniquement par l'intermédiaire de leurs interfaces spécialisées.

En règle générale, les techniques utilisées pour créer un adaptateur de conteneur à partir d'un conteneur permettent également l'adaptation, de façon non intrusive, de l'interface d'une classe aux besoins de ses utilisateurs.

17.3.1 stack

L'adaptateur de conteneur ***stack*** est défini dans le fichier en-tête ***<stack>***. Il est tellement simple que la meilleure façon de le décrire est d'en présenter une implémentation :

```
template <class T, class C = deque<T> > class std::stack {
protected:
        C c;
public:
        typedef typename C::value_type value_type;
        typedef typename C::size_type size_type;
        typedef C container_type;

        explicit stack(const C& a = C()) : c(a) { }

        bool empty() const { return c.empty(); }
        size_type size() const { return c.size(); }

        value_type& top() { return c.back(); }
        const value_type& top() const { return c.back(); }

        void push(const value_type& x) { c.push_back(x); }
        void pop() { c.pop_back(); }
};
```

Une ***stack*** (pile) est une simple interface du conteneur dont le type lui est transmis comme argument de modèle. Le rôle de ***stack*** se limite à éliminer de l'interface les opérations sur son conteneur ne s'appliquant pas à une pile, et à donner à ***back()***, ***push_back()*** et ***pop_back()*** leurs noms conventionnels : ***top()***, ***push()*** et ***pop()***.

Une ***stack*** crée une ***deque*** par défaut pour contenir ses éléments. Cependant, toute séquence fournissant les trois fonctions ***back()***, ***push_back()*** et ***pop_back()*** peut être utilisée. Par exemple :

```
stack<char> s1;                  // utilise une deque<char> pour stocker les éléments de type char
stack< int,vector<int> > s2;     // utilise un vector<int> pour stocker les éléments de type int
```

Il est possible d'initialiser une pile à partir d'un conteneur existant. Par exemple :

```
void print_backwards(vector<int>& v)
{
        stack< int,vector<int> > state(v);   // initialise state à partir de v
        while (state.size()) {
                cout << state.top();
                state.pop();
        }
}
```

Les éléments d'un argument conteneur sont toutefois copiés. Il peut donc être coûteux de fournir un conteneur existant.

On ajoute des éléments à une ***stack*** en appliquant ***push_back()*** sur le conteneur dans lequel sont effectivement stockés les éléments. Par conséquent, aussi longtemps que le conteneur peut acquérir de la mémoire sur la machine (à l'aide de son allocateur ; voir § 19.4), il ne peut y avoir dépassement de capacité sur une ***stack***.

Un dépassement de capacité négatif peut cependant se produire :

```
void f()
{
        stack<int> s;
        s.push(2);
        if (s.empty()) {                // le dépassement négatif de capacité est évitable
                                        // ne pas supprimer}
        else {                          //, mais pas impossible
                s.pop();                // très bien: s.size() devient 0
                s.pop();                // effet indéfini, probablement mauvais
        }
}
```

Notez que l'on n'exécute pas ***pop()*** sur un élément afin de l'utiliser. On accède plutôt au ***top()***, puis l'on exécute ***pop()*** lorsque l'élément est devenu inutile. Cette méthode n'est pas trop gênante et s'avère plus efficace quand le ***pop()*** n'est pas nécessaire :

```
void f(stack<char>& s)
{
        if (s.top()=='c') s.pop();      // supprime l'initiale en option 'c'
        // ...
}
```

Contrairement aux conteneurs totalement développés, une ***stack*** (comme les autres adaptateurs de conteneurs) ne possède pas de paramètre de modèle allocateur. La pile et ses utilisateurs s'appuient plutôt sur l'allocateur du conteneur utilisé pour implémenter la pile.

17.3.2 queue

Une ***queue*** est définie dans l'en-tête ***<queue>***. Il s'agit d'une interface avec un conteneur permettant l'insertion d'éléments en fin (***back()***), et l'extraction des éléments au début (***front()***) :

```
template <class T, class C = deque<T> > class std::queue {
protected:
        C c;
public:
        typedef typename C::value_type value_type;
        typedef typename C::size_type size_type;
        typedef C container_type;

        explicit queue(const C& a = C()) : c(a) { }
```

```
        bool empty() const { return c.empty(); }
        size_type size() const { return c.size(); }

        value_type& front() { return c.front(); }
        const value_type& front() const { return c.front(); }

        value_type& back() { return c.back(); }
        const value_type& back() const { return c.back(); }

        void push(const value_type& x) { c.push_back(x); }
        void pop() { c.pop_front(); }
};
```

Une ***queue*** construit une ***deque*** par défaut pour stocker ses éléments, mais toute séquence fournissant les fonctions ***front()***, ***back()***, ***push_back()*** et ***pop_front()*** peut être utilisée. Un ***vector***, ne fournissant pas ***pop_front()***, ne pourra pas être utilisé comme conteneur pour une ***queue***.

Il semble que les files d'attente existent dans chaque système, à un endroit ou à un autre. On pourrait définir le serveur d'un système de messagerie simple de la façon suivante, par exemple :

```
struct Message {
        // ...
};

void server(queue<Message>& q)
{
        while(!q.empty()) {
                Message& m = q.front();        // récupère un message
                m.service();                   // appelle une fonction pour répondre à la requête
                q.pop();                       // détruit le message
        }
}
```

Les messages seraient placés dans une ***queue*** à l'aide de ***push()***.

Si le demandeur et le serveur s'exécutent dans des processus ou des ***thread*** différents, une synchronisation sera nécessaire pour l'accès à la file d'attente. Par exemple :

```
void server2(queue<Message>& q, Lock& lck)
{
        while(!q.empty()) {
                Message m;
                {
                        LockPtr h(lck);        // le verrou n'est maintenu que pendant l'extraction du
                                               message (§ 14.4.7)
                        if (q.empty()) return; // quelqu'un d'autre a obtenu le message
                        m = q.front();
                        q.pop();
                }
                m.service();                   // appelle une fonction pour répondre à la requête
        }
}
```

Il n'existe aucune définition standard concernant la concurrence d'accès ou le verrouillage dans C++. Examinez ce que votre système peut vous offrir et comment l'obtenir depuis C++ (§ 17.8[8]).

17.3.3 Les files d'attente à priorité

Une ***priority_queue*** est une file d'attente dans laquelle chaque élément se voit attribuer une priorité. Celle-ci conditionne l'ordre dans lequel les éléments vont atteindre le sommet de la pile (***top()***) :

```
template <class T, class C = vector<T>, class Cmp = less<typename C::value_type> >
class std::priority_queue {
protected:
        C c;
        Cmp cmp;
public:
        typedef typename C::value_type value_type;
        typedef typename C::size_type size_type;
        typedef C container_type;

        explicit priority_queue(const Cmp& a1 = Cmp(), const C& a2 = C())
                : c(a2), cmp(a1) { make_heap(c.begin(),c.end(),cmp); }
        template <class In>
        priority_queue(In first, In last, const Cmp& = Cmp(), const C& = C());

        bool empty() const { return c.empty(); }
        size_type size() const { return c.size(); }

        const value_type& top() const { return c.front(); }

        void push(const value_type&);
        void pop();
};
```

La déclaration de ***priority_queue*** se trouve dans l'en-tête **<*queue*>**.

Cette file d'attente compare par défaut les éléments à l'aide de l'opérateur **<** et ***top()*** renvoie l'élément le plus grand :

```
struct Message {
        int priority;
        bool operator<(const Message& x) const { return priority < x.priority; }
        // ...
};

void server(priority_queue<Message>& q, Lock& lck)
{
        while(!q.empty()) {
                Message m;
                {
                        LockPtr h(lck);         // le verrou n'est maintenu que pendant l'extraction du
                                                message (§ 14.4.7)
                        if (q.empty()) return;  // quelqu'un d'autre a obtenu le message
```

```
                m = q.top();
                q.pop();
            }
            m.service();                    // appelle une fonction pour répondre à la requête
        }
}
```

La différence entre cet exemple et celui de la file d'attente ***queue*** (§ 17.3.2) est qu'ici, les ***messages*** dont la priorité est la plus élevée sont traités les premiers. L'ordre dans lequel des éléments de priorité égale atteindront le haut de la file d'attente n'est pas défini. On considère que deux éléments possèdent la même priorité lorsque aucun d'entre eux n'a une priorité supérieure à l'autre (§ 17.4.1.5).

Il est possible de fournir un opérateur de comparaison autre que < sous la forme d'un argument de modèle. Nous pourrions, par exemple, trier des chaînes sans tenir compte de la casse en les plaçant dans la file d'attente :

```
priority_queue<string, vector<string>, Nocase> pq;   // utilise Nocase::operator()() pour les
                                                      // comparaisons (§ 17.1.4.1)
```

à l'aide de ***pq.push()***, puis en les récupérant à l'aide de ***pq.top()*** et ***pq.pop()***.

Les objets définis par des modèles à partir d'arguments de modèles distincts sont de type différent (§ 13.6.3.1). Par exemple :

```
priority_queue<string>& pq1 = pq;                    // erreur: type incompatible
```

Il est possible d'utiliser un critère de comparaison sans affecter le type d'une ***priority_queue***. Pour ce faire, il suffit de fournir un objet de comparaison du type approprié sous la forme d'un argument de constructeur. Par exemple :

```
struct String_cmp {            // type utilisé pour représenter le critère de comparaison à l'exécution
    String_cmp(int n = 0);     // utilise le critère de comparaison n
    // ...
};

typedef priority_queue<string, vector<string>, String_cmp> Pqueue;

void g(Pqueue& pq)             // pq utilise String_cmp() pour les comparaisons
{
    Pqueue pq2(String_cmp(nocase));
    pq = pq2;                  // ok: pq et pq2 sont du même type, pq utilise également maintenant
                               // String_cmp(nocase)
}
```

Le classement par ordre de priorité des éléments a un coût, qui n'est cependant pas excessif. Une façon judicieuse d'implémenter une file d'attente à priorité consiste à utiliser une structure arborescente afin de suivre les positions relatives des éléments. Cela donne un coût de ***O(log(n))***, à la fois pour ***push()*** et pour ***pop()***.

Pour stocker ses éléments, une ***priority_queue*** crée par défaut un ***vector***. Cependant, toute séquence fournissant ***front()***, ***pusk_back()***, ***pop_back()*** et des itérateurs aléatoires peut être utilisée. Une ***priority_queue*** sera très probablement implémentée à l'aide d'un ***heap*** (tas ; § 18.8).

17.4 Conteneurs associatifs

Un *tableau associatif* est, parmi les types définis par l'utilisateur, l'un des plus pratiques et des plus généraux. En fait, il s'agit souvent d'un type intégré dans les langages principalement orientés traitement de texte et traitement symbolique. Un tableau associatif, souvent nommé un ***map*** et quelquefois *dictionnaire*, gère des paires de valeurs. Il nous permet, à partir d'une valeur nommée *clé*, d'accéder à une autre, nommée *valeur mappée*. L'index d'un tableau associatif n'est pas nécessairement un entier :

```
template<class K, class V> class Assoc {
public:
        V& operator[](const K&);// renvoie la référence du V correspondant à K
        // ...
};
```

Une clé de type ***K*** nomme donc une valeur mappée de type ***V***.

Les conteneurs associatifs généralisent la notion de tableau associatif. Le ***map*** est un tableau associatif traditionnel dans lequel on associe une seule valeur à chaque clé. Un ***multimap*** est un tableau associatif qui autorise plusieurs éléments pour une clé donnée. Le ***set*** et le ***multiset*** peuvent être considérés comme des tableaux associatifs "dégénérés" dans lesquels aucune valeur n'est associée à une clé.

17.4.1 map

Un ***map*** est une séquence de paires (clé, valeur) offrant une recherche rapide au moyen de la clé. Chaque clé est associée à une seule valeur. En d'autres termes, chaque clé présente dans un ***map*** est unique. Ce conteneur fournit des itérateurs bidirectionnels (§ 19.2.1).

Une opération inférieur-à doit exister pour les types de clés d'un ***map*** (§ 17.1.4.1). De plus, les éléments doivent être triés de telle sorte que le parcours d'un ***map*** se fasse dans l'ordre. Lorsqu'il n'existe aucun critère de classement évident pour les éléments, ou lorsque aucune raison n'exige le tri du conteneur, il est préférable d'envisager l'utilisation d'un ***hash_map*** (§ 17.6).

17.4.1.1 Les types

Un ***map*** possède les types de membres de conteneur habituels (§ 16.3.1) et quelques types supplémentaires, en relation avec sa fonction spécifique :

```
template <class Key, class T, class Cmp = less<Key>,
                class A = allocator< pair<const Key,T> > >
class std::map {
public:
        // types:

        typedef Key key_type;
        typedef T mapped_type;

        typedef pair<const Key, T> value_type;

        typedef Cmp key_compare;
```

```
        typedef A allocator_type;

        typedef typename A::reference reference;
        typedef typename A::const_reference const_reference;

        typedef implementation_defined1 iterator;
        typedef implementation_defined2 const_iterator;

        typedef typename A::size_type size_type;
        typedef typename A::difference_type difference_type;

        typedef std::reverse_iterator<iterator> reverse_iterator;
        typedef std::reverse_iterator<const_iterator> const_reverse_iterator;
        // ...
};
```

Notez que la ***value_type*** d'un ***map*** est une ***pair*** (clé, valeur). On fait référence au type des valeurs mappées à l'aide de ***mapped_type***. Un ***map*** est donc une séquence d'éléments ***pair<const Key, mapped_type>***.

Les types d'itérateurs réels sont définis par l'implémentation. Un ***map*** étant le plus souvent implémenté à l'aide d'une forme d'arborescence, ses itérateurs fournissent généralement un moyen de parcourir cette arborescence.

Les itérateurs inverses sont construits à partir des modèles ***reverse_iterator*** standards (§ 19.2.5).

17.4.1.2 Les itérateurs et les paires

Un ***map*** fournit l'ensemble des fonctions habituelles permettant de renvoyer des itérateurs (§ 16.3.2) :

```
template <class Key, class T, class Cmp = less<Key>,
            class A = allocator< pair<const Key,T> > > class map {
public:
        // ...
        // itérateurs:

        iterator begin();
        const_iterator begin() const;

        iterator end();
        const_iterator end() const;

        reverse_iterator rbegin();
        const_reverse_iterator rbegin() const;

        reverse_iterator rend();
        const_reverse_iterator rend() const;

        // ...
};
```

Dans un ***map***, une itération représente simplement le parcours d'une séquence d'éléments ***pair<const Key, mapped_type>***. Il serait possible d'imprimer les entrées d'un annuaire, par exemple, de la façon suivante :

```
void f(map<string,number>& phone_book)
{
        typedef map<string,number>::const_iterator CI;
        for (CI p = phone_book.begin(); p!=phone_book.end(); ++p)
                cout << p->first << '\t' << p->second << '\n';
}
```

Un itérateur de ***map*** présente les éléments en ordre de clés ascendant (§ 17.4.1.5). Les entrées de ***phone_book*** seront donc transmises en sortie en ordre lexicographique.

Il sera fait référence au premier élément de toute "***pair***" *via* ***first***, et au second *via* ***second***, indépendamment des types auxquels ils appartiennent effectivement :

```
template <class T1, class T2> struct std::pair {
        typedef T1 first_type;
        typedef T2 second_type;

        T1 first;
        T2 second;

        pair() :first(T1()), second(T2()) { }
        pair(const T1& x, const T2& y) :first(x), second(y) { }
        template<class U, class V>
                pair(const pair<U, V>& p) :first(p.first), second(p.second) { }
};
```

Le dernier constructeur autorisera les conversions dans l'initialiseur (§ 13.6.2). Par exemple :

```
pair<int,double> f(char c, int i)
{
        return pair<int,double>(c,i);          // conversions requises
}
```

Dans un ***map***, la clé représente le premier élément de la paire. La valeur mappée représente le second.

L'utilité d'une ***pair*** ne se limite pas à l'implémentation d'un ***map***. Il s'agit d'une classe de la bibliothèque standard à part entière. La définition de ***pair*** se trouve dans l'en-tête ***<utility>***. Une fonction permettant de créer simplement des ***pair*** est également fournie :

```
template <class T1, class T2> pair<T1,T2> std::make_pair(const T1& t1, const T2& t2)
{
        return pair<T1,T2>(t1,t2);
}
```

Une ***pair*** est initialisée avec les valeurs par défaut de ses types d'éléments. Cela implique, en particulier, que les éléments de type intégré et que les chaînes soient respectivement initialisés avec ***0*** (§ 5.1.1) et avec la chaîne vide (§ 20.3.4). Un type qui ne possède pas de constructeur par défaut peut néanmoins être un élément d'une ***pair***, à condition que cette dernière soit initialisée explicitement.

17.4.1.3 L'indiçage

L'opération caractéristique d'un ***map*** est l'examen associatif fourni par l'opérateur d'indiçage :

```
template <class Key, class T, class Cmp = less<Key>,
          class A = allocator< pair<const Key,T> > >
class map {
public:
    // ...

    mapped_type& operator[](const key_type& k);      // accède à l'élément avec la clé k

    // ...
};
```

L'opérateur d'indiçage examine la clé transmise comme index et renvoie la valeur mappée. S'il ne trouve rien, un élément constitué de cette clé ainsi que de la valeur par défaut du ***mapped_type*** est inséré dans le ***map***. Par exemple :

```
void f()
{
    map<string,int> m;          // map vide au départ
    int x = m["Henry"];         // crée une nouvelle entrée pour "Henry", initialise à 0, renvoie 0
    m["Harry"] = 7;             // crée une nouvelle entrée pour "Harry", initialise à 0, affecte 7
    int y = m["Henry"];         // renvoie la valeur de l'entrée de "Henry"
    m["Harry"] = 9;             // change la valeur de l'entrée de "Harry" en 9
}
```

Prenons un exemple plus réaliste. Considérons un programme qui calcule la somme d'éléments présentés en entrée sous forme de paires (nom-élément, valeur) tels que :

```
nail 100 hammer 2 saw 3 saw 4 hammer 7 nail 1000 nail 250
```

et qui calcule également la somme pour chaque élément. La majeure partie du travail peut être réalisée au cours de la lecture des paires (nom-élément, valeur) dans un ***map*** :

```
void readitems(map<string,int>& m)
{
    string word;
    int val = 0;
    while (cin >> word >> val) m[word] += val;
}
```

L'opération d'indiçage ***m[word]*** identifie la paire ***(string, int)*** appropriée et renvoie une référence de sa partie ***int***. Ce code tire parti du fait que la valeur ***int*** d'un nouvel élément est définie par défaut à ***0***.

Un ***map*** construit par ***readitems()*** peut donc être affiché à l'aide d'une boucle conventionnelle :

```
int main()
{
    map<string,int> tbl;
    readitems(tbl);
```

```
        int total = 0;
        typedef map<string,int>::const_iterator CI;

        for (CI p = tbl.begin(); p!=tbl.end(); ++p) {
                total += p->second;
                cout << p->first << '\t' << p->second << '\n';
        }

        cout << "----------------\ntotal\t" << total << '\n';

        return !cin;
}
```

Le code précédent donne le résultat suivant :

```
hammer   9
nail     1350
saw      7
----------------------
total    1366
```

Notez que les éléments sont affichés par ordre alphabétique (§ 17.4.1, § 17.4.1.5).

Une opération d'indiçage doit rechercher la clé dans le ***map***. Cela s'avère, bien sûr, un peu plus coûteux que l'indiçage d'un tableau à l'aide d'un entier. Le coût est de ***O(log(size_of_map))***, ce qui est acceptable pour de nombreuses applications. Pour les autres, un conteneur ***hash_map*** représente souvent la meilleure solution (§ 17.6).

L'indiçage d'un ***map*** ajoute un élément par défaut lorsque la clé reste introuvable. Par conséquent, il n'existe pas de version de ***operator[] ()*** pour les ***const map***. De plus, l'indiçage ne peut être utilisé que si le ***mapped_type*** (type de valeur) possède une valeur par défaut. Lorsque le programmeur désire simplement détecter la présence d'une clé, il est possible de faire appel à l'opération ***find()*** (§ 17.4.1.6). Cette dernière permettra de localiser une clé sans modifier le ***map***.

17.4.1.4 Les constructeurs

Un ***map*** fournit le complément habituel de constructeurs, etc. (§ 16.3.4) :

```
template <class Key, class T, class Cmp =less<Key>,
          class A =allocator<pair<const Key,T> > >
class map {
public:
        // ...
        // construit/copie/détruit:

        explicit map(const Cmp& = Cmp(), const A& = A());
        template <class In> map(In first, In last, const Cmp& = Cmp(), const A& = A());
        map(const map&);

        ~map();
```

```
        map& operator=(const map&);

        // ...
};
```

La copie d'un conteneur implique une réservation de mémoire pour ses éléments et la réalisation des copies de chaque élément (§ 16.3.4). Cette opération peut s'avérer très coûteuse et ne doit être réalisée qu'en cas d'extrême nécessité. Par conséquent, on a tendance à transmettre des conteneurs tels que les ***maps*** par référence.

Le constructeur du modèle de membre reçoit une séquence de ***pair<const Key, T>*** décrite par un itérateur d'entrée de paire ***In***. Il insère (***insert()*** ; § 17.4.1.7) les éléments de la séquence dans le ***map***.

17.4.1.5 Les comparaisons

Pour pouvoir rechercher l'élément d'un ***map*** à partir d'une clé, les opérations du ***map*** doivent comparer les valeurs de clé. Les itérateurs parcourent également un ***map*** dans l'ordre croissant des valeurs de clé. L'insertion va donc aussi comparer les clés (afin d'introduire un élément dans une structure arborescente représentant le ***map***).

La comparaison utilisée par défaut pour les clés est **<** (inférieur à). Il est cependant possible de fournir une autre solution sous la forme d'un paramètre de modèle ou d'un argument de constructeur (§ 17.3.3). La comparaison donnée est une comparaison des clés, mais le ***value_type*** d'un ***map*** représente une paire (clé, valeur). ***value_comp()*** est donc fournie dans le but de comparer de telles paires à l'aide de la fonction de comparaison des clés :

```
template <class Key, class T, class Cmp = less<Key>,
          class A = allocator< pair<const Key,T> > >
class map {
public:
        // ...

        typedef Cmp key_compare;

        class value_compare : public binary_function<value_type,value_type,bool> {
        friend class map;
        protected:
                Cmp cmp;
                value_compare(Cmp c) : cmp(c) {}
        public:
                bool operator()(const value_type& x, const value_type& y) const
                        { return cmp(x.first, y.first); }
        };

        key_compare key_comp() const;
        value_compare value_comp() const;
        // ...
};
```

Par exemple :

```
map<string,int> m1;
map<string,int,Nocase> m2;                    // spécifie le type de comparaison (§ 17.1.4.1)
map<string,int,String_cmp> m3;                // spécifie le type de comparaison (§ 17.1.4.1)
map<string,int,String_cmp> m4(String_cmp(literary));  // transmet l'objet de comparaison
```

Un ***map*** peut être interrogé à l'aide des fonctions membres ***key_comp()*** et ***value_comp()*** afin de connaître le type des comparaisons employées pour les clés et les valeurs. Cette opération permet généralement de fournir le même critère de comparaison à un autre conteneur ou à un algorithme. Par exemple :

```
void f(map<string,int>& m)
{
        map<string,int> mm;                   // compare à l'aide de < par défaut
        map<string,int> mmm(m.key_comp());    // compare comme le fait m
        // ...
}
```

Vous trouverez au § 17.1.4.1 un exemple illustrant la façon de définir une comparaison particulière, et au § 18.4 une explication concernant les objets fonctions en général.

17.4.1.6 Les opérations sur les maps

L'objectif essentiel des ***map***, et de tous les conteneurs associatifs, est d'obtenir des informations à partir d'une clé. De nombreuses opérations spécialisées sont proposées pour ce faire :

```
template <class Key, class T, class Cmp = less<Key>,
            class A = allocator< pair<const Key,T> > >
class map {
public:
        // ...
        // opérations sur les maps:

        iterator find(const key_type& k);               // cherche l'élément de clé k
        const_iterator find(const key_type& k) const;

        size_type count(const key_type& k) const;       // cherche le nombre d'éléments de clé k

        iterator lower_bound(const key_type& k);        // cherche le premier élément de clé k
        const_iterator lower_bound(const key_type& k) const;
        iterator upper_bound(const key_type& k);        // cherche le premier élément dont la clé est
                                                        supérieure à k
        const_iterator upper_bound(const key_type& k) const;

        pair<iterator,iterator> equal_range(const key_type& k);
        pair<const_iterator,const_iterator> equal_range(const key_type& k) const;

        // ...
};
```

Une opération ***m.find(k)*** produit simplement un itérateur sur un élément de clé ***k***. Si ce dernier n'existe pas, l'itérateur renvoyé est ***m.end()***. Pour un conteneur possédant des clés uniques, tel qu'un ***map*** ou un ***set***, l'itérateur obtenu pointera sur l'unique élément de clé ***k***. Pour un conteneur dont les clés ne sont pas uniques, tel qu'un ***multimap*** et un ***multiset***, l'itérateur obtenu pointera sur le premier élément possédant cette clé. Par exemple :

```
void f(map<string,int>& m)
{
	map<string,int>::iterator p = m.find("Gold");
	if (p!=m.end()) {				// si "Gold" était trouvé
		// ...
	}
	else if (m.find("Silver")!=m.end()) {		// recherche de "Silver"
		// ...
	}
	// ...
}
```

Pour un ***multimap*** (§ 17.4.2), la localisation de la première valeur mappée est rarement aussi utile que celle de toutes les valeurs mappées ; ***m.lower_bound(k)*** et ***m.upper_bound(k)*** permettent de fournir le début et la fin de la sous-séquence d'éléments de ***m*** de clé ***k***. Comme toujours, la fin d'une séquence est un itérateur sur l'élément suivant le dernier de la séquence. Par exemple :

```
void f(multimap<string,int>& m)
{
	multimap<string,int>::iterator lb = m.lower_bound("Gold");
	multimap<string,int>::iterator ub = m.upper_bound("Gold");

	for (multimap<string,int>::iterator p = lb; p!=ub; ++p) {
		// ...
	}
}
```

La recherche des limites supérieure et inférieure à l'aide de deux opérations distinctes est une solution qui manque d'élégance et d'efficacité. C'est pourquoi l'opération ***equal_range()*** est fournie. Elle permet de détecter les deux limites en une seule action. Par exemple :

```
void f(multimap<string,int>& m)
{
	typedef multimap<string,int>::iterator MI;
	pair<MI,MI> g = m.equal_range("Gold");

	for (MI p = g.first; p!=g.second; ++p) {
		// ...
	}
}
```

Si ***lower_bound(k)*** ne trouve pas ***k***, il renvoie l'itérateur sur le premier élément dont la clé est supérieure à ***k***. Si cet élément n'existe pas, il renvoie ***end()***. Les opérations ***upper_bound()*** et ***equal_range()*** se comportent de la même façon.

17.4.1.7 Opérations de liste

La méthode conventionnelle pour entrer une valeur dans un tableau associatif consiste simplement à affecter la valeur à l'aide de l'indiçage. Par exemple :

```
phone_book["Numéro département"] = 8226339;
```

Même s'il existait déjà une entrée, vous êtes ainsi assuré que le département aura la valeur désirée dans ***phone_book***. Il est également possible d'insérer et de supprimer directement des entrées à l'aide de ***insert()*** et de ***erase()***, respectivement :

```
template <class Key, class T, class Cmp = less<Key>,
            class A = allocator< pair<const Key,T> > >
class map {
public:
      // ...
      // opérations de liste:

      pair<iterator, bool> insert(const value_type& val);          // insère une paire (clé, valeur)
      iterator insert(iterator pos, const value_type& val);         // pos est une simple indication
      template <class In> void insert(In first, In last);           // insère les éléments depuis la séquence

      void erase(iterator pos);                                      // efface l'élément pointé
      size_type erase(const key_type& k);                            // efface l'élément de clé k (s'il existe)
      void erase(iterator first, iterator last);                     // efface la plage de valeurs
      void clear();                                                  // efface tous les éléments

      // ...
};
```

L'opération ***m.insert(val)*** tente d'ajouter une paire (***Key, T***) ***val*** à ***m***. Les clés d'un ***map*** étant uniques, l'insertion est réalisée seulement s'il n'existe pas d'élément possédant déjà cette clé dans ***m***. La valeur retournée par ***m.insert(val)*** est une ***pair<iterator,bool>***. Le ***bool*** est ***true*** si ***val*** a effectivement été inséré. L'itérateur fait référence à l'élément de ***m*** contenant la clé ***k***. Par exemple :

```
void f(map<string,int>& m)
{
      pair<string,int> p99("Paul",99);

      pair<map<string,int>::iterator,bool> p = m.insert(p99);
      if (p.second) {
            // "Paul" a été inséré
      }
      else {
            // "Paul" était déjà présent
      }
      map<string,int>::iterator i = p.first;          // pointe sur m["Paul"]
      // ...
}
```

Habituellement, nous ne nous préoccupons pas de savoir si une clé est insérée pour la première fois, ou si elle existait déjà dans le ***map*** avant l'opération ***insert()***. Lorsque nous nous y intéressons, c'est souvent pour enregistrer le fait qu'une valeur se trouve dans un ***map*** à un autre endroit (en dehors du ***map***). Les deux autres versions de ***insert()*** ne renvoient pas d'indication signalant qu'une valeur a effectivement été insérée.

La spécification d'une position, ***insert(pos,val)***, indique simplement à l'implémentation de débuter la recherche de la clé ***val*** à partir de ***pos***. Si l'indication est bonne, on peut obtenir des améliorations de performances significatives. Si, en revanche, elle est mauvaise, la notation s'en trouve alourdie sans aucun gain d'efficacité. Par exemple :

```
void f(map<string,int>& m)
{
        m["Dilbert"] = 3;          // correct, éventuellement moins efficace
        m.insert(m.begin(),make_pair(const string("Dogbert"),99));        // mauvais
}
```

En fait, ***[]*** représente plus qu'un simple confort de notation pour ***insert()***. Le résultat de ***m[k]*** est équivalent à celui de : ***(*(m.insert(make_pair(k,V())).first)).second*** où ***V()*** est la valeur par défaut pour le type correspondant. Si vous avez compris cette équivalence, vous avez probablement compris les conteneurs associatifs.

Les ***[]*** utilisant toujours ***V()***, vous ne pouvez employer l'indiçage sur un ***map*** avec un type de valeur ne possédant pas de valeur par défaut. Il s'agit d'une contrainte malheureuse des conteneurs associatifs standards. Cependant, la nécessité de posséder une valeur par défaut n'est pas une propriété fondamentale des conteneurs associatifs (voir § 17.6.2).

Vous pouvez supprimer des éléments spécifiés par une clé. Par exemple :

```
void f(map<string,int>& m)
{
        int count = phone_book.erase("Ratbert");
        // ...
}
```

L'entier retourné correspond au nombre d'éléments supprimés. En particulier, ***count*** posséderait la valeur ***0*** s'il n'y avait aucun élément de clé "Ratbert" à effacer. Dans le cas d'un ***multimap*** ou d'un ***multiset***, la valeur peut être supérieure à ***1***. Vous pouvez également effacer un élément à partir de l'itérateur qui pointe sur cet élément ou supprimer un intervalle d'éléments à partir d'une séquence. Par exemple :

```
void g(map<string,int>& m)
{
        m.erase(m.find("Catbert"));
        m.erase(m.find("Alice"),m.find("Wally"));
}
```

Il est, bien sûr, plus rapide d'effacer un élément pour lequel vous disposez déjà d'un itérateur. Sans cet opérateur, vous devez d'abord chercher l'élément à partir de sa clé, puis l'effacer. Après une opération ***erase()***, l'itérateur n'est plus disponible, car l'élément sur lequel il pointait n'existe plus. La suppression de ***end()*** est sans danger.

17.4.1.8 Les autres fonctions

Un ***map*** fournit les fonctions habituelles permettant de gérer le nombre d'éléments, ainsi qu'une fonction ***swap()*** spécialisée :

```
template <class Key, class T, class Cmp = less<Key>,
          class A = allocator< pair<const Key,T> > >
class map {
public:
     // ...
     // capacité:

     size_type size() const;              // nombre d'éléments
     size_type max_size() const;          // taille maximum du map
     bool empty() const { return size()==0; }

     void swap(map&);
};
```

Comme toujours, ***size()*** ou ***max_size()*** renvoient un nombre d'éléments.

Le ***map*** fournit également les opérateurs ==, !=, <, >, <=, >= et ***swap()*** sous la forme de fonctions non-membres :

```
template <class Key, class T, class Cmp, class A>
bool operator==(const map<Key,T,Cmp,A>&, const map<Key,T,Cmp,A>&);

// de façon analogue !=, <, >, <= et >=

template <class Key, class T, class Cmp, class A>
void swap(map<Key,T,Cmp,A>&, map<Key,T,Cmp,A>&);
```

Pour quelle raison la comparaison de deux ***map*** pourrait-elle s'avérer nécessaire ? Lorsque nous comparons spécifiquement deux ***map***, nous ne voulons pas simplement savoir s'ils sont différents, mais plutôt en quoi ils diffèrent. Dans ces situations, on ne doit pas utiliser == ou !=. Cependant, en fournissant ==, < et ***swap()*** pour chaque conteneur, nous avons la possibilité d'écrire des algorithmes qui pourront être appliqués à chacun d'entre eux. Ces fonctions nous permettent, par exemple, de trier (***sort()***) un ***vector*** de ***map*** et d'avoir un ***set*** de ***map***.

17.4.2 multimap

Un ***multimap*** est un ***map*** dans lequel la duplication des clés est autorisée :

```
template <class Key, class T, class Cmp = less<Key>,
          class A = allocator< pair<const Key,T> > >
class std::multimap {
public:
               // comme un map à l'exception de:

     iterator insert(const value_type&);  // renvoie un itérateur, et non une paire

               // pas d'opérateur d'indiçage []
};
```

Par exemple (en utilisant ***Cstring_less*** du § 17.1.4.1 pour comparer des chaînes de style C) :

```
void f(map<char*,int,Cstring_less>& m, multimap<char*,int,Cstring_less>& mm)
{
        m.insert(make_pair("x",4));
        m.insert(make_pair("x",5));          // aucun effet : il existe déjà une entrée pour "x" (§ 17.4.1.7)
        // maintenant m["x"] == 4

        mm.insert(make_pair("x",4));
        mm.insert(make_pair("x",5));
                // mm contient maintenant à la fois ("x",4) et ("x",5)
}
```

Cela signifie que, contrairement à un ***map***, un ***multimap*** ne peut prendre en charge l'indiçage *via* des valeurs de clé. Les opérations ***equal_range()***, ***lower_bound()*** et ***upper_bound()*** (§ 17.4.1.6) sont les principaux outils permettant d'accéder à plusieurs valeurs d'une même clé.

Lorsque plusieurs valeurs peuvent exister pour une seule valeur de clé, un ***multimap*** sera naturellement préféré à un ***map***. Cela se produit relativement fréquemment. D'une certaine façon, un ***multimap*** peut même s'avérer plus clair et plus élégant qu'un ***map***.

Un annuaire téléphonique est un bon exemple de ***multimap***, car il n'est pas rare qu'une même personne possède plusieurs numéros de téléphone. Ces numéros pourraient être affichés de la façon suivante :

```
void print_numbers(const multimap<string,int>& phone_book)
{
        typedef multimap<string,int>::const_iterator I;
        pair<I,I> b = phone_book.equal_range("Stroustrup");
        for (I i = b.first; i != b.second; ++i) cout << i->second << '\n';
}
```

Pour un ***multimap***, l'insertion d'un argument *via* ***insert()*** est garantie. Par conséquent, ***multimap::insert()*** renvoie un itérateur, et non une ***pair<interator,bool>*** comme un ***map***. La bibliothèque pourrait assurer l'uniformité en fournissant la forme générale de ***insert()***, à la fois pour un ***map*** et un ***multimap***. Cela peut rester valable, même lorsque la variable ***bool*** est redondante dans le cas d'un ***multimap***. Une autre solution de conception aurait été de fournir une opération ***insert()*** simple ne renvoyant pas de variable ***bool***, et de fournir aux utilisateurs de ***map*** un autre moyen de savoir si une clé a été insérée. Il s'agit précisément d'un cas dans lequel des idées de conception d'interfaces différentes peuvent entrer en conflit.

17.4.3 set

Un ***set*** peut être considéré comme un ***map*** (§ 17.4.1) dans lequel les valeurs n'ont aucune relation entre elles. Il s'agit de la raison pour laquelle nous ne gérons que les clés. L'interface utilisateur subit très peu de modifications :

```
template <class Key, class Cmp = less<Key>, class A = allocator<Key> >
class std::set {
public:
        // comme un map à l'exception de :
```

```
        typedef Key value_type;        // la clé elle-même est la valeur
        typedef Cmp value_compare;
        // pas d'opérateur d'indiçage []
};
```

L'astuce qui consiste à définir ***value_type*** en un type ***key_type*** permet dans de nombreux cas d'obtenir un code identique, que l'on utilise un ***map*** ou un ***set***.

Notez qu'un ***set*** s'appuie sur une opération de comparaison (< par défaut), et non sur l'égalité (==). L'équivalence des éléments est donc définie par l'inégalité (§ 17.1.4.1), et l'itération possède un ordre bien défini.

De la même façon qu'un ***map***, un ***set*** fournit les opérations ==, !=, <, >, <=, >= et ***swap()***.

17.4.4 multiset

Un ***multiset*** est un ***set*** dans lequel la duplication des clés est autorisée :

```
template <class Key, class Cmp = less<Key>, class A = allocator<Key> >
class std::multiset {
public:
            // comme un set, à l'exception de:
        iterator insert(const value_type&);        // retourne un itérateur, et non une paire
};
```

On accède aux multiples occurrences d'une clé principalement *via* les opérations ***equal_range()***, ***lower_bound()*** et ***upper_bound()*** (§ 17.4.1.6).

17.5 Les "presque conteneurs"

Les tableaux intégrés (§ 5.2), les ***string*** (Chapitre 20), les ***valarray*** (§ 22.4) et les ***bitset*** (§ 17.5.3) contiennent des éléments. Ils peuvent donc être considérés comme des conteneurs par un grand nombre d'applications. Il leur manque cependant à chacun un aspect ou un autre de l'interface d'un conteneur standard. Ces "presque conteneurs" ne sont donc pas complètement interchangeables avec des conteneurs à part entière tels que ***vector*** et ***list***.

17.5.1 string

Une ***basic_string*** fournit l'indiçage, les itérateurs à accès aléatoire et la plupart des commodités de notation d'un conteneur (Chapitre 20). Cependant, ***basic_string*** n'accepte pas une gamme aussi large de types comme éléments. De plus, elle est optimisée pour être utilisée comme une chaîne de caractères et on l'emploie généralement d'une façon totalement différente de celle d'un conteneur.

17.5.2 valarray

Un ***valarray*** (§ 22.4) est un vecteur destiné au traitement numérique optimisé. Un ***valarray*** ne revendique donc pas le statut de conteneur général. Il fournit de nombreuses opérations numériques. Cependant, parmi les opérations de conteneur standards (§ 17.1.1), il n'offre que ***size()*** et un opérateur d'indiçage (§ 22.4.2). Le pointeur de l'élément d'un ***valarray*** est un itérateur à accès aléatoire (§ 19.2.1).

17.5.3 bitset

Certains aspects d'un système, tels que l'état d'un flux d'entrée (§ 21.3.3), sont souvent représentés comme un ensemble d'indicateurs de conditions binaires telles que bon/mauvais, vrai/faux, allumé/éteint. C++ supporte efficacement la notion de petits ensembles d'indicateurs *via* les opérations bit à bit sur les entiers (§ 6.2.4). Ces opérations comprennent **&** (et), | (ou), ^ (ou exclusif), << (décalage gauche) et >> (décalage droite). La classe ***bitset<N>*** généralise cette notion et offre davantage de commodités en fournissant des opérations pour un ensemble de ***N*** bits indexés de ***0*** à ***N–1***. ***N*** est connu au moment de la compilation. Pour les ensembles de bits ne pouvant être placés dans un ***long int***, l'utilisation d'un ***bitset*** est préférable à celle d'entiers. Pour les ensembles plus petits, il existe peut-être un compromis sur le plan de l'efficacité. Si vous désirez nommer les bits, plutôt que les numéroter, vous pouvez utiliser un ***set*** (§ 17.4.3), une énumération (§ 4.8) ou un champ de bits (§ C.8.1).

Un ***bitset<N>*** est un tableau de ***N*** bits. Contrairement à un ***vector<bool>*** (§ 16.3.11), un ***bitset*** est de taille fixe et il diffère d'un ***set*** (§ 17.4.3) par le fait que ses bits sont indexés par des entiers et non associativement par valeur. De plus, contrairement à ces deux conteneurs, un ***bitset*** fournit des opérations permettant de manipuler les bits.

Un pointeur intégré (§ 5.1) ne peut adresser directement un bit individuel. Le ***bitset*** fournit donc un type référence-de-bit. Il s'agit d'une technique réellement utile pour l'adressage des objets pour lesquels un pointeur intégré ne convient pas :

```
template<size_t N> class std::bitset {
public:

    class reference {                                // référence à un bit unique:
        friend class bitset;
        reference();
    public:                                          // b[i] fait référence au (i+1) n ième bit:
        ~reference();
        reference& operator=(bool x);                // pour b[i] = x;
        reference& operator=(const reference&);      // pour b[i] = b[j];
        bool operator~() const;                      // retourne ~b[i]
        operator bool() const;                       // pour x = b[i];
        reference& flip();                           // b[i].flip();
    };

    // ...
};
```

Le modèle ***bitset*** est défini dans l'espace de noms ***std*** et présenté dans l'en-tête ***<bitset>***.

Le style des ***bitset*** diffère de celui des autres classes de la bibliothèque standard en grande partie pour des raisons historiques. Lorsqu'un index (également connu comme une *position de bit*) se trouve hors de l'intervalle admis, par exemple, une exception ***out_of_range*** est déclenchée. Aucun itérateur n'est fourni. Les positions de bit sont numérotées de droite à gauche comme le sont souvent les bits dans un mot. En conséquence, la valeur de ***b[i]*** est ***pow(i,2)***. Un ***bitset*** peut donc être considéré comme un nombre binaire sur N bits :

position :	9	8	7	6	5	4	3	2	1	0
bitset<10> :	1	1	1	1	0	1	1	1	0	1

17.5.3.1 Les constructeurs

Un ***bitset*** peut être construit avec des valeurs par défaut, à partir des bits d'un ***unsigned long int*** ou à partir d'une ***string*** :

```
template<size_t N> class bitset {
public:
        // ...
        // constructeurs:

        bitset();                                          // N bits nuls
        bitset(unsigned long val);                         // bits de val

        template<class Ch, class Tr, class A>              // Tr est un char_traits (§ 20.2)
        explicit bitset(const basic_string<Ch,Tr,A>& str,  // bits de la chaîne str
                basic_string<Ch,Tr,A>::size_type pos = 0,
                basic_string<Ch,Tr,A>::size_type n = basic_string<Ch,Tr,A>::npos);

        // ...
};
```

La valeur par défaut d'un bit est ***0***. Lorsqu'un argument de type ***unsigned long int*** est fourni, chaque bit de l'entier est utilisé pour initialiser le bit correspondant dans le ***bitset*** (s'il existe). Un argument de type ***basic_string*** (Chapitre 20) réalise la même opération, à l'exception du fait que les caractères ***'0'*** et ***'1'*** fournissent respectivement les valeurs de bit ***0*** et ***1***. Les autres caractères provoquent le déclenchement d'une exception ***invalid_argument***. Une chaîne complète est utilisée par défaut pour l'initialisation. Cependant, dans le style d'un constructeur de ***basic_string*** (§ 20.3.4), il est possible pour un utilisateur d'exiger uniquement l'emploi d'intervalles de caractères depuis ***pos*** jusqu'à la fin de la chaîne, ou jusqu'à ***pos+n***. Par exemple :

```
void f()
{
        bitset<10> b1;                          // uniquement des 0

        bitset<16> b2 = 0xaaaa;                 // 1010101010101010
        bitset<32> b3 = 0xaaaa;                 // 00000000000000001010101010101010

        bitset<10> b4("1010101010");            // 1010101010
        bitset<10> b5("10110111011110",4);      // 0111011110
        bitset<10> b6("10110111011110",2,8);    // 0011011101
```

```
        bitset<10> b7("n0g00d");          // déclenchement de invalid_argument
        bitset<10> b8 = "n0g00d";         // erreur : pas de conversion char* vers bitset
}
```

Un concept clé est qu'il est possible de fournir une implémentation optimisée pour les ***bitset*** pouvant être interprétés en un seul mot. L'interface reflète cette hypothèse.

17.5.3.2 Opérations sur les bits

Un ***bitset*** fournit les opérateurs permettant d'accéder aux bits individuels et de manipuler tous les bits de l'ensemble :

```
template<size_t N> class std::bitset {
public:
        // ...
        // opérations de bitset:

        reference operator[](size_t pos);          // b[i]

        bitset& operator&=(const bitset& s);      // et
        bitset& operator|=(const bitset& s);      // ou
        bitset& operator^=(const bitset& s);      // ou exclusif

        bitset& operator<<=(size_t n);            // décalage gauche logique (on remplit avec des zéros)
        bitset& operator>>=(size_t n);            // décalage droite logique (on remplit avec des zéros)

        bitset& set();                            // définit chaque bit à 1
        bitset& set(size_t pos, int val = 1);     // b[pos]=val

        bitset& reset();                          // définit chaque bit à 0
        bitset& reset(size_t pos);                // b[pos]=0

        bitset& flip();                           // modifie la valeur de chaque bit
        bitset& flip(size_t pos);                 // modifie la valeur de b[pos]

        bitset operator~() const { return bitset<N>(*this).flip(); }       // crée l'ensemble complémentaire
        bitset operator<<(size_t n) const { return bitset<N>(*this)<<=n; }  // crée l'ensemble décalé
        bitset operator>>(size_t n) const { return bitset<N>(*this)>>=n; }  // crée l'ensemble décalé

        // ...
};
```

L'opérateur d'indiçage déclenche une exception ***out_of_range*** si l'indice se trouve hors de l'intervalle admis. Il n'existe aucune opération d'indice non contrôlée.

Le ***bitset&*** renvoyé par ces opérations est ****this***. Un opérateur renvoyant un ***bitset*** (au lieu d'un ***bitset&***) effectue une copie de ****this***, applique son opération à cette copie puis retourne le résultat. Les opérateurs **>>** et **<<** sont réellement des opérations de décalage, et non des opérations d'E/S. Pour un ***bitset***, l'opérateur de sortie est un **<<** qui reçoit un ***ostream*** et un ***bitset*** (§ 17.5.3.3).

Lorsque des bits doivent être décalés, on préfère le décalage logique au décalage cyclique. Cela signifie que certains bits "disparaissent en fin", et que certaines positions prennent la valeur par défaut ***0***. Notez que ***size_t*** étant un type non signé, il s'avère impossible de décaler d'un nombre négatif. Cela implique toutefois que ***b<<–1*** effectue un décalage d'une valeur positive très grande, ce qui a pour effet de définir chaque bit du ***bitset b*** avec la valeur ***0***. Dans ce cas, votre compilateur émettra un message d'avertissement.

17.5.3.3 Les autres opérations

Un ***bitset*** supporte également des opérations courantes telles que ***size()***, ***==***, ***E/S***, etc. :

```
template<size_t N> class bitset {
public:
        // ...

        unsigned long to_ulong() const;

        template <class Ch, class Tr, class A> basic_string<Ch,Tr,A> to_string() const;

        size_t count() const;                  // nombre de bits de valeur 1
        size_t size() const { return N; }      // nombre de bits

        bool operator==(const bitset& s) const;
        bool operator!=(const bitset& s) const;

        bool test(size_t pos) const;           // true si b[pos] est égal à 1
        bool any() const;                      // true si un bit est égal à 1
        bool none() const;                     // true si aucun bit n'est égal à 1
};
```

to_ulong() et ***to_string()*** fournissent les opérations inverses de celles des constructeurs. Pour éviter toute conversion non évidente, les opérations nommées ont été préférées aux autres opérations de conversion. Si la valeur du ***bitset*** se traduit par un nombre de bits trop important pour être représenté comme un ***unsigned long***, ***to_ulong()*** déclenche une exception ***overflow_error***.

L'opération ***to_string()*** produit une chaîne du type désiré contenant une séquence de caractères ***'0'*** et ***'1'***. Le modèle ***basic_string*** permet d'implémenter les chaînes (Chapitre 20) ; ***to_string*** pourrait être utilisé pour transcrire la représentation binaire d'un ***int*** :

```
void binary(int i)
{
        bitset<8*sizeof(int)> b = i;          // suppose un octet de 8 bits (voir aussi § 22.2)
        cout << b.template to_string< char,char_traits<char>,allocator<char> >() << '\n';
}
```

La syntaxe requise pour appeler un modèle de membre explicitement qualifié est malheureusement relativement élaborée et rare (§ C.13.6).

Pour compléter les fonctions membres, un ***bitset*** fournit les opérateurs binaires ***&*** (et), | (ou), ^ (ou exclusif) et les opérateurs d'E/S habituels.

```
template<size_t N> bitset<N> std::operator&(const bitset<N>&, const bitset<N>&);
template<size_t N> bitset<N> std::operator|(const bitset<N>&, const bitset<N>&);
template<size_t N> bitset<N> std::operator^(const bitset<N>&, const bitset<N>&);

template <class charT, class Tr, size_t N>
basic_istream<charT,Tr>& std::operator>>(basic_istream<charT,Tr>&, bitset<N>&);
template <class charT, class Tr, size_t N>
basic_ostream<charT,Tr>& std::operator<<(basic_ostream<charT,Tr>&, const bitset<N>&);
```

Nous pouvons donc transcrire un ***bitset*** sans le convertir en chaîne. Par exemple :

```
void binary(int i)
{
	bitset<8*sizeof(int)> b = i;	// suppose un octet de 8 bits (voir aussi § 22.2)
	cout << b << '\n';
}
```

Ce code affiche les bits représentés par un ***1*** et un ***0*** de gauche à droite. Le bit le plus significatif est situé à gauche.

17.5.4 Les tableaux intégrés

Un tableau intégré fournit les opérateurs d'indiçage et d'accès aléatoire sous la forme de pointeurs ordinaires (§ 2.7.2). Un tableau ne connaît cependant pas sa propre taille. La charge de sa gestion revient donc aux utilisateurs. En règle générale, un tableau ne fournit pas les types et les opérations d'un membre standard.

Il est possible, et quelquefois pratique, de fournir un tableau ordinaire dont l'apparence offre le confort de notation d'un conteneur standard, sans modifier sa nature fondamentale :

```
template<class T, int max> struct c_array {
	typedef T value_type;

	typedef T* iterator;
	typedef const T* const_iterator;

	typedef T& reference;
	typedef const T& const_reference;

	T v[max];
	operator T*() { return v; }

	reference operator[](size_t i) { return v[i]; }
	const_reference operator[](size_t i) const { return v[i]; }

	iterator begin() { return v; }
	const_iterator begin() const { return v; }

	iterator end() { return v+max; }
	const_iterator end() const { return v+max; }

	ptrdiff_t size() const { return max; }
};
```

Le modèle ***c_array*** ne fait pas partie de la bibliothèque standard. Il n'est présenté ici que pour illustrer la façon d'adapter un conteneur "étranger" à une structure de conteneur standard. Il peut être employé avec des algorithmes standards (Chapitre 18) utilisant ***begin()***, ***end()***, etc. Il peut être alloué dans le tas sans utilisation indirecte de la mémoire dynamique. Il est également possible de le transmettre à une fonction de style C qui s'attend à recevoir un pointeur. Par exemple :

```
void f(int* p, int sz);                                  // style C

void g()
{
        c_array<int,10> a;

        f(a,a.size());                                   // utilisation du style C
        c_array<int,10>::iterator p = find(a.begin(),a.end(),777);   // utilisation du style C++/STL
        // ...
}
```

17.6 Définition d'un nouveau conteneur

Les conteneurs standards fournissent une structure offrant la possibilité aux utilisateurs d'ajouter de nouveaux éléments. Dans cette section, nous allons expliquer comment fournir un conteneur de telle sorte qu'il puisse être utilisé exactement dans les mêmes circonstances qu'un conteneur standard. L'implémentation est sensée être réaliste, mais elle n'est pas optimale. Nous avons choisi une interface très proche des implémentations existantes, largement répandues et de haute qualité de la notion de ***hash_map***. Testez la ***hash_map*** fournie ici pour des problèmes généraux, puis utilisez pour votre production une ***hash_map*** supportée.

17.6.1 hash_map

Un ***map*** est un conteneur associatif qui accepte pratiquement tous les types d'éléments. Pour atteindre ce résultat, il compare ses éléments en s'appuyant uniquement sur une opération inférieur-à (§ 17.4.1.5). Cependant, en obtenant des informations supplémentaires concernant un type de clé, on peut souvent réduire le temps requis pour trouver un élément en fournissant une fonction ***hash*** et en implémentant un conteneur comme une table de hachage.

Une fonction ***hash*** permet de faire correspondre rapidement une valeur à un index particulier, de telle sorte que deux valeurs distinctes aboutissent rarement au même index. En règle générale, une table de hachage est implémentée en plaçant une valeur sur son index, sauf si une autre valeur s'y trouve déjà. Dans ce cas, la valeur sera placée "à proximité immédiate". Retrouver un élément placé dans son index est une opération rapide. En rechercher un "à proximité immédiate" s'avère également relativement rapide si les performances du test d'égalité sont acceptables. Par conséquent, il n'est pas rare pour un ***hash_map*** d'offrir une recherche cinq à dix fois plus rapide que celle d'un ***map***. Cette vitesse de recherche est primordiale pour les conteneurs de grande taille. D'autre part, un ***hash_map*** avec une fonction de hachage mal choisie pourrait être beaucoup plus lent qu'un ***map***.

Il existe de nombreuses façons d'implémenter une table de hachage. L'interface de ***hash_map*** ne diffère de celle des conteneurs associatifs standards que sur les points permettant d'obtenir un gain de performances *via* le hachage. La différence la plus fondamentale entre un ***map*** et un ***hash_map*** réside dans le fait que le premier nécessite un opérateur < pour son type d'éléments, alors que le second nécessite un opérateur == et une fonction de hachage. Un ***hash_map*** doit donc différer d'un ***map*** en ce qui concerne les méthodes de création qui ne sont pas des méthodes par défaut. Par exemple :

```
map<string,int> m1;                 // compare les chaînes à l'aide de <
map<string,int,Nocase> m2;          // compare les chaînes à l'aide de Nocase() (§ 17.1.4.1)

hash_map<string,int> hm1;           // hachage à l'aide de Hash<string>() (§ 17.6.2.3),
                                    comparaison à l'aide de ==
hash_map<string,int,hfct> hm2;      // hachage à l'aide de hfct(), comparaison à l'aide de ==
hash_map<string,int,hfct,eql> hm3;  // hachage à l'aide de hfct(), comparaison à l'aide de eql
```

Un conteneur pratiquant une recherche à base de hachage est implémenté à l'aide d'une, ou de plusieurs tables. Le conteneur doit gérer les valeurs ayant été associées à des valeurs de hachage ("index" dans l'explication précédente). Il réalise cette opération à l'aide d'une "table de hachage". Les performances de la plupart des implémentations de ces tables se dégradent sérieusement si elles se remplissent, aux environs de 75 %. Par conséquent, le ***hash_map*** définit ci-dessous est automatiquement redimensionné lorsque son taux de remplissage devient trop important. Cette opération peut toutefois se révéler coûteuse. Il faut donc pouvoir spécifier une taille initiale appropriée.

Voici une première approximation d'un ***hash_map*** :

```
template<class Key, class T, class H = Hash<Key>,
            class EQ = equal_to<Key>, class A = allocator< pair<const Key,T> > >
class hash_map {
                // comme un map, à l'exception de:

        typedef H Hasher;
        typedef EQ key_equal;

        hash_map(const T& dv =T(), size_type n =101, const H& hf =H(), const EQ& =EQ());
        template<class In> hash_map(In first, In last,
                const T& dv =T(), size_type n =101, const H& hf =H(), const EQ& =EQ());
};
```

En fait, il s'agit d'une interface de ***map*** (§ 17.4.1.4) dont l'opérateur < est remplacé par un opérateur == et une fonction de hachage.

Toutes les utilisations d'un ***map*** étudiées jusqu'à présent (§ 3.7.4, § 6.1, § 17.4.1) peuvent être converties afin d'employer un ***hash_map*** en modifiant simplement la dénomination ***map*** en ***hash_map***. Le changement d'un ***map*** en ***hash_map*** peut souvent être facilité en utilisant un ***typedef*** :

```
typedef hash_map<string,record> Map;
Map dictionary;
```

Le ***typedef*** permet également de masquer davantage le type réel du dictionnaire vis-à-vis de ses utilisateurs.

Bien que cela ne soit pas strictement exact, nous considérons le compromis entre un ***map*** et un ***hash_map*** comme un simple compromis espace-temps. Si l'efficacité n'est pas cruciale, il n'est pas nécessaire de perdre du temps à choisir entre les deux. L'un ou l'autre conviendra parfaitement. Dans le cas de tables fortement sollicitées et de taille importante, un ***hash_map*** présente un réel avantage en rapidité. Il devra donc être préféré, excepté lorsque l'espace est limité. Dans ce cas cependant, avant d'opter pour un ***map*** "ordinaire", il est encore possible d'envisager des façons différentes d'économiser de la mémoire. Il faut absolument effectuer des mesures pour optimiser le code correctement.

La clé d'un hachage efficace est la qualité de la fonction de hachage. Si l'on ne dispose pas d'une bonne fonction, un ***map*** pourra facilement surpasser un ***hash_map*** en performances. Le hachage basé sur une chaîne de style C, une ***string*** ou un entier s'avère généralement très efficace. Il ne faut pourtant pas oublier que les performances d'une fonction de hachage dépendent surtout des valeurs réelles contenues dans la table (§ 17.8[35]). Un ***hash_map*** doit être utilisé lorsque l'opérateur < n'est pas défini, ou ne convient pas à la clé recherchée. A l'inverse, contrairement à un opérateur, une fonction de hachage ne définit pas de classement. Dans les cas où la conservation des éléments triés s'avère importante, il est donc nécessaire d'utiliser un ***map***.

Comme le conteneur ***map***, un ***hash_map*** fournit la fonction ***find()*** pour permettre au programmeur de déterminer si une clé a été insérée.

17.6.2 Représentation et construction

Nous avons le choix entre de nombreuses implémentations d'un ***hash_map***. Dans cet ouvrage, nous en avons choisi une qui s'avère relativement rapide, et dont la plupart des opérations importantes sont assez simples. Les opérations clés sont les constructeurs, la recherche (opérateur *[]*), le redimensionnement et la suppression d'un élément (***erase()***). L'implémentation simple choisie ici s'appuie sur une table de hachage constituée d'un ***vector*** de pointeurs vers les entrées. Chaque ***Entry*** contient une clé (***key***), une valeur (***value***), un pointeur vers l'entrée suivante (si elle existe) avec la même valeur de hachage et un bit ***erased*** :

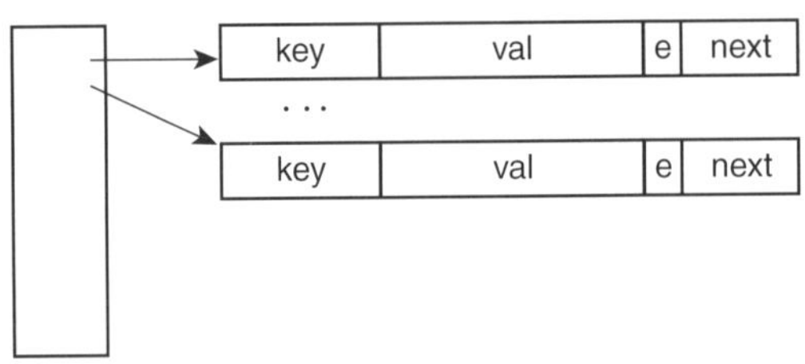

Exprimée sous la forme de déclarations, cette figure se traduit par :

```
template<class Key, class T, class H = Hash<Key>,
            class EQ = equal_to<Key>, class A = allocator< pair<const Key,T> > >
class hash_map {
      // ...
private:                        // représentation
      struct Entry {
```

```
            key_type key;
            mapped_type val;
            Entry* next;        // liaison de débordement de hachage
            bool erased;
            Entry(key_type k, mapped_type v, Entry* n)
                  : key(k), val(v), next(n), erased(false) { }
      };

      vector<Entry> v;          // les entrées réelles
      vector<Entry*> b;         // la table de hachage : pointeurs vers v

      // ...
};
```

Remarquez le bit ***erased***. La façon dont sont gérées plusieurs valeurs avec la même valeur de hachage rend difficile la suppression d'un élément. C'est pour cette raison que nous ne supprimons pas effectivement l'élément lorsque ***erase()*** est appelé. Nous signalons simplement cet élément comme ***erased***, et nous l'ignorons jusqu'au prochain redimensionnement de la table.

Pour compléter la structure de données principale, un ***hash_map*** a besoin de quelques données administratives. Chaque constructeur doit, bien sûr, définir toutes ces informations. Par exemple :

```
template<class Key, class T, class H = Hash<Key>,
            class EQ = equal_to<Key>, class A = allocator< pair<const Key,T> > >
class hash_map {
      // ...

      hash_map(const T& dv =T(), size_type n =101, const H& h =H(), const EQ& e =EQ())
            : default_value(dv), b(n), no_of_erased(0), hash(h), eq(e)
      {
            set_load();                         // défauts
            v.reserve(max_load*b.size());       // réserve de l'espace pour le développement
      }

      void set_load(float m = 0.7, float g = 1.6) { max_load = m; grow = g; }

      // ...
private:
      float max_load;             // conserve v.size()<=b.size()*max_load
      float grow;                 // redimensionne si nécessaire (bucket_count()*grow)

      size_type no_of_erased;     // nombre d'entrées dans v occupées par des éléments supprimés

      Hasher hash;                // fonction de hachage
      key_equal eq;               // égalité

      const T default_value;      // valeur par défaut utilisée par []
};
```

Dans les conteneurs associatifs standards, un type mappé doit posséder une valeur par défaut (§ 17.4.1.7). Cette restriction n'est logiquement pas nécessaire, et pourrait être inopportune. En fournissant la valeur par défaut comme argument, nous pouvons écrire :

```
hash_map<string,Number> phone_book1;                  // défaut: Number()
hash_map<string,Number> phone_book2(Number(411));     // défaut: Number(411)
```

17.6.2.1 La recherche

Nous pouvons enfin fournir les opérations de recherche cruciales :

```
template<class Key, class T, class H = Hash<Key>,
        class EQ = equal_to<Key>, class A = allocator< pair<const Key,T> > >
class hash_map {
    // ...
    mapped_type& operator[](const key_type& k);

    iterator find(const key_type&);
    const_iterator find(const key_type&) const;
    // ...
};
```

Pour rechercher une ***value***, ***operator[] ()*** fait appel à une fonction de hachage afin de trouver un index dans la table de hachage correspondant à la clé. Il recherche ensuite la clé correspondante parmi les entrées. Dans cette ***Entry***, la ***value*** est celle que nous recherchons. S'il ne la trouve pas, une valeur par défaut est insérée :

```
template<class Key, class T, class H = Hash<Key>,
        class EQ = equal_to<Key>, class A = allocator< pair<const Key,T> > >
mapped_type& hash_map::operator[](const key_type& k)
{
    size_type i = hash(k)%b.size();                 // hachage

    for(Entry* p = b[i]; p; p = p->next)            // recherche parmi les entrées
        if (eq(k,p->key)) {                         // la recherche aboutit
            if (p->erased) {                        // réinsertion
                p->erased = false;
                no_of_erased--;
                return p->val = default_value;
            }
            return p->val;
        }
    // la recherche échoue:

    if (b.size()*max_load <= v.size()) {            // si "trop pleine"
        resize(b.size()*grow);                      // agrandissement
        return operator[](k);                       // nouveau hachage
    }

    v.push_back(Entry(k,default_value,b[i]));       // ajoute une entrée
```

```
        b[i] = &v.back();                    // pointe sur le nouvel élément

        return b[i]->val;
    }
```

Contrairement à un ***map***, un ***hash_map*** ne s'appuie pas sur un test d'égalité synthétisé à partir d'une opération inférieur-à (§ 17.1.4.1). Cela est dû à l'appel de ***eq()*** dans la boucle qui examine les éléments ayant la même valeur de hachage. Cette boucle est cruciale pour les performances de la recherche. Pour des types de clés courantes et évidentes, telles que ***string*** et les chaînes de style C, la charge de traitement supplémentaire imposée par une autre comparaison pourrait être significative.

Nous aurions pu utiliser un ***set<Entry>*** pour représenter l'ensemble des valeurs possédant la même valeur de hachage. Cependant, si nous disposons d'une bonne fonction de hachage (***hash()***) et d'une table de hachage de taille appropriée (***b***), la plupart de tels ensembles auront un seul élément. Par conséquent, nous avons relié les éléments de cet ensemble à l'aide du champ ***next*** de ***Entry*** (§ 17.8[27]).

Notez que ***b*** conserve des pointeurs vers les éléments de ***v***. Vous remarquerez également que des éléments sont ajoutés dans ***v***. En général, ***push_back()*** peut provoquer une réallocation et ainsi invalider des pointeurs d'éléments (§ 16.3.5). Dans ce cas, ***resize()*** et les constructeurs (§ 17.6.2) réservent (***reserve()***) un espace suffisant afin d'éviter toute réallocation intempestive.

17.6.2.2 Suppression et nouveau hachage

La recherche perd en efficacité dans une table de hachage trop remplie. Pour éviter de se retrouver dans cette situation, la table est redimensionnée automatiquement *via* ***resize()*** par l'opérateur d'indiçage. La fonction ***set_load()*** (§ 17.6.2) permet de contrôler le moment, ainsi que le mode d'intervention du redimensionnement. D'autres fonctions sont fournies pour permettre au programmeur d'observer l'état d'un ***hash_map*** :

```
template<class Key, class T, class H = Hash<Key>,
            class EQ = equal_to<Key>, class A = allocator< pair<const Key,T> > >
class hash_map {
    // ...

    void resize(size_type n);        // définit la taille de la table de hachage avec n

    void erase(iterator position);                              // supprime l'élément pointé
    size_type size() const { return v.size()-no_of_erased; }   // nombre d'éléments

    size_type bucket_count() const { return b.size(); }         // taille de la table de hachage

    Hasher hash_fun() const { return hash; }                    // fonction de hachage utilisée
    key_equal key_eq() const { return eq; }                     // égalité utilisée

    // ...
};
```

L'opération ***resize()*** est essentielle, relativement simple, mais pourrait s'avérer coûteuse.

```
template<class Key, class T, class H = Hash<Key>,
        class EQ = equal_to<Key>, class A = allocator< pair<const Key,T> > >
void hash_map::resize(size_type s)
{
    if (s <= b.size()) return;
    b.resize(s);            // ajoute des pointeurs s-b.size()
    b.clear();
    v.reserve(s*max_load); // si v a besoin de réallouer, il peut réaliser cette opération maintenant

    if (no_of_erased) {     // supprime effectivement les éléments effacés
        for (size_type i = v.size()-1; 0<=i; i--)
            if (v[i].erased) {
                v.erase(&v[i]);
                if (--no_of_erased == 0) break;
            }
    }

    for (size_type i = 0; i<v.size(); i++) {         // nouveau hachage:
        size_type ii = hash(v[i].key)%b.size();     // hachage
        v[i].next = b[ii];                          // liaison
        b[ii] = &v[i];
    }
}
```

Un utilisateur peut appeler ***resize()*** "manuellement" si nécessaire afin que le coût de cette opération soit supporté au moment voulu. Une opération ***resize()*** peut être importante dans certaines applications, mais elle n'est pas fondamentale à la notion de tables de hachage. Elle est inutile dans certaines stratégies d'implémentation.

L'ensemble du travail réel étant effectué ailleurs (et uniquement lorsqu'un ***hash_map*** est redimensionné), la fonction ***erase()*** est donc triviale :

```
template<class Key, class T, class H = Hash<Key>,
        class EQ = equal_to<Key>, class A = allocator< pair<const Key,T> > >
void hash_map::erase(iterator p)            // supprime l'élément pointé
{
    if (p->erased == false) no_of_erased++;
    p->erased = true;
}
```

17.6.2.3 Hachage

Pour compléter ***hash_map::operator[] ()***, nous devons définir ***hash()*** et ***eq()***. Pour des raisons que vous découvrirez au § 18.4, il est préférable de définir une fonction de hachage sous la forme d'un ***operator() ()*** pour un objet fonction :

```
template <class T> struct Hash : unary_function<T, size_t> {
    size_t operator()(const T& key) const;
};
```

Une bonne fonction de hachage reçoit une clé et renvoie un entier. Ainsi, des clés distinctes ont une forte probabilité de produire des entiers différents. Le choix d'une bonne fonction de hachage s'avère très difficile. Cependant, l'application du ou *exclusif* sur les bits de la représentation de la clé vers un entier est souvent acceptable :

```
template <class T> size_t Hash<T>::operator()(const T& key) const
{
        size_t res = 0;

        size_t len = sizeof(T);
        const char* p = reinterpret_cast<const char*>(&key);

        while (len--) res = (res<<1)^*p++;          // utilise les octets de la représentation de la clé
        return res;
}
```

L'utilisation de ***reinterpret_cast*** (§ 6.2.7) signale toujours une opération bizarre. Une connaissance approfondie de l'objet sur lequel s'applique le hachage nous permet généralement de trouver une meilleure solution. Si l'objet contient un pointeur, s'il est de grande taille ou si les conditions d'alignement sur les membres ont laissé de l'espace inutilisé (des "trous") dans la représentation, nous pouvons généralement faire mieux (voir § 17.8[29]).

Une chaîne de style C est un pointeur (de caractères) et une ***string*** contient un pointeur. Les spécialisations apparaissent donc dans l'ordre :

```
size_t Hash<char*>::operator()(const char* key) const
{
        size_t res = 0;

        while (*key) res = (res<<1)^*key++;          // utilise la valeur int des caractères
        return res;
}

template <class C>
size_t Hash< basic_string<C> >::operator()(const basic_string<C>& key) const
{
        size_t res = 0;

        typedef basic_string<C>::const_iterator CI;
        CI p = key.begin();
        CI end = key.end();

        while (p!=end) res = (res<<1)^*p++;          // utilise la valeur int des caractères
        return res;
}
```

Une implémentation de ***hash_map*** comprendra, au minimum, les fonctions de hachage pour les clés chaînes et entiers. Pour des types de clés plus élaborées, l'utilisateur devra faire appel aux spécialisations appropriées. Une bonne expérimentation, alliée à des mesures sérieuses, est essentielle lors du choix d'une fonction de hachage. Il s'agit d'un domaine dans lequel l'intuition n'est d'aucun secours.

Pour compléter le ***hash_map***, nous devons définir les itérateurs et quelques fonctions très simples. Cette question sera traitée au cours des exercices (§ 17.8[34]).

17.6.3 Les autres conteneurs associatifs avec hachage

Pour assurer la cohérence du tableau, un ***hash_map*** devrait posséder les ***hash_set***, ***hash_multimap***, et ***hash_multiset*** correspondants. Leurs définitions peuvent être très facilement déduites à partir de celles des ***hash_map***, ***map***, ***multimap***, ***set*** et ***multiset***. Il s'agit de la raison pour laquelle nous ne traitons cette question qu'au cours des exercices (§ 17.8[34]). De bonnes implémentations du domaine public et commercialisées sont disponibles pour ces conteneurs associatifs avec hachage. Pour les programmes réels, ces dernières doivent être préférées à une version concoctée localement, telle que celle de cette section.

17.7 Conseils

1. Utilisez ***vector*** par défaut lorsque vous avez besoin d'un conteneur (voir § 17.1).
2. Calculez le coût de toute opération fréquemment utilisée (voir § 17.1.2).
3. L'interface, l'implémentation et la représentation d'un conteneur sont des concepts distincts. Ne les confondez pas (voir § 17.1.3).
4. Il vous est possible de trier et d'effectuer des recherches en fonction de divers critères (voir § 17.1.4.1).
5. N'utilisez pas de chaîne de style C pour une clé, sauf si vous fournissez le critère de comparaison approprié (voir § 17.1.4.1).
6. Vous pouvez définir un critère de comparaison de telle sorte que des valeurs de clés équivalentes, bien que différentes, correspondent à la même clé (voir § 17.1.4.1).
7. Choisissez de préférence les opérations sur la fin d'une séquence (***back***-opérations) lorsque vous insérez et supprimez des éléments (voir § 17.1.4.1).
8. Choisissez un conteneur ***list*** lorsque vous prévoyez de nombreuses insertions et suppressions depuis le début ou au milieu d'un conteneur (voir § 17.2.2).
9. Utilisez un conteneur ***map*** ou ***multimap*** lorsque vous accédez principalement aux éléments *via* une clé (voir § 17.4.1).
10. Utilisez un ensemble minimal d'opérations pour obtenir une flexibilité maximale (voir § 17.1.1).
11. Choisissez de préférence un ***map*** à un ***hash_map*** si les éléments ont besoin d'être stockés en ordre (voir § 17.6.1).
12. Choisissez de préférence un ***hash_map*** à un ***map*** lorsque la vitesse de recherche est essentielle (voir § 17.6.1).
13. Choisissez de préférence un ***hash_map*** à un ***map*** si aucune opération inférieur-à ne peut être définie pour les éléments (voir § 17.6.1).
14. Utilisez ***find()*** si vous voulez contrôler la présence d'une clé dans un conteneur associatif (voir § 17.4.1.6).

15. Utilisez ***equal_range()*** pour rechercher tous les éléments d'une clé donnée dans un conteneur associatif (voir § 17.4.1.6).
16. Utilisez ***multimap*** lorsque plusieurs valeurs doivent être conservées pour une même clé (voir § 17.4.2).
17. Utilisez un ***set*** ou un ***multiset*** lorsque la clé elle-même est la seule valeur devant être conservée (voir § 17.4.3).

17.8 Exercices

Vous pourrez trouver les solutions de certains exercices de ce chapitre en examinant le texte source d'une implémentation de la bibliothèque standard. Nous vous conseillons néanmoins de trouver vos propres solutions avant de rechercher comment l'implémenteur de votre bibliothèque a abordé les problèmes. Examinez ensuite les conteneurs et leurs opérations dans votre version d'implémentation.

1. (*2.5) Essayez de comprendre la notation ***O()*** (§ 17.1.2). Effectuez quelques mesures d'opérations sur des conteneurs standards afin de déterminer les facteurs constants impliqués.
2. (*2) De nombreux numéros de téléphone ne peuvent être placés dans un type ***long***. Ecrivez un type ***phone_number*** et une classe fournissant un ensemble d'opérations utiles sur un conteneur ***phone_numbers***.
3. (*2) Ecrivez un programme qui liste les mots par ordre alphabétique dans un fichier. Créez deux versions : la première dans laquelle les mots sont de simples séquences de caractères séparées par des espaces, et une autre dans laquelle les mots sont des séquences de lettres séparées par toute séquence de caractères différents d'une lettre.
4. (*2.5) Implémentez un jeu de cartes solitaire simple.
5. (*1.5) Implémentez un test simple permettant de savoir si un mot est un palindrome (c'est-à-dire si sa représentation est symétrique : par exemple *ada*, ici). Implémentez un test simple pour savoir si un entier est un palindrome. Implémentez un test simple pour savoir si une phrase est un palindrome (par exemple *un roc cornu*). Généralisez.
6. (*1.5) Définissez une file d'attente à l'aide de (seulement) deux ***stack***.
7. (*1.5) Définissez une pile analogue à ***stack*** (§ 17.3.1), mais ne copiant pas son conteneur et autorisant l'itération sur ses éléments.
8. (*3) Votre ordinateur devra supporter les activités concurrentes *via* le concept d'un ***thread***, d'une tâche ou d'un processus. Essayez d'imaginer comment réaliser ce support. Le mécanisme de l'accès concurrentiel disposera d'un dispositif de verrouillage pour éviter que deux tâches accèdent simultanément à la même mémoire. Utilisez le mécanisme de verrouillage de la machine pour implémenter une classe verrou.
9. (*2.5) Lisez une séquence de dates telle que ***Dec85***, ***Dec50***, ***Jan76***, etc., à partir de l'entrée, puis transmettez-les en sortie en faisant d'abord apparaître les dates les plus récentes. Le format d'une date est constitué du mois sur trois lettres, suivi d'une année sur deux chiffres. On suppose que toutes les années appartiennent au même siècle.

10. (*2.5) Généralisez le format d'entrée des dates afin d'autoriser des formes telles que ***Dec1985***, ***12/3/1990***, ***(Dec, 30, 1950)***, ***3/6/2001***, etc. Modifiez l'exercice du § 17.8[9] pour prendre en compte les nouveaux formats.

11. (*1.5) Utilisez un ***bitset*** pour afficher les valeurs binaires de quelques nombres, y compris ***0***, ***1***, ***–1***, ***18***, ***–18*** et l'***int*** positif le plus grand.

12. (*1.5) Utilisez un ***bitset*** pour représenter les étudiants présents un jour donné dans une classe. Lisez les ***bitset*** correspondants à une série de douze jours et identifiez les étudiants qui ont été présents tous les jours. Recherchez également les étudiants qui ont été présents huit jours au minimum.

13. (*1.5) Ecrivez une ***List*** de pointeurs qui supprime (***delete***) les objets pointés lorsqu'elle est détruite ou lorsqu'un élément en est retiré.

14. (*1.5) Affichez les éléments d'un objet ***stack*** dans l'ordre (sans modifier la valeur de la pile).

15. (*2.5) Complétez le ***hash_map*** (§ 17.6.1). Cela implique l'implémentation de ***find()*** et de ***equal_range()***. Pour cette opération, il est également nécessaire d'imaginer une façon de tester le modèle complet. Testez ***hash_map*** avec au moins un type de clé pour lequel la fonction de hachage par défaut ne serait pas appropriée.

16. (*2.5) Implémentez et testez une liste dans le style de la ***list*** standard.

17. (*2) La surconsommation de mémoire d'une ***list*** peut quelquefois poser un problème. Ecrivez et testez une liste simplement chaînée dans le style d'un conteneur standard.

18. (*2.5) Implémentez une liste identique à une ***list*** standard, mais supportant l'indiçage. Comparez le coût de l'indiçage pour diverses listes à celui de l'indiçage d'un ***vector*** de même longueur.

19. (*2) Implémentez une fonction modèle qui fusionne deux conteneurs.

20. (*1.5) Etant donné une chaîne de style C, déterminez s'il s'agit d'un palindrome. Déterminez si une séquence initiale d'au moins trois mots dans la chaîne est un palindrome.

21. (*2) Lisez une séquence de paires (***name***, ***value***) et générez une liste triée de quadruplés (***name***, ***total***, ***moyenne***, ***médiane***). Imprimez cette liste.

22. (*2.5) Déterminez la surconsommation de mémoire de chaque conteneur standard dans votre implémentation.

23. (*3.5) Déterminez quelle pourrait être une stratégie d'implémentation raisonnable pour un ***hash_map*** ne devant utiliser qu'un espace minimum. Déterminez quelle stratégie d'implémentation acceptable pourrait être destinée à un ***hash_map*** pour lequel le temps de recherche doit être minimum. Dans chaque cas, considérez les opérations que vous pourriez omettre pour vous rapprocher de la solution idéale (respectivement, aucune surconsommation de mémoire et aucune charge de traitement supplémentaire pour la recherche). Conseil : la littérature concernant les tables de hachage est énorme.

24. (*2) Imaginez une stratégie permettant de prendre en charge le dépassement de capacité d'un ***hash_map*** (le hachage de valeurs différentes dans la même valeur de hachage) et qui simplifierait l'implémentation de ***equal_range()***.

25. (*2.5) Estimez la consommation de mémoire d'un ***hash_map***, puis mesurez-la. Comparez vos estimations aux mesures. Comparez la surconsommation de mémoire de votre ***hash_map*** et celle d'un ***map*** de votre implémentation.

26. (*2.5) Dessinez votre ***hash_map*** afin de connaître le déroulement des opérations. Faites la même chose pour le ***map*** de votre implémentation et pour un ***hash_map*** courant.

27. (*2.5) Implémentez un ***hash_map*** à partir d'un ***vector<map<K,V>*>*** de telle sorte que chaque ***map*** contienne toutes les clés possédant la même valeur de hachage.

28. (*2) Implémentez un ***hash_map*** à l'aide d'arborescences ***Splay*** (voir D. Sleator et R. E. Tarjan : *Self-Adjusting Binary Search Trees*, JACM, Vol. 32. 1985).

29. (*2) Soit une structure de données décrivant une entité proche d'une chaîne :

```
struct St {
        int size;
        char type_indicator;
        char* buf;              // pointe sur "size" caractères
        St(const char* p);      // alloue et remplit buf
};
```

créez 1 000 ***St*** et utilisez-les comme des clés pour un ***hash_map***. Imaginez un programme destiné à mesurer la performance du ***hash_map***. Ecrivez une fonction de hachage (une ***Hash*** ; § 17.6.2.3) spécifiquement pour les clés ***St***.

30. (*2) Fournissez au moins quatre méthodes différentes permettant de supprimer les éléments effacés (***erased***) d'un ***hash_map***. Vous devez utiliser un algorithme de la bibliothèque standard (§ 3.8, Chapitre 18) pour éviter de coder une boucle explicite.

31. (*3) Implémentez un ***hash_map*** qui supprime immédiatement les éléments.

32. (*2) La fonction de hachage présentée au § 17.6.2.3 ne prend pas toujours en compte la représentation complète d'une clé. A quel moment une partie d'une représentation sera-t-elle ignorée ? Ecrivez une fonction de hachage qui prend toujours en compte la totalité de la représentation d'une clé. Donnez un exemple qui justifie le fait que l'on ignore une partie d'une clé et écrivez une fonction de hachage qui calcule sa valeur uniquement à partir de la partie d'une clé considérée comme pertinente.

33. (*2.5) Le code des fonctions de hachage a tendance à suivre un même schéma : une boucle récupère des données supplémentaires, puis leur applique le hachage. Définissez une fonction ***Hash*** (§ 17.6.2.3) qui récupère ses données en appelant de façon répétitive une fonction qu'un utilisateur peut définir au niveau du type considéré. Par exemple :

```
size_t res = 0;
while (size_t v = hash(key)) res = (res<<3)^v;
```

Dans ce code, un utilisateur peut définir ***hash(K)*** pour chaque type ***K*** auquel on désire appliquer le hachage.

34. (*3) A partir d'une implémentation de ***hash_map***, implémentez ***hash_multimap***, ***hash_set*** et ***hash_multiset***.

35. (*2.5) Ecrivez une fonction de hachage pour faire correspondre de façon uniforme des valeurs ***int*** distribuées à des valeurs de hachage destinées à une taille de table d'environ 1 024. A partir de cette fonction, imaginez un ensemble de 1 024 valeurs de clés, toutes étant associées à la même valeur.

18

Algorithmes et objets fonctions

La forme se libère.

Proverbe des ingénieurs

Introduction — Présentation des algorithmes de la bibliothèque standard — Séquences — Objets fonctions — Les prédicats — Les objets arithmétiques — Les éditeurs de liaisons — Les adaptateurs de fonction membre — ***for_each*** — La recherche d'éléments — ***count*** — Comparaison de séquences — La recherche — La copie — ***transform*** — Remplacement et déplacement d'éléments — "Remplissage" d'une séquence — Nouveau classement — ***swap*** — Les séquences triées — ***binary _search*** — ***merge*** — Les opérations sur les séquences — ***min*** et ***max*** — Les tas — Permutations — Algorithmes de style C — Conseils — Exercices

18.1 Introduction

Un conteneur n'est pas très intéressant par lui-même. Pour qu'il soit réellement utile, on doit pouvoir lui appliquer des opérations de base telles que la recherche de sa taille, le parcours de son contenu, la copie, le tri et la recherche d'éléments. Heureusement, la bibliothèque standard fournit des algorithmes permettant de répondre aux besoins les plus courants et les plus basiques des utilisateurs de conteneurs.

Ce chapitre récapitule les algorithmes standards, fournit quelques exemples de leurs applications, une présentation des principes et des techniques clés à partir desquels ils sont exprimés dans C++, et une description plus détaillée de quelques algorithmes clés.

Les objets fonctions fournissent un mécanisme qui permet à l'utilisateur de personnaliser le comportement des algorithmes standards. Ils offrent également les informations clés nécessaires à un algorithme pour pouvoir traiter les données d'un utilisateur. Dans ce chapitre, l'accent sera donc mis sur la façon de définir et d'utiliser les objets fonctions.

18.2 Présentation des algorithmes de la bibliothèque standard

A première vue, le nombre des algorithmes de la bibliothèque standard peut paraître excessif. Il n'en existe cependant que 60. Certaines classes comprennent davantage de fonctions membres. De plus, un grand nombre d'entre eux possèdent un comportement de base et un style d'interface communs, ce qui facilite la compréhension. Comme dans le cas de la fonctionnalité du langage, un programmeur ne devrait utiliser que les algorithmes effectivement nécessaires et parfaitement compris — et uniquement ceux-là. L'objectif n'est pas d'employer le plus grand nombre possible d'algorithmes standards dans un programme. Le but n'est pas non plus d'utiliser ces algorithmes standards de la façon la plus rusée et la plus complexe qui soit. N'oubliez pas que l'un des objectifs principaux de l'écriture du code est de le rendre clair pour la personne qui le consultera — il pourrait même s'agir de vous dans quelques années. D'autre part, lorsque les éléments d'un conteneur sont impliqués dans une opération, déterminez si cette dernière peut être exprimée comme un algorithme dans le style de ceux de la bibliothèque standard. Cet algorithme pourrait déjà exister. Si vous n'envisagez pas de travailler avec les algorithmes généraux, vous devrez réinventer la roue.

Chaque algorithme s'exprime sous la forme d'une fonction ou d'un ensemble de fonctions modèles (§ 13.3). De cette façon, il lui est possible d'opérer sur de nombreuses formes de séquences contenant des éléments de divers types. Les algorithmes qui renvoient un itérateur (§ 19.1) comme résultat utilisent généralement la fin d'une séquence d'entrée pour signaler un incident. Par exemple :

```
void f(list<string>& ls)
{
	list<string>::const_iterator p = find(ls.begin(),ls.end(),"Fred");

	if (p == ls.end()) {
		// n'a pas trouvé "Fred"
	}
	else {
		// ici, p pointe sur "Fred"
	}
}
```

Les algorithmes n'effectuent aucun contrôle de l'intervalle des valeurs au niveau de leur entrée ou de leur sortie. D'autres moyens doivent être mis en œuvre pour se prémunir contre ce type d'erreurs (§ 18.3.1, § 19.3). Lorsqu'un algorithme retourne un itérateur, ce dernier appartient au même type que l'une de ses entrées. Les arguments d'un algorithme, en particulier, vérifient si un ***const_iterator*** ou si un ***iterator*** simple (non ***const***) est retourné. Par exemple :

```
void f(list<int>& li, const list<string>& ls)
{
        list<int>::iterator p = find(li.begin(),li.end(),42);
        list<string>::const_iterator q = find(ls.begin(),ls.end(),"Ring");
}
```

Les algorithmes de la bibliothèque standard couvrent les opérations générales les plus courantes sur les conteneurs, telles que la consultation, le tri, la recherche, la suppression et l'insertion d'éléments. Tous les algorithmes standards se trouvent dans l'espace de noms ***std***, et leurs déclarations se situent dans l'en-tête ***<algorithm>***. Il est intéressant de noter que la plupart des algorithmes courants sont si simples que l'on définit généralement les fonctions en ligne. Cela se traduit par une forte optimisation des boucles présentes dans les algorithmes pour chaque fonction.

Les objets fonctions standards se trouvent également dans l'espace de noms ***std***, mais leurs déclarations sont accessibles dans ***<functional>***. Ces objets sont conçus pour pouvoir être facilement insérés en ligne.

Les opérations de séquence sans modification sont généralement utilisées pour extraire des informations à partir d'une séquence ou pour trouver les positions des éléments dans une séquence :

Opérations de séquence sans modifications (§ 18.5) dans *<algorithm>*

for_each()	Exécute l'opération sur chaque élément d'une séquence
find()	Recherche la première occurrence d'une valeur dans une séquence
find_if()	Recherche la première correspondance d'un prédicat dans une séquence
find_first_of()	Recherche une valeur provenant d'une séquence dans une autre
adjacent_find()	Recherche une paire adjacente de valeurs
count()	Compte les occurrences d'une valeur dans une séquence
count_if()	Compte les correspondances d'un prédicat dans une séquence
mismatch()	Recherche les premiers éléments pour lesquels deux séquences diffèrent
equal()	True si les éléments de deux séquences sont égaux au niveau des paires
search()	Recherche la première occurrence d'une séquence en tant que sous-séquence
find_end()	Recherche la dernière occurrence d'une séquence en tant que sous-séquence
search_n()	Recherche la n^{e} occurrence d'une valeur dans une séquence.

Dans la plupart des algorithmes, l'utilisateur peut spécifier l'action réelle à exécuter pour chaque élément ou paire d'éléments. Cette opération rend les algorithmes beaucoup plus généraux et utiles qu'ils ne pourraient le paraître à première vue. L'utilisateur peut fournir, en particulier, le critère utilisé pour l'égalité et la différence (§ 18.4.2). L'action la plus courante et la plus utile est proposée par défaut lorsque le contexte le permet.

Les opérations de séquence avec modification ont très peu de caractéristiques en commun, en dehors du fait évident qu'il leur est possible de modifier les valeurs des éléments d'une séquence :

Opérations de séquence avec modifications (§ 18.6) dans *<algorithm>*

transform()	Applique une opération sur tous les éléments d'une séquence
copy()	Copie une séquence à partir de son premier élément
copy_backward()	Copie une séquence à partir de son dernier élément
swap()	Echange deux éléments
iter_swap()	Echange deux éléments pointés par des itérateurs
swap_ranges()	Echange les éléments de deux séquences
replace()	Remplace les éléments par une valeur donnée
replace_if()	Remplace les éléments correspondant à un prédicat
replace_copy()	Copie une séquence en remplaçant les éléments par une valeur donnée
replace_copy_if()	Copie une séquence en remplaçant les éléments correspondant à un prédicat
fill()	Remplace chaque élément par une valeur donnée
fill_n()	Remplace les ***n*** premiers éléments par une valeur donnée
generate()	Remplace tous les éléments par le résultat d'une opération
generate_n()	Remplace les ***n*** premiers éléments par le résultat d'une opération
remove()	Supprime les éléments ayant une valeur donnée
remove_if()	Supprime les éléments correspondant à un prédicat
remove_copy()	Copie une séquence en supprimant les éléments d'une valeur donnée
remove_copy_if()	Copie une séquence en supprimant les éléments correspondant à un prédicat
unique()	Supprime des éléments contigus égaux
unique_copy()	Copie une séquence en supprimant les éléments contigus égaux
reverse()	Inverse l'ordre des éléments
reverse_copy()	Copie une séquence en ordre inverse
rotate()	Fait "tourner" les éléments
rotate_copy()	Copie une séquence dans une séquence dont les éléments ont "tourné"
random_shuffet()	Déplace les éléments vers une distribution uniforme

Dans chaque bonne conception, on perçoit les traces du caractère ainsi que les centres d'intérêt de son concepteur. Les conteneurs et les algorithmes de la bibliothèque standard reflètent clairement un intérêt certain pour les structures de données classiques et la conception des algorithmes. La bibliothèque standard ne fournit pas uniquement le minimum de conteneurs et d'algorithmes requis par chaque programmeur. Elle comprend également de nombreux outils destinés à alimenter ces algorithmes, et qui se révèlent nécessaires pour étendre la bibliothèque au-delà de ce minimum.

Dans ce chapitre, nous n'allons pas mettre l'accent sur la conception des algorithmes, ni même sur leur utilisation, mis à part celles des algorithmes les plus simples et les plus évidents. Vous devrez donc rechercher des informations concernant la conception et l'analyse des algorithmes dans d'autres ouvrages. Nous préférons fournir la liste des algorithmes offerts par la bibliothèque standard et expliquer comment ils s'expriment en C++. Ces informations permettront à toute personne qui comprend les algorithmes d'utiliser correctement la bibliothèque, et de l'étendre dans l'esprit qui a été à l'origine de sa création.

La bibliothèque standard fournit diverses opérations permettant le tri, la recherche et la manipulation de séquences à partir d'un classement :

Séquences triées (§ 18.7) dans *<algorithm>*

sort()	Trie avec une bonne efficacité
stable_sort()	Trie en conservant l'ordre des éléments égaux
partial_sort()	Classe la première partie d'une séquence
partial_sort_copy()	Copie en classant la première partie
nth_element()	Place le n^{ième} élément à l'emplacement approprié
lower_bound()	Recherche la première occurrence d'une valeur
upper_bound()	Recherche la dernière occurrence d'une valeur
equal_range()	Recherche une sous-séquence d'une valeur donnée
binary_search()	Une valeur donnée se trouve-t-elle dans une séquence triée ?
merge()	Fusionne deux séquences triées
inplace_merge()	Fusionne deux sous-séquences consécutives triées
partition()	Place en premier les éléments correspondant à un prédicat
stable_partition()	Place en premier les éléments correspondant à un prédicat, tout en préservant l'ordre relatif

Algorithmes de définition (§ 18.7.5) dans *<algorithm>*

includest()	True si une séquence est une sous-séquence d'une autre
set_union()	Construit une union triée
set_intersection()	Construit une intersection triée

Algorithmes de définition (§ 18.7.5) dans <*algorithm*> *(suite)*

set_difference()	Construit une séquence d'éléments triés dans la première, mais pas dans la seconde séquence
set_symmetric_difference()	Construit une séquence d'éléments triés dans une, mais pas dans les deux séquences

Les opérations sur le tas conservent une séquence dans un état qui permet d'en simplifier le tri si nécessaire :

Opérations sur le tas (§ 18.8) dans <*algorithm*>

make_heap()	Prépare une séquence pour une utilisation en tant que segment de mémoire ou tas
push_heap()	Ajoute un élément au tas
pop_heap()	Supprime un élément du tas
sort_heap()	Trie le tas

La bibliothèque fournit quelques algorithmes permettant la sélection des éléments en fonction d'une comparaison :

Minimum et maximum (§ 18.9) dans <*algorithm*>

min()	La plus petite des deux valeurs
max()	La plus grande des deux valeurs
min_element()	La plus petite valeur dans une séquence
max_element()	La plus grande valeur dans une séquence
lexicographical_compare()	La première des deux séquences d'un point de vue lexicographique

La bibliothèque fournit enfin différentes solutions permettant de permuter une séquence :

Les permutations (§ 18.10) dans <*algorithm*>

next_permutation()	Permutation suivante en fonction de l'ordre lexicographique
prev_permutation()	Permutation précédente en fonction de l'ordre lexicographique

L'en-tête ***<numeric>*** (§ 22.6) offre, en plus, quelques algorithmes numériques généralisés.

Dans la description des algorithmes, les noms des paramètres de modèle sont significatifs. ***In***, ***Out***, ***For***, ***Bi*** et ***Ran*** représentent respectivement l'itérateur d'entrée, l'itérateur de sortie, l'itérateur vers l'avant, l'itérateur bidirectionnel et l'itérateur à accès aléatoire (§ 19.2.1). ***Pred*** signifie prédicat unaire, ***BinPred*** signifie prédicat binaire (§ 18.4.2), ***Cmp*** représente une fonction de comparaison (§ 17.1.4.1, § 18.7.1), ***Op*** représente une opération unaire et ***BinOp*** une opération binaire (§ 18.4). Les noms les plus longs ont été conventionnellement utilisés pour les paramètres de modèle. Cependant, après avoir pratiqué un minimum la bibliothèque standard, l'expérience montre que ces noms représentent plutôt un handicap au niveau de la lisibilité.

Un itérateur à accès aléatoire peut être utilisé comme itérateur bidirectionnel, un itérateur bidirectionnel comme itérateur en avant et un itérateur en avant, peut être employé comme itérateur d'entrée ou de sortie (§ 19.2.1). La transmission d'un type qui n'offre pas les opérations requises va provoquer des erreurs d'instanciations de modèles à l'exécution (§ C.13.7). Si l'on fournit un type qui possède les bonnes opérations avec une mauvaise sémantique, on risque de provoquer un comportement à l'exécution imprévisible (§ 17.1.4).

18.3 Séquences et conteneurs

Le principe général selon lequel l'utilisation la plus courante de quelque chose devrait également être la plus courte, la plus facile à exprimer et la plus sûre, est excellent. La bibliothèque standard viole cependant ce principe au nom de la généralité. Cette propriété est, en effet, essentielle pour cette dernière. Nous pouvons, par exemple, rechercher les deux premières occurrences de ***42*** dans une liste de la façon suivante :

```
void f(list<int>& li)
{
	list<int>::iterator p = find(li.begin(),li.end(),42);		// première occurrence
	if (p != li.end()) {
		list<int>::iterator q = find(++p,li.end(),42);		// deuxième occurrence
		// ...
	}
	// ...
}
```

Si ***find()*** avait été exprimée sous la forme d'une opération sur un conteneur, un mécanisme supplémentaire aurait été nécessaire pour trouver la deuxième occurrence. Il est important de remarquer que la généralisation d'un tel "mécanisme supplémentaire" pour chaque conteneur et chaque algorithme est difficile. Les algorithmes de la bibliothèque standard s'appliquent plutôt aux séquences d'éléments. Cela signifie que l'entrée d'un algorithme s'exprime sous la forme d'une paire d'itérateurs qui délimitent une séquence. Le premier itérateur fait référence au premier élément de la séquence, et le second fait référence à un point situé au-delà du dernier élément (§ 3.8, § 19.2). Une telle séquence est nommée "moitié ouverte", car elle inclut la première valeur mentionnée et non la seconde. Elle permet d'exprimer de nombreux algorithmes sans faire de la séquence vide un cas particulier.

Une séquence — et en particulier celle dans laquelle l'accès aléatoire est possible — est souvent nommée *intervalle*. Les notations mathématiques traditionnelles pour un intervalle à moitié ouvert sont ***[first,last)*** et ***[first,last[***. Il est important de noter qu'une séquence peut être constituée des éléments d'un conteneur ou d'une sous-séquence d'un conteneur. De plus, certaines séquences, telles que les flux d'E/S, ne sont pas des conteneurs. Les algorithmes exprimés en termes de séquences fonctionnent toutefois très bien.

18.3.1 Les séquences d'entrée

La notation ***x.begin()***, ***x.end()*** pour exprimer "tous les éléments de ***x***" se révèle commune, fastidieuse, et peut même favoriser les erreurs. Lorsque plusieurs itérateurs sont utilisés, par exemple, il est trop facile de fournir un algorithme avec une paire d'arguments ne constituant pas une séquence :

```
void f(list<string>& fruit, list<string>& citrus)
{
        typedef list<string>::const_iterator LI;

        LI p1 = find(fruit.begin(),citrus.end(),"apple");      // faux ! (séquences différentes)
        LI p2 = find(fruit.begin(),fruit.end(),"apple");       // ok
        LI p3 = find(citrus.begin(),citrus.end(),"pear");      // ok
        LI p4 = find(p2,p3,"peach");                           // faux ! (séquences différentes)
        // ...
}
```

Cet exemple contient deux erreurs. La première est évidente (lorsque vous savez qu'une erreur est présente), mais elle ne sera pas facilement détectée par un compilateur. La seconde est difficile à repérer dans le code réel, même pour un programmeur expérimenté. Ce problème peut être atténué en réduisant le nombre d'itérateurs explicites utilisés. Nous signalons ici une approche permettant de traiter le problème en rendant explicite la notion de séquence d'entrée. Dans ce chapitre, cependant, nous n'utiliserons pas les séquences d'entrée explicites lors de la présentation des algorithmes afin de conserver la discussion concernant les algorithmes standards strictement dans les limites de la bibliothèque standard.

L'idée de base est d'être explicite en recevant une séquence en entrée. Par exemple :

```
template<class In, class T> In find(In first, In last, const T& v)     // standard
{
        while (first!=last && *first!=v) ++first;
        return first;
}

template<class In, class T> In find(Iseq<In> r, const T& v)           // extension
{
        return find(r.first,r.second,v);
}
```

En règle générale, la surcharge (§ 13.3.2) permet de privilégier la version "séquence d'entrée" d'un algorithme lors de l'utilisation d'un argument ***Iseq***.

Une séquence d'entrée est, bien sûr, implémentée sous la forme d'une paire d'itérateurs (§ 17.4.1.2) :

```
template<class In> struct Iseq : public pair<In,In> {
        Iseq(In i1, In i2) : pair<In,In>(i1,i2) { }
};
```

Iseq peut être rendu nécessaire de façon explicite pour appeler la deuxième version de ***find()*** :

```
        LI p = find(Iseq<LI>(fruit.begin(),fruit.end()),"apple");
```

Cette opération se révèle cependant encore plus fastidieuse que l'appel direct de la fonction ***find()*** originale. De simples fonctions assistantes permettent de résoudre ce problème. Le ***Iseq*** d'un conteneur, en particulier, représente la séquence des éléments de son ***begin()*** à son ***end()*** :

```
template<class C> Iseq<C::iterator_type> iseq(C& c)          // pour un conteneur
{
        return Iseq<C::iterator_type>(c.begin(),c.end());
}
```

Cela nous permet d'exprimer les algorithmes sur les conteneurs de façon concise et sans répétition. Par exemple :

```
void f(list<string>& ls)
{
        list<string>::iterator p = find(ls.begin(),ls.end(),"standard");
        list<string>::iterator q = find (iseq(ls),"extension");
        // ..
}
```

Il est facile de définir des versions de ***iseq()*** permettant de produire les ***Iseq*** pour les tableaux, les flux d'entrée, etc. (§ 18.13[6]).

Le principal avantage de ***Iseq*** réside dans le fait qu'il rend explicite la notion de séquence d'entrée. L'effet pratique immédiat est que l'utilisation de ***iseq()*** permet d'éliminer en grande partie les répétitions requises pour définir chaque séquence d'entrée comme une paire d'itérateurs, celles-ci étant fastidieuses et susceptibles de favoriser les erreurs.

La notion de séquence de sortie est également utile. Elle est cependant moins simple que la notion de séquence d'entrée (§ 18.13[7] ; voir aussi § 19.2.4).

18.4 Objets fonctions

De nombreux algorithmes opèrent sur les séquences uniquement à l'aide d'itérateurs et de valeurs. Il est possible de trouver (***find()***), par exemple, le premier élément de valeur ***7*** dans une séquence, de la façon suivante :

```
void f(list<int>& c)
{
        list<int>::iterator p = find(c.begin(),c.end(),7);
        // ...
}
```

Passons à un exemple plus intéressant. Il serait important que les algorithmes exécutent le code que nous fournissons (§ 3.8.4). Nous pouvons trouver, par exemple, le premier élément d'une séquence dont la valeur est inférieure à *7*, de la façon suivante :

```
bool less_than_7(int v)
{
        return v<7;
}
```

```
void f(list<int>& c)
{
        list<int>::iterator p = find_if(c.begin(),c.end(),less_than_7);
        // ...
}
```

Il existe de nombreuses applications évidentes pour les fonctions transmises comme arguments : les prédicats logiques, les opérations arithmétiques, les opérations destinées à extraire des informations à partir des éléments, etc. L'écriture d'une fonction distincte pour chaque utilisation est une tâche qui n'est ni pratique ni efficace. Une fonction n'est pas non plus suffisante pour exprimer tout ce que nous aimerions. La fonction appelée pour chaque élément a souvent besoin de conserver des données entre les appels et de renvoyer le résultat de nombreuses applications. Une fonction membre d'une classe répond mieux à de tels besoins qu'une fonction autonome, car son objet peut contenir des données. De plus, la classe est susceptible de fournir des opérations permettant l'initialisation et l'extraction de ces données.

Examinons comment écrire une fonction — ou plutôt une classe de type fonction — pour calculer une somme :

```
template<class T> class Sum {
        T res;
public:
        Sum(T i = 0) : res(i) { }                    // initialise
        void operator()(T x) { res += x; }           // emmagasine
        T result() const { return res; }             // retourne la somme
};
```

Sum est clairement destiné aux types arithmétiques pour lesquels une initialisation par ***0*** et l'opération **+=** sont définies. Par exemple :

```
void f(list<double>& ld)
{
        Sum<double> s;
        s = for_each(ld.begin(),ld.end(),s);          // appel s() pour chaque élément de ld
        cout << "la somme est de " << s.result() << '\n';
}
```

Ici, ***for_each()*** (§ 18.5.1) appelle ***Sum<double>::operator() (double)*** pour chaque élément de ***ld***, et retourne l'objet transmis comme troisième argument.

Ce processus s'appuie sur le fait que ***for_each()*** ne suppose pas réellement que son troisième argument est une fonction. Il admet simplement que ce dernier peut être appelé avec l'argument approprié. Un objet défini de façon pertinente peut être aussi utile et sinon plus qu'une fonction. Il est plus facile, par exemple, d'introduire l'opérateur application d'une classe en ligne qu'une fonction transmise sous la forme d'un pointeur de fonctions. Par conséquent, les objets fonctions s'exécutent souvent plus vite que des fonctions ordinaires. Un objet de classe avec un opérateur application (§ 11.9) est appelé *objet style fonction*, ou simplement *objet fonction*.

18.4.1 Les bases d'un objet fonction

La bibliothèque standard offre un grand nombre d'objets fonctions utiles. Pour simplifier l'écriture de tels objets, elle fournit une paire de classes de base :

```
template <class Arg, class Res> struct unary_function {
        typedef Arg argument_type;
        typedef Res result_type;
};

template <class Arg, class Arg2, class Res> struct binary_function {
        typedef Arg first_argument_type;
        typedef Arg2 second_argument_type;
        typedef Res result_type;
};
```

L'objectif de ces classes est de procurer des noms standards à l'argument et aux types retournés qui seront employés par les utilisateurs des classes dérivées de ***unary_function*** et ***binary_function***. En utilisant ces bases de la même façon que la bibliothèque standard, le programmeur évitera d'avoir à comprendre, d'une manière plus ou moins douloureuse, la raison de leur utilité (§ 18.4.4.1).

18.4.2 Les prédicats

Un prédicat est un objet fonction (ou une fonction) qui retourne un booléen. Par exemple, ***<functional>*** définit :

```
template <class T> struct logical_not : public unary_function<T,bool> {
        bool operator()(const T& x) const { return !x; }
};

template <class T> struct less : public binary_function<T,T,bool> {
        bool operator()(const T& x, const T& y) const { return x<y; }
};
```

Les prédicats unaires et binaires sont souvent précieux pour les combinaisons avec des algorithmes. Il nous est possible, par exemple, de comparer deux séquences en recherchant le premier élément de l'une d'entre elles qui n'est pas inférieur à l'élément correspondant de l'autre séquence :

```
void f(vector<int>& vi, list<int>& li)
{
        typedef list<int>::iterator LI;
        typedef vector<int>::iterator VI;
        pair<VI,LI> p1 = mismatch(vi.begin(),vi.end(),li.begin(),less<int>());
        // ...
}
```

L'algorithme ***mismatch()*** applique de façon répétitive son prédicat binaire aux paires d'éléments correspondants jusqu'à l'apparition d'un échec (§ 18.5.4). Il retourne alors les itérateurs correspondant aux éléments pour lesquels la comparaison a échoué. Un objet étant requis plutôt qu'un type, on préfère ***less<int>()*** (avec les parenthèses) à ***less<int>***.

Au lieu de rechercher le premier élément "non inférieur" à son élément correspondant dans l'autre séquence, nous pourrions vouloir trouver le premier élément "inférieur" à son élément correspondant. Cette opération sera réalisée en présentant les séquences en ordre inverse à ***mismatch()*** :

```
pair<LI,VI> p2 = mismatch(li.begin(),li.end(),vi.begin(),less<int>());
```

ou en utilisant le prédicat complémentaire ***greater_equal*** :

```
p1 = mismatch(vi.begin(),vi.end(),li.begin(),greater_equal<int>());
```

Nous expliquerons comment exprimer le prédicat "non inférieur" au § 18.4.4.4.

18.4.2.1 Présentation des prédicats

La bibliothèque standard fournit quelques prédicats courants dans ***<functional>*** :

Prédicats dans *<functional>*

equal_to	Binaire	arg1==arg2
not_equal_to	Binaire	arg1!=arg2
greater	Binaire	arg1>arg2
less	Binaire	arg1<arg2
greater_equal	Binaire	arg1>=arg2
less_equal	Binaire	arg1<=arg2
logical_and	Binaire	arg1&&arg2
logical_or	Binaire	arg1||arg2
logical_not	Unaire	!arg

Les définitions de ***less*** et de ***logical_not*** sont présentées au § 18.4.2.

Pour compléter les prédicats fournis par la bibliothèque, les utilisateurs peuvent se créer les leurs. Ces derniers sont essentiels à une utilisation simple et élégante des bibliothèques standards et des algorithmes. La possibilité de définir les prédicats est particulièrement importante lorsque nous désirons utiliser des algorithmes pour des classes conçues sans tenir compte de la bibliothèque standard et de ses algorithmes. Considérons, par exemple, une variante de la classe ***Club*** du § 10.4.6 :

```
class Person { /* ... */ };

struct Club {
        string name;
        list<Person*> members;
        list<Person*> officers;
        // ...

        Club(const string& n);
};
```

On peut raisonnablement envisager de rechercher un ***Club*** avec un nom donné dans une ***list<Club>***. L'algorithme de la bibliothèque standard ***find_if()*** ne connaît toutefois pas les ***Club***. Les algorithmes de la bibliothèque savent comment tester l'égalité, mais nous ne cherchons pas à retrouver un ***Club*** en fonction de sa valeur complète. Nous préférerions utiliser ***Club::name*** comme clé. Nous allons donc écrire un prédicat pour exprimer cette recherche :

```
class Club_eq : public unary_function<Club,bool> {
        string s;
public:
        explicit Club_eq(const string& ss) : s(ss) { }
        bool operator()(const Club& c) const { return c.name==s; }
};
```

La définition de prédicats utiles apparaît relativement facile. Une fois les prédicats appropriés déterminés pour les types définis par l'utilisateur, leur utilisation dans les algorithmes standards devient très simple et efficace. Par exemple :

```
void f(list<Club>& lc)
{
        typedef list<Club>::iterator LCI;
        LCI p = find_if(lc.begin(),lc.end(),Club_eq("les philosophes dînant"));
        // ...
}
```

18.4.3 Les objets fonctions arithmétiques

Lorsqu'on manipule des classes numériques, il peut être utile de disposer des fonctions arithmétiques standards sous la forme d'objets fonctions. La bibliothèque standard fournit donc dans son en-tête ***<functional>*** les opérations suivantes :

Opérations arithmétiques dans *<functional>*

addition	Binaire	arg1+arg2
soustraction	Binaire	arg1-arg2
multiplication	Binaire	arg1*arg2
division	Binaire	arg1/arg2
modulo	Binaire	arg1 %arg2
met au négatif	Unaire	-arg

Les multiplications pourraient permettre de multiplier les éléments de deux vecteurs pour en produire un troisième :

```
void discount(vector<double>& a, vector<double>& b, vector<double>& res)
{
        transform(a.begin(),a.end(),b.begin(),back_inserter(res),multiplies<double>());
}
```

L'opération ***back_inserter()*** est décrite au § 19.2.4. Vous trouverez quelques algorithmes numériques au § 22.6.

18.4.4 Les éditeurs de liaisons, adaptateurs et inverseurs

Il nous est possible d'utiliser les prédicats et les objets fonctions arithmétiques que nous avons créés tout en nous appuyant sur ceux fournis par la bibliothèque standard. Il arrive souvent que l'on ait besoin d'un nouveau prédicat présentant des différences mineures avec un prédicat existant. La bibliothèque standard supporte la composition d'objets fonction :

§ 18.4.4.1 Un *éditeur de liaisons* permet d'utiliser un objet fonction à deux arguments de la même façon qu'une fonction à un seul argument, cela en liant un argument à une valeur.

§ 18.4.4.2 Un *adaptateur de fonction membre* permet d'utiliser une fonction membre de la même façon qu'un argument pour les algorithmes.

§ 18.4.4.3 Un *adaptateur de pointeurs de fonctions* permet d'utiliser un pointeur de fonctions comme un argument pour les algorithmes.

§ 18.4.4.4 Un *inverseur* nous permet d'exprimer l'opposé d'un prédicat.

On fait collectivement référence à ces objets fonction sous le nom *d'adaptateurs*. Ces derniers possèdent tous une structure commune qui dépend des deux classes de base ***unary_function*** et ***binary_function*** (§ 18.4.1). Pour chacun de ces adaptateurs, une fonction assistante est fournie afin de recevoir un objet fonctions en argument et de retourner un objet fonction approprié. Une fois appelé par son ***operator() ()***, cet objet fonction effectuera l'action désirée. Un adaptateur représente, en effet, une forme simple d'une fonction d'ordre supérieur. Il reçoit un argument fonction et produit une nouvelle fonction à partir de cet argument :

Editeurs de liaisons, adaptateurs et inverseurs dans *<functional>*

bind2nd(y)	***binder2nd***	Appelle une fonction binaire avec **y** comme second argument
bind1st(x)	***binder1st***	Appelle une fonction binaire avec ***x*** comme premier argument
mem_fun()	***mem_fun_t***	Appelle le membre ***arg–0*** *via* un pointeur
	mem_fun1_t	Appelle le membre unaire *via* un pointeur
	const_mem_fun_t	Appelle le membre ***const arg–0*** *via* un pointeur
	const_mem_fun1_t	Appelle le membre ***const*** unaire *via* un pointeur
mem_fun_ref()	***mem_fun_ref_t***	Appelle le membre ***arg–0*** *via* une référence
	mem_fun1_t	Appelle le membre unaire *via* une référence
	const_mem_fun_ref_t	Appelle le membre ***const arg–0*** *via* une référence
	const_mem_fun1_ref_t	Appelle le membre ***const*** unaire *via* une référence
ptr_fun()	***pointer_to_unary_function***	Appelle le pointeur de fonctions unaires
ptr_fun()	***pointer_to_binary_function***	Appelle le pointeur de fonctions binaires

Editeurs de liaisons, adaptateurs et inverseurs dans *<functional> (suite)*

not1()	*unary_negate*	Met au négatif le prédicat unaire
not2()	*binary_negate*	Met au négatif le prédicat binaire

18.4.4.1 Les éditeurs de liaisons

Des prédicats binaires, tels que ***less*** (§ 18.4.2), sont pratiques et souples. Nous découvrons cependant rapidement que le type de prédicat le plus utile est celui qui compare de façon répétitive un argument fixé à un élément de conteneur. La fonction ***less_than_7()*** (§ 18.4) en est un exemple typique. L'opération ***less*** requiert deux arguments devant être fournis explicitement dans chaque appel. Elle n'est donc pas utile de façon immédiate. Il serait préférable de définir :

```
template <class T> class less_than : public unary_function<T,bool> {
        T arg2;
public:
        explicit less_than(const T& x) : arg2(x) { }
        bool operator()(const T& x) const { return x<arg2; }
};
```

Nous pouvons maintenant écrire :

```
void f(list<int>& c)
{
        list<int>::const_iterator p = find_if(c.begin(),c.end(),less_than<int>(7));
        // ...
}
```

Nous devons préférer ***less_than<int>(7)*** à ***less_than(7)***, car l'argument de modèle ***<int>*** ne peut être déduit à partir du type de l'argument de constructeur *(7)* (§ 13.3.1).

Le prédicat ***less_than*** est généralement utile. Il est important de noter que nous le définissons en fixant ou en reliant le deuxième argument de ***less***. Une telle composition à partir de la liaison d'un argument est si courante, utile, et à l'occasion fastidieuse, que la bibliothèque standard fournit une classe standard permettant de réaliser cette opération :

```
template <class BinOp>
class binder2nd : public unary_function<BinOp::first_argument_type, BinOp::result_type> {
protected:
        BinOp op;
        typename BinOp::second_argument_type arg2;
public:
        binder2nd(const BinOp& x, const typename BinOp::second_argument_type& v)
                : op(x), arg2(v) { }
        result_type operator()(const argument_type& x) const { return op(x,arg2); }
};

template <class BinOp, class T> binder2nd<BinOp> bind2nd(const BinOp& op, const T& v)
{
        return binder2nd<BinOp>(op,v);
}
```

Nous pouvons utiliser, par exemple, ***bind2nd()*** pour créer le prédicat unaire "inférieur à 7" à partir du prédicat binaire "inférieur" et de la valeur ***7*** :

```
void f(list<int>& c)
{
    list<int>::const_iterator p = find_if(c.begin(),c.end(),bind2nd(less<int>(),7));
    // ...
}
```

Ce code est-il lisible ? Est-il efficace ? Etant donné un implémentation C++ moyenne, cette version est réellement plus efficace en espace et en temps que la version originale utilisant la fonction ***less_than_7()*** du § 18.4 ! La comparaison est facilement développée en ligne.

La notation est logique, mais un certain temps est nécessaire pour s'y habituer. La définition d'une opération nommée avec un argument lié est en effet souvent intéressante :

```
template <class T> struct less_than : public binder2nd< less<T> > {
    explicit less_than(const T& x) : binder2nd(less<T>(),x) { }
};

void f(list<int>& c)
{
    list<int>::const_iterator p = find_if(c.begin(),c.end(),less_than<int>(7));
    // ...
}
```

Il est important de définir ***less_than*** à l'aide du mot clé ***less***, et non en utilisant directement <. ***Less_than*** peut ainsi bénéficier de toute spécialisation de ***less*** (§ 13.5, § 19.2.2).

Parallèlement à ***bind2nd()*** et ***binder2nd***, l'en-tête ***<functional>*** fournit ***bind1st()*** et ***binder1st*** pour lier le premier argument d'une fonction binaire.

En liant un argument, ***bind1st()*** et ***bind2nd()*** exécutent un service très proche de ce qui est couramment nommé le *corroyage*.

18.4.4.2 Les adaptateurs de fonction membre

La plupart des algorithmes invoquent une opération standard ou définie par les utilisateurs. Ces derniers désirent souvent, bien sûr, invoquer une fonction membre. Par exemple (§ 3.8.5) :

```
void draw_all(list<Shape*>& c)
{
    for_each(c.begin(),c.end(),&Shape::draw);        // erreur !
}
```

Le problème réside dans le fait qu'une fonction membre ***mf()*** doit être appelée pour un objet : ***p->mf()***. Des algorithmes tels que ***for_each()*** invoquent toutefois les opérandes fonctions par le biais d'une implication simple : ***f()***. Nous devons, par conséquent, trouver une méthode pratique et efficace qui permette à un algorithme d'invoquer une fonction membre. L'alternative serait de dupliquer l'ensemble des algorithmes : une version pour les fonctions membres et une autre pour les fonctions ordinaires. Pire encore, nous aurions besoin de versions supplémentaires pour les conteneurs d'objets (plutôt que des pointeurs d'objets). De la même façon que pour les éditeurs de liaisons (§ 18.4.4.1), ce problème peut être résolu avec une classe, plus une fonction. Considérons tout d'abord le cas courant dans lequel nous voulons appeler une fonction membre ne recevant aucun argument pour les éléments d'un conteneur de pointeurs :

```
template<class R, class T> class mem_fun_t : public unary_function<T*,R> {
        R (T::*pmf)();
public:
        explicit mem_fun_t(R (T::*p)()) :pmf(p) {}
        R operator()(T* p) const { return (p->*pmf)(); }          // appelle via un pointeur
};

template<class R, class T> mem_fun_t<R,T> mem_fun(R (T::*f)())
{
        return mem_fun_t<R,T>(f);
}
```

Ce code traite l'exemple ***Shape::draw()*** :

```
void draw_all(list<Shape*>& lsp)    // appelle un membre argument-0 via un pointeur d'objets
{
        for_each(lsp.begin(),lsp.end(),mem_fun(&Shape::draw));    // dessine toutes les formes
}
```

Nous avons également besoin d'une classe et d'une fonction ***mem_fun()*** pour la gestion d'une fonction membre recevant un argument. De plus, des versions appelées de façon directe pour un objet — et non par l'intermédiaire d'un pointeur — sont nécessaires. Elles seront nommées ***mem_fun_ref()***. Pour terminer, nous avons besoin de versions pour les fonctions membres ***const*** :

```
template<class R, class T> mem_fun_t<R,T> mem_fun(R (T::*f)());
// et les versions pour membre unaire, pour membre const, et pour membre unaire const (voir tableau au
§ 18.4.4)

template<class R, class T> mem_fun_ref_t<R,T> mem_fun_ref(R (T::*f)());
// et les versions pour membre unaire, pour membre const, et pour membre unaire const (voir tableau au
§ 18.4.4)
```

A partir de ces adaptateurs de fonction membre dans ***<functional>***, nous pouvons écrire :

```
void f(list<string>& ls)          // utilise une fonction membre qui ne reçoit aucun argument pour l'objet
{
        typedef list<string>::iterator LSI;
        LSI p = find_if(ls.begin(),ls.end(),mem_fun_ref(&string::empty));          // cherche ""
}

void rotate_all(list<Shape*>& ls, int angle)
                                  // utilise une fonction membre qui reçoit un argument par l'intermédiaire
                                  d'un pointeur d'objets
{
        for_each(ls.begin(),ls.end(),bind2nd(mem_fun(&Shape::rotate),angle));
}
```

Il est inutile pour la bibliothèque standard de traiter les fonctions membres recevant plus d'un argument, car aucun algorithme de bibliothèque standard ne reçoit de fonction possédant plus de deux arguments comme opérandes.

18.4.4.3 Les adaptateurs de pointeurs de fonctions

Un algorithme ne se préoccupe pas du fait qu'un "argument fonction" soit une fonction, un pointeur de fonctions ou encore un objet fonction. Contrairement à ce dernier, un éditeur de liaisons (§ 18.4.4.1) doit s'y intéresser, car il a besoin de stocker une copie pour une utilisation ultérieure. La bibliothèque standard fournit donc deux adaptateurs permettant d'utiliser des pointeurs de fonctions avec les algorithmes standards dans ***<functional>***. La définition et l'implémentation sont très proches de celles des adaptateurs de fonction membre (§ 18.4.4.2). De nouveau, on utilise une paire de fonctions et une paire de classes :

```
template <class A, class R> pointer_to_unary_function<A,R> ptr_fun(R (*f)(A));

template <class A, class A2, class R>
        pointer_to_binary_function<A,A2,R> ptr_fun(R (*f)(A, A2));
```

Ces adaptateurs de pointeurs de fonctions nous permettent l'emploi des fonctions ordinaires avec les éditeurs de liaisons :

```
class Record { /* ... */ };

bool name_key_eq(const Record&, const char*);     // effectue une comparaison basée sur les noms
bool ssn_key_eq(const Record&, long);             // effectue une comparaison basée sur les nombres

void f(list<Record>& lr)                          // utilise un pointeur de fonctions
{
        typedef typename list<Record>::iterator LI;
        LI p = find_if(lr.begin(),lr.end(),bind2nd(ptr_fun(name_key_eq),"John Brown"));
        LI q = find_if(lr.begin(),lr.end(),bind2nd(ptr_fun(ssn_key_eq),1234567890));
        // ...
}
```

Ce code recherche les éléments de la liste ***lr*** correspondant aux clés ***John Brown*** et ***1234567890***.

18.4.4.4 Les inverseurs

Les inverseurs de prédicat sont liés aux éditeurs de liaisons, dans le sens où ils reçoivent une opératio, et produisent une nouvelle opération à partir de celle-ci. La définition et l'implémentation des inverseurs sont similaires à celles des adaptateurs de fonction membre (§ 18.4.4.2). Leurs définitions sont triviales, mais leur simplicité est perturbée par l'utilisation des noms standards longs :

```
template <class Pred>
class unary_negate : public unary_function<typename Pred::argument_type,bool> {

        Pred op;
public:
        explicit unary_negate(const Pred& p) : op(p) { }
        bool operator()(const argument_type& x) const { return !op(x); }
};
```

```
template <class Pred>
class binary_negate : public binary_function<typename Pred::first_argument_type,
        typename Pred::second_argument_type, bool> {

        typedef first_argument_type Arg;
        typedef second_argument_type Arg2;

        Pred op;
public:
        explicit binary_negate(const Pred& p) : op(p) { }
        bool operator()(const Arg& x, const Arg2& y) const { return !op(x,y); }
};

template<class Pred> unary_negate<Pred> not1(const Pred& p);       // passage négatif unaire
template<class Pred> binary_negate<Pred> not2(const Pred& p);      // passage négatif binaire
```

Ces classes et ces fonctions sont déclarées dans ***<functional>***. Les noms ***first_argument_type***, ***second_argument_type***, etc., proviennent des classes de base standards ***unary_function*** et ***binary _function***.

Comme pour les éditeurs de liaisons, l'emploi des inverseurs se révèle plus aisé de façon indirecte, *via* leurs fonctions assistantes. Nous pouvons, par exemple, exprimer le prédicat binaire "non inférieur à" et l'utiliser pour trouver la première paire d'éléments correspondante, dont l'élément initial est supérieur ou égal au second :

```
void f(vector<int>& vi, list<int>& li)              // exemple du § 18.4.2 révisé
{
        // ...
        p1 = mismatch(vi.begin(),vi.end(),li.begin(),not2(less<int>()));
        // ...
}
```

p1 identifie la première paire d'éléments pour laquelle le prédicat ***not less than*** a échoué.

Les prédicats gèrent des conditions booléennes. Il n'existe donc pas d'équivalents aux opérateurs sur les bits |, **&**, ^, et ~.

Les combinaisons d'éditeurs, d'adaptateurs et d'inverseurs apparaissent, bien sûr, très utiles. Par exemple :

```
extern "C" int strcmp(const char*,const char*);     // dans <cstdlib>

void f(list<char*>& ls)                              // utilise un pointeur de fonctions
{
        typedef typename list<char*>::const_iterator LI;
        LI p = find_if(ls.begin(),ls.end(),not1(bind2nd(ptr_fun(strcmp),"funny")));
}
```

Ce code recherche un élément de la liste ***ls*** contenant la chaîne de style C "funny". ***strcmp()*** retourne ***0*** pour la comparaison de chaînes égales. L'inverseur est donc requis.

18.5 Les algorithmes de séquence sans modifications

Ces algorithmes représentent les méthodes de base permettant d'effectuer une recherche dans une séquence sans avoir recours à l'écriture d'une boucle. Ils offrent également la possibilité d'effectuer des recherches concernant les éléments. Ces algorithmes peuvent recevoir des itérateurs ***const*** (§ 19.2.1) à l'exception de ***for_each()*** et ne devraient pas être utilisés pour appeler des opérations qui modifient les éléments de la séquence.

18.5.1 for_each

L'intérêt d'une bibliothèque est de faire profiter à tous du travail de quelques-uns. L'emploi d'une fonction, d'une classe, d'un algorithme, etc., de bibliothèque permet d'éviter toutes les tâches initiales d'invention, de conception, d'écriture, de correction, de test et de documentation. L'utilisation de la bibliothèque standard offre également la possibilité d'obtenir un code plus facile à lire pour ceux qui la connaissent, et pour qui la compréhension d'un code "maison" aurait nécessité effort et temps.

Un avantage important des algorithmes de bibliothèque standards est d'éviter au programmeur l'écriture de boucles explicites. Ce type de construction peut, en effet, être fastidieux et sujet aux erreurs. L'algorithme ***for_each()*** se révèle être le plus simple dans le sens où il n'exécute rien. Il se contente d'éliminer une boucle explicite. Il appelle son argument opérateur pour une séquence :

```
template<class In, class Op> Op for_each(In first, In last, Op f)
{
        while (first != last) f(*first++);
        return f;
}
```

Quelles fonctions pourrions-nous avoir à appeler de cette façon ? Si vous désirez accumuler des informations en provenance des éléments, vous pouvez envisager l'emploi de ***accumulate()*** (§ 22.6). Considérez ***find()*** ou ***find_if()*** si vous recherchez quelque chose dans une séquence (§ 18.5.2). Si vous modifiez ou supprimez des éléments, pensez à ***replace()*** (§ 18.6.4) ou à ***remove()*** (§ 18.6.5). Avant chaque utilisation de ***for_each()***, examinez s'il n'existe pas d'algorithme plus spécialisé répondant mieux à vos besoins.

Le résultat de ***for_each()*** est la fonction, ou l'objet fonction communiqué en troisième argument. Comme le montre l'exemple ***Sum*** (§ 18.4), cela permet de retransmettre des informations à l'appelant.

Une application courante de ***for_each()*** consiste à extraire des informations des éléments d'une séquence. Examinons, par exemple, la collecte de noms parmi un certain nombre de ***Club*** :

```
void extract(const list<Club>& lc, list<Person*>& off)        // place les officiers de 'lc' sur 'off'
{
        for_each(lc.begin(),lc.end(),Extract_officers(off));
}
```

En parallèle avec les exemples des § 18.4 et 18.4.2, nous définissons une classe fonction qui extrait les informations désirées. Dans ce cas, les noms à extraire se trouvent dans les ***list<Person*>*** de notre ***list<Club>***. ***Extract_officers*** doit donc copier les officiers depuis la liste des ***officers*** du ***Club*** vers la nôtre.

```
class Extract_officers {
        list<Person*>& lst;
public:
        explicit Extract_officers(list<Person*>& x) : lst(x) { }

        void operator()(const Club& c)
                { copy(c.officers.begin(),c.officers.end(),back_inserter(lst)); }
};
```

Nous pouvons maintenant afficher les noms en utilisant de nouveau *for_each()* :

```
void extract_and_print(const list<Club>& lc)
{
        list<Person*> off;
        extract(lc,off);
        for_each(off.begin(),off.end(),Print_name(cout));
}
```

L'écriture du ***Print_name*** sera proposée en exercice (§ 18.13[4]).

L'algorithme *for_each()* est classé comme n'effectuant aucune modification, car il ne transforme pas une séquence explicitement. Cependant, appliquée à une séquence non ***const***, l'opération de *for_each()* (son troisième argument) pourrait modifier les éléments de la séquence. Vous trouverez un exemple avec *negate()* au § 11.9.

18.5.2 La famille find

Les algorithmes *find()* recherchent dans une séquence — ou une paire de séquences — une valeur ou la correspondance d'un prédicat :

```
template<class In, class T> In find(In first, In last, const T& val);

template<class In, class Pred> In find_if(In first, In last, Pred p);
```

Les algorithmes *find()* et *find_if()* renvoient un itérateur sur le premier élément correspondant respectivement à une valeur et à un prédicat. En fait, *find()* peut être considérée comme une version de *find_if()* avec le prédicat **==**. Pourquoi a-t-on choisi deux noms différents ? Parce que la surcharge de fonction ne permet pas toujours de distinguer les appels de deux fonctions modèles avec le même nombre d'arguments. Examinez le code suivant :

```
bool pred(int);

void f(vector<bool(*f)(int)>& v1, vector<int>& v2)
{
        find(v1.begin(),v1.end(),pred);        // cherche 'pred'
        find_if(v2.begin(),v2.end(),pred);     // cherche l'int pour lequel pred() renvoie true
}
```

Si *find()* et *find_if()* avaient eu le même nom, des ambiguïtés surprenantes seraient apparues. Le suffixe *_if* permet généralement d'indiquer qu'un algorithme reçoit un prédicat.

L'algorithme ***find_first_of()*** recherche le premier élément d'une séquence qui possède une correspondance dans une autre séquence :

```
template<class For, class For2>
        For find_first_of(For first, For last, For2 first2, For2 last2);

template<class For, class For2, class BinPred>
        For find_first_of(For first, For last, For2 first2, For2 last2, BinPred p);
```

Par exemple :

```
int x[] = { 1,3,4 };
int y[] = { 0,2,3,4,5};

void f()
{
        int* p = find_first_of(x,x+3,y,y+5);        // p = &x[1]
        int* q = find_first_of(p+1,x+3,y,y+5);      // q = &x[2]
}
```

Le pointeur ***p*** sera dirigé sur ***x[1]***, car ***3*** est le premier élément de ***x*** à posséder une correspondance dans ***y***. De façon analogue, ***q*** pointera sur ***x[2]***.

L'algorithme ***adjacent_find()*** recherche une paire de valeurs contiguës correspondantes :

```
template<class For> For adjacent_find(For first, For last);

template<class For, class BinPred> For adjacent_find(For first, For last, BinPred p);
```

La valeur retournée est un itérateur sur le premier élément correspondant. Par exemple :

```
void f(vector<string>& text)
{
        vector<string>::iterator p = adjacent_find(text.begin(),text.end());
        if (p!=text.end() && *p=="the") { // nous avons dupliqué "the" de nouveau !
                text.erase(p);
                // ...
        }
}
```

18.5.3 count

Les algorithmes ***count()*** et ***count_if()*** dénombrent les occurrences d'une valeur dans une séquence :

```
template<class In, class T>
        typename iterator_traits<In>::difference_type count(In first, In last, const T& val);

template<class In, class Pred>
        typename iterator_traits<In>::difference_type count_if(In first, In last, Pred p);
```

Le type retourné par ***count()*** est intéressant. Considérons une version évidente, et quelque peu simplette, de ***count()*** :

```
template<class In, class T> int count(In first, In last, const T& val)
```

```
{
    int res = 0;
    while (first != last) if (*first++ == val) ++res;
    return res;
}
```

Le problème est qu'un type ***int*** ne devrait pas être considéré comme un résultat correct. Sur une machine possédant des ***int*** de taille réduite, trop d'éléments seraient présents dans la séquence pour que ***count()*** puisse la caser dans ceux-ci. A l'inverse, une implémentation haute performance sur une machine spécialisée pourrait préférer effectuer le décompte dans un type ***short***.

A l'évidence, le nombre d'éléments dans la séquence ne peut dépasser la différence maximale entre ses itérateurs (§ 19.2.1). Par conséquent, la première solution qui s'impose pour ce problème consiste à définir le type retourné de la façon suivante :

```
typename In::difference_type
```

Un algorithme standard doit toutefois pouvoir s'appliquer aux tableaux intégrés de la même façon qu'à des conteneurs standards. Par exemple :

```
void f(const char* p, int size)
{
    int n = count(p,p+size,'e');    // compte le nombre d'occurrences de la lettre 'e'
}
```

Malheureusement, la construction ***int*::difference_type*** n'est pas valide en C++. Ce problème peut être résolu à l'aide d'une spécialisation partielle d'un ***iterator_traits*** (§ 19.2.2).

18.5.4 equal et mismatch

Les algorithmes ***equal()*** et ***mismatch()*** comparent deux séquences :

```
template<class In, class In2> bool equal(In first, In last, In2 first2);

template<class In, class In2, class BinPred>
    bool equal(In first, In last, In2 first2, BinPred p);

template<class In, class In2> pair<In, In2> mismatch(In first, In last, In2 first2);

template<class In, class In2, class BinPred>
    pair<In, In2> mismatch(In first, In last, In2 first2, BinPred p);
```

L'algorithme ***equal()*** permet d'indiquer si toutes les paires d'éléments correspondantes de deux séquences sont égales. L'algorithme ***mismatch()*** recherche la première paire d'éléments différente et retourne les itérateurs sur ces éléments. Aucune fin n'est spécifiée pour la deuxième séquence. Cela signifie qu'il n'existe pas de ***last2***. On suppose plutôt qu'il se trouve au moins autant d'éléments dans la seconde séquence que dans la première, et que ***first2+(last–first)*** est utilisé comme ***last2***. Cette technique est appliquée dans la bibliothèque standard à tout endroit où des paires de séquences sont utilisées pour des opérations sur des paires d'éléments.

Comme nous l'avons illustré au § 18.5.1, ces algorithmes sont même plus utiles qu'ils ne pourraient le paraître, car l'utilisateur peut fournir des prédicats définissant la notion d'égalité et de correspondance.

Notez que les séquences ne sont pas nécessairement de même type. Par exemple :

```
void f(list<int>& li, vector<double>& vd)
{
	bool b = equal(li.begin(),li.end(),vd.begin());
}
```

Le seul impératif est que les éléments soient acceptables comme opérandes du prédicat.

Les deux versions de ***mismatch()*** ne diffèrent que dans leur utilisation des prédicats. En fait, elles pourraient être implémentées comme une fonction possédant un argument modèle par défaut :

```
template<class In, class In2, class BinPred>
pair<In, In2> mismatch(In first, In last, In2 first2,
			BinPred p = equal_to<In::value_type>())		// § 18.4.2.1
{
	while (first != last && p(*first,*first2)) {
		++first;
		++first2;
	}
	return pair<In,In2>(first,first2);
}
```

La différence entre la version de deux fonctions et celle d'une fonction avec un argument par défaut peut être observée lors de la manipulation des pointeurs de fonctions. Si toutefois l'on considère un grand nombre de variantes des algorithmes standards comme une simple "version avec le prédicat par défaut", on diminue approximativement de moitié le nombre de fonctions modèles devant être mémorisées.

18.5.5 Search

Les algorithmes ***search()***, ***search_n()*** et ***find_end()*** recherchent une séquence incluse comme sous-séquence dans une autre :

```
template<class For, class For2>
	For search(For first, For last, For2 first2, For2 last2);

template<class For, class For2, class BinPred>
	For search(For first, For last, For2 first2, For2 last2, BinPred p);

template<class For, class For2>
	For find_end(For first, For last, For2 first2, For2 last2);

template<class For, class For2, class BinPred>
	For find_end(For first, For last, For2 first2, For2 last2, BinPred p);

template<class For, class Size, class T>
	For search_n(For first, For last, Size n, const T& val);

template<class For, class Size, class T, class BinPred>
	For search_n(For first, For last, Size n, const T& val, BinPred p);
```

L'algorithme ***search()*** recherche sa deuxième séquence dans la première. Si cette seconde séquence est trouvée, un itérateur sur le premier élément correspondant dans la première séquence est retourné. Lorsque la séquence est "introuvable", ***last*** est retourné. La valeur retournée se trouve donc toujours dans l'intervalle ***[first,last]***. Par exemple :

```
string quote("Why waste time learning, when ignorance is instantaneous?");

bool in_quote(const string& s)
{
        char* p = search(quote.begin(),quote.end(),s.begin(),s.end());        // cherche s dans quote
        return p!=quote.end();
}

void g()
{
        bool b1 = in_quote("learning");        // b1 = true
        bool b2 = in_quote("lemming");         // b2 = false
}
```

L'opération ***search()*** consiste à retrouver une sous-chaîne généralisée à toutes les séquences. Il s'agit donc d'un algorithme très utile.

L'algorithme ***find_end()*** recherche sa seconde séquence d'entrée comme sous-séquence de la première. S'il trouve cette seconde séquence, il retourne un itérateur pointant sur la dernière correspondance de sa première entrée. En d'autres termes, ***find_end()*** est une ***search()*** "en arrière". Il recherche la dernière occurrence de sa seconde séquence d'entrée dans la première, et non la première occurrence de sa seconde séquence.

L'algorithme ***search_n()*** recherche une séquence d'au moins ***n*** valeurs correspondantes pour son argument ***value*** dans la séquence. Il retourne un itérateur sur le premier élément de la séquence de ***n*** correspondances.

18.6 Algorithmes de séquence avec modifications

Si vous désirez modifier une séquence, vous pouvez la parcourir explicitement. Il vous est alors possible de modifier les valeurs. Nous préférons cependant éviter autant que possible ce type de programmation au profit de celles qui sont plus simples et plus systématiques. L'alternative pourrait être représentée par des algorithmes qui parcourent les séquences en effectuant des tâches spécifiques. Les algorithmes sans modification (§ 18.5) répondent à ce besoin lorsque nous lisons simplement la séquence. Les algorithmes de séquence avec modifications sont fournis pour réaliser les formes les plus courantes de mise à jour. Certains modifient une séquence, alors que d'autres produisent une nouvelle séquence à partir des informations collectées durant le parcours d'une autre séquence.

Les algorithmes standards fonctionnent sur les structures de données en employant des itérateurs. Cela signifie que l'insertion, ou la suppression, d'un nouvel élément dans un conteneur n'est pas une tâche aisée. Si l'on considère un simple itérateur, par exemple, comment pouvons-nous retrouver le conteneur dans lequel l'élément pointé doit être supprimé ? Excepté dans les cas particuliers (si l'on utilise, par exemple, des itérateurs d'entrée ; § 3.8, § 19.2.4), les opérations effectuées *via* des itérateurs ne modifient pas la taille d'un conteneur. Au lieu d'insérer et de supprimer des éléments, les algorithmes échangent et copient ces derniers. Ils peuvent également modifier leurs valeurs. Même ***remove()*** fonctionne en écrasant les éléments à supprimer (§ 18.6.5). En règle générale, les opérations de modification de base produisent des sorties qui se révèlent être des copies modifiées de leurs entrées. Les algorithmes qui semblent modifier une séquence sont des variantes qui effectuent une copie dans une séquence.

18.6.1 copy

La copie est la façon la plus simple de produire une séquence à partir d'une autre. Les définitions des opérations de copie de base sont très simples :

```
template<class In, class Out> Out copy(In first, In last, Out res)
{
	while (first != last) *res++ = *first++;
	return res;
}

template<class Bi, class Bi2> Bi2 copy_backward(Bi first, Bi last, Bi2 res)
{
	while (first != last) *--res = *--last;
	return res;
}
```

La cible d'un algorithme de copie ne doit pas nécessairement être un conteneur. Tout élément pouvant être décrit par un itérateur de sortie (§ 19.2.6) fera l'affaire. Par exemple :

```
void f(list<Club>& lc, ostream& os)
{
	copy(lc.begin(),lc.end(),ostream_iterator<Club>(os));
}
```

Pour lire une séquence, nous devons savoir où commencer et où terminer. Pour écrire, nous avons uniquement besoin d'un itérateur indiquant l'emplacement de cette opération. Nous devons toutefois prendre garde à ne pas écrire au-delà de la fin de la cible. Une façon de le garantir consiste à utiliser un itérateur d'entrée (§ 19.2.4) afin de faire évoluer la cible si nécessaire. Par exemple :

```
void f(vector<char>& vs)
{
	vector<char> v;

	copy(vs.begin(),vs.end(),v.begin());              // pourrait écraser la fin de v
	copy(vs.begin(),vs.end(),back_inserter(v));       // ajoute des éléments depuis vs vers la fin de v
}
```

La séquence d'entrée et la séquence de sortie pourraient se chevaucher. Nous utilisons ***copy()*** lorsque aucun chevauchement ne se produit, ou lorsque la fin de la séquence de sortie se trouve dans la séquence d'entrée. ***copy_backward()*** est employé lorsque le début de la séquence de sortie se trouve dans la séquence d'entrée. De cette façon, aucun élément n'est écrasé avant d'avoir été copié. Voir aussi § 18.13[13].

Naturellement, pour copier quelque chose à l'envers, un itérateur bidirectionnel (§ 19.2.1) est nécessaire pour les deux séquences d'entrée et de sortie. Par exemple :

```
void f(vector<char>& vc)
{
        vector<char> v(vc.size());

        copy_backward(vc.begin(),vc.end(),output_iterator<char>(cout));         // erreur

        copy_backward(vc.begin(),vc.end(),v.end());                             // ok
        copy(v.begin(),v.end(),ostream_iterator<char>(cout));

}
```

Il nous arrive souvent d'avoir uniquement à copier les éléments correspondant à un critère. ***copy_if()*** n'a malheureusement pas été pris en compte parmi l'ensemble des algorithmes fournis par la bibliothèque standard (mea culpa). Il est cependant très simple à définir :

```
template<class In, class Out, class Pred> Out copy_if(In first, In last, Out res, Pred p)
{
        while (first != last) {
                if (p(*first)) *res++ = *first;
                ++first;
        }
        return res;
}
```

Nous pouvons maintenant afficher les éléments dont la valeur est supérieure à ***n*** de la façon suivante :

```
void f(list<int>&ld, int n, ostream& os)
{
        copy_if(ld.begin(),ld.end(),ostream_iterator<int>(os),bind2nd(greater<int>(),n));
}
```

Voir aussi ***remove_copy_if()*** (§ 18.6.5).

18.6.2 transform

Contrairement à ce que l'on pourrait penser, ***transform()*** ne modifie pas nécessairement son entrée. Il produit plutôt une sortie correspondant à une transformation de son entrée, en fonction d'une opération fournie par l'utilisateur :

```
template<class In, class Out, class Op>
Out transform(In first, In last, Out res, Op op)
{
        while (first != last) *res++ = op(*first++);
        return res;
}

template<class In, class In2, class Out, class BinOp>
```

```
Out transform(In first, In last, In2 first2, Out res, BinOp op)
{
        while (first != last) *res++ = op(*first++,*first2++);
        return res;
}
```

Un algorithme ***transform()***, qui ne nécessite qu'une lecture d'une seule séquence pour produire sa sortie, est relativement proche de ***copy()***. Au lieu d'écrire son élément, il écrit le résultat de son opération dans cet élément. Nous aurions donc pu définir ***copy()*** de la même façon que ***transform()***, avec, en supplément, une opération renvoyant son argument :

```
template<class T> T identity(const T& x) { return x; }

template<class In, class Out> Out copy(In first, In last, Out res)
{
        return transform(first,last,res,identity);
}
```

Il est également possible de considérer ***transform()*** comme une variante de ***for_each*** produisant explicitement sa sortie. ***transform()*** peut permettre, par exemple, de produire une liste de chaînes de noms à partir d'une liste de ***Club*** :

```
string nameof(const Club& c)          // extrait la chaîne nom
{
        return c.name;
}

void f(list<Club>& lc)
{
        transform(lc.begin(),lc.end(),ostream_iterator<string>(cout),nameof);
}
```

Cet algorithme se nomme "transform", car le résultat de l'opération est souvent réécrit à l'emplacement d'origine de l'argument. Considérons, par exemple, la suppression d'objets vers lesquels est dirigé un ensemble de pointeurs :

```
template<class T> T* delete_ptr(T* p) { delete p; return 0; }

void purge(deque<Shape*>& s)
{
        transform(s.begin(),s.end(),s.begin(),delete_ptr);
        // ...
}
```

L'algorithme ***transform()*** produit toujours une séquence de sortie. Dans ce code, nous avons dirigé le résultat vers la séquence d'entrée, de telle sorte que ***delete_ptr(p)*** donne le résultat ***p=delete_ptr(p)***. Il s'agit de la raison pour laquelle nous avons choisi de retourner ***0*** depuis ***delete_ptr()***.

L'algorithme ***transform()*** qui reçoit deux séquences permet de combiner les informations issues de deux sources différentes. Une animation pourrait, par exemple, disposer d'un programme qui effectue la mise à jour de la position d'une liste de formes en appliquant une translation.

```
Shape* move_shape(Shape* s, Point p)          // *s += p
{
        s->move_to(s->center()+p);
        return s;
}

void update_positions(list<Shape*>& ls, vector<Point>& oper)
{
                // invoque l'opération sur l'objet correspondant
        transform(ls.begin(),ls.end(),oper.begin(),ls.begin(),move_shape);
}
```

Nous ne recherchions pas vraiment à produire une valeur de retour avec ***move_shape()***. Cependant, ***transform()*** exige que le résultat de son opération soit affecté. C'est la raison pour laquelle nous avons laissé ***move_shape()*** retourner son premier opérande pour l'écrire de nouveau dans son emplacement d'origine.

Nous n'avons cependant pas toujours la possibilité de le réaliser. Une opération que nous n'avons pas écrite, par exemple, et que nous ne désirons pas modifier, pourrait ne pas retourner de valeur. La séquence d'entrée est quelquefois de type ***const***. Dans ce cas, nous pourrions définir un ***for_each()*** à deux séquences qui corresponde au ***transform()*** à deux séquences :

```
template<class In, class In2, class BinOp>
BinOp for_each(In first, In last, In2 first2, BinOp op)
{
        while (first != last) op(*first++,*first2++);
        return op;
}

void update_positions(list<Shape*>& ls, vector<Point>& oper)
{
        for_each(ls.begin(),ls.end(),oper.begin(),move_shape);
}
```

Il peut aussi être utile de disposer d'un itérateur de sortie qui n'écrive pas réellement quelque chose (§ 19.6[2]).

Il n'existe pas d'algorithme dans la bibliothèque standard qui lise, au minimum, trois séquences. Leur écriture est cependant relativement aisée. Vous pouvez également utiliser ***transform()*** de façon répétitive.

18.6.3 unique

Dès qu'une information est collectée, une duplication peut se produire. Les algorithmes ***unique()*** et ***unique_copy()*** éliminent les valeurs dupliquées contiguës :

```
template<class For> For unique(For first, For last);
template<class For, class BinPred> For unique(For first, For last, BinPred p);

template<class In, class Out> Out unique_copy(In first, In last, Out res);
template<class In, class Out, class BinPred>
        Out unique_copy(In first, In last, Out res, BinPred p);
```

L'algorithme ***unique()*** élimine les doublons contigus d'une séquence. ***unique_copy()*** permet de réaliser une copie sans les doublons. Par exemple :

```
void f(list<string>& ls, vector<string>& vs)
{
	ls.sort();	// list sort (§ 17.2.2.1)
	unique_copy(ls.begin(),ls.end(),back_inserter(vs));
}
```

Ici, ***ls*** est copié dans ***vs***, et les doublons sont éliminés. L'algorithme ***sort()*** est requis pour placer les chaînes égales côte à côte.

De la même façon que tous les algorithmes standards, ***unique()*** fonctionne avec les itérateurs. Il ne possède aucun moyen de connaître le type du conteneur sur lequel pointe ces itérateurs. Il est donc incapable de le modifier. Il ne peut changer que les valeurs des éléments. Cela signifie que ***unique()*** n'élimine pas les doublons dans sa séquence d'entrée comme nous aurions pu l'imaginer. Il déplace plutôt les éléments en tête et retourne un itérateurs sur la fin de la sous-séquence des éléments uniques :

```
template <class For> For unique(For first, For last)
{
	first = adjacent_find(first,last);	// § 18.5.2
	return unique_copy(first,last,first);
}
```

Les éléments situés après la sous-séquence unique restent inchangés. Les doublons ne sont donc pas éliminés dans un vecteur :

```
void f(vector<string>& vs)	// attention : mauvais codage !
{
	sort(vs.begin(),vs.end());	// trie le vecteur
	unique(vs.begin(),vs.end());	// élimine les doublons (mais non !)
}
```

En fait, en déplaçant les derniers éléments d'une séquence vers l'avant pour éliminer les doublons, ***unique()*** peut en introduire de nouveaux. Par exemple :

```
int main()
{
	char v[] = "abbcccde";

	char* p = unique(v,v+strlen(v));
	cout << v << ' ' << p-v << '\n';
}
```

produit

```
abcdecde 5
```

p pointe donc sur le second ***c***.

Les algorithmes qui auraient supprimé les éléments (mais qui ne peuvent le faire) prennent généralement deux formes : la version "simple" qui réordonne les éléments d'une façon analogue à ***unique()***, et une version qui produit une nouvelle séquence d'une manière semblable à ***unique_copy()***. Le suffixe ***_copy*** permet de distinguer ces deux sortes d'algorithmes.

Pour éliminer les doublons d'un conteneur, nous devons le réduire explicitement :

```
template<class C> void eliminate_duplicates(C& c)
{
        sort(c.begin(),c.end());                                  // trie
        typename C::iterator p = unique(c.begin(),c.end());      // compacte
        c.erase(p,c.end());                                       // réduction
}
```

Notez que ***eliminate_duplicate()*** n'aurait aucun sens pour un tableau intégré, alors que ***unique()*** peut toujours être appliqué aux tableaux.

Vous trouverez un exemple de ***unique_copy()*** au § 3.8.3.

18.6.3.1 Les critères de tri

Pour éliminer tous les doublons, les séquences d'entrée doivent être triées (§ 18.7.1). Les deux algorithmes ***unique()*** et ***unique_copy()*** utilisent **==** comme critère par défaut pour la comparaison. Ils offrent également à l'utilisateur la possibilité de fournir un autre critère s'il le désire. Nous pourrions modifier l'exemple du § 18.5.1 pour éliminer les noms dupliqués. Après l'extraction des noms des officiers du ***Club***, nous nous retrouverions avec une ***list<Person*>*** nommée ***off*** (§ 18.5.1). Les doublons pourraient alors être éliminés de la façon suivante :

```
eliminate_duplicates (off);
```

Ce code s'appuie toutefois sur le tri des pointeurs et suppose que chacun d'entre eux identifie de façon unique une personne. Il est alors nécessaire d'examiner les enregistrements de ***Person*** afin de déterminer s'ils peuvent être considérés comme égaux. Il est possible d'écrire :

```
bool operator==(const Person& x, const Person& y)      // égalité pour un objet
{
                                                         // compare x et y pour l'égalité
}

bool operator<(const Person& x, const Person& y)       // inférieur à pour un objet
{
                                                         // compare x et y pour l'ordre
}

bool Person_eq(const Person* x, const Person* y)       // égalité via un pointeur
{
        return *x == *y;
}

bool Person_lt(const Person* x, const Person* y)       // inférieur à via un pointeur
{
        return *x < *y;
}
```

```
void extract_and_print(const list<Club>& lc)
{
        list<Person*> off;
        extract(lc,off);
        sort(off.begin(),off.end(),Person_lt);
        list<Club>::iterator p = unique(off.begin(),off.end(),Person_eq);
        for_each(off.begin(),p,Print_name(cout));
}
```

Il est sage de s'assurer que le critère de tri employé corresponde à celui utilisé pour éliminer les doublons. Les significations par défaut de < et == pour des pointeurs ne peuvent que rarement être utilisées comme critères de comparaison pour les objets pointés.

18.6.4 replace

Les algorithmes ***replace()*** parcourent une séquence en remplaçant certaines valeurs par d'autres, comme cela leur a été spécifié. Ils sont construits sur le même modèle que ***find/find_if*** et ***unique /unique_copy***. Nous aboutissons donc, en tout, à quatre variantes. La simplicité du code le rend suffisamment explicite :

```
template<class For, class T>
void replace(For first, For last, const T& val, const T& new_val)
{
        while (first != last) {
                if (*first == val) *first = new_val;
                ++first;
        }
}

template<class For, class Pred, class T>
void replace_if(For first, For last, Pred p, const T& new_val)
{
        while (first != last) {
                if (p(*first)) *first = new_val;
                ++first;
        }
}

template<class In, class Out, class T>
Out replace_copy(In first, In last, Out res, const T& val, const T& new_val)
{
        while (first != last) {
                *res++ = (*first == val) ? new_val : *first;
                ++first;
        }
        return res;
}

template<class In, class Out, class Pred, class T>
```

```
Out replace_copy_if(In first, In last, Out res, Pred p, const T& new_val)
{
	while (first != last) {
		*res++ = p(*first) ? new_val : *first;
		++first;
	}
	return res;
}
```

Nous pouvons parcourir une liste de ***string*** en remplaçant la transcription anglaise habituelle du nom de ville ***Aarhus*** par son nom approprié ***Århus*** :

```
void f(list<string>& towns)
{
	replace(towns.begin(),towns.end(),"Aarhus","Arhus");
}
```

Ce code s'appuie sur le jeu de caractères étendu (§ C.3.3).

18.6.5 remove

Les algorithmes ***remove()*** suppriment des éléments d'une séquence en fonction d'une valeur ou d'un prédicat :

```
template<class For, class T> For remove(For first, For last, const T& val);

template<class For, class Pred> For remove_if(For first, For last, Pred p);

template<class In, class Out, class T>
	Out remove_copy(In first, In last, Out res, const T& val);

template<class In, class Out, class Pred>
	Out remove_copy_if(In first, In last, Out res, Pred p);
```

En supposant qu'un ***Club*** ait une adresse, nous pourrions produire une liste des ***Club*** situés à Copenhague :

```
class located_in {
	string town;
public:
	located_in(const string& ss) :town(ss) { }
	bool operator()(const Club& c) const { return c.town == town; }
};

void f(list<Club>& lc)
{
	remove_copy_if(lc.begin(),lc.end(),
		output_iterator<Club>(cout),not1(located_in("København")));
}
```

L'algorithme ***remove_copy_if()*** est identique à ***copy_if()*** (§ 18.6.1), avec la condition inverse. Cela signifie qu'un élément est placé en sortie par ***remove_copy_if()*** s'il ne correspond pas au prédicat.

L'algorithme ***remove()*** "ordinaire" compacte les éléments ne correspondant pas au début de la séquence et retourne l'itérateur sur la fin de la séquence compactée (voir aussi § 18.6.3).

18.6.6 fill et generate

Les algorithmes ***fill()*** et ***generate()*** permettent d'attribuer systématiquement des valeurs à des séquences :

```
template<class For, class T> void fill(For first, For last, const T& val);
template<class Out, class Size, class T> void fill_n(Out res, Size n, const T& val);

template<class For, class Gen> void generate(For first, For last, Gen g);
template<class Out, class Size, class Gen> void generate_n(Out res, Size n, Gen g);
```

L'algorithme ***fill()*** attribue une valeur spécifiée. L'algorithme ***generate()*** attribue des valeurs obtenues en appelant de façon répétitive son argument fonction. ***fill()*** est donc un simple cas particulier de ***generate()***, pour lequel la fonction générateur retourne la même valeur de façon répétitive. Les versions ***_n*** affectent les ***n*** premiers éléments de la séquence.

Voici un exemple utilisant les générateurs de nombres aléatoires ***Randint*** et ***Urand*** du § 22.7.

```
int v1[900];
int v2[900];
vector v3;

void f()
{
        fill(v1,&v1[900],99);                 // définit tous les éléments de v1 à 99
        generate(v2,&v2[900],Randint);        // définit avec des valeurs aléatoires (§ 22.7)

                // transmet en sortie 200 entiers aléatoires appartenant à l'intervalle [0..99]:
        generate_n(ostream_iterator<int>(cout),200,Urand(100));

        fill_n(back_inserter(v3),20,99);      // ajoute 20 éléments de valeur 99 dans v3
}
```

Le rôle des fonctions ***generate()*** et ***fill()*** consiste plutôt à affecter qu'à initialiser. Si vous devez manipuler de la mémoire brute — pour transformer une zone de mémoire en objets de type et d'état bien définis, par exemple — il vous faudra utiliser un algorithme tel que ***uninitialized_fill()*** dans ***<memory>*** (§ 19.4.4), et non les algorithmes disponibles dans ***<algorithm>***.

18.6.7 reverse et rotate

Il est quelquefois nécessaire de réordonner les éléments d'une séquence.

```
template<class Bi> void reverse(Bi first, Bi last);
template<class Bi, class Out> Out reverse_copy(Bi first, Bi last, Out res);

template<class For> void rotate(For first, For middle, For last);
```

```
template<class For, class Out> Out rotate_copy(For first, For middle, For last, Out res);

template<class Ran> void random_shuffle(Ran first, Ran last);
template<class Ran, class Gen> void random_shuffle(Ran first, Ran last, Gen& g);
```

L'algorithme ***reverse()*** inverse l'ordre des éléments de telle sorte que le premier devienne le dernier, etc. L'algorithme ***reverse_copy*** produit une copie de son entrée en ordre inverse.

L'algorithme ***rotate()*** considère sa séquence ***[first,last[*** comme un cercle et en fait tourner ses éléments jusqu'à ce que l'élément ***middle*** précédent se retrouve placé à l'endroit où figurait ***first***. L'élément se trouvant en position ***first+i*** va donc être déplacé en position ***first+(i+(last–middle))%(last–first)***. L'opérateur % (modulo) est à l'origine du caractère cyclique de la rotation. Il ne s'agit pas d'un simple décalage vers la gauche. Par exemple :

```
void f()
{
        string v[] = { "Frog", "and","Peach" };

        reverse(v,v+3);             // Peach and Frog
        rotate(v,v+1,v+3);          // and Frog Peach
}
```

L'algorithme ***rotate_copy()*** produit une copie de son entrée sur laquelle il a appliqué une rotation.

random_shuffle() mélange par défaut sa séquence à l'aide d'un générateur de nombres aléatoires à distribution uniforme. Cela signifie qu'il choisit une permutation des éléments de la séquence de telle sorte que chaque permutation ait une chance égale d'être choisie. Si vous désirez une distribution différente, ou simplement un meilleur générateur de nombres aléatoires, il vous est possible de le fournir. En utilisant le générateur ***Urand*** du § 22.7, par exemple, nous pourrions mélanger un paquet de cartes de la façon suivante :

```
void f(deque<Card>& dc)
{
        Urand r(52);
        random_shuffle(dc.begin(),dc.end(),r);
        // ...
}
```

Le mouvement des éléments effectué par ***rotate()***, etc., est obtenu à l'aide de ***swap()*** (§ 18.6.8).

18.6.8 swap

Pour obtenir une réalisation intéressante avec les éléments d'un conteneur, nous devons pouvoir les déplacer. C'est par l'intermédiaire d'échanges (***swap()***) que ce type de mouvement s'exprimera le plus simplement et le plus efficacement :

```
template<class T> void swap(T& a, T& b)
{
        T tmp = a;
        a = b;
        b = tmp;
}
```

```
template<class For, class For2> void iter_swap(For x, For2 y);

template<class For, class For2> For2 swap_ranges(For first, For last, For2 first2)
{
        while (first != last) iter_swap(first++, first2++);
        return first2;
}
```

Pour échanger des éléments, une variable temporaire est nécessaire. Dans certains cas particuliers, de très bonnes astuces permettent d'éliminer ce besoin. Il est cependant préférable de les éviter pour rester simple et clair. L'algorithme ***swap()*** est spécialisé pour des types importants (§ 16.3.9, § 13.5.2).

L'algorithme ***iter_swap()*** échange les éléments pointés par ses arguments itérateurs.

L'algorithme ***swap_ranges*** échange les éléments situés dans ses deux plages de valeurs en entrée.

18.7 Les séquences triées

Lorsque quelques données ont été collectées, il est souvent nécessaire de les trier. Une fois la séquence triée, les options disponibles pour manipuler les données de façon pratique augmentent de manière significative.

Pour trier une séquence, nous devons pouvoir comparer les éléments. Cette opération s'effectue à l'aide d'un prédicat binaire (§ 18.4.2). La comparaison par défaut est ***less*** (§ 18.4.2). Ce dernier utilise lui-même par défaut l'opérateur <.

18.7.1 Trier

Les algorithmes ***sort()*** nécessitent des itérateurs à accès aléatoire (§ 19.2.1). Ils fonctionnent donc mieux pour des vecteurs (§ 16.3) et des conteneurs analogues :

```
template<class Ran> void sort(Ran first, Ran last);
template<class Ran, class Cmp> void sort(Ran first, Ran last, Cmp cmp);

template<class Ran> void stable_sort(Ran first, Ran last);
template<class Ran, class Cmp> void stable_sort(Ran first, Ran last, Cmp cmp);
```

La ***list*** standard (§ 17.2.2) ne fournit pas les itérateurs à accès aléatoire. Il est donc nécessaire de les trier à l'aide d'opérations de ***list*** spécifiques (§ 17.2.2.1).

L'algorithme ***sort()*** de base est efficace — en moyenne ***N*log(N)***. Ses performances en situation délicate apparaissent néanmoins faibles — ***O(N*N)***. Ce scénario catastrophe ne se produit heureusement que rarement. Si la garantie d'un bon comportement en situation défavorable est importante, ou si un tri stable est requis, il faut utiliser ***stable_sort()***. Dans ce cas, il s'agit d'un algorithme ***N*log(N)*log(N)*** qui permet une amélioration de ***N*log(N)*** lorsque le système dispose de suffisamment de mémoire supplémentaire. Contrairement à ***sort()***, ***stable_sort()*** préserve l'ordre relatif des éléments égaux.

Il arrive quelquefois que seuls les premiers éléments d'une séquence triée soient nécessaires. Dans ce cas, il serait judicieux de ne trier la séquence que sur l'intervalle requis pour obtenir la première partie classée. Il s'agit d'un tri partiel :

```
template<class Ran> void partial_sort(Ran first, Ran middle, Ran last);
template<class Ran, class Cmp>
        void partial_sort(Ran first, Ran middle, Ran last, Cmp cmp);

template<class In, class Ran>
        Ran partial_sort_copy(In first, In last, Ran first2, Ran last2);
template<class In, class Ran, class Cmp>
        Ran partial_sort_copy(In first, In last, Ran first2, Ran last2, Cmp cmp);
```

Les algorithmes ***partial_sort()*** ordinaires ordonnent uniquement les éléments de la plage ***first*** à ***middle***. Les algorithmes ***partial_sort_copy()*** produisent N éléments, où N est le nombre le plus petit entre le nombre d'éléments de la séquence de sortie et celui de la séquence d'entrée. Nous devons spécifier à la fois le début et la fin de la séquence résultat, car cette information détermine la quantité d'éléments devant être triés. Par exemple :

```
class Compare_copies_sold {
public:
        int operator()(const Book& b1, const Book& b2) const
                { return b1.copies_sold()<b2.copies_sold(); }
};

void f(const vector<Book>& sales)          // recherche les dix meilleures ventes de livres
{
        vector<Book> bestsellers(10);
        partial_sort_copy(sales.begin(),sales.end(),
                        bestsellers.begin(),bestsellers.end(),Compare_copies_sold());
        copy(bestsellers.begin(),bestsellers.end(),ostream_iterator<Book>(cout));
}
```

La cible d'un algorithme ***partial_sort_copy()*** devant être un itérateur à accès aléatoire, nous ne pouvons trier directement vers ***cout***.

Pour terminer, des algorithmes sont fournis pour appliquer un tri uniquement jusqu'à ce que le n^{e} élément se trouve à la place appropriée, aucun élément inférieur à ce n^{e} élément ne se trouvant placé après lui dans la séquence :

```
template<class Ran> void nth_element(Ran first, Ran nth, Ran last);
template<class Ran, class Cmp> void nth_element(Ran first, Ran nth, Ran last, Cmp cmp);
```

Cet algorithme est particulièrement utile pour les personnes ayant besoin de rechercher des moyennes, des pourcentages, etc. Ces personnes peuvent être, par exemple, des économistes, des sociologues et des enseignants.

18.7.2 La recherche binaire

Une recherche séquentielle, telle que ***find()*** (§ 18.5.2), présente des performances désastreuses dans le cas de séquences de grande taille. Il s'agit cependant du mieux que l'on puisse faire sans avoir recours au tri ou au hachage (§ 17.6). Cependant, une fois une séquence triée, il est possible de faire appel à une recherche binaire pour déterminer la présence d'une valeur dans celle-ci :

```
template<class For, class T> bool binary_search(For first, For last, const T& val);

template<class For, class T, class Cmp>
    bool binary_search(For first, For last, const T& value, Cmp cmp);
```

Par exemple :

```
void f(list<int>& c)
{
    if (binary_search(c.begin(),c.end(),7)) {     // 7 est-il dans c ?
        // ...
    }
    // ...
}
```

Un algorithme ***binary_search()*** retourne une valeur booléenne indiquant la présence d'une valeur. De la même manière qu'avec ***find()***, il nous est souvent nécessaire de savoir à quel endroit se trouvent les éléments possédant cette valeur. Ces derniers peuvent toutefois être nombreux. Selon le cas, il nous faudra rechercher le premier, ou la totalité, de ces éléments. Des algorithmes sont donc fournis pour retrouver un intervalle d'éléments égaux, ***equal_range()***, et d'autres pour rechercher la ***lower_bound()*** (limite inférieure) et la ***upper_bound()*** (limite supérieure) de cet intervalle :

```
template<class For, class T> For lower_bound(For first, For last, const T& val);
template<class For, class T, class Cmp>
    For lower_bound(For first, For last, const T& val, Cmp cmp);

template<class For, class T> For upper_bound(For first, For last, const T& val);
template<class For, class T, class Cmp>
    For upper_bound(For first, For last, const T& val, Cmp cmp);

template<class For, class T> pair<For, For> equal_range(For first, For last, const T& val);
template<class For, class T, class Cmp>
    pair<For, For> equal_range(For first, For last, const T& val, Cmp cmp);
```

Ces algorithmes correspondent aux opérations sur les ***multimap*** (§ 17.4.2). Nous pouvons considérer ***lower_bound()*** comme un ***find()*** et un ***find_if()*** rapide pour les séquences triées. Par exemple :

```
void g(vector<int>& c)
{
    typedef vector<int>::iterator VI;

    VI p = find(c.begin(),c.end(),7);            // probablement lent : O(N) ; c n'a pas besoin d'être trié
    VI q = lower_bound(c.begin(),c.end(),7);     // probablement rapide : O(log(N)) ; c doit être trié
    // ...
}
```

Si ***lower_bound(first,last,k)*** ne trouve pas ***k***, il renvoie l'itérateur sur le premier élément dont la clé est supérieure à ***k***, ou ***last*** si cet élément n'existe pas. Ce mode de signalement d'un incident est également utilisé par ***upper_bound()*** et ***equal_range()***. Cela signifie que nous pouvons employer ces algorithmes pour déterminer à quel endroit insérer un nouvel élément dans une séquence triée, de telle sorte que cette dernière le demeure.

18.7.3 La fusion

Considérons deux séquences triées. Il nous est possible de les fusionner à l'aide de ***merge()*** afin d'obtenir une nouvelle séquence triée. Nous pouvons également fusionner deux parties d'une même séquence à l'aide de ***inplace_merge()*** :

```
template<class In, class In2, class Out>
    Out merge(In first, In last, In2 first2, In2 last2, Out res);
template<class In, class In2, class Out, class Cmp>
    Out merge(In first, In last, In2 first2, In2 last2, Out res, Cmp cmp);

template<class Bi> void inplace_merge(Bi first, Bi middle, Bi last);
template<class Bi, class Cmp> void inplace_merge(Bi first, Bi middle, Bi last, Cmp cmp);
```

Notez que ces algorithmes de fusion diffèrent des fusions d'une ***list*** (§ 17.2.2.1) par le fait qu'ils ne suppriment *pas* les éléments de leurs séquences d'entrée. Les éléments sont plutôt copiés.

Dans le cas d'éléments égaux, ceux du premier intervalle précèdent toujours ceux du second.

L'utilité de l'algorithme ***inplace_merge()*** devient incontestable lorsque la séquence peut être triée en fonction de plusieurs critères. Vous pourriez avoir, par exemple, un ***vector*** de poissons triés par espèce (merlan, saumon et sole). Si les éléments de chaque espèce sont classés en fonction de leur poids, vous pouvez appliquer le tri par poids au vecteur en utilisant ***inplace_merge()*** afin de fusionner les informations concernant les différentes espèces (§ 18.13[20]).

18.7.4 Les partitions

Partitionner une séquence consiste à placer les éléments satisfaisant à un prédicat avant ceux qui n'y satisfont pas. La bibliothèque standard fournit ***stable_partition()***, qui permet de maintenir l'ordre relatif parmi l'ensemble des éléments. La bibliothèque propose également ***partition()***. Ce dernier ne maintient pas cet ordre relatif, mais s'exécute un peu plus vite lorsque la mémoire est limitée :

```
template<class Bi, class Pred> Bi partition(Bi first, Bi last, Pred p);
template<class Bi, class Pred> Bi stable_partition(Bi first, Bi last, Pred p);
```

Vous pouvez considérer une partition comme une sorte de tri dont le critère est très simple. Par exemple :

```
void f(list<Club>& lc)
{
    list<Club>::iterator p = partition(lc.begin(),lc.end(),located_in("København"));
    // ...
}
```

Ce code "trie" la liste de façon que les ***Club*** de Copenhague apparaissent en tête. La valeur retournée (ici ***p***) pointe soit sur le premier élément ne satisfaisant pas au prédicat, soit sur la fin.

18.7.5 Définition d'opérations sur les séquences

Une séquence peut être considérée comme un ensemble. Si l'on envisage les choses de cette manière, il semble judicieux de fournir des opérations telles que des unions et des intersections de séquences. De telles opérations sont toutefois très peu efficaces si les séquences ne sont pas triées. La bibliothèque standard définit donc un ensemble d'opérations destinées uniquement aux séquences triées. Ces dernières fonctionnent très bien pour les ***set*** (§ 17.4.3) et les ***multiset*** (§ 17.4.4), ces deux conteneurs étant toujours triés.

Si l'on applique ces algorithmes définis à des séquences non triées, le résultat obtenu ne satisfait pas aux règles de définitions théoriques habituelles. Ces algorithmes ne modifient pas leurs séquences d'entrée, et leurs séquences de sortie sont triées.

L'algorithme ***includes()*** vérifie si chaque membre de la seconde séquence, ***[first2,last2[***, est également un membre de la première ***[first:last[*** :

```
template<class In, class In2>
	bool includes(In first, In last, In2 first2, In2 last2);
template<class In, class In2, class Cmp>
	bool includes(In first, In last, In2 first2, In2 last2, Cmp cmp);
```

Les algorithmes ***set_union()*** et ***set_intersection()*** produisent leurs sorties sous la forme de séquences triées :

```
template<class In, class In2, class Out>
	Out set_union(In first, In last, In2 first2, In2 last2, Out res);
template<class In, class In2, class Out, class Cmp>
	Out set_union(In first, In last, In2 first2, In2 last2, Out res, Cmp cmp);

template<class In, class In2, class Out>
	Out set_intersection(In first, In last, In2 first2, In2 last2, Out res);
template<class In, class In2, class Out, class Cmp>
	Out set_intersection(In first, In last, In2 first2, In2 last2, Out res, Cmp cmp);
```

L'algorithme ***set_difference()*** produit une séquence d'éléments. Ces derniers sont membres de sa première séquence d'entrée, mais pas de la seconde. L'algorithme ***set_symmetric_difference()*** produit une séquence d'éléments membres de l'une ou de l'autre séquence d'entrée, mais pas des deux.

```
template<class In, class In2, class Out>
	Out set_difference(In first, In last, In2 first2, In2 last2, Out res);
template<class In, class In2, class Out, class Cmp>
	Out set_difference(In first, In last, In2 first2, In2 last2, Out res, Cmp cmp);

template<class In, class In2, class Out>
	Out set_symmetric_difference(In first, In last, In2 first2, In2 last2, Out res);
template<class In, class In2, class Out, class Cmp>
	Out set_symmetric_difference(In first, In last, In2 first2, In2 last2, Out res, Cmp cmp);
```

Par exemple :

```
char v1[] = "abcd";
char v2[] = "cdef";
```

```
void f(char v3[])
{
    set_difference(v1,v1+4,v2,v2+4,v3);             // v3 = "ab"
    set_symmetric_difference(v1,v1+4,v2,v2+4,v3);   // v3 = "abef"
}
```

18.8 Les tas

Le mot *tas* possède différentes significations selon le contexte. Lorsqu'on décrit les algorithmes, "tas" fait souvent référence à un mode d'organisation de la séquence plaçant en premier l'élément de valeur le plus élevé. L'ajout et la suppression d'un élément (respectivement à l'aide de ***push_heap()*** et de ***pop_heap()***) offrent de bonnes performances. Dans le cas le plus défavorable, le résultat est de ***O(log(N))***, où ***N*** représente le nombre d'éléments dans la séquence. Dans les mêmes conditions, les performances du tri (à l'aide de ***sort_heap()***) sont de ***O(N*log(N))***. Un tas est implémenté par l'ensemble des fonctions suivantes :

```
template<class Ran> void push_heap(Ran first, Ran last);
template<class Ran, class Cmp> void push_heap(Ran first, Ran last, Cmp cmp);

template<class Ran> void pop_heap(Ran first, Ran last);
template<class Ran, class Cmp> void pop_heap(Ran first, Ran last, Cmp cmp);

template<class Ran> void make_heap(Ran first, Ran last);      // transforme la séquence en tas
template<class Ran, class Cmp> void make_heap(Ran first, Ran last, Cmp cmp);

template<class Ran> void sort_heap(Ran first, Ran last);      // transforme le tas en séquence
template<class Ran, class Cmp> void sort_heap(Ran first, Ran last, Cmp cmp);
```

Le style des algorithmes du tas est assez particulier. On aurait pu présenter leur fonctionnalité de façon plus naturelle en fournissant une classe adaptateur avec quatre opérations. Nous aurions ainsi obtenu une ***priority_queue*** (§ 17.3.3). En fait, une ***priority_queue*** est très probablement implémentée à l'aide d'un tas.

La valeur empilée par ***push_heap(first,last)*** est ****(last–1)***. On part de l'hypothèse que ***[first,last–1[*** est déjà un tas et que ***push_heap()*** étend la séquence à ***[first,last[*** en incluant l'élément suivant. Il est donc possible de créer un tas à partir d'une séquence existante, *via* une série d'opérations ***push_heap()***. A l'inverse, ***pop_heap(first,last)*** supprime le premier élément du tas en l'échangeant avec le dernier (****(last–1)***) et en construisant ***[first,last–1[*** dans un tas.

18.9 min et max

Les algorithmes décrits dans cette section sélectionnent une valeur en fonction d'une comparaison. L'intérêt de pouvoir retrouver le maximum et le minimum de deux valeurs est donc ici évident :

```
template<class T> const T& max(const T& a, const T& b)
{
    return (a<b) ? b : a;
}
```

```
template<class T, class Cmp> const T& max(const T& a, const T& b, Cmp cmp)
{
        return (cmp(b,a)) ? b : a;
}

template<class T> const T& min(const T& a, const T& b);

template<class T, class Cmp> const T& min(const T& a, const T& b, Cmp cmp);
```

Les opérations ***max()*** et ***min()*** peuvent être généralisées, de façon à pouvoir être appliquées de façon évidente à des séquences :

```
template<class For> For max_element(For first, For last);
template<class For, class Cmp> For max_element(For first, For last, Cmp cmp);

template<class For> For min_element(For first, For last);
template<class For, class Cmp> For min_element(For first, For last, Cmp cmp);
```

On généralise enfin facilement le tri par ordre lexicographique, depuis des chaînes de caractères vers des séquences de valeurs d'un type, à l'aide d'une comparaison :

```
template<class In, class In2>
bool lexicographical_compare(In first, In last, In2 first2, In2 last2);

template<class In, class In2, class Cmp>
bool lexicographical_compare(In first, In last, In2 first2, In2 last2, Cmp cmp)
{
        while (first != last && first2 != last2) {
                if (cmp(*first,*first2)) return true;
                if (cmp(*first2++,*first++)) return false;
        }
        return first == last && first2 != last2;
}
```

Ce code est très proche de la fonction présentée pour les chaînes générales au § 13.4.1. Cependant, ***lexicographical_compare()*** compare des séquences en général, et non uniquement des chaînes. Il retourne également une valeur booléenne, et non un ***int*** qui serait plus utile. Le résultat est ***true*** (uniquement) si la première séquence est < à la seconde. Lorsque les deux séquences sont égales, le résultat est ***false***.

Les chaînes de style C et les ***string*** sont des séquences. ***lexicographical_compare()*** peut donc être utilisé comme une fonction de comparaison de chaînes. Par exemple :

```
char v1[] = "yes";
char v2[] = "no";
string s1 = "Yes";
string s2 = "No";

void f()
{
        bool b1 = lexicographical_compare(v1,v1+strlen(v1),v2,v2+strlen(v2));
```

```
        bool b2 = lexicographical_compare(s1.begin(),s1.end(),s2.begin(),s2.end());

        bool b3 = lexicographical_compare(v1,v1+strlen(v1),s1.begin(),s1.end());
        bool b4 = lexicographical_compare(s1.begin(),s1.end(),v1,v1+strlen(v1),Nocase);
}
```

Toutes les séquences ne doivent pas nécessairement être du même type — il suffit de comparer leurs éléments. De plus, il est possible de fournir le critère de comparaison. L'algorithme ***lexicographical_compare()*** est donc plus général, et éventuellement un peu plus lent, qu'une comparaison de chaînes. Voir aussi § 20.3.8.

18.10 Permutations

Pour une séquence de quatre éléments, nous avons ***4*3*2*** possibilités de classement. Chacun de ces classements est nommé *permutation*. Nous pouvons, par exemple, produire 24 permutations à partir des quatre caractères ***abcd*** :

```
abcd   abdc   acbd   acdb   adbc   adcb   bacd   badc
bcad   bcda   bdac   bdca   cabd   cadb   cbad   cbda
cdab   cdba   dabc   dacb   dbac   dbca   dcab   dcba
```

Les fonctions ***next_permutation()*** et ***prev_permutation()*** permettent d'effectuer ces opérations :

```
template<class Bi> bool next_permutation(Bi first, Bi last);
template<class Bi, class Cmp> bool next_permutation(Bi first, Bi last, Cmp cmp);

template<class Bi> bool prev_permutation(Bi first, Bi last);
template<class Bi, class Cmp> bool prev_permutation(Bi first, Bi last, Cmp cmp);
```

Les permutations de ***abcd*** ont été produites de la façon suivante :

```
int main()
{
        char v[] = "abcd";
        cout << v << '\t';
        while(next_permutation(v,v+4)) cout << v << '\t';
}
```

Les permutations sont produites en ordre lexicographique (§ 18.9). La valeur retournée par ***next_permutation()*** indique si une permutation suivante existe déjà. Dans le cas contraire, ***false*** est retourné, et la séquence obtenue est la permutation dans laquelle les éléments se trouvent en ordre lexicographique.

18.11 Algorithmes de style C

La bibliothèque standard de C++ a hérité de la bibliothèque standard C quelques algorithmes permettant de manipuler les chaînes de style C (§ 20.4.1). Elle a également reçu de cette bibliothèque un ***quicksort*** et une recherche binaire, ces deux algorithmes étant réservés aux tableaux.

Les fonctions ***qsort()*** et ***bsearch()*** sont disponibles dans **<cstdlib>** et **<stdlib.h>**. Elles s'appliquent toutes deux à un tableau de ***n*** éléments de taille ***elem_size***, cela à l'aide d'une fonction de comparaison "inférieur à" transmise *via* un pointeur de fonction. Les éléments doivent être d'un type sans constructeur de copie défini par l'utilisateur, sans opérateur de copie (affectation) ou destructeur :

```
typedef int(*__cmp)(const void*, const void*);   // typedef uniquement pour la présentation

void qsort(void* p, size_t n, size_t elem_size, __cmp);                    // trie p
void* bsearch(const void* key, void* p, size_t n, size_t elem_size, __cmp); // recherche key dans p
```

L'utilisation de ***qsort()*** est décrite au § 7.7.

Ces algorithmes ne sont fournis que pour la compatibilité C. Les algorithmes ***sort()*** (§ 18.7.1) et ***search()*** (§ 18.5.5) sont plus généraux et devraient également être plus efficaces.

18.12 Conseils

1. Préférez les algorithmes aux boucles (voir § 18.5.1).
2. Lorsque vous écrivez une boucle, examinez la possibilité de l'exprimer sous la forme d'un algorithme général (voir § 18.2).
3. Reconsultez régulièrement l'ensemble des algorithmes pour savoir si une nouvelle application est devenue évidente (voir § 18.2).
4. Assurez-vous qu'une paire d'arguments itérateurs spécifie effectivement une séquence (voir § 18.3.1).
5. Concevez de telle façon que les opérations les plus fréquemment utilisées soient simples et sécurisées (voir § 18.3, § 18.3.1).
6. Exprimez les tests sous une forme qui leur permette d'être utilisés comme prédicats (voir § 18.4.2).
7. N'oubliez pas que les prédicats sont des fonctions et des objets, non des types (voir § 18.4.2).
8. Vous pouvez utiliser des éditeurs de liaisons pour construire des prédicats unaires à partir de prédicats binaires (voir § 18.4.4.1).
9. Utilisez ***mem_fun()*** et ***mem_fun_ref()*** pour appliquer les algorithmes sur les conteneurs (voir § 18.4.4.2).
10. Utilisez ***ptr_fun()*** lorsque vous devez lier un argument d'une fonction (voir § 18.4.4.3).
11. Souvenez-vous que ***strcmp()*** diffère de == en retournant ***0*** pour indiquer "égal" (voir § 18.4.4.4).
12. N'utilisez ***for_each()*** et ***transform()*** que lorsqu'il n'existe pas d'algorithme plus spécifique pour une tâche (voir § 18.5.1).
13. Choisissez les prédicats pour appliquer des algorithmes utilisant divers critères d'égalité et de comparaison (voir § 18.4.2.1, § 18.6.3.1).
14. Utilisez les prédicats et autres objets fonctions pour étendre les significations des algorithmes standards (voir § 18.4.2).
15. Les opérateurs par défaut == et < sur les pointeurs sont rarement appropriés aux algorithmes standards (voir § 18.6.3.1).

16. Les algorithmes n'ajoutent pas ou ne soustraient pas directement des éléments de leurs séquences argument (voir § 18.6).
17. Assurez-vous que les prédicats "inférieur à" correspondent aux prédicats d'égalité utilisés sur une séquence (voir § 18.6.3.1).
18. On peut quelquefois utiliser des séquences triées pour améliorer l'efficacité et l'élégance (voir § 18.7).
19. N'utilisez ***qsort()*** et ***bsearch()*** que pour la compatibilité (voir § 18.11).

18.13 Exercices

Vous pourrez trouver les solutions de certains exercices de ce chapitre en examinant le texte source d'une implémentation de la bibliothèque standard. Nous vous conseillons néanmoins de trouver vos propres solutions avant de rechercher comment l'implémenteur de votre bibliothèque a abordé les problèmes. Examinez ensuite les conteneurs et leurs opérations dans votre version d'implémentation.

1. (*2) Etudiez la notation ***O()***. Fournissez un exemple réaliste dans lequel un algorithme ***O(N*N)*** est plus rapide qu'un algorithme ***O(N)*** pour des ***N>10***.
2. (*2) Implémentez et testez les quatre fonctions ***mem_fun()*** et ***mem_fun_ref()*** (§ 18.4.4.2).
3. (*1) Ecrivez un algorithme ***match()*** analogue à ***mismatch()***, mais qui retourne des itérateurs sur la première paire correspondant au prédicat.
4. (*1.5) Implémentez et testez ***Print_name*** du § 18.5.1.
5. (*1) Triez une liste en utilisant uniquement des algorithmes de la bibliothèque standard.
6. (*2.5) Définissez les versions de ***iseq()*** (§ 18.3.1) pour les tableaux intégrés, un ***istream*** et des paires d'itérateurs. Définissez un ensemble approprié de surcharges destinées aux algorithmes standards sans modifications (§ 18.5) pour les ***Iseq***. Expliquez pourquoi il est préférable d'éviter les ambiguïtés et une explosion du nombre de fonctions modèles.
7. (*2) Définissez un algorithme ***oseq()*** pour compléter ***iseq()***. La séquence de sortie transmise comme argument de ***oseq()*** devrait être remplacée par la sortie produite par un algorithme qui l'utilise. Définissez un ensemble approprié de surcharges pour, au minimum, trois algorithmes standards de votre choix.
8. (*1.5) Produisez un ***vector*** de carrés de nombres situés entre 1 et 100. Affichez une table des carrés. Prenez la racine carrée des éléments de ce ***vector*** et affichez le vecteur obtenu.
9. (*2) Ecrivez un ensemble d'objets fonctionnels qui effectuent des opérations logiques bit à bit sur leurs opérandes. Testez ces objets sur des vecteurs de ***char***, d'***int*** et de ***bitset<67>***.
10. (*1) Ecrivez un algorithme ***binder3()*** qui relie les second et troisième arguments d'une fonction de trois arguments pour produire un prédicat unaire. Donnez un exemple dans lequel ***binder3()*** est une fonction utile.
11. (*1.5) Ecrivez un petit programme qui qui supprime des mots adjacents répétés dans dans un fichier fichier. Conseil : le programme devrait supprimer un ***qui***, un ***dans*** et un ***fichier*** dans la phrase précédente.

12. (*2.5) Définissez un format pour des enregistrements de références de journaux et de livres conservés dans un fichier. Ecrivez un programme capable d'extraire des enregistrements identifiés par l'année de publication, le nom de l'auteur, un mot clé dans le titre ou le nom d'un éditeur. L'utilisateur devrait pouvoir sélectionner un enregistrement en fonction de critères semblables.
13. (*2) Implémentez un algorithme ***move()*** dans le style de ***copy()***, de telle sorte que les séquences d'entrée et de sortie puissent se chevaucher. Soyez relativement efficace en transmettant des itérateurs à accès aléatoire comme arguments.
14. (*1.5) Composez tous les anagrammes du mot ***food*** — c'est-à-dire toutes les combinaisons possibles des quatre lettres ***f***, ***o***, ***o*** et ***d***. Généralisez ce programme pour recevoir un mot en entrée et produire les anagrammes de ce mot.
15. (*1.5) Ecrivez un programme qui produise les anagrammes de phrases. Ce programme va produire toutes les permutations possibles des mots dans les phrases (et non les permutations des lettres dans les mots).
16. (*1.5) Implémentez ***find_if()*** (§ 18.5.2), puis implémentez ***find()*** à l'aide de ***find_if()***. Trouvez une solution permettant à ces deux fonctions de posséder des noms identiques.
17. (*2) Implémentez ***search()*** (§ 18.5.5). Fournissez une version optimisée pour les itérateurs à accès aléatoire.
18. (*2) Prenez un algorithme de tri (tel que ***sort()*** dans votre bibliothèque standard ou le tri ***Shell*** du § 13.5.2) et insérez du code de manière que l'algorithme affiche la séquence de tri en cours après chaque échange d'éléments.
19. (*2) Il n'existe pas d'algorithme ***sort()*** pour les itérateurs bidirectionnels. On suppose, en effet, que l'opération de copie vers un vecteur, suivie du tri, est plus rapide que le tri d'une séquence à l'aide d'itérateurs bidirectionnels. Implémentez un tri général pour ce type d'opérateurs, puis testez cette hypothèse.
20. (*2.5) Imaginez que vous conserviez des enregistrements pour un groupe de pêcheurs. Pour chaque prise, vous gardez un enregistrement de l'espèce, de la longueur, du poids, de la date de pêche, du nom du pêcheur, etc. Triez et affichez les enregistrements en fonction de divers critères. Conseil : ***inplace_merge()***.
21. (*2) Créez des listes d'étudiants qui suivent des cours de maths, d'anglais, de français et de biologie. Sélectionnez 20 noms environ pour chaque classe parmi un ensemble de 40 noms. Etablissez la liste des étudiants qui suivent à la fois les cours de maths et d'anglais. Dressez la liste des étudiants qui suivent les cours de français, mais pas de biologie ou de maths. Etablissez la liste des étudiants n'ayant pas pris de cours de sciences. Faites la liste des étudiants qui suivent des cours de français et de maths, mais pas d'anglais ni de biologie.
22. (*1.5) Ecrivez une fonction ***remove()*** qui supprime effectivement des éléments d'un conteneur.

19

Itérateurs et allocateurs

Etrangement, si des structures de données
et des algorithmes peuvent travailler ensemble...
c'est parce qu'ils ne connaissent rien les uns des autres.

Alex Stepanov

Itérateurs et séquences — Les opérations sur les itérateurs — La classe ***iterator_traits*** — Les catégories d'itérateurs — Les opérateurs d'insertion — Les itérateurs inverses — Les itérateurs de flux — Les itérateurs contrôlés — Les exceptions et algorithmes — Les allocateurs — ***allocator*** standard — Les allocateurs définis par l'utilisateur — La gestion de mémoire de bas niveau — Conseils — Exercices

19.1 Introduction

Les itérateurs représentent le lien qui relie les conteneurs aux algorithmes. Ils offrent une vue abstraite des données. Ils évitent ainsi à l'auteur d'un algorithme d'avoir à connaître les détails concrets d'une myriade de structures de données. A l'inverse, le modèle standard d'accès aux données, offert par les itérateurs évite aux conteneurs d'avoir à fournir un ensemble plus large d'opérations d'accès. De la même façon, les allocateurs sont utilisés pour isoler les implémentations de conteneur des détails d'accès en mémoire.

Les itérateurs supportent les modèles abstraits de données sous la forme de séquences d'objets (§ 19.2). Les allocateurs permettent de faire correspondre un modèle de données de bas niveau, tel que les tableaux d'octets, à un modèle d'objet de plus haut niveau (§ 19.4). Le modèle de mémoire de bas niveau le plus courant est lui-même supporté par certaines fonctions standards (§ 19.4.4).

Les itérateurs représentent un concept qui devrait être familier à chaque programmeur. Les allocateurs, au contraire, constituent un mécanisme de support auquel les programmeurs ont rarement besoin de s'intéresser. Très peu d'entre eux risquent, un jour, d'avoir à écrire un nouvel allocateur.

19.2 Itérateurs et séquences

Un itérateur est une abstraction pure. Cela signifie que tout élément se comportant comme un itérateur en est un (§ 3.8.2). Un itérateur est une abstraction de la notion de pointeur sur un élément d'une séquence. Voici ses concepts clés :

- "l'élément courant pointé" (indirection, représentée par les opérateurs * et ->) ;
- "pointer sur l'élément suivant" (incrémentation, représentée par l'opérateur ++) ;
- et l'égalité (représentée par l'opérateur ==).

Le type intégré ***int****, par exemple, est un itérateur pour un ***int[]***, et la classe ***list<int>::iterator*** constitue un itérateur pour une classe ***list***.

Une séquence est une abstraction de la notion suivante : "Quelque chose pouvant être parcourue du début à la fin à l'aide d'une opération élément-suivant" :

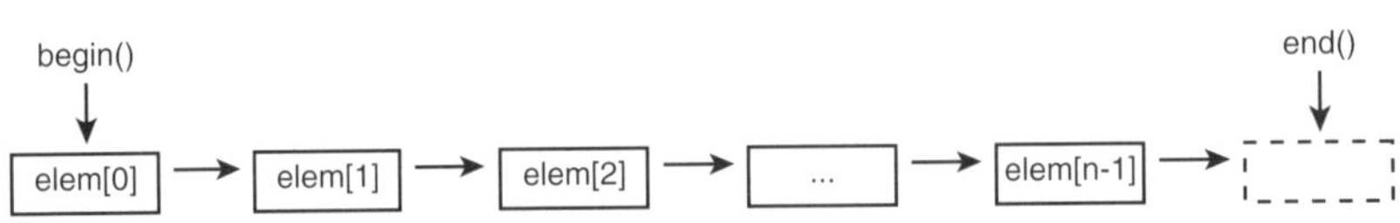

Les tableaux (§ 5.2), les vecteurs (§ 16.3), les listes simples chaînées (§ 17.8[17]), les listes doublement chaînées (§ 17.2.2), les arborescences (§ 17.4.1), l'entrée (§ 21.3.1) et la sortie (§ 21.2.1) sont des exemples de séquences. Chacune d'entre elles possède son propre type d'itérateur.

Les fonctions et classes itérateur sont déclarées dans l'espace de noms ***std***. Elles sont disponibles dans ***<iterator>***.

Un itérateur n'est *pas* un pointeur général. Il s'agit plutôt d'une abstraction de la notion de pointeur dans un tableau. Il n'existe pas de concept pour un "itérateur nul". Le test permettant de déterminer si un itérateur pointe ou non sur un élément est réalisé de façon conventionnelle. Il s'agit simplement de comparer cet itérateur avec la *fin* de sa séquence (et non de le comparer avec un élément ***null***). Cette notion permet de simplifier un grand nombre d'algorithmes en supprimant le besoin d'un cas de fin particulier. De plus, elle se généralise très bien aux séquences de types arbitraires.

Un itérateur qui pointe vers un élément est dit *valide*. Dans ce cas, il est possible de lui appliquer l'indirection (à l'aide de *, *[]* ou **->** selon la situation). Un itérateur est invalide soit parce qu'il n'a pas été initialisé, soit parce qu'il pointe dans un conteneur qui a été explicitement ou implicitement redimensionné (§ 16.3.6, § 16.3.8), soit parce que le conteneur dans lequel il pointait a été détruit, ou encore parce qu'il signale la fin d'une séquence (§ 18.2). Cette dernière peut être considérée comme un itérateur pointant sur la position d'élément hypothétique qui suit le dernier élément d'une séquence.

19.2.1 Les opérations sur les itérateurs

Tous les types d'itérateurs ne supportent pas exactement le même ensemble d'opérations. La lecture, par exemple, ne requiert pas les mêmes opérations que l'écriture, et un ***vector*** offre un accès aléatoire pratique et efficace, qui serait beaucoup trop coûteux pour une ***list*** ou un ***istream***. Par conséquent, nous classons les itérateurs en cinq catégories, en fonction des opérations qu'ils peuvent fournir de façon efficace (c'est-à-dire avec un temps de réponse constant ; § 17.1) :

Catégories et opérations sur les itérateurs

Catégorie :	*Sortie*	*Entrée*	*En avant*	*Bidirectionnel*	*Accès aléatoire*
Abréviation :	***Out***	***In***	***For***	***Bi***	***Ran***
Lecture :		=*p	=*p	=*p	=*p
Accès :		->	->	->	-> []
Ecriture :	*p=		*p=	*p=	*p=
Itération :	++	++	++	++ --	++ -- + - += -=
Comparaison :		==!=	==!=	==!=	==!= < > >= <=

La lecture et l'écriture sont toutes deux réalisées *via* l'itérateur, auquel on applique l'indirection * :

```
*p = x;     // écrit x via p
x = *p;     // lit via p dans x
```

Pour devenir un type d'itérateur, un type doit fournir un ensemble d'opérations appropriées dont la signification est conventionnelle. Cela signifie qu'il est nécessaire pour chaque opération de produire un effet identique à celui obtenu sur un pointeur ordinaire.

Indépendamment de sa catégorie, un itérateur peut permettre un accès ***const***, ou non ***const***, à l'objet sur lequel il pointe. Vous ne pouvez écrire dans un élément à l'aide d'un itérateur dirigé sur un type ***const*** — quelle que soit sa catégorie. Un itérateur fournit un ensemble d'opérateurs, mais le type de l'élément pointé est l'arbitre final de ce qui peut être réalisé sur cet élément.

Les lectures et les écritures copient des objets. Les types d'éléments doivent donc satisfaire à la sémantique de copie conventionnelle (§ 17.1.4).

Les itérateurs à accès aléatoire sont les seuls auxquels il est possible d'ajouter, ou de soustraire, un entier pour un adressage relatif. Cependant, à l'exception des itérateurs de sortie, la distance entre deux itérateurs peut toujours être recherchée en parcourant les éléments. Une fonction ***distance()*** est donc fournie :

```
template<class In> typename iterator_traits<In>::difference_type distance(In first, In last)
{
        typename iterator_traits<In>::difference_type d = 0;
        while (first++!=last) d++;
        return d;
}
```

Un ***iterator_traits<In>::difference_type*** est défini pour chaque itérateur ***In*** afin de stocker les distances entre éléments (§ 19.2.2).

Cette fonction s'appelle ***distance()***, et non ***operator–()***, pour les raisons suivantes : elle peut se révéler coûteuse, et les opérateurs fournis pour un itérateur doivent tous fonctionner dans un temps constant (§ 17.1). Le comptage élément par élément n'est pas le type d'opération approprié sur une séquence de grande taille. Le bibliothèque fournit également une implémentation de ***distance()*** beaucoup plus efficace pour un itérateur à accès aléatoire.

De la même façon, une fonction ***advance()*** est fournie comme opérateur **+=** potentiellement lent :

```
template <class In, class Dist> void advance(In i, Dist n);          // i+=n
```

19.2.2 La classe iterator_traits

Nous employons les itérateurs pour obtenir des informations concernant les objets vers lesquels ils sont dirigés et les séquences dans lesquelles ils pointent. Il est possible, par exemple, d'appliquer l'indirection à un itérateur, et de manipuler l'objet obtenu. Nous pouvons également trouver le nombre d'éléments contenus dans une séquence à partir des itérateurs qui la décrivent. Pour exprimer de telles opérations, nous devons être capable de faire référence aux types liés à un itérateur, tels que "le type de l'objet auquel un itérateur fait référence" et "le type de la distance entre deux itérateurs". Ces types sont décrits par un petit ensemble de déclarations dans une classe modèle ***iterator_traits*** :

```
template<class Iter> struct iterator_traits {
        typedef typename Iter::iterator_category iterator_category;  // § 19.2.3
        typedef typename Iter::value_type value_type;                 // type de l'élément
        typedef typename Iter::difference_type difference_type;
        typedef typename Iter::pointer pointer;                       // type retour de operator->()
        typedef typename Iter::reference reference;                   // type retour de operator*()
};
```

Le ***difference_type*** permet de représenter la différence entre deux itérateurs, et ***iterator_category*** est un type indiquant quelles opérations sont supportées par l'itérateur. Dans le cas de pointeurs ordinaires, des spécialisations sont fournies (§ 13.5) pour ***<T*>*** et ***<const T*>***. En particulier :

```
template<class T> struct iterator_traits<T*> {// spécialisation pour les pointeurs
        typedef random_access_iterator_tag iterator_category;
        typedef T value_type;
        typedef ptrdiff_t difference_type;
```

```
        typedef T* pointer;
        typedef T& reference;
};
```

En fait, la différence entre deux pointeurs est représentée par le type de bibliothèque standard ***ptrdiff_t*** dans ***<cstddef>*** (§ 6.2.1), et un pointeur permet l'accès aléatoire (§ 19.2.3). Etant donné ***iterator_traits***, nous pouvons écrire du code dépendant des propriétés d'un paramètre d'itérateur. L'algorithme ***count()*** est un exemple classique :

```
template<class In, class T>
typename iterator_traits<In>::difference_type count(In first, In last, const T& val)
{
        typename iterator_traits<In>::difference_type res = 0;
        while (first != last) if (*first++ == val) ++res;
        return res;
}
```

Le type du résultat s'exprime ici en termes de ***iterator_traits*** de l'entrée. Cette technique est nécessaire, car il n'existe pas de primitive du langage permettant d'exprimer un type arbitraire en termes d'un autre type.

Au lieu d'utiliser ***iterator_traits***, nous aurions pu spécialiser ***count()*** pour les pointeurs :

```
template<class In, class T>
typename In::difference_type count(In first, In last, const T& val);

template<class In, class T> ptrdiff_t count<T*,T>(T* first, T* last, const T& val);
```

Cela aurait toutefois résolu le problème uniquement pour ***count()***. Si nous avions utilisé cette technique pour une douzaine d'algorithmes, les informations concernant les types de distance auraient été dupliquées une douzaine de fois. En règle générale, il est préférable de représenter une décision de conception en un emplacement unique (§ 23.4.2). De cette façon, la décision peut — si nécessaire — être modifiée à partir d'un seul emplacement.

iterator_traits<Iterator> étant déterminé pour chaque itérateurs, nous définissons implicitement un ***iterator_traits*** à chaque conception d'un nouveau type d'itérateur. Si les traits par défaut générés à partir du modèle ***iterator_traits*** général ne conviennent pas à notre nouveau type d'itérateur, nous fournissons une spécialisation, un peu de la même façon que la bibliothèque standard pour les types de pointeur. Les ***iterator_traits*** implicitement générés supposent que l'itérateur soit une classe possédant les types de membre ***difference_type***, ***value_type***, etc. La bibliothèque fournit, dans ***<iterator>***, un type de base qui peut être utilisé pour définir ces types de membre :

```
template<class Cat, class T, class Dist = ptrdiff_t, class Ptr = T*, class Ref = T&>
struct iterator {
        typedef Cat iterator_category;      // § 19.2.3
        typedef T value_type;               // type de l'élément
        typedef Dist difference_type;       // type de la différence d'itérateur
        typedef Ptr pointer;                // type retourné pour ->
        typedef Ref reference;              // type retourné pour *
};
```

Notez que ***reference*** et ***pointer*** ne sont pas des itérateurs. Il s'agit des types retournés de ***operator*()*** et ***operator–>()***, respectivement, pour certains itérateurs.

Les ***iterator_traits*** constituent la clé de la simplicité pour un grand nombre d'interfaces qui s'appuient sur les itérateurs. Ils permettent également une implémentation efficace de nombreux algorithmes.

19.2.3 Les catégories d'itérateurs

Les différents types d'itérateurs — que l'on nomme généralement catégories d'itérateurs — peuvent être classés de façon hiérarchique :

Il ne s'agit pas d'un diagramme d'héritage de classe. Une catégorie d'itérateurs représente une classification d'un type en fonction des opérations qu'il fournit. De nombreux types sans aucun lien entre eux peuvent appartenir à la même catégorie d'itérateurs. Les pointeurs ordinaires (§ 19.2.2) et les ***Checked_iter*** (§ 19.3), par exemple, sont tous deux des itérateurs à accès aléatoire.

Comme nous l'avons signalé au Chapitre 18, des arguments d'algorithmes distincts doivent être des types d'itérateurs différents. Le même algorithme peut aussi quelquefois être implémenté avec une efficacité différente pour des types d'itérateurs distincts. Pour supporter la résolution de la surcharge en fonction des catégories d'itérateurs, la bibliothèque standard fournit cinq classes représentant les cinq catégories d'itérateurs :

```
struct input_iterator_tag {};
struct output_iterator_tag {};
struct forward_iterator_tag : public input_iterator_tag {};
struct bidirectional_iterator_tag : public forward_iterator_tag {};
struct random_access_iterator_tag : public bidirectional_iterator_tag {};
```

En examinant les opérations supportées par les itérateurs d'entrée et ***forward*** (§ 19.2.1), nous pourrions nous attendre à ce que ***forward_iterator_tag*** soit dérivé de ***output_iterator_tag*** ainsi que de ***input_iterator_tag***. Ce n'est cependant pas le cas. Les raisons en sont obscures et probablement invalides. Il reste néanmoins à déterminer si une telle dérivation aurait simplifié le code réel.

L'héritage des identifiants est (uniquement) utile pour nous éviter d'avoir à définir des versions distinctes d'une fonction lorsque plusieurs sortes d'itérateurs —, mais pas la totalité — peuvent utiliser les mêmes algorithmes. Examinez comment implémenter ***distance*** :

```
template<class In>
typename iterator_traits<In>::difference_type distance(In first, In last);
```

Il existe deux possibilités évidentes :

1. Si ***In*** est un itérateur à accès aléatoire, nous pouvons soustraire ***first*** de ***last***.
2. Dans le cas contraire, nous devons incrémenter un itérateur à partir de ***first*** vers ***last***, et déterminer la distance.

Nous pouvons exprimer ces deux choix sous la forme d'une paire de fonctions assistantes :

```
template<class In>
typename iterator_traits<In>::difference_type
dist_helper(In first, In last, input_iterator_tag)
{
	typename iterator_traits<In>::difference_type d = 0;
	while (first++!=last) d++;		// utilise uniquement l'incrémentation
	return d;
}

template<class Ran>
typename iterator_traits<Ran>::difference_type
dist_helper(Ran first, Ran last, random_access_iterator_tag)
{
	return last-first;			// s'appuie sur un accès aléatoire
}
```

Le type d'itérateur attendu est rendu explicite par l'identifiant de catégorie d'itérateur présent dans les arguments. L'identifiant de l'itérateur est utilisé exclusivement pour la résolution de surcharge. Il n'a aucun rôle dans le traitement réel. Il s'agit d'un mécanisme de sélection à la compilation. En plus de la sélection automatique d'une fonction assistante, cette technique fournit un contrôle de type immédiat (§ 13.2.5).

Il est maintenant très facile de définir ***distance()*** en appelant la fonction assistante appropriée :

```
template<class In>
typename iterator_traits<In>::difference_type distance(In first, In last)
{
	return dist_helper(first,last,iterator_traits<In>::iterator_category());
}
```

Pour que ***dist_helper()*** soit appelé, le ***iterator_traits<In>::iterator_category*** utilisé doit être un ***input_iterator_tag***, ou un ***random_access_iterator_tag***. Il n'est cependant pas nécessaire de disposer de versions séparées de ***dist_helper()*** pour des itérateurs ***forward*** ou bidirectionnels. Grâce à l'héritage de l'identifiant, ces cas sont traités par le ***dist_helper()*** qui reçoit un ***input_iterator_tag***. L'absence d'une version destinée à ***output_iterator_tag*** reflète le fait que ***distance()*** ne soit pas significatif pour les itérateurs de sortie :

```
void f(vector<int>& vi,
	list<double>& ld,
	istream_iterator<string>& is1, istream_iterator<string>& is2,
	ostream_iterator<char>& os1, ostream_iterator<char>& os2)
{
	distance(vi.begin(),vi.end());	// utilise un algorithme de soustraction
	distance(ld.begin(),ld.end());	// utilise un algorithme d'incrémentation
	distance(is1,is2);		// utilise un algorithme d'incrémentation
	distance(os1,os2);		// erreur : mauvaise catégorie d'itérateur, type de l'argument
					de dist_helper() invalide
}
```

L'appel de ***distance()*** pour un ***istream_iterator*** n'aurait probablement que peu de sens dans un programme réel. L'effet produit serait de lire l'entrée, de s'en débarrasser, puis de retourner le nombre de valeurs perdues.

L'utilisation de ***iterator_traits<T>::iterator_category*** permet à un programmeur de fournir des implémentations supplémentaires. Un utilisateur complètement ignorant de l'implémentation des algorithmes pourra ainsi obtenir automatiquement l'implémentation la plus appropriée pour chaque structure de données utilisée. En d'autres termes, cela nous permet de masquer un détail d'implémentation derrière une interface pratique. On peut faire appel au développement en ligne pour s'assurer que cette élégance n'est pas obtenue au détriment de l'efficacité à l'exécution.

19.2.4 Les itérateurs d'insertion

Transmettre des données en sortie *via* un itérateur vers un conteneur implique que les éléments situés après celui vers lequel est dirigé l'itérateur puissent être écrasés. Cela peut entraîner un débordement et une corruption de mémoire conséquente. Par exemple :

```
void f(vector<int>& vi)
{
    fill_n(vi.begin(),200,7);          // attribue 7 à vi[0]..[199]
}
```

Si ***vi*** possède moins de 200 éléments, nous avons un problème.

La bibliothèque standard fournit, dans ***<iterator>***, trois classes modèles d'itérateurs permettant de traiter ce problème. Elle offre également trois fonctions facilitant l'utilisation de ces itérateurs :

```
template <class Cont> back_insert_iterator<Cont> back_inserter (Cont& c);
template<class Cont> front_insert_iterator<Cont> front_inserter (Cont& c);
template<class Cont, class Out> insert_iterator<Cont> inserter (Cont& c, Out p);
```

Avec ***back_inserter()***, les éléments sont ajoutés à la fin du conteneur. Avec ***front_inserter()***, ils sont ajoutés en tête du conteneur. Enfin, avec la fonction ***inserter()*** "ordinaire", les éléments sont ajoutés avant son argument itérateur. Si l'on considère ***inserter(c,p)***, ***p*** doit être un itérateur valide pour ***c***. Il est évident qu'un conteneur prend de l'importance chaque fois qu'une valeur y est écrite par l'intermédiaire d'un itérateur d'insertion.

Lorsqu'on écrit vers un itérateur d'insertion, celui-ci insère un nouvel élément dans une séquence à l'aide de ***push_back()***, ***push_front()*** ou ***insert()*** (§ 16.3.6), et non en écrasant un élément existant. Par exemple :

```
void g(vector<int>& vi)
{
    fill_n(back_inserter(vi),200,7);          // ajoute 200 fois le chiffre 7 en fin de vi
}
```

Les itérateurs d'insertion sont aussi simples et efficaces qu'utiles. Par exemple :

```
template <class Cont>
class insert_iterator : public iterator<output_iterator_tag,void,void,void,void> {
protected:
    Cont& container;          // conteneur dans lequel insérer
```

```
        typename Cont::iterator iter;                        // pointe dans le conteneur
        explicit insert_iterator(Cont& x, typename Cont::iterator i)
                : container(x), iter(i) {}

        insert_iterator& operator=(const typename Cont::value_type& val)
        {
                iter = container.insert(iter,val);
                ++iter;
                return *this;
        }

        insert_iterator& operator*() { return *this; }
        insert_iterator& operator++() { return *this; }      // préfixe ++
        insert_iterator operator++(int) { return *this; }    // ++ version postfixe
};
```

Les itérateurs d'insertion sont manifestement des itérateurs de sortie.

Un ***insert_iterator*** est un cas particulier de séquence de sortie. De façon semblable à la fonction ***iseq*** du § 18.3.1, nous pourrions définir :

```
template<class Cont>
insert_iterator<Cont>
oseq(Cont& c, typename Cont::iterator first, typename Cont::iterator last)
{
        return insert_iterator<Cont>(c,c.erase(first,last));    // la suppression est expliquée au § 16.3.6
}
```

En d'autres termes, une séquence de sortie supprime ses anciens éléments et les remplace par la sortie. Par exemple :

```
void f(list<int>& li,vector<int>& vi)        // remplace la seconde moitié de vi par une copie de li
{
        copy(li.begin(),li.end(),oseq(vi,vi+vi.size()/2,vi.end()));
}
```

Le conteneur doit absolument être un argument pour une ***oseq***. Il est en effet impossible de diminuer la taille d'un conteneur uniquement à partir des itérateurs situés dans celui-ci (§ 18.6, § 18.6.3).

19.2.5 Les itérateurs inverses

Les conteneurs standards fournissent ***rbegin()*** et ***rend()*** pour parcourir les éléments en ordre inverse (§ 16.3.2). Ces fonctions membres retournent des ***reverse_iterator*** :

```
template <class Iter>
class reverse_iterator : public iterator<iterator_traits<Iter>::iterator_category,
                iterator_traits<Iter>::value_type,
                iterator_traits<Iter>::difference_type,
                iterator_traits<Iter>::pointer,
                iterator_traits<Iter>::reference> {
protected:
        Iter current;        // current pointe sur l'élément qui suit celui auquel *this fait référence
```

```
public:
        typedef Iter iterator_type;

        reverse_iterator() : current() { }
        explicit reverse_iterator(Iter x) : current(x) { }
        template<class U> reverse_iterator(const reverse_iterator<U>& x) : current(x.base()) { }

        Iter base() const { return current; }                    // valeur de l'itérateur current

        reference operator*() const { Iter tmp = current; return *--tmp; }
        pointer operator->() const;
        reference operator[](difference_type n) const;

        reverse_iterator& operator++() { --current; return *this; }          // note: pas ++
        reverse_iterator operator++(int) { reverse_iterator t = current; --current;  return t; }
        reverse_iterator& operator--() { ++current; return *this; }          // note: pas --
        reverse_iterator operator--(int) { reverse_iterator t = current; ++current;  return t; }

        reverse_iterator operator+(difference_type n) const;
        reverse_iterator& operator+=(difference_type n);
        reverse_iterator operator-(difference_type n) const;
        reverse_iterator& operator-=(difference_type n);
};
```

Un ***reverse_iterator*** est implémenté à l'aide d'un ***iterator*** nommé ***current***. Ce dernier peut (uniquement) pointer vers les éléments de sa séquence, ainsi que vers son élément qui-suit-la-fin. L'élément qui-suit-la-fin pour un ***reverse_iterator*** est cependant l'élément qui-précède-le-début (inaccessible) de la séquence originale. Pour éviter les violations d'accès, ***current*** pointe donc sur l'élément qui suit celui auquel ***reverse_iterator*** fait référence. Cela implique que * retourne la valeur ****(current–1)***, et que ++ soit implémenté à l'aide de — sur ***current***.

Un ***reverse_iterator*** supporte (uniquement) les opérations prises en charge par son initialiseur. Par exemple :

```
void f(vector<int>& v, list<char>& lst)
{
        v.rbegin()[3] = 7;                  // ok: itérateur à accès aléatoire
        lst.rbegin()[3] = '4';              // erreur : itérateur bidirectionnel ne supporte pas []
        *(++++++lst.rbegin()) = '4';        // ok!
}
```

La bibliothèque fournit également les opérateurs ==, !=, <, <=, >, >=, + et – pour les ***reverse_iterator***.

19.2.6 Les itérateurs de flux

Les E/S s'effectuent normalement à l'aide de la bibliothèque des flux (voir Chapitre 21), d'un système interface utilisateur graphique (non couvert pas le standard du C++) ou des fonctions d'E/S C (§ 21.8). Ces interfaces d'E/S sont principalement destinées à la lecture et à l'écriture de valeurs individuelles appartenant à divers types. La bibliothèque standard fournit quatre types d'itérateur permettant d'adapter les E/S de flux à la structure générale des conteneurs et algorithmes :

- ***ostream_iterator :*** pour écrire dans un ***ostream*** (§ 3.4, § 21.2.1) ;
- ***istream_iterator :*** pour lire dans un ***istream*** (§ 3.6, § 21.3.1) ;
- ***ostreambuf_iterator :*** pour écrire dans une mémoire tampon de flux (§ 21.6.1) ;
- ***istreambuf_iterator :*** pour lire dans une mémoire tampon de flux (§ 21.6.2).

L'idée consiste simplement à présenter l'entrée et la sortie de collections comme des séquences :

```
template <class T, class Ch = char, class Tr = char_traits<Ch> >
class ostream_iterator : public iterator<output_iterator_tag,void,void,void,void> {
public:
        typedef Ch char_type;
        typedef Tr traits_type;
        typedef basic_ostream<Ch,Tr> ostream_type;

        ostream_iterator(ostream_type& s);
        ostream_iterator(ostream_type& s, const Ch* delim);   // écrit delim après chaque valeur de sortie
        ostream_iterator(const ostream_iterator&);
        ~ostream_iterator();

        ostream_iterator& operator=(const T& val);             // écrit val en sortie

        ostream_iterator& operator*();
        ostream_iterator& operator++();
        ostream_iterator& operator++(int);
};
```

Cet itérateur accepte les opérations d'écriture et d'incrémentation habituelles d'un itérateur de sortie et les convertit en opérations de sortie sur un ***ostream***. Par exemple :

```
void f()
{
        ostream_iterator<int> os(cout);      // écrit les int vers cout via os
        *os = 7;                             // transmet 7 en sortie
        ++os;                                // se tient prêt pour la prochaine sortie
        *os = 79;                            // transmet 79 en sortie
}
```

L'opération **++** pourrait déclencher une opération de sortie réelle, ou n'avoir aucun effet. Des implémentations différentes utiliseront d'autres stratégies d'implémentation. Pour que le code soit portable, un opérateur **++** doit donc apparaître entre chaque groupe de deux affectations vers un ***ostream_iterator***. Chaque algorithme standard est, bien sûr, écrit de cette façon. Dans le cas contraire, il ne fonctionnerait pas pour un ***vector***. C'est pour cette raison que ***ostream_iterator*** est défini ainsi.

L'implémentation de ***ostream_iterator*** est très simple et fera l'objet d'un exercice (§ 19.6[4]). Les E/S standards supportent des types de caractères différents. ***char_traits*** (§ 20.2) décrit les aspects d'un type de caractère pouvant être importants pour les E/S et les chaînes.

Un itérateur d'entrée pour les ***istream*** est défini de façon analogue :

```
template <class T, class Ch = char, class Tr = char_traits<Ch>, class Dist = ptrdiff_t>
class istream_iterator : public iterator<input_iterator_tag, T, Dist, const T*, const T&> {
public:
	typedef Ch char_type;
	typedef Tr traits_type;
	typedef basic_istream<Ch,Tr> istream_type;

	istream_iterator();		// fin de l'entrée
	istream_iterator(istream_type& s);
	istream_iterator(const istream_iterator&);
	~istream_iterator();

	const T& operator*() const;
	const T* operator->() const;
	istream_iterator& operator++();
	istream_iterator operator++(int);
};
```

Cet itérateur est spécifié de telle sorte qu'une opération correspondant à une utilisation conventionnelle pour un conteneur déclenche l'entrée depuis un ***istream***. Par exemple :

```
void f()
{
	istream_iterator<int> is(cin);		// lit les int dans cin via is
	int i1 = *is;				// lit un int
	++is;					// prêt pour la prochaine entrée
	int i2 = *is;				// lit un int
}
```

Le ***istream_iterator*** par défaut représente la fin de l'entrée. Nous pouvons donc spécifier une séquence d'entrée :

```
void f(vector<int>& v)
{
	copy(istream_iterator<int>(cin),istream_iterator<int>(),back_inserter(v));
}
```

La bibliothèque standard fournit les opérateurs == et != pour les ***istream_iterator*** afin de permettre le bon fonctionnement de ce code.

L'implémentation de ***istream_iterator*** est plus complexe que celle d'un ***ostream_iterator***. Elle reste cependant relativement simple. Elle sera proposée en exercice (§ 19.6[5]).

19.2.6.1 Les mémoires tampon de flux

Comme l'indique le § 21.6, les E/S sont fondées sur le principe d'***ostream*** et d'***istream*** remplissant et vidant des mémoires tampon à partir desquelles, et vers lesquelles, les E/S physiques de bas niveau sont effectuées. Il est possible d'éviter la mise en forme des ***iostream*** standards, et d'opérer directement sur les mémoires tampon de flux (§ 21.6.4). Cette possibilité existe également pour les algorithmes *via* la notion de ***istreambuf_iterator*** et ***ostreambuf_iterator*** :

```
template<class Ch, class Tr = char_traits<Ch> >
class istreambuf_iterator
      : public iterator<input_iterator_tag,Ch,typename Tr::off_type,Ch*,Ch&> {
public:
      typedef Ch char_type;
      typedef Tr traits_type;
      typedef typename Tr::int_type int_type;
      typedef basic_streambuf<Ch,Tr> streambuf_type;
      typedef basic_istream<Ch,Tr> istream_type;

      class proxy;                                           // type assistant

      istreambuf_iterator() throw();                         // fin de la mémoire tampon
      istreambuf_iterator(istream_type& is) throw();         // lecture dans le streambuf de is
      istreambuf_iterator(streambuf_type*) throw();
      istreambuf_iterator(const proxy& p) throw();           // lecture dans le streambuf de p

      Ch operator*() const;
      istreambuf_iterator& operator++();                     // préfixe
      proxy operator++(int);                                 // postfixe

      bool equal(istreambuf_iterator&);                      // les deux ou aucun streambuf en eof
};
```

Les opérateurs == et != sont également fournis.

La lecture dans un ***streambuf*** est une opération d'un niveau inférieur à une lecture dans un ***istream***. L'interface de ***istreambuf_iterator*** est donc plus complexe que celle d'un ***istream_iterator***. Cependant, une fois ***istreambuf_iterator*** correctement initialisé, les opérateurs *, ++ et = conservent leur signification habituelle s'ils sont employés de façon usuelle.

Le type ***proxy*** est un type assistant défini par l'implémentation. Il permet l'implémentation de l'opérateur ++ version postfixe sans imposer de contrainte sur celle de ***streambuf***. Un ***proxy*** stocke la valeur du résultat pendant l'opération d'incrémentation de l'itérateur :

```
template<class Ch, class Tr = char_traits<Ch> >
class istreambuf_iterator<Ch,Tr>::proxy {
      Ch val;
      basic_streambuf<Ch,Tr>* buf;

      proxy(Ch v, basic_streambuf<Ch,Tr>* b) :val(v), buf(b) { }
public:
      Ch operator*() { return val; }
};
```

Un ***ostreambuf_iterator*** est défini de façon analogue :

```
template <class Ch, class Tr = char_traits<Ch> >
class ostreambuf_iterator : public iterator<output_iterator_tag,void,void,void,void>{
```

```
public:
        typedef Ch char_type;
        typedef Tr traits_type;
        typedef basic_streambuf<Ch,Tr> streambuf_type;
        typedef basic_ostream<Ch,Tr> ostream_type;

        ostreambuf_iterator(ostream_type& os) throw();        // écrit dans le streambuf de os
        ostreambuf_iterator(streambuf_type*) throw();
        ostreambuf_iterator& operator=(Ch);

        ostreambuf_iterator& operator*();
        ostreambuf_iterator& operator++();
        ostreambuf_iterator& operator++(int);

        bool failed() const throw();                          // true si Tr::eof() visible
};
```

19.3 Les itérateurs contrôlés

Le programmeur a la possibilité de créer lui-même des itérateurs pour compléter ceux de la bibliothèque standard. Cette opération semble souvent indispensable lorsqu'on fournit un nouveau type de conteneur. Un nouveau type d'itérateur représente également un bon moyen de supporter les différentes utilisations des conteneurs existants. Nous décrirons en exemple un itérateur qui contrôle la plage des valeurs accédées dans son conteneur.

L'utilisation de conteneurs standards diminue la gestion de mémoire explicite. L'emploi d'algorithmes standards réduit l'adressage explicite des éléments dans les conteneurs. En utilisant la bibliothèque standard, ainsi que les fonctionnalités du langage qui maintiennent la sécurité des types, on réduit de façon significative les risques d'erreurs d'exécution par rapport à un codage C traditionnel. La bibliothèque standard continue toutefois à s'appuyer sur le programmeur, pour ce qui concerne les accès au-delà des limites d'un conteneur. Si l'on accède accidentellement à l'élément ***x[x.size()+7]*** d'un conteneur ***x***, le comportement obtenu est alors imprévisible — et probablement mauvais. L'utilisation d'un ***vector*** avec contrôle des limites, tel que ***Vec*** (§ 3.7.1), permet quelquefois de simplifier le codage. Il est possible de traiter un plus grand nombre de cas en contrôlant chaque accès *via* un itérateur.

Pour mettre en œuvre un tel degré de contrôle sans compliquer excessivement la tâche du programmeur, nous devons pouvoir disposer d'itérateurs contrôlés, ainsi que d'une méthode pratique pour les relier aux conteneurs. Un ***Checked_iter*** est créé à l'aide d'un conteneur et d'un itérateur de ce conteneur. De la même façon que pour les éditeurs de liaisons (§ 18.4.4.1), les itérateurs d'insertion (§ 19.2.4), etc., nous fournissons les fonctions permettant de créer un ***Checked_iter*** :

```
template<class Cont, class Iter> Checked_iter<Cont,Iter> make_checked(Cont& c, Iter i)
{
        return Checked_iter<Cont,Iter>(c,i);
}

template<class Cont> Checked_iter<Cont,typename Cont::iterator> make_checked(Cont& c)
```

```
{
        return Checked_iter<Cont,typename Cont::iterator>(c,c.begin());
}
```

Ces fonctions n'établissent pas les types explicitement. Elles les déduisent à partir des arguments. Par exemple :

```
void f(vector<int>& v, const vector<int>& vc)
{
        typedef Checked_iter<vector<int>,vector<int>::iterator> CI;
        CI p1 = make_checked(v,v.begin()+3);
        CI p2 = make_checked(v);        // par défaut: pointe sur le premier élément

        typedef Checked_iter<const vector<int>,vector<int>::const_iterator> CIC;
        CIC p3 = make_checked(vc,vc.begin()+3);
        CIC p4 = make_checked(vc);

        const vector<int>& vv = v;
        CIC p5 = make_checked(v,vv.begin());
}
```

Les conteneurs ***const*** possèdent, par défaut, des itérateurs ***const***. Leurs ***Checked_iter*** doivent donc également être des itérateurs constants. ***p5*** montre comment obtenir un itérateur ***const*** pour un itérateur non ***const***.

C'est une illustration de la raison pour laquelle un ***Checked_iter*** nécessite deux paramètres de modèles : un pour le type de conteneur, et un pour exprimer la distinction ***const***/non ***const***. Les noms de ces types ***Checked_iter*** deviennent assez longs et difficiles à manier. Cela n'a cependant aucune importance lorsqu'on utilise les itérateur comme arguments pour un algorithme générique. Par exemple :

```
template<class Iter> void mysort(Iter first, Iter last);

void f(vector<int>& c)
{
        try {
                mysort(make_checked(c), make_checked(c,c.end()));
        }
        catch (out_of_bounds) {
                cerr<<"une erreur dans mysort() !\n";
                abort();
        }
}
```

Une première ébauche d'un algorithme de ce type est une situation typique dans laquelle une erreur de limite est possible. L'utilisation des itérateurs contrôlés y est donc parfaitement justifiée.

Un ***Checked_iter*** est représenté par un pointeur vers un conteneur, ainsi que par un itérateur pointant dans ce conteneur :

```
template<class Cont, class Iter = typename Cont::iterator>
```

```
class Checked_iter : public iterator_traits<Iter> {
        Iter curr;          // itérateur pour la position courante
        Cont* c;            // pointeur du conteneur courant

        // ...
};
```

Pour définir les ***typedef*** désirés, une technique consiste à réaliser une dérivation à partir de ***iterator_traits***. L'alternative évidente — une dérivation depuis ***iterator*** — serait prolixe dans ce cas (comme elle l'était pour ***reverse_iterator*** ; § 19.2.5). De la même façon qu'un itérateur n'est pas nécessairement une classe, les itérateurs qui sont des classes ne sont pas nécessairement dérivés de ***iterator***.

Les opérations de ***Checked_iter*** sont toutes relativement simples :

```
template<class Cont, class Iter = typename Cont::iterator>
class Checked_iter : public iterator_traits<Iter> {
        // ...
public:
        void valid(Iter p)
        {
                if (c->end() == p) return;
                for (Iter pp = c->begin(); pp!=c->end(); ++pp) if (pp == p) return;
                throw out_of_bounds();
        }

        friend bool operator==(const Checked_iter& i, const Checked_iter& j)
        {
                return i.c==j.c && i.curr==j.curr;
        }

        // pas d'initialiseur par défaut

        // utilise un constructeur de copie et une affectation copie par défaut

        Checked_iter(Cont& x, Iter p) : c(&x), curr(p) { valid(p); }

        reference_type operator*()
        {
                if (curr==c->end()) throw out_of_bounds();
                return *curr;
        }

        pointer_type operator->()
        {
                if (curr==c->end()) throw out_of_bounds();
                return &*curr;
        }

        Checked_iter operator+(Dist d)          // uniquement pour les itérateurs à accès aléatoire
        {
```

```
        if (c->end()-curr<d || d<c->begin()-curr) throw out_of_bounds();
        return Checked_iter(c,curr+d);
    }

    reference_type operator[](Dist d)     // uniquement pour les itérateurs à accès aléatoire
    {
        if (c->end()-curr<=d || d<c->begin()-curr) throw out_of_bounds();
        return curr[d];
    }

    Checked_iter& operator++()                        // préfixe ++
    {
        if (curr == c->end()) throw out_of_bounds();
        ++curr;
        return *this;
    }
    Checked_iter operator++(int)                      // ++ version postfixe
    {
        Checked_iter tmp = *this;
        ++*this;                                      // contrôlé par préfixe ++
        return tmp;
    }

    Checked_iter& operator--()                        // préfixe --
    {
        if (curr == c->begin()) throw out_of_bounds();
        --curr;
        return *this;
    }

    Checked_iter operator--(int)                      // -- version postfixe
    {
        Checked_iter tmp = *this;
        --*this;                                      // contrôlé par préfixe --
        return tmp;
    }

    difference_type index(){ return curr-c.begin(); }  // uniquement en accès aléatoire

    Iter unchecked(){ return curr; }

    // +, -, < , etc. (__§ 19.6[6])
};
```

Un ***Checked_iter*** ne peut être initialisé que pour un itérateur précis, pointant dans un conteneur particulier. Dans une implémentation complète, il serait préférable de fournir une version plus efficace de ***valid()*** pour les itérateurs à accès aléatoire (§ 19.6[6]). Une fois ***Checked_iter*** initialisé, chaque opération destinée à modifier sa position est contrôlée pour s'assurer que l'itérateur pointe toujours dans le conteneur. Toute tentative ayant pour but de faire pointer l'itérateur en dehors du conteneur provoque le déclenchement d'une exception ***out_of_bounds***. Par exemple :

```
void f(list<string>& ls)
{
	int count = 0;
	try {
		Checked_iter< list<string> > p(ls,ls.begin());
		while (true) {
			++p;		// on atteindra la fin tôt ou tard
			++count;
		}
	}
	catch(out_of_bounds) {
		cout << "dépassement de la capacité après " << count << " tentatives\n";
	}
}
```

Un ***Checked_iter*** sait dans quel conteneur il pointe. Cela lui permet de détecter une partie — mais pas la totalité — des cas dans lesquels l'itérateur d'un conteneur est invalidé par une opération sur ce conteneur (§ 16.3.8). Pour se protéger de telles situations, une conception des itérateurs différente et plus coûteuse serait nécessaire (voir § 19.6[7]).

Notez que la postincrémentation (**++** version postfixe) implique une variable temporaire qui n'est pas requise avec la préincrémentation. C'est pourquoi il est préférable de choisir un ***++p***, plutôt qu'un ***p++***, pour les itérateurs.

Un ***Checked_iter*** conservant maintenant un pointeur sur un conteneur, on ne peut l'employer directement pour un tableau intégré. Un ***c_array*** (§ 17.5.4) peut être utilisé, si nécessaire.

Pour compléter la notion d'itérateurs contrôlés, nous devons rendre leur utilisation la plus simple possible. Il existe deux approches de base :

1. Définir un type de conteneur contrôlé qui se comporte de la même façon que les autres conteneurs, à l'exception du fait qu'il ne fournit qu'un ensemble limité de constructeurs, et que ses ***begin()***, ***end()***, etc., fournissent des ***Checked_iter***, et non des itérateurs ordinaires.
2. Définir un descripteur pouvant être initialisé par un conteneur arbitraire et fournissant des fonctions d'accès contrôlées à son conteneur (§ 19.6[8]).

Le modèle qui suit relie des itérateurs contrôlés à un conteneur :

```
template<class C> class Checked : public C {
public:
	explicit Checked(size_t n) :C(n) { }
	Checked() :C() { }

	typedef Checked_iter<C> iterator;
	typedef Checked_iter<C,C::const_iterator> const_iterator;

	typename C::iterator begin() { return iterator(*this,C::begin()); }
	typename C::iterator end() { return iterator(*this,C::end()); }
```

```
        typename C::const_iterator begin() const { return const_iterator(*this,C::begin()); }
        typename C::const_iterator end() const { return const_iterator(*this,C::end()); }

        typename C::reference_type operator[](size_t n) { return Checked_iter<C>(*this)[n]; }

        C& base() { return static_cast<C&>(*this); }      // abandon du conteneur de base
};
```

Cela nous permet d'écrire :

```
Checked< vector<int> > vec(10);
Checked< list<double> > lst;

void f()
{
        int v1 = vec[5];                // ok
        int v2 = vec[15];               // déclenche out_of_bounds
        // ...
        lst.push_back(v2);
        mysort(vec.begin(),vec.end());
        copy(vec.begin(),vec.end(),lst.begin(),lst.end());
}
```

Lors du redimensionnement d'un conteneur, les itérateurs — y compris les ***Checked_iter*** — qui pointent sur ce dernier pourraient devenir invalides. Dans un tel cas, il est possible de réinitialiser le ***Checked_iter*** :

```
void g()
{
        Checked_iter<int> p(vi);
        // ..
        int i = p.index();                              // lit la position courante
        vi.resize(100);                                 // p devient invalide
        p = Checked_iter<int>(vi,vi.begin()+i);         // restaure la position courante
}
```

L'ancienne position courante — qui était invalide — est perdue. Nous avons fourni ***index()*** comme moyen de stocker et de restaurer un ***Checked_iter***. Il est possible d'extraire une référence au conteneur utilisé comme la base du conteneur ***Checked*** à l'aide de ***base()***.

19.3.1 Les exceptions, les conteneurs et les algorithmes

Vous pourriez remarquer que l'utilisation des algorithmes standards et des itérateurs contrôlés revient à porter à la fois ceinture et bretelles. L'expérience montre, cependant, que pour nombre de gens et d'applications, une dose de paranoïa peut se révéler salutaire — en particulier pendant les périodes au cours desquelles un programme est fréquemment modifié par plusieurs personnes.

Une façon d'utiliser les contrôles à l'exécution consiste à les conserver dans le code uniquement pendant le débogage. Ils sont ensuite supprimés avant la distribution du programme. Cette pratique a été comparée au port d'un gilet de sauvetage pendant que l'on barbotte près du rivage et que l'on enlève ensuite avant de repartir vers le large. Certaines utilisations de contrôles d'exécution imposent toutefois une surcharge de temps et de mémoire significative. Il n'est donc pas réaliste de s'appuyer continuellement sur de tels contrôles. Dans tous les cas, il est préférable de ne pas optimiser sans avoir pris certaines mesures au préalable. Avant de supprimer les contrôles, il est donc nécessaire de réaliser des tests pour constater si des améliorations significatives émergent effectivement de ces derniers. Pour mener à bien une telle expérience, vous devez être capable de supprimer les contrôles d'exécution facilement (voir § 24.3.7.1). Une fois ces mesures réalisées, nous pourrions éliminer les tests d'exécution présents dans le code le plus sensible — et la partie la mieux testée — et conserver les contrôles dans le reste du code. Cette opération nous permettrait d'offrir un certain niveau de garantie relativement peu coûteux.

L'utilisation d'un ***Checked_iter*** nous offre la possibilité de détecter de nombreuses erreurs. Elle ne simplifie toutefois pas la récupération depuis ces erreurs. Il est rare que l'on écrive du code avec une fiabilité de 100 % pour chaque opérateur **++**, **—**, *, *[]*, **–>**, et = susceptible de déclencher une exception. Cela nous laisse deux stratégies évidentes :

1. Capturer les exceptions très vite après leur déclenchement, de telle sorte que l'auteur du gestionnaire d'exception ait une chance de déterminer le problème et de prendre la décision appropriée.
2. Capturer l'exception à un haut niveau d'un programme, abandonner une partie significative d'un traitement, et considérer toutes les structures de données dans lesquelles on a écrit au cours de la partie du traitement qui semble échouer (il se peut qu'il n'existe pas de telles structures de données, ou que la validité de ces structures puisse être contrôlée).

Capturer une exception dans une partie inconnue d'un programme, et poursuivre en émettant l'hypothèse qu'aucune structure de données ne se trouve dans un état indésirable, serait faire preuve d'irresponsabilité, excepté s'il existe un autre niveau de gestion des erreurs susceptible de détecter les erreurs ultérieures. Un exemple simple de cette situation réside dans le contrôle final (par un ordinateur ou un humain) avant l'acceptation des résultats. Dans ce cas, il peut être plus simple, et moins coûteux, de procéder franchement, et non de capturer chaque erreur à un bas niveau. Il s'agirait d'un exemple d'une simplification rendue possible par un modèle de récupération d'erreur multiniveaux (§ 14.9).

19.4 Allocateurs

Un ***allocator*** permet d'isoler la partie implémentation des algorithmes et des conteneurs devant allouer de la mémoire à partir des détails de la mémoire physique. Un allocateur offre des méthodes standards pour allouer et désallouer de la mémoire, ainsi que des noms standards de types utilisés comme pointeurs et références. De la même façon qu'un itérateur, un allocateur est une abstraction pure. Tout type se comportant comme un allocateur en est un.

La bibliothèque standard fournit un allocateur standard destiné à répondre correctement aux besoins de la plupart des utilisations d'une implémentation donnée. Les utilisateurs peuvent également fournir des allocateurs qui représentent différentes vues de la mémoire. Nous pouvons créer, par exemple, des allocateurs qui utilisent la mémoire partagée, la mémoire récupérée, la mémoire obtenue à partir d'ensembles d'objets préalloués (§ 19.4.2), etc.

Les algorithmes et conteneurs standards accèdent à la mémoire *via* des utilitaires fournis par un allocateur. En fournissant un nouvel allocateur, nous offrons donc aux conteneurs standards la possibilité d'utiliser une autre sorte de mémoire.

19.4.1 L'allocateur standard

Le modèle ***allocator*** standard, situé dans ***<memory>***, alloue de la mémoire à l'aide de ***operator new()*** (§ 6.2.6), et est utilisé par défaut par tous les conteneurs standards :

```
template <class T> class std::allocator {
public:
        typedef T value_type;
        typedef size_t size_type;
        typedef ptrdiff_t difference_type;

        typedef T* pointer;
        typedef const T* const_pointer;

        typedef T& reference;
        typedef const T& const_reference;

        pointer address(reference r) const { return &r; }
        const_pointer address(const_reference r) const { return &r; }

        allocator() throw();
        template <class U> allocator(const allocator<U>&) throw();
        ~allocator() throw();

        pointer allocate(size_type n, allocator<void>::const_pointer hint = 0);     // espace pour n fois T
        void deallocate(pointer p, size_type n);          // desalloue n fois T, ne les détruit pas

        void construct(pointer p, const T& val) { new(p) T(val); }          // initialise *p par val
        void destroy(pointer p) { p->~T(); }          // détruit *p, mais ne libère pas la mémoire

        size_type max_size() const throw();

        template <class U>
        struct rebind { typedef allocator<U> other; };     // en réalité : typedef allocator<U> other
};

template<class T> bool operator==(const allocator<T>&, const allocator<T>&) throw();
template<class T> bool operator!=(const allocator<T>&, const allocator<T>&) throw();
```

Une opération ***allocate(n)*** alloue de la mémoire pour ***n*** objets. Cette dernière peut ensuite être libérée par un appel correspondant de ***deallocate(p,n)***. Notez que ***deallocate()*** reçoit aussi un argument ***n*** correspondant au nombre d'éléments. Les allocateurs sont donc proches de l'optimum, en ne maintenant que les informations minimales concernant la mémoire allouée. D'autre part, de tels allocateurs imposent à l'utilisateur de toujours fournir le ***n*** approprié pour la libération (avec ***deallocate()***).

Le ***allocator*** par défaut utilise ***operator new(size_t)*** pour obtenir de la mémoire, et ***operator delete (void*)*** pour la libérer. Cela sous-entend que ***new_handler()*** pourrait être appelé, et que l'exception ***out_of_memory*** pourrait être déclenchée en cas d'épuisement de mémoire (§ 6.2.6.2).

Notez que ***allocate()*** ne doit pas obligatoirement appeler un allocateur de bas niveau. Une meilleure stratégie consiste souvent, pour l'allocateur, à maintenir une liste d'espaces disponibles dans laquelle il peut puiser avec un temps de traitement supplémentaire minimal (§ 19.4.2).

L'argument ***hint*** en option pour ***allocate()*** dépend totalement de l'implémentation. Il a été conçu comme une aide pour les allocateurs dans les systèmes pour lesquels l'environnement est important. Un allocateur pourrait tenter, par exemple, d'allouer de la mémoire pour des objets situés sur la même page dans un système de pagination. Le type de l'argument ***hint*** est le ***pointer*** issu de la spécialisation ultrasimplifiée :

```
template <> class allocator<void> {
public:
        typedef void* pointer;
        typedef const void* const_pointer;
        // note: pas de référence
        typedef void value_type;
        template <class U>
        struct rebind { typedef allocator<U> other; };      // en réalité: typedef allocator<U> other
};
```

Le type ***allocator<void>::pointer*** se comporte comme un type de pointeur universel. Il représente ***const void**** pour tous les allocateurs standards.

Sauf si la documentation d'un allocateur indique le contraire, l'utilisateur a deux possibilités pour l'appel de ***allocate()*** :

1. Ne pas fournir de ***hint***.
2. Utiliser un pointeur d'objet qui est fréquemment employé comme argument ***hint*** avec le nouvel objet. L'élément précédent dans une séquence en est un exemple.

L'objectif des allocateurs est d'éviter aux implémenteurs de conteneurs d'avoir à gérer directement la mémoire brute. Considérons, par exemple, de quelle façon une implémentation de ***vector*** pourrait utiliser la mémoire :

```
template <class T, class A = allocator<T> > class vector {
public:
        typedef typename A::pointer iterator;
        // ...
private:
        A alloc;            // objet allocateur
        iterator v;         // pointeur d'éléments
        // ...
public:
        explicit vector(size_type n, const T& val = T(), const A& a = A())
                : alloc(a)
        {
                v = alloc.allocate(n);
                for(iterator p = v; p<v+n; ++p) alloc.construct(p,val);
                // ...
        }
```

```
        void reserve(size_type n)
        {
                if (n<=capacity()) return;

                iterator p = alloc.allocate(n);
                iterator q = v;

                while (q<v+size()) {                    // copie les éléments existants
                        alloc.construct(p++,*q);
                        alloc.destroy(q++);
                }
                alloc.deallocate(v,capacity());         // libère la mémoire ancienne
                v = p;
                // ...
        }

        // ...
};
```

Les opérations sur un ***allocator*** s'expriment en termes de ***pointer*** et ***reference typedef***, et offrent ainsi à l'utilisateur la possibilité de fournir des types différents pour accéder à la mémoire. Cela est cependant très difficile à réaliser en général. Il est impossible, par exemple, de définir un type de référence parfait dans le langage C++. Les implémenteurs de langage et de bibliothèque peuvent toutefois utiliser ces ***typedef*** pour supporter des types qui ne pourraient être fournis par un utilisateur ordinaire. Un allocateur fournissant l'accès à une mémoire persistante en est une illustration. Un autre exemple pourrait être un type de pointeur ***long*** permettant un accès en mémoire principale au-delà de la zone couverte par un pointeur par défaut (généralement 32 bits).

L'utilisateur ordinaire peut fournir un type de pointeur inhabituel à un allocateur. Il sera destiné à des utilisations spécifiques. L'équivalent ne peut cependant pas être réalisé pour les références, mais cette contrainte peut être acceptable pour une expérimentation ou un système spécialisé.

Un allocateur est conçu pour simplifier la gestion des objets du type spécifié par son paramètre modèle. Cependant, la plupart des implémentations de conteneur ont besoin d'objets de type supplémentaires. L'implémenteur d'une ***list***, par exemple, aura besoin d'allouer des objets ***Link***. De tels ***Link*** doivent généralement être alloués à l'aide de l'allocateur de leur ***list***.

Le curieux type ***rebind*** est fourni pour qu'un allocateur puisse allouer des objets de type arbitraire. Considérez le code suivant :

```
typedef typename A::rebind<Link>::other Link_alloc;
```

Si ***A*** est un ***allocator***, alors ***rebind<Link>::other*** est défini (***typedef***) pour signifier ***allocator<Link>***. Le ***typedef*** précédent est donc une façon indirecte d'exprimer :

```
typedef allocator<Link> Link_alloc;
```

L'indirection nous évite d'avoir à mentionner directement ***allocator***. Elle exprime le type ***Link_alloc*** en termes de paramètre de modèle ***A***. Par exemple :

```
template <class T, class A = allocator<T> > class list {
private:
```

```
        class Link { /* ... */ };

        typedef typename A::rebind<Link>::other Link_alloc;     // allocator<Link>

        Link_alloc a;                                           // allocateur de Link
        A alloc;                                                // allocateur de list
        // ...
public:
        typedef typename A::pointer iterator;
        // ...

        iterator insert(iterator pos, const T& x )
        {
                Link_alloc::pointer p = a.allocate(1);          // obtient un Link
                // ...
        }
        // ...
};
```

Link étant un membre de ***list***, il est paramétré par un allocateur. Des ***Link*** provenant de ***list*** avec des allocateurs différents seront donc de types différents, exactement comme les ***list*** elles-mêmes (§ 17.3.3).

19.4.2 Un allocateur défini par l'utilisateur

Les implémenteurs de conteneurs allouent (***allocate()***) et désallouent (***deallocate()***) souvent les objets un par un. Pour une implémentation de ***allocate()***, cette méthode implique de nombreux appels de l'opérateur ***new***. De plus, toutes les implémentations de ***new*** ne sont pas efficaces lorsque ce dernier est utilisé de cette façon. Pour illustrer un allocateur défini par l'utilisateur, nous présentons un système de mise à disposition d'ensembles de blocs de mémoire de taille fixe, à partir desquels l'allocateur pourra allouer plus efficacement que ne serait capable de le faire un opérateur ***new***, plus général et conventionnel.

Voici une classe ***Pool*** qui répond à peu prêt à nos besoins, mais avec une mauvaise interface (car elle a été conçue bien avant que les allocateurs ne soient inventés).Cette classe implémente la notion d'un ensemble d'éléments de taille fixe, à partir duquel un utilisateur pourra rapidement réaliser des allocations et des libérations de mémoire. Il s'agit d'un type de bas niveau, qui manipule directement la mémoire et qui prend en compte l'alignement :

```
class Pool {
        struct Link { Link* next; };

        struct Chunk {
                enum { size = 8*1024-16 };
                Chunk* next;
                char mem[size];
        };
        Chunk* chunks;
```

```
        const unsigned int esize;
        Link* head;

        Pool(Pool&);                    // protection contre la copie
        void operator=(Pool&);          // protection contre la copie
        void grow();                    // agrandit l'ensemble
public:
        Pool(unsigned int n);           // n est la taille des éléments
        ~Pool();

        void* alloc();                  // alloue un élément
        void free(void* b);             // replace un élément dans l'ensemble
};

inline void* Pool::alloc()
{
        if (head==0) grow();
        Link* p = head;                 // retourne le premier élément
        head = p->next;
        return p;
}

inline void Pool::free(void* b)
{
        Link* p = static_cast<Link*>(b);
        p->next = head;                 // replace b comme premier élément
        head = p;
}

Pool::Pool(unsigned int sz)
        : esize(sz<sizeof(Link)?sizeof(Link):sz)
{
        head = 0;
        chunks = 0;
}

Pool::~Pool()                           // libère tous les chunks
{
        Chunk* n = chunks;
        while (n) {
                Chunk* p = n;
                n = n->next;
                delete p;
        }
}

void Pool::grow()       // alloue un nouveau 'chunk', l'organise en liste chaînée d'éléments de taille 'esize'
{
        Chunk* n = new Chunk;
```

```
        n->next = chunks;
        chunks = n;

        const int nelem = Chunk::size/esize;
        char* start = n->mem;
        char* last = &start[(nelem-1)*esize];

        for (char* p = start; p<last; p+=esize)      // suppose sizeof(Link)<=esize
                reinterpret_cast<Link*>(p)->next = reinterpret_cast<Link*>(p+esize);
        reinterpret_cast<Link*>(last)->next = 0;
        head = reinterpret_cast<Link*>(start);
}
```

Pour ajouter une touche de réalisme, nous allons introduire ***Pool*** dans l'implémentation de notre allocateur sans la modifier. L'objectif de notre allocateur est d'allouer et de libérer rapidement des éléments individuels, et cela est bien supporté par notre classe ***Pool***. Le développement de cette implémentation est proposé en exercice (§ 19.6[9]) afin de prendre en compte des allocations pour un nombre arbitraire d'objets ainsi que des objets de taille arbitraire (qui sont les conditions requises par ***rebind()***).

Etant donné ***Pool***, la définition de ***Pool_alloc*** est simple :

```
template <class T> class Pool_alloc {
private:
        static Pool mem;   // ensemble d'éléments de sizeof(T)
public:
                           // comme l'allocateur standard (§ 19.4.1)
};

template <class T> Pool Pool_alloc<T>::mem(sizeof(T));

template <class T> Pool_alloc<T>::Pool_alloc() { }

template <class T>
T* Pool_alloc<T>::allocate(size_type n, void* = 0)
{
        if (n == 1) return static_cast<T*>(mem.alloc());
        // ...
}

template <class T>
void Pool_alloc<T>::deallocate(pointer p, size_type n)
{
        if (n == 1) {
                mem.free(p);
                return;
        }
        // ...
}
```

Cet allocateur peut maintenant être facilement utilisé :

```
vector< int,Pool_alloc<int> > v;
map<string,number,Pool_alloc< pair<const string,number> > > m;

// utilisation tout à fait ordinaire

vector<int> v2 = v;        // erreur : paramètres d'allocateur différents
```

Le choix d'un ***Pool_alloc*** statique est dû à une restriction imposée par la bibliothèque standard concernant les allocateurs utilisés par les conteneurs standards : l'implémentation d'un conteneur standard est autorisée à traiter chaque objet de son type d'allocateur comme équivalent. Cela peut permettre une amélioration significative des performances. Cette restriction évite, par exemple, d'avoir à mettre de côté de la mémoire pour les allocateurs dans les objets ***Link*** (qui sont typiquement paramétrés par l'allocateur du conteneur pour lequel ils constituent des liens ; § 19.4.1). De plus, des opérations qui peuvent accéder à des éléments situés dans deux séquences (telles que ***swap()***) n'ont pas à vérifier si les objets manipulés possèdent tous le même allocateur. La restriction implique, cependant, que de tels allocateurs ne puissent utiliser des données par-objet.

Avant d'appliquer ce type d'optimisation, assurez-vous qu'elle est nécessaire. Il est probable qu'elle soit appliquée par défaut par un bon nombre d'***allocator***, ce qui vous simplifiera le travail.

19.4.3 Les allocateurs généralisés

Un *allocateur* est une variante simplifiée et optimisée du concept de transmission d'informations à un conteneur *via* un paramètre de modèle (§ 13.4.1, § 16.2.3). Il peut être judicieux, par exemple, d'imposer que chaque élément d'un conteneur soit alloué *via* l'allocateur de celui-ci. Cependant, si l'on autorise deux listes de même type à posséder des allocateurs différents, il serait impossible d'implémenter la fonction ***splice()*** (§ 17.2.2.1) *via* une nouvelle édition des liens. Cette fonction devrait plutôt être définie en utilisant la copie des éléments pour se protéger des cas rares dans lesquels nous voudrions introduire des éléments provenant d'une liste avec un allocateur dans une autre, avec un allocateur différent appartenant au même type d'allocateur. De la même façon, si les allocateurs ont été conçus pour être généraux, le mécanisme ***rebind***, qui permet à un allocateur d'allouer des éléments de types arbitraires, devra être plus élaboré. On suppose donc qu'un allocateur standard ne stocke aucune donnée par-objet et qu'une implémentation d'un standard pourrait en tirer parti.

Il est surprenant de constater que la restriction, apparemment draconienne, interdisant toute information par-objet dans les allocateurs n'a pas d'effet dramatique. La plupart des allocateurs pourront, en effet, se montrer beaucoup plus performants sans ce type de données. Les allocateurs ont toujours la possibilité de stocker des données par type d'allocateurs. Si des données distinctes sont nécessaires, il est possible d'utiliser des types d'allocateurs séparés. Par exemple :

```
template<class T, class D> class My_alloc {     // allocateur pour T implémenté à l'aide de D
    D d;                                        // données requises par My_alloc<T,D>
    // ...
};

typedef My_alloc<int,Persistent_info> Persistent;
```

```
typedef My_alloc<int,Shared_info> Shared;
typedef My_alloc<int,Default_info> Default;

list<int,Persistent> lst1;
list<int,Shared> lst2;
list<int,Default> lst3;
```

Les listes ***lst1***, ***lst2*** et ***lst3*** sont de types différents. Pour traiter deux de ces listes, nous devons donc utiliser des algorithmes généraux (voir Chapitre 18), et non des opérations de liste spécialisées (§ 17.2.2.1). Cela signifie qu'il n'y aura pas de nouvelle édition des liaisons. Une copie sera simplement réalisée. Le fait de posséder des allocateurs différents ne pose donc aucun problème.

La restriction interdisant les données par-objet dans les allocateurs est due aux exigences d'efficacité auxquelles doit satisfaire la bibliothèque standard, tant en exécution qu'en utilisation de la mémoire. La surconsommation de mémoire due aux données d'un allocateur pour une liste, par exemple, ne serait probablement pas significative. Elle pourrait cependant devenir sérieuse si chaque liaison d'une liste imposait une surcharge.

Examinons comment la technique des allocateurs pourrait être employée si les contraintes d'efficacité de la bibliothèque standard n'existaient pas. On rencontre cette situation pour une bibliothèque non standard, qui n'est pas supposée fournir de hautes performances pour la quasi-totalité des structures de données et pour chaque type d'un programme. Dans ce cas, il est possible d'utiliser un allocateur pour transmettre le type d'information qui peuple souvent les classes de base universelles (§ 16.2.2). On pourrait concevoir un allocateur, par exemple, pour répondre à des requêtes concernant l'emplacement d'allocation de ses objets, pour présenter des données illustrant le format de l'objet et pour répondre à des questions du type "cet élément se trouve-t-il dans ce conteneur ?". Cet allocateur pourrait également fournir des contrôles pour un conteneur se comportant comme une mémoire cache en mémoire permanente, fournir une association entre le conteneur et les autres objets, etc.

Des services arbitraires peuvent également être proposés indépendamment des opérations de conteneur ordinaires. Il est cependant préférable d'établir une distinction entre les questions liées au stockage des données et celles concernant l'utilisation de ces données. Ces dernières n'existent pas pour un allocateur généralisé, mais elles pourraient être fournies par l'intermédiaire d'un argument de modèle séparé.

19.4.4 La mémoire non initialisée

Pour compléter le ***allocator*** standard, l'en-tête ***<memory>*** fournit quelques fonctions permettant la gestion de la mémoire non initialisée. Elles partagent la propriété dangereuse, et quelquefois essentielle, d'utiliser un nom de type ***T*** pour faire référence à l'espace suffisant pour stocker un objet de type ***T***, et non pour faire référence à un objet de type ***T*** construit de façon appropriée.

La bibliothèque propose trois méthodes pour copier des valeurs dans un espace non initialisé :

```
template <class In, class For>
For uninitialized_copy(In first, In last, For res)          // copie dans res
{
        typedef typename iterator_traits<For>::value_type V;
```

```
        while (first != last)
            new (static_cast<void*>(&*res++)) V(*first++);      // construction dans res (§ 10.4.11)
        return res;
}

template <class For, class T>
void uninitialized_fill(For first, For last, const T& val)
{
        typedef typename iterator_traits<For>::value_type V;

        while (first != last) new (static_cast<void*>(&*first++)) V(val);   // construction dans first
}

template <class For, class Size, class T>
void uninitialized_fill_n(For first, Size n, const T& val)
{
        typedef typename iterator_traits<For>::value_type V;

        while (n--) new (static_cast<void*>(&*first++)) V(val);     // construction dans first
}
```

Ces fonctions sont principalement destinées aux implémenteurs de conteneurs et d'algorithmes. ***reserve()*** et ***resize()*** (§ 16.3.8), par exemple, peuvent s'implémenter plus facilement à l'aide de ces fonctions (§ 19.6[10]). Il serait, bien sûr, très fâcheux qu'un objet non initialisé s'échappe d'un conteneur pour échouer entre les mains d'utilisateurs généraux.

Les algorithmes ont souvent besoin de mémoire temporaire pour fonctionner correctement. Il est généralement préférable d'allouer cette mémoire en une seule opération, mais ce qui est effectivement requis c'est qu'elle soit non initialisée jusqu'à un emplacement particulier. La bibliothèque fournit donc une paire de fonctions pour l'allocation et la libération de l'espace non initialisé :

```
template <class T> pair<T*,ptrdiff_t> get_temporary_buffer(ptrdiff_t);   // alloue, n'initialise pas
template <class T> void return_temporary_buffer(T*);                     // libère, ne détruit pas
```

Une opération ***get_temporary_buffer<X>(n)*** tente d'allouer de l'espace pour ***n*** objets de type ***X***, ou davantage. Si de la mémoire a pu être allouée, cette opération retourne un pointeur sur le premier espace non initialisé, ainsi que le nombre d'objets de type ***X*** pouvant être stockés dans cet espace. Dans le cas contraire, la deuxième valeur de la paire est nulle. Le principe consiste à faire réserver par le système un certain nombre de mémoires tampon de taille fixe pour une allocation de mémoire rapide, de telle sorte que l'on puisse obtenir plus d'espace qu'il n'est nécessaire pour ***n*** objets. L'espace obtenu peut cependant être inférieur. Une façon de se servir de ***get_temporary_buffer()*** consiste donc à demander beaucoup avec optimisme, puis à utiliser ce qui est disponible.

Une mémoire tampon obtenue *via* ***get_temporary_buffer()*** peut être libérée pour d'autres utilisations à l'aide de ***return_temporary_buffer()***. De la même façon que ***get_temporary_buffer()*** alloue sans construire, cette dernière libère sans détruire. ***get_temporary_buffer()*** étant une fonction de bas niveau et devant probablement être optimisée pour la gestion des mémoires tampon temporaires, il est préférable de ne pas la considérer comme une alternative à ***new*** ou à ***allocator::allocate()*** pour obtenir de la mémoire à plus long terme.

Les algorithmes standards qui écrivent dans une séquence supposent que les éléments de cette séquence ont été précédemment initialisés. Ces algorithmes utilisent donc l'affectation et non la construction par copie. Nous ne pouvons donc pas utiliser la mémoire non initialisée comme cible immédiate d'un algorithme. Cela est regrettable, car le coût de l'affectation peut être beaucoup plus important que celui d'une initialisation. En outre, nous ne nous intéressons pas aux valeurs que nous sommes sur le point d'écraser (sinon nous ne les écraserions pas). La solution consiste à utiliser ***raw_storage_iterator*** dans ***<memory>***, qui initialise plutôt qu'il n'affecte :

```
template <class Out, class T>
class raw_storage_iterator : public iterator<output_iterator_tag,void,void,void,void> {
        Out p;
public:
        explicit raw_storage_iterator(Out pp) : p(pp) { }
        raw_storage_iterator& operator*() { return *this; }
        raw_storage_iterator& operator=(const T& val) {
                T* pp = &*p;
                new(pp) T(val);     // place val dans pp (§ 10.4.11)
                return *this;
        }
        raw_storage_iterator& operator++() {++p; return *this; }
        raw_storage_iterator operator++(int) {
                raw_storage_iterator t = *this;
                ++p;
                return t;
        }
};
```

Nous pourrions écrire, par exemple, un modèle qui copie le contenu d'un ***vector*** dans une mémoire tampon :

```
template<class T, class A> T* temporary_dup(vector<T,A>& v)
{
        T* p = get_temporary_buffer<T>(v.size()).first;
        if (p == 0) return 0;
        copy(v.begin(),v.end(),raw_storage_iterator<T*,T>(p));
        return p;
}
```

Si nous avions utilisé ***new*** au lieu de ***get_temporary_buffer()***, l'initialisation aurait été effectuée. Une fois cette opération d'initialisation supprimée, il devient nécessaire d'employer ***raw_storage _iterator*** pour gérer l'espace non initialisé. Dans cet exemple, c'est l'appelant ***temporary_dup()*** qui a la charge d'appeler ***destroy_temporary_buffer()*** pour le pointeur qu'il reçoit.

19.4.5 La mémoire dynamique

Les fonctions qui permettent d'implémenter les opérateurs ***new*** et ***delete*** sont déclarées dans ***<new>***. Quelques fonctions en relation avec ces dernières y sont également présentes :

```
class bad_alloc : public exception { /* ... */ };
```

```
struct nothrow_t {};
extern const nothrow_t nothrow;      // indicateur pour une allocation qui ne déclenche pas d'exception

typedef void (*new_handler)();
new_handler set_new_handler(new_handler new_p) throw();

void* operator new(size_t) throw(bad_alloc);
void operator delete(void*) throw();

void* operator new(size_t, const nothrow_t&) throw();
void operator delete(void*, const nothrow_t&) throw();

void* operator new[](size_t) throw(bad_alloc);
void operator delete[](void*) throw();

void* operator new[](size_t, const nothrow_t&) throw();
void operator delete[](void*, const nothrow_t&) throw();

void* operator new (size_t, void* p) throw() { return p; }      // placement (§ 10.4.11)
void operator delete (void* p, void*) throw() { }

void* operator new[](size_t, void* p) throw() { return p; }
void operator delete[](void* p, void*) throw() { }
```

Comme toujours, les versions ***nothrow*** de l'opérateur ***new()*** effectuent une opération d'allocation. Cependant, si cette dernière échoue, elles retournent ***0*** et ne déclenchent pas d'exception ***bad_alloc***. Par exemple :

```
void f()
{
        int* p = new int[100000];                       // pourrait déclencher bad_alloc

        if (int* q = new(nothrow) int[100000]) {        // ne déclenchera pas d'exception
                // l'allocation a réussi
        }
        else {
                // l'allocation a échoué
        }
}
```

Cela nous permet d'appliquer des stratégies de gestion des erreurs préexception à l'allocation.

19.4.6 L'allocation dans le style C

Le langage C++ a hérité du C une interface fonctionnelle avec une mémoire dynamique. Vous la trouverez dans l'en-tête ***<cstdlib>*** :

```
void* malloc(size_t s);             // alloue s octets
void* calloc(size_t n, size_t s);   // alloue n fois s octets initialisés à 0
void free(void* p);                 // libère la mémoire allouée par malloc() ou calloc()
```

```
void* realloc(void* p, size_t s);    // modifie la taille du tableau pointé par p en s;
                                     // si le redimensionnement est impossible, alloue s octets, copie le
                                     tableau pointé par p dans ces octets, et libère p
```

Nous vous conseillons de choisir ***new***, ***delete*** et les conteneurs standards de préférence à ces fonctions. Ces dernières manipulent de la mémoire non initialisée. La fonction ***free()***, en particulier, n'invoque pas de destructeur pour la mémoire qu'elle libère. Il est possible qu'une implémentation de ***new*** et de ***delete*** utilise ces fonctions, mais il n'existe aucune assurance pour que ce soit le cas. L'allocation d'un objet à l'aide de ***new***, par exemple et sa suppression à l'aide de ***free()*** présentent de forts risques d'erreurs. Si vous ressentez le besoin d'utiliser ***realloc()***, envisagez plutôt l'emploi d'un conteneur standard. Le processus est généralement plus simple et tout aussi efficace (§ 16.3.5).

La bibliothèque fournit également un ensemble de fonctions conçu pour manipuler efficacement les octets. Le langage C accédant à l'origine aux octets non typés *via* des pointeurs ***char****, ces fonctions se trouvent dans l'en-tête ***<cstring>***. Les pointeurs ***void**** sont traités comme s'il s'agissait de pointeurs ***char**** dans ces fonctions :

```
void* memcpy(void* p, const void* q, size_t n);     // copie de zones non superposées
void* memmove(void* p, const void* q, size_t n);    // copie de zones éventuellement superposées
```

De la même façon que ***strcpy()*** (§ 20.4.1), ces fonctions copient ***n*** octets de ***q*** vers ***p***, et retournent ***p***. Les intervalles de valeurs copiés par ***memmove()*** peuvent se superposer. Cependant, ***memcpy()*** est généralement optimisée en partant de l'hypothèse contraire. De la même façon :

```
void* memchr(const void* p, int b, size_t n);            // comme strchr() (§ 20.4.1): recherche b dans
                                                          p[0]..p[n-1]
int memcmp(const void* p, const void* q, size_t n);      // comme strcmp(): compare les séquences
                                                          d'octets
void* memset(void* p, int b, size_t n);                  // définit n octets de b, retourne p
```

De nombreuses implémentations fournissent des versions très bien optimisées de ces fonctions.

19.5 Conseils

1. Lors de l'écriture d'un algorithme, choisissez le type d'itérateur qui offrira une efficacité acceptable, et exprimez l'algorithme à l'aide des opérateurs supportés par ce type d'itérateur (uniquement) (voir § 19.2.1).
2. Quand des itérateurs qui fournissent davantage qu'un support minimal pour l'algorithme sont transmis comme arguments, l'utilisation de la surcharge vous permettra de proposer des implémentations plus efficaces de cet algorithme (voir § 19.2.3).
3. Utilisez ***iterator_traits*** pour exprimer les algorithmes appropriés aux différentes catégories d'itérateurs (voir § 19.2.2).
4. N'oubliez pas d'utiliser l'opérateur **++** entre les accès de ***istream_iterator*** et de ***ostream_iterator*** (voir § 19.2.6).
5. Utilisez les itérateurs d'insertion pour éviter le dépassement de capacité d'un conteneur (voir § 19.2.4).

6. Augmentez les contrôles au cours du débogage, et supprimez ensuite uniquement ceux qui peuvent l'être (voir § 19.3.1).
7. Codez ***++p*** de préférence à ***p++*** (voir § 19.3).
8. L'utilisation de la mémoire non initialisée vous permettra d'améliorer les performances des algorithmes qui développent les structures de données (voir § 19.4.4).
9. L'utilisation des mémoires tampon temporaires vous permettra d'améliorer les performances d'algorithmes qui nécessitent des structures de données temporaires (voir § 19.4.4).
10. Réfléchissez bien avant de créer votre propre allocateur (voir § 19.4).
11. Evitez d'utiliser ***malloc()***, ***free()***, ***realloc()***, etc. (voir § 19.4.6).
12. Vous pouvez simuler un ***typedef*** d'un modèle en appliquant la technique employée pour ***rebind*** (voir § 19.4.1).

19.6 Exercices

1. (*1.5) Implémentez la fonction ***reverse()*** du § 18.6.7. Conseil : voir § 19.2.3.
2. (*1.5) Créez un itérateur de sortie, ***Sink***, qui n'écrit en réalité nulle part. Dans quelle situation ***Sink*** peut-il être utile ?
3. (*2) Implémentez ***reverse_iterator*** (voir § 19.2.5).
4. (*1.5) Implémentez ***ostream_iterator*** (voir § 19.2.6).
5. (*2) Implémentez ***istream_iterator*** (voir § 19.2.6).
6. (*2.5) Complétez ***Checked_iter*** (voir § 19.3).
7. (2.5) Reprenez la conception de ***Checked_iter*** pour contrôler les itérateurs invalidés.
8. (*2) Concevez et implémentez une classe descripteur qui soit capable de se comporter comme un proxy pour un conteneur en fournissant une interface de conteneur complète à ses utilisateurs. Son implémentation devrait consister en un pointeur de conteneur, plus des implémentations d'opérations de conteneur qui effectuent le contrôle des limites.
9. (*2.5) Complétez ou réimplémentez ***Pool_alloc*** (§ 19.4.2) de telle sorte qu'elle fournisse la fonctionnalité complète du ***allocator*** de la bibliothèque standard (§ 19.4.1). Comparez les performances de ***allocator*** et de ***Pool_alloc***. Déterminez si l'utilisation d'un ***Pool_alloc*** se justifie sur votre système.
10. (*2.5) Implémentez ***vector*** en utilisant des allocateurs de préférence à ***new*** et à ***delete***.

20

Les chaînes

Privilégiez le standard à l'exotique.

Strunk & White

Les chaînes — Les caractères — ***char_traits*** — ***basic_string*** — Les itérateurs — L'accès aux éléments — Les constructeurs — La gestion des erreurs — L'affectation — Les conversions — Les comparaisons — L'insertion — La concaténation — Recherche et remplacement — La taille et la capacité — Les E/S chaîne — Les chaînes de style C — La classification des caractères — Les fonctions de la bibliothèque C — Conseils — Exercices

20.1 Introduction

Une chaîne est une séquence de caractères. La classe ***string*** de la bibliothèque standard fournit des opérations permettant sa manipulation, telles que l'indiçage (§ 20.3.3), l'affectation (§ 20.3.6), la comparaison (§ 20.3.8), l'ajout en fin (§ 20.3.9), la concaténation (§ 20.3.10) et la recherche de sous-chaînes (§ 20.3.11). Aucun utilitaire général n'est cependant prévu pour les sous-chaînes. Nous en présenterons donc un comme exemple de l'utilisation standard des chaînes (§ 20.3.11). Une chaîne standard peut contenir pratiquement tous les types de caractères (§ 20.2).

L'expérience montre que la conception d'une chaîne parfaite se révèle être une tâche impossible. Les expériences et les exigences des utilisateurs sont trop différentes pour cela. La classe ***string*** de la bibliothèque standard n'est donc pas la classe idéale. Selon les situations, des décisions de conception différentes auraient pu être prises. Elle répond très bien, toutefois, à de nombreux besoins. De plus, il est très facile de fournir des fonctions auxiliaires pour répondre à des besoins supplémentaires et ***std::string*** est généralement connu et disponible. Dans la plupart des cas, ces facteurs sont plus importants qu'une amélioration mineure que vous pourriez apporter. L'écriture de classes de chaînes est un excellent exercice d'apprentissage (§ 11.12, § 13.2), mais lorsque le code est destiné à être largement distribué, il est préférable d'utiliser la classe ***string*** de la bibliothèque standard.

Le langage C++ a hérité du C la notion de chaîne sous la forme d'un tableau de ***char*** terminé par le caractère nul, ainsi que d'un ensemble de fonctions permettant de manipuler de telles chaînes (§ 20.4.1).

20.2 Les caractères

Le concept de "caractère" est intéressant. Considérons le caractère ***C***. Le ***C*** que vous voyez sous la forme d'une ligne courbe sur la page (ou sur l'écran) est stocké dans un ordinateur sous la forme d'une valeur numérique ***67*** dans un octet de huit bits. Il s'agit de la troisième lettre de l'alphabet latin, de l'abréviation usuelle pour le sixième atome (carbone), et, incidemment, du nom d'un langage de programmation (§ 1.6). Pour réaliser une programmation avec des chaînes, il est important de comprendre qu'il existe une correspondance entre un dessin possédant une signification conventionnelle (nommé caractère) et des valeurs numériques. Pour compliquer les choses, le même caractère peut être interprété par différentes valeurs numériques dans des jeux de caractères différents. De plus, tous ces jeux ne contiennent pas de valeur pour chaque caractère. Un jeu de caractères est une correspondance entre un caractère (un symbole conventionnel) et une valeur entière.

Les programmeurs C++ supposent généralement que le jeu de caractères ASCII est disponible. Le langage C++ prend en compte le fait que certains caractères puissent manquer dans un environnement de programmeur. En l'absence de caractères tels que *[* et *{*, par exemple, il est possible d'utiliser des mots clés et des digrammes (§ C.3.1).

Les jeux de caractères non ASCII demandent davantage d'efforts. Des langages tels que le chinois, le danois, le français, l'islandais et le japonais ne peuvent être transcrits correctement en utilisant uniquement les caractères ASCII. Pire encore, les jeux de caractères employés pour ces langages peuvent être mutuellement incompatibles. Les caractères utilisés pour les langages d'origine latine, par exemple, peuvent *presque* être représentés dans un jeu de 256 caractères. Malheureusement, des jeux différents sont encore utilisés pour des langages distincts. De plus, certains caractères ont été traduits avec la même valeur entière. Le français (utilisant Latin1), par exemple, ne coexiste pas bien avec l'islandais (qui nécessite donc Latin2). Des tentatives ambitieuses afin de présenter chaque caractère connu dans un seul jeu ont été à l'origine de gros progrès, mais même des jeux de caractères 16 bits — tels que Unicode — ne sont pas parvenus à satisfaire tout le monde. Les jeux de caractères 32 bits qui pourraient — pour ce qu'on en sait — stocker tous les caractères ne sont pas d'un usage répandu.

L'approche fondamentale du C++ consiste à autoriser un programmeur à utiliser tout jeu de caractères en tant que type de caractère dans les chaînes. On peut employer un jeu étendu ou un codage numérique portable (§ C.3.3).

20.2.1 Les propriétés d'un type de caractère

Comme nous l'avons signalé au § 13.2, une chaîne peut, en principe, utiliser comme type de caractère tout type avec ses opérations de copie appropriées. Il est toutefois possible d'améliorer l'efficacité et de simplifier les implémentations lorsque les types ne sont pas associés à des opérations de copie définies par l'utilisateur. La classe ***string*** standard impose donc que le type utilisé comme son type de caractère ne possède pas d'opérations de copie définies par l'utilisateur. Cette condition permet également de créer des E/S de chaînes simples et efficaces.

Les propriétés d'un type de caractère sont définies par son ***char_traits***. Il s'agit d'une spécialisation du modèle :

```
template<class Ch> struct char_traits { };
```

Tous les ***char_traits*** sont définis dans l'espace de noms ***std***, et ceux faisant partie du standard sont présentés dans l'en-tête ***<string>***. Le ***char_traits*** général n'a pas de propriété par lui-même. Seules les spécialisations ***char_traits*** pour un type de caractère particulier en possèdent. Considérons ***char_traits<char>*** :

```
template<> struct char_traits<char> {
        typedef char char_type;                                   // type de caractère

        static void assign(char_type&, const char_type&);         // = pour char_type

        // représentation entière des caractères:

        typedef int int_type;                                     // type de valeur entière du caractère

        static char_type to_char_type(const int_type&);           // conversion int vers char
        static int_type to_int_type(const char_type&);            // conversion char vers int
        static bool eq_int_type(const int_type&, const int_type&); // ==

        // comparaisons char_type:

        static bool eq(const char_type&, const char_type&);       // ==
        static bool lt(const char_type&, const char_type&);       // <

        // opérations sur les tableaux s[n]:

        static char_type* move(char_type* s, const char_type* s2, size_t n);
```

```
        static char_type* copy(char_type* s, const char_type* s2, size_t n);
        static char_type* assign(char_type* s, size_t n, char_type a);

        static int compare(const char_type* s, const char_type* s2, size_t n);
        static size_t length(const char_type*);
        static const char_type* find(const char_type* s, int n, const char_type&);

        // E/S associées:

        typedef streamoff off_type;          // déplacement dans le flux
        typedef streampos pos_type;          // position dans le flux
        typedef mbstate_t state_type;        // état du flux multioctets

        static int_type eof();                              // fin-de-fichier
        static int_type not_eof(const int_type& i);  // i sauf si i égal eof(); si aucune valeur !=eof()
        static state_type get_state(pos_type p);      // état de conversion multioctets du caractère dans p
};
```

L'implémentation du modèle de chaîne standard, ***basic_string*** (§ 20.3), s'appuie sur ces types et ces fonctions. Un type employé comme type de caractère pour ***basic_string*** doit fournir une spécialisation ***char_traits*** qui les livre en totalité.

Pour qu'un type soit un ***char_type***, il faut pouvoir faire correspondre une valeur entière à chaque caractère. Le type de cet entier est ***int_type***, et la conversion entre ce type et le ***char_type*** est réalisée à l'aide de ***to_char_type()*** et de ***to_int_type()***. Pour un ***char***, cette conversion est relativement simple.

move(s,s2,n) et ***copy(s,s2,n)*** permettent toutes deux de copier ***n*** caractères de ***s2*** vers ***s*** en utilisant ***(s[i],s2[i])***. La différence est que ***move()*** fonctionne correctement, même si ***s2*** se trouve dans l'intervalle ***[s,s+n[***. Cela signifie que ***copy()*** peut être plus rapide. Nous retrouvons ici l'équivalent des fonctions de la bibliothèque C standard ***memcpy()*** et ***memmove()*** (§ 19.4.6). Un appel ***assign(s,n,x)*** affecte ***n*** copies de ***x*** dans ***s*** à l'aide de ***assign(s[i],x)***.

La fonction ***compare()*** utilise ***lt()*** et ***eq()*** pour comparer des caractères. Elle retourne un ***int***, pour lequel ***0*** représente une correspondance exacte, un nombre négatif signifie que son premier argument se situe avant le second d'un point de vue lexicographique. Un nombre positif indique que son premier argument vient après son second. Cet emploi de valeurs retournées est analogue à celui de la fonction de bibliothèque standard C ***strcmp()*** (§ 20.4.1).

Les fonctions liées aux E/S sont utilisées par l'implémentation des E/S de bas niveau (§ 21.6.4).

Un caractère étendu — c'est-à-dire un objet de type ***wchar_t*** (§ 4.3) — est comparable à un ***char***, mais il occupe jusqu'à deux octets, ou davantage. Les propriétés d'un ***wchar_t*** sont décrites par ***char_traits<wchar_t>*** :

```
template<> struct char_traits<wchar_t> {
        typedef wchar_t char_type;
        typedef wint_t int_type;
        typedef wstreamoff off_type;
        typedef wstreampos pos_type;

        // comme char_traits<char>
};
```

On utilise généralement un ***wchar_t*** pour stocker les caractères d'un jeu de caractères 16 bits, tel que Unicode.

20.3 basic_string

La fonctionnalité des chaînes de la bibliothèque standard est basée sur le modèle ***basic_string***, qui fournit des types de membres et des opérations analogues à celles offertes par les conteneurs standards (§ 16.3) :

```
template<class Ch, class Tr = char_traits<Ch>, class A = allocator<Ch> >
class std::basic_string {
public:
        // ...
};
```

Ce modèle et ses fonctionnalités sont définis dans l'espace de noms ***std*** et présentés dans l'en-tête ***<string>***.

Deux instructions ***typedef*** fournissent les noms conventionnels pour les types de chaînes courantes :

```
typedef basic_string<char> string;
typedef basic_string<wchar_t> wstring;
```

La classe ***basic_string*** est analogue à ***vector*** (§ 16.3), à l'exception du fait qu'elle fournit quelques opérations sur les chaînes typiques, telles que la recherche de sous-chaînes, et non l'ensemble complet des opérations offert par ***vector***. Il y a peu de chances pour qu'une chaîne soit implémentée à l'aide d'un simple tableau ou d'un ***vector***. De nombreuses utilisations courantes des chaînes sont mieux traitées par le biais d'implémentations qui minimisent la copie, ne font pas appel au tas pour les chaînes courtes, autorisent une modification simple des chaînes les plus longues, etc. (voir § 20.6[12]). Le nombre des fonctions de ***string*** reflète l'importance de la manipulation des chaînes, et également le fait que certaines machines fournissent des instructions matérielles spécialisées pour la manipulation des chaînes. De telles fonctions seront plus facilement utilisées par l'implémenteur d'une bibliothèque s'il existe dans la bibliothèque standard une fonction avec une sémantique similaire.

Comme l'ensemble des types de la bibliothèque standard, un ***basic_string<T>*** est un type concret (§ 2.5.3, § 10.3) sans fonctions virtuelles. Il peut être utilisé comme un membre lorsqu'il est destiné à la conception de classes de manipulation de texte plus sophistiquées, mais il n'est pas conçu pour être une base dans le cas de classes dérivées (§ 25.2.1, § 20.6[10]).

20.3.1 Les types

Comme un ***vector***, ***basic_string*** rend ses types associés disponibles par l'intermédiaire d'un ensemble de noms de type de membre :

```
template<class Ch, class Tr = char_traits<Ch>, class A = allocator<Ch> >
class basic_string {
public:
        // types (de façon analogue à vector, list, etc.: § 16.3.1):
```

```
        typedef Tr traits_type; · // spécifique à basic_string

        typedef typename Tr::char_type value_type;
        typedef A allocator_type;
        typedef typename A::size_type size_type;
        typedef typename A::difference_type difference_type;

        typedef typename A::reference reference;
        typedef typename A::const_reference const_reference;
        typedef typename A::pointer pointer;
        typedef typename A::const_pointer const_pointer;

        typedef implementation_defined iterator;
        typedef implementation_defined const_iterator;

        typedef std::reverse_iterator<iterator> reverse_iterator;
        typedef std::reverse_iterator<const_iterator> const_reverse_iterator;

        // ...
};
```

La notion de ***basic_string*** supporte, en plus de la simple ***basic_string<char>*** connue comme ***string***, des chaînes contenant de nombreux types de caractères. Par exemple :

```
typedef basic_string<unsigned char> Ustring;

struct Jchar { /* ... */ };                     // type de caractère japonais
typedef basic_string<Jchar> Jstring;
```

Si la sémantique des caractères le permet, de telles chaînes peuvent être utilisées exactement de la même façon que des chaînes de ***char***. Par exemple :

```
Ustring first_word(const Ustring& us)
{
        Ustring::size_type pos = us.find(' ');      // voir § 20.11
        return Ustring(us,0,pos);                   // voir § 20.3.4
}

Jstring first_word(const Jstring& js)
{
        Jstring::size_type pos = js.find(' ');      // voir § 20.3.11
        return Jstring(js,0,pos);                   // voir § 20.3.4
}
```

On peut, bien sûr, également utiliser des modèles recevant des arguments chaîne :

```
template<class S> S first_word(const S& s)
{
        typename S::size_type pos = s.find(' ');    // voir § 20.3.11
        return S(s,0,pos);                          // voir § 20.3.4
}
```

Une ***basic_string<Ch>*** peut contenir tout caractère appartenant à l'ensemble ***Ch***. Une ***string*** peut contenir, en particulier, un ***0*** (zéro).

20.3.2 Les itérateurs

Tout comme les autres conteneurs, une ***string*** fournit des itérateurs destinés à l'itération ordinaire et à l'itération inverse :

```
template<class Ch, class Tr = char_traits<Ch>, class A = allocator<Ch> >
class basic_string {
public:
        // ...
        // itérateurs (comme un vector, une list, etc.: § 16.3.2):

        iterator begin();
        const_iterator begin() const;
        iterator end();
        const_iterator end() const;

        reverse_iterator rbegin();
        const_reverse_iterator rbegin() const;
        reverse_iterator rend();
        const_reverse_iterator rend() const;

        // ...
};
```

Les ***string*** peuvent être utilisées avec les algorithmes standards (voir Chapitre 18), car ils possèdent les types de membre requis et les fonctions permettant d'obtenir des itérateurs. Par exemple :

```
void f(string& s)
{
        string::iterator p = find(s.begin(),s.end(),'a');
        // ...
}
```

Les opérations les plus courantes sur les chaînes sont directement fournies par ***string***. Ces versions seront heureusement optimisées au-delà de ce qui serait possible de faire pour les algorithmes généraux.

Les algorithmes standards (voir Chapitre 18) n'ont pas l'utilité que l'on aurait pu imaginer pour les chaînes. Les algorithmes généraux ont tendance à supposer que les éléments d'un conteneur sont significatifs isolément. Ce n'est généralement pas le cas pour une chaîne. La signification de cette dernière dépend de sa séquence exacte de caractères. Le tri d'une chaîne (c'est-à-dire le tri des caractères dans une chaîne) détruit sa signification, alors que le tri d'un conteneur général le rend souvent plus pratique.

Les itérateurs de ***string*** ne fournissent pas le contrôle de la plage des valeurs.

20.3.3 L'accès aux éléments

On accède aux caractères individuels d'une chaîne *via* l'indiçage :

```
template<class Ch, class Tr = char_traits<Ch>, class A = allocator<Ch> >
class basic_string {
public:
        // ...
        // accès à l'élément (comme vector: § 16.3.3):

        const_reference operator[](size_type n) const;    // accès non contrôlé
        reference operator[](size_type n);

        const_reference at(size_type n) const;            // accès contrôlé
        reference at(size_type n);

        // ...
};
```

at() déclenche une exception ***out_of_range*** si l'accès est réalisé en dehors de la plage des valeurs.

Les deux fonctions ***front()*** et ***back()*** d'un ***vector*** n'apparaissent pas dans une ***string***. Pour faire référence au premier et au dernier caractère d'une ***string***, nous devons coder respectivement ***s[0]*** et ***s[s.length()–1]***. L'équivalence pointeur/tableau (§ 5.3) ne s'applique pas aux chaînes. Si ***s*** est une ***string***, ***&s[0]*** est différent de ***s***.

20.3.4 Les constructeurs

Les opérations d'initialisation et de copie pour une ***string*** diffèrent sur de nombreux points par rapport à celles fournies pour la plupart des conteneurs (§ 16.3.4) :

```
template<class Ch, class Tr = char_traits<Ch>, class A = allocator<Ch> >
class basic_string {
public:
        // ...
        // constructeurs, etc. (un peu comme vector et list: § 16.3.4):

        explicit basic_string(const A& a = A());
        basic_string(const basic_string& s,
                        size_type pos = 0, size_type n = npos, const A& a = A());
        basic_string(const Ch* p, size_type n, const A& a = A());
        basic_string(const Ch* p, const A& a = A());
        basic_string(size_type n, Ch c, const A& a = A());
        template<class In> basic_string(In first, In last, const A& a = A());

        ~basic_string();

        static const size_type npos;      // marqueur "tous les caractères"

        // ...
};
```

Une ***string*** peut être initialisée à l'aide d'une chaîne de style C, d'une autre ***string***, d'une partie d'une chaîne de style C, d'une partie d'une ***string***, ou à partir d'une séquence de caractères. Il est cependant impossible d'initialiser une ***string*** avec un caractère ou un entier :

```
void f(char* p,vector<char>&v)
{
        string s0;                    // la chaîne vide
        string s00 = "";              // encore une chaîne vide

        string s1 = 'a';              // erreur: pas de conversion char vers string
        string s2 = 7;                // erreur: pas de conversion int vers string
        string s3(7);                 // erreur: aucun constructeur recevant un argument int
        string s4(7,'a');             // 7 copies de 'a'; c'est-à-dire "aaaaaaa"

        string s5 = "Frodo";          // copie de "Frodo"
        string s6 = s5;               // copie de s5

        string s7(s5,3,2);            // s5[3] et s5[4]; c'est-à-dire "do"
        string s8(p+7,3);             // p[7], p[8], et p[9]
        string s9(p,7,3);             // string(string(p),7,3), peut être coûteux

        string s10(v.begin(),v.end()); // copie tous les caractères à partir de v
}
```

Les caractères sont numérotés à partir de la position ***0***. Une chaîne est donc une séquence de caractères numérotés de ***0*** à ***length()–1***.

La ***length()*** d'une chaîne est un simple synonyme de sa ***size()*** (taille). Ces deux fonctions retournent le nombre de caractères dont est constituée la chaîne. Notez qu'elles ne comptent pas de caractère nul de fin (§ 20.4.1) dans le style d'une chaîne C. Une implémentation de ***basic_string*** stocke sa longueur et ne s'appuie pas sur ce type de caractère de fin.

Les sous-chaînes s'expriment sous la forme d'une position de caractère, associée à un nombre de caractères. La valeur par défaut de ***npos*** est initialisée avec la plus grande valeur possible et est utilisée pour indiquer "tous les éléments".

Il n'existe aucun constructeur permettant de créer une chaîne de ***n*** caractères non spécifiés. Le constructeur s'en rapprochant le plus est celui qui crée une chaîne de ***n*** copies d'un caractère donné. La longueur d'une chaîne est déterminée par le nombre de caractères qu'elle contient à un instant précis. Le compilateur peut ainsi signaler au programmeur des erreurs telles que les définitions de ***s2*** et ***s3*** dans l'exemple précédent.

Le constructeur de copie est celui qui reçoit quatre arguments. Trois d'entre eux possèdent des valeurs par défaut. Pour des raisons d'efficacité, ce constructeur pourrait être implémenté sous la forme de deux entités séparées. L'utilisateur ne s'apercevrait de ce subterfuge qu'en examinant le code généré.

Le constructeur le plus général est un membre du modèle. Il permet d'initialiser une chaîne avec des valeurs issues d'une séquence arbitraire et, si une conversion existe, avec des éléments d'un type de caractère différent.

Par exemple :

```
void f(string s)
{
    wstring ws(s.begin(),s.end());      // copie tous les caractères de s
    // ...
}
```

Chaque ***wchar_t*** de ***ws*** est initialisé à l'aide du ***char*** correspondant dans ***s***.

20.3.5 Les erreurs

Les opérations les plus courantes sur les chaînes sont la lecture, l'écriture, l'affichage, le stockage, la comparaison, la copie, etc. Ces opérations ne causent, au pire, que quelques problèmes de performances. Cependant, lorsqu'on s'attaque aux sous-chaînes individuelles et aux caractères dans le but de composer de nouvelles valeurs de chaînes à partir de celles existantes, une erreur entraînant l'écriture au-delà de la fin de la chaîne se produira tôt ou tard.

Lorsque nous accédons explicitement à des caractères individuels, ***at()*** contrôle et déclenche ***out_of_range()*** si nous tentons un accès au-delà de la fin de la chaîne. *[]* ne réalise pas cette opération.

La plupart des opérations sur une chaîne reçoivent une position de caractère, plus un nombre de caractères. Une position supérieure à la taille de la chaîne déclenche une exception ***out_of_range***. Un nombre de caractères "trop grand" est simplement interprété comme "le reste" des caractères. Par exemple :

```
void f()
{
    string s = "Snobol4";
    string s2(s,100,2);            // position de caractère au-delà de la fin de chaîne: déclenche
                                   out_of_range()
    string s3(s,2,100);            // nombre de caractères trop grand: équivalent à s3(s,2,s.size()-2)
    string s4(s,2,string::npos);   // les caractères à partir de s[2]
}
```

Les positions de caractères qui nous amènent en dehors de la chaîne doivent donc être évitées, mais un nombre de caractères "trop grand" est utile. En fait, ***npos*** représente simplement la plus grande valeur possible pour ***size_type***.

Nous pourrions tenter de fournir une position ou un nombre de caractères négatifs :

```
void g(string& s)
{
    string s5(s,-2,3);     // valeur de position très grande!: déclenche out_of_range()
    string s6(s,3,-2);     // très grand nombre de caractères!: ok
}
```

Le ***size_type*** qui permet de représenter des positions et le nombre de caractères est de type non signé. Un nombre négatif est donc simplement une méthode farfelue pour spécifier un grand nombre positif (§ 16.3.4).

Notez que les fonctions permettant de rechercher des sous-chaînes dans une ***string*** (§ 20.3.11) retournent ***npos*** si la recherche échoue. Elles ne déclenchent donc pas d'exceptions. Cependant, si l'on utilise par la suite ***npos*** comme position de caractère, les exceptions seront déclenchées.

Une paire d'itérateurs représente une seconde méthode pour spécifier une sous-chaîne. Le premier itérateur identifie une position. La différence entre les deux itérateurs donne le nombre de caractères. Comme toujours, ces itérateurs ne fournissent aucun contrôle au niveau de la plage des valeurs.

Le contrôle de la plage des valeurs se révèle plus complexe lorsqu'on utilise une chaîne de style C. Quand elles reçoivent en argument une chaîne de style C (un pointeur de ***char***), les fonctions de ***basic_string*** supposent que le pointeur est non nul. Lorsqu'elles reçoivent des positions de caractère pour les chaînes de style C, elles supposent que la chaîne est suffisamment longue pour que la position soit valide. Attention ! Dans ce cas, être prudent signifie être paranoïaque, excepté lorsqu'on utilise des $$littérales caractères$$.

La comparaison ***length()<npos*** est vraie pour toutes les chaînes. Dans certains cas, comme lors de l'insertion d'une chaîne dans une autre (§ 20.3.9), il est possible (bien que peu probable) de construire une chaîne trop longue pour être représentée. Une ***length_error*** est alors déclenchée. Par exemple :

```
string s(string::npos,'a');        // déclenche length_error()
```

20.3.6 Les affectations

L'affectation est, bien sûr, fournie pour les chaînes :

```
template<class Ch, class Tr = char_traits<Ch>, class A = allocator<Ch> >
class basic_string {
public:
        // ...
        // affectation (un peu comme vector et list: § 16.3.4):

        basic_string& operator=(const basic_string& s);
        basic_string& operator=(const Ch* p);
        basic_string& operator=(Ch c);

        basic_string& assign(const basic_string&);
        basic_string& assign(const basic_string& s, size_type pos, size_type n);
        basic_string& assign(const Ch* p, size_type n);
        basic_string& assign(const Ch* p);
        basic_string& assign(size_type n, Ch c);
        template<class In> basic_string& assign(In first, In last);

        // ...
};
```

De la même façon que l'ensemble des conteneurs standards, les ***string*** possèdent une sémantique de valeur. Cela signifie que lorsqu'une chaîne est affectée à une autre, la chaîne affectée est copiée. Deux chaînes séparées de même valeur existent donc après l'affectation. Par exemple :

```
void g()
{
```

```
        string s1 = "Knold";
        string s2 = "Tot";

        s1 = s2;            // deux copies de "Tot"
        s2[1] = 'u';        // s2 est "Tut", s1 est toujours égal à "Tot"
}
```

L'affectation d'un seul caractère à une chaîne est valide, même si l'initialisation avec un caractère unique ne l'est pas :

```
void f()
{
        string s = 'a';     // erreur: initialisation avec un caractère
        s = 'a';            // ok: affectation
        s = "a";
        s = s;
}
```

L'affectation d'un caractère à une chaîne est peu usitée et pourrait même représenter une source d'erreurs. Toutefois l'ajout d'un ***char*** en fin de chaîne à l'aide de += est quelquefois essentiel (§ 20.3.9). De plus, il serait singulier de pouvoir écrire ***s+='c'***, mais non ***s=s+'c'***.

On utilise ***assign()*** pour dénommer les affectations qui représentent le pendant des constructeurs à arguments multiples (§ 16.3.4, § 20.3.4).

Comme nous l'avons mentionné au § 11.12, une ***string*** peut être optimisée de telle sorte que la copie ne prenne pas de place. Le cas où deux copies d'une ***string*** sont requises représente la seule exception. La conception de la classe ***string*** standard encourage les implémentations minimisant les opérations de copie réelles. Cela rend les opérations de lecture-seulement des chaînes et de transmission de chaînes comme arguments de fonction beaucoup plus coûteuses qu'on aurait pu naïvement le supposer. Il serait toutefois tout aussi naïf pour des programmeurs de ne pas contrôler leurs implémentations avant d'écrire du code, en comptant sur une optimisation de la copie des ***string*** (§ 20.6[13]).

20.3.7 Les conversions vers les chaînes de style C

Comme nous l'avons illustré au § 20.3.4, une ***string*** peut être initialisée avec une chaîne de style C et il est possible d'affecter des chaînes de style C à des ***string***. On peut également placer une copie des caractères d'une ***string*** dans un tableau :

```
template<class Ch, class Tr = char_traits<Ch>, class A = allocator<Ch> >
class basic_string {
public:
        // ...
        // conversion en chaîne de style C:

        const Ch* c_str() const;
        const Ch* data() const;
        size_type copy(Ch* p, size_type n, size_type pos = 0) const;

        // ...
};
```

La fonction ***data()*** écrit les caractères d'une chaîne dans un tableau, puis retourne un pointeur de ce tableau. Le tableau est détenu par la ***string*** et l'utilisateur ne doit pas tenter de le supprimer. Ce dernier ne peut pas non plus s'appuyer sur sa valeur après un appel subséquent d'une fonction non ***const*** sur la chaîne. La fonction ***c_str()*** est analogue à ***data()***, à l'exception du fait qu'elle ajoute un ***0*** (zéro) pour signaler la fin dans le style d'une chaîne C. Par exemple :

```
void f()
{
        string s = "equinox";              // s.length()==7
        const char* p1 = s.data();         // p1 pointe sur sept caractères
        printf("p1 = %s\n",p1);            // incorrect: caractère de fin manquant
        p1[2] = 'a';                       // erreur: p1 pointe sur un tableau const
        s[2] = 'a';
        char c = p1[1];                    // incorrect: accès à s.data() après modification de s

        const char* p2 = s.c_str();        // p2 pointe vers huit caractères
        printf("p2 = %s\n",p2);            // ok: c_str() ajoute le caractère de fin
}
```

En d'autres termes, ***data()*** crée un tableau de caractères, alors que ***c_str()*** produit une chaîne de style C. L'objectif principal de ces fonctions est de pouvoir utiliser simplement les fonctions qui s'appliquent à des chaînes de style C. ***c_str()*** serait donc d'une plus grande utilité que ***data()***. Par exemple :

```
void f(string s)
{
        int i = atoi(s.c_str());           // lit la valeur entière des chiffres dans la chaîne (§ 20.4.1)
        // ...
}
```

Il est généralement conseillé de conserver des caractères dans une ***string*** jusqu'à ce qu'ils puissent servir. Cependant, si vous ne pouvez les utiliser immédiatement, il vous est possible de les copier dans un tableau. Cette opération vous épargnera de les garder dans la mémoire tampon allouée par ***c_str()*** ou ***data()***. La fonction ***copy()*** est fournie dans ce but. Par exemple :

```
char* c_string(const string& s)
{
        char* p = new char[s.length()+1];  // notez: +1
        s.copy(p,string::npos);
        p[s.length()] = 0;                 // notez: ajoute le caractère de fin
        return p;
}
```

Un appel ***s.copy(p,n,m)*** copie, au plus, ***n*** caractères vers ***p*** en débutant à ***s[m]***. S'il existe moins de ***n*** caractères à copier dans ***s***, la fonction ***copy()*** recopie simplement tous les caractères de la chaîne.

Notez qu'une ***string*** peut contenir le caractère ***0***. Des fonctions qui manipulent des chaînes de style C interpréteront ***0*** comme un caractère de fin. Soyez attentif à ne pas insérer ***0*** dans une chaîne, sauf si vous ne lui appliquez pas de fonctions de style C ou si vous insérez ce caractère pour représenter précisément la fin de chaîne.

La conversion vers une chaîne de style C aurait pu être fournie avec un ***operator const char*()*** plutôt qu'avec la fonction ***c_str()***. Il aurait ainsi été possible de profiter de la conversion implicite, mais avec le risque de créer une surprise lorsqu'une telle conversion est inattendue.

Si la fonction ***c_str()*** apparaît fréquemment dans votre programme, c'est probablement parce que la programmation s'appuie fortement sur des interfaces de style C. Il arrive souvent qu'une interface s'appuyant sur les ***string***, et non sur des chaînes de style C, soit disponible et puisse être utilisée pour éliminer les conversions. Une autre possibilité consiste à éviter la plupart des appels explicites de ***c_str()*** en fournissant des définitions supplémentaires pour les fonctions au profit desquelles vous avez dû coder des appels de ***c_str()*** :

```
extern "C" int atoi(const char*);

int atoi(const string& s)
{
        return atoi(s.c_str());
}
```

20.3.8 Les comparaisons

Des chaînes peuvent être comparées avec d'autres chaînes de même type et des tableaux de caractères de même type de caractère :

```
template<class Ch, class Tr = char_traits<Ch>, class A = allocator<Ch> >
class basic_string {
public:
        // ...

        int compare(const basic_string& s) const;           // > et == combinés
        int compare(const Ch* p) const;

        int compare(size_type pos, size_type n, const basic_string& s) const;
        int compare(size_type pos, size_type n,
                const basic_string& s, size_type pos2, size_type n2) const;
        int compare(size_type pos, size_type n, const Ch* p, size_type n2 = npos) const;

        // ...
};
```

Lorsqu'un argument ***n*** est fourni, les ***n*** premiers caractères seulement seront comparés. Le critère utilisé est la fonction ***compare()*** de ***char_traits<Ch>*** (§ 20.2.1). L'instruction ***s.compare(s2)*** va donc retourner ***0*** si les chaînes possèdent la même valeur, un nombre négatif si ***s*** se situe avant ***s2*** d'un point de vue lexicographique, et un nombre positif dans le cas contraire.

Un utilisateur ne peut fournir un critère de comparaison comme il était possible de le faire au § 13.4. Lorsque ce niveau de flexibilité est requis, nous pouvons utiliser ***lexicographical_compare()*** (§ 18.9), définir une fonction comme celle du § 13.4, ou écrire une boucle explicite. La fonction ***toupper()*** (§ 20.4.2), par exemple, nous permet de coder des comparaisons sans tenir compte de la casse :

```
int cmp_nocase(const string& s, const string& s2)
{
```

```
        string::const_iterator p = s.begin();
        string::const_iterator p2 = s2.begin();

        while (p!=s.end() && p2!=s2.end()) {
                if (toupper(*p)!=toupper(*p2)) return (toupper(*p)<toupper(*p2)) ? -1 : 1;
                ++p;
                ++p2;
        }

        return (s2.size()==s.size()) ? 0 : (s.size()<s2.size()) ? -1 : 1;    // size n'est pas signé
}

void f(const string& s, const string& s2)
{
        if (s == s2) {                          // comparaison de s et s2 qui prend la casse en compte
                // ...
        }

        if (cmp_nocase(s,s2) == 0) {    // comparaison de s et s2 sans prendre en compte la casse
                // ...
        }

        // ...
}
```

Les opérateurs de comparaison habituels ==, !=, >, <, >= et <= sont fournis pour les chaînes ***basic_string*** :

```
template<class Ch, class Tr, class A>
bool operator==(const basic_string<Ch,Tr,A>&, const basic_string<Ch,Tr,A>&);

template<class Ch, class Tr, class A>
bool operator==(const Ch*, const basic_string<Ch,Tr,A>&);

template<class Ch, class Tr, class A>
bool operator==(const basic_string<Ch,Tr,A>&, const Ch*);

// déclarations similaires pour !=, >, <, >=, et <=
```

Les opérateurs de comparaison sont des fonctions non membres. Les conversions peuvent donc s'appliquer de la même façon sur chaque opérande (§ 11.2.3). Les versions qui s'appliquent aux chaînes de style C sont fournies pour optimiser les comparaisons avec des littérales chaînes. Par exemple :

```
void f(const string& name)
{
        if (name =="Obelix" || "Asterix"==name) {       // utilise ==optimisé
                // ...
        }
}
```

20.3.9 L'insertion

Une fois créée, une chaîne peut être manipulée de nombreuses façons. Parmi les opérations qui modifient la valeur d'une chaîne, l'une des plus courantes consiste à lui ajouter des caractères à partir de la fin. Les insertions à l'intérieur même d'une chaîne sont plus rares :

```
template<class Ch, class Tr = char_traits<Ch>, class A = allocator<Ch> >
class basic_string {
public:
        // ...
        // ajoute des caractères après (*this)[length()-1]:

        basic_string& operator+=(const basic_string& s);
        basic_string& operator+=(const Ch* p);
        basic_string& operator+=(Ch c);
        void push_back(Ch c);

        basic_string& append(const basic_string& s);
        basic_string& append(const basic_string& s, size_type pos, size_type n);
        basic_string& append(const Ch* p, size_type n);
        basic_string& append(const Ch* p);
        basic_string& append(size_type n, Ch c);
        template<class In> basic_string& append(In first, In last);

        // insère des caractères avant (*this)[pos]:

        basic_string& insert(size_type pos, const basic_string& s);
        basic_string& insert(size_type pos, const basic_string& s, size_type pos2, size_type n);
        basic_string& insert(size_type pos, const Ch* p, size_type n);
        basic_string& insert(size_type pos, const Ch* p);
        basic_string& insert(size_type pos, size_type n, Ch c);

        // insère des caractères avant p:

        iterator insert(iterator p, Ch c);
        void insert(iterator p, size_type n, Ch c);
        template<class In> void insert(iterator p, In first, In last);

        // ...
};
```

Les diverses opérations fournies pour l'affectation à une chaîne et l'initialisation de cette dernière sont également disponibles pour l'ajout en fin de chaîne et l'insertion de caractères avant une position donnée.

L'opérateur **+=** représente une notation conventionnelle pour les formes les plus courantes d'ajout en fin de chaîne. Par exemple :

```
string complete_name(const string& first_name, const string& family_name)
{
        string s = first_name;
```

```
        s += ' ';
        s += family_name;
        return s;
}
```

L'ajout en fin de chaîne peut se révéler sensiblement plus efficace qu'une insertion réalisée à un autre endroit. Par exemple :

```
string complete_name2(const string& first_name, const string& family_name)      // algorithme peu
                                                                                  efficace
{
        string s = family_name;
        s.insert(s.begin(),' ');
        return s.insert(0,first_name);
        return s;
}
```

L'insertion impose généralement à l'implémentation de ***string*** une gestion de la mémoire supplémentaire et un déplacement des caractères.

La classe ***string*** possédant une opération ***push_back()*** (§ 16.3.5), un ***back_inserter*** peut être utilisé pour cette classe exactement de la même façon que pour les conteneurs généraux.

20.3.10 La concaténation

L'ajout en fin de chaîne est une forme particulière de concaténation. Cette opération, qui consiste à regrouper deux chaînes en une seule en les plaçant l'une derrière l'autre, est obtenue à l'aide de l'opérateur + :

```
template<class Ch, class Tr, class A>
basic_string<Ch,Tr,A>
operator+(const basic_string<Ch,Tr,A>&, const basic_string<Ch,Tr,A>&);

template<class Ch, class Tr, class A>
basic_string<Ch,Tr,A> operator+(const Ch*, const basic_string<Ch,Tr,A>&);

template<class Ch, class Tr, class A>
basic_string<Ch,Tr,A> operator+(Ch, const basic_string<Ch,Tr,A>&);

template<class Ch, class Tr, class A>
basic_string<Ch,Tr,A> operator+(const basic_string<Ch,Tr,A>&, const Ch*);

template<class Ch, class Tr, class A>
basic_string<Ch,Tr,A> operator+(const basic_string<Ch,Tr,A>&, Ch);
```

Comme toujours, + est défini comme une fonction non membre. Pour les modèles comprenant plusieurs paramètres de modèle, cela peut poser un problème au niveau de la notation, car ils sont mentionnés de façon répétitive.

L'emploi de la concaténation est évident et pratique. Par exemple :

```
string complete_name3(const string& first_name, const string& family_name)
{
```

```
        return first_name + ' ' + family_name;
}
```

Cette notation plus pratique peut néanmoins introduire une surcharge de traitement à l'exécution par rapport à ***complete_name()***. Une variable temporaire supplémentaire (§ 11.3.2) est requise dans ***complete_name3()***. L'expérience montre que cela est rarement important, mais il est bon de s'en souvenir lors du codage d'une boucle intérieure dans un programme pour lequel les performances sont importantes. Dans ce cas, nous pourrions même envisager d'éviter un appel de fonction en définissant ***complete_name()*** en ligne et en composant la chaîne résultat en place à l'aide d'opérations d'un niveau inférieur (§ 20.6[14]).

20.3.11 La recherche

Il existe une quantité étonnante de fonctions destinées à la recherche de sous-chaînes :

```
template<class Ch, class Tr = char_traits<Ch>, class A = allocator<Ch> >
class basic_string {
public:
        // ...
        // recherche d'une sous-séquence (comme search() § 18.5.5):

        size_type find(const basic_string& s, size_type i = 0) const;
        size_type find(const Ch* p, size_type i, size_type n) const;
        size_type find(const Ch* p, size_type i = 0) const;
        size_type find(Ch c, size_type i = 0) const;

        // recherche d'une sous-séquence en partant de la fin (comme find_end(), § 18.5.5):

        size_type rfind(const basic_string& s, size_type i = npos) const;
        size_type rfind(const Ch* p, size_type i, size_type n) const;
        size_type rfind(const Ch* p, size_type i = npos) const;
        size_type rfind(Ch c, size_type i = npos) const;

        // recherche de caractères (comme find_first_of() en § 18.5.2):

        size_type find_first_of(const basic_string& s, size_type i = 0) const;
        size_type find_first_of(const Ch* p, size_type i, size_type n) const;
        size_type find_first_of(const Ch* p, size_type i = 0) const;
        size_type find_first_of(Ch c, size_type i = 0) const;

        // recherche d'un caractère dans l'argument à partir de la fin:

        size_type find_last_of(const basic_string& s, size_type i = npos) const;
        size_type find_last_of(const Ch* p, size_type i, size_type n) const;
        size_type find_last_of(const Ch* p, size_type i = npos) const;
        size_type find_last_of(Ch c, size_type i = npos) const;

        // recherche d'un caractère absent dans l'argument:
```

```
        size_type find_first_not_of(const basic_string& s, size_type i = 0) const;
        size_type find_first_not_of(const Ch* p, size_type i, size_type n) const;
        size_type find_first_not_of(const Ch* p, size_type i = 0) const;
        size_type find_first_not_of(Ch c, size_type i = 0) const;

        // recherche d'un caractère absent dans l'argument en commençant par la fin:

        size_type find_last_not_of(const basic_string& s, size_type i = npos) const;
        size_type find_last_not_of(const Ch* p, size_type i, size_type n) const;
        size_type find_last_not_of(const Ch* p, size_type i = npos) const;
        size_type find_last_not_of(Ch c, size_type i = npos) const;
        // ...
};
```

Tous ces membres sont ***const***. Ils sont fournis pour localiser une sous-chaîne afin de répondre à un besoin, mais ils ne modifient pas la valeur de la chaîne sur laquelle ils sont appliqués.

On peut comprendre la signification des fonctions ***basic_string::find*** en étudiant leurs algorithmes généraux équivalents. Considérons un exemple :

```
void f()
{
        string s = "accdcde";


        string::size_type i1 = s.find("cd");                   // i1 = 2s    [2]=='c' && s[3]=='d'
        string::size_type i2 = s.rfind("cd");                  // i2 = 4s    [4]=='c' && s[5]=='d'
        string::size_type i3 = s.find_first_of("cd");          // i3 = 1s    [1] == 'c'
        string::size_type i4 = s.find_last_of("cd");           // i4 = 5s    [5] == 'd'
        string::size_type i5 = s.find_first_not_of("cd");      // i5 = 0s    [0]!='c' && s[0]!='d'
        string::size_type i6 = s.find_last_not_of("cd");       // i6 = 6     s[6]!='c' && s[6]!='d'
}
```

Lorsque la recherche de la fonction ***find()*** n'aboutit pas, elle retourne ***npos***, qui représente une position de caractère illégale. Si ***npos*** est utilisé comme une position de caractère, l'exception ***range_error*** est déclenchée (§ 20.3.5).

Notez que le résultat d'une recherche avec ***find()*** est une valeur non signée (***unsigned***).

20.3.12 Les remplacements

Une fois une position identifiée dans une chaîne, il est possible de remplacer des sous-chaînes complètes avec de nouveaux caractères à l'aide de ***replace()***, ou de modifier la valeur des positions des caractères individuels à l'aide de l'indiçage :

```
template<class Ch, class Tr = char_traits<Ch>, class A = allocator<Ch> >
class basic_string {
public:
        // ...
        // remplace [ (*this)[i], (*this)[i+n] [ par d'autres caractères:
```

```
        basic_string& replace(size_type i, size_type n, const basic_string& s);
        basic_string& replace(size_type i, size_type n,
                const basic_string& s, size_type i2, size_type n2);
        basic_string& replace(size_type i, size_type n, const Ch* p, size_type n2);
        basic_string& replace(size_type i, size_type n, const Ch* p);
        basic_string& replace(size_type i, size_type n, size_type n2, Ch c);

        basic_string& replace(iterator i, iterator i2, const basic_string& s);
        basic_string& replace(iterator i, iterator i2, const Ch* p, size_type n);
        basic_string& replace(iterator i, iterator i2, const Ch* p);
        basic_string& replace(iterator i, iterator i2, size_type n, Ch c);
        template<class In> basic_string& replace(iterator i, iterator i2, In j, In j2);

        // supprime des caractères dans une chaîne ("remplace avec rien"):

        basic_string& erase(size_type i = 0, size_type n = npos);
        iterator erase(iterator i);
        iterator erase(iterator first, iterator last);

        // ...
};
```

Notez que le nombre de nouveaux caractères ne doit pas obligatoirement être identique au nombre de caractères de la chaîne initiale. La taille de cette dernière est modifiée de façon à prendre en compte la nouvelle sous-chaîne. La fonction ***erase()***, en particulier, supprime simplement une sous-chaîne et réajuste la taille en conséquence. Par exemple :

```
void f()
{
        string s = "but I have heard it works even if you don't believe in it";
        s.erase(0,4);                           // supprime le premier mot "but "
        s.replace(s.find("even"),4,"only");
        s.replace(s.find("don't"),5,"");        // supprime en remplaçant par ""
}
```

L'appel simple de ***erase()***, sans argument, permet de vider une chaîne. Il s'agit de l'opération nommée ***clear()*** pour les conteneurs généraux (§ 16.3.6).

Malgré le fait que les fonctions ***replace()*** ne soient que l'affectation d'une sous-chaîne, ces dernières sont aussi nombreuses et variées que celles des affectations.

20.3.13 Les sous-chaînes

La fonction ***substr()*** vous permet de fournir à une sous-chaîne une position et une longueur :

```
template<class Ch, class Tr = char_traits<Ch>, class A = allocator<Ch> >
class basic_string {
public:
        // ...
        // adresse de sous-chaîne:
```

```
        basic_string substr(size_type i = 0, size_type n = npos) const;
        // ...
};
```

La fonction ***substr()*** représente simplement un moyen de lire une partie d'une chaîne. De son côté, ***replace()*** vous permet d'écrire dans une sous-chaîne. Toutes deux s'appuient sur la notation de bas niveau : position, plus nombre de caractères. La fonction ***find()***, cependant, nous permet de rechercher des sous-chaînes par valeur. Ensemble, elles nous offrent la possibilité de définir une sous-chaîne pouvant être utilisée à la fois pour la lecture et pour l'écriture :

```
template<class Ch> class Basic_substring {
public:
        typedef typename basic_string<Ch>::size_type size_type;

        Basic_substring(basic_string<Ch>& s, size_type i, size_type n);        // s[i]..s[i+n-1]
        Basic_substring(basic_string<Ch>& s, const basic_string<Ch>& s2);      // s2 dans s
        Basic_substring(basic_string<Ch>& s, const Ch* p);                     // *p dans s

        Basic_substring& operator=(const basic_string<Ch>&);                   // écriture vers *ps
        Basic_substring& operator=(const Basic_substring<Ch>&);
        Basic_substring& operator=(const Ch*);
        Basic_substring& operator=(Ch);

        operator basic_string<Ch>() const;                                     // lecture dans *ps
        operator const Ch* () const;                                           // utilise c_str()
private:
        basic_string<Ch>* ps;
        size_type pos;
        size_type n;
};
```

L'implémentation est très simple. Par exemple :

```
template<class Ch>
Basic_substring<Ch>::Basic_substring(basic_string<Ch>& s, const basic_string<Ch>& s2)
        :ps(&s), n(s2.length())
{
        pos = s.find(s2);
}

template<class Ch>
Basic_substring<Ch>& Basic_substring<Ch>::operator=(const basic_string<Ch>& s)
{
        ps->replace(pos,n,s);                  // écriture vers *ps
        return *this;
}

template<class Ch> Basic_substring<Ch>::operator basic_string<Ch>() const
{
        return basic_string<Ch>(*ps,pos,n);    // copie dans *ps
}
```

Si la recherche de ***s2*** dans ***s*** échoue, ***pos*** prendra la valeur ***npos***. Toute tentative de lecture ou d'écriture déclenchera alors une exception ***range_error*** (§ 20.3.5).

La chaîne ***basic_substring*** peut être utilisée de la façon suivante :

```
typedef Basic_substring<char> Substring;

void f()
{
        string s = "Mary had a little lamb";
        Substring(s,"lamb") = "fun";
        Substring(s,"a little") = "no";
        string s2 = "Joe" + Substring(s,s.find(' '),string::npos);
}
```

Ce code serait, bien sûr, beaucoup plus intéressant si ***Substring*** était capable d'effectuer une recherche sur la base d'un modèle (§ 20.6[7]).

20.3.14 La taille et la capacité

Le traitement des problèmes liés à la mémoire est très proche de celui des ***vector*** (§ 16.3.8) :

```
template<class Ch, class Tr = char_traits<Ch>, class A = allocator<Ch> >
class basic_string {
public:
        // ...
        // taille, capacité, etc. (comme § 16.3.8):

        size_type size() const;                       // nombre de caractères (§ 20.3.4)
        size_type max_size() const;                   // plus grande chaîne possible
        size_type length() const { return size(); }
        bool empty() const { return size()==0; }

        void resize(size_type n, Ch c);
        void resize(size_type n) { resize(n,Ch()); }

        size_type capacity() const;                   // comme vector: § 16.3.8
        void reserve(size_type res_arg = 0);          // comme vector: § 16.3.8

        allocator_type get_allocator() const;
};
```

Un appel de ***reserve(res_arg)*** déclenche une ***length_error*** si ***res_arg>max_size()***.

20.3.15 Les opérations d'entrée/sortie

Une des principales applications des ***string*** se fait comme cible de l'entrée et source de la sortie :

```
template<class Ch, class Tr, class A>
basic_istream<Ch,Tr>& operator>>(basic_istream<Ch,Tr>&, basic_string<Ch,Tr,A>&);

template<class Ch, class Tr, class A>
```

```
basic_ostream<Ch,Tr>& operator<<(basic_ostream<Ch,Tr>&,const basic_string<Ch,Tr,A>&);

template<class Ch, class Tr, class A>
basic_istream<Ch,Tr>& getline(basic_istream<Ch,Tr>&, basic_string<Ch,Tr,A>&, Ch eol);

template<class Ch, class Tr, class A>
basic_istream<Ch,Tr>& getline(basic_istream<Ch,Tr>&, basic_string<Ch,Tr,A>&);
```

L'opérateur **<<** permet d'écrire une chaîne dans un ***ostream*** (§ 21.2.1). L'opérateur **>>**, quant à lui, offre la possibilité de lire un mot terminé par un espace (§ 3.6, § 21.3.1) à destination de sa chaîne, en augmentant la taille de cette dernière pour stocker le mot. L'espace initial est ignoré, et le caractère blanc de fin n'est pas introduit dans la chaîne.

La fonction ***getline()*** lit une ligne terminée par ***eol*** à destination de sa chaîne, en augmentant la taille de cette dernière pour recevoir la ligne (§ 3.6). Si aucun argument ***eol*** n'est fourni, le caractère de séparation utilisé est le retour à la ligne ***'\n'***. Le caractère de fin de ligne est supprimé du flux, mais n'est pas introduit dans la chaîne. La taille d'une ***string*** étant augmentée pour recevoir l'entrée, il n'existe aucune raison valable pour laisser le caractère de fin dans le flux, ou pour fournir un nombre de caractères lus, comme le réalisent ***get()*** et ***getline()*** pour les tableaux de caractères (§ 21.3.4).

20.3.16 Les échanges

De la même façon que pour les ***vector*** (§ 16.3.9), une fonction ***swap()*** pour les chaînes peut se révéler beaucoup plus efficace que l'algorithme général. Une version spécifique est donc fournie :

```
template<class Ch, class Tr, class A>
void swap(basic_string<Ch,Tr,A>&, basic_string<Ch,Tr,A>&);
```

20.4 La bibliothèque standard C

La bibliothèque standard C++ a hérité des fonctions de chaîne de style C de la bibliothèque standard C. Cette section liste quelques-unes de ces fonctions, parmi les plus utiles. La description n'est pas exhaustive. Vous trouverez des informations complémentaires dans votre manuel de référence. Vous devez savoir que les implémenteurs ajoutent souvent leurs propres fonctions non standards dans des fichiers en-tête standards. Il n'est donc pas facile de déterminer de façon exacte quelles seront les fonctions disponibles dans chaque implémentation.

Les en-têtes présentant la fonctionnalité de la bibliothèque standard C sont listés au § 16.1.2. Vous trouverez les fonctions de gestion de mémoire au § 19.4.6, les fonctions d'E/S C au § 21.8 et la bibliothèque mathématique C au § 22.3. Les fonctions concernées par le démarrage et la fin sont décrites au § 3.2 et 9.4.1.1, et les fonctions destinées à la lecture d'arguments de fonction non spécifiés sont présentées au § 7.6. Les fonctions de style C pour les chaînes de caractères étendues se trouvent dans les en-têtes ***<cwchar>*** et ***<wchar.h>***.

20.4.1 Les chaînes de style C

Les fonctions destinées à la manipulation des chaînes de style C se trouvent dans les en-têtes ***<string.h>*** et ***<cstring>***.

```
char* strcpy(char* p, const char* q);          // copie de q vers p (caractère de fin inclus)
char* strcat(char* p, const char* q);          // ajout en fin de q vers p (caractère de fin inclus)
char* strncpy(char* p, const char* q, int n);  // copie n char de q vers p
char* strncat(char* p, const char* q, int n);  // ajoute en fin n char de q vers p

size_t strlen(const char* p);                  // longueur de p (sans compter le caractère de fin)

int strcmp(const char* p, const char* q);      // comparaison: p et q
int strncmp(const char* p, const char* q, int n);  // compare les n premiers caractères

char* strchr(char* p, int c);                  // recherche le premier c dans p
const char* strchr(const char* p, int c);
char* strrchr(char* p, int c);                 // recherche le dernier c dans p
const char* strrchr(const char* p, int c);
char* strstr(char* p, const char* q);          // recherche le premier q dans p
const char* strstr(const char* p, const char* q);

char* strpbrk(char* p, const char* q);         // recherche le premier caractère de q dans p
const char* strpbrk(const char* p, const char* q);

size_t strspn(const char* p, const char* q);   // nombre de caractères dans p avant tout
                                               caractère dans q
size_t strcspn(const char* p, const char* q);  // nombre de caractères dans p avant un
                                               caractère ne se trouvant pas dans q
```

Un pointeur est supposé être non nul et le tableau de ***char*** vers lequel il est dirigé est présumé être terminé par ***0***. S'il n'existe pas ***n*** caractères à copier, les fonctions ***strn–*** remplissent à l'aide de ***0***. Les comparaisons de chaînes retournent ***0*** si ces dernières sont égales, un nombre négatif si le premier argument se trouve avant le second d'un point de vue lexicographique et un nombre positif dans les autres cas.

Le langage C ne fournit pas, bien sûr, de paires de fonctions surchargées. Elles sont cependant nécessaires pour la sécurité de ***const*** dans C++. Par exemple :

```
void f(const char* pcc, char* pc)   // C++
{
        *strchr(pcc,'a') = 'b';     // erreur: affectation impossible à un char const
        *strchr(pc,'a') = 'b';      // ok, mais imprécis: il pourrait ne pas y avoir de 'a' dans pc
}
```

La fonction ***strchr()*** du C++ ne vous permet pas d'écrire dans un ***const***. Un programme C pourrait cependant "tirer parti" du contrôle des types moins rigoureux de la fonction ***strchr()*** du C :

```
char* strchr(const char* p, int c);   /* la fonction de bibliothèque standard C, pas C++ */

void g(const char* pcc, char* pc)     /* C, ne pourra être compilé en C++ */
{
        *strchr(pcc,'a') = 'b';       /* convertit const en non const: ok en C, erreur en C++ */
        *strchr(pc,'a') = 'b';        /* ok en C et C++ */
}
```

Lorsque c'est possible, il est préférable d'éviter les chaînes de style C pour leur préférer des chaînes ***string***. Les chaînes de style C et leurs fonctions standards peuvent permettre de produire un code très efficace, mais même des programmeurs C et C++ expérimentés sont susceptibles de faire des "erreurs stupides" qui passeront inaperçues lors de l'utilisation de ces chaînes. Aucun programmeur C++ ne pourra toutefois éviter ces fonctions dans le code plus ancien. Voici un exemple d'erreur illustrant les fonctions les plus courantes :

```
void f(char* p, char* q)
{
        if (p==q) return;            // les pointeurs sont égaux
        if (strcmp(p,q)==0) {        // les valeurs de chaîne sont égales
                int i = strlen(p);   // nombre de caractères (sans compter le caractère de fin)
                // ...
        }
        char buf[200];
        strcpy(buf,p);               // copie p dans buf (y compris le caractère de fin)
                                     // imprécis: provoquera un dépassement de capacité un jour ou l'autre.
        strncpy(buf,p,200);          // copie 200 char de p vers buf
                                     // imprécis: ne pourra copier le caractère de fin un jour ou l'autre
        // ...
}
```

Les E/S des chaînes de style C sont généralement réalisées à l'aide de la famille de fonctions ***printf*** (§ 21.8).

La bibliothèque standard fournit, dans les en-têtes ***<stdlib.h>*** et ***<cstdlib>***, des fonctions qui permettent de convertir des chaînes représentant des valeurs numériques en valeurs numériques :

```
double atof(const char* p);    // convertit p en double
int atoi(const char* p);       // convertit p en int
long atol(const char* p);      // convertit p en long
```

L'espace situé à gauche est ignoré. Si la chaîne ne représente pas un nombre, la valeur ***0*** est retournée. La valeur de ***atoi*** ("***seven***"), par exemple, est ***0***. Si la chaîne exprime un nombre qui ne peut être représenté avec le type de résultat attendu, ***errno*** (§ 16.1.2, § 22.3) est défini en ***ERANGE***. Une valeur très grande, ou très petite, est alors retournée de façon appropriée.

20.4.2 Classification des caractères

La bibliothèque standard fournit, dans les en-têtes ***<ctype.h>*** et ***<cctype>***, un ensemble de fonctions permettant de manipuler les jeux de caractères ASCII et analogues :

```
int isalpha(int);      // lettre: 'a'..'z' 'A'..'Z' dans les paramètres locaux C (§ 20.2.1, § 21.7)
int isupper(int);      // lettre majuscule: 'A'..'Z' dans les paramètres locaux C (§ 20.2.1, § 21.7)
int islower(int);      // lettre minuscule: 'a'..'z' dans les paramètres locaux C (§ 20.2.1, § 21.7)
int isdigit(int);      // nombre décimal: '0'..'9'
int isxdigit(int);     // nombre hexadécimal: '0'..'9' ou 'a'..'f' ou 'A'..'F'
int isspace(int);      // ' ' '\t' '\v' retour nouvelle ligne saut de page
int iscntrl(int);      // caractère de contrôle (ASCII 0..31 et 127)
int ispunct(int);      // ponctuation: aucun des caractères ci-dessus
int isalnum(int);      // isalpha() | isdigit()
```

```
int isprint(int);          // imprimable : ascii ' '..'~'
int isgraph(int);          // isalpha() | isdigit() | ispunct()

int toupper(int c);        // équivalent de c majuscule
int tolower(int c);        // équivalent de c minuscule
```

Toutes ces fonctions sont généralement implémentées par une simple recherche, en utilisant le caractère comme un index dans une table d'attributs de caractères. Cela signifie que des instructions telles que la suivante :

```
if (('a'<=c && c<='z') || ('A'<=c && c<='Z')) {          // alphabétique
        // ...
}
```

sont inefficaces, fastidieuses à écrire et sujettes aux erreurs (sur une machine possédant le jeu de caractères EBCDIC, cette instruction acceptera les caractères non alphabétiques).

Ces fonctions reçoivent des arguments ***int***, et l'entier transmis doit pouvoir être représenté comme un ***unsigned char*** ou ***EOF*** (qui est le plus souvent ***–1***). Cela peut poser un problème sur des systèmes dans lesquels un ***char*** est signé (voir § 20.6[11]).

Les fonctions équivalentes pour les caractères étendus se trouvent dans les en-têtes ***<cwtype>*** et ***<wtype.h>***.

20.5 Conseils

1. Utilisez les opérations sur les ***string*** de préférence aux fonctions de chaînes de style C (voir § 20.4.1).
2. Utilisez les chaînes ***string*** comme des variables et des membres, et non comme des classes de base (voir § 20.3, § 25.2.1).
3. Vous pouvez transmettre des ***string*** comme des arguments de valeur et les retourner ensuite par valeur pour laisser au système le soin de gérer la mémoire (voir § 20.3.6).
4. Lorsque vous désirez introduire un contrôle de la plage des valeurs, préférez ***at()*** aux itérateurs ou à *[]* (voir § 20.3.2, § 20.3.5).
5. Lorsque vous désirez optimiser la vitesse, préférez les itérateurs et *[]* à la fonction ***at()*** (voir § 20.3.2, § 20.3.5).
6. Utilisez, directement ou indirectement, ***substr()*** pour lire des sous-chaînes et ***replace()*** pour les écrire (voir § 20.3.12, § 20.3.13).
7. Utilisez les opérations ***find()*** pour localiser des valeurs dans une ***string*** (au lieu de coder une boucle explicite) (voir § 20.3.11).
8. Lorsque vous devez ajouter des caractères efficacement à une ***string***, appliquez l'ajout en fin de chaîne (voir § 20.3.9).
9. Lorsque le temps de réponse n'est pas critique, utilisez les ***string*** comme des cibles pour l'entrée de caractères (voir § 20.3.15).
10. Utilisez ***string::npos*** pour indiquer "le reste de la chaîne" (voir § 20.3.5).

11. Implémentez, si nécessaire, les ***string*** fréquemment utilisées à l'aide d'opérations de bas niveau (évitez de généraliser l'utilisation des structures de données de bas niveau) (voir § 20.3.10).
12. Si vous utilisez des ***string***, capturez les exceptions ***range_error*** et ***out_of_range*** à un endroit ou à un autre (voir § 20.3.5).
13. Veillez à ne pas transmettre un ***char**** avec la valeur ***0*** à une fonction de chaîne (voir § 20.3.7).
14. N'utilisez ***c_str*** en lieu et place de la représentation chaîne de style C d'une ***string*** que lorsque vous devez le faire (voir § 20.3.7).
15. Utilisez ***isalpha()***, ***isdigit()***, etc. lorsque vous devez connaître la classification d'un caractère. Vous éviterez ainsi d'écrire vos propres tests sur les valeurs de caractère (voir § 20.4.2).

20.6 Exercices

Vous pourrez trouver les solutions de certains exercices de ce chapitre en examinant le texte source d'une implémentation de la bibliothèque standard. Nous vous conseillons néanmoins de trouver vos propres solutions avant de rechercher comment l'implémenteur de votre bibliothèque a abordé les problèmes. Examinez ensuite les conteneurs et leurs opérations dans votre version d'implémentation.

1. (*2) Ecrivez une fonction recevant deux ***string*** et retournant une troisième qui soit la concaténation des premières avec un point au milieu. A partir de ***file*** et ***write***, par exemple, la fonction retournera ***file.write***. Réalisez le même exercice avec des chaînes de style C, en n'utilisant que des fonctions C telles que ***malloc()*** et ***strlen()***. Comparez les deux fonctions. Quels sont les critères acceptables pour une comparaison ?
2. (*2) Etablissez une liste des différences entre ***vector*** et ***basic_string***. Quelles sont les plus importantes ?
3. (*2) Les fonctionnalités de chaîne ne sont pas parfaitement régulières. Vous pourrez, par exemple, affecter un ***char*** à une chaîne, mais il vous sera impossible d'initialiser une ***string*** avec un ***char***. Etablissez une liste de ce type d'irrégularités. Qu'aurait-on pu éliminer sans compliquer l'utilisation des chaînes ? Quelles autres irrégularités cette opération produirait-elle ?
4. (*1.5) La classe ***basic_string*** possède de nombreux membres. Quels sont ceux que l'on pourrait transformer en fonctions non membres sans perte d'efficacité ou sans compliquer la notation ?
5. (*1.5) Ecrivez une version de ***back_inserter()*** (§ 19.2.4) qui fonctionne pour ***basic_string***.
6. (*2) Complétez la classe ***Basic_substring*** du § 20.3.13, et intégrez-la avec un type ***String*** qui surcharge ***()*** pour signifier "sous-chaîne de". Cela mis à part, ce type devra se comporter comme ***string***.
7. (*2.5) Ecrivez une fonction ***find()*** qui recherche la première occurrence d'une expression régulière simple dans une ***string***. Utilisez ? pour signifier "tout caractère", * pour signifier "tout nombre de caractère ne correspondant pas à la partie suivante de l'expression régulière", et ***[abc]*** pour signifier "tout caractère parmi ceux spécifiés entre les crochets" (ici ***a***, ***b***, ou ***c***). Les caractères restants correspondront à eux-mêmes. Par exemple, ***find(s,"name:")*** retourne un pointeur vers la première occurrence de ***name:*** dans ***s***, ***find(s,"[nN]ame:")*** retourne un pointeur vers la première occurrence de ***name:*** ou ***Name:*** dans ***s***, et ***find(s,"[nN]ame(*)")*** retourne un

pointeur vers la première occurrence de ***Name*** ou ***name***, suivi d'une séquence (éventuellement vide) de caractères de ***s*** entre parenthèses.

8. (*2.5) D'après vous, quelles opérations manquent dans la fonction de l'expression régulière simple du § 20.6[7] ? Spécifiez-les et ajoutez-les. Comparez les possibilités de votre modèle de recherche d'une expression régulière avec celles d'un modèle largement distribué.
9. (*2.5) Utilisez une bibliothèque d'expressions régulières pour implémenter des opérations de recherche sur modèle dans une classe ***String*** associée à une classe ***Substring***.
10. (*2.5) Si vous deviez écrire une classe "idéale" pour le traitement de texte général, nommons-la ***Text***, quelles fonctions devrait-elle contenir ? Quelles contraintes sont imposées par votre ensemble de fonctions "idéal" ?
11. (*1.5) Définissez un ensemble de versions surchargées pour ***isalpha()***, ***isdigit()***, etc., de telle sorte que ces fonctions aient une activité correcte avec les types ***char***, ***unsigned char*** et ***signed char***.
12. (*2.5) Ecrivez une classe ***String*** optimisée pour des chaînes de huit caractères au maximum. Comparez ses performances à celles de la classe ***String*** du § 11.12, ainsi qu'à la version ***string*** de la bibliothèque standard de votre implémentation. Est-il possible de concevoir une chaîne qui associe les avantages d'une chaîne optimisée pour des chaînes très courtes et les avantages d'une chaîne parfaitement générale ?
13. (*2) Mesurez les performances de la copie des ***string***. L'implémentation de la classe ***string*** de votre implémentation optimise-t-elle de façon appropriée la copie ?
14. (*2.5) Comparez les performances de trois fonctions ***complete_name()*** des § 20.3.9 et 20.3.10. Essayez d'écrire une version qui s'exécute aussi vite que possible. Conservez un enregistrement des erreurs détectées au cours de son implémentation et de sa phase de test.
15. (*2.5) Imaginez que la lecture des chaînes de longueur moyenne (entre 5 et 25 caractères) dans ***cin*** constitue un goulet d'étranglement pour votre système. Ecrivez une fonction d'entrée qui lise de telles chaînes aussi rapidement que possible. Vous pouvez choisir l'interface de cette fonction de telle façon qu'elle soit optimisée pour la vitesse, et non pour son aspect pratique. Comparez le résultat avec l'opérateur >> de votre implémentation pour les ***string***.
16. (*1.5) Ecrivez une fonction ***itos(int)*** qui retourne une ***string*** représentant son argument ***int***.

21

Les flux

Vous ne pouvez obtenir que ce qui est visible.

Brian Kernighan

Entrées et sorties — Les ***ostream*** — La sortie des types intégrés — La sortie des types définis par l'utilisateur — Les fonctions de sortie virtuelles — Les ***istream*** — L'entrée des types intégrés — L'entrée non formatée — L'état d'un flux — L'entrée des types définis par l'utilisateur — Les exceptions — Les liaisons entre flux — La classe ***sentry*** — Mise en forme de la sortie pour les entiers et les nombres à virgule flottante — Les champs et les ajustements — Les manipulateurs — Les manipulateurs standards — Les manipulateurs définis par l'utilisateur — Les flux de fichier — La fermeture des flux — Les flux de chaîne — Les mémoires tampon de flux — Les paramètres locaux — Les rappels de flux — ***printf()*** — Conseils — Exercices

21.1 Introduction

La difficulté de la conception et de l'implémentation d'une fonctionnalité d'entrée/sortie générale pour un langage de programmation est bien connue. La plupart des utilitaires d'E/S ont été conçus pour ne traiter qu'un petit nombre de types de données intégrés. Un programme C++ évolué utilise, cependant, un grand nombre de types définis par l'utilisateur. L'entrée et la sortie des valeurs de ces types doivent donc être prises en charge. Une fonction d'E/S devrait être simple, pratique, d'une utilisation sécurisée, efficace, souple et, par-dessus tout, complète. Jusqu'à présent, aucune solution satisfaisant tout le monde n'a encore été trouvée. Un utilisateur devrait donc être en mesure de fournir des fonctions d'E/S supplémentaires, et d'étendre la fonctionnalité des E/S standards afin de répondre aux besoins d'applications particulières.

C++ a été conçu pour permettre à un utilisateur de définir de nouveaux types, aussi efficaces et pratiques à utiliser que les types intégrés. Cela justifie la condition selon laquelle une fonctionnalité d'E/S pour C++ ne devrait être fournie qu'en utilisant les fonctionnalités disponibles pour chaque programmeur. Les fonctions d'E/S de flux présentées ici répondent à ce défi :

§ 21.2 *Sortie* : il s'agit, en réalité, de la conversion d'objets de types tels que ***int***, ***char**** et ***Employee_record***, en séquences de caractères. Les fonctions permettant d'écrire des types intégrés et des types définis par l'utilisateur en sortie sont décrites dans cette section.

§ 21.3 *Entrée* : les fonctions permettant de demander l'entrée de chaînes de caractères, ainsi que celles des valeurs d'autres types intégrés et définis par l'utilisateur sont présentées ici.

§ 21.4 *Mise en forme* : il existe souvent des conditions requises pour le format de sortie. Les entiers, par exemple, pourraient devoir être affichés en décimal et les pointeurs en hexadécimal ; les nombres à virgule flottante pourraient devoir apparaître exactement avec la précision spécifiée. Les contrôles de mise en forme et les techniques de programmation utilisées pour les fournir sont traités dans cette section.

§ 21.5 *Fichiers et flux* : tout programme C++ peut utiliser par défaut des flux standards, tels que la sortie standard (***cout***), l'entrée standard (***cin***) et la sortie des erreurs (***cerr***). Pour utiliser d'autres périphériques ou fichiers, des flux doivent être créés et associés à ces derniers. Les mécanismes permettant d'ouvrir et de fermer les fichiers, et d'associer des flux à des fichiers et à des ***string***, sont décrits dans cette section.

§ 21.6 *Utilisation d'une mémoire tampon* : pour créer des E/S efficaces, nous devons appliquer une stratégie d'utilisation de mémoires tampon appropriée aux données écrites (lues) et à la destination de cette écriture (ou origine de la lecture). Les techniques de base pour les flux utilisant la mémoire tampon sont présentées ici.

§ 21.7 *Les paramètres locaux* : un paramètre local (***locale***) est un objet permettant de spécifier le format d'affichage des nombres, les caractères considérés comme des lettres, etc. Un grand nombre de différences culturelles y sont enregistrées. Les paramètres locaux sont implicitement utilisés par le système d'E/S, et ne sont décrits ici que brièvement.

§ 21.8 *E/S C* : la fonction ***printf()*** de la bibliothèque ***<stdio.h>*** du C ainsi que la relation entre la bibliothèque C et la bibliothèque ***<iostream>*** du C++ sont traitées dans cette section.

L'utilisation de cette bibliothèque ne nécessite pas de connaître les techniques employées pour implémenter la bibliothèque des flux. D'ailleurs, les techniques utilisées dans des implémentations distinctes seront différentes. L'implémentation des E/S est cependant une tâche ambitieuse. Une implémentation contient des exemples de techniques pouvant être appliquées lors de nombreuses autres tâches de programmation et de conception. Il est donc particulièrement intéressant d'étudier ces techniques.

Ce chapitre détaille le système d'E/S des flux, de telle sorte que vous puissiez en apprécier la structure, l'utiliser pour les types d'E/S les plus courants, et le développer pour gérer les nouveaux types définis par l'utilisateur. Si vous devez implémenter les flux standards, fournir une nouvelle sorte de flux ou un nouveau paramètre local, vous aurez besoin d'une copie du standard, d'un bon manuel des systèmes et/ou d'exemples de code supplémentaires.

Les composants clés des systèmes d'E/S de flux peuvent être représentés graphiquement de la façon suivante :

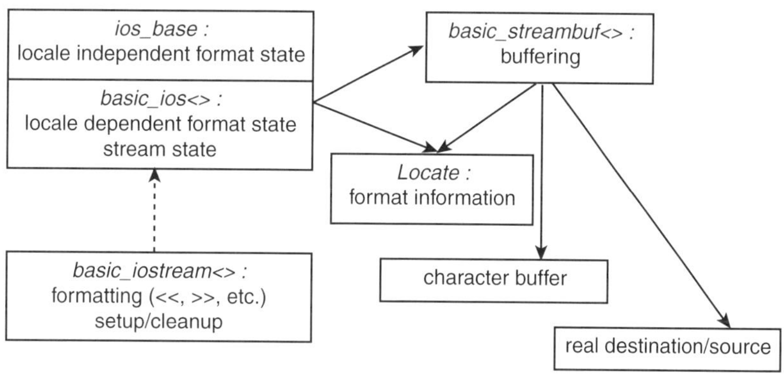

La flèche en pointillés qui part de ***basic_iostream<>*** indique que ***basic_ios<>*** est une classe de base virtuelle. Les flèches en ligne continue représentent des pointeurs. Les classes signalées à l'aide de **<>** sont des modèles paramétrés par un type de caractère et contenant un ***locale*** (paramètre local).

Le concept des flux ainsi que la notation générale fournie peuvent s'appliquer à une large gamme de problèmes de communication. Les flux ont été utilisés pour la transmission d'objets entre machines (§ 25.4.1), le chiffrement des flux de message (§ 21.10[22]), la compression de données, le stockage permanent d'objets, etc. Cette section ne couvre toutefois que le domaine des E/S de caractères simples.

Les déclarations des classes et modèles d'E/S de flux et des ***typedef*** standards sont présentées dans l'en-tête ***<iosfwd>***. Ce fichier est requis de temps à autre lorsque vous désirez inclure une partie seulement des en-têtes d'E/S.

21.2 Sorties

Un traitement uniforme et sécurisé peut être obtenu au niveau du type (à la fois pour les types intégrés et ceux définis par l'utilisateur) en utilisant un seul nom de fonction surchargée pour un ensemble de fonctions de sortie.

Par exemple :

```
put(cerr,"x = ");        // cerr est le flux de sortie des erreurs
put(cerr,x);
put(cerr,'\n');
```

Le type de l'argument détermine quelle fonction ***put*** sera invoquée pour chaque argument. Cette solution est employée dans plusieurs langages. Elle présente toutefois l'inconvénient d'être répétitive. La surcharge de l'opérateur <<, qui signifie "placer dans", offre une meilleure notation, et permet au programmeur de transmettre en sortie une séquence d'objets en une seule instruction. Par exemple :

```
cerr << "x = " << x << '\n';
```

Si ***x*** est un entier de valeur ***123***, cette instruction imprimera :

```
x = 123
```

suivi d'un retour à la ligne dans le flux de sortie des erreurs standards, ***cerr***. De la même façon, si ***x*** est de type complexe (§ 22.5) et possède la valeur ***(1,2.4)***, l'instruction imprimera :

```
x = (1,2.4)
```

dans le flux ***cerr***. Ce style peut être appliqué tant que ***x*** appartient à un type pour lequel l'opérateur << est défini, et tant qu'un utilisateur peut définir cet opérateur pour un nouveau type.

Un opérateur de sortie est nécessaire pour éviter l'aspect verbeux de l'utilisation d'une fonction de sortie. Mais pourquoi << ? Il est impossible d'inventer un nouveau mot clé lexical (§ 11.2). L'opérateur d'affectation était candidat à la fois pour l'entrée et la sortie, mais la plupart des utilisateurs semblaient préférer l'emploi d'opérateurs différents pour l'entrée et la sortie. De plus, l'associativité de l'opérateur = est inappropriée, car ***cout=a=b*** est interprété en ***cout=(a=b)*** plutôt qu'en ***(cout=a)=b*** (§ 6.2). Nous avons essayé les opérateurs < et >, mais l'interprétation en "inférieur à" et "supérieur à" était tellement ancrée dans l'esprit des gens que les nouvelles instructions d'E/S devenaient illisibles.

Les opérateurs << et >> ne sont pas suffisamment utilisés dans le cas de types intégrés pour présenter ce type de problème. Leur propriété de symétrie peut permettre de suggérer "vers" et "depuis". Lorsqu'ils sont utilisés pour les E/S, << signifie *placer dans* et >> signifie *lire depuis*. Pour ceux qui préfèrent adopter un langage plus technique, il sont nommés *manipulateurs*. La priorité de << est suffisamment basse pour permettre d'utiliser des expressions arithmétiques comme opérandes sans insérer de parenthèses. Par exemple :

```
cout << "a*b+c=" << a*b+c << '\n';
```

Des parenthèses doivent être insérées lorsque l'on écrit des expressions contenant des opérateurs dont la priorité est inférieure à celle de l'opérateur <<. Par exemple :

```
cout << "a^b|c=" << (a^b|c) << '\n';
```

L'opérateur de décalage à gauche (§ 6.2.4) peut apparaître dans une instruction de sortie, mais il devra aussi, bien sûr, être associé à des parenthèses :

```
cout << "a<<b=" << (a<<b) << '\n';
```

21.2.1 Les flux de sortie

Un ***ostream*** est un mécanisme permettant de convertir des valeurs de divers types en séquences de caractères. Ces dernières sont ensuite généralement transmises en sortie à l'aide d'opérations de sortie de plus bas niveau. De nombreux types de caractères (§ 20.2) peuvent être caractérisés par ***char_traits*** (§ 20.2.1). Un ***ostream*** représente donc une spécialisation pour un type particulier de caractère d'un modèle ***basic_ostream*** général :

```
template <class Ch, class Tr = char_traits<Ch> >
class std::basic_ostream : virtual public basic_ios<Ch,Tr> {
public:
        virtual ~basic_ostream();
        // ...
};
```

Ce modèle et ses opérations de sortie sont définis dans l'espace de noms ***std***, et présentés dans l'en-tête ***<ostream>***, qui contient la partie de ***<iostream>*** liée à la sortie.

Les paramètres du modèle ***basic_ostream*** contrôlent le type des caractères utilisés par l'implémentation. Ils n'affectent pas les types des valeurs que l'on peut transmettre en sortie. Les flux implémentés à l'aide de ***char*** ordinaires et ceux implémentés à l'aide des caractères étendus sont directement supportés par toute implémentation :

```
typedef basic_ostream<char> ostream;
typedef basic_ostream<wchar_t> wostream;
```

Sur de nombreux systèmes, il est possible d'optimiser l'écriture des caractères étendus *via* un ***wostream***, de façon à obtenir des performances généralement supérieures à celles obtenues avec des flux utilisant les octets comme unités de sortie.

Il est possible de définir des flux pour lesquels les E/S physiques s'effectuent en terme de caractères. L'étude de tels flux sort du cadre du standard C++ et sort donc également du cadre de ce livre (§ 21.10[15]).

La classe de base ***basic_ios*** est présentée dans le fichier d'en-tête ***<ios>***. Elle contrôle la mise en forme (§ 21.4), les paramètres locaux (§ 21.7) et l'accès aux mémoires tampon (§ 21.6). Elle définit également quelques types permettant de simplifier la notation :

```
template <class Ch, class Tr = char_traits<Ch> >
class std::basic_ios : public ios_base {
public:
        typedef Ch char_type;
        typedef Tr traits_type;
        typedef typename Tr::int_type int_type;     // type d'entier valeur de caractère
        typedef typename Tr::pos_type pos_type;     // position en mémoire tampon
        typedef typename Tr::off_type off_type;     // déplacement en mémoire tampon

        // ... voir aussi § 21.3.3, § 21.3.7, § 21.4.4, § 21.6.3 et § 21.7.1...
};
```

La classe de base ***ios_base*** contient les informations et les opérations indépendantes du type de caractère utilisé, telles que la précision employée pour une sortie à virgule flottante. Elle n'a donc pas besoin d'être un modèle.

Pour compléter les ***typedef*** présents dans ***ios_base***, la bibliothèque d'E/S de flux utilise un type intégral signé, ***streamsize***, afin de représenter le nombre de caractères transférés lors d'une opération d'E/S, ainsi que la taille des mémoires tampon d'E/S. De la même façon, un ***typedef*** nommé ***streamoff*** est fourni dans le but de représenter les déplacements dans les flux et dans les mémoires tampon.

Plusieurs flux standards sont déclarés dans ***<iostream>*** :

```
ostream cout;        // flux de sortie des caractères standards
ostream cerr;        // flux de sortie sans mémoire tampon standard pour les messages d'erreur
ostream clog;        // flux de sortie standard pour les messages d'erreur

wostream wcout;      // flux étendu correspondant à cout
wostream wcerr;      // flux étendu correspondant à cerr
wostream wclog;      // flux étendu correspondant à clog
```

Les flux ***cerr*** et ***clog*** font référence à la même destination de sortie. La seule différence se situe au niveau de l'utilisation de la mémoire tampon. Le flux ***cout*** écrit vers la même destination que le flux ***stdout*** du langage C (§ 21.8), alors que ***cerr*** et ***clog*** écrivent vers la même destination que le flux ***stderr*** du langage C. Il est possible au programmeur de créer plus de flux qu'il n'en est réellement nécessaire (§ 21.5).

21.2.2 La sortie des types intégrés

Pour gérer la sortie des types intégrés, la classe ***ostream*** est définie avec l'opérateur **<<** ("placer dans") :

```
template <class Ch, class Tr = char_traits<Ch> >
class basic_ostream : virtual public basic_ios<Ch,Tr> {
public:
        // ...

        basic_ostream& operator<<(short n);
        basic_ostream& operator<<(int n);
        basic_ostream& operator<<(long n);

        basic_ostream& operator<<(unsigned short n);
        basic_ostream& operator<<(unsigned int n);
        basic_ostream& operator<<(unsigned long n);

        basic_ostream& operator<<(float f);
        basic_ostream& operator<<(double f);
        basic_ostream& operator<<(long double f);

        basic_ostream& operator<<(bool n);
        basic_ostream& operator<<(const void* p);       // écrit la valeur du pointeur

        basic_ostream& put(Ch c);                       // écrit c
```

```
        basic_ostream& write(const Ch* p, streamsize n);        // p[0]..p[n-1]

        // ...
};
```

Une fonction *operator<<()* retourne une référence du flux *ostream* pour lequel elle a été appelée. Un autre *operator<<()* peut ainsi lui être appliqué. Par exemple :

```
cerr << "x = " << x;
```

où *x*, un entier, sera interprété comme :

```
(cerr.operator<<("x = ")).operator<<(x);
```

De cette façon, lorsque plusieurs éléments doivent être imprimés à l'aide d'une seule instruction de sortie, cette opération se déroule dans l'ordre attendu : de gauche à droite. Par exemple :

```
void val(char c)
{
        cout << "int('" << c << "') = " << int(c) << '\n';
}

int main()
{
        val('A');
        val('Z');
}
```

Dans une implémentation utilisant des caractères ASCII, ce code imprimera :

```
int('A') = 65
int('Z') = 90
```

Notez qu'une littérale caractère est du type *char* (§ 4.3.1). *cout<<'Z'* affichera donc la lettre *Z*, et non la valeur entière *90*.

Une valeur booléenne sera transmise en sortie comme *0* ou *1* par défaut. Si cette règle ne vous convient pas, vous pouvez définir l'indicateur de mise en forme *boolalpha* dans *<iomanip>* (§ 21.4.6.2), et obtenir *true* ou *false*. Par exemple :

```
int main()
{
        cout << true << ' ' << false << '\n';
        cout << boolalpha;        // utilise un représentation symbolique pour vrai et faux
        cout << true << ' ' << false << '\n';
}
```

Ce code imprime :

```
1 0
true false
```

Plus précisément, ***boolalpha*** vous permet d'obtenir, depuis une représentation liée aux paramètres locaux, des valeurs ***bool***. En définissant vos paramètres locaux de façon appropriée (§ 21.7), vous pouvez obtenir :

```
1 0
sandt falsk
```

La mise en forme des nombres à virgule flottante, la base utilisée pour les entiers, etc., sont traités en § 21.4.

La fonction ***ostream::operator<<(const void*)*** permet d'imprimer une valeur de pointeur sous une forme appropriée à l'architecture de la machine utilisée. Par exemple :

```
int main()
{
	int i = 0;
	int* p = new int;
	cout << "local " << &i << ", free store " << p << '\n';
}
```

Ce code affiche sur notre machine :

```
local 0x7fffead0, free store 0x500c
```

D'autres systèmes suivront des conventions différentes pour l'affichage des valeurs de pointeur.

Les fonctions ***put()*** et ***write()*** permettent simplement d'écrire des caractères. Pour la transmission en sortie des caractères, l'opérateur **<<** ne doit donc pas nécessairement être un membre. Les fonctions ***operator<<()*** qui reçoivent un opérande caractère peuvent être implémentées comme des fonctions non membres à l'aide de ***put()*** :

```
template<class Ch, class Tr>
	basic_ostream<Ch,Tr>& operator<<(basic_ostream<Ch,Tr>&, Ch);
template<class Ch, class Tr>
	basic_ostream<Ch,Tr>& operator<<(basic_ostream<Ch,Tr>&, char);
template<class Tr>
	basic_ostream<char,Tr>& operator<<(basic_ostream<char,Tr>&, char);
template<class Tr>
	basic_ostream<char,Tr>& operator<<(basic_ostream<char,Tr>&, signed char);
template<class Tr>
	basic_ostream<char,Tr>& operator<<(basic_ostream<char,Tr>&, unsigned char);
```

De la même façon, **<<** est fourni pour l'écriture en sortie des tableaux de caractères terminés par ***0*** :

```
template<class Ch, class Tr>
	basic_ostream<Ch,Tr>& operator<<(basic_ostream<Ch,Tr>&, const Ch*);
template<class Ch, class Tr>
	basic_ostream<Ch,Tr>& operator<<(basic_ostream<Ch,Tr>&, const char*);
template<class Tr>
	basic_ostream<char,Tr>& operator<<(basic_ostream<char,Tr>&, const char*);
template<class Tr>
	basic_ostream<char,Tr>& operator<<(basic_ostream<char,Tr>&, const signed char*);
template<class Tr>
	basic_ostream<char,Tr>& operator<<(basic_ostream<char,Tr>&, const unsigned char*);
```

21.2.3 La sortie des types définis par l'utilisateur

Considérons un type défini par l'utilisateur nommé ***complex*** (§ 11.3) :

```
class complex {
public:
        double real() const { return re; }
        double imag() const { return im; }
        // ...
};
```

operator<< peut être défini pour ce nouveau type de la façon suivante :

```
ostream& operator<<(ostream&s, const complex& z)
{
        return s << '(' << z.real() << ',' << z.imag() << ')';
}
```

Cet opérateur **<<** peut ensuite être utilisé exactement de la même façon que **<<** pour un type intégré. Par exemple :

```
int main()
{
        complex x(1,2);
        cout << "x = " << x << '\n';
}
```

produit le résultat :

```
x = (1,2)
```

Il n'est pas nécessaire de modifier la déclaration de la classe ***ostream*** pour définir une opération de sortie pour un type défini par l'utilisateur. Cela est heureux, car ***ostream*** étant défini dans ***<iostream>***, les utilisateurs ne peuvent et ne doivent modifier cet en-tête. En interdisant tout ajout dans ***ostream***, on offre une protection contre une corruption accidentelle de cette structure de données. De plus, on rend possible le changement de l'implémentation d'un ***ostream*** sans affecter les programmes utilisateur.

21.2.3.1 Les fonctions de sortie virtuelles

Les membres d'***ostream*** ne sont pas virtuels. Les opérations de sortie qu'un programmeur est susceptible d'ajouter ne sont pas des membres. Elles ne peuvent donc pas non plus être virtuelles. L'une des raisons à cela est la recherche de performances proches de l'optimum pour des opérations simples telles que le transfert d'un caractère en mémoire tampon. C'est un domaine pour lequel l'efficacité à l'exécution est cruciale, et où le développement en ligne est une obligation. Les fonctions virtuelles permettent d'obtenir une certaine souplesse pour les opérations traitant uniquement de dépassement de capacité positif et négatif de la mémoire tampon (§ 21.6.4).

Un programmeur peut cependant avoir quelquefois besoin d'envoyer en sortie un objet pour lequel une seule classe de base est connue. Le type exact étant inconnu, on ne peut déterminer la sortie correcte simplement en définissant un opérateur **<<** pour chaque nouveau type. Il est préférable de fournir une fonction de sortie virtuelle dans la base abstraite.

```
class My_base {
public:
        // ...

        virtual ostream& put(ostream& s) const = 0;       // écrit *this dans s
};

ostream& operator<<(ostream& s, const My_base& r)
{
        return r.put(s);                                   // utilise la fonction put() appropriée
}
```

put() est donc une fonction virtuelle qui garantit l'emploi de l'opération de sortie appropriée dans <<.

A partir de ce code, nous pouvons écrire :

```
class Sometype : public My_base {
public:
        // ...

        ostream& put(ostream& s) const;    // la fonction de sortie réelle: se substitue à My_base::put()
};

void f(const My_base& r, Sometype& s)    // utilise << qui appelle la fonction put() appropriée
{
        cout << r << s;
}
```

Ce code intègre la fonction ***put()*** virtuelle à la structure offerte par ***ostream*** et <<. Cette technique permet généralement de fournir des opérations se comportant comme des fonctions virtuelles, mais avec une sélection à l'exécution fondée sur leur second argument.

21.3 Entrées

Les entrées sont gérées d'une façon similaire aux sorties. Une classe ***istream*** fournit un opérateur d'entrée >> ("lire depuis") pour un petit ensemble de types standards. Il est possible de définir la fonction ***operator>>()*** pour un type défini par l'utilisateur.

21.3.1 Les flux d'entrée

basic_istream est défini dans l'en-tête ***<istream>***, qui contient la partie liée aux entrées de ***<iostream>***, de la façon suivante :

```
template <class Ch, class Tr = char_traits<Ch> >
class std::basic_istream : virtual public basic_ios<Ch,Tr> {
public:
        virtual ~basic_istream();

        // ...
};
```

La classe de base ***basic_ios*** est décrite au § 21.2.1.

Deux flux d'entrée standards, ***cin*** et ***wcin***, sont fournis dans ***<iostream>*** :

```
typedef basic_istream<char> istream;
typedef basic_istream<wchar_t> wistream;

istream cin;       // flux d'entrée standard pour les char
wistream wcin;     // flux d'entrée standard pour les wchar_t
```

La source de lecture est identique pour le flux ***cin*** et le flux ***stdin*** du C (§ 21.8).

21.3.2 L'entrée des types intégrés

La classe ***istream*** fournit un opérateur **>>** pour les types intégrés :

```
template <class Ch, class Tr = char_traits<Ch> >
class basic_istream : virtual public basic_ios<Ch,Tr> {
public:
        // ...
        // entrée formatée:

        basic_istream& operator>>(short& n);              // lecture dans n
        basic_istream& operator>>(int& n);
        basic_istream& operator>>(long& n);

        basic_istream& operator>>(unsigned short& u);     // lecture dans u
        basic_istream& operator>>(unsigned int& u);
        basic_istream& operator>>(unsigned long& u);

        basic_istream& operator>>(float& f);              // lecture dans f
        basic_istream& operator>>(double& f);
        basic_istream& operator>>(long double& f);

        basic_istream& operator>>(bool& b);               // lecture dans b
        basic_istream& operator>>(void*& p);              // lecture de la valeur de pointeur dans p

        // ...
};
```

Les fonctions d'entrée ***operator>>()*** sont définies dans ce style :

```
istream& istream::operator>>(T& tvar)    // T est un type pour lequel istream::operator>> est déclaré
{
        // saute l'espace, lit ensuite un T dans `tvar'
        return *this;
}
```

L'opérateur **>>** sautant les espaces, il vous est possible de lire une séquence d'entiers séparés par un espace de la façon suivante :

```
int read_ints(vector<int>& v)           // remplit v, retourne le nombre d'entiers lus
{
```

```
        int i = 0;
        while (i<v.size() && cin>>v[i]) i++;
        return i;
}
```

L'introduction d'un élément en entrée d'un type différent d'***int*** fera échouer l'opération et terminera la boucle d'entrée. L'entrée, par exemple :

1 2 3 4 5.6 7 8.

se traduira par la lecture des cinq premiers entiers par ***read_ints()*** :

1 2 3 4 5

Le point, qui s'avère être le prochain caractère à lire en entrée, sera ignoré. L'espace est défini comme l'espace C standard (blanc, tabulation, retour à la ligne, saut de page et retour chariot), *via* un appel d'***isspace()*** tel que déterminé dans ***<cctype>*** (§ 20.4.2).

Lorsque l'on utilise des ***istream***, l'erreur la plus courante consiste à ne pas remarquer que l'entrée ne s'est pas déroulée comme prévu, car elle n'était pas dans le format attendu. Il est donc préférable de contrôler l'état d'un flux d'entrée (§ 21.3.3) avant de s'appuyer sur des valeurs que l'on est censé avoir lues. Il est également possible d'utiliser les exceptions (§ 21.3.6).

Le format attendu pour l'entrée est spécifié par les paramètres locaux courants (§ 21.7). Par défaut, les valeurs booléennes ***true*** et ***false*** sont représentées respectivement par ***1*** et ***0***. Les entiers doivent être des nombres décimaux à virgule flottante. Leur forme doit être celle utilisée pour les représenter dans un programme C++. En définissant ***basefield*** (§ 21.4.2), il est possible de lire ***0123*** comme un nombre en octal de valeur décimale ***83***, et ***0xff*** comme un nombre hexadécimal de valeur décimale ***255***. Le format utilisé pour lire les pointeurs dépend entièrement de l'implémentation (recherchez celui qui est employé dans la vôtre).

Il est surprenant de constater qu'il n'existe pas de membre >> pour la lecture d'un caractère. La raison en est simple : >> peut être implémenté pour les caractères à l'aide des opérations d'entrée de caractères ***get()*** (§ 21.3.4). Cette fonction n'a donc pas besoin d'être un membre. Dans un flux, nous pouvons lire un caractère appartenant au type de caractère associé à ce flux. Si ce type est ***char***, nous pouvons également lire un ***signed char*** et un ***unsigned char*** :

```
template<class Ch, class Tr>
basic_istream<Ch,Tr>& operator>>(basic_istream<Ch,Tr>&, Ch&);

template<class Tr>
basic_istream<char,Tr>& operator>>(basic_istream<char,Tr>&, unsigned char&);

template<class Tr>
basic_istream<char,Tr>& operator>>(basic_istream<char,Tr>&, signed char&);
```

Au niveau de l'utilisateur, le fait que >> soit un membre n'a aucune importance.

Comme les autres opérateurs >>, ces fonctions sautent l'espace. Par exemple :

```
void f()
{
        char c;
```

```
        cin >> c;
        // ...
}
```

Ce code transfère le premier caractère différent d'un espace de ***cin*** vers ***c***.

Il nous est également possible de lire dans un tableau de caractères :

```
template<class Ch, class Tr>
        basic_istream<Ch,Tr>& operator>>(basic_istream<Ch,Tr>&, Ch*);
template<class Tr>
        basic_istream<char,Tr>& operator>>(basic_istream<char,Tr>&, unsigned char*);
template<class Tr>
        basic_istream<char,Tr>& operator>>(basic_istream<char,Tr>&, signed char*);
```

Ces opérations sautent d'abord l'espace. Elles lisent ensuite dans leur opérande tableau jusqu'à ce qu'elles rencontrent un caractère espace ou fin de fichier. Elles terminent enfin la chaîne avec un ***0***. Les risques de dépassement de capacité sont évidemment assez importants. Il est donc généralement conseillé de lire dans une ***string*** (§ 20.3.15). Il vous est cependant possible de spécifier un nombre maximal de caractères à lire par l'intermédiaire de >> : ***is.width(n)*** spécifie que le prochain >> dans ***is*** lira, au plus, ***n–1*** caractères dans un tableau. Par exemple :

```
void g()
{
        char v[4];
        cin.width(4);
        cin >> v;
        cout << "v = " << v << endl;
}
```

Ce code lira au maximum trois caractères dans ***v***, et ajoutera un caractère nul de fin.

Dans un tableau, la définition de ***width()*** pour un ***istream*** affecte uniquement l'opérateur >> suivant. Elle n'affecte pas la lecture dans d'autres types de variables.

21.3.3 L'état d'un flux

Chaque flux (***istream*** ou ***ostream***) possède un *état* associé. Les erreurs et les conditions non standards peuvent être traitées en définissant et en testant cet état de façon appropriée.

On trouve l'état du flux dans la base ***basic_ios*** de ***basic_istream***, située dans ***<ios>*** :

```
template <class Ch, class Tr = char_traits<Ch> >
class basic_ios : public ios_base {
public:
        // ...

        bool good() const;              // l'opération suivante pourrait réussir
        bool eof() const;               // fin de l'entrée détectée
        bool fail() const;              // l'opération suivante échouera
        bool bad() const;               // le flux est corrompu

        iostate rdstate() const;        // lit les indicateurs d'état e/s
```

```
        void clear(iostate f = goodbit);                  // définit les indicateurs d'état e/s
        void setstate(iostate f) { clear(rdstate()|f); }  // ajoute f aux indicateurs d'état e/s

        operator void*() const;                           // non nul si !fail()
        bool operator!() const { return fail(); }

        // ...
};
```

Si l'état est ***good()***, l'opération d'entrée précédente a réussi. Dans ce cas, l'opération d'entrée suivante devrait également aboutir. Dans le cas contraire, elle échouera. Appliquer une opération d'entrée sur un flux qui ne se trouve pas en état ***good()*** est une opération nulle. Si nous tentons de lire une variable ***v*** et si l'opération échoue, la valeur de ***v*** restera inchangée (elle est inchangée lorsque ***v*** est une variable de l'un des types traités par les fonctions membres d'***istream*** ou d'***ostream***). La différence entre les états ***fail()*** et ***bad()*** est assez subtile. Lorsque l'état est ***fail()***, on suppose que le flux n'est pas corrompu et qu'aucun caractère n'a été perdu. Cela n'est pas le cas lorsque l'état est ***bad()***.

L'état d'un flux est représenté sous la forme d'un ensemble d'indicateurs. Comme la plupart des constantes utilisées pour représenter le comportement des flux, ces indicateurs sont définis dans la base ***ios_base*** de ***basic_ios*** :

```
class ios_base {
public:
        // ...

        typedef \fP\f(BIimplementation_defined2\f(CW\fZ iostate;
        static const iostate badbit,    // le flux est corrompu
                eofbit,                 // fin de fichier détectée
                failbit,                // l'opération suivante échouera
                goodbit;                // goodbit==0

        // ...
};
```

Les indicateurs d'état d'E/S peuvent être manipulés directement. Par exemple :

```
void f()
{
        ios_base::iostate s = cin.rdstate();    // retourne un ensemble de bits iostate

        if (s & ios_base::badbit) {
                // les caractères de cin sont peut-être perdus
        }
        // ...
        cin.setstate(ios_base::failbit);
        // ...
}
```

Lorsqu'un flux est utilisé en tant que condition, son état est testé par ***operator void*()*** ou par ***operator!()***. Les tests ne réussissent que si l'état est ***!fail()*** et ***fail()***, respectivement. On peut écrire, par exemple, une fonction de copie générale de la façon suivante :

```
template<class T> void iocopy(istream& is, ostream& os)
{
	T buf;
	while (is>>buf) os << buf << '\n';
}
```

is>>buf retourne une référence à ***is***, qui est testée par un appel de ***is::operator void*()***. Par exemple :

```
void f(istream& i1, istream& i2, istream& i3, istream& i4)
{
	iocopy<complex>(i1,cout);	// copie des nombres complexes
	iocopy<double>(i2,cout);	// copie des doubles
	iocopy<char>(i3,cout);	// copie des chars
	iocopy<string>(i4,cout);	// copie des mots séparés par un espace
}
```

21.3.4 L'entrée de caractères

L'opérateur >> est destiné aux entrées formatées, c'est-à-dire à la lecture d'objets de type et de format connus. Lorsque ce comportement n'est pas adéquat et que nous désirons lire des caractères puis les examiner, nous utilisons les fonctions ***get()*** :

```
template <class Ch, class Tr = char_traits<Ch> >
class basic_istream : virtual public basic_ios<Ch,Tr> {
public:
	// ...
	// entrée non formatée:

	streamsize gcount() const;	// nombre de caractères lus par la dernière get()

	int_type get();	// lecture d'un Ch (ou Tr::eof())

	basic_istream& get(Ch& c);	// lecture d'un Ch dans c

	basic_istream& get(Ch* p, streamsize n);	// le retour à la ligne est le caractère de fin
	basic_istream& get(Ch* p, streamsize n, Ch term);

	basic_istream& getline(Ch* p, streamsize n);	// le retour à la ligne est le caractère de fin
	basic_istream& getline(Ch* p, streamsize n, Ch term);

	basic_istream& ignore(streamsize n = 1, int_type t = Tr::eof());
	basic_istream& read(Ch* p, streamsize n);	// lecture d'au moins n caractères
	// ...
};
```

Les fonctions ***get()*** et ***getline()*** traitent les caractères d'espace exactement de la même façon que les autres caractères. Elles sont destinées aux opérations d'entrée, lorsque aucune hypothèse n'est établie concernant la signification des caractères lus.

La fonction ***istream::get(char&)*** lit un seul caractère dans son argument. Il est possible, par exemple, d'écrire un programme de copie caractère par caractère, de la façon suivante :

```
int main()
{
        char c;
        while(cin.get(c)) cout.put(c);
}
```

L'expression à trois arguments ***s.get(p,n,term)*** lit, au maximum, ***n–1*** caractères dans ***p[0]..p[n–2]***. Un appel de ***get()*** placera toujours un ***0*** à la fin des caractères qu'il a disposé en mémoire tampon (s'ils existent). ***p*** doit donc pointer sur un tableau d'au moins ***n*** caractères. Le troisième argument, ***term***, indique un caractère de fin. Une utilisation typique de la version ***get()*** à trois arguments consiste à lire une "ligne" dans une mémoire tampon de taille fixe pour une analyse ultérieure. Par exemple :

```
void f()
{
        char buf[100];
        cin >> buf;                 // suspect : déclenchera un dépassement de capacité un jour ou l'autre
        cin.get(buf,100,'\n');      // sécurisé
        // ...
}
```

Si le caractère de fin est détecté, il est toujours considéré comme le premier caractère non lu dans le flux. N'appelez jamais deux fois la fonction ***get()*** sans avoir supprimé auparavant ce caractère de fin. Par exemple :

```
void subtle_infinite_loop()
{
        char buf[256];

        while (cin) {
                cin.get(buf,256);   // lit une ligne
                cout << buf;        // imprime une ligne. On a oublié de supprimer '\n' dans cin
        }
}
```

Cet exemple montre pourquoi la fonction ***getline()*** est préférable à ***get()***. La première se comporte comme la fonction ***get()*** correspondante, mais elle supprime son caractère de fin dans le flux ***istream***. Par exemple :

```
void f()
{
        char word[MAX_WORD][MAX_LINE];          // MAX_WORD tableaux de MAX_LINE
                                                caractères chacun
        int i = 0;
```

```
        while(cin.getline(word[i++],MAX_LINE,'\n') && i<MAX_WORD);
        // ...
}
```

Lorsque l'efficacité n'est pas primordiale, il est préférable de lire dans une ***string*** (§ 3.6, § 20.3.15). De cette façon, les problèmes d'allocation et de dépassement de capacité les plus courants ne peuvent se produire. Les fonctions ***get()***, ***getline()*** et ***read()*** sont toutefois nécessaires pour implémenter les fonctionnalités de plus haut niveau. Cette interface, relativement confuse, représente le prix à payer pour obtenir une vitesse acceptable, pour ne pas avoir à parcourir de nouveau l'entrée pour déterminer ce qui a mis fin à l'opération d'entrée, pour être capable de limiter de façon fiable le nombre des caractères lus, etc.

Un appel ***read(p,n)*** lit ***n*** caractères au maximum dans ***p[0]..p[n–1]***. La fonction ***read*** ne s'appuie pas sur un caractère de fin. Elle n'insère pas, non plus, de caractère de fin ***0*** dans sa cible. Elle peut donc effectivement lire ***n*** caractères (plutôt que ***n–1***). En d'autres termes, elle se contente de lire les caractères sans tenter de construire sa cible dans une chaîne de style C. La fonction ***ignore()*** lit les caractères de la même façon que ***read()***, mais elle ne les stocke pas. Comme ***read()***, elle peut effectivement lire ***n*** caractères (et non ***n–1***). Le nombre de caractères lus par défaut par ***ignore()*** est ***1***. Un appel à cette fonction sans argument signifie donc "ignorer le caractère suivant". Comme ***getline()***, elle peut recevoir en option un caractère de fin et le supprimer du flux d'entrée si elle le détecte. Notez que le caractère de fin par défaut d'***ignore()*** est la fin de fichier.

L'indicateur de fin de lecture n'apparaît pas immédiatement pour toutes ces fonctions, et il est difficile de se souvenir de quel critère de fin apparaît dans chacune d'entre elles. Il nous est cependant toujours possible de demander si nous avons atteint la fin de fichier (§ 21.3.3). La fonction ***gcount()***, quant à elle, donne le nombre de caractères lus dans le flux par l'appel à la fonction d'entrée non formatée le plus récent. Par exemple :

```
void read_a_line(int max)
{
        // ...
        if (cin.fail()) {                    // mauvais format d'entrée !
                cin.clear();                 // supprime les indicateurs d'entrée (§ 21.3.3)
                cin.ignore(max,';');         // saute le point-virgule

                if (!cin) {
                                             // nous avons atteint la fin du flux !
                }
                else if (cin.gcount()==max) {
                                             // nous avons lu le nombre de caractères maximum !
                }
                else {
                                             // détecté et supprimé
                }
        }
}
```

Malheureusement, si le nombre maximal de caractères a été lu, il n'existe aucun moyen de savoir si le caractère de fin a été trouvé.

La fonction ***get()*** qui ne reçoit pas d'argument est la version ***<iostream>*** de la fonction ***getchar()*** dans ***<cstdio>*** (§ 21.8). Elle lit simplement un caractère et retourne la valeur numérique de ce dernier. Elle évite ainsi toute hypothèse concernant le type de caractère utilisé. S'il n'existe aucun caractère d'entrée à retourner, cette fonction renvoie un marqueur "fin de fichier" approprié (c'est-à-dire le ***traits_type::eof()*** du flux), et définit le flux ***istream*** à l'état ***eof*** (§ 21.3.3). Par exemple :

```
void f(unsigned char* p)
{
        int i;
        while((i = cin.get()) && i!=EOF) {
                *p++ = i;
                // ...
        }
}
```

EOF représente la valeur d'***eof()*** pour le ***char_traits*** habituel d'un type ***char***. ***EOF*** est présenté dans l'en-tête ***<iostream>***. Cette boucle aurait donc pu être écrite ***read(p,MAX_INT)***, mais nous avons codé une boucle explicite, car nous voulions examiner chaque caractère au fur et à mesure de son arrivée. Il a été dit que la plus grande force du langage C résidait dans sa capacité à lire un caractère, puis à décider de ne rien en faire, le tout dans un laps de temps relativement court. Il s'agit effectivement d'un avantage important et sous-estimé. Il sera préservé en C++.

L'en-tête standard ***<cctype>*** définit plusieurs fonctions pouvant être utiles pour le traitement de l'entrée (§ 20.4.2). Une fonction ***eatwhite()***, par exemple, qui lit des caractères espaces dans un flux pourrait être définie de la façon suivante :

```
istream& eatwhite(istream& is)
{
        char c;
        while (is.get(c)) {
                if (!isspace(c)) {        // c est-il un caractère espace ?
                        is.putback(c);    // replace c dans la mémoire tampon d'entrée
                        break;
                }
        }
        return is;
}
```

L'appel ***is.putback(c)*** fait de ***c*** le prochain caractère à lire dans le flux ***is*** (§ 21.6.4).

21.3.5 L'entrée des types définis par l'utilisateur

Une opération d'entrée pour un type défini par l'utilisateur peut être créée exactement de la même façon qu'une opération de sortie. Dans le cas de l'entrée, cependant, il est essentiel que le second argument soit un type de référence non ***const***. Par exemple :

```
istream& operator>>(istream& s, complex& a)
/*
        formats d'entrée pour un complexe ("f" indique un nombre à virgule flottante):
                f
                (f)
```

```
        (f,f)
*/
{
    double re = 0, im = 0;
    char c = 0;

    s >> c;
    if (c == '(') {
        s >> re >> c;
        if (c == ',') s >> im >> c;
        if (c != ')') s.clear(ios_base::badbit);     // définit l'état
    }
    else {
        s.putback(c);
        s >> re;
    }

    if (s) a = complex(re,im);
    return s;
}
```

Malgré le peu d'importance du code de gestion des erreurs, cet exemple permettra de prendre en charge la plupart des types d'erreur. La variable locale ***c*** est initialisée de telle sorte que sa valeur ne puisse accidentellement être ***'('*** après l'échec d'une première opération **>>**. Le contrôle final de l'état du flux garantit le fait que la valeur de l'argument ***a*** ne puisse être modifiée que si tout s'est bien passé.

L'opération de définition de l'état d'un flux est nommée ***clear()***, car son utilisation la plus courante consiste à réinitialiser l'état du flux en ***good()***. ***ios_base::goodbit*** représente la valeur d'argument par défaut pour ***ios_base::clear()*** (§ 21.3.3).

21.3.6 Les exceptions

Le fait de devoir tester les erreurs après chaque opération d'E/S s'avère être une opération délicate. Une cause courante d'erreurs consiste donc précisément à oublier de les tester aux emplacements appropriés. Les opérations de sortie, en particulier, restent souvent non contrôlées, mais il arrive qu'elles échouent.

La seule fonction permettant de modifier directement l'état d'un flux est ***clear()***. Une façon simple d'être averti d'un changement d'état consiste donc à demander à ***clear()*** de déclencher une exception. Le membre ***exceptions()*** de ***ios_base*** jouera ce rôle :

```
template <class Ch, class Tr = char_traits<Ch> >
class basic_ios : public ios_base {
public:
    // ...

    class failure;                    // classe d'exceptions (voir § 14.10)

    iostate exceptions() const;       // lit l'état de l'exception
```

```
        void exceptions(iostate except);      // définit l'état de l'exception

        // ...
};
```

Par exemple :

```
    cout.exceptions(ios_base::badbit|ios_base::failbit|ios_base::eofbit);
```

Dans cet exemple, ***clear()*** devra déclencher une exception ***ios_base::failure*** si l'état de ***cout*** devient ***bad***, ***fail*** ou ***eof*** ; en d'autres termes, si une opération de sortie sur ***cout*** ne s'est pas déroulée parfaitement. Nous pouvons, si nécessaire, examiner ***cout*** afin de déterminer l'origine exacte du problème. De la même façon, le code suivant :

```
    cin.exceptions(ios_base::badbit|ios_base::failbit);
```

nous permet de capturer le cas relativement courant dans lequel l'entrée ne se trouve pas dans le format attendu, de telle sorte qu'une opération d'entrée n'a pas retourné de valeur depuis le flux.

Un appel d'***exceptions()*** sans argument retourne l'état des indicateurs d'état d'E/S déclenchant une exception. Par exemple :

```
    void print_exceptions(ios_base& ios)
    {
        ios_base::iostate s = ios.exceptions();
        if (s&ios_base::badbit) cout << "déclenché pour bad";
        if (s&ios_base::failbit) cout << "déclenché pour fail";
        if (s&ios_base::eofbit) cout << "déclenché pour eof";
        if (s == 0) cout << "ne déclenche pas";
    }
```

Les exceptions d'E/S sont principalement destinées à capturer les erreurs peu probables et donc souvent oubliées. Elles permettent également de contrôler les E/S. Par exemple :

```
    void readints(vector<int>& s)// le style laisse à désirer !
    {
        ios_base::iostate old_state = cin.exceptions();   // enregistre l'état de l'exception
        cin.exceptions(ios_base::eofbit);                 // se déclenche pour eof

        for (;;)
            try {
                int i;
                cin>>i;
                s.push_back(i);
            }
            catch(ios_base::failure) {
                    // ok: fin de fichier atteinte
            }

        cin.exceptions(old_state);                        // réinitialise l'état de l'exception
    }
```

Les questions à se poser concernant cette utilisation des exceptions sont "S'agit-il d'une erreur ?" et "Cela est-il réellement exceptionnel ?" (§ 14.5). La réponse à ces deux questions est généralement non. Nous préférons donc traiter directement l'état du flux. Ce qui peut être géré à l'aide des structures de contrôle locales dans une fonction est rarement amélioré par l'utilisation d'exceptions.

21.3.7 Les liaisons entre flux

La fonction ***tie()*** de ***basic_ios*** est utilisée pour définir et rompre des connexions entre un ***istream*** et un ***ostream*** :

```
template <class Ch, class Tr = char_traits<Ch> >
class std::basic_ios : public ios_base {
        // ...

        basic_ostream<Ch,Tr>* tie() const;                          // on récupère le pointeur du flux lié
        basic_ostream<Ch,Tr>* tie(basic_ostream<Ch,Tr>* s);        // relie *this à s

        // ...
};
```

Considérons le code suivant :

```
string get_passwd()
{
        string s;
        cout << "Mot de passe: ";
        cin >> s;
        // ...
}
```

Comment pouvons-nous garantir que ***Mot de passe:*** apparaisse à l'écran avant l'exécution de l'opération de lecture ? La sortie vers ***cout*** transite par une mémoire tampon. Si ***cin*** et ***cout*** avaient été indépendants, ***Mot de passe:*** ne serait pas apparu sur l'écran avant que la mémoire tampon de sortie ne soit pleine. La réponse est que ***cout*** est relié à ***cin*** par l'opération ***cin.tie(&cout)***.

Lorsqu'un ***ostream*** est relié à un ***istream***, le premier est vidé dès qu'une opération d'entrée sur l'***istream*** provoque un dépassement négatif de capacité, c'est-à-dire chaque fois que de nouveaux caractères en provenance de la source d'entrée finale sont nécessaires pour terminer l'opération d'entrée. Le code suivant :

```
cout << "Mot de passe: ";
cin >> s;
```

est donc équivalent à :

```
cout << "Mot de passe: ";
cout.flush();
cin >> s;
```

Un flux ne peut être relié qu'à un seul ***ostream*** à un instant donné. Un appel ***s.tie(0)*** permet de rompre la liaison entre le flux ***s*** et celui auquel il était relié, si elle existe. Comme la plupart des fonctions de flux définissant une valeur, ***tie(s)*** retourne la valeur précédente, c'est-à-dire le flux précédemment relié ou ***0***. Dans le cas d'un appel sans argument, ***tie()*** retourne la valeur courante sans la modifier.

Dans les flux standards, ***cout*** et ***wcout*** sont respectivement reliés à ***cin*** et à ***wcin***. Les flux ***cerr*** n'ont pas besoin d'être reliés, car ils n'utilisent pas de mémoire tampon. Les flux ***clog***, quant à eux, ne sont pas destinés à l'interaction avec l'utilisateur.

21.3.8 La classe sentry

Lorsque nous avons créé les opérateurs << et >> pour la classe ***complex***, nous ne nous sommes pas préoccupé des liaisons entre flux (§ 21.3.7). Nous n'avons pas, non plus, cherché à savoir si la modification de l'état d'un flux déclencherait des exceptions (§ 21.3.6). Nous avons supposé — avec raison — que les fonctions fournies par la bibliothèque s'en chargeraient. Comment parvient-on à ce résultat ? Il existe deux douzaines de fonctions de ce type. Si nous devions écrire le code complexe permettant de manipuler les flux reliés, les paramètres locaux (§ 21.7), les exceptions, etc. dans chacune d'entre elles, le résultat deviendrait plutôt confus.

L'approche choisie consiste donc à fournir un code commun par l'intermédiaire d'une classe ***sentry***. Le code devant être exécuté préalablement (le "code préfixe") — tel que le vidage d'un flux relié — est fourni en tant que constructeur de ***sentry***. Le code devant être exécuté ultérieurement (le "code suffixe") — tel que le déclenchement des exceptions après changement de l'état — est fourni avec le destructeur de ***sentry*** :

```
template <class Ch, class Tr = char_traits<Ch> >
class basic_ostream : virtual public basic_ios<Ch,Tr> {
        // ...
        class sentry;
        // ...
};

template <class Ch, class Tr = char_traits<Ch> >
class basic_ostream<Ch,Tr>::sentry {
public:
        explicit sentry(basic_ostream<Ch,Tr>& s);
        ~sentry();
        operator bool();

        // ...
};
```

Le code commun est donc ainsi créé. Il est alors possible de concevoir une fonction individuelle de la façon suivante :

```
template <class Ch, class Tr = char_traits<Ch> >
basic_ostream<Ch,Tr>& basic_ostream<Ch,Tr>::operator<<(int i)
{
        sentry s(*this);
        if (!s) {       // contrôle si tout est ok pour déclencher la sortie
                setstate(failbit);
                return *this;
        }
```

```
            // transmet l'int en sortie
    return *this;
}
```

Cette technique d'utilisation des constructeurs et des destructeurs dans le but de fournir le code préfixe et suffixe commun par l'intermédiaire d'une classe s'avère utile dans de nombreux contextes.

basic_istream possède, naturellement, une classe membre ***sentry*** similaire.

21.4 Mise en forme

Tous les exemples du § 21.2 employaient ce qui est couramment nommé une *sortie non formatée*. Cela signifie qu'un objet est transformé en une séquence de caractères en fonction de règles par défaut. Un contrôle plus détaillé est souvent nécessaire pour le programmeur. Nous devons être capable, par exemple, de vérifier la quantité d'espace destinée à une opération de sortie, ainsi que le format utilisé pour la sortie des nombres. De la même façon, certains aspects de l'entrée peuvent être contrôlés explicitement.

Le contrôle du formatage des E/S se situe dans la classe ***basic_ios*** et sa base ***ios_base***. La classe ***basic_ios*** contient, par exemple, les informations concernant la base (octale, décimale ou hexadécimale) à utiliser lorsque des entiers sont écrits ou lus, la précision des nombres à virgule flottante écrits ou lus, etc. Elle contient également les fonctions permettant de définir et d'examiner ces variables de contrôle par flux.

La classe ***basic_ios*** constitue une base pour les classes ***basic_istream*** et ***basic_ostream***. Le contrôle du format s'effectue donc au niveau d'un flux.

21.4.1 L'état du format

Le formatage des E/S est contrôlé par un ensemble d'indicateurs et de valeurs entières dans la classe ***ios_base*** du flux :

```
class ios_base {
public:
    // ...
    // noms des indicateurs de format:

    typedef \fP\f(BIimplementation_defined1\f(CW\fZ fmtflags;
    static const fmtflags
        skipws,             // saute l'espace dans l'entrée

        left,               // ajustement du champ: remplit après la valeur
        right,              // remplit avant la valeur
        internal,           // remplit entre le signe et la valeur

        boolalpha,          // utilise une représentation symbolique pour true et false

        dec,                // base entière: sortie en base 10 (décimale)
        hex,                // sortie en base 16 (hexadécimale)
        oct,                // sortie en base 8 (octale)
```

```
            scientific,           // notation avec virgule flottante: d.ddddddEdd
            fixed,                // dddd.dd

            showbase,             // ajoute un préfixe en sortie de 0 pour un octal et un préfixe de 0x
                                  pour un hexadécimal
            showpoint,            // imprime les zéros à droite
            showpos,              // '+' explicite pour les entiers positifs
            uppercase,            // 'E', 'X' plutôt que 'e', 'x'

            adjustfield,          // indicateurs liés à l'ajustement du champ (§ 21.4.5)
            basefield,            // indicateurs liés à la base entière (§ 21.4.2)
            floatfield;           // indicateurs liés à la sortie avec virgule flottante (§ 21.4.3)

            fmtflags unitbuf;     // vide la sortie après chaque opération de sortie

      fmtflags flags() const;     // lit les indicateurs
      fmtflags flags(fmtflags f); // définit les indicateurs

      fmtflags setf(fmtflags f) { return flags(flags()|f); }                    // ajoute un indicateur
      fmtflags setf(fmtflags f, fmtflags mask) { return flags(flags()|(f&mask)); } // ajoute un indicateur
      void unsetf(fmtflags mask) { flags(flags()&~mask); }                      // efface les indicateurs

      // ...
};
```

Les valeurs des indicateurs sont définies par l'implémentation. N'employez que des noms symboliques et non des valeurs numériques spécifiques, même si ces dernières sont correctes sur votre implémentation actuelle.

En définissant une interface sous la forme d'un ensemble d'indicateurs, et en fournissant des opérations pour la définition et la suppression de ces indicateurs, vous appliquez une technique séculaire et quelque peu surannée. Sa principale vertu est de permettre à un utilisateur de composer un jeu d'options. Par exemple :

```
const ios_base::fmtflags my_opt = ios_base::left|ios_base::oct|ios_base::fixed;
```

Cela nous permet de transmettre des options et de les installer lorsqu'elles sont requises. Par exemple :

```
void your_function(ios_base::fmtflags opt)
{
      ios_base::fmtflags old_options = cout.flags(opt);  // sauvegarde old_options et en définit de
                                                         nouvelles
      // ...
      cout.flags(old_options);                           // réinitialise les options
}

void my_function()
{
      your_function(my_opt);
      // ...
}
```

La fonction ***flags()*** retourne l'ancien jeu d'options.

Le fait de pouvoir lire et définir toutes les options nous autorise à créer un indicateur individuel. Par exemple :

```
myostream.flags(myostream.flags()|ios_base::showpos);
```

Ce code permet à ***myostream*** d'afficher un + explicite devant les nombres positifs, sans toutefois affecter les autres options. Les anciennes versions sont lues, et ***showpos*** est défini *via* l'opération | (ou) sur le jeu. La fonction ***setf()*** remplit exactement cette fonction. L'exemple aurait donc pu être codé :

```
myostream.setf(ios_base::showpos);
```

Une fois défini, un indicateur conserve sa valeur jusqu'à ce qu'il soit réinitialisé.

Le contrôle des options d'E/S, par le biais de la définition et de la suppression explicite des indicateurs, est assez brutal et sujet aux erreurs. Pour les cas simples, des manipulateurs (§ 21.4.6) fournissent une interface plus intelligente. L'utilisation d'indicateurs dans le but de contrôler l'état d'un flux s'avère être une meilleure approche en technique d'implémentation qu'en conception d'interface.

21.4.1.1 La copie de l'état du format

Il est possible de copier l'état du format d'un flux complet à l'aide de ***copyfmt()*** :

```
template <class Ch, class Tr = char_traits<Ch> >
class basic_ios : public ios_base {
public:
        // ...
        basic_ios& copyfmt(const basic_ios& f);
        // ...
};
```

La fonction ***copyfmt()*** ne copie ni la mémoire tampon du flux (§ 21.6), ni l'état de cette dernière. Elle reproduit toutefois toutes les autres informations d'état, y compris les exceptions demandées (§ 21.3.6) et tout ajout fourni par l'utilisateur à cet état (§ 21.7.1).

21.4.2 La sortie d'entiers

La technique de l'opération | (ou) dans une nouvelle option avec ***flags()*** ou ***setf()*** ne s'avère efficace que lorsqu'un seul bit contrôle une fonction. Ce n'est pas le cas pour des options telles que la base utilisée pour l'impression des entiers et le style de la sortie à virgule flottante. Pour de telles options, la valeur qui spécifie un style n'est pas nécessairement représentée par un seul bit, ou comme un ensemble de bits indépendants.

La solution adoptée dans ***<iostream>*** consiste à fournir une version de ***setf()*** recevant un deuxième "pseudo-argument". Ce dernier indiquera quelle sorte d'option nous désirons définir en plus de la nouvelle valeur. Par exemple :

```
cout.setf(ios_base::oct,ios_base::basefield);      // octal
cout.setf(ios_base::dec,ios_base::basefield);      // décimal
cout.setf(ios_base::hex,ios_base::basefield);      // hexadécimal
```

définit la base des entiers sans aucune répercussion sur les autres parties de l'état du flux. Une fois définie, une base est utilisée jusqu'à ce qu'elle soit réinitialisée. Par exemple :

```
cout << 1234 << ' ' << 1234 << ' ';                // par défaut: décimal

cout.setf(ios_base::oct,ios_base::basefield);      // octal
cout << 1234 << ' ' << 1234 << ' ';

cout.setf(ios_base::hex,ios_base::basefield);      // hexadécimal
cout << 1234 << ' ' << 1234 << ' ';
```

Ce code produit ***1234 1234 2322 2322 4d2 4d2***.

La définition de ***showbase*** nous permettra de déterminer quelle base a été utilisée pour chaque nombre. Ainsi, en ajoutant :

```
cout.setf(ios_base::showbase);
```

avant les opérations précédentes, nous obtenons ***1234 1234 02322 02322 0x4d2 0x4d2***. Les manipulateurs standards (§ 21.4.6.2) offrent une méthode plus élégante pour spécifier la base de la sortie des entiers.

21.4.3 La sortie à virgule flottante

La sortie à virgule flottante est contrôlée par un *format* et une *précision* :

- Dans le format *général*, l'implémentation choisit un format à partir duquel une valeur sera présentée dans le style qui préserve au mieux cette valeur compte tenu de l'espace disponible. La précision spécifie le nombre de chiffres maximal. Il correspond à ***%g*** de ***printf()*** (§ 21.8).
- Le format *scientifique* présente une valeur sous la forme d'un chiffre avant le point décimal et d'un exposant. La précision spécifie le nombre maximal de chiffres après la virgule. Cela correspond au ***%e*** de ***printf()***.
- Le format *fixé* présente une valeur comme une partie entière suivie d'un point puis de la partie fractionnaire. La précision spécifie le nombre maximal de chiffres après la virgule. Il correspond à ***%f*** de ***printf()***.

Nous contrôlons le format de sortie à virgule flottante *via* les fonctions de manipulation d'état. Nous pouvons définir, en particulier, la notation utilisée pour l'impression des valeurs à virgule flottante sans affecter les autres parties de l'état du flux. Par exemple :

```
cout << "Format par défaut:\t" << 1234.56789 << '\n';

cout.setf(ios_base::scientific,ios_base::floatfield); // utilise le format scientifique
cout << "Format scientifique:\t" << 1234.56789 << '\n';

cout.setf(ios_base::fixed,ios_base::floatfield);      // utilise le format point fixé
cout << "Format fixé:\t" << 1234.56789 << '\n';

cout.setf(0,ios_base::floatfield);                    // réinitialise au défaut (c'est-à-dire le format général)
cout << "Format par défaut:\t" << 1234.56789 << '\n';
```

Ce code produit le résultat :

```
Format par défaut:      1234.57
Format scientifique:    1.234568e+03
Format fixé:            1234.567890
Format par défaut:      1234.57
```

La précision par défaut (pour tous les formats) est de ***6***. La précision est contrôlée par une fonction membre de ***ios_base*** :

```
class ios_base {
public:
        // ...
        streamsize precision() const;               // lit la précision
        streamsize precision(streamsize n);         // définit la précision (et lit l'ancienne précision)
        // ...
};
```

Un appel à ***precision()*** affecte toutes les opérations d'E/S à virgule flottante pour un flux, cela jusqu'au prochain appel à cette fonction. Ainsi :

```
cout.precision(8);
cout << 1234.56789 << ' ' << 1234.56789 << ' ' << 123456 << '\n';

cout.precision(4);
cout << 1234.56789 << ' ' << 1234.56789 << ' ' << 123456 << '\n';
```

produit :

```
1234.5679 1234.5679 123456
1235 1235 123456
```

Notez que les valeurs à virgule flottante sont arrondies, plutôt que simplement tronquées. Remarquez également que la fonction ***precision()*** n'affecte pas la sortie des entiers.

L'indicateur ***uppercase*** (§ 21.4.1) détermine si ***e*** ou ***E*** est utilisé pour indiquer les exposants dans le format scientifique.

Les manipulateurs offrent une méthode plus élégante pour spécifier le format des sorties à virgule flottante (§ 21.4.6.2).

21.4.4 Les champs de sortie

Nous avons souvent besoin de remplir un espace spécifique, situé sur une ligne de sortie, avec du texte. Nous désirons employer exactement ***n*** caractères (et plus, uniquement si le texte est trop long). Nous spécifions pour cela une largeur de champ, ainsi qu'un caractère à utiliser s'il est nécessaire d'effectuer du remplissage :

```
class ios_base {
public:
        // ...
        streamsize width() const;                   // lit la largeur de champ
        streamsize width(streamsize wide);          // définit la largeur de champ
```

```
        // ...
};

template <class Ch, class Tr = char_traits<Ch> >
class basic_ios : public ios_base {
public:
        // ...
        Ch fill() const;// lit le caractère de remplissage
        Ch fill(Ch ch);// définit le caractère de remplissage
        // ...
};
```

La fonction ***width()*** permet de spécifier le nombre minimal de caractères à utiliser pour la prochaine opération de sortie << de la bibliothèque standard d'une valeur numérique, d'une valeur booléenne, d'une chaîne de style C, d'un caractère, d'un pointeur (§ 21.2.1), d'une ***string*** (§ 20.3.15) et d'un ***bitfield*** (§ 17.5.3.3). Par exemple :

```
cout.width(4);
cout << 12;
```

imprimera ***12*** précédé de deux espaces.

Le caractère de "remplissage" peut être spécifié à l'aide de la fonction ***fill()***. Par exemple :

```
cout.width(4);
cout.fill('#');
cout << "ab";
```

Ce code affiche le résultat ***##ab***.

Le caractère de remplissage par défaut est l'espace, et la taille du champ par défaut est de ***0***, ce qui signifie "autant de caractères que nécessaire". La taille du champ peut être réinitialisée à sa valeur par défaut de la façon suivante :

```
cout.width(0);      // "autant de caractères que nécessaire"
```

Un appel à la fonction ***width(n)*** définit le nombre minimal de caractères à ***n***. Si davantage de caractères sont fournis, tous seront imprimés. Par exemple :

```
cout.width(4);
cout << "abcdef";
```

Ce code affiche ***abcdef***, et non uniquement ***abcd***. L'obtention en sortie d'un résultat correct dans un format peu séduisant est généralement préférable à l'obtention d'un résultat incorrect dans le bon format (voir aussi § 21.10[21]).

Un appel ***width(n)*** n'affecte que l'opération de sortie << suivante :

```
cout.width(4);
cout.fill('#');
cout << 12 << ':' << 13;
```

Ce code affiche ***##12:13***, et non ***##12###:##13***, comme cela aurait été le cas si ***width(4)*** avait été appliqué sur les opérations suivantes. Dans ce cas, nous aurions eu à spécifier explicitement ***width*** pour pratiquement toutes les valeurs.

Les opérateurs de manipulation standards (§ 21.4.6.2) fournissent une méthode plus élégante pour spécifier la largeur d'un champ de sortie.

21.4.5 L'ajustement des champs

Il est possible de contrôler l'ajustement des caractères dans un champ avec la fonction ***setf()*** :

```
cout.setf(ios_base::left,ios_base::adjustfield);        // gauche
cout.setf(ios_base::right,ios_base::adjustfield);       // droite
cout.setf(ios_base::internal,ios_base::adjustfield);    // interne
```

Ce code établit l'ajustement de la sortie dans un champ défini par ***ios_base::width()*** sans affecter les autres parties de l'état du flux.

On peut spécifier un ajustement de la façon suivante :

```
cout.fill('#');

cout << '(';
cout.width(4);
cout << -12 << "),(";

cout.width(4);
cout.setf(ios_base::left,ios_base::adjustfield);
cout << -12 << "),(";

cout.width(4);
cout.setf(ios_base::internal,ios_base::adjustfield);
cout << -12 << ")";
```

Ce code produit : ***(#–12)***, ***(–12#)***, ***(–#12)***. L'ajustement interne place des caractères de remplissage entre le signe et la valeur. Comme illustré, l'ajustement à droite est l'ajustement par défaut.

21.4.6 Les manipulateurs

La bibliothèque standard fournit un ensemble de fonctions permettant de manipuler l'état d'un flux. Cela évite au programmeur d'avoir à réaliser cette opération en termes d'indicateurs. Le concept clé consiste à insérer une opération qui modifie l'état entre les objets en cours d'écriture ou de lecture. Nous pouvons demander explicitement, par exemple, qu'une mémoire tampon de sortie soit vidée :

```
cout << x << flush << y << flush;
```

Dans cet exemple, on appelle ***cout.flush()*** au moment approprié. Ce résultat peut être obtenu avec une version de l'opérateur **<<** qui reçoit un argument pointeur de fonction et qui l'appelle :

```
template <class Ch, class Tr = char_traits<Ch> >
class basic_ostream : virtual public basic_ios<Ch,Tr> {
public:
        // ...
```

```
        basic_ostream& operator<<(basic_ostream& (*f)(basic_ostream&)) { return f(*this); }
        basic_ostream& operator<<(ios_base& (*f)(ios_base&));
        basic_ostream& operator<<(basic_ios<Ch,Tr>& (*f)(basic_ios<Ch,Tr>&));

        // ...
};
```

Pour que ce code fonctionne, la fonction doit être une fonction non membre, ou une fonction membre statique du type approprié. La fonction ***flush()***, en particulier, est définie de la façon suivante :

```
template <class Ch, class Tr = char_traits<Ch> >
basic_ostream<Ch,Tr>& flush(basic_ostream<Ch,Tr>& s)
{
        return s.flush();          // appelle le membre flush() de ostream
}
```

Ces déclarations garantissent que :

```
cout << flush;
```

soit résolu comme :

```
cout.operator<<(flush);
```

qui appelle :

```
flush(cout);
```

qui invoque ensuite :

```
cout.flush();
```

La procédure complète est exécutée (au moment de la compilation) afin que ***basic_ostream::flush()*** puisse être appelée à l'aide de la notation ***cout<<flush***.

Il existe une grande variété d'opérations que nous pourrions vouloir exécuter juste avant ou après une opération d'entrée ou de sortie. Par exemple :

```
cout << x;
cout.flush();
cout << y;

cin.noskipws();            // ne saute pas les espaces
cin >> x;
```

Lorsque les opérations sont codées en tant qu'instructions séparées, les connexions logiques entre ces dernières ne sont pas évidentes. La connexion logique étant perdue, le code devient plus difficile à comprendre. La notion de manipulateur autorise l'insertion directe d'opérations telles que ***flush()*** et ***noskipws()*** dans la liste des opérations d'entrée ou de sortie. Par exemple :

```
cout << x << flush << y << flush;
cin >> noskipws >> x;
```

Comme ***basic_ostream***, la classe ***basic_istream*** fournit des opérateurs **>>** permettant d'invoquer des manipulateurs.

```
template <class Ch, class Tr = char_traits<Ch> >
class basic_istream : virtual public basic_ios<Ch,Tr> {
public:
        // ...

        basic_istream& operator>>(basic_istream& (*pf)(basic_istream&));
        basic_istream& operator>>(basic_ios<Ch,Tr>& (*pf)(basic_ios<Ch,Tr>&));
        basic_istream& operator>>(ios_base& (*pf)(ios_base&));

        // ...
};
```

21.4.6.1 Les manipulateurs recevant des arguments

Il peut également être utile de disposer de manipulateurs recevant des arguments. Nous pourrions vouloir écrire, par exemple :

```
cout << setprecision(4) << angle;
```

pour afficher la valeur de la variable à virgule flottante ***angle*** avec quatre chiffres.

Pour obtenir ce résultat, ***setprecision*** doit retourner un objet qui est initialisé par ***4***, et qui appelle ***cout::setprecision(4)*** lorsqu'il est invoqué. Un tel manipulateur est un objet fonction qui est invoqué par **<<** plutôt que par ***()***. Son type exact est déterminé par l'implémentation. Il est également possible de le définir de la façon suivante :

```
struct smanip {
        ios_base& (*f)(ios_base&,int);          // fonction à appeler
        int i;

        smanip(ios_base& (*ff)(ios_base&,int), int ii) : f(ff), i(ii) { }
};

template<class Ch, class Tr>
ostream<Ch,Tr>& operator<<(ostream<Ch,Tr>& os, smanip& m)
{
        return m.f(os,m.i);
}
```

Le constructeur ***smanip*** stocke ses arguments dans ***f*** ainsi que dans ***i***, et ***operator<<*** appelle ***f(i)***. Nous pouvons maintenant définir ***setprecision()*** de la façon suivante :

```
ios_base& set_precision(ios_base& s, int n)      // assistant
{
        return s.setprecision(n);                 // appelle la fonction membre
}

inline smanip setprecision(int n)
{
        return smanip(set_precision,n);           // construit l'objet fonction
}
```

Il nous est maintenant possible d'écrire :

```
cout << setprecision(4) << angle ;
```

Un programmeur peut définir, si nécessaire, de nouveaux manipulateurs dans le style de ***smanip*** (§ 21.10[22]). Il n'est pas nécessaire pour cela de modifier les définitions des modèles et des classes de la bibliothèque standard telles que ***basic_istream***, ***basic_ostream***, ***basic_ios*** et ***ios_base***.

21.4.6.2 Les manipulateurs d'E/S standard

La bibliothèque standard fournit des manipulateurs correspondant aux divers états de format et changements d'état. Les manipulateurs standards sont définis dans l'espace de noms ***std***. Les manipulateurs qui prennent en compte ***io_base*** sont présentés dans l'en-tête ***<ios>***. Les manipulateurs pour les flux ***istream*** et ***ostream*** sont présentés respectivement dans les en-têtes ***<istream>*** et ***<ostream>***, ainsi que dans l'en-tête ***<iostream>***. Le reste des manipulateurs standards se trouve dans l'en-tête ***<iomanip>***.

```
ios_base& boolalpha(ios_base&);        // représentation symbolique de true et false (entrée et sortie)
ios_base& noboolalpha(ios_base& s);    // s.unsetf(ios_base::boolalpha)

ios_base& showbase(ios_base&);         // en sortie place 0 devant un octal et 0x devant un
                                       hexadécimal
ios_base& noshowbase(ios_base& s);     // s.unsetf(ios_base::showbase)


ios_base& showpoint(ios_base&);
ios_base& noshowpoint(ios_base& s);    // s.unsetf(ios_base::showpoint)

ios_base& showpos(ios_base&);
ios_base& noshowpos(ios_base& s);      // s.unsetf(ios_base::showpos)

ios_base& skipws(ios_base&);           // saute les espaces
ios_base& noskipws(ios_base& s);       // s.unsetf(ios_base::skipws)

ios_base& uppercase(ios_base&);        // X et E plutôt que x et e
ios_base& nouppercase(ios_base&);      // x et e plutôt que X et E

ios_base& internal(ios_base&);         // ajuste § 21.4.5
ios_base& left(ios_base&);             // remplissage après la valeur
ios_base& right(ios_base&);            // remplissage avant la valeur

ios_base& dec(ios_base&);              // base des entiers est 10 (§ 21.4.2)
ios_base& hex(ios_base&);              // base des entiers est 16
ios_base& oct(ios_base&);              // base des entiers est 8

ios_base& fixed(ios_base&);            // format virgule flottante dddd.dd (§ 21.4.3)
ios_base& scientific(ios_base&);       // format scientifique d.ddddEdd

template <class Ch, class Tr>
    basic_ostream<Ch,Tr>& endl(basic_ostream<Ch,Tr>&);    // insère '\n' et vide
```

```
template <class Ch, class Tr>
    basic_ostream<Ch,Tr>& ends(basic_ostream<Ch,Tr>&);   // insère '\0' et vide
template <class Ch, class Tr>
    basic_ostream<Ch,Tr>& flush(basic_ostream<Ch,Tr>&);  // vide le flux

template <class Ch, class Tr>
    basic_istream<Ch,Tr>& ws(basic_istream<Ch,Tr>&);     // annule l'espace

smanip resetiosflags(ios_base::fmtflags f); // efface les indicateurs (§ 21.4)
smanip setiosflags(ios_base::fmtflags f);   // définit les indicateurs (§ 21.4)
smanip setbase(int b);                      // transmet les entiers en sortie en base b
smanip setfill(int c);                      // définit c comme caractère de remplissage
smanip setprecision(int n);                 // n chiffres après la virgule
smanip setw(int n);                         // le champ suivant est de n caractères
```

Par exemple :

```
cout << 1234 << ',' << hex << 1234 << ',' << oct << 1234 << endl;
```

affiche le résultat ***1234, 4d2, 2322***, et

```
cout << '(' << setw(4) << setfill('#') << 12 << ") (" << 12 << ")\n";
```

affiche le résultat ***(##12) (12)***.

Lorsque vous utilisez des manipulateurs ne recevant pas d'argument, n'ajoutez *pas* de parenthèses. Si vous utilisez des manipulateurs standards recevant des arguments, n'oubliez pas d'inclure le fichier d'en-tête ***<iomanip>***. Par exemple :

```
#include <iostream>

int main()
{
    std::cout << setprecision(4)   // erreur: setprecision non définie (inclusion de <iomanip> oubliée)
        << scientific()            // erreur: ostream<<ostream& (parenthèses erronées)
        << d << endl;
}
```

21.4.6.3 Les manipulateurs définis par l'utilisateur

Les manipulateurs définis par l'utilisateur peuvent être ajoutés dans le style des manipulateurs standards. Dans cette section, nous présentons un autre style, qui nous sera utile pour la mise en forme des nombres à virgule flottante.

La ***precision*** utilisée persiste pour toutes les opérations de sortie, mais ***width()*** ne s'applique qu'à l'opération de sortie numérique suivante. Nous recherchons un mécanisme qui permette simplement de transférer en sortie un nombre à virgule flottante dans un format prédéfini, sans affecter les futures opérations de sortie dans le flux. Le principe de base est la définition d'une classe qui représente des formats, d'une autre qui représente un format plus une valeur à formater, puis d'un opérateur **<<** qui transmet en sortie la valeur vers un ***ostream*** en fonction du format.

Par exemple :

```
Form gen4(4);                                    // format général, la précision est de 4

void f(double d)
{
        Form sci8 = gen4;
        sci8.scientific().precision(8);          // format scientifique, la précision est de 8

        cout << d << ' ' << gen4(d) << ' ' << sci8(d) << ' ' << d << '\n';
}
```

L'appel *f(123.56789()* écrit :

```
1234.57 1235 1.23456789e+03 1234.57
```

Notez que l'utilisation d'un ***Form*** n'affecte pas l'état du flux. La dernière sortie de ***d*** possède donc le même format par défaut que la première.

Voici une implémentation simplifiée :

```
class Bound_form;// Form plus valeur

class Form {
        friend ostream& operator<<(ostream&, const Bound_form&);

        int prc;                                 // précision
        int wdt;                                 // largeur, 0 signifie aussi large que nécessaire
        int fmt;                                 // général, scientifique ou fixé (§ 21.4.3)
        // ...
public:
        explicit Form(int p = 6) : prc(p)        // la précision par défaut est de 6
        {
                fmt = 0;                         // format général (§ 21.4.3)
                wdt = 0;                         // aussi large que nécessaire
        }

        Bound_form operator()(double d) const;   // crée un Bound_form pour *this et d

        Form& scientific() { fmt = ios_base::scientific; return *this; }
        Form& fixed() { fmt = ios_base::fixed; return *this; }
        Form& general() { fmt = 0; return *this; }

        Form& uppercase();
        Form& lowercase();
        Form& precision(int p) { prc = p; return *this; }

        Form& width(int w) { wdt = w; return *this; }   // s'applique à tous les types
        Form& fill(char);
```

```
        Form& plus(bool b = true);              // plus explicite
        Form& trailing_zeros(bool b = true);    // imprime les zéros à droite
        // ...
};
```

Le principe veut qu'un ***Form*** contienne toutes les informations nécessaires au formatage d'un élément de données. Le défaut est choisi pour être acceptable dans de nombreuses utilisations. De plus, les diverses fonctions membres peuvent être utilisées pour réinitialiser les aspects individuels de la mise en forme. L'opérateur *()* permet de relier une valeur au format à utiliser lors de sa transmission en sortie. Il est alors possible de transmettre en sortie un ***Bound_form*** vers un flux donné à l'aide d'une fonction **<<** appropriée :

```
struct Bound_form {
        const Form& f;
        double val;

        Bound_form(const Form& ff, double v) : f(ff), val(v) { }
};

Bound_form Form::operator()(double d) { return Bound_form(*this,d); }

ostream& operator<<(ostream& os, const Bound_form& bf)
{
        ostringstream s;                        // les flux de chaînes sont décrits en § 21.5.3
        s.precision(bf.f.prc);
        s.setf(bf.f.fmt,ios_base::floatfield);
        s << bf.val;                            // compose la chaîne dans s
        return os << s.str();                   // transmet s en sortie vers os
}
```

L'écriture d'une implémentation plus élaborée de **<<** sera traitée ultérieurement (§ 21.10[21]). Les classes ***Form*** et ***Bound_form*** sont facilement développées pour la mise en forme des entiers, des chaînes, etc. (voir § 21.10[20]).

Notez que ces déclarations intègrent la combinaison de **<<** et *()* en un opérateur ternaire. ***cout<<sci4(d)*** récupère le flux ***ostream***, le format et la valeur dans une seule fonction avant d'effectuer tout traitement réel.

21.5 Les flux de fichier et les flux de chaîne

Lorsqu'un programme C++ démarre, ***cout***, ***cerr***, ***clog***, ***cin*** et leurs équivalents pour les caractères étendus (§ 21.2.1), sont disponibles. Ces flux sont définis par défaut, et leur correspondance avec les périphériques d'E/S ou les fichiers est déterminée par "le système". Il vous est également possible de créer vos propres flux. Dans ce cas, vous devez spécifier à quoi ils sont rattachés. L'attachement d'un flux à un fichier, ou à une ***string***, est une opération suffisamment courante pour être directement supportée par la bibliothèque standard.

Voici la hiérarchie des classes de flux standards :

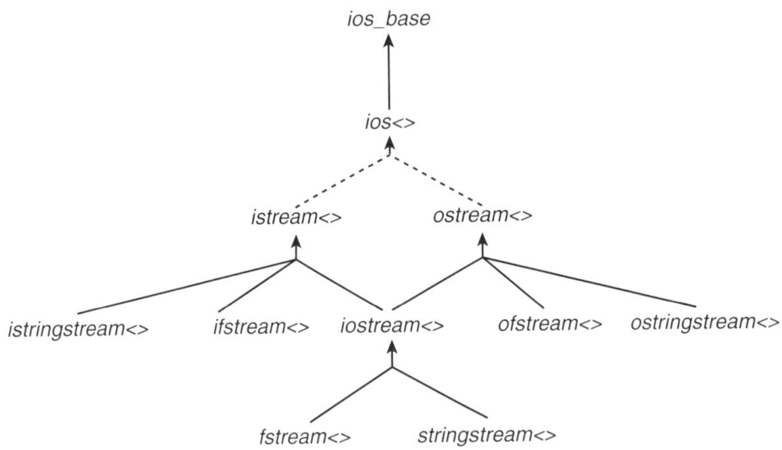

Les classes dont le nom est suivi de **<>** sont des modèles paramétrés avec le type de caractère. Leurs noms possèdent un préfixe ***basic_***. Une ligne en pointillés signale une classe de base virtuelle (§ 15.2.4).

Les fichiers et les chaînes sont des exemples de conteneurs dans lesquels vous pouvez à la fois lire et écrire. Dans ce cas, un même flux pourra donc supporter les deux opérateurs **<<** et **>>**. Un tel flux est nommé ***iostream***. Il est défini dans l'espace de noms ***std***, et présenté dans l'en-tête ***<iostream>*** :

```
template <class Ch, class Tr = char_traits<Ch> >
class basic_iostream : public basic_istream<Ch,Tr>, public basic_ostream<Ch,Tr> {
public:
        explicit basic_iostream(basic_streambuf<Ch,Tr>* sb);
        virtual ~basic_iostream();
};

typedef basic_iostream<char> iostream;
typedef basic_iostream<wchar_t> wiostream;
```

La lecture et l'écriture dans un ***iostream*** sont contrôlées *via* les opérations d'insertion et d'extraction dans la mémoire tampon ***streambuf*** du flux ***iostream*** (§ 21.6.4).

21.5.1 Les flux de fichiers

Voici un programme complet qui permet de copier un fichier dans un autre. Les noms de fichier sont transmis sous la forme d'arguments de ligne de commande :

```
#include <fstream>
#include <cstdlib>

void error(const char* p, const char* p2 = "")
{
```

```
        cerr << p << ' ' << p2 << '\n';
        std::exit(1);
}

int main(int argc, char* argv[])
{
        if (argc != 3) error("nombre d'arguments incorrect");

        std::ifstream from(argv[1]);            // ouvre le flux de fichier en entrée
        if (!from) error("ouverture du fichier d'entrée impossible",argv[1]);

        std::ofstream to(argv[2]);              // ouvre le flux de fichier en sortie
        if (!to) error("ouverture du fichier de sortie impossible",argv[2]);

        char ch;
        while (from.get(ch)) to.put(ch);

        if (!from.eof() || !to) error("un incident s'est produit");
}
```

Un fichier est ouvert pour une entrée en créant un objet de la classe ***ifstream*** (flux de fichier d'entrée) avec le nom du fichier comme argument. De la même façon, un fichier est ouvert pour la sortie en créant un objet de la classe ***ofstream*** (flux de fichier de sortie) avec le nom de fichier comme argument. Dans les deux cas, nous allons tester l'état de l'objet créé afin de savoir si le fichier a bien été ouvert.

```
template <class Ch, class Tr = char_traits<Ch> >
class basic_ofstream : public basic_ostream<Ch,Tr> {
public:
        basic_ofstream();
        explicit basic_ofstream(const char* p, openmode m = out);

        basic_filebuf<Ch,Tr>* rdbuf() const;

        bool is_open() const;
        void open(const char* p, openmode m = out);
        void close();
};
```

Comme toujours, les ***typedef*** sont disponibles pour les types les plus courants :

```
typedef basic_ifstream<char> ifstream;
typedef basic_ofstream<char> ofstream;
typedef basic_fstream<char> fstream;

typedef basic_ifstream<wchar_t> wifstream;
typedef basic_ofstream<wchar_t> wofstream;
typedef basic_fstream<wchar_t> wfstream;
```

Un ***iftream*** est identique à un ***ofstream***, mais il est dérivé d'***istream*** et est ouvert par défaut en lecture. De plus, la bibliothèque standard propose un ***fstream***, identique à ***ofstream***, mais qui est dérivé de ***iostream*** et dans lequel il est possible à la fois de lire et d'écrire.

Les constructeurs de flux de fichier reçoivent un second argument spécifiant d'autres modes d'ouverture :

```
class ios_base {
public:
        // ...

        typedef \fP\f(BIimplementation_defined3\f(CW\fZ openmode;
        static openmode app,     // ajout en fin
                ate,             // ouverture et recherche jusqu'à fin de fichier (se prononce "at end")
                binary,          // E/S à effectuer en mode binaire (plutôt qu'en mode texte)
                in,              // ouverture en lecture
                out,             // ouverture pour écriture
                trunc;           // tronque le fichier à la longueur 0

        // ...
};
```

Les valeurs réelles des ***openmodes*** et leurs significations sont définies par l'implémentation. Consultez le manuel de votre bibliothèque et ceux de vos systèmes pour tout détail complémentaire. Pensez à réalisez des tests. Les commentaires devraient donner une idée de la signification des modes. Nous pouvons ouvrir un fichier, par exemple, de telle sorte que toute écriture soit effectuée à la suite des données existantes :

```
ofstream mystream(name.c_str(),ios_base::app);
```

Il est également possible d'ouvrir un fichier à la fois en entrée et en sortie. Par exemple :

```
fstream dictionary("concordance",ios_base::in|ios_base::out);
```

21.5.2 La fermeture des flux

Il est possible de fermer explicitement un fichier en appelant ***close()*** sur son flux :

```
void f(ostream& mystream)
{
        // ...

        mystream.close();
}
```

Cette opération est cependant réalisée de façon implicite par le destructeur du flux. L'appel explicite de ***close()*** n'est donc requis que lorsque le fichier doit être fermé à l'intérieur de la portée dans laquelle son flux a été déclaré. Une question se pose alors : comment est-il possible pour une implémentation de garantir que les flux prédéfinis ***cout***, ***cin***, ***cerr*** et ***clog*** soient créés avant leur première utilisation et fermés (uniquement) après leur dernière utilisation ? Des implémentations différentes de la bibliothèque des flux ***<iostream>*** utiliseront, bien sûr, des techniques distinctes pour obtenir ce résultat. Cela ne représente cependant qu'un détail de l'implémentation et ne doit pas être accessible aux utilisateurs. Nous ne présentons ici qu'une seule technique. Celle-ci s'avère suffisamment générale pour garantir un ordre de construction et de destruction approprié à des objets globaux de divers types. Une implémentation devrait être capable de mieux faire en tirant parti de fonctions particulières d'un compilateur ou d'un éditeur de liens.

Le principe fondamental consiste à définir une classe assistante jouant le rôle de compteur afin de surveiller le nombre d'inclusions de ***<iostream>*** dans un fichier source compilé séparément :

```
class ios_base::Init {
        static int count;
public:
        Init();
        ~Init();
};

namespace {                        // dans <iostream>, une copie dans chaque fichier incluant cet en-tête
        ios_base::Init __ioinit;
}

int ios_base::Init::count = 0;   // dans certains fichiers .c
```

Chaque unité de traduction (§ 9.1) déclare ses propres objets nommés ***__ioinit***. Le constructeur de ces objets utilise ***ios_base::Init::count*** comme détecteur de "première fois", afin de garantir une initialisation réelle unique des objets globaux de la bibliothèque d'E/S des flux :

```
ios_base::Init::Init()
{
        if (count++ == 0) { /* initialise cout, cerr, cin, etc. */ }
}
```

Inversement, le destructeur des objets ***__ioinit*** utilise ***ios_base::Init::count*** comme détecteur de "dernière fois" pour garantir la fermeture des flux :

```
ios_base::Init::~Init()
{
        if (--count == 0) { /* nettoyage de cout (vidage, etc.), cerr, cin, etc. */ }
}
```

Voici une technique générale permettant de gérer les bibliothèques qui nécessitent une initialisation et un "nettoyage" des objets globaux. Dans un système où la totalité du code se situe dans la mémoire principale pendant l'exécution, le coût de cette technique est quasiment nul. Lorsque ce n'est pas le cas, la surcharge de traitement due au transfert de chaque fichier objet dans la mémoire principale pour exécuter sa fonction d'initialisation peut être sensible. Lorsque c'est possible, il est préférable d'éviter les objets globaux. Pour une classe dans laquelle chaque opération effectue un travail significatif, il peut être envisageable de tester un détecteur de première fois (comme ***ios_base::Init::count***) dans chaque opération afin de garantir l'initialisation. Cette approche aurait cependant été d'un coût prohibitif pour les flux. Le surcoût d'un détecteur de première fois dans les fonctions qui lisent et écrivent des caractères individuels aurait été tout à fait sensible.

21.5.3 Les flux de chaînes

Un flux peut être rattaché à une ***string***. Nous pouvons alors lire et écrire dans une ***string*** en utilisant la fonctionnalité liée au formatage fournie par les flux. Ce type de flux est nommé ***stringstream***. Ils sont définis dans l'en-tête ***<sstream>*** :

```
template <class Ch, class Tr=char_traits<Ch> >
class basic_stringstream : public basic_iostream<Ch,Tr> {
public:
        explicit basic_stringstream(ios_base::openmode m = out|in);
        explicit basic_stringstream(const basic_string<Ch>& s, openmode m = out|in);

        basic_string<Ch> str() const;              // récupère une copie de la chaîne
        void str(const basic_string<Ch>& s);       // définit la valeur avec la copie de s

        basic_stringbuf<Ch,Tr>* rdbuf() const;
};

typedef basic_istringstream<char> istringstream;
typedef basic_ostringstream<char> ostringstream;
typedef basic_stringstream<char> stringstream;
typedef basic_istringstream<wchar_t> wistringstream;
typedef basic_ostringstream<wchar_t> wostringstream;
typedef basic_stringstream<wchar_t> wstringstream;
```

Un ***ostringstream*** peut être utilisé, par exemple, pour formater des chaînes de message :

```
string compose(int n, const string& cs)
{
        extern const char* std_message[];
        ostringstream ost;
        ost << "error(" << n << ") " << std_message[n] << " (commentaire de l'utilisateur: " << cs <<
')';
        return ost.str();
}
```

ost n'étant développé que lorsque cela s'avère nécessaire, il n'est pas obligatoire de contrôler un dépassement de capacité. Cette technique est surtout utile pour des opérations de copie, dans lesquelles la mise en forme requise est plus compliquée que la mise en forme courante pour un périphérique de sortie orienté ligne.

Une valeur initiale peut être fournie pour un ***ostringstream***. Il aurait donc été possible d'écrire le code équivalent suivant :

```
string compose2(int n, const string& cs)// équivalent à composer()
{
        extern const char* std_message[];
        ostringstream ost("error(",ios_base::ate);         // débute l'écriture à la fin de la chaîne initiale
        ost << n << ") " << std_message[n] << " (commentaire de l'utilisateur: " << cs << ')';
        return ost.str();
}
```

Un ***istringstream*** est un flux d'entrée qui lit dans une ***string*** :

```
#include <sstream>

void word_per_line(const string& s)                  // imprime un mot par ligne
{
        istringstream ist(s);
        string w;
        while (ist>>w) cout << w << '\n';
}

int main()
{
        word_per_line("Si vous pensez que C++ est difficile, essayez le français");
}
```

L'initialiseur ***string*** est copié dans le flux ***istringstream***. La fin de la chaîne termine l'opération d'entrée.

Il est possible de définir des flux qui lisent et écrivent directement dans des tableaux de caractères (§ 21.10[26]). Ils trouvent souvent leur utilité pour la gestion du code ancien, car les classes ***ostrstream*** et ***istrstream*** qui réalisent cette tâche faisaient partie de la bibliothèque de flux originale.

21.6 Utilisation de la mémoire tampon

D'un point de vue conceptuel, un flux de sortie place des caractères dans une mémoire tampon. Ces caractères seront écrits un peu plus tard à leur destination supposée. Ce type de mémoire tampon est nommé ***streambuf*** (§ 21.6.4). Sa définition se trouve dans l'en-tête ***<streambuf>***. Des types de ***streambuf*** différents implémenteront des stratégies d'utilisation de la mémoire tampon distinctes. En règle générale, un ***streambuf*** stocke des caractères dans un tableau jusqu'à ce qu'un dépassement de capacité le force à écrire les caractères vers leur destination réelle. Un ***ostream*** peut donc être représenté graphiquement de la façon suivante :

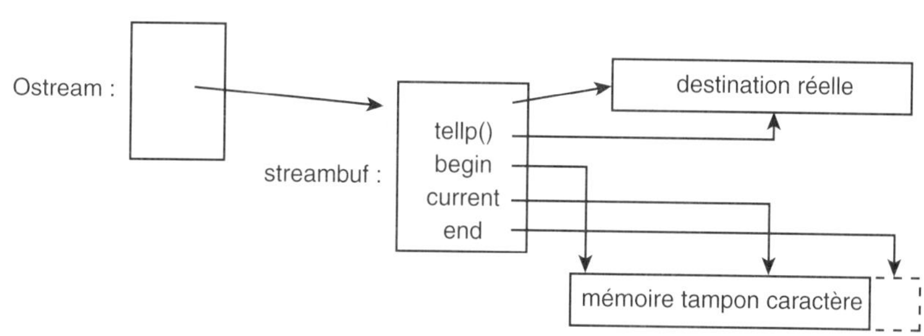

Tous les arguments modèles pour un ***ostream*** et son ***streambuf*** doivent être identiques. Ils déterminent le type de caractère utilisé dans la mémoire tampon caractère.

Un ***istream*** est analogue, avec une circulation des caractères différente.

Les E/S qui s'effectuent sans mémoire tampon sont simplement des E/S pour lesquelles le ***stream-buf*** transfère immédiatement chacun des caractères. Il ne stockera pas les caractères jusqu'à ce que leur quantité justifie un transfert efficace.

21.6.1 Les flux et les mémoires tampon de sortie

Un ***ostream*** fournit les opérations permettant de convertir des valeurs de divers types en séquences de caractères, selon certaines conventions (§ 21.2.1) et directives de formatage explicites (§ 21.4). Un ***ostream*** fournit également des opérations traitant directement avec son ***streambuf*** :

```
template <class Ch, class Tr = char_traits<Ch> >
class basic_ostream : virtual public basic_ios<Ch,Tr> {
public:
        // ...
        explicit basic_ostream(basic_streambuf<Ch,Tr>* b);

        pos_type tellp();                                    // lit la position courante
        basic_ostream& seekp(pos_type);                      // définit la position courante
        basic_ostream& seekp(off_type, ios_base::seekdir);   // définit la position courante

        basic_ostream& flush();       // mémoire tampon vide (vers la destination réelle)

        basic_ostream& operator<<(basic_streambuf<Ch,Tr>* b);   // écriture depuis b
};
```

Un ***ostream*** est construit avec un argument ***streambuf***, qui détermine la façon dont les caractères écrits sont gérés et leur destination réelle. Un ***ostringstream*** (§ 21.5.3) ou un ***ofstream*** (§ 21.5.1), par exemple, sont créés en initialisant un ***ostream*** avec le ***streambuf*** approprié (§ 21.6.4).

On utilise les fonctions ***seekp()*** pour positionner un ***ostream*** en écriture. Le suffixe ***p*** indique qu'il s'agit de la position utilisée pour l'insertion des caractères dans le flux. Ces fonctions ne produisent d'effet que si le flux est rattaché à quelque chose pour lequel le positionnement est significatif, comme un fichier. Le ***pos_type*** représente une position de caractère dans un fichier. Le ***off_type***, quant à lui, représente un déplacement depuis un point indiqué par un ***ios_base::seekdir*** :

```
class ios_base {
        // ...

        typedef \fP\f(BIimplementation_defined4\f(CW\fZ seekdir;
        static const seekdir beg,      // recherche à partir du début du fichier courant
                cur,                   // recherche à partir de la position courante
                end;                   // recherche en arrière à partir de la fin du fichier courant
        // ...
};
```

Dans un flux, les positions démarrent à ***0***. Nous pouvons donc considérer un fichier comme un tableau de ***n*** caractères. Par exemple :

```
int f(ofstream& fout)          // fout fait référence à un fichier
{
        fout.seekp(10);
```

```
        fout << '#';                    // ajoute un caractère et déplace la position (+1)
        fout.seekp(-2,ios_base::cur);
        fout << '*';
}
```

Ce code insère un *#* dans ***file[10]*** et une *** dans ***file[8]***. Il n'existe pas de méthode similaire pour obtenir un accès aléatoire aux éléments d'un ***istream*** ou d'un ***ostream*** simple (voir § 21.10[13]).

L'opération ***flush()*** permet à l'utilisateur de vider la mémoire tampon sans avoir besoin d'attendre le dépassement de capacité.

<< peut être utilisé pour écrire un ***streambuf*** directement dans un ***ostream***. Cette opération est particulièrement utile pour ceux qui implémentent des mécanismes d'E/S.

21.6.2 Les mémoires tampon et les flux d'entrée

Un ***istream*** fournit les opérations destinées à la lecture des caractères ainsi qu'à leur conversion en valeurs de types divers (§ 21.3.1). Il fournit également des opérations qui traitent directement avec son ***streambuf*** :

```
template <class Ch, class Tr = char_traits<Ch> >
class basic_istream : virtual public basic_ios<Ch,Tr> {
public:
        // ...

        explicit basic_istream(basic_streambuf<Ch,Tr>* b);

        pos_type tellg();                                  // lit la position courante
        basic_istream& seekg(pos_type);                    // définit la position courante
        basic_istream& seekg(off_type, ios_base::seekdir); // définit la position courante

        basic_istream& putback(Ch c);                      // replace c dans la mémoire tampon
        basic_istream& unget();                            // replace le caractère le plus récemment lu
        int_type peek();                                   // recherche le prochain caractère à lire

        int sync();                                        // efface la mémoire tampon (vide l'entrée)

        basic_istream& operator>>(basic_streambuf<Ch,Tr>* b);   // lecture dans b
        basic_istream& get(basic_streambuf<Ch,Tr>& b, Ch t = Tr::newline());

        streamsize readsome(Ch* p, streamsize n);          // lecture de n caractères au plus
};
```

Les fonctions de positionnement fonctionnent comme leurs équivalents avec ***ostream*** (§ 21.6.1). Le suffixe ***g*** indique qu'il s'agit de la position utilisée pour *récupérer* (*getting*) des caractères dans le flux. Les suffixes ***p*** et ***g*** sont requis, car il est possible de créer un ***iostream*** dérivé à la fois d'***istream*** et d'***ostream***, et un flux tel que celui-ci doit garder une trace des deux positions de lecture et d'insertion.

La fonction ***putback()*** permet à un programme de replacer un caractère indésirable dans le flux pour une lecture ultérieure, comme illustré en § 21.3.5. La fonction ***unget()*** replace le dernier caractère lu dans le flux d'origine. Malheureusement, il n'est pas toujours possible de "remonter" dans un flux d'entrée. Si vous tentez, par exemple, de remonter au-delà du premier caractère lu, cette opération définira ***ios_base::failbit***. La seule opération garantie est celle qui consiste à remonter d'un caractère après une lecture réussie. La fonction ***peek()*** lit le caractère suivant, mais le laisse dans le ***streambuf*** afin qu'il puisse être lu de nouveau. L'expression ***c=peek()*** est donc équivalente à ***(c=get(),unget(),c)*** et à ***(putback(c=get()),c)***. Notez qu'une définition de ***failbit*** pourrait déclencher une exception (§ 21.3.6).

Un ***istream*** est généralement vidé à l'aide de ***sync()***. Cette opération ne peut cependant pas toujours être réalisée correctement. Pour certains types de flux, nous devrons relire les caractères depuis la source réelle — et ce ne sera pas toujours possible ou désirable. Par conséquent, ***sync()*** retourne ***0*** si l'opération est réussie. Dans le cas contraire, elle définit ***ios_base::badbit*** (§ 21.3.3) et retourne ***–1***. Une fois encore, en établissant ***badbit***, on est susceptible de déclencher une exception (§ 21.3.6).

Les opérations **>>** et ***get()*** qui s'appliquent à un ***streambuf*** sont principalement utiles pour ceux qui implémentent des fonctionnalités d'E/S. Ces derniers devraient, en effet, être les seuls à manipuler directement les ***streambuf***.

La fonction ***readsome()*** est une opération de bas niveau qui permet à un utilisateur d'examiner un flux pour déterminer si des caractères y sont disponibles en lecture. Cette fonction trouve son utilité lorsqu'il n'est pas recommandé d'attendre les entrées, comme à partir d'un clavier. Consultez également ***in_avail()*** (§ 21.6.4).

21.6.3 Les flux et les mémoires tampon

La connexion entre un flux et sa mémoire tampon est maintenue dans la classe ***basic_ios*** du flux :

```
template <class Ch, class Tr = char_traits<Ch> >
class basic_ios : public ios_base {
public:
        // ...

        basic_streambuf<charT,traits>* rdbuf() const;    // récupère la mémoire tampon
        basic_streambuf<charT,traits>* rdbuf(basic_streambuf<Ch,Tr>* b); // définit la mémoire tampon

        locale imbue(const locale& loc);            // définit les paramètres locaux (et récupère les anciens)

        char narrow(char_type c, char d) const;     // construit une valeur char à partir de char_type c
        char_type widen(char c) const;              // construit une valeur char_type à partir du char c

        // ...

protected:
        basic_ios();
        void init(basic_streambuf<Ch,Tr>* b);       // définit la mémoire tampon initiale
};
```

En plus de la lecture et de la définition du ***streambuf*** du flux (§ 21.6.4), ***basic_ios*** fournit la fonction ***imbue()***. Elle offre ainsi la possibilité de lire et de redéfinir les paramètres locaux du flux (§ 21.7) en appelant ***imbue()*** sur sa classe ***ios_base*** (§ 21.7.1), et ***pubimbue()*** sur sa mémoire tampon (§ 21.6.4).

Les fonctions ***narrow()*** et ***widen()*** sont utilisées pour convertir des ***char*** vers et depuis un ***char_type*** de mémoire tampon. S'il n'existe pas de ***char*** correspondant à la valeur ***char_type c***, le second argument de ***narrow(c,d)*** est le ***char*** retourné.

21.6.4 Les mémoires tampon de flux

Les opérations d'E/S sont spécifiées sans aucune mention aux types de fichier. Il est cependant impossible de traiter tous les périphériques de façon identique vis-à-vis des stratégies d'utilisation des mémoires tampon. Un ***ostream*** relié à une ***string*** (§ 21.5.3), par exemple, a besoin d'un type de mémoire tampon différent d'un autre, relié à un fichier (§ 21.5.1). On gère ces problèmes en fournissant des types de mémoire tampon distincts selon les flux au moment de l'initialisation. Mais il n'existe qu'un seul jeu d'opérations sur ces types de mémoire tampon. Les fonctions d'un ***ostream*** ne contiennent donc pas le code permettant de les distinguer. Les différents types de mémoire tampon sont dérivés de la classe ***streambuf***. Cette dernière fournit les fonctions virtuelles pour les opérations associées à des stratégies d'utilisation de mémoires tampon différentes, comme les fonctions qui gèrent les dépassements de capacité positifs et négatifs.

La classe ***basic_streambuf*** fournit deux interfaces. L'interface publique est principalement destinée à ceux qui implémentent des classes de flux telles que ***istream***, ***ostream***, ***fstream***, ***stringstream***, etc. L'interface protégée est, quant à elle, destinée à ceux qui implémentent des nouvelles stratégies d'utilisation des mémoires tampon et de ***streambuf*** pour les sources d'entrée et les destinations de sortie récentes.

Pour comprendre le fonctionnement d'un ***streambuf***, il est préférable d'étudier, en premier lieu, le modèle à la base d'une zone de mémoire tampon fournie par l'interface protégée. Supposons que le ***streambuf*** possède une *zone d'insertion* dans laquelle l'opérateur **<<** puisse écrire, et une *zone de lecture* à partir de laquelle l'opérateur **>>** puisse lire. Chacune de ces zones est décrite par un pointeur de début, un pointeur courant et un pointeur de l'élément suivant le dernier. Ces pointeurs sont disponibles *via* les fonctions :

```
template <class Ch, class Tr = char_traits<Ch> >
class basic_streambuf {
protected:

        Ch* eback() const;          // début de la mémoire tampon de lecture
        Ch* gptr() const;           // prochain caractère rempli (le prochain caractère lu provient d'ici)
        Ch* egptr() const;          // pointeur de l'élément suivant la fin de la mémoire tampon de lecture
        void gbump(int n);          // ajoute n à gptr()
        void setg(Ch* begin, Ch* next, Ch* end); // définit eback(), gptr() et egptr()

        Ch* pbase() const;          // début de la mémoire tampon d'insertion
        Ch* pptr() const;           // prochain caractère libre (le prochain caractère écrit le sera ici)
        Ch* epptr() const;          // pointeur de l'élément suivant la fin de la mémoire tampon d'insertion
        void pbump(int n);          // ajoute n à pptr()
        void setp(Ch* begin, Ch* end);          // définit pbase() et pptr() en begin, et epptr() en end
        // ...
};
```

Si nous considérons un tableau de caractères, les deux fonctions ***setg()*** et ***setp()*** peuvent définir les pointeurs de façon appropriée. Une implémentation pourrait accéder à sa zone de lecture de la façon suivante :

```
template <class Ch, class Tr = char_traits<Ch> >
basic_streambuf<Ch,Tr>::int_type basic_streambuf<Ch,Tr>::snextc()  // lecture du prochain caractère
{
	if (gptr()==0) return uflow();             // pas d'utilisation de mémoire tampon en entrée
	gbump(1);                                  // déplace le caractère suivant
	if (gptr()>=egptr()) return underflow();   // remplit de nouveau la mémoire tampon
	return *gptr();                            // retourne le caractère maintenant courant
}
```

L'interface publique d'un ***streambuf*** a l'allure suivante :

```
template <class Ch, class Tr = char_traits<Ch> >
class basic_streambuf {
public:
		// les typdef habituels (§ 21.2.1)

	basic_streambuf();
	virtual ~basic_streambuf();

	locale pubimbue(const locale &loc);             // définit les paramètres locaux (et lit les
	                                                anciens paramètres)
	locale getloc() const;                          // lit les paramètres locaux

	basic_streambuf* pubsetbuf(Ch* p, streamsize n);  // définit l'espace de la mémoire tampon

	                                                // position (§ 21.6.1):
	pos_type pubseekoff(off_type off, ios_base::seekdir way,
		ios_base::openmode m = ios_base::in|ios_base::out);
	pos_type pubseekpos(pos_type p, ios_base::openmode m = ios_base::in|ios_base::out);

	int pubsync();                                  // entrée sync() (§ 21.6.2)


	int_type    snextc();                           // lit le caractère suivant
	int_type    sbumpc();                           // fait avancer gptr() de 1
	int_type    sgetc();                            // lit le caractère courant
	streamsize  sgetn(Ch* p, streamsize n);         // lit dans p[0]..p[n-1]

	int_type    sputbackc(Ch c);                    // replace c dans la mémoire tampon
	                                                (§ 21.6.2)
	int_type    sungetc();                          // replace le dernier caractère

	int_type    sputc(Ch c);                        // insère c
	streamsize  sputn(const Ch* p, streamsize n);   // insère p[0]..p[n-1]

	streamsize in_avail();                          // l'entrée est-elle prête ?
	// ...
};
```

L'interface publique contient des fonctions permettant l'insertion et l'extraction de caractères de la mémoire tampon. Ces fonctions sont simples et faciles à développer en ligne. Cela est crucial pour l'efficacité.

Les fonctions qui implémentent des parties d'une stratégie spécifique d'utilisation des mémoires tampon invoquent les fonctions correspondantes dans l'interface protégée. Par exemple, ***pubsetbuf()*** appelle ***setbuf()***, à laquelle se substitue une classe dérivée afin d'implémenter cette notion de classe de récupération de mémoire pour les caractères placés dans la mémoire tampon. L'utilisation de deux fonctions pour implémenter une opération telle que ***setbuf()*** permet à celui qui implémente ***iostream*** la réalisation de quelques "opérations de services" avant et après le code de l'utilisateur. La personne qui implémente pourrait, par exemple, englober l'appel de fonction virtuelle dans un bloc ***try***, et capturer les exceptions déclenchées par le code utilisateur. Cette utilisation d'une paire de fonctions publique et protégée est une autre technique générale, qui ne s'avère utile que dans le contexte des E/S.

setbuf(0,0) signifie par défaut "sans utilisation de la mémoire tampon" et ***setbuf(p,n)*** signifie "utilise ***p[0]...p[n–1]*** pour stocker les caractères placés dans la mémoire tampon".

Un appel de ***in_avail()*** permet de déterminer le nombre de caractères disponibles dans la mémoire tampon. On utilise généralement cet appel pour éviter d'attendre les entrées. Lorsqu'on lit dans un flux connecté au clavier, ***cin.get(c)*** peut attendre jusqu'au moment où l'utilisateur reviendra de déjeuner. Sur certains systèmes et pour certaines applications, il peut être intéressant de prendre cela en compte pour la lecture. Par exemple :

```
if (cin.rdbuf()->in_avail()) {  // get() ne bloquera pas
        cin.get(c);
                                // un traitement
}
else {                          // get() pourrait bloquer
                                // un autre traitement
}
```

En plus de l'interface publique utilisée par ***basic_istream*** et ***basic_ostream***, ***basic_streambuf*** offre une interface protégée à ceux qui implémentent ***streambuf***. Les fonctions virtuelles déterminant la stratégie seront déclarées à cet endroit :

```
template <class Ch, class Tr = char_traits<Ch> >
class basic_streambuf {
protected:
        // ...

        virtual void imbue(const locale &loc);              // définit les paramètres locaux

        virtual basic_streambuf* setbuf(Ch* p, streamsize n);

        virtual pos_type seekoff(off_type off, ios_base::seekdir way,
                ios_base::openmode m = ios_base::in|ios_base::out);
        virtual pos_type seekpos(pos_type p,
                ios_base::openmode m = ios_base::in|ios_base::out);
```

```
        virtual int sync();                                    // entrée sync() (§ 21.6.2)

        virtual int showmanyc();
        virtual streamsize xsgetn(Ch* p, streamsize n);        // lit n caractères
        virtual int_type underflow();                          // la zone est vide
        virtual int_type uflow();

        virtual int_type pbackfail(int_type c = Tr::eof());    // la réinsertion a échoué

        virtual streamsize xsputn(const Ch* p, streamsize n); // insère n caractères
        virtual int_type overflow(int_type c = Tr::eof());     // la zone est pleine
};
```

Les fonctions ***underflow()*** et ***uflow()*** sont appelées pour lire le caractère suivant dans la source d'entrée réelle lorsque la mémoire tampon est vide. Lorsque aucune autre entrée n'est disponible dans cette source, le flux passe en état ***eof()*** (§ 21.3.3). Si cette opération ne déclenche pas d'exception, ***traits_type::eof()*** est retourné. Les entrées "non tamponnées" utilisent ***uflow()***. Les entrées "tamponnées" emploient ***underflow()***. Souvenez-vous qu'il existe généralement davantage de tampons dans votre système que n'en introduit la bibliothèque ***iostream***. Il est donc possible que des délais de mise en mémoire tampon existent, même lorsque vous utilisez des E/S de flux non tamponnées.

La fonction ***overflow()*** est appelée pour transférer les caractères vers la destination de sortie réelle lorsque la mémoire tampon est pleine. Un appel ***overflow(c)*** transmet en sortie le contenu de cette mémoire, plus le caractère ***c***. Lorsque aucune autre donnée n'est disponible, le flux est placé en état ***eof*** (§ 21.3.3). Si cette opération ne déclenche aucune exception, ***traits_type::eof()*** est retourné.

showmanyc() — "show how many characters" — est une fonction spéciale qui permet à l'utilisateur d'obtenir certaines informations concernant l'état du système d'entrée d'une machine. Elle renvoie une estimation du nombre de caractères pouvant être lus "prochainement", disons en vidant les mémoires tampon du système d'exploitation, et non en attendant une lecture sur disque. Un appel de ***showmanyc()*** retourne ***–1*** s'il ne peut être garanti qu'un caractère puisse être lu sans détecter une fin de fichier. Cette fonction est (nécessairement) de bas niveau, et fortement dépendante de l'implémentation. Ne l'utilisez pas sans avoir préalablement soigneusement consulté la documentation de votre système et effectué quelques tests.

Chaque flux récupère par défaut les paramètres locaux globaux (§ 21.7). En codant un appel ***pubimbue(loc)*** ou ***imbue(loc)***, un flux utilisera ***loc*** comme paramètre local.

Le ***streambuf*** d'un type de flux particulier est dérivé de ***basic_streambuf***. Cette classe fournit les constructeurs et les fonctions d'initialisation connectant le ***streambuf*** à une source réelle de caractères, et se substituant aux fonctions virtuelles qui déterminent la stratégie d'utilisation des mémoires tampon. Par exemple :

```
template <class Ch, class Tr = char_traits<Ch> >
class basic_filebuf : public basic_streambuf<Ch,Tr> {
public:
        basic_filebuf();
        virtual ~basic_filebuf();
```

```
        bool is_open() const;
        basic_filebuf* open(const char* p, ios_base::openmode mode);
        basic_filebuf* close();

protected:
        virtual int showmanyc();
        virtual int_type underflow();
        virtual int_type uflow();
        virtual int_type pbackfail(int_type c = Tr::eof());
        virtual int_type overflow(int_type c = Tr::eof());

        virtual basic_streambuf<Ch,Tr>* setbuf(Ch* p, streamsize n);
        virtual pos_type seekoff(off_type off, ios_base::seekdir way,
                ios_base::openmode m = ios_base::in|ios_base::out);
        virtual pos_type seekpos(pos_type p,
                ios_base::openmode m = ios_base::in|ios_base::out);
        virtual int sync();
        virtual void imbue(const locale& loc);
};
```

Les fonctions qui permettent de manipuler les mémoires tampon, etc. sont héritées, sans être modifiées, de ***basic_streambuf***. Les fonctions qui affectent l'initialisation et la stratégie d'utilisation des tampons sont les seules à devoir être fournies séparément.

Comme toujours, les ***typedef*** évidents et leurs équivalents de flux étendus sont fournis :

```
typedef basic_streambuf<char> streambuf;
typedef basic_stringbuf<char> stringbuf;
typedef basic_filebuf<char> filebuf;

typedef basic_streambuf<wchar_t> wstreambuf;
typedef basic_stringbuf<wchar_t> wstringbuf;
typedef basic_filebuf<wchar_t> wfilebuf;
```

21.7 Les paramètres locaux

Un ***locale*** est un objet qui contrôle l'ordre de collation des chaînes, l'apparence des valeurs numériques en entrée et en sortie, ainsi que la classification des caractères en lettres, chiffres, etc. Le plus souvent, un ***locale*** est utilisé implicitement par la bibliothèque ***iostream*** dans le but de garantir le respect des conventions habituelles pour une culture ou un langage naturel. Dans ce cas, un programmeur ne traite jamais un objet ***locale***. Cependant, en modifiant l'objet ***locale*** d'un flux, il est possible de changer le comportement de ce dernier pour l'adapter à des conventions différentes.

Un ***locale*** est un objet de la classe ***locale*** définie dans l'espace de noms ***std*** et présentée dans l'en-tête ***<locale>*** :

```
class locale {
public:
        // ...
```

```
        locale() throw();                        // copie de l'objet locale global courant
        explicit locale(const char* name);       // construction de l'objet locale à l'aide du nom C locale
        basic_string<char> name() const;         // donne le nom de cet objet locale

        locale(const locale&) throw();                        // copie de l'objet locale
        const locale& operator=(const locale& ) throw();      // copie de l'objet locale

        static locale global(const locale&);     // définit l'objet locale global (détermine l'objet locale
    précédent)
        static const locale& classic();          // récupère l'objet locale que C définit
    };
```

Nous avons supprimé de ce code tous les éléments intéressants afin de ne conserver que le strict nécessaire pour basculer d'un objet ***locale*** existant vers un autre. Par exemple :

```
    void f()
    {
        std::locale loc("POSIX");                // objet locale standard pour POSIX

        cin.imbue(loc);                          // permet à cin d'utiliser loc
        // ...
        cin.imbue(std::locale::global());        // réinitialise cin pour utiliser l'objet locale par défaut
    }
```

La fonction ***imbue()*** est un membre de ***basic_ios*** (§ 21.7.1).

Comme illustré, certains objets ***locale*** standards possèdent des noms chaîne de caractères. C'est une pratique que l'on retrouve aussi en C.

Il est possible de définir l'objet ***locale*** qui est utilisé par tous les flux nouvellement construits :

```
    void g(const locale& loc = locale())         // utilise l'objet locale global courant par défaut
    {
        locale old_global = locale::global(loc); // définit loc comme objet locale par défaut
        // ...
    }
```

La définition de l'objet ***locale*** global ne modifie pas le comportement des flux déjà existants qui utilisent la valeur précédente de cet objet. Les flux ***cin***, ***cout***, etc., en particulier, ne sont pas affectés. S'il était nécessaire de les modifier, cette opération devrait être réalisée explicitement *via* la fonction ***imbue()***.

L'association d'un objet ***locale*** à un flux modifie certaines facettes de son comportement. Il est possible d'utiliser directement des membres d'un objet ***locale***, de définir de nouveaux objets ***locale*** ou de développer certains d'entre eux avec de nouveaux aspects. On peut aussi, par exemple, utiliser explicitement un objet ***locale*** pour contrôler une conversion entre jeux de caractères et examiner l'apparence des unités monétaires, des dates, etc., en entrée et en sortie (§ 21.10[25]). Le détail de cette opération sortirait toutefois des limites de cet ouvrage. Vous pouvez consulter,à ce sujet, la documentation de votre implémentation.

L'objet ***locale*** de style C est présenté dans les en-têtes ***<clocale>*** et ***<locale.h>***.

21.7.1 Les rappels (callback) de flux

Il est quelquefois nécessaire de développer le comportement d'un flux. On pourrait vouloir, par exemple, qu'un flux "sache" si un ***complex*** doit être transmis en sortie en coordonnées cartésiennes ou polaires. La classe ***ios_base*** fournit une fonction ***xalloc()***, destinée à allouer de l'espace pour de telles informations d'état. La valeur retournée par ***xalloc()*** identifie une paire d'emplacements auxquels il est possible d'accéder *via* ***iword()*** et ***pword()*** :

```
class ios_base {
public:
    // ...

    ~ios_base();

    locale imbue(const locale& loc);     // lit et définit l'objet locale
    locale getloc() const;               // lit l'objet locale

    static int xalloc();                 // lit un entier et un pointeur (tous deux initialisés à 0)
    long& iword(int i);                  // accède à l'entier iword(i)
    void*& pword(int i);                 // accède au pointeur pword(i)

    // rappels:

    enum event { erase_event, imbue_event, copyfmt_event };    // type d'événement
    typedef void (*event_callback)(event, ios_base&, int i);
    void register_callback(event_callback f, int i);          // attache f à word(i)
};
```

La personne qui implémente ou un utilisateur peut quelquefois avoir à connaître les modifications concernant l'état du flux. La fonction ***register_callback()*** "enregistre" une fonction à appeler lorsque son "événement" se produit. Un appel à ***imbue()***, ***copyfmt()*** ou ***~ios_base()*** va donc déclencher l'appel à une fonction "enregistrée" pour un ***imbue_event***, ***copyfmt_event***, ***erase_event*** respectivement. Lors d'une modification de l'état, les fonctions enregistrées sont appelées par l'argument ***i*** fourni par leur ***register_callback()***.

Ce mécanisme de stockage et de rappel est relativement complexe. Ne l'utilisez que s'il s'avère absolument nécessaire de développer la fonctionnalité de formatage de bas niveau.

21.8 Entrées/sorties C

Les codes C et C++ étant souvent combinés dans leur fonctionnement, les E/S de flux C++ sont quelquefois associées à la famille de fonctions d'E/S du langage C ***printf()***. Les fonctions d'E/S de style C sont présentées dans les en-têtes ***<cstdio>*** et ***<stdio.h>***. Les fonctions C pouvant être appelées dans du code C++, certains programmeurs préfèrent utiliser cette famille de fonctions plus familière. Même si vous préférez les E/S de flux, vous serez tôt ou tard confronté à des E/S de style C.

Les E/S C et C++ peuvent être mélangées sur une base caractère par caractère. Un appel de ***sync_with_stdio()*** avant la première opération d'E/S de flux dans l'exécution d'un programme garantit le fait que les opérations d'E/S de style C++ et C partageront les mémoires tampon. Un appel de

sync_with_stdio(false) avant la première opération d'E/S de flux interdira tout partage des tampons, et pourra améliorer les performances des E/S dans certaines implémentations.

```
class ios_base {
    // ...
    static bool sync_with_stdio(bool sync = true);    // lit et définit
};
```

L'avantage général des fonctions de sortie de flux, par rapport aux fonctions de la bibliothèque standard C ***printf()***, est qu'elles sont sécurisées au niveau du type et possèdent un style commun pour spécifier la sortie des objets de type intégré et de type défini par l'utilisateur.

Les fonctions de sortie C générales suivantes :

```
int printf(const char* format ...);                 // écrit dans stdout
int fprintf(FILE*, const char* format ...);         // écrit dans "file" (stdout, stderr)
int sprintf(char* p, const char* format ...);       // écrit dans p[0] ...
```

produisent une sortie formatée d'une séquence arbitraire d'arguments sous le contrôle de la chaîne de format ***format***. Cette chaîne contient deux types d'objets : les caractères simples, qui sont copiés vers le flux de sortie, et des spécifications de conversion, qui déclenchent la conversion et l'impression de l'argument suivant. Chaque spécification de conversion est annoncée par le caractère %. Par exemple :

```
printf("il y avait %d membres présents.",no_of_members);
```

Dans ce code, %***d*** spécifie que ***no_of_members*** doit être traité comme un ***int*** et imprimé sous la forme d'une séquence de chiffres décimaux appropriée. Si ***no_of_members==127***, l'affichage sera :

```
Il y avait 127 membres présents
```

Le jeu de spécifications de conversions est relativement développé, et offre un haut degré de flexibilité. A la suite de %, il est possible de coder :

- Un signe moins en option qui spécifie un ajustement à gauche de la valeur convertie dans le champ.

+ Un signe plus en option qui spécifie qu'une valeur d'un type signé commencera toujours par le signe + ou –.

Le signe ***#*** en option spécifie que les valeurs à virgule flottante seront imprimées avec un point décimal, même si aucun chiffre non nul ne suit. Il indique également que les ***0*** de droite seront imprimés, que les valeurs octales seront imprimées avec un ***0*** initial et que les valeurs hexadécimales seront imprimées avec le préfixe ***0x*** ou ***0X***.

d Une chaîne de chiffres en option spécifiant une largeur de champ. Si la valeur convertie possède moins de caractères que la largeur du champ, des blancs seront insérés sur la gauche (ou à droite, si l'indicateur d'ajustement à gauche a été codé) pour obtenir la largeur demandée. Si cette largeur commence par un ***0***, le remplissage s'effectuera avec des ***0***, et non avec des blancs.

. Un point en option qui permet de séparer la largeur du champ de la chaîne de chiffres suivante.

d Une chaîne de chiffres en option précisant le nombre maximal de caractères à imprimer dans une chaîne, ou le nombre de chiffres devant apparaître après le point décimal pour une conversion -e et -f.

* Une largeur de champ ou une précision pourrait être représentée par plutôt que par une chaîne de chiffres. Dans ce cas, la précision ou la largeur du champ est fournie par un argument entier.

h Un caractère en option ***h***, spécifiant que le caractère ***d***, ***o***, ***x*** ou ***u*** suivant correspond à un argument entier court.

l Un caractère en option ***l***, spécifiant que le caractère ***d***, ***o***, ***x*** ou ***u*** suivant correspond à un argument entier long.

% indique que le caractère % doit être imprimé. Aucun argument n'est utilisé.

c Un caractère qui indique le type de conversion à appliquer. Voici les caractères de conversion et leur signification :

- ***d*** L'argument entier est converti en notation décimale.
- ***o*** L'argument entier est converti en notation octale.
- ***x*** L'argument entier est converti en notation hexadécimale avec le préfixe ***0x***.
- ***X*** L'argument entier est converti en notation hexadécimale avec le préfixe ***0X***.
- ***f*** L'argument de type ***float*** ou ***double*** est converti en notation décimale dans le style *[-]ddd.ddd*. Le nombre de *d* après le point décimal est égal à la précision pour l'argument. Ce nombre est arrondi si nécessaire. Si la précision n'est pas indiquée, six chiffres sont imprimés. Si la précision est explicitement nulle et que le caractère ***#*** n'a pas été spécifié, le point décimal n'est pas imprimé.
- ***e*** L'argument de type ***float*** ou ***double*** est converti en notation décimale dans le style scientifique *[-]d.ddde+dd* ou *[-]d.ddde-dd*. Dans ce cas, un seul chiffre est indiqué avant le point décimal et le nombre de chiffres situés après ce point est égal à la spécification de précision pour l'argument. Ce nombre est arrondi si nécessaire. Lorsque la précision n'est pas indiquée, six chiffres sont imprimés. Si la précision est explicitement nulle et que le caractère ***#*** n'est pas codé, aucun chiffre et aucun point décimal n'est imprimé.
- ***E*** Comme ***e***, mais l'exposant est identifié par la lettre ***E*** majuscule.
- ***g*** L'argument des types ***float*** ou ***double*** est imprimé dans le style ***d***, ***f***, ou ***e***, de façon à obtenir la plus grande précision dans un espace minimal.
- ***G*** Comme ***g***, mais l'exposant est identifié par la lettre ***E*** majuscule.
- ***c*** L'argument caractère est imprimé. Les caractères nuls sont ignorés.
- ***s*** L'argument est transmis comme une chaîne (pointeur de caractère). Les caractères de la chaîne sont imprimés jusqu'à ce qu'un caractère nul soit détecté, ou jusqu'à ce que l'on ait atteint le nombre indiqué dans la spécification de précision. Cependant, si la précision est manquante ou de ***0***, tout les caractères sont imprimés jusqu'au caractère nul.
- ***p*** L'argument est transmis comme étant un pointeur. La représentation imprimée dépend de l'implémentation.
- ***u*** L'argument entier non signé est converti en notation décimale.

Une largeur de champ trop petite ou inexistante ne provoquera en aucun cas la troncation du champ. Le remplissage ne s'effectuera que si la largeur de champ spécifiée dépasse la largeur réelle.

Voici un exemple plus élaboré :

```
char* line_format = "\n#line %d \"%s\"\n";

int main()
{
	int line = 13;
	char* file_name = "C++/main.c";

	printf("int a;\n");
	printf(line_format,line,file_name);
	printf("int b;\n");
}
```

Ce code produit :

```
int a;

#line 13 "C++/main.c"
int b;
```

L'utilisation de ***printf()*** n'est pas sécurisée, car aucun contrôle des types n'est effectué. Voici, par exemple, une façon bien connue d'obtenir un résultat en sortie imprévisible, un vidage de la mémoire, ou pire encore :

```
char x;
// ...
printf("Mauvais caractère en entrée: %s",x);     // %s aurait dû être %c
```

Les programmeurs C savent, cependant, que la fonction ***printf()*** offre une grande flexibilité.

De la même façon, ***getchar()*** propose une méthode familière de lecture des caractères en entrée :

```
int i;
while ((i=getchar())!=EOF) {                      // entrée de caractères C
                                                  // utilise i
}
```

Il convient de noter que, pour pouvoir tester la fin d'un fichier en détectant la valeur ***int EOF***, la valeur de ***getchar()*** doit être placée dans un type d'***int***, et non dans un type ***char***.

Vous trouverez des détails complémentaires concernant les E/S du C dans votre manuel de référence C, ou dans l'ouvrage de Peter Aitken et Dradley L. Jones : *Le langage C* dans la collection "Le Programmeur" aux éditions CampusPress.

21.9 Conseils

1. Définissez les opérateurs << et >> pour les types définis par l'utilisateur avec des valeurs ayant une représentation textuelle significative (voir § 21.2.3, § 21.3.5).
2. N'oubliez pas d'insérer des parenthèses pour imprimer des expressions contenant des opérateurs de priorité faible (voir § 21.2).
3. Il est inutile de modifier ***istream*** ou ***ostream*** pour ajouter de nouveaux opérateurs << et >> (voir § 21.2.3).
4. Il vous est possible de définir une fonction de telle sorte qu'elle se comporte comme une fonction ***virtual*** en fonction de son second (ou suivant) argument (voir § 21.2.3.1).
5. N'oubliez pas que l'opérateur >> saute les espaces par défaut (voir § 21.3.2).
6. Utilisez les fonctions d'entrée de niveau inférieur, telles que ***get()*** et ***read()***, dans l'implémentation de fonctions d'entrée de plus haut niveau (voir § 21.3.4).
7. Prenez soin du critère de fin en codant les fonctions ***get()***, ***getline()*** et ***read()*** (voir § 21.3.4).
8. Utilisez de préférence les manipulateurs (et non les indicateurs d'état) pour le contrôle des E/S (voir § 21.3.3, § 21.4, § 21.4.6).
9. Utilisez les exceptions pour détecter les erreurs d'E/S rares (uniquement) (voir § 21.3.6).
10. Reliez les flux utilisés pour les E/S interactives (voir § 21.3.7).
11. Utilisez les classes ***sentry*** pour rassembler le code d'entrée et de sortie employé dans de nombreuses fonctions à un seul emplacement (voir § 21.3.8).
12. N'utilisez pas les parenthèses après un manipulateur sans argument (voir § 21.4.6.2).
13. N'oubliez pas d'inclure l'en-tête ***<iomanip>*** lorsque vous utilisez les manipulateurs standards (voir § 21.4.6.2).
14. Vous pouvez obtenir l'effet (et l'efficacité) d'un opérateur ternaire en définissant un objet fonction simple (voir § 21.4.6.3).
15. N'oubliez pas que les spécifications ***width*** ne s'appliquent qu'à l'opération d'E/S suivante (voir § 21.4.4).
16. N'oubliez pas que les spécifications de ***precision*** s'appliquent à toutes les opérations de sortie à virgule flottante suivantes (voir § 21.4.3).
17. Utilisez les flux de chaîne pour le formatage en mémoire (voir § 21.5.3).
18. Il vous est possible de spécifier un mode pour un flux de fichier (voir § 21.5.1).
19. Etablissez une nette distinction entre le formatage (***iostream***) et l'utilisation de mémoires tampon (***streambuf***) si vous développez le système des E/S (voir § 21.1, § 21.6).
20. Implémentez des méthodes non standards de transmission de valeurs sous la forme de mémoires tampon de flux (voir § 21.6.4).
21. Implémentez des méthodes non standards de formatage de valeurs sous la forme d'opérations de flux (voir § 21.2.3, § 21.3.5).

22. Vous pouvez isoler et encapsuler des appels de code définis par l'utilisateur *via* une paire de fonctions (voir § 21.6.4).

23. Vous pouvez utiliser ***in_avail()*** avant une lecture pour déterminer si une opération d'entrée risque de se bloquer (voir § 21.6.4).

24. Faites la distinction entre des opérations simples devant être efficaces, et des opérations implémentant une stratégie (créez la première ***inline*** et la seconde ***virtual***) (voir § 21.6.4).

25. Utilisez un objet ***locale*** pour localiser les "différences culturelles" (voir § 21.7).

26. Utilisez la fonction ***sync_with_stdio(x)*** pour mélanger des E/S de style C et C++. Cette fonction vous permettra également de dissocier ces deux styles d'E/S (voir § 21.8).

27. Soyez attentif aux erreurs de type dans les E/S de style C (voir § 21.8).

21.10 Exercices

1. (*1.5) Lisez un fichier de nombres à virgule flottante, créez des nombres complexes à partir des paires de nombres lues, et affichez ces nombres complexes.

2. (*1.5) Définissez un type ***Name_and_address***. Définissez pour ce type les deux opérateurs **<<** et **>>**. Copiez un flux d'objets ***Name_and_address***.

3. (*2.5) Copiez un flux d'objets ***Name_and_address*** dans lequel vous avez inséré autant d'erreurs que possible (par exemple, des erreurs de format et des fins de chaîne prématurées). Gérez ces erreurs de façon à garantir la lecture par la copie de fonction de la plus grande partie possible de ***Name_and_address*** correctement formaté, cela même lorsque l'entrée est très embrouillée.

4. (*2.5) Redéfinissez le format d'E/S de ***Name_and_address*** pour le rendre plus fiable en présence d'erreurs de format.

5. (*2.5) Concevez des fonctions permettant de demander et de lire des informations de divers types. Conseil : des entiers, des nombres à virgule flottante, des noms de fichiers, des adresses de courrier, des dates, des informations personnelles, etc. Essayez de les rendre infaillibles.

6. (*1.5) Ecrivez un programme qui imprime (a) toutes les lettres minuscules, (b) toutes les lettres, (c) toutes les lettres et chiffres, (d) tous les caractères pouvant apparaître dans un identificateur C++ sur votre système, (e) tous les caractères de ponctuation, (f) la valeur entière de tous les caractères de contrôle, (g) tous les caractères espaces, (h) la valeur entière de tous les caractères espaces, et pour terminer (i) tous les caractères d'impression.

7. (*2) Lisez une séquence de lignes de texte dans une mémoire tampon caractère de taille fixe. Supprimez tous les espaces et remplacez chaque caractère alphanumérique par le caractère suivant dans l'alphabet (remplacez *z* par ***a*** et ***9*** par ***0***). Affichez la ligne obtenue.

8. (*3) Ecrivez un système d'E/S de flux "miniature" qui fournisse les classes ***istream***, ***ostream***, ***ifstream***, ***ofstream***. Ces dernières doivent proposer des fonctions telles que ***operator<<()*** et ***operator>>()*** pour les entiers et des opérations telles que ***open()*** et ***close()*** pour les fichiers.

9. (*4) Implémentez la bibliothèque d'E/S standard du C (***<stdio.h>***) à l'aide de la bibliothèque d'E/S standard du C++ (***<iostream>***).

10. (*4) Implémentez la bibliothèque d'E/S standard du C++ (***<iostream>***) à l'aide de la bibliothèque d'E/S standard du C (***<stdio.h>***).

11. (*4) Implémentez les bibliothèques C et C++ de telle sorte que l'on puisse les utiliser simultanément.

12. (*2) Implémentez une classe pour laquelle ***[]*** est surchargée de façon à implémenter une lecture aléatoire des caractères dans un fichier.

13. (*3) Répétez § 21.10[12] en transformant ***[]*** pour l'utiliser à la fois en lecture et en écriture. Conseil : définissez ***[]*** de telle manière qu'elle retourne un objet d'un "type descripteur" pour lequel l'affectation signifie "affecter *via* le descripteur au fichier", et une conversion implicite vers un ***char*** signifie "lire dans le fichier *via* le descripteur".

14. (*2) Répétez l'exercice précédent en transformant ***[]*** pour indexer des objets de type arbitraire, et non simplement des caractères.

15. (*3.5) Implémentez des versions de ***istream*** et ***ostream*** qui lisent et écrivent des nombres dans leur forme binaire, et ne les convertissent pas dans leur représentation caractère. Evaluez les avantages et les inconvénients de cette approche en comparaison d'une approche fondée sur le caractère.

16. (*3.5) Concevez et implémentez une opération d'entrée $$pattern-matching (de correspondance sur modèle).$$ Utilisez une chaîne de format dans le style ***printf*** pour spécifier un modèle. Il devrait être possible de comparer plusieurs modèles à une entrée pour déterminer le format réel. Une classe d'entrée de correspondance sur modèle pourrait être dérivée de la classe ***istream***.

17. (*4) Inventez (et implémentez) un meilleur type de modèle pour la correspondance sur modèle. Indiquez spécifiquement ce qui a été amélioré.

18. (*2) Définissez un manipulateur en sortie ***based*** qui reçoive deux arguments — une base et une valeur ***int*** — et qui transfère en sortie l'entier dans la représentation spécifiée par la base. Par exemple, ***based(2,9)*** devrait imprimer ***1001***.

19. (*2) Ecrivez des manipulateurs qui activent et désactivent le renvoi de caractère en écho.

20. (*2) Implémentez ***Bound_form*** du § 21.4.6.3 pour l'ensemble habituel des types intégrés.

21. (*2) Réimplémentez ***Bound_form*** du § 21.4.6.3 de telle sorte qu'une opération de sortie ne dépasse jamais sa largeur ***width()***. Un programmeur devrait avoir la possibilité de garantir que cette sortie ne soit jamais tronquée au-delà de la précision spécifiée.

22. (*3) Implémentez un manipulateur ***encrypt(k)*** qui garantisse le fait que la sortie vers son ***ostream*** soit chiffrée à l'aide de la clé ***k***. Fournissez un manipulateur analogue ***decrypt(k)*** pour un ***istream***. Proposez un moyen de désactiver le chiffrement sur un flux, de sorte que les E/S suivantes soient réalisées en texte clair.

23. (*2) Tracez le chemin d'un caractère dans votre système depuis le clavier vers l'écran pour un :

```
char c;
cin >> c;
cout << c << endl;
```

24. (*2) Modifiez ***readints()*** (§ 21.3.6) de façon à gérer toutes les exceptions. Conseil : l'acquisition de ressources s'effectue à l'initialisation.

25. (*2.5) Il existe une méthode standard pour lire, écrire et représenter des dates sous le contrôle d'un objet ***locale***. Retrouvez-le dans la documentation de votre implémentation et écrivez un petit programme qui lise et écrive des dates en utilisant ce mécanisme. Conseil : ***struct tm***.

26. (*2.5) Définissez un ***ostream***, nommé ***ostrstream***, qui puisse être attaché à un tableau de caractères (une chaîne de style C) d'une façon analogue à celle dont un ***ostringstream*** est attaché à un ***string***. Cependant, ne copiez pas le tableau dans, ou depuis, l'***ostrstream***. Ce flux devrait simplement fournir le moyen d'écrire dans son argument tableau. Il pourrait être utilisé pour un formatage en mémoire de la façon suivante :

```
char buf[message_size];
ostrstream ost(buf,message_size);
do_something(arguments,ost);        // sortie vers buf via ost
cout << buf;                        // ost ajoute un 0 de fin
```

Une opération telle que ***do_something()*** peut écrire vers le flux ***ost***, passer ***ost*** à ses sous-opérations, etc. à l'aide des opérations de sortie standards. Il n'est pas nécessaire de contrôler un dépassement de capacité, car ***ost*** connaît sa taille et passera en état ***fail()*** une fois qu'il sera complet. Pour terminer, une opération ***display()*** peut écrire le message vers un flux de sortie "réel". Cette technique trouve surtout son utilité pour des opérations de copie dans lesquelles l'opération d'affichage finale implique l'écriture vers quelque chose de plus compliqué qu'un périphérique de sortie orienté ligne traditionnel. Le texte en provenance d'***ost***, par exemple, pourrait être placé dans une zone de taille fixe à un endroit ou à un autre de l'écran. De la même façon, définissez une classe ***istrstream*** en tant que flux de chaîne en entrée lisant dans une chaîne de caractères terminée par ***0***. Interprétez le caractère ***0*** de fin comme la fin de fichier. Ces flux ***strstream*** faisaient partie de la bibliothèque des flux originale, et se retrouvent souvent dans l'en-tête ***<strstream.h>***.

27 (*2.5) Implémentez un manipulateur ***general()*** qui réinitialise un flux dans son format (général) original, de la même façon qu'un ***scientific()*** (§ 21.4.6.2) définit un flux pour utiliser le format scientifique.

22

Le numérique

L'objectif de l'informatique est l'idée, pas les nombres.

R.W. Hamming

Mais pour les étudiants, les nombres représentent souvent
le meilleur chemin vers la perspicacité.

A. Ralston

Introduction — Limites numériques — Fonctions mathématiques — ***valarray*** — Les opérations sur les vecteurs — Les ***slice*** — ***slice_array*** — La suppression des variables temporaires — ***gslice_array*** — ***mask_array*** — ***indirect_array*** — ***complex*** — Les algorithmes généralisés — Les nombres aléatoires — Conseils — Exercices

22.1 Introduction

Il est très rare de pouvoir écrire du code réel sans effectuer le moindre calcul. Un programme a presque toujours besoin de réaliser quelques calculs mathématiques qui dépassent l'arithmétique simple. Ce chapitre présente les fonctionnalités proposées par la bibliothèque standard pour réaliser ces calculs.

Aucun des deux langages C ou C++ n'a été conçu avec pour objectif principal le traitement numérique. Ce type de traitement intervient cependant dans certains contextes, tels qu'un accès à une base de données, la gestion de réseau, le contrôle d'instruments, les graphiques, la simulation, l'analyse financière, etc. Le langage C++ devient donc un véhicule intéressant pour les calculs s'intégrant dans un système plus large. De plus, les méthodes numériques ont déjà parcouru un long chemin depuis les boucles simples jusqu'aux vecteurs de nombres à virgule flottante. Lorsque des structures de données plus complexes sont requises dans un calcul, le langage C++ donne alors le meilleur de lui-même. C++ est, de ce fait, de plus en plus utilisé pour les traitements scientifiques et d'ingénierie impliquant des calculs numériques sophistiqués. Des fonctions et techniques supportant ce type de traitement sont alors apparues. Ce chapitre décrit les parties de la bibliothèque standard qui prennent en charge les calculs numériques, et présente quelques techniques permettant de résoudre les problèmes qui peuvent se poser lorsque l'on exprime des calculs numériques en C++. Nous ne prétendons pas enseigner les méthodes numériques. Le traitement numérique est en lui-même un sujet fascinant. Pour le comprendre, vous avez besoin d'une bonne formation portant sur les méthodes numériques, ou d'un bon manuel — et non d'un simple manuel de langage.

22.2 Limites numériques

En règle générale, pour pouvoir utiliser efficacement les nombres, il est nécessaire de connaître les propriétés générales des types numériques intégrés qui sont définies par l'implémentation, et non fixées par les règles du langage lui-même (§ 4.6). Quel est l'***int*** le plus grand, par exemple ? Quel est le ***float*** le plus petit ? Un type double est-il arrondi ou tronqué lorsqu'il est affecté à un type ***float*** ? Combien un type ***char*** contient-il de bits ?

Les réponses à ces questions sont fournies par les spécialisations du modèle ***numeric_limits*** présenté dans l'en-tête ***<limits>***. Par exemple :

```
void f(double d, int i)
{
        if (numeric_limits<unsigned char>::digits != 8) {
                // octets inhabituels (ne contiennent pas 8 bits)
        }

        if (i<numeric_limits<short>::min() || numeric_limits<short>::max()<i) {
                // i ne peut être stocké dans un type short sans perdre en précision
        }

        if (0<d && d<numeric_limits<double>::epsilon()) d = 0;

        if (numeric_limits<Quad>::is_specialized) {
                // informations de limites disponibles pour le type Quad
        }
}
```

Chaque spécialisation fournit les informations pertinentes pour son type d'argument. Ainsi, le modèle général ***numeric_limits*** est un simple descripteur permettant de représenter un ensemble de constantes et de fonctions en ligne :

```
template<class T> class numeric_limits {
public:
        static const bool is_specialized = false;     // informations disponibles pour numeric_limits<T>?

                // valeurs par défaut sans intérêt
};
```

Les informations réelles se trouvent dans les spécialisations. Chaque implémentation de la bibliothèque standard fournit une spécialisation de ***numeric_limits*** pour chacun des types fondamentaux (les types caractère, entier, virgule flottante et ***bool***). Cela ne sera cependant pas le cas pour un autre candidat, tel qu'un type ***void***, une énumération ou un type de la bibliothèque (***complex<double>***, par exemple).

Pour un type intégral tel que ***char***, seuls quelques éléments d'information présentent de l'intérêt. Voici ***numeric_limits<char>*** pour une implémentation dans laquelle un type ***char*** possède 8 bits et est signé :

```
class numeric_limits<char> {
public:
        static const bool is_specialized = true;          // oui, nous possédons l'information

        static const int digits = 7;                      // nombre de bits ("chiffres binaires") sans le signe

        static const bool is_signed = true;               // cette implémentation propose des char signés
        static const bool is_integer = true;              // char est un type intégral

        inline static char min() throw() { return -128; } // plus petite valeur
        inline static char max() throw() { return 127; }  // plus grande valeur

        // beaucoup de déclarations sans aucun lien avec un char
};
```

Notez que pour un type d'entier signé, ***digits*** est inférieur de un au nombre de bits utilisés pour stocker le type.

L'objectif de la plupart des membres de ***numeric_limits*** consiste à décrire les nombres à virgule flottante. Le code suivant, par exemple, décrit une implémentation possible pour le type ***float*** :

```
class numeric_limits<float> {
public:
        static const bool is_specialized = true;

        static const int radix = 2;          // base de l'exposant (dans ce cas, binaire)
        static const int digits = 24;        // chiffres de la base du nombre dans la mantisse
        static const int digits10 = 6;       // nombre en base 10 dans la mantisse

        static const bool is_signed = true;
```

```
    static const bool is_integer = false;
    static const bool is_exact = false;

    inline static float min() throw() { return 1.17549435E-38F; }
    inline static float max() throw() { return 3.40282347E+38F; }

    inline static float epsilon() throw() { return 1.19209290E-07F; }
    inline static float round_error() throw() { return 0.5F; }

    inline static float infinity() throw() { return /* une valeur */; }
    inline static float quiet_NaN() throw() { return /* une valeur */; }
    inline static float signaling_NaN() throw() { return /* une valeur */; }
    inline static float denorm_min() throw() { return min(); }

    static const int min_exponent = -125;
    static const int min_exponent10 = -37;
    static const int max_exponent = +128;
    static const int max_exponent10 = +38;

    static const bool has_infinity = true;
    static const bool has_quiet_NaN = true;
    static const bool has_signaling_NaN = true;
    static const float_denorm_style has_denorm = denorm_absent;      // enum dans <limits>
    static const bool has_denorm_loss = false;

    static const bool is_iec559 = true;                               // conforme à IEC-559
    static const bool is_bounded = true;
    static const bool is_modulo = false;
    static const bool traps = true;
    static const bool tinyness_before = true;

    static const float_round_style round_style = round_to_nearest;    // enum dans <limits>
};
```

Notez que ***min()*** est le nombre normalisé positif le plus petit, et qu'***epsilon*** est le nombre à virgule flottante positif le plus petit, de sorte que ***1+epsilon–1*** puisse être représenté.

Lorsque l'on définit un type scalaire sur le modèle des types intégrés, il est également intéressant de fournir une spécialisation appropriée pour ***numeric_limits***. Si je créais, par exemple, un type ***Quad*** en quadruple précision, ou si un vendeur fournissait un entier à précision étendue ***long long***, un utilisateur pourrait raisonnablement s'attendre à ce que ***numeric_limits<Quad>*** et ***numeric_limits <long long>*** soient fournis.

On peut imaginer des spécialisations de ***numeric_limits*** décrivant les propriétés des types définis par l'utilisateur, et n'ayant rien à voir avec les nombres à virgule flottante. Dans de tels cas, il est préférable d'utiliser la technique générale pour la description des propriétés d'un type. Nous devons éviter de spécialiser ***numeric_limits*** avec des propriétés non considérées dans le standard.

Les valeurs à virgule flottante sont représentées comme des fonctions en ligne. Les valeurs intégrales situées dans ***numeric_limits***, cependant, doivent être représentées sous une forme permettant leur utilisation dans des expressions constantes. Cela implique qu'elles possèdent des initialiseurs intégrés à la classe (§ 10.4.6.2). Si, pour obtenir cela, vous utilisez des membres ***static const***, n'oubliez pas de définir les ***static***.

22.2.1 Les macros de plage de valeurs

Le langage C++ a hérité du C des macros qui décrivent les propriétés des entiers. Ces macros se trouvent dans les en-têtes ***<climits>*** et ***<limits.h>***, et se nomment ***CHAR_BIT*** et ***INT_MAX***. De la même façon, les en-têtes ***<cfloat>*** et ***<float.h>*** définissent des macros décrivant les propriétés des nombres à virgule flottante. Elles se nomment ***DBL_MIN_EXP***, ***FLT_RADIX*** et ***LDBL_MAX***.

Comme toujours, il est préférable d'éviter l'utilisation des macros.

22.3 Fonctions mathématiques standards

Les en-têtes ***<cmath>*** et ***<math.h>*** fournissent ce qui est communément nommé les "fonctions mathématiques usuelles" :

```
double abs(double);                  // valeur absolue; absente en C, identique à fabs()
double fabs(double);                 // valeur absolue

double ceil(double d);               // plus petit entier non inférieur à d
double floor(double d);              // plus grand entier non supérieur à d

double sqrt(double d);               // racine carrée de d, d doit être un nombre positif

double pow(double d, double e);      // d à la puissance e,
                                     // erreur si d==0 et e<=0 ou si d<0 et e n'est pas un entier.
double pow(double d, int i);         // d à la puissance i; absent en C

double cos(double);                  // cosinus
double sin(double);                  // sinus
double tan(double);                  // tangente

double acos(double);                 // arc cosinus
double asin(double);                 // arc sinus
double atan(double);                 // arc tangente
double atan2(double x, double y);    // atan(x/y)

double sinh(double);                 // sinus hyperbolique
double cosh(double);                 // cosinus hyperbolique
double tanh(double);                 // tangente hyperbolique

double exp(double);                  // exponentiel, base e
double log(double d);                // logarithme naturel (base e), d doit être > 0
double log10(double d);              // logarithme base 10, d doit être > 0

double modf(double d, double* p);    // retourne la partie fractionnaire de d, place la partie intégrale dans *p
double frexp(double d, int* p);      // cherche x dans [.5,1) et y tel que d = x*pow(2,y),
```

```
                                        // retourne x et stocke y dans *p
double fmod(double d, double m);        // reste à virgule flottante, même signe que d
double ldexp(double d, int i);          // d*pow(2,i)
```

Les en-têtes **<cmath>** et **<math.h>** fournissent ces fonctions pour les arguments ***float*** et ***long double***.

Lorsque plusieurs valeurs (telles qu'***asin()***) sont acceptables, la plus proche de ***0*** est retournée. Le résultat de ***acos()*** est positif.

Les erreurs sont signalées en définissant ***errno*** de **<cerrno>** en ***EDOM*** pour un domaine d'erreur, et en ***ERANGE*** pour une erreur de limite. Par exemple :

```
void f()
{
        errno = 0;                      // efface l'ancien état d'erreur
        sqrt(-1);
        if (errno==EDOM) cerr << "sqrt() n'est pas défini pour un argument négatif";
        pow(numeric_limits<double>::max(),2);
        if (errno == ERANGE) cerr << "le résultat de pow() est trop grand pour être représenté comme
un double";
}
```

Pour des raisons historiques, certaines fonctions mathématiques se trouvent dans l'en-tête **<cstdlib>**, et non dans **<cmath>** :

```
int abs(int);                           // valeur absolue
long abs(long);                         // valeur absolue (n'existe pas en C)
long labs(long);                        // valeur absolue

struct div_t { \fP\f(BIimplementation_defined\f(CW\fZ quot, rem; };
struct ldiv_t { \fP\f(BIimplementation_defined\f(CW\fZ quot, rem; };

div_t div(int n, int d);                // divise n par d, retourne (quotient,reste)
ldiv_t div(long int n, long int d);     // divise n par d, retourne (quotient,reste) (n'existe pas en C)
ldiv_t ldiv(long int n, long int d);    // divise n par d, retourne (quotient,reste)
```

22.4 Arithmétique sur les vecteurs

La majeure partie des tâches numériques s'appuie sur des vecteurs de valeurs à virgule flottante dont la dimension est simple. De tels vecteurs sont bien pris en charge par des architectures de machines à haute performance, des bibliothèques s'appuyant sur ces vecteurs sont souvent utilisées, et une optimisation très agressive du code utilisant de tels vecteurs est considérée comme essentielle dans de nombreux domaines. La bibliothèque standard fournit donc un vecteur — nommé ***valarray*** — conçu spécifiquement pour la vitesse des opérations habituelles sur un vecteur numérique.

Lorsqu'on étudie la fonctionnalité de ***valarray***, il est préférable de toujours garder en mémoire le fait qu'il doit jouer le rôle de bloc de construction de relativement bas niveau pour les traitements en haute performance. Le critère de conception principal n'était pas la simplicité d'utilisation, mais l'emploi efficace des ordinateurs à hautes performances en s'appuyant sur des techniques d'optimisation agressives. Si vous recherchez la flexibilité et la généralité plutôt que l'efficacité, vous avez intérêt à utiliser les conteneurs standards des Chapitres 16 et 17. Dans ce cas, n'essayez pas de vous adapter à la structure simple, efficace et délibérément traditionnelle d'un ***valarray***.

On pourrait épiloguer sur le fait qu'un ***valarray*** aurait dû être appelé ***vector***, car il s'agit d'un vecteur mathématique traditionnel, et sur le fait qu'un ***vector*** (§ 16.3) aurait dû être appelé ***array***. Ce n'est cependant pas la meilleure façon de faire évoluer la technologie. Un ***valarray*** est un vecteur optimisé pour le traitement numérique. Un ***vector*** est un conteneur souple conçu pour stocker et manipuler des objets d'une grande diversité de types ; et un tableau est un type intégré de bas niveau.

Quatre types auxiliaires permettent la spécification des sous-ensembles d'un ***valarray*** :

- ***slice_array*** et ***gslice_array*** représentent la notion de couches (§ 22.4.6, § 22.4.8).
- ***mask_array*** spécifie un sous-ensemble en marquant chaque élément comme inclus ou exclus (§ 22.4.9).
- ***indirect_array*** fournit la liste des indices des éléments à considérer (§ 22.4.10).

22.4.1 La construction d'un valarray

Le type ***valarray*** et sa fonctionnalité sont définis dans l'espace de noms ***std***, et présentés dans l'en-tête ***<valarray>*** :

```
template<class T> class std::valarray {
        // représentation
public:
        typedef T value_type;

        valarray();                                 // valarray avec size()==0
        explicit valarray(size_t n);                // n éléments de valeur T()
        valarray(const T& val, size_t n);           // n éléments de valeur val
        valarray(const T* p, size_t n);             // n éléments de valeurs p[0], p[1], ...
        valarray(const valarray& v);                // copie de v

        valarray(const slice_array<T>&);            // voir § 22.4.6
        valarray(const gslice_array<T>&);           // voir § 22.4.8
        valarray(const mask_array<T>&);             // voir § 22.4.9
        valarray(const indirect_array<T>&);         // voir § 22.4.10

        ~valarray();

        // ...
};
```

Cet ensemble de constructeurs nous permet d'initialiser des ***valarray*** à partir de types de tableaux numériques auxiliaires, ainsi qu'à partir de valeurs uniques. Par exemple :

```
Listing N° 9
valarray<double> v0;          // espace réservé, on peut affecter une valeur à v0 plus tard
valarray<float> v1(1000);     // 1 000 éléments de valeur float()==0.0F

valarray<int> v2(-1,2000);    // 2 000 éléments de valeur -1
```

```
valarray<double> v3(100,9.8064);  // erreur grossière: taille de valarray à virgule flottante

valarray<double> v4 = v3;         // v4 possède v3.size() éléments
```

Dans les constructeurs à deux arguments, la valeur se présente avant le nombre d'éléments. Il s'agit d'une différence fondamentale avec la convention qui s'applique aux conteneurs standards (§ 16.3.4).

Dans un argument ***valarray***, le nombre d'éléments destinés au constructeur de copie détermine la taille de l'argument résultant.

La plupart des programmes ont besoin de données en provenance de tables ou de l'entrée. Cette fonction est supportée par un constructeur qui copie les éléments en provenance d'un tableau intégré. Par exemple :

```
const double vd[] = { 0, 1, 2, 3, 4 };
const int vi[] = { 0, 1, 2, 3, 4 };

valarray<double> v3(vd,4);     // 4 éléments: 0,1,2,3
valarray<double> v4(vi,4);     // erreur de type: vi n'est pas un pointeur de type double
valarray<double> v5(vd,8);     // indéfini: trop peu d'éléments dans l'initialiseur
```

Cette forme d'initialisation est importante, car les logiciels numériques produisant les données sous la forme de grands tableaux sont courants.

Le vecteur ***valarray*** et ses fonctions auxiliaires ont été conçus pour un traitement à grande vitesse. Cela est à l'origine de quelques contraintes pour les utilisateurs et permet certaines libertés aux personnes qui implémentent. Celui qui implémente ***valarray*** a la possibilité d'utiliser toute technique d'optimisation imaginable. Les opérations pourraient être développées en ligne, par exemple. De plus, les opérations sur un ***valarray*** sont supposées être sans effet secondaire (sauf, bien sûr, sur leurs arguments explicites). Les ***valarray*** sont également supposés être sans alias. L'introduction de types auxiliaires et l'élimination des variables temporaires sont autorisées aussi longtemps que la sémantique de base est maintenue. Dans ***<valarray>***, les déclarations pourraient donc avoir un aspect quelque peu différent de celles présentées ici (et dans le standard). Elles devraient néanmoins fournir les mêmes opérations, avec la même signification, pour le code qui ne s'écarte pas du chemin dans le but de rompre les règles. Les éléments d'un ***valarray***, en particulier, devraient posséder une sémantique de copie habituelle (§ 17.1.4).

22.4.2 Affectation et indiçage dans un valarray

L'indiçage est utilisé pour les ***valarray*** à la fois dans le but d'accéder aux éléments individuels et d'obtenir des sous-tableaux :

```
template<class T> class valarray {
public:
        // ...
        valarray& operator=(const valarray& v);    // copie v
        valarray& operator=(const T& val);         // affecte val à chaque élément

        T operator[](size_t) const;
        T& operator[](size_t);
```

```
        valarray operator[](slice) const;                      // voir § 22.4.6
        slice_array<T> operator[](slice);

        valarray operator[](const gslice&) const;              // voir § 22.4.8
        gslice_array<T> operator[](const gslice&);

        valarray operator[](const valarray<bool>&) const;      // voir § 22.4.9
        mask_array<T> operator[](const valarray<bool>&);

        valarray operator[](const valarray<size_t>&) const;    // voir § 22.4.10
        indirect_array<T> operator[](const valarray<size_t>&);

        valarray& operator=(const slice_array<T>&);            // voir § 22.4.6
        valarray& operator=(const gslice_array<T>&);           // voir § 22.4.8
        valarray& operator=(const mask_array<T>&);             // voir § 22.4.9
        valarray& operator=(const indirect_array<T>&);         // voir § 22.4.10

        // ...
};
```

Un ***valarray*** peut être affecté à un autre ***valarray*** de même taille. Comme on aurait pu s'y attendre, ***v1=v2*** copie chaque élément de ***v2*** dans la position correspondante de ***v1***. Si les tailles des ***valarray*** sont différentes, le résultat de l'affectation est indéfini. Les ***valarray*** étant optimisés pour la vitesse, il serait imprudent de supposer que l'affectation d'un ***valarray*** de taille incorrecte puisse provoquer une erreur $$facile à reconnaître (telle qu'une exception), ou tout autre comportement "raisonnable".$$

Pour compléter cette affectation conventionnelle, il est possible d'attribuer une valeur scalaire à un ***valarray***. *v=7*, par exemple, attribue *7* à chaque élément du ***valarray v***. Cela peut paraître surprenant, mais il faut considérer cette affectation comme un cas dégénéré des opérations d'affectation (§ 22.4.3) qui peut être utile à l'occasion.

L'indiçage avec un entier se comporte de façon conventionnelle, et n'effectue pas de contrôle sur la plage des valeurs.

En plus de la sélection des éléments individuels, l'indiçage d'un ***valarray*** fournit quatre méthodes pour l'extraction de sous-tableaux (§ 22.4.6). A l'inverse, l'affectation (et les constructeurs § 22.4.1) accepte de tels sous-tableaux comme opérandes. L'ensemble des affectations sur les ***valarray*** garantit le fait qu'il n'est pas nécessaire de convertir un type de tableau auxiliaire, tel que ***slice_array***, en ***valarray*** avant de l'affecter. Une implémentation pourrait répliquer de la même façon d'autres opérations de vecteur (telles que + et *) pour garantir l'efficacité. De plus, un grand nombre de techniques d'optimisation puissantes existent pour les opérations de vecteurs impliquant des ***slice*** et autres types de vecteurs auxiliaires.

22.4.3 Les opérations membres

L'ensemble des fonctions membres les plus évidentes, ainsi que quelques autres moins évidentes, est fourni.

```
template<class T> class valarray {
public:
	// ...

	valarray& operator*=(const T& arg);	// v[i]*=arg pour chaque élément
	// de façon similaire: /=, %=, +=, \-=, ^=, &=, |=, <<=, et >>=

	T sum() const;	// somme des éléments

	valarray shift(int i) const;	// décalage logique (gauche pour 0<i, droite pour i<0)
	valarray cshift(int i) const;	// décalage cyclique (gauche pour 0<i, droite pour i<0)

	valarray apply(T f(T)) const;	// result[i] = f(v[i]) pour chaque élément
	valarray apply(T f(const T&)) const;

	valarray operator-() const;	// result[i] = -v[i] pour chaque élément
	valarray operator+() const;	// result[i] = +v[i] pour chaque élément
	valarray operator~() const;	// result[i] = ~v[i] pour chaque élément
	valarray operator!() const;	// result[i] = !v[i] pour chaque élément

	T min() const;	// plus petite valeur utilisant < pour la comparaison; si
			size()==0 la valeur est indéfinie
	T max() const;	// plus grande valeur utilisant < pour la comparaison;
			si size()==0 la valeur est indéfinie


	size_t size() const;	// nombre d'éléments
	void resize(size_t n, const T& val = T());	// n éléments avec la valeur val
};
```

Si ***v*** est un ***valarray***, par exemple, il peut être dimensionné des façons suivantes : ***v*=.2*** et ***v/=1.3***. En appliquant une valeur scalaire à un vecteur, on l'applique à chaque élément de ce vecteur. Comme toujours, il est plus facile d'optimiser les utilisations de *= que celles d'une combinaison des opérateurs * et = (§ 11.3.1).

Notez que les opérations qui n'ont pas d'affectation construisent un nouveau ***valarray***. Par exemple :

```
double incr(double d) { return d+1; }

void f(valarray<double>& v)
{
	valarray<double> v2 = v.apply(incr);	// produit un valarray incrémenté
}
```

Ce code ne modifie pas la valeur de ***v***. Malheureusement, ***apply()*** n'accepte pas d'objet fonction (§ 18.4) comme argument (§ 22.9[1]).

Les fonctions de décalage logique et cyclique ***shift()*** et ***cshift()*** retournent un nouveau ***valarray*** avec les éléments correctement décalés, et laissent les éléments originaux inchangés. Le décalage cyclique ***v2=v.cshift(n)*** produit un ***valarray*** tel que ***v2[i]==v[(i+n)%v.size()]***. Le décalage logique ***v3=v.shift(n)*** produit un ***valarray*** tel que ***v3[i]*** est égal à ***v[i+n]*** si ***i+n*** est un index valide pour ***v***.

Dans le cas contraire, le résultat est la valeur de l'élément par défaut. Cela implique que les deux fonctions ***shift()*** et ***cshift()*** se décalent vers la gauche en recevant un argument positif, et qu'elles se décalent vers la droite en recevant un argument négatif. Par exemple :

```
void f()
{
        int alpha[] = { 1, 2, 3, 4, 5 ,6, 7, 8 };
        valarray<int> v(alpha,8);              // 1, 2, 3, 4, 5, 6, 7, 8
        valarray<int> v2 = v.shift(2);         // 3, 4, 5, 6, 7, 8, 0, 0
        valarray<int> v3 = v<<2;               // 4, 8, 12, 16, 20, 24, 28, 32
        valarray<int> v4 = v.shift(-2);        // 0, 0, 1, 2, 3, 4, 5, 6
        valarray<int> v5 = v>>2;               // 0, 0, 0, 1, 1, 1, 1, 2
        valarray<int> v6 = v.cshift(2);        // 3, 4, 5, 6, 7, 8, 1, 2
        valarray<int> v7 = v.cshift(-2);       // 7, 8, 1, 2, 3, 4, 5, 6
}
```

Pour les ***valarray***, **<<** et **>>** sont des opérateurs de décalage de bits, et non des opérateurs de décalage d'éléments ou d'E/S (§ 22.4.4). **<<=** et **>>=** peuvent donc être utilisés pour décaler les bits dans des éléments de type intégral. Par exemple :

```
void f(valarray<int> vi, valarray<double> vd)
{
        vi <<= 2;          // vi[i]<<=2 pour tous les éléments de vi
        vd <<= 2;          // erreur: le décalage n'est pas défini pour les valeurs à virgule flottante
}
```

Il est possible de modifier la taille d'un ***valarray***. ***resize()*** n'est cependant *pas* une opération destinée à construire un ***valarray*** dans une structure de données susceptible de grossir dynamiquement, comme peut le faire un ***vector*** et une ***string***. ***resize()*** est plutôt une opération de réinitialisation, qui remplace le contenu existant d'un ***valarray*** par un ensemble de valeurs par défaut. Les anciennes valeurs sont perdues.

Un ***valarray*** redimensionné a souvent été créé en tant que vecteur vide. Considérons comment nous pourrions initialiser un ***valarray*** à partir de l'entrée :

```
void f()
{
        int n = 0;
        cin >> n;                               // lit la taille du tableau
        if (n<=0) error("Mauvaise limite de tableau");

        valarray<double> v(n);                  // construit un tableau de taille appropriée
        int i = 0;
        while (i<n && cin>>v[i++]) ;            // remplissage du tableau
        if (i!=n) error("Trop peu d'éléments en entrée");

        // ...
}
```

Si nous voulons gérer l'entrée dans une fonction séparée, nous devrons le faire de la façon suivante.

```
void initialize_from_input(valarray<double>& v)
{

        int n = 0;
        cin >> n;                          // lecture de la taille du tableau
        if (n<=0) error("Mauvaise limite de tableau");

        v.resize(n);                       // création de v avec la taille appropriée
        int i = 0;
        while (i<n && cin>>v[i++]) ;       // remplissage du tableau
        if (i!=n) error("Trop peu d'éléments en entrée");
}

void g()
{
        valarray<double> v;                // création d'un tableau par défaut
        initialize_from_input(v);          // donne à v la taille appropriée et les éléments
        // ...
}
```

Ce code évite la copie de grandes quantités de données.

Si nous désirons qu'un ***valarray*** contenant beaucoup de données puisse grossir dynamiquement, nous devrons utiliser une variable temporaire :

```
void grow(valarray<int>& v, size_t n)
{
        if (n<=v.size()) return;

        valarray<int> tmp(n);              // n éléments par défaut

        copy(&v[0],&v[v.size()],&tmp[0]);  // algorithme de copie du § 18.6.1
        v.resize(n);
        copy(&tmp[0],&tmp[v.size()],&v[0]);
}
```

Cela n'est *pas* le mode d'utilisation normal d'un ***valarray***. Ce dernier devrait conserver une taille fixe après avoir reçu sa valeur initiale.

Les éléments d'un ***valarray*** forment une séquence. Cela signifie que ***v[0]...v[n–1]*** sont contigus en mémoire. Cela implique que ***T**** soit un itérateur à accès aléatoire (§ 19.2.1) pour ***valarray<T>***, de sorte que les algorithmes standards, tels que ***copy()***, puissent être utilisés. L'expression de la copie en termes d'affectation et de sous-tableaux conviendrait cependant mieux à l'esprit de ***valarray*** :

```
void grow2(valarray<int>& v, size_t n)
{
        if (n<=v.size()) return;

        valarray<int> tmp = v;
        slice s(0,v.size(),1);        // sous-tableau de v.size() éléments (voir § 22.4.2)
```

```
        v.resize(n);            // cette opération ne préserve pas les valeurs des éléments
        v[s] = tmp;             // recopie les éléments dans la première partie de v
    }
```

Si, pour une raison ou pour une autre, l'organisation des données en entrée vous impose de compter les éléments afin de connaître la taille du vecteur requise pour les stocker, il est généralement préférable de lire l'entrée à destination d'un ***vector*** (§ 16.3.5), puis de copier les éléments dans un ***valarray***.

22.4.4 Les opérations sur les non-membres

Les fonctions mathématiques et opérateurs binaires habituels sont fournis :

```
template<class T> valarray<T> operator*(const valarray<T>&, const valarray<T>&);
template<class T> valarray<T> operator*(const valarray<T>&, const T&);
template<class T> valarray<T> operator*(const T&, const valarray<T>&);

// de la même façon: /, %, +, \-, ^, &, |, <<, >>, &&, ||, ==, !=, <, >, <=, >=, atan2 et pow

template<class T>T min(const valarray<T>&);     // la plus petite valeur
template<class T>T max(const valarray<T>&);     // la plus grande valeur

template<class T> valarray<T> abs(const valarray<T>&);

// de la même façon: acos, asin, atan, cos, cosh, exp, log, log10, sin, sinh, sqrt, tan et tanh
```

Les opérations binaires sont définies pour les ***valarray***, ainsi que pour les combinaisons d'un ***valarray*** et celles de son type scalaire. Par exemple :

```
void f(valarray<double>& v, valarray<double>& v2, double d)
{
        valarray<double> v3 = v*v2;       // v3[i] = v[i]*v2[i] pour tous les i
        valarray<double> v4 = v*d;        // v4[i] = v[i]*d pour tous les i
        valarray<double> v5 = d*v2;       // v5[i] = d*v2[i] pour tous les i

        valarray<double> v6 = cos(v);     // v6[i] = cos(v[i]) pour tous les i
}
```

Comme indiqué dans les exemples * et ***cos()***, ces opérations de vecteur appliquent la totalité de leurs opérations sur chaque élément de leur(s) opérande(s). On ne peut, bien sûr, les utiliser que si l'opération correspondante est définie pour le type de l'argument modèle. Dans le cas contraire, le compilateur signalera une erreur au moment où il tentera de spécialiser le modèle (§ 13.5).

Lorsque le résultat est un ***valarray***, sa longueur est identique à celle de son opérande ***valarray***. Si les longueurs des deux tableaux diffèrent, le résultat d'un opérateur binaire sur les deux sera indéfini.

Curieusement, aucune opération d'E/S n'est fournie pour ***valarray*** (§ 22.4.3). **<<** et **>>** sont des opérations de décalage. Les versions E/S de ces deux opérateurs peuvent toutefois facilement être définies pour ***valarray*** (§ 22.9[5]).

Notez que, dans ce cas, ces opérations retournent de nouveaux ***valarray***, et ne modifient pas leurs opérandes. Cette action peut se révéler coûteuse. Pour éviter ce désagrément, il est nécessaire d'appliquer des techniques d'optimisation draconiennes (§ 22.4.7).

L'ensemble des opérateurs et fonctions mathématiques sur les ***valarray*** peuvent également être appliqués aux ***slice_array*** (§ 22.4.6), aux ***gslice_array*** (§ 22.4.8), aux ***mask_array*** (§ 22.4.9), aux ***indirect_array*** (§ 22.4.10) et aux combinaisons de ces types. Une implémentation est toutefois autorisée à convertir un opérande en ***valarray*** avant d'effectuer une opération demandée.

22.4.5 Les slice

Un *slice* est une abstraction qui nous permet de manipuler efficacement un vecteur sous la forme d'une matrice de dimension arbitraire. Il s'agit d'une notion clé des vecteurs Fortran et de la bibliothèque BLAS (*Basic Linear Algebra Subprograms*). Elle se trouve être à la base de la plupart des traitements numériques. Au fond, un slice représente tout n-ième élément d'une partie d'un ***valarray*** :

```
class std::slice {
                              // début de l'index, une longueur et une cadence
public:
    slice();
    slice(size_t start, size_t size, size_t stride);

    size_t start() const;     // index du premier élément
    size_t size() const;      // nombre d'éléments
    size_t stride() const;    // élément n se trouve à start()+n*stride()
};
```

La *progression* est la distance (en nombre d'éléments) entre deux éléments du ***slice***. Ce dernier décrit donc une séquence d'entiers. Par exemple :

```
size_t slice_index(const slice& s, size_t i)  // fait correspondre i à son index
{
    return s.start()+i*s.stride();
}

void print_seq(const slice& s)                // imprime les éléments de s
{
    for (int i = 0; i<s.size(); i++) cout << slice_index(s,i) << " ";
}

void f()
{
    print_seq(slice(0,3,4));          // ligne 0
    cout << ", ";
    print_seq(slice(1,3,4));          // ligne 1
    cout << ", ";
    print_seq(slice(0,4,1));          // colonne 0
    cout << ", ";
    print_seq(slice(4,4,1));          // colonne 1
}
```

Ce code affiche ***048, 159, 0123, 4567***.

En d'autres termes, un ***slice*** décrit la correspondance entre des entiers non négatifs et des indices. Le nombre d'éléments (la ***size()***) n'affecte pas la correspondance (adressage), mais nous permet simplement de trouver la fin d'une séquence. Cette correspondance est utilisée pour simuler des tableaux à deux dimensions dans un tableau à une dimension (tel qu'un ***valarray***) d'une façon efficace, générale et relativement pratique. Considérons une matrice de quatre lignes sur trois colonnes, comme nous nous la représentons souvent (§ C.7) :

00	01	02
10	11	12
20	21	22
30	31	32

En suivant les conventions du langage Fortran, nous pouvons l'enregistrer en mémoire de la façon suivante :

				4				8			
00	10	20	30	01	11	21	31	02	12	22	32
0	1	2	3								

En C++, les tableaux ne sont *pas* enregistrés de cette façon (voir § C.7). Nous devons cependant être capable de présenter un concept avec une interface intelligente et logique, puis de choisir une représentation qui convienne aux contraintes du problème. Ici, nous avons opté pour le format du Fortran dans le but de simplifier l'interaction avec le logiciel numérique qui suit cette convention. Nous n'avons cependant pas été jusqu'à débuter l'indexation à ***1*** plutôt qu'à ***0***. Nous proposerons cette opération en exercice (§ 22.9[9]). La plus grande partie du traitement numérique est effectuée (et continuera à être effectuée) dans plusieurs langages et en utilisant une grande variété de bibliothèques. Il est donc souvent essentiel de pouvoir manipuler des données appartenant à divers formats, ces derniers étant déterminés par ces standards de langage et bibliothèques.

La ligne ***x*** peut être décrite avec un ***slice (x,3,4)***. Cela signifie que le premier élément de la ligne ***x*** est le ***x***–ième élément du vecteur, que l'élément suivant est le (***x+4***)-ième, etc. et qu'il existe trois éléments dans chaque ligne. Dans les figures, ***slice(0,3,4)*** décrit la ligne ***00***,***01*** et ***02***.

La colonne ***y*** peut être décrite avec ***slice (4*y,4,1)***. Cela signifie donc que le premier élément de la colonne ***y*** est le ***4****y-ième élément du vecteur, que l'élément suivant est celui de rang ***(4*y+1)***, etc. et que chaque colonne contient quatre éléments. Dans les figures, ***slice(0,4,1)*** décrit la colonne ***00***, ***10***, ***20*** et ***30***.

Outre son utilisation pour la simulation des tableaux à deux dimensions, un ***slice*** permet de décrire de nombreuses autres séquences. Il s'agit d'une méthode assez générale de spécification de séquences simples. Cette notion est développée en § 22.4.8.

Un slice peut être considéré comme un type spécial d'itérateur : un ***slice*** nous permet de décrire une séquence d'indices pour un ***valarray***. Cela pourrait être à la base de la création d'un itérateur réel :

```
template<class T> class Slice_iter {
        valarray<T>* v;
        slice s;
        size_t curr; // index de l'élément courant

        T& ref(size_t i) const { return (*v)[s.start()+i*s.stride()]; }
public:
        Slice_iter(valarray<T>* vv, slice ss) :v(vv), s(ss), curr(0) { }

        Slice_iter end()
        {
                Slice_iter t = *this;
                t.curr = s.size();                    // index de l'élément suivant le dernier
                return t;
        }

        Slice_iter& operator++() { curr++; return *this; }
        Slice_iter operator++(int) { Slice_iter t = *this; curr++; return t; }

        T& operator[](size_t i) { return ref(curr=i); }    // indiçage dans le style C
        T& operator()(size_t i) { return ref(curr=i); }    // indiçage dans le style Fortran
        T& operator*() { return ref(curr); }               // élément courant

        // ...
};
```

Un ***slice*** possédant une taille, il nous serait possible de fournir un contrôle de la plage des valeurs. Ici, nous avons tiré parti de ***slice::size()*** pour fournir une opération ***end()*** permettant d'obtenir un itérateur pour l'élément suivant le dernier du ***valarray***.

Un ***slice*** pouvant décrire soit une ligne, soit une colonne, le ***Slice_iter*** nous permet de parcourir un ***valarray*** par ligne ou par colonne.

Ce ***Slice_iter*** ne sera utile que si les opérateurs **==**, **!=** et **<** sont définis :

```
template<class T> bool operator==(const Slice_iter<T>& p, const Slice_iter<T>& q)
{
        return p.curr==q.curr && p.s.stride()==q.s.stride() && p.s.start()==q.s.start();
}

template<class T> bool operator!=(const Slice_iter<T>& p, const Slice_iter<T>& q)
{
        return !(p==q);
}

template<class T> bool operator<(const Slice_iter<T>& p, const Slice_iter<T>& q)
{
        return p.curr<q.curr && p.s.stride()==q.s.stride() && p.s.start()==q.s.start();
}
```

22.4.6 slice_array

Un ***slice_array*** est créé à partir d'un ***valarray*** et d'un ***slice***. Il ressemble à un ***valarray***, mais il permet, en réalité, simplement de faire référence aux sous-ensembles du tableau décrits par le ***slice***. Un tel ***slice_array*** peut être défini de la façon suivante :

```
template <class T> class std::slice_array {
public:
        typedef T value_type;

        void operator=(const valarray<T>&);
        void operator=(const T& val);                 // affecte val à chaque élément

        void operator*=(const T& val);                // v[i]*=val pour chaque élément
        // de la même façon: /=, %=, +=, \-=, ^=, &=, |=, <<=, >>=

        ~slice_array();
private:
        slice_array();                                // empêche la construction
        slice_array(const slice_array&);              // empêche la copie
        slice_array& operator=(const slice_array&);   // empêche la copie

        valarray<T>* p;                               // représentation définie par l'implémentation
        slice s;
};
```

Un utilisateur ne peut concevoir directement un ***slice_array***. Il appliquera plutôt un indice au ***valarray***, de façon à créer un ***slice_array*** pour un ***slice*** donné. Une fois le ***slice_array*** initialisé, toutes les références à ce dernier sont dirigées indirectement vers le ***valarray*** pour lequel il a été conçu. Nous pouvons créer, par exemple, quelque chose qui représente chaque second élément d'un tableau de la façon suivante :

```
void f(valarray<double>& d)
{
        slice_array<double>& v_even = d[slice(0,d.size()/2,2)];
        slice_array<double>& v_odd = d[slice(1,d.size()/2,2)];

        v_odd *= 2;      // double chaque élément impair de d
        v_even = 0;      // affecte 0 à chaque élément pair de d
}
```

L'interdiction de copier des ***slice_array*** est nécessaire, de manière à permettre des optimisations s'appuyant sur l'absence d'alias. Cela peut être très contraignant. Par exemple :

```
slice_array<double> row(valarray<double>& d, int i)
{
        slice_array<double> v = d[slice(0,2,d.size()/2)];    // erreur : tente de copier

        return d[slice(i%2,i,d.size()/2)];                    // erreur : tente de copier
}
```

La copie d'un ***slice*** représente souvent une alternative raisonnable à celle d'un ***slice_array***.

Les ***slice*** peuvent être employés pour exprimer divers sous-ensembles d'un tableau. Nous pourrions les utiliser, par exemple, pour manipuler des sous-tableaux contigus de la façon suivante :

```
inline slice sub_array(size_t first, size_t count)    // [first:first+count[
{
        return slice(first,count,1);
}

void f(valarray<double>& v)
{
        size_t sz = v.size();
        if (sz<2) return;
        size_t n = sz/2;
        size_t n2 = sz-n;

        valarray<double> half1(n);
        valarray<double> half2(n2);

        half1 = v[sub_array(0,n)];                    // copie de la première moitié de v
        half2 = v[sub_array(n,n2)];                   // copie de la seconde moitié de v

        // ...
}
```

La bibliothèque standard ne fournit pas de classe de matrices. La tendance consisterait plutôt à amener ***valarray*** et ***slice*** à produire des outils destinés à la création de matrices optimisées pour divers besoins. Voyons comment nous pouvons implémenter une matrice à deux dimensions simple utilisant un ***valarray*** et des ***slice_array*** :

```
class Matrix {
        valarray<double>* v;
        size_t d1, d2;
public:
        Matrix(size_t x, size_t y);                   // note : pas de constructeur par défaut
        Matrix(const Matrix&);
        Matrix& operator=(const Matrix&);
        ~Matrix();

        size_t size() const { return d1*d2; }
        size_t dim1() const { return d1; }
        size_t dim2() const { return d2; }

        Slice_iter<double> row(size_t i);
        Cslice_iter<double> row(size_t i) const;

        Slice_iter<double> column(size_t i);
        Cslice_iter<double> column(size_t i) const;
```

```
        double& operator()(size_t x, size_t y);      // indices dans le style Fortran
        double operator()(size_t x, size_t y) const;

        Slice_iter<double> operator()(size_t i) { return row(i); }
        Cslice_iter<double> operator()(size_t i) const { return row(i); }

        Slice_iter<double> operator[](size_t i) { return row(i); }       // indice dans le style C
        Cslice_iter<double> operator[](size_t i) const { return row(i); }

        Matrix& operator*=(double);

        valarray<double>& array() { return *v; }
};
```

La représentation d'une ***Matrix*** est un ***valarray***. Nous imposons la notion de dimension sur ce tableau *via* le découpage en ***slice***. Nous pouvons, si nécessaire, voir cette représentation en une, deux, trois, etc. dimensions, exactement comme nous proposons une vue en deux dimensions par défaut *via* ***row()*** et ***column()***. On utilise les ***Slice_iter*** pour contourner l'interdiction de copie sur les ***slice_array***. Nous ne pouvions retourner un ***slice_array*** :

```
        slice_array<double> row(size_t i) { return (*v)(slice(i,d1,d2)); }
```

Nous avons donc retourné un itérateur contenant un pointeur sur le ***valarray*** et le ***slice*** lui-même.

Nous avons besoin d'une classe supplémentaire "itérateur pour ***slice*** de constantes", ***Cslice_iter***, pour exprimer la distinction entre un ***slice*** de ***Matrix const*** et un ***slice*** de ***Matrix*** non ***const***.

```
inline Slice_iter<double> Matrix::row(size_t i)
{
        return Slice_iter<double>(v,slice(i,d1,d2));
}

inline Cslice_iter<double> Matrix::row(size_t i) const
{
        return Cslice_iter<double>(v,slice(i,d1,d2));
}

inline Slice_iter<double> Matrix::column(size_t i)
{
        return Slice_iter<double>(v,slice(i*d2,d2,1));
}

inline Cslice_iter<double> Matrix::column(size_t i) const
{
        return Cslice_iter<double>(v,slice(i*d2,d2,1));
}
```

La définition de ***Cslice_iter*** est identique à celle de ***Slice_iter***, à l'exception du fait qu'elle retourne des références ***const*** aux éléments de son ***slice***.

Le reste des opérations membres est relativement simple :

```
Matrix::Matrix(size_t x, size_t y)
{
	// contrôle la validité de x et y
	d1 = x;
	d2 = y;
	v = new valarray<double>(x*y);
}

double& Matrix::operator()(size_t x, size_t y)
{
	return row(x)[y];
}

double mul(const valarray<double>& v1, const valarray<double>& v2)
{
	double res = 0;
	for (int i = 0; i<v1.size(); i++) res+= v1[i]*v2[i];
	return res;
}

valarray<double> operator*(const Matrix& m, const valarray<double>& v)
{
	valarray<double> res(m.dim1());
	for (int i = 0; i<m.dim1(); i++) res(i) = mul(m.row(i),v);
	return res;
}

Matrix& Matrix::operator*=(double d)
{
	(*v) *= d;
	return *this;
}
```

Nous avons choisi la notation *(i,j)* pour exprimer l'indiçage de ***Matrix***, car *()* est un seul opérateur. De plus, il s'agit d'une notation familière dans le domaine du numérique. Le concept de la ligne fournit la notation *[i] [j]*, plus familière dans les communautés C et C++ :

```
void f(Matrix& m)
{
	m(1,2) = 5;		// indices de style Fortran
	m.row(1)(2) = 6;
	m.row(1)[2] = 7;
	m[1](2) = 8;		// style mixe indésirable (mais ça marche)
	m[1][2] = 9;		// indices de style C++
}
```

L'utilisation des ***slice_array*** pour exprimer l'indiçage suppose un bon optimiseur.

La généralisation à une matrice de n dimensions d'éléments arbitraires et avec un ensemble acceptable d'opérations sera proposée en exercices (§ 22.9[7]).

Votre première idée pour un vecteur à deux dimensions ressemblait peut-être à cela :

```
class Matrix {
	valarray< valarray<double> > v;
public:
	// ...
};
```

Ce code devrait également fonctionner (§ 22.9[10]). Il est cependant difficile d'atteindre l'efficacité et la compatibilité requises par des traitements haute performance sans tomber dans le niveau, plus bas et plus conventionnel, représenté par un ***valarray*** plus des ***slice***.

22.4.7 Les variables temporaires, la copie et les boucles

Si vous créez une classe matrice ou un vecteur, vous découvrirez rapidement que trois problèmes doivent être résolus pour satisfaire les utilisateurs sensibles aux performances :

1. Le nombre de variables temporaires doit être minimal.
2. La copie des matrices doit être minimisée.
3. Il est nécessaire de minimiser le nombre de boucles sur les mêmes données dans les opérations composées.

Ces questions ne sont pas traitées directement par la bibliothèque standard. Nous pouvons toutefois décrire une technique qui permettra de produire des implémentations fortement optimisées.

Considérons ***U=M*V+W***, où ***U***, ***V*** et ***W*** sont des vecteurs et ***M*** une matrice. Une implémentation naïve introduirait des vecteurs temporaires pour ***M*V*** et ***M*V+W***, et copierait les résultats de ces deux opérations. Une implémentation intelligente appelle une fonction ***mul_add_and_assign (&U,&M,&V,&W)*** qui n'introduit aucune variable temporaire, ne copie aucun vecteur et ne contacte chaque élément de la matrice qu'un nombre minimal de fois.

Ce degré d'optimisation est rarement nécessaire au-delà de quelques types d'expression. Une solution simple aux problèmes d'efficacité consiste donc à fournir des fonctions telles que ***mul_add_and_assign()***, et à laisser le soin à l'utilisateur de les appeler au moment approprié. Il est toutefois possible de concevoir une ***Matrix*** de sorte que de telles optimisations soient appliquées automatiquement pour les expressions de la forme appropriée. Cela signifie que nous pouvons traiter ***U=M*V+W*** comme une utilisation d'un seul opérateur possédant quatre opérandes. La technique de base a été illustrée pour les manipulateurs d'***ostream*** (§ 21.4.6.3). En règle générale, cette technique peut être utilisée pour qu'une combinaison de ***n*** opérateurs binaires se comporte comme un opérateur ***(n+1)***aires. La gestion de ***U=M*V+W*** nécessite l'introduction de deux classes auxiliaires. La technique peut toutefois aboutir à une accélération impressionnante (disons, trente fois) sur certains systèmes en activant des techniques d'optimisation plus puissantes.

Définissions tout d'abord le résultat de la multiplication d'une ***Matrix*** par un ***Vector*** :

```
struct MVmul {
	const Matrix& m;
	const Vector& v;
```

```
        MVmul(const Matrix& mm, const Vector &vv) :m(mm), v(vv) { }

        operator Vector();          // évalue et retourne le résultat
};

inline MVmul operator*(const Matrix& mm, const Vector& vv)
{
        return MVmul(mm,vv);
}
```

La seule utilité de cette "multiplication" consiste à stocker des références concernant ses opérandes. L'évaluation de ***M*V*** est donc différée. L'objet produit par * est étroitement lié à ce qui est nommé une ***fermeture*** dans de nombreux domaines techniques. De la même façon, l'ajout d'un ***Vector*** nous permet de gérer ce qui se produit :

```
struct MVmulVadd {
        const Matrix& m;
        const Vector& v;
        const Vector& v2;

        MVmulVadd(const MVmul& mv, const Vector& vv) :m(mv.m), v(mv.v), v2(vv) { }

        operator Vector();          // évalue et retourne le résultat
};

inline MVmulVadd operator+(const MVmul& mv, const Vector& vv)
{
        return MVmulVadd(mv,vv);
}
```

Cela retarde l'évaluation de ***M*V+W***. Nous devons maintenant nous assurer que tout sera évalué à l'aide d'un bon algorithme au moment de l'affectation à une ***Matrix*** :

```
class Vector {
        // ...
public:
        Vector(const MVmulVadd& m)                  // initialisation par le résultat de mvm
        {
                                                    // allocation des éléments, etc.
                mul_add_and_assign(this,&m.m,&m.v,&m.v2);
        }

        Vector& operator=(const MVmulVadd& m)       // affectation du résultat de m à *this
        {
                mul_add_and_assign(this,&m.m,&m.v,&m.v2);
                return *this;
        }
        // ...
};
```

Maintenant ***U=M*V+W*** est automatiquement développé en

U.operator=(MVmulVadd(MVmul(M,V),W))

et, grâce à la définition en ligne, est résolu en appel simple recherché

mul_add_and_assign(&U,&M,&V,&W)

Les opérations de copie et les variables temporaires ont, de toute évidence, été éliminées. Il serait également possible d'écrire ***mul_add_and_assign()*** d'une façon optimisée. Cependant, si nous nous contentions de l'écrire d'une façon assez simple et non optimisée, il conserverait une forme sur laquelle un optimiseur aurait de bonnes opportunités d'intervention.

Nous avons introduit un nouveau ***Vector*** (au lieu d'utiliser un ***valarray***), car nous devions définir l'affectation (et l'affectation doit être une fonction membre ; § 11.2.2). ***valarray*** est toutefois un bon candidat pour la représentation de ce ***Vector***.

Cette technique est importante, car tous les traitements de matrice et de vecteur réellement sensibles au niveau du temps sont réalisés à l'aide de formes syntaxiques relativement simples. En règle générale, aucun gain réel n'est à espérer en optimisant de cette façon les expressions d'une demi-douzaine d'opérateurs. Des techniques plus conventionnelles (§ 11.6) sont suffisantes.

Cette technique est fondée sur l'utilisation de l'analyse de la compilation et d'objets de clôture pour transférer l'évaluation d'une sous-expression dans un objet représentant une opération composée. On peut l'appliquer à divers problèmes, sachant que, dans tous les cas, plusieurs informations devront être récoltées par la fonction avant que l'évaluation ne puisse être effectuée. Les objets générés pour différer l'évaluation sont nommés *objets de clôture de composition*, ou plus simplement *compositeurs*.

22.4.8 Les slice généralisés

L'exemple de la ***Matrix*** en § 22.4.6 indiquait comment utiliser deux ***slice*** pour décrire les lignes et les colonnes d'un tableau à deux dimensions. D'une manière générale, un ***slice*** peut décrire toute ligne ou colonne d'un tableau de dimension ***n*** (§ 22.9[7]). Nous aurons cependant quelquefois besoin d'extraire un sous-tableau qui ne sera pas constitué d'une ligne ou d'une colonne. Nous pourrons vouloir récupérer, par exemple, la matrice 2-sur-3 extraite du coin supérieur gauche d'une matrice 3-sur-4 :

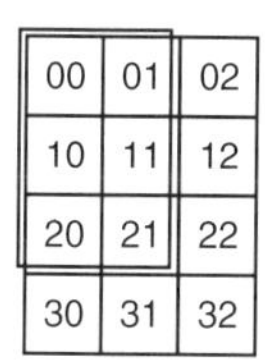

Ces éléments ne sont malheureusement pas alloués d'une façon qui peut être décrite avec un seul ***slice*** :

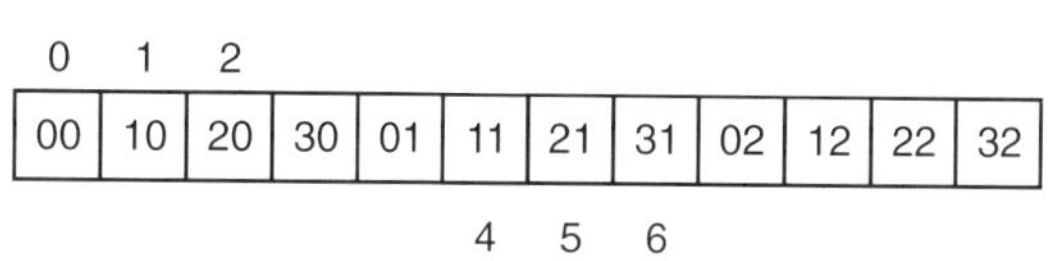

Un ***gslice*** est un "***slice*** généralisé" qui contient toutes (presque) les informations contenues dans ***n slice*** :

```
class std::gslice {
        // plutôt qu'un stride et une taille comme pour un slice, un gslice contient n stride et n tailles
public:
        gslice();
        gslice(size_t s, const valarray<size_t>& l, const valarray<size_t>& d);

        size_t start() const;                    // index du premier élément
        valarray<size_t> size() const;           // nombre d'éléments dans la dimension
        valarray<size_t> stride() const;         // stride pour index[0], index[1], ...
};
```

Les valeurs supplémentaires permettent au ***gslice*** de spécifier une correspondance entre ***n*** entiers et un index à utiliser pour adresser les éléments d'un tableau. Nous pouvons décrire, par exemple, le format de la matrice 2-sur-3 à l'aide de deux paires (longueur, ***stride***). Comme illustré en § 22.4.5, lorsqu'on utilise le format Fortran, une longueur de 2 et un ***stride*** de 4 décrivent deux éléments d'une ligne de la matrice 3-sur-4. De la même façon une longueur de 3 et un ***stride*** de 1 décrivent trois éléments d'une colonne. Ensemble, ils décrivent chaque élément de la sous-matrice 2-sur-3. Pour afficher les éléments, nous pouvons écrire :

```
size_t gslice_index(const gslice& s, size_t i, size_t j)
{
        return s.start()+i*s.stride()[0]+j*s.stride()[1];
}

size_t len[] = { 2, 3 };     // (len[0],str[0]) décrit une ligne
size_t str[] = { 4, 1 };     // (len[1],str[1]) décrit une colonne

valarray<size_t> lengths(len,2);
valarray<size_t> strides(str,2);

void f()
{
        gslice s(0,lengths,strides);

        for (int i = 0 ; i<s.size()[0]; i++) cout << gslice_index(s,i,0) << " ";     // ligne
        cout << ", ";
        for (int j = 0 ; j<s.size()[1]; j++) cout << gslice_index(s,0,j) << " ";     // colonne
}
```

Ce code affiche ***04,012***.

De cette façon, un ***gslice*** possédant deux paires (longueur, ***stride***) décrit un sous-tableau d'un tableau à deux dimensions, un ***gslice*** avec trois paires (longueur, ***stride***) décrit un sous-tableau d'un tableau à trois dimensions, etc. L'utilisation d'un ***gslice*** en tant qu'index d'un ***valarray*** produit un ***gslice _array***. Ce dernier est constitué des éléments décrits par le ***gslice***. Par exemple :

```
void f(valarray<float>& v)
{
        gslice m(0,lengths,strides);
        v[m] = 0;    // assign 0 to v[0],v[1],v[2],v[4],v[5],v[6]
}
```

Le ***gslice_array*** offre le même ensemble de membres qu'un ***slice_array***. Il ne peut, en particulier, être construit directement par l'utilisateur, et il ne peut être copié (§ 22.4.6). Il représente plutôt le résultat de l'utilisation d'un ***gslice*** comme indice de ***valarray*** (§ 22.4.2).

22.4.9 Les masques

Un ***mask_array*** offre une autre méthode pour spécifier un sous-ensemble de ***valarray***, et donner au résultat l'allure d'un ***valarray***. Dans ce contexte, un ***mask*** représente simplement un ***valarray<bool>***. Lorsqu'un ***mask*** est utilisé comme indice de ***valarray***, un bit ***true*** indique que l'élément correspondant du ***valarray*** fait partie du résultat. Cela nous permet d'opérer sur un sous-ensemble d'un ***valarray***, même s'il n'existe aucun modèle simple (tel qu'un ***slice***) décrivant ce sous-ensemble. Par exemple :

```
void f(valarray<double>& v)
{
        bool b[] = { true , false, false, true, false, true };
        valarray<bool> mask(b,6);                    // éléments 0, 3 et 5

        valarray<double> vv = cos(v[mask]);          // vv[0]==cos(v[0]), vv[1]==cos(v[3]),
                                                     // vv[2]==cos(v[5])
}
```

Le ***mask_array*** offre le même ensemble de membres qu'un ***slice_array***. Il ne peut, en particulier, être construit directement par l'utilisateur et il ne peut être copié (§ 22.4.6). Il représente plutôt le résultat de l'utilisation d'un ***valarray<bool>*** comme indice de ***valarray*** (§ 22.4.2). Le nombre d'éléments d'un ***valarray*** utilisés comme ***mask*** ne doit pas être supérieur au nombre d'éléments du ***valarray*** pour lequel il sert d'indice.

22.4.10 Les tableaux indirects

Un ***indirect_array*** vous permet d'extraire un sous-ensemble, et d'ordonner de nouveau arbitrairement un ***valarray***. Par exemple :

```
void f(valarray<double>& v)
{
        size_t i[] = { 3, 2, 1, 0 };                 // les quatre premiers éléments en ordre inverse
        valarray<size_t> index(i,4);                 // éléments 3, 2, 1, 0 (dans cet ordre)

        valarray<double> vv = log(v[index]);         // vv[0]==log(v[3]), vv[1]==log(v[2]),
                                                     // vv[2]==log(v[1]), vv[3]==log(v[0])
}
```

Si un index est spécifié deux fois, nous avons fait deux fois référence à un élément de ***valarray*** dans la même opération. Il s'agit exactement du type d'utilisation d'alias que les ***valarray*** n'autorisent pas. Le comportement d'un ***indirect_array*** est donc indéfini si l'index est répété.

Un ***indirect_array*** fournit le même ensemble de membres qu'un ***slice_array***. Il ne peut, en particulier, être construit directement par l'utilisateur et il ne peut être copié (§ 22.4.6). Il représente plutôt le résultat de l'utilisation d'un ***valarray<size_t>*** comme indice de ***valarray*** (§ 22.4.2). Le nombre d'éléments utilisés comme indice par un ***valarray*** ne doit pas être supérieur au nombre d'éléments du ***valarray*** pour lequel il est employé comme indice.

22.5 Arithmétique sur les complexes

La bibliothèque standard fournit un modèle ***complex*** dans le style de la classe ***complex*** décrite en § 11.3. Ce modèle doit permettre de répondre aux besoins des nombres complexes fondés sur des types scalaires différents. Des spécialisations, en particulier, sont fournies pour ce modèle à l'aide de ***float***, ***double*** et ***long double*** comme type scalaire.

Le modèle ***complex*** défini dans l'espace de noms ***std*** est présenté dans l'en-tête ***<complex>*** :

```
template<class T> class std::complex {
        T re, im;
public:
        typedef T value_type;

        complex(const T& r = T(), const T& i = T()) : re(r), im(i) { }
        template<class X> complex(const complex<X>& a) : re(a.real()), im(a.imag()) { }

        T real() const { return re; }
        T imag() const { return im; }

        complex<T>& operator=(const T& z);        // affectation complex(z,0)
        template<class X> complex<T>& operator=(const complex<X>&);
                // de la même façon: +=, \-=, *=, /=
};
```

La représentation et les fonctions en ligne sont présentées ici pour l'illustration. On pourrait — difficilement — imaginer une classe ***complex*** de la bibliothèque standard utilisant une représentation différente. Vous remarquerez l'emploi des modèles de membres dans le but de garantir l'initialisation et l'affectation d'un type ***complex*** avec un autre (§ 13.6.2).

Tout au long de cet ouvrage, nous avons utilisé ***complex*** comme une classe, et non comme un modèle. Nous avons pu le faire parce que nous avons emprunté un peu de magie à l'espace de noms pour obtenir le ***complex*** de ***double*** que nous préférons généralement :

```
typedef std::complex<double> complex;
```

Les opérateurs unaires et binaires habituels sont définis :

```
template<class T> complex<T> operator+(const complex<T>&, const complex<T>&);
template<class T> complex<T> operator+(const complex<T>&, const T&);
template<class T> complex<T> operator+(const T&, const complex<T>&);

// de la même façon: \-, *, /, == et !=

template<class T> complex<T> operator+(const complex<T>&);
template<class T> complex<T> operator-(const complex<T>&);
```

Les fonctions de coordonnées sont fournies :

```
template<class T> T real(const complex<T>&);
template<class T> T imag(const complex<T>&);

template<class T> complex<T> conj(const complex<T>&);

// construction à partir de coordonnées polaires (abs(),arg()):
template<class T> complex<T> polar(const T& rho, const T& theta);

template<class T> T abs(const complex<T>&);        // quelquefois nommé rho
template<class T> T arg(const complex<T>&);        // quelquefois nommé theta

template<class T> T norm(const complex<T>&);       // carré de abs()
```

L'ensemble habituel de fonctions mathématiques est offert :

```
template<class T> complex<T> sin(const complex<T>&);
//de la même façon: sinh, sqrt, tan, tanh, cos, cosh, exp, log et log10

template<class T> complex<T> pow(const complex<T>&,int);
template<class T> complex<T> pow(const complex<T>&, const T&);
template<class T> complex<T> pow(const complex<T>&, const complex<T>&);
template<class T> complex<T> pow(const T&, const complex<T>&);
```

Pour terminer, les E/S de flux sont fournies :

```
template<class T, class Ch, class Tr>
basic_istream<Ch,Tr>& operator>>(basic_istream<Ch,Tr>&, complex<T>&);
template<class T, class Ch, class Tr>
basic_ostream<Ch,Tr>& operator<<(basic_ostream<Ch,Tr>&, const complex<T>&);
```

Un nombre complexe se transcrit dans le format ***(x,y)***, et peut être lu sous les formats ***x***,***(x)*** et ***(x,y)*** (§ 21.2.3, § 21.3.5). Les spécialisations ***complex<float>***, ***complex<double>*** et ***complex<long double>*** sont proposées pour restreindre les conversions (§ 13.6.2) et offrir des opportunités aux implémentations optimisées. Par exemple :

```
template<> class complex<double> {
        double re, im;
public:
        typedef double value_type;

        complex(double r = 0.0, double i = 0.0) : re(r), im(i) { }
        complex(const complex<float>& a) : re(a.real()), im(a.imag()) { }
        explicit complex(const complex<long double>& a) : re(a.real()), im(a.imag()) { }

        // ...
};
```

On peut maintenant convertir tranquillement un ***complex<float>*** en un ***complex<double>***, alors que cette opération ne peut être réalisée avec un ***complex<long double>***. Des spécialisations analogues garantissent la possibilité de convertir un ***complex<float>*** et un ***complex<double>*** en un ***complex<long double>***, mais pas de convertir explicitement un ***complex<long double>*** en un ***complex<double>*** ou en un ***complex<float>***. La conversion implicite d'un ***complex<double>*** en un ***complex<float>*** est également interdite. Par exemple :

```
void f(complex<float> cf, complex<double> cd, complex<long double> cld, complex<int> ci)
{
        complex<double> c1 = cf;      // très bien
        complex<double> c2 = cd;      // très bien
        complex<double> c3 = cld;     // erreur : troncation possible
        complex<double> c4(cld);      // ok : conversion explicite
        complex<double> c5 = ci;      // erreur : pas de conversion

        c1 = cld;                     // ok, mais attention : troncation possible
        c1 = cf;                      // ok
        c1 = ci;                      // ok
}
```

22.6 Les algorithmes numériques généralisés

La bibliothèque standard fournit dans l'en-tête ***<numeric>*** quelques algorithmes numériques généralisés. Leur style est similaire à celui des algorithmes non numériques de l'en-tête ***<algorithm>*** (voir Chapitre 18) :

Algorithmes numériques généralisés

accumulate()	cumule les résultats d'une opération sur une séquence
inner_product()	cumule les résultats d'une opération sur deux séquences
partial_sum()	génère une séquence par des opérations sur une séquence
partial_difference()	génère une séquence par des opérations sur une séquence

Ces algorithmes généralisent des opérations communes telles que le calcul d'une somme, en permettant de les appliquer à toutes sortes de séquences et en transformant l'opération appliquée aux éléments de ces séquences en paramètre. Pour de tels algorithmes, la version générale est complétée par une version qui applique l'opérateur le plus courant.

22.6.1 L'algorithme accumulate

L'algorithme ***accumulate()*** peut être interprété comme la généralisation d'une somme d'éléments d'un vecteur. Cet algorithme est défini dans l'espace de noms ***std***, et présenté dans l'en-tête ***<numeric>***. :

```
template <class In, class T> T accumulate(In first, In last, T init)
{
        while (first != last) init = init + *first++;        // plus
        return init;
}
```

```
template <class In, class T, class BinOp> T accumulate(In first, In last, T init, BinOp op)
{
        while (first != last) init = op(init,*first++);        // opération générale
        return init;
}
```

La version simple d'***accumulate()*** permet d'ajouter les éléments d'une séquence en utilisant leur opérateur +. Par exemple :

```
void f(vector<int>& price, list<float>& incr)
{
        int i = accumulate(price.begin(),price.end(),0);   // accumule dans int
        double d = 0;
        d = accumulate(incr.begin(),incr.end(),d);         // accumule dans double
        // ...
}
```

Remarquez la façon dont le type de la valeur initiale transmise détermine le type retourné.

Tous les éléments que nous désirons ajouter ne sont pas forcément disponibles sous la forme d'éléments d'une séquence. Dans ce cas, il est souvent possible de fournir une opération qui pourra être appelée par l'algorithme ***accumulate()*** afin de produire les éléments à ajouter. Le type le plus évident d'opération à transmettre est celui qui permet d'extraire une valeur dans une structure de données. Par exemple :

```
struct Record {
        // ...
        int unit_price;
        int number_of_units;
};

long price(long val, const Record& r)
{
        return val + r.unit_price * r.number_of_units;
}

void f(const vector<Record>& v)
{
        cout << "Valeur totale: " << accumulate(v.begin(),v.end(),0,price) << '\n';
}
```

Dans certains domaines, les opérations analogues à ***accumulate*** sont nommées ***reduce*** et ***reduction***.

22.6.2 L'algorithme inner_product

Le cumul, ou totalisation, à partir d'une séquence est très courant. Cependant, le cumul à partir d'une paire de séquences l'est moins. L'algorithme ***inner_product()*** est défini dans l'espace de noms ***std***, et présenté dans ***<numeric>*** :

```
template <class In, class In2, class T>
T inner_product(In first, In last, In2 first2, T init)
```

```
{
        while (first != last) init = init + *first++ * *first2++;
        return init;
}

template <class In, class In2, class T, class BinOp, class BinOp2>
T inner_product(In first, In last, In2 first2, T init, BinOp op, BinOp2 op2)
{
        while (first != last) init = op(init,op2(*first++,*first2++));
        return init;
}
```

Comme toujours, seul le début de la seconde séquence d'entrée est transmis comme argument. On suppose que la seconde séquence d'entrée est au moins aussi longue que la première.

L'opération clé de la multiplication d'une ***Matrix*** par un ***valarray*** est un ***inner_product*** :

```
valarray<double> operator*(const Matrix& m, valarray<double>& v)
{
        valarray<double> res(m.dim1());

        for (int i=0; i<m.dim1(); i++) {
                Slice_iter<double>& ri = m.row(i);
                res(i) = inner_product(ri.begin(),ri.end(),&v[0],0);
        }
        return res;
}
valarray<double> operator*(valarray<double>& v, const Matrix& m)
{
        valarray<double> res(m.dim2());

        for (int j=0; j<m.dim2(); j++) {
                Slice_iter<double>& cj = m.column(j);
                res(j) = inner_product(&v[0],&v[v.size()],cj.begin(),0);
        }
        return res;
}
```

On fait souvent référence à certaines formes d'***inner_product*** comme "produit point".

22.6.3 Les changements incrémentiels

Les algorithmes ***partial_sum()*** et ***adjacent_difference()*** sont l'inverse l'un de l'autre. Ils gèrent la notion de changement incrémentiel. Ils sont définis dans l'espace de noms ***std***, et présentés dans l'en-tête **<numeric>** :

```
template <class In, class Out> Out adjacent_difference(In first, In last, Out res);

template <class In, class Out, class BinOp>
        Out adjacent_difference(In first, In last, Out res, BinOp op);
```

Etant donné une séquence ***a***, ***b***, ***c***, ***d***, etc., ***adjacent_difference()*** produit ***a***, ***b–a***, ***c–b***, ***d–c***, etc.

Considérons un vecteur de lectures de température. Nous pourrions le transformer en un vecteur de variations de température de la façon suivante :

```
vector<double> temps;

void f()
{
	adjacent_difference(temps.begin(),temps.end(),temps.begin());
}
```

Les valeurs ***17***, ***19***, ***20***, ***20***, ***17***, par exemple, se transforment en ***17***, ***2***, ***1***, ***0***, ***–3***.

A l'inverse, ***partial_sum()*** nous permet de calculer le résultat final d'un ensemble de changements incrémentiels :

```
template <class In, class Out, class BinOp>
Out partial_sum(In first, In last, Out res, BinOp op)
{
	if (first==last) return res;
	*res = *first;
	T val = *first;
	while (++first != last) {
		val = op(val,*first);
		*++res = val;
	}
	return ++res;
}

template <class In, class Out> Out partial_sum(In first, In last, Out res)
{
	return partial_sum(first,last,res,plus);	// § 18.4.3
}
```

Etant donné une séquence ***a***, ***b***, ***c***, ***d***, etc., ***partial_sum()*** produira les résultats ***a***, ***a+b***, ***a+b+c***, ***a+b+c+d***, etc. Par exemple :

```
void f()
{
	partial_sum(temps.begin(),temps.end(),temps.begin());
}
```

Observez la façon dont ***partial_sum()*** incrémente ***res*** avant d'affecter une nouvelle valeur par son intermédiaire. Cette opération permet à ***res*** d'être la même séquence que son entrée. ***adjacent_difference()*** se comporte d'une façon analogue. Ainsi, le code suivant :

```
partial_sum(v.begin(),v.end(),v.begin());
```

transforme la séquence ***a***, ***b***, ***c***, ***d*** en ***a***, ***a+b***, ***a+b+c***, ***a+b+c+d***, et le code :

```
adjacent_difference(v.begin(),v.end(),v.begin());
```

le retransforme en sa version originale. L'algorithme ***partial_sum()*** transforme, en particulier, ***17***, ***2***, ***1***, ***0***, ***–3*** en ***17***, ***19***, ***20***, ***20***, ***17***.

A ceux d'entre vous qui considèrent les variations de température comme un détail assommant de la météorologie ou des expériences scientifiques, je fais remarquer que l'analyse concernant l'évolution des prix de stock implique exactement les mêmes opérations.

22.7 Les nombres aléatoires

Les nombres aléatoires s'avèrent essentiels dans de nombreuses simulations et jeux. La bibliothèque standard fournit dans les en-têtes **<cstdlib>** et **<stdlib.h>** une base simple pour la génération des nombres aléatoires :

```
#define RAND_MAX implementation_defined /* entier positif très grand */

int rand();          // nombre pseudo-aléaatoire entre 0 et RAND_MAX
int srand(int i);    // alimente le générateur de nombres aléatoires par i
```

La création d'un bon générateur de nombres aléatoires est une tâche relativement difficile. Tous les systèmes ne fournissent pas un bon algorithme ***rand()***. Les bits de poids faible d'un nombre aléatoire, en particulier, sont souvent suspects. ***rand()%n*** n'est donc pas une bonne méthode portable pour générer un nombre aléatoire entre ***0*** et ***n–1***. L'expression ***(double(rand())/RAND_MAX)*n***, en revanche, donne souvent de bons résultats.

Un appel à ***srand()*** débute une nouvelle séquence de nombres aléatoires à partir d'une valeur de départ donnée comme argument. Pour le débogage, il est souvent important de pouvoir reproduire cette séquence. On cherche toutefois généralement à démarrer chaque exécution réelle à l'aide d'une nouvelle valeur de départ. En fait, pour que les jeux soient imprévisibles, il est souvent pratique de sélectionner une valeur de départ dans l'environnement d'un programme. Pour de tels programmes, certains bits issus d'une horloge en temps réel représentent souvent une bonne valeur de départ.

Si vous devez créer votre propre générateur de nombres aléatoires, testez-le soigneusement (§ 22.9[14]).

Un générateur de nombres aléatoires est souvent plus utile s'il est représenté comme une classe. De cette façon, ceux destinés à des distributions différentes pourront être facilement construits :

```
class Randint {                    // distribution uniforme dans l'intervalle [0,max]
        unsigned long randx;
public:
        Randint(long s = 0) { randx=s; }
        void seed(long s) { randx=s; }

        // les nombres magiques choisis pour utiliser 31 bits d'un type long sur 32 bits:

        long abs(long x) { return x&0x7fffffff; }
        static double max() { return 2147483648.0; }// note : un double
        long draw() { return randx = randx*1103515245 + 12345; }
```

```
        double fdraw(){ return abs(draw())/max(); }

        long operator()() { return abs(draw()); }
};

class Urand : public Randint {          // distribution uniforme dans l'intervalle [0:n[
        long n;
public:
        Urand(long nn) { n = nn; }

        long operator()() { long r = n*fdraw(); return (r==n) ? n-1 : r; }
};

class Erand : public Randint {          // générateur de nombres aléatoires à distribution exponentielle
        long mean;
public:
        Erand(long m) { mean=m; }
        long operator()() { return -mean * log( (max()-draw())/max() + .5); }
};
```

Voici un test simple :

```
int main()
{
        Urand draw(10);
        map<int,int> bucket;
        for (int i = 0; i< 1000000; i++) bucket[draw()]++;
        for(int j = 0; j<10; j++) cout << bucket[j] << '\n';
}
```

A moins que chaque ***bucket*** ait approximativement la valeur 10 000, ce code contient une erreur.

Ces générateurs de nombres aléatoires sont des versions très peu modifiées de ce que nous recevions avec la première bibliothèque C++ (en réalité, la première bibliothèque "C avec des classes" ; § 1.4).

22.8 Conseils

1. Les problèmes numériques sont souvent subtils. Si vous n'êtes pas certain à 100 % des aspects mathématiques d'un problème numérique, effectuez des tests ou prenez l'avis d'un expert (voir § 22.1).
2. Utilisez ***numeric_limits*** pour déterminer les propriétés des types intégrés (voir § 22.2).
3. Spécialisez ***numeric_limits*** pour des types scalaires définis par l'utilisateur (voir § 22.2).
4. Utilisez un ***valarray*** pour le traitement numérique lorsque l'efficacité à l'exécution est plus importante que la flexibilité en ce qui concerne les types d'élément et les opérations (voir § 22.4).
5. Exprimez les opérations sur une partie de tableau en terme de ***slice***, et non en terme de boucles (voir § 22.4.6).

6. L'emploi des compositeurs vous permettra d'améliorer l'efficacité en éliminant les variables temporaires, et en utilisant de meilleurs algorithmes (voir § 22.4.7).
7. Utilisez ***std::complex*** pour l'arithmétique des nombres complexes (voir § 22.5).
8. L'emploi d'un ***typedef*** vous permettra de convertir un code ancien, dans lequel apparaît une classe ***complex***, de telle façon qu'il utilise le modèle ***std::complex*** (voir § 22.5).
9. Considérez les algorithmes ***accumulate()***, ***inner_product()***, ***partial_sum()*** et ***adjacent_difference()*** avant d'écrire une boucle pour calculer une valeur à partir d'une liste (voir § 22.6).
10. Choisissez de préférence une classe de nombres aléatoires pour une distribution particulière. Evitez l'utilisation directe de ***rand()*** (voir § 22.7).
11. Assurez-vous que vos nombres aléatoires sont suffisamment aléatoires (voir § 22.7).

22.9 Exercices

1. (*1.5) Ecrivez une fonction se comportant comme ***apply()***, mais qui ne soit pas une fonction membre et qui accepte les objets fonction.
2. (*1.5) Ecrivez une fonction se comportant comme ***apply()***, mais qui ne soit pas une fonction membre, qui accepte les objets fonction et modifie son argument ***valarray***.
3. (*2) Complétez ***Slice_iter*** (§ 22.4.5). Soyez particulièrement attentif au moment de la définition du destructeur.
4. (*1.5) Réécrivez le programme du § 17.4.1.3 en utilisant ***accumulate()***.
5. (*2) Implémentez les itérateurs d'E/S << et >> pour un ***valarray***. Implémentez une fonction ***get_array()*** qui crée un ***valarray*** d'une taille spécifiée dans l'entrée elle-même.
6. (*2.5) Définissez et implémentez une matrice à trois dimensions avec les opérations appropriées.
7. (*2.5) Définissez et implémentez une matrice de dimension ***n*** avec les opérations appropriées.
8. (*2.5) Implémentez une classe de type ***valarray***, ainsi que les opérateurs + et * pour cette classe. Comparez ses performances à celles du ***valarray*** de votre implémentation du C++. Conseil : incorporez ***x=0.5(x+y)–z*** dans vos cas de test, et testez-le avec des vecteurs ***x***, ***y***, et ***z*** de diverses tailles.
9. (*3) Implémentez un tableau de style Fortran, nommé ***Fort_array***, dans lequel les indices débutent à ***1***, et non à ***0***.
10. (*3) Implémentez ***Matrix*** en utilisant un membre ***valarray*** comme représentation des éléments (et non un pointeur ou une référence de ***valarray***).
11. (*2.5) Utilisez des compositeurs (§ 22.4.7) pour implémenter un indiçage multi-dimentionnel efficace à l'aide de la notation ***[]***. ***v1[x]***, ***v2[x][y]***, ***v2[x]***, ***v3[x][y][z]***, ***v3[x][y]*** et ***v3[x]***, par exemple, devraient tous produire les éléments et sous-tableaux appropriés à l'aide d'un simple calcul d'index.
12. (*2) Généralisez l'idée du programme du § 22.7 dans une fonction qui, à partir d'un générateur transmis comme argument, affiche une représentation graphique simple de sa distribution. Cette dernière pourra être utilisée comme contrôle visuel grossier de l'exactitude du générateur.

13. (*1) Si ***n*** est un ***int***, quelle est la distribution de ***(double(rand))/RAND_MAX)*n*** ?
14. (*2.5) Un graphique est orienté vers une zone de sortie carrée. Les paires de coordonnées pour les points doivent être générées par ***Urand(N)***, où ***N*** représente le nombre de pixels sur un côté de la zone de sortie. Que vous indique la sortie concernant la distribution des nombres générés par ***Urand*** ?
15. (*2) Implémentez un générateur de distribution normal, ***Nrand***.

IV

Conception à l'aide du langage C++

Cette partie présente le langage C++ et les techniques qu'il supporte dans le domaine du développement de logiciels. Le sujet principal sont la conception et la réalisation efficaces en termes de constructions du langage.

Chapitres

"Je découvre tout juste combien il est difficile de coucher les idées de quelqu'un sur le papier. Lorsqu'il s'agit simplement de transcrire une description, cette tâche est très facile. Mais dès qu'un raisonnement entre en jeu, il devient extrêmement complexe d'établir les bons rapports, de s'exprimer clairement et d'avoir une bonne maîtrise de la langue."

Charles Darwin

23

Développement et conception

Le remède miracle n'existe pas.

F. Brooks

Construction des logiciels — Objectifs et ressources — Le processus de développement — Le cycle de développement — Les objectifs de la conception — Les étapes de la conception — Identifier les classes — Spécifier les opérations — Spécifier les dépendances — Spécifier les interfaces — Réorganiser les hiérarchies de classes — Les modèles — L'expérimentation et l'analyse — Les tests — La maintenance du logiciel — L'efficacité — La gestion de projet — La réutilisation — Les problèmes d'échelle — L'importance des individus — La conception hybride — Bibliographie — Conseils

23.1 Présentation

Ce chapitre est le premier d'une série de trois présentant la production de logiciels en détail. Nous démarrerons à un niveau relativement haut de conception, et terminerons par les techniques de programmation et les concepts spécifiques au C++ supportant directement une telle conception. Au terme d'une introduction et d'une brève description des objectifs des moyens de développement de logiciels en § 23.3, nous vous offrirons :

§ 23.4 une vue du processus de développement du logiciel ;

§ 23.5 des observations pratiques à propos de l'organisation du développement du logiciel.

Le Chapitre 24 traite les relations entre la conception et le langage de programmation. Le Chapitre 25 présente certains rôles joués par les classes dans l'organisation du logiciel au niveau de la conception. Pris dans leur ensemble, les trois chapitres de la Partie IV ont pour objectif d'établir une liaison entre une conception qui se voudrait indépendante du langage et une programmation qui reste fixée sur les détails. Les deux aspects de cette tendance trouvent leur place dans un large projet, mais pour éviter un désastre et un coût excessifs, ils doivent répondre à certaines exigences, tant au niveau de leur intérêt que de la technique.

23.2 Introduction

La construction de toute partie évoluée d'un logiciel représente une tâche complexe, et souvent intimidante. Même pour un programmeur individuel, la rédaction réelle des instructions du programme n'est qu'une partie du processus. En règle générale, les questions liées à l'analyse du problème, à la conception du programme complexe, à la documentation, aux tests, à la maintenance, ainsi qu'à la gestion de l'ensemble de ces tâches compliquent considérablement l'écriture et le test des parties de code individuelles. On pourrait, bien sûr, désigner l'ensemble de ces activités de "programmation", et de s'en tenir à des déclarations telles que : "Je ne conçois pas, je programme simplement." Cependant, quelle que soit l'activité, il est quelquefois important de mettre l'accent sur ces parties individuelles — comme il peut être tout aussi important de considérer le processus complet. Ni les détails, ni la vue complète ne doivent être perdus de vue dans la hâte d'obtenir un système opérationnel — bien que cela souvent ainsi se passe.

Ce chapitre met l'accent sur les parties du développement de programme n'impliquant pas d'écriture ni de correction de parties de code individuelles. La discussion est moins précise et moins détaillée que celles concernant les fonctionnalités de langage individuelles et les techniques de programmation spécifiques présentées à différents endroits de cet ouvrage. Cela est indispensable, car il ne peut exister aucune méthode de référence pour la création de bons logiciels. Des solutions "prêtes à l'emploi" peuvent exister pour des types d'applications spécifiques bien connus, mais non pour des domaines d'application plus généraux. Rien ne peut remplacer l'intelligence, l'expérience et l'intuition en programmation. Par conséquent, ce chapitre ne propose que des conseils généraux, des approches alternatives et des observations de mise en garde.

La nature abstraite du logiciel, et le fait que les techniques qui fonctionnent pour les projets les moins ambitieux (disons pour une ou deux personnes écrivant 10 000 lignes de code) ne peuvent pas toujours être adaptées à des projets moyens et importants, compliquent la discussion. C'est pourquoi certaines réflexions sont formulées en terme d'analogie par rapport à d'autres disciplines d'ingénierie moins abstraites, et non en terme d'exemples de code. N'oubliez pas que "la preuve par l'analogie" est une fraude. L'analogie est donc utilisée ici uniquement pour les besoins de l'exposé. Vous trouverez dans les Chapitres 24 et 25 une explication concernant les problèmes de conception exprimée en termes spécifiques C++ et accompagnée d'exemples. Les principes exposés dans ce chapitre se retrouvent à la fois dans le langage C++ lui-même, et dans la présentation des exemples individuels qui peuplent ce livre.

N'oubliez pas, non plus, que la diversité extraordinaire des domaines d'application, des individus et des environnements de développement de programme ne vous permet pas d'espérer que chaque observation de cet ouvrage s'applique directement à votre problème courant. Ces observations sont issues de projets réels et s'appliquent à une grande variété de situations. On ne peut cependant pas les considérer comme universelles. Examinez ces observations avec un sain degré de scepticisme.

Le langage C++ pourrait être considéré comme un C amélioré. On se priverait alors cependant des techniques et des fonctions de langage les plus puissantes, et l'on ne profiterait que d'une partie infime des avantages potentiels du C++. Ce chapitre met l'accent sur les approches de conception permettant une utilisation efficace de l'abstraction des données et des fonctionnalités de programmation en orienté objet du C++. De telles techniques sont souvent nommées *conceptions orientées objet*.

Quelques thèmes majeurs apparaissent dans ce chapitre :

- L'aspect le plus important du développement de logiciel consiste à être clair concernant ce que vous tentez de construire.
- La réussite du développement de logiciel est une opération à long terme.
- Les systèmes que nous construisons ont tendance à être à la limite de la complexité que nous sommes capables de gérer avec nos outils.
- Aucune "bible des méthodes" ne peut remplacer l'intelligence, l'expérience et une bonne intuition en conception et en programmation.
- L'expérimentation joue un rôle essentiel dans tout développement de logiciel complexe.
- La conception et la programmation sont des activités itératives.
- Les différentes phases d'un projet logiciel, telles que la conception, la programmation et le test, ne peuvent être strictement séparées.
- On ne peut envisager la programmation et la conception sans envisager également la gestion de ces activités.

Il est très facile — et généralement coûteux — de sous-estimer l'un de ces points. Il est relativement difficile de mettre en pratique les idées abstraites qu'ils renferment. Il convient de noter le besoin d'expérimenter. Comme la construction des bateaux, la pratique du vélo et la programmation, la conception ne peut être maîtrisée uniquement par des études théoriques.

Nous oublions trop souvent les aspects humains de la construction de systèmes, et nous considérons le processus de développement de logiciel comme une simple "série d'étapes bien définies, chacune effectuant des actions bien spécifiques sur les entrées en fonction de règles prédéfinies, afin de produire les sorties désirées". Même le langage utilisé masque la participation humaine ! La conception et la programmation sont des activités humaines. Oubliez cela et tout est perdu.

Ce chapitre aborde la conception de systèmes qui semblent ambitieux par rapport à l'expérience et aux ressources des personnes qui les construisent. Il semble qu'il soit dans la nature des individus et des organisations de se lancer dans des projets situés à la limite de leurs possibilités. La conception de projets ne représentant pas une telle gageure n'a pas besoin d'être détaillée. De tels projets disposent déjà de structures établies ne nécessitant aucune modification. Il ne devient indispensable d'adopter de nouvelles et de meilleures procédures que lors d'une tentative ambitieuse. Il existe également une tendance à attribuer les projets que nous sommes capables de réaliser à des personnes quasi débutantes qui n'en ont pas le niveau.

Il n'existe pas de "méthode unique" permettant de concevoir et de créer tous les systèmes. Le fait d'admettre l'existence d'une "seule bonne méthode" pourrait être considéré comme une preuve d'immaturité, si des programmeurs et des concepteurs expérimentés ne souscrivaient pas aussi souvent à cette idée. N'oubliez jamais cela : une technique qui a fonctionné pour vous l'année dernière et pour un projet particulier ne conviendra pas forcément à quelqu'un d'autre ou à un projet différent sans être modifiée. Le plus important est de garder l'esprit ouvert.

Une grande partie des explications de ce chapitre se rapportent, de toute évidence, à un développement de logiciel à plus grande échelle. Ceux d'entre vous qui ne sont pas impliqués dans un tel développement pourront observer et se réjouir d'avoir échappé à tant d'horreurs. Ils pourront aussi rechercher les parties de la discussion qui concernent le travail individuel. Il n'existe aucune limite inférieure concernant la taille des programmes pour lesquels il est préférable d'effectuer la conception avant le début du codage. Il existe toutefois un minimum au-delà duquel une approche particulière de la conception et de la documentation est recommandée. Les problèmes d'échelle sont traités en § 23.5.2.

Le problème fondamental en développement de logiciel est la complexité. Une seule méthode de base permet de gérer la complexité : diviser pour régner. Lorsqu'il est possible de diviser un problème en deux sous-ensembles pouvant être traités séparément, plus de la moitié de la difficulté est résolue. Il existe une quantité étonnante de façons d'appliquer ce principe simple. L'utilisation d'un module, ou d'une classe, dans la conception des systèmes, par exemple, permet de séparer le programme en deux parties — l'implémentation et ses utilisateurs — reliées uniquement par une interface bien définie. Il s'agit de l'approche fondamentale de la gestion de la complexité propre à un programme. De la même façon, le processus de conception d'un programme peut être séparé en activités distinctes avec (idéalement) des interactions bien définies avec les personnes impliquées. C'est l'approche de base de la gestion de la complexité inhérente au processus de développement et aux personnes qui sont impliquées.

Dans les deux cas, c'est le mécanisme de sélection des parties, et de spécification des interfaces entre ces parties, qui requiert le plus d'expérience et d'intuition. Une telle sélection n'est pas un simple processus mécanique. Elle demande généralement de la perspicacité, laquelle ne s'acquiert que par une parfaite compréhension d'un système à des niveaux d'abstraction appropriés (voir § 23.4.2, § 24.3.1 et § 25.3). Une vue très limitée d'un programme, ou d'un processus de développement de logiciel, conduit souvent à des systèmes sérieusement défectueux. Notez également que, pour les personnes et les programmes, la *séparation* est facile. La tâche la plus difficile consiste à garantir une *communication* efficace entre les parties situées de chaque côté d'une barrière sans détruire cette dernière ou étouffer les communications nécessaires à l'obtention de la coopération.

Ce chapitre présente simplement une approche de la conception. Il ne s'agit, en aucun cas, d'une méthode de conception complète. La description d'une méthode de conception formelle complète sortirait du cadre de cet ouvrage. L'approche présentée ici pourra être exploitée avec différents degrés de formalisation. Elle pourra également être utilisée comme base pour différentes formalisations. De la même façon, ce chapitre n'est pas une étude bibliographique. Il n'a pas la prétention de traiter tout sujet significatif concernant le développement de logiciel ou d'en présenter chaque point de vue. Cela sortirait aussi du cadre de ce livre. Il convient de noter que l'on utilise ici des termes conventionnels et assez généraux. La plupart des termes "intéressants", tels que *conception*, *prototype* et *programmeur*, possèdent souvent plusieurs définitions, qui, de plus, peuvent s'avérer contradictoires dans la littérature. Soyez attentif à bien interpréter tout ce que vous allez lire. Des définitions spécialisées ou des termes dont la précision est simplement locale pourraient vous induire en erreur.

23.3 Objectifs et ressources

Le but de la programmation professionnelle est d'offrir un produit qui satisfasse ses utilisateurs. Les ressources principales requises pour atteindre cet objectif consistent à produire du logiciel dont la structure interne est bien pensée, et à créer un groupe de concepteurs et de programmeurs suffisamment qualifiés et motivés pour répondre rapidement et efficacement à tout changement et opportunité.

En effet, la structure interne du programme ainsi que le processus de sa création n'ont, dans l'idéal, aucun rapport avec l'utilisateur final. Si cet utilisateur doit se préoccuper de la façon dont le programme a été écrit, c'est que ce dernier pose problème. A partir de là, quelle est l'importance de la structure d'un programme et de l'équipe qui l'a créé ?

Un programme a besoin d'une structure interne bien pensée. De cette façon, il sera en mesure de simplifier :

- les tests ;
- l'adaptation à une autre machine ;
- la maintenance ;
- le développement ;
- la réorganisation ;
- la compréhension.

Le point le plus important est que chaque partie majeure d'un logiciel possède une durée de vie très étendue au cours de laquelle elle sera étudiée par une succession de programmeurs et de concepteurs, portée vers de nouveaux matériels, adaptée à des utilisations qui n'avaient pas été prévues, et réorganisée de façon répétitive. Tout au long de la vie d'un logiciel, de nouvelles versions devront être produites avec un taux d'erreurs acceptable et en respectant les délais. Si tout cela n'est pas organisé, un échec est à prévoir.

Notez que, même s'ils n'ont pas besoin de se soucier de la structure interne d'un système, les utilisateurs finaux pourraient désirer en prendre connaissance. Ils pourraient, par exemple, vouloir connaître la conception d'un système en détail afin d'estimer sa fiabilité et son potentiel en vue de révisions et de développements. Si le logiciel concerné ne constitue pas un système complet — mais plutôt un ensemble de bibliothèques permettant de créer d'autres logiciels — une bonne connaissance des "détails" permettra aux utilisateurs de mieux utiliser les bibliothèques et d'en tirer un meilleur parti comme sources d'inspiration.

Un équilibre doit être trouvé entre une conception insuffisamment globale pour un élément de logiciel et une importance excessive accordée à la structure. La première approche conduit à arrondir les angles sans cesse. ("Distribuons celui-ci. Nous corrigerons le problème dans la prochaine version".) La seconde mène à des conceptions trop élaborées où l'essentiel se perd dans le formalisme, et à des situations dans lesquelles l'implémentation se trouve retardée par les réorganisations du programme. ("Cette nouvelle structure est *bien* meilleure que l'ancienne ; les utilisateurs voudront l'attendre".) Cela conduit également souvent à des systèmes tellement gourmands en ressources qu'ils deviennent inabordables pour la majorité des utilisateurs potentiels. De tels compromis représentent les aspects les plus difficiles de la conception. Il s'agit du domaine dans lequel le talent et l'expérience compteront le plus. Les choix sont délicats pour le programmeur ou le concepteur individuel. Ils le sont encore plus dans le cas de grands projets, où davantage d'individus avec des niveaux de compétence variés sont impliqués.

Un programme doit être produit et maintenu par une organisation qui pourra assumer cette tâche malgré les changements au niveau du personnel, de la direction et de la structure de direction. Pour faire face à ce problème, le développement du système a souvent été réduit à quelques tâches de relativement bas niveau, insérées dans une structure rigide. L'idée consiste, en fait, à créer une classe de programmeurs de bas niveau faciles à former (économiques) et interchangeables, ainsi qu'une classe de concepteurs un peu plus coûteux, mais tout aussi facilement interchangeables (et dont on pourra également se passer). Les programmeurs ne sont pas supposés prendre des décisions au niveau de la conception, et les concepteurs ne sont pas supposés s'intéresser aux détails sordides du codage. Cette approche échoue souvent. Lorsqu'elle fonctionne, elle donne naissance à des systèmes de taille excessive dont les performances sont insuffisantes.

Les problèmes de cette approche sont les suivants :

- Une communication insuffisante entre ceux qui implémentent et les concepteurs, qui conduit à des opportunités manquées, à des retards, à une inefficacité ainsi qu'à des problèmes à répétition dus à un manque d'expérience.
- Des possibilités insuffisantes d'initiatives pour ceux qui implémentent qui conduisent à l'absence de l'évolution du professionnalisme, à la négligence et à un renouvellement élevé du personnel.

Il manque fondamentalement à un tel système les mécanismes de retour qui permettent à certaines personnes de bénéficier de l'expérience de leurs collaborateurs. Ce système gaspille un talent humain déjà limité. La création d'une structure dans laquelle les individus peuvent utiliser divers talents, acquérir de nouvelles compétences, partager des idées et prendre du plaisir n'est pas seulement ce qu'il convient le mieux de faire. Cela signifie également faire preuve d'un sens pratique et économique.

D'autre part, un système ne peut être construit, documenté et maintenu indéfiniment en l'absence d'une forme de structure formelle. La démarche consistant simplement à rechercher les personnes les plus appropriées, et à les laisser attaquer le problème comme bon leur semble, constitue souvent un bon début pour un projet qui nécessite de l'innovation. Cependant, au fur et à mesure de l'avancement du projet, il devient nécessaire de mettre l'accent sur l'organisation et la spécialisation. Il est également indispensable d'établir une communication formalisée entre les personnes impliquées dans le projet. "Formel" ne signifie pas une notation vérifiable mécaniquement ou mathématiquement (bien que cela soit intéressant lorsque c'est possible et applicable), mais plutôt un ensemble de directives pour la notation, le choix des noms, la documentation, les tests, etc. Une fois encore, il s'agit de trouver un équilibre et de faire preuve d'un sens de l'à-propos. Un système trop rigide peut freiner le développement et prohiber toute innovation. Dans ce cas, c'est l'expérience et les compétences du manager qui sont mises à l'épreuve. Au niveau de l'individu, le dilemme consiste à choisir entre "faire preuve du sens de l'innovation" et "se contenter de suivre le livre".

Il est recommandé de faire des prévisions à long terme, et pas seulement pour la prochaine version du projet en cours. Dans ce cas, l'échec serait prévisible. Nous devons développer parallèlement des stratégies de développement des logiciels, et des organisations destinées à produire et à maintenir diverses versions de nombreux projets. Une série de succès sera alors envisageable.

Le but d'une "conception" consiste à créer pour un programme une structure interne bien conçue, et relativement simple. Cette structure est quelquefois nommée *architecture*. En d'autres termes, nous devons créer une structure dans laquelle les portions individuelles de code pourront s'intégrer, et ainsi guider l'écriture de ces parties de code individuelles.

La conception en elle-même représente le produit final du processus de conception (si tant est qu'un processus itératif puisse être nommé produit *final*). Il s'agit du point de convergence des communications entre le concepteur et le programmeur et entre programmeurs. Il est important ici d'avoir le sens des proportions. Si — en tant que programmeur individuel — vous concevez un petit programme que vous vous apprêtez à implémenter le lendemain, le niveau approprié de précision et de détails pourra se limiter à quelques griffonnages sur l'arrière d'une enveloppe. A l'autre extrême, le développement d'un système impliquant des centaines de concepteurs et de programmeurs pourra nécessiter des livres entiers de spécifications soigneusement rédigées avec des notations formelles ou semi-formelles. La détermination d'un niveau approprié de détails, de précision et de formalité pour une conception est une tâche de direction techniquement stimulante.

Dans ce chapitre et les suivants, nous supposons que la conception d'un système puisse être représentée comme un ensemble de déclarations de classes avec leurs relations (en supprimant généralement leurs déclarations privées comme étant des détails spécieux). Cette représentation n'est, en fait, qu'une simplification. De nombreux éléments font partie d'une conception spécifique. La concurrence d'accès, la gestion des espaces de noms, l'utilisation des données et des fonctions non membres, la définition des classes et des fonctions, l'organisation du code pour minimiser la recompilation, la persistance et l'utilisation de multiples ordinateurs en sont des exemples. Une simplification est cependant nécessaire pour une discussion à ce niveau de détail, et les classes représentent l'élément de conception approprié dans le contexte du C++. Dans ce chapitre, il sera également fait allusion à certains autres éléments. Ceux affectant directement la conception des programmes C++ seront traités aux Chapitres 24 et 25.

Nous n'avons pas établi de distinction nette entre l'analyse et la conception, car une explication concernant ce sujet sortirait du cadre de ce livre et devrait tenir compte de la méthode de conception utilisée. Il est essentiel de choisir une technique d'analyse qui corresponde à la méthode de conception, et de sélectionner une méthode de conception qui corresponde au langage et au style de programmation utilisés.

23.4 Le processus de développement

Le développement de logiciel est un processus itératif et incrémentiel. Chaque étape de ce processus est reprise de façon répétitive au cours du développement, et chaque reprise affine les produits finaux de cette étape. En règle générale, le processus n'a ni début ni fin. Lors de la conception et de l'implémentation d'un système, on se fonde sur d'autres conceptions, bibliothèques et logiciels d'application. Au terme de votre travail, vous laissez un corps de conception et du code, afin que d'autres puissent, à leur tour, les affiner, les réviser, les développer et les adapter à des plates-formes différentes. Un projet spécifique peut naturellement avoir un début et une fin définis. Dans ce cas, il est important (bien que souvent étonnamment difficile) de délimiter précisément le projet en temps et en portée. En prétendant toutefois démarrer sur une base vierge, vous pourriez rencontrer de sérieux problèmes. Vos successeurs pourraient aussi rencontrer de sérieux problèmes si vous prétendiez que le monde se termine au moment de la "distribution finale".

Ces indications nous amènent donc à conclure que les sections suivantes peuvent être lues dans n'importe quel ordre, car les aspects de conception et d'implémentation peuvent être arbitrairement intercalés dans un projet réel. Cela signifie qu'une "conception" est pratiquement toujours une nouvelle conception, fondée sur une conception précédente et sur une expérience d'implémentation. De plus, la conception est restreinte par le calendrier, le niveau des personnes impliquées, les problèmes de compatibilité, etc. Un défit important à relever pour un concepteur/manager/programmeur consiste à imposer un ordre dans ce processus, sans pour autant étouffer l'innovation et détruire les boucles de reprise nécessaires au succès du développement.

Le processus de développement est constitué de trois étapes :

- l'analyse : la définition de la portée du problème à résoudre ;
- la conception : la création de la structure complète pour un système ;
- l'implémentation : l'écriture et le test du code.

N'oubliez pas la nature itérative de ce processus — il est significatif que ces étapes ne soient pas numérotées. Notez que certains aspects importants du développement du programme n'apparaissent pas comme des étapes distinctes, car ils devront imprégner l'intégralité du processus :

- l'expérimentation ;
- les tests ;
- l'analyse de la conception et l'implémentation ;
- la documentation ;
- le management.

La "maintenance" du logiciel représente simplement des itérations supplémentaires de ce processus de développement (§ 23.4.6).

Il est important que l'analyse, la conception et l'implémentation ne se détachent pas trop les unes des autres, et que les personnes impliquées partagent la même culture afin de communiquer efficacement.

Dans les projets les plus importants, ce n'est souvent pas le cas. Dans l'idéal, au cours du déroulement d'un projet, les individus passent d'une étape à une autre. La meilleure façon de transférer des informations sensibles consiste à réaliser cette opération mentalement. Les organisations établissent malheureusement souvent des barrières contre ce type de transfert en accordant, par exemple, un statut et/ou un salaire plus élevé à des concepteurs qu'à de "simples programmeurs". Si, d'un point de vue pratique, les personnes ne peuvent se déplacer pour apprendre et transférer leurs connaissances, elles devront, au moins, être encouragées à dialoguer régulièrement avec celles impliquées dans "les autres" étapes du développement.

Pour les projets petits ou moyens, il n'existe souvent aucune distinction de fait entre l'analyse et la conception. Ces deux phases ont été réunies en une seule. De la même façon, il arrive souvent dans les petits projets qu'aucune distinction ne soit établie entre la conception et la programmation. Cela permet naturellement de résoudre les problèmes de communication. Il est cependant important d'appliquer le degré de formalité approprié à un projet donné, et de maintenir un degré de séparation adapté entre ces phases (§ 23.5.2). Il n'existe pas de méthode unique pour atteindre cet objectif.

Le modèle de développement de logiciel décrit ici diffère radicalement du modèle en cascade traditionnel. Dans ce dernier cas, le développement progresse d'une façon linéaire et ordonnée au travers des étapes de développement, de l'analyse aux tests. Ce modèle souffre du problème fondamental selon lequel les informations ont tendance à circuler dans un seul sens. Lorsqu'un problème est détecté "en amont", il y a souvent une forte incitation méthodologique et d'organisation à fournir une solution localement. Cela signifie qu'il existe une forte incitation à résoudre le problème sans toucher aux étapes précédentes du processus. Ce manque de reprise conduit à des conceptions déficientes, et les corrections locales conduisent à de mauvaises implémentations. Dans certains cas inévitables, les informations retournent effectivement à la source et provoquent des modifications au niveau de la conception. Cela engendre un effet multiplicateur lent et lourd dans un système qui est prévu pour empêcher le besoin d'un tel changement, et qui s'avère donc lent à répondre. L'argument en faveur de "l'absence de changement", ou en faveur d'une "correction locale", devient ainsi un argument selon lequel une sous-organisation ne peut imposer une charge de travail importante aux autres sous-organisations "pour son propre confort". Au moment de la détection d'un défaut important, en particulier, la quantité de papiers générée relative à la décision erronée est souvent considérable. Ainsi, les efforts déployés pour modifier la documentation entravent ceux requis pour corriger le code. De cette façon, la paperasse peut devenir le problème principal du développement du logiciel. De telles difficultés peuvent naturellement apparaître quelle que soit la façon dont on organise le développement des grands systèmes. Après tout, *un peu* de paperasse est essentiel. La simulation d'un modèle de développement linéaire augmente cependant énormément la probabilité d'aboutir à un problème ingérable.

Le problème du modèle de développement en cascade sont un retour insuffisant des informations et l'impossibilité de répondre aux changements. Le danger de l'approche itérative soulignée ici réside dans la tentation de substituer une série de changements divergents aux progrès et pensées réels. Ces deux problèmes sont plus faciles à diagnostiquer qu'à résoudre. Quelle que soit la façon dont on organise une tâche, il est facile et tentant de se tromper d'activité pour le progrès. Naturellement, l'importance des différentes étapes du processus de développement change au fur et à mesure de l'état d'avancement du projet. Initialement, l'accent est mis sur l'analyse. La conception et les problèmes de programmation reçoivent moins d'attention. Par la suite, les ressources se déplacent vers la conception et la programmation, puis se concentrent sur la programmation et les tests.

Le point essentiel reste toutefois de ne jamais se polariser sur une partie du spectre analyse/conception/implémentation, à l'exclusion de tous les autres sujets.

N'oubliez pas que, quelle que soit l'attention accordée aux détails, aucune application de la technique de management aussi appropriée soit-elle, et aucun niveau de technologie aussi avancé soit-il, ne pourront vous aider si vous ne possédez pas une idée claire de ce que vous tentez d'obtenir. De nombreux projets échouent plus par manque d'objectifs réalistes et bien définis que pour toute autre raison. Quelle que soit votre activité et la façon dont vous la gérez, soyez toujours clair concernant vos objectifs. Définissez des objectifs tangibles et des jalons, et ne recherchez pas des solutions technologiques à des problèmes sociologiques. D'autre part, utilisez une technique *appropriée*, si elle est disponible — même si elle implique un investissement. On travaille mieux avec des outils appropriés et dans des limites raisonnables. Mais ne croyez pas qu'il soit facile de suivre ce conseil.

23.4.1 Le cycle de développement

Développer un système devrait être une activité interactive. La boucle principale est constituée du parcours répété de la séquence suivante :

0. Examiner le problème.
1. Créer une conception complète.
2. Trouver des composants standards.
   - Personnaliser les composants pour cette conception.
3. Créer de nouveaux composants standards.
   - Personnaliser les composants pour cette conception.
4. Assembler la conception.

Comparons cela à une usine de voitures. Pour qu'un projet démarre, la conception globale d'un nouveau type de voiture doit avoir été réalisée. Cette première ébauche sera fondée sur l'analyse, et définira la voiture en termes généraux liés principalement à l'utilisation qu'on prévoit d'en faire, et non aux détails concernant la façon d'obtenir les propriétés recherchées. La sélection des propriétés réellement recherchées — ou, mieux encore, la rédaction d'un guide relativement simple permettant de sélectionner les propriétés réellement recherchées — constitue souvent la partie la plus délicate d'un projet. C'est généralement le travail d'un seul individu perspicace. Cette tâche est souvent nommée une *vision*. Il est assez courant que les projets ne disposent pas d'objectif aussi clairement défini et qu'ils échouent pour cette raison.

Admettons que nous voulions créer une voiture de taille moyenne avec quatre portes et un moteur assez puissant. La première étape ne consiste pas à démarrer la conception de la voiture (et de tous ses constituants) à partir de zéro. Un programmeur, ou un concepteur logiciel, dans des circonstances analogues pourrait imprudemment tenter de le faire.

La première étape consiste à considérer les composants disponibles dans l'inventaire de l'usine et chez les fournisseurs fiables. Il n'est pas nécessaire pour les composants ainsi répertoriés de répondre exactement aux besoins de la nouvelle voiture. Ils pourront être personnalisés par la suite. Il pourrait même être possible d'affecter à ces composants la spécification de "prochaines versions", afin de les rendre plus appropriés à notre projet. Un moteur, par exemple, pourrait être disponible avec les bonnes caractéristiques, à l'exception d'une légère déficience au niveau de la puissance fournie. Nous devrions pouvoir ajouter un turbocompresseur pour compenser sans affecter la conception de base. Notez que, excepté lorsque la conception originale a prévu la possibilité d'une personnalisation, la réalisation d'une telle modification est peu probable. L'opération de personnalisation nécessitera une coopération entre vous et votre fournisseur de moteur. Un concepteur, ou un programmeur de logiciels, a des options similaires. Les classes polymorphiques et les modèles, en particulier, peuvent souvent être utilisés efficacement pour la personnalisation. N'espérez cependant pas être capable d'effectuer des extensions arbitraires si le fournisseur d'une telle classe ne les a pas prévues, ou s'il n'existe aucune coopération possible avec lui.

Après avoir épuisé les composants standard appropriés, le concepteur de voitures n'est pas enclin à en concevoir de nouveaux. Cela s'avérerait tout simplement trop onéreux. Supposons qu'il n'existe pas d'unité de climatisation appropriée disponible, et qu'un espace en forme de L soit réservé à cet effet dans le compartiment du moteur. Une solution consisterait à concevoir une unité de climatisation de cette forme. Cependant, la probabilité de pouvoir utiliser une telle unité dans d'autres types de voitures — même après une personnalisation importante — reste très faible. Cela signifie donc que notre concepteur de voitures ne sera pas en mesure de partager le coût de production de son unité de climatisation avec ceux d'autres types de voitures. La durée de vie utile de l'unité sera, de ce fait, très courte. La conception d'un article présentant un meilleur intérêt s'avérera donc beaucoup plus rentable. La conception de celui-ci devra être plus intelligente, et plus appropriée à la personnalisation que notre bizarrerie en forme de L hypothétique. Une somme de travail plus importante sera probablement nécessaire. Cette démarche pourrait même impliquer une modification de la conception globale de notre voiture. La nouvelle unité ayant été conçue pour être d'un emploi répandu, elle aura certainement besoin d'être personnalisée afin de s'adapter parfaitement à nos besoins réévalués. Le concepteur ou le programmeur de logiciel a de nouveau une option similaire. En effet, au lieu d'écrire du code spécifique au projet, il peut concevoir un nouveau composant en le rendant suffisamment général pour qu'il ait de meilleures chances de devenir un standard dans un domaine.

Enfin, une fois les composants standard potentiels épuisés, nous assemblons la conception "finale". Au cours de cette phase, nous veillons à réduire autant que possible le nombre de gadgets spécialement conçus. L'année suivante nous devrons, en effet, reproduire ce processus pour le nouveau modèle, et ce type de gadget devra très probablement être revu ou abandonné. Malheureusement, l'expérience avec un logiciel conçu traditionnellement montre que certaines parties d'un système peuvent être reconnues comme des composants discrets, et quelques-uns d'entre eux ont la possibilité d'être employés en dehors de leur projet original.

Cela ne signifie pas que tous les concepteurs de voitures sont aussi rationnels que nous l'avons décrit dans cette analogie, ou que tous les concepteurs de logiciels produisent les erreurs mentionnées. Au contraire, il est très possible d'obtenir un fonctionnement acceptable de ce modèle avec le logiciel. Ce chapitre et le suivant présentent des techniques permettant un bon fonctionnement avec le langage C++. Nous affirmons, cependant, que la nature intangible du logiciel rend ces erreurs plus difficiles à éviter (§ 24.3.1, § 24.3.4). De plus, nous signalons en § 23.5.3 que la culture d'entreprise dissuade souvent d'employer le modèle décrit ici.

Notez que ce modèle de développement ne fonctionne réellement bien que lorsque vous considérez le long terme. Si votre horizon se limite uniquement à la prochaine version, la création et la maintenance de composants standard n'a aucun sens. Il s'agit simplement d'une surcharge inutile de travail. Ce modèle convient à une organisation dont la durée de vie s'étend sur plusieurs projets, et dont la taille justifie l'investissement supplémentaire indispensable concernant les outils (pour la conception, la programmation et la gestion de projets) et l'éducation (des concepteurs, des programmeurs et des managers). Il est assez surprenant de constater que les différences avec les pratiques des meilleurs programmeurs individuels ne se situent qu'au niveau de l'échelle, ces derniers développant au fil des années un stock de techniques, de conceptions, d'outils et de bibliothèques permettant d'améliorer leur efficacité personnelle. Il semble, en fait, que la plupart des organisations aient été incapables de tirer parti des meilleures expériences personnelles. Cela est dû à la fois à un manque de prévoyance, et à leur incapacité à gérer de telles pratiques autrement qu'à très petite échelle.

Il est tout à fait irréaliste d'espérer que des "composants standard" soient universels. Il existera quelques bibliothèques standard internationales. Cependant, la plupart des composants seront standard (uniquement) au sein d'un pays, d'une industrie, d'une compagnie, d'une ligne de produits, d'un département, d'un domaine d'application, etc. Le monde est trop vaste pour que l'universalité des standards soit un objectif réaliste pour tous les composants et outils.

La recherche de l'universalité dans une conception initiale est une prescription pour un projet qui ne sera jamais terminé. Une des raisons pour lesquelles un cycle de développement est un cycle est qu'il est essentiel de disposer d'un système en fonctionnement à partir duquel gagner en expérience (§ 23.4.3.6).

23.4.2 Les objectifs de la conception

Quels sont les objectifs globaux d'une conception ? La simplicité en est un, bien sûr, mais en fonction de quel critère ? Nous supposons qu'une conception évoluera avec le temps. Cela signifie que le système devra être développé, adapté à une autre plate-forme, optimisé et généralement modifié d'un certain nombre de façons qui ne pourront pas toutes être prévues. Par conséquent, notre objectif sera d'obtenir une conception et un système implémenté qui soient relativement simples, en gardant toujours à l'esprit le fait qu'ils subiront par la suite de nombreuses modifications. En fait, on peut raisonnablement supposer que les conditions requises pour le système changeront plusieurs fois entre le moment de la conception initiale et la première version.

Le système doit donc être conçu pour *demeurer* aussi simple que possible, et ce malgré plusieurs modifications. Nous devons anticiper le changement. Pour ce faire, il nous faut rechercher :

- la flexibilité ;
- la possibilité d'évoluer ;
- la portabilité.

La meilleure façon d'obtenir ce résultat consiste à encapsuler les domaines d'un système susceptibles d'être modifiés, et à fournir des méthodes non intrusives permettant au dernier concepteur/programmeur de modifier le comportement du code. Cela peut être réalisé en identifiant les concepts clés d'une application, et en attribuant à chaque classe la responsabilité exclusive de la maintenance concernant toutes les informations liées à un concept unique. Dans ce cas, seule une modification de cette classe sera nécessaire pour réaliser un changement. Dans l'idéal, on peut modifier un seul concept en dérivant une nouvelle classe (§ 23.4.3.5) ou en transmettant un argument différent à un modèle. Naturellement, cet idéal est difficile à suivre.

Prenons un exemple. Nous désirons afficher un nuage de pluie dans une simulation impliquant des phénomènes météorologiques. Comment est-il possible d'obtenir cela ? Il est impossible d'afficher le nuage à l'aide d'un programme général, car son aspect dépend de son état interne, et cet état devrait relever de l'unique responsabilité du nuage.

Une première solution à ce problème consiste à laisser le nuage s'afficher lui-même. Ce type de solution est acceptable dans de nombreux contextes limités. Elle n'est cependant pas générale, car il existe de nombreuses façons de visualiser un nuage : comme une image détaillée, comme un schéma brut ou comme une icône sur une carte, par exemple. En d'autres termes, l'apparence d'un nuage dépend à la fois du nuage lui-même et de son environnement.

Une deuxième solution consiste à rendre le nuage sensible à son environnement, puis à le laisser s'afficher lui-même. Cette démarche est acceptable dans un certain nombre de contextes. Il ne s'agit toutefois toujours pas d'une solution générale. Rendre le nuage conscient des détails de son environnement conduit à la violation de la règle selon laquelle chaque classe a la responsabilité d'une seule "chose", et chaque "chose" a la responsabilité d'une seule classe. Dans ce cas, il est possible qu'une notion cohérente de "l'environnement du nuage" ne puisse être obtenue, car l'apparence de ce dernier dépend à la fois du nuage lui-même et de l'observateur. Même dans la vie réelle, l'apparence que prend un nuage pour nous dépend assez fortement de la façon dont nous l'observons (à l'œil nu, au travers d'un filtre polarisant ou avec un radar météorologique, par exemple). De plus, à l'observateur et au nuage vient s'ajouter un "arrière-plan général", tel que la position relative du soleil. Celui-ci doit également être pris en compte. En adjoignant des objets supplémentaires, tels que d'autres nuages et avions, on complique encore le sujet. Si l'on désire rendre la question réellement complexe, il suffit d'ajouter la présence simultanée de plusieurs observateurs.

Une troisième solution serait que le nuage — et d'autres objets tels que les avions et le soleil — se décrive lui-même à un observateur. Cette solution est suffisamment générale pour répondre à la plupart des besoins [1]. Elle pourrait cependant imposer un coût significatif, à la fois en termes de complexité et de surcharge à l'exécution. Comment doit-on procéder, par exemple, pour qu'un observateur comprenne les descriptions produites par les nuages et les autres objets ?

Il n'est pas très courant de rencontrer des nuages de pluie dans les programmes (pour un exemple, consultez le § 15.2). En revanche, les objets devant être impliqués dans diverses opérations d'E/S le sont. Cela signifie que notre exemple de nuage s'avère pertinent pour les programmes en général, et pour la conception des bibliothèques en particulier. Le code C++ d'un exemple analogue peut être trouvé avec les manipulateurs utilisés pour les sorties formatées dans un système d'E/S de flux (§ 21.4.6, § 21.4.6.3). Notez que la troisième solution n'est pas satisfaisante. Il s'agit simplement de la démarche la plus générale. Un concepteur doit trouver un juste équilibre entre les divers besoins d'un système afin de pouvoir choisir le niveau de généralité et d'abstraction approprié à un problème donné dans ce système. Pour un programme dont la durée de vie est longue, on peut considérer que le bon niveau d'abstraction est le niveau le plus général que l'on puisse comprendre et se permettre. Il ne s'agit *pas* du niveau le plus général dans l'absolu. Une généralisation qui sortirait du cadre d'un

1. Même si ce modèle a peu de chances d'être suffisant pour des cas extrêmes comme des graphiques de grande qualité basés sur le traçage aux rayons. Il probable que pour obtenir un tel détail le concepteur doive adopter un niveau d'abstraction différent.

projet donné, et de l'expérience des personnes impliquées peut s'avérer problématique. Elle est, en effet, susceptible de provoquer des retards, une inefficacité inacceptable, des conceptions ingérables et un échec évident.

Pour que de telles techniques restent gérables et économiques, nous devons anticiper toute réutilisation (§ 23.5.1), et ne jamais perdre de vue l'efficacité (§ 23.4.7).

23.4.3 Les étapes de la conception

Considérons la conception d'une classe simple. En règle générale, il ne s'agit *pas* une bonne idée. Les concepts n'existent *pas* de façon isolée. Ils sont généralement définis dans le contexte d'autres concepts. De la même façon, une classe n'existe pas de façon isolée, mais est définie avec d'autres classes auxquelles elle est reliée. On travaille donc habituellement sur un ensemble de classes en relation. Cet ensemble est souvent nommé *bibliothèque de classes* ou *composant*. Il arrive que toutes les classes d'un composant constituent une seule hiérarchie de classes. Ces classes peuvent également être les membres d'un seul espace de noms ou constituer un ensemble de déclarations plus spécifique (§ 24.4).

Dans un composant, un critère logique relie l'ensemble des classes. Il s'agit souvent d'un style commun ou d'une dépendance vis-à-vis de services communs. Un composant représente donc une unité de conception, de documentation, de propriété et souvent de réutilisation. Cela ne signifie cependant pas que, pour utiliser une seule classe d'un composant, il vous faudra comprendre la totalité des classes de celui-ci, ou même charger le code de chaque classe dans votre programme. Au contraire, nous nous efforçons généralement de garantir l'utilisation de chaque classe avec une surcharge minimale en ressources machine et en efforts humains. Cependant, pour utiliser une partie quelconque d'un composant, nous devons comprendre le critère logique définissant ce dernier (rendu heureusement très clair dans la documentation), les conventions et le style intégré dans sa conception, ainsi que les services communs (s'ils existent).

Voyons comment il peut être possible d'aborder la conception d'un composant. Cette tâche représentant souvent une gageure, il est indiqué de la décomposer en étapes afin de pouvoir étudier les diverses sous-tâches d'une façon logique et complète. Comme toujours, il n'existe pas de méthode unique pour réaliser cette opération. Voici toutefois une série d'étapes ayant donné de bons résultats :

1. Rechercher les concepts/classes et leurs relations les plus fondamentales.
2. Préciser les classes en spécifiant les ensembles d'opérations qui s'y appliquent.
   - Classifier ces opérations. Considérer en particulier les besoins de construction, de copie et de destruction.
   - Considérer le minimalisme, l'intégralité et l'aspect pratique.
3. Affiner les classes en spécifiant les dépendances.
   - Considérer la définition, l'héritage et l'utilisation des dépendances.
4. Spécifier les interfaces.
   - Séparer les fonctions en opérations publiques et protégées.
   - Spécifier le type exact des opérations sur les classes.

Notez qu'il s'agit d'étapes dans un processus itératif. En règle générale, plusieurs boucles sont nécessaires pour produire une conception utilisable dans le cadre d'une implémentation initiale ou d'une réimplémentation. L'avantage d'une analyse bien réalisée et de l'abstraction de données telles que celles décrites ici est qu'il devient relativement facile de parcourir à nouveau les relations de classes, même après l'écriture du code. Cette tâche n'est cependant jamais très simple.

A la suite de ces étapes, nous implémentons les classes et nous reprenons la conception en fonction de ce que nous avons appris lors de leur implémentation. Ces étapes sont reprises l'une après l'autre dans les sous-sections qui suivent.

23.4.3.1 Etape 1 : identifier les classes

Rechercher les concepts/classes et leurs relations les plus fondamentales. L'élément clé d'une bonne conception réside dans la modélisation directe de certains aspects de la "réalité", c'est-à-dire capturer les concepts d'une application sous la forme de classes, représenter les relations entre les classes de façon bien définie (en utilisant l'héritage, par exemple) et effectuer cette tâche de façon répétitive à différents niveaux d'abstraction. Mais comment faut-il s'y prendre pour trouver ces concepts ? Quelle approche pratique devons-nous adopter pour sélectionner les classes dont nous avons besoin ?

Le meilleur endroit pour débuter la recherche est l'application elle-même, et non le dossier des abstractions et des concepts de l'informaticien. Interrogez quelqu'un qui deviendra un utilisateur expert du système lorsque celui-ci aura été créé, et un utilisateur qui n'est pas satisfait du système en cours de remplacement. Notez le vocabulaire qu'ils emploient.

On dit souvent que les noms doivent correspondre aux classes et aux objets nécessaires dans le programme. C'est souvent le cas, mais nous ne sommes encore pas au bout de nos peines. Les verbes peuvent signaler des opérations sur les objets, les fonctions traditionnelles (globales) qui produisent de nouvelles valeurs selon celles de leurs arguments ou même des classes. Les objets fonction (§ 18.4) et les manipulateurs (§ 21.4.6) en sont des exemples. Des verbes tels que "avancer" d'une itération ou "appliquer" peuvent être respectivement représentés par un objet itérateur et un objet représentant une opération d'enregistrement définitif dans une base de données. Même les adjectifs peuvent être représentés par des classes. Considérez les adjectifs "enregistrables", "concurrents", "enregistrés" et "bornés". Il pourrait s'agir de classes dans lesquelles un concepteur ou un programmeur pourrait choisir les attributs souhaitables pour les classes conçues plus tard en spécifiant des classes de base virtuelles (§ 15.2.4).

Toutes les classes ne correspondent pas à des concepts de niveau application. Certaines représentent, par exemple, des ressources du système et des abstractions de niveau implémentation (§ 24.3.1). Il est également important d'éviter de reproduire de trop près un ancien système. Il n'est pas souhaitable pour un système centré sur une base de données, par exemple, de reproduire fidèlement les aspects d'un système manuel dont le seul intérêt est de permettre aux utilisateurs de gérer la manipulation physique de morceaux de papier.

On utilise l'héritage pour représenter la partie commune des concepts. Plus important encore, l'héritage permet de représenter une organisation hiérarchique fondée sur le comportement des classes incarnant les concepts individuels (§ 1.7, § 12.2.6, § 24.3.2). Cela est quelquefois nommé *classification*, ou même *taxonomie*. Les similitudes doivent être activement recherchées. La généralisation et la classification sont des activités de haut niveau nécessitant un certain degré de perspicacité pour donner des résultats utiles et durables. Une base commune devrait représenter un concept plus général, et non simplement un concept similaire qui nécessiterait moins de données pour être représenté.

Notez que la classification devrait être celle des aspects des concepts modélisés dans notre système, et non celle des aspects qui pourraient être valides dans d'autres domaines. En mathématique, par exemple, un cercle est une sorte d'ellipse. Cependant, dans la plupart des programmes, un cercle ne devrait pas être dérivé d'une ellipse ou une ellipse dérivée d'une cercle. Les arguments souvent émis "parce que c'est comme ça en mathématique", et "parce que la représentation d'un cercle est un sous-ensemble de celle d'une ellipse", ne sont pas probants et le plus souvent erronés. C'est pourquoi, pour la majorité des programmes, la propriété clé d'un cercle est la possession d'un centre et d'une distance fixe jusqu'à son périmètre. Tout comportement du cercle (toutes les opérations) doit satisfaire à cette propriété (invariant, § 24.3.7.1). D'autre part, une ellipse se caractérise par deux points focaux qu'il est possible de modifier indépendamment l'un de l'autre dans de nombreux programmes. Si ces points coïncident, l'ellipse a l'allure d'un cercle. Il ne s'agit cependant pas réellement d'un cercle, car ses opérations ne préservent pas l'invariant du cercle. Cette différence apparaîtra dans la plupart des systèmes à travers le fait qu'un cercle et une ellipse fournissent des ensembles d'opérations qui ne sont pas des sous-ensembles l'un de l'autre.

Nous ne nous contentons pas de simplement réfléchir à un ensemble de classes et à leurs relations, pour ensuite les utiliser dans le système final. Nous les créons. Ces classes seront ensuite peaufinées de façon répétitive (§ 23.4.3.5) afin d'obtenir un ensemble de relations suffisamment générales, flexibles et stables pour constituer effectivement une aide dans la suite de l'évolution d'un système.

Le meilleur outil pour la recherche de concepts/classes clés initiaux est un tableau. La meilleure méthode pour leur perfectionnement initial est la discussion avec des experts dans le domaine d'application, et une paire d'amis. La discussion est indispensable pour développer un vocabulaire initial et une structure conceptuelle viables. Peu de personnes sont en mesure d'effectuer cette tâche seules. Un ensemble de classes utiles peut être développé à partir d'un groupe initial de classes candidates en simulant un système, les concepteurs jouant le rôle des classes. Les absurdités inévitables des idées initiales sont ainsi mises en évidence. Cela stimule également la discussion concernant les différentes alternatives et permet de partager la connaissance de la conception en cours de développement. Cette activité peut être supportée et documentée par des notes sur des fiches. Ces dernières sont habituellement nommées fiches CRC ("classe, responsabilité et collaborateurs") en raison des informations qu'elles contiennent.

Un *cas d'utilisation* est la description d'une utilisation particulière d'un système. Voici un exemple simple d'un cas d'utilisation d'un système de téléphonie : décrocher le téléphone émetteur, composer un numéro, le téléphone récepteur sonne, le téléphone récepteur est décroché. Le développement d'un ensemble de telles études de cas peut avoir beaucoup de valeur à toutes les étapes du développement. Initialement, la recherche des études de cas peut nous aider à comprendre ce que nous tentons de construire. Au cours de la conception, elles permettront de tracer un chemin à travers le système (en utilisant les fiches CRC, par exemple) pour vérifier si la description statique du système en termes de classes et d'objets a réellement un sens d'un point de vue utilisateur. Pendant la programmation et les tests, les cas d'utilisation deviennent une source de cas de test. De cette façon, ils fournissent une méthode orthogonale de visualisation du système, et se comportent comme un contrôle de réalité.

Les cas d'utilisation visualisent le système comme une entité en fonctionnement (dynamique). Ils peuvent donc piéger un concepteur dans une vue fonctionnelle d'un système, et le distraire de la tâche essentielle de recherche de concepts utiles auxquels on pourra faire correspondre des classes. En accordant trop d'importance aux cas d'utilisation, le risque est grand d'obtenir une décomposition fonctionnelle, en particulier pour quelqu'un ayant une certaine pratique en analyse structurée, mais peu d'expérience en programmation/conception orientée objet. Un ensemble de cas d'utilisation n'est pas une conception. Une analyse approfondie de l'utilisation du système doit être accompagnée d'une étude complémentaire de la structure de ce dernier.

Une équipe peut se retrouver piégée dans la tentative futile de retrouver et de décrire *tous* les cas d'utilisation. Cette erreur peut coûter cher. De la même façon que lors de la recherche de classes candidates pour un système, il faut être capable de dire "c'est suffisant ; il est temps de tester ce que nous avons et de voir ce qui se passe". Ce n'est qu'en utilisant un ensemble plausible de classes et de cas d'utilisation dans la suite du développement que nous pourrons obtenir le retour d'informations essentiel à la création d'un bon système. Il est toujours difficile de déterminer à quel moment interrompre une activité utile. Il est particulièrement délicat de s'arrêter lorsque nous savons devoir y revenir plus tard pour terminer la tâche.

Combien de cas sont suffisants ? En règle générale, il est impossible de répondre à cette question. Cependant, il arrive toujours un moment où, de toute évidence, la plus grande partie du fonctionnement ordinaire du système a été traitée, et où une bonne partie des problèmes de gestion des erreurs et des questions moins courantes ont été abordés. Il est alors temps de passer à l'étape suivante de la conception et de la programmation.

Lorsque nous tentons d'estimer la couverture du système avec un ensemble de cas d'utilisation, il peut être utile de séparer ces derniers en cas primaires et en cas secondaires. Les cas primaires décrivent les actions "normales" et les plus courantes du système. Les cas secondaires décrivent, quant à eux, les scénarios plus inhabituels ainsi que ceux de gestion des erreurs. Un exemple de ces derniers serait une variante du cas "exécuter un appel téléphonique", dans lequel l'appareil récepteur est décroché, en cours d'appel de l'appareil émetteur. On dit souvent que lorsque 80 % des cas d'utilisation primaires, et que quelques-uns des cas secondaires ont été traités, il est temps de poursuivre. Ce procédé reste empirique, car nous ne pouvons savoir à l'avance ce que représente "tous les cas". C'est l'expérience et le bon sens qui prévalent ici.

Les concepts, opérations et relations mentionnés ici sont ceux qui découlent naturellement de notre connaissance du domaine d'application, ou qui apparaissent au cours de l'étude suivante de la structure des classes. Ils représentent notre connaissance fondamentale de l'application. Il s'agit souvent de classifications des concepts fondamentaux. Un camion-citerne, par exemple, est une voiture de pompier, qui est un camion, qui est à son tour un véhicule. Le § 23.4.3.2 ainsi que le § 23.4.5 proposent quelques méthodes permettant d'examiner les classes et les hiérarchies de classes dans le but d'apporter des améliorations.

Attention, à une certaine étape, on vous demandera de présenter la conception à quelqu'un. Vous produirez alors un ensemble de diagrammes expliquant la structure du système en cours de création. Cet exercice peut vous être très utile, car il vous aidera à porter votre attention sur ce qui est important dans le système, et vous forcera à exprimer vos idées en termes compréhensibles pour les autres. Une présentation est un outil de conception inestimable. Préparer une présentation avec pour objectif de transmettre la connaissance réelle à des personnes dont l'intérêt est de produire une critique constructive s'avère un bon exercice de conceptualisation et d'organisation des idées.

Une présentation formelle d'une conception est cependant également une activité très dangereuse. La tentation est forte de présenter un système idéal — celui dont vous rêvez ou que désire votre direction — et non celui que vous pourriez éventuellement produire dans un laps de temps raisonnable. Lorsque différentes approches sont en concurrence et que la direction ne comprend pas réellement, ou ne veut pas connaître "les détails", les présentations peuvent se transformer en objets de rivalité. Dans une telle situation, c'est généralement l'équipe qui présentera le système le plus grandiose qui conservera son job. L'expression claire des idées est alors souvent remplacée par des acronymes et un jargon relativement lourd. Si vous êtes le témoin d'une telle présentation — et en particulier si vous prenez part à la décision et que vous contrôlez les ressources de développement — il est extrêmement important que vous fassiez la distinction entre ce qui appartient au domaine du rêve et une planification réaliste. Un matériel de présentation de haute qualité ne garantit pas la qualité du système décrit. L'expérience montre, en fait, que des organisations s'intéressant aux problèmes réels sont souvent prises de cours au moment de présenter leurs résultats, contrairement aux organisations moins concernées par la production de systèmes réels.

Notez que, lorsqu'on recherche des concepts à représenter comme des classes, certaines propriétés importantes d'un système ne peuvent jouer ce rôle. La fiabilité, les performances et les possibilités de test, par exemple, sont des propriétés mesurables importantes d'un système. Cependant, même la fiabilité d'un système complètement orienté objet ne sera pas localisée dans un objet fiabilité. Les propriétés générales d'un système peuvent être spécifiées, conçues et éventuellement vérifiées par l'intermédiaire de mesures. L'intérêt pour de telles propriétés doit être appliqué à toutes les classes, et transparaître dans les règles de conception et d'implémentation des composants et classes individuels (§ 23.4.3).

23.4.3.2 Etape 2 : spécifier les opérations

Préciser les classes en spécifiant les ensembles d'opérations qui s'y appliquent. Il est naturellement impossible de séparer la recherche de classes de celle des opérations qui leur sont nécessaires. Il existe cependant une différence pratique. La recherche des classes se concentre, en effet, sur les concepts clés et se montre délibérément moins insistante sur les aspects informatiques, alors que la spécification des opérations se concentre sur la recherche d'un ensemble d'opérations complet et utilisable. Il est généralement trop difficile de considérer les deux en même temps. Cela est dû, en particulier, au fait que les classes en relation doivent être conçues ensemble. Au moment de cette opération, les fiches CRC (§ 23.4.3.1) sont souvent d'une grande utilité.

Il est possible de faire appel à plusieurs philosophies pour déterminer quelles fonctions doivent être fournies. Nous suggérons la stratégie suivante :

1. Considérer comment un objet d'une classe doit être construit, copié et détruit.
2. Définir l'ensemble *minimal* des opérations requises par le concept que la classe représente. Ces opérations deviennent généralement les fonctions membres (§ 10.3).
3. Déterminer quelles opérations pourraient être ajoutées pour simplifier la notation. N'en prendre en compte que quelques-unes, réellement importantes. Ces opérations deviennent souvent les "fonctions assistantes" non membres (§ 10.3.2).

4. Considérer quelles opérations doivent être virtuelles, c'est-à-dire les opérations pour lesquelles la classe peut jouer le rôle d'une interface pour une implémentation fournie par une classe dérivée.
5. Considérer le niveau de banalisation pouvant être obtenu pour le choix des noms, ainsi que la fonctionnalité sur l'ensemble des classes du composant.

Ces instructions orientent clairement vers le minimalisme. Il est beaucoup plus facile de rendre toutes les opérations virtuelles et d'ajouter chaque fonction pouvant être utile. Cependant, plus les fonctions sont nombreuses, plus la probabilité pour qu'elles demeurent inutilisées augmente. De plus, elles risquent de constituer un frein pour l'implémentation et l'évolution future du système. Les fonctions qui lisent ou écrivent directement une partie de l'état d'un objet d'une classe, par exemple, contraignent souvent la classe à une seule stratégie d'implémentation et limitent sévèrement les possibilités de reconception. De telles fonctions diminuent le niveau d'abstraction d'un concept à une implémentation de ce dernier. L'ajout de fonctions augmente également la tâche de celui qui implémente et celle du concepteur lors de la révision de conception suivante. Il est *beaucoup plus* facile d'ajouter une fonction lorsque le besoin s'en est fait clairement ressentir que de la supprimer une fois qu'elle devient gênante.

La décision de rendre une fonction virtuelle doit être explicite, et non un choix par défaut ou un détail de l'implémentation. Le fait de rendre une fonction virtuelle a, en effet, une énorme influence sur l'utilisation de sa classe, ainsi que sur les relations entre cette classe et les autres. Même les objets d'une classe possédant une seule fonction virtuelle ont un format complexe en comparaison de ceux de langages tels que C et Fortran. Une classe possédant une seule fonction virtuelle se comporte potentiellement comme une interface envers les classes qui restent à définir, et toute fonction virtuelle, même unique, implique une dépendance vis-à-vis de ce type de classes (§ 24.3.2.1).

Notez que le minimalisme impose généralement une somme de travail plus élevée aux concepteurs.

Au moment de la sélection des opérations, il est important de se concentrer sur ce qui doit être fait, et non sur la façon de le faire. Nous devrions donc examiner le comportement désiré, et non les problèmes d'implémentation.

Il est quelquefois utile de classifier les opérations d'une classe selon l'utilisation qu'elles font de l'état interne des objets :

- **Les opérateurs de base.** Les constructeurs, les destructeurs et les opérateurs de copie.
- **Les inspecteurs.** Les opérations qui ne modifient pas l'état d'un objet.
- **Les modificateurs.** Les opérations qui modifient l'état d'un objet.
- **Les conversions.** Les opérations qui produisent un objet d'un autre type en fonction de la valeur (état) de l'objet sur lequel elles s'appliquent.
- **Les itérateurs.** Les opérations qui offrent l'accès ou qui permettent d'utiliser une séquence d'objets contenus.

Ces catégories ne sont pas orthogonales. Un itérateur peut être conçu, par exemple, pour être un inspecteur ou un modificateur. Cette classification a simplement permis de faciliter la conception des interfaces de classes. Il est, bien sûr, possible d'en établir d'autres. De telles classifications sont particulièrement utiles pour maintenir la cohérence au niveau d'un ensemble de classes dans un composant.

C++ offre un support permettant d'établir une distinction entre les inspecteurs et les modificateurs sous la forme des fonctions membres ***const*** et non ***const***. De la même façon, les notions de constructeurs, destructeurs, opérations de copie et fonctions de conversion sont directement prises en charge.

23.4.3.3 Etape 3 : spécifier les dépendances

Affiner les classes en spécifiant les dépendances. Les diverses dépendances sont traitées au § 24.3. Les dépendances clés à considérer dans le contexte de la conception sont la définition des paramètres, les relations *d'héritage* et *d'utilisation*. Chacune d'entre elles implique la définition de ce que signifie "être responsable d'une propriété unique d'un système" pour une classe. Etre responsable n'implique pas que la classe doive stocker seule toutes les données, ou que ses fonctions membres aient besoin d'effectuer toutes les opérations nécessaires directement. Au contraire, chaque classe ayant un seul domaine de responsabilité, il est évident que la plus grande partie de son travail est réalisée en émettant des requêtes "ailleurs". Ces dernières sont alors traitées par une autre classe responsable de cette sous-tâche. Vous devez toutefois savoir qu'en abusant de cette technique, vous pouvez obtenir des conceptions inefficaces et incompréhensibles avec une prolifération de classes et d'objets, cela à un point tel qu'aucun travail ne puisse être réalisé sans passer par une cascade de transmissions de requêtes de service. Ce qui *peut* être réalisé ici devrait l'être.

Le besoin de considérer les relations d'utilisation et d'héritage à l'étape de la conception (et non uniquement lors de l'implémentation) est le fruit de l'utilisation des classes dans le but de représenter les concepts. Cela implique également que le composant (§ 23.4.3, § 24.4) — et non la classe individuelle — constitue l'unité de conception.

La définition des paramètres — qui conduit souvent à l'utilisation de modèles — est une façon de rendre explicites des dépendances implicites, de sorte qu'il devienne possible de représenter plusieurs solutions sans ajouter de nouveaux concepts. On a souvent le choix entre conserver quelque chose comme une dépendance dans un contexte, le représenter sous la forme d'une branche de l'arborescence d'héritage ou utiliser un paramètre (§ 24.4.1).

23.4.3.4 Etape 4 : spécifier les interfaces

Spécifier les interfaces. Les fonctions privées n'ont généralement pas besoin d'être considérées à l'étape de la conception. Le problème du choix des questions d'implémentation devra être considéré à l'étape de la conception au moment de l'étude des dépendances. Nous appliquons la règle empirique suivante : excepté lorsqu'un minimum de deux implémentations différentes d'une classe sont possibles, un problème se pose. Cela signifie qu'il s'agit simplement d'une implémentation déguisée, et non d'une représentation d'un concept approprié. Dans la majorité des cas, une bonne méthode pour approcher le problème "l'interface de cette classe est-elle suffisamment indépendante de l'implémentation ?"consiste à examiner si une forme d'évaluation peut être appliquée à une classe.

Notez que les amies et bases publiques font partie de l'interface publique d'une classe. Consultez également les § 11.5 et § 24.4.2. Un exercice intéressant peut consister à fournir des interfaces différentes pour l'héritage et les clients généraux en définissant des interfaces publiques et protégées distinctes.

C'est au cours de cette étape que l'on considère, et que l'on spécifie, les types exacts des arguments. L'idéal est d'obtenir le maximum d'interfaces auxquelles on peut attribuer statiquement un type avec les types de niveau application (voir § 24.2.3 et § 24.4.2).

Au moment de la spécification des interfaces, recherchez les classes dans lesquelles les opérations semblent supporter plusieurs niveaux d'abstraction. Certaines fonctions membres d'une classe ***File***, par exemple, pourraient recevoir des arguments de type ***File_descriptor***, ainsi que certains arguments chaîne censés représenter des noms de fichiers. Les opérations de ***File_descriptor*** agissent à un niveau d'abstraction différent de celui des opérations sur le nom de fichier. On doit donc se demander si elles appartiennent à la même classe. Il pourrait être préférable de travailler avec deux classes fichier, l'une supportant la notion de descripteur de fichier et l'autre supportant la notion de nom de fichier. Toutes les opérations d'une classe devraient typiquement supporter le même niveau d'abstraction. Si tel n'est pas le cas, il est conseillé d'envisager une réorganisation de la classe et de celles qui y sont associées.

23.4.3.5 Réorganiser les hiérarchies de classes

Au cours de l'étape 1, puis de nouveau dans l'étape 3, nous examinons les classes et les hiérarchies de classes afin de contrôler si elles répondent de façon adéquate à nos besoins. En général ce n'est pas le cas. Nous devons donc réorganiser cette structure, ou la conception et/ou l'implémentation, de façon à obtenir une amélioration.

Les réorganisations les plus courantes d'une hiérarchie de classes consistent à extraire la partie commune à deux classes dans une troisième, et à partager une classe en deux nouvelles. Dans les deux cas, on obtient trois classes : une classe de base et deux classes dérivées. Quand doit-on appliquer de telles réorganisations ? Quels sont les indicateurs communs signalant qu'une telle réorganisation peut être utile ?

Malheureusement, il n'existe pas de réponses simples et générales à de telles questions. Cela n'est pas très surprenant, car nous ne parlons pas de détails d'implémentation mineurs, mais de modifications concernant les concepts de base d'un système. L'opération fondamentale — et relativement complexe — consiste à examiner les similitudes entre classes et à en extraire la partie commune. Les critères exacts de cette similitude sont indéfinis, mais doivent refléter la similitude entre les concepts du système, et non simplement des convenances d'implémentation. Des modèles d'utilisation communs, une similitude entre des ensembles d'opérations, des similitudes entre les implémentations et simplement le fait que ces classes apparaissent souvent ensembles dans des discussions concernant la conception peuvent indiquer que deux classes ou davantage possèdent une partie commune susceptible d'être isolée dans une classe de base commune. Inversement, il est préférable de partager une classe en deux si des sous-ensembles d'opérations de cette classe possèdent des modèles d'utilisation distincts, si de tels sous-ensembles accèdent à des parties distinctes de la représentation et si la classe est citée dans des discussions concernant la conception apparemment sans relations. Le regroupement d'un ensemble de classes en relation dans un modèle représente quelquefois un moyen de fournir des solutions de rechange nécessaires d'une façon systématique (§ 24.4.1).

Ces relations étroites entre les classes et les concepts conduisent souvent les problèmes concernant l'organisation d'une hiérarchie de classes à apparaître sous la forme de problèmes avec la convention de noms des classes et l'utilisation des noms de classes dans les discussions traitant de la conception. Si une discussion utilisant des noms de classes, et la classification qui découle des hiérarchies de classes sonnent faux, alors les hiérarchies pourront probablement être améliorées. Dans ce cas, deux personnes effectueront une bien meilleure analyse qu'une seule. Si personne n'est en mesure de discuter d'une conception avec vous, vous pouvez envisager de rédiger une étude détaillée de la conception en utilisant les noms de classes.

L'un des objectifs majeurs d'une conception consiste à fournir des interfaces capables de rester stables face aux modifications (§ 23.4.2). Souvent, la meilleure façon d'obtenir ce résultat consiste à définir une classe dont dépendent de nombreuses autres classes et fonctions en tant que classe abstraite présentant des opérations très générales. Il est préférable de reléguer les détails dans des classes dérivées plus spécialisées, dont dépendront directement moins de classes et de fonctions. Fait également très important : plus le nombre de classes dépendantes d'une autre est important, plus cette classe devrait être générale. Cette dernière ne devrait alors révéler que très peu de détails.

La tentation est forte d'ajouter des opérations (et des données) dans une classe fortement utilisée. On considère souvent que cette opération permet de rendre la classe plus utile, et moins susceptible de nécessiter des modifications (supplémentaires). Le résultat de cette politique est une classe dont l'interface est disproportionnée (§ 24.4.3), et dont les membres de données supportent plusieurs fonctions peu liées entre elles. Cette classe devra donc être de nouveau modifiée à chaque changement significatif de l'une des nombreuses classes qu'elle supporte. Cela implique également des changements au niveau des classes utilisateur et dérivées apparemment sans relation. Il est donc préférable d'éviter toute complication d'une classe se trouvant au centre d'une conception. Nous devrions la laisser générale et abstraite. Les fonctions spécialisées devraient être présentées, si nécessaire, sous la forme de classes dérivées.

Cette ligne de conduite donne naissance à des hiérarchies de classes abstraites, dans lesquelles celles situées à la base possèdent le caractère le plus général. Ce sont celles dont dépendent le plus d'autres classes et fonctions. Les classes situées aux extrémités de l'arborescence sont les plus spécialisées, et très peu de parties de code dépendent directement de ces classes. Considérez, comme exemple, la version finale de la hiérarchie ***Ival_box*** (§ 12.4.3, § 12.4.4).

23.4.3.6 Utiliser des modèles

Lorsque nous écrivons un article, nous essayons de déterminer un modèle convenable à suivre. Cela signifie qu'au lieu de commencer à taper immédiatement, nous recherchons généralement des articles portant sur un sujet analogue afin de trouver un modèle initial. Si le modèle choisi est un article que nous avons nous-même écrit, nous pouvons même conserver certaines parties du texte, en modifier d'autres si nécessaire et ajouter de nouvelles informations uniquement aux endroits où la logique l'impose. Un livre, par exemple, peut être écrit à partir de ses éditions précédentes. Une forme extrême de cette technique d'écriture est la lettre type. Dans ce cas, nous remplissons simplement un nom et nous ajoutons éventuellement quelques lignes pour "personnaliser" la lettre. Nous rédigeons essentiellement de telles lettres en spécifiant les différences par rapport au modèle de base.

Cette utilisation de systèmes existant comme modèles pour de nouvelles conceptions représente la norme dans toutes les formes d'effort créatif. Lorsque cela est possible, la conception et la programmation devraient également se fonder sur un travail précédent. Le degré de liberté du concepteur est ainsi limité. Celui-ci pourra alors porter son attention sur plusieurs problèmes à la fois. Démarrer un projet important en partant de zéro peut être passionnant. Une description plus précise peut toutefois devenir "enivrante", et aboutir à un parcours hésitant entre les différentes solutions de rechange de conception. Il n'est pas contraignant de partir d'un modèle, ce dernier ne devant pas obligatoirement être suivi à la lettre. Cette approche libère tout simplement le concepteur et lui permet ainsi de considérer un aspect d'une conception à la fois.

Notez que l'emploi des modèles est inévitable, car une conception est synthétisée à partir des expériences de ses concepteurs. Si l'on dispose d'un modèle explicite, le choix du modèle devient une décision consciente, les hypothèses deviennent explicites, un vocabulaire commun est défini, une structure initiale est fournie pour la conception, et les chances pour que les concepteurs aient une approche commune augmentent considérablement.

Le choix d'un modèle initial est, bien sûr, une décision importante de conception que l'on ne peut souvent prendre qu'après une recherche des modèles potentiels et une évaluation soigneuse des solutions de rechange. En outre, dans de nombreux cas, un modèle n'est approprié que si une modification importante intervient pour adapter les idées à une application nouvelle. La conception de logiciels est une tâche difficile, et toute aide que nous pouvons obtenir est précieuse. Nous ne devons pas rejeter l'utilisation des modèles sous le prétexte de ne produire qu'une "imitation". L'imitation est la forme la plus franche de flatterie, et l'utilisation des modèles comme inspiration est — dans les limites de la propriété et des droits de copyright — une technique acceptable pour un travail innovant dans tous les domaines : ce qui était bon pour Shakespeare l'est aussi pour nous. En conception, on fait quelquefois référence à une telle utilisation des modèles sous le terme de "réutilisation de conception".

La documentation d'éléments généraux apparaissant dans de nombreuses conceptions doit être accompagnée d'une description des problèmes qu'ils permettent de résoudre et des conditions sous lesquelles on peut les utiliser. Pour décrire un élément de conception aussi général et utile, on emploie souvent le mot *modèle*. Il existe des ouvrages traitant de ces modèles et de leur utilisation (par exemple, [Gamma,1994] et [Coplien,1995]).

Pour un concepteur, il est préférable de connaître les modèles les plus répandus dans un modèle d'application donné. En tant que programmeur, nous avons un penchant pour les modèles auxquels sont associés des exemples concrets. Comme la majorité des gens, nous comprenons mieux une idée générale (dans ce cas, un modèle) lorsque nous disposons d'un exemple concret (ici, du code illustrant un usage du modèle). Les personnes utilisant très souvent des modèles possèdent un vocabulaire spécialisé afin de simplifier les communications entre eux. Cela peut malheureusement se transformer en un langage privé, qui sera parfaitement inaccessible à un profane. Comme toujours, il est essentiel de garantir une bonne communication entre les personnes impliquées dans les différentes parties d'un projet (§ 23.3), ainsi qu'entre les communautés de conception et de programmation en général.

Tout grand système réussi est une reconception d'un système moins important et déjà en fonctionnement. Nous ne connaissons aucune exception à cette règle. Les projets qui s'en rapprocheraient le plus ont tout d'abord échoué, végété pendant des années avec un coût important, puis ont fini par trouver le succès longtemps après leur date d'achèvement prévue. De tels projets ont construit, en premier lieu, un système ne fonctionnant pas, puis l'ont transformé en un système en état de fonctionner. Ils ont enfin repris la conception de ce système pour se rapprocher des objectifs originaux. Il est donc aberrant de démarrer à partir de zéro la construction d'un grand système en accord avec les derniers principes. Plus le système recherché est important et ambitieux, plus il devient essentiel de se fonder sur un modèle. Pour un gros système, le seul modèle réellement acceptable est un système un peu plus petit, dont le fonctionnement est en rapport.

23.4.4 L'expérimentation et l'analyse

Au début d'un projet de développement ambitieux, nous ne connaissons pas la meilleure façon de structurer le système. Il arrive souvent que nous ne sachions même pas précisément à quoi il sera destiné. Les détails ne s'éclairciront qu'au cours du travail de construction, de test et d'utilisation du système. Comment — à moins de construire le système complet — pouvons-nous évaluer l'importance des décisions de conception, et comment pouvons-nous estimer leurs ramifications ?

Nous procédons à des expériences. Nous examinons également la conception et l'implémentation dès que nous avons quelque chose à analyser. Chose plus importante, nous discutons aussi fréquemment que possible des solutions de rechange de conception et d'implémentation. Dans presque tous les cas, la conception est une activité sociale développée *via* des présentations et des discussions. L'outil de conception le plus important est souvent un tableau. Sans ce dernier, les concepts embryonnaires ne peuvent être développés et partagés entre les concepteurs et les programmeurs.

La forme la plus répandue d'expérimentation semble être la création d'un prototype, c'est-à-dire une version réduite du système ou une partie du système. Un prototype ne répond pas à des critères de performances rigoureux, les ressources machine et d'environnement de programmation sont généralement importantes, les concepteurs et programmeurs ont tendance à être extrêmement bien éduqués, expérimentés et motivés. Le principe consiste à obtenir une version qui fonctionne aussi rapidement que possible afin de pouvoir étudier les choix de conception et d'implémentation.

Lorsqu'elle est bien menée, cette approche peut être efficace. Elle peut aussi constituer une excuse pour un problème de négligence. L'importance d'un prototype peut, en effet, facilement déraper de "l'exploration des solutions de rechange de conception" vers "l'obtention d'un type de système s'exécutant aussi vite que possible". Cela peut conduire au désintérêt pour la structure interne du prototype ("après tout, ce n'est qu'un prototype"), et à négliger l'effort de conception pour s'amuser à manipuler son implémentation. Le problème est qu'une telle implémentation peut dégénérer en "gouffre à ressources" et en "cauchemar de maintenance" tout en donnant l'illusion d'un système "presque complet". Par définition, un prototype ne possède pas la structure interne, l'efficacité et l'infrastructure de maintenance lui permettant de passer à l'échelle d'une utilisation réelle dans les meilleures conditions. Par conséquent, un "prototype" qui devient un "presque produit" absorbe du temps et de l'énergie qu'il aurait été plus efficace de dépenser sur le produit. Pour les développeurs et les managers, la tentation est grande de transformer le prototype en produit, et de différer "l'étude des performances" à la prochaine version de ce produit. Un tel détournement du prototypage représente la négation de tout ce que signifie la conception.

Un autre problème peut être celui des développeurs du prototype qui tombent "amoureux" de leurs outils. Ils peuvent oublier que le coût du confort (nécessaire) offert n'est pas toujours en mesure d'être supporté par un système de production, et que la liberté vis-à-vis des contraintes et des formalités dont ils jouissent dans leur petit groupe de recherche ne peut être facilement maintenue pour un groupe plus important travaillant avec des délais de remise qui s'échelonnent.

D'un autre côté, les prototypes peuvent s'avérer une aide précieuse. Considérez la conception d'une interface utilisateur. Dans ce cas, la structure interne de la partie du système ne dialoguant pas directement avec l'utilisateur *est* souvent sans importance, et aucune autre méthode n'est envisageable pour expérimenter les réactions des utilisateurs vis-à-vis de l'aspect et du comportement d'un système. Un autre exemple est celui d'un prototype conçu exclusivement pour l'étude du fonctionnement interne d'un système. Dans ce cas, l'interface utilisateur peut être rudimentaire — avec une simulation éventuelle des utilisateurs, et non des utilisateurs réels.

Le prototypage représente une méthode d'expérimentation. En construisant un prototype, on recherche surtout l'enrichissement apporté par sa construction. Il peut être important pour un prototype de rester inachevé afin de ne laisser aucun doute sur son aspect expérimental, et afin de ne pouvoir être transformé en produit sans une reconception et une réimplémentation importantes. Un prototype "incomplet" permet de rester concentré sur l'expérience, et réduit le danger de sa transformation en un produit. Il minimise aussi la tentation de calquer de trop près la conception du produit sur celle du prototype — en oubliant ou en ignorant ainsi les limites inhérentes au prototype. Après usage, un prototype devrait être abandonné.

Dans de nombreux cas, des techniques expérimentales peuvent être utilisées en lieu et place du prototypage. Lorsqu'elles sont disponibles, ces techniques sont souvent plus rigoureuses, et donc préférables. De plus, elles sont moins consommatrices de temps pour le concepteur, et de ressources pour le système. Les modèles mathématiques et diverses formes de simulateurs en sont des exemples. Il existe, en fait, un continuum en partant des modèles mathématiques, en poursuivant avec des simulations de plus en plus détaillées, suivies de prototypes, en passant par des implémentations partielles, jusqu'au système complet.

Cela conduit à l'idée du développement d'un système depuis la conception initiale et l'implémentation en passant par des reconceptions et des réimplémentations répétées. Cette stratégie est idéale, mais elle peut être très gourmande en outils de conception et d'implémentation. Dans cette approche, la quantité de code reflétant les décisions de conception initiales peut être telle qu'une meilleure conception ne puisse être implémentée. Jusqu'à présent, cette stratégie est restée limitée aux projets moyens dans lesquels des modifications importantes de la conception globale sont peu probables, ainsi qu'à des reconceptions et des réimplémentations dans lesquelles une telle stratégie est inévitable.

L'analyse d'une conception et/ou d'une implémentation peut également permettre de compléter les expériences destinées à estimer les choix de conception. Les études des diverses dépendances entre les classes (§ 24.3), par exemple, peuvent apporter une aide précieuse, et les outils traditionnels de celui qui implémente, tels que les graphes des appels, les mesures de performances, etc., ne doivent pas non plus être ignorés.

Notez que les spécifications (le résultat de la phase d'analyse) et les conceptions sont autant exposées aux erreurs que l'implémentation. En fait, elles peuvent même y être plus exposées, car elles sont moins concrètes, elles sont souvent spécifiées moins précisément, elles ne sont pas exécutables et elles ne sont généralement pas supportées par des outils dont la sophistication est comparable à celle des outils disponibles pour le contrôle et l'analyse de l'implémentation. En augmentant la formalité du langage/notation utilisé pour exprimer une conception, on peut permettre l'application d'outils destinés à apporter une aide au programmeur. Cela ne doit cependant pas être obtenu au prix d'une complexité excessive du langage de programmation utilisé pour l'implémentation (§ 24.3.1). Une notation formelle peut aussi être une source de complexité et de problèmes, notamment lorsque le formalisme n'est pas approprié au problème pratique sur lequel il est appliqué, lorsque la rigueur du formalisme excède la maturité et la formation mathématique des concepteurs et des programmeurs impliqués, et lorsque la description formelle d'un système n'est plus en phase avec le système qu'elle est supposée décrire.

Par nature, la conception constitue une source d'erreurs. Elle est difficile à prendre en charge avec des outils efficaces. L'expérience et la réactivité restent donc des qualités essentielles au bon déroulement de cette étape. Il est important de ne pas commettre l'erreur de considérer le processus de développement du logiciel comme un processus linéaire, débutant avec l'analyse, et se terminant avec les tests. L'accent doit être mis sur une conception et une implémentation itératives, afin que suffisamment d'informations puissent être obtenues à partir de l'expérience acquise au cours des différentes étapes du développement.

23.4.5 Les tests

Un programme qui n'a pas été testé ne fonctionne pas. Il est impossible de concevoir un programme élaboré fonctionnant dès sa première exécution. Nous devrions tendre vers cet idéal, mais il nous faut éviter de commettre l'erreur de penser que les tests sont faciles.

"Comment tester ?" est une question à laquelle on ne peut répondre d'une façon générale. La question "Quand tester ?", toutefois, possède une réponse générale : aussi tôt et aussi souvent que possible. Les stratégies de test devraient être développées au cours de la conception et de l'implémentation, ou en parallèle avec ces tâches. Dès que l'on obtient un système en état de fonctionner, les tests devraient débuter. En repoussant les tests sérieux "après l'achèvement de l'implémentation", vous êtes assuré de faire déraper les dates de la planification et/ou d'obtenir des versions avec défaut.

Tout système devrait être conçu pour rester aussi simple que possible à tester. Les mécanismes de test, en particulier, peuvent souvent être conçus directement dans le système. On hésite quelquefois à réaliser cette opération par peur d'un coût trop élevé à l'exécution, ou par crainte que la redondance nécessaire à des contrôles cohérents n'augmente exagérément la taille des structures de données. De telles craintes ne sont généralement pas justifiées. La plus grande partie du code de test réel et la redondance peuvent, en effet, être supprimées avant la distribution du système si le besoin s'en fait ressentir. Les assertions (§ 24.3.7.2) sont quelquefois utiles dans ce cas.

L'idée selon laquelle la structure du système devrait nous convaincre, nous-même et nos utilisateurs/clients, de la possibilité d'éliminer des erreurs en associant des contrôles statiques, une analyse statique et des tests est encore plus importante que les tests spécifiques. Lorsqu'une stratégie de tolérance de panne est développée (§ 14.9), une stratégie de test peut généralement représenter un aspect complémentaire — et étroitement lié — de la conception complète.

Si les problèmes de test sont complètement ignorés lors de la phase de conception, des difficultés apparaîtront pendant les tests, pour la date de remise et la maintenance. Les interfaces et les dépendances des classes (telles que décrites en § 24.3 et § 24.4.2) constituent habituellement un bon point de départ pour établir une stratégie de test.

Il est généralement difficile de déterminer la quantité adéquate de tests. Ces derniers sont toutefois plus souvent insuffisants qu'excessifs. Le nombre exact de ressources devant être allouées aux tests, en comparaison de la conception et de l'implémentation, dépend de la nature du système et des méthodes utilisées pour sa construction. Nous vous suggérons, toutefois, d'attribuer davantage de ressources en temps, en effort et en talent aux tests d'un système qu'à la construction de l'implémentation initiale. Les tests devraient insister sur les problèmes les plus fréquents ainsi que sur ceux dont les conséquences pourraient être désastreuses.

23.4.6 La maintenance du logiciel

Les termes "maintenance du logiciel" sont mal appropriés. Le mot "maintenance" suggère une analogie avec le matériel qui peut prêter à confusion. Le logiciel n'a pas besoin d'être huilé, il ne subit aucune usure et il n'existe pas de fissures par lesquelles l'eau peut s'infiltrer et provoquer de la rouille. Le logiciel peut être dupliqué d'une façon *exacte* et transporté sur de longues distances en quelques minutes. Le logiciel n'est pas matériel.

Les activités regroupées sous les termes de maintenance du logiciel sont, en réalité, des activités de reconception et de réimplémentation. Elles appartiennent à ce titre au cycle de développement du programme habituel. Si la flexibilité, les possibilités d'extension et la portabilité sont particulièrement importantes dans la conception, on aborde directement les sources traditionnelles de problèmes de maintenance.

De la même façon que pour les tests, il faut éviter de réfléchir à la maintenance après coup. De plus, cette activité ne doit pas être séparée de l'axe du développement. Il est important, en particulier, de conserver une certaine continuité dans le groupe de personnes impliquées dans un projet. Il peut s'avérer difficile de transférer avec succès la maintenance vers un nouveau groupe (généralement moins expérimenté) n'ayant aucun lien avec les concepteurs et les personnes ayant réalisé l'implémentation originaux. Lorsqu'un changement important est nécessaire dans l'équipe, il est très important de transmettre la connaissance de la structure du système et de ses objectifs à la nouvelle équipe. Si une "équipe de maintenance" ne connaît pas l'architecture du système, ou doit déduire l'objectif des composants à partir de leur implémentation, la structure du système peut rapidement être détériorée sous l'impact de corrections locales. La documentation est généralement davantage destinée à transmettre des détails qu'à aider les nouveaux arrivants à comprendre les principes et idées clés.

23.4.7 L'efficacité

Donald Knuth avait observé qu'une "optimisation prématurée était la source de toutes sortes de maux". Certaines personnes n'ont appris cette leçon que trop bien, et sont très soucieuses des conséquences néfastes que peut entraîner l'optimisation. Nous vous conseillons, malgré tout, de toujours garder l'efficacité à l'esprit au cours des étapes de conception et d'implémentation. Cela ne signifie pas que le concepteur doive se préoccuper de microefficacité, mais que les problèmes de premier ordre doivent être considérés.

La meilleure stratégie pour obtenir une efficacité maximale consiste à produire une conception simple et soignée. Ce n'est qu'à cette condition que la conception demeurera relativement stable pendant la durée du projet et pourra constituer une base pour le réglage des performances. Il est essentiel d'éviter cet aspect gargantuesque qui empoisonne les grands projets. Beaucoup trop de fonctions sont ajoutées "juste au cas où" (§ 23.4.3.2, § 23.5.3). La taille et le temps d'exécution des systèmes doivent alors être doublés ou quadruplés pour prendre en charge des broutilles. Pire encore, des systèmes trop élaborés sont souvent inutilement complexes à analyser, de telle sorte qu'il devient difficile de distinguer les surcharges de traitement évitables de celles qui ne le sont pas. On décourage ainsi une optimisation, et même une analyse de base. L'optimisation devrait être le résultat d'une analyse et de mesure de performances, et non le résultat d'un bricolage aléatoire du code. Cela est surtout vrai pour les gros systèmes, où "l'intuition" du programmeur ou du concepteur ne constitue pas un guide fiable en matière d'efficacité.

Il est important d'éviter les constructions fondamentalement inefficaces, ainsi que celles qui nécessitent beaucoup de temps et d'ingéniosité pour être optimisées à un niveau de performances acceptable. De la même façon, il est essentiel de minimiser l'utilisation de constructions et d'outils fondamentalement non portables. L'emploi de tels outils et constructions condamne, en effet, le projet à s'exécuter sur les ordinateurs les plus anciens (et donc moins puissants et/ou plus onéreux).

23.5 La gestion de projet

Lorsque cela a une signification, la plupart des gens réalisent ce qu'on les encourage à faire. Si, dans le contexte d'un projet logiciel, vous récompensez certaines façons de procéder et que vous pénalisez certaines autres, seule une infime minorité de programmeurs et de concepteurs risquera sa carrière face à l'opposition de la direction et à l'indifférence générale pour faire ce qu'il lui semble être le plus juste [1]. Une organisation doit donc établir une politique de "motivation" qui soutienne ses objectifs de conception et de programmation. Trop souvent cependant, ce n'est pas le cas : un changement important au niveau du style de programmation ne peut être obtenu qu'avec un changement correspondant du style de conception, et ces deux opérations nécessitent généralement des modifications au niveau du style de gestion pour être efficaces. L'inertie mentale et celle d'organisation ne conduisent généralement qu'à une modification locale, qui ne sera pas prise en charge par les changements globaux requis pour garantir son succès. Un exemple assez typique de ce cas est celui du changement du langage qui supporte la programmation orientée objet, tel que C++, sans modification correspondante au niveau des stratégies de conception afin de tirer parti de sa fonctionnalité (voir § 24.2). Un autre exemple est celui du changement vers une "conception orientée objet" sans introduction du langage de programmation pour la prendre en charge.

23.5.1 La réutilisation

La réutilisation accrue du code et de la conception représente souvent l'une des raisons principales d'adopter de nouveaux langages de programmation ou stratégies de conception. La plupart des organisations récompensent cependant les individus et les groupes qui choisissent de réinventer la roue. Il est possible, par exemple, que la productivité d'un programmeur soit mesurée en lignes de code. Ce dernier va-t-il produire de petits programmes s'appuyant sur les bibliothèques standard et renoncer à une augmentation de revenus, voire de son statut ? Il est possible que la paye d'un manager soit proportionnelle au nombre de collaborateurs de son groupe. Dans ce cas, sera-t-il encouragé à utiliser du logiciel produit par un autre groupe, démarche qui pourrait l'amener à renoncer à engager une autre paire de programmeurs dans son propre groupe ? Une compagnie peut se voir attribuer un marché public dans lequel le profit est un pourcentage fixe sur le coût de développement. Cette compagnie tentera-t-elle de minimiser ses profits en utilisant les outils de développement les plus efficaces ? Il est difficile d'encourager la réutilisation. Cependant, si une direction ne trouve pas un moyen efficace pour la favoriser, cette démarche ne sera jamais adoptée.

---

1. Une organisation qui traite ses programmeurs comme des crétins obtiendra rapidement des hommes qui ne seront disposées et capables d'agir que comme des crétins.

La réutilisation est surtout un phénomène social. Il est possible d'utiliser le logiciel de quelqu'un d'autre à condition que :

1. Il fonctionne : pour être réutilisable, le logiciel doit tout d'abord être utilisable.
2. Il soit compréhensible : la structure du programme, les commentaires, la documentation et le matériel d'initiation sont importants.
3. Il puisse coexister avec du logiciel qui n'a pas été spécialement conçu à cet effet.
4. Il soit supporté (ou vous avez l'intention de le prendre vous-même en charge ; généralement ce n'est pas le cas).
5. Il soit économique. (Pouvons-vous partager les coûts de développement et de maintenance avec d'autres utilisateurs ?)
6. On puisse se le procurer.

Nous pourrions ajouter à cela qu'un composant n'est vraiment considéré comme réutilisable que lorsque qu'il a effectivement été "réutilisé". Lorsqu'on intègre un composant à un environnement, on en vient généralement à améliorer son fonctionnement, la généralisation de son comportement et sa capacité à coexister avec un autre logiciel. Si cet exercice n'a pas été exécuté au moins une fois, même des composants conçus et implémentés avec le plus grand soin présenteront inévitablement des défauts inattendus et non intentionnels.

L'expérience montre que les conditions nécessaires à la réutilisation ne peuvent exister que si quelqu'un prend en charge cette politique du partage. Dans un petit groupe, cela signifie généralement qu'un individu, par conception ou par accident, devienne le gardien de la documentation et des bibliothèques communes. Dans une organisation plus importante, cela implique qu'un département soit plus particulièrement désigné pour collecter, construire, documenter, vulgariser et maintenir le logiciel qui sera utilisé par de nombreux groupes.

L'importance d'un tel groupe de "composants standard" ne doit pas être surestimée. Vous devez savoir qu'un système reflète l'organisation qui en est à l'origine. Si cette organisation ne possède aucun mécanisme permettant de promouvoir et de récompenser la coopération et le partage, ces deux activités ne se produiront que rarement. Un tel groupe doit promouvoir de façon active ses composants. Cela signifie qu'une documentation traditionnelle est essentielle, mais pas suffisante. Ce groupe doit également fournir des guides d'initiation et autres informations qui permettront à l'utilisateur potentiel de retrouver un composant, et de comprendre en quoi il pourrait lui être utile. Cela implique la prise en charge des activités traditionnellement associées au marketing et à la formation par le groupe des composants.

Chaque fois que cela est possible, les membres de ce groupe devraient travailler en étroite collaboration avec les constructeurs d'applications. Ce n'est qu'à cette condition qu'ils obtiendront une connaissance suffisante des besoins des utilisateurs, et qu'ils pourront détecter toute opportunité pour le partage des composants entre différentes applications. Cela justifierait d'accorder à une telle organisation le rôle de consultant et d'organiser des stages en entreprise de façon à transférer des informations entre le groupe des composants et les autres collaborateurs.

La réussite d'un "groupe de composants" doit être mesurée en terme de succès auprès de ses clients. Si elle se mesure simplement en termes de quantité d'outils et de services pouvant être acceptés par des organisations de développement, ce groupe peut devenir corrompu et se transformer en simple trafiquant de logiciel commercial.

Le code complet n'a pas besoin d'être réutilisable. De plus, la "réutilisabilité" n'est pas une propriété universelle. En signalant un composant comme "réutilisable", on indique que, dans une certaine structure, cette opération requiert peu ou aucun travail. Dans la plupart des cas, le changement d'environnement imposera un travail significatif. A ce niveau, la réutilisabilité est très proche de la portabilité. Il est important de noter que la réutilisabilité est le résultat d'une conception orientée vers la réutilisation, d'une amélioration des composants en fonction des expériences et d'un effort délibéré pour trouver des composants existants à (ré)utiliser. La réutilisabilité ne surgit pas comme par magie d'une mauvaise utilisation de fonctions de langage spécifiques ou de techniques de codage. Les fonctionnalités du C++ telles que les classes, les fonctions virtuelles et les modèles permettent d'exprimer les conceptions afin de faciliter la réutilisation (et ainsi, l'encourager). Ces fonctionnalités ne garantissent cependant pas en elles-mêmes la réutilisabilité.

23.5.2 Les problèmes d'échelle

Il est facile pour un individu ou une organisation de s'enthousiasmer à l'idée de "faire les choses correctement". Dans un cadre institutionnel, cela se traduit souvent par une démarche consistant à "développer et à suivre strictement les procédures appropriées". Dans les deux cas, le bon sens peut être la première victime d'un authentique, et souvent ardent, désir d'améliorer la façon dont les choses sont réalisées. Malheureusement, lorsque le bon sens disparaît, il n'existe plus aucune limite aux dégâts pouvant être réalisés.

Considérez les étapes du processus de développement répertoriées en § 23.4 et les différentes phases des étapes de conception présentées en § 23.4.3. Il est relativement facile d'élaborer ces étapes par le biais d'une méthode de conception appropriée. Chacune de ces étapes y sera plus précisément déterminée, et possédera des entrées/sorties bien définies ainsi qu'une notation semi-formelle permettant d'exprimer ces dernières. On peut développer des listes de contrôles pour garantir la stricte application de la méthode de conception, et il est possible de développer des outils destinés à forcer un grand nombre des conventions procédurales et de notation. Par la suite, en examinant la classification des dépendances présentée en § 24.3, on pourrait déterminer quelles sont celles qui s'avèrent bonnes ou mauvaises, et fournir des outils d'analyse permettant de garantir l'application uniforme de ces jugements de valeur sur l'ensemble d'un projet. Pour compléter cette "consolidation" du processus de production de logiciel, des standards pourraient être définis pour la documentation (y compris des règles pour l'orthographe et la grammaire, et des conventions de composition) et pour l'aspect général du code (y compris des spécifications indiquant quelles fonctionnalités de langage peuvent être utilisées, des spécifications précisant les types de bibliothèque qui peuvent et ne peuvent pas être utilisés, des conventions pour la mise en retrait du texte et le choix des noms de fonctions, de variables et de types, etc.).

Une grande partie de tout cela peut participer au succès d'un projet. Il serait absurde de se lancer dans la conception d'un système destiné à contenir dix millions de lignes de code, ces dernières étant développées par des centaines de personnes et maintenues/prises en charge par un millier d'autres pendant une décennie ou plus, sans disposer d'une structure relativement bien définie et assez rigide comme décrite dans les lignes précédentes.

La plupart des systèmes n'appartiennent heureusement pas à cette catégorie. Cependant, lorsqu'une telle méthode de conception, ou que l'adhérence à un tel ensemble de standards de codage et de documentation, a été reconnue comme "la bonne solution", la pression contribue à l'appliquer universellement et dans chaque détail. Cela peut conduire à des surcharges de traitement et à des contraintes ridicules sur de petits projets. Le risque est grand de voir le travail productif être remplacé par un brassage de papiers et du remplissage de formulaires. Dans ce cas, les vrais concepteurs et programmeurs quitteront le projet pour être remplacés par des bureaucrates.

Lorsqu'une méthode de conception (heureusement parfaitement raisonnable) a déjà connu de telles extrémités dans une communauté, cet échec devient l'excuse pour éviter presque toutes les formalités dans le processus de développement. Cela conduit, une fois encore, aux types de désordre et d'échecs que la méthode de conception devait, à l'origine, permettre d'éviter.

Le problème réel est de trouver une juste mesure pour le développement d'un projet particulier. N'espérez pas obtenir facilement une réponse à ce problème. Toute approche fonctionne pour un petit projet. Pire encore, il semble que toute approche — aussi mal conçue et dure envers les individus impliqués soit-elle — fonctionne également pour un projet important, à condition que vous soyez prêt à injecter des quantités indécentes de temps et d'argent pour résoudre le problème.

Dans chaque projet logiciel, la principale difficulté se situe dans la manière de maintenir l'intégrité de la conception. Ce problème augmente presque de façon exponentielle avec la taille du projet. Seul un individu unique ou un petit groupe de personnes est en mesure de comprendre et de garder en vue les objectifs globaux d'un projet majeur. La plupart des gens doivent passer une telle quantité de temps sur des sous-projets, des détails techniques, l'administration quotidienne, etc. que les objectifs de conception généraux sont facilement oubliés ou subordonnés à des objectifs plus locaux et immédiats. Le meilleur moyen d'aboutir à l'échec consiste également à ne pas attribuer à un individu ou à un groupe la tâche explicite de la maintenance de l'intégrité de la conception. Le fait de ne pas permettre à un tel individu ou groupe d'agir sur le projet dans sa totalité conduira de la même façon à l'échec.

L'absence d'un objectif cohérent à long terme est beaucoup plus dommageable pour un projet et une organisation que l'absence d'une fonctionnalité individuelle. Il est donc nécessaire de confier à un petit nombre d'individus la tâche de formuler cet objectif général, de le garder à l'esprit, d'écrire les documents de conception généraux clés, d'écrire les introductions aux concepts clés et d'aider les autres à garder l'objectif global en mémoire.

23.5.3 Les hommes

L'utilisation de la conception telle qu'elle est décrite ici accorde beaucoup d'importance aux concepteurs et aux programmeurs compétents. Leur choix devient donc un élément capital pour le succès d'une organisation.

Les managers oublient souvent que les organisations sont constituées d'individus. Une notion répandue consiste à penser que les programmeurs sont égaux et interchangeables. Cette erreur peut conduire à la perte une organisation en laissant échapper les individus les plus efficaces, et en condamnant les personnes restantes à travailler à des niveaux bien inférieurs à leur potentiel. Les individus ne sont interchangeables qu'à la condition qu'ils ne soient pas autorisés à tirer parti des compétences qui les ont hissés au-dessus du minimum absolu requis pour la tâche en question. La fiction de l'interchangeabilité est donc inhumaine et, par nature, peu rentable.

La plupart des mesures concernant les performances de programmation encouragent des pratiques peu rentables, et ne parviennent pas à prendre en compte les contributions individuelles. L'exemple le plus évident est la pratique répandue qui consiste à mesurer la progression en terme de nombre de lignes de code produites, de nombre de pages de documentation produites, de nombre de tests effectués, etc. De telles mesures ont belle allure sur des graphiques de direction, mais reflètent très mal la réalité. Si la productivité est mesurée en terme de nombre de lignes de code produites, par exemple, une application réussie de la réutilisation va apparaître comme une performance négative des programmeurs. Une application réussie des meilleurs principes dans la reconception d'une pièce importante de logiciel sera généralement considérée de façon identique.

La qualité du travail produit est infiniment plus difficile à mesurer que la quantité des sorties. Les individus et les groupes doivent néanmoins être récompensés en fonction de la qualité de leurs sorties, plutôt que par des mesures de quantité brutes. Malheureusement, la conception de mesures de qualité a — pour ce que nous en savons — à peine débuté. De plus, des mesures ne permettant de décrire l'état d'un projet que de façon incomplète ont tendance à fausser le développement. Les gens doivent s'adapter pour respecter des limites locales, et pour optimiser les performances individuelles et de groupe telles que définies par les mesures. Le résultat immédiat est une mauvaise influence sur les performances et sur l'intégrité du système général. Une limite définie en termes d'erreurs supprimées ou d'erreurs connues restantes, par exemple, pourrait être atteinte aux dépend des performances à l'exécution ou des ressources matérielles requises pour exécuter le système. A l'inverse, si seules les performances à l'exécution sont mesurées, le taux d'erreur augmentera certainement lorsque les développeurs tenteront d'optimiser le système en vue des tests d'évaluation des performances. L'absence de mesures de la qualité complètes impose un niveau technique élevé pour les managers, mais cette solution consiste à récompenser les activités aléatoires, et non la progression. N'oubliez pas que les managers sont aussi des individus. Ils se doivent d'être au moins aussi bien formés sur les nouvelles techniques que les personnes qu'ils dirigent.

Comme dans d'autres domaines du développement de logiciel, nous devons considérer le long terme. Il est pratiquement impossible d'évaluer la performance d'un individu à partir de son travail sur une seule année. La plupart des individus ont toutefois un suivi cohérent de leurs activités sur un long terme. Cela permet une prévision fiable d'une évaluation technique, et peut également aider à évaluer les dernières performances. Sans tenir compte d'un tel suivi — comme cela se passe souvent lorsque les individus sont considérés comme de simples pièces interchangeables dans les rouages d'une organisation —, les managers se trouvent à la merci de mesures quantitatives trompeuses.

En considérant un projet à long terme, et en évitant ainsi une "école de gestion de simples pions interchangeables", les individus (développeurs et managers) ont besoin de davantage de temps pour évoluer au sein de postes plus exigeants et plus intéressants. Cela décourage les changements fréquents ainsi que les rotations de postes pour le "développement de carrière". Le taux de renouvellement du personnel doit être bas à la fois pour le personnel technique et les managers clés. Un manager ne peut réussir s'il ne possède pas d'affinité avec les programmeurs et concepteurs clés. Il doit également acquérir des connaissances techniques récentes et appropriées. A l'inverse, un groupe de concepteurs et de développeurs ne peut réussir dans la durée sans être soutenu par des managers compétents et sans posséder une connaissance minimale du contexte non technique plus large dans lequel ils travaillent.

Lorsque des changements s'avèrent nécessaires, les techniciens les plus compétents, les analystes, les concepteurs, les programmeurs, etc. ont un rôle important et difficile à jouer concernant l'introduction de nouvelles techniques. Ils doivent étudier les techniques les plus récentes et, dans de nombreux cas, abandonner les anciennes habitudes. Tout cela n'est pas facile. Ces individus font généralement partie de ceux qui se sont beaucoup investis dans les anciennes méthodes, et qui comptent réussir en utilisant ce savoir-faire. Il en va de même pour de nombreux managers techniques.

Ces personnes craignent naturellement toute modification. Cette appréhension peut conduire à une surestimation de problèmes susceptibles d'être entraînés par la modification, et à une répugnance à connaître les problèmes qui découlent des anciennes méthodes. Tout aussi naturellement, les personnes qui soutiennent le changement ont tendance à surestimer les avantages des nouvelles méthodes et à sous-estimer les problèmes découlant de cette modification. Ces deux groupes d'individus *doivent* communiquer. Ils *doivent* apprendre à parler la même langue et façonner ensemble un modèle pour la transition. La solution aboutira rapidement à une paralysie de l'organisation et, au départ, des individus les plus compétents dans les deux groupes. Chacun devrait se souvenir que les "anciens briscards" les plus talentueux sont souvent les "jeunes loups "d'antan. Si on leur accorde la possibilité d'apprendre sans être humiliés, les concepteurs et programmeurs les plus expérimentés peuvent devenir les partisans les plus perspicaces du changement. Leur scepticisme sain, leur connaissance des utilisateurs et leur maîtrise du fonctionnement de leur organisation sont inestimables. Les partisans d'un changement immédiat et radical doivent réaliser qu'une transition, qui implique souvent un passage graduel aux nouvelles techniques, est le plus souvent indispensable. Inversement, les individus qui restent hostiles à toute modification doivent rechercher les domaines dans lesquels aucun changement n'est nécessaire, et non mener un combat d'arrière-garde dans des domaines où les nouvelles demandes ont déjà modifié de façon significative les clés du succès.

23.5.4 La conception hybride

L'introduction de nouvelles méthodes dans une organisation peut être douloureuse. La rupture entre l'organisation et les individus qui en font partie peut être importante. Un changement brutal, qui transforme du jour au lendemain des membres productifs et compétents de "l'ancienne école" en apprentis inefficaces de "la nouvelle école", est inadmissible. Cependant, il est rare d'obtenir des gains importants sans changements significatifs, et ces derniers impliquent généralement des risques.

C++ était conçu pour minimiser de tels risques en permettant un passage graduel aux nouvelles techniques. De toute évidence, les avantages les plus importants de l'utilisation du C++ sont obtenus *via* l'abstraction de données, la programmation et la conception orientées objet. La façon la plus rapide d'obtenir ces gains n'est cependant pas forcément une rupture radicale avec le passé. Il arrive qu'une telle coupure soit possible, mais le plus souvent, le désir d'amélioration est — ou devrait être — tempéré par la gestion de la transition. Considérez les faits suivants :

- Les concepteurs et les programmeurs ont besoin de temps pour acquérir de nouvelles compétences.
- Le nouveau code a besoin de coopérer avec l'ancien code.
- L'ancien code doit être maintenu (souvent indéfiniment).
- Le travail sur les conceptions et programmes existants doit être achevé (dans les temps).

- Les outils prenant en charge les nouvelles techniques doivent être introduits dans l'environnement local.

Ces facteurs conduisent naturellement à un style de conception hybride — qui peut être non intentionnel de la part de certains concepteurs. Les deux premiers points peuvent facilement être sous-estimés.

En prenant en charge plusieurs paradigmes de programmation, C++ supporte la notion d'introduction graduelle dans une organisation de différentes façons :

- Les programmeurs peuvent rester productifs tout en apprenant le C++.
- Le langage C++ peut permettre d'obtenir des bénéfices significatifs dans un environnement proposant peu d'outils.
- Les fragments de programmes C++ peuvent coopérer facilement avec du code écrit en C ou en d'autres langages traditionnels.
- C++ comporte un sous-ensemble important compatible avec le C.

Le principe est que les programmeurs puissent passer au C++ tout en conservant, dans un premier temps, un style de programmation traditionnel (procédural). Ils auront ensuite la possibilité d'utiliser des techniques d'abstraction des données. Enfin, une fois le langage et les outils associés maîtrisés, ils passeront à la programmation orientée objet et à la programmation générique. Notez qu'une bibliothèque bien conçue doit être d'une utilisation facile. Un débutant peut donc bénéficier des utilisations les plus avancées d'abstraction, même au cours des premières étapes de cette progression.

L'idée selon laquelle l'apprentissage de la conception, de la programmation orientée objet et du C++ peut être effectué par étapes est supportée par des fonctionnalités permettant de mélanger du code C++ avec du code écrit dans des langages ne supportant pas les notions d'abstraction de données et de programmation orientées objet du C++ (§ 24.2.1). De nombreuses interfaces peuvent simplement rester procédurales. Aucun avantage immédiat ne pourra être obtenu avec quelque chose de plus compliqué. Pour de nombreuses bibliothèques clés, cela aura déjà été décidé par le fournisseur de bibliothèque, de sorte que le programmeur C++ n'aura pas besoin de connaître le langage d'implémentation réel. L'emploi de bibliothèques écrites dans des langages tels que le C est la première et la plus importante forme de réutilisation en C++.

L'étape suivante — à n'utiliser que si une technique plus élaborée est réellement nécessaire — consiste à présenter les fonctionnalités écrites dans des langages tels que le C et le Fortran sous la forme de classes en encapsulant les fonctions et structures de données dans des classes d'interface C++. La classe de chaînes du § 11.12 représente un exemple simple du passage de la sémantique du "niveau procédure plus structure de données" au niveau abstraction de données. Dans ce paragraphe, l'encapsulation de la représentation chaîne de caractères de C et les fonctions de chaînes C standard sont utilisées pour produire un type de chaîne beaucoup plus simple d'utilisation.

Une technique similaire pourra être adoptée afin d'adapter un type intégré ou autonome à une hiérarchie de classes (§ 23.5.1). Cela permettra l'évolution des conceptions destinées au C++. Ainsi, des abstractions de données et des hiérarchies de classes pourront être utilisées en présence de code écrit dans des langages dans lesquels ces concepts n'existent pas, et cela même avec le risque que le code résultant soit appelé par des langages procéduraux.

23.6 Bibliographie commentée

Ce chapitre ne fait qu'effleurer la surface des problèmes concernant la conception et la gestion des projets de programmation. C'est pourquoi nous fournissons une courte bibliographie commentée. Vous trouverez une bibliographie plus importante dans [Booch,1994].

[Anderson, 1990] Bruce Anderson et Sanjiv Gossain : *An iterative design model for reusable object-oriented software*. Proc. OOPSLA'90. Ottawa, Canada. Une description d'une conception itérative et d'un modèle de reconception avec un exemple spécifique et les commentaires d'une expérience.

[Booch, 1994] Grady Booch : *Object-oriented analysis and design with applications*. Benjamin/Cummings. 1994. ISBN 0-8053-5340-2. Contient une description détaillée de conceptions, une méthode de conception spécifique avec une notation graphique, et plusieurs exemples importants de conceptions exprimées en C++. C'est un excellent ouvrage pour ceux d'entre vous qui veulent approfondir ce chapitre. Il traite de façon plus détaillée beaucoup des questions que nous avons abordées.

[Booch, 1996] Grady Booch : *Object solutions*. Benjamin/Cummings. 1996. ISBN 0-8053-0594-7. Décrit le développement des systèmes orientés objet du point de vue de la gestion de projet. Cet ouvrage contient de nombreux exemples de code en C++.

[Brooks, 1982] Fred Brooks : *The mythical man month*. Addison-wesley. 1982. On devrait lire ce livre à peu près tous les deux ans. Un message d'avertissement contre l'orgueil. Il date un peu pour ce qui concerne les sujets techniques, mais il est tout à fait d'actualité pour tout ce qui concerne les sujets liés aux individus, aux organisations, et aux problèmes d'échelle. Il a été réimprimé avec des mises à jour en 1997. ISBN 1-201-83595-9.

[Brooks, 1987] Fred Brooks : *No silver bullet*. IEEE computer vol. 20, n° 4. Avril 1987. Un résumé des approches de développement de logiciel à grande échelle, avec un avertissement indispensable contre la croyance en des remèdes miracles.

[Coplien, 1995] James O. Coplien et Douglas C. Schmidt (éditeurs) : *Pattern languages of program design*. Addison-wesley. 1995. ISBN 1-201-60734-4.

[Gamma, 1994] Eric Gamma, et. al. : *Design patterns*. Addison-wesley. 1994. ISBN 0-201-63361-2. Un catalogue pratique des techniques pour créer des logiciels souples et réutilisables, avec un exemple élaboré bien expliqué. Cet ouvrage contient de nombreux exemples de code en C++.

[DeMarco, 1987] T. DeMarco et T. Lister : *Peopleware*. Dorset House publishing Co. 1987. Un des rares ouvrages qui s'intéresse principalement au rôle des personnes dans la production des logiciels. Un "must" pour tout directeur. Un bon antidote contre la stupidité.

[Jacobson, 1992] Ivar Jacobson et. al. : *Object-oriented software engineering*. Addison-wesley. 1992. ISBN 0-201-54435-0. Une description complète et pratique du développement de logiciel dans un environnement industriel qui insiste particulièrement sur les cas d'utilisation (§ 23.4.3.1). Décrit malheureusement C++ tel qu'il était dix ans auparavant.

[Kerr, 1987] Ron Kerr : *A materialistic view of the software "engineering" analogy.* SIGPLAN Notices, mars 1987. L'utilisation de l'analogie dans ce chapitre et le suivant est tirée en grande partie des observations de cet article et des présentations et discussions avec Ron qui l'ont précédé.

[Liskov, 1987] Barbara Liskov : *Data abstraction and hierarchy.* Proc. OOPSLA'87 (Addendum). Orlando, Florida. Une discussion concernant la façon dont l'utilisation de l'héritage peut compromettre l'abstraction des données. Notez que C++ propose un support de langage spécifique pour nous éviter la plupart des problèmes mentionnés (§ 24.3.4).

[Martin, 1995] Robert C. Martin : *Designing object-oriented C++ applications using the Booch method.* Prentice Hall. 1995. ISBN 0-13-203837-4. Présente comment partir d'un problème puis produire du code C++ d'une façon assez systématique. Ce livre propose plusieurs solutions de conception et les principes de sélection d'une solution. Cet ouvrage est plus pratique et plus concret que la plupart de ceux traitant la conception. Il contient de nombreux exemples de code C++.

[Parkinson, 1957] C. N. Parkinson : *Parkinson's law and other studies in administration.* Houghton Misslin. Boston. 1957. Une des descriptions les plus amusantes et les plus tranchantes des désastres causés par les processus administratifs.

[Meyer, 1988] Bertrand Meyer : *Object oriented software construction.* Prentice Hall. 1988. Les pages 1 à 64 et 323 à 334 présentent une bonne introduction d'une vision de la conception et de la programmation orientée objet agrémentée de nombreux conseils pratiques. Le reste de l'ouvrage décrit le langage Eiffel. Ce livre a tendance à confondre Eiffel avec des principes universels.

[Shlaer, 1988] S. Shlaer et S. J. Mellor : *Object-oriented systems analysis and object life-cycles.* Yourdon Press. ISBN 0-13-629023-X et 0-13-629940-7. Ce livre présente une vue de l'analyse de la conception et de la programmation qui diffère fortement de celle présentée ici et intégrée à C++. Il le fait en utilisant un vocabulaire qui la fait apparaître assez similaire.

[Snyder, 1986] Alan Snyder : *Encapsulation and inheritence in object-oriented programming langages.* Proc. OOPLA'86. Portland, Oregon. Probablement la première bonne description de l'interaction de l'encapsulation avec l'héritage. Ce livre contient également une discussion intéressante concernant quelques notions d'héritage multiple.

[Wirfs-Brock, 1990] Rebecca Wirfs-Brock, Brian Wilkerson, et Lauren Wiener : *Designing object-oriented software.* Prentice Hall. 1990. Décrit une méthode de conception anthropomorphique fondée sur la tenue d'un rôle en utilisant des cartes CRC (classes, responsabilités et collaboration). Le texte, si ce n'est la méthode elle-même, est orienté vers Smalltalk.

23.7 Conseils

1. Vous devez avoir une idée précise de ce que vous essayez d'obtenir (voir § 23.3).
2. N'oubliez pas que le développement de logiciel est une activité humaine (voir § 23.2 et § 23.5.3).
3. Une preuve par analogie n'en est pas une (voir § 23.2).
4. Vos objectifs doivent être spécifiques et tangibles (voir § 23.4).
5. N'appliquez pas des remèdes technologiques à des problèmes sociologiques (voir § 23.4).
6. Considérez la conception et la gestion du personnel sur un long terme (voir § 23.4.1 et § 23.5.3).
7. Il n'existe pas de limite inférieure à la taille des programmes pour lesquels il est judicieux d'étudier la conception avant d'écrire le code (voir § 23.2).
8. Concevez des processus destinés à encourager la remontée des informations (voir § 23.4).
9. Ne compliquez pas l'activité pour progresser (voir § 23.3, § 23.4).
10. Ne généralisez pas au-delà de ce qui est nécessaire, de ce dont vous avez une expérience directe et de ce qui peut être testé (voir § 23.4.1 et § 23.4.2).
11. Représentez les concepts sous la forme de classes (voir § 23.4.2 et § 23.4.3.1).
12. Certaines propriétés d'un système ne devraient pas être représentées sous la forme d'une classe (voir § 23.4.3.1).
13. Représentez les relations hiérarchiques entre les concepts sous la forme de hiérarchies de classes (voir § 23.4.3.1).
14. Recherchez activement les parties communes dans les concepts de l'application et de l'implémentation. Représentez les concepts plus généraux obtenus sous la forme de classes de base (voir § 23.4.3.1 et § 23.4.3.5).
15. Les classifications concernant d'autres domaines ne sont pas nécessairement utiles dans un modèle d'héritage pour une application (voir § 23.4.3.1).
16. Concevez des hiérarchies de classes fondées sur le comportement et les invariants (voir § 23.4.3.1, § 23.4.3.5 et § 24.3.7.1).
17. Considérez les cas d'utilisation (voir § 23.4.3.1).
18. Considérez l'utilisation de cartes CRC (voir § 23.4.3.1).
19. Utilisez les systèmes existants comme modèles, comme source d'inspiration et comme points de départ (voir § 23.4.3.6).
20. Une présentation de conception doit rester réaliste (voir § 23.4.3.1).
21. Débarrassez-vous d'un prototype avant qu'il ne devienne gênant (voir § 23.4.4).
22. Orientez votre conception vers le changement en visant la flexibilité, les possibilités de développement, la portabilité et la réutilisation (voir § 23.4.2).
23. Mettez l'accent sur la conception des composants (voir § 23.4.3).
24. Chaque interface devrait représenter un concept à un seul niveau d'abstraction (voir § 23.4.3.1).
25. Orientez votre conception vers la stabilité face aux changements (voir § 23.4.2).

26. Créez des conceptions stables en définissant les interfaces fortement utilisées comme minimales, générales et abstraites (voir § 23.4.3.2 et § 23.4.3.5).
27. Soyez concis. N'ajoutez pas de fonctions "au cas où" (voir § 23.4.3.2).
28. Considérez toujours les représentations alternatives pour une classe. Si aucune autre représentation n'est plausible, la classe ne représente probablement pas un concept clair (voir § 23.4.3.4).
29. Revoyez et améliorez de façon répétitive la conception et l'implémentation (voir § 23.4 et § 23.4.3).
30. Utilisez les meilleurs outils disponibles pour les tests ainsi que pour l'analyse des problèmes, de la conception et de l'implémentation (voir § 23.3, § 23.4.1 et § 23.4.4).
31. Expérimentez, analysez et testez aussitôt et aussi souvent que possible (voir § 23.4.4 et § 23.4.5).
32. Ne perdez pas de vue l'efficacité (voir § 23.4.7).
33. Accordez le niveau de formalité à l'échelle du projet (voir § 23.5.2).
34. Assurez-vous que quelqu'un prenne en charge la conception globale (voir § 23.5.2).
35. Documentez, commercialisez et supportez les composants réutilisables (voir § 23.5.1).
36. Documentez les objectifs, les principes ainsi que les détails (voir § 23.4.6).
37. Fournissez des guides d'initiation pour les nouveaux développeurs avec la documentation (voir § 23.4.6).
38. Récompensez et encouragez la réutilisation de conceptions, de bibliothèques et de classes (voir § 23.5.1).

24

Conception et programmation

Restez simple : aussi simple que possible, mais pas plus.

A. Einstein

Conception et langage de programmation — Les classes — L'héritage — Le contrôle des types — La programmation — Que représentent les classes ? — Les hiérarchies de classes — Les dépendances — Relations de contenance ou entre "contenants et contenus" — Les relations de contenance et l'héritage — Les compromis de conception — L'utilisation des relations — Les relations programmées en interne — Les invariants — Les assertions — L'encapsulation — Les composants — Les modèles — Interfaces et implémentations — Conseils

24.1 Présentation

Au cours de ce chapitre, nous étudierons de quelle façon les langages de programmation en général, et C++ en particulier peuvent supporter la conception :

§ 24.2 Le rôle fondamental des classes, des hiérarchies de classes, du contrôle des types et de la programmation elle-même.

§ 24.3 L'utilisation des classes et des hiérarchies de classes, en examinant plus particulièrement les dépendances des différentes parties d'un programme.

§ 24.4 La notion de *composant*, qui constitue l'unité de base de la conception, et quelques observations pratiques concernant la façon de représenter les interfaces.

Des problèmes de conception plus généraux sont abordés au Chapitre 23, et les diverses utilisations des classes sont traitées de façon plus détaillée au Chapitre 25.

24.2 Conception et langage de programmation

Si nous devions construire un pont, il nous faudrait réfléchir sérieusement au choix du matériau à utiliser. La conception du pont devrait, en effet, varier en fonction de ce matériau, et *vice versa*. La conception d'un pont en pierre se différenciera donc de celle d'un pont en acier, en bois, etc. Nous ne pourrions opérer un choix valable sans connaître un minimum de choses concernant les divers matériaux et leur utilisation. Bien sûr, il n'est pas nécessaire d'être charpentier expert pour concevoir un pont, mais il est préférable de connaître les principes fondamentaux des constructions en bois pour opérer un choix entre ce matériau et le fer. Par ailleurs, même si vous n'avez pas besoin personnellement d'être charpentier expert pour concevoir un pont en bois, une connaissance très détaillée des propriétés du bois et des mœurs des charpentiers vous sera nécessaire.

De la même façon, pour choisir un langage pour un logiciel, vous devez connaître plusieurs langages, et pour concevoir avec succès une partie de logiciel, il vous est nécessaire de connaître de façon assez détaillée le langage d'implémentation choisi — même si vous n'écrivez jamais personnellement une seule ligne de ce logiciel. Un bon concepteur de pont respecte les propriétés des matériaux et les emploie pour améliorer la conception. Le bon concepteur de logiciel s'appuie sur les atouts du langage d'implémentation et évite — autant que possible — une utilisation qui pourrait être une source de problèmes pour ceux qui implémentent.

Vous pourriez penser que cette sensibilité envers les problèmes de langage vient naturellement lorsqu'un seul concepteur/programmeur est impliqué. Cependant, même dans de telles situations, le programmeur peut être séduit par de mauvaises utilisations du langage résultant d'une expérience inadéquate, ou du respect injustifié de styles de programmation établis pour des langages radicalement différents. Lorsque le concepteur n'est pas le programmeur — et en particulier s'ils ne partagent pas la même culture — l'introduction d'une erreur, de maladresses ou d'une inefficacité quelconque dans le système résultant devient quasiment inévitable.

Que peut apporter un langage de programmation à un concepteur ? Il lui offre des fonctionnalités à partir desquelles les notions fondamentales de la conception seront représentées directement dans le langage de programmation. Cela simplifie l'implémentation et la maintenance des liens entre celle-ci et la conception. Cela favorise également les communications entre les concepteurs et ceux qui implémentent, ainsi que la construction de meilleurs outils pour supporter ces deux groupes.

La majorité des méthodes de conception, par exemple, prend en compte les dépendances existant entre différentes parties d'un programme (généralement dans le but de les minimiser et de garantir leur bonne définition et compréhension). Un langage supportant des interfaces explicites entre les parties d'un programme peut prendre en charge de telles notions de conception. Il peut garantir que seules les dépendances attendues existent effectivement. Dans du code écrit pour un langage tel que celui-ci, de nombreuses dépendances sont explicites. Des outils permettant de lire un programme peuvent donc être fournis afin de produire des graphiques de dépendances. Cela simplifie le travail des concepteurs et de toutes les personnes ayant besoin de comprendre la structure d'un programme. Un langage de programmation tel que C++ peut être utilisé pour rapprocher la conception du programme, et réduire ainsi les possibilités de confusions et d'erreurs.

La notion clé du langage C++ est la notion de classe. Une classe C++ est un type. Associées aux espaces de noms, les classes constituent également le premier mécanisme du masquage des informations. Les programmes peuvent être spécifiés en termes de types définis par l'utilisateur, ainsi qu'en termes de hiérarchies de tels types. Les deux types intégrés et définis par l'utilisateur obéissent à des règles contrôlées statiquement. Les fonctions virtuelles fournissent un mécanisme permettant la liaison à l'exécution sans briser les règles des types statiques. Les modèles prennent en charge la conception des types paramétrés. Les exceptions permettent d'effectuer une gestion des erreurs plus régulière. Ces fonctionnalités peuvent être utilisées sans induire de surcharge de traitement par rapport à des programmes C. Il s'agit de propriétés de premier ordre du C++ devant être comprises et considérées par un concepteur. De plus, les bibliothèques importantes universellement disponibles — telles que les bibliothèques de matrices, les interfaces de base de données, les bibliothèques d'interfaces utilisateur graphiques et les bibliothèques de support des accès concurrents — peuvent avoir une forte influence sur les choix de conception.

La fièvre du changement conduit quelquefois à une utilisation non optimale du C++. C'est le cas lorsqu'on applique, à tort, des leçons issues d'autres langages, d'autres systèmes et d'autres domaines d'application. De mauvais outils de conception peuvent également fausser les conceptions. Il existe cinq façons d'empêcher un concepteur de tirer parti des fonctions du langage et de respecter les limites imposées :

1. En ignorant les classes et en exprimant la conception de façon que ceux qui implémentent soient contraints d'utiliser uniquement le sous-ensemble C.
2. En ignorant les classes dérivées et les fonctions virtuelles, et en utilisant uniquement le sous-ensemble de l'abstraction des données.
3. En ignorant le contrôle des types statique et en exprimant la conception de telle sorte que les implémenteurs soient contraints de simuler le contrôle des types dynamique.
4. En ignorant la programmation et en représentant les systèmes avec l'intention d'éliminer les programmeurs.
5. En ignorant tout sauf les hiérarchies de classes.

Ces différentes situations sont typiques de concepteurs dont les profils respectifs sont les suivants :

1. Une formation C, CASE traditionnelle ou de conception structurée.
2. Des compétences en Ada83, Visual Basic ou en abstraction de données.
3. Une formation Smalltalk ou Lisp.

4. Une formation non technique ou très spécialisée.
5. Une formation avec une forte orientation programmation orientée objet "pure".

Dans chaque cas, on doit se demander si le langage d'implémentation et si la méthode de conception ont été judicieusement choisis, ou si le concepteur n'a pu s'adapter à l'outil dont il disposait.

Il n'y a rien d'exceptionnel ou de honteux à se tromper de la sorte. Il s'agit d'une simple discordance qui produit des conceptions non optimales, et qui impose une charge inutile aux programmeurs. Cette charge s'applique également aux concepteurs lorsque la structure conceptuelle de la méthode de conception est sensiblement moins bien élaborée que la structure conceptuelle du C++. Nous devons donc éviter autant que possible de tomber dans ce type d'erreur.

La discussion qui suit se présente sous la forme de réponses à des objections, car cette situation est souvent très proche de ce qui se produit dans la réalité.

24.2.1 Ignorer les classes

Considérons une conception qui ignore les classes. Le programme C++ obtenu serait assez proche d'un programme C — et également d'un programme COBOL — ayant été produit par le même processus de conception. La conception a essentiellement été créée "indépendante du langage de programmation". Pour cela, le programmeur a dû coder à partir du sous-ensemble commun à C et à COBOL. Cette approche présente des avantages. La séparation stricte des données et du code obtenue, par exemple, permet d'utiliser facilement les bases de données traditionnelles conçues pour de tels programmes. Un langage de programmation minimal étant utilisé, il apparaîtrait que des compétences moindres — ou tout au moins des compétences différentes — seraient requises pour les programmeurs. Pour de nombreuses applications — disons pour un programme de mise à jour de base de données séquentielle traditionnel —, cette façon de procéder est tout à fait acceptable, et les techniques traditionnelles développées pendant des décennies sont adaptées à ce travail.

Cependant, supposons que l'application diffère suffisamment d'un traitement séquentiel traditionnel d'enregistrements (ou de caractères), ou que la complexité qui en découle soit supérieure — disons dans un système CASE interactif. L'absence de support par le langage de l'abstraction des données découlant de la décision d'ignorer les classes posera des problèmes. La complexité inhérente va apparaître à un endroit ou à un autre de l'application. De plus, si le système est implémenté dans un langage pauvre, le code ne reflétera pas directement la conception. Le programme comportera trop de lignes de code source, manquera de contrôle des types, et il sera généralement impossible de faire appel à des outils. La maintenance d'un tel système deviendrait un véritable cauchemar.

Une solution d'attente pour ce problème consiste souvent à créer des outils spécifiques permettant de supporter les notions de la méthode de conception. Ces outils fournissent alors des constructions et un contrôle de plus haut niveau afin de compenser les déficiences du langage d'implémentation (délibérément appauvri). Ainsi, la méthode de conception devient un langage de programmation personnalisé et propriétaire au sein de l'entreprise. Dans la plupart des contextes, de tels langages de programmation sont de mauvais substituts à un langage à usage général, largement disponible et supporté par des outils de conception appropriés.

L'une des raisons majeures pour ignorer les classes dans une conception est l'inertie. Les langages de programmation traditionnels ne supportent pas la notion de classes, et les techniques de conception traditionnelles reflètent ce défaut. Le point central d'une conception a été le plus souvent la décomposition des problèmes en un ensemble de procédures effectuant les actions requises. Cette notion, à laquelle nous avons fait référence sous le nom de "programmation procédurale" dans le Chapitre 2, est souvent nommée *décomposition fonctionnelle* dans le contexte de la conception. Une question courante est : "Pouvons-nous employer C++ avec une méthode de conception fondée sur la décomposition fonctionnelle ?" Cela est possible, mais se traduira inévitablement par une utilisation du C++ comme un simple langage C amélioré. Les problèmes mentionnés précédemment apparaîtront alors. Cette solution peut être acceptable au cours d'une période de transition, pour des conceptions déjà établies et pour des sous-systèmes dans lesquels les classes ne semblent pas apporter de gain significatif (étant donné l'expérience des individus impliqués à ce moment-là). Pour le plus long terme, toutefois, la politique d'une utilisation minimale des classes découlant de la décomposition fonctionnelle n'est pas compatible avec une utilisation efficace du C++, ou de tout autre langage qui offre le support de l'abstraction.

Les méthodes de programmation orientées procédure et objet sont fondamentalement différentes et conduisent généralement à des solutions différentes pour le même problème. Cette observation est également vraie pour les phases de conception et d'implémentation : la conception peut être orientée sur les actions effectuées ou sur les entités représentées, mais pas sur les deux simultanément.

Pourquoi faut-il donc privilégier une "conception orientée objet" par rapport aux méthodes traditionnelles fondées sur la décomposition fonctionnelle ? Parce qu'une décomposition fonctionnelle conduit à une abstraction des données insuffisante, et donc à une conception :

- moins résistante aux changements ;
- peu adéquate pour l'utilisation d'outils ;
- moins adaptée au développement parallèle ;
- moins adaptée à l'exécution concurrente.

Le problème est qu'une décomposition fonctionnelle transforme des données intéressantes en données globales. Cela est dû au fait que lorsqu'un système est structuré comme une arborescence de fonctions, toute donnée à laquelle accèdent deux fonctions doit être globale. Cela se traduit par une remontée des données "intéressantes" vers la racine de l'arborescence au fur et à mesure de l'augmentation du nombre de fonctions ayant besoin d'y accéder (comme toujours en informatique, les arborescences se développent depuis la racine vers les extrémités). On peut observer exactement le même processus dans des hiérarchies de classes à une seule racine, dans lesquelles les données "intéressantes" et les fonctions tendent à remonter vers une classe racine (§ 24.4). Si l'on examine plus particulièrement la spécification des classes et l'encapsulation des données, ce problème peut être traité en rendant les dépendances entre les différentes parties d'un programme explicites et malléables. Chose importante, cela permet de réduire le nombre de dépendances dans un système en améliorant le groupement des consultations de données.

Certains problèmes peuvent toutefois être résolus de façon plus satisfaisante en écrivant un ensemble de procédures. Le choix d'une approche "orientée objet" pour la conception ne signifie pas qu'il ne faut jamais utiliser de fonctions non membres dans un programme, ni qu'aucune partie d'un système ne peut être orientée procédure. Il est important, au contraire, de découpler les différentes parties d'un programme de façon à mieux refléter les concepts de l'application. La meilleure façon d'obtenir ce résultat consiste généralement à considérer les classes, et non les fonctions, comme point central principal de la conception. L'utilisation d'un style procédural devrait être une décision consciente, et non un simple choix par défaut. Les classes et les procédures devraient être utilisées de façon appropriée selon l'application, et non comme de simples objets d'une méthode de conception rigide.

24.2.2 Eviter l'héritage

Examinons une conception qui évite l'héritage. Les programmes résultants ne pourront tout simplement pas tirer parti d'une fonctionnalité clé du C++, même s'ils profitent de nombreux autres avantages de ce langage par rapport au C, au Pascal, au Fortran, au COBOL, etc. Les raisons les plus courantes de cette attitude — en dehors de l'inertie — sont que "l'héritage est un détail de l'implémentation", "qu'il viole le principe du masquage des informations", et "qu'il rend plus difficile la coopération avec les autres logiciels".

En considérant l'héritage comme un simple détail de l'implémentation, on ignore la façon dont les hiérarchies de classes peuvent directement modéliser les relations clés entre les concepts dans le domaine d'application. De telles relations devraient être explicites dans la conception pour permettre aux concepteurs de les prendre en compte.

Il existe des arguments en faveur d'une exclusion de l'héritage dans les parties d'un programme C++ devant posséder une interface directe avec du code écrit dans des langages différents. Ce n'est toutefois *pas* une raison suffisante pour éviter l'utilisation de l'héritage dans l'ensemble d'un système. Il s'agit simplement d'un motif pour spécifier soigneusement et encapsuler l'interface d'un programme vers "le monde extérieur". De la même façon, les inquiétudes concernant les règles de masquage des informations *via* l'utilisation de l'héritage (§ 24.3.2.1) sont une raison pour utiliser prudemment les fonctions virtuelles et les membres protégés (§ 15.3). Il ne s'agit cependant pas d'un prétexte pour abandonner l'héritage d'une façon générale.

Dans de nombreux cas, il n'existe pas de réel avantage à l'utilisation de l'héritage. Dans un projet important, toutefois, une politique interdisant l'héritage produira un système plus compliqué et moins souple, où l'héritage sera remplacé par un langage et des constructions de conception plus traditionnelles. Malgré une telle politique, nous pensons que l'héritage risque, en fin de compte, d'être utilisé. Les programmeurs C++ trouveront, en effet, de bons arguments en faveur de conceptions fondées sur l'héritage dans diverses parties du système. Une politique interdisant l'héritage n'aura donc pour résultat que l'absence d'une architecture globale cohérente et la restriction des hiérarchies de classes à des sous-systèmes spécifiques.

En d'autres termes, gardez l'esprit ouvert. Les hiérarchies de classes ne constituent pas une partie essentielle de tous les bons programmes, mais, dans de nombreux cas, elles peuvent favoriser la compréhension de l'application et simplifier l'expression d'une solution. Le fait que l'héritage puisse être mal employé et suremployé signifie simplement qu'il faut l'envisager avec prudence, et non l'interdire.

24.2.3 Ignorer le contrôle des types statiques

Examinons une conception qui ignore le contrôle des types statiques. Les raisons les plus couramment énoncées pour adopter cette attitude dans la phase de conception sont les suivantes : "les types sont un produit du langage de programmation", "il est plus naturel de considérer les objets sans se préoccuper de leurs types", et "le contrôle des types statiques nous oblige à considérer trop tôt les problèmes d'implémentation". Cette attitude peut être valable et inoffensive, mais jusqu'à un certain point seulement. On peut envisager d'ignorer les détails du contrôle des types dans l'étape de conception. De plus, le fait d'ignorer presque en totalité les problèmes de types dans l'étape d'analyse et les premières étapes de conception ne présente que très peu de risque. Les classes et les hiérarchies de classes sont toutefois très utiles dans la conception. Elles nous permettent, en particulier, d'exprimer spécifiquement les concepts, de déterminer précisément leurs relations, et elles nous aident à raisonner autour des concepts. Au fur et à mesure de la progression de la conception, cette précision prend la forme d'instructions de plus en plus détaillées concernant les classes et leurs interfaces.

Il est important de réaliser que des interfaces spécifiées précisément, et avec des types bien établis, sont des outils de conception fondamentaux. C'est dans cette optique que C++ a été conçu. Une interface possédant des types bien définis garantit (jusqu'à un certain point) le fait que seuls les blocs de logiciel compatibles peuvent être compilés et liés ensemble, et permet ainsi à ces blocs d'émettre des hypothèses les uns sur les autres. Ces hypothèses sont garanties par le système des types. L'effet obtenu est une minimisation de l'utilisation des tests à l'exécution, en provoquant ainsi un accroissement de l'efficacité et des réductions significatives de la phase d'intégration de projets impliquant plusieurs personnes. En fait, une expérience positive solide est nécessaire pour l'intégration des systèmes qui fournissent des interfaces fortement liées aux types. C'est la raison pour laquelle l'intégration n'est pas un sujet majeur de ce chapitre.

Considérons une analogie. Dans le monde physique, nous passons notre temps à assembler des gadgets, et il semble exister un nombre infini de standards pour les éléments d'assemblage. La seule chose évidente concernant ces connexions est qu'elles nécessitent une conception particulière des gadgets devant être connectés ensemble. De plus, ces derniers ne peuvent être connectés que de la bonne façon. Vous ne pouvez pas brancher un rasoir électrique dans une prise haute tension. Si vous le faisiez, le rasoir grillerait. Les ingénieurs font preuve de beaucoup d'ingéniosité pour empêcher la connexion de pièces de matériel incompatibles entre elles. Des gadgets se protégeant eux-mêmes contre un comportement indésirable en provenance de gadgets connectés dans leur prise représentent une solution de rechange à ce système. Un parasurtenseur en est un bon exemple. Lorsqu'une "compatibilité de connexion" parfaite ne peut être obtenue, la protection plus onéreuse de circuits adaptant dynamiquement et/ou protégeant une gamme d'entrées devient nécessaire.

Cet exemple est très proche de ce qui peut être appliqué à l'informatique. Le contrôle des types statiques est équivalent à la compatibilité de connexion, et le contrôle dynamique correspond à une protection/adaptation par circuit. Si les deux contrôles échouent — dans le monde physique ou dans le monde logiciel —, il peut en résulter des dommages sérieux. Dans les grands systèmes, les deux formes de contrôle sont utilisées. Dans les premières étapes d'une conception, il peut être acceptable d'énoncer simplement le fait suivant : "Ces deux gadgets devraient être connectés entre eux." Il devient toutefois rapidement pertinent de savoir comment ils doivent être connectés, quelles sont les garanties fournies par la connexion concernant le comportement, quelles sont les conditions d'erreur possibles et quels sont les coûts de premier ordre estimés.

L'utilisation du "typage statique" ne se limite pas au monde physique. L'utilisation des unités (par exemple, les mètres, les kilogrammes et les secondes) pour éviter le mélange d'entités incompatibles est omniprésente en physique et en ingénierie.

Au cours de la description des étapes de conception en § 23.4.3, les informations concernant le type apparaissent dans la figure de l'étape 2 (probablement après avoir été considérées de façon superficielle dans l'étape 1), et prennent toute leur importance dans l'étape 4.

Les interfaces contrôlées statiquement représentent une méthode permettant de garantir la coopération entre divers logiciels C++ développés par des groupes de programmeurs différents. La documentation de ces interfaces (y compris les types exacts impliqués) est le principal moyen de communication entre des groupes de programmeurs distincts. Ces interfaces sont l'une des sorties les plus importantes du processus de conception, et un point central de communication entre les concepteurs et les programmeurs.

En ignorant les problèmes de type au moment de l'analyse des interfaces, on obtient des conceptions qui compliquent la structure du programme et renvoient la détection des erreurs à l'exécution. Une interface peut être spécifiée, par exemple, en termes d'objets s'auto-identifiant :

```
// Exemple supposant un contrôle des types dynamique, et non un contrôle statique :

Stack s;                    // Une pile peut contenir des pointeurs d'objets de tous types

void f()
{
        s.push(new Saab900);
        s.push(new Saab37B);

        s.pop()->takeoff();     // très bien : un Saab 37B est un avion
        s.pop()->takeoff();     // erreur d'exécution : une voiture ne peut décoller
}
```

La spécification de l'interface (de ***Stack::push()***) est tout à fait insuffisante. Cela force le contrôle dynamique, et non le contrôle statique. La pile ***s*** est supposée contenir des ***Plane***, mais cette condition est restée implicite dans le code. L'utilisateur a donc la charge de s'assurer du respect de la condition requise.

Une spécification plus précise — un modèle plus des fonctions virtuelles, et non un contrôle dynamique des types sans contraintes — permet de déplacer la détection des erreurs de l'exécution à la compilation :

```
Stack<Plane*> s;            // Stack contient des pointeurs de Plane

void f()
{
        s.push(new Saab900);    // erreur : un Saab900 n'est pas un Plane
        s.push(new Saab37B);

        s.pop()->takeoff();     // très bien : un Saab 37B est un avion
        s.pop()->takeoff();
}
```

Une observation similaire est effectuée en § 16.2.2. La différence d'exécution entre un contrôle dynamique et un contrôle statique peut être significative. La surcharge de traitement du contrôle dynamique est habituellement un facteur de l'ordre de 3 à 10.

Il ne faut néanmoins pas tomber dans l'excès inverse. Il est impossible de détecter toutes les erreurs à l'aide d'un contrôle statique. Même les programmes les mieux contrôlés statiquement sont vulnérables, par exemple, aux pannes matérielles. Consultez le § 25.4.1 qui offre un exemple dans lequel un contrôle statique complet serait impraticable. L'idéal consiste toutefois à ce que la grande majorité des interfaces soit typée statiquement avec des types de niveau application (voir également le § 24.4.2).

Un autre problème peut être le suivant : une conception tout à fait acceptable au niveau abstrait peut causer de sérieux problèmes, car elle ne prend pas en compte les limites d'un outil de base (C++ dans ce cas). Une fonction ***f()*** devant effectuer une opération ***turn_right()*** sur un argument, par exemple, peut réaliser cette opération à la seule condition que tous ses arguments possèdent un type commun :

```
class Plane {
        // ...
        void turn_right();
};

class Car {
        // ...
        void turn_right();
};

void f(X* p)        // à quel type X devrait-il appartenir ?
{
        p->turn_right();
        // ...
}
```

Certains langages (tels que Smalltalk et CLOS) permettent d'utiliser deux types de façon interchangeable s'ils possèdent les mêmes opérations. Pour ce faire, chaque type sera relié *via* une base commune, et la résolution des noms sera retardée à l'exécution. C++ ne prend toutefois en charge (intentionnellement) cette notion que *via* les modèles et la résolution à la compilation. Une fonction non modèle ne peut accepter deux types d'arguments que si ces derniers peuvent être implicitement convertis vers un type commun. Ainsi, dans l'exemple précédent, ***X*** doit être une base commune à ***Plane*** et à ***Car*** (par exemple, une classe ***Vehicle***).

Des exemples inspirés par des notions étrangères au C++ peuvent généralement être adaptés à ce langage en exprimant explicitement les hypothèses. Etant donné ***Plane*** et ***Car*** (sans base commune), par exemple, il est toujours possible de créer une hiérarchie de classes permettant de transmettre un objet contenant un ***Car*** ou un ***Plane*** à ***f(X*)*** (§ 25.4.1). Dans la majeure partie des cas, cela nécessite toutefois une quantité inacceptable de mécanismes et d'ingéniosité. Les modèles constituent souvent un outil utile pour de telles correspondances de concept. Une différence entre C++ et les notions de conception produit généralement un code inefficace et d'un "aspect peu naturel". Les programmeurs de maintenance cherchent généralement à éviter le code non idiomatique issu de telles discordances.

Une discordance entre la technique de conception et le langage d'implémentation peut être comparée à une traduction mot à mot entre langages naturels. L'anglais avec une grammaire allemande, par exemple, est aussi disgracieux que de l'allemand avec une grammaire anglaise. Les deux langues pourraient devenir incompréhensibles pour tout initié à une seule d'entre elles.

Dans un programme, les classes sont la représentation concrète des concepts de la conception. Par conséquent, en compliquant les relations entre les classes, on complique également les concepts fondamentaux de la conception.

24.2.4 Eviter la programmation

La programmation s'avère coûteuse et imprévisible en comparaison de nombreuses autres activités. Le code obtenu n'est souvent pas fiable à 100 %. La programmation représente un travail intensif, et — pour diverses raisons — les retards les plus sérieux dans les projets se manifestent sous la forme de code qui n'est pas prêt à être distribué. Pourquoi n'éliminerions-nous donc pas entièrement la programmation en tant qu'activité ?

Pour un grand nombre de managers, le fait de pouvoir se débarrasser des programmeurs arrogants, indisciplinés, surpayés, obsédés par la technologie, etc. représenterait un avantage significatif. Cette suggestion pourrait toutefois paraître absurde pour un programmeur. Certains problèmes importants peuvent cependant être résolus à l'aide de solutions réalistes à une programmation traditionnelle. Pour des domaines spécifiques, il est possible de générer du code directement depuis une spécification de haut niveau. Dans d'autres domaines, le code peut être généré en manipulant des formes sur un écran. On peut construire des interfaces utilisateurs pratiques, par exemple, *via* une manipulation directe. Cette opération ne requiert qu'une petite fraction du temps qui est nécessaire pour construire la même interface en rédigeant du code traditionnel. De la même façon, les formats de base de données et le code permettant d'accéder aux données en fonction de tels formats peuvent être générés à partir de spécifications beaucoup plus simples que ne l'est le code permettant d'exprimer ces opérations directement en C++ ou dans tout autre langage de programmation à usage général. Certaines machines d'état, qui s'avèrent plus petites, plus rapides et plus correctes que ce qui est susceptible d'être produit par la plupart des programmeurs, peuvent être générées à partir de spécifications ou d'une manipulation directe de l'interface.

Ces techniques fonctionnent de façon satisfaisante dans des domaines spécifiques, où il existe soit une base théorique sonore (par exemple, les maths, les machines d'état et les bases de données relationnelles), soit une structure générale dans laquelle de petits fragments d'application peuvent être intégrés (par exemple, des interfaces utilisateur graphiques, des simulations réseau et un schéma de base de données). L'aspect pratique évident de ces techniques dans des domaines limités — et généralement très importants — peut nous amener à penser que l'élimination de la programmation traditionnelle est relativement proche. Ce n'est cependant pas le cas. En effet, un élargissement des techniques de spécification en dehors des domaines possédant des structures théoriques sonores implique l'utilisation d'un langage de programmation à usage général dans le langage de spécification. Cela va à l'encontre de l'objectif d'un langage de spécification intelligent et bien fondé.

On oublie quelquefois que la structure autorisant l'élimination de la programmation traditionnelle dans un domaine est conçue, programmée et testée de façon traditionnelle. En fait, une utilisation courante du C++ et des techniques décrites dans cet ouvrage représente la base de la conception et de la création de tels systèmes.

Un compromis fournissant une petite fraction de la force d'expression d'un langage à usage général n'est généralement pas satisfaisant s'il est appliqué en dehors d'un domaine d'application restreint. Les concepteurs qui considèrent la modélisation comme étant un modèle de haut niveau sont contrariés par la complexité supplémentaire, et produisent des spécifications à l'origine d'un code non acceptable. Les programmeurs qui appliquent les techniques de programmation ordinaires sont frustrés par le manque de support du langage, et ne génèrent un meilleur code qu'au prix d'un effort excessif et de l'abandon des modèles de haut niveau.

Nous ne voyons aucun signe permettant d'indiquer que la programmation en tant qu'activité pourrait être éliminée avec succès en dehors de domaines disposant de bases théoriques bien fondées, ou de ceux dans lesquels la programmation de base est fournie par une structure. Dans les deux cas, l'efficacité des techniques chute de façon dramatique dès que l'on quitte la structure originale pour envisager un travail plus général. Il est tentant et dangereux de prétendre le contraire. Inversement, il serait déraisonnable d'ignorer les techniques de spécification de haut niveau et les techniques de manipulation directes dans des domaines où elles sont bien fondées et suffisamment matures.

La conception des outils, des bibliothèques et des structures représente l'une des formes les plus élevées de conception et de programmation. La construction d'un modèle mathématique utile d'un domaine d'application constitue l'une des formes les plus élevées d'analyse. Ainsi, la fourniture d'un outil, d'un langage, d'une structure, etc. qui permet de rendre les résultats d'un tel travail disponibles pour des milliers d'autres est une façon pour les programmeurs et les concepteurs de ne pas tomber dans le piège de la spécialisation sur un objet particulier.

Le plus important pour un système de spécification ou une bibliothèque de base est de posséder une interface efficace avec un langage de programmation à usage général. Dans le cas contraire, la structure fournie est limitée par nature. Ainsi, les systèmes de spécification et de manipulation directe qui génèrent du code au niveau élevé dans un langage de programmation général accepté possèdent un avantage non négligeable. Un langage propriétaire représente un avantage sur le long terme uniquement pour son fournisseur. Si le code généré est à un niveau tellement bas que le code général ajouté doit être écrit sans pouvoir bénéficier de l'abstraction, alors on perd la fiabilité, la facilité de maintenance et l'aspect économique. En règle générale, un système de génération devrait être conçu pour combiner les forces des spécifications et celles des langages de programmation de plus haut niveau. En excluant l'un ou l'autre, vous renoncez à l'intérêt des constructeurs de système au profit des intérêts des fournisseurs d'outils. Les grands systèmes qui fonctionnent bien sont multiniveaux, modulaires et évoluent dans le temps. Par conséquent, pour que la production de tels systèmes soit couronnée de succès, elle doit impliquer divers langages, bibliothèques, outils et techniques.

24.2.5 Utiliser exclusivement les hiérarchies de classes

Lorsque nous découvrons que quelque chose de nouveau fonctionne bien, il arrive souvent que nous l'appliquions sans discrimination. En d'autres termes, une solution qui s'avère être excellente pour certains problèmes apparaît souvent comme étant *la* solution à presque tous les problèmes. Les hiérarchies de classes et les opérations qui sont polymorphiques sur leurs (un) objet(s) représentent une très bonne solution pour de nombreux problèmes. Cependant, tous les contextes ne sont pas représentés au mieux sous la forme d'une partie d'une hiérarchie, et tous les composants logiciels ne sont pas bien représentés sous la forme d'une hiérarchie de classes.

Pourquoi cela ? Une hiérarchie de classes représente les relations entre ses classes, et une classe représente un concept. On peut maintenant se demander quel est le point commun entre un sourire, mon lecteur de CD-ROM, un enregistrement de Don Juan de Richard Strauss, une ligne de texte, un satellite et une horloge en temps réel ? Cela présente peu d'intérêt, et le fait de placer tous ces éléments dans une unique hiérarchie, alors que la seule propriété qu'ils partagent est d'être des objets de programmation, pourrait provoquer de la confusion (§ 15.4.5). Le fait de vouloir absolument tout intégrer dans une seule hiérarchie peut introduire des similitudes artificielles et compliquer les similitudes réelles. Une hiérarchie ne devrait être utilisée que lorsqu'une analyse révèle une partie commune conceptuelle ou lorsque la conception et la programmation découvrent une partie commune utile au niveau des structures utilisées dans l'implémentation des concepts. Dans ce dernier cas, nous devons être très attentifs afin de bien distinguer une partie commune authentique (qui se traduira par des sous-types *via* l'héritage public) et des simplifications d'implémentation utiles (qui se traduiront par l'héritage privé ; § 24.3.2.1).

Cette façon de procéder conduit à un programme qui possède plusieurs hiérarchies de classes sans relation ou avec très peu de relations, chacune représentant un ensemble de concepts très proches. Elle conduit également à la notion de classe concrète (§ 25.2) ne faisant pas partie d'une hiérarchie. En plaçant une telle classe dans une hiérarchie, on compromettrait ses performances et son indépendance vis-à-vis du reste du système.

Pour être efficaces, la plupart des opérations importantes réalisées sur une classe ne faisant pas partie d'une hiérarchie doivent être des fonctions virtuelles. De plus, un grand nombre de données de cette classe doivent être protégées, et non privées. Cela la rend vulnérable aux modifications effectuées depuis d'autres classes dérivées, et peut considérablement compliquer les tests. Lorsqu'une encapsulation plus stricte peut être envisagée d'un point de vue conceptuel, des fonctions non virtuelles et des données privées devraient être utilisées (§ 24.3.2.1).

Le fait qu'un argument d'une opération (le un désignant "l'objet") soit spécial risque d'aboutir à une conception maladroite. Lorsqu'il est nécessaire de traiter plusieurs arguments de façon égale, il est préférable de représenter une opération sous la forme d'une fonction non membre. Cela ne signifie pas que de telles fonctions doivent être globales. En fait, presque toutes les fonctions indépendantes doivent être membres d'un espace de noms (§ 24.4).

24.3 Classes

La notion la plus fondamentale de la conception et de la programmation orientée objet est que le programme constitue un modèle de certains aspects de la réalité. Les classes du programme représentent les concepts fondamentaux de l'application ainsi que les concepts fondamentaux de la "réalité" qui est modélisée. Les objets du monde réel et ceux de l'implémentation sont représentés par les objets de ces classes.

L'analyse des relations entre les classes et entre les différentes parties d'une classe représente le point central de la conception d'un système :

§ 24.3.2 les relations d'héritage ;

§ 24.3.3 les relations de contenance ;

§ 24.3.5 l'utilisation des relations ;

§ 24.2.4 les relations programmées en interne ;

§ 24.3.7 les relations dans une classe.

Une classe C++ étant un type, les relations entre les classes sont très bien prises en charge par les compilateurs. On peut généralement leur appliquer une analyse statique.

Pour qu'une classe soit appropriée dans une conception, il ne suffit pas qu'elle représente un contexte utile. Elle doit également fournir une interface adaptée. Fondamentalement, la classe idéale présente une dépendance minimale et bien définie avec le reste du monde. Elle offre également une interface qui expose la quantité d'informations minimale nécessaire au reste du monde (§ 24.4.2).

24.3.1 Que représentent les classes ?

Dans un système, il existe essentiellement deux types de classes :

1. Les classes qui reflètent directement les concepts dans le domaine d'application — c'est-à-dire les concepts utilisés par les utilisateurs finaux pour décrire leurs problèmes et leurs solutions.
2. Les classes qui sont les objets de l'implémentation — c'est-à-dire les concepts utilisés par les concepteurs et programmeurs pour décrire leurs techniques d'implémentation.

Certaines des classes du deuxième type pourraient également représenter des entités du monde réel. Les ressources matérielles et logicielles d'un système, par exemple, constituent de bons candidats pour les classes dans une application. Un système peut donc être considéré de plusieurs points de vue. Cela implique qu'un détail d'implémentation pour une personne peut être une application pour une autre. Un système bien défini contiendra donc des classes supportant des vues distinctes du système. Par exemple :

1. Des classes représentant des concepts de niveau utilisateur (par exemple, des voitures et des camions).
2. Des classes représentant des généralisations de concepts de niveau utilisateur (par exemple, des véhicules).
3. Des classes représentant des ressources matérielles (par exemple, une classe gestion de mémoire).
4. Des classes représentant des ressources du système (par exemple, des flux de sortie).
5. Des classes utilisées pour implémenter d'autres classes (par exemple, des listes, des files d'attente, des verrous).
6. Des structures de contrôle et des types de données intégrés.

Dans les systèmes les plus importants, il devient difficile de conserver une séparation entre des types de classes logiquement distincts. Il peut s'avérer également très complexe de maintenir une séparation entre plusieurs niveaux d'abstraction. En règle générale, un exemple simple a trois niveaux d'abstraction :

1+2 Il fournit une vision du système au niveau application.

3+4 Il représente la machine dans laquelle le modèle s'exécute.

5+6 Il représente une vision de bas niveau (langage de programmation) de l'implémentation.

Plus le système est important, plus le nombre de niveaux d'abstraction nécessaires pour la description du système est élevé, et plus il devient difficile de définir et de maintenir ces niveaux. Notez que de tels niveaux d'abstraction ont des équivalents directs dans la nature, ainsi que dans certains types de constructions humaines.

Une maison, par exemple, est constituée :

- d'atomes ;
- de molécules ;
- d'une charpente et de briques ;
- de sols, de murs et de plafonds ;
- de pièces.

Tant que ces niveaux d'abstraction restent séparés, on peut maintenir une vision cohérente de la maison. Des absurdités vont toutefois voir le jour s'ils sont mélangés. La phrase, par exemple, "ma maison est constituée de plusieurs milliers de livres de carbone, de quelques polymères complexes, d'environ 5 000 briques, de deux salles de bains et de treize plafonds", est complètement stupide. Etant donné la nature abstraite du logiciel, la phrase équivalente décrivant un système complexe n'est pas toujours reconnue comme absurde.

La traduction d'un concept du domaine d'application en une classe d'une conception n'est pas une opération mécanique simple. Elle demande souvent beaucoup de perspicacité. Notez que dans un domaine d'application les concepts sont eux-mêmes des abstractions. Par exemple, "les contribuables", les "moines" et les "employés" n'existent pas réellement dans la nature. De tels concepts sont des étiquettes placées sur des individus pour les classifier par rapport à un système. Le monde réel, ou même le monde imaginaire (la littérature, et en particulier la science-fiction), représente quelquefois une source d'idées pour des concepts qui subissent une mutation radicale au cours de la transition vers les classes. L'écran de votre PC, par exemple, ne ressemble pas vraiment à mon bureau, malgré le fait qu'il soit conçu pour prendre en charge la métaphore du bureau. L'important pour la modélisation de la réalité n'est pas de suivre servilement ce que nous voyons, mais plutôt de l'utiliser comme point de départ pour la conception, comme source d'inspiration et comme point d'ancrage lorsque la nature intangible du logiciel est un obstacle à la compréhension de nos programmes.

Un message d'avertissement : il est souvent difficile pour les débutants de "trouver les classes", mais ce problème est généralement rapidement surmonté et sans effets négatifs sur le long terme. Cette période est cependant souvent suivie d'une phase au cours de laquelle les classes — et leurs relations d'héritage — semblent se multiplier de façon incontrôlable. Cela peut provoquer des problèmes à long terme au niveau de la complexité, de l'intelligibilité et de l'efficacité du programme obtenu. Il n'est pas nécessaire de représenter le plus petit détail avec une classe distincte. Il n'est pas non plus indispensable de représenter chaque relation entre les classes sous la forme d'une relation d'héritage. N'oubliez pas que l'objectif d'une conception est de modéliser un système au niveau de détail et aux niveaux d'abstraction *appropriés*. Il est difficile de trouver le juste milieu entre la simplicité et la généralité.

24.3.2 Les hiérarchies de classes

Considérons la simulation de la circulation d'une ville afin de déterminer le temps probable nécessaire à un véhicule d'urgence pour atteindre sa destination. Nous devons évidemment représenter les voitures, les camions, les ambulances, les diverses sortes de voitures de pompier, les voitures de police, les bus, etc. L'héritage intervient ici, car un concept du monde réel n'existe pas de façon isolée. Il existe avec de nombreuses relations vers les autres concepts. Sans comprendre ces dernières, nous ne pouvons comprendre les concepts. Par conséquent, un modèle qui ne représente pas de telles relations ne représente pas de façon adéquate nos concepts. Dans nos programmes, nous avons besoin de classes pour représenter les concepts, mais ce n'est pas suffisant. Nous avons également besoin de méthodes pour représenter les relations entre classes. L'héritage constitue un moyen puissant de représenter les relations hiérarchiques directement. Dans notre exemple, les véhicules d'urgence seraient probablement considérés comme spéciaux. De plus, il pourrait être utile de distinguer les véhicules de type voiture de ceux de type camion. Cela produirait une hiérarchie de classes semblable à la suivante :

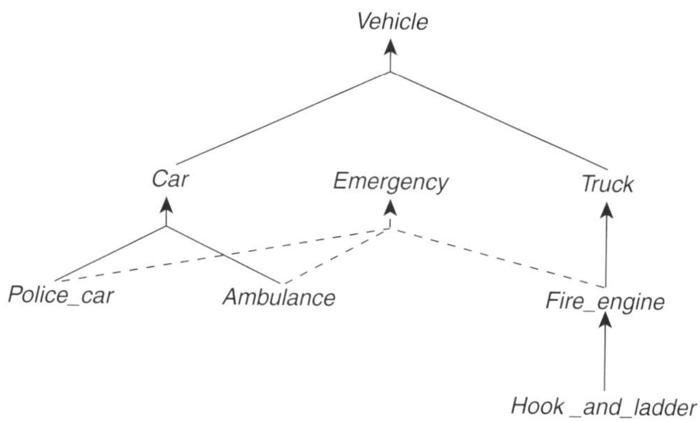

Emergency représente ici les aspects d'un véhicule d'urgence qui sont significatifs pour la simulation : il peut violer certaines règles de circulation, il a la priorité dans les intersections au moment d'un appel d'urgence, il est sous le contrôle d'un contrôleur, etc.

Voici la version C++ :

```
class Vehicle { /* ... */ };
class Emergency { /* ... */ };
class Car : public Vehicle { /* ... */ };
class Truck : public Vehicle { /* ... */ };
class Police_car : public Car , protected Emergency { /* ... */ };
class Ambulance : public Car , protected Emergency { /* ... */ };
class Fire_engine : public Truck , protected Emergency { /* ... */ };
class Hook_and_ladder : public Fire_engine { /* ... */ };
```

L'héritage est la relation de plus haut niveau pouvant être représentée directement en C++. C'est également celle qui est le plus souvent présente dans les premières étapes d'une conception. Pour représenter une relation, il faut souvent choisir entre l'utilisation de l'héritage et celle des membres. Considérons une autre notion d'un véhicule d'urgence : nous sommes en présence d'un véhicule d'urgence si celui-ci possède un gyrophare. On pourrait alors simplifier la hiérarchie des classes en remplaçant ***Emergency*** par un membre de la classe ***Vehicle*** :

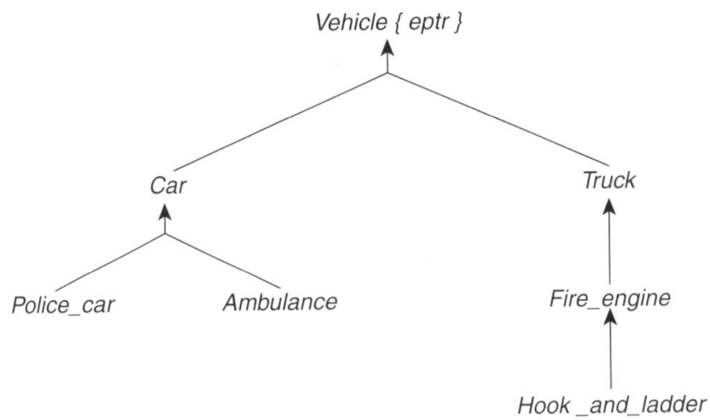

Emergency est maintenant simplement utilisée comme membre dans les classes qui pourraient avoir besoin de se comporter comme un véhicule d'urgence :

```
class Emergency { /* ... */ };
class Vehicle { protected: Emergency* eptr; /* ... */ }; // meilleur : fournit l'interface appropriée à eptr
class Car : public Vehicle { /* ... */ };
class Truck : public Vehicle { /* ... */ };
class Police_car : public Car { /* ... */ };
class Ambulance : public Car { /* ... */ };
class Fire_engine : public Truck { /* ... */ };
class Hook_and_ladder : public Fire_engine { /* ... */ };
```

Ici, un véhicule est un véhicule d'urgence si ***Vehicle::eptr*** est non nul. Les voitures et camions "ordinaires" sont initialisés avec ***Vehicle::eptr*** nul. Par exemple :

```
Car::Car()                    // constructeur de Car
{
        eptr = 0;
}

Police_car::Police_car()      // constructeur de Police_car
{
        eptr = new Emergency;
}
```

Une telle définition des choses permet une conversion simple d'un véhicule d'urgence vers un véhicule ordinaire et *vice versa* :

```
void f(Vehicle* p)
{
        delete p->eptr;
        p->eptr = 0;                // n'est plus un véhicule d'urgence

        // ...

        p->eptr = new Emergency;    // un véhicule d'urgence de nouveau
}
```

Quelle est la meilleure variante de la hiérarchie de classes ? La réponse générale est : "le programme qui modélise le plus directement les aspects du monde réel auxquels nous nous intéressons". Cela signifie qu'en choisissant le modèle, nous devons rechercher le plus grand réalisme, malgré les contraintes inévitables au niveau de l'efficacité et de la simplicité. Dans ce cas, la conversion facile des véhicules ordinaires en véhicules d'urgence ne nous semble pas très réaliste. Les véhicules de pompier et les ambulances sont des véhicules conçus pour un usage déterminé, et conduits par du personnel spécialement formé pour cette tâche. De plus, ils sont dirigés à l'aide de procédures de contrôle qui nécessitent un équipement de communication spécialisé. Cette vue indique qu'être un véhicule d'urgence doit être un concept fondamental directement représenté dans le programme afin d'améliorer le contrôle des types et les autres utilisations d'outils. Si nous avions dû modéliser un emplacement où les rôles des véhicules auraient été moins fermement définis — disons une zone dans laquelle les véhicules privés auraient été utilisés couramment pour transporter le personnel d'urgence vers les sites d'accident, et où les communications auraient principalement été établies par l'intermédiaire de radios portables —, l'autre méthode de modélisation du système aurait été plus appropriée.

Pour les personnes qui considèrent les simulations de trafic comme ésotériques, il peut être intéressant de signaler que de tels compromis entre l'héritage et les membres se produisent presque invariablement dans une conception. La barre de défilement du § 24.3.3 en est un exemple.

24.3.2.1 Les dépendances dans une hiérarchie de classes

Une classe dérivée dépend de ses classes de base. Il paraît beaucoup moins naturel que l'opposé puisse aussi être vrai [1]. Si une classe possède une fonction virtuelle, cette classe dépend de ses classes dérivées pour implémenter une partie de sa fonctionnalité chaque fois qu'une classe dérivée remplace cette fonction. Si un membre de la classe de base appelle une des fonctions virtuelles de la classe, alors la classe de base dépend de ses classes dérivées pour sa propre implémentation. De la même façon, si une classe utilise un membre protégé, elle dépend de nouveau de ses classes dérivées pour sa propre implémentation. Considérez le code suivant :

```
class B {
        // ...
protected:
        int a;
public:
        virtual int f();
        int g() { int x = f(); return x-a; }
};
```

Que fait la fonction ***g()*** ? Dans certaines classes dérivées, la réponse dépend essentiellement de la définition de ***f()***. Voici une version qui garantira le renvoi de ***1*** par ***g()*** :

```
class D1 : public B {
        int f() { return a+1; }
};
```

1. Cette observation a été résumée sous la forme : "La démence est héréditaire. Elle vous vient de vos enfants."

et une version où *g()* écrit "Hello, world !" et renvoie *0*.

```
class D2 : public B {
        int f() { cout<<"Hello, world!\n"; return a; }
};
```

Cet exemple illustre l'un des points les plus importants concernant les fonctions virtuelles. Pourquoi est-ce stupide ? Pourquoi un programmeur ne devrait-il jamais écrire quelque chose de semblable à cela ? La réponse est la suivante : une fonction virtuelle fait partie d'une interface avec une classe de base, et il est possible que cette dernière soit utilisée sans que l'on ait connaissance des classes qui en sont dérivées. Par conséquent, il doit être possible de décrire le comportement attendu d'un objet de la classe de base de telle sorte que l'on puisse écrire les programmes sans connaître les classes dérivées. Toute classe remplaçant la fonction virtuelle doit implémenter une variante de ce comportement. La fonction virtuelle ***rotate()*** d'une classe ***Shape***, par exemple, fait tourner une forme autour d'un axe. Les fonctions ***rotate()*** pour des classes dérivées telles que ***Circle*** et ***Triangle*** doivent faire tourner des objets de leur type respectif. Dans le cas contraire, une hypothèse fondamentale concernant la classe ***Shape*** serait violée. Aucune hypothèse de ce style concernant le comportement n'est effectuée pour la classe ***B*** ou ses classes dérivées ***D1*** et ***D2***. L'exemple est donc absurde. Même les noms ***B***, ***D1***, ***D2***, ***f*** et ***g*** ont été choisi de telle façon que l'on ne puisse les associer facilement à une signification.

La spécification du comportement attendu pour les fonctions virtuelles est un centre d'intérêt *majeur* de la conception des classes. Le choix des noms pour les classes et les fonctions est important — et pas toujours facile.

Une dépendance avec des classes dérivées inconnues (peut-être non encore écrites) peut-elle être satisfaisante ? Cela dépend naturellement des intentions du programmeur. Si son objectif est d'isoler une classe de toutes les influences extérieures de telle sorte que son comportement soit garanti, il est préférable d'éviter les membres protégés et les fonctions virtuelles. Si son but est toutefois de fournir une structure dans laquelle un programmeur ultérieur (qui peut être le même programmeur quelques semaines plus tard) sera en mesure d'ajouter du code, alors les fonctions virtuelles représenteront souvent la meilleure solution. Les fonctions membres protégées se sont révélées pratiques pour supporter une telle utilisation. On utilise cette technique dans la bibliothèque des E/S de flux (§ 21.6), et elle a été illustrée par la version finale de la hiérarchie ***Ival_box*** (§ 12.4.2).

Si une classe ***virtual*** n'est censée être utilisée qu'indirectement par une classe dérivée, elle peut rester ***private***. Considérez, par exemple, un modèle de mémoire tampon simple :

```
template<class T> class Buffer {
public:
        void put(T);        // appelle overflow(T) si la mémoire tampon est pleine
        T get();            // appelle underflow() si la mémoire tampon est vide
        // ...
private:
        virtual int overflow(T);
        virtual int underflow();
        // ...
};
```

Les fonctions ***put()*** et ***get()*** appellent les fonctions virtuelles ***overflow()*** et ***underflow()*** respectivement. Un utilisateur peut maintenant implémenter divers types de mémoire tampon en remplaçant les fonctions ***overflow()*** et ***underflow()*** :

```
template<class T> class Circular_buffer : public Buffer<T> {
        int overflow(T);          // boucle si mémoire pleine
        int underflow();
        // ...
};

template<class T> class Expanding_buffer : public Buffer<T> {
        int overflow(T);          // augmente la taille de la mémoire si elle est pleine
        int underflow();
        // ...
};
```

Ces fonctions ne devront être protégées (et non privées) que lorsqu'il deviendra nécessaire pour une classe dérivée d'appeler directement ***overflow()*** et ***underflow()***.

24.3.3 Les relations entre contenants et contenus

Lorsque les relations de contenance sont utilisées, il existe deux possibilités importantes pour la représentation d'un objet d'une classe ***X*** :

1. Déclarer un membre de type ***X***.
2. Déclarer un membre de type ***X**** ou ***X&***.

Si la valeur du pointeur ne change jamais, ces solutions sont équivalentes. Seules des questions d'efficacité et la façon dont vous écrivez les constructeurs et les destructeurs peuvent différer quelque peu :

```
class X {
public:
        X(int);
        // ...
};

class C {
        X a;
        X* p;
        X& r;
public:
        C(int i, int j, int k) : a(i), p(new X(j)), r(*new X(k)) { }
        ~C() { delete p; delete &r; }
};
```

Dans de tels cas, comme pour ***C::a***, il est généralement préférable que l'objet lui-même soit membre, car l'efficacité en temps, en espace et en frappe au clavier est meilleure. Les risques d'erreur sont également moins importants, car la connexion entre l'objet contenu et l'objet contenant suit les règles de la construction et de la destruction (§ 10.4.1, § 12.2.2, § 14.4.1). Consultez également le § 24.4.2 et le § 25.7.

La solution du pointeur doit être retenue lorsqu'il est nécessaire de changer le pointeur vers l'objet "contenu" pendant la durée de vie de l'objet "contenant". Par exemple :

```
class C2 {
        X* p;
public:
        C2(int i) : p(new X(i)) { }
        ~C2() { delete p; }

        X* change(X* q)
        {
                X* t = p;
                p = q;
                return t;
        }
};
```

L'utilisation d'un membre pointeur peut également s'avérer utile si le membre "contenu" doit être fourni sous la forme d'un argument :

```
class C3 {
        X* p;
public:
        C3(X* q) : p(q) { }
        // ...
};
```

Lorsque des objets contiennent des pointeurs vers d'autres objets, on crée ce que l'on appelle des *hiérarchies d'objets*. Il s'agit d'une technique alternative et complémentaire à l'utilisation des hiérarchies de classes. Comme nous l'avons illustré dans l'exemple du véhicule d'urgence au § 24.3.2, le choix entre la représentation d'une propriété de classe en tant que classe de base, ou en tant que membre, est souvent un problème de conception délicat. S'il existe un besoin de substitution des fonctions, le premier choix est le meilleur. Inversement, si l'on doit pouvoir autoriser la propriété à être représentée par divers types, la dernière solution est préférable. Par exemple :

```
class XX : public X { /* ... */ };

class XXX : public X { /* ... */ };

void f()
{
        C3* p1 = new C3(new X);         // C3 "contient" un X
        C3* p2 = new C3(new XX);        // C3 "contient" un XX
        C3* p3 = new C3(new XXX);       // C3 "contient" un XXX
        // ...
}
```

Cet exemple ne pourrait être modélisé par une dérivation de ***C3*** depuis ***X***, ou en attribuant à ***C3*** un membre de type ***X***. Le type exact d'un membre doit, en effet, être utilisé. Cela est important pour les classes possédant des fonctions virtuelles, telles qu'une classe de formes (§ 2.6.2) ou une classe d'un ensemble abstrait (§ 25.3).

Lorsqu'un seul objet est référencé au cours de la vie de l'objet contenant, les références peuvent permettre de simplifier les classes fondées sur des membres pointeurs. Par exemple :

```
class C4 {
	X& r;
public:
	C4(X& q) : r(q) { }
	// ...
};
```

Les membres référence et pointeurs sont également requis lorsqu'un objet doit être partagé :

```
X* p = new XX;
C4 obj1(*p);
C4 obj2(*p);		// obj1 et obj2 partagent maintenant le nouveau XX
```

La gestion des objets partagés impose naturellement une attention supplémentaire — en particulier dans les systèmes à accès concurrents.

24.3.4 L'héritage et les relations entre contenants et contenus

Etant donné l'importance des relations d'héritage, ces dernières sont souvent surutilisées et mal comprises. Lorsqu'une classe ***D*** est dérivée publiquement d'une autre classe ***B***, on dit souvent que ***D*** est une ***B*** :

```
class B { /* ... */ };
class D : public B { /* ... */ };		// D est une sorte de B
```

Cette relation peut également être exprimée en disant que l'héritage est une relation *est-un* ou — plus précisément — qu'une ***D*** *est une sorte de* ***B***. Par contraste, on dit souvent d'une classe ***D*** qui possède un membre d'une autre classe ***B*** qu'elle *a* un ***B*** ou qu'elle *contient* un ***B***. Par exemple :

```
class D {		// un D contient un B
public:
	B b;
	// ...
};
```

Il est également possible d'exprimer cela en disant que l'appartenance en tant que membre est une relation *à-un*.

Comment choisir entre l'héritage et les membres pour des classes ***B*** et ***D*** données ? Considérons un ***Airplane*** (avion) et un ***Engine*** (moteur). Les débutants se demandent souvent s'il est possible de dériver la classe ***Airplane*** depuis ***Engine***. C'est une mauvaise idée parce qu'un avion n'est pas un moteur. Il *a* un moteur. Une façon d'envisager ce problème consiste à déterminer si un avion peut posséder deux moteurs ou plus. Cette hypothèse étant envisageable (même si nous sommes en train de considérer un programme dans lequel tous les avions posséderont un seul moteur), nous devrions utiliser les membres, et non l'héritage. La question "Peut-il en avoir deux ?" est utile dans de nombreux cas lorsqu'un doute subsiste. Comme toujours, c'est la nature intangible du logiciel qui justifie cette discussion. Si toutes les classes étaient aussi faciles à visualiser que ***Airplane*** et ***Engine***, des erreurs simples telles que la dérivation d'un ***Airplane*** depuis un ***Engine*** pourraient facilement être évitées. De telles erreurs sont toutefois très fréquentes — en particulier pour ceux qui considèrent la dérivation simplement comme un mécanisme permettant de combiner des constructions au niveau du langage de programmation. Malgré la commodité et la simplicité de notation apportées par la dérivation, cette dernière ne devrait pratiquement être utilisée que pour exprimer des relations parfaitement définies dans une conception. Considérez le code suivant :

```
class B {
public:
        virtual void f();
        void g();
};

class D1 {                    // un D1 contient un B
public:
        B b;
        void f();             // ne se substitue par à b.f()
};

void h1(D1* pd)
{
        B* pb = pd;           // erreur : pas de conversion D1* vers B*
        pb = &pd->b;
        pb->g();              // appelle B::g()
        pd->g();              // erreur : D1 ne possède pas de membre g()
        pd->b.g();
        pb->f();              // appelle B::f (non remplacé par D1::f())
        pd->f();              // appelle D1::f()
}
```

Notez qu'il n'existe aucune conversion implicite d'une classe vers l'un de ses membres. De plus, une classe contenant un membre d'une autre classe ne se substitue pas aux fonctions virtuelles de ce membre. Cela contraste avec le cas de la dérivation publique :

```
class D2 : public B {         // un D2 est un B
public:
        void f();             // se substitue à B::f()
};

void h2(D2* pd)
{
        B* pb = pd;           // ok : conversion D2* vers B* implicite
        pb->g();              // appelle B::g()
        pd->g();              // appelle B::g()
        pb->f();              // appel virtuel : invoque D2::f()
        pd->f();              // invoque D2::f()
}
```

La commodité de notation offerte par l'exemple ***D2***, en comparaison de l'exemple ***D1***, est un facteur qui peut conduire à une surutilisation. On ne doit pas oublier que l'augmentation des dépendances entre ***B*** et ***D2*** peut entraîner un coût à payer (voir § 24.3.2.1). Il est facile d'oublier, en particulier, la conversion implicite de ***D2*** vers ***B***. A moins que de telles conversions représentent une partie acceptable de la sémantique de vos classes, la dérivation *publique* doit être évitée. Lorsqu'on utilise une classe pour représenter un concept, et que l'on utilise une dérivation pour représenter une relation *est-un*, de telles conversions sont le plus souvent exactement celles qui sont recherchées.

Il existe des cas dans lesquels vous aimeriez employer l'héritage, sans pour autant pouvoir vous permettre une telle conversion. Vous pouvez alors envisager l'écriture d'une classe ***Cfield*** (champ contrôlé) qui — en plus de ce qu'elle pourra réaliser par ailleurs — fournira un contrôle d'accès au cours de l'exécution pour une autre classe ***Field***. A première vue, il est possible de définir ***Cfield*** à l'aide d'une dérivation depuis ***Field*** :

```
class Cfield : public Field { /* ... */ };
```

Cela exprime la notion qu'un ***Cfield*** n'est en fait qu'une sorte de ***Field***, apporte la commodité de notation pour l'écriture d'une fonction ***Cfield*** qui utilise un membre de la partie ***Field*** du ***Cfield***, et — plus important — permet à un ***Cfield*** de remplacer les fonctions virtuelles du ***Field***. Il existe néanmoins un problème : la conversion ***Cfield**** vers ***Field**** impliquée dans la déclaration de ***Cfield*** fait échouer toute tentative destinée à contrôler l'accès au ***Field*** :

```
void g(Cfield* p)
{
        *p = "asdf";        // accès à Field contrôlé par l'opérateur d'affectation de Cfield :
                            // p\->Cfield::operator=("asdf")

        Field* q = p;       // conversion Cfield* vers Field* implicite
        *q = "asdf";        // Aucun contrôle !
}
```

Une solution consisterait à définir ***Cfield*** avec un membre ***Field***. Cela empêcherait toutefois ***Cfield*** de se substituer aux fonctions virtuelles de ***Field***. L'utilisation d'une dérivation *privée* s'avère donc une solution préférable à celle-ci :

```
class Cfield : private Field { /* ... */ };
```

Du point de vue de la conception, la dérivation privée est équivalente aux relations de contenance, à l'exception du problème de la substitution des fonctions (quelquefois essentielle). Une application importante de cela est la technique de dérivation publique d'une classe depuis une classe de base abstraite qui définit une interface, et l'utilisation d'une dérivation privée ou protégée depuis une classe concrète pour fournir une implémentation (§ 2.5.4, § 12.3, § 25.3). L'héritage introduit par la dérivation ***private*** et ***protected*** est un détail de l'implémentation que le type de la classe dérivée ne reflète pas. Il est quelquefois nommé *héritage d'implémentation* en opposition à une dérivation ***public***. Dans ce cas, l'interface de la classe de base est héritée, et la conversion implicite vers le type de base est autorisée. On fait quelquefois référence à cette dernière comme à un *sous-typage*, ou *héritage d'interface*.

Une autre façon d'établir cela consiste à rendre un objet d'une classe dérivée utilisable partout où un objet de sa classe de base publique l'est. C'est ce que l'on appelle quelquefois "le principe de substitution de Liskov" (§ 23.6 [Liskov,1987]). La distinction public/protégé/privé prend cette méthode directement en charge pour les types polymorphiques manipulés *via* des pointeurs et références.

24.3.4.1 Les compromis membre/hiérarchie

Pour réaliser une étude plus approfondie des choix de conception impliquant les membres et l'héritage, voyons comment représenter une barre de défilement dans un système graphique interactif, et comment associer une barre de défilement à une fenêtre. Nous avons besoin de deux sortes de barres : horizontales et verticales. Nous pouvons les représenter soit par l'intermédiaire de deux types — ***Horizontal_scrollbar*** et ***Vertical_scrollbar*** —, soit par le biais d'un seul type ***Scrollbar*** qui reçoit un argument indiquant si son format est horizontal ou vertical. La première solution impose l'utilisation d'un troisième type, le ***Scrollbar*** ordinaire, comme classe de base des deux types de base spécifiques. Si vous optez pour la deuxième solution, vous aurez besoin d'un argument supplémentaire pour le type de barre de défilement. Il vous faudra également choisir des valeurs pour représenter les deux sortes de barres. Par exemple :

enum Orientation { horizontal, vertical };

Une fois le choix réalisé, il déterminera le type de modification nécessaire pour étendre le système. Prenons l'exemple de la barre de défilement. A l'origine, nous aurions pu penser que seules deux sortes de barres de défilement étaient nécessaires ("après tout, une fenêtre ne possède que deux dimensions"). Par la suite, nous pourrions cependant vouloir en introduire un troisième type. Dans la plupart des cas, il existe des extensions possibles. Ces dernières apparaissent sous la forme de choix de reconception. Quelqu'un pourrait vouloir utiliser, par exemple, un "bouton de navigation" plutôt que deux barres de défilement. Un tel bouton déclencherait un défilement dans différentes directions, selon l'endroit sur lequel un utilisateur aurait appuyé. En pressant en haut et au milieu du bouton, vous provoqueriez un "défilement vers le haut". En pressant au milieu à gauche, vous déclencheriez un "défilement à gauche". En appuyant sur le coin supérieur gauche, vous déclencheriez un défilement "vers le haut et à gauche". De tels boutons ne sont pas rares. Il s'agit d'une amélioration de la notion de barre de défilement qui convient particulièrement bien aux applications dans lesquelles les informations parcourues ne sont pas constituées de texte ordinaire, mais plutôt de types généraux d'images.

L'ajout d'un bouton de navigation à un programme implique l'adjonction d'une nouvelle classe, mais aucune modification de l'ancien code de la barre de défilement n'est nécessaire :

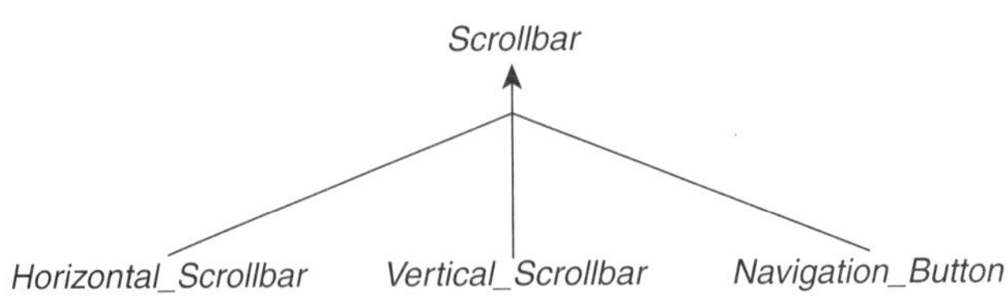

C'est l'aspect sympathique de la solution "hiérarchique".

La transmission de l'orientation de la barre de défilement en argument implique la présence de champs types dans les objets barre de défilement, ainsi que l'utilisation d'instructions de basculement dans le code des fonctions membres de la barre de défilement. Nous devons donc trouver un juste équilibre entre l'expression de cet aspect de la structure du système en termes de déclarations ou en termes de code. Dans le premier cas, le degré des contrôles statiques et la quantité d'informations devant être prise en compte par les outils sont accrus. La seconde solution ajourne les décisions à l'exécution et autorise la modification des fonctions individuelles sans affecter la structure globale du système telle que la perçoit le contrôleur de type et les autres outils. Dans la plupart des cas, il est préférable d'utiliser une hiérarchie de classes pour modéliser directement les relations des concepts hiérarchiques.

La solution avec une seule sorte de barre de défilement facilite le stockage et la transmission des informations concernant les barres de défilement :

```
void helper(Orientation oo)
{
        // ...
        p = new Scrollbar(oo);
        // ...
}

void me()
{
        helper(horizontal);
        // ...
}
```

Cette représentation permettrait également de simplifier une réorientation d'une barre de défilement à l'exécution. Cela est, de toute évidence, peu important dans le cas de barres de défilement, mais peut le devenir pour des exemples équivalents. Il existe toujours des compromis, mais ils sont souvent complexes.

24.3.4.2 Les compromis contenance/hiérarchie

Voyons maintenant comment associer une barre de défilement à une fenêtre. Si nous considérons une ***Window_with_scrollbar*** comme étant à la fois une ***Window*** et une ***Scrollbar***, nous obtenons ceci :

```
class Window_with_scrollbar : public Window, public Scrollbar {
        // ...
};
```

De cette façon, toute ***Window_with_scrollbar*** peut se comporter comme une ***Scrollbar*** et comme une ***Window***, mais cela nous oblige à utiliser cette solution avec un seul type de barre de défilement.

D'autre part, si nous considérons une ***Window_with_scrollbar*** comme une ***Window*** possédant ***Scrollbar***, nous obtenons quelque chose comme :

```
class Window_with_scrollbar : public Window {
        // ...
        Scrollbar* sb;
public:
        Window_with_scrollbar(Scrollbar* p, /* ... */) : Window(/* ...*/), sb(p) { /* ... */ }
        // ...
};
```

Cette solution peut être utilisée avec la hiérarchie des barres de défilement. La transmission de la barre de défilement sous la forme d'un argument permet à la fenêtre d'ignorer le type exact de sa barre de défilement. Nous pourrions même transmettre une ***Scrollbar*** comme nous l'avions fait pour une ***Orientation*** (§ 24.3.4.1). Si nous avons besoin d'une ***Window_with_scrollbar*** se comportant comme une barre de défilement, nous pouvons ajouter un opérateur de conversion :

```
Window_with_scrollbar::operator Scrollbar&()
{
	return *sb;
}
```

Nous préférons travailler avec une fenêtre qui contient une barre de défilement. Il nous semble plus facile de penser à une fenêtre qui *a* une barre de défilement qu'à une fenêtre qui *est* une barre de défilement en plus d'être une fenêtre. En fait, notre stratégie de conception met en œuvre une barre de défilement qui est un type particulier de fenêtre, cette dernière étant contenue dans une fenêtre ayant besoin des services d'une barre de défilement. Cette stratégie fait pencher la balance du côté de la solution contenants-contenus. Un autre argument en faveur de cette solution nous est fourni par la règle empirique : "Peut-elle en avoir deux ?" (§ 24.3.4). Puisqu'il n'existe aucune raison logique pour qu'une fenêtre ne puisse avoir deux barres de défilement (en fait, beaucoup de fenêtres possèdent à la fois une barre de défilement horizontale et une barre de défilement verticale), ***Window_with_scrollbar*** ne devrait pas être dérivée de ***Scrollbar***.

Notez qu'il est impossible d'effectuer une dérivation depuis une classe inconnue. Le type exact d'une classe de base doit être connu au moment de la compilation (§ 12.2). D'autre part, lorsqu'un attribut d'une classe est transmis sous la forme d'un argument à son constructeur, un membre le représentant doit exister dans la classe. Cependant, si ce membre est un pointeur ou une référence, nous pouvons transmettre un objet d'une classe dérivée depuis la classe spécifiée pour le membre. Le membre ***Scrollbar* sb***, par exemple, peut pointer vers le ***Scrollbar*** d'un type, tel que ***Navigation_button***, qui est inconnu pour les utilisateurs du ***Scrollbar****.

24.3.5 L'utilisation des relations

Pour pouvoir exprimer et comprendre une conception, il est souvent important de savoir quelles classes sont utilisées par d'autres, et de quelle façon. De telles dépendances ne sont prises en charge qu'implicitement par C++. Une classe ne peut employer que des noms qui ont été déclarés (à un endroit ou à un autre), mais aucune liste des noms utilisés n'est fournie dans le code source C++. Des outils (ou, en l'absence d'outils appropriés, une lecture soigneuse) sont nécessaires pour extraire de telles informations. Les façons dont une classe ***X*** peut utiliser une autre classe ***Y*** peuvent être classifiées de diverses manières. En voici une :

- ***X*** utilise le nom ***Y***.
- ***X*** utilise ***Y***.

  X appelle une fonction membre ***Y***.

  X lit un membre de ***Y***.

  X écrit un membre de ***Y***.

- *X* crée un *Y*.

  X alloue une variable ***auto*** ou ***static*** de *Y*.

  X crée un *Y* à l'aide de ***new***.

- *X* prend la taille d'un *Y*.

La réception de la taille d'un objet a été classifiée à part, car cette opération impose de connaître la déclaration de la classe, mais elle ne dépend pas des constructeurs. La nomination de *Y* est également classifiée séparément, car cette opération — par exemple, en déclarant un *Y** ou en mentionnant *Y* dans la déclaration d'une fonction externe — n'impose pas de pouvoir accéder à la déclaration de *Y* (§ 5.7) :

```
class Y;     // Y est le nom d'une classe
Y* p;
extern Y f(const Y&);
```

Il est souvent important de faire la différence entre les dépendances d'une interface de classe (la déclaration de classe) et celles de l'implémentation de la classe (les définitions des membres de la classe). Dans un système bien conçu, les dernières sont généralement beaucoup plus nombreuses, et nettement moins intéressantes pour un utilisateur que ne le sont les dépendances de la déclaration de classe (§ 24.4.2). En règle générale, une conception a pour objectif de minimiser les dépendances d'une interface, car elles se transforment en dépendances des utilisateurs de la classe (§ 8.2.4.1, § 9.3.2, § 12.4.1.1, § 24.4).

En C++, celui qui implémente une classe n'a pas besoin de spécifier en détail les autres classes utilisées et leur mode de fonctionnement. Cela est dû au fait que les classes les plus significatives possèdent de très nombreuses dépendances avec d'autres. Une abréviation de la liste de ces dernières, comme une directive ***#include***, serait donc nécessaire pour assurer une bonne lisibilité. Une autre raison est que la classification et la granularité de telles dépendances ne semblent pas être un problème de langage de programmation. La façon exacte dont on considère les utilisations des dépendances dépend plutôt de l'objectif du concepteur, du programmeur ou de l'outil. Pour terminer, les dépendances intéressantes pourraient aussi dépendre de détails de l'implémentation du langage.

24.3.6 Les relations programmées en interne

Un langage de programmation ne peut pas — et ne devrait pas — supporter directement chaque concept de chacune des méthodes de conception. De la même façon, un langage de conception ne devrait pas supporter chaque fonction de chacun des langages de programmation. Un langage de conception devrait être plus riche, et moins concerné par les détails, qu'un langage approprié à la programmation des systèmes. Inversement, un langage de programmation devrait être capable de supporter diverses philosophies de conception. Dans le cas contraire, il serait voué à l'échec par manque d'adaptabilité.

Lorsqu'un langage de programmation ne fournit aucune fonctionnalité permettant de représenter directement un concept de la conception, il est possible d'utiliser une correspondance conventionnelle entre la construction de conception et les constructions du langage de programmation. Une méthode de conception peut avoir, par exemple, une notion de délégation. Cela signifie que la conception est en mesure d'imposer le fait que chaque opération non définie pour une classe ***A*** soit prise en charge par un objet d'une classe ***B*** pointé par un pointeur ***p***. C++ ne peut exprimer cela directement. L'expression de cette idée en C++ est toutefois tellement stylisée qu'un programme générant le code pourrait facilement être imaginé. Considérez l'exemple suivant :

```
class B {
        // ...
        void f();
        void g();
        void h();
};

class A {
        B* p;
        // ...
        void f();
        void ff();
};
```

Une spécification selon laquelle une délégation a eu lieu de ***A*** vers ***B*** *via* ***A::p*** aboutirait au code suivant :

```
class A {
        B* p;                     // délégation via p
        // ...
        void f();
        void ff();
        void g() { p->g(); }      // délègue g()
        void h() { p->h(); }      // délègue h()
};
```

La signification de ce code est assez claire pour un programmeur, mais la simulation d'un concept de conception dans le code est, de toute évidence, moins satisfaisante qu'une correspondance un-pour-un. De telles relations "programmées en interne" ne sont pas aussi bien "comprises" par le langage de programmation, et sont donc moins appropriées à une manipulation par des outils. Les outils standards, par exemple, ne reconnaîtraient pas la "délégation" de ***A*** vers ***B*** *via* ***A::p*** parmi d'autres utilisations d'un ***B****.

Une correspondance un-pour-un entre les concepts de conception et les concepts du langage de programmation devrait être employée aussi souvent que possible. Cette correspondance garantit la simplicité. Elle assure également le fait que la conception soit effectivement reflétée dans le programme, de sorte que les programmeurs et les outils puissent en tirer parti.

Les opérateurs de conversion fournissent un mécanisme de langage permettant d'exprimer une classe de relations programmées en interne. Cela signifie qu'un opérateur de conversion ***X::operator Y()*** spécifie qu'un ***X*** peut être utilisé à tout endroit où un ***Y*** est acceptable (§ 11.4.1). Un constructeur ***Y::Y(X)*** exprime la même relation. Notez qu'un opérateur de conversion (et un constructeur) produit un nouvel objet. Il ne modifie pas le type d'un objet existant. La déclaration d'une fonction de conversion vers ***Y*** représente simplement une façon de demander l'application *implicite* d'une fonction renvoyant un ***Y***. L'application implicite des conversions définies par des constructeurs et des opérateurs de conversion peut être traître. Il est quelquefois utile de les analyser séparément dans une conception.

Il est important de s'assurer que les graphiques de conversion pour un programme ne contiennent pas de cycles. Si c'est le cas, les erreurs d'ambiguïté résultantes rendront les types impliqués dans les cycles inutilisables en combinaison. Par exemple :

```
class Rational;

class Big_int {
public:
        friend Big_int operator+(Big_int,Big_int);
        operator Rational();
        // ...
};

class Rational {
public:
        friend Rational operator+(Rational,Rational);
        operator Big_int();
        // ...
};
```

Les types ***Rational*** et ***Big_int*** ne pourront pas interagir aussi bien qu'on aurait pu l'espérer :

```
void f(Rational r, Big_int i)
{
        g(r+i);                 // erreur, ambigu : operator+(r,Rational(i)) ou operator+(Big_int(r),i) ?
        g(r+Rational(i));       // une résolution explicite
        g(Big_int(r)+i);        // une autre résolution explicite
}
```

On peut éviter de telles conversions "mutuelles" en en rendant quelques-unes explicites. La conversion de ***Big_int*** en ***Rational***, par exemple, pourrait avoir été définie comme ***make_Rational()***, et non comme un opérateur de conversion. Dans ce cas, l'addition aurait été résolue en ***g(Big_int(r),i)***. Lorsqu'on ne peut éviter les opérateurs de conversion "mutuels", on doit résoudre les conflits qui apparaissent *via* des conversions explicites comme illustré, ou en définissant de nombreuses versions distinctes des opérateurs binaires, telles que **+**.

24.3.7 Les relations dans une classe

Une classe peut masquer n'importe quel détail d'implémentation et n'importe quelle quantité de "saletés" — et quelquefois elle doit le faire. Dans la majorité des cas, cependant, les objets des classes ont eux-mêmes une structure régulière, et les façons dont ils sont manipulés sont assez faciles à décrire. Un objet d'une classe est constitué d'un ensemble de sous-objets (souvent nommés "membres"), et la plupart d'entre eux sont des pointeurs et des références vers d'autres objets. On peut donc considérer un objet comme la racine d'une arborescence, et les objets impliqués comme une "hiérarchie d'objets" qui est complémentaire à la hiérarchie des classes telle que décrite au § 24.3.2.1. Considérez, par exemple, une ***String*** très simple :

```
class String {
        int sz;
        char* p;
```

```
public:
        String(const char* q);
        ~String();
        // ...
};
```

On peut représenter graphiquement un objet ***String*** de la façon suivante :

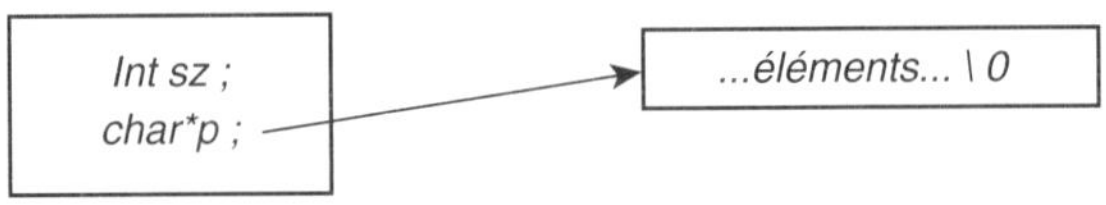

24.3.7.1 Les invariants

Les valeurs des membres et les objets auxquels les membres font référence sont collectivement nommés *état* de l'objet (ou simplement *valeur* de l'objet). Un objectif important d'une conception de classe consiste à obtenir un objet dans un état bien défini (initialisation/construction). De cette façon, un état bien défini pourra être maintenu lors de l'exécution des opérations, et il sera possible de détruire l'objet avec élégance. La propriété "bien défini" d'un objet est nommée son *invariant*.

L'objectif de l'initialisation est donc de placer un objet dans un état en accord avec l'invariant. Cette opération est généralement réalisée par un constructeur. Chaque opération effectuée sur une classe peut supposer qu'elle trouvera l'invariant vrai en entrée, et qu'elle devra laisser cet invariant à la sortie. Le destructeur termine en invalidant l'invariant avec la destruction de l'objet. Le constructeur ***String::String(const char*)***, par exemple, garantit le fait que ***p*** pointe sur un tableau d'au moins ***sz+1*** éléments où *sz* possède une valeur acceptable et où ***p[sz]==0***. Toute opération de chaîne doit conserver cette affirmation comme vraie.

Une grande partie des compétences requises pour la conception d'une classe consiste à la rendre suffisamment simple pour pouvoir l'implémenter avec un invariant utile et exprimé simplement. Il est assez facile d'établir le fait que chaque classe ait besoin d'un invariant. Le plus dur est de présenter un invariant utile, facile à comprendre et qui n'impose pas de contraintes inacceptables pour celui qui implémente ou pour l'efficacité des opérations. Notez que le terme "d'invariant" est utilisé ici pour signaler un extrait de code pouvant éventuellement être exécuté dans le but de contrôler l'état d'un objet. Une notion plus stricte et plus mathématique est bien sûr possible et, dans certains contextes, plus appropriée. Un invariant, tel que celui décrit ici, est un contrôle pratique — généralement économique et logiquement incomplet — de l'état d'un objet.

La notion d'invariant est apparue initialement dans les travaux de Floyd, Naur et Hoare sur les préconditions et les postconditions. Au cours des trente dernières années, elle se retrouve dans quasiment tous les travaux sur les types de données abstraits et la vérification de programme. Cette notion fait également partie de la culture du débogage du C.

L'invariant n'est généralement pas maintenu pendant l'exécution d'une fonction membre. Les fonctions susceptibles d'être appelées au cours de la période d'invalidité de l'invariant ne devraient pas faire partie de l'interface publique. Les fonctions privées et protégées peuvent remplir ce rôle.

Comment pouvons-nous exprimer la notion d'invariant dans un programme C++ ? Une façon simple consiste à définir une fonction de contrôle d'invariant et à insérer des appels destinés à cette fonction dans les opérations publiques. Par exemple :

```
class String {
        int sz;
        char* p;
public:
        class Range {};                         // les classes d'exception
        class Invariant {};

        enum { TOO_LARGE = 16000 };             // limite de longueur

        void check();                           // contrôle d'invariant

        String(const char* q);
        String(const String&);
        ~String();

        char& operator[](int i);
        int size() { return sz; }

        // ...
};

void String::check()
{
        if (p==0 || sz<0 || TOO_LARGE<=sz || p[sz]) throw Invariant();
}

char& String::operator[](int i)
{
        check();                                // contrôle en entrée
        if (i<0 || sz<=i) throw Range();        // remplit sa tâche
        check();                                // contrôle en sortie
        return p[i];
}
```

Ce code fonctionne très bien et ne demande que très peu de travail au programmeur. Cependant, pour une classe simple telle que ***String***, le contrôle de l'invariant va dominer le temps d'exécution et, dans certains cas, la taille du code. Par conséquent, les programmeurs exécutent souvent les contrôles d'invariant uniquement au cours du débogage :

```
inline void String::check()
{
#ifndef NDEBUG
        if (p==0 || sz<0 || TOO_LARGE<=sz || p[sz]) throw Invariant();
#endif
}
```

Dans cet exemple, la macro ***NDEBUG*** est utilisée de la même façon que dans la macro C standard ***assert()***. ***NDEBUG*** est définie conventionnellement pour indiquer que le débogage n'est *pas* réalisé.

Le simple acte de définition des invariants et leur utilisation au cours du débogage représentent une aide inestimable pour l'obtention d'un bon code et — plus important encore — pour l'obtention d'une parfaite définition et régularité des concepts représentés par les classes. Lorsque vous concevez des invariants, il est important de savoir qu'une classe sera considérée d'un autre point de vue, et que le code contiendra des répétitions. Ces deux facteurs augmentent la probabilité de repérer les erreurs, les incohérences et les oublis.

24.3.7.2 Les assertions

Un invariant est une forme particulière d'assertion. Cette dernière prescrit simplement le respect d'un critère logique donné. La question est : "Que faire quand ce n'est pas le cas ?"

La bibliothèque standard C — et par conséquent la bibliothèque standard C++ — fournit la macro ***assert()*** dans les en-têtes ***<cassert>*** ou ***<assert.h>***. Cette macro évalue son argument et appelle ***abort()*** si le résultat est nul (***false***). Par exemple :

```
void f(int* p)
{
        assert(p!=0);       // suppose que p!=0; abort() si p est nul
        // ...
}
```

Avant d'abandonner, ***assert()*** émet en sortie le nom de son fichier source et le numéro de la ligne sur laquelle elle apparaît. ***assert()*** devient ainsi une aide utile au débogage. ***NDEBUG*** est généralement défini par les options du compilateur sur la base d'une unité de compilation. Cela implique que la macro ***assert()*** ne devrait pas être utilisée dans les fonctions ***inline*** et les fonctions modèles incluses dans plusieurs unités de traduction, sauf si l'on apporte beaucoup de soin à définir ***NDEBUG*** de façon cohérente (§ 9.2.3). Comme dans tous les cas d'utilisation des macros, cet emploi de ***NDEBUG*** est de trop bas niveau, confus, et constitue une source d'erreurs. Il est également souvent conseillé de conserver quelques contrôles actifs, même dans le programme le mieux contrôlé. ***NDEBUG*** ne convient pas pour cela. Un appel à ***abort()*** est donc rarement acceptable dans du code de production.

Au lieu d'abandonner l'exécution, une autre solution consiste à utiliser un modèle ***Assert()*** qui déclenche une exception, de telle sorte que l'on puisse laisser les assertions dans le code de production quand cela s'avère nécessaire. La bibliothèque standard ne fournit malheureusement pas de modèle ***Assert()***, mais sa définition est toutefois très simple :

```
template<class X, class A> inline void Assert(A assertion)
{
        if (!assertion) throw X();
}
```

Assert() déclenche l'exception ***X()*** si l'***assertion*** est fausse. Par exemple :

```
class Bad_arg { };
```

```
void f(int* p)
{
	Assert<Bad_arg>(p!=0);		// suppose que p!=0; déclenche Bad_arg sauf si p!=0
	// ...
}
```

Ce style d'assertion comporte une condition explicite. Si nous ne désirons effectuer un contrôle que pendant la période de débogage, il convient de l'indiquer. Par exemple :

```
void f2(int* p)
{
	Assert<Bad_arg>(NDEBUG || p!=0);		// soit je ne débogue pas, soit p!=0
	// ...
}
```

L'utilisation de || au lieu de *&&* dans l'assertion peut paraître surprenante. Cependant, ***Assert<E>(a||b)*** teste !***(a||b)*** qui est !***a&&!b***.

Une telle utilisation de ***NDEBUG*** nous impose de définir ***NDEBUG*** avec une valeur appropriée, que nous soyons ou non en cours de débogage. Aucune implémentation C++ ne se charge de cette tâche par défaut. Il est donc préférable d'utiliser une valeur. Par exemple :

```
#ifdef NDEBUG
const bool ARG_CHECK = false;	// nous ne sommes pas en cours de débogage : contrôles désactivés
#else
const bool ARG_CHECK = true;	// débogage en cours
#endif

void f3(int* p)
{
	Assert<Bad_arg>(!ARG_CHECK || p!=0);		// soit le débogage n'est pas en cours, soit p!=0
	// ...
}
```

Si l'exception associée à une assertion n'est pas déclenchée, l'échec d'***Assert()*** met fin (***terminate()***) au programme de la même façon que la macro ***assert()*** équivalente aurait abandonné (***abort()***). Un gestionnaire d'exception pourrait toutefois effectuer des actions moins radicales.

Dans un programme de taille réaliste, il arrive souvent que l'on active et désactive les assertions en groupes en fonction des besoins de test. L'utilisation de ***NDEBUG*** représente simplement la forme la plus primitive de cette technique. Dans les premières étapes du développement, la plupart des assertions sont activées, alors que le code distribué par la suite ne conservera plus que quelques contrôles clés. Ce style d'emploi est géré plus facilement si l'assertion réelle est en deux parties, la première étant une condition d'activation (telle que ***ARG_CHECK***), et la seconde l'assertion à proprement parler.

Lorsque la condition d'activation est une expression constante, l'assertion complète est éliminée à la compilation si elle n'est pas activée. Cette condition peut toutefois varier, de sorte que l'on puisse l'activer et la désactiver à l'exécution selon les besoins du débogage. Par exemple :

```
bool string_check = true;
```

```
inline void String::check()
{
	Assert<Invariant>(!string_check || (p && 0<=sz && sz<TOO_LARGE && p[sz]==0));
}

void f()
{
	String s = "wonder";
		// les chaînes sont contrôlées ici
	string_check = false;
		// aucun contrôle des chaînes ici
}
```

Dans de tels cas, du code sera bien sûr généré. Si nous utilisons de telles assertions de façon extensive, nous devons veiller à ne pas provoquer une augmentation trop importante de la quantité de code.

Coder :

```
Assert<E>(a);
```

représente simplement une autre façon de coder :

```
if (!a) throw E();
```

Pourquoi se préoccuper d'*Assert()* et ne pas écrire directement l'instruction ? L'utilisation d'*Assert()* rend explicite l'intention du concepteur. Elle indique qu'il s'agit d'une assertion de quelque chose supposé toujours vrai. Cette information est intéressante pour le lecteur d'un programme. De plus, il est relativement aisé d'effectuer une recherche sur ***assert()*** ou sur ***Assert()***, alors que la recherche des instructions de condition déclenchant des exceptions s'avère complexe.

Assert() peut être généralisé de façon à déclencher des exceptions recevant des arguments et des exceptions variables :

```
template<class A, class E> inline void Assert(A assertion, E except)
{
	if (!assertion) throw except;
}

struct Bad_g_arg {
	int* p;
	Bad_g_arg(int* pp) :p(pp) { }
};

bool g_check = true;
int g_max = 100;

void g(int* p, exception e)
{
	Assert(!g_check || p!=0, e);                          // le pointeur est valide
	Assert(!g_check || (0<*p&&*p<=g_max),Bad_g_arg(p));   // la valeur est plausible
	// ...
}
```

Dans de nombreux programmes, il est primordial qu'aucun code ne soit généré pour une ***Assert()*** si l'assertion peut être évaluée au moment de la compilation. Malheureusement, certains compilateurs sont incapables d'obtenir cela pour la macro ***Assert()*** généralisée. Par conséquent, la version d'***Assert()*** à deux arguments ne devrait être utilisée que lorsque l'exception n'est pas de la forme ***E()***. Le code peut également être généré indépendamment de la valeur de l'assertion.

Il a été mentionné au § 23.4.3.5 que les deux formes les plus courantes de réorganisations de hiérarchies de classes consistaient à séparer une classe en deux et à regrouper les parties communes de ces dernières dans une classe de base. Dans les deux cas, des invariants bien conçus peuvent indiquer les possibilités de réorganisation. Si vous comparez l'invariant et le code des opérations, vous découvrirez que, dans une classe qui est mûre pour être divisée, la plupart des contrôles d'invariants sont redondants. Dans de tels cas, les sous-ensembles des opérations n'accéderont qu'aux sous-ensembles de l'état de l'objet. Inversement, des classes qui sont prêtes pour être fusionnées auront des invariants similaires, même si leurs implémentations détaillées sont différentes.

24.3.7.3 Préconditions et postconditions

Une utilisation très répandue des assertions consiste à exprimer les préconditions et les postconditions d'une fonction. Il s'agit de contrôler le respect des hypothèses de base concernant l'entrée, et de vérifier que la fonction se termine en laissant l'environnement dans l'état attendu. Malheureusement, les assertions que nous aimerions effectuer sont souvent à un niveau plus élevé que ne nous le permet le langage de programmation. Par exemple :

```
template<class Ran> void sort(Ran first, Ran last)
{
	Assert<Bad_sequence>("[first,last) is a valid sequence");	// pseudo code

	// ... tri de l'algorithme ...

	Assert<Failed_sort>("[first,last) est en ordre croissant");	// pseudo code
}
```

Il s'agit d'un problème fondamental. Ce que nous voulons exprimer *concernant* un programme ressort mieux dans un langage plus élevé fondé sur les mathématiques que dans le langage de programmation algorithmique *dans lequel* nous écrivons le programme.

De la même façon que pour les invariants, une certaine quantité de perspicacité est nécessaire pour traduire ce que nous aimerions affirmer en quelque chose pouvant être contrôlé de façon algorithmique. Par exemple :

```
template<class Ran> void sort(Ran first, Ran last)
{
	// [first,last) est une séquence valide : contrôle la plausibilité :
	Assert<Bad_sequence>(NDEBUG || first<=last);

	// ... tri de l'algorithme ...

	// [first,last) est en ordre croissant : contrôle d'un exemple :
	Assert<Failed_sort>(NDEBUG ||
		(last-first<2 || (*first<=last[-1]
			&& *first<=first[(last-first)/2] && first[(last-first)/2]<=last[-1])));
}
```

Nous pensons souvent que l'écriture d'arguments de contrôle de code ordinaires et de résultats est une opération plus simple que la composition d'assertions. Il est toutefois important d'essayer d'exprimer les préconditions et les postconditions réelles (idéales) — et au moins de les documenter sous la forme de commentaires — avant de les transformer en quelque chose de moins abstrait pouvant être efficacement exprimé dans un langage de programmation.

Le contrôle des préconditions peut facilement dégénérer et aboutir à un simple contrôle des valeurs d'arguments. Un argument étant souvent transmis *via* plusieurs fonctions, ce contrôle peut s'avérer répétitif et coûteux. Cependant, le fait de simplement affirmer que chaque argument de pointeur de chaque fonction est non nul n'est pas particulièrement utile, et peut donner un faux sentiment de sécurité — en particulier si les tests ne sont réalisés pendant le débogage que pour éviter une surcharge de traitement. Nous vous recommandons donc de porter une attention particulière aux invariants.

24.3.7.4 L'encapsulation

Notez qu'en C++, la classe — et non l'objet individuel — est l'unité d'encapsulation. Par exemple :

```
class List {
        List* next;
public:
        bool on(List*);
        // ...
};

bool List::on(List* p)
{
        if (p == 0) return false;
        for(List* q = this; q; q=q->next) if (p == q) return true;
        return false;
}
```

Le ciselage du pointeur ***List::next*** privé est accepté, car ***List::on()*** est en mesure d'accéder à chaque objet de la classe ***List*** auquel il peut, d'une façon ou d'une autre, faire référence. Lorsque cela devient gênant, on peut simplifier les choses en choisissant de ne pas tirer parti de la possibilité d'accéder à la représentation d'autres objets à partir d'une fonction membre. Par exemple :

```
bool List::on(List* p)
{
        if (p == 0) return false;
        if (p == this) return true;
        if (next==0) return false;
        return next->on(p);
}
```

Dans ce cas, cependant, l'itération est transformée en récurrence. Cela peut provoquer un problème de performance important si le compilateur n'est pas capable d'optimiser la récurrence en revenant à une itération.

24.4 Les composants

L'unité de conception est un ensemble de classes, de fonctions, etc., et non une classe individuelle. Cet ensemble, souvent nommé *bibliothèque* ou *structure* (§ 25.8), représente également l'unité de réutilisation (§ 23.5.1), de maintenance, etc. C++ fournit trois mécanismes permettant d'exprimer la notion d'un ensemble de fonctionnalités réunies par un critère logique :

- une classe — contenant un ensemble de données, de fonctions, de modèles et membres types ;
- une hiérarchie de classes — contenant un ensemble de classes ;
- un espace de noms — contenant un ensemble de données, de fonctions, de modèles et de membres types.

Une classe fournit de nombreuses fonctions destinées à simplifier la création d'objets dont le type est défini par celle-ci. Cependant, un grand nombre de composants significatifs ne sont pas décrits de façon satisfaisante *via* un mécanisme permettant la création d'objets d'un seul type. Une hiérarchie de classes exprime la notion d'un ensemble de types en relation. Les membres individuels d'un composant ne sont pas toutefois toujours exprimés au mieux sous la forme de classes, et toutes les classes ne possèdent pas les similitudes de base requises pour convenir à une hiérarchie significative (§ 24.2.5). En conséquence, un espace de noms est l'incarnation la plus directe, et la plus générale, de la notion de composant en C++. On fait quelquefois référence à un composant comme à une "catégorie de classe". Cependant, tous les éléments d'un composant ne sont pas, ou ne devraient pas être, une classe.

Dans l'idéal, un composant est décrit par l'ensemble des interfaces qu'il utilise pour son implémentation, ainsi que par l'ensemble des interfaces qu'il fournit à ses utilisateurs. Le restant fait partie des "détails d'implémentation" et demeure masqué pour le reste du système. Un concepteur décrira vraiment un composant de cette façon. Pour rendre cette description réelle, le programmeur doit l'appliquer dans les déclarations. Les classes et les hiérarchies de classes fournissent les interfaces. Les espaces de noms permettent au programmeur de regrouper ces dernières et offrent également la possibilité de séparer les interfaces utilisées et les interfaces fournies. Considérez la figure suivante :

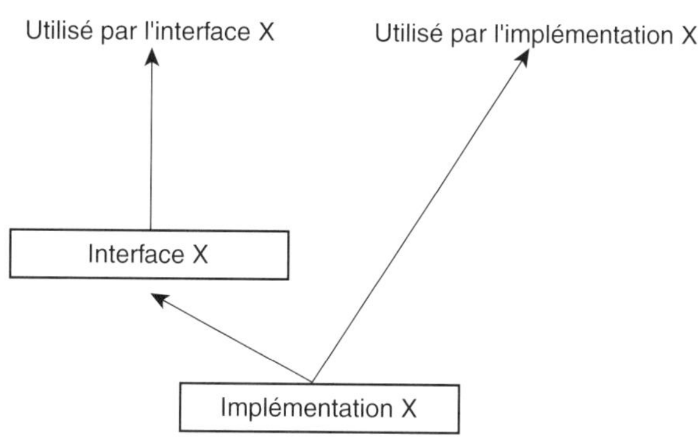

En appliquant les techniques décrites au § 8.2.4.1, ce code devient :

```
namespace A {                // certaines fonctionnalités utilisées par l'interface de X
    // ...
```

```
}

namespace X {                    // interface du composant X

        using namespace A;       // dépend des déclarations dans A
        // ...
        void f();
}
namespace X_impl {               // fonctionnalités requises par l'implémentation de X
        using namespace X;
        // ...
}

void X::f()
{
        using namespace X_impl;  // dépend des déclarations dans X_impl
        // ...
}
```

L'interface générale ***X*** ne devrait pas dépendre de l'interface d'implémentation ***X_impl***.

De nombreuses classes d'un composant peuvent ne pas être destinées à une utilisation générale. Ces dernières devraient être "masquées" dans les classes ou les espaces de noms de l'implémentation.

```
namespace X_impl {               // détails d'implémentation du composant X

        class Widget {
                // ...
        };

        // ...
}
```

Ce code garantit le fait que ***Widget*** ne soit pas utilisée depuis d'autres parties du programme. Cependant, les classes représentant des concepts cohérents sont souvent candidates pour la réutilisation. Leur inclusion dans l'interface du composant devrait donc pouvoir être envisagée. Considérez le code suivant :

```
class Car {
        class Wheel {
                // ...
        };

        Wheel flw, frw, rlw, rrw;
        // ...
public:
        // ...
};
```

Dans la plupart des contextes, il est indispensable de posséder des roues réelles masquées pour maintenir l'abstraction d'une voiture (quand vous utilisez une voiture, vous ne pouvez agir sur chaque roue indépendamment). La classe ***Wheel*** (roue), cependant, semble être une bonne candidate pour une utilisation plus large. Il pourrait donc être préférable de l'extraire de la classe ***Car*** (voiture) :

```
class Wheel {
        // ...
};

class Car {
        Wheel flw, frw, rlw, rrw;
        // ...
public:
        // ...
};
```

La décision d'imbriquer ou de ne pas imbriquer, dépend des objectifs de la conception et de la généralité des concepts impliqués. Les deux techniques sont largement applicables. Le choix par défaut devrait être de rendre une classe aussi locale que possible, jusqu'à ce que le besoin de la rendre plus généralement disponible se fasse sentir.

Les fonctions et les données "intéressantes" ont une fâcheuse tendance à "remonter" vers l'espace de noms global, vers les espaces de noms couramment utilisés ou vers les classes de base finales dans une hiérarchie. Cela peut facilement conduire à l'exposition involontaire des détails d'implémentation, et aux problèmes inhérents aux données et aux fonctions globales. Cela se produira plus vraisemblablement dans une hiérarchie à une seule racine et dans un programme où très peu d'espaces de noms sont utilisés. Les classes de base virtuelles (§ 15.2.4) permettent de combattre ce phénomène dans le contexte des hiérarchies de classes. Les espaces de noms "d'implémentation" réduits représentent l'outil principal pour éviter le problème dans le contexte des espaces de noms.

Notez que les fichiers d'en-tête fournissent un mécanisme puissant destiné à fournir des vues différentes d'un composant à divers utilisateurs, et à exclure des classes considérées par l'utilisateur comme faisant partie de l'implémentation (§ 9.3.2).

24.4.1 Les modèles

Du point de vue de la conception, les modèles répondent à deux besoins qui présentent peu de points communs :

- la programmation générique ;
- la définition des paramètres des règles.

Très tôt dans un travail de conception, les opérations sont simplement des opérations. Plus tard, lorsque vient le temps de spécifier le type des opérandes, les modèles deviennent essentiels si l'on utilise un langage de programmation possédant des types statiques, tel que C++. Sans les modèles, les définitions de fonction devraient être dupliquées, et le contrôle devrait être remis inutilement à l'exécution (§ 24.2.3). Une opération qui implémente un algorithme pour une variété de types d'opérandes peut généralement être implémentée avec profit sous la forme d'un modèle. Si tous les opérandes peuvent être inclus dans une seule hiérarchie de classes, et en particulier si l'on doit en ajouter de nouvelles à l'exécution, il est préférable de représenter le type d'opérandes sous la forme d'une classe (souvent abstraite). Si les types d'opérande ne peuvent s'intégrer dans une seule hiérarchie, et en particulier si les performances à l'exécution sont importantes, il est préférable d'implémenter l'opération sous la forme d'un modèle. Les conteneurs standards et les algorithmes qui les prennent en charge représentent un exemple de situation où le besoin de recevoir des opérandes de divers types sans relation, combiné au besoin de performances d'exécution, conduit à l'utilisation des modèles (§ 16.2).

Pour que le compromis modèle/hiérarchie soit plus concret, considérons le processus de généralisation d'une itération simple :

```
void print_all(Iter_for_T x)
{
        for (T* p = x.first(); p; p = x.next()) cout << *p;
}
```

Ici, l'hypothèse est la suivante : ***Iter_for_T*** fournit des opérations qui produisent ***T*s***.

Nous pouvons définir l'itérateur ***Iter_for_T*** comme paramètre de modèle :

```
template<class Iter_for_T> print_all(Iter_for_T x)
{
        for (T* p = x.first(); p; p = x.next()) cout << *p;
}
```

Cela nous permet d'utiliser divers itérateurs sans relation entre eux. La seule obligation est qu'ils fournissent tous ***first()*** et ***next()*** avec la signification correcte, et que nous connaissions le type de l'itérateur pour chaque appel de ***print_all()*** à la compilation. Les algorithmes et les conteneurs de la bibliothèque standard reposent sur cette idée.

Nous avons également la possibilité de tirer parti du fait que ***first()*** et ***next()*** constituent une interface pour les itérateurs. Nous pouvons alors définir une classe qui sera destinée à représenter cette interface :

```
class Iter {
public:
        virtual T* first() const = 0;
        virtual T* next() = 0;
};

void print_all2(Iter& x)
{
        for (T* p = x.first(); p; p = x.next()) cout << *p;
}
```

Nous pouvons maintenant utiliser tout itérateur dérivé d'***Iter***. Le code réel ne diffère pas selon que nous utilisons des modèles ou une hiérarchie de classes pour représenter le paramétrage — seuls les compromis d'exécution, de recompilation, etc. varient. La classe ***Iter***, en particulier, peut être utilisée comme un argument du modèle :

```
void f(Iter& i)
{
        print_all(i);         // utilise le modèle
```

```
        print_all2(i);
}
```

Les deux approches peuvent, par conséquent, être considérées comme complémentaires.

Un modèle a souvent besoin d'utiliser les fonctions et les classes comme une partie de son implémentation. Nombre d'entre elles doivent être des modèles afin de maintenir la généralité et l'efficacité. De cette façon, les algorithmes deviennent génériques sur une gamme de types. Ce type d'utilisation des modèles est nommé *programmation générique* (§ 2.7). Lorsque nous appelons ***std::sort()*** sur un ***vector***, les éléments du vecteur sont les opérandes de ***sort()***. Ainsi, ***sort()*** est générique pour les types d'éléments. De plus, le tri standard est générique pour les types de conteneurs, car il est invoqué sur les itérateurs destinés à des conteneurs arbitraires, conformes au standard (§ 16.3.1).

L'algorithme ***sort()*** est également paramétré sur le critère de comparaison (§ 18.7.1). Du point de vue de la conception, cette démarche est différente de celle consistant à prendre une opération et à la rendre générique sur son type d'opérande. Le choix de paramétrer un algorithme sur un objet (ou une opération) d'une façon qui contrôle le fonctionnement de cet algorithme est une décision de conception de plus haut niveau. Cette décision consiste à accorder au concepteur/programmeur le contrôle sur une partie des règles gouvernant le fonctionnement de l'algorithme. Au niveau du langage de programmation, toutefois, il n'existe aucune différence.

24.4.2 Les interfaces et les implémentations

L'interface idéale présente les caractéristiques suivantes :

- Elle présente l'ensemble complet et cohérent de concepts à un utilisateur.
- Elle est cohérente dans toutes les parties d'un composant.
- Elle ne révèle pas les détails d'implémentation à l'utilisateur.
- Elle peut être implémentée de plusieurs façons.
- Elle définit ses types de façon statique.
- Elle est représentée à l'aide de types de niveau application.
- Elle dépend d'autres interfaces d'une façon limitée et bien définie.

Après avoir noté le besoin de cohérence dans l'ensemble des classes qui présentent l'interface du composant au reste du monde (§ 24.4), nous pouvons simplifier la discussion en examinant une seule classe. Considérez le code suivant :

```
class Y { /* ... */ };          // requis par X

class Z { /* ... */ };          // requis par X

class X {                       // exemple d'un style d'interface médiocre
        Y a;
        Z b;
public:
        void f(const char * ...);
        void g(int[],int);
```

```
        void set_a(Y&);
        Y& get_a();
};
```

Cette interface présente plusieurs problèmes potentiels :

- L'interface utilise les types *Y* et *Z* de telle sorte que les déclarations de ces derniers ont besoin d'être connues à la compilation.
- La fonction *X::f()* reçoit un nombre arbitraire d'arguments de types inconnus (probablement contrôlés d'une façon ou d'une autre par une "chaîne de format" fournie en premier argument ; § 21.8).
- La fonction *X::g()* reçoit un argument *int[]*. Ce code peut être acceptable, mais il signale généralement un niveau d'abstraction trop bas. Un tableau d'entiers ne se décrit pas lui-même. Il n'est donc pas facile de savoir combien d'éléments il est supposé contenir.
- Les fonctions *set_a()* et *get_a()* exposent très probablement la représentation des objets de classe *X* en autorisant un accès direct à *X::a*.

Ces fonctions membres fournissent une interface à un niveau d'abstraction très bas. En règle générale, les classes possédant des interfaces à ce niveau font partie des détails d'implémentation d'un composant plus important — si ce composant existe. Dans l'idéal, un argument d'une fonction d'interface doit transporter suffisamment d'informations pour se décrire lui-même. Selon une règle empirique, il devrait être possible de transmettre la requête de service sur un câble fin (câble jaune) pour traitement sur un serveur distant.

C++ permet au programmeur d'exposer la représentation d'une classe comme une partie de l'interface. Cette représentation pourrait être masquée (en utilisant *private* ou *protected*), mais elle est disponible pour le compilateur de façon à lui permettre d'allouer les variables automatiques, d'allouer pour la substitution de fonctions en ligne, etc. Cette technique présente cependant un inconvénient : l'utilisation des types dans la représentation d'une classe pourrait introduire des dépendances indésirables. L'utilisation des membres de types *Y* et *Z* pourra poser un problème selon la catégorie réelle de ces types. S'il s'agit de types simples, tels que *list*, *complex* et *string*, leur utilisation est le plus souvent tout à fait appropriée. De tels types peuvent être considérés comme stables, et la charge représentée par l'inclusion de leurs déclarations de classe par le compilateur est acceptable. Cependant, si *Y* et *Z* avaient été des classes d'interface de composants significatifs, tels qu'un système graphique ou un système de gestion de compte bancaire, il aurait été préférable de ne pas dépendre d'elles trop directement. Dans de telles situations, l'utilisation d'un pointeur ou d'un membre référence constitue souvent un meilleur choix :

```
class Y;
class Z;

class X {     // X accède à Y et Z uniquement via des pointeurs et des références
        Y* a;
        Z& b;
        // ...
};
```

Ce code sépare la définition de ***X*** de celles de ***Y*** et de ***Z***. Cela signifie que la définition de ***X*** dépend uniquement des noms ***Y*** et ***Z***. L'implémentation de ***X*** dépendra encore, bien sûr, des définitions de ***Y*** et de ***Z***, mais les utilisateurs de ***X*** n'en seront pas affectés de façon défavorable.

Nous venons d'illustrer un point important : une interface qui masque des quantités significatives d'informations — comme toute interface utile devrait le faire — possédera beaucoup moins de dépendances que l'implémentation qu'elle masque. La définition de la classe ***X***, par exemple, peut être compilée sans accès aux définitions de ***Y*** et de ***Z***. Les définitions des fonctions membres de ***X*** manipulant les objets ***Y*** et ***Z*** auront cependant besoin d'accéder aux définitions de ***Y*** et de ***Z***. Au cours de l'analyse, les dépendances de l'interface et celles de l'implémentation doivent être considérées séparément. Dans les deux cas, l'idéal est que les graphes des dépendances d'un système soient acycliques et orientés, de façon à simplifier la compréhension et les tests du système. Cet idéal est toutefois beaucoup plus important, et également plus facile à obtenir, pour des interfaces que pour des implémentations.

Notez qu'une classe peut définir trois interfaces :

```
class X {
private:
        // accessible uniquement pour les membres et les amies
protected:
        // accessible uniquement pour les membres et les amies
        // ainsi que pour les membres et amies des classes dérivées
public:
        // accessible pour le public général
};
```

De plus, une ***friend*** fait partie de l'interface publique (§ 11.5).

Un membre devrait faire partie d'une interface aussi restrictive que possible. Cela signifie qu'il devrait être ***private***, sauf s'il existe une bonne raison pour qu'il soit plus accessible. Dans ce cas, il devrait être ***protected***, excepté si, à nouveau, il existe une raison pour qu'il soit ***public***. La solution consistant à définir un membre de données ***public*** ou ***protected*** s'avère presque toujours peu satisfaisante. Les fonctions et les classes qui constituent l'interface publique devraient présenter une vision de la classe en accord avec son rôle en tant que représentante d'un concept.

Notez que l'utilisation des classes abstraites peut permettre de fournir un niveau de représentation plus avancé du masquage (§ 2.5.4, § 12.3, § 25.3).

24.4.3 Les interfaces riches

Dans l'idéal, une interface devrait offrir uniquement des opérations ayant un sens, et pouvant être correctement implémentées par chaque classe dérivée implémentant cette interface. Cela n'est cependant pas toujours facile. Considérez les listes, les tableaux, les tableaux associatifs, les arborescences, etc. Comme illustré au § 16.2.2, il est tentant, et quelquefois utile, de fournir une généralisation de l'ensemble de ces types — généralement nommés *conteneurs* — qui pourra être utilisée comme interface pour chacun d'entre eux. Cela évite (en apparence) à l'utilisateur d'avoir à gérer les détails de l'ensemble de ces conteneurs. Cependant, la définition de l'interface d'une classe de conteneur générale peut s'avérer très complexe. Supposons que nous voulions définir ***Container*** en tant que type abstrait. Quelles opérations désirons-nous que ***Container*** fournisse ?

Il serait possible de ne fournir que les opérations pouvant être supportées par chaque conteneur. Cependant, l'intersection des ensembles d'opérations sur tous les conteneurs représente une interface excessivement petite. En fait, dans de nombreux cas intéressants, cette intersection est vide. Pour rester réaliste, il est donc nécessaire de fournir l'union des opérations essentielles sur les divers conteneurs que nous avons l'intention de supporter. Une telle union d'interfaces à un ensemble de concepts est nommée *interface riche*. Considérons le "conteneur général" d'objets de type ***T*** :

```
class Container {
public:
	struct Bad_oper {		// classe d'exception
		const char* p;
		Bad_oper(const char* pp) : p(pp) { }
	};

	virtual void put(const T*) { throw Bad_oper("Container::put"); }
	virtual T* get() { throw Bad_oper("Container::get"); }

	virtual T*& operator[](int) { throw Bad_oper("Container::[](int)"); }
	virtual T*& operator[](const char*) { throw Bad_oper("Container::[](char*)"); }
	// ...
};
```

Les ***Container*** pourraient ensuite être déclarés de la façon suivante :

```
class List_container : public Container, private list {
public:
	void put(const T*);
	T* get();
	// ... pas de operator[] ...
};

class Vector_container : public Container, private vector {
public:
	T*& operator[](int);
	T*& operator[](const char*);
	// ... pas de put() ou get() ...
};
```

Tant que l'on reste vigilant, tout se passe bien :

```
void f()
{
	List_container sc;
	Vector_container vc;
	// ...
	user(sc,vc);
}

void user(Container& c1, Container& c2)
{
```

```
        T* p1 = c1.get();
        T* p2 = c2[3];
        // n'utilise pas c2.get() ou c1[3]
        // ...
}
```

Cependant, peu de structures de données supportent de façon acceptable à la fois les opérations de style liste et l'indiçage. La spécification d'une interface nécessitant les deux s'avère donc ne pas être une bonne solution. Ce type d'interface conduirait à l'utilisation de requêtes de type exécution (§ 15.4) ou encore à l'emploi de la gestion des exceptions (voir Chapitre 14) pour éviter les erreurs d'exécution. Par exemple :

```
void user2(Container& c1, Container& c2)        // la détection est facile, mais le redémarrage peut être
                                                difficile
{
        try {
                T* p1 = c1.get();
                T* p2 = c2[3];
                // ...
        }
        catch(Container::Bad_oper& bad) {
                                                // Que fait-on maitenant ?
        }
}
```

ou

```
void user3(Container& c1, Container& c2)        // la détection précoce est fastidieuse ; la récupération
                                                peut encore être difficile
{
        if (dynamic_cast<List_container*>(&c1) && dynamic_cast<Vector_container*>(&c2)) {
                T* p1 = c1.get();
                T* p2 = c2[3];
                // ...
        }
        else {
                                                // Que fait-on maintenant ?
        }
}
```

Dans les deux cas, les performances à l'exécution peuvent souffrir, et le code généré peut être étonnamment conséquent. La tentation est donc grande d'ignorer les erreurs potentielles et d'espérer qu'elles ne se produiront pas lorsque le programme se trouvera entre les mains des utilisateurs. Avec cette approche, le problème est qu'un test exhaustif est également difficile et coûteux.

Il est donc préférable d'éviter les interfaces riches lorsque les performances à l'exécution sont primordiales, lorsque de fortes garanties concernant l'exactitude du code sont requises, et en règle générale lorsqu'il existe une solution de rechange acceptable. L'utilisation des interfaces riches affaiblit la correspondance entre les concepts et les classes, et laisse ainsi la porte grande ouverte à l'utilisation de la dérivation comme simple commodité d'implémentation.

24.5 Conseils

1. Orientez l'utilisation vers l'abstraction des données et la programmation orientée objet (voir § 24.2).
2. Utilisez les techniques et fonctions du C++ (uniquement) si nécessaire (voir § 24.2).
3. Accordez les styles de conception et de programmation (voir § 24.2.1).
4. Utilisez les classes/concepts comme point central principal de la conception (voir § 24.2.1).
5. Utilisez les classes pour représenter les concepts (voir § 24.2.1, § 24.3).
6. Utilisez l'héritage pour représenter les relations hiérarchiques entre les concepts (uniquement) (voir § 24.2.2, § 24.2.5, § 24.3.2).
7. Exprimez de fortes garanties concernant les interfaces en termes de types statiques de niveau application (voir § 24.2.3).
8. Utilisez les générateurs de programme et les outils de manipulation directs pour simplifier les tâches bien définies (voir § 24.2.4).
9. Evitez les générateurs de code et les outils de manipulation directs n'ayant pas d'interface bien définie avec un langage de programmation à usage général (voir § 24.2.4).
10. Conservez des niveaux d'abstraction distincts séparés (voir § 24.3.1).
11. Accordez une grande attention à la conception des composants (voir § 24.4).
12. Assurez-vous qu'une fonction virtuelle possède une signification bien définie, et que toute fonction de substitution implémente une version de ce comportement (voir § 24.3.4, § 24.3.2.1).
13. Utilisez l'héritage public pour représenter une relation *est-un* (voir § 24.3.4).
14. Utilisez les membres pour représenter une relation *a-un* (voir § 24.3.4).
15. Pour exprimer une relation de contenance simple, choisissez de préférence les membres directs plutôt qu'un pointeur vers un objet alloué séparément (voir § 24.3.3, § 24.3.4).
16. Assurez-vous que les dépendances *d'utilisations* sont comprises, minimales et non cycliques partout où c'est possible (voir § 24.3.5).
17. Définissez des invariants pour toutes les classes (voir § 24.3.7.1).
18. Exprimez explicitement les préconditions, les postconditions et autres assertions sous la forme d'assertions (éventuellement en utilisant ***Assert()***) (voir § 24.3.7.2).
19. Définissez les interfaces de façon à ne révéler que la quantité minimale d'informations nécessaire (voir § 24.4).
20. Minimisez les dépendances d'une interface vis-à-vis des autres interfaces (voir § 24.4.2).
21. Les interfaces doivent posséder des types bien définis (voir § 24.4.2).
22. Exprimez les interfaces en termes de types de niveau application (voir § 24.4.2).
23. Exprimez une interface de telle sorte qu'une requête puisse être transmise à un serveur distant (voir § 24.4.2).
24. Evitez les interfaces riches (voir § 24.4.3).
25. Utilisez les données et fonctions membres ***private*** partout où c'est possible (voir § 24.4.2).

26. Utilisez la distinction ***public/protected*** pour faire la différence entre les besoins des concepteurs des classes dérivées et ceux des utilisateurs généraux (voir § 24.4.2).
27. Utilisez les modèles pour la programmation générique (voir § 24.4.1).
28. Utilisez les modèles pour paramétrer un algorithme avec des règles (voir § 24.4.1).
29. Utilisez les modèles lorsqu'une résolution des types à la compilation est requise (voir § 24.4.1).
30. Utilisez les hiérarchies de classes lorsque la résolution des types est requise à l'exécution (voir § 24.4.1).

25

Rôle des classes

Certaines choses s'améliorent... mais les thèmes fondamentaux devraient se révéler dans la continuité.

Stephen J. Gould

Types de classes — Types concrets — Types abstraits — Les classes de nœud — Le changement des interfaces — Actions — Classes interfaces — L'ajustement des interfaces — Classes descripteurs — Les structures d'application — Conseils — Exercices

25.1 Types de classes

La classe C++ est une construction de langage de programmation qui répond à divers besoins de conception. En fait, la solution aux problèmes de conception les plus épineux implique l'introduction d'une nouvelle classe afin de représenter une notion qui était restée implicite dans le projet de conception précédent (et peut-être l'élimination d'autres classes). La grande variété des rôles pouvant être joués par une classe conduit à une variété de types spécialisés permettant de répondre parfaitement à un besoin particulier. Dans ce chapitre, nous décrirons quelques types archétypiques de classes, avec leurs avantages et leurs inconvénients :

§ 25.2 Les types concrets

§ 25.3 Les types abstraits

§ 25.4 Les nœuds

§ 25.5 Les actions

§ 25.6 Les interfaces

§ 25.7 Les descripteurs

§ 25.8 Les structures d'application

Ces "sortes de classes" sont des notions de conception, et non des constructions de langage. L'idéal vers lequel il faut tendre, et qu'il est probablement impossible d'atteindre, consiste à posséder un ensemble minimal de classes simples et orthogonales à partir duquel toutes les classes utiles et de bon comportement pourront être construites. Il est important de noter que chacune de ces classes a sa place dans la conception, et qu'aucune n'est meilleure par nature que les autres. La plupart des confusions survenant dans les discussions concernant la conception et la programmation viennent de personnes essayant d'utiliser uniquement une ou deux sortes de classes. On prend généralement comme excuse la facilité. Cela conduit néanmoins à des utilisations peu acceptables et non naturelles des classes favorisées.

La description fournie ici met l'accent sur les formes pures de ces "sortes de classes". Bien sûr, il est également possible d'utiliser les formes hybrides. Ces formes devraient toutefois apparaître comme le résultat d'une décision de conception fondée sur une évaluation des compromis d'ingénierie, et non comme le résultat d'une tentative peu judicieuse destinée à éviter de prendre des décisions. "Remettre des décisions" est trop souvent un euphémisme pour "éviter de réfléchir". Les concepteurs débutants obtiendront généralement un meilleur résultat en restant loin des hybrides, et en suivant le style d'un composant existant dont les propriétés ressemblent à celles désirées pour le nouveau composant. Seuls les programmeurs expérimentés devraient tenter l'écriture d'une bibliothèque ou d'un composant à usage général, et chaque concepteur de bibliothèque devrait être "condamné" à utiliser, documenter et supporter sa création pendant plusieurs années. Veuillez consulter également le § 23.5.1.

25.2 Types concrets

Des classes telles que ***vector*** (§ 16.3), ***list*** (§ 17.2.2), ***Date*** (§ 10.3) et ***complex*** (§ 11.3, § 22.5) sont *concrètes* dans le sens où chacune est la représentation d'un concept relativement simple possédant toutes les opérations essentielles pour son support. Chacune possède également une correspondance un pour un entre son interface et une implémentation, et aucune n'est destinée à servir de base pour une dérivation. Généralement, les types concrets ne sont pas intégrés dans une hiérarchie de classes liées. Chacun de ces types peut être compris isolément avec des références minimales aux autres classes. Les programmes utilisant un type concret bien implémenté sont comparables en taille et en vitesse à ceux qu'un utilisateur écrirait à l'aide d'une version manuelle et spécialisée du concept. De la même façon, si l'implémentation est modifiée de façon significative, l'interface est généralement modifiée à son tour pour refléter cette opération. Dans tout cela, un type concret ressemble à un type intégré. Les types intégrés sont, bien sûr, tous concrets. Les types concrets définis par l'utilisateur, tels que les nombres complexes, les matrices, les messages d'erreur et les références symboliques, fournissent souvent des types fondamentaux pour certains domaines d'application.

La nature exacte d'une interface de classe détermine quelles modifications au niveau de l'implémentation sont significatives. Des interfaces plus abstraites laissent une plus grande place aux changements d'implémentation, mais peuvent compromettre l'efficacité à l'exécution. De plus, une bonne implémentation ne dépend pas des autres classes plus que nécessaire, de sorte que la classe peut être utilisée sans une surcharge de traitement à l'exécution ou à la compilation due à l'adaptation d'autres classes "similaires" dans un programme.

Pour résumer, une classe fournissant un type concret vise :

- à être un équivalent très proche d'un concept particulier et d'une stratégie d'implémentation ;
- à fournir une efficacité d'exécution et en mémoire comparable à du code "écrit à la main" *via* l'utilisation de définitions en ligne et d'opérations tirant pleinement parti des propriétés du concept et de son implémentation ;
- à avoir une dépendance minimale avec les autres classes ;
- à être compréhensible et utilisable isolément.

Le résultat est une liaison étroite entre le code utilisateur et le code d'implémentation. Si l'implémentation change d'une façon ou d'une autre, le code utilisateur devra être recompilé, car il contient presque toujours des appels de fonctions en ligne ou des variables locales d'un type concret.

Le terme de "type concret" a été choisi pour contraster avec le terme commun de "type abstrait". Les relations entre les types concrets et abstraits sont traitées au § 25.3.

Les types concrets ne peuvent exprimer directement la similitude. ***list*** et ***vector***, par exemple, fournissent des ensembles similaires d'opérations et peuvent être utilisés de façon interchangeable par certaines fonctions modèles. Il n'existe toutefois aucune relation entre les types ***list<int>*** et ***vector<int>***, ou entre ***list<Shape*>*** et ***list<Circle*>*** (§ 13.6.3), même si *nous* pouvons discerner des similitudes.

Si nous considérons des types concrets conçus simplement, cela implique que le code qui les utilise de façon similaire semblera dissemblable. Le parcours d'une ***List*** à l'aide d'une opération ***next()***, par exemple, est très différent du parcours d'un ***Vector*** à l'aide de l'indiçage :

```
void my(List& sl)
{
        for (T* p = sl.first(); p; p = sl.next()) {     // itération de liste "naturelle"
                                                         // mon code
```

```
        }
        // ...
}

void your(Vector& v)
{
        for (int i = 0; i<v.size(); i++) {          // itération de vecteur "naturelle"
                                                    // votre code
        }
        // ...
}
```

La différence dans le style d'itération est naturelle, car une opération lire-élément-suivant est essentielle à la notion de liste (mais pas celle qui est courante pour un vecteur), et l'indiçage est essentiel à la notion de vecteur (mais pas pour une liste). La disponibilité des opérations "naturelles" par rapport à une stratégie d'implémentation choisie est souvent cruciale pour l'efficacité, et importante pour la facilité d'écriture du code.

Le point épineux le plus évident est que, pour des opérations fondamentalement similaires, telles que les deux boucles précédentes, le code peut paraître dissemblable, alors que du code utilisant des types concrets différents pour des opérations similaires ne peut être utilisé de façon interchangeable. Dans des exemples réalistes, il faut une grande réflexion pour trouver les similitudes et effectuer une reconception significative permettant d'exploiter de telles similitudes une fois quelles sont trouvées. Les algorithmes et conteneurs standards sont des exemples de reconsidérations minutieuses qui permettent d'exploiter les similitudes entre les types concrets sans perdre leur efficacité et leur élégance (§ 16.2).

Pour pouvoir recevoir un type concret comme argument, une fonction doit spécifier le type concret exact comme type d'argument. Aucune relation d'héritage ne pourra être utilisée pour rendre la déclaration d'argument moins spécifique. Par conséquent, toute tentative destinée à exploiter les similitudes entre les types concrets impliquera des modèles et une programmation génériques, tels que décrits au § 3.8. Lorsqu'on utilise la bibliothèque standard, l'itération devient :

```
template<class C> void ours(const C& c)
{
        for (C::const_iterator p = c.begin(); p!=c.end(); ++p) {     // itération de la bibliothèque standard
                // ...
        }
}
```

La similitude fondamentale entre les conteneurs est exploitée. Cela permet par la suite une exploitation plus avancée, telle que celle réalisée par les algorithmes standards (voir Chapitre 18).

Pour bien utiliser un type concret, l'utilisateur doit en comprendre les détails particuliers. Il n'existe (typiquement) aucune propriété générale s'appliquant à tous les types concrets dans une bibliothèque, et sur laquelle on peut s'appuyer pour éviter à l'utilisateur d'avoir à connaître les classes individuelles. C'est le prix à payer pour l'efficacité et la concision à l'exécution. Cet effort vaut quelquefois la peine d'être fourni, mais pas toujours. Il se peut aussi qu'une classe concrète individuelle soit plus facile à comprendre et à utiliser qu'une classe (abstraite) plus générale. C'est souvent le cas pour des classes qui représentent des types de données bien connus, tels que les tableaux et les listes.

Notez, toutefois, que l'idéal est toujours de masquer la plus grande partie possible d'implémentation, sans perturber trop sérieusement les performances. Les fonctions en ligne présentent un grand intérêt dans ce contexte. Il est quasiment toujours préférable d'éviter d'exposer les variables membres en les rendant publiques, ou en fournissant des fonctions de définition et de lecture qui permettent à l'utilisateur de les manipuler directement (§ 24.4.2). Les types concrets devraient toujours être des types, et non de simples paquets de bits auxquels on ajoute quelques fonctions pour l'aspect pratique.

25.2.1 La réutilisation des types concrets

Les types concrets sont rarement utiles en tant que bases pour une dérivation ultérieure. L'objectif de chaque type concret consiste à fournir une représentation claire et efficace d'un seul concept. Les classes qui remplissent bien cette tâche sont rarement de bonnes candidates pour la création de classes différentes, mais liées *via* une dérivation publique. Elles sont plus souvent utiles en tant que classes de base privées ou membres. Elles peuvent alors être utilisées efficacement, sans que leurs interfaces et implémentations ne soient mélangées et compromises avec celles des nouvelles classes. Considérons la dérivation d'une nouvelle classe à partir de ***Date*** :

```
class My_date : public Date {
        // ...
};
```

Est-il toujours vrai que ***My_date*** est utilisé comme une ***Date*** ordinaire ? Cela dépend en fait de la nature de ***My_date***. Cependant, l'expérience montre qu'il est très rare qu'un type concret constitue une bonne classe de base sans modification.

Un type concret est "réutilisé" exactement de la même façon que des types intégrés tels que ***int*** (§ 10.3.4). Par exemple :

```
class Date_and_time {
private:
        Date d;
        Time t;
public:
        // ...
};
```

Cette forme d'utilisation est généralement simple, efficace et rationnelle.

Peut-être était-ce une erreur de ne pas concevoir ***Date*** de façon à faciliter sa modification *via* la dérivation ? On affirme quelquefois que *chaque* classe devrait être ouverte aux modifications *via* la substitution et *via* l'accès depuis des fonctions membres de classes dérivées. Ce point de vue conduit à la variante de ***Date*** suivante :

```
class Date2 {
public:
        // interface publique principalement constituée de fonctions virtuelles
protected:
```

```
        // autres détails d'implémentation (incluant éventuellement une représentation)
private:
        // représentation et autres détails d'implémentation
};
```

Pour que l'écriture des fonctions de substitution soit facile et efficace, on déclare la représentation comme ***protected***. Cela permet de rendre ***Date2*** arbitrairement malléable *via* la dérivation, tout en conservant son interface utilisateur inchangée. Cette opération entraîne toutefois certains coûts :

- **Des opérations de base moins efficaces.** Un appel de fonction virtuelle C++ est légèrement plus lent qu'un appel de fonction ordinaire. De plus, les fonctions virtuelles ne peuvent pas être définies en ligne aussi souvent que les fonctions non virtuelles, et une classe avec des fonctions virtuelles subit généralement une surconsommation de mémoire d'un mot.
- **Le besoin d'utiliser la mémoire dynamique.** L'objectif de ***Date2*** est de permettre une utilisation interchangeable des objets de classes distinctes dérivées de ***Date2***. Les tailles de ces classes dérivées étant différentes, il est nécessaire de les intégrer à la mémoire dynamique et d'y accéder *via* des pointeurs ou des références. L'utilisation de variables locales authentiques va donc chuter.
- **Une incommodité pour les utilisateurs.** Pour bénéficier du polymorphisme fourni par les fonctions virtuelles, les accès aux classes de ***Date2*** doivent être réalisés *via* des pointeurs ou des références.
- **Une encapsulation moins efficace.** On peut remplacer les opérations virtuelles et manipuler les données protégées depuis les classes dérivées (§ 12.4.1.1).

Ces coûts ne sont, bien sûr, pas toujours significatifs, et le comportement d'une classe définie de cette façon est souvent exactement celui que nous recherchons (§ 25.3, § 25.4). Cependant, pour un type concret simple, tel que ***Date2***, les coûts sont inutiles et peuvent être significatifs.

Pour terminer, un type concret bien défini est souvent la représentation idéale pour un type plus malléable. Par exemple :

```
class Date3 {
public:
        // interface publique, principalement constituée de fonctions virtuelles
private:
        Date d;
};
```

C'est de cette façon que l'on fait entrer les types concrets (y compris les types intégrés) dans une hiérarchie de classes lorsque cela s'avère nécessaire. Voir aussi § 25.10[1].

25.3 Types abstraits

La façon la plus simple de relâcher le couplage entre les utilisateurs d'une classe et ses implémenteurs, et également entre le code qui crée les objets et celui qui les utilise, consiste à introduire une classe abstraite qui représente l'interface avec un ensemble d'implémentations d'un concept commun.

Considérons un *Set* simple :

```
template<class T> class Set {
public:
        virtual void insert(T*) = 0;
        virtual void remove(T*) = 0;

        virtual int is_member(T*) = 0;

        virtual T* first() = 0;
        virtual T* next() = 0;

        virtual ~Set() { }
};
```

Ce code définit l'interface d'un ensemble avec une notion intégrée d'itération sur ses éléments. L'absence d'un constructeur et la présence d'un destructeur virtuel sont typiques (§ 12.4.2). Plusieurs implémentations sont possibles (§ 16.2.1). Par exemple :

```
template<class T> class List_set : public Set<T>, private list<T> {
        // ...
};

template<class T> class Vector_set : public Set<T>, private vector<T> {
        // ...
};
```

La classe abstraite fournit l'interface commune avec les implémentations. Cela signifie que nous pouvons utiliser un *Set* sans savoir quelle sorte d'implémentation est employée. Par exemple :

```
void f(Set<Plane*>& s)
{
        for (Plane** p = s.first(); p; p = s.next()) {
                // mon code
        }
        // ...
}

List_set<Plane*> sl;
Vector_set<Plane*> v(100);

void g()
{
        f(sl);
        f(v);
}
```

Pour les types concrets, une reconception des classes de l'implémentation avait été requise afin d'exprimer la similitude, et nous avions utilisé un modèle permettant de l'exploiter. Ici, nous devons concevoir une interface commune (dans ce cas, ***Set***). Cependant, aucune similitude, au-delà de la possibilité d'implémenter l'interface, n'est requise pour les classes destinées à l'implémentation.

Par ailleurs, les utilisateurs de ***Set*** n'ont pas à connaître les déclarations de ***List_set*** et de ***Vector_set***. Ils ne dépendent donc pas de ces déclarations qui ne doivent pas être recompilées ni modifiées si ***List_set*** ou ***Vector_set*** change ou si une nouvelle implémentation de ***Set*** — disons ***Tree_set*** — est introduite. Toutes les dépendances sont contenues dans des fonctions qui utilisent explicitement une classe dérivée de ***Set***. En supposant, en particulier, une utilisation conventionnelle des fichiers d'en-tête, le programmeur qui écrit ***f(Set&)*** a uniquement besoin d'inclure ***Set.h***, et non ***List_set.h*** ou ***Vector_set.h***. Un "en-tête d'implémentation" est nécessaire uniquement lorsqu'un ***List_set*** ou un ***Vector_set***, respectivement, est créé. On peut obtenir une meilleure isolation d'une implémentation par rapport aux classes réelles en introduisant une classe abstraite qui gérera les requêtes de création d'objets ("une usine" ; § 12.4.4).

Cette séparation entre l'interface et les implémentations implique l'absence d'accès à des opérations qui s'avèrent "naturelles" à une implémentation particulière, mais pas suffisamment générales pour faire partie de l'interface. Un ***Set*** ne possédant pas la notion de classement, nous ne pouvons supporter un opérateur d'indiçage dans l'interface ***Set***, même si nous devons implémenter un ***Set*** particulier à l'aide d'un tableau. Cela entraîne un coût à l'exécution dû au manque d'optimisations manuelles. De plus, la définition en ligne devient irréalisable (sauf dans un contexte local, quand le compilateur connaît le type réel), et toutes les opérations intéressantes sur l'interface se transforment en appels de fonctions virtuelles. Comme c'est le cas avec les types concrets, le coût d'un type abstrait est quelquefois justifié, mais pas toujours. Pour résumer, l'objectif d'un type abstrait consiste à :

1. Définir un seul concept de telle sorte que plusieurs implémentations de ce concept puissent coexister dans un programme.
2. Fournir des performances raisonnables en exécution et en mémoire *via* l'utilisation des fonctions virtuelles.
3. Ce que chaque implémentation possède des dépendances minimales vis-à-vis des autres classes.
4. Etre compréhensible isolément.

Les types abstraits ne sont pas meilleurs que les types concrets. Ils sont simplement différents. L'utilisateur doit faire des choix importants et difficiles. Le fournisseur de la bibliothèque peut biaiser en fournissant les deux solutions et en laissant le choix à l'utilisateur. Il est surtout important d'être clair à propos du monde auquel appartient une classe. Une solution qui consiste à réduire la généralité d'un type abstrait pour tenter de rivaliser en vitesse avec un type concret échoue généralement. Elle compromet la possibilité d'utiliser des implémentations interchangeables sans recompilation significative après les modifications. De la même façon, une tentative consistant à fournir une "généralité" dans les types concrets pour rivaliser avec la notion de type abstrait échoue également dans la plupart des cas. Elle compromet l'efficacité et l'à-propos d'une classe simple. Les deux notions peuvent coexister — en fait, elles *doivent* coexister parce que les classes concrètes fournissent les implémentations pour les types abstraits —, mais on ne doit pas les mélanger.

Les types abstraits sont rarement destinés à être des bases pour une dérivation ultérieure au-delà de leur implémentation immédiate. Le plus souvent, la dérivation est utilisée uniquement pour fournir l'implémentation. On peut toutefois construire une nouvelle interface à partir d'une classe abstraite.

Pour ce faire, il suffit de dériver une seconde classe abstraite plus étendue à partir de la première. Cette nouvelle classe doit alors, à son tour, être implémentée par l'intermédiaire d'une nouvelle dérivation par une classe non abstraite (§ 15.2.5).

Pourquoi ne pas avoir dérivé les classes ***List*** et ***Vector*** depuis ***Set*** afin de nous épargner l'introduction des classes ***List_set*** et ***Vector_set*** ? En d'autres termes, pourquoi avoir des types concrets quand nous pouvons avoir des types abstraits ?

1. **Efficacité.** Nous recherchons des types concrets, tels que ***vector*** et ***list***, sans la surcharge de traitement induite lorsque nous séparons les implémentations des interfaces (comme l'implique le style du type abstrait).
2. **Réutilisation.** Nous avons besoin d'un mécanisme permettant d'adapter des types conçus "quelque part ailleurs" (tels que ***vector*** et ***list***) à une nouvelle bibliothèque ou application en leur donnant une nouvelle interface (plutôt que de les réécrire).
3. **Les interfaces multiples.** L'utilisation d'une seule base commune pour diverses classes conduit à des interfaces riches (§ 24.4.3). Il est souvent préférable de fournir une nouvelle interface à une classe utilisée pour de nouveaux objectifs (comme une interface ***Set*** pour un ***vector***). Le fait de modifier l'interface originale de la classe pour répondre à plusieurs objectifs doit être évité.

Ces différents points sont naturellement liés. Ils sont traités avec plus de détails dans l'exemple ***Ival_box*** (§ 12.4.2, § 15.2.5) et dans le contexte de la conception d'un conteneur (§ 16.2). L'utilisation de la classe de base ***Set*** aurait conduit à fournir une solution fondée sur un conteneur s'appuyant sur les classes de nœud (§ 25.4).

Le § 25.7 décrit un itérateur plus souple, car la liaison de ce dernier avec l'implémentation produisant les objets peut être spécifiée au moment de l'initialisation et modifiée lors de l'exécution.

25.4 Les classes de nœud

Une hiérarchie de classes est construite avec une vision de la dérivation différente de celle de l'interface/implémenteur utilisée pour les types abstraits. Une classe est considérée ici comme une base sur laquelle on peut construire. Même s'il s'agit d'une classe abstraite, elle possède généralement une représentation et fournit des services pour ses classes dérivées. Des exemples de classes de nœud sont ***Polygon*** (§ 12.3), la classe ***Ival_slider*** initiale (§ 12.4.1) et ***Satellite*** (§ 15.2).

Dans une hiérarchie, une classe incarne habituellement un concept général pour lequel ses classes dérivées peuvent représenter des spécialisations. Une classe typique conçue comme une partie intégrale d'une hiérarchie, une *classe de nœud*, s'appuie sur des services en provenance des classes de base pour fournir les siens. Cela signifie qu'elle appelle les fonctions membres de la classe de base. Une classe de nœud typique ne se contente pas de fournir une implémentation de l'interface spécifiée par sa classe de base (comme le fait une classe d'implémentation pour un type abstrait). Elle ajoute également elle-même de nouvelles fonctions, fournissant ainsi une interface plus large. Considérez la classe ***Car*** de l'exemple de la simulation de circulation au § 24.3.2 :

```
class Car : public Vehicle {
public:
        Car(int passengers, Size_category size, int weight, int fc)
                : Vehicle(passengers,size,weight), fuel_capacity(fc) { /* ... */ }
```

```
        // remplace les fonctions virtuelles appropriées dans Vehicle :

        void turn(Direction);
        // ...

        // ajoute les fonctions spécifiques à Car :

        virtual add_fuel(int amount);      // une voiture a besoin de carburant pour rouler
        // ...
};
```

Les fonctions importantes sont le constructeur par l'intermédiaire duquel le programmeur spécifie les propriétés de base pertinentes pour la simulation, et les fonctions (virtuelles) qui permettent aux programmes de simulation de manipuler une ***Car*** sans connaître précisément son type. Une voiture (***Car***) pourrait être créée et utilisée de la façon suivante :

```
void user()
{
        // ...
        Car* p = new Car(3,economy,1500,60);
        drive(p,bs_home,MH);            // entrée dans le modèle du trafic simulé
        // ...
}
```

Une classe de nœud a généralement besoin de constructeurs, et souvent d'un constructeur élaboré. Il s'agit d'une différence fondamentale avec les types abstraits qui, eux, ne possèdent que rarement des constructeurs.

Les opérations effectuées sur une ***Car*** utiliseront généralement des opérations de la classe de base ***Vehicle*** dans leurs implémentations. De plus, l'utilisateur d'une ***Car*** s'appuie sur des services de ses classes de base. La classe ***Vehicle***, par exemple, fournit les fonctions de base qui gèrent le poids et la taille, de sorte que ***Car*** n'a pas besoin d'effectuer ces opérations :

```
bool Bridge::can_cross(const Vehicle& r)
{
        if (max_weight<r.weight()) return false;
        // ...
}
```

Cela permet aux programmeurs de créer de nouvelles classes, telles que ***Car*** et ***Truck***, depuis une classe de nœud ***Vehicle*** en ne spécifiant et en n'implémentant que ce qui doit être différent de ***Vehicle***. On nomme souvent cette technique "programmation par différence" ou "programmation par extension".

Comme de nombreuses classes de nœud, une ***Car*** est une bonne candidate pour une dérivation supplémentaire. Une ***Ambulance***, par exemple, a besoin de données et d'opérations supplémentaires pour gérer les urgences :

```
class Ambulance : public Car, public Emergency {
public:
        Ambulance();
```

```
        // substitue les fonctions virtuelles de Car appropriées :

        void turn(Direction);
        // ...

        // les fonctions virtuelles d'urgence d'Emergency appropriées :

        virtual dispatch_to(const Location&);
        // ...

        // les fonctions spécifiques à Ambulance :

        virtual int patient_capacity();          // nombre de brancards
        // ...
};
```

Pour résumer, une classe de nœud :

1. S'appuie sur ses classes de base à la fois pour son implémentation et pour fournir des services à ses utilisateurs.
2. Fournit une interface plus large (c'est-à-dire une interface avec davantage de fonctions membres publiques) à ses utilisateurs que ses classes de base.
3. S'appuie principalement (mais pas nécessairement exclusivement) sur les fonctions virtuelles de son interface publique.
4. Dépend de toutes ses classes de base (directes et indirectes).
5. Ne peut être comprise que dans le contexte de ses classes de base.
6. Peut être utilisée comme base pour une dérivation supplémentaire.
7. Peut être utilisée pour créer des objets.

Toutes les classes de nœud ne sont pas conformes aux points 1, 2, 6 et 7. Une classe qui n'est pas conforme au point 6 ressemble à un type concret, et peut être nommée *classe de nœud concrète*. Cette dernière peut être utilisée, par exemple, pour implémenter une classe abstraite (§ 12.4.2), et les variables d'une telle classe peuvent être allouées de façon statique et sur la pile. Une classe telle que celle-ci est quelquefois nommée *classe de feuille*. Cependant, tout code opérant sur un pointeur ou la référence d'une classe avec des fonctions virtuelles doit prendre en compte la possibilité d'une classe dérivée supplémentaire (ou supposer sans support du langage qu'une dérivation supplémentaire ne s'est pas produite). Une classe qui n'est pas conforme au point 7 ressemble à un type abstrait, et pourrait être nommée *classe de nœud abstraite*. Des traditions regrettables ont amené de nombreuses classes de nœud à posséder au moins quelques membres ***protected***, de façon à fournir une interface moins restreinte pour les classes dérivées (§ 12.4.1.1).

Le point 4 implique que, pour compiler une classe de nœud, un programmeur doit inclure les déclarations de la totalité de ses classes de base directes et indirectes, ainsi que la totalité des déclarations dont elles dépendent. Ici aussi, une classe de nœud est différente d'un type abstrait. Un utilisateur d'un type abstrait ne dépend pas des classes utilisées pour l'implémenter, et n'a pas à les inclure pour être compilé.

25.4.1 Le changement des interfaces

Par définition, une classe de nœud fait partie d'une hiérarchie de classes. Toutes les classes d'une hiérarchie n'ont pas à offrir la même interface. Une classe dérivée peut fournir plus de fonctions membres, et une classe sœur peut offrir un ensemble de fonctions totalement différent. Du point de vue de la conception, un ***dynamic_cast*** (§ 15.4) peut être considéré comme un mécanisme permettant de demander à un objet s'il fournit une interface donnée.

Comme exemple, considérons un système d'E/S d'objets simples. Les utilisateurs désirent lire des objets dans un flux, déterminer s'ils appartiennent aux types attendus, puis les utiliser. Par exemple :

```
void user()
{
	// ... ouvre le fichier supposé contenir les formes, et relie ss comme un istream pour ce fichier ...

	Io_obj* p = get_obj(ss);		// lit l'objet dans le flux

	if (Shape* sp = dynamic_cast<Shape*>(p)) {
		sp->draw();			// utilise Shape
		// ...
	}
	else {
						// le fichier Shape contient un élément non-Shape
	}
}
```

La fonction ***user()*** traite exclusivement les formes par l'intermédiaire de la classe abstraite ***Shape***. Elle peut donc utiliser toutes sortes de formes. L'utilisation du ***dynamic_cast*** est essentielle, car le système d'E/S d'objets est susceptible de gérer de nombreuses autres sortes d'objets, et l'utilisateur peut ouvrir accidentellement un fichier contenant des objets de classes parfaitement bons, mais dont il n'a jamais entendu parler.

Ce système d'E/S d'objets suppose que chaque objet lu ou écrit appartient à une classe dérivée d'***Io_obj***. Pour pouvoir employer un ***dynamic_cast***, cette dernière doit être un type polymorphique. Par exemple :

```
class Io_obj {
public:
	virtual Io_obj* clone() const =0;	// polymorphique
	virtual ~Io_obj() {}
};
```

Dans le système d'E/S d'objets, la fonction importante est ***get_obj()***. Cette dernière permet de lire les données dans un ***istream*** et de créer des objets de classe à partir de ces données. Supposons que les données représentant un objet dans un flux d'entrée soient préfixées avec une chaîne identifiant la classe de l'objet. La tâche de ***get_obj*** consiste à lire ce préfixe chaîne, et à appeler une fonction capable de créer et d'initialiser un objet de la bonne classe. Par exemple :

```
typedef Io_obj* (*PF)(istream&);		// pointeur d'une fonction renvoyant un Io_obj*

map<string,PF> io_map;				// fait correspondre les chaînes aux fonctions de création
```

```
bool get_word(istream& is, string& s);      // lit un mot de is vers s

Io_obj* get_obj(istream& s)
{
        string str;
        bool b = get_word(s,str);               // lit un mot initial vers str
        if (b == false) throw No_class();       // problème de format d'E/S

        PF f = io_map[str];                     // recherche 'str' pour obtenir la fonction
        if (f == 0) throw Unknown_class();      // aucune correspondance pour 'str'

        return f(s);                            // construit l'objet depuis le flux
}
```

Le ***map*** nommé ***io_map*** contient des paires de chaînes de nom, ainsi que des fonctions capables de construire des objets de la classe de même nom.

Nous pourrions définir la classe ***Shape*** de la façon habituelle, mais en la dérivant de ***Io_obj***, cela étant une condition de ***user()*** :

```
class Shape : public Io_obj {
        // ...
};
```

Il serait plus intéressant, cependant (et dans beaucoup de cas plus réaliste), d'utiliser une ***Shape*** définie (§ 2.6.2) inchangée :

```
class Io_circle : public Circle, public Io_obj {
public:
        Io_circle* clone() const { return new Io_circle(*this); }    // utilisation du constructeur de copie
        Io_circle(istream&);            // initialise à partir du flux d'entrée
        static Io_obj* new_circle(istream& s) { return new Io_circle(s); }
        // ...
};
```

Voici un exemple de la façon dont on peut introduire une classe dans une hiérarchie à l'aide d'une classe abstraite. Cette opération nécessite moins de prévoyance que la construction de la classe de nœud (§ 12.4.2, § 25.3).

Le constructeur ***Io_circle(istream&)*** initialise un objet avec des données issues de son argument ***istream***. La fonction ***new_circle()*** est classée dans le ***io_map*** afin que la classe soit connue du système d'E/S d'objets. Par exemple :

```
io_map["Io_circle"]=&Io_circle::new_circle;
```

Les autres formes sont construites de la même façon :

```
class Io_triangle : public Triangle, public Io_obj {
        // ...
};
```

S'il devient fastidieux de fournir la structure d'E/S d'objets, un modèle peut simplifier l'opération :

```
template<class T> class Io : public T, public Io_obj {
public:
        Io* clone() const { return new Io(*this); }          // remplace Io_obj::clone()

        Io(istream&);                                        // initialise depuis le flux d'entrée

        static Io* new_io(istream& s) { return new Io(s); }
        // ...
};
```

A partir de ce code, nous pouvons définir ***Io_circle*** :

```
typedef Io<Circle> Io_circle;
```

Nous devons toujours définir ***Io<Circle>::Io(istream&)*** explicitement, car il a besoin de connaître les détails de ***Circle***.

L'exemple du modèle ***Io*** montre comment introduire des types concrets dans une hiérarchie de classes en fournissant un descripteur qui est un nœud dans cette hiérarchie. La dérivation s'effectue depuis son paramètre modèle pour permettre la conversion depuis ***Io_obj***. Malheureusement, cela exclut toute utilisation de ***Io*** pour un type intégré :

```
typedef Io<Date> Io_date;     // encadre un type concret
typedef Io<int> Io_int;       // erreur : dérivation depuis un type intégré impossible
```

On peut gérer ce problème en fournissant un modèle séparé pour les types intégrés, ou en utilisant une classe représentant un type intégré (§ 25.10[1]).

Ce système simple d'E/S d'objets pourrait ne pas répondre à tous les besoins, mais il tient quasiment sur une seule page et les mécanismes clés possèdent de nombreuses applications. En règle générale, ces techniques peuvent être utilisées pour invoquer une fonction à partir d'une chaîne fournie par un utilisateur, et pour manipuler des objets de type inconnu par l'intermédiaire d'interfaces découvertes *via* une identification de type à l'exécution (RTTI).

25.5 Actions

La façon la plus simple, et la plus évidente, de spécifier une action en C++ consiste à écrire une fonction. Cependant, une action devant être retardée, transmise "à un autre endroit" avant d'être exécutée, ayant besoin de ses propres données, devant être intégrée a d'autres actions (§ 25.10[18,19]), etc. sera profitablement représentée sous la forme d'une classe capable d'exécuter l'action désirée et également de fournir d'autres services. Un objet fonction utilisé avec les algorithmes standards ainsi que les manipulateurs employés avec les ***iostream*** (§ 21.4.6) en sont des exemples évidents (§ 18.4). Dans le premier cas, l'action réelle est effectuée par l'opérateur application, et dans le dernier, par les opérateurs **<<** ou **>>**. Dans le cas de ***Form*** (§ 21.4.6.3) et de ***Matrix*** (§ 22.4.7), les classes compositeurs ont été utilisées dans le but de retarder l'exécution jusqu'à ce que suffisamment d'informations aient été récoltées pour obtenir une exécution efficace.

Une forme courante de classe action est une classe simple contenant juste une fonction virtuelle (généralement nommée "***do_it***").

```
class Action {
public:
	virtual int do_it(int) = 0;
	virtual ~Action() { }
};
```

A partir de là, nous pouvons écrire du code — disons un menu — capable de stocker les actions pour une exécution ultérieure sans utiliser les pointeurs de fonctions, sans rien connaître concernant les objets invoqués et sans même connaître le nom de l'opération invoquée. Par exemple :

```
class Write_file : public Action {
	File& f;
public:
	int do_it(int) { return f.write().succeed(); }
};

class Error_response : public Action {
	string message;
public:
	int do_it(int);
};

int Error_response::do_it(int)
{
	Response_box db(message.c_str(), "continuer","abandonner","reprendre");

	switch (db.get_response()) {
	case 0:
		return 0;
	case 1:
		abort();
	case 2:
		current_operation.redo();
		return 1;
	}
}

Action* actions[] = {
	new Write_file(f),
	new Error_response("encore raté"),
	// ...
};
```

Un utilisateur d'***Action*** peut tout ignorer concernant les classes dérivées telles que ***Write_file*** et ***Error_response***.

Il s'agit d'une technique puissante qui devrait être considérée avec attention par toute personne ayant des connaissances en décomposition fonctionnelle. Si un trop grand nombre de classes commence à ressembler à ***Action***, la conception globale du système pourra déraper vers quelque chose d'excessivement fonctionnel.

Pour terminer, une classe peut coder une opération qui permettra une exécution sur une machine distante ou un stockage pour une utilisation future (§ 25.10[18]).

25.6 Classes interfaces

La modeste "classe interface" représente l'une des sortes de classes les plus importantes. Cette dernière est cependant le plus souvent négligée. Une classe interface n'est pas très active — dans le cas contraire, elle ne serait plus une classe interface. Elle se contente d'ajuster l'apparence d'un service pour des besoins locaux. Puisqu'il est, en principe, impossible de répondre à tous les besoins avec la même précision, les classes interfaces deviennent essentielles pour autoriser un partage sans imposer à tous les utilisateurs la même camisole de force.

La forme la plus pure d'une interface ne déclenche pas la moindre génération de code. Considérons la spécialisation ***Vector*** du § 13.5 :

```
template<class T> class Vector<T*> : private Vector<void*> {
public:
        typedef Vector<void*> Base;

        Vector() : Base() {}
        Vector(int i) : Base(i) {}

        T*& operator[](int i) { return static_cast<T*&>(Base::operator[](i)); }

        // ...
};
```

Cette spécialisation (partielle) transforme le ***Vector<void*>*** non sécurisé en une famille beaucoup plus utile de classes de vecteurs sécurisées. Les fonctions en ligne sont souvent essentielles pour rendre les classes interfaces abordables. Dans des cas tels que celui-ci, une fonction de transfert en ligne effectuant simplement un ajustement de type n'impose aucune surcharge en temps ou en espace.

Naturellement, une classe de base abstraite représentant un type abstrait implémenté par des types concrets (§ 25.2) est une forme de classe interface. Les descripteurs du § 25.7 en sont des exemples. Nous allons toutefois étudier ici plus précisément les classes n'ayant pas d'autre fonction spécifique que l'ajustement d'une interface.

Examinons comment il peut être possible de fusionner deux hiérarchies en utilisant l'héritage multiple. Que peut-on faire si un conflit de noms apparaît, c'est-à-dire si deux classes ont employé le même nom pour des fonctions virtuelles effectuant des opérations totalement différentes ? Considérons, par exemple, un jeu vidéo de far-west dans lequel les interactions avec l'utilisateur sont gérées par une classe fenêtre générale :

```
class Window {
        // ...
        virtual void draw();        // affiche l'image
};

class Cowboy {
```

```
        // ...
        virtual void draw();        // dégaine le révolver
};
class Cowboy_window : public Cowboy, public Window {
        // ...
};
```

Une ***Cowboy_window*** représente l'animation d'un cow-boy dans le jeu et gère les interactions utilisateur/joueur avec le personnage du cow-boy. Au lieu de déclarer la classe ***Window*** ou la classe ***Cowboy*** comme membres, il serait préférable d'utiliser l'héritage multiple, car de nombreuses fonctions de service seraient alors définies à la fois pour les ***Window*** et les ***Cowboy***. Nous aimerions transmettre une ***Cowboy_window*** à de telles fonctions sans que ne soient requises d'actions particulières de la part du programmeur. Cela conduit toutefois à un problème de définition des versions ***Cowboy_window***, ***Cowboy::draw()*** et ***Window::draw()***.

Une seule fonction nommée ***draw()*** peut être définie dans ***Cowboy_window***. Les fonctions de service manipulant les ***Window*** et les ***Cowboy*** sans connaître les ***Cowboy_window***, cette dernière classe doit remplacer à la fois la fonction ***draw()*** de ***Cowboy*** et celle de ***Window***. La substitution de deux fonctions avec une seule fonction ***draw()*** serait une erreur car, malgré leur nom commun, ces deux fonctions ne possèdent aucune relation entre elles et ne peuvent être redéfinies *via* une fonction commune.

Pour terminer, nous aimerions également que ***Cowboy_window*** associe des noms distincts et non ambigus aux fonctions héritées ***Cowboy::draw()*** et ***Window::draw()***.

Pour résoudre ce problème, nous devons introduire une première classe supplémentaire pour ***Cowboy*** et une seconde pour ***Window***. Ces classes introduisent les deux nouveaux noms pour les fonctions ***draw()***, et garantissent que lors d'un appel des fonctions ***draw()*** dans ***Cowboy*** et ***Window*** les fonctions seront utilisées avec les nouveaux noms :

```
class CCowboy : public Cowboy {    // interface avec Cowboy renommant draw()
public:
        virtual int cow_draw() = 0;
        void draw() { cow_draw(); }    // remplace Cowboy::draw()
};

class WWindow : public Window {    // interface avec Window renommant draw()
public:
        virtual int win_draw() = 0;
        void draw() { win_draw(); }    // remplace Window::draw()
};
```

Nous pouvons maintenant composer une ***Cowboy_window*** à partir des classes interfaces ***CCowboy*** et ***WWindow***, et remplacer ***cow_draw()*** et ***win_draw()*** par l'effet souhaité :

```
class Cowboy_window : public CCowboy, public WWindow {
        // ...
        void cow_draw();
        void win_draw();
};
```

Notez que ce problème n'était sérieux que parce que les deux fonctions ***draw()*** possédaient le même type d'argument. Avec des types d'argument différents, les règles habituelles de résolution de surcharge garantissent qu'aucun problème n'apparaîtra malgré le fait que deux fonctions sans relation possèdent le même nom.

Pour chaque utilisation d'une classe interface, il serait possible d'imaginer une extension personnalisée de langage capable d'effectuer l'ajustement recherché avec plus d'efficacité ou plus d'élégance. Cependant, l'utilisation d'une classe interface étant peu fréquente, le fait de toutes les supporter avec des constructions de langage spécialisées imposerait un développement prohibitif de la complexité. Les conflits de noms qui apparaissent après la fusion de hiérarchies de classes, en particulier, ne sont pas courants (en comparaison du nombre de fois qu'un programmeur écrira une classe) et ont tendance à se produire dans les fusions de hiérarchies générées à partir de cultures dissemblables — telles des systèmes de fenêtrage et de jeu. Il n'est pas facile de fusionner de telles hiérarchies, et la résolution des conflits de noms est souvent la moindre préoccupation du programmeur. D'autres problèmes incluent la gestion des erreurs, des initialisations et des stratégies de gestion de mémoire dissemblables. On traite ici la résolution des conflits de noms, car la technique qui consiste à introduire une classe interface avec une fonction de transfert possède de nombreuses autres applications. Elle peut non seulement être utilisée pour modifier les noms, mais aussi pour changer les types d'argument et les types renvoyés, pour introduire un contrôle à l'exécution, etc.

Les fonctions de transfert ***CCowboy::draw()*** et ***WWindow::draw()*** étant virtuelles, il est impossible de les optimiser *via* une simple définition en ligne. Un compilateur pourra néanmoins les reconnaître comme de simples fonctions de transfert, puis les optimiser en dehors des chaînes d'appel qui les traversent.

25.6.1 L'ajustement des interfaces

Une utilisation importante des fonctions d'interfaces consiste à adapter une interface pour mieux répondre aux attentes des utilisateurs. On concentre ainsi dans une interface du code qui aurait été dispersé dans tout le code d'un utilisateur. Le ***vector*** standard, par exemple, est fondé sur zéro. Les utilisateurs recherchant des intervalles autres que celui de ***0*** à ***size–1*** doivent adapter leur utilisation. Par exemple :

```
void f()
{
	vector v<int>(10);	// intervalle [0:9]

			// simule l'intervalle [1:10] pour v :

	for (int i = 1; i<=10; i++) {
		v[i-1] = 7;	// rappelle d'ajuster l'index
		// ...
	}
}
```

Une meilleure méthode consiste à fournir un ***Vector*** dont les limites sont arbitraires :

```
class Vector : public vector<int> {
	int lb;
```

```
public:
        Vector(int low, int high) : vector<int>(high-low+1) { lb=low; }

        int& operator[](int i) { return vector<int>::operator[](i-lb); }

        int low() { return lb; }
        int high() { return lb+size()-1; }
};
```

On peut utiliser un ***vector*** de la façon suivante :

```
void g()
{
        Vector v(1,10);          // intervalle [1:10]

        for (int i = 1; i<=10; i++) {
                v[i] = 7;
                // ...
        }
}
```

Cela n'impose aucune surcharge de traitement en comparaison de l'exemple précédent. Il est évident que la version ***Vector*** est plus facile à lire et à écrire, et favorise moins les erreurs.

Les classes interfaces sont généralement peu importantes et (par définition) peu actives. Elles apparaissent cependant dès que du logiciel écrit selon des traditions différentes doit coopérer, un médiateur entre différentes conventions devenant alors nécessaire. Les classes interfaces sont souvent utilisées, par exemple, pour fournir des interfaces C++ à du code non C++, ainsi que pour isoler le code de l'application des détails des bibliothèques (pour conserver la possibilité de remplacer la bibliothèque par une autre).

Une autre utilisation importante des classes interfaces consiste à fournir des interfaces contrôlées ou restreintes. Il n'est pas rare, par exemple, de voir des variables entières supposées posséder des valeurs appartenant uniquement à un intervalle donné. Cette condition peut être forcée (à l'exécution) avec un simple modèle :

```
template<int low, int high> class Range {
        int val;
public:
        class Error { };                                          // classe d'exception

        Range(int i) { Assert<Error>(low<=i&&i<high); val = i; }  // voir § 24.3.7.2
        Range operator=(int i) { return *this=Range(i); }

        operator int() { return val; }
        // ...
};

void f(Range<2,17>);
void g(Range<-10,10>);

void h(int x)
```

```
{
    Range<0,2001> i = x;                    // pourrait déclencher Range::Error
    int i1 = i;

    f(3);
    f(17);                                  // déclenche Range::Error
    g(-7);
    g(100);                                 // déclenche Range::Error
}
```

On étend facilement le modèle ***Range*** pour gérer des intervalles de types de scanner arbitraires (§ 25.10[7]).

Une classe interface, qui contrôle l'accès à une autre classe ou qui ajuste son interface, est quelquefois nommée *classe descripteur.*

25.7 Classes descripteurs

Un type abstrait fournit une séparation efficace entre une interface et ses implémentations. Cependant, comme utilisée au § 25.3, la connexion entre une interface fournie par un type abstrait et son implémentation fournie par un type concret est permanente. Il est impossible, par exemple, de lier de nouveau un itérateur abstrait depuis une source — disons, un ensemble — vers une autre — disons un flux — une fois la limite de la source originale atteinte.

De plus, sauf si l'on manipule un objet implémentant une classe abstraite *via* des pointeurs ou des références, on perd les avantages des fonctions virtuelles. Il est possible que le code utilisateur devienne dépendant de détails des classes d'implémentation, car un type abstrait ne peut être alloué de façon statique ou sur la pile (y compris être accepté comme un argument par valeur) si sa taille n'est pas connue. L'utilisation de pointeurs et de références implique que la charge de la gestion de mémoire retombe sur l'utilisateur.

Une autre limite de l'approche de la classe abstraite est qu'un objet de classe est de taille fixe. Les classes, cependant, sont utilisées pour représenter des concepts qui nécessitent diverses quantités de mémoire pour les implémenter.

Une technique courante pour traiter ces problèmes consiste à séparer un seul objet en deux parties : un descripteur fournissant l'interface utilisateur et une représentation contenant tout ou la plus grande partie de l'état de l'objet. La connexion entre les descripteurs et la représentation est généralement un pointeur dans le descripteur. Les descripteurs ont souvent un peu plus de données que le simple pointeur de la représentation. Cela signifie que le format d'un descripteur est généralement stable, même lorsque la représentation change. De plus, les descripteurs sont suffisamment petits pour se déplacer relativement librement. Dans ce cas, l'utilisateur n'a donc pas besoin d'utiliser des pointeurs et des références.

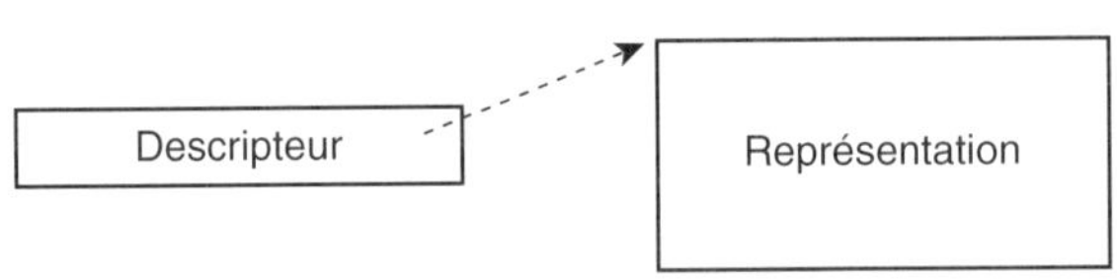

La classe ***String*** du § 11.12 est un exemple simple de descripteur. Ce dernier fournit une interface vers, un contrôle d'accès et une gestion de mémoire pour la représentation. Dans ce cas, le descripteur et la représentation sont des types concrets, mais la classe de représentation est souvent abstraite.

Considérez le type abstrait ***Set*** du § 25.3. Comment pourrait-on fournir un descripteur pour ce type ? Quels avantages et coûts cette opération impliquerait-elle ? Etant donné une classe ***Set***, on pourrait définir simplement un descripteur en surchargeant l'opérateur **->** :

```
template<class T> class Set_handle {
        Set<T>* rep;
public:
        Set<T>* operator->() { return rep; }

        Set_handle(Set<T>* pp) : rep(pp) { }
};
```

Cela n'affecte pas de façon significative la manière dont les ***Set*** sont utilisés. On transmet simplement des ***Set_handle*** au lieu de ***Set&*** ou de ***Set****. Par exemple :

```
void f(Set_handle<int> s)
{
        for (int* p = s->first(); p; p = s->next())
        {
                // ...
        }
}

void user()
{
        Set_handle<int> sl(new List_set<int>);
        Set_handle<int> v(new Vector_set<int>(100));

        f(sl);
        f(v);
}
```

Nous désirons souvent qu'un descripteur aille au-delà de la simple action consistant à fournir un accès. Si la classe ***Set***, par exemple, et la classe ***Set_handle*** sont conçues ensemble, il est facile de réaliser un comptage de références en incluant un compteur d'utilisation dans chaque ***Set***. En général, nous ne cherchons pas à concevoir un descripteur avec l'élément qu'il décrit. Nous devrons donc stocker toute information devant être partagée par un descripteur dans un objet séparé. En d'autres termes, nous désirerions posséder des descripteurs non intrusifs en plus des descripteurs intrusifs. Voici, par exemple, un descripteur qui supprime un objet lorsque son dernier descripteur disparaît :

```
template<class X> class Handle {
        X* rep;
        int* pcount;
public:
```

```
        X* operator->() { return rep; }

        Handle(X* pp) : rep(pp), pcount(new int(1)) { }
        Handle(const Handle& r) : rep(r.rep), pcount(r.pcount) { (*pcount)++; }

        Handle& operator=(const Handle& r)
        {
                if (rep == r.rep) return *this;
                if (--(*pcount) == 0) {
                        delete rep;
                        delete pcount;
                }
                rep = r.rep;
                pcount = r.pcount;
                (*pcount)++;
                return *this;
        }

        ~Handle() { if (--(*pcount) == 0) { delete rep; delete pcount; } }

        // ...
};
```

Un tel descripteur peut être transmis librement. Par exemple :

```
void f1(Handle<Set>);

Handle<Set> f2()
{
        Handle<Set> h(new List_set<int>);
        // ...
        return h;
}

void g()
{
        Handle<Set> hh = f2();
        f1(hh);
        // ...
}
```

Ici, l'ensemble créé dans *f2()* sera supprimé en fin d'exécution de *g()* — sauf si *f1()* conserve une copie. Le programmeur n'a pas besoin d'en prendre connaissance.

Cet aspect pratique a bien sûr un coût. Cependant, pour un grand nombre d'applications, le coût du stockage et de la maintenance du compte d'utilisation est acceptable.

Il est quelquefois utile d'extraire le pointeur de la représentation du descripteur et de l'utiliser directement. Il pourrait permettre, par exemple, de transmettre un objet à une fonction ne connaissant pas les descripteurs. Cette technique fonctionne correctement à condition que la fonction appelée ne détruise pas l'objet qui lui est transmis ou stocke un pointeur vers cet objet afin qu'il soit utilisé après le retour à son appelant. Une opération permettant de lier de nouveau un descripteur à une nouvelle représentation peut également être utile :

```
template<class X> class Handle {
	// ...

	X* get_rep() { return rep; }

	void bind(X* pp)
	{
		if (pp != rep) {
			if (--*pcount == 0) {
				delete rep;
				*pcount = 1;		// recycle pcount
			}
			else
				pcount = new int(1);	// nouveau pcount
			rep = pp;
		}
	}
};
```

Notez que la dérivation de nouvelles classes depuis ***Handle*** présente peu d'intérêt. Il s'agit d'un type concret sans fonctions virtuelles. Le principe consiste à posséder une classe descripteur pour une famille de classes définie par une classe de base. Une dérivation depuis cette classe de base peut être une technique intéressante. Elle s'applique aussi bien aux classes de nœud qu'à des types abstraits.

Comme nous l'avons écrit, ***Handle*** ne gère pas l'héritage. Pour obtenir une classe qui se comporte comme un véritable pointeur avec comptage de son utilisation, ***Handle*** doit être combinée avec le ***Ptr*** du § 13.6.3.1 (voir § 25.10[2]).

Un descripteur qui fournit une interface presque identique à la classe pour laquelle il est un descripteur est souvent nommé *proxy*. Cela est particulièrement courant pour des descripteurs faisant référence à un objet sur une machine distante.

25.7.1 Les opérations dans les descripteurs

La surcharge de l'opérateur **->** permet à un descripteur d'obtenir le contrôle et d'effectuer une tâche précise lors de chaque accès à un objet. On pourrait, par exemple, collecter des statistiques concernant le nombre d'utilisations d'un objet par l'intermédiaire d'un descripteur :

```
template <class T> class Xhandle {
	T* rep;
	int no_of_accesses;
public:
	T* operator->() { no_of_accesses++; return rep; }

	// ...
};
```

Les descripteurs nécessitant un travail à la fois avant *et* après l'accès requièrent une programmation plus élaborée. On pourrait rechercher, par exemple, un ***set*** avec verrouillage pendant toute opération d'insertion ou de suppression. L'interface de la classe de représentation doit être dupliquée, pour l'essentiel, dans la classe descripteur :

```
template<class T> class Set_controller {
        Set<T>* rep;
        Lock lock;
        // ...
public:
        void insert(T* p) { Lock_ptr x(lock); rep->insert(p); }          // voir § 14.4.1
        void remove(T* p) { Lock_ptr x(lock); rep->remove(p); }

        int is_member(T* p) { return rep->is_member(p); }

        T get_first() { T* p = rep->first(); return p ? *p : T(); }
        T get_next() { T* p = rep->next(); return p ? *p : T(); }

        T first() { Lock_ptr x(lock); T tmp = *rep->first(); return tmp; }
        T next() { Lock_ptr x(lock); T tmp = *rep->next(); return tmp; }

        // ...
};
```

Bien que cette opération ne soit ni difficile ni coûteuse à l'exécution, il s'avère souvent fastidieux d'avoir à fournir ces fonctions de transmission (qui, de plus, peuvent représenter une source d'erreurs).

Notez qu'une partie seulement des fonctions de ***Set*** nécessitaient le verrouillage. L'expérience montre qu'il est fréquent qu'une classe ne requière réellement des actions avant et après que pour une partie seulement des fonctions membres. Le verrouillage de toutes les opérations — comme cela se fait pour les superviseurs dans certains systèmes — est excessif, et provoque quelquefois une diminution perceptible de la concurrence d'accès.

Par rapport à la surcharge du style **->** de descripteurs, un avantage de la définition élaborée de toutes les opérations sur le descripteur réside dans la possibilité de dériver depuis la classe ***Set_controller***. Certains des avantages du descripteur sont malheureusement compromis lorsque des données membres sont ajoutées dans la classe dérivée. La quantité de code partagé (dans la classe décrite), en particulier, diminue en comparaison de la quantité de code écrit dans chaque descripteur.

25.8 Les structures d'application

Les composants créés à partir des classes décrites aux § 25.2-§ 25.7 supportent la conception et la réutilisation du code. Pour obtenir cela, ils fournissent des blocs de construction ainsi que les méthodes permettant de les combiner. Le constructeur de l'application conçoit une structure dans laquelle ces blocs de construction communs sont insérés. Une approche alternative, et quelquefois plus ambitieuse, pour le support de la conception et de la réutilisation consiste à fournir du code qui établit une structure commune dans laquelle le constructeur de l'application intègre le code spécifique à cette application sous la forme de blocs de construction. Cette approche est souvent nommée *structure d'application*. Les classes qui établissent une telle structure possèdent souvent des interfaces tellement riches qu'elles représentent difficilement des types au sens traditionnel du terme. Elles s'approchent de l'idéal qui consiste à être des applications complètes, mais elles ne font rien. Les actions spécifiques sont fournies par le programmeur de l'application.

Prenons comme exemple un filtre, c'est-à-dire un programme qui lit un flux d'entrée, effectue (éventuellement) quelques actions en fonction de cette entrée, produit (éventuellement) un flux de sortie et (éventuellement) un résultat final. Une structure naïve pour de tels programmes offrirait un ensemble d'opérations qu'un programmeur d'application pourrait fournir :

```
class Filter {
public:
	class Retry {
	public:
		virtual const char* message() { return 0; }
	};

	virtual void start() { }
	virtual int read() = 0;
	virtual void write() { }
	virtual void compute() { }
	virtual int result() = 0;

	virtual int retry(Retry& m) { cerr << m.message() << '\n'; return 2; }

	virtual ~Filter() { }
};
```

Les fonctions devant être fournies par une classe dérivée sont déclarées virtuelles pures. Quant aux autres, elles sont simplement définies pour ne rien faire.

La structure fournit également une boucle principale et un mécanisme de gestion des erreurs rudimentaire :

```
int main_loop(Filter* p)
{
	for(;;) {
		try {
			p->start();
			while (p->read()) {
				p->compute();
				p->write();
			}
			return p->result();
		}
		catch (Filter::Retry& m) {
			if (int i = p->retry(m)) return i;
		}
```

```
            catch (...) {
                cerr << "Erreur de filtre fatale\n";
                return 1;
            }
        }
}
```

Pour terminer, nous pourrions écrire notre programme de la façon suivante :

```
class My_filter : public Filter {
    istream& is;
    ostream& os;
    int nchar;
public:
    int read() { char c; is.get(c); return is.good(); }
    void compute() { nchar++; }
    int result() { os << nchar << " caractères lus\n"; return 0; }

    My_filter(istream& ii, ostream& oo) : is(ii), os(oo), nchar(0) { }
};
```

et l'activer ainsi :

```
int main()
{
    My_filter f(cin,cout);
    return main_loop(&f);
}
```

Naturellement, pour que l'utilisation d'une structure soit significative, elle doit être beaucoup plus développée et fournir de nombreux autres services que cet exemple simple. Une structure est généralement une hiérarchie de classes de nœud. Le fait que le programmeur de l'application fournit des classes feuilles dans une hiérarchie profondément imbriquée permet d'obtenir une partie commune pour les applications et de réutiliser les services fournis par une telle hiérarchie. Une structure sera aussi supportée par une bibliothèque qui fournit des classes utiles pour le programmeur d'applications lors de la spécification des classes actions.

25.9 Conseils

1. Choisissez soigneusement la façon dont une classe doit être utilisée (à la fois en tant que concepteur et en tant qu'utilisateur) (voir § 25.1).
2. Considérez avec soin les différents compromis existant entre les différentes sortes de classes (voir § 25.1).
3. Utilisez les types concrets pour représenter des concepts indépendants simples (voir § 25.2).
4. Utilisez les types concrets pour représenter des concepts lorsque l'efficacité doit approcher l'optimale (voir § 25.2).
5. Ne dérivez pas depuis une classe concrète (voir § 25.2).

6. Utilisez les classes abstraites pour représenter des interfaces lorsque la représentation des objets est susceptible de changer (voir § 25.3).
7. Utilisez les classes abstraites pour représenter des interfaces lorsque différentes représentations d'objets doivent coexister (voir § 25.3).
8. Utilisez les classes abstraites pour représenter les nouvelles interfaces des types existants (voir § 25.3).
9. Utilisez des classes de nœud lorsque des concepts similaires partagent des détails d'implémentation significatifs (voir § 25.4).
10. Utilisez les classes de nœud pour accroître une implémentation de façon incrémentielle (voir § 25.4).
11. Utilisez l'identification des types à l'exécution (RTTI) pour obtenir des interfaces à partir d'un objet (voir § 25.4.1).
12. Utilisez les classes pour représenter des actions avec l'état associé (voir § 25.5).
13. Utilisez les classes pour représenter des actions devant être stockées, transmises ou différées (voir § 25.5).
14. Utilisez des classes interfaces pour adapter une classe à un nouveau type d'utilisation (sans modifier la classe) (voir § 25.6).
15. Utilisez les classes interfaces pour ajouter un contrôle (voir § 25.6.1).
16. Utilisez les descripteurs pour éviter l'utilisation directe des pointeurs et des références (voir § 25.7).
17. Utilisez les descripteurs pour gérer les représentations partagées (voir § 25.7).
18. Utilisez une structure d'application lorsqu'un domaine d'application permet la prédéfinition de la structure de contrôle (voir § 25.8).

25.10 Exercices

1. (*1) Le modèle ***Io*** du § 25.4.1 ne fonctionne pas pour les types intégrés. Modifiez-le de façon qu'il supporte ces types.
2. (*1.5) Le modèle ***Handle*** du § 25.7 ne reflète pas les relations d'héritage des classes pour lesquelles il est un descripteur. Modifiez-le de façon qu'il reflète ces relations. Cela signifie que vous devrez pouvoir affecter un ***Handle<Circle*>*** à un ***Handle<Shape*>***, mais pas le contraire.
3. (*2.5) Etant donné une classe ***String***, définissez une autre classe chaîne en l'utilisant comme la représentation et en fournissant ses opérations comme des fonctions virtuelles. Comparez les performances des deux classes. Essayez de trouver une classe significative qui soit mieux implémentée en dérivant publiquement depuis la chaîne à l'aide de fonctions virtuelles.
4. (*4) Etudiez deux bibliothèques d'une utilisation très répandue. Classifiez les classes de bibliothèque en termes de types concrets, types abstraits, classes de nœud, classes descripteurs et classes interfaces. Les classes de nœud abstraites et les classes nœud concrètes sont-elles utilisées ? Existe-t-il une classification plus appropriée pour les classes de ces bibliothèques ? Les interfaces riches sont-elles utilisées ? Quelles fonctionnalités — si elles existent — sont fournies pour les informations de type à l'exécution ? Quelle est la stratégie de gestion de la mémoire ?

5. (*2) Utilisez la structure ***Filter*** (§ 25.8) pour implémenter un programme qui supprime des doublons adjacents dans un flux d'entrée et qui copie l'entrée vers la sortie.
6. (*2) Utilisez la structure ***Filter*** pour implémenter un programme qui compte la fréquence des mots dans un flux d'entrée et produise une liste de paires (mot, compte) par ordre de fréquence en sortie.
7. (*1.5) Ecrivez un modèle ***Range*** qui reçoive à la fois le rang et le type d'élément comme paramètres de modèle.
8. (*1) Ecrivez un modèle ***Range*** qui reçoive le rang comme argument de constructeur.
9. (*2) Ecrivez une classe chaîne simple qui n'effectue aucun contrôle d'erreur. Ecrivez une autre classe qui contrôle l'accès à la première. Etudiez les avantages et les inconvénients de la séparation d'une fonction de base et du contrôle des erreurs.
10. (*2.5) Implémentez le système d'E/S d'objets du § 25.4.1 pour quelques types. Incluez au moins les entiers, les chaînes et la hiérarchie de classes de votre choix.
11. (*2.5) Définissez une classe ***Storable*** comme classe de base abstraite à l'aide des fonctions virtuelles ***write_out()*** et ***read_in()***. Pour simplifier, supposez qu'une chaîne de caractères soit suffisante pour spécifier un emplacement de mémoire permanent. Utilisez la classe ***Storable*** pour fournir une fonctionnalité permettant d'écrire des objets de classes dérivées de ***Storable*** sur disque, et pour lire de tels objets depuis le disque. Testez-la avec une paire de classes de votre choix.
12. (*4) Définissez une classe de base ***Persistent***. L'utilisation des opérations ***save()*** et ***no_save()*** permettra de contrôler si un objet est écrit en mémoire permanente par un destructeur. Pour compléter ***save()*** et ***no_save()***, quelles opérations utiles ***Persistent*** pourrait-elle fournir ? Testez la classe ***Persistent*** avec une paire de classes de votre choix. ***Persistent*** est-elle une classe de nœud, un type concret ou un type abstrait ? Pourquoi ?
13. (*3) Ecrivez une classe ***Stack*** pour laquelle il soit possible de modifier l'implémentation à l'exécution. Conseil : "chaque problème est résolu par une autre indirection".
14. (*3.5) Définissez une classe ***Oper*** qui contienne un identificateur de type ***Id*** (éventuellement une ***string*** ou une chaîne de style C) et une opération (un pointeur de fonction ou un objet fonction). Définissez une classe ***Cat_object*** qui contienne une liste d'***Oper*** et un ***void****. Fournissez ***Cat_object*** avec les opérations ***add_oper(Oper)***, qui ajoute un ***Oper*** à la liste ; ***remove_oper(Id)***, qui supprime un ***Oper*** identifié par ***Id*** de la liste ; et un ***operator()(Id,arg)***, qui invoque l'***Oper*** identifié par ***Id***. Implémentez une pile de ***Cat*** par un ***Cat_object***. Ecrivez un petit programme destiné à tester ces classes.
15. (*3) Définissez un modèle ***Object*** fondé sur la classe ***Cat_object***. Utilisez ce modèle pour implémenter une pile de ***String***. Ecrivez un petit programme destiné à tester ce modèle.
16. (*2.5) Définissez une variante de la classe ***Object***, nommée ***Class***, qui garantisse que des objets possédant des opérations identiques partagent une même liste d'opérations. Ecrivez un petit programme permettant de tester ce modèle.
17. (*2) Définissez un modèle ***Stack*** qui fournisse une interface conventionnelle et sécurisée au niveau des types avec une pile implémentée par le modèle ***Object***. Comparez cette pile avec les classes piles des exercices précédents. Ecrivez un petit programme destiné à tester ce modèle.

18. (*3) Ecrivez une classe permettant de représenter des opérations à transmettre pour exécution vers un autre ordinateur. Testez-la soit en envoyant effectivement des commandes vers une autre machine, soit en écrivant des commandes dans un fichier puis en exécutant les commandes lues dans ce fichier.

19. (*2) Ecrivez une classe pour la composition d'opérations représentées sous la forme d'objets fonctions. A partir de deux objets fonctions ***f*** et ***g***, ***Compose(f,g)*** devrait créer un objet pouvant être invoqué à l'aide d'un argument ***x*** approprié à ***g***, et retourner ***f(g(x))***. Cela ne pourra être obtenu que si la valeur retournée de ***g()*** est un type d'argument acceptable pour ***f()***.

V

Annexes et index

Ces annexes présentent la grammaire C++, une discussion portant sur les problèmes de compatibilité entre les deux langages C et C++ et entre le C++ standard et les versions précédentes de ce langage, et divers détails techniques de langage. L'index est très développé et fait partie intégrante de cet ouvrage.

Chapitres

A

Grammaire

Le pire danger pour un enseignant
est d'expliquer les mots plutôt que les choses.

Marc Block

Introduction — Mots clés — Conventions lexicales — Programmes — Expressions — Instructions — Déclarations — Les déclarateurs — Classes — Les classes dérivées — Les fonctions membres spéciales — La surcharge — Modèles — Gestion des exceptions — Directives de préprocesseur

A.1 Introduction

L'objectif de ce résumé de la syntaxe C++ est d'être une aide à la compréhension. Il ne s'agit pas d'une description exacte du langage. La grammaire que nous allons décrire ici, en particulier, accepte un surensemble de constructions C++ valides. Des règles doivent être appliquées pour lever des ambiguïtés (§ A.5, § A.7) et distinguer ainsi les expressions des déclarations. Du reste, on doit faire appel aux règles de contrôle d'accès, d'ambiguïté et de type pour éliminer les constructions valides d'un point de vue syntaxique, mais dénuées de sens.

Les grammaires standard du C et du C++ expriment les distinctions mineures de façon syntaxique plutôt que par l'intermédiaire de contraintes. Cela procure une certaine précision, mais on ne gagne pas toujours en lisibilité.

A.2 Mots clés

Dans un programme, les déclarations ***typedef*** (§ 4.9.7), d'espace de noms (§ 8.2), de classe (Chapitre 10), d'énumération (§ 4.8), et ***template*** (Chapitre 13) introduisent de nouveaux mots clé dépendant du contexte.

nom-typedef:
    identificateur

nom-EspaceDeNoms:
    nom-EspaceDeNoms-original
    alias-EspaceDeNoms

nom-EspaceDeNoms-original:
    identificateur

alias-EspaceDeNoms:
    identificateur

nom-classe:
    identificateur
    id-modèle

nom-enum:
    identificateur

nom-modèle:
    identificateur

Notez qu'un ***nom–typedef*** qui nomme une classe est aussi un ***nom–classe***.

Sauf s'il est explicitement déclaré pour le faire, on suppose qu'un identificateur ne nomme pas un type (voir § C.13.5).

Voici les mots clé C++ :

Mots clés C++

and	*and_eq*	*asm*	*auto*	*bitand*	*bitor*
bool	*break*	*case*	*catch*	*char*	*class*
compl	*const*	*const_cast*	*continue*	*default*	*delete*
do	*double*	*dynamic_cast*	*else*	*enum*	*explicit*
export	*extern*	*false*	*float*	*for*	*friend*
goto	*if*	*inline*	*int*	*long*	*mutable*
namespace	*new*	*not*	*not_eq*	*opérator*	*or*
or_eq	*private*	*protected*	*public*	*register*	*reinterpret_cast*
return	*short*	*signed*	*sizeof*	*static*	*static_cast*
struct	*switch*	*template*	*this*	*throw*	*true*
try	*typedef*	*typeid*	*typename*	*union*	*unsigned*
using	*virtual*	*void*	*volatile*	*wchar_t*	*while*
xor	*xor_eq*				

A.3 Conventions lexicales

Les grammaires C et C++ standard présentent les conventions lexicales sous la forme de productions grammaticales. On gagne en précision, mais les grammaires sont importantes et cela n'améliore pas toujours la lisibilité :

hex-quad:
  chiffre-hexadécimal chiffre-hexadécimal chiffre-hexadécimal chiffre-hexadécimal

nom-caractère-universel:
  \u hex-quad
  \U hex-quad hex-quad

MotClé-prétraitement:
  nom-enTête
  identificateur
  numéro-pp
  littérale-caractère
  littérale-chaîne
  op-prétraitement-ou-ponctuation
  tout caractère autre qu'un espace qui ne fait pas partie de la liste précédente

token:
  identificateur

motclé
littérale
opérateur
ponctuateur

nom-enTête:
<h-char-sequence>
"q-char-sequence"

h-char-sequence:
h-char
h-char-sequence h-char

h-char:
tout membre du jeu de caractères source à l'exception de nouvelle-ligne et >

q-char-sequence:
q-char
q-char-sequence q-char

q-char:
tout membre du jeu de caractères source à l'exception de nouvelle-ligne et "

numéro-pp:
chiffre
. chiffre
numéro-pp chiffre
numéro-pp nonchiffre
numéro-pp signe e
numéro-pp signe E
numéro-pp .

identificateur:
nonchiffre
identificateur nonchiffre
identificateur chiffre

nonchiffre: dans la liste suivante
nom-caractère-universel

_ a b c d e f g h i j k l m n o p q r s t u v w x y z
A B C D E F G H I J K L M N O P Q R S T U V W X Y Z

chiffre: dans la liste suivante
0 1 2 3 4 5 6 7 8 9

op-prétraitement-ou-ponctuation: dans la liste suivante

```
{      }      [      ]      #      ##     (      )      <:     :>     <%     %>     %:%:
%:     ;      :      ?      ::     .      .*     +      -      *      /      %      ^
&      |      ~      !      =      <      >      +=     -=     *=     /=     %=     ^=
&=     |=     <<=    >>=    <<     >>     ==     !=     <=     >=     &&     ||     ++
--     ,      ->     ->*    ...    new    delete        and    and_eq        bitand
bitor         compl         not    or     not_eq        xor    or_eq         xor_eq
```

littérale:

- *littérale-entière*
- *littérale-caractère*
- *littérale-flottante*
- *littérale-chaîne*
- *littérale-booléenne*

littérale-entière:

- *littérale-décimale suffixe-entier(opt)*
- *littérale-octale suffixe-entier(opt)*
- *littérale-hexadécimale suffixe-entier(opt)*

littérale-décimale:

- *chiffre-nonNul*
- *littérale-décimale chiffre*

littérale-octale:

- *0*
- *littérale-octale chiffre-octal*

littérale-hexadécimale:

- *0x chiffre-hexadécimal*
- *0X chiffre-hexadécimal*
- *littérale-hexadécimale chiffre-hexadécimal*

chiffre-nonNul: dans la liste suivante

1 2 3 4 5 6 7 8 9

chiffre-octal: dans la liste suivante

0 1 2 3 4 5 6 7

chiffre-hexadécimal: dans la liste suivante

0 1 2 3 4 5 6 7 8 9
a b c d e f
A B C D E F

suffixe-entier:
suffixe-nonSigné suffixe-long(opt)
suffixe-long suffixe-nonSigné(opt)

suffixe-nonSigné: dans la liste suivante
u U

suffixe-long: dans la liste suivante
l L

littérale-caractère:
'séquence-caract-c'
L'séquence-caract-c'

séquence-caract-c:
caract-c
séquence-caract-c caract-c

caract-c:
tout membre du jeu de caractères source à l'exception des caractères guillement simple, slash inversé, ou nouvelle-ligne
séquence-échap
nom-caractère-universel

séquence-échap:
séquence-échap-simple
séquence-échap-octale
séquence-échap-hexadécimale

séquence-échap-simple: dans la liste suivante
\' \" \? \\ \a \b \f \n \r \t \v

séquence-échap-octale:
\ chiffre-octal
\ chiffre-octal chiffre-octal
\ chiffre-octal chiffre-octal chiffre-octal

séquence-échap-hexadécimale:
\x chiffre-hexadécimal
séquence-échap-hexadécimale chiffre-hexadécimal

littérale-flottante:
constante-fractionnaire partie-exposant(opt) suffixe-flottant(opt)
séquence-chiffres partie-exposant suffixe-flottant(opt)

constante-fractionnaire:
séquence-chiffres(opt) . séquence-chiffres
séquence-chiffres .

partie-exposant:
signe e(opt)\ séquence-chiffres
signe E(opt) séquence-chiffres

signe : dans la liste suivante
+ -

séquence-chiffres:
chiffre
séquence-chiffres chiffre

suffixe-flottant : dans la liste suivante
f l F L

littérale-chaîne:
"séquence-caract-s(opt)"
L"séquence-caract-s(opt)"

séquence-caract-s:
caract-s
séquence-caract-s caract-s

caract-s:
tout membre du jeu de caractères source à l'exception de guillemet double, slash inversé , ou nouvelle-ligne
séquence-échap
nom-caractère-universel

littérale-booléenne:
false
true

A.4 Programmes

Un programme est une collection d'unités de traduction combinées par l'édition des liens (§ 9.4). Une *unité de traduction*, souvent nommée *fichier source*, est une séquence de déclarations :

unité-traduction:
seq-déclarations(opt)

A.5 Expressions

Voir § 6.2.

expression-primaire:
littérale
this
:: identificateur
:: id-fonction-opérateur

:: id-qualifié
(expression)
expression-id

expression-id:
id-nonQualifié
id-qualifié

expression-id:
id-nonQualifié
id-qualifié

id-nonQualifié:
identificateur
id-fonction-opérateur
id-fonction-conversion
~ nom-classe
id-modèle

id-qualifié:
spécificateur-nom-imbriqué template(opt) id-nonQualifié

spécificateur-nom-imbriqué:
class-ou-nom-EspaceDeNoms :: spécificateur-nom-imbriqué(opt)
class-ou-nom-EspaceDeNoms :: template spécificateur-nom-imbriqué

class-ou-nom-EspaceDeNoms:
nom-classe
nom-EspaceDeNoms

expression-postfixe:
expression-primaire
expression-postfixe [expression]
expression-postfixe (liste-expression(opt))
spécificateur-type-simple (liste-expression(opt))
typename ::(opt) spécificateur-nom-imbriqué identificateur (liste-expression(opt))
typename ::(opt) spécificateur-nom-imbriqué template(opt) id-modèle (liste-expression(opt))
expression-postfixe . template(opt) ::(opt) expression-id
expression-postfixe -> template(opt) ::(opt) expression-id
expression-postfixe . nom-pseudo-destructeur
expression-postfixe -> nom-pseudo-destructeur
expression-postfixe ++
expression-postfixe --
dynamic_cast < id-type > (expression)
static_cast < id-type > (expression)
reinterpret_cast < id-type > (expression)
const_cast < id-type > (expression)
typeid (expression)
typeid (id-type)

liste-expression:
expression-affectation
liste-expression , expression-affectation

nom-pseudo-destructeur:
::(opt) spécificateur-nom-imbriqué(opt) nom-type :: ~ nom-type
::(opt) spécificateur-nom-imbriqué template id-modèle :: ~ nom-type
::(opt) spécificateur-nom-imbriqué(opt) ~ nom-type

expression-unaire:
expression-postfixe
++ expression-cast
-- expression-cast
opérateur-unaire expression-cast
sizeof expression-unaire
sizeof (id-type)
expression-new
expression-delete

opérateur-unaire: dans la liste suivante
* & + - ! ~

expression-new:
::(opt) new nouvel-emplacement(opt) nouvelle-id-type nouvel-initialiseur(opt)
::(opt) new nouvel-emplacement(opt) (id-type) nouvel-initialiseur(opt)

nouvel-emplacement:
(liste-expression)

nouvelle-id-type:
seq-spécificateur-type nouveau-déclarateur(opt)

nouveau-déclarateur:
ptr-opérateur nouveau-déclarateur(opt)
nouveau-déclarateur-direct

nouveau-déclarateur-direct:
[expression]
nouveau-déclarateur-direct [expression-constante]

nouvel-initialiseur:
(liste-expression(opt))

expression-delete:
::(opt) delete expression-cast
::(opt) delete [ ] expression-cast

expression-cast:
expression-unaire
(id-type) expression-cast

expression-pm:
expression-cast
expression-pm .* expression-cast
expression-pm ->* expression-cast

expression-multiplicative:
expression-pm
expression-multiplicative * expression-pm
expression-multiplicative / expression-pm
expression-multiplicative % expression-pm

expression-additive:
expression-multiplicative
expression-additive + expression-multiplicative
expression-additive - expression-multiplicative

expression-décalage:
expression-additive
expression-décalage << expression-additive
expression-décalage >> expression-additive

expression-relationnelle:
expression-décalage
expression-relationnelle < expression-décalage
expression-relationnelle > expression-décalage
expression-relationnelle <= expression-décalage
expression-relationnelle >= expression-décalage

expression-égalité:
expression-relationnelle
expression-égalité == expression-relationnelle
expression-égalité != expression-relationnelle

expression-et:
expression-égalité
expression-et & expression-égalité

expression-ou-exclusif:
expression-et
expression-ou-exclusif ^ expression-et

expression-ou-inclusif:
expression-ou-exclusif
expression-ou-inclusif | expression-ou-exclusif

expression-et-logique:
expression-ou-inclusif
expression-et-logique && expression-ou-inclusif

expression-ou-logique:
  expression-et-logique
  expression-ou-logique || expression-et-logique

expression-conditionnelle:
  expression-ou-logique
  expression-ou-logique ? expression : expression-affectation

expression-affectation:
  expression-conditionnelle
  expression-ou-logique opérateur-affectation expression-affectation
  expression-throw

opérateur-affectation: dans la liste suivante
  `=  *=  /=  %=  +=  -=  >>=  <<=  &=  ^=  |=`

expression:
  expression-affectation
  expression , expression-affectation

expression-constante:
  expression-conditionnelle

Les ambiguïtés de grammaire ont pour origine les similitudes entre les déclarations et les conversions.

Par exemple :

```
int x;

void f()
{
    char(x);    // conversion de x en char ou déclaration d'un char nommé x?
}
```

De telles ambiguïtés sont toujours résolues en déclaration. Cela signifie que "tout ce qui pourrait être interprété comme une déclaration est une déclaration". Par exemple :

```
T(a)->m;        // expression
T(a)++;         // expression

T(*e)(int(3));  // déclaration
T(f)[4];        // déclaration

T(a);           // déclaration
T(a)=m;         // déclaration
T(*b)();        // déclaration
T(x),y,z=7;     // déclaration
```

Cette levée de l'ambiguïté est purement syntaxique. La seule information utilisée pour un nom est celle qui indique si ce nom représente un nom de type ou un nom de modèle. Si on ne peut obtenir cette information, on suppose que le nom correspond à quelque chose qui n'est ni un modèle, ni un type.

La construction ***template id–nonQualifié*** permet d'établir que l'***id–nonQualifié*** correspond au nom d'un modèle dans un contexte où cet état de fait ne peut être déduit (voir § C.13.5).

A.6 Instructions

Voir § 6.3.

instruction:
  instruction-avec-label
  instruction-expression
  instruction-composée
  instruction-sélection
  instruction-itérative
  instruction-branchement
  instruction-déclaration
  bloc-try

instruction-avec-label:
  identificateur : instruction
  case expression-constante : instruction
  default : instruction

instruction-expression:
  expression(opt) ;

instruction-composée:
  { seq-instructions(opt) }

seq-instructions:
  instruction
  seq-instructions instruction

instruction-sélection:
  if (condition) instruction
  if (condition) instruction else instruction
  switch (condition) instruction

condition:
  expression
  seq-spécificateur-type déclarateur = expression-affectation

instruction-itérative:
  while (condition) instruction
  do instruction while (expression) ;
  for (instruction-init-for condition(opt) ; expression(opt)) instruction

instruction-init-for:
  instruction-expression
  déclaration-simple

instruction-branchement:
break ;
continue ;
return expression(opt) ;
goto identificateur ;

instruction-déclaration:
déclaration-bloc

A.7 Déclarations

La structure des déclarations est décrite dans le Chapitre 4, les énumérations dans le § 4.8, les pointeurs et tableaux dans le Chapitre 5, les fonctions dans le Chapitre 7, les espaces de noms dans le § 8.2, les directives pour l'édition des liens dans le § 9.2.4 et les classes de stockage dans le § 10.4.

seq-déclarations:
déclaration
seq-déclarations déclaration

déclaration:
déclaration-bloc
définition-fonction
déclaration-modèle
instanciation-explicite
spécialisation-explicite
spécification-liaison
définition-EspaceDeNoms

déclaration-bloc:
déclaration-simple
définition-asm
définition-alias-EspaceDeNoms
using-déclaration
using-directive

déclaration-simple:
seq-spécificateur-décl(opt) liste-déclarateur-init(opt) ;

spécificateur-décl:
spécificateur-classe-stokage
spécificateur-type
spécificateur-fonction
friend
typedef

seq-spécificateur-décl:
seq-spécificateur-décl(opt) spécificateur-décl

spécificateur-classe-stokage:
auto
register
static
extern
mutable

spécificateur-fonction:
inline
virtual
explicit

nom-typedef:
identificateur

spécificateur-type:
spécificateur-type-simple
spécificateur-classe
spécificateur-énum
spécificateur-type-élaboré
qualificatif-cv

spécificateur-type-simple:
::(opt) spécificateur-nom-imbriqué(opt) nom-type
::(opt) spécificateur-nom-imbriqué template(opt) id-modèle
char
wchar_t
bool
short
int
long
signed
unsigned
float
double
void

nom-type:
nom-classe
nom-enum
nom-typedef

spécificateur-type-élaboré:
clé-classe ::(opt) spécificateur-nom-imbriqué(opt) identificateur
enum ::(opt) spécificateur-nom-imbriqué(opt) identificateur
typename ::(opt) spécificateur-nom-imbriqué identificateur
typename ::(opt) spécificateur-nom-imbriqué template(opt) id-modèle

nom-enum:
identificateur

spécificateur-énum:
enum identificateur(opt) { liste-énumérateurs(opt) }

liste-énumérateurs:
définition-énumérateur
liste-énumérateurs , définition-énumérateur

définition-énumérateur:
énumérateur
énumérateur = expression-constante

énumérateur:
identificateur

nom-EspaceDeNoms:
nom-EspaceDeNoms-original
alias-EspaceDeNoms

nom-EspaceDeNoms-original:
identificateur

définition-EspaceDeNoms:
définition-EspaceDeNoms-nommé
définition-EspaceDeNoms-non-nommé

définition-EspaceDeNoms-nommé:
définition-EspaceDeNoms-originale
définition-EspaceDeNoms-extension

définition-EspaceDeNoms-originale:
namespace identificateur { corps-EspaceDeNoms }

définition-EspaceDeNoms-extension:
namespace nom-EspaceDeNoms-original { corps-EspaceDeNoms }

définition-EspaceDeNoms-non-nommé:
namespace { corps-EspaceDeNoms }

corps-EspaceDeNoms:
seq-déclarations(opt)

alias-EspaceDeNoms:
identificateur

définition-alias-EspaceDeNoms:
namespace identificateur = spécificateur-EspaceDeNoms-qualifié ;

spécificateur-EspaceDeNoms-qualifié:
::(opt) spécificateur-nom-imbriqué(opt) nom-EspaceDeNoms

using-déclaration:
using typename(opt) ::(opt) spécificateur-nom-imbriqué id-nonQualifié ;
using :: id-nonQualifié ;

using-directive:
using namespace ::(opt) spécificateur-nom-imbriqué(opt) nom-EspaceDeNoms ;

définition-asm:
asm (littérale-chaîne) ;

spécification-liaison:
extern littérale-chaîne { seq-déclarations(opt) }
extern littérale-chaîne déclaration

La grammaire autorise une imbrication arbitraire des déclarations. Certaines restrictions sémantiques s'appliquent cependant. Les fonctions imbriquées (fonctions définies comme locales pour les autres fonctions), par exemple, ne sont pas autorisées.

La liste des spécificateurs qui débutent une déclaration ne peut être vide (il n'existe pas de ***int*** implicite ; § B.2) et est constituée de la séquence la plus longue possible de spécificateurs. Par exemple :

```
typedef int I;
void f(unsigned I) { /* ... */ }
```

Dans ce code, ***f()*** reçoit un ***unsigned int*** non nommé.

Un ***asm()*** est une insertion de code assembleur. Sa signification dépend de l'implémentation, mais la chaîne doit représenter un bloc de code assembleur qui sera inséré dans le code généré, exactement là où il a été spécifié.

La déclaration d'une variable ***register*** signale au compilateur d'optimiser un accès fréquent. Ce type de déclaration est redondant avec la plupart des compilateurs modernes.

A.7.1 Les déclarateurs

Consultez le § 4.9.1, le Chapitre 5 (pointeurs et tableaux), le § 7.7 (pointeurs de fonction), et le § 15.5 (pointeurs de membre).

liste-déclarateur-init:
init-déclarateur
liste-déclarateur-init , init-déclarateur

init-déclarateur:
déclarateur initialiseur(opt)

déclarateur:
déclarateur-direct
ptr-opérateur déclarateur

déclarateur-direct:
id-déclarateur
déclarateur-direct (clause-déclaration-paramètre) seq-qualificatif-cv(opt) spécification-exception(opt)
déclarateur-direct [expression-constante(opt)]
(déclarateur)

ptr-opérateur:
** seq-qualificatif-cv(opt)*
&
*::(opt) spécificateur-nom-imbriqué * seq-qualificatif-cv(opt)*

seq-qualificatif-cv:
qualificatif-cv seq-qualificatif-cv(opt)

qualificatif-cv:
const
volatile

id-déclarateur:
::(opt) expression-id
::(opt) spécificateur-nom-imbriqué(opt) nom-type

id-type:
seq-spécificateur-type déclarateur-abstrait(opt)

seq-spécificateur-type:
spécificateur-type seq-spécificateur-type(opt)

déclarateur-abstrait:
ptr-opérateur déclarateur-abstrait(opt)
déclarateur-abstrait-direct

déclarateur-abstrait-direct:
déclarateur-abstrait-direct(opt) (clause-déclaration-paramètre) seq-qualificatif-cv(opt) spécification-exception(opt)
déclarateur-abstrait-direct(opt) [expression-constante(opt)]
(déclarateur-abstrait)

clause-déclaration-paramètre:
liste-déclaration-paramètre(opt) ...(opt)
liste-déclaration-paramètre , ...

liste-déclaration-paramètre:
déclaration-paramètre
liste-déclaration-paramètre , déclaration-paramètre

déclaration-paramètre:
seq-spécificateur-décl déclarateur

> ***seq-spécificateur-décl déclarateur = expression-affectation***
> ***seq-spécificateur-décl déclarateur-abstrait(opt)***
> ***seq-spécificateur-décl déclarateur-abstrait(opt) = expression-affectation***

définition-fonction:
> ***seq-spécificateur-décl(opt) déclarateur ctor-initialiseur(opt) corps-fonction***
> ***seq-spécificateur-décl(opt) déclarateur bloc-try-fonction***

corps-fonction:
> ***instruction-composée***

initialiseur:
> ***= clause-initialiseur***
> ***(liste-expression)***

clause-initialiseur:
> ***expression-affectation***
> ***{ initialiseur-list ,(opt) }***
> ***{ }***

initialiseur-list:
> ***clause-initialiseur***
> ***initialiseur-list , clause-initialiseur***

Un spécificateur ***volatile*** signale au compilateur qu'un objet pourrait changer sa valeur d'une façon qui n'est pas spécifiée par le langage de sorte qu'il est préférable d'éviter des optimisations agressives. On pourrait déclarer, par exemple, une horloge en temps réel :

extern const volatile clock;

Deux lectures successives de ***clock*** pourraient donner des résultats différents.

A.8 Classes

Consultez le Chapitre 10.

nom-classe:
> ***identificateur***
> ***id-modèle***

spécificateur-classe:
> ***Tête-classe { spécification-membre(opt) }***

Tête-classe:
> ***clé-classe identificateur(opt) clause-base(opt)***
> ***clé-classe spécificateur-nom-imbriqué identificateur clause-base(opt)***
> ***clé-classe spécificateur-nom-imbriqué template id-modèle clause-base(opt)***

clé-classe:
> ***class***
> ***struct***
> ***union***

spécification-membre:
déclaration-membre spécification-membre(opt)
spécificateur-accès : spécification-membre(opt)

déclaration-membre:
seq-spécificateur-décl(opt) liste-déclarateur-membre(opt) ;
définition-fonction ;(opt)
::(opt) spécificateur-nom-imbriqué template(opt) id-nonQualifié ;
using-déclaration
déclaration-modèle

liste-déclarateur-membre:
déclarateur-membre
liste-déclarateur-membre , déclarateur-membre

déclarateur-membre:
déclarateur spécificateur-pur(opt)
déclarateur initialiseur-constant(opt)
identificateur(opt) : expression-constante

spécificateur-pur:
= 0

initialiseur-constant:
= expression-constante

Pour préserver la compatibilité C, on peut déclarer avec le même nom une classe et une entité "non-classe" dans la même portée (§ 5.7). Par exemple :

```
struct stat { /* ... */ };
int stat(char* name, struct stat* buf);
```

Dans cet exemple, le nom simple (***stat***) est le nom de la "non-classe". On doit faire référence à la classe à l'aide d'un préfixe ***clé–classe***.

Les expressions constantes sont définies au § C.5.

A.8.1 Les classes dérivées

Consultez les Chapitres 12 et 15.

clause-base:
: liste-spécificateur-base

liste-spécificateur-base:
spécificateur-base
liste-spécificateur-base , spécificateur-base

spécificateur-base:
::(opt) spécificateur-nom-imbriqué(opt) nom-classe
virtual spécificateur-accès(opt) ::(opt) spécificateur-nom-imbriqué(opt) nom-classe

spécificateur-accès virtual(opt) ::(opt) spécificateur-nom-imbriqué(opt) nom-classe

spécificateur-accès:
private
protected
public

A.8.2 Les fonctions membres spéciales

Consultez le § 11.4 (les opérateurs de conversion), le § 10.4.6 (initialisation d'un membre de classe), et le § 12.2.2 (initialisation de base).

id-fonction-conversion:
operator id-type-conversion

id-type-conversion:
seq-spécificateur-type déclarateur-conversion(opt)

déclarateur-conversion:
ptr-opérateur déclarateur-conversion(opt)

ctor-initialiseur:
: liste-initialiseur-mem

liste-initialiseur-mem:
initialiseur-mem
initialiseur-mem , liste-initialiseur-mem

initialiseur-mem:
initialiseur-mem-id (liste-expression(opt))

initialiseur-mem-id:
::(opt) spécificateur-nom-imbriqué(opt) nom-classe
identificateur

A.8.3 La surcharge

Consultez le Chapitre 11.

id-fonction-opérateur:
operator opérateur

opérateur: dans la liste suivante

new	delete		new[]		delete[]							
+	-	*	/	%	^	&	|	~	!	=	<	>
+=	-=	*=	/=	%=	^=	&=	|=	<<	>>	>>=	<<=	==
!=	<=	>=	&&	||	++	--	,	->*	->	()	[]	

A.9 Modèles

Les modèles sont traités dans le Chapitre 13 et dans le § C.13.

déclaration-modèle:
    export(opt) template < liste-paramètre-modèle > déclaration

liste-paramètre-modèle:
    paramètre-modèle
    liste-paramètre-modèle , paramètre-modèle

paramètre-modèle:
    paramètre-type
    déclaration-paramètre

paramètre-type:
    class identificateur(opt)
    class identificateur(opt) = id-type
    typename identificateur(opt)
    typename identificateur(opt) = id-type
    template < liste-paramètre-modèle > class identificateur(opt)
    template < liste-paramètre-modèle > class identificateur(opt) = nom-modèle

id-modèle:
    nom-modèle < liste-argument-modèle(opt) >

nom-modèle:
    identificateur

liste-argument-modèle:
    argument-modèle
    liste-argument-modèle , argument-modèle

argument-modèle:
    expression-affectation
    id-type
    nom-modèle

instanciation-explicite:
    template déclaration

spécialisation-explicite:
    template < > déclaration

La spécification d'un argument modèle explicite peut être à l'origine d'une ambiguïté syntaxique. Considérez l'exemple suivant :

```
void h()
{
    f<1>(0);      // ambiguïté: ((f)<1) > (0) ou (f<1>)(0) ?
```

```
                // résolution: f<1> est appelée avec argument 0
}
```

La résolution est simple et efficace : si ***f*** est le nom d'un modèle, ***f<*** est le début d'un nom de modèle qualifié et les mots clés suivants (tokens) devront être interprétés dans ce sens ; sinon, **<** signifie inférieur à. De la même façon, le premier opérateur **<** non imbriqué termine une liste d'arguments modèles. Si l'opérateur supérieur à est requis, on doit introduire des parenthèses :

```
f< a>b >(0);        // erreur de syntaxe
f< (a>b) >(0);      // ok
```

Une ambiguïté lexicale analogue peut apparaître lorsque des **>** de fin sont trop raprochés. Par exemple :

```
list<vector<int>> lv1;    // erreur de syntaxe : >> inattendu (décalage à droite)
list< vector<int> > lv2;  // correct : liste de vecteurs
```

Notez l'espace entre les deux **>** ; **>>** est l'opérateur de décalage à droite.

A.10 Gestion des exceptions

Voir § 8.3 et Chapitre 14.

bloc-try:
    try instruction-composée seq-gestionnaire

bloc-try-fonction:
    try ctor-initialiseur(opt) corps-fonction seq-gestionnaire

seq-gestionnaire:
    gestionnaire seq-gestionnaire(opt)

gestionnaire:
    catch (exception-déclaration) instruction-composée

exception-déclaration:
    seq-spécificateur-type déclarateur
    seq-spécificateur-type déclarateur-abstrait
    seq-spécificateur-type
    ...

expression-throw:
    throw expression-affectation(opt)

spécification-exception:
    throw (liste-id-type(opt))

liste-id-type:
    id-type
    liste-id-type , id-type

A.11 Directives de préprocesseur

Le préprocesseur est un processeur de macros relativement peu sophistiqué qui fonctionne principalement sur des mots clés lexicaux (tokens) plutôt que sur des caractères individuels. En plus de la possibilité de définir et d'utiliser des macros (§ 7.8), le préprocesseur fournit des mécanismes pour inclure des fichiers texte et des en-têtes standard (§ 9.2.1) et une compilation conditionnelle fondée sur les macros (§ 9.3.3). Par exemple :

```
#if OPT==4
#include "header4.h"
#elif 0<OPT
#include "someheader.h"
#else
#include<cstdlib>
#endif
```

Toutes les directives d'un préprocesseur commencent par un #, qui doit être le premier caractère différent d'un espace sur sa ligne.

```
fichier-prétraitement:
        group(opt)

group:
        group-part
        group group-part

group-part:
        pp-tokens(opt) nouvelle-ligne
        section-if
        ligne-contrôle

section-if:
        groupe-if groupe-elifs(opt) groupe-else(opt) ligne-endif

groupe-if:
        # if expression-constante nouvelle-ligne group(opt)
        # ifdef identificateur nouvelle-ligne group(opt)
        # ifndef identificateur nouvelle-ligne group(opt)

groupe-elifs:
        groupe-elif
        groupe-elifs groupe-elif

groupe-elif:
        # elif expression-constante nouvelle-ligne group(opt)

groupe-else:
        # else nouvelle-ligne group(opt)
```

ligne-endif:
 # endif nouvelle-ligne

ligne-contrôle:
 # include pp-tokens nouvelle-ligne
 # define identificateur liste-remplacement nouvelle-ligne
 # define identificateur lparen identificateur-list(opt)) liste-remplacement nouvelle-ligne
 # undef identificateur nouvelle-ligne
 # line pp-tokens nouvelle-ligne
 # error pp-tokens(opt) nouvelle-ligne
 # pragma pp-tokens(opt) nouvelle-ligne
 # nouvelle-ligne

lparen:
le caractère parenthèse-gauche sans espace avant

liste-remplacement:
pp-tokens(opt)

pp-tokens:
MotClé-prétraitement
pp-tokens MotClé-prétraitement

nouvelle-ligne:
le caractère nouvelle-ligne

B

Compatibilité

Poursuivez en suivant vos habitudes, et je suivrai les miennes.

C. Napier

Compatibilité C/C++ — Les différences silencieuses entre C et C++ — Le code C non compatible C++ — Les fonctions désapprouvées — Le code C++ non compatible C — Comment gérer les anciennes implémentations C++ — Les en-têtes — La bibliothèque standard — Les espaces de noms — Les erreurs d'allocation — Les modèles — Les initialiseurs de l'instruction ***for***

B.1 Introduction

Cette annexe décrit les incompatibilités entre C et C++ et entre le langage C++ standard et ses versions précédentes. L'objectif est de documenter les différences qui peuvent se trouver à l'origine de problèmes pour le programmeur et d'indiquer des méthodes pour résoudre de tels problèmes. La plupart des problèmes de compatibilité surgissent lorsqu'on tente de mettre à niveau un programme C vers un programme C++, lorsqu'on tente de porter un programme C++ d'une version préstandard de ce langage vers une autre, ou lorsqu'on tente de compiler du C++ dans lequel apparaissent des fonctions récentes avec un compilateur plus ancien. L'objectif de ce chapitre n'est pas de vous inonder avec les détails de chaque problème de compatibilité qui serait susceptible d'apparaître dans une implémentation, mais plutôt de répertorier les problèmes qui apparaissent le plus souvent et de présenter des solutions standards.

Quand vous examinez les problèmes de compatibilité, il est très important de considérer la gamme des implémentations dans lesquelles un programme aura besoin de s'exécuter. Pour l'apprentissage du C++, il convient d'utiliser l'implémentation la plus complète possible. Pour la distribution d'un produit, une stratégie plus conservatrice pourrait permettre de maximiser le nombre de systèmes sur lesquels le produit pourrait s'exécuter. Cela était autrefois une raison (et quelquefois un prétexte) pour éviter les fonctions du C++ jugées originales. Cependant, les implémentations ont tendance à converger, il n'est donc plus nécessaire d'apporter une extrême attention aux besoins de portabilité entre plates-formes comme c'était le cas quelques années auparavant.

B.2 Compatibilité C/C++

A quelques exceptions mineures près, le C++ est un surensemble du C. La plupart des différences proviennent de l'intérêt beaucoup plus grand du C++ pour le contrôle des types. Les programmes C bien écrits sont pratiquement des programmes C++. Toutes les différences entre ces deux langages peuvent être diagnostiquées par un compilateur.

B.2.1 Les différences "silencieuses"

A de rares exceptions près, les programmes qui sont compatibles C++ et C ont la même signification dans les deux langages. Heureusement, ces " différences silencieuses" sont plutôt obscures :

En C, la taille d'une constante caractère et celle d'une énumération est égale à ***sizeof(int)***. En C++, ***sizeof('a')*** est égal à ***sizeof(char)***, et une implémentation C++ a la possibilité de choisir la taille la plus appropriée à une énumération (§ 4.8).

C++ fournit les commentaires // ; C ne le fait pas (bien que de nombreuses implémentations C les fournissent sous la forme d'une extension). On peut s'appuyer sur cette différence pour construire des programmes qui auront un comportement différent avec les deux langages. Par exemple :

```
int f(int a, int b)
{
        return a    //* peu probable */ b
              ;     /* irréaliste : point virgule sur une ligne distincte pour éviter une erreur de syntaxe */
}
```

Le langage C ISO est actuellement en cours de révision pour supporter les commentaires // du C++.

Un nom de structure déclaré dans une portée interne peut masquer le nom d'un objet, d'une fonction, d'un énumérateur, ou d'un type dans une portée extérieure. Par exemple :

```
int x[99];
void f()
{
        struct x { int a; };
        sizeof(x);          /* taille du tableau en C, taille de la structure en C++ */
}
```

B.2.2 Le code C non compatible C++

Les compilateurs n'ont aucun mal à détecter la plupart des incompatibilités C/C++ à l'origine des problèmes les plus réels. Cette section présente des exemples de code C non compatible C++. Une grande partie de ces exemples présentent un code mal écrit ou même obsolète dans un langage C moderne.

En C, on peut appeler la plupart des fonctions sans qu'elles aient été déclarées au préalable. Par exemple :

```
main()                                              /* mauvais style C. Non compatible C++ */
{
        double sq2 = sqrt(2);                       /* appel d'une fonction non déclarée */
        printf("la racine carrée de 2 est %g\n",sq2);  /* appel d'une fonction non déclarée */
}
```

On recommande généralement pour le langage C une utilisation complète et cohérente des déclarations de fonction (prototype de fonction). Quand ce conseil a été suivi, et en particulier quand des compilateurs C fournissent des options pour le forcer, le code C résultant est conforme à la règle C++. Quand des fonctions non déclarées sont appelées, vous devez connaître parfaitement bien les fonctions et les règles du C pour déterminer si vous avez fait une erreur ou introduit un problème de portabilité. La fonction ***main()***, par exemple, contiendrait au moins deux erreurs dans un programme C.

En langage C, une fonction déclarée sans spécifier le moindre type d'arguments peut recevoir un nombre quelconque d'arguments de tout type. Une telle pratique est jugée désuète en C standard, mais il n'est pas rare de la rencontrer.

```
void f();     /* Type d'argument non mentionné*/

void g()
{
        f(2);  /* Mauvais style C. Incompatible C++*/
}
```

En C, on peut définir les fonctions à l'aide d'une syntaxe qui spécifie éventuellement les types d'arguments après la liste des arguments :

```
void f(a,p,c) char *p; char c; { /* ... */ }      /* C. non compatible C++ */
```

Il faut réécrire de telles définitions :

```
void f(int a, char* p, char c) { /* ... */ }
```

En C et dans les versions préstandards de C++, le spécificateur de type par défaut est ***int***. Par exemple :

```
const a = 7;                    /* En C, on suppose le type int. Pas en C++ */
```

Le langage C ISO est en cours de révision pour ne plus permettre le type "***int*** implicite", afin de s'aligner sur les règles du C++.

Le C autorise la définition des structures dans les types retournés et les déclarations de types d'arguments. Par exemple :

```
struct S { int x,y; } f();          /* C. non compatible C++ */
void g(struct S { int x,y; } y);    /* C. non compatible C++ */
```

Les règles du C++ pour la définition des types rendent inutiles ces déclarations, et elles ne sont plus autorisées.

En langage C, on peut affecter des entiers à des variables de type énumération :

```
enum Direction { up, down };
Direction d = 1;                /* erreur: int affecté à Direction; ok en C */
```

C++ fournit beaucoup plus de mots clés que le langage C. Si un de ces mots clés apparaît comme identificateur dans un programme C, ce programme devra être modifié pour devenir compatible C++ :

Mots clés du C++ qui ne sont pas des mots clés du C

and	and_eq	asm	bitand	bitor	bool
catch	class	compl	const_cast	delete	dynamic_cast
explicit	export	false	friend	inline	mutable
namespace	new	not	not_eq	operator	or
or_eq	private	protected	public	reinterpret_cast	static_cast
template	this	throw	true	try	typeid
typename	using	virtual	wchar_t	xor	xor_eq

En C, certains mots clés C++ sont des macros définies dans les en-têtes standards :

Mots clés du C++ qui sont des macros du C

and	and_eq	bitand	bitor	compl	not
not_eq	or	or_eq	wchar_t	xor	xor_eq

Cela signifie que ces mots clés peuvent être testés en C avec ***#ifdef***, redéfinis, etc.

En C, un objet donnée global peut être déclaré plusieurs fois sans utiliser le spécificateur ***extern***. Tant qu'une déclaration au moins telle que celle-ci fournit un initialiseur, l'objet est considéré comme défini une seule fois.

Par exemple :

```
int i; int i;          /* définit ou déclare un seul entier 'i' ; non compatible C++*/
```

En C++, une entité doit être définie une fois et une seule (voir § 9.2.3).

En C++, une classe pourrait ne pas avoir le même nom qu'un ***typedef*** déclaré pour faire référence à un type différent dans la même portée (voir § 5.7).

En C, on peut utiliser un ***void**** comme opérande droite dans une affectation à, ou dans l'initialisation d'une variable de type pointeur. On ne peut pas le faire en C++ (§ 5.6). Par exemple :

```
void f(int n)
{
        int* p = malloc(n*sizeof(int));        /* Non compatible C++. En C++, allocation avec 'new' */
}
```

Le C autorise les branchements pour ignorer une initialisation, pas C++.

En C, une ***const*** globale possède une liaison externe par défaut ; ce n'est pas le cas en C++ et elle doit être initialisée, sauf si elle est explicitement déclarée en ***extern*** (§ 5.4).

En C, les noms des structures imbriquées sont placés dans la même portée que la structure dans laquelle ils sont imbriqués. Par exemple :

```
struct S {
        struct T { /* ... */ };
        // ...
};

struct T x;          /* ok signifie en C 'S::T x;'. Non compatible C++*/
```

En C, on peut initialiser un tableau avec un initialiseur qui possède plus d'éléments que n'en requiert le tableau. Par exemple :

```
char v[5] = "Oscar";     /* ok en C, le 0 de fin n'est pas utilisé. Non compatible C++*/
```

B.2.3 Les fonctions désapprouvées

En désapprouvant une fonction, le comité des standards exprime le souhait que cette fonction soit abandonnée. Ce comité n'a cependant pas le pouvoir de supprimer une fonction fortement utilisée — quel que soit la redondance ou le danger qu'elle représente. La désapprobation est donc une forte recommandation aux utilisateurs d'éviter la fonction.

Le mot clé ***static***, qui signifie généralement "alloué de façon statique", peut être utilisé pour indiquer qu'une fonction ou qu'un objet est local à une unité de traduction. Par exemple :

```
// file1:
        static int glob;

// file2:
        static int glob;
```

Ce programme possède effectivement deux entiers nommés ***glob***. Chaque ***glob*** est utilisé exclusivement par les fonctions définies dans son unité de traduction.

L'utilisation de ***static*** pour indiquer "local à l'unité de traduction" est désapprouvée en C++. Utilisez plutôt les espaces de noms non nommés (§ 8.2.5.1).

Les conversions de style C auraient du être désapprouvées quand les conversions "nouveau style" ont été introduites. Les programmeurs devraient envisager sérieusement de bannir les conversions de style C de leurs propres programmes. Quand une conversion de type explicite est nécessaire, ***static_cast***, ***reinterpret_cast***, ***const_cast***, ou une combinaison de ces dernières permettent d'obtenir le même résultat qu'une conversion de style C. Les conversions "nouveaux styles" devraient être choisies de préférence parce qu'elles sont plus explicites et plus visibles (§ a.2.7).

B.2.4 Le code C++ non compatible C

Cette section donne la liste des fonctionnalités proposées par C++, mais pas par C. Les fonctions sont triées par objectifs. De nombreuses classifications sont toutefois possibles et la plupart des fonctions répondent à plusieurs objectifs ; cette classification ne devrait donc pas être considérée trop sérieusement.

- Fonctionnalités principalement destinées à simplifier la notation :

1. // commentaires (§ 2.3); vont être introduits en C ;
2. le support des jeux de caractères limités (§ C.3.1) ;
3. le support des jeux de caractères étendus (§ C.3.3); va être introduit en C ;
4. l'initialiseur non constant pour les objets en mémoire ***static*** (§ 9.4.1) ;
5. ***const*** dans les expressions constantes (§ 5.4, § C.5) ;
6. les déclarations sous la forme d'instructions (§ 6.3.1) ;
7. les déclarations dans les initialiseurs d'instruction ***for*** et les conditions (§ 6.3.3, § 6.3.2.1) ;
8. les noms de structure n'ont pas besoin d'être préfixés par ***struct*** (§ 5.7).

- Fonctionnalités principalement destinées à renforcer le système des types :

1. le contrôle des types d'arguments de fonction (§ 7.1) ; va être introduit en C (§ B.2.2) ;
2. l'édition des liens sécurisé au niveau des types (§ 9.2, § 9.2.3) ;
3. la gestion de la mémoire dynamique à l'aide de ***new*** et de ***delete*** (§ 6.2.6, § 10.4.5, § 15.6) ;
4. ***const*** (§ 5.4, § 5.4.1) ; va être introduit en C ;
5. le type booléen ***bool*** (§ 4.2) ;
6. la nouvelle syntaxe des conversions (§ 6.2.7).

- Fonctionnalités pour les types définis par l'utilisateur :

1. les classes (voir Chapitre 10) ;
2. les fonctions membres (§ 10.2.1) et les classes membres (§ 11.12) ;
3. les constructeurs et les destructeurs (§ 10.2.3, § 10.4.1) ;
4. les classes dérivées (voir Chapitre 12 et 15) ;

5. les fonctions ***virtual*** et les classes abstraites (§ 12.2.6, § 12.3) ;
6. le contrôle d'accès public/protégé/privé (§ 10.2.2, § 15.3, § C.11) ;
7. les ***friend*** (§ 11.5) ;
8. les pointeurs de membre (§ 15.5, § C.12) ;
9. les membres ***static*** (§ 10.2.4) ;
10. les membres ***mutable*** (§ 10.2.7.2) ;
11. la surcharge des opérateurs (voir Chapitre 11) ;
12. les références (§ 5.5).

- Fonctionnalités principalement destinées à l'organisation du programme (en plus des classes) :

1. les modèles (voir Chapitre 13, § C.13) ;
2. les fonctions inline (§ 7.1.1) ;
3. les arguments par défaut (§ 7.5) ;
4. la surcharge des fonctions (§ 7.4) ;
5. les espaces de noms (§ 8.2) ;
6. la qualification explicite de la portée (opérateur *::* ; § 4.9.4) ;
7. la gestion des exceptions (§ 8.3, Chapitre 14) ;
8. l'identification du type à l'exécution ou RTTI (§ 15.4).

On peut utiliser les mots clés ajoutés par C++ (§ B.2.2) pour repérer la plupart des fonctionnalités spécifiques à ce langage. Certaines d'entre elles, cependant, comme la surcharge de fonction et les ***const*** dans les expressions constantes, ne sont pas identifiées par un mot clé. Pour compléter les fonctionnalités de langage répertoriées ici, la bibliothèque C++ (§ 16.1.2) est principalement spécifique à C++.

On peut utiliser la macro ***__cplusplus*** pour déterminer si un programme est pris en charge par un compilateur C ou un compilateur C++ (§ 9.2.4).

B.3 Comment gérer les anciennes implémentations C++

C++ a été constamment utilisé depuis 1983 (§ 1.4). Dans ce laps de temps, plusieurs versions ont été définies et de nombreuses implémentations développées séparément ont vu le jour. L'objectif fondamental des efforts de standardisation était de garantir une seule définition de C++ à partir de laquelle les implémenteurs et les utilisateurs pourraient travailler. Tant que la communauté C++ toute entière n'a pas accès à cette définition, nous devons prendre en compte le fait que toutes les implémentations ne fournissent pas chaque fonctionnalité décrite dans cet ouvrage.

Il est malheureusement fréquent que le premier contact avec C++ se fasse dans une implémentation vieille de cinq ans. La raison typique est que de telles implémentations sont largement disponibles et gratuites. S'il a le choix, aucun professionnel qui se respecte ne touchera à une telle antiquité. Pour un débutant, les implémentations les plus anciennes s'accompagnent de coûts cachés importants. La pauvreté des fonctionnalités de langage et du support de bibliothèque implique que le débutant doit affronter des problèmes qui ont été éliminés dans les implémentations plus récentes. L'utilisation d'une implémentation plus ancienne avec une fonctionnalité réduite fausse également le style de programmation du débutant et donne une vue préconçue de la nature du C++. Le meilleur sous-ensemble de C++ pour débuter son apprentissage n'est *pas* l'ensemble des fonctions de bas niveau (ni le sous-ensemble commun au C et au C++ ; § 1.2). Nous recommandons, en particulier, de s'appuyer sur la bibliothèque standard et sur les modèles pour faciliter l'apprentissage et pour obtenir une bonne impression initiale de ce que signifie programmer en C++.

La première version commercialisée de C++ date de fin 1985. Le langage a été défini par la première édition de cet ouvrage. Le langage C++ n'offrait pas, à ce-moment là, les héritages multiples, les modèles, les informations concernant les types à l'exécution, les exceptions, ou les espaces de noms. Il n'y a aucune raison, aujourd'hui, pour utiliser une implémentation qui ne fournit pas au moins une partie de ces fonctionnalités. J'ai ajouté les héritages multiples, les modèles, et les exceptions à la définition de C++ en 1989. Le support de départ pour les modèles et les exceptions était cependant irrégulier et souvent insuffisant. Si vous rencontrez des problèmes avec les modèles ou les exceptions dans une implémentation plus ancienne, envisagez immédiatement de la mettre à niveau.

En général, il est judicieux d'utiliser une implémentation conforme aux standards et de minimiser la dépendance vis-à-vis d'aspects du langage non définis et définis par l'implémentation. Concevez comme si le langage complet était disponible puis effectuez toutes les tâches "d'habillage" requises. Vous obtiendrez ainsi des programmes mieux organisés et plus faciles à maintenir qu'avec une conception orientée vers le sous-ensemble plus-petit-dénominateur-commun du C++. Assurez-vous également de n'utiliser des extensions de langage spécifiques à l'implémentation qu'en cas de nécessité absolue.

B.3.1 Les en-têtes

Traditionnellement, chaque fichier d'en-tête à un suffixe ***.h***. Les implémentations C++ ont ainsi fourni des en-têtes tels que ***<map.h>*** et ***<iostream.h>***. La plupart le font encore pour des raisons de compatibilité.

Le choix d'un nom pour ces en-têtes est devenu un problème quand le comité des standards a eu besoin d'en-têtes pour les versions redéfinies des bibliothèques standards et pour les fonctionnalités de bibliothèque nouvellement ajoutées. L'utilisation des anciens noms ***.h*** aurait causé des problèmes de compatibilité. La solution était d'abandonner le suffixe ***.h*** dans les noms d'en-têtes standards. Ce suffixe est de toute façon redondant puisque la notation **< >** indique que le nom est celui d'un en-tête standard.

La bibliothèque standard fournit ainsi des en-têtes sans suffixe tels que ***<iostream>*** et ***<map>***. Les déclarations dans ces fichiers sont placées dans l'espace de noms ***std***. Les en-têtes plus anciens placent leurs déclarations dans l'espace de noms global et utilisent un suffixe ***.h***. Examinez le code suivant :

```
#include<iostream>

int main()
{
	std::cout << "Hello, world!\n";
}
```

Si ce code ne peut être compilé sur une implémentation, essayez la version plus traditionnelle :

```
#include<iostream.h>

int main()
{
        cout << "Hello, world!\n";
}
```

Les en-têtes inconsistants sont à l'origine d'une partie des problèmes de portabilité les plus sérieux. Les en-têtes standards sont peu souvent en cause. Un programme dépend souvent d'un grand nombre d'en-têtes qui ne sont pas présents sur tous les systèmes, d'un grand nombre de déclarations qui n'apparaissent pas dans les mêmes en-têtes sur tous les systèmes, et de déclarations qui apparaissent comme étant standards (parce qu'on les trouve dans des en-têtes avec des noms standards), mais qui ne font partie d'aucun standard.

Il n'existe pas d'approche complètement satisfaisante pour gérer la portabilité face à des en-têtes inconsistants. Il convient d'éviter les dépendances directes vis-à-vis de ce type d'en-têtes et de localiser les dépendances restantes. Nous tentons donc d'obtenir la portabilité *via* l'indirection et la localisation. Si les déclarations dont nous avons besoin, par exemple, étaient fournies dans différents en-têtes dans des systèmes différents, nous pourrions choisir d'inclure (***#include***) un en-tête spécifique à l'application qui inclurait à son tour les en-têtes appropriés pour chaque système. De la même façon, si une fonctionnalité était fournie sous une forme légèrement différente sur différents systèmes, nous pourrions choisir d'accéder à cette fonctionnalité *via* des fonctions et des classes d'interface spécifiques à l'application.

B.3.2 La bibliothèque standard

Certaines parties de la bibliothèque standard vont naturellement manquer dans des implémentations C++ préstandards. La plupart d'entre elles contiendront les ***iostream***, le type ***complex*** non modélisé, une classe ***string*** différente, et la bibliothèque standard C. Cependant, les classes ***map***, ***list***, ***valarray***, etc. manqueront dans certaines d'entre elles. Dans ce cas, utilisez les bibliothèques disponibles (typiquement propriétaires) de façon à permettre une conversion lorsque votre implémentation sera mise au niveau du standard. Il est généralement préférable d'utiliser des classes ***string***, ***list***, et ***map*** non standards plutôt que de revenir à une programmation de style C en l'absence de ces classes de bibliothèque standards. De bonnes implémentations de la partie STL de la bibliothèque standard (voir Chapitre 16, 17, 18, et 19) sont également disponibles gratuitement en téléchargement.

Les premières implémentations de la bibliothèque standard était incomplètes. Certaines proposaient, par exemple, des conteneurs qui ne supportaient pas les allocateurs et d'autres imposaient que les allocateurs soient spécifiés explicitement pour chaque classe. On rencontrait des problèmes similaires pour d'autres "arguments de règle", tels que les critères de comparaison. Par exemple :

```
list<int> li;                     // ok, mais certaines implémentations nécessitent un allocateur
list<int,allocator<int> > li2;    // ok, mais certaines implémentations n'implémentent pas d'allocateurs

map<string,Record> m1;            // ok, mais certaines implémentations nécessitent une opération-moins
map<string,Record,less<string> > m2;
```

Utilisez toute version qu'une implémentation peut accepter. Les implémentations les accepteront toutes par la suite.

Les premières implémentations C++ fournissaient ***istrstream*** et ***ostrstream*** définis dans ***<strstream.h>*** plutôt que ***istringstream*** et ***ostringstream*** définis dans ***<sstream>***. Les flux ***strstream*** opéraient directement sur un ***char[]*** (voir § 21.10[26]).

Les flux des premières implémentations préstandard-C++ n'étaient pas paramétrés. Les modèles préfixés avec ***basic_***, en particulier, étaient nouveaux dans le standard et la classe de ***basic_ios*** était nommée ***ios***. Assez curieusement, ***iostate*** était nommé ***io_state***.

B.3.3 Les espaces de noms

Si votre implémentation ne supporte pas les espaces de noms, utilisez les fichiers sources pour représenter la structure logique du programme (voir Chapitre 9). De la même façon, utilisez les fichiers d'en-têtes pour exprimer les interfaces que vous fournirez pour vos implémentations ou qui seront partagées avec le C.

En l'absence des espaces de noms, utilisez ***static*** pour compenser l'absence des espaces de noms non nommés. Attribuez aussi un préfixe d'identification aux noms globaux pour distinguer vos noms de ceux des autres parties du code. Par exemple :

```
// à utiliser sur les implémentations pré-espace de noms :

class bs_string { /* ... */ };                    // chaîne de Bjarne
typedef int bs_bool;                              // type booléen de Bjarne
class joe_string;                                 // chaîne de Joe
enum joe_bool { joe_false, joe_true };            // booléen de Joe
```

Choisissez soigneusement vos préfixes. Les bibliothèques C et C++ existantes sont inondées de tels préfixes.

B.3.4 Les erreurs d'allocation

Dans les versions de C++ pré-gestion des exceptions, l'opérateur ***new*** retournait ***0*** pour signaler l'échec d'une allocation. Ce même opérateur avec le C++ standard déclenche par défaut l'exception ***bad_alloc***.

En général, il est préférable de convertir vers le standard. Dans ce cas, cela se traduit par une modification du code pour détecter ***bad_alloc*** plutôt que de tester la valeur retournée ***0***. Il est de toute façon toujours difficile sur de nombreux systèmes de prendre en charge un épuisement de mémoire autrement qu'en affichant un simple message d'erreur.

Cependant, quand on ne peut convertir le test de ***0*** en une capture de ***bad_alloc***, on peut quelquefois modifier le programme pour revenir à un comportement de type pré-gestion des exceptions. Si aucun ***_new_handler*** n'est installé, l'utilisation de l'allocateur ***nothrow*** provoquera le renvoi de la valeur 0 en cas d'échec d'une allocation :

```
X* p1 = new X;                  // déclenche bad_alloc en cas d'épuisement de la mémoire
X* p2 = new(nothrow) X;         // retourne 0 en cas d'épuisement de la mémoire
```

B.3.5 Les modèles

Le standard a introduit de nouvelles fonctions modèles et a clarifié les règles pour les fonctions existantes.

Si votre implémentation ne supporte pas une spécialisation partielle, attribuez un nom distinct à un modèle qui aurait dû être une spécialisation. Par exemple :

```
template<class T> class plist : private list<void*> {     // aurait dû être list<T*>
        // ...
};
```

Si votre implémentation ne supporte pas les modèles membres, certaines techniques seront inaccessibles. Ces modèles permettent aux programmeurs, en particulier, de spécifier des constructions et des conversions avec une souplesse que l'on ne pourrait obtenir sans eux (§ 13.6.2). On a quelquefois la possibilité de fournir une fonction non membre qui construit un objet. Considérez le code suivant :

```
template<class T> class X {
        // ...
        template<class A> X(const A& a);
};
```

En l'absence des modèles membres, nous devons nous restreindre aux types spécifiques :

```
template<class T> class X {
        // ...
        X(const A1& a);
        X(const A2& a);
        // ...
};
```

La plupart des premières implémentations généraient des définitions pour toutes les fonctions membres définies dans une classe modèle lorsque cette classe modèle était instanciée. Cela pourrait introduire des erreurs dans les fonctions membres inutilisées (§ C.13.9.1). La solution consiste à placer la définition des fonctions membres après la déclaration de la classe. Par exemple, plutôt que de coder :

```
template<class T> class Container {
        // ...
public:
        void sort() { /* use < */ }          // définition dans la classe
};

class Glob { /* no < for Glob */ };

Container<Glob> cg;                           // certaines implémentations pré-standard tentent de définir
Container<Glob>::sort()
```

Codez :

```
template<class T> class Container {
        // ...
public:
        void sort();
};

template<class T> void Container<T>::sort() { /* use < */ }
```

```
class Glob { /* no < for Glob */ };           // définition hors de la classe

Container<Glob> cg;                           // pas de problème tant que cg.sort() n'est pas appelée
```

Les premières implémentations de C++ ne géraient pas l'utilisation des membres définis plus tard dans une classe. Par exemple :

```
template<class T> class Vector {
public:
        T& operator[](size_t i) { return v[i]; }    // v déclaré ci-dessous
        // ...
private:
        T* v;                                        // introuvable !
        size_t sz;
};
```

Dans de tels cas, vous pouvez trier les déclarations de membres pour éviter de rencontrer le problème ou placer la définition de la fonction membre après la déclaration de la classe.

Certaines implémentations préstandards C++ n'acceptent pas les arguments par défaut pour les modèles (§ 13.4.1). Dans ce cas, chaque paramètre modèle doit recevoir un argument explicite. Par exemple :

```
template<class Key, class T, class LT = less<T> > class map {
        // ...
};

map<string,int> m;                       // arguments modèles par défaut non implémentés !
map< string,int,less<string> > m2;       // il faut être explicite
```

B.3.6 Les initialiseurs de l'instruction for

Considérez le code suivant :

```
void f(vector<char>& v, int m)
{
        for (int i= 0; i<v.size() && i<=m; ++i) cout << v[i];

        if (i == m) {        // erreur: on fait référence à i après la fin de l'instruction for
                // ...
        }
}
```

Ce code fonctionnait parce que, dans la définition originale de C++, la portée de la variable contrôlée s'étendait jusqu'à la fin de la portée dans laquelle l'instruction ***for*** apparaissait. Si vous rencontrez ce type de code, déclarez simplement la variable contrôlée avant l'instruction ***for*** :

```
void f2(vector<char>& v, int m)
{
        int i= 0;            // i requise après la boucle
        for (; i<v.size() && i<=m; ++i) cout << v[i];

        if (i == m) {
                // ...
        }
}
```

C

Considérations techniques

Il existe toujours une raison,
au plus profond de soi et de l'univers.

Slartibartfast

Les promesses du standard — Les jeux de caractères — Les littérales entier$$ — Les expressions constantes — Promotions et conversions — Les tableaux multidimensionnels — Champs et unions — La gestion de mémoire — La récupération de mémoire — Les espaces de noms — Le contrôle d'accès — Les pointeurs de données membres — Les modèles — Les membres ***static*** — Les ***friend*** — Les modèles comme paramètres de modèle — Déduction des arguments de modèle — Qualifications ***typename*** et ***template*** — L'instanciation — La liaison des noms — Modèles et espaces de noms — Instanciation explicite — Conseils

C.1 Introduction et présentation

Ce chapitre présente les détails techniques et les exemples, qui n'ont pas trouvé leur place dans notre présentation des principales fonctionnalités du langage C++ et de leurs utilisations. Ces détails peuvent avoir de l'importance lors de l'écriture d'un programme ; ils peuvent même être essentiels si vous désirez lire du code dans lequel ils apparaissent. Nous les considérons néanmoins comme des détails techniques et, en tant que tels, ils ne devraient pas distraire de la tâche principale d'un étudiant qui consiste à apprendre à utiliser le C++ aussi bien que possible, ou de la tâche principale d'un programmeur qui consiste à exposer ses idées de manière aussi claire et directe que possible en C++.

C.2 Le standard

Contrairement à une croyance répandue, le strict respect du standard du langage C++ et de la bibliothèque ne garantit pas la production d'un bon code, ni même celle d'un code portable. Le standard n'indique pas si une pièce de code est bonne ou mauvaise. Il constitue simplement pour le programmeur une base à partir de laquelle il peut travailler dans une implémentation. Il est tout à fait possible de créer des programmes épouvantables, mais parfaitement conformes au standard, et la plupart des programmes du monde réel s'appuient sur des fonctionnalités non couvertes par le standard.

Un grand nombre de choses importantes sont considérées par le standard comme définies par l'implémentation. Cela signifie que chaque implémentation doit fournir un comportement spécifique, bien défini pour une construction et documenté. Par exemple :

```
unsigned char c1 = 64;    // bien défini : un char possède au moins 8 bits et peut toujours en contenir 64
unsigned char c2 = 1256;  // défini par l'implémentation : troncation si un char possède seulement 8 bits
```

L'initialisation de ***c1*** est bien définie, car un ***char*** doit être constitué d'au moins 8 bits. Cependant, le nombre de bits dans un ***char*** étant défini par l'implémentation, le comportement de l'initialisation de ***c2*** est défini par l'implémentation. Si le char ne possède que 8 bits, la valeur 1 256 sera tronquée en 232 (§ C.6.2.1). La plupart des fonctions définies par l'implémentation sont relatives aux différences du matériel utilisé pour exécuter un programme.

Lorsqu'on crée des programmes, il est généralement nécessaire de s'appuyer sur un comportement défini par l'implémentation. C'est le prix à payer pour être capable d'opérer efficacement sur une large gamme de systèmes. Le langage aurait été beaucoup plus simple si, par exemple, tous les caractères avaient été sur 8 bits et tous les entiers sur 32 bits. Cependant, les jeux de caractères 16 bits et 32 bits ne sont pas rares, et les entiers trop grands pour être contenus dans 32 bits ne le sont pas non plus. De nombreux ordinateurs, par exemple, ont maintenant des disques d'une capacité supérieure à 32 Go. Des entiers 48 bits ou 64 bits peuvent donc être utiles pour représenter des adresses disque.

Pour maximiser la portabilité, il est judicieux d'indiquer explicitement les fonctions définies par l'implémentation sur lesquelles on s'appuie et d'isoler les exemples les plus subtils dans des sections bien repérées d'un programme. Un exemple typique de cette méthode est la représentation de toutes les dépendances des tailles matérielles sous la forme de constantes et de définitions de type dans un fichier en-tête. La bibliothèque standard fournit ***numeric_limits*** (§ 22.2) pour supporter de telles techniques.

Un comportement indéfini est très dangereux. Une construction est considérée comme *indéfinie* par le standard si aucun comportement raisonnable n'est requis par une implémentation. En règle générale, un programme utilisant une fonctionnalité indéfinie se comportera très mal avec une technique d'implémentation évidente. Par exemple :

```
const int size = 4*1024;
char page[size];

void f()
{
        page[size+size] = 7;        // indéfini
}
```

Un résultat plausible de ce fragment de code pourrait être l'écrasement de données sans relation et le déclenchement d'une erreur/exception matérielle. On n'impose pas à une implémentation de choisir parmi des résultats plausibles. Lorsque de puissants optimiseurs sont utilisés, les effets réels du comportement indéfini peuvent devenir complètement imprévisibles. Si un ensemble de solutions de rechange facilement implémentables existe, une fonctionnalité sera considérée comme définie par l'implémentation, et non comme indéfinie.

Il ne faut pas hésiter à passer beaucoup de temps et à dépenser beaucoup d'énergie pour s'assurer qu'un programme n'utilise pas quelque chose susceptible d'être jugé indéfini par le standard. Dans de nombreux cas, des outils existent pour vous aider dans cette tâche.

C.3 Jeux de caractères

Les exemples de ce livre sont écrits à l'aide de la variante U.S du jeu de caractères 7 bits international ISO 646-1983 nommé ASCII (ANSI 3.4-1968). Dans un environnement avec un jeu de caractères différent, trois problèmes peuvent se poser aux utilisateurs du C++ :

1. Le jeu de caractères ASCII contient des caractères de ponctuation et des symboles opérateurs — tels que], { et ! — qui ne sont pas disponibles dans tous les jeux de caractères.
2. Nous avons besoin d'une notation pour les caractères qui ne possèdent pas de représentation pratique (par exemple, la nouvelle ligne et "le caractère de valeur 17").
3. Le jeu de caractères ASCII ne contient pas les caractères — tels que ζ, æ et Π — utilisés dans certaines langues étrangères.

C.3.1 Les jeux de caractères limités

Les caractères ASCII spéciaux [,], {, }, | et \ occupent dans le jeu de caractères des positions désignées comme alphabétiques par l'organisation ISO. Dans la plupart des jeux de caractères ISO-646 nationaux européens, ces positions seront occupées par des lettres absentes de l'alphabet anglais. Le jeu de caractères national danois, par exemple, les utilise pour les voyelles Æ, œ, Ø, ø, Å et å. On ne peut rédiger un texte dans cette langue si ces voyelles sont absentes.

Un ensemble de trigrammes permet d'exprimer les caractères nationaux d'une façon portable à l'aide d'un jeu de caractères minimal vraiment standard. Cela peut simplifier l'échange de programmes, mais ne facilite pas la lecture de ces derniers. Une solution à long terme consiste, bien sûr, pour les programmeurs C++, à acquérir un équipement qui supporte à la fois leur langage natif et C++. Pour certains d'entre eux, cela semble difficilement réalisable, et l'introduction d'un nouvel équipement est un processus dont la lenteur s'avère souvent frustrante. C++ offre des solutions de rechange pour les programmeurs dont le jeu de caractères est incomplet :

<table>
<tr><th colspan="2">Mots clés</th><th colspan="2">Digrammes</th><th colspan="2">Trigrammes</th></tr>
<tr><td>and</td><td>&&</td><td><%</td><td>{</td><td>??=</td><td>#</td></tr>
<tr><td>and_eq</td><td>&=</td><td>%></td><td>}</td><td>??(</td><td>[</td></tr>
<tr><td>bitand</td><td>&</td><td><:</td><td>[</td><td>??<</td><td>{</td></tr>
<tr><td>bitor</td><td>|</td><td>:></td><td>]</td><td>??/</td><td>\</td></tr>
<tr><td>compl</td><td>~</td><td>%:</td><td>#</td><td>??)</td><td>]</td></tr>
<tr><td>not</td><td>!</td><td>%:%:</td><td>##</td><td>??></td><td>}</td></tr>
<tr><td>or</td><td>||</td><td></td><td></td><td>??'</td><td>^</td></tr>
<tr><td>or_eq</td><td>|=</td><td></td><td></td><td>??!</td><td>|</td></tr>
<tr><td>xor</td><td>^</td><td></td><td></td><td>??-</td><td>~</td></tr>
<tr><td>xor_eq</td><td>^=</td><td></td><td></td><td>???</td><td>?</td></tr>
<tr><td>not_eq</td><td>!=</td><td></td><td></td><td></td><td></td></tr>
</table>

Les programmes, qui utilisent les mots clés et les digrammes, sont beaucoup plus faciles à lire que les programmes équivalents utilisant les trigrammes. Si des caractères, tels que *{*, ne sont pas disponibles, les trigrammes deviennent nécessaires pour placer les caractères "manquants" dans des chaînes et des constantes caractères. Par exemple, *{* devient *??<*.

Certaines personnes préfèrent ajouter des mots clés tels que ***and*** à leur notation opérateur traditionnelle.

C.3.2 Les caractères d'échappement

Certains langages utilisent, par exemple, le slash inversé comme caractère d'échappement :

Nom	*Nom ASCII*	*Nom C++*
Nouvelle ligne	NL (LF)	\n
Tabulation horizontale	HT	\t
Tabulation verticale	VT	\v
Retour-arrière	BS	\b
Retour chariot	CR	\r
Saut de page	FF	\f
Alerte	BEL	\a
Slash inversé	\	\\

Nom	*Nom ASCII*	*Nom C++*
Point d'interrogation	?	\?
Guillemet simple	'	\'
Guillemet double	"	\"
Nombre octal	ooo	\ooo
Nombre hexadécimal	hhh	\xhhh ...

Malgré leur apparence, il s'agit de caractères uniques.

On peut représenter un caractère sous la forme d'un nombre octal en un, deux ou trois chiffres (\ suivi de chiffres en octal) ou sous la forme d'un nombre hexadécimal (\x suivi de chiffres hexadécimaux). Le nombre de chiffres hexadécimaux dans la séquence n'est pas limité. Une séquence de chiffres en octal ou hexadécimaux se termine avec le premier caractère qui n'est pas un chiffre en octal ou un chiffre hexadécimal, respectivement. Par exemple :

Octal	*Hexadécimal*	*Décimal*	*ASCII*
'\6'	'\x6'	6	ACK
'\60'	'\x30'	48	'0'
'\137'	'\x05f'	95	'_'

On peut ainsi représenter chaque caractère dans le jeu de caractères de la machine et, en particulier, insérer de tels caractères dans les chaînes (voir § 5.2.2). Si les caractères sont représentés en notation numérique, le programme ne sera pas portable entre deux machines dont les jeux de caractères sont différents.

Il est possible d'inclure plusieurs caractères dans une littérale caractère, comme 'ab' par exemple. Cependant, de telles pratiques sont archaïques, dépendantes de l'implémentation et il est préférable de les éviter.

Lorsqu'on insère une constante numérique dans une chaîne à l'aide de la notation octale, il est judicieux de toujours utiliser trois chiffres pour le nombre. Cette notation est assez difficile à déchiffrer sans avoir, en plus, à se préoccuper de savoir si le caractère après une constante est un chiffre. Pour les constantes hexadécimales, utilisez deux chiffres. Considérez les exemples suivants :

```
char v1[] = "a\xah\129";     // 6 caracts : 'a' '\xa' 'h' '\12' '9' '\0'
char v2[] = "a\xah\127";     // 5 caracts : 'a' '\xa' 'h' '\127' '\0'
char v3[] = "a\xad\127";     // 4 caracts : 'a' '\xad' '\127' '\0'
char v4[] = "a\xad\0127";    // 5 caracts : 'a' '\xad' '\012' '7' '\0'
```

C.3.3 Les jeux de caractères étendus

Un programme C++ pourrait être écrit et présenté à l'utilisateur dans des jeux beaucoup plus riches que le jeu de 127 caractères ASCII. Lorsqu'une implémentation supporte des jeux de caractères plus étendus, les identificateurs, les commentaires, les constantes caractères et les chaînes peuvent contenir des caractères tels que å, β et Γ. Pour que l'implémentation soit portable, ces caractères doivent être associés à un codage uniquement constitué de caractères disponibles pour tout utilisateur C++. Cette traduction vers le jeu de caractères source de base C++ (le jeu utilisé dans cet ouvrage) se produit en principe avant tout autre traitement de la part du compilateur. Elle n'a donc aucune influence sur la sémantique du programme.

Le codage standard des caractères depuis des jeux étendus vers des jeux plus réduits supportés directement par C++ se présente sous la forme de séquences de quatre ou huit chiffres hexadécimaux :

nom-caractère-universel :
UXXXXXXXX
uXXXX

X représente ici un chiffre hexadécimal (par exemple, **\u1e2b**). La notation plus courte **\uXXXX** est équivalente à \U0000XXXX. Un nombre de chiffres hexadécimaux différent de quatre ou de huit constitue une erreur lexicale.

Un programmeur peut utiliser directement ces codages de caractères. Ils sont cependant principalement destinés à permettre à une implémentation, qui utilise en interne un jeu de caractères réduits, de gérer des caractères provenant d'un jeu plus étendu.

Si vous vous appuyez sur des environnements spéciaux pour fournir le jeu de caractères étendu nécessaire aux identificateurs, le programme perd de sa portabilité. Un programme est difficile à lire si vous ne maîtrisez pas le langage naturel utilisé pour les identificateurs et les commentaires. Par conséquent, il est préférable d'adopter l'anglais et les caractères ASCII dans des programmes utilisés à l'échelle internationale.

C.3.4 Les caractères signés et non signés

Le fait qu'un char ordinaire soit considéré comme signé ou non signé ne dépend que de l'implémentation. Il s'agit bien sûr d'une source de surprises désagréables et de dépendances vis-à-vis de l'implémentation. Par exemple :

```
char c = 255;     // 255 est ``tout à 1'', 0xFF en hexadécimal
int i = c;
```

Quelle sera la valeur de ***i*** ? La réponse est malheureusement indéfinie. Dans toutes les implémentations que nous connaissons, la réponse dépend de la signification du modèle de bits ***char*** "tout à un" lorsqu'on l'étend à un ***int***. Sur une machine SGI Challenge, un ***char*** est non signé, la réponse est donc ***255***. Sur un Sun SPARC ou un IBM PC, sur lesquels un ***char*** est signé, la réponse est ***–1***. Dans ce cas, le compilateur pourrait émettre un avertissement concernant la conversion de la littérale 255 vers la valeur char ***–1***. C++ ne propose cependant pas de mécanisme général pour détecter ce type de problème. Une solution consiste à éviter les ***char*** ordinaires et utiliser uniquement des types ***char*** spécifiques. Certaines fonctions de bibliothèque standard, telles que ***strcmp()***, ne prennent malheureusement en compte que les ***char*** ordinaires (§ 20.4.1).

Un ***char*** doit se comporter de la même façon qu'un ***signed char*** ou qu'un ***unsigned char***. Ces trois types de ***char*** sont toutefois distincts. Vous ne pouvez donc mélanger des pointeurs de types ***char*** différents.

Par exemple :

```
void f(char c, signed char sc, unsigned char uc)
{
        char* pc = &uc;              // erreur : pas de conversion de pointeur
        signed char* psc = pc;       // erreur : pas de conversion de pointeur
        unsigned char* puc = pc;     // erreur : pas de conversion de pointeur
        psc = puc;                   // erreur : pas de conversion de pointeur
}
```

Des variables des trois types ***char*** peuvent être librement affectées entre elles. Attention toutefois au résultat indéfini de l'affectation d'une valeur trop large à un type ***char*** signé (§ C.6.2.1). Par exemple :

```
void f(char c, signed char sc, unsigned char uc)
{
        c = 255;     // indéfini si les char ordinaires sont signés et sur 8 bits

        c = sc;      // ok
        c = uc;      // indéfini si les char ordinaires sont signés et si la valeur de uc est trop grande
        sc = uc;     // indéfini si la valeur de uc est trop grande
        uc = sc;     // ok : conversion en non signé
        sc = c;      // indéfini si les char ordinaires ne sont pas signés et si la valeur de uc est trop grande
        uc = c;      // ok : conversion en non signé
}
```

Aucun de ces problèmes potentiels ne se produira si vous utilisez partout les ***char*** ordinaires.

C.4 Types de littérales entier

Le type d'une littérale entier dépend en général de sa forme, de sa valeur et de son suffixe :

- S'il s'agit d'un décimal sans suffixe, il appartient au premier de ces types dans lequel sa valeur peut être représentée : ***int***, ***long int***, ***unsigned long int***.
- S'il s'agit d'un octal ou d'un hexadécimal sans suffixe, il appartient au premier de ces types dans lequel sa valeur peut-être représentée : ***int***, ***unsigned int***, ***long int***, ***unsigned long int***.
- S'il est suffixé par ***u*** ou ***U***, il appartient au premier de ces types dans lequel sa valeur peut être représentée : ***unsigned int***, ***unsigned long int***.
- S'il est suffixé par ***l*** ou ***L***, il appartient au premier de ces types dans lequel sa valeur peut être représentée : ***long int***, ***unsigned long int***.
- S'il est suffixé par ***ul***, ***lu***, ***uL***, ***Lu***, ***Ul***, ***lU***, ***LU*** ou ***UL***, son type est ***unsigned long int***.

100000, par exemple, est de type ***int*** sur une machine possédant des ***int*** 32 bits, mais il sera de type ***long int*** sur une machine avec des ***int*** 16 bits et des ***long*** 32 bits. De la même façon, ***0XA000*** est de type ***int*** sur une machine avec des ***int*** 32 bits, mais de type ***unsigned int*** sur une machine avec des ***int*** 16 bits. De telles dépendances vis-à-vis de l'implémentation peuvent être évitées en utilisant des suffixes : 100000L est de type ***long int*** et 0XLA000U est de type ***unsigned int*** sur toutes les machines.

C.5 Expressions constantes

En C++, certains emplacements doivent recevoir une expression constante : les limites de tableau (§ 5.2), les étiquettes ***case*** (§ 6.3.2) et les initialiseurs pour les énumérateurs (§ 4.8). Une expression constante s'évalue en une constante intégrale ou énumération. Une telle expression est composée de littérales (§ 4.3.1, § 4.4.1, § 4.5.1), des énumérateurs (§ 4.8) et de ***const*** initialisés par des expressions constantes. Dans un modèle, un paramètre modèle entier peut aussi être utilisé (§ C.13.3). Les littérales virgule flottante (§ 4.5.1) ne peuvent être utilisées que si elles sont converties explicitement vers un type intégral. Des fonctions, des objets de classe, des pointeurs et des références ne peuvent être utilisés comme opérandes que pour l'opérateur ***sizeof*** (§ 6.2).

Intuitivement, les expressions constantes sont des expressions simples qui peuvent être évaluées par le compilateur avant que le programme ne soit lié (§ 9.1) et commence à s'exécuter.

C.6 Conversion implicite de type

Les types intégral et virgule flottante (§ 4.1.1) peuvent être librement mélangés dans les affectations et les expressions. Les valeurs sont converties chaque fois qu'elles peuvent l'être, de telle sorte qu'aucune information ne soit perdue. Des conversions entraînant une perte d'informations sont malheureusement aussi réalisées implicitement. Cette section décrit les règles et les problèmes de conversion avec leurs résolutions.

C.6.1 Les promotions

On fait couramment référence aux conversions implicites qui préservent les valeurs sous le nom de *promotions*. Avant toute exécution d'une opération arithmétique, on utilise une promotion intégrale pour créer des ***int*** à partir de types entiers plus courts. Notez que ces promotions ne vont pas promouvoir vers un type ***long*** (sauf si l'opérande est un ***wchar_t*** ou une énumération qui est déjà plus large qu'un ***int***). Cela reflète l'objectif original de ces promotions en langage C : donner aux opérandes une taille "naturelle" pour les opérations arithmétiques.

Les promotions intégrales sont les suivantes :

- Un ***char***, ***signed char***, ***unsigned char***, ***short int*** ou ***unsigned short int*** est converti en un ***int*** si ce type peut représenter toutes les valeurs du type source. Dans le cas contraire, il est converti en un ***signed int***.
- Un ***wchar_t*** (§ 4.3) ou un type énumération (§ 4.8) est converti vers le premier des types suivants qui peut représenter toutes les valeurs de son type sous-jacent : ***int***, ***unsigned int***, ***long*** ou ***unsigned long***.
- Un champ de bits (§ C.8.1) est converti en un ***int*** si ce type peut représenter toutes les valeurs du champ de bits. Dans le cas contraire, il est converti en ***unsigned int*** si ce type est également capable de représenter toutes les valeurs du champ de bits. Sinon, aucune promotion intégrale ne s'applique à ce champ.
- Un type ***bool*** est converti vers un ***int***, ***false*** devient ***0*** et ***true*** devient ***1***.

Les promotions font partie des conversions arithmétiques habituelles (§ C.6.3).

C.6.2 Les conversions

Les possibilités de conversion d'un type fondamental vers un autre sont excessivement nombreuses. A notre avis, elles le sont trop. Par exemple :

```
void f(double d)
{
        char c = d;          // attention : conversion virgule flottante double-précision vers char
}
```

En écrivant votre code, vous devrez toujours éviter soigneusement un comportement indéfini et des conversions qui pourraient faire perdre des informations. Un compilateur peut émettre un avertissement lorsqu'il détecte des conversions douteuses. Un grand nombre de ces derniers proposent ce service.

C.6.2.1 Les conversions en intégrales

Un entier peut être converti vers un autre type d'entiers. On peut convertir une valeur énumération vers un type d'entiers.

Si le type destinataire est non signé, la valeur obtenue contiendra autant de bits de la source que ne pourra en recevoir la destination (les bits de poids fort sont abandonnés si nécessaire). Plus précisément, le résultat est le plus petit entier non signé conforme à l'entier source modulo 2 de rang n, où n représente le nombre de bits utilisés pour représenter le type non signé. Par exemple :

```
unsigned char uc = 1023;     // binaire 1111111111 : uc devient 11111111; c'est-à-dire, 255
```

Lorsque le type destinataire est signé, la valeur n'est pas modifiée si elle peut y être représentée. Dans le cas contraire, la valeur est définie par l'implémentation :

```
signed char sc = 1023;       // définie par l'implémentation
```

Des résultats plausibles pourraient être ***255*** et ***–1*** (§ C.3.4).

Une valeur booléenne ou énumération peut être convertie implicitement vers son équivalent entier (§ 4.2, § 4.8).

C.6.2.2 Les conversions du type virgule flottante

Une valeur en virgule flottante peut être convertie vers un autre type virgule flottante. Si la valeur source peut être représentée exactement dans le type destinataire, le résultat est la valeur numérique originale. Si la valeur source se situe entre deux valeurs destinataires adjacentes, le résultat est l'une de ces valeurs. Sinon, le comportement est indéfini. Par exemple :

```
float f = FLT_MAX;           // Plus grande valeur virgule flottante

double d = f;                // ok : d == f
float f2 = d;                // ok : f2 == f
double d3 = DBL_MAX;         // plus grande valeur double
float f3 = d3;               // indéfinie Si FLT_MAX<DBL_MAX
```

C.6.2.3 Les conversions des pointeurs et références

Tout pointeur d'un type d'objet peut être implicitement converti vers un ***void**** (§ 5.6). Le pointeur (référence) d'une classe dérivée peut être implicitement converti en un pointeur (référence) de base accessible et non ambigu (§ 12.2). Notez qu'un pointeur de fonction ou un pointeur de membre ne peut être implicitement converti en un ***void****.

Une expression constante (§ C.5) qui est évaluée en ***0*** peut être implicitement convertie en tout pointeur ou pointeur de type membre (§ 5.1.1). Par exemple :

```
int* p =
  !   ! !  ! !    !
 !! !  !  ! !     !
 !  !!   !  ! !   !
!   !    !!!!!! !!!!! !!!!1;
```

Un ***T**** peut être implicitement converti en un ***const T**** (§ 5.4.1). De la même façon, un ***T&*** peut être implicitement converti en un ***const T&***.

C.6.2.4 Les conversions des pointeurs de membres

Les pointeurs et références de membres peuvent être implicitement convertis comme décrit en § 15.5.1.

C.6.2.5 Les conversions booléennes

Les valeurs en virgule flottante, les intégrales et les pointeurs peuvent être convertis implicitement en ***bool*** (§ 4.2). Une valeur non nulle est convertie en ***true*** ; une valeur nulle est convertie en ***false***. Par exemple :

```
void f(int* p, int i)
{
        bool is_not_zero = p;     // true si p!=0
        bool b2 = i;              // true si i!=0
}
```

C.6.2.6 Les conversions virgule flottante-intégral

Lorsqu'une valeur virgule flottante est convertie vers une valeur entière, la partie fractionnaire est supprimée. En d'autres termes, une conversion d'un type virgule flottante vers un type entier entraîne une troncation. La valeur de ***int (1.6)***, par exemple, est ***1***. Le comportement est indéfini si la valeur tronquée ne peut être représentée dans le type destinataire. Par exemple :

```
int i = 2.7;        // i devient 2
char b = 2000.7;    // indéfini pour les char 8 bits : 2000 ne peut être représenté par un char sur 8 bits
```

La qualité des conversions types entiers vers types virgule flottante d'un point de vue mathématique dépend du matériel. Une perte de précision se produit si une valeur intégrale ne peut être représentée exactement comme une valeur du type virgule flottante. Par exemple :

```
int i = float(1234567890);
```

La valeur de ***i*** est ***1234567936*** sur une machine dans laquelle les deux types ***int*** et ***float*** sont représentés sur 32 bits.

De toute évidence, il est préférable d'éviter des conversions implicites susceptibles de détruire des valeurs. En fait, les compilateurs peuvent détecter et émettre un avertissement contre certaines conversions dangereuses, telles que les conversions virgule flottante vers intégrale, et ***long int*** et vers ***char***. Une détection générale à la compilation ne pouvant toutefois être envisagée, le programmeur doit être prudent. Si le fait "d'être prudent" n'est pas suffisant, des contrôles explicites peuvent être insérés. Par exemple :

```
class check_failed { };

char checked(int i)
{
        char c = i;          // attention : non portable (§C.6.2.1)
        if (i != c) throw check_failed();
        return c;
}
void my_code(int i)
{
        char c = checked(i);
        // ...
}
```

Seule l'utilisation de ***numeric_limits*** (§ 22.2) permet de tronquer avec la garantie de la portabilité.

C.6.3 Les conversions arithmétiques usuelles

Ces conversions s'appliquent sur les opérandes d'un opérateur binaire pour leur affecter un type commun, qui sera ensuite utilisé pour le résultat :

1. Si l'un des opérandes est de type ***long double***, l'autre est converti en ***long double***.

- Sinon, si l'un des opérandes est de type ***double***, l'autre est converti en type ***double***.
- Sinon, si l'un des opérandes est de type ***float***, l'autre est converti en type ***float***.
- Sinon, les promotions intégrales (§ C.6.1) sont appliquées sur chaque opérande.

2. Ensuite, si l'un des opérandes est de type ***signed long***, l'autre est converti en type ***unsigned long***.

- Sinon, si un opérande est de type ***long int*** et l'autre de type ***unsigned int***, et donc si un type ***long int*** peut représenter toutes les valeurs d'un type ***unsigned int***, le type ***unsigned int*** est converti en ***long int***. Dans le cas contraire, les deux opérandes sont convertis en ***unsigned long int***.
- Sinon, si l'un des opérandes est de type ***long***, l'autre est converti en un type ***long***.
- Sinon, si l'un des opérandes est de type ***unsigned***, l'autre est converti en type ***unsigned***.
- Sinon, les deux opérandes sont de type ***int***.

C.7 Les tableaux à plusieurs dimensions

Il n'est pas rare que l'on ait besoin d'un vecteur de vecteur, d'un vecteur de vecteur de vecteur, etc. Comment peut-on représenter ces vecteurs multidimensionnels en C++ ? Nous allons tout d'abord expliquer comment utiliser la classe ***vector*** de la bibliothèque standard. Nous présenterons ensuite les tableaux multidimensionnels tels qu'ils apparaissent dans les programmes C et C++ uniquement à partir des fonctionnalités intégrées.

C.7.1 Les vector

Le conteneur ***vector*** (§ 16.3) standard offre une solution très générale :

```
vector< vector<int> > m;
```

Ce code crée un vecteur de vecteurs d'entiers ne contenant initialement aucun élément. Nous pourrions l'initialiser avec une matrice 3 × 5 de la façon suivante :

```
void init_m()
{
        m.resize(3);                    // m contient maintenant 3 vecteurs vides
        for (int i = 0; i<m.size(); i++) {
                m[i].resize(5);         // chaque vecteur de m contient maintenant 5 int
                for (int j = 0; j<m[i].size(); j++) m[i][j] = 10*i+j;
        }
}
```

ou graphiquement :

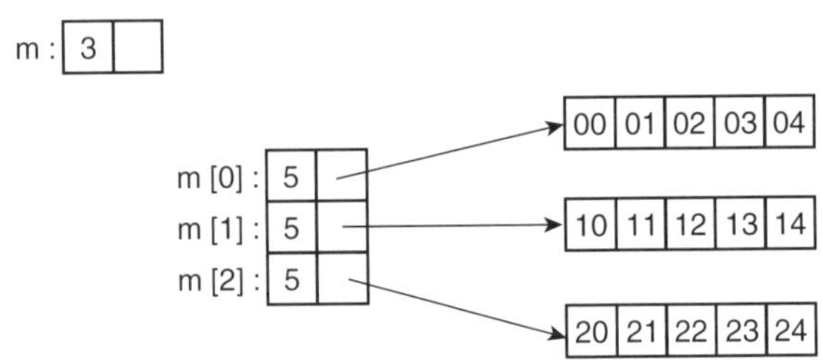

Chaque implémentation de ***vector*** contient un pointeur vers ses éléments, plus le nombre d'éléments. Les éléments sont généralement stockés dans un tableau. Dans notre exemple, nous avons attribué à chaque ***int*** une valeur initiale représentant ses coordonnées.

Il n'est pas nécessaire que les ***vector<int>*** du vector ***<vector<int>>*** aient tous la même taille.

On accède à un élément *via* une double indexation. Par exemple, ***m[i][j]*** est le ***j***e élément du ***i***e vecteur. Nous pouvons afficher m de la façon suivante :

```
void print_m()
{
        for (int i = 0; i<m.size(); i++) {
                for (int j = 0; j<m[i].size(); j++) cout << m[i][j] << '\t';
                cout << '\n';
        }
}
```

Ce code produit le résultat :

```
0   1   2   3   4
10  11  12  13  14
20  21  22  23  24
```

C.7.2 Les tableaux

Les tableaux intégrés constituent une source importante d'erreurs — en particulier quand ils permettent de construire des tableaux à plusieurs dimensions. Ils représentent également une source de confusion non négligeable pour les débutants. Nous vous encourageons à utiliser, chaque fois que possible, les conteneurs ***vector***, ***list***, ***valarray***, ***string***, etc.

Les tableaux multidimensionnels sont représentés sous la forme de tableaux de tableaux. On déclare un tableau de 3 sur 5 de la façon suivante :

```
int ma[3][5];        // 3 tableaux de 5 int chacun
```

Pour les tableaux, les dimensions doivent être fournies dans la définition. Nous pouvons initialiser ***ma*** de la façon suivante :

```
void init_ma()
{
        for (int i = 0; i<3; i++) {
                for (int j = 0; j<5; j++) ma[i][j] = 10*i+j;
        }
}
```

ou graphiquement :

Le tableau ***ma*** est simplement constitué de 15 ***int*** auxquels nous accédons comme s'il s'agissait de trois tableaux de 5 int. Aucun objet individuel, en particulier, n'est stocké en mémoire pour représenter la matrice ***ma*** — seuls les éléments sont stockés. Les dimensions 3 et 5 n'existent que dans le code source du compilateur. C'est au programmeur de mémoriser ces dimensions lors de l'écriture du code et de les fournir aux emplacements requis. Nous pourrions afficher ***ma***, par exemple, de la façon suivante :

```
void print_ma()
{
        for (int i = 0; i<3; i++) {
                for (int j = 0; j<5; j++) cout << ma[i][j] << '\t';
                cout << '\n';
        }
}
```

Dans certains langages, les virgules sont utilisées pour les limites de tableau. Cela ne peut être le cas en C++, car dans ce langage la virgule est un opérateur de séquence (§ 6.2.2). Une grande partie des erreurs est heureusement détectée par le compilateur. Par exemple :

```
int bad[3,5];           // erreur : la virgule n'est pas autorisée dans une expression constante
int good[3][5];         // 3 tableaux de 5 int chacun
int ouch = good[1,4];   // erreur : int est initialisé par int*(good[1,4] signifie good[4], qui est un int*)
int nice = good[1][4];
```

C.7.3 La transmission des tableaux multidimensionnels

Examinons comment définir une fonction permettant de manipuler une matrice à deux dimensions. Si les dimensions sont connues au moment de la compilation, cela ne présente aucun problème :

```
void print_m35(int m[3][5])
{
	for (int i = 0; i<3; i++) {
		for (int j = 0; j<5; j++) cout << m[i][j] << '\t';
		cout << '\n';
	}
}
```

Une matrice représentée par un tableau multidimensionnel est transmise sous la forme d'un pointeur (plutôt qu'en étant copiée ; § 5.3). La première dimension d'un tableau n'a aucun rapport avec le problème de la recherche de l'emplacement de ses éléments. Elle établit simplement le nombre d'éléments présents (ici 3) possédant le type approprié (ici ***int[5]***). Examinez, par exemple, la représentation précédente de ***ma***, et vous remarquerez que nous pouvons localiser ***ma [i] [5]*** pour tout ***i*** uniquement en sachant que la seconde dimension est ***5***. La première dimension peut ainsi être transmise comme un argument :

```
void print_mi5(int m[][5], int dim1)
{
	for (int i = 0; i<dim1; i++) {
		for (int j = 0; j<5; j++) cout << m[i][j] << '\t';
		cout << '\n';
	}
}
```

La tâche devient plus difficile quand il faut transmettre les deux dimensions. La solution qui paraît être la plus "évidente" ne fonctionne tout simplement pas :

```
void print_mij(int m[][], int dim1, int dim2)    // ne produit pas le résultat auquel
                                                  on aurait pu s'attendre
{
	for (int i = 0; i<dim1; i++) {
		for (int j = 0; j<dim2; j++) cout << m[i][j] << '\t';    // surprise!
		cout << '\n';
	}
}
```

La déclaration de l'argument ***m[][]*** est tout simplement illégale, car la seconde dimension d'un tableau multidimensionnel doit être connue pour pouvoir trouver l'emplacement d'un élément. Ensuite, l'expression ***m[i][j]*** est (correctement) interprétée comme ****(*(m+i)+j)***, bien qu'il soit peu probable que le programmeur ait recherché ce résultat. Voici une solution correcte :

```
void print_mij(int* m, int dim1, int dim2)
{
	for (int i = 0; i<dim1; i++) {
		for (int j = 0; j<dim2; j++) cout << m[i*dim2+j] << '\t';    // obscure
		cout << '\n';
	}
}
```

L'expression qui permet d'accéder aux membres dans ***print_mij()*** est équivalente à celle que le compilateur génère lorsqu'il connaît la dernière dimension.

Pour appeler cette fonction, nous transmettons une matrice comme un pointeur ordinaire :

```
int main()
{
        int v[3][5] = { {0,1,2,3,4}, {10,11,12,13,14}, {20,21,22,23,24} };

        print_m35(v);
        print_mi5(v,3);
        print_mij(&v[0][0],3,5);
}
```

Remarquez l'utilisation de ***&v[0][0]*** pour le dernier appel. ***v[0]*** aurait pu faire l'affaire puisque ce code est équivalent, mais ***v*** introduirait une erreur de type. Il est préférable de masquer ce genre de subtilité dans le code. Si vous devez gérer directement des tableaux multidimensionnels, vous pouvez envisager d'encapsuler le code correspondant. De cette façon, vous pourriez simplifier la tâche du prochain programmeur qui aura à travailler sur ce code. En fournissant un type de tableau multidimensionnel avec l'opérateur d'indiçage approprié, vos utilisateurs n'auront plus besoin de connaître le format des données dans le tableau (§ 22.4.6).

Le ***vector*** standard (§ 16.3) ne présente pas ce style de problème.

C.8 Economiser la mémoire

Lorsqu'on programme des applications élaborées, il arrive souvent que l'on ait besoin de plus de mémoire que celle qui est disponible ou que l'on peut s'offrir. Il existe deux façons "d'étendre" la mémoire :

1. placer plusieurs petits objets dans un octet ;
2. stocker à la même place différents objets à des moments différents.

La première s'obtient à l'aide des champs, et la dernière à l'aide des unions. Ces constructions seront décrites dans les sections suivantes. Un grand nombre d'utilisations de champs et d'unions sont des optimisations pures, et ces dernières sont souvent basées sur des hypothèses non portables concernant les formats de mémoire. Un programmeur devrait donc bien réfléchir avant d'adopter ces solutions. Une meilleure approche consiste souvent à modifier la façon dont sont gérées les données en s'appuyant davantage sur la mémoire allouée dynamiquement (§ 6.2.6) et moins sur la mémoire pré-allouée (statique).

C.8.1 Les champs

L'utilisation d'un octet complet (un ***char*** ou un ***bool***) pour représenter une variable binaire semble excessive — une bascule on/off, par exemple —, mais un ***char*** est le plus petit objet que l'on puisse allouer indépendamment et adresser en C++ (§ 5.1). Il est toutefois possible d'associer plusieurs variables de ce type dans une structure sous la forme de champs. On définit un membre comme champ en spécifiant le nombre de bits qu'il occupe. Les champs non nommés sont autorisés.

Ils n'affectent pas la signification des champs nommés, mais on peut les utiliser pour améliorer le format en tenant compte de la machine :

```
struct PPN {                          // Numéro de page physique du R6000
        unsigned int PFN : 22;        // Page Frame Number
        int : 3;                      // inutilisé
        unsigned int CCA : 3;         // Cache Coherency Algorithm
        bool nonreachable : 1;
        bool dirty : 1;
        bool valid : 1;
        bool global : 1;
};
```

Cet exemple illustre également l'autre application importante des champs : nommer les parties d'un format imposé par l'extérieur. Un champ doit être d'un type intégral ou d'un type énumération (§ 4.1.1). Il est impossible de prendre l'adresse d'un champ. Pour le reste, on peut l'utiliser exactement comme les autres variables. Notez qu'un champ bool peut être effectivement représenté à l'aide d'un seul bit. Dans le noyau d'un système d'exploitation ou dans un débogueur, le type PPN pourrait être utilisé de la façon suivante :

```
void part_of_VM_system(PPN* p)
{
        // ...

        if (p->dirty) {         // Contenu modifié
                                // Copies sur disque
                p->dirty = 0;
        }

        // ...
}
```

De façon surprenante, l'utilisation des champs pour regrouper plusieurs variables dans un seul octet ne permet pas nécessairement d'économiser de l'espace. On gagne au niveau de l'espace des données, mais la taille du code requis pour manipuler ces variables augmente sur la plupart des machines. L'expérience montre que certains programmes diminuent de façon significative lorsqu'on convertit des variables binaires depuis des champs de bits vers des caractères ! De plus, l'accès à un ***char*** ou à un ***int*** est généralement plus rapide que l'accès à un champ. Les champs représentent simplement un raccourci pratique pour l'utilisation des opérateurs logiques bit à bit (§ 6.2.4) afin d'extraire des informations ou de les insérer dans une partie de mot.

C.8.2 Les unions

Une ***union*** est une ***struct*** dans laquelle tous les membres sont alloués à la même adresse. Cela signifie que la quantité de mémoire occupée par l'***union*** se limite à la taille de son membre le plus large. Cela implique qu'une ***union*** ne puisse contenir la valeur que d'un seul membre à un instant donné. Considérons, par exemple, une entrée de table de symboles qui contient un nom et une valeur.

```
enum Type { S, I };

struct Entry {
        char* name;
        Type t;
        char* s;        // utilise s si t==S
        int i;          // utilise i si t==I
};

void f(Entry* p)
{
        if (p->t == S) cout << p->s;
        // ...
}
```

Les membres ***s*** et ***i*** ne peuvent jamais être utilisés en même temps. On gaspille donc de la mémoire. On peut facilement résoudre ce problème en précisant que ces deux membres appartiennent à une ***union*** :

```
union Value {
        char* s;
        int i;
};
```

Le langage n'applique aucun suivi concernant le type de la valeur du membre d'une union. Le programmeur doit donc s'en charger :

```
struct Entry {
        char* name;
        Type t;
        Value v;// utilise v.s si t==S; utilise v.i si t==I
};

void f(Entry* p)
{
        if (p->t == S) cout << p->v.s;
        // ...
}
```

L'introduction de l'***union*** nous force malheureusement à réécrire le code pour indiquer ***v.s***, et non simplement ***s***. Ce désagrément peut être évité en utilisant une *union anonyme*. Ce type d'union ne possède pas de nom et ne définit par conséquent aucun type. Elle garantit simplement le fait que ses membres soient alloués à la même adresse :

```
struct Entry {
        char* name;
        Type t;
        union {
                char* s;        // utilise s si t==S
                int i;          // utilise i si t==I
        };
};
```

```
void f(Entry* p)
{
        if (p->t == S) cout << p->s;
        // ...
}
```

Il n'est plus nécessaire de modifier le code dans lequel ***Entry*** apparaît.

L'utilisation d'une union de telle sorte que sa valeur soit toujours lue à l'aide du membre par l'intermédiaire duquel elle a été écrite est une pure optimisation. Il n'est cependant pas toujours possible de garantir qu'une union soit employée uniquement de cette façon, et des erreurs subtiles peuvent être introduites par une mauvaise utilisation. Pour les éviter, il est possible d'encapsuler les unions de façon à garantir la correspondance entre un champ type et l'accès aux membres de l'union (§ 10.6[20]).

Les unions sont quelquefois employées pour des "conversions de type". Cette erreur est surtout produite par des programmeurs formés dans des langages, qui ne proposent aucune fonctionnalité pour la conversion explicite des types. Le code qui suit, par exemple, "convertit" un ***int*** vers un ***int****
simplement à partir d'une équivalence bit à bit :

```
union Fudge {
        int i;
        int* p;
};

int* cheat(int i)
{
        Fudge a;
        a.i = i;
        return a.p;          // mauvaise utilisation
}
```

Il ne s'agit absolument pas d'une conversion. Sur certaines machines, un ***int*** et un int* n'occupent pas la même quantité de mémoire, alors que sur d'autres, un entier ne peut avoir une adresse impaire. Une telle utilisation d'une union est dangereuse et non portable, alors qu'il existe une façon explicite et portable de spécifier une conversion de type (§ 6.2.7).

On utilise les unions de temps à autre pour éviter délibérément la conversion de type. On pourrait utiliser, par exemple, un ***Fudge*** pour trouver la représentation du pointeur 0 :

```
int main()
{
        Fudge foo;
        foo.p = 0;
        cout << " La valeur entière du pointeur 0 est" << foo.i << '\n';
}
```

C.8.3 Les unions et les classes

De nombreuses unions élaborées possèdent des membres dont la taille est beaucoup plus importante que celle des membres les plus fréquemment utilisés. La taille d'une union étant égale à celle de son membre le plus large, on gaspille ainsi de la mémoire. On peut souvent éliminer cette perte en remplaçant l'union par un ensemble de classes dérivées.

Une classe avec un constructeur, un destructeur ou une opération de copie ne peut être le type d'un membre d'union (§ 10.4.12), car le compilateur serait incapable de définir quel membre détruire.

C.9 Gestion de la mémoire

Il existe trois façons fondamentales d'utiliser la mémoire en C++ :

- La *mémoire statique*, dans laquelle un objet est alloué par les éditeurs des liens pour la durée du programme. Les variables globales et d'espace de noms, les membres de classe statiques (§ 10.2.4) et les variables statiques dans les fonctions (§ 7.1.2) sont alloués en mémoire statique. Un objet alloué dans cette mémoire n'est construit qu'une seule fois et persiste jusqu'à la fin du programme. Son adresse ne change pas. Les objets statiques peuvent être une source de problèmes dans des programmes utilisant les threads (accès concurrentiels en mémoire avec partage des adresses) parce qu'ils sont partagés et nécessitent un verrouillage pour un accès approprié.
- La *mémoire automatique*, dans laquelle sont alloués les arguments de fonction et les variables locales. Chaque entrée dans une fonction ou un bloc obtient sa propre copie. Une mémoire de ce type est automatiquement créée et détruite, d'où le nom de mémoire automatique. On dit aussi de cette mémoire qu'elle "est sur la pile". Si vous avez absolument besoin d'exprimer explicitement cette notion, C++ fournit le mot clé redondant ***auto***.
- La *mémoire dynamique*, dans laquelle le programme demande explicitement de la mémoire pour ses objets. Il libère ensuite cette mémoire une fois sa tâche réalisée (en utilisant ***new*** et ***delete***). Quand un programme a besoin de plus de mémoire dynamique, le mot clé ***new*** la demande auprès du système d'exploitation. Ce type de mémoire (également nommé *le tas*) grossit typiquement tout au long de la vie d'un programme, car elle n'est jamais rendue au système d'exploitation pour être utilisée par les autres programmes.

Pour ce qui concerne le programmeur, les stockages automatiques et statiques sont utilisés de façon simple, évidente et implicite. Il est intéressant de rechercher comment la mémoire dynamique est gérée. L'allocation (avec ***new***) est simple, mais à moins de disposer d'une politique cohérente pour rendre la mémoire au gestionnaire de mémoire dynamique, cette mémoire va se remplir, en particulier lorsque l'exécution du programme est longue.

La stratégie la plus simple consiste à utiliser des objets automatiques pour gérer les objets correspondants dans la mémoire dynamique. Par conséquent, de nombreux conteneurs sont implémentés sous la forme de descripteurs des éléments stockés dans la mémoire dynamique (§ 25.7). Une ***string*** automatique (§ 11.12), par exemple, gère une séquence de caractères en mémoire dynamique et libère automatiquement cette mémoire lorsqu'elle sort elle-même de la portée courante. On peut implémenter tous les conteneurs standards (§ 16.3, Chapitre 17, Chapitre 20, § 22.4) de cette façon.

C.9.1 Récupération automatique de la mémoire

Lorsque l'approche normale ne suffit plus, le programmeur pourrait utiliser un gestionnaire de mémoire, qui retrouve les objets non référencés et qui réclame leur mémoire afin d'y stocker de nouveaux objets. On nomme généralement ce processus *récupération automatique de la mémoire* ou simplement *récupération de mémoire*. Ce gestionnaire de mémoire est bien sûr nommé *programme de récupération de mémoire*.

Le principe de base de cette récupération de mémoire part du fait qu'un objet auquel on ne fait plus référence dans un programme ne sera plus accédé. Sa mémoire peut donc être réutilisée en toute sécurité pour un nouvel objet. Par exemple :

```
void f()
{
	int* p = new int;
	p = 0;
	char* q = new char;
}
```

Dans cet exemple, après l'affectation ***p=0***, l'***int*** n'est plus référencé et sa mémoire peut donc être utilisée pour un autre nouvel objet. Le ***char*** pourrait ainsi être alloué dans la même mémoire que l'***int***, de sorte que ***q*** contienne la valeur qui se trouvait à l'origine dans ***p***.

Le standard n'impose pas à une implémentation de fournir un programme de récupération de mémoire, mais ce type de programme est de plus en plus souvent utilisé pour C++ dans des domaines où son coût est inférieur à celui d'une gestion manuelle de la mémoire dynamique. Dans la comparaison des coûts interviennent le temps d'exécution, l'utilisation de la mémoire, la fiabilité, la portabilité, le coût monétaire de la programmation, le coût monétaire du programme de récupération de mémoire et les prévisions de performances.

C.9.1.1 Les pointeurs déguisés

Que devrait signifier pour un objet le fait d'être non référencé ? Considérez le code suivant :

```
void f()
{
	int* p = new int;
	long i1 = reinterpret_cast<long>(p)&0xFFFF0000;
	long i2 = reinterpret_cast<long>(p)&0x0000FFFF;
	p = 0;
	// point #1 : il n'existe pas ici de pointeur de l'int

	p = reinterpret_cast<int*>(i1|i2);
	// l'int est maintenant référencé de nouveau
}
```

On nomme souvent "pointeurs déguisés" des pointeurs stockés dans un programme sous une autre forme. Le pointeur qui se trouvait à l'origine dans ***p*** en particulier est déguisé dans les entiers ***i1*** et ***i2***. Un programme de récupération de mémoire n'a cependant pas besoin de se préoccuper des pointeurs déguisés. Si ce programme s'exécutait au point #1, la mémoire qui contient l'***int*** pourrait être réclamée. En fait, il n'est pas garanti que de tels programmes peuvent fonctionner, même lorsqu'on n'utilise pas de programme de récupération de mémoire, car l'emploi du ***reinterpret_cast*** pour les conversions entre entiers et pointeurs est au mieux défini par l'implémentation.

Une union qui peut contenir à la fois des pointeurs et des "non pointeurs" présente un problème particulier pour un programme de récupération de mémoire. En général, il est impossible de savoir si une telle union contient un pointeur. Considérez l'exemple suivant :

```
union U {   // union avec des membres pointeurs et non pointeurs
        int* p;
        int i;
};

void f(U u, U u2, U u3)
{
        u.p = new int;
        u2.i = 999999;
        u.i = 8;
        // ...
}
```

On peut émettre en toute sécurité l'hypothèse selon laquelle toute valeur qui apparaît dans une telle union est une valeur de pointeur. Un programme de récupération de mémoire intelligent peut faire mieux. Il pourrait remarquer (pour une implémentation donnée), par exemple, que les int ne sont pas alloués avec des adresses impaires, et qu'aucun objet n'est alloué avec une adresse aussi basse que 8. Cette remarque évitera au programme de récupération de mémoire de supposer que des objets contenant les emplacements ***999999*** et ***8*** sont utilisés par ***f()***.

C.9.1.2 *delete*

Si une implémentation récupère automatiquement la mémoire, les opérateurs ***delete*** et ***delete[]*** ne sont plus nécessaires pour libérer la mémoire qui sera destinée à une réutilisation potentielle. Un utilisateur qui s'appuie sur un tel programme pourrait donc tout simplement s'abstenir d'utiliser ces opérateurs. Cependant, en plus de libérer la mémoire, ***delete*** et ***delete[]*** invoquent les destructeurs.

En présence d'un programme de récupération de mémoire,

```
delete p;
```

invoque le destructeur pour l'objet pointé par ***p*** (s'il existe). La réutilisation de la mémoire peut cependant être reportée jusqu'au moment où elle est collectée. Le recyclage d'un grand nombre d'objets en une seule fois peut permettre de limiter la fragmentation (§ C.9.1.4). Cela annule également les conséquences d'une double suppression du même objet qui pourraient s'avérer gravissimes dans le cas où le destructeur supprimerait simplement la mémoire.

Comme toujours, le résultat de l'accès à un objet après sa suppression est indéfini.

C.9.1.3 Les destructeurs

Lorsqu'un objet est sur le point d'être recyclé, un programme de récupération de mémoire a deux options :

1. Appeler le destructeur (s'il existe) pour l'objet.
2. Traiter l'objet comme de la mémoire brute (sans appeler son destructeur).

Un programme de récupération de mémoire devrait choisir par défaut la deuxième option, car les objets créés avec ***new*** et jamais supprimés (***delete***) ne sont à aucun moment détruits. On peut donc considérer ce type de programme comme un mécanisme de simulation d'une mémoire infinie.

Il est possible de concevoir un programme de récupération de mémoire qui invoque les destructeurs pour les objets ayant été spécifiquement "enregistrés" avec ce programme. Il n'existe cependant aucune méthode standard "d'enregistrement" des objets. Il est important de remarquer que l'ordre de destruction des objets doit éviter l'appel du destructeur pour un objet ayant déjà été détruit. Un programme de récupération de mémoire ne peut déterminer facilement cet ordre sans être aidé par le programmeur.

C.9.1.4 La fragmentation de la mémoire

Quand un grand nombre d'objets de tailles variées sont alloués puis libérés, la mémoire se fragmente. Cela signifie qu'une grande partie de cette mémoire est occupée par des fragments trop petits pour être utilisés efficacement. En effet, un allocateur général n'est pas toujours en mesure de trouver une pièce de mémoire dont la taille correspond exactement à un objet. L'utilisation d'une pièce de mémoire légèrement plus grande signifie qu'un fragment plus petit reste inutilisé. Après un certain temps d'exécution d'un programme avec un allocateur médiocre, il n'est pas rare de retrouver la moitié de la mémoire disponible occupée par des fragments trop petits pour pouvoir être réutilisées.

Il existe plusieurs techniques pour traiter la fragmentation. La plus simple consiste à ne demander à l'allocateur que les portions de mémoire les plus importantes et à n'utiliser ces portions que pour des objets de même taille (§ 15.3, § 19.4.2). La plupart des allocations et désallocations ne concernent que de petits objets qui appartiennent à des types tels que les nœuds d'arborescence, les liaisons, etc., cette technique peut se révéler très efficace. Un allocateur peut quelquefois appliquer des techniques analogues de façon automatique. Dans tous les cas, on réduit encore la fragmentation si toutes les "portions" les plus larges sont de même taille (disons, la taille d'une page) afin de pouvoir elles-mêmes les allouer et désallouer sans fragmentation.

Il existe deux styles principaux de programmes de récupération de mémoire :

1. Un *programme de récupération de copie* qui déplace les objets en mémoire pour compacter l'espace fragmenté.
2. Un *programme de récupération conservateur* qui alloue des objets en minimisant la fragmentation.

D'un point de vue C++, les programmes de récupération conservateurs sont préférables, car il est très difficile (probablement impossible dans les programmes réels) de déplacer un objet et de modifier correctement ses pointeurs. Un programme de récupération conservateur permet également aux fragments de code C++ de coexister avec du code écrit dans des langages tels que le C. Les programmes de récupération de copie ont toujours été choisis par les utilisateurs de langages (tels que Lisp et Smalltalk) gérant toujours des objets indirectement *via* des pointeurs ou des références uniques. Les programmes de récupération conservateurs modernes sembleraient cependant être au moins aussi efficaces pour les programmes les plus importants, dans lesquels la quantité des opérations de copie et l'interaction entre l'allocateur et un système de pagination deviennent considérables. Pour les programmes plus modestes, l'idéal consiste tout simplement à ne jamais appeler le programme de récupération, tout particulièrement en C++, où de nombreux objets sont naturellement automatiques.

C.10 Les espaces de noms

Cette section présente quelques points mineurs à propos des espaces de noms qui semblent être de simples détails techniques, mais qui reviennent fréquemment dans les discussions et le code réel.

C.10.1 Aspects pratiques versus sécurité

Une *using-déclaration* ajoute un nom dans une portée locale. Une *using-directive* rend simplement accessibles des noms dans la portée où ils ont été déclarés. Par exemple :

```
namespace X {
        int i, j, k;
}

int k;

void f1()
{
        int i = 0;
        using namespace X;      // rend accessibles les noms de X
        i++;                    // i local
        j++;                    // X::j
        k++;                    // erreur : X::k ou k global ?
        ::k++;                  // le k global
        X::k++;                 // le k de X
}

void f2()
{
        int i = 0;
        using X::i;             // erreur : i déclaré 2 fois dans f2()
        using X::j;
        using X::k;             // masque le k global

        i++;
        j++;                    // X::j
        k++;                    // X::k
}
```

Un nom déclaré localement (par une déclaration ordinaire ou une *using-déclaration*) masque les déclarations locales du même nom. Toute surcharge illégale du nom est détectée au moment de la déclaration.

Remarquez les erreurs d'ambiguïté pour ***k++*** dans ***f1()***. Les noms globaux ne sont pas choisis de préférence aux noms issus d'espaces rendus accessibles dans la portée globale. On obtient ainsi une bonne protection contre des conflits de noms accidentels, et — plus important encore — on garantit qu'aucun avantage ne pourra être obtenu en polluant les espaces de noms de globaux.

Lorsque des *using-directives* rendent accessibles des bibliothèques déclarant *beaucoup* de noms, le fait que des conflits de noms inutilisés ne soient pas considérés comme des erreurs représente un avantage significatif.

La portée globale constitue simplement un autre espace de noms. Les espaces de noms globaux se distinguent de par le fait que la mention de leur nom dans une qualification explicite est inutile. Ainsi, ***::k*** signifie "rechercher k dans l'espace de noms global et les espaces de noms mentionnés dans les *using-directives* de l'espace de noms global", alors que ***X::k*** signifie "le k déclaré dans l'espace de noms X et les espaces de noms mentionnés dans les *using-directives* de X" (§ 8.2.8).

J'espère observer une diminution radicale de l'utilisation des noms globaux dans les nouveaux programmes qui utilisent les espaces de noms par rapport aux programmes traditionnels C et C++. Les règles qui s'appliquent aux espaces de noms ont été spécifiquement conçues pour n'accorder aucun avantage à un utilisateur "négligeant" des noms globaux par rapport à un utilisateur qui prend soin de ne pas polluer la portée globale.

C.10.2 Imbriquer les espaces de noms

Une utilisation évidente des espaces de noms consiste à regrouper un ensemble complet de déclarations et de définitions dans un espace séparé :

```
namespace X {
	// Toutes mes déclarations
}
```

La liste des déclarations contiendra, en général, des espaces de noms. Les espaces de noms imbriqués sont ainsi autorisés, cela pour des raisons pratiques, ainsi que pour la raison simple que des constructions doivent s'imbriquer sauf s'il existe une contre-indication importante à cette opération. Par exemple :

```
void h();

namespace X {
	void g();
	// ...
	namespace Y {
		void f();
		void ff();
		// ...
	}
}
```

Les règles de qualification et de portée habituelles s'appliquent :

```
void X::Y::ff()
{
	f(); g(); h();
}
```

```
void X::g()
{
        f();            // erreur : pas de f() dans X
        Y::f();         // ok
}

void h()
{
        f();            // erreur : pas de f()globale
        Y::f();         // erreur : pas de Y globale
        X::f();         // erreur : pas de f()dans X
        X::Y::f();      // ok
}
```

C.10.3 Les espaces de noms et les classes

Un espace de noms est une portée nommée. Une classe est un type défini par une portée nommée qui décrit le mode de création et d'utilisation d'objets lui appartenant. Un espace de noms est donc un concept plus simple qu'une classe, et dans l'idéal une classe devrait être définie comme un espace de noms avec quelques fonctionnalités supplémentaires. C'est pratiquement le cas. Un espace de noms est ouvert (§ 8.2.9.3), mais une classe est fermée. Cette différence provient du fait qu'une classe doit définir le format d'un objet, et il est préférable de réaliser cette opération en un seul emplacement. De plus, les *using-declarations* et les *using-directives* ne peuvent être appliquées aux classes que d'une façon très limitée (§ 15.2.2).

Lorsqu'on recherche uniquement l'encapsulation des noms, on choisit de préférence les espaces de noms aux classes. Dans ce cas, le mécanisme de la classe pour le contrôle des types et pour la création des objets n'est pas nécessaire. Le concept plus simple des espaces de noms suffit.

C.11 Contrôle d'accès

Cette section présente quelques exemples techniques illustrant le contrôle d'accès pour compléter ceux du § 15.3.

C.11.1 L'accès aux membres

Considérez le code suivant :

```
class X {
// Privé par défaut :
        int priv;
protected:
        int prot;
public:
        int publ;
        void m();
};
```

Le membre ***X::m()*** possède un accès illimité :

```
void X::m()
{
        priv = 1;        // ok
        prot = 2;        // ok
        publ = 3;        // ok
}
```

Un membre d'une classe dérivée possède un accès aux membres publics et protégés (§ 15.3) :

```
class Y : public X {
        void mderived();
};

void Y::mderived()
{
        priv = 1;        // erreur : priv est privé
        prot = 2;        // ok : prot est protégé et mderived() est un membre de la classe dérivée Y
        publ = 3;        // ok : publ est public
}
```

Une fonction globale ne peut accéder qu'aux membres publics :

```
void f(Y* p)
{
        p->priv = 1;        // erreur : priv est privé
        p->prot = 2;        // erreur : prot est protégé et f() n'est pas une amie ou un membre de X ou Y
        p->publ = 3;        // ok : publ est public
}
```

C.11.2 L'accès aux classes de base

Comme un membre, on peut déclarer une classe de base ***private***, ***protected*** ou ***public***. Examinez l'exemple suivant :

```
class X {
public:
        int a;
        // ...
};

class Y1 : public X { };
class Y2 : protected X { };
class Y3 : private X { };
```

X étant une base publique de ***Y1***, toute fonction peut (implicitement) convertir une ***Y1**** vers une ***X**** lorsque cela s'avère nécessaire, exactement comme elle peut accéder aux membres publics de la classe ***X***. Par exemple :

```
void f(Y1* py1, Y2* py2, Y3* py3)
{
```

```
        X* px = py1;      // ok : X est une classe de base publique de Y1
        py1->a = 7;       // ok

        px = py2;         // erreur : X est une base protégée de Y2
        py2->a = 7;       // erreur

        px = py3;         // erreur : X est une base privée de Y3
        py3->a = 7;       // erreur
}
```

Considérez :

```
class Y2 : protected X { };
class Z2 : public Y2 { void f(Y1*, Y2*, Y3*); };
```

X étant une base protégée de ***Y2***, seuls les membres et amies de ***Y2***, ainsi que les membres et les amies des classes dérivées de ***Y2*** (par exemple de ***Z2***), peuvent (implicitement) convertir un ***Y2**** vers un ***X**** lorsque cela s'avère nécessaire, exactement comme ils peuvent accéder aux membres publics et protégés de la classe X. Par exemple :

```
void Z2::f(Y1* py1, Y2* py2, Y3* py3)
{
        X* px = py1;      // ok : X est une classe de base publique de Y1
        py1->a = 7;       // ok

        px = py2     ;    // ok : X est une base protégée de Y2, et Z2 est dérivée de Y2
        py2->a = 7   ;    // ok

        px = py3;         // erreur : X est une base privée de Y3
        py3->a = 7;       // erreur
}
```

Considérez enfin :

```
class Y3 : private X { void f(Y1*, Y2*, Y3*); };
```

X étant une base privée de ***Y3***, seuls les membres et amies de ***Y3*** peuvent (implicitement) convertir un ***Y3**** en ***X**** lorsque cela s'avère nécessaire, exactement comme ils peuvent accéder aux membres publics et protégés de la classe ***X***. Par exemple :

```
void Y3::f(Y1* py1, Y2* py2, Y3* py3)
{
        X* px = py1;      // ok : X est une classe de base publique de Y1
        py1->a = 7;       // ok

        px = py2;         // erreur : X est une base protégée de Y2
        py2->a = 7;       // erreur

        px = py3;         // ok : X est une base privée de Y3, et Y3::f() est un membre de Y3
        py3->a = 7;       // ok
}
```

C.11.3 L'accès à la classe membre

Les membres d'une classe membre ne possèdent pas d'accès particulier à ceux d'une classe "contenant". De la même façon, les membres d'une classe contenant ne possèdent pas d'accès particulier à ceux d'une classe imbriquée. Les règles d'accès habituelles (§ 10.2.2) devront donc être respectées. Par exemple :

```
class Outer {
        typedef int T;
        int i;
public:
        int i2;
        static int s;

        class Inner {
                int x;
                T y;                    // erreur : Outer::T est private
        public:
                void f(Outer* p, int v);
        };

        int g(Inner* p);
};

void Outer::Inner::f(Outer* p, int v)
{
        p->i = v;                       // erreur : Outer::i est private
        p->i2 = v;                      // ok : Outer::i2 est public
}

int Outer::g(Inner* p)
{
        p->f(this,2);                   // ok : Inner::f()est public
        return p->x;                    // erreur : Inner::x est private
}
```

Il est toutefois souvent utile d'accorder à une classe membre l'accès à ses classes contenantes. Ce résultat peut être obtenu en définissant le membre comme ***friend***. Par exemple :

```
class Outer {
        typedef int T;
        int i;
public:
        class Inner;                    // prédéclaration de la classe membre
        friend class Inner;             // accorde l'accès à Outer::Inner

        class Inner {
                int x;
                T y;                    // ok : Inner est une amie
```

```
    public:
        void f(Outer* p, int v);
    };
};

void Outer::Inner::f(Outer* p, int v)
{
    p->i = v;          // ok : Inner est une amie
}
```

C.11.4 Les relations d'amitié

Les relations d'amitié ne sont ni héréditaires, ni transitives. Par exemple :

```
class A {
    friend class B;
    int a;
};

class B {
    friend class C;
};

class C {
    void f(A* p)
    {
        p->a++;      // erreur : C n'est pas une amie de A, même si elle est amie d'une amie de A
    }
};

class D : public B {
    void f(A* p)
    {
        p->a++;      // erreur : D n'est pas une amie de A, même si elle est dérivée d'une amie de A
    }
};
```

C.12 Pointeurs de données membres

La notion de pointeur de membres (§ 15.5) s'applique naturellement aux données membres et aux fonctions membres avec des arguments et des titres renvoyés. Par exemple :

```
struct C {
    const char* val;
    int i;
    void print(int x) { cout << val << x << '\n'; }
    int f1(int);
    void f2();
    C(const char* v) { val = v; }
};
```

```
typedef void (C::*PMFI)(int);       // pointeur de fonction membre de C recevant un int
typedef const char* C::*PM;         // pointeur de donnée membre char* de C

void f(C& z1, C& z2)
{
C* p = &z2;
PMFI pf = &C::print;
PM pm = &C::val;

z1.print(1);
(z1.*pf)(2);
z1.*pm = "nv1 ";
p->*pm = "nv2 ";
z2.print(3);
(p->*pf)(4);

pf = &C::f1;      // erreur : incompatibilité du type renvoyé
pf = &C::f2;      // erreur : incompatibilité du type d'argument
pm = &C::i;       // erreur : incompatibilité de type
pm = pf;          // erreur : incompatibilité de type
}
```

Le type d'un pointeur de fonction est contrôlé exactement comme tout autre type.

C.13 Modèles

Un modèle de classe spécifie comment on peut générer une classe à partir d'un ensemble approprié d'arguments de modèles. De la même façon, un modèle de fonction détermine comment une fonction peut être générée à partir d'un ensemble approprié d'arguments de modèles. Un modèle peut donc être utilisé pour générer des types et du code exécutable. Cette puissance d'expression s'accompagne d'une certaine complexité. Une grande part de cette complexité est liée à la diversité des contextes impliqués dans la définition et l'utilisation des modèles.

C.13.1 Les membres statiques

Un modèle de classe peut posséder des membres statiques. Chaque classe générée à partir du modèle possède sa propre copie des membres statiques. Ces membres doivent être définis séparément et peuvent être spécialisés. Par exemple :

```
template<class T> class X {
        // ...
        static T def_val;
        static T* new_X(T a = def_val);
};

template<class T> T X<T>::def_val(0,0);
template<class T> T* X<T>::new_X(T a) { /* ... */ }

template<> int X<int>::def_val<int> = 0;
template<> int* X<int>::new_X<int>(int i) { /* ... */ }
```

Si vous désirez partager un objet ou une fonction entre tous les membres de chaque classe générée à partir d'un modèle, vous pouvez le placer dans une classe de base non modélisée. Par exemple :

```
struct B {
	static B* nil;// pour être utilisé en tant que pointeur nul commun pour chaque classe dérivée de B
};

template<class T> class X : public B {
	// ...
};

B* B::nil = 0;
```

C.13.2 Les amies

Comme les toutes les classes, une classe modèle peut posséder des amies. Les opérateurs de comparaison sont généralement des classes amies. Nous pouvons donc réécrire la classe ***Basic_ops*** du § 13.6, par exemple, de la façon suivante :

```
template <class C> class Basic_ops {			// opérateurs de base sur les conteneurs
	friend bool operator==(const C&, const C&);	// compare les éléments
	friend bool operator!=(const C&, const C&);
	// ...
};

template<class T> class Math_container : public Basic_ops< Math_container<T> > {
	// ...
};
```

Comme un membre, une amie déclarée dans un modèle est elle-même un modèle et est définie à l'aide des paramètres de modèle de sa classe. Par exemple :

```
template <class C> bool operator==(const C& a, const C& b)
{
	if (a.size() != b.size()) return false;
	for (int i = 0; i<a.size(); ++i)
		if (a[i] != b[i]) return false;
	return true;
}
```

Les amies n'affectent pas la portée dans laquelle la classe modèle est définie, ni la portée dans laquelle le modèle est utilisé. Les fonctions amies et les opérateurs peuvent plutôt être retrouvés à partir de leur type d'argument (§ 11.2.4, § 11.5.1). Comme une fonction membre, une fonction amie n'est instanciée que (§ C.13.9.1) si elle est appelée.

C.13.3 Les modèles comme paramètre de modèle

Il est quelquefois utile de transmettre des modèles — plutôt que des classes ou des objets — comme des arguments de modèle.

Par exemple :

```
template<class T, template<class> class C> class Xrefd {
        C<T> mems;
        C<T*> refs;
        // ...
};

Xrefd<Entry,vector> x1;         // stocke les références croisées pour les Entry dans un vecteur

Xrefd<Record,set> x2;           // stocke les références croisées pour les Record dans un set
```

Pour utiliser un modèle comme paramètre de modèle, vous devez spécifier ses arguments requis. Les paramètres de modèle du paramètre de modèle ont besoin d'être connus pour pouvoir utiliser ce dernier. Nous utilisons généralement un modèle comme paramètre de modèle quand nous voulons l'instancier avec divers types d'arguments (tels que ***T*** et ***T**** dans l'exemple précédent). Cela signifie que nous voulons exprimer les déclarations des membres d'un modèle en terme d'un autre modèle, mais nous désirons que ce dernier soit un paramètre afin qu'il puisse être spécifié par les utilisateurs.

Le cas courant pour lequel un modèle a besoin d'un conteneur pour stocker les éléments de son propre type d'argument est souvent mieux traité en transmettant le type de conteneur (§ 13.6, § 17.3.1).

Seuls des modèles de classe peuvent être des arguments de modèle.

C.13.4 Déduire les arguments des modèles de fonction

Un compilateur peut déduire un argument de modèle type, ***T*** ou ***TT***, et un argument de modèle non type, ***I***, à partir d'un argument de fonction modèle avec un type composé des constructions suivantes :

T	*const T*	*volatile T*
*T**	*T&*	*T[constant_expression]*
type[I]	*class_template_name<T>*	*class_template_name<I>*
TT<T>	*T<I>*	*T<>*
*T type::**	*T T::**	*type T::**
T (*)(args)	*type (T::*)(args)*	*T (type::*)(args)*
type (type::)(args_TI)*	*T (T::*)(args_TI)*	*type (T::*)(args_TI)*
T (type::)(args_TI)*	*type (*)(args_TI)*	

args_TI est ici une liste de paramètres à partir de laquelle un ***T*** ou un ***I*** peut être déterminé en appliquant ces règles de façon récurrente, et ***args*** est une liste de paramètres qui n'autorise aucune déduction. Si tous les paramètres ne peuvent pas être déduits de cette façon, un appel est ambigu. Par exemple :

```
template<class T, class U> void f(const T*, U(*)(U));

int g(int);

void h(const char* p)
{
```

```
        f(p,g);        // T est un char, U est un int
        f(p,h);        // erreur : on ne peut déduire U
}
```

En examinant les arguments du premier appel de *f()*, nous déduisons facilement les arguments du modèle. En examinant le second appel de *f()*, nous constatons que *h()* ne suit pas le modèle *U(*)(U)*, car l'argument de *h()* et les types renvoyés sont différents.

Si un paramètre de modèle peut être déduit à partir de plus d'un argument de fonction, le même type doit être le résultat de chacune de ces déductions. Dans le cas contraire, l'appel est une erreur. Par exemple :

```
template<class T> void f(T i, T* p);

void g(int i)
{
        f(i,&i);                // ok
        f(i,"Remember!");       // erreur, ambigu : T est un int ou un char ?
}
```

C.13.5 typename et modèles

Pour que la programmation générique soit plus facile et plus générale, les conteneurs de la bibliothèque standard fournissent un ensemble de types et de fonctions standards (§ 16.3.1). Par exemple :

```
template<class T> class vector {
public:
        typedef T value_type;
        typedef T* iterator;

        iterator begin();
        iterator end();

        // ...
};
.P5
.P1
template<class T> class list {
        class link {
                // ...
        };
public:
        typedef T value_type;
        typedef link* iterator;

        iterator begin();
        iterator end();

        // ...
};
```

Cela nous permet d'écrire :

```
void f1(vector<T>& v)
{
        vector<T>::iterator i = v.begin();
        // ...
}

void f2(list<T>& v)
{
        list<T>::iterator i = v.begin();
        // ...
}
```

Mais cela ne nous permet pas d'écrire :

```
template<class C> void f4(C& v)
{
        C::iterator i = v.begin(); // erreur
        // ...
}
```

Le compilateur n'est malheureusement pas médium. Il ne sait donc pas que ***C::iterator*** est le nom d'un type. Dans l'exemple précédent, le compilateur pourrait examiner la déclaration de ***vector<>*** afin de déterminer si l'itérateur (***iterator***) dans ***vector<T>::iterator*** est un type. Cela n'est pas possible lorsque le qualificatif est un paramètre type. Un compilateur pourrait, bien sûr, retarder tous les contrôles jusqu'au moment de l'instanciation où toutes ces informations seront disponibles. Il serait alors en mesure d'accepter de tels exemples. Cela constituerait toutefois une extension de langage non standard.

Considérons un exemple dépouillé de toute indication concernant sa signification :

```
template<class T> void f5(T& v)
{
        T::x(y); // erreur ?
}
```

T::x est-elle une fonction appelée avec une variable non locale ***y*** comme argument ? Ou sommes-nous dans la déclaration d'une variable ***y*** dont le type est ***T::x***, et dans laquelle ont été introduites des parenthèses redondantes ? Nous pourrions imaginer un contexte dans lequel ***X::x(y)*** était un appel de fonction, et où ***Y::x(y)*** était une déclaration.

La résolution est simple : à moins d'une indication contraire, on suppose qu'un identificateur fait référence à quelque chose n'étant ni un type ni un modèle. Si nous désirons préciser que quelque chose doit être traité comme un type, il suffit d'employer le mot clé ***typename*** :

```
template<class C> void f4(C& v)
{
        typename C::iterator i = v.begin();
        // ...
}
```

On peut placer le mot clé ***typename*** devant un nom qualifié pour indiquer que l'entité nommée est un type. Il ressemble en cela à ***struct*** et ***class***.

Il est également possible d'utiliser le mot clé ***typename*** comme une solution de rechange à ***class*** dans les déclarations de modèle. Par exemple :

```
template<typename T> void f(T);
```

ou la version raccourcie :

```
template<class T> void f(T);
```

C.13.6 template comme qualificatif

Le qualificatif ***typename*** est indispensable, car nous pouvons faire référence à la fois à des membres qui sont des types et à des membres qui ne le sont pas. Il nous est également possible d'avoir des membres qui sont des modèles. Dans de rares cas, il peut être nécessaire de distinguer le nom d'un membre modèle des autres noms de membre. Considérons une interface possible pour un gestionnaire de mémoire général :

```
class Memory {                          // un allocateur
public:
        template<class T> T* get_new();
        template<class T> void release(T&);
        // ...
};

template<class Allocator> void f(Allocator& m)
{
        int* p1 = m.get_new<int>();             // erreur de syntaxe : int après l'opérateur inférieur-à
        int* p2 = m.template get_new<int>();    // qualification explicite
        // ...
        m.release(p1);                          // argument de modèle déduit : pas de qualification
                                                explicite requise
        m.release(p2);
}
```

La qualification explicite de ***get_new()*** est nécessaire, car son paramètre de modèle ne peut être déduit. Dans ce cas, on doit utiliser le préfixe ***template*** pour informer le compilateur (et le lecteur du programme) du fait que ***get_new*** est un modèle de membre, de sorte que la qualification explicite avec le type d'élément désiré soit possible. Sans le qualificatif ***template***, nous pourrions obtenir une erreur de syntaxe, car l'opérateur < sera interprété comme un opérateur inférieur-à. La plupart des paramètres de modèle étant déduits, il est rare que ce qualificatif soit nécessaire.

C.13.7 L'instanciation

A partir d'une définition de modèle et de son utilisation, l'implémentation doit générer un code correct. A partir d'un modèle de classe et d'un ensemble d'arguments de modèle, le compilateur doit générer la définition d'une classe et les définitions des fonctions membres qui ont été utilisées. A partir d'une fonction modèle, une fonction doit être générée. On nomme couramment ce processus *instanciation du modèle*.

On nomme *spécialisations* les fonctions et classes générées. Quand il est nécessaire de faire la distinction entre les spécialisations générées et les spécialisations explicitement créées par le programmeur (§ 13.5), on y fait référence sous les noms de *spécialisation générée* et *spécialisation explicite*, respectivement. On fait quelquefois référence à une spécialisation explicite sous le terme de *spécialisation définie par l'utilisateur* ou simplement *spécialisation utilisateur*.

Pour utiliser des modèles dans des programmes élaborés, un programme doit comprendre de quelle façon les noms utilisés dans une définition de modèle sont liés aux déclarations et comment le code source peut être organisé (§ 13.7).

Par défaut, le compilateur génère les classes et les fonctions à partir des modèles utilisés en accord avec les règles de liaison des noms (§ C.13.8). Cela signifie qu'un programmeur n'a pas besoin d'indiquer explicitement quelles versions de quels modèles doivent être générées. Ce point est important parce qu'il n'est pas facile pour un programmeur de savoir exactement quelles versions d'un modèle sont requises. Il arrive souvent que des modèles dont il n'a jamais entendu parler soient utilisés dans l'implémentation des bibliothèques, et quelquefois que des modèles connus du programmeur soient utilisés avec des types d'arguments de modèle inconnus. En général, on ne peut connaître l'ensemble des fonctions générées requises qu'en examinant de façon récurrente les modèles utilisés dans les bibliothèques du code de l'application. Les ordinateurs conviennent mieux que des hommes à une telle analyse.

Il est cependant quelquefois important pour un programmeur d'être capable d'indiquer spécifiquement où le code devrait être généré à partir d'un modèle (§ C.13.10). Le programmeur obtient ainsi un contrôle détaillé sur le contexte de l'instanciation. Dans la majorité des environnements de compilation, cela implique également un contrôle sur le moment exact où est réalisée l'instanciation. On peut utiliser une instanciation explicite, en particulier, pour forcer les erreurs de compilation à se produire à des moments prévisibles plutôt qu'elles ne se produisent chaque fois qu'une implémentation détermine le besoin de générer une spécialisation. Certains utilisateurs ont en effet besoin de maîtriser le processus de construction.

C.13.8 La liaison des noms

Il est important de définir les fonctions modèles avec un minimum de dépendances sur des informations non locales. En effet, un modèle sera utilisé pour générer des fonctions et des classes basées sur des types inconnus et dans des contextes inconnus. Toute dépendance subtile du contexte est susceptible d'apparaître sous la forme d'un problème de débogage pour un programmeur — et il est peu probable que ce programmeur veuille connaître les détails d'implémentation du modèle. La règle générale qui consiste à éviter autant que possible les noms globaux devrait être appliquée avec un soin particulier sur le code du modèle. Nous tentons ainsi de rendre les définitions de modèles aussi autonomes que possible et de fournir une grande partie de ce qui aurait fait partie du contexte global sous la forme de paramètres de modèle (par exemple, les traits ; § 13.4, § 20.2.1).

Certains noms non locaux doivent cependant être utilisés. On écrit plus souvent, en particulier, un ensemble de fonctions modèles en coopération qu'une seule fonction autonome. De telles fonctions peuvent quelquefois être des membres de classe, mais pas toujours. Les fonctions non locales représentent quelquefois le meilleur choix. Les appels de ***swap()*** et ***less()*** par ***sort()*** (§ 13.5.2) en sont des exemples typiques. Les algorithmes de la bibliothèque standard offrent un exemple à grande échelle (Chapitre 18).

Des opérations avec une sémantique et des noms conventionnels, telles que +, *, *[]*, et *sort()*, sont une autre source d'introduction d'un nom non local dans une définition de modèle. Examinez le code suivant :

```
#include<vector>

bool tracing;

// ...

template<class T> T sum(std::vector<T>& v)
{
        T t = 0;
        if (tracing) cerr << "sum(" << &v << ")\n";
        for (int i = 0; i<v.size(); i++) t = t + v[i];
        return t;
}

// ...

#include<quad.h>

void f(std::vector<Quad>& v)
{
        Quad c = sum(v);
}
```

La fonction modèle *sum()*, à l'aspect innocent, dépend de l'opérateur +. Dans cet exemple, cet opérateur est défini dans *<quad.h>* :

```
Quad operator+(Quad,Quad);
```

Il est important de noter qu'aucun élément lié aux nombres complexes ne se trouve dans la portée lorsque *sum()* est définie et l'auteur de *sum()* n'est pas supposé connaître la classe *Quad*. L'opérateur +, en particulier, peut être défini plus tard que *sum()* dans le texte du programme, et même plus tard dans le temps.

Le processus de recherche de la déclaration de chaque nom utilisé explicitement ou implicitement dans un modèle est appelé *liaison des noms*. Le problème de la liaison des noms d'un modèle est qu'on ne peut séparer clairement les trois contextes impliqués dans une instanciation de modèle :

1. le contexte de la définition du modèle ;
2. le contexte de la déclaration du type d'argument ;
3. le contexte de l'utilisation du modèle.

C.13.8.1 Les noms dépendants

Lorsqu'on définit un modèle de fonction, il faut garantir qu'un contexte suffisant est disponible pour que la définition du modèle ait un sens en termes de ses arguments réels sans recueillir d'éléments "accidentels" issus de l'environnement au point d'utilisation. Le langage supporte cette notion en séparant les noms utilisés dans une définition de modèle en deux catégories :

1. Les noms qui dépendent d'un argument de modèle. Ces noms sont liés à un certain point d'instanciation (§ C.13.8.3). Dans l'exemple de ***sum()***, la définition de l'opérateur + peut être trouvée dans le contexte de l'instanciation parce qu'elle reçoit des opérandes type d'argument du modèle.

2. Les noms qui ne dépendent pas d'un argument de modèle. Ces noms sont liés au moment de la définition du modèle (§ C.13.8.2). Dans l'exemple de ***sum()***, le modèle ***vector*** est défini dans l'en-tête standard ***<vector>*** et le booléen ***tracing*** se trouve dans la portée quand le compilateur analyse la définition de ***sum()***.

La définition la plus simple de "***N*** dépend du paramètre de modèle ***T***" serait "***N*** est un membre de ***T***". Cela ne suffit malheureusement pas ; l'ajout des ***Quad*** (§ C.13.8) est un exemple-compteur. Par conséquent, on dit d'un appel de fonction qu'il dépend d'un argument de modèle si et seulement si une des conditions suivantes est respectée :

1. Le type de l'argument réel dépend d'un paramètre de modèle ***T*** selon les règles de déduction des types (§ 13.3.1). Par exemple, ***f(T(1)***, ***f(t)***, ***f(g(t))***, et ***f(&t)*** en supposant que ***t*** est un ***T***.

2. La fonction appelée possède un paramètre formel qui dépend de ***T*** selon les règles de déduction des types (§ 13.3.1). Par exemple, ***f(T)***, ***f(list<T>&)***, et ***f(const T*)***.

Le nom d'une fonction appelée est dépendant si cette dépendance apparaît clairement en examinant ses arguments ou ses paramètres formels.

Un appel qui contient par coïncidence un argument correspondant au type du paramètre de modèle réel n'est pas dépendant. Par exemple :

```
template<class T> T f(T a)
{
        return g(1);        // erreur: pas de g() dans la portée et g(1) ne dépend pas de T
}

void g(int);

int z = f(2);
```

Pour l'appel de ***f(2)***, cela n'a aucune importance que T se trouve être un ***int*** et que l'argument de ***g()*** se trouve être justement un ***int***. Si ***g(1)*** avait été considéré comme dépendant, sa signification aurait été plus subtile et mystérieuse pour le lecteur de la définition du modèle. Si un programmeur veut que ***g(int)*** soit appelé, la définition de ***g(int)*** devrait être placée avant la définition de ***f()*** de sorte que ***g(int)*** se trouve dans la portée quand ***f()*** est analysée. La règle est exactement la même pour les définitions de fonctions non modèle.

Il convient de noter que seuls les noms de fonction utilisés dans les appels peuvent être des noms dépendants en accord avec cette définition. Les noms de variables, de membres de classe, de types, etc., dans une définition de modèle doivent être déclarés (éventuellement en termes de paramètres de modèle) avant d'être utilisés.

C.13.8.2 La liaison au point de définition

Quand le compilateur rencontre une définition de modèle, il détermine quels noms sont dépendants (§ C.13.8.1). Si un nom est dépendant, la recherche de sa déclaration doit être reportée jusqu'au moment de l'instanciation (§ C.13.8.3).

Les noms qui ne dépendent pas d'arguments de modèles doivent se trouver dans la portée (§ 4.9.4) au moment de la définition. Par exemple :

```
int x;

template<class T> T f(T a)
{
        x++;                    // ok
        y++;                    // erreur: pas d''y' dans la portée, et y ne dépend pas de T
        return a;
}

int y;

int z = f(2);
```

Si une déclaration est détectée, elle est utilisée même si une "meilleure" déclaration pourrait être trouvée ultérieurement. Par exemple :

```
void g(double);

template<class T> class X : public T {
public:
        void f() { g(2); }      // appelle g(double);
        // ...
};

void g(int);

class Z { };

void h(X<Z> x)
{
        x.f();
}
```

Quand une définition de ***X<Z>::f()*** est générée, ***g(int)*** n'est pas considérée parce qu'elle est déclarée après ***X***. Cela n'a aucune importance que ***X*** ne soit pas utilisé jusqu'à la déclaration de ***g(int)***. Un appel qui n'est pas dépendant ne peut pas être détourné dans une classe de base :

```
class Y { public: void g(int); };

void h(X<Y> x)
{
        x.f();
}
```

Une fois encore, ***X<Y>::f()*** va appeler ***g(double)***. Si le programmeur avait voulu que la version ***g()*** de la classe de base ***T*** soit appelée, la définition de ***f()*** aurait reflété cette intention :

```
template<class T> class XX : public T {
        void f() { T::g(2); }        // appelle T::g()
        // ...
};
```

Il s'agit bien sûr d'une application de la règle empirique selon laquelle une définition de modèle devrait être aussi autonome que possible.

C.13.8.3 La liaison au point d'instanciation

Chaque utilisation d'un modèle pour un ensemble d'arguments de modèles donné définit un point d'instanciation. Ce point se trouve dans la portée d'espace de noms ou globale la plus proche englobant son utilisation, juste avant la déclaration qui contient cette utilisation. Par exemple :

```
template<class T> void f(T a) { g(a); }

void g(int);

void h()
{
        extern g(double);
        f(2);
}
```

Le point d'instanciation pour ***f<int>()*** se trouve ici juste avant ***h()***, la fonction ***g()*** appelée dans ***f()*** est donc la version ***g(int)*** globale plutôt que la version ***g(double)*** locale. La définition du "point d'instanciation" implique qu'un paramètre de modèle ne peut jamais être lié à un nom local ou à un membre de classe. Par exemple :

```
void f()
{
        struct X { /* ... */ };        // structure locale
        vector<X> v;                   // Erreur : on ne peut pas utiliser la structure locale comme paramètre
                                       de modèle
        // ...
}
```

Un nom non qualifié utilisé dans un modèle ne peut pas non plus être lié à un nom local. Pour terminer, même si un modèle est d'abord utilisé dans une classe, les noms non qualifiés utilisés dans ce modèle ne seront pas liés aux membres de cette classe. Il est essentiel d'ignorer les noms locaux pour éviter tout comportement indésirable de type macro. Par exemple :

```
template<class T> void sort(vector<T>& v)
{
        sort(v.begin(),v.end());    // utilise sort() de la bibliothèque standard
}

class Container {
```

```
        vector<int> v;          // éléments
        // ...
public:
        void sort()             // tri des éléments
        {
                sort(v);        // invoque sort(vector<int>&) plutôt que Container::sort()
        }
        // ...
};
```

Si le point d'instanciation pour un modèle défini dans un espace de noms est un autre espace de noms, les noms de ces deux espaces sont disponibles pour la liaison des noms. Comme toujours, on utilise la résolution de la surcharge pour sélectionner les noms issus d'espaces de noms différents (§ 8.2.9.2).

Notez qu'un modèle utilisé plusieurs fois avec le même ensemble d'arguments de modèles possède plusieurs points d'instanciation. Si les liaisons de noms indépendants diffèrent, le programme est illégal. Il s'agit toutefois d'une erreur très difficile à détecter pour une implémentation, en particulier si les points d'instanciation se trouvent dans des unités de traduction différentes. Il est préférable d'éviter les subtilités dans la liaison des noms en minimisant l'utilisation des noms non locaux dans les modèles et en utilisant des fichiers en-tête pour conserver des contextes d'utilisation cohérents.

C.13.8.4 Les modèles et les espaces de noms

Quand une fonction est appelée, on peut trouver sa déclaration même si elle ne se trouve pas dans la portée, à condition qu'elle soit déclarée dans le même espace de noms qu'un de ses arguments (§ 8.2.6). C'est un point très important pour les fonctions appelées dans les définitions de modèle parce qu'il s'agit du mécanisme qui permet de trouver les fonctions dépendantes pendant l'instanciation.

Une spécialisation de modèle peut être générée à tout point d'instanciation (§ C.13.8.3), tout point subséquent suivant celui-ci dans une unité de traduction ou dans une unité de traduction spécifiquement créée pour la génération des spécialisations. Pour une implémentation, trois stratégies apparaissent donc clairement pour la génération des spécialisations :

1. Générer une spécialisation la première fois qu'un appel est rencontré.
2. A la fin d'une unité de traduction, générer toutes les spécialisations requises pour cette unité.
3. Une fois que toutes les unités de traduction d'un programme ont été considérées, générer toutes les spécialisations requises pour le programme.

Ces trois stratégies, qui peuvent être combinées, présentent des avantages et des inconvénients.

Dans tous les cas, la liaison des noms indépendants est effectuée au point de définition du modèle. La liaison des noms dépendants s'effectue en examinant :

1. Les noms de la portée au point de définition du modèle.
2. Les noms dans l'espace de noms d'un argument dans l'appel dépendant (les fonctions globales sont considérées dans l'espace de noms des types intégrés).

Par exemple :

```
namespace N {
        class A { /* ... */ };
```

```
        char f(A);
}

char f(int);

template<class T> char g(T t) { return f(t); }

char c = g(N::A());        // déclenche l'appel de N::f(N::A)
```

f(t) est ici clairement dépendant, nous ne pouvons donc lier *f* à *f(N::A)* ou *f(int)* au point de définition. Pour générer une spécialisation pour *g<N::A>(N::A)*, l'implémentation recherche des fonctions nommées *f()* dans l'espace de noms *N* et trouve *N::f(N::A)*.

Un programme est illégal s'il est possible de construire deux significations différentes pour la génération de la spécialisation en choisissant des points d'instanciation différents ou des contenus différents d'espace de noms dans différents contextes possibles. Par exemple :

```
namespace N {
        class A { /* ... */ };

        char f(A,int);
}

template<class T, class T2> char g(T t, T2 t2) { return f(t,t2); }

char c = g(N::A(),'a');        // erreur (d'autres résolutions sont possibles pour f(t))

namespace N {                  // ajout dans l'espace de noms N (§8.2.9.3)
        void f(A,char);
}
```

Nous pourrions générer la spécialisation au point d'instanciation et obtenir l'appel de *f(N::A, int)*. Nous pourrions aussi attendre et générer la spécialisation à la fin de l'unité de traduction et obtenir l'appel de *f(N::A, char)*. Par conséquent, l'appel de *g(N::A(), 'a')* est une erreur.

L'appel d'une fonction surchargée entre deux de ses déclarations révèle une programmation médiocre. En examinant un programme de grande taille, un programmeur n'aurait aucune raison de suspecter un problème. Dans ce cas particulier, un compilateur pourrait détecter l'ambiguïté. Des problèmes similaires peuvent toutefois apparaître dans des unités de traduction séparées et la détection devient alors plus difficile. Une implémentation n'est pas tenue de détecter des problèmes de ce type.

Les types intégrés sont impliqués dans la plupart des problèmes de résolution multiple des appels de fonctions. C'est pourquoi la majorité des solutions s'appuient sur une utilisation plus soigneuse des arguments appartenant aux types intégrés.

Comme toujours, l'utilisation de fonctions globales peut faire empirer les choses. L'espace de noms global est considéré comme étant l'espace de noms associé au type intégré, on peut donc utiliser les fonctions globales pour résoudre les appels dépendants qui reçoivent des types intégrés.

Par exemple :

```
int f(int);

template<class T> T g(T t) { return f(t); }

char c = g('a');          // Erreur : d'autres résolutions pour f(t) sont possibles

char f(char);
```

Nous pourrions générer la spécialisation ***g<char>(char)*** au point d'instanciation et obtenir l'appel de ***f(int)***. Nous pourrions aussi attendre et générer la spécialisation à la fin de l'unité de traduction et obtenir l'appel de ***f(char)***. L'appel de ***g('a')*** constitue donc une erreur.

C.13.9 Quand une spécialisation est-elle requise ?

La génération d'une spécialisation d'un modèle de classe n'est nécessaire que si la définition de la classe est requise. La définition réelle d'une classe n'est pas nécessaire, en particulier, pour déclarer le pointeur d'une classe. Par exemple :

```
class X;
X* p;                // ok: pas de définition de X requise
X a;                 // erreur: définition de X requise
```

Cette distinction peut être cruciale lorsqu'on définit les classes modèles. Une telle classe n'est pas instanciée sauf si sa définition est effectivement requise. Par exemple :

```
template<class T> class Link {
    Link* suc;        // ok: la définition de Link n'est pas (encore) nécessaire
    // ...
};

Link<int>* pl;        // l'instanciation de Link<int> n'est pas nécessaire

Link<int> lnk;        // nous devons maintenant instancier Link<int>
```

Le point d'instanciation se situe à l'instant où une définition est requise pour la première fois.

C.13.9.1 L'instanciation d'une fonction modèle

Une implémentation instancie une fonction modèle uniquement si la fonction a été utilisée. L'instanciation d'un modèle de classe, en particulier, n'implique pas l'instanciation de tous ses membres ou même de tous les membres définis dans la déclaration de la classe modèle. Le programmeur dispose donc d'une grande souplesse pour la définition d'une classe modèle. Considérez le code suivant :

```
template<class T> class List {
    // ...
    void sort();
};
```

```
class Glob { /* pas d'opérateurs de comparaison */ };

void f(List<Glob>& lb, List<string>& ls)
{
	ls.sort();
	// utilise les opérations sur lb, mais pas lb.sort()
}
```

Dans ce code, ***List<string>::sort()*** est instanciée, mais ***List<Glob>::sort()*** ne l'est pas. Cela réduit la quantité du code généré et cela nous évite également une reconception du programme. Si ***List<Glob>::sort()*** avait été générée, nous aurions dû ajouter les opérations requises par ***vector::sort()*** pour ***Glob***, redéfinir ***sort()*** pour qu'elle ne fasse pas partie des membres de ***List***, ou utiliser un autre conteneur pour les classes ***Glob***.

C.13.10 L'instanciation explicite

Une déclaration de spécialisation préfixée avec le mot clé ***template*** (non suivi de **<**) est une demande d'instanciation explicite :

```
template class vector<int>;                     // classe
template int& vector<int>::operator[](int);     // membre
template int convert<int,double>(double);       // fonction
```

Une déclaration de modèle débute avec ***template<***, alors que le mot clé ***template*** seul annonce une demande d'instanciation. Notez que ***template*** préfixe une déclaration complète ; l'indication du nom seul n'est pas suffisante :

```
template vector<int>::operator[];               // erreur de syntaxe
template convert<int,double>;                   // erreur de syntaxe
```

Comme pour les appels de fonction modèle, on peut omettre les arguments de modèle qui peuvent être déduits à partir des arguments de fonction (§ 13.3.1). Par exemple :

```
template int convert<int,double>(double);       // ok (redondant)
template int convert<int>(double);              // ok
```

Quand un modèle de classe est explicitement instancié, chaque fonction membre est également instanciée.

Notez qu'une instanciation explicite peut être utilisée comme contrôle des contraintes (§ 13.6.2). Par exemple :

```
template<class T> class Calls_foo {
	void constraints(T t) { foo(t); }           // appel depuis chaque constructeur
	// ...
};

template class Calls_foo<int>;                  // erreur: foo(int) indéfini
template Calls_foo<Shape*>::constraints();      // erreur: foo(Shape*) indéfini
```

L'impact des demandes d'instanciation sur le temps de liaison et sur l'efficacité de la recompilation peut être significatif. Nous avons constaté, dans certains exemples, qu'en regroupant la majorité des instanciations de modèles dans une seule unité de compilation, le temps de compilation passait d'un nombre d'heures au nombre équivalent de minutes.

On ne doit pas avoir deux définitions pour la même spécialisation. Cela n'a aucune importance que de telles spécialisations multiples soient définies par l'utilisateur (§ 13.5), générées implicitement (§ C.13.7) ou demandées explicitement. On ne demande cependant pas au compilateur de détecter des instanciations multiples dans des unités de compilation différentes. Cela permet à une implémentation intelligente d'ignorer des instanciations redondantes et d'éviter ainsi les problèmes liés à la composition de programmes à partir de bibliothèques utilisant l'instanciation explicite (§ C.13.7). L'intelligence ne fait cependant pas partie des conditions requises pour une implémentation. Les utilisateurs d'implémentations "moins intelligentes" doivent s'efforcer d'éviter les instanciations multiples. S'ils ne le font pas, cependant, le pire qui puisse leur arriver est que leur programme ne se charge pas ; il n'y aura aucune modification cachée de la signification.

La demande explicite d'une instanciation n'est pas imposée par le langage. Il s'agit d'un mécanisme optionnel destiné à l'optimisation et au contrôle manuel du processus compilation-liaison (§ C.13.7).

C.14 Conseils

1. Concentrez-vous sur le développement du logiciel plutôt que sur les détails techniques (voir § C.1).
2. Le respect du standard ne garantit pas la portabilité (voir § C.2).
3. Evitez tout comportement indéfini (y compris les extensions propriétaires) (voir § C.2).
4. Localisez tout comportement défini par l'implémentation (voir § C.2).
5. Utilisez les mots clés et les digrammes pour représenter des programmes sur des systèmes dans lesquels *{}[]|* n'existent pas et des trigrammes si \ et ! sont manquants (voir § C.3.1).
6. Simplifiez les communications en utilisant les caractères ANSI pour représenter les programmes (voir § C.3.3).
7. Choisissez de préférence les caractères d'échappement symboliques à une représentation numérique des caractères (voir § C.3.2).
8. Ne vous appuyez pas sur le caractère signé ou non signé d'un ***char*** (voir § C.3.4).
9. Si le type d'une littérale entier$$$ n'est pas clair, utilisez un suffixe (voir § C.4).
10. Evitez les conversions implicites qui entraînent une perte de données (voir § C.6).
11. Choisissez de préférence un ***vector*** à un tableau (voir § C.7).
12. Evitez d'utiliser les ***union*** (voir § C.8.2).
13. Utilisez les champs pour représenter des formats imposés par l'extérieur (voir § C.8.1).
14. Vous devez considérer les compromis entre les différents styles de gestion de mémoire (voir § C.9).
15. Ne polluez pas l'espace de noms global (voir § C.10.1).
16. Quand une portée (module) plutôt qu'un type est requise, choisissez de préférence un espace de noms à une classe (voir § C.10.3).
17. N'oubliez pas de définir les membres de modèle de classe en ***static*** (voir § C.13.1).

18. Utilisez ***typename*** pour lever l'ambiguïté sur les membres type d'un paramètre de modèle (voir § C.13.5).
19. Quand une qualification explicite des arguments de modèle est nécessaire, utilisez ***template*** pour lever l'ambiguïté sur les membres de la classe modèle (voir § C.13.6).
20. Ecrivez les définitions de modèle avec une dépendance minimum sur leur contexte d'instanciation (voir § C.13.8).
21. Si l'instanciation d'un modèle demande trop de temps, vous pouvez envisager une instanciation explicite (voir § C.13.10).
22. Si l'ordre de compilation doit absolument être prévisible, vous pouvez envisager une instanciation explicite (voir § C.13.10).

D

Paramètres régionaux

Si tu vas à Rome, comporte-toi comme les Romains.

Proverbe

Gestion des différences culturelles — La classe ***locale*** — Les objets ***locale*** nommés — Création des objets ***locale*** — Copier et comparer les paramètres régionaux — Les objets paramètres régionaux ***global()*** et ***classic()*** — Comparer les chaînes — La classe ***facet*** — Accéder aux ***facets*** d'un objet ***locale*** — Un ***facet*** défini par l'utilisateur simple — Les ***facets*** standard — Comparaison des chaînes — Les entrées et sorties des valeurs numériques — Les entrées et sorties des valeurs monétaires — Les entrées et sorties des dates et heures — Les opérations de minutage de bas niveau — Une classe ***Date*** — Classification des caractères — Conversion du code des caractères — Les catalogues de messages — Conseils — Exercices

D.1 Gestion des différences culturelles

Un objet ***locale*** représente l'ensemble des conventions habituelles d'une culture ou d'un langage naturel, comme la façon de comparer les chaînes, d'afficher les nombres et de représenter les caractères. Le programmeur a la possibilité de développer cet objet en ajoutant de nouveaux paramètres (***facet***) représentant des entités régionales spécifiques qui ne sont pas supportées directement par la bibliothèque standard, comme les codes postaux et les numéros de téléphone. La principale application des paramètres régionaux dans la bibliothèque standard est le contrôle de l'apparence des informations transmises en ***ostream*** et le format reconnu par un flux ***istream***.

La section 21.7 explique comment modifier un objet ***locale*** pour un flux. Nous présentons dans cette annexe les ***facets*** qui constituent l'objet ***locale*** et indiquons les mécanismes à partir desquels cet objet peut agir sur le flux. Nous allons aussi montrer comment les facets sont définis, énumérer les ***facets*** standard définissant les propriétés spécifiques d'un flux et présenter les techniques d'implémentation et d'utilisation des paramètres régionaux ainsi que des facets. Les utilitaires de la bibliothèque standard qui permettent de représenter la date et l'heure sont présentés dans la section dédiée aux entrées-sorties date.

Voici comment s'articule la présentation des paramètres régionaux et des facets :

§ D.1 Présentations des concepts de base permettant de représenter les différences de culture par l'intermédiaire des paramètres régionaux

§ D.2 Présentation de la classe ***locale***

§ D.3 Présentation de la classe ***facet***

§ D.4 Présentation et description des ***facets*** standard :

- § D.4.1 Comparaison des chaînes
- § D.4.2 Entrées-sorties des valeurs numériques
- § D.4.3 Entrées-sorties des valeurs monétaires
- § D.4.4 Entrées-sorties des dates et heures
- § D.4.5 Classification des caractères
- § D.4.6 Conversion des codes de caractères
- § D.4.7 Le catalogue des messages

La notion de "paramètre régional" n'est pas spécifique au langage C++. On la retrouve dans la plupart des systèmes d'exploitation et des environnements d'application. En principe, cette notion doit être partagée par tous les programmes d'un système, quel que soit le langage de programmation dans lequel ils sont écrits. On peut ainsi considérer la notion de paramètre régional de la bibliothèque standard C++ comme une méthode standard et portable permettant de mettre à la portée des programmes C++ des informations dont la représentation est très différente d'un système à l'autre. Un paramètre régional C++ peut en particulier être décrit comme une interface commune avec les informations système, très différentes selon les plates-formes.

D.1.1 Programmation des différences de culture

Lorsqu'on crée un programme destiné à être exécuté dans plusieurs pays, il faut adopter un style, souvent nommé *internationalisation* (en privilégiant l'utilisation du programme dans de nombreux pays) ou *localisation* (en privilégiant l'adaptation du programme aux conditions locales). Une grande partie des entités manipulées par un programme sont affichées différemment d'un pays à l'autre. Nous pouvons traiter cette différence en écrivant notre propre programme d'entrées-sorties.

Exemple :

```
void print_date (const Date& d) // affiche au format approprié
{
    switch (where_am_I) { // indicateur de style défini par l'utilisateur
    case DK :        // e.g., 7. marts 1999
        cout << d.day() << ". " << dk_month[d.month ()] << " " << d .year() ;
        break;
    case UK: // e.g., 7 / 3 / 1999
        cout << d.day() << " / " << d.month() << " / " << d.year() ;
        break;
    case US: // e.g., 3/7/1999
        cout << d.month() << "/" << d.day() << "/" << d.year() ;
        break;
    // ...
    }
}
```

Ce type de code permet d'obtenir le résultat recherché, mais la technique est loin d'être élégante. De plus, il faut adopter ce style dans tout le programme pour fournir une sortie compatible avec les conventions locales. Pire encore, si nous voulons autoriser un nouveau style de date, il faut modifier le code. Nous pouvons envisager de traiter ce problème en créant une hiérarchie de classes (§ 12.2.4). Les informations contenues dans une ***Date*** étant indépendantes de la façon dont elles seront affichées, nous n'avons pas besoin d'une hiérarchie de types de dates (comme ***US_date***, ***UK_date*** et ***JP_date*** par exemple). Il est préférable de choisir parmi divers formats d'affichage des dates, comme les formats US, GB ou japonais par exemple (§ D.4.4.5).

La méthode consistant à autoriser l'utilisateur à écrire des fonctions d'entrées-sorties conçues pour prendre en charge les différences culturelles entraîne d'autres problèmes :

- Un programmeur qui veut obtenir un code portable et efficace ne peut pas changer facilement l'apparence des types intégrés sans faire appel à la bibliothèque standard.
- Il n'est pas toujours possible de retrouver chaque opération d'entrée-sortie (et chaque opération formatant les données d'une entrée-sortie pour répondre aux conventions locales) dans un programme de taille importante.
- Nous ne pouvons pas toujours envisager la réécriture d'un programme pour prendre en compte une nouvelle convention, et même si c'était possible, une solution s'appuyant sur une réécriture partielle est préférable.
- Beaucoup d'énergie serait perdue si chaque utilisateur devait concevoir et implémenter une solution pour adapter un programme aux conventions locales.

- Chaque programmeur ayant sa propre méthode pour gérer les préférences culturelles, des programmes traitant un même ensemble d'informations seront différents pour des raisons non fondamentales. Enfin, les programmeurs chargés de maintenir du code provenant de diverses sources devront connaître plusieurs conventions de programmation. Un tel procédé risque d'être fastidieux et peu fiable.

Pour surmonter toutes ces difficultés, la bibliothèque standard offre une méthode évolutive pour gérer les conventions culturelles. La bibliothèque iostreams (§ 21.7) s'appuie sur cette structure pour gérer les deux types intégrés et définis par l'utilisateur. Considérons par exemple une boucle simple qui traite des paires (***Date***, ***double***). Ces dernières pourraient représenter une série de mesures ou un jeu de transactions :

```
void cpy(istream& is, ostream& os) //flux copy (Date,double)
{
    Date d;
    double volume;

    while (is >> d >> volume) os << d << ' '<< volume << '\n';
}
```

Un programme réel traiterait bien sûr ces enregistrements et contrôlerait aussi certainement ces données pour détecter toute erreur éventuelle.

Comment pourrions-nous amener ce programme à lire un fichier conforme aux conventions françaises (dans lesquelles la virgule est le caractère représentant le point décimal dans un nombre en virgule flottante), puis à écrire les données en respectant les conventions américaines ? Nous pouvons définir les paramètres régionaux et les opérations d'entrées-sorties afin que ***cpy()*** puisse être utilisée pour passer d'une notation à l'autre :

```
void f(istream& fin, ostream& fout, istream& fin2 , ostream& fout2 )
{
    fin.imbue(locale("en_US")) ;          // en anglais US
    fout.imbue(locale("fr")) ;            // en français
    cpy(fin,fout) ;                       // lecture en anglais US, écriture en français

    fin2 .imbue(locale("fr")) ;           // en français
    fout2 .imbue(locale("en_US")) ;       // en anglais US
    cpy(fin2 ,fout2 ) ;                   // lecture en français, écriture en anglais US
}
```

Les flux suivants :

```
Apr 12, 1999   1000.3
Apr 13, 1999   345.45
Apr 14, 1999   9688.321
...
3 juillet 1950   10,3
3 juillet 1951   134,45
3 juillet 1952   67,9
...
```

... devraient produire avec ce programme :

12 avril 1999 1000, 3
13 avril 1999 345, 45
14 avril 1999 9688, 321
...
July 3, 1950 10.3
July 3, 1951 134.45
July 3, 1952 67.9

La suite de cette annexe est principalement consacrée à la description des mécanismes qui permettent de réaliser ce type d'opération. Nous y expliquons aussi comment les utiliser. Précisons que dans la majorité des cas, les programmeurs n'auront aucune raison de plonger dans les informations détaillées des paramètres régionaux. Un grand nombre d'entre eux n'auront en effet jamais besoin de manipuler explicitement un objet ***locale***, et ceux qui le feront se contenteront de récupérer un paramètre standard pour adapter un flux (§ 21.7). Les mécanismes fournis pour construire ces objets ***locale*** et les rendre faciles à utiliser sont cependant eux-mêmes constitués de code de programmation.

Si un programme ou un système rencontre du succès, il sera utilisé par des personnes dont les besoins et les préférences n'auront pas été envisagés par les concepteurs et programmeurs initiaux. Ces programmes pourraient alors être exécutés dans des pays dont le langage naturel et les jeux de caractères sont différents de ceux utilisés par les concepteurs et programmeurs initiaux. Une large diffusion d'un programme est signe de succès, et pour s'y préparer, il faut concevoir et programmer en recherchant une portabilité maximale, au-delà des frontières linguistiques et culturelles.

Le concept de localisation (ou d'internationalisation) est simple. Certaines contraintes pratiques compliquent toutefois la conception et l'implémentation d'un objet ***locale*** :

- Un objet ***locale*** encapsule les conventions culturelles telles que l'apparence d'une date. Ces conventions sont nombreuses et varient de façon subtile et non systématique. Elles n'ont rien à voir avec des langages de programmation et ne pourront, par conséquent, être standardisées par de tels langages.
- Le concept de paramètre régional doit être évolutif, parce qu'il n'est pas possible d'établir une liste exhaustive de toutes les conventions culturelles qu'un utilisateur C++ pourrait vouloir prendre en compte.
- Un objet ***locale*** est utilisé dans des opérations d'entrées-sorties pour lesquelles les utilisateurs exigent une exécution efficace.
- Un objet ***locale*** doit rester invisible pour la majorité de programmeurs qui veulent tirer parti de la fonctionnalité d'une entrée/sortie sans vouloir en connaître le détail de fonctionnement.
- Un objet ***locale*** doit être disponible pour les concepteurs d'utilitaires traitant des informations en relation avec des conventions culturelles qui dépassent le cadre de la bibliothèque d'entrées-sorties.

La conception d'un programme effectuant des entrées-sorties implique de choisir entre du codage ordinaire et l'utilisation des objets ***locale*** pour contrôler la mise en forme. La première approche (plus traditionnelle) peut être choisie lorsqu'on est sûr et certain de pouvoir facilement convertir chaque opération d'entrée d'une convention en une autre. Cependant, si l'apparence des types intégrés doit changer, si différents jeux de caractères sont nécessaires ou s'il faut choisir parmi un ensemble important de conventions d'entrées-sorties, le mécanisme des objets ***locale*** devient plus intéressant.

Un objet ***locale*** est composé de ***facets*** contrôlant les aspects individuels tels que le caractère utilisé pour la ponctuation dans l'affichage d'une valeur en virgule flottante (***decimal_point()***, § D.4.2) et le format utilisé pour lire une valeur monétaire (***moneypunc***, § D.4.3). Un ***facet*** est un objet d'une classe dérivée de la classe ***locale::facet*** (§ D.3). Nous pouvons considérer un objet ***locale*** comme un conteneur de ***facets*** (§ D.2, § D.3.1).

D.2 La classe *locale*

La classe ***locale*** et la fonctionnalité associée sont présentées dans ***<locale>*** :

```
class std::locale {
public:
    class facet;                // type utilisé pour représenter les aspects d'un objet locale; §D.3
    class id;                   // type utilisé pour identifier un objet locale; §D.3
    typedef int category;       // type utilisé pour grouper/classer les facets

    static const category       // les valeurs réelles sont définies par l'implémentation
        none = 0,
        collate = 1,
        ctype = 1<<1,
        monetary = 1<<2,
        numeric = 1<<3,
        time = 1<<4,
        messages = 1<<5 ,
        all = collate | ctype | monetary | numeric | time | messages;

    locale() throw() ;                                   // copie de l'objet locale global (§D.2.1)
    locale(const locale& x) throw() ;                    // copie de x
    explicit locale(const char* p) ;                     // copie de l'objet locale nommé p
                                                         // (§D.2.1)

    ~locale() throw() ;

    locale(const locale& x, const char* p, category c) ;     // copie de x plus facets du c de p
    locale(const locale& x, const locale& y, category c) ;   // copie de x plus facets du c de y

    template <class Facet> locale(const locale& x, Facet* f) ; // copie de x plus facet f
    template <class Facet> locale combine(const locale& x) ; // copie de *this plus Facet de x

    const locale& operator=(const locale& x) throw() ;

    bool operator==(const locale&) const;                // comparaison des objets locale
    bool operator!=(const locale&) const;

    string name() const;                                 // nom de cet objet locale (§D.2.1)

    template <class Ch, class Tr, class A>               // comparaison des chaînes avec cet objet
                                                         // locale
    bool operator()(const basic_string<Ch,Tr,A>&, const basic_string<Ch,Tr,A>&) const;
```

```
        static locale global(const locale&) ;        // définit l'objet locale global et renvoie
                                                     // l'ancien objet locale global
        static const locale& classic() ;             // récupère l'objet locale de style C
                                                     // "classique"
        private:
        // représentation
};
```

Nous pouvons considérer un objet ***locale*** comme une interface avec ***map<id,facet*>***, c'est-à-dire comme un objet qui permet d'utiliser un ***locale::id*** pour localiser l'objet correspondant d'une classe dérivée de ***locale::facet***. Une implémentation réelle d'un objet ***locale*** est une variante efficace de ce concept. Le schéma serait le suivant :

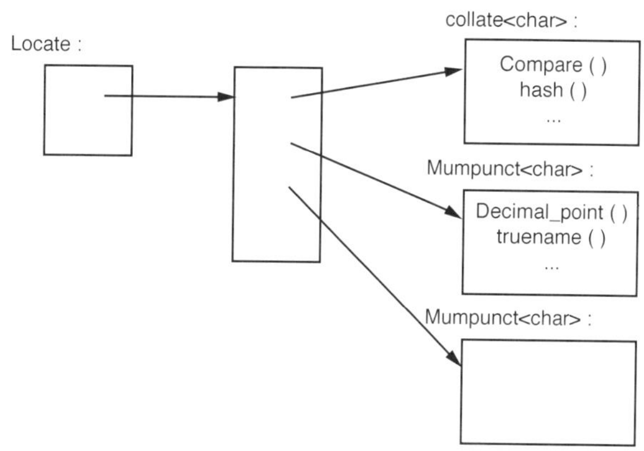

Dans cet exemple, ***collate<char>*** et ***numpunct<char>*** sont des ***facets*** de bibliothèque standard (§ D.4). Comme tous les ***facets***, ils sont dérivés de ***locale::facet***.

Un objet ***locale*** doit pouvoir être copié librement. Il va donc être presque toujours implémenté sous la forme d'un handle pour le ***map<id,facet*>*** spécialisé qui constitue la partie principale de son implémentation. Les facets devront être rapidement accessibles dans cet objet. Le ***map<id,facet*>*** spécialisé sera par conséquent optimisé pour fournir un accès rapide de type tableau. Nous accédons aux ***facets*** d'un objet ***locale*** en codant ***use_facet<Facet>(loc)***, § D.3.1.

La bibliothèque standard fournit un jeu de facets intéressant. Pour que le programmeur puisse les manipuler facilement en groupes logiques, les facets standard sont groupés en catégories telles que ***numéric*** et ***collate*** (§ D.4).

Un programmeur peut remplacer les facets des catégories existantes (§ D.4, § D.4.2.1), mais il n'a aucun moyen d'ajouter de nouvelles catégories. Cette notion de catégorie ne s'applique qu'aux facets de la bibliothèque standard et ne peut être développée. De toute façon, un facet ne doit pas obligatoirement appartenir à une catégorie spécifique, et nombre de facets définis par l'utilisateur ne sont pas catalogués dans l'une d'entre elles.

Les objets ***locale*** sont principalement et implicitement utilisés dans les entrées-sorties. Chaque flux ***istream*** et ***ostream*** possède son propre ***locale***. Au moment de la création du flux, cet objet est l'objet ***locale*** global par défaut (§ D.2.1). L'objet ***locale*** d'un flux peut être défini avec une opération ***imbue()***, et nous pouvons en extraire une copie en exécutant ***getloc()*** (§ 21.6.3).

D.2.1 Les objets locale nommés

Un objet ***locale*** est construit à partir d'un autre ***locale*** et de facets. La façon la plus simple de le créer est de copier un objet existant.

Par exemple :

```
locale loc0;                          // copie de l'objet locale global courant (§D.2.3)

locale loc1 = locale() ;              // copie de l'objet locale global courant (§D.2.3)
locale loc2("") ;                     // copie de "the user's l'objet locale favori"

locale loc3("C") ;                    // copie de l'objet locale "C"
locale loc4 = locale::classic() ;     // copie de l'objet locale "C"

locale loc5("POSIX") ;                // copie de l'objet locale "POSIX" défini par l'implémentation
```

Le standard définit ***locale ("C")*** comme l'objet ***locale*** "classique" du C. C'est celui que nous avons utilisé dans cet ouvrage. Les autres noms d'objet ***locale*** sont définis par l'implémentation.

locale("") est interprété comme l'objet ***locale*** favori de l'utilisateur. Cet objet est défini indépendamment des techniques linguistiques dans l'environnement d'exécution d'un programme.

Dans la plupart des cas, vous pouvez définir les paramètres régionaux pour un programme directement à partir du système exploitation. Ces paramètres sont souvent choisis par l'utilisateur du système lorsqu'il s'y connecte ou qu'il l'installe pour la première fois. Par exemple, si un utilisateur configure un système en langue espagnole d'Argentine, ***locale("")*** sera interprété comme ***locale("es_AR")***. En contrôlant rapidement un de nos systèmes, nous avons identifié cinquante et un paramètres régionaux associés à des noms mnémoniques tels que ***POSIX***, ***de***, ***en_UK***, ***en_US***, ***es***, ***es_AR***, ***fr***, ***sv***, ***pl*** et ***iso_8859_1***. La norme POSIX recommande de choisir un nom débutant par l'identification du langage en minuscules, éventuellement suivi du pays en majuscules, puis d'un spécificateur de codage, par exemple ***jp_JP.jit***. Ces noms n'ont pas encore été standardisés d'une plate-forme à l'autre. Sur un autre système, nous avons trouvé les noms de paramètres locaux ***g***, ***uk***, ***s***, ***fr***, ***sw*** et ***da***. Le standard C++ ne fixe pas la signification d'un objet ***locale*** pour un langage ou un pays donné, ces derniers étant susceptibles de répondre à des standards spécifiques à la plate-forme. Par conséquent, pour utiliser des objets ***locale*** nommés sur un système donné, le programmeur doit consulter la documentation du système et tester les noms choisis.

Il est préférable d'éviter d'introduire le nom des paramètres locaux dans le texte d'un programme. Si ce texte comporte un nom de fichier ou celui d'une constante système, il sera plus difficile de porter le programme sur une autre plate-forme, et le programmeur devra retrouver et modifier ces valeurs pour adapter le programme à un nouvel environnement. Les conséquences sont les mêmes lorsqu'un nom de paramètres locaux apparaît dans le texte du programme. Mieux vaut extraire ce nom depuis l'environnement d'exécution du programme, en utilisant ***locale("")*** par exemple ou en demandant à un utilisateur avancé de spécifier lui-même cette chaîne.

Par exemple :

```
void user_set_locale(const string& question_string)
{
        cout << question_string;            // e.g., "Si vous voulez utiliser un objet locale différent,
                                            veuillez saisir son nom"
        string s;
        cin >> s;
        locale::global(locale(s.c_s str())) ;    // définit l'objet locale global tel que spécifié par l'utilisateur
}
```

Une meilleure solution consiste à offrir une liste de choix à un utilisateur moins expérimenté. La procédure devra connaître l'emplacement des paramètres locaux et la façon dont ils sont gérés sur le système.

Si l'argument ***chaîne*** ne fait pas référence à un objet ***locale*** défini, le constructeur émet une exception ***runtime_error*** (§ 14.10). Par exemple :

```
void set_loc(locale& loc, const char* name)
try
{
        loc = locale(name) ;
}
catch (runtime_error) {
        cerr << "L'objet locale \"" << name << "\" n'est pas défini\n";
        // ...
}
```

Si un objet ***locale*** est associé à une chaîne nom, ***name()*** renverra cette dernière. Sinon, ***name()*** renverra ***string("*")***. Une chaîne nom permet surtout de faire référence à un objet ***locale*** stocké dans l'environnement d'exécution. Elle peut aussi être utilisée comme support de débogage. Par exemple :

```
void print_locale_names(const locale& my_loc)
{
      cout << "nom de l'objet locale global courant: " << locale().name() << "\n";
      cout << " nom de l'objet locale classique: " << locale::classic().name() << "\n";
      cout << " nom de l'objet locale "favori de l'utilisateur": " << locale("").name() << "\n";
      cout << " nom de mon objet locale: " << my_loc.name() << "\n";
}
```

Si vous comparez des paramètres régionaux de noms identiques, différents du ***string("*")*** par défaut, vous obtenez l'égalité. Les opérateurs == ou != fournissent cependant un moyen plus direct de comparer ces paramètres.

La copie d'un objet ***locale*** associé à une chaîne nom produit un objet de même nom. Vous pouvez donc obtenir de nombreux objets de ce type répondant à la même chaîne nom. En effet, ces objets sont immuables et font donc tous référence au même jeu de conventions culturelles.

Un appel à ***locale(loc, "Foo", cat)*** crée un objet ***locale*** identique à ***loc***, à l'exception des ***facets*** qui seront extraits de la catégorie ***cat*** de ***locale("Foo")***. L'objet obtenu sera associé à une chaîne nom uniquement si ***loc*** en possède une. Le standard ne spécifie pas quelle chaîne nom le nouvel objet

locale va récupérer exactement, mais elle devra être différente de celle de ***loc***. Une solution évidente consisterait à composer la nouvelle chaîne à partir de celle de ***loc*** et de "***Foo***". Si cette chaîne est ***en_UK***, par exemple, le nouvel objet ***locale*** pourra être associé à la chaîne "***en_UK:Foo***".

Nous pouvons résumer les chaînes nom d'un nouvel objet ***locale*** de la façon suivante :

Objet locale	*Chaîne nom*
locale("Foo")	*"Foo"*
locale(loc)	*loc.name()*
locale(loc,"Foo",cat)	Nouvelle chaîne nom si ***loc*** contient une chaîne nom, sinon ***string("*")***
locale(loc,loc2,cat)	Nouvelle chaîne nom si ***loc*** et ***loc2*** contiennent des chaînes, sinon ***string("*")***
locale(loc,Facet)	*string("*")*
loc.combine(loc2)	*string("*")*

Un programmeur n'a aucun moyen de spécifier une chaîne de style C pour affecter un nom au nouvel objet ***locale*** créé dans un programme. Ces chaînes sont définies dans l'environnement d'exécution du programme ou créées par les constructeurs de ***locale*** en combinant des noms existants.

D.2.1.1 Construction des nouveaux objets paramètres régionaux

Vous créez un nouvel objet ***locale*** à partir d'un objet existant et en ajoutant ou en remplaçant des ***facets***. Le nouvel objet sera typiquement identique à l'objet existant, à l'exception de quelques différences mineures. Par exemple :

```
void f(const locale& loc, const My_money_io* mio) // My_money_io défini en §D.4.3.1
{
    locale loc1(locale("POSIX") ,loc,locale::monetary) ; // utilise les facets monétaires de loc
    locale loc2  = locale(locale::classic() , mio) ; // classic plus mio
    // ...
}
```

Dans ce code, ***loc1*** est une copie de l'objet ***locale*** POSIX pour faire appel aux facets monétaires de ***loc*** (§ D.4.3). De même, ***loc2*** est une copie de l'objet ***locale C*** modifié pour utiliser un ***My_money_io*** (§ D.4.3.1). Si un argument de ***Facet**** (ici, ***My_money_io***) a la valeur ***0***, l'objet obtenu sera une simple copie de l'argument ***locale***.

En utilisant :

```
locale(const locale& x, Facet* f) ;
```

l'argument ***f*** doit identifier un type de ***facet*** spécifique. Un ***Facet**** ordinaire n'est pas suffisant. Par exemple :

```
void g (const locale::facet* mio1, const My_money_io* mio2)
{
    locale loc3  = locale(locale::classic() , mio1) ; // erreur: type de facet inconnu
```

```
    locale loc4 = locale(locale::classic() , mio2) ; // ok: type de facet connu
    // ...
}
```

En effet, l'objet ***locale*** utilise le type de l'argument de ***Facet**** pour déterminer le type du ***facet*** au moment de la compilation. Plus précisément si l'implémentation de l'objet ***locale*** utilise le type d'identification d'un ***facet***, ***facet::id*** (§ D.3), pour localiser ce ***facet*** dans l'objet ***locale*** (§ D.3.1).

Notez que le constructeur :

```
template <class Facet> locale(const locale& x, Facet* f ) ;
```

est le seul mécanisme disponible dans le langage qui permettra à un programmeur de fournir un facet à utiliser dans un objet ***locale***. D'autres objets de ce type sont fournis par l'implémentation sous la forme d'objets nommés (§ D.2.1). Ces objets nommés sont disponibles dans l'environnement d'exécution du programme. Un programmeur qui comprend le mécanisme de l'implémentation permettant d'obtenir ces objets pourra ajouter de nouveaux objets paramètres régionaux (§ D.6[11,12]).

Le jeu de constructeurs d'un objet ***locale*** est conçu de sorte que les types de chaque facet soient connus, soit par déduction (à partir du paramètre modèle de ***Facet***), soit parce qu'ils proviennent d'un autre objet ***locale*** (qui connaissait son type). La spécification d'un argument ***catégory*** indique indirectement le type des facets, parce que l'objet ***locale*** connaît le type des facets dans chaque catégorie. Cela signifie que la classe ***locale*** peut (et doit) reconnaître les types des types de facets pour que leur manipulation n'entraîne pas de surcharge à l'exécution.

Le type du membre ***locale::id*** permet à la classe ***locale*** d'identifier les types de ***facets*** (§ D.3).

Dans certains cas, il est intéressant de construire un objet ***locale*** en dupliquant un autre objet de ce type, à l'exception d'un ***facet*** copié dans un second objet ***locale***. La fonction membre modèle ***combine()*** exécute cette opération. Par exemple :

```
void f (const locale& loc, const locale& loc2)
{
    locale loc3  = loc.combine< My_money_io >(loc2) ;
    // ...
}
```

L'objet ***loc3*** obtenu se comporte comme ***loc***, à l'exception du format des entrées-sorties monétaires parce qu'il utilise une copie de ***My_money_io*** (§ D.4.3.1) de ***loc2*** pour cette opération. Si ***loc2*** n'a aucun ***My_money_io*** à fournir au nouvel objet ***locale***, ***combine()*** va déclencher une exception ***runtime_error*** (§ 14.10). L'objet obtenu avec ***combine()*** n'a pas de nom.

D.2.2 Copier et comparer les paramètres régionaux

Un objet ***locale*** peut être copié par initialisation et par affectation. Par exemple :

```
void swap(locale& x, locale& y) // comme std::swap()
{
    locale temp = x;
    x = y;
    y = temp;
}
```

La copie d'un ***locale*** est identique à l'original, mais il s'agit bien d'un objet indépendant et distinct. Par exemple :

```
void f(locale* my_locale)
{
    locale loc = locale::classic() ; // objet locale "C"
    if (loc != locale::classic()) {
        cerr << "Erreur d'implémentation: envoyer le compte-rendu au vendeur\n";
        exit(1) ;
    }
    if (&loc != &locale::classic()) cout << "Pas de surprise: les adresses diffèrent\n";
    locale loc2 = locale(loc, my_locale, locale::numeric) ;
    if (loc == loc2) {
        cout << "mes facets numériques sont identiques à ceux de classic()\n";
        // ...
    }
    // ...
}
```

Si ***my_locale*** comporte un ***facet*** pour la ponctuation numérique, ***my_numpunct<char>***, c'est-à-dire un ***facet*** différent du ***numpunct<char>*** standard de ***classic()***, les objets paramètres régionaux obtenus pourront être représentés de la façon suivante :

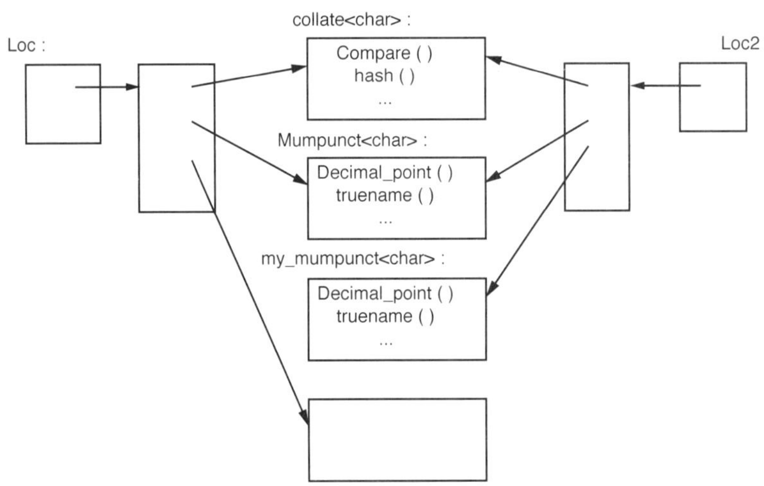

Un objet ***locale*** ne peut être modifié. La seule possibilité pour créer de nouveaux paramètres régionaux est de dupliquer des objets ***locale*** existants. Le fait qu'un objet ***locale*** soit immuable après sa création est un élément essentiel pour l'efficacité d'exécution. Les paramètres régionaux permettent d'appeler les fonctions virtuelles d'un ***facet*** et de placer en mémoire cache les valeurs renvoyées. Un flux ***istream***, par exemple, peut connaître le caractère utilisé pour représenter le point décimal et le mode de représentation de ***true***, sans avoir besoin d'appeler ***decimal_point()*** à chaque lecture d'un nombre et ***truename()*** à chaque lecture d'une valeur booléenne (§ D.4.2). Un appel à ***imbue()*** pour le flux (§ 21.6.3) est le seul cas dans lequel de tels appels vont renvoyer une valeur différente.

D.2.3 Les objets paramètres régionaux de *global()* et *classic()*

La notion d'objet ***locale*** courant pour un programme est obtenue avec ***locale()***, qui se procure une copie de l'objet ***locale*** courant, et de ***locale::global(x)***, qui définit l'objet ***locale*** courant comme ***x***. L'objet ***locale*** courant est nommé *locale global*, en référence à sa probable implémentation sous la forme d'un objet global (ou ***static***).

C'est l'objet ***locale*** global qui est implicitement utilisé pendant l'initialisation d'un flux. Chaque nouveau flux reçoit donc (§ 21.1, § 21.6.3) une copie de ***locale()***. A l'origine, l'objet ***locale*** global est l'objet ***locale*** C standard, ***locale::classic()***.

En utilisant la fonction membre statique ***locale::global()***, un programmeur peut spécifier les paramètres régionaux à utiliser comme objet global. Une copie de l'objet ***locale*** global précédent est renvoyée par ***global()***. L'utilisateur pourra ainsi restaurer l'objet ***locale*** global. Par exemple :

```
void f (const locale& my_loc)
{
    ifstream fin1(some_name) ;                        // fin1 est soumis à l'objet locale global
    locale& old_global = locale::global(my_loc) ;     // définit le nouvel objet locale global
    ifstream fin2(some_other_name) ;                  // fin2 est soumis à my_loc
    // ...
    locale::global(old_global) ;                      // restaure l'ancien objet locale global
}
```

Si un objet ***locale x*** possède une chaîne nom, ***locale::global(x)*** définit aussi l'objet ***locale*** global C. Cela signifie que si un programme C++ appelle une fonction de la bibliothèque standard C qui dépend des paramètres régionaux, ces paramètres seront traités de façon cohérente par une combinaison de programmes C et C++.

Si l'objet ***locale x*** ne possède pas de chaîne nom, il sera indéfini si ***locale::global(x)*** modifie l'objet ***locale*** global C. Cela signifie qu'un programme C++ ne peut pas définir l'objet ***locale*** C de façon fiable et portable avec des paramètres régionaux qui n'auront pas été établis à partir de l'environnement d'exécution. Il n'existe pas de façon standard pour un programme C de définir l'objet ***locale*** global de C++ (sauf s'il appelle une fonction C++ pour le faire). Dans un programme mixte C et C++, les risques d'erreurs sont importants lorsque l'objet ***locale*** global C est différent de ***global()***.

La définition de l'objet ***locale*** global n'affecte en rien les flux d'entrée-sortie existants : ces derniers utilisent toujours les paramètres régionaux qui leur ont été affectés avant la redéfinition de l'objet ***locale*** global. Par exemple, ***fin1*** ne sera pas affecté par la manipulation de l'objet ***locale*** global qui a permis d'attribuer ***my_loc*** à ***fin2***.

La modification de l'objet ***locale*** global entraîne les mêmes problèmes que toute autre technique s'appuyant sur le changement de données globales : il est pratiquement impossible de prévoir toutes les conséquences de cette modification. Dans ces conditions, mieux vaut réduire au maximum l'utilisation de ***global()*** et introduire ce type de modification dans quelques sections de code qui répondent à une stratégie simple pour les changements. La possibilité d'affecter des paramètres régionaux spécifiques à des flux individuels (§ 21.6.3) simplifie l'application de cette règle. Soulignons aussi que de nombreuses utilisations explicites d'objets ***locale*** et de ***facets*** répartis dans un programme poseront aussi un problème de maintenance.

D.2.4 Comparer les chaînes

L'utilisation explicite la plus courante des paramètres régionaux est probablement la comparaison de deux chaînes selon les critères définis par ces paramètres. Cette opération est donc directement fournie par l'objet ***locale*** pour ne pas imposer aux utilisateurs la construction de leur propre fonction de comparaison à partir du ***facet collate*** (§ D.4.1). Pour qu'elle soit directement disponible sous la forme d'un prédicat (§ 18.4.2), cette fonction de comparaison est définie comme un ***operator()()*** de l'objet ***locale***. Par exemple :

```
void f (vector<string>& v, const locale& my_locale)
{
	sort(v.begin() ,v.end()) ;                  // tri avec < pour comparer les éléments
	// ...
	sort(v v.begin() ,v.end() ,my_locale) ;     // tri selon les règles de my_locale
// ...
}
```

La fonction ***sort()*** de la bibliothèque standard utilise par défaut l'opérateur **<** avec la valeur numérique du jeu de caractères de l'implémentation pour déterminer l'ordre de collation (§ 18.7, § 18.6.3.1).

Notez que les objets ***locale*** se comportent comme des chaînes ***basic_string*** pour la comparaison plutôt que comme des chaînes de style C.

D.3 Les facets

Un *facet* est un objet d'une classe dérivée de la classe ***facet*** membre de ***locale*** :

```
class std::locale::facet {
protected:
	explicit facet(size_t r = 0) ;        // "r==0": l'objet locale contrôle la durée de vie de ce facet
	virtual ~facet() ;                    // note: destructeur protégé
private:
	facet(const facet&) ;                 // non défini
	void operator=(const facet&) ;        // non défini
// représentation
};
```

Les opérations de copie sont privées et restent indéfinies pour éviter toute copie (§ 11.2.2).

La classe ***facet*** est conçue comme classe de base et ne comporte aucune fonction publique. Son constructeur est protégé pour éviter la création d'objets "***facet*** ordinaires", et son destructeur est virtuel pour assurer la bonne destruction des objets des classes dérivées.

La gestion du ***facet*** s'effectue avec des pointeurs par l'intermédiaire des objets ***locale***. La transmission d'un argument 0 au constructeur du facet signifie que l'objet ***locale*** devra le supprimer après sa dernière utilisation. Inversement, un argument non nul garantit que l'objet ***locale*** ne supprimera jamais le ***facet***. Il sera transmis en particulier dans les cas rares où le facet est directement contrôlé par le programmeur plutôt que par l'intermédiaire de l'objet ***locale***. Nous pourrions tenter de créer des objets de type ***facet*** standard ***collate_byname<char>*** (§ D.4.1.1) de la façon suivante :

```
void f (const string& s1, const string& s2)
{
    // cas normal: (défaut) argument 0 signifie que l'objet locale se charge de la suppression:
    collate<char>* p = new collate_byname<char>("pl") ;
    locale loc(locale() ,p) ;

    // cas rare: argument 1 signifie que l'utilisateur se charge de la suppression:
    collate<char>* q = new collate_byname<char>("ge",1) ;

    collate_byname<char> bug1 ("sw") ;      // erreur: impossible de détruire la variable locale
    collate_byname<char> bug2 ("no",1) ;    // erreur: impossible de détruire la variable locale

    // ...

    // q ne peut être supprimé: le destructeur de collate_byname<char> est protégé
    // pas de suppression de p; l'objet locale se charge de la suppression de *p
}
```

Par conséquent, les ***facets*** standard sont pratiques lorsqu'ils sont gérés par les objets ***locale***, comme classe de base, et rarement avec d'autres méthodes.

Un ***facet a_byname()*** appartient à un objet ***locale*** nommé dans l'environnement d'exécution (§ D.2.1).

Un ***facet*** pourra être identifié par un objet ***locale*** avec ***has_facet()*** et ***use_facet()*** (§ D.3.1) uniquement si chaque type de ***facet*** possède son ***id*** :

```
class std::locale::id {
public:
    id() ;
private:
    id(const id&) ;                  // non défini
    void operator=(const id&) ;      // représentation non définie
};
```

Les opérations de copie sont déclarées privées et restent indéfinies pour éviter toute opération de copie (§ 11.2.2).

Le ***id*** est destiné à l'utilisateur qui peut ainsi définir un membre ***static*** de type ***id*** pour chaque classe fournissant une nouvelle interface de facet (§ D.4.1 par exemple). Les ***id*** permettent d'identifier les ***facets*** d'un objet ***locale*** (§ D.2, § D.3.1). Dans l'implémentation courante d'un objet ***locale***, un ***id*** est utilisé comme index dans un vecteur de pointeurs de facet, ce qui permet d'implémenter une affectation ***map<id,facet*>*** efficace.

Les données qui permettent de définir un ***facet*** (dérivé) sont définies dans la classe dérivée plutôt que dans le ***facet*** de la classe de base lui-même. Cela signifie que le programmeur qui définit un facet en contrôle parfaitement les données et que la quantité de données nécessaire à l'implémentation du concept représenté par un facet n'est pas limitée.

Notez que toutes les fonctions membres d'un facet défini par l'utilisateur devront être de type ***const***. Un facet est généralement destiné à être immuable (§ D.2.2).

D.3.1 Accéder aux facets d'un objet locale

Les facets d'un objet ***locale*** sont accessibles *via* la fonction modèle ***use_facet***. La fonction modèle ***has_facet*** permet quant à elle de rechercher un facet spécifique :

```
template <class Facet> bool has_facet(const locale&) throw() ;
template <class Facet> const Facet& use_facet(const locale&) ; // peut déclencher une bad_cast
```

Considérez que ces fonctions modèles examinent leur argument ***locale*** pour y trouver leur paramètre modèle ***Facet***. Vous pouvez aussi considérer ***use_facet*** comme une sorte de conversion de type explicite (***cast***) d'un objet ***locale*** en ***facet*** spécifique. En effet, vous pouvez envisager cette opération parce qu'un objet ***locale*** ne peut posséder qu'un seul facet d'un type donné. Par exemple :

```
void f f(const locale& my_locale)
{
    char c = use_facet< numpunct<char> >(my_locale).decimal_point() // utilise le facet standard
    // ...
    if (has_facet<Encrypt>(my_locale)) {                // my_locale contient-il un facet Encrypt?
        const Encrypt& f = use_facet<Encrypt>(my_locale) ;    // récupère le facet Encrypt
        const Crypto c = f .get_crypto() ;                    // utilise le facet Encrypt
        // ...
    }
    // ...
}
```

use_facet renvoie la référence d'un facet ***const***. Nous ne pouvons donc pas affecter le résultat à un facet de type non ***const***. C'est normal puisque le facet est censé être immuable et posséder uniquement des membres ***const***.

Si nous codons ***use_facet<X>(loc)*** et que ***loc*** ne possède pas de ***facet X***, la fonction ***use_facet()*** va déclencher un ***bad_cast*** (§ 14.10). Les facets standard étant disponibles pour tous les objets ***locale*** (§ D.4), nous n'avons pas besoin d'utiliser ***has_facet*** pour ces derniers. Dans ce cas, ***use_facet*** ne déclenchera pas de ***bad_cast***.

Comment ***has_facet*** et ***use_facet*** pourraient-elles être implémentées ? Rappelons qu'un objet ***locale*** peut être considéré comme un ***map<id,facet*>*** (§ D.2). Etant donné un type de facet comme l'argument modèle ***Facet***, l'implémentation de ces fonctions peut faire référence à ***Facet::id*** et l'utiliser pour localiser le ***facet*** correspondant. Une implémentation très naïve de ces deux fonctions pourrait être la suivante :

```
// pseudoimplémentation: imaginez qu'un locale ait un map<id,facet*> nommé facet_map

template <class Facet> bool has_facet(const locale& loc) throw()
{
    const locale::facet* f = loc.facet_map[Facet::id] ;
    return f ? true : false;
}

template <class Facet> const Facet& use_facet(const locale& loc)
{
    const locale::facet* f = loc.facet_map[Facet::id] ;
```

```
        if (f) return static_cast<const Facet&>(*f) ;
        throw bad_cast() ;
    }
```

Vous pouvez aussi considérer le mécanisme ***facet::id*** comme l'implémentation d'une forme de polymorphisme de compilation. Un ***dynamic_cast*** pourrait permettre d'obtenir des résultats très proches de ce que produit ***use_facet***. Le ***use_facet*** spécialisé peut cependant être implémenté plus efficacement qu'un ***dynamic_cast*** plus général.

Un ***id*** identifie en réalité une interface et un comportement plutôt qu'une classe. Ainsi, si deux classes ***facet*** possèdent exactement la même interface et implémentent la même sémantique (pour ce qui concerne les paramètres régionaux), elles devraient être identifiées par le même ***id***. Par exemple, ***collate<char>*** et ***collate_byname<char>*** sont interchangeables dans un objet ***locale***. Elles seront donc toutes deux identifiées par ***collate<char>::id*** (§ D.4.1).

Si nous définissons un ***facet*** avec une nouvelle interface, par exemple ***Encrypt*** dans ***f()***, nous devons définir l'***id*** correspondant pour l'identifier (§ D.3.2 et § D.4.1).

D.3.2 Un facet défini par l'utilisateur simple

La bibliothèque standard fourni des facets standard pour la plupart des éléments essentiels de nos différences culturelles, tels que les jeux de caractères et les entrées-sorties numériques. Pour étudier le mécanisme du facet indépendamment de la complexité des types les plus répandus et des problèmes d'efficacité qui leur sont associés, nous allons présenter d'abord un facet pour un type très simple défini par l'utilisateur :

```
enum Season { spring, summer, fall, winter };
```

Le style d'entrée-sortie présenté ici peut être utilisé avec quelques variantes mineures pour la plupart des types simples définis par l'utilisateur :

```
class Season_io : public locale::facet {
public:
        Season_io(int i = 0) : locale::facet(i) { }
        ˜Season_io() { }                    // pour autoriser la suppression de Season_io objects (§D.3)
        virtual const string& to_str(Season x) const = 0;  // représentation chaîne de x
        // place Season correspondant au s de x:
        virtual bool from_str(const string& s, Season& x) const = 0 0;
        static locale::id id;                        // objet identifieur de facet (§D.2, §D.3, §D.3.1)
};
locale::id Season_io::id; // définit l'objet identifieur
```

Pour simplifier, ce facet se limite aux représentations en ***char***.

La classe ***Season_io*** fournit une interface générale et abstraite pour tous les facets ***Season_io***. Pour définir la représentation d'une entrée-sortie de ***Season*** pour un objet ***locale*** particulier, nous dérivons une classe de ***Season_io*** en définissant ***to_str()***et ***from_str()*** de façon appropriée.

La transmission d'une ***Season*** en sortie est simple. Si le flux possède un facet ***Season_io***, nous pouvons l'utiliser pour convertir la valeur en chaîne. Sinon, nous pouvons afficher la valeur ***int*** de ***Season*** :

```
ostream& operator<<(ostream& s , Season x )
{
	const locale& loc = s .getloc() ;	// extrait l'objet locale du flux (§21.7.1)
	if (has_facet<Season_io>(loc)) return s  << use_facet<Season_io>(loc). to_str(x) ;
	return s  << int(x) ;
}
```

Notez que cet opérateur **<<** est implémenté en invoquant **<<** pour d'autres types. Nous pouvons ainsi bénéficier de la simplicité d'utilisation de cet opérateur en comparaison d'un accès direct aux mémoires tampon du flux ***ostream***, des liens qui unissent ces opérateurs aux paramètres régionaux et de la gestion d'erreur fournie pour ces opérateurs. Les facets standard ont tendance à opérer directement sur les mémoires tampons de flux (§ D.4.2.2, § D.4.2.3) pour une efficacité et une flexibilité maximales, mais pour de nombreux types simples définis par l'utilisateur, il n'est pas nécessaire de descendre au niveau d'abstraction de ***streambuf***.

Comme toujours, les entrées sont un peu plus compliquées que les sorties :

```
istream& operator>>(istream& s , Season& x)
{
	const locale& loc = s .getloc() ;	// extrait l'objet locale du flux (§21.7.1)

	if (has_facet<Season_io>(loc)) {	// lecture de la représentation alphabétique
		const Season_io& f = use_facet<Season_io>(loc) ;
		string buf;
		if (!(s>>buf && f.from_str(buf,x))) s .setstate(ios_base::failbit) ;
	return s ;
	}

	int i ;	// lecture de la représentation numérique
	s >> i ;
	x = Season(i) ;
	return s ;
}
```

Le traitement des erreurs est simple et suit le modèle de gestion des erreurs pour les types intégrés. Si la chaîne en entrée ne correspond pas à une ***Season*** selon les critères des paramètres régionaux choisis, le flux bascule en mode ***failure***. Si les exceptions sont activées, une exception ***ios_base::failure*** va se déclencher (§ 21.3.6).

Un programme de test très simple :

```
int main()	// test trivial
{
	Season x ;

	// utilisation de l'objet locale par défaut(pas le facet Season_io) implique des E/S d'entiers:
	cin >> x ;
	cout << x << endl ;
```

```
        locale loc(locale() ,new US_season_io) ;
        cout.imbue(loc) ;          // utilise l'objet locale avec le facet Season_io
        cin.imbue(loc) ;           // utilise l'objet locale avec le facet Season_io

        cin >> x ;
        cout << x << endl ;
}
```

En saisissant :

```
2
summer
```

le programme répond :

```
2
summer
```

Pour obtenir ce résultat, nous devons définir un ***US_season_io*** pour définir la représentation chaîne des saisons et remplacer les fonctions ***Season_io*** chargées de la conversion entre les représentations chaîne et les énumérateurs :

```
class US_season_io : public Season_io {
        static const string seasons [] ;
public:
        const string& to_str(Season) const;
        bool from_str(const string&, Season&) const;

        // note: pas US_season_io::id
};

const string US_season_io::seasons [] = { "spring", "summer", "fall", "winter" };

const string& US_season_io:: to_str(Season x) const
{
        if (x<spring || winter<x) {
                static const string ss = "no-such-season";
                return ss ;
}
                return seasons [x] ;
}
bool US_season_io::from_str(const string& s , Season& x) const
{
        const string* beg = &seasons [spring] ;
        const string* end = &seasons [winter]+1 ;
        const string* p = find(beg,end,s) ; // §3.8.1, §18.5.2
        if (p ==end) return false;
        x = Season(p-beg) ;
        return true ;
}
```

Notez qu'aucun ***id*** n'a été défini pour ***US_season_io*** parce qu'il s'agit d'une simple implémentation de l'interface ***Season_io***. En fait, si nous voulons pouvoir utiliser ***US_season_io*** comme un ***Season_io***, nous ne devons pas lui affecter son propre ***id***. Les opérations sur les objets ***locale***, telles que ***has_facet*** (§ D.3.), s'appuient sur des facets implémentant les mêmes concepts avec un ***id*** identique (§ D.3).

La seule question d'implémentation intéressante consiste à se demander comment réagir si la saison à transmettre en sortie est invalide. Bien sûr, cela ne devrait pas se produire. Il n'est cependant pas rare de rencontrer une valeur incorrecte pour un type très simple défini par l'utilisateur. Il ne faut donc pas oublier de prendre en compte cette possibilité. Nous pourrions déclencher une exception, mais lorsqu'il s'agit d'une sortie simple destinée à l'utilisateur, il est souvent plus judicieux de produire une représentation "hors limite" pour une valeur incorrecte. Notez que pour ce qui concerne l'entrée, c'est l'opérateur **>>** qui se charge de la gestion des erreurs alors que pour la sortie, il s'agit de la fonction de facet ***to_str()***. Ce choix permet d'illustrer les alternatives de conception. Dans une "conception de production", les fonctions de ***facet*** auraient implémenté la gestion des erreurs pour l'entrée et la sortie, ou auraient signalé ces erreurs qui auraient ensuite été traitées par les opérateurs **>>** et **<<**.

Cette conception de ***Season_io*** s'appuyait sur des classes dérivées pour récupérer les chaînes spécifiques des paramètres régionaux. Nous aurions pu choisir de récupérer ces chaînes dans un répertoire spécifique selon les paramètres régionaux avec ***Season_io*** lui-même (§ D.4.7). Nous vous laissons tester une solution où une seule classe ***Season_io*** recevra en argument de constructeur les chaînes correspondant à chaque saison (§ D.6[2]).

D.3.3 Utilisation d'objets locale et facet

Les objets ***locale*** sont principalement utilisés avec les flux d'entrées-sorties. Le mécanisme du ***locale*** est cependant un mécanisme général et évolutif permettant de représenter des informations liées à la culture. Le facet ***messages*** (§ D.4.7) est un exemple de facet sans aucun lien avec des flux d'entrées-sorties. Des extensions à la bibliothèque iostreams, et même des utilitaires d'entrées-sorties qui ne reposent pas sur les flux, pourraient tirer parti des objets ***locale***. Un utilisateur peut aussi utiliser ce type d'objet comme un moyen pratique d'organiser des informations liées à la culture.

Le caractère général du mécanisme locale/facet permet d'envisager de multiples possibilités pour les facets définis par l'utilisateur. Les dates, les fuseaux horaires, les numéros de téléphone, les numéros de Sécurité sociale, les codes produits, les températures, les paires générales (unité, valeur), les codes postaux, les tailles et les numéros ISBN sont des candidats potentiels à une représentation sous forme de facet.

Comme c'est le cas pour tout mécanisme puissant, les facets devront être utilisés avec précaution. Que l'on puisse représenter un élément comme un facet ne signifie pas qu'il s'agisse de la meilleure représentation. Au moment du choix de la représentation des différences culturelles, il faut considérer à quel point les diverses décisions vont influer sur la difficulté d'écrire du code, la facilité de lire le code résultant, les facilités de maintenance du programme résultant et l'efficacité en temps et en espace des opérations d'entrée-sortie résultantes.

D.4 Les facets standard

La bibliothèque standard fournit les facets suivants pour l'objet ***locale classic()*** dans **<locale>** :

	Catégorie	*Objet*	*Facets*
§D.4.1	***collate***	Comparaison de chaînes	*collate<Ch>*
§D.4.2	***numeric***	E/S numériques	*numpunct<Ch>* *num_get<Ch>* *num_put<Ch>*
§D.4.3	***monetary***	E/S monétaire	*moneypunct<Ch>* *moneypunct<Ch, ,true>* *money_get<Ch>* *money_put<Ch>*
§D.4.4	***time***	E/S horaire	*time_get<Ch>* *time_put*<Ch>
§D.4.5	***ctype***	Classification des caractères	*ctype<Ch>* *codecvt<Ch, ,char, mbstate_t>*
§D.4.7	***messages***	Retrait de message	*messages<Ch>*

Dans ce tableau, ***Ch*** est le raccourci de ***char*** ou ***wchar_t***. L'utilisateur qui voudra faire appel aux entrées-sorties standards pour traiter un autre type de caractère ***X*** devra fournir les versions appropriées des facets pour ce type de caractère. Par exemple, ***codecvt<X,char,mbstate_t>*** (§ D.4.6) pourra être nécessaire pour contrôler les conversions entre ***X*** et ***char***. Le type ***mbstate_t*** permet de représenter les états maj/min d'une représentation de caractères multi-octets (§ D.4.6). ***mbstate_t*** est définit dans ***<cwchar>*** et ***wchar.h>***. L'équivalent de ***mbstate_t*** pour un type de caractère arbitraire ***X*** est ***char_traits<X>::state_type***.

De plus, la bibliothèque standard fournit les facets suivants dans **<locale>** :

	Catégorie	*Objet*	*Facets*
§D.4.1	***collate***	Comparaison de chaînes	*collate_byname<Ch>*
§D.4.2	***numeric***	E/S numériques	*numpunct_byname<Ch>* *num_get<C, In>* *num_put<C, Out>*
§D.4.3	***monetary***	E/S monétaire	*moneypunct_byname<Ch, ,International>* *money_get<C, ,In>* *money_put<C, Out>*
§D.4.4	***time***	E/S horaire	*time_put_byname<Ch, Out>*
§D.4.5	***ctype***	Classification des caractères	*ctype_byname<Ch>*
§D.4.7	***messages***	Retrait de message	messages_byname<Ch>

Lorsque vous instanciez un facet de cette table, ***Ch*** peut être ***char*** ou ***wchar_t*** : C remplace un type de caractère quelconque (§ 20.1). ***International*** peut prendre la valeur ***true*** ou ***false***, ***true*** signifiant qu'on utilise une représentation "internationale" sur quatre caractères d'un symbole monétaire (§ D.4.3.1). Le type ***mbstate_t*** est utilisé pour représenter l'état maj/min d'une représentation de caractères multi-octets (§ D.4.6). ***mbstate_t*** est défini dans ***<cwchar>*** et ***<wchar.h>***.

In et ***Out*** sont des itérateurs, respectivement, d'entrée et de sortie (§ 19.1, § 19.2.1). En transmettant ces arguments modèles aux facets ***_put*** et ***_get***, un programmeur peut fournir des facets avec accès à des mémoires tampons non standard (§ D.4.2.2). Les mémoires tampons associées aux iostreams sont des mémoires tampons de flux, et les itérateurs qui leur sont transmis sont de type ***ostreambuf_iterators*** (§ 19.2.6.1, § D.4.2.2). Le programmeur peut utiliser la fonction ***failed()*** (§ 19.2.6.1) pour la gestion des erreurs.

Un facet ***F_byname*** est dérivé du facet ***F***. Il fournit la même interface que ce dernier avec un constructeur supplémentaire auquel un argument chaîne est transmis pour identifier un objet ***locale*** (§ D.4.1). ***F_byname(name)*** offre la sémantique appropriée pour le facet ***F*** défini dans ***locale(name)***. L'idée consiste à extraire une version d'un facet standard dans un objet ***locale*** nommé (§ D.2.1) depuis l'environnement d'exécution du programme. Par exemple :

```
void f (vector<string>& v , const locale& loc)
{
    locale d1 (loc,new collate_byname<char>("da")) ; // utilise La comparaison de chaîne danoise
    locale dk (d1 ,new ctype_byname<char>("da")) ;  // utilise La classification de caractères danoise
    sort(v .begin() ,v .end() ,dk) ;
    // ...
}
```

Ce nouvel objet ***locale dk*** va utiliser des chaînes de style danois tout en conservant les conventions par défaut pour les nombres. Le second argument d'un facet ayant la valeur 0 par défaut, c'est l'objet ***locale*** qui contrôle la durée de vie d'un facet créé à l'aide d'un opérateur ***new*** (§ D.3).

A l'instar des constructeurs de ***locale*** qui reçoivent des arguments chaîne, les constructeurs de ***_byname*** accèdent à l'environnement d'exécution du programme. Cela signifie qu'ils sont beaucoup plus lents que des constructeurs qui n'ont pas besoin de consulter cet environnement. Il est presque toujours plus rapide de construire un objet ***locale***, puis d'accéder à ses facets plutôt que d'utiliser fréquemment des facets ***_byname*** dans un programme. Une bonne solution consiste à lire un facet une seule fois dans l'environnement, puis à utiliser de façon répétitive une copie en mémoire principale. Par exemple :

```
locale dk ("da") ;            // unique lecture de l'objet locale danois (ainsi que tous les facets)
                              // on peut ensuite utiliser à tout moment l'objet locale dk et ses facets

    void f (vector<string>& v , const locale& loc)
{
    const collate<char>& col = use_facet< collate<char> >(dk) ;
    const collate<char>& ctyp = use_facet< ctype<char> >(dk) ;

    locale d1 (loc ,col) ;    // utilise La comparaison de chaîne danoise
    locale d2 (d1 ,ctyp) ;    // utilise La classification de caractères danoise et la comparaison de
                              chaîne danoise
```

```
    sort(v .begin() ,v .end() ,d2) ;
/       / ...
}
```

La notion de catégorie offre une méthode plus simple de manipuler des facets standard dans les objets ***locale***. Etant donné l'objet locale ***dk***, par exemple, nous pouvons construire un ***locale*** qui lit et compare des chaînes en suivant les règles du danois (qui comporte trois voyelles supplémentaires), mais qui conserve la syntaxe des nombres en vigueur en C++ :

```
locale d k_us(locale::classic() ,dk,collate|ctype) ; // lettres danoises, nombres US
```

Notez que les facets standard dépendent souvent les uns des autres. Par exemple, ***num_put*** dépend de ***numpunct***. Vous ne pourrez combiner et associer des facets ou ajouter de nouvelles versions aux facets standard que si vous avez une parfaite connaissance des facets individuels. En d'autres termes, en dehors des opérations simples et mentionnées en § 21.7, les paramètres régionaux ne sont pas destinés à être manipulés par des débutants.

La conception d'un facet individuel est souvent confuse. Cela s'explique en partie par le fait que les facets reflètent des conventions culturelles complexes qui échappent au contrôle du concepteur de bibliothèque, et en partie parce que les utilitaires de la bibliothèque standard C++ doivent rester largement compatibles avec les services offerts par la bibliothèque standard C et les divers standards spécifiques à chaque plate-forme. Posix fournit par exemple des utilitaires pour les paramètres régionaux qu'un concepteur de bibliothèque ne peut ignorer.

D'autre part, la structure fournie par les objets ***locale*** et ***facet*** est générale et très souple. Vous pouvez concevoir un facet pour recevoir tout type de données, et les opérations de ce dernier peuvent fournir toutes les opérations requises basées sur ces données. Si le comportement d'un nouveau facet ne se trouve pas compliqué par la convention, sa conception peut être simple (§ D.3.2).

D.4.1 Comparaison des chaînes

Le facet ***collate*** standard fournit des méthodes de comparaison de tableaux de caractères de type ***Ch*** :

```
template <class Ch>
class std::collate : public locale::facet {
public:
    typedef Ch cha r_type;
    typedef basic_string<Ch> strin g_type;

    explicit collate(size_t r = 0) ;

    int compare(const Ch* b , const Ch* e , const Ch* b2 , const Ch* e2) const
        { return do_compare(b ,e , b2 , e2) ; }

    long hash(const Ch* b , const Ch* e) const { return do_hash(b ,e) ; }
    strin g_type transform (const Ch* b , const Ch* e) const { return do_transform(b ,e ) ; }

    static locale::id id;        // objet identifieur de facet (§D.2, §D.3, §D.3.1)

protected:
    ~collate() ;                 // note: destructeur protégé

    virtual int do_compare(const Ch* b , const Ch* e , const Ch* b2 , const Ch* e2) const;
```

```
        virtual strin g_type do_transform(const Ch* b , const Ch* e) const;
        virtual long do_hash(const Ch* b , const Ch* e) const;
};
```

Comme tous les facets, ***collate*** est une dérivation publique de ***facet*** et fournit un constructeur qui reçoit un argument indiquant si la classe ***locale*** contrôle la durée de vie du facet (§ D.3).

Remarquez que le destructeur est protégé. Le facet ***collate*** n'est pas destiné à être utilisé directement. Il devra plutôt servir de classe de base pour toutes les classes de collation (dérivées) et pour l'objet ***locale*** à gérer (§ D.3). Les programmeurs d'applications, les fournisseurs d'implémentations et les vendeurs de bibliothèques écriront les facets de comparaison de chaîne à utiliser *via* l'interface fournie par ***collate***.

La fonction ***compare()*** effectue l'opération de comparaison de chaîne de base en respectant les règles définies pour un ***collate*** particulier : elle renvoie 1 si la première chaîne est supérieure à la seconde d'un point de vue lexicographique, 0 si les chaînes sont identiques, –1 si la seconde chaîne est supérieure à la première. Par exemple :

```
void f (const string& s1 , const string& s2 , collate<char>& cmp)
{
        const char* cs1  = s1 .data () ;        // parce que compare() travaille avec des char[]
        const char* cs2 = s2 .data () ;
        switch (cmp .compare(cs1 ,cs1+ s1 .size () ,cs2 ,cs2+s2 .size ()) {
        case 0 :                // chaînes identiques selon cmp
                // ...
                break;
        case -1 :               // s1 < s2
                // ...
                break;
        case 1 :                // s1 > s2
                // ...
        break;
        }
}
```

Ici, les fonctions membres ***collate*** comparent des tableaux de ***Ch*** plutôt que des chaînes de style C terminées par 0 ou des ***basic_string***. Un ***Ch*** de valeur numérique 0 est traité comme un caractère ordinaire plutôt que comme un terminateur. La fonction ***compare()*** diffère de ***strcmp()*** puisqu'elle renvoie exactement les valeurs –1, 0 et 1, et non une simple valeur nulle et des valeurs négatives et positives (arbitraires) (§ 20.4.1).

La classe ***string*** de la bibliothèque standard est indépendante des paramètres régionaux. Elle compare des chaînes selon les règles du jeu de caractères de l'implémentation (§ C.2). Par ailleurs, la classe ***string*** standard ne fournit pas de méthode directe pour spécifier des critères de comparaison (voir Chapitre 20). Pour effectuer une comparaison en respectant les paramètres régionaux, vous pouvez utiliser la fonction ***compare()*** d'un ***collate***. Du point de vue notation, il pourrait être plus pratique d'utiliser cette fonction indirectement par l'intermédiaire d'un ***operator()*** de l'objet ***locale*** (§ D.2.4).

Par exemple :

```
void f (const string& s1 , const string& s s2 , const char* n)
{
    bool b = s1  == s2 ;          // comparaison avec les valeurs du jeu de caractères de l'implémentation

    const char* cs1 = s1 .data () ;   // parce que compare() travaille avec des char[]
    const char* cs2 = s2 .data () ;

    typedef collate<char> Col ;

    const Col& glob = use_facet<Col>(locale()) ;              // dans l'objet locale global courant
    int i0 = glob.compare(cs1 , cs1+s1.size () ,cs2 , cs2+s2.size ()) ;

    const Col& my_coll = use_facet<Col>(locale(" ")) ;        // dans mon objet locale favori
    int i1  = my_coll .compare(cs1, cs1+s1.size () , cs2, cs2+s2.size ()) ;

    const Col& coll= use_facet<Col>(locale(n)) ;              // dans l'objet locale nommé n
    int i2  = coll.compare(cs1, cs1+s1.size () , cs2, cs2+s2.size ()) ;

    int i3  = locale()(s1, s2) ;               // comparaison avec l'objet locale global courant
    int i4  = locale(" ")(s1, s2) ;            // comparaison avec mon objet locale favori
    int i5  = locale(n)(s1, s2) ;              // comparaison avec l'objet locale nommé n
    // ...
}
```

Ici, ***i0==i3***, ***i1==i4***, et ***i2==i5***. Vous pouvez imaginer sans difficulté des cas pour lesquels ces trois valeurs seraient différentes. Examinez la séquence de mots suivante extraite d'un dictionnaire allemand :

Dialekt, Diät, dich, dichten, Dichtung

Selon la convention, seuls les noms propres prennent une majuscule, mais le classement ne prend pas en compte la casse.

Un tri allemand qui prend en compte la casse placerait tous les mots commençant par D avant les mots en commençant par d :

Dialekt, Diät, Dichtung, dich, dichten

Le ***ä*** est traité comme une "sorte de a" et se voit placé avant le ***c***. Cependant, dans les jeux de caractères les plus courants, la valeur numérique de ***ä*** est supérieure à celle de ***c***. Par conséquent ***int('c')<int('ä')***, et le tri par défaut simple basé sur les valeurs numériques donne le résultat suivant :

Dialekt, Dichtung, Diät, dich, dichten

L'écriture d'une fonction de comparaison qui classerait correctement cette séquence comme dans le dictionnaire est un exercice intéressant.

La fonction ***hash()*** calcule une valeur de hachage (§ 17.6.2.3), très utile pour construire des tables de hachage.

La fonction ***transform()*** produit une chaîne qui, lorsqu'on la compare à d'autres chaînes, donne un résultat identique à celui d'une comparaison avec la chaîne argument. L'objectif de ***transform()*** est d'optimiser du code dans lequel une chaîne est comparée à de nombreuses autres. Elle est particulièrement intéressante pour l'implémentation d'une recherche d'une ou de plusieurs chaînes dans un ensemble de chaînes.

Les fonctions publiques ***compare()***, ***hash()*** et ***transform()*** sont implémentées avec des appels aux fonctions virtuelles publiques ***do_compare()***, ***do_hash()*** et ***do_transform()***, respectivement. Ces "fonctions ***do_***" peuvent être redéfinies dans les classes dérivées. Cette stratégie de fonctions doubles permet à l'implémenteur d'une bibliothèque qui écrit des fonctions non virtuelles de fournir une fonctionnalité commune pour tous les appels indépendamment des opérations réalisées par la fonction ***do_*** fournie par l'utilisateur.

L'utilisation de fonctions virtuelles préserve la nature polymorphique du facet, mais pourrait avoir quelques conséquences. Pour éviter la multiplication des appels de fonction, un objet ***locale*** peut déterminer le facet utilisé et placer en mémoire cache toute valeur dont il aurait besoin pour une exécution efficace (§ D.2.2).

C'est l'id du membre statique du type ***locale::id*** qui permet d'identifier un ***facet*** (§ D.3). Les fonctions standard ***has_facet*** et ***use_facet*** dépendent de la correspondance ***id-facet*** (§ D.3.1). Deux facets fournissant exactement les mêmes interface et sémantique pour un ***locale*** devraient posséder le même ***id***. Par exemple, ***collate<char>*** et ***collate_byname<char>*** (§ D.4.1.1) ont le même ***id***. Inversement, deux facets exécutant des fonctions différentes (pour ce qui concerne les paramètres régionaux) doivent posséder des ***id*** différents. Ainsi, ***numpunct<char>*** et ***num_put<char>*** ont des ***id*** différents (§ D.4.2).

D.4.1.1 Les collate nommés

Un ***collate_byname*** est un facet fournissant une version de ***collate*** pour un objet ***locale*** particulier nommé par un argument chaîne de constructeur :

```
template <class Ch>
class std::collate_byname : public collate<Ch> {
public:
    typedef basic_string<Ch> strin g_type;
    explicit collate_byname(const char*, size_t r = 0) ;   // construit à partir de l'objet locale nommé
    // note: pas d'id et pas de nouvelles fonctions

protected:
    ˜collate_byname() ; // note: destructeur protégé
    // redéfinit les fonctions virtuelles de collate<Ch>:

    int do_compare(const Ch* b , const Ch* e , const Ch* b2 , const Ch* e2) const;
    strin g_type do_transform(const Ch* b , const Ch* e) const;
    long do_hash(const Ch* b , const Ch* e) const;
};
```

Un ***collate_byname<char>*** peut donc être utilisé pour extraire un ***collate*** d'un objet ***locale*** nommé dans l'environnement d'exécution du programme (§ D.4). La méthode la plus évidente pour stocker des facets dans un environnement d'exécution consiste à les enregistrer dans un fichier de données. Une autre solution, moins souple, consisterait à représenter un facet comme des données et du texte de programme dans un facet ***_byname***.

La classe ***collate_byname<char>*** est un exemple de ***facet*** qui ne possède pas son propre ***id*** (§ D.3). Dans un ***locale***, ***collate_byname<Ch>*** est interchangeable avec ***collate<Ch>***. La seule différence entre un ***collate*** et un ***collate_byname*** pour le même objet ***locale*** est le constructeur supplémentaire fourni par le second et la sémantique qui en découle.

Notez que le destructeur du ***_byname*** est protégé. Un objet ***locale _byname*** ne pourra donc être utilisé comme variable locale. Par exemple :

```
void f ()
{
    collate_byname<char> my_coll(" ") ; // erreur: impossible de détruire my_coll
    // ...
}
```

Ce code illustre le fait que l'utilisation des objets ***locale*** et des ***facet*** doit plutôt intervenir à un niveau élevé dans un programme pour toucher une large partie du code. La définition d'un objet ***locale*** global (§ D.2.3) ou la redéfinition d'un flux (§ 21.6.3, § D.1) en sont des exemples. Nous pourrions, si nécessaire, dériver une classe avec un destructeur public depuis la classe ***_byname*** et créer des variables locales de cette classe.

D.4.2 Les entrées-sorties numériques

Les sorties numériques s'effectuent avec un facet ***num_put*** écrivant dans une mémoire tampon de flux (§ 21.6.4). Inversement, les entrées numériques s'effectuent avec un facet ***num_get*** lisant une mémoire tampon de flux. Le format utilisé par ces deux facets est défini par un facet de "ponctuation numérique", ***numpunct***.

D.4.2.1 La ponctuation numérique

Le facet ***numpunct*** définit le format d'entrée-sortie des types intégrés tels que ***bool***, ***int*** et ***double*** :

```
template <class Ch>
class std::numpunct : public locale::facet {
public:
    typedef Ch cha r_type;
    typedef basic_string<Ch> strin g_type;

    explicit numpunct(size_t r  = 0) ;

    Ch decimal_point() const;           // '.' dans classic()
    Ch thousands_sep() const;           // ',' dans classic()
    string grouping () const;           // "" dans classic(), ce qui signifie pas de regroupement

    strin g_type truename() const;      // "true" dans classic()
    strin g_type falsename() const;     // "false" dans classic()

    static locale::id id;               // objet identifieur de facet(§D.2, §D.3, §D.3.1)

protected:
    ~numpunct() ;
    // fonctions virtuelles "do_" pour fonctions publiques (voir §D.4.1)
};
```

Les caractères de la chaîne retournés par ***grouping()*** sont lus comme une séquence de petites valeurs entières. Chaque nombre spécifie le nombre de chiffres à regrouper. Le caractère 0 désigne le groupe le plus à droite (le chiffre le moins significatif), le caractère 1 désigne le groupe situé immédiatement à gauche du précédent, etc. Ainsi, "***\004\002\003***" décrit un nombre tel que "123-45-6789" (si vous avez défini "-" comme caractère de séparation). Si nécessaire, le dernier nombre dans un modèle de regroupement peut être utilisé de façon répétitive. Par exemple, "\003" pourra être équivalent à "\003\003\003". Comme le nom de la fonction de définition du caractère de séparation l'indique, ***thousands_sep()***, l'application la plus courante du regroupement est de simplifier la lecture des grands nombres. Les fonctions ***grouping()*** et ***thousands_sep()*** définissent un format pour l'entrée et la sortie des entiers. Elles ne sont pas utilisées pour l'entrée-sortie des nombres en virgule flottante standard. Nous ne pourrons donc pas imprimer ***1234567.89*** en 1,234,567.89 en définissant simplement ***grouping()*** et ***thousands_sep()***.

Nous pouvons définir un nouveau style de ponctuation en dérivant une classe de ***numpunct***. Par exemple, nous pourrions définir un facet ***My_punct*** pour écrire des valeurs entières, en insérant des espaces pour regrouper les chiffres par trois, et des valeurs en virgule flottante, en utilisant une virgule à la place du point décimal anglo-saxon :

```
class My_punct : public std::numpunct<char> {
public:
    typedef char cha r_type;
    typedef string strin g_type;

    explicit My_punct(size_t r = 0) : numpunct<char>(r) { }

protected:
    char do_decimal_point() const { return ´,´; }          // virgule
    char do_thousands_sep() const { return ´ ´; }          // espace
    string do_grouping() const { return "\003"; }          // groupes de 3 chiffres
};
void f ()
{
    cout << "style A : " << 12345678 << " *** "<< 1234567 .8 << ´\n´;

    locale loc(locale() ,new My_punct) ;
    cout.imbue(loc) ;
    cout << "style B : " << 12345678 << " *** "<< 1234567 .8 << ´\n´;
}
```

Ce code produit le résultat suivant :

```
style A : 12345678 *** 1234567. 8
style B : 12 345 678 *** 1234567 , 8
```

Il faut savoir que ***imbue()*** stocke une copie de son argument dans son flux. Ce dernier peut donc faire appel à un objet ***locale*** qui lui a été associé même après la destruction de la copie originale de l'objet. Si l'indicateur ***boolalpha*** est défini pour un iostream (§ 21.2.2, § 21.4.1), les chaînes renvoyées par ***truename()*** et ***falsename()*** sont utilisées pour désigner ***true*** et ***false*** respectivement. Sinon, ce sont les valeurs 1 et 0 qui sont utilisées.

Il existe une version ***_byname*** (§ D.4, § D.4.1) de ***numpunct*** :

```
template <class Ch>
class std::numpunct_byname : public numpunct<Ch> { /* ... */ };
```

D.4.2.2 La sortie numérique

Un ***ostream*** s'appuie sur le facet ***num_put*** pour ses opérations d'écriture dans une mémoire tampon de flux (§ 21.6.4) :

```
template <class Ch, class Out = ostreambuf_iterator<Ch> >
class std::num_put : public locale::facet {
public:
	typedef Ch char_type;
	typedef Out iter_type;

	explicit num_put(size_t r = 0) ;

	// place la valeur "v" en position de mémoire tampon "b" dans le flux "s":
	Out put(Out b , ios_base& s , Ch fill, bool v) const;
	Out put(Out b , ios_base& s , Ch fill, long v) const;
	Out put(Out b , ios_base& s , Ch fill, unsigned long v) const;
	Out put(Out b , ios_base& s , Ch fill, double v) const;
	Out put(Out b , ios_base& s , Ch fill, long double v) const;
	Out put(Out b , ios_base& s , Ch fill, const void* v) const;

	static locale::id id; // objet identifieur de facet(§D.2, §D.3, §D.3.1)

protected:
	~num_put() ;
	// fonctions virtuelles "do_" pour fonctions publiques (voir §D.4.1)
};
```

L'argument de l'itérateur de sortie ***Out*** (§ 19.1, § 19.2.1) identifie la zone de la mémoire tampon du flux ***ostream*** (§ 21.6.4) dans laquelle ***put()*** va placer les caractères représentant la valeur numérique en sortie. La valeur de ***put()*** est celle de cet itérateur positionné à l'emplacement suivant celui du dernier caractère écrit.

Notez que la spécialisation par défaut de ***num_put*** (celle dans laquelle l'itérateur utilisé pour accéder aux caractères est de type ***ostreambuf_iterator<Ch>***) fait partie des objets ***locale*** standard (§ D.4). Si vous voulez sélectionner une autre spécialisation, vous devrez vous en charger. Par exemple :

```
template<class Ch>
class String_numput : public std::num_put<Ch, typename basic_string<Ch>::iterator> {
public:
	String_numput() : num_put<Ch, typename basic_string<Ch>::iterator>(1) { }
};

void f (int i , string& s , int pos)		// formate i dans s à partir de pos
{
	String_numput<char> f ;
	ios_base& xxx = cout;				// utilise les règles de mise en forme de cout
	f .put(&s [pos], xxx , ' ',i) ;		// formate i dans s
}
```

L'argument ***ios_base*** permet d'obtenir les informations nécessaires à la mise en forme de l'état et l'objet ***locale***. Par exemple, si des opérations de "remplissage" sont requises, le caractère de ***fill*** est utilisé en accord avec l'argument ***ios_base***. La mémoire tampon de flux dans laquelle on écrit par l'intermédiaire de ***b*** est typiquement la mémoire tampon associée à un ***ostream*** pour lequel ***s*** est la base. Signalons qu'un ***ios_base*** n'est pas un objet simple à construire. Il contrôle en particulier de nombreux aspects de mise en forme qui doivent rester cohérents si l'on veut obtenir une sortie correcte. Par conséquent, ***ios_base*** ne comporte aucun constructeur public (§ 21.3.3).

Une fonction ***put()*** utilise aussi son argument ***ios_base*** pour récupérer le ***locale()*** du flux. Cet objet permet de déterminer la ponctuation (§ D.4.2.1), la représentation alphabétique des booléens et la conversion vers ***Ch***. En supposant que ***s*** est l'argument ***ios_base*** de ***put()***, nous pourrions coder les lignes suivantes dans une fonction ***put()*** :

```
const locale& loc = s .getloc() ;
// ...
wcha r_t w = use_facet< ctype<char> >(loc).widen(c) ;          // conversion char vers Ch
// ...
string pnt = use_facet< numpunct<char> >(loc).decimal_point() ; // par défaut: '.'
// ...
string flse = use_facet< numpunct<char> >(loc).falsename() ;    // par défaut: "false"
```

Un facet standard tel que ***num_put<char>*** sera typiquement utilisé de façon implicite dans une fonction de flux d'entrée-sortie standard. La plupart des programmeurs pourront donc les ignorer. L'usage qu'en font les fonctions de la bibliothèque standard est cependant intéressant, parce qu'il montre comment fonctionnent les flux d'entrée-sortie et comment les facets peuvent être utilisés. Comme toujours, la bibliothèque standard fournit des exemples très intéressants de technique de programmation.

En utilisant ***num_put***, l'implémenteur d'un ***ostream*** pourrait écrire :

```
template<class Ch, class Tr>
ostream& std::basic_ostream<Ch, Tr>::operator<<(double d)
{
      sentry guard(*this) ;          // voir § 21.3.8
      if (!guard) return *this;
   try {
      if (use_facet< num_put<Ch> >(getloc()).put(*this,*this, fill() ,d).failed())
            setstate(badbit) ;
}
   catch (...) {
      handle_ioexception(*this) ;
}
   return *this;
}
```

Ce code est assez riche. La classe ***sentry*** se charge de toutes les opérations de préfixe et de suffixe (§ 21.3.8). Nous obtenons l'objet ***locale*** du ***ostream*** en appelant sa fonction membre ***getloc()*** (§ 21.7). ***num_put*** est extrait de cet objet ***locale*** *via* la fonction ***use_facet*** (§ D.3.1). Nous appelons ensuite la fonction ***put()*** appropriée pour réaliser la partie importante du travail. Il est possible de construire un ***ostreambuf_iterator*** à partir d'un ***ostream*** (§ 19.2.6), et nous pouvons convertir implicitement un ***ostream*** vers sa classe de base ***ios_base*** (§ 21.2.1). Il n'est donc pas difficile de fournir les deux premiers arguments de ***put()***.

Un appel à ***put()*** renvoie son argument itérateur de sortie. Cet itérateur est extrait d'un ***basic_ostream***. Il s'agit donc d'un ***ostreambuf_iterator***. Par conséquent, la fonction ***failed()*** (§ 19.2.6.1) est disponible pour tester les pannes et définir l'état du flux de façon appropriée.

Nous n'avons pas fait appel à ***has_facet*** parce que les facets standard (§ D.4) sont obligatoirement présents dans chaque objet ***locale***. En cas de non-respect de cette règle, une interruption ***bad_cast*** serait déclenchée (§ D.3.1).

La fonction ***put()*** appelle la fonction virtuelle ***do_put()***. Du code défini par l'utilisateur peut donc être exécuté, et ***operator<<()*** doit être en mesure de gérer une exception déclenchée par la fonction de redéfinition ***do_put()***. Il faut aussi envisager que ***num_put*** ne soit pas disponible pour certains types de caractères. ***use_facet()*** pourrait donc déclencher une exception ***std::bad_cast*** (§ D.3.1). Le comportement d'un **<<** pour un type intégré, tel que ***double***, est défini par le standard C++. Il ne faut donc pas se demander ce que ***handle_ioexception*** devrait faire, mais plutôt comment elle devrait le faire en accord avec ce que le standard préconise. Si ***badbit*** se trouve défini dans l'état d'exception de ***ostream*** (§ 21.3.6), l'exception est simplement redéclenchée. Sinon, une exception est gérée en définissant l'état du flux et en poursuivant. Dans les deux cas, ***badbit*** doit être défini dans l'état du flux (§ 21.3.3) :

```
template<class Ch, class Tr>
void handle_ioexception (std::basic_ostream<Ch, Tr>& s)      // appelé dans l'instruction catch
{
    if (s .exceptions () &ios_base::badbit) {
        try {s .setstate(ios_base::badbit) ; } catch(...) { }
        throw; // rethrow
    }
    s .setstate(ios_base::badbit) ;               // pourrait déclencher une basic_ios::failure
}
```

Le bloc ***try*** est requis parce que ***setstate()*** pourrait déclencher une ***basic_ios::failure*** (§ 21.3.3, § 21.3.6). Cependant, si ***badbit*** est défini dans l'état d'exception, ***operator<<()*** doit redéclencher l'exception à l'origine de l'appel de ***handle_ioexception*** (au lieu de déclencher simplement une ***basic_ios::failure***).

L'opérateur **<<** pour un type intégré tel que ***double*** doit être implémenté en écrivant directement dans une mémoire tampon de flux. Quand nous codons un **<<** pour un type défini par l'utilisateur, nous pouvons souvent simplifier l'opération en exprimant la sortie du type défini par l'utilisateur en fonction de la sortie des types existants (§ D.3.2).

D.4.2.3 Les entrées numériques

Lorsqu'il lit dans une mémoire tampon de flux (§ 21.6.4), un ***istream*** s'appuie sur le facet ***num_get*** :

```
template <class Ch, class In = istreambuf_iterator<Ch> >
class std::num_get : public locale::facet {
```

```
public:
    typedef Ch char_type;
    typedef In iter_type;

    explicit num_get(size_t r = 0) ;

    // lecture de [b:e) vers v, avec les règles de mise en forme de s,
    // signalisation des erreurs en définissant r:
    In get (In b , In e , ios_base& s , ios_base::iostate& r , bool& v) const;
    In get (In b , In e , ios_base& s , ios_base::iostate& r , long& v) const;
    In get (In b , In e , ios_base& s , ios_base::iostate& r , unsigned short& v) const;
    In get (In b , In e , ios_base& s , ios_base::iostate& r , unsigned int& v) const;
    In get (In b , In e , ios_base& s , ios_base::iostate& r , unsigned long& v) const;
    In get (In b , In e , ios_base& s , ios_base::iostate& r , float& v) const;
    In get (In b , In e , ios_base& s , ios_base::iostate& r , double& v) const;
    In get (In b , In e , ios_base& s , ios_base::iostate& r , long double&v) const;
    In get (In b , In e , ios_base& s , ios_base::iostate& r , void*& v) const;

    static locale::id id; // objet identifieur de facet(§D.2, §D.3, §D.3.1)

protected:
    ~num_get() ;

    // fonctions virtuelles "do_" pour fonctions publiques (voir §D.4.1)
};
```

Au fond, ***num_get*** est organisé comme ***num_put*** (§ D.4.2.2). Puisqu'elle effectue plutôt des opérations de lecture, ***get()*** a besoin d'une paire d'itérateurs d'entrée, et l'argument désignant la cible de cette opération est une référence. La variable ***iostate r*** reflète l'état du flux. Si une valeur du type requis ne peut pas être lue, ***failbit*** est défini dans ***r***. Si la fin de l'entrée est détectée, ***eofbit*** est défini dans ***r***. Un opérateur d'entrée utilisera ***r*** pour déterminer comment définir l'état de son flux. Si aucune erreur n'est détectée, la valeur lue est affectée dans ***v***, sinon ***v*** reste inchangé.

L'***istream*** pourrait être implémenté de la façon suivante :

```
template<class Ch, class Tr>
istream& std::basic_istream<Ch,Tr>::operator>>(double& d)
{
    sentry guard(*this) ; // voir §21.3.8
    if (!guard) {
        setstate (failbit) ;
        return *this;
    }
    iostate state = 0 ; // correct
    istreambuf_iterator<Ch> eos;
    double dd;
    try {
        use_facet< num_get<Ch> >(getloc()).get(*this, eos, state, dd) ;
    }
    catch (...) {
        handle_ioexception(*this) ;            // voir §D.4.2.2
        return *this;
    }
```

```
        if (state==0 || state==eofbit) d = dd;        // définit la valeur uniquement si get() réussit
        setstate(state) ;
        return *this;
    }
```

Les exceptions activées pour le flux ***istream*** seront déclenchées par ***setstate()*** en cas d'erreur (§ 21.3.6).

En définissant un ***numpunct***, tel que le facet ***my_numpunct*** du § D.4.2, nous pouvons effectuer une lecture avec une ponctuation non standard. Par exemple :

```
    void f ()
    {
        cout << "style A : "
        int i1 ;
        double d1 ;
        cin >> i1 >> d1 ;                    // lecture en utilisant le format standard "12345678"
        locale loc(locale::classic() ,new My_punct) ;
        cin.imbue(loc) ;
        cout << "style B : "
        int i2 ;
        double d2 ;
        cin >> i1 >> d2 ;                    // lecture en utilisant le format "12 345 678"
    }
```

Pour lire des formats numériques vraiment "exotiques", nous devons redéfinir ***do_get()***. Nous pourrions définir un ***num_get*** qui lit des chiffres romains, par exemple XXI et MM (§ D.6 [15]).

D.4.3 Entrées et sorties des valeurs monétaires

La mise en forme des valeurs monétaires est techniquement analogue à celle des nombres "ordinaires" (§ D.4.2). La présentation de telles valeurs est cependant plus sensible aux différences culturelles. Un montant négatif (un débit), par exemple –1.25, devra dans certains contextes être présenté comme un nombre (positif) entre parenthèses : (1.25). De même, une couleur pourra être utilisée pour faire ressortir les montants négatifs.

Il n'existe pas de "type de monnaie" standard. Les facets monétaires sont destinés à être explicitement utilisés avec les valeurs numériques représentant des montants monétaires. Par exemple :

```
    class Money {   // type simple pour stocker une valeur monétaire
        long int amount;
    public:
        Money(long int i) : amount(i) { }
        operator long int() const { return amount; }
    };
    // ...
    void f (long int i)
    {
        cout << "valeur= " << i << " montant= " << Money(i) << endl;
    }
```

Grâce aux facets monétaires, il n'est pas trop difficile d'écrire un opérateur de sortie pour ***Money*** de sorte que le montant soit affiché en accord avec les conventions locales (§ D.4.3.2). La sortie doit varier en fonction de l'objet ***locale*** associé à ***cout***.

Quelques sorties possibles :

```
valeur = 1234567 montant = $1 12345 .67
valeur = 1234567 montant = 12345 ,67 DKr
valeur = -1234567 montant = $-12345 .67
valeur = -1234567 montant = -$12345 .67
valeur = -1234567 montant = (CHF12345 ,67)
```

Dans une valeur monétaire, la précision de la plus petite unité monétaire est généralement considérée comme essentielle. Par conséquent, nous avons choisi la convention dans laquelle la valeur entière représente les centimes (cents, pence, etc.) plutôt que le nombre de francs (dollars, livres, euros, etc.). Cette convention est supportée par la fonction ***frac_digits()*** du facet ***money_punct*** (§ D.4.3.1). De même, l'apparence du point décimal est définie par ***decimal_point()***.

Les facets ***money_get*** et ***money_put*** fournissent les fonctions qui exécutent les entrées-sorties selon le format défini par le facet ***money_base***.

Un type de ***Money*** simple peut être utilisé uniquement pour contrôler le format des entrées-sorties ou pour stocker des valeurs monétaires. Dans le premier cas, nous convertissons les valeurs des (autres) types utilisés pour stocker des valeurs monétaires en ***Money*** avant d'écrire, et nous lisons des variables de type ***Money*** avant de les convertir vers d'autres types. En stockant les valeurs monétaires dans un type spécifique de monnaie, les risques d'erreurs sont moins importants. De cette façon, nous ne pouvons oublier de convertir une valeur vers ***Money*** avant de l'écrire et nous n'obtenons pas d'erreur d'entrée en essayant de lire des valeurs monétaires sans tenir compte des paramètres régionaux. Il n'est cependant pas toujours possible d'introduire un type de monnaie spécifique dans un système qui n'a pas été conçu dans cette optique. Dans ce cas, il est nécessaire d'appliquer des conversions vers ***Money*** pour toutes les opérations de lecture et d'écriture.

D.4.3.1 Ponctuation de Money

Le facet ***moneypunct*** contrôlant la présentation des montants monétaires présente naturellement quelques similitudes avec le facet ***numpunct*** contrôlant les nombres ordinaires (§ D.4.2.1) :

```
class std::money_base {
public:
    enum part { none, space, symbol, sign, value }; // éléments de la mise en forme des valeurs
    struct pattern { char field[4] ; }; // spécification de mise en forme
};
template <class Ch, bool International = false>
class std::moneypunct : public locale::facet, public money_base {
public:
    typedef Ch cha r_type;
    typedef basic_string<Ch> strin g_type;

    explicit moneypunct(size_t r = 0) ;

    Ch decimal_point() const;            // '.' dans classic()
    Ch thousands_sep() const;            // ',' dans classic()
```

```
        string grouping() const;                // "" dans classic(),ce qui signifie pas de regroupement
        string_type curr_symbol() const;        // "$" dans classic()
        string_type positive_sign() const;      // "" dans classic()
        string_type negative_sign() const;      // "-" dans classic()
        int frac_digits() const;                // nombres de chiffres après la virgule; 2 dans classic()
        pattern pos_format() const;             // { symbole, signe, blanc, valeur } dans classic()
        pattern neg_format() const;             // { symbole, signe, blanc, valeur } dans classic()
        static const bool intl = International; // utilise les formats monétaires internationaux
        static locale::id id;                   // objet identifieur de facet(§D.2, §D.3, §D.3.1)
protected:
        ~moneypunct() ;
        // fonctions virtuelles "do_" pour fonctions publiques (voir §D.4.1)
};
```

Les fonctionnalités de ***moneypunct*** s'adressent surtout aux implémenteurs des facets ***money_get*** et ***money_put*** (§ D.4.3.2, § D.4.3.3).

Les membres ***decimal_point()***, ***thousands_sep()*** et ***grouping*** se comportent comme les fonctions équivalentes de ***numpunct***.

Les membres ***curr_symbol()***, ***positiv_sign()***, et ***negative_sign()*** renvoient la chaîne utilisée comme symbole (par exemple FrF, $, DKr), le signe "plus" (+), et le signe "moins" (–) respectivement. Si l'argument de modèle ***International*** a la valeur ***true***, le membre ***intl*** prendra également cette valeur, et ce sont les représentations "internationales" des symboles qui seront utilisées. Ce type de représentation internationale est une chaîne sur quatre caractères. Par exemple :

```
"USD "
"DKr "
"EUR "
```

Le dernier caractère est généralement un espace. L'identifieur sur trois lettres de l'unité monétaire est défini par le standard ISO 4217. Quand l'argument ***International*** a la valeur ***false***, un symbole monétaire "local" tel que $ ou £ peut être utilisé.

Les deux fonctions ***pos_format()*** et ***neg_format()*** renvoient un ***pattern*** (patron) en quatre parties définissant l'ordre de la séquence valeur numérique, symbole monétaire, symbole du signe et espace. La plupart des formats courants sont simplement représentés avec cette notion de patron. Par exemple :

```
+$ 123 .45     // { signe, symbole, espace, valeur } où positive_sign() renvoie "+"
$+123 .45      // { symbole, signe, valeur, blanc } où positive_sign() renvoie "+"
$123 .45       // { symbole, signe, valeur, blanc } où positive_sign() renvoie ""
$123 .45-      // { symbole, valeur, signe, blanc }
-123 .45 DKr   // { sign, valeur, espace, symbol }
($123 .45)     // { signe, symbole, valeur, blanc } où negative_sign()renvoie "()"
(123 .45DKr)   // { signe, valeur, symbole, blanc } où negative_sign()renvoie "()"
```

Pour représenter un nombre négatif avec des parenthèses, la fonction ***negative_sign()*** doit renvoyer une chaîne contenant les deux caractères *()*. Le premier caractère d'une chaîne signée est positionné comme indiqué par la partie "signe" du patron, et le reste de la chaîne est placé après toutes les autres parties du patron. L'utilisation la plus courante de cette fonctionnalité consiste à représenter les montants négatifs entre parenthèses, comme c'est la coutume dans la convention de la communauté financière. Par exemple :

```
-$123.45          //{signe, symbole, valeur, blanc} où negative_sign() renvoie "-"
*$123.45 debit    //{signe, symbole, valeur, blanc} où negative_sign() renvoie "* debit"
```

Les trois valeurs ***sign***, ***value*** et ***symbol*** doivent apparaître une seule fois dans un modèle. La valeur restante peut être ***space*** ou ***none***. Si la valeur ***space*** apparaît, la représentation comportera au moins un ou plusieurs caractères blancs. Lorsque ***none*** apparaît, sauf s'il se trouve à la fin du modèle, la représentation pourra ne comporter aucun caractère blanc, ou plusieurs.

Ces règles strictes interdisent des modèles apparemment acceptables :

```
pattern pat = { sign, value, none, none };    // erreur: pas de symbole
```

La fonction ***frac_digits()*** indique l'emplacement du ***decimal_point()***. Les valeurs monétaires sont souvent représentées dans l'unité monétaire la plus petite (§ D.4.3), le plus souvent un centième de l'unité principale (un centime, par exemple, est un centième de francs). Voilà pourquoi ***frac_digits()*** a souvent la valeur 2.

Voici un format simple défini comme un facet :

```
class My_money_io : public moneypunct<char,true> {
public:
        explicit My_money_io(size_t r = 0) :moneypunct<char,true>(r) { }

        Ch do_decimal_point() const { return "."; }
        Ch do_thousands_sep() const { return ","; }
        string do_grouping() const { return "\003\003\003"; }

        string_type do_curr_symbol() const { return "USD "; }
        string_type do_positive_sign() const { return ""; }
        string_type do_negative_sign() const { return "()"; }

        int do_frac_digits() const { return 2 ; }      // 2 chiffres après la virgule
        pattern do_pos_format() const
        {
                static pattern pat = { sign, symbol, value, none };
                return pat;
        }
        pattern do_ne g_format() const
        {
                static pattern pat = { sign, symbol, value, none };
                return pat;
        }
};
```

Ce facet apparaît dans les opérations d'entrée et de sortie de ***Money*** définies en § D.4.3.2 et en § D.4.3.3.

Une version ***A_byname*** de ***moneypunct*** (§ D. IV, § Baron D.4.1) est fournie :

```
template <class Ch, bool Intl = false>
class std::moneypunct_byname : public moneypunct<Ch, Intl> { /* ... */ };
```

D.4.3.2 Sorties monétaires

Le facet ***money_put*** écrit des valeurs monétaires conformes au format spécifié par ***moneypunct***. Ce facet fournit en particulier des fonctions ***put()*** qui vont écrire une représentation caractère au format approprié dans la mémoire tampon d'un flux :

```
template <class Ch, class Out = ostreambuf_iterator<Ch> >
class std::money_put : public std::locale::facet {
public:
	typedef Ch char_type;
	typedef Out iter_type;
	typedef basic_string<Ch> string_type;

	explicit money_put(size_t r = 0) ;

	// place la valeur "v" en position de mémoire tampon "b":
	Out put(Out b , bool intl , ios_base& s , Ch fill, long double v ) const;
	Out put(Out b , bool intl , ios_base& s , Ch fill, const string_type& v ) const;

	static locale::id id; // objet identifieur de facet(§D.2, §D.3, §D.3.1)

protected:
	~money_put() ;
	/ fonctions virtuelles "do_" pour fonctions publiques (voir §D.4.1)
};
```

Les arguments ***b***, ***s***, ***fill*** et ***v*** sont destinés aux fonctions ***put()*** de ***num_put*** (§ D.4.2.2). L'argument ***intl*** indique si le symbole utilisé est un symbole monétaire international standard sur quatre caractères ou s'il s'agit d'un symbole local (§ D.4.3.1).

Etant donné ***money_put***, nous pouvons définir un opérateur de sortie pour ***Money*** (§ D.4.3) :

```
ostream& operator<<(ostream& s, Money m)
{
	ostream::sentry guard(s) ;				// voir §21.3.8
	if (!guard) return s;
	try {
		const money_put<char>& f = use_facet< money_put<char> >(s.getloc()) ;
		if (m==static_cast<long double>(m)) {		// m peut être représenté en long double
			if (f.put(s,true,s,s.fill(),m).failed()) s.setstate(ios_base::badbit) ;
	}
	else {
		ostringstream v;
			v << m;					// conversion en représentation chaîne
			if (f.put(s,true,s,s.fill() ,v.str()).failed()) s.setstate(ios_base::badbit) ;
		}
	}
```

```
        catch (...) {
                handle_ioexception(s) ;                // voir §D.4.2.2
        }
        return s;
}
```

Si un type long double n'est pas suffisamment précis pour représenter la valeur monétaire, nous convertissons la valeur en chaîne et la transmettons en sortie *via* la fonction ***put()*** qui reçoit une ***string***.

D.4.3.3 Entrées monétaires

Le facet ***money_get*** lit des valeurs monétaires conformes au format spécifié par ***moneypunct***. Ce facet fournit en particulier des fonctions ***get()*** qui vont extraire une représentation caractère au format approprié de la mémoire tampon d'un flux :

```
template <class Ch, class In = istreambuf_iterator<Ch> >
class std::money_get : public std::locale::facet {
public:
        typedef Ch char_type;
        typedef In iter_type;
        typedef basic_string<Ch> string_type;

        explicit money_get(size_t r = 0) ;

        // lecture de [b:e) vers v, avec les règles de mise en forme de s, signalisation des erreurs en
          définissant r:
        In get(In b, In e, bool intl, ios_base& s, ios_base::iostate& r, long double& v) const;
        In get(In b, In e, bool intl, ios_base& s, ios_base::iostate& r, string_type& v) const;

        static locale::id id; // objet identifieur de facet(§D.2, §D.3, §D.3.1)
protected:
        ~money_get() ;

        // fonctions virtuelles "d_" pour les fonctions publiques (voir §D.4.1)
};
```

Les arguments ***b***, ***e***, ***s***, ***fill*** et ***v*** sont destinés aux fonctions ***get()*** de ***num_get*** (§ D.4.2.3). L'argument ***intl*** indique si le symbole utilisé est un symbole monétaire international standard sur quatre caractères ou s'il s'agit d'un symbole local (§ D.4.3.1).

Une paire de facets ***money_get*** et ***money_put*** bien définis fournira une sortie qui pourra ensuite être lue avec un minimum de risques d'erreurs ou de pertes d'informations. Par exemple :

```
int main()
{
        Money m;
        while (cin>>m) cout << m << "\n";
}
```

La sortie de ce programme simple pourra être utilisée en entrée de ce même programme. Par ailleurs, la sortie produite par une seconde exécution à partir de la sortie produite par la première devrait être identique à son entrée.

Un exemple d'opérateur d'entrée pour ***Money*** :

```
istream& operator>>(istream& s, Money& m)
{
    istream::sentry guard(s) ;                      // voir §21.3.8
    if (!guard) {
        s.setstate (ios_base::failbit);
        return s;
    }
    ios_base::iostate state = 0; // correct
    istreambuf_iterator<char> eos;
    double dd;
    try{
        const money_get<char> &f= use_facet< money_get<Char> >(s.getloc());
        f.get(s,eos,true,state,dd) ;
    }
    catch (...) {
        handle_ioexception(s) ;                     // voir §D.4.2.2
        return s;
    }
    if (state==0 || state==ios_base::eofbit) d = dd;    // définit la valeur uniquement si get() réussit
    s.setstate(state) ;
    return s;
}
```

D.4.4 Les entrées et sorties en dates et heures

La bibliothèque standard de C++ n'offre malheureusement pas de type date correct. Des fonctions de bas niveau ont cependant été héritées de la bibliothèque standard C pour traiter les dates et les intervalles de temps. Les fonctions C++ s'appuient sur ces fonctions C pour traiter le temps indépendamment de la plate-forme d'exécution.

Nous allons expliquer dans les sections suivantes comment présenter une date ou un horaire en fonction des paramètres régionaux, et donner un exemple d'intégration d'un type défini par l'utilisateur (***Date***) dans la structure fournie par un ***iostream*** (Chapitre 21) et un ***locale*** (§ D.2). L'implémentation de cette date illustre quelques techniques très utiles pour traiter le temps lorsque vous ne disposez pas d'un type ***date*** approprié.

D.4.4.1 Horloges et minuteurs

La plupart des systèmes comportent un minuteur très précis au niveau le plus bas. La bibliothèque standard comporte une fonction ***clock()*** qui renvoie un type arithmétique ***clock_t*** défini par l'implémentation. Il est possible de calibrer le résultat de ***clock()*** par l'intermédiaire de la macro ***CLOCKS_PER_SEC***. Si vous ne pouvez accéder à aucun utilitaire fiable pour la mesure du temps, vous pourriez utiliser une boucle telle que celle-ci :

```
int main(int argc, char* argv[])          // §6.1.7
{
    int n = atoi(argv[1]) ;               // §20.4.1
```

```
    clock_t t1 = clock() ;
    if (t1 == clock_t(-1)) {                  // cloc_t(-1) signifie que "clock() n'a pas marché"
          cerr << "Désolé, pas d'horloge\n";
    exit(1) ;
    }
    for (int i = 0; i<n; i++) do_something() ;   // boucle de temporisation
    clock_t t2 = clock() ;
     if (t2 == clock_t(-1)) {
          cerr << "désolé, dépassement du temps \n";
          exit(2) ;
    }
    cout << "do_something() " << n << " fois s'est déroulé pendant "
          << double(t2-t1)/CLOCKS_PER_SEC << " secondes"
          << " (Granularité des mesures: " << CLOCKS_PER_SEC << " d'une seconde)\n";
}
```

La conversion explicite ***double (t2-t1)*** avant la division est indispensable parce que ***clock_t*** pourrait être un entier. Le début de l'exécution de ***clock()*** est précisé par l'implémentation ; cette fonction est censée mesurer des intervalles de temps pendant l'unique exécution d'un programme. Pour des valeurs de ***t1*** et ***t2*** renvoyées par ***clock()***, ***double (t2-t1)/CLOCKS_PER_SEC*** est la meilleure approximation du système pour le temps en secondes entre deux appels.

Si ***clock()*** ne supporte pas un processeur particulier ou si l'intervalle de temps était trop long à mesurer, cette fonction renvoie ***clock_t(-1)***.

Clock() est destinée à mesurer des intervalles allant de la fraction de seconde à quelques secondes. Si ***clock_t*** est un ***int*** signé 32 bits, par exemple, et que ***CLOCKS_PER_SEC*** a la valeur 1,000,000, nous pouvons utiliser cette fonction pour mesurer un intervalle allant de 0 à 2 000 secondes (environ une demi-heure) en microsecondes.

Signalons qu'il n'est pas toujours facile d'obtenir des mesures significatives. Si d'autres programmes s'exécutent sur la machine, le temps d'exécution pourrait s'en trouver affecté. L'influence de la mémoire cache et des pipelines est difficile à prévoir, et certains algorithmes pourraient présenter des dépendances surprenantes avec les données. Si vous tentez de chronométrer quelque chose, faites plusieurs tests et rejetez les résultats si les mesures obtenues varient de façon significative.

Pour traiter des intervalles de temps plus longs et le temps du calendrier, la bibliothèque standard fournit ***time_t*** pour représenter un point dans le temps et une structure ***tm*** pour décomposer un point du temps en parties conventionnelles :

```
typedef implementation_defined time_t;   // type arithmétique défini par l'implémentation (§4.1.1)
                                         // capable de représenter un intervalle de temps,
                                         // souvent, un entier 32-bit

struct tm {
      int tm_sec;                        // secondes dans la minute [0,61]
      int tm_min;                        // minutes dans l'heure [0,59]
      int tm_hour;                       // heure du jour [0,23]
      int tm_mday;                       // jour du mois [1,31]
      int tm_mon;                        // mois de l'année [0,11]; 0 représente janvier
                                                (note: pas [1:12])
```

```
        int tm_year;                 // année depuis 1900; 0 représente année 1900,
                                            et 102 représente 2002
        int tm_wday;                 // jours depuis dimanche [0,6]; 0 représente dimanche
        int tm_yday;                 // jours depuis 1er janvier [0,365]; 0 représente le 1er janvier
        int tm_isdst;                // heures en heure d'été
};
```

Le standard garantit uniquement l'ensemble des membres ***int*** mentionnés ici pour ***tm***, mais pas l'ordre d'apparence de ces membres et l'absence d'autres champs.

Les types ***time_t*** et ***tm*** et les fonctionnalités de base pour les utiliser sont présentés dans ***<ctime>*** et ***tm***. Par exemple :

```
clock_t clock() ;                        // nombre de cycles d'horloge depuis le démarrage
                                               du programme

time_t time(time_t* pt) ;                // Heure courante
double difftime(time_t t2, time_t t1) ;  // t2–t1 en secondes

tm* localtime(const time_t* pt) ;        // temps local pour le *pt
tm* gmtime(const time_t* pt) ;           // tm GMT (Grenwich Mean Time) pour *pt, ou 0
                                         // (officiellement nommé Coordinated Universal Time, UTC)

time_t mktime(tm* ptm) ;                 // tim_t pour *ptm, ou tim_t(-1)
char* asctime(const tm* ptm) ;           // représentation chaîne de style C pour *ptm
                                         // par exemple, "Sun Sep 16 01:03:52 1973\n"
char* ctime(const time_t* t) { return asctime(localtime(t)) ; }
```

Attention, ***localtime()*** et ***gmtime()*** renvoient toutes deux un ***tm**** vers un objet alloué de façon statique. Un appel ultérieur de cette fonction changera la valeur de cet objet. Utilisez immédiatement cette valeur renvoyée ou copiez le ***tm*** dans une zone mémoire sous votre contrôle. De même, ***asctime()*** renvoie un pointeur vers un tableau de caractères alloué de façon statique.

Le type ***tm*** permet de représenter des dates dans un intervalle de temps de plusieurs dizaines de milliers d'années au minimum (environ [-32000,32000] pour le plus petit ***int***). Le type ***time_t*** est cependant le plus souvent représenté avec un entier long 32 bits (signé). En comptant les secondes, ce type est donc capable de représenter un intervalle de plus de soixante-huit ans avant ou après l'année de base. Cette année est le plus souvent fixée à 1970, et le temps de référence débute le 1er janvier GMT (UTC) à exactement 0:00. Si ***time_t*** est un entier signé 32 bits, le temps ne pourra plus être mesuré au-delà de l'année 2038, sauf si nous faisons évoluer ce type vers un entier plus grand, comme cela a déjà été réalisé sur certains systèmes.

Le mécanisme de ***time_t*** est principalement destiné à représenter des dates proches. Nous ne devons donc pas l'utiliser pour représenter des dates au-delà de l'intervalle [1902,2038]. Pire encore, les implémentations des fonctions traitant du temps ne gèrent pas toutes les valeurs négatives de la même façon. Pour obtenir un code portable, une valeur qui devra être représentée à la fois avec un ***tm*** et un ***time_t*** devra se situer dans l'intervalle [1902,2038]. Si vous avez besoin de représenter des dates en dehors de cet intervalle, vous devrez faire appel à d'autres mécanismes.

Une des conséquences de cette contrainte est que la fonction ***mktime()*** peut échouer. Si son argument ne peut être représenté sous la forme d'un ***time_t***, l'indice d'erreur ***time_t(-1)*** est renvoyé.

Nous pouvons chronométrer l'exécution d'un programme long de la façon suivante :

```
int main(int argc, char* argv[]) // §6.1.7
{
	time_t t1 = time(0) ;
	do_a_lot(argc,argv) ;
	time_t t2 = time(0) ;
	double d = difftime(t2,t1) ;
	cout << "do_a_lot() s'est déroulée pendant" << d << " secondes\n";
}
```

Si l'argument de ***time()*** n'est pas 0, le temps obtenu se trouve aussi affecté au type ***time_t*** pointé. Si le temps du calendrier n'est pas disponible (sur un processeur spécialisé par exemple), la valeur ***time_t(-1)*** est renvoyée. Nous pouvons essayer de retrouver sans risque la date d'aujourd'hui de la façon suivante :

```
int main()
{
	time_t t;

	if (time(&t) == time_t(-1)) { // tim_t(–1) signifie que "time() n'a pas marché"
		cerr << "Heure incorrecte\n";
		exit(1) ;
	}

		tm* gt = gmtime(&t) ;
		cout << gt->tm_mon+1 << '/' << gt->tm_mday << '/' << 1900+gt->tm_year << endl;
}
```

D.4.4.2 Une classe Date

Nous l'avons signalé en § 10.3, il est improbable qu'un seul type ***Date*** puisse répondre à tous les besoins. Les informations de date sont destinées à diverses représentations, et les informations de calendrier antérieures au 19e siècle sont très peu fiables. Nous pouvons cependant définir en exemple un type ***Date*** à partir des lignes du § 10.3, en faisant appel à ***time_t*** pour l'implémentation :

```
class Date {
public:
	enum Month { jan=1, feb, mar, apr, may, jun, jul, aug, sep, oct, nov, dec };

	class Bad_date {};

	Date(int dd, Month mm, int yy) ;
	Date() ;

	friend ostream& operator<<(ostream& s, const Date& d) ;.
	// ...
private:
	time_t d; // représentation de date et d'heure standard
};
Date::Date(int dd, Month mm, int yy)
{
	tm x = { 0 };
```

```
        if (dd<0 || 31<dd) throw Bad_date() ;          // très simplifié: voir §10.3.1
        x.tm_mday = dd;
        if (mm<jan || dec<mm) throw Bad_date() ;
        x.tm_mon = mm-1;                              // t_mon part de zéro
        x.tm_year = yy-1900;                          // t_year part de 1900
        d = mktime(&x) ;
}
Date::Date()
{
        d = time(0) ;                                  // Date par défaut: aujourd'hui
        if (d == time_t(-1)) throw Bad_date() ;
}
```

L'objectif ici est de définir des implémentations conformes aux paramètres régionaux pour ***Date*** **<<** et **>>**.

D.4.4.3 Sorties de dates et heures

Exactement comme ***num_put*** (§ D.4.2), ***time_put*** fournit des fonctions ***put()*** pour écrire dans des mémoires tampons par l'intermédiaire d'itérateurs :

```
template <class Ch, class Out = ostreambuf_iterator<Ch> >
class std::time_put : public locale::facet {
public:
        typedef Ch char_type;
        typedef Out iter_type;

        explicit time_put(size_t r = 0) ;

        // place t dans le tampon de flux de s via b, en utilisant le format fmt:
        Out put(Out b, ios_base& s, Ch fill, const tm* t,
                                        const Ch* fmt_b, const Ch* fmt_e) const;

        Out put(Out b, ios_base& s, Ch fill, const tm* t, char fmt, char mod = 0) const
                { return do_put(b,s,fill,t,fmt,mod) ; }

        static locale::id id; // objet identifieur de facet (§D.2, §D.3, §D.3.1)

protected:
        ~time_put() ;

        virtual Out do_put(Out, ios_base&, Ch, const tm*, char, char) const;
};
```

L'appel ***put(b,s,fill,t,fmt_b,fmt_e)*** transfère les informations de date de ***t*** dans la mémoire tampon du flux ***s*** *via* ***b***. Le caractère ***fill*** est utilisé en "remplissage" lorsque cela s'avère nécessaire. Le format de sortie est spécifié avec une chaîne ***[fmt_b,fmt_e]*** formatée de type ***printf()***. Ce format (§ 21.8) permet de contrôler la sortie réelle et peut contenir les spécificateurs particuliers suivants :

%a Nom du jour de la semaine en abrégé (Sam par exemple).

%A Nom du jour de la semaine complet (samedi par exemple).

%b Nom du mois en abrégé (Janv par exemple).

%B Nom du mois complet (janvier par exemple).

%c	Date et heure (Sam 21 Janv 21:46:05 2000 par exemple).
%d	Jour du mois dans l'intervalle [01,31] (06 par exemple).
%H	Heure dans l'intervalle [00,23] (21 par exemple).
%I	Heure dans l'intervalle [01,12] (09 par exemple).
%j	Jour de l'année dans l'intervalle [001,366] (037 par exemple).
%m	Mois de l'année dans l'intervalle [01,12] (02 par exemple).
%M	Minutes de l'heure dans l'intervalle [00,59] (48 par exemple).
%p	L'indicateur a.m, p.m pour une horloge sur 12 heures (PM par exemple).
%S	Seconde d'une minute [00,60] (40 par exemple).
%U	Semaine de l'année dans l'intervalle [00,53] en commençant par dimanche (05 par exemple) ; le premier dimanche est celui de la semaine 1.
%w	Jour de la semaine dans l'intervalle [0,6]; 0 signifie dimanche (6 par exemple).
%W	Semaine de l'année dans l'intervalle [00,53] en commençant par lundi (05 par exemple) ; le premier lundi est celui de la semaine 1.
%x	Date (02/06/00 par exemple).
%X	Heure (15:45:06 par exemple).
%y	Année sans le siècle [00,99] (01 par exemple).
%Y	Année (2001 par exemple).
%Z	Indicateur de fuseau horaire si ce dernier est connu.

Cette longue liste de règles de mise en forme très spécialisées encourage l'utilisation de systèmes d'entrée-sortie évolutifs. Cependant, comme avec la plupart des notations spécialisées, ces règles sont adaptées et souvent même pratiques.

Pour compléter ces directives de mise en forme, la plupart des implémentations fournissent des "modificateurs", telle l'utilisation d'un entier pour spécifier une largeur de champ (§ 21.8), %10X. Les modificateurs des formats d'heure et de date ne font pas partie du standard C++, mais certains standards de plates-formes tels que Posix en ont besoin. Il est par conséquent difficile de les contourner, même si leur emploi complique la portabilité du code.

La fonction ***strftime()*** de type ***sprintf()*** (§ 21.8) fournie par **<ctime>** ou **<time.h>** produit une sortie conforme aux directives de formats d'heure et de date :

```
size_t strftime(char* s, size_t max, const char* format, const tm* tmp) ;
```

Cette fonction transfère ***max*** caractères au maximum depuis ****tmp*** et le format vers ****s*** selon le format. Par exemple :

```
int main()
{
    char buf[20] ;       //mauvais: aucune protection contre le débordement de mémoire tampon
    time_t t = time(0) ;
    strftime(buf,20,"%A\n",localtime(&t)) ;
    cout << buf;
}
```

Si ce code est exécuté un mercredi, il affichera ***Wednesday*** dans l'objet ***locale classic()*** par défaut (§ D.2.3), mercredi dans un objet ***locale*** français.

Les caractères qui ne font pas partie du format spécifié, comme la nouvelle ligne dans l'exemple, sont simplement copiés dans le premier argument (***s***).

Lorsque ***put()*** identifie un caractère de format ***f*** (et un caractère modificateur en option ***m***), elle appelle la fonction virtuelle ***do_put()*** qui se charge de la mise en forme : ***do_put(b,s,fill,t,f,m)***.

L'appel ***do_put(b,s,fill,t,f,m)*** est une forme simplifiée de ***put()***, dans laquelle un caractère de format (***s***) et un caractère modificateur (***m***) sont fournis explicitement. Le code suivant :

```
const char fmt[] = "%10X";
put(b,s,fill,t,fmt,fmt+sizeof(fmt)) ;
```

peut donc être abrégé en :

```
put(b,s,fill,t,'X',10) ;
```

Si un format comporte des caractères sur plusieurs octets, il doit commencer et se terminer dans l'état par défaut (§ D.4.6).

Nous pouvons utiliser ***put()*** pour implémenter un opérateur de sortie conforme aux paramètres régionaux pour ***Date*** :

```
ostream& operator<<(ostream& s, const Date& d)
{
	ostream::sentry guard(s) ;		// voir §21.3.8
	if (!guard) return s;
	tm* tmp = localtime(&d.d) ;
	try {
		if (use_facet< time_put<char> >(s.getloc()).put(s,s,s.fill() ,tmp,'x').failed())
			s.setstate(ios_base::failbit) ;
	}
	catch (...) {
		handle_ioexception(s) ;		// voir §D.4.2.2
	}
	return s;
}
```

Puisqu'il n'existe pas de type ***Date*** standard, il n'y a pas de format par défaut pour les entrées-sorties date. Dans ce code, nous avons spécifié le format *%x* en transmettant le caractère "***x***" comme caractère de format. Le format *%x* étant le format par défaut pour la fonction ***get_time()*** (§ D.4.4.4), c'est probablement le mieux que nous puissions obtenir pour approcher d'un standard. Vous trouverez un exemple de la façon d'utiliser d'autres formats en § D.4.4.5.

D.4.4.4 Entrées de dates et d'heures

Comme toujours, l'entrée est plus délicate que la sortie. Quand nous écrivons du code pour transmettre une valeur en sortie, nous avons souvent le choix entre différents formats. De plus, quand nous écrivons le code d'entrée, nous devons gérer les erreurs et quelquefois prendre en compte plusieurs formats.

Le facet ***time_get*** implémente l'entrée d'heures et de dates. Le principe est le suivant : le ***time_get*** d'un objet ***locale*** peut lire les heures et dates produites par le ***time_put*** de cet objet. Il n'existe cependant aucune classe ***date*** et ***time*** standard : un programmeur peut donc utiliser un objet ***locale*** pour produire la sortie conformément à divers formats. Les représentations qui suivent, par exemple, pourraient toutes être produites à l'aide d'une seule instruction de sortie, en utilisant le ***time_put*** (§ D.4.4.5) de différents objets ***locale*** :

January 15th 1999
Thursday 15th January 1999
15 Jan 1999AD
Thurs 15/1/99

Le standard C++ encourage les implémenteurs de ***time_get*** à accepter les formats de dates et d'heures tels qu'ils sont spécifiés par Posix et d'autres standards. Le problème vient de la difficulté de standardiser le besoin de lire les dates et heures dans le format conventionnel d'une culture donnée. Mieux vaut expérimenter pour voir le résultat d'un objet ***locale*** donné (§ D.6[8]). Si un format n'est pas reconnu, le programmeur peut fournir un autre facet ***time_get*** approprié.

Le facet d'entrée d'heure standard, ***time_get***, est dérivé de ***time_base*** :

```
class std::time_base {
public:
    enum dateorder {
        no_order,     // pas de rang, possibilité d'éléments sup (comme le jour de la semaine)
        dmy,          // le jour avant le mois avant l'année
        mdy,          // le mois avant le jour avant l'année
        ymd,          // l'année avant le mois avant le jour
        ydm           // l'année avant le jour avant le mois
    };
};
```

Un implémenteur peut utiliser cette énumération pour simplifier l'analyse des formats de date.

Comme ***num_get***, ***time_get*** accède à sa mémoire tampon *via* une paire d'itérateurs d'entrée :

```
template <class Ch, class In = istreambuf_iterator<Ch> >
class time_get : public locale::facet, public time_base {
public:
    typedef Ch char_type;
    typedef In iter_type;

    explicit time_get(size_t r = 0) ;

    dateorder date_order() const { return do_date_order() ; }

    // lecture [b,e) vers d, avec les règles de mise en forme de s, signalisation des erreurs en définissant r:
    In get_time(In b, In e, ios_base& s, ios_base::iostate& r, tm* d) const;
    In get_date(In b, In e, ios_base& s, ios_base::iostate& r, tm* d) const;
    In get_year(In b, In e, ios_base& s, ios_base::iostate& r, tm* d) const;

    In get_weekday(In b, In e, ios_base& s, ios_base::iostate& r, tm* d) const;
    In get_monthname(In b, In e, ios_base& s, ios_base::iostate& r, tm* d) const;

    static locale::id id; // objet identifieur de facet(§D.2, §D.3, §D.3.1)
```

```
protected:
	˜time_get() ;

	// fonctions virtuelles "d_" pour les fonctions publiques (voir §D.4.1)
};
```

La fonction ***get_time()*** appelle ***do_get_time()***. La fonction ***get_time()*** par défaut lit l'heure produite par la fonction ***time_put()*** de l'objet ***locale*** en appliquant le format %***X*** (§ D.4.4). De la même façon, la fonction ***get_date()*** appelle ***do_get_date()***. La version par défaut lit l'heure produite par la fonction ***time_put()*** de l'objet ***locale*** en utilisant le format %***x*** (§ D.4.4).

L'opérateur d'entrée le plus simple pour les ***Date*** pourrait donc être :

```
istream& operator>>(istream& s, Date& d)
{
	istream::sentry guard(s) ;			// voir §21.3.8
	if (!guard) return s;

	ios_base::iostate res = 0;
	tm x = { 0 };
	istreambuf_iterator<char,char_traits<char> > end;
	try {
		use_facet< time_get<char> >(s.getloc()).get_date(s,end,s,res,&x) ;
	}
	catCh (...) {
		handle_ioexception(s) ;			// voir §D.4.2.2
		return s;
	}
	d = Date(x.tm_mday,Date::Month(x.tm_mon) +1 ,x.tm_year+1900) ;
	return s;
}
```

L'appel ***get_date(s,end,s,res,&x)*** s'appuie sur deux conversions implicites depuis ***istream***. En tant que premier argument, ***s*** est utilisé pour construire un ***istreambuf_iterator***. Comme troisième argument, ***s*** est converti vers la classe de base ***istream ios_base***.

Cet opérateur d'entrée fonctionnera correctement pour des dates dont la valeur peut être représentée avec ***time_t***. Un test très simple peut être :

```
int main()
try {
	Date today;
	cout << today << endl;				// écriture dans le format %x
	Date d(12, Date::may, 1998) ;

	cout << d << endl;
	Date dd;
	while (cin >> dd) cout << dd << endl;		// lecture des dates au format %x
}
catch (Date::Bad_date) {
	cout << "Sortie: mauvaise date détectée\n";
}
```

Une version ***_byname*** (§ D.4, § D.4.1) de ***put_time*** est fournie aussi :

```
template <class Ch, class Out = ostreambuf_iterator<Ch> >
class std::time_put_byname : public time_put<Ch,Out> { /* ... */ };
```

D.4.4.5 Une classe Date plus souple

Si vous avez testé la classe ***Date*** du § D.4.4.2 avec les entrées-sorties de § D.4.4.3 et § D.4.4.4, vous avez certainement été rapidement limité :

- Les dates gérées sont uniquement celles pouvant être représentées avec un ***time_t***. Ce qui signifie qu'elles appartiennent à l'intervalle [1970, 2038].
- Cette classe accepte uniquement les dates aux formats standard.
- La signalisation des erreurs d'entrée est inacceptable.
- Elle supporte uniquement les flux de ***char***, pas les flux des types de caractères arbitraires.

Un opérateur d'entrée plus intéressant et plus pratique accepterait une plage plus large de dates, reconnaîtrait quelques formats courants et signalerait les erreurs de façon plus fiable et dans un format plus facile à exploiter. Pour cela, nous devons nous affranchir de la représentation ***time_t*** :

```
class Date {
public:
	enum Month { jan=1, feb, mar, apr, may, jun, jul, aug, sep, oct, nov, dec };

	struct Bad_date {
		const char* why;
		Bad_date(const char* p) : why(p) { }
	};
	Date(int dd, Month mm, int yy, int day_of_week = 0) ;
	Date() ;

	void make_tm(tm* t) const;		// place la représentation of Date tm dans *t
	time_t make_time_t() const;		// renvoie la représentation tim_t de Date

	int year() const { return y; }
	Month month() const { return m; }
	int day() const { return d; }

	// ...
private:
	char d;
	Month m;
	int y;
};
```

Pour simplifier, revenons à la représentation ***(d, m, y)*** (§ 10.2).

Le constructeur pourrait être défini de la façon suivante :

```
Date::Date(int dd, Month mm, int yy, int day_of_week)
	:d(dd) , m(mm) , y(yy)
{
	if (d==0 && m==Month(0) && y==0) return;		// Date(0,0,0) est la "date nulle"
```

```
        if (mm<jan || dec<mm) throw Bad_date("mauvais mois") ;
        if (dd<1 || 31<dd) // trop simplifié; voir §10.3.1
                throw Bad_date("mauvais jour dans le mois") ;
        if (day_of_week && day_in_week(yy,mm,dd)!=day_of_week)
        throw Bad_date("mauvais jour dans la semaine") ;
}
Date::Date() :d(0) , m(0) , y(0) { } // a "null date"
```

Le calcul de ***day_in_week()*** est particulier et sans rapport avec les mécanismes des paramètres régionaux. Nous ne nous y attarderons donc pas. Si vous avez besoin d'un calcul tel que celui-ci, votre système vous en fournira un.

Les opérations de comparaison sont toujours pratiques pour des types tels que ***Date*** :

```
bool operator==(const Date& x, const Date& y)
{
        return x.year()==y.year() && x.month()==y.month() && x.day()==y.day() ;
}
bool operator!=(const Date& x, const Date& y)
{
        return !(x==y) ;
}
```

Après nous être affranchis des formats ***time_t*** et ***tm*** standard, nous avons besoin de fonctions de conversion pour dialoguer avec les logiciels conçus pour traiter ces formats :

```
void Date::make_tm(tm* p) const // place la date dans *p
{
        tm x = { 0 };
        *p = x;
        p->tm_year = y-1900;
        p->tm_mday = d;
        p->tm_mon = m-1;
}
time_t Date::make_time_t() const
{
        if (y<1970 || 2038<y) // trop simplifié
                throw Bad_date("date de time_t hors limites") ;
        tm x;
        make_tm(&x) ;
        return mktime(&x) ;
}
```

D.4.4.6 Choix d'un format de date

Le langage C++ ne définit pas de format de sortie standard pour les dates (% ***x*** représente ce que nous pouvons obtenir de plus proche d'un standard, § D.4.4.3). Cependant, même si un format standard existait, nous voudrions probablement pouvoir choisir d'autres représentations. Il suffirait de fournir un "format par défaut" et une méthode pour en changer.

Par exemple :

```
class Date_format {
        static char fmt[] ;                                             // format par défaut
        const char* curr;                                               // format courant
        const char* curr_end;
public:
        Date_format() :curr(fmt) , curr_end(fmt+strlen(fmt)) { }

        const char* begin() const { return curr; }
        const char* end() const { return curr_end; }

        void set(const char* p, const char* q q) { curr=p; curr_end=q q; }
        void set(const char* p) { curr=p; curr_end=curr+strlen(p) ; }

        static const char* default_fmt() { return fmt; }
};

const char Date_format<char>::fmt[] = "%A, %B %d, %Y";          // e.g., Friday, February 5, 1999

Date_format date_fmt;
```

Pour être en mesure d'utiliser le format ***strftime()*** (§ D.4.4.3), nous n'avons pas paramétré la classe ***Date_format*** sur le type de caractères utilisé. Cela signifie que cette solution accepte uniquement les représentations de date avec lesquelles le format peut s'exprimer sous la forme d'un ***char[]***. Nous avons aussi utilisé un objet ***format*** global (***date_fmt***) pour fournir un format ***Date*** par défaut. La valeur de ***date_fmt*** étant susceptible d'être modifiée, nous pouvons contrôler la mise en forme de la date en suivant une approche analogue à celle de ***global()*** (§ D.2.3).

Une solution plus générale consiste à ajouter des facets ***Date_in*** et ***Date_out*** pour contrôler la lecture et l'écriture dans un flux. Cette approche est présentée en § D.4.4.7.

Date_format étant donné, nous pourrions écrire ***Date::operator<<()*** de la façon suivante :

```
template<class Ch, class Tr>
basic_ostream<Ch,Tr>& operator<<(basic_ostream<Ch,Tr>& s, const Date& d)
// écriture selon format spécifié par l'utilisateur
{
        typename basic_ostream<Ch,Tr>::sentry guard(s) ;        // voir_io.sentry
        if (!guard) return s;

        tm t;
        d.make_tm(&t) ;
        try {
                const time_put<Ch>& f = use_facet< time_put<Ch> >(s.getloc()) ;
                if (f.put(s,s,s.fill() ,&t,date_fmt.begin() ,date_fmt.end()).failed())
                        s.setstate(ios_base::failbit) ;
        }
        catch (...) {
                handle_ioexception(s) ;                         // voir §D.4.2.2
        }
        return s;
}
```

Nous aurions pu utiliser ***has_facet*** pour vérifier que l'objet ***locale*** de ***s*** possède bien un facet ***time_put<Ch>***. Dans cet exemple, il semblait toutefois plus simple de traiter ce problème en détectant toute exception déclenchée par ***use_facet***.

Voici un programme de test simple qui contrôle le format de sortie *via* ***date_fmt*** :

```
int main()
try {
        while (cin >> dd && dd != Date()) cout << dd << endl;        // écriture avec dat_fmt par défaut
        date_fmt.set( "%Y/%m/%d" ) ;
        while (cin >> dd && dd != Date()) cout << dd << endl;        // écriture avec "%Y/%m/%d"
}
catch (Date::Bad_date e) {
        cout << "Date détectée erronée: " << e.why << endl;
}
```

D.4.4.7 Un facet d'entrée Date

Comme toujours, l'entrée est un peu plus délicate que la sortie. Cependant, étant donné que l'interface avec l'entrée de bas niveau est établie par ***get_date()*** et que ***operator>>()*** défini pour ***Date*** en § D.4.4.4 n'accède pas directement à la représentation d'une ***Date***, nous pourrions utiliser cet ***operator>>()*** sans le modifier. Voici une version modélisée correspondant à cet ***operator>>()*** :

```
template<class Ch, class Tr>
istream<Ch,Tr>& operator>>(istream<Ch,Tr>& s, Date& d)
{
        typename istream<Ch,Tr>::sentry guard(s) ;
        if (guard) try {
        ios_base::iostate res = 0;
        tm x = { 0 };
         istreambuf_iterator<Ch,Tr> end;
        try {
                use_facet< time_get<Ch> >(s.getloc()).get_date(s,end,s,res,&x) ;
        }
        catch (...) {
                handle_ioexception(s) ;                    // voir §D.4.2.2
        return s;
        }
        d = Date(x.tm_mday,Date::Month(x.tm_mon+1) ,x.tm_year+1900,x.tm_wday) ;
        if (res==ios_base::badbit) s.setstate(res);
        return s;
}
```

Cet opérateur d'entrée ***Date*** appelle ***get_date()***, le facet ***time_get*** de ***Istream***. Nous pouvons ainsi fournir une forme différente et plus souple d'entrée en définissant un nouveau facet dérivé de ***time_get*** :

```
template<class Ch, class In = istreambuf_iterator<Ch> >
class Date_in : public std::time_get<Ch,In> {
```

```
public:
    Date_in(size_t r = 0) : std::time_get<Ch>(r) { }.Section D.4.4.7 A Date Input Facet 917
protected:
    In do_get_date(In b, In e, ios_base& s, ios_base::iostate& r, tm* tmp) const;
private:
    enum Vtype { novalue, unknown, dayofweek, month };
    In getval(In b, In e, ios_base& s, ios_base::iostate& r, int* v, Vtype* res) const;
};
```

La fonction ***getval()*** doit lire une année, un mois, un jour du mois et éventuellement un jour de la semaine, puis présenter le résultat dans un ***tm***.

Les noms de mois et des jours de la semaine sont spécifiques aux paramètres régionaux. Ils ne peuvent donc être mentionnés directement dans notre fonction d'entrée. Nous devrons les reconnaître en appelant les fonctions fournies par ***time_get*** dans ce but : ***get_monthname()*** et ***get_weekday()*** (§ D.4.4.4).

L'année, le jour du mois et éventuellement le mois sont représentés sous la forme d'entiers. Un nombre n'indique malheureusement pas s'il représente un jour, un mois ou autre chose. Le chiffre 7 peut par exemple représenter le mois de juillet, le septième jour d'un mois ou même l'année 2007 ! L'objectif de la fonction ***date_order()*** de ***time_get*** est justement de résoudre ce type d'ambiguïté.

Date_in commence par lire des valeurs, les classe, puis utilise ***date_order()*** pour déterminer si les valeurs saisies ont un sens. La fonction privée ***getval()*** se charge de la lecture réelle dans la mémoire tampon du flux et de la classification initiale :

```
template<class Ch, class In=istreambuf_iterator<Ch>>
In Date_in::getval(In b, In e, ios_base& s, ios_base::iostate& r, int* v, Vtype* res) const
    // lecture d'une partie de Date: nombre, jour, ou mois. Saute les blancs et la ponctuation.
{
    ctype<Ch> const& ct = use_facet< ctype<Ch> >(s.getloc()) ;

    Ch c=*b;

    if(r.skipws){
        while (ct.isspace(c) || ct.ispunct(c)) { // On saute les espaces et ponctuations
            if (++b == e) {
                *res=novalue; //pas de valeur trouvée
                return e;
            }
            c=*b;
        }
    }

    if (ct.isdigit(c)) {                    // lecture l'entier sans tenir compte de numpunct
        int i = 0;

        do {                        // transforme le chiffre d'un jeu de caractères quelconque en décimal
            static char const digits[] = "0123456789";
            i = i*10 + find(digits,digits+10,ct.narrow(c,´ ´))-digits;
            c = *++b;
```

```
        } while (ct.isdigit(c)) ;.
            *v = i;
            *res = unknown;              // un entier, mais nous ne savons pas ce qu'il représente
            return b;
        }
        if (ct.isalpha(c)) {             // recherche du nom du mois ou du jour de semaine
            basic_string<Ch> str;
            while (ct.isalpha(c)) {      // lecture des caractères vers la chaîne
                str += c;
                if (++b == e) break;
                c = *b;
        }
        tm t;
        basic_stringstream<Ch> ss(str) ;
        get_monthname(ss.rdbuf() , In() ,s,r,&t) ;          // lecture dans la mémoire tampon du flux
          en-mémoire
        if ((r&(ios_base::badbit|ios_base::failbit))==0) {
            *v= t.tm_mon;
            *res = month;
            return b;
        }
    }
    r |= ios_base::failbit;
    return b;
}
```

La partie délicate de ce code est la distinction entre les mois et les jours de la semaine. La lecture s'effectuant par l'intermédiaire des itérateurs d'entrée, nous ne pouvons pas lire ***[b,e)*** deux fois, en recherchant d'abord le mois puis le jour. Nous ne pouvons pas non plus examiner les caractères un par un pour identifier la chaîne, car les deux fonctions ***get_monthname()*** et ***get_weekday()*** sont les seules à connaître les séquences de caractères constituant les noms des mois et les noms des jours de la semaine pour un objet ***locale*** donné. La solution que nous avons adoptée consiste à lire des chaînes de caractères alphabétiques dans une ***string***, à constituer un ***stringstream*** à partir de cette chaîne, puis à lire de façon répétitive dans ce ***streambuf*** de flux.

L'enregistrement des erreurs utilise directement les bits d'état, tels que ***ios_base::badbit***. En effet, les fonctions les plus pratiques pour manipuler l'état d'un flux, comme ***clear()*** et ***setstate()***, sont définies dans ***basic_ios*** plutôt que dans sa base ***ios_base*** (§ 21.3.3). Si nécessaire, l'opérateur >> utilise les résultats d'erreurs signalés par ***get_date()*** pour réinitialiser l'état du flux d'entrée.

Etant donné ***getval()***, nous pouvons d'abord lire des valeurs, puis rechercher si ces dernières ont un sens. La fonction ***dateorder*** peut être essentielle :

```
template<class Ch, class In=istreambuf_iterator<Ch>>
In Date_in::do_get_date(In b, In e, ios_base& s, ios_base::iostate& r, tm* tmp) const
// jour de semaine facultatif suivi de amj, jma, mja, ou ajm
{
    int val[3] ;                          // pour jour, mois, et année dans un certain ordre
    Vtype res[3] = { novalue };           // pour les classifications de valeurs
```

```
for (int i=0; b!=e && i<3; ++i) {                  // lecture des jour, mois, et année
      b = getval(b,e,s,r,&val[i] ,&res[i]) ;
      if (r) return b;                             // oops: erreur
      if (res[i]==novalue) {                       // date incomplète
            r |= ios_base::badbit;
            return b;
      }
      if (res[i]==dayofweek) {
            tmp->tm_wday = val[i] ;
            -i; // oops: ni un jour, ni un mois, ni une année
      }
}
time_base::dateorder order = dateorder() ;         // on tente d'interpréter les valeurs lues
if (res[0] == month) {                             // mja ou erreur
      // ...
}
else if (res[1] == month) {                        // jma ou amj ou erreur
      tmp->tm_mon = val[1] ;
      switCh (order) {
      case dmy:
            tmp->tm_mday = val[0] ;
            tmp->tm_year = val[2] ;
            break;
      case ymd:
            tmp->tm_year = val[0] ;
            tmp->tm_mday = val[1] ;
            break;
      default:
            r |= ios_base::badbit;
            return b;
      }
}
else if (res[2] == month) {                        // ajm ou erreur
      // ...
}
else {                                             // s'appuie sur l'ordre de la date ou erreur
      // ...
}
tmp->tm_year -= 1900;                 // ajuste l'année de base pour être conforme à la convention
return b;
}
```

Nous avons omis certaines parties de code qui ne présentaient aucun intérêt pour la compréhension des paramètres régionaux, des dates ou de la gestion de l'entrée. Nous laissons le soin au lecteur d'écrire des fonctions d'entrée de date plus intéressantes et plus générales (§ D.6[9-10]).

Un programme de test simple :

```
int main()
try {
	cin.imbue(loc(locale() ,new Date_in)) ;	// lecture des dates avec Dat_in
	while (cin >> dd && dd != Date()) cout << dd << endl;
}
catch (Date::Bad_date e) {
	cout << "mauvaise date détectée: " << e.why << endl;
}
```

Notez que ***do_get_date()*** acceptera des dates telles que :

Thursday October 7, 1998

et :

1999/Feb/31

Les contrôles de cohérence de l'année, du mois, du jour et éventuellement du jour de la semaine sont effectués dans le constructeur de ***Date***. Cette classe doit connaître le format correct d'une date et il n'est pas nécessaire que ***Date_in*** partage cette connaissance.

La fonction ***getval()*** ou la fonction ***do_get_date()*** pourrait deviner la signification de valeurs numériques. Par exemple :

12 May 1922

ne représente évidemment pas le jour 1922 de l'année 12. Nous pourrions "deviner" qu'une valeur numérique qui ne peut être le jour du mois spécifié doit représenter une année. Ce type de "supposition" peut rendre service dans un contexte spécifique limité, mais ne constitue pas une bonne technique dans des contextes plus généraux. Par exemple :

12 May 15

pourrait être une date dans l'année 12, 15, 1912, 1915, 2012 ou 2015. Une meilleure approche consiste quelquefois à introduire dans la notation des abréviations permettant de distinguer les années des jours. Par exemple, "1er" représente clairement un jour du mois. De même, ***751BC*** et ***1453AD*** sont identifiés explicitement comme des années.

D.4.5 Classification des caractères

Lorsque vous lisez des caractères en entrée, il est souvent nécessaire de les classifier pour comprendre les données lues. Pour lire un nombre, par exemple, une routine d'entrée a besoin de savoir quelles lettres représentent des chiffres. De même, le § 6.1.2 présentait l'utilisation de fonctions de classification de caractères standard pour analyser l'entrée.

La classification des caractères dépend bien entendu de l'alphabet utilisé. Un facet ***ctype*** est donc fourni pour représenter la classification des caractères dans un objet ***locale***.

Les classes de caractères sont décrites par une énumération nommée ***mask*** :

```
class std::ctype_base {
public:
    enum mask {                 // les valeurs réelles sont définies par l'implémentation
        space = 1,              // blanc (dans l'objet locale "C": ' ', '\n', '\t', ...)
        print = 1<<1,           // affichage des caractères
        cntrl = 1<<2,           // contrôle des caractères
        upper = 1<<3,           // majuscules
        lower = 1<<4,           // minuscules
        alpha = 1<<5,           // caractères alphabétiques
        digit = 1<<6,           // nombres décimaux
        punct = 1<<7,           // caractères de ponctuation
        xdigit = 1<<8,          // nombres hexadécimaux
        alnum=alpha|digit,      // caractères alphanumériques
        graph=alnum|punct
    };
};
```

Ce "***mask***" ne dépend pas d'un type de caractère particulier. L'énumération est donc placée dans une classe de base (***non-template***).

mask reflète clairement la classification traditionnelle C et C++ (§ 20.4.1). Cependant, selon le jeu de caractères, les valeurs de caractères seront différemment réparties dans les classes. Pour le jeu de caractères ASCII, par exemple, la valeur entière 125 représente le caractère "}", qui fait partie des caractères de ponctuation (***punct***). Dans le jeu de caractères national danois, 125 représente la voyelle "å", qui doit être classifiée dans l'objet ***locale*** danois comme un ***alpha***.

La classification est nommée "***mask***" parce que l'implémentation traditionnelle de la classification des caractères pour les jeux de caractères réduits est une table dans laquelle chaque entrée contient les bits représentant la classification. Par exemple :

```
table['a'] == lower|alpha|xdigit
table['1'] == digit
table[' '] == space
```

A partir de cette implémentation, ***table[c]&m*** est non nul si le caractère ***c*** est un ***m***. Sinon, cette expression est nulle.

Le facet ***ctype*** est défini de la façon suivante :

```
template <class Ch>
class std::ctype : public locale::facet, public ctype_base {
public:
    typedef Ch char_type;
    explicit ctype(size_t r = 0) ;

    bool is(mask m, Ch c) const;                                    // is "c" an "m"?

    // place la classification de chaque Ch de [b:e) dans v:
    const Ch* is(const Ch* b, const Ch* e, mask* v) const;

    const Ch* scan_is(mask m, const Ch* b, const Ch* e) const;     // cherche un m
    const Ch* scan_not(mask m, const Ch* b, const Ch* e) const;    // cherche un non-m
```

```
        Ch toupper(Ch c) const;

        const Ch* toupper(Ch* b, const Ch* e) const;              // convertie [b:e)
        Ch tolower(Ch c) const;
        const Ch* tolower(Ch* b, const Ch* e) const;

        Ch widen(char c) const;
        const char* widen(const char* b, const char* e, Ch* b2) const;
        char narrow(Ch c, char def) const;
        const Ch* narrow(const Ch* b, const Ch* e, char def, char* b2) const;

        static locale::id id;                    // objet identifieur de facet (§D.2, §D.3, §D.3.1)
    protected:
        ~ctype() ;

        // fonctions virtuelles "d_" pour les fonctions publiques (voir §D.4.1)
    };
```

Un appel *is(m,c)* teste si le caractère *c* appartient à la classification *m*. Par exemple :

```
    int count_spaces(const string& s, const locale& loc)
    {
        int i = 0;
        char ch;
        for(string::const_iterator p = s.begin() ; p != s.end() ; ++p)
            if (loc.is(space,ch)) ++i;            // blanc comme défini par loc
        return i;
    }
```

Notez que vous pouvez aussi utiliser *is()* pour déterminer si un caractère appartient à une classification parmi plusieurs. Par exemple :

```
    ct.is(ctype_base::space|ctype_base::punct,c) ;     // c est-il un blanc ou une ponctuation dans ct?
```

Un appel *is(b,e,v)* détermine la classification de chaque caractère dans l'intervalle *[b,e)* et le place dans la position correspondante dans le tableau *v*.

Un appel *scan_is(m,b,e)* renvoie un pointeur vers le premier caractère de *[b,e)* identifié comme un *m*. Si aucun caractère n'est classifié comme un *m*, *e* est renvoyé. Comme toujours avec les facets standard, la fonction membre publique est implémentée par un appel de sa fonction virtuelle "d*o_*".

Un exemple d'implémentation simple :

```
    template <class Ch>
    const Ch* std::ctype<Ch>::do_scan_is(mask m, const Ch* b, const Ch* e) const
    {
        while (b!=e && !is(m,*b)) ++b;
        return b;
    }
```

Un appel *scan_not(m,b,e)* renvoie un pointeur vers le premier caractère de *[b,e)* qui n'est pas identifié comme un *m*. Si tous les caractères sont classifiés comme *m*, *e* est renvoyé.

Un appel *toupper(c)* renvoie la version majuscule de *c* si cette version existe dans le jeu de caractères courant, sinon il renvoie le caractère *c* lui-même.

Un appel ***toupper(b,e)*** convertit chaque caractère de l'intervalle ***[b,e)***, puis renvoie ***e***.

Un exemple d'implémentation simple :

```
template <class Ch>
const Ch* std::ctype<Ch>::to_upper(Ch* b, const Ch* e)
{
	for (; b!=e; ++b) *b = toupper(*b) ;
	return e;
}
```

Les fonctions ***tolower()*** sont analogues aux ***toupper()***, mais la conversion s'effectue en minuscules.

Un appel ***widen(c)*** transforme le caractère ***c*** dans sa valeur ***Ch*** correspondante. Si le jeu de caractères de ***Ch*** fournit plusieurs caractères correspondant à ***c***, le standard indique que la transformation utilisée sera "la plus simple réalisable". Par exemple :

```
wcout << use_facet< ctype<wchar_t> >(wcout.getloc()).widen('e') ;
```

Ce code transmet en sortie un équivalent raisonnable au caractère ***e*** dans l'objet ***locale*** de ***wcout***.

Vous pouvez aussi réaliser une conversion entre des représentations de caractères très différentes, telles que ASCII et EBCDIC, avec ***widen()***.

Supposons qu'un objet ***locale ebcdic*** existe :

```
char EBCDIC_e = use_facet< ctype<char> >(ebcdic).widen('e') ;
```

L'appel ***widen(b,e,v)*** examine chaque caractère de l'intervalle ***[b,e)*** et place sa version étendue en position appropriée dans le tableau ***v***.

L'appel ***narrow(ch,def)*** produit une valeur ***char*** correspondant au caractère ***c*** appartenant au type ***Ch***. Une fois encore, c'est la "transformation la plus simple envisageable" qui doit être appliquée. S'il n'existe pas de ***char*** correspondant, la valeur de ***def*** est renvoyée.

L'appel ***narrow(b,e,def,v)*** examine chaque caractère de l'intervalle ***[b,e)*** et place sa version localisée en position appropriée dans le tableau ***v***.

L'idée générale est que ***narrow()*** effectue une conversion d'un jeu de caractères étendu vers un jeu de caractères plus réduit, et que ***widen()*** effectue l'opération inverse. Pour un caractère ***c*** appartenant au jeu de caractères le plus petit, l'instruction suivante devrait se vérifier :

```
c == narrow(widen(c) ,0) // pas garanti
```

Le résultat serait garanti si le caractère représenté par ***c*** possédait une seule représentation dans le "jeu de caractères plus réduit". Cette hypothèse n'est cependant pas garantie. Si les caractères représentés par un ***char*** ne constituent pas un sous-ensemble de ceux représentés par le jeu de caractères le plus large (***Ch***), il faudra s'attendre à des anomalies et à des problèmes dans le code traitant les caractères de façon générique.

De même, pour un caractère ***ch*** appartenant au jeu de caractères étendu, l'instruction suivante devrait se vérifier :

```
widen(narrow(Ch,def)) == Ch || widen(narrow(Ch,def)) == widen(def) // pas garanti
```

Cependant, même si c'est souvent le cas, ce résultat ne peut être garanti pour un caractère représenté par plusieurs valeurs dans le jeu de caractères étendu et par une seule valeur dans le jeu de caractères plus réduit. Par exemple, un chiffre tel que 7 possède souvent plusieurs représentations distinctes dans un jeu de caractères étendu. En effet, un jeu de caractères étendu englobe typiquement plusieurs jeux de caractères conventionnels, et les caractères de ces jeux sont souvent dupliqués pour simplifier les conversions.

Pour chaque caractère du jeu source de base (§ C.3.3), l'instruction suivante est garantie :

```
widen(narrow(ch_lit,0)) == ch_lit.
```

Par exemple :

```
widen(narrow('x')) == 'x'
```

Les fonctions ***narrow()*** et ***widen()*** respectent autant que possible les classifications de caractères. Par exemple, si ***is(alpha,c)***, alors ***is(alpha,narrow(c,'a'))*** et ***is(alpha,widen(c))*** chaque fois que ***alpha*** est un masque valide pour l'objet locale utilisé.

L'utilisation du facet ***ctype*** en général, et des fonctions ***narrow()*** et ***widen()*** en particulier, permet d'écrire du code pour exécuter des entrées-sorties et des manipulations de chaîne avec n'importe quel jeu de caractères. Cela permet de rendre le code générique vis-à-vis des jeux de caractères. Par conséquent, les implémentations de ***iostream*** dépendent fortement de ces fonctions. En s'appuyant sur ***<iostream>*** et ***<string>***, un utilisateur peut éviter la plupart des utilisations directes du facet ***ctype***.

Une version ***_byname*** (§ D.4, § D.4.1) de ***ctype*** est fournie :

```
template <class Ch> class std::ctype_byname : public ctype<Ch> { /* ... */ };
```

D.4.5.1 Les interfaces utilitaires

L'utilisation la plus fréquente de l'objet ***locale ctype*** consiste à rechercher si un caractère appartient à une classification donnée. Pour ce faire, vous disposez d'un jeu de fonctions particulières :

```
template <class Ch> bool isspace(Ch c, const locale& loc) ;
template <class Ch> bool isprint(Ch c, const locale& loc) ;
template <class Ch> bool iscntrl(Ch c, const locale& loc) ;
template <class Ch> bool isupper(Ch c, const locale& loc) ;
template <class Ch> bool islower(Ch c, const locale& loc) ;
template <class Ch> bool isalpha(Ch c, const locale& loc) ;
template <class Ch> bool isdigit(Ch c, const locale& loc) ;
template <class Ch> bool ispunct(Ch c, const locale& loc) ;
template <class Ch> bool isxdigit(Ch c, const locale& loc) ;
template <class Ch> bool isalnum(Ch c, const locale& loc) ;
template <class Ch> bool isgraph(Ch c, const locale& loc) ;
```

Ces fonctions sont très simplement implémentées grâce à ***use_facet***. Par exemple :

```
template <class Ch>
inline bool isspace(Ch c, const locale& loc)
{
    return use_facet< ctype<Ch> >(loc).is(space,c) ;
}
```

Les versions mono-argument de ces fonctions, présentées en § 20.4.2, sont les fonctions destinées à l'objet ***locale*** global C courant (et non l'objet ***locale*** global C++, ***locale()***). A l'exception des rares cas dans lesquels l'objet ***locale*** global C et l'objet ***locale*** global C++ sont différents (§ D.2.3), nous pouvons considérer la version mono-argument comme la version à deux arguments appliquée à ***locale()***. Par exemple :

```
inline int isspace(int i)
{
    return isspace(i,locale()) ;        // presque
}
```

D.4.6 Conversion du code des caractères

La représentation des caractères stockés dans un fichier est quelquefois différente de la représentation souhaitée de ces mêmes caractères en mémoire principale. Par exemple, les caractères japonais sont souvent stockés dans des fichiers dans lesquels des indicateurs (*opérateurs de décalage*) signalent auquel des quatre jeux de caractères courants (kanji, katakana, hiragana, et romaji) appartient une séquence de caractères donnée. C'est quelque peu complexe, car la signification de chaque octet dépend de l'état de son indicateur, mais vous pouvez économiser de la mémoire parce que le jeu de caractères kanji est le seul à demander plus d'un octet pour sa représentation. Ces caractères sont plus faciles à manipuler en mémoire principale lorsqu'ils sont représentés dans un jeu de caractères multi-octets dans lequel chaque caractère possède la même taille. De tels caractères (comme les caractères Unicode) sont typiquement placés dans des caractères longs (***wchar_t*** ; § 4.3). Par conséquent, le facet ***codecvt*** fournit un mécanisme pour la conversion des caractères d'une représentation dans une autre lorsqu'ils sont lus ou écrits. Par exemple :

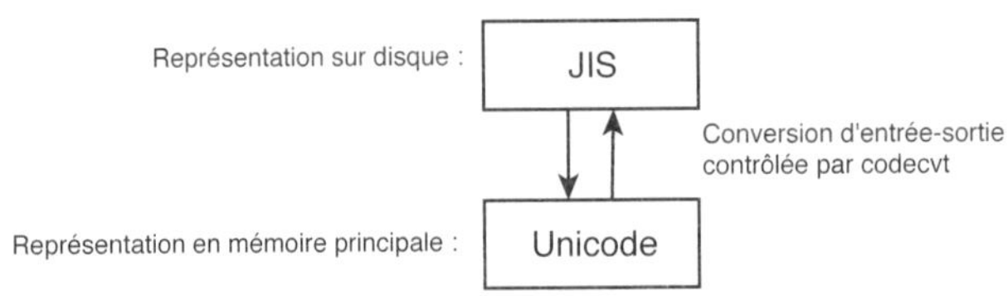

Ce mécanisme de conversion de code est suffisamment général pour répondre à tous les besoins de conversion entre différentes représentations de caractères. Cela permet d'écrire un programme qui utilisera la représentation de caractères internes appropriée (stockés sous la forme de ***char***, ***wchar_t***, ou autre) tout en acceptant diverses représentations de flux de caractères en entrée. Il suffit de choisir l'objet ***locale*** approprié pour les flux d'entrée-sortie. Une alternative consisterait à modifier le programme lui-même ou à convertir les fichiers d'entrée et de sortie depuis/vers divers formats.

Le facet ***codecvt*** fournit la conversion entre différents jeux de caractères lorsqu'un caractère est transféré entre une mémoire tampon de flux et un stockage externe :

```
class std::codecvt_base {
public:
    enum result { ok, partial, error, noconv };        // indicateurs de résultat
};
template <class I, class E, class State>
```

```
class std::codecvt : public locale::facet, public codecvt_base {
public:
        typedef I intern_type;
        typedef E extern_type;
        typedef State state_type;

        explicit codecvt(size_t r = 0) ;

        result in(State&, const E* from, const E* from_end, const E*& from_next,        // lecture
                        I* to, I* to_end, I*& to_next) const;
        result Out(State&, const I* from, const I* from_end, const I*& from_next,       // écriture
                        E* to, E* to_end, E*& to_next) const;

        result unshift(State&, E* to, E* to_end, E*& to_next) const;    // fin de la séquence de caractères

        int encoding() const throw() ;                  // caractérise les propriétés de codage de base
        bool always_noconv() const throw() ;            // les E/S sont-elles possibles sans conversion du code

        int length(const State&, const E* from, const E* from_end, size_t max) const;
        int max_length() const throw() ;                // length() maximum possible

        static locale::id id;                           // objet identifieur de facet (§D.2, §D.3, §D.3.1)
protected:
        ~codecvt() ;

        // fonctions virtuelles "d_" pour les fonctions publiques (voir §D.4.1)
};
```

Un facet ***codecvt*** est utilisé par ***basic_filebuf*** (§ 21.5) pour lire ou écrire des caractères. Un tampon ***basic_filebuf*** obtient ce facet auprès de l'objet ***locale*** du flux (§ 21.7.1).

L'argument du modèle ***State*** correspond au type utilisé pour stocker l'état de décalage du flux à convertir. Cet argument peut aussi être utilisé pour identifier différentes conversions en spécifiant une spécialisation. Cette dernière est utile parce que les caractères appartenant à divers codages (jeux de caractères) peuvent être stockés dans des objets de même type. Par exemple :

```
class JISstate { /* .. */ };

p = new codecvt<wchar_t,char,mbstate_t>; // char standard vers char étendu
q q = new codecvt<wchar_t,char,JISstate>; // JIS vers char étendu
```

En l'absence des différents arguments ***State***, le facet n'aurait aucun moyen de connaître le codage associé au flux de ***char***s. Le type ***mbstate_c*** de ***<cwchar>*** ou ***<wchar.h>*** identifie la conversion standard du système entre ***char*** et ***wchar_t***.

Un nouveau ***codecvt*** peut aussi être créé sous la forme d'une classe dérivée, puis être identifié par son nom. Par exemple :

```
class JIScvt : public codecvt<wchar_t,char,mbstate_t> { /* ... */ };
```

Un appel ***in(s,from,from_end,from_next,to,to_end,to_next)*** lit chaque caractère de l'intervalle ***[from,from_end)*** et tente de le convertir. Si un caractère est converti, ***in()*** écrit la forme convertie dans la position correspondante de l'intervalle ***[to,to_end)***. Sinon, ***in()*** s'interrompt à ce point du traitement. Au moment de rendre le contrôle, ***in()*** enregistre la position suivant le dernier caractère lu dans ***from_next*** et la position suivant le dernier caractère écrit dans ***to_next***. La valeur de ***result*** renvoyée par ***in()*** indique jusqu'où la conversion s'est déroulée :

ok : tous les caractères de ***[from,from_end)*** ont été convertis.

Partial : une partie seulement des caractères de ***[from,from_end)*** ont été convertis.

Error : ***out()*** a détecté un caractère ne pouvant être converti.

noconv : aucune conversion n'était nécessaire.

Notez qu'une conversion partielle (***partial***) n'indique pas forcément une erreur. Il est possible que d'autres caractères aient besoin d'être lus pour qu'un caractère multi-octet soit complet et puisse être écrit, ou que la mémoire tampon de sortie ait besoin d'être vidée pour accueillir les caractères suivants.

L'argument ***s*** de type ***State*** indique l'état de la séquence des caractères en entrée au début de l'appel de ***in()***. Cet argument est significatif quand la représentation de caractère externe s'appuie sur des indicateurs d'état. Notez que ***s*** est un argument référence (non-const) : à la fin de l'appel, ***s*** contient l'état de décalage de la séquence d'entrée. Cela permet au programmeur de gérer les conversions partielles et de convertir une séquence longue en émettant plusieurs appels de ***in()***.

Un appel ***out(s,from,from_end,from_next,to,to_end,to_next)*** convertit ***[from,from_end)*** de sa représentation interne vers sa représentation externe exactement comme ***in()*** convertit la représentation externe en représentation interne.

Un flux de caractères doit débuter et se terminer dans un état "neutre" ("non décalé"). Cet état est typiquement ***State()***. Un appel ***unshift(s,to,to_end,to_next)*** recherche ***s*** et place les caractères dans ***[to,to_end)*** de façon à replacer une séquence de caractères dans cet état neutre. Le résultat de ***unshift()*** et l'utilisation de ***to_next*** suivent le modèle de ***out()***.

Un appel ***length(s,from,from_end,max)*** renvoie le nombre de caractères que ***in()*** pourrait convertir dans ***[from,from_end)***.

Un appel ***encoding()*** renvoie :

–1 Si le codage du jeu de caractères externe s'appuie sur les indicateurs d'état (en utilisant par exemple des séquences de caractères décalées ou non).

0 Si les caractères ne sont pas tous codés avec le même nombre d'octets (une représentation de caractères pourrait utiliser par exemple un bit dans un octet pour indiquer si un ou deux octets sont nécessaires pour représenter ce caractère).

n Si chaque caractère de la représentation de caractère externe est représenté par ***n*** octets.

Un appel ***always_noconv()*** renvoie ***true*** si aucune conversion n'est nécessaire entre les jeux de caractères interne et externe. Sinon, cet appel renvoie ***false***. L'expression ***always_noconv()==true*** permet à l'implémentation d'offrir l'implémentation la plus efficace en supprimant tout simplement l'appel aux fonctions de conversion.

Un appel ***max_length()*** renvoie la valeur maximale que ***length()*** peut renvoyer pour un jeu d'arguments valide.

La conversion de code la plus simple qui nous vienne à l'esprit est la conversion de l'entrée en majuscules. Elle est aussi simple qu'un ***codecvt*** peut l'être, tout en apportant un service :

```
class Cvt_to_upper : public codecvt<char,char,mbstate_t> {      // conversion majuscules
    explicit Cvt_to_upper(size_t r = 0) : codecvt(r) { }
protected:
        // lecture de la représentation externe écriture de la représentation interne:
        result do_in(State& s, const char* from, const char* from_end, const char*& from_next,
                    char* to, char* to_end, char*& to_next) const;

        // lecture de la représentation interne écriture de la représentation externe:
        result do_Out(State& s, const char* from, const char* from_end, const char*& from_next,
                    char* to, char* to_end, char*& to_next) const
        {
            return codecvt<char,char,mbstate_t>::do_Out
                (s,from,from_end,from_next,to,to_end,to_next) ;
        }
            result do_unshift(State&, E* to, E* to_end, E*& to_next) const { return ok; }
            int do_encoding() const throw() { return 1; }
            bool do_always_noconv() const throw() { return false; }
            int do_length(const State&, const E* from, const E* from_end, size_t max) const;
            int do_max_length() const throw() ;          // length()maximum possible
        };

        codecvt<char,char,mbstate_t>::result
        Cvt_to_upper::do_in(State& s, const char* from, const char* from_end,
                    const char*& from_next, char* to, char* to_end, char*& to_next) const
        {
            // ... §D.6[16] ...
        }

        int main() // test trivial
        {
            locale ulocale(locale() , new Cvt_to_upper) ;
            cin.imbue(ulocale) ;
            while (cin>>Ch) cout << Ch;
        }
```

Une version ***_byname*** (§ D.4, § D.4.1) de ***codecvt*** est fournie :

```
template <class I, class E, class State>
class std::codecvt_byname : public codecvt<I,E,State> { /* ... */ };
```

D.4.7 Les messages

Bien sûr, la plupart des utilisateurs préfèrent utiliser leur langage natif pour dialoguer avec un programme. Nous ne pouvons cependant pas fournir un mécanisme standard pour exprimer les dialogues généraux dans un langage spécifique. La bibliothèque fournit plutôt un mécanisme simple pour enregistrer un jeu de chaînes spécifiques à l'objet local à partir desquelles un programmeur peut construire des messages simples.

Les ***messages*** implémentent une sorte de base de données triviale en lecture seulement :

```
class std::messages_base {
public:
	typedef int catalog;			// type identifieur de catalogue
};

template <class Ch>
class std::messages : public locale::facet, public messages_base {
public:
	typedef Ch char_type;
	typedef basic_string<Ch> string_type;

	explicit messages(size_t r = 0) ;.Section D.4.7 Messages 929
	catalog open(const basic_string<char>& fn, const locale&) const;
	string_type get(catalog c, int set, int msgid, const string_type& d) const;
	void close(catalog c) const;

	static locale::id id;			// objet identifieur de facet (§D.2, §D.3, §D.3.1)

protected:
	~messages() ;

	// fonctions virtuelles "d_" pour les fonctions publiques (voir §D.4.1)
};
```

L'appel ***open(s,loc)*** ouvre un "catalogue" de messages nommé ***s*** pour l'objet ***locale loc***. Un catalogue est un jeu de chaînes dont l'organisation dépend de l'implémentation auquel vous accédez *via* la fonction ***messages::get()***. Cette fonction renvoie une valeur négative si elle ne peut trouver le catalogue nommé ***s***. Un catalogue doit être ouvert avant le premier appel de ***get()***.

Un appel ***close(cat)*** ferme le catalogue identifié par ***cat*** et libère toutes les ressources associées à ce catalogue.

Un appel ***get(cat,set,id,"foo")*** recherche un message identifié par ***(set,id)*** dans le catalogue ***cat***. Si la chaîne correspondante est retrouvée, ***get()*** renvoie cette dernière. Sinon elle renvoie la chaîne par défaut (ici ***string("foo")***).

Un exemple de facet ***messages*** pour une implémentation dans laquelle un catalogue de messages est un vecteur de jeux de "messages" et dans laquelle un "message" est une chaîne :

```
struct Set {
	vector<string> msgs;
};

struct Cat {
	vector<Set> sets;
};

class My_messages : public messages<char> {
	vector<Cat>& catalogs;
public:
	explicit My_messages(size_t = 0) :catalogs(*new vector<Cat>) { }

	catalog do_open(const string& s, const locale& loc) const;	// ouverture du catalogue s
	string do_get(catalog c, int s, int m, const string&) const;	// récupère message (s,m) dans c
```

```
        void do_close(catalog c) const
        {
                if (catalogs.size()<=cat) catalogs.erase(catalogs.begin()+cat) ;
        }

                ~My_messages() { delete &catalogs; }
};
```

Toutes les fonctions membres de ***messages*** sont de type ***const***. La structure de données du catalogue (le ***Vector<Set>***) est donc stockée en dehors du facet.

Un message est sélectionné en spécifiant un catalogue, un jeu de ce catalogue et une chaîne message dans ce jeu. Une chaîne est fournie sous la forme d'un argument, et elle servira de résultat par défaut si aucun message n'est retrouvé dans le catalogue :

```
string My_messages::do_get(catalog cat, int set, int msg, const string& def) const
{
        if (catalogs.size()<=cat) return def;
        Cat& c = catalogs[cat] ;
        if (c.sets.size()<=set) return def;
        Set& s = c.sets[set] ;
        if (s.msgs.size()<=msg) return def;
        return s.msgs[msg] ;
}
```

L'ouverture d'un catalogue implique la lecture d'une représentation textuelle sur le disque à interpréter comme une structure ***Cat***. Nous avons choisi ici une représentation très simple à lire. Un jeu est délimité par **<<<** et **>>>**, et chaque message est constitué d'une ligne de texte :

```
messages<char>::catalog My_messages::do_open(const string& n, const locale& loc) const
{
        string nn = n + locale().name() ;
        ifstream f(nn.c_str()) ;
        if (!f) return -1;

        catalogs.push_back(Cat()) ;                                // construction du catalogue
        Cat& c = catalogs.back() ;
        string s;
        while (f>>s && s=="<<<") {
                c.sets.push_back(Set()) ;
                Set& ss = c.sets.back() ;
                while (getline(f,s) && s != ">>>") ss.msgs.push_back(s) ;      // lecture du message
        }
                return catalogs.size()-1;
}
```

Voici une utilisation évidente :

```
int main()
{
        if (!has_facet< My_messages >(locale())) {
                cerr << "aucun facet messages trouvé dans " << locale().name() << '\n';
```

```
        exit(1) ;
    }
    const messages<char>& m = use_facet< My_messages >(locale()) ;
    extern string message_directory; // lieu de stockage de mes messages
    int cat = m.open(message_directory,locale()) ;
    if (cat<0) {
        cerr << "aucun catalogue trouvé\n";
        exit(1) ;
    }
    cout << m.get(cat,0,0,"Encore raté!") << endl;
    cout << m.get(cat,1,2," Encore raté!") << endl;
    cout << m.get(cat,1,3," Encore raté!") << endl;
    cout << m.get(cat,3,0," Encore raté!") << endl;
}
```

Si le catalogue est :

```
<<<
hello
goodbye
>>>
<<<
yes
no
maybe
>>>
```

ce programme imprime :

```
hello
maybe
Encore raté!
Encore raté!
```

D.4.7.1 Utilisation de messages depuis d'autres facets

Les messages constituent un référentiel des chaînes associées à l'objet ***locale*** permettant de communiquer avec les utilisateurs, mais ils peuvent aussi être utilisés pour stocker des chaînes destinées à d'autres facets. L'objet ***locale Season_io*** (§ D.3.2), par exemple, pourrait être construit de la façon suivante :

```
class Season_io : public locale::facet {
    const messages<char>& m;                    // répertoire du message
    int cat; // catalogue du message
public:
    class Missing_messages { };

    Season_io(int i = 0)
        : locale::facet(i) ,
        m(use_facet<Season_messages>(locale())) ,
        cat(m.open(message_directory,locale()))
```

```
        { if (cat<0) throw Missing_messages() ; }
        ~Season_io() { }                      // pour permettre la destruction de Seaso_iobjects (§D.3)
        const string& to_str(Season x) const;                // représentation chaîne de x
        bool from_str(const string& s, Season& x) const;     // place Season correspondant au s dans x
        static locale::id id;                        // objet identifieur de facet (§D.2, §D.3, §D.3.1)
};
locale::id Season_io::id; // définit l'objet identifieur
const string& Season_io::to_str(Season x) const
{
        return m->get(cat,x,"no-such-season") ;
}
bool Season_io::from_str(const string& s, Season& x) const
{
        for (int i = Season::spring; i<=Season::winter; i++)
                if (m->get(cat,i,"no-such-season") == s) {
                        x = Season(i) ;
                        return true;
                }
        return false;
}
```

Cette solution à base de ***messages*** est différente de la solution originale (§ D.3.2), car l'implémenteur d'un jeu de chaînes ***Season*** pour un nouvel objet ***locale*** doit être en mesure de les ajouter dans un répertoire ***messages***. Cette opération est aisée si vous ajoutez un nouvel objet ***locale*** dans un environnement d'exécution. Cependant, étant donné que les messages fournissent une interface en lecture seulement, l'ajout d'un nouveau jeu de noms de saisons pourrait bien être hors de portée d'un programmeur.

Une version ***_byname*** (§ D.4, § D.4.1) de ***messages*** est fournie :

```
template <class Ch>
class std::messages_byname : public messages<Ch> { /* ... */ };
```

D.5 Conseils

1. Pensez toujours au fait que chaque programme ou système dialoguant directement avec des personnes sera utilisé dans plusieurs pays différents. Voir § D.1.
2. Ne partez jamais du principe que tout le monde utilise le même jeu de caractères que vous. Voir § D.4.
3. Choisissez de préférence des objets ***locale*** pour construire le code *ad hoc* pour les entrées-sorties spécifiques d'une culture. Voir § D.1.
4. Evitez d'inclure des noms d'objet ***locale*** dans le texte du programme. Voir § D.2.1.
5. Utilisez le moins possible les informations de mise en forme globales. Voir § D.2.3, § D.4.4.7.
6. Choisissez de préférence des tris et comparaisons de chaîne qui prennent en compte l'objet ***locale***. Voir § D.2.4, § D.4.1.

7. Construisez des facets immuables. Voir § D.2.2 ; § D.3.
8. Localisez les changements d'objet ***locale*** dans un nombre restreint d'emplacements dans un programme. Voir § D.2.3.
9. Faites en sorte que l'objet ***locale*** gère la durée de vie des facets. Voir § D.3.
10. Quand vous créez des fonctions d'entrée-sortie qui respectent les paramètres régionaux, n'oubliez pas de traiter les exceptions en provenance des fonctions fournies par l'utilisateur (redéfinitions). Voir § D.4.2.2.
11. Enregistrez les valeurs monétaires dans un type ***Money*** simple. Voir § D.4.3.
12. Choisissez des types simples définis par l'utilisateur pour stocker les valeurs qui respectent les paramètres régionaux (au lieu d'effectuer des conversions vers et depuis les valeurs des types intégrés). Voir § D.4.3.
13. Pour interpréter les valeurs issues d'un minuteur, n'oubliez pas de considérer tous les facteurs impliqués. Voir § D.4.4.1.
14. Etudiez bien les limitations de ***time_t***. Voir § D.4.4.1, § D.4.4.5.
15. Choisissez un programme d'entrée de date qui accepte divers formats d'entrée. Voir § D.4.4.5.
16. Choisissez de préférence des fonctions de classification de caractères avec lesquelles l'objet ***locale*** est explicite. Voir § D.4.5, § D.4.5.1.

D.6 Exercices

1. (*2.5) Définissez un ***Season_io*** (§ D.3.2) pour le français.
2. (*2) Définissez une classe ***Season_io*** (§ D.3.2) qui reçoit un jeu de chaînes de noms en argument de constructeur afin que les noms de ***Season*** correspondant aux différents objets ***locale*** puissent être représentés comme des objets de cette classe.
3. (*3) Ecrivez un ***collate<char>::compare()*** qui donne l'ordre du dictionnaire. Exécutez de préférence cet exercice pour le français.
4. (*2) Ecrivez un programme qui lit et écrit des valeurs booléennes sous la forme de nombres, de mots anglais ou de mots français.
5. (*2.5) Définissez un type ***Time*** pour représenter l'heure du jour. Définissez un type ***Date_and_time*** en utilisant un type ***Time*** et un type ***Date***. Etudiez les avantages et les inconvénients de cette approche en comparant avec la ***Date*** de § D.4.4. Implémentez des entrées-sorties respectant les paramètres régionaux pour ***Time*** et ***Date_and_time***.
6. (*2.5) Concevez et implémentez un facet de code postal. Implémentez-le pour deux pays au moins avec des conventions très différentes pour les formats d'adresse. Par exemple : NJ 07932 et CB21QA.
7. (* 2.5) Concevez et implémentez un facet de numéro de téléphone. Implémentez-le pour deux pays au moins avec des conventions très différentes. Par exemple (973) 360-8000 et 03 12345698.

8. (*2.5) Testez les formats d'entrée et de sortie utilisés par votre implémentation pour les informations de données.
9. (*2.5) Définissez une fonction ***get_time()*** qui "devine" les dates ambiguës telles que Mai 12 1995, tout en rejetant la quasi-totalité des erreurs. Définissez précisément les "suppositions" acceptées et traitez l'erreur éventuelle.
10. (*2) Définissez une fonction ***get_time()*** qui accepte un plus grand nombre de formats d'entrée que celle en § D.4.4.5.
11. (*2) Etablissez la liste des paramètres régionaux supportés sur votre système.
12. (*2.5) Cherchez où sont stockés les paramètres régionaux nommés sur votre système. Si vous avez accès à la partie du système dans laquelle se trouvent les paramètres régionaux, créez un nouvel objet ***locale*** nommé. Attention à ne pas détruire les objets ***locale*** existants.
13. (*2) Comparez les deux implémentations de ***Season_io*** (§ D.3.2 et § D.4.7.1).
14. (*2) Ecrivez et testez un facet ***Date_out*** qui écrit des ***Date*** en appliquant le format fourni en argument de constructeur. Déterminez les avantages et les inconvénients de cette approche en comparaison du format de données global fourni par ***date_fmt*** (§ D.4.4.6).
15. (*2.5) Implémentez des entrées-sorties de chiffres romains (tels que ***XI*** et ***MDCLII***).
16. (*2.5) Implémentez et testez ***Cvt_to_upper*** (§ D.4.6).
17. (*2.5) Utilisez la fonction ***clock()*** pour déterminer le coût moyen d'un appel de fonction (1), d'un appel de fonction virtuelle (2), de la lecture d'un ***char*** (3), de la lecture d'un entier sur un chiffre (4), de la lecture d'un entier sur cinq chiffres (5), de la lecture d'un ***double*** sur cinq chiffres (6), d'une ***string*** d'un caractère (7), d'une ***string*** de cinq caractères (8) et d'une ***string*** de quarante caractères (9).
18. (*6.5) Etudiez un autre langage naturel.

E

Gestion sécurisée des exceptions de la bibliothèque standard

Tout devrait fonctionner comme vous l'espérez, sauf si vos prévisions sont mauvaises.

Hyman Rosen

Gestion sécurisée des exceptions — Techniques d'implémentation de la prise en charge des exceptions — Représentation des ressources — Affectation — push_back() — Constructeurs et invariants — Garanties sur le conteneur standard — Insertion et suppression d'éléments — Garanties et compromis — Les algorithmes ***swap()***, les ***valarray*** et ***complex*** — La bibliothèque standard C — Conséquences pour les utilisateurs de bibliothèque — Conseils — Exercices

E.1 Introduction

Les fonctions de la bibliothèque standard font souvent appel à des opérations fournies par l'utilisateur sous la forme d'arguments de modèle ou de fonction. Certaines de ces opérations vont déclencher des exceptions. Des fonctions, telles les fonctions d'allocation de mémoire (***allocator***), peuvent également déclencher des exceptions. Examinez le code suivant :

```
void f(vector<X>& v, const X& g)
{
    v[2] = g;                       // l'affectation de X peut déclencher une exception
    v.push_back(g) ;                // l'allocateur de vector<X> peut déclencher une exception
    sort(v.begin() ,v.end()) ;      // l'opération inférieure à de X peut déclencher une exception
    vector<X> u = v;                // le constructeur de copie de X peut déclencher une exception
    // ...

    // u détruit ici: nous devons garantir le bon fonctionnement du destructeur de X
}
```

Que se passe-t-il si l'affectation déclenche une exception alors qu'elle tente de copier ***g*** ? Allons-nous retrouver ***v*** avec un élément invalide ? Que se passe-t-il si le constructeur utilisé par ***v.push_back()*** pour copier ***g*** déclenche ***std::bad_alloc*** ? Le nombre d'éléments a-t-il changé ? Un élément invalide a-t-il été ajouté au conteneur ? Que se passe-t-il si l'opérateur "inférieur à" de X déclenche une exception pendant le tri ? Les éléments ont-ils été triés en partie seulement ? Est-il possible qu'un élément ait été supprimé du conteneur par l'algorithme de tri et qu'il n'ait pas été replacé ?

Nous laissons au lecteur le soin d'établir une liste complète des exceptions possibles dans cet exemple (§ E.8[1]). Un des objectifs de cette annexe est d'expliquer pourquoi cet exemple se comporte parfaitement pour chaque type ***X*** bien défini, même un ***X*** qui déclenche des exceptions. Cette explication implique que soient précisément définies les notions de "comportement parfait" et "bien défini" dans le contexte des exceptions.

Les objectifs de cette annexe sont les suivants :

- Montrer comment un utilisateur peut concevoir des types répondant aux conditions de la bibliothèque standard.
- Enoncer les garanties associées à la bibliothèque standard.
- Exposer les conditions requises par la bibliothèque standard sur le code fourni par l'utilisateur.
- Illustrer des techniques efficaces pour obtenir des conteneurs efficients avec gestion des exceptions.
- Présenter quelques règles générales pour la programmation avec gestion des exceptions.

Lorsqu'on aborde la gestion des exceptions, il faut nécessairement prendre en compte un comportement extrême. Il faut donc se demander où une exception pourra poser le plus de problèmes ? Comment la bibliothèque standard se protège-t-elle, elle et ses utilisateurs, des problèmes potentiels ? Comment les utilisateurs peuvent-ils éviter les problèmes ? Cette explication des techniques de gestion des exceptions ne doit pas faire oublier que le déclenchement d'une exception est la meilleure façon de signaler une erreur (§ 14.1, § 14.9).

Voici comment nous allons aborder les concepts, techniques et garanties proposés par la bibliothèque standard :

§ E.2 Définition de la notion de gestion sécurisée des exceptions

§ E.3 Présentation des techniques d'implémentation des opérations et conteneurs fournissant une gestion efficace des exceptions

§ E.4 Présentation des garanties offertes par les conteneurs de la bibliothèque standard et par leurs opérations

§ E.5 Gestion sécurisée des exceptions pour les éléments non-conteneurs de la bibliothèque standard

§ E.6 Gestion sécurisée des exceptions pour un utilisateur de la bibliothèque standard

Comme pour d'autres domaines, la bibliothèque standard fournit des exemples du type de problème qu'il faut traiter dans les applications candidates. Les techniques utilisées pour offrir la gestion sécurisée des exceptions dans la bibliothèque standard peuvent s'appliquer à une large gamme de problèmes.

E.2 Gestion sécurisée des exceptions

On dit qu'une opération sur un objet *prend en compte les exceptions* si cette opération laisse l'objet dans un état valide lorsqu'elle se termine en déclenchant une exception. Cet état valide peut être un état d'erreur pour lequel un nettoyage est nécessaire, mais il doit être bien défini afin que l'on puisse générer le code de traitement d'erreur approprié pour l'objet. Un gestionnaire d'exception pourrait, par exemple, détruire l'objet, le réparer, puis exécuter une variante de l'opération avant de rendre le contrôle.

Cela signifie que l'objet possédera un invariant (§ 24.3.7.1), que ses constructeurs établiront cet invariant, que toutes les opérations suivantes devront maintenir ce dernier, même si une exception est déclenchée et si son destructeur effectue le nettoyage final. Toute opération devra s'assurer de la persistance de l'invariant avant de déclencher une exception, afin que l'objet conserve un état valide. Il est tout à fait possible, cependant, que cet état valide ne convienne pas à l'application. Par exemple, une chaîne peut rester vide ou un conteneur peut ne pas avoir été trié. La "réparation" consiste donc à attribuer à l'objet une valeur plus appropriée à l'application que celle qui lui a été attribuée après l'échec d'une opération. Dans le contexte de la bibliothèque standard, les objets les plus intéressants sont les conteneurs.

Voyons dans quelles conditions nous pouvons considérer que les opérations sur les conteneurs de la bibliothèque standard prennent en compte les exceptions. Il n'existe que deux stratégies conceptuellement très simples :

- **Aucune garantie**. Si une exception est déclenchée, tout conteneur en cours de manipulation risque d'être altéré.
- **Garantie totale**. Si une exception est déclenchée, tout conteneur en cours de manipulation reste dans l'état dans lequel il se trouvait avant l'exécution de l'opération de la bibliothèque standard.

Ces deux propositions sont malheureusement trop simples pour une utilisation réelle. La première alternative est inacceptable parce qu'elle implique qu'on ne puisse plus accéder au conteneur après le déclenchement d'une exception pendant une opération sur ce dernier. Il ne pourrait même pas être détruit sans risquer de générer une erreur d'exécution. La seconde alternative est inacceptable parce qu'elle impose des opérations de retour en arrière pour chaque opération individuelle de la bibliothèque standard.

Pour résoudre ce problème, la bibliothèque standard de C++ propose un ensemble de garanties orientées gestion sécurisée des exceptions, qui répartissent la charge consistant à produire des programmes corrects entre les implémenteurs de la bibliothèque standard et les utilisateurs de cette dernière :

- **Garantie de base pour toutes les opérations**. Les invariants de base de la bibliothèque standard sont maintenus, et aucune fuite de ressources, telle que la mémoire, ne se produit.
- **Garantie totale pour les opérations clés**. En complément de la garantie de base, l'opération réussit ou ne produit aucun effet. Cette garantie est fournie pour toutes les opérations de bibliothèque clé telles que ***push_back()***, l'insertion d'un seul élément dans une ***list*** (***insert()***) ou ***uninitialized_copy()*** (§ E.3.1, § E.4.1).
- **Garantie de non-déclenchement pour certaines opérations**. En complément de la garantie de base, certaines opérations ne déclencheront aucune exception. Cette garantie est fournie pour quelques opérations simples telles que ***swap()*** et ***pop_back()*** (§ E.4.1).

La garantie de base et la garantie totale sont proposées à condition que les opérations fournies par l'utilisateur, telles les affectations et les fonctions ***swap()***, ne laissent pas les éléments de conteneur dans un état invalide, que les opérations fournies par l'utilisateur ne produisent aucune fuite de ressources et que les destructeurs ne déclenchent aucune exception. Voici, par exemple, des classes de type descripteur (§ 25.7) :

```
template<class T> class Safe {
    T* p; // pointe sur un T alloué avec new
public:
    Safe() :p(new T) { }
    ~Safe() { delete p; }
    Safe& operator=(const Safe& a) { *p = *a.p; return *this; }
    // ...
};

template<class T> class Unsafe {            // code maladroit et dangereux
    T* p; // pointe sur un T
public:
    Unsafe(T* pp) :p(pp) { }
    ~Unsafe() { if (!p->destructible()) throw E() ; delete p; }
    Unsafe& operator=(const Unsafe& a)
    {
        p->~T() ;                           // détruit l'ancienne valeur(§10.4.11)
        new(p) T(a.p) ;                     // construit une copie de a.p dans *p (§10.4.11)
        return *this;
    }
    // ...
};

void f(vector< Safe<Some_type> >&vg, vector< Unsafe<Some_type> >&vb)
```

```
{
    vg.at(1) = Safe<Some_type>() ;
    vb.at(1) = Unsafe<Some_type>(new Some_type) ;
    // ...
}
```

Dans cet exemple, la construction d'un ***Safe*** aboutit uniquement si un ***T*** est correctement construit. Cette construction peut échouer à cause d'un problème d'allocation (et déclencher une ***std::bad_alloc***) ou parce que le constructeur du ***T*** aura déclenché une exception. Cependant, dans chaque ***Safe*** correctement construit, ***p*** pointera sur un ***T*** correctement construit. Si un constructeur échoue, aucun objet ***T*** (ou objet ***Safe***) n'est créé. De même, l'opérateur d'affectation de ***T*** pourrait déclencher une exception, qui pourrait entraîner le redéclenchement de cette dernière par l'opérateur d'affectation de ***Safe***. Cela ne présente aucun problème tant que l'opérateur d'affectation de ***T*** laisse ses opérandes dans un état correct. ***Safe*** se comporte donc correctement et, par conséquent, toute opération de la bibliothèque standard sur un ***Safe*** produira un résultat acceptable et bien défini.

D'autre part, ***Unsafe()*** est conçue de façon négligée (mais soigneusement conçue pour illustrer un comportement indésirable). La construction d'un ***Unsafe*** n'échouera pas. Les opérations associées, telles l'affectation et la destruction, devront plutôt faire face à divers problèmes potentiels. L'opérateur d'affectation pourrait échouer en déclenchant une exception dans le constructeur de copie de ***T***. Il resterait alors dans un état indéfini, parce que l'ancienne valeur de ****p*** a été détruite et qu'aucune nouvelle valeur ne l'a remplacée. Les résultats d'une telle opération sont généralement imprévisibles. Le destructeur de ***Unsafe*** contient une tentative maladroite pour se protéger d'une destruction indésirable. Cependant, déclencher une exception pendant la gestion d'une exception déclenchera un appel à ***terminate()*** (§ 14.7), et la bibliothèque standard impose qu'un constructeur se termine normalement après avoir détruit un objet. La bibliothèque standard n'accorde aucune garantie lorsque l'utilisateur fournit des objets avec un comportement aussi mauvais.

D'un point de vue gestion des exceptions, ***Safe*** et ***Unsafe*** diffèrent par le fait que ***Safe*** utilise son constructeur pour établir un invariant (§ 24.3.7.1), ce qui permet d'implémenter simplement et sûrement ces opérations. Si cet invariant ne peut être établi, une exception est déclenchée avant la construction d'un objet invalide. De son côté, ***Unsafe*** se retrouve sans invariant significatif, et les opérations déclenchent individuellement des exceptions sans appliquer aucune stratégie générale de gestion des erreurs. Cela aboutit naturellement à la violation des règles de la bibliothèque standard concernant le comportement des types. ***Unsafe*** peut laisser des éléments invalides dans un conteneur, par exemple, après avoir déclenché une exception dans ***T::operator=()***, et pourrait déclencher une exception dans son destructeur.

Il convient de noter que les garanties de la bibliothèque standard concernant les opérations fournies par l'utilisateur avec un comportement incorrect sont analogues aux garanties de langage relatives aux violations du système des types de bases. Si une opération de base n'est pas utilisée conformément à sa spécification, le comportement obtenu est indéfini. Par exemple, si vous déclenchez une exception dans un destructeur pour un élément ***vector***, vous n'avez pas plus de chance d'obtenir un résultat acceptable que si vous appliquiez l'indirection à un pointeur initialisé avec un nombre aléatoire :

```
class Bomb {
public:
    // ...
```

```
        ~Bomb() { throw Trouble() ; };
};
vector<Bomb> b(10) ;                            // produit un comportement indéfini
void f()
{
        int* p = reinterpret_cast<int*>(rand()) ;   // produit un comportement indéfini
        *p = 7;
}
```

Si vous respectez les règles de base du langage et de la bibliothèque standard, la bibliothèque se comportera bien, même si vous déclenchez des exceptions.

Outre la gestion sécurisée des exceptions, nous préférons généralement aussi éviter les fuites de ressources. En effet, une opération qui déclenche une exception doit non seulement laisser ses opérandes dans un état bien défini, mais également s'assurer que toute ressource acquise pourra être libérée. Au moment où une exception est déclenchée, par exemple, la totalité de la mémoire allouée doit être libérée ou appartenir à un objet qui garantit à son tour la libération ultérieure de cette mémoire.

La bibliothèque standard garantit l'absence de fuite de ressources à condition que les opérations fournies par l'utilisateur et appelées par la bibliothèque évitent également ces fuites. Examinez le code suivant :

```
void leak(bool abort)
{
        vector<int> v(10) ;                                // pas de fuite
        vector<int>* p = new vector<int>(10) ;             // fuite de mémoire potentielle
        auto_ptr< vector<int> > q(new vector<int>(10)) ;   // pas de fuite (§14.4.2)

        if (abort) throw Up() ;
        // ...
        delete p;
}
```

Au moment du déclenchement de l'exception, le ***vector*** nommé ***v*** et le ***vector*** détenu par ***q*** seront correctement détruits, et leurs ressources libérées. Le ***vector*** sur lequel pointe ***p*** n'est pas protégé des exceptions et ne sera pas détruit. Pour sécuriser ce bloc de code, nous devons supprimer explicitement ***p*** avant de déclencher l'exception ou vérifier que ce pointeur est détenu par un objet — comme un ***auto_ptr*** (§ 14.4.2) — qui le détruira correctement si une exception est déclenchée.

Soulignons que les règles du langage en cas de construction et destruction partielles garantissent que toutes les exceptions déclenchées pendant la construction de sous-objets et de membres seront correctement traitées sans attention particulière dans le code de la bibliothèque standard (§ 14.4.1). Cette règle est une base essentielle pour toute technique gérant les exceptions.

N'oubliez pas non plus que la mémoire n'est pas le seul type de ressource qui peut se perdre. Les fichiers ouverts, les verrous, les connexions réseau et les threads sont des exemples de ressources système qu'une fonction devra libérer ou transmettre à un objet avant de déclencher une exception.

E.3 Techniques d'implémentation de la gestion sécurisée des exceptions

Bien entendu, la bibliothèque standard fournit des exemples de problèmes pouvant se produire dans de nombreux autres contextes ainsi que des exemples de solutions pour de nombreux cas. Voici les outils de base disponibles pour écrire du code sécurisé à base d'exceptions :

- le bloc ***try*** ;
- le support de la technique "Acquisition de ressource par initialisation" (§ 14.4).

Les règles générales à suivre sont :

- ne jamais permettre l'accès à une information avant d'être en mesure de stocker son remplacement ;
- toujours laisser les objets dans un état valide au moment de déclencher ou de redéclencher une exception.

De cette façon, il est toujours possible de sortir d'une situation d'erreur. Le respect de ces principes est un peu délicat, parce que des opérations apparemment innocentes (telles que **<**, **=** et ***sort()***) peuvent déclencher des exceptions. Il faut de l'expérience pour savoir quels éléments doivent être examinés dans une application.

Lorsque vous créez une bibliothèque, l'idéal est d'essayer d'obtenir la garantie totale avec gestion sécurisée des exceptions (§ E.2) et de toujours fournir la garantie de base. Pour l'écriture d'un programme spécifique, la gestion sécurisée des exceptions pourrait être moins importante. Par exemple, si nous écrivons un programme d'analyse de données simple pour notre propre usage, nous sommes généralement tout à fait disposés à ce que le programme se termine dans l'éventualité improbable d'un épuisement de la mémoire virtuelle.

Les techniques destinées à fournir la gestion sécurisée des exceptions de base, comme la définition et le contrôle des invariants (§ 24.3.7.1), sont analogues aux techniques qui permettent d'obtenir un programme court et correct. En conséquence, la surcharge imposée par ce type de gestion de base (la garantie de base, § E.2) — ou même par la garantie totale — peut être minimale, voire même insignifiante (§ E.8[17]).

Nous allons maintenant examiner l'implémentation du conteneur standard ***vector*** (§ 16.3) afin d'évaluer l'effort nécessaire pour atteindre cet idéal : établir une sécurité plus conditionnelle.

E.3.1 Un vecteur simple

Une implémentation typique de ***vector*** (§ 16.3) sera constituée d'un descripteur contenant des pointeurs vers le premier élément, l'adresse qui suit le dernier élément, l'adresse qui suit le dernier espace alloué (§ 17.1.3) (ou les informations équivalentes représentées sous la forme d'un pointeur suivi de déplacements) :

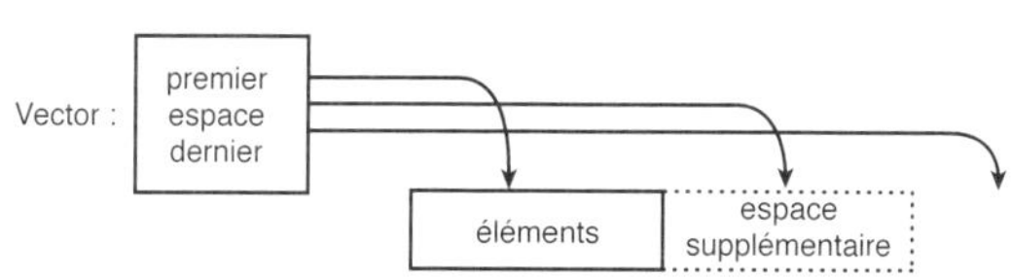

Voici une déclaration de ***vector*** que nous avons simplifiée pour présenter uniquement les éléments liés à la gestion sécurisée des exceptions et à la suppression des fuites de ressources :

```
template<class T, class A = allocator<T> > class vector {
public:
    T* v;                              // début de l'allocation
    T* space; // fin de la séquence d'éléments, début de la mémoire allouée pour une expansion possible
    T* last;                           // fin de la mémoire allouée
    A alloc;                           // allocateur•
    explicit vector(size_type n, const T& val = T() , const A& = A()) ;

    vector(const vector& a) ;              // constructeur de copie
    vector& operator=(const vector& a) ;   // affectation de copie

    ˜vector() ;

    size_type size() const { return space-v; }
    size_type capacity() const { return last-v; }

    void push_back(const T&) ;

    // ...
};
```

Examinez l'implémentation très simple d'un constructeur :

```
template<class T, class A>
vector<T,A>::vector(size_type n, const T& val, const A& a)   // attention: implémentation maladroite
    :alloc(a)                                                  // copie l'allocateur
{
    v = alloc.allocate(n) ;               // récupère de la mémoire pour les éléments (§19.4.1)
    space = last = v+n;
    for (T* p = v; p!=last; ++p) a.construct(p,val) ;   // construit une copie de val dans *p (§19.4.1)
}
```

Ce code fait apparaître trois sources d'exception :

- La fonction ***allocate()*** déclenche une exception indiquant qu'aucune mémoire n'est disponible.
- Le constructeur de copie de l'allocateur déclenche une exception.
- Le constructeur de copie du type d'élément ***T*** déclenche une exception parce qu'il ne parvient pas à copier ***val***.

Dans tous les cas, aucun objet n'est créé. Le destructeur de ***vector*** n'est donc pas appelé (§ 14.4.1).

Quand la fonction ***allocate()*** échoue, le ***throw*** se termine avant l'acquisition de toute ressource. Il n'y a donc aucun problème.

Quand le constructeur de copie de ***T*** échoue, nous avons acquis de la mémoire qui doit être libérée pour éviter des fuites. Un problème plus délicat est celui du constructeur de copie de ***T***, qui pourrait déclencher une exception après avoir correctement construit une partie seulement des éléments.

Pour traiter ce problème, nous pourrions conserver une trace des éléments qui ont été construits pour les détruire (et uniquement ceux-là) en cas d'erreur :

```
template<class T, class A>
vector<T,A>::vector(size_type n, const T& val, const A& a)   // implémentation élaborée
    :alloc(a)                                                 // copie l'allocateur
{
    v = alloc.allocate(n) ;                         // récupère de la mémoire pour les éléments

    iterator p;

    try {
        iterator end = v+n;
        for (p=v; p!=end; ++p) alloc.construct(p,val) ;       // construit l'élément (§19.4.1)
        last = space = p;
    }
    catch (...) {
        for (iterator q = v; q!=p; ++q) alloc.destroy(q) ;        // détruit les éléments construits
        alloc.deallocate(v,n) ; // libère la mémoire
        throw;          // redéclenchement
    }
}
```

Le traitement supplémentaire se situe dans le bloc ***try***. Dans une bonne implémentation C++, cette surcharge est négligeable en comparaison du coût de l'allocation de mémoire et de l'initialisation des éléments. Pour les implémentations dans lesquelles l'exécution d'un bloc ***try*** implique un coût, il pourrait être intéressant d'ajouter un test ***if(n)*** avant l'instruction ***try*** et de gérer séparément le cas du ***vector*** vide.

La partie principale de ce constructeur est une implémentation avec gestion sécurisée des exceptions de ***unitilialized_fill()*** :

```
template<class For, class T>
void uninitialized_fill(For beg, For end, const T& x)
{
    For p;
    try {
        for (p=beg; p!=end; ++p)
            new(static_cast<void*>(&*p)) T(x) ;     // construit une copie de x dans *p (§10.4.11)
    }
    catch (...) {                                   // détruit les éléments construits et redéclenche:
        for (For q = beg; q!=p; ++q) (&*q)->~T() ;  // (§10.4.11)
        throw;
    }
}
```

La curieuse construction ***&*p*** s'intéresse aux opérateurs qui ne sont pas des pointeurs. Dans ce cas, nous devons recueillir l'adresse de l'élément obtenue par indirection pour récupérer un pointeur. La conversion explicite vers ***void**** garantit que la fonction de placement de la bibliothèque standard est utilisée (§ 19.4.5), au lieu d'une fonction ***operator new()*** définie par l'utilisateur pour les ***T****. Ce code opérant sur un niveau très bas, il est très difficile d'écrire du code réellement général.

Nous n'avons heureusement pas besoin de réimplémenter ***uninitialized_fill()***, parce que la bibliothèque standard offre la garantie totale recherchée pour cette fonction (§ E.2). Il est souvent essentiel que les opérations d'initialisation s'exécutent avec succès, en ayant initialisé chaque élément, ou échouent sans laisser d'éléments construits en arrière. Vous êtes donc assuré que les algorithmes de la bibliothèque standard ***uninitialized_fill(),uninitialized_fill_n()*** et ***uninitialized_copy()*** (§ 19.4.4) possèdent cette propriété de gestion sécurisée des exceptions (§ E.4.4).

Notez que l'algorithme ***uninitialized_fill()*** n'offre aucune protection contre des exceptions déclenchées par les destructeurs d'éléments ou les opérations d'itération (§ E.4.4). Le coût de cette protection serait en effet prohibitif (§ E.8[16-17]).

L'algorithme ***uninitialized_fill()*** peut s'appliquer à de nombreux types de séquences. Il reçoit donc un itérateur en avant (§ 19.2.1) et il ne peut garantir une destruction des éléments dans l'ordre inverse de leur construction.

Nous pouvons écrire le code suivant avec cet algorithme :

```
template<class T, class A>
vector<T,A>::vector(size_type n, const T& val, const A& a)   // mauvaise implémentation
      :alloc(a) // copie l'allocateur
{
      v = alloc.allocate(n) ;                         // récupère de la mémoire pour les éléments
      try {
            uninitialized_fill(v,v+n,val) ;           // copie les éléments
            space = last = v+n;
      }
      catch (...) {
            alloc.deallocate(v,n) ;                   // libère la mémoire
            throw; // redéclenche
      }
}
```

On ne peut pas dire que ce code soit de grande qualité. Voyez à la section suivante comment le simplifier.

Soulignons que le constructeur redéclenche une exception détectée. L'objectif est de rendre le vecteur transparent aux exceptions afin que l'utilisateur puisse déterminer la cause exacte d'un problème. Tous les conteneurs de la bibliothèque standard possèdent cette propriété. La transparence aux exceptions est souvent la meilleure stratégie pour les modèles et autres couches "fines" de logiciel. Nous nous trouvons à l'opposé des parties principales d'un système (*modules*) qui doivent généralement prendre en charge toutes les exceptions déclenchées. L'implémenteur d'un tel module doit donc être en mesure de répertorier chaque exception pouvant être déclenchée par ce dernier. Cela implique souvent de regrouper des exceptions (§ 14.2), d'associer les exceptions des programmes de bas niveau avec les propres exceptions du module (§ 14.6.3), ou d'établir une spécification d'exception (§ 14.6).

E.3.2 Représenter explicitement la mémoire

L'expérience montre que l'écriture d'un code correct qui prend en compte les exceptions par l'intermédiaire de blocs ***try*** explicites est plus difficile qu'il y paraît. En fait, vous pouvez éviter ces difficultés parce qu'il existe une alternative, la *technique d'acquisition de ressource par initialisation* (§ 14.4), qui peut être utilisée pour réduire la quantité de code nécessaire et rendre ce dernier plus stylisé.

La ressource clé requise par le ***vector*** dans ce cas est la mémoire pour y stocker ses éléments. En fournissant une classe auxiliaire destinée à représenter la notion de mémoire utilisée par un ***vector***, nous pouvons simplifier le code et réduire les chances d'oublier de libérer cette mémoire.

```
template<class T, class A = allocator<T> >
struct vector_base {
    A alloc;                // allocateur
    T* v;                   // début de l'allocation
    T* space; // fin de la séquence d'éléments, début de la mémoire allouée pour une expansion possible
    T* last;                // fin de la mémoire allouée

    vector_base(const A& a, typename A::size_type n)
        : alloc(a) , v(a.allocate(n)) , space(v+n) , last(v+n) { }
    ~vector_base() { alloc.deallocate(v,last-v) ; }
};
```

Tant que ***v*** et ***last*** sont corrects, ***vector_base*** peut être détruit. La classe ***vector_base*** concerne la mémoire pour un type ***T***, et non des objets de type ***T***. Un utilisateur de cette classe doit donc détruire tous les objets construits dans un ***vector_base*** avant que le ***vector_base*** lui-même soit détruit.

Le ***vector_base*** lui-même est naturellement écrit de telle sorte que si une exception est déclenchée (par le constructeur de copie de l'allocateur ou par la fonction ***allocate()***), aucun objet ***vector_base*** n'est créé et aucune mémoire n'est perdue.

Etant donné ***vector_base***, le ***vector*** peut être défini de la façon suivante :

```
template<class T, class A = allocator<T> >
class vector : private vector_base<T,A> {
    void destroy_elements() { for (T* p = v; p!=space; ++p) p->~T() ; }   // §10.4.11
public:
    explicit vector(size_type n, const T& val = T() , const A& = A()) ;

    vector(const vector& a) ; // constructeur de copie
    vector& operator=(const vector& a) ;                       // affectation de copie

    ~vector() { destroy_elements() ; }

    size_type size() const { return space-v; }
    size_type capacity() const { return last-v; }

    void push_back(const T&) ;

    // ...
};
```

Le destructeur de vecteur invoque explicitement le destructeur de ***T*** pour chaque élément. Cela signifie que si un destructeur d'élément déclenche une exception, la destruction du vecteur va échouer. Ce qui peut être un désastre si cette situation se produit pendant un déroulement de pile provoqué par une exception et la fonction ***terminate()*** est appelée (§ 14.7). Dans le cas d'une destruction normale, déclencher une exception dans un constructeur conduit typiquement à des fuites de ressources et à un comportement imprévisible du code s'appuyant sur un comportement raisonnable des objets. Il n'existe pas vraiment de bonne méthode pour se protéger des exceptions déclenchées dans les destructeurs. Voilà pourquoi la bibliothèque n'offre aucune garantie si un destructeur d'élément en déclenche une (§ E.4).

Le constructeur peut maintenant être simplement défini :

```
template<class T, class A>
vector<T,A>::vector(size_type n, const T& val, const A& a)
    :vector_base(a,n)                   // alloue de la mémoire pour n éléments
{
    uninitialized_fill(v,v+n,val) ;     // copie des éléments
}
```

Le constructeur de copie se distingue par le fait qu'il utilise ***uninitialized_copy()*** plutôt que ***uninitialized_fill()*** :

```
template<class T, class A>
vector<T,A>::vector(const vector<T,A>& a)
    :vector_base(a,a.size())
{
    uninitialized_copy(a.begin() ,a.end() ,v) ;
}
```

Notez que ce style de constructeur s'appuie sur la règle de langage fondamentale suivante : lorsqu'une exception est déclenchée dans un constructeur, les sous-objets (comme les bases) déjà complètement construits sont correctement détruits (§ 14.4.1). L'algorithme ***uninitialized_fill()*** et ses cousins (§ E.4.4) fournissent la garantie équivalente pour les séquences construites en partie seulement.

E.3.3 Affectation

L'affectation diffère d'une construction par le fait qu'une ancienne valeur doit être prise en compte. Considérons une implémentation simple :

```
template<class T, class A>
vector<T,A>& vector<T,A>::operator=(const vector& a) // offre la garantie totale (§E.2)
{
    vector_base<T,A> b(alloc,a.size()) ;            // récupère la mémoire
    uninitialized_copy(a.begin() ,a.end() ,b.v) ;   // copie des éléments
    destroy_elements() ;
    alloc.deallocate(v,last-v) ;                    // libère l'ancienne mémoire
    vector_base::operator=(b) ;                     // installe la nouvelle représentation
    b.v = 0;                                        // évite la désallocation
    return *this;
}
```

Cette affectation est correcte et prend bien en compte les exceptions. Elle reprend cependant une bonne partie du code déjà présent dans les constructeurs et destructeurs. Voici comment éviter cette répétition :

```
template<class T, class A>
vector<T,A>& vector<T,A>::operator=(const vector& a)   // offre la garantie totale (§E.2)
{
    vector temp(a) ;                                   // copie a
    swap< vector_base<T,A> >(*this,temp) ;             // échange des représentations
    return *this;
}
```

Les anciens éléments sont détruits par le destructeur de ***temp***, et la mémoire qui a permis de les stocker est libérée par le destructeur du ***vector_base*** de ***temp***.

Les performances des deux versions de code devraient être équivalentes. Il s'agit simplement de deux méthodes différentes pour spécifier le même jeu d'opérations. La deuxième implémentation est cependant plus courte et ne duplique pas de code des fonctions ***vector*** associées. Cette version de l'affectation présente donc moins de risque d'erreur et fera l'objet d'une maintenance plus simple.

Notez l'absence du test traditionnel d'autoaffectation (§ 17.4.4) :

```
if (this==&a) return *this;
```

Ces affectations débutent par la construction d'une copie, suivie d'un échange des représentations. L'autoaffectation se trouve donc correctement gérée. Nous avons décidé que l'efficacité obtenue avec le test dans le cas rare d'une autoaffectation était largement compensée par son coût dans le cas plus courant où un vecteur différent est affecté.

Dans les deux cas, il manque deux optimisations importantes :

- Si la capacité du vecteur cible de l'affectation est suffisante pour recevoir le vecteur attribué, nous n'avons pas besoin d'allouer davantage de mémoire.
- L'affectation d'un élément peut être plus efficace que la destruction d'un élément suivie de la construction d'un autre.

Voici l'implémentation de ces optimisations :

```
template<class T, class A>
vector<T,A>& vector<T,A>::operator=(const vector& a)          // garantie de base, optimisée (§E.2)
{
     if (capacity() < a.size()) {                    // allocation de la nouvelle représentation de vector:
          vector temp(a) ;                           // copy a
          swap< vector_base<T,A> >(*this,temp) ;     // échange des représentations
          return *this;
     }

     if (this == &a) return *this;                   // protection contre l'auto-affectation(§10.4.4)
                                                     // affecte aux anciens éléments:
     size_type sz = size() ;
     size_type asz = a.size() ;
     alloc = a.get_allocator() ;                     // copie l'allocateur
     if (asz<=sz) {
          copy(a.begin() ,a.begin()+asz,v) ;
          for (T* p = v+asz; p!=space; ++p) p->~T() ; // détruit les éléments en surplus (§10.4.11)
     }
     else {
          copy(a.begin() ,a.begin()+sz,v) ;
          uninitialized_copy(a.begin()+sz,a.end() ,space) ;  // construit des éléments supplémentaires
     }
     space = v+asz;
     return *this;
}
```

Ces optimisations ont un coût. L'algorithme ***copy()*** (§ 18.6.1) n'offre pas la garantie totale de gestion sécurisée des exceptions. Il n'existe aucune garantie pour que la cible reste inchangée si une exception est déclenchée pendant l'opération de copie. Si ***T::operator=()*** déclenche une exception pendant la ***copy()***, le vecteur en cours d'affectation n'a pas besoin d'être une copie du vecteur affecté, et il n'est pas non plus nécessaire qu'il reste inchangé. Les cinq premiers éléments pourraient être, par exemple, des copies des éléments du vecteur copié, le reste pourrait rester inchangé. Il est possible aussi qu'un élément — celui dont la copie était en cours quand ***T::operator=()*** a déclenché une exception — se retrouve avec une valeur qui ne représente ni l'ancienne ni une copie de l'élément correspondant dans le vecteur en cours d'affectation. Cependant, si ***T::operator=()*** laisse ses opérandes dans un état valide lorsqu'elle déclenche une exception, le vecteur est toujours dans un état valide, même si cela ne correspond pas à notre désir.

Dans ce code, l'allocateur a été copié par une affectation. En fait, un allocateur ne doit pas obligatoirement supporter l'affectation (§ 19.4.3 et § E.8[9]).

L'affectation de ***vector*** de la bibliothèque standard offre la propriété de gestion sécurisée des exceptions plus légère de cette dernière implémentation — et ses avantages en performance potentiels. En effet, l'affectation de ***vector*** offre la garantie de base, ce qui répond aux besoins de la plupart des utilisateurs en terme de gestion sécurisée des exceptions. Elle n'offre cependant pas la garantie totale (§ E.2). Si vous avez besoin d'une affectation qui laisse le vecteur inchangé en cas de détection d'exception, vous devez utiliser une implémentation de bibliothèque qui fournit la garantie totale ou fournit votre propre opération d'affectation. Par exemple :

```
template<class T, class A>
void safe_assign(vector<T,A>& a, const vector<T,A>& b)        // "évident" a = b
{
      vector<T,A> temp(a.get_allocator()) ;
      temp.reserve(b.size()) ;
      for (typename vector<T,A>::iterator p = b.begin() ; p!=b.end() ; ++p)
            temp.push_back(*p) ;
      swap(a,temp) ;
}
```

Si la mémoire disponible est insuffisante pour la création de ***temp*** avec ***b.size()*** éléments, ***std::bad_alloc*** est déclenchée avant que ***a*** soit modifié. De même, si ***push_back()*** échoue pour une raison quelconque, ***a*** reste inchangé parce que nous appliquons ***push_back()*** à ***temp*** plutôt qu'à ***a***. Dans ce cas, tout élément de ***temp*** créé par ***push_back()*** sera détruit avant que l'exception à l'origine de l'interruption soit redéclenchée.

Swap ne copie pas les éléments de vecteur. Elle échange simplement les données membres d'un vecteur, c'est-à-dire les ***vector_base***. Cette fonction ne va donc pas déclencher d'exception, même si les opérations sur les éléments le devraient (§ E.4.3). Par conséquent, ***safe_assign()*** n'effectue pas de fausses copies d'éléments et s'avère relativement efficace.

Comme cela se produit souvent, il existe des alternatives à l'implémentation la plus évidente. Nous pourrions charger la bibliothèque d'effectuer pour nous la copie dans la zone temporaire :

```
template<class T, class A>
void safe_assign(vector<T,A>& a, const vector<T,A>& b)      // simple a = b
```

```
{
    vector<T,A> temp(b) ;                 // copie les éléments de b en mémoire temporaire
    swap(a,temp) ;
}
```

Nous pourrions simplement utiliser un appel par valeur :

```
template<class T, class A>
void safe_assign(vector<T,A>& a, vector<T,A> b) /   / simple a = b (note: b est transmis par valeur)
{
    swap(a,b) ;
}
```

Les deux dernières variantes de ***safe_assign()*** ne copient pas l'allocateur de ***vector***. C'est une optimisation autorisée (§ 19.4.3).

E.3.4 push_back()

Du point de vue de la gestion sécurisée des exceptions, ***push_back()*** est analogue à l'affectation puisque nous devons nous assurer que le ***vector*** reste inchangé lorsque l'ajout d'un nouvel élément échoue :

```
template< class T, class A>
void vector<T,A>::push_back(const T& x)
{
    if (space == last) {                          // plus d'espace disponible; réimplantation:
        vector_base b(alloc,size()?2*size():2) ;  // double l'allocation
        uninitialized_copy(v,space,b.v) ;
        new(b.space) T(x) ;                       // place une copie de x dans *b.space (§10.4.11)
        ++b.space;
        destroy_elements() ;
        swap<vector_base<T,A> >(b,*this) ;        // échange des représentations
        return;
    }
    new(space) T(x) ;                             // place une copie de x dans *space (§10.4.11)
    ++space;
}
```

Bien entendu, le constructeur de copie utilisé pour initialiser ****space*** pourrait déclencher une exception. Si cela se produit, la valeur du ***vector*** reste inchangée, et ***space*** n'est pas incrémenté. Dans ce cas, les éléments du ***vector*** ne sont pas réalloués, de sorte que tout itérateur y faisant référence reste valide. Cette implémentation offre donc la garantie totale qu'une exception déclenchée par un allocateur, ou même par un constructeur de copie fourni par l'utilisateur, laisse le ***vector*** inchangé. La bibliothèque standard offre cette garantie pour ***push_back()*** (§ E.4.1).

Notez l'absence de tout bloc ***try***, à l'exception de celui qui se trouve masqué dans ***uninitialized_copy()***. La mise à jour a été effectuée en ordonnant soigneusement les opérations, ce qui fait que si une exception est déclenchée, le ***vector*** reste inchangé.

L'approche qui consiste à obtenir une gestion sécurisée des exceptions en ordonnant les opérations et *via* la technique d'acquisition de ressource par initialisation (§ 14.4) semblerait être plus élégante et plus efficace qu'une gestion explicite des erreurs dans des blocs ***try***. Dans ce type de code, les problèmes avec la gestion sécurisée des exceptions sont plus souvent dus à la malchance qu'à l'absence de code spécifique de gestion des exceptions. A la base, le rôle de l'ordonnancement n'est pas de détruire des informations avant que les informations de remplacement aient été construites et puissent être affectées sans risquer de déclencher une exception.

Les exceptions sont quelquefois à l'origine d'un déroulement inattendu du flot d'instructions du programme. Dans un bloc de code avec un flot de contrôle local simple, tel que ***operator=()***, ***safe_assign()*** et ***push_back()*** par exemple, il y a peu de risques d'avoir des surprises. Il n'est pas difficile d'examiner ce code et de se demander si "telle ligne pourrait déclencher une exception et ce qui se produirait alors". Dans le cas de fonctions importantes avec des structures de contrôle compliquées, telles des instructions de condition complexes avec des boucles imbriquées, cette réflexion est plus difficile. L'ajout de blocs ***try*** augmente cette complexité de la structure de contrôle locale et peut être une source de confusion et d'erreurs (§ 14.4). Nous supposons que l'efficacité de l'approche de l'ordonnancement et de celle de l'acquisition de ressource par initialisation en comparaison d'une utilisation plus étendue des blocs ***try*** provient de la simplification du flot de contrôle local. Un code simple, stylisé, est plus facile à comprendre et plus facile à faire fonctionner.

Notez que l'implémentation du ***vector*** est présentée comme un exemple des problèmes que les exceptions peuvent poser ainsi que des techniques qui permettent de résoudre ces problèmes. Le standard n'impose pas de suivre exactement ce schéma. Voyez en § E.4 ce que le standard garantit.

E.3.5 Constructeurs et invariants

Du point de vue de la gestion sécurisée des exceptions, les opérations de ***vector*** sont soit équivalentes à celles que nous avons déjà examinées (parce qu'elles acquièrent et libèrent des ressources d'une façon analogue), soit triviales (parce qu'elles n'exécutent pas des opérations qui nécessitent beaucoup d'intelligence pour maintenir des états valides). Cependant, pour la plupart des classes, ces fonctions "triviales" constituent la majorité du code. La difficulté d'écrire de telles fonctions dépend essentiellement de l'environnement qu'un constructeur établit pour qu'elles s'y exécutent. Présenté différemment, la complexité des "fonctions membres ordinaires" dépend essentiellement du choix d'un bon invariant de classe (§ 24.3.7.1). En examinant les fonctions de ***vector*** triviales, il est possible de comprendre de quoi est constitué un bon invariant pour une classe, et comment les constructeurs devraient être écrits pour établir de tels invariants.

Les opérations telles que l'indiçage des ***vector*** (§ 16.3.3) sont faciles à écrire parce qu'elles peuvent s'appuyer sur l'invariant établi par les constructeurs et maintenu par toutes les fonctions qui acquièrent ou libèrent des ressources. Un opérateur d'indiçage peut s'appuyer, en particulier, sur un ***v*** se référant à un tableau d'éléments :

```
template< class T, class A>
T& vector<T,A>::operator[](size_type i)
{
    return v[i] ;
}
```

Il est important et fondamental que les constructeurs acquièrent des ressources et établissent un invariant simple. Pour comprendre pourquoi, examinez une autre définition de ***vector_base*** :

```
template<class T, class A = allocator<T> > // utilisation maladroite du constructeur
class vector_base {
public:
    A alloc;                // allocateur
    T* v;                   // début de l'allocation
    T* space; // fin de la séquence d'éléments, début de la mémoire allouée pour une expansion possible
    T* last;                // fin de l'espace alloué

    vector_base(const A& a, typename A::size_type n) : alloc(a) , v(0) , space(0) , last(0)
    {
        v = alloc.allocate(n) ;
        space = last = v+n;
    }
    ~vector_base() { if (v) alloc.deallocate(v,last-v) ; }
};
```

Ce code construit un ***vector_base*** en deux étapes : nous établissons tout d'abord un "état sécurisé" dans lequel ***v***, ***space*** et ***last*** sont définis à zéro. Nous tentons seulement ensuite d'allouer de la mémoire. Il n'y a plus de risque pour qu'une exception se déclenche pendant l'allocation d'un élément et qu'un objet reste partiellement construit. Les règles qui s'appliquent aux objets statiques, aux objets automatiques, aux objets membres et aux éléments des conteneurs de bibliothèque standard interdisent en effet cette situation.

Notez que cette tentative pour écrire un code plus stable complique l'invariant de la classe : il n'est plus garanti que ***v*** pointe sur de la mémoire allouée. ***v*** pourrait maintenant avoir la valeur 0. Ce qui implique un coût immédiat. Les conditions imposées par la bibliothèque standard pour les allocateurs ne garantissent nullement que nous pouvons désallouer en toute sécurité un pointeur avec la valeur 0 (§ 19.4.1). C'est une indifférence entre les allocateurs et ***delete*** (§ 6.2.6). Voilà pourquoi nous avons dû ajouter un test dans le destructeur. N'oublions pas non plus que chaque élément est initialisé avant d'être affecté. Le coût de cette opération supplémentaire peut être significatif pour certains types d'éléments pour lesquels l'affectation n'est pas négligeable, comme pour ***string*** et ***list***.

Cette construction en deux étapes n'est pas inhabituelle. Quelquefois même, elle apparaît explicitement lorsque le constructeur se contente d'une initialisation "simple et sécurisée" pour placer l'objet dans un état destructible. La construction réelle s'effectue dans une fonction ***init()*** que l'utilisateur doit appeler explicitement. Par exemple :

```
template<class T>          // style archaïque (préstandard, préexception)
class vector_base {
public:
    T* v;                  // début de l'allocation
    T* space; // fin de la séquence d'éléments, début de la mémoire allouée pour une expansion possible
    T* last;               // fin de l'espace alloué

    vector_base() : v(0) , space(0) , last(0) { }
    ~vector_base() { free(v) ; }

    bool init(size_t n)    // renvoie true si l'initialisation réussit
```

```
    {
        if (v = (T*)malloc(sizeof(T)*n)) {
            uninitialized_fill(v,v+n,T()) ;
            space = last = v+n;
            return true;
        }
        return false;
    }
};
```

Ce style présente les avantages suivants :

- Le constructeur ne peut déclencher une exception et il est possible de tester le succès d'une initialisation *via* ***init()*** par les moyens "habituels" (c'est-à-dire sans faire appel aux exceptions).
- Il existe un état valide simple. En cas de problème sérieux, une opération peut donner cet état à un objet.
- L'acquisition des ressources ne s'effectue que lorsqu'un objet complètement initialisé est réellement requis.

Nous allons examiner ces différents points et voir pourquoi cette technique de construction à deux étapes ne présente pas les avantages attendus. Elle peut aussi être source de problèmes.

E.3.5.1 Utiliser des fonctions init()

Le premier point mentionné plus haut (l'utilisation d'une fonction ***init()*** de préférence à un constructeur) est faux. L'utilisation des constructeurs et de la gestion des exceptions est une façon plus générale et systématique de gérer l'acquisition des ressources et les erreurs d'initialisation (§ 14.1, § 14.4). Ce style est une relique du code C++ préexception.

Du code écrit sérieusement avec utilisation des deux styles serait relativement équivalent. Examinez les lignes suivantes :

```
int f1(int n)
{
    vector<X> v;
    // ...
    if (v.init(n)) {
        // utilise v comme vector de n éléments
    }
    else {
        // gestion du problème
    }
}
```

et

```
int f2(int n)
try {
    vector v<X> v(n) ;
    // ...
    // utilise v comme vector de n éléments
```

```
    }
    catch (...) {
        // gestion du problème
    }
```

L'existence d'une fonction ***init()*** distincte est cependant une opportunité pour :

- oublier d'appeler ***init()*** (§ 10.2.3) ;
- oublier de tester la réussite de ***init()*** ;
- oublier que ***init()*** pourrait déclencher une exception ;
- utiliser l'objet avant d'appeler ***init()***.

La définition de ***vector<T>::init()*** illustre le troisième point.

Dans une bonne implémentation C++, ***f2()*** serait plus rapide que ***f1()*** parce qu'elle évite le test dans le cas courant.

E.3.5.2 S'appuyer sur un état valide par défaut

Le second point (disposer d'un état valide "par défaut" facile à construire) est correct en général, mais dans le cas d'un ***vector***, le coût de l'opération est injustifié. Vous pouvez maintenant disposer d'un ***vector_base*** avec ***v==0***. L'implémentation du ***vector*** doit donc se protéger de cette éventualité. Par exemple :

```
template< class T>
T& vector<T>::operator[](size_t i)
{
    if (v) return v[i] ;
    // gestion d'erreur
}
```

Si vous n'éliminez pas la possibilité d'avoir ***v==0***, le coût d'un indiçage sans contrôle des valeurs est équivalent à celui d'un accès avec contrôle des valeurs :

```
template< class T>
T& vector<T>::at(size_t i)
{
    if (i<v.size()) return v[i] ;
    throw out_of_range("vector index") ;
}
```

Un élément fondamental de ce code est que nous avons compliqué l'invariant de base pour ***vector _base*** en introduisant la possibilité de ***v==0***. Par conséquent, l'invariant de base pour un ***vector*** se trouve lui aussi compliqué. Le résultat est que l'ensemble du code du ***vector*** et du ***vector_base*** devient plus difficile à gérer. C'est une source d'erreurs potentielles, de problèmes de maintenance et de surcharges à l'exécution. Soulignons que les instructions conditionnelles peuvent engendrer un coût anormalement important sur les architectures de machine modernes. Quand l'efficacité du code est importante, il pourrait être crucial d'implémenter une opération clé, tel l'indiçage de vecteur, sans faire appel aux instructions conditionnelles.

Il est intéressant de noter que la définition originale du ***vector_base*** comportait déjà un état valide facile à construire. Aucun objet ***vector_base*** ne peut exister si l'allocation initiale a échoué. Par conséquent, l'implémenteur du vecteur pourrait écrire une fonction de "sortie d'urgence" comme celle-ci :

```
template< class T, class A>
void vector<T,A>::emergency_exit()
{
        space = v;                        // définit la taille de *this à 0
        throw Total_failure() ;
}
```

C'est une solution un peu drastique parce qu'elle ne parvient pas à appeler les destructeurs d'éléments et à désallouer l'espace des éléments occupé par le ***vector_base***. Par conséquent, cette solution ne fournit pas la garantie de base (§ E.2). Si nous désirons des valeurs de ***v*** et ***space*** et des destructeurs d'éléments fiables, nous pouvons éviter les fuites de ressources potentielles :

```
template< class T, class A>
void vector<T,A>::emergency_exit()
{
        destroy_elements() ;              // libération des ressources
        throw Total_failure() ;
}
```

Il convient de noter que le vecteur standard est conçu de telle sorte qu'il minimise les problèmes constatés avec la construction à deux étapes. La fonction ***init()*** est pratiquement équivalente à ***resize()***, et la possibilité de ***v==0*** est presque toujours déjà traitée par des tests ***size()==0***. Les effets négatifs remarqués avec la construction à deux étapes sont plus marquants lorsque nous considérons les classes d'applications qui acquièrent des ressources significatives, comme les fichiers et les connexions réseau. Ces classes font rarement partie d'une structure guidant leur utilisation et leur implémentation, comme les conditions imposées par la bibliothèque standard guident la définition et l'utilisation d'un ***vector***. Les problèmes ont aussi tendance à augmenter quand il devient plus difficile d'associer les concepts d'applications et les ressources requises pour les implémenter. Très peu de classes sont autant directement associées aux ressources du système qu'un ***vector***.

L'idée de disposer d'un "état sécurisé" est en principe une bonne chose. Si nous ne pouvons placer un objet dans un état valide sans risquer de déclencher une exception avant la fin de cette opération, nous avons réellement un problème. Cet état sécurisé pourrait cependant représenter une partie naturelle de la sémantique de la classe, plutôt qu'un produit de l'implémentation qui complique l'invariant de classe.

E.3.5.3 Retarder l'acquisition des ressources

Comme le second point (§ E.3.5.2), le troisième (retarder l'acquisition au moment où la ressource est nécessaire) transforme une bonne idée en une opération dont le coût n'est pas toujours justifié. Dans de nombreux cas, en particulier avec les conteneurs tels que les ***vector***, la meilleure façon pour le programmeur de retarder l'acquisition des ressources est de retarder la création des objets jusqu'au moment où ils sont nécessaires.

Considérons une utilisation simpliste de ***vector*** :

```
void f(int n)
{
        vector<X> v(n) ;                // crée n objects par défaut de type X
        // ...
        v[3] = X(99) ;                  // "initialisation" réelle de v[3]
        // ...
}
```

La construction d'un *X*, uniquement pour lui affecter une nouvelle valeur plus tard, représente un gaspillage de ressource, surtout si cette affectation est coûteuse. Dès lors, la construction en deux étapes de *X* peut sembler attractive. Par exemple, le type *X* pourrait être lui-même un ***vector***, et nous pourrions envisager une construction de ce dernier en deux étapes pour optimiser la création des ***vector*** vides. Cependant, la création des ***vector*** par défaut (vides) étant déjà optimisée, il semble inutile de compliquer l'implémentation en introduisant le cas particulier du ***vector*** vide. Plus généralement, la meilleure façon de corriger une initialisation non valide consiste rarement à supprimer une initialisation compliquée dans les constructeurs d'éléments. Un utilisateur peut plutôt choisir de créer les éléments uniquement lorsqu'ils sont nécessaires. Par exemple :

```
void f2(int n)
{
        vector<X> v;                    // crée un vector vide
        // ...
        v.push_back(X(99)) ;            // construit l'élément au moment nécessaire
        // ...
}
```

Pour résumer : l'approche de la construction en deux étapes conduit à des invariants plus compliqués et à du code typiquement moins élégant, moins fiable et plus difficile à maintenir. Par conséquent, chaque fois que possible, "l'approche constructeur" supportée par le langage doit être choisie de préférence à "l'approche fonction ***init()***". Les ressources devront donc être acquises dans les constructeurs chaque fois que la sémantique inhérente à la classe n'impose pas de retarder l'acquisition des ressources.

E.4 Les garanties des conteneurs standard

Si une opération de bibliothèque déclenche elle-même une exception, elle doit s'assurer que les objets sur lesquels elle opère restent dans un état bien défini. Par exemple, une fonction ***at()*** déclenchant une ***out_of_range*** pour un vecteur (§ 16.3.3) ne représente aucun problème avec la gestion sécurisée des exceptions pour le ***vector***. L'utilisateur de ***at()*** n'a aucun problème pour s'assurer qu'un vecteur se trouve dans un état bien défini avant de déclencher une exception. Les problèmes — pour les implémenteurs de bibliothèque, pour les utilisateurs de bibliothèque et pour toute personne qui tente de comprendre le code — surgissent plutôt quand une fonction fournie par l'utilisateur déclenche une exception.

Les conteneurs de la bibliothèque standard offrent la garantie de base (§ E.2) : les invariants de base de la bibliothèque sont maintenus, et il ne se produit aucune fuite de ressources du moment que le code de l'utilisateur se comporte correctement. Cela signifie que les opérations fournies par l'utilisateur ne doivent pas laisser les éléments de conteneur dans un état invalide ou déclencher des exceptions dans les destructeurs. Le terme "opérations" désigne les opérations utilisées dans l'implémentation de la bibliothèque standard comme les constructeurs, les affectations, les destructeurs et les opérations sur les itérateurs (§ E.4.4).

Il n'est pas très difficile pour un programmeur de s'assurer que de telles opérations répondent aux attentes de la bibliothèque. Les types qui suivent répondent clairement aux conditions de la bibliothèque standard pour les types éléments de conteneur :

- les types intégrés, y compris les pointeurs ;
- les types sans opération définie par l'utilisateur ;
- les classes possédant des opérations qui ne déclenchent jamais d'exception et qui ne laissent jamais les opérandes dans un état invalide ;
- les classes dont les destructeurs ne déclenchent pas d'exception et pour lesquels il est facile de vérifier que les opérations utilisées par la bibliothèque standard (comme les constructeurs, les affectations, <, == et ***swap()***) ne laissent pas les opérandes dans un état invalide.

Dans tous les cas, nous devons aussi nous assurer qu'il ne se produit aucune fuite de ressources. Par exemple :

```
void f(Circle* pc, Triangle* pt, vector<Shape*>& v2)
{
        vector<Shape*> v(10) ;              // crée un vector ou déclenche bad_alloc
        v[3] = pc;                          // aucune exception déclenchée
        v.insert(v.begin()+4,pt) ;          // insère pt ou aucun effet sur v
        v2.erase(v2.begin()+3) ;            // supprime v2[3] ou aucun effet sur v2
        v2 = v;                             // copie v ou aucun effet sur v2
        // ...
}
```

Quand ***f()*** se termine, ***v*** sera correctement détruit et ***v2*** se trouvera dans un état valide. Cet extrait de code n'indique pas qui a la responsabilité de supprimer ***pc*** et ***pt***. Si ***f()*** doit s'en charger, elle peut soit détecter les exceptions et effectuer les suppressions requises, soit affecter les pointeurs à des ***auto_ptr*** locaux.

Le point le plus important est de savoir quand les opérations de bibliothèque offrent la garantie totale qu'une opération réussit ou qu'elle n'affecte en rien ses opérandes. Par exemple :

```
void f(vector<X>& vx)
{
        vx.insert(vx.begin()+4,X(7)) ;      // ajout d'un élément
}
```

En général, les opérations de ***X*** et l'allocateur de ***vector<X>*** sont susceptibles de déclencher une exception. Que pouvons-nous dire concernant les éléments de ***vx*** lorsque ***f()*** se termine à la suite d'une exception ? La garantie de base assure l'absence de fuites de ressources et le fait que ***vx*** possède un jeu d'éléments valide. De quels éléments s'agit-il exactement ? ***vx*** reste-t-il inchangé ? Un X par défaut pourrait-il avoir été ajouté ? Un élément pourrait-il avoir été supprimé parce que cela aurait représenté le seul moyen pour ***insert()*** de redémarrer tout en maintenant la garantie de base ? Quelquefois, il ne suffit pas de savoir qu'un conteneur se trouve dans un état correct : il faut aussi savoir dans quel état il se trouve exactement. Quand une exception se déclenche, nous devons vérifier que les éléments dont nous disposons sont bien ceux auxquels nous nous attendons. Dans le cas contraire, il faut débuter une procédure de récupération en cas d'erreur.

E.4.1 Insérer et supprimer des éléments

L'insertion et la suppression d'un élément dans un conteneur sont des exemples évidents d'opérations qui pourraient laisser un conteneur dans un état imprévisible si une exception se produit. En effet, les insertions et suppressions invoquent de nombreuses opérations pouvant déclencher des exceptions :

- Une nouvelle valeur est copiée dans un conteneur.
- Un élément supprimé du conteneur doit être détruit.
- Il est quelquefois nécessaire d'allouer de la mémoire pour stocker un nouvel élément.
- Il est quelquefois nécessaire de copier des éléments ***vector*** et ***deque*** dans de nouveaux emplacements.
- Les conteneurs associatifs appellent des fonctions de comparaison sur les éléments.
- De nombreuses insertions et suppressions impliquent des opérations avec des itérateurs.

Chacune de ces opérations peut déclencher une exception.

Si un destructeur déclenche une exception, il n'existe plus de garantie (§ E.2). Dans ce cas, le coût d'une garantie serait prohibitif. La bibliothèque peut, et doit cependant, se protéger elle-même — ainsi que ses utilisateurs — des exceptions déclenchées par des opérations fournies par l'utilisateur.

Lorsque vous manipulez une structure de données liées, comme une ***list*** ou une ***map***, des éléments peuvent être ajoutés et supprimés sans affecter les autres éléments du conteneur. Ce n'est pas le cas quand le conteneur est implémenté avec une allocation contiguë des éléments, comme pour un ***vector*** ou un ***deque***. Il est alors quelquefois nécessaire de déplacer les éléments vers de nouveaux emplacements.

- Pour compléter la garantie de base, la bibliothèque standard fournit la garantie totale pour quelques opérations qui insèrent et suppriment des éléments. Puisque les conteneurs implémentés sous la forme de structures de données liées se comportent différemment des conteneurs avec allocation contiguë des éléments, le standard offre des garanties légèrement différentes pour ces différents types de conteneurs :
- Garanties associées aux ***vector*** (§ 16.3) et aux ***deque*** (§ 17.2.3) :
  - Si une exception est déclenchée par un ***push_back()*** ou un ***push_front()***, cette fonction n'a aucun effet.
  - A moins d'être déclenchée par le constructeur de copie ou par l'opérateur d'affectation du type d'élément, si une exception est déclenchée par une ***insert()***, cette fonction n'a aucun effet.
  - A moins qu'elle soit déclenchée par le constructeur de copie ou par l'opérateur d'affectation du type d'élément, aucun ***erase()*** ne déclenche d'exception.

– Ni ***pop_back()*** ni ***pop_front()*** ne déclenchent d'exception.

- Garanties associées aux ***list*** (§ 17.2.2) :
  – Si une exception est déclenchée par un ***push_back()*** ou un ***push_front()***, cette fonction n'a aucun effet.
  – Si une exception est déclenchée par un ***insert()***, cette fonction n'a aucun effet.
  – Ni ***erase()***, ni ***pop_back()***, ni ***pop_front()***, ni ***splice()***, ni ***reverse()*** ne déclenchent d'exception.
  – A moins d'être déclenchée par une fonction de comparaison ou un prédicat, les fonctions membres de ***list remove()***, ***remove_if()***, unique(), ***sort()*** et ***merge()*** ne déclenchent pas d'exception.
- Garanties associées aux conteneurs associatifs (§ 17.4) :
  – Si une exception est déclenchée par une ***insert()*** pendant l'insertion d'un seul élément, cette fonction n'a aucun effet.
  – Aucun ***erase()*** ne déclenche d'exception.

Notez que lorsque la garantie totale est fournie pour une opération sur un conteneur, tous les itérateurs, les pointeurs d'éléments et les références d'éléments restent valides si une exception se déclenche.

Ces règles sont résumées dans le tableau suivant :

Garanties sur les opérations de conteneur

	vector	*deque*	*list*	*map*
clear()	Pas de déclenchement (copie)	Pas de déclenchement (copie)	Pas de déclenchement	Pas de déclenchement
erase()	Pas de déclenchement (copie)	Pas de déclenchement (copie)	Pas de déclenchement	Pas de déclenchement
insert() d'1 élément	Totale (copie)	Totale (copie)	Totale	Totale
insert() de n éléments	Totale (copie)	Totale (copie)	Totale	basic
merge()			Pas de déclenchement (comparaison)	
push_back()	Totale	Totale	Totale	
push_front()		Totale	Totale	
pop_back()	Pas de déclenchement	Pas de déclenchement	Pas de déclenchement	
pop_front()		Pas de déclenchement	Pas de déclenchement	

Garanties sur les opérations de conteneur (suite)

	vector	*deque*	*list*	*map*
remove()			Pas de déclenchement (comparaison)	
remove_if()			Pas de déclenchement (prédicat)	
reverse()			Pas de déclenchement	
splice()			Pas de déclenchement	
swap()	Pas de déclenchement	Pas de déclenchement	Pas de déclenchement	Pas de déclenchement (copie-de-comparaison)
unique()			Pas de déclenchement (comparaison)	

Dans ce tableau :

basic	signifie que l'opération fournit uniquement la garantie de base (§ E.2)
totale	signifie que l'opération fournit la garantie totale (§ E.2)
pas de déclenchement	signifie que l'opération ne déclenche aucune exception ((§ E.2)
—	signifie que l'opération n'est pas fournie comme membre de ce conteneur

Quand une garantie impose que certaines opérations fournies par l'utilisateur ne déclenchent pas d'exception, ces opérations sont signalées entre parenthèses sous la garantie. Ces conditions sont décrites dans le texte précédant le tableau.

Les fonctions ***swap()*** diffèrent des autres fonctions mentionnées puisqu'il ne s'agit pas de membres. La garantie associée à ***clear()*** est dérivée de celle fournie par ***erase()*** (§ 16.3.6). Ce tableau énumère les garanties fournies en complément de la garantie de base. Il ne fait donc pas apparaître des opérations telles que ***reverse()*** et ***unique()*** pour un ***vector***, lesquelles sont fournies uniquement sous la forme d'algorithmes pour toutes les séquences sans garantie supplémentaire.

Le "presque conteneur" ***basic_string*** (§ 17.5, § 20.3) fournit la garantie de base pour toutes les opérations (§ E.5.1). Le standard garantit aussi que les fonctions ***erase()*** et ***swap()*** de ***basic_string*** ne déclenchent rien, et il fournit la garantie totale pour les fonctions ***insert()*** et ***push_back()*** de ***basic_string***.

Lorsqu'une opération offre la garantie totale, cela signifie que non seulement un conteneur reste inchangé, mais aussi que tout itérateur, pointeur et référence reste valide.

Par exemple :

```
void update(map<string,X>& m, map<string,X>::iterator current)
{
	X x;
	string s;
	while (cin>>s>>x)
	try {
		current = m.insert(current,make_pair(s,x)) ;
	}
	catch(...) {
		// ici current désigne toujours l'élément courant
	}
}
```

E.4.2 Garanties et compromis

Le patchwork des garanties supplémentaires reflète la réalité des implémentations. Les programmeurs préfèrent une garantie totale avec un nombre minimum de conditions, mais ils désirent aussi que chaque opération individuelle de la bibliothèque standard soit la plus efficace possible. Ces désirs sont raisonnables, mais pour de nombreuses opérations, il n'est pas possible de les satisfaire simultanément. Pour donner une idée des compromis nécessaires, nous allons examiner diverses méthodes pour ajouter un ou plusieurs éléments à des ***list***, des ***vector*** et des ***map***.

Voyons d'abord comment ajouter un seul élément dans une ***list*** ou un ***vector***. Comme toujours, ***push_back()*** offre la solution la plus simple :

```
void f(list<X>& lst, vector<X>& vec, const X& x)
{
	try {
		lst.push_back(x) ; // ajout à la liste
	}
	catch (...) {
		// lst est inchangé
		return;
	}
	try {
		vec.push_back(x) ; // ajout au vector
	}
	catch (...) {
		// vec est inchangé
		return;
	}
	// lst et vec possèdent chacun un nouvel élément de valeur x
}
```

Dans ce cas, la garantie totale est simple et peu coûteuse à fournir. Elle présente aussi beaucoup d'intérêt parce qu'elle permet d'ajouter des éléments tout en étant complètement protégée en cas d'exception. ***push_back()*** n'est cependant pas définie pour les conteneurs associatifs : un ***map*** ne possède aucune fonction ***back()***. Après tout, le dernier élément d'un conteneur associatif est défini par la relation de classement plutôt que par sa position.

Les garanties fournies pour ***insert()*** sont un peu plus compliquées. En effet, cette fonction doit quelquefois placer un élément au "milieu" d'un conteneur. Cela ne représente aucun problème dans le cas d'une structure de données liées, comme une ***list*** ou une ***map***. Par contre, s'il reste de la mémoire réservée libre dans un ***vector***, l'implémentation évidente de ***vector<X>::insert()*** consiste à copier les éléments après le point d'indexation pour faire de la place. C'est la façon la plus efficace de procéder, mais il n'existe pas de méthode simple pour restaurer un vecteur si le constructeur de copie ou l'affectation de copie de ***X*** déclenche une exception (§ E.8[10-11]). Par conséquent, le ***vector*** fournit une garantie uniquement si les opérations de copie des éléments ne déclenchent pas d'exception. Les conteneurs ***list*** et ***map*** n'imposent pas une telle condition. Ils ont la possibilité de lier tout simplement les nouveaux éléments après avoir effectué toute opération de copie nécessaire.

Supposons que l'affectation de copie et le constructeur de copie de ***X*** déclenchent une ***X::cannot_copy*** s'ils ne parviennent pas à créer une copie :

```
void f(list<X>& lst, vector<X>& vec, map<string,X>& m, const X& x, const string& s)
{
	try {
		lst.insert(lst.begin() ,x) ;			// ajout à la liste
	}
	catch (...) {
		// lst est inchangé
		return;
	}

	try {
		vec.insert(vec.begin() ,x) ;			// ajout au vector
	}
	catch (X::cannot_copy) {
		// oops: vec peut avoir ou non un nouvel élément
		return;
	}
	catch (...) {
		// vec est inchangé
		return;
	}
	try {
		m.insert(make_pair(s,x)) ;			// ajout dans map
	}
	catch (...) {
		// m est inchangé
		return;
	}

	// lst et vec possèdent chacun un nouvel élément de valeur x
	// m possède un élément de valeur (s,x)
}
```

Si ***X::cannot_copy*** est détectée, un nouvel élément a peut-être été inséré dans ***vec***, peut-être pas. Si un nouvel élément a été inséré, ce sera un objet dans un état valide, mais sa valeur restera indéterminée. Il est possible qu'après ***X::cannot_copy***, certains éléments aient été "mystérieusement" dupliqués (§ E.8[11]). D'autre part, ***insert()*** pourrait être implémentée de telle sorte qu'elle supprime tout élément "retardataire" pour garantir qu'aucun élément invalide ne reste dans un conteneur.

Il n'est malheureusement pas possible de fournir la garantie totale pour la fonction ***insert()*** du ***vector*** sans mettre en garde contre la possibilité d'exceptions déclenchées par des opérations de copie. Dans ce cas, le coût d'une protection complète contre une exception pendant le déplacement des éléments dans un vecteur sera significatif en comparaison d'une simple garantie de base.

Les types d'éléments dont les opérations de copie peuvent déclencher des exceptions ne sont pas rares. Nous en avons des exemples dans la bibliothèque standard elle-même : ***vector<string>***, ***vector<vector<double>>*** et ***map<string,int>***.

Les conteneurs ***list*** et ***vector*** fournissent les mêmes garanties pour l'insertion (***insert()***) d'un seul ou de plusieurs éléments. En effet, ces deux conteneurs appliquent les mêmes stratégies d'implémentation, qu'il s'agisse d'une insertion d'un seul ou de plusieurs éléments. Le conteneur ***map*** fournit cependant la garantie totale pour l'insertion d'un seul élément, mais uniquement la garantie de base pour l'insertion de plusieurs éléments. Il est facile d'implémenter une insertion d'un seul élément dans un ***map*** qui fournisse la garantie totale. Cependant, la stratégie la plus simple pour implémenter l'insertion de plusieurs éléments dans ce conteneur consiste à insérer les nouveaux éléments les uns après les autres, et il n'est pas facile de fournir alors la garantie totale. Le problème est qu'il n'existe pas de façon simple pour revenir en arrière et pour annuler les insertions réussies précédentes si l'insertion d'un élément échoue.

Si nous recherchons une fonction d'insertion fournissant la garantie totale que tous les éléments ont été ajoutés avec succès ou que l'opération n'a aucun effet, nous pouvons la créer en construisant un nouveau conteneur, puis en effectuant des ***swap()*** :

```
template<class C, class Iter>
void safe_insert(C& c, typename C::const_iterator i, Iter begin, Iter end)
{
      C tmp(c.begin() ,i) ;                          // copie des éléments de tête en mémoire temporaire
      copy(begin,end,inserter(tmp,tmp.end())) ;      // copie des nouveaux éléments
      copy(i,c.end() ,inserter(tmp,tmp.end())) ;     // copie des derniers éléments
      swap(c,tmp) ;
}
```

Ce code peut bien sûr ne pas produire le résultat escompté si le destructeur de l'élément déclenche une exception. Cependant, si une opération de copie d'élément déclenche une exception, le conteneur en argument reste inchangé.

E.4.3 swap

Comme les constructeurs et les affectations, les opérations de ***swap()*** sont essentielles dans de nombreux algorithmes standard et sont souvent fournies par les utilisateurs. Par exemple, les fonctions ***sort()*** et ***stable_sort()*** réordonnent typiquement les éléments par l'intermédiaire de ***swap()***. De ce fait, si cette dernière fonction déclenche une exception pendant l'échange de deux valeurs dans un conteneur, ce dernier pourrait se retrouver avec des éléments inchangés ou un élément dupliqué plutôt qu'une paire d'éléments échangés.

Examinez la définition de la fonction ***swap()*** de la bibliothèque standard (§ 18.6.8) :

```
template<class T> void swap(T& a, T& b)
{
    T tmp = a;
    a = b;
    b = tmp;
}
```

Il apparaît clairement que ***swap()*** ne déclenche pas d'exception, à moins que le constructeur de copie ou l'affectation de copie du type d'élément le fasse.

A une exception près pour les conteneurs associés, il est garanti que les fonctions ***swap()*** de conteneur standard ne déclenchent pas d'exception. Fondamentalement, les conteneurs seront échangés en remplaçant les structures de données qui se comportent comme des descripteurs (*handle*) pour les éléments (§ 13.5, § 17.1.3). Les éléments eux-mêmes n'étant pas déplacés, les constructeurs et affectations d'éléments ne sont pas invoqués et ne peuvent se trouver à l'origine d'une exception. De plus, le standard garantit qu'aucune fonction ***swap()*** de la bibliothèque standard ne peut invalider une référence, un pointeur ou un itérateur se référant aux éléments des conteneurs en cours d'échange. Il ne reste qu'une seule source d'exception potentielle : l'objet de comparaison dans un conteneur associatif est copié comme membre du descripteur. La seule exception possible pour un ***swap()*** de conteneur standard est le constructeur de copie et l'affectation de l'objet de comparaison du conteneur (§ 17.1.4.1). Les objets de comparaison possèdent heureusement généralement des opérations de copie très simples qui n'ont aucune raison de déclencher des exceptions.

Un ***swap()*** fourni par l'utilisateur devra être écrit de manière à fournir les mêmes garanties. C'est assez facile à obtenir si vous n'oubliez pas d'échanger les types représentés comme des descripteurs, en échangeant leurs descripteurs plutôt qu'en copiant de façon lente et élaborée les informations auxquelles font référence les descripteurs (§ 13.5, § 16.3.9, § 17.1.3).

E.4.4 Initialisation et itérateurs

L'allocation de mémoire pour les éléments et l'initialisation de cette mémoire sont des éléments fondamentaux de toute implémentation de conteneur (§ E.3). Par conséquent, vous avez la garantie que les algorithmes standard destinés à construire des objets dans de la mémoire non initialisée — ***uninitialized_fill()***, ***uninitialized_fill_n()*** et ***uninitialized_copy()*** (§ 19.4.4) — ne laissent aucun objet construit s'ils déclenchent une exception. Ces fonctions offrent la garantie totale (§ E.2). Cela implique quelquefois la destruction des objets. Il est donc essentiel pour ces algorithmes que les destructeurs ne déclenchent pas d'exception (§ E.8[14]). De plus, les itérateurs fournis sous la forme d'argument de ces algorithmes doivent obligatoirement avoir un comportement correct. Ce sont obligatoirement des itérateurs valides, faisant référence à des séquences valides, et les opérations d'itération (telles que ++, != et *) sur un itérateur valide ne sont pas autorisées à déclencher des exceptions.

Les itérateurs sont des exemples d'objets librement copiés par les algorithmes standard et les opérations sur les conteneurs standard. Les constructeurs de copie et les affectations de copie de ces itérateurs ne devraient donc pas déclencher d'exception. Le standard garantit en particulier qu'aucun constructeur de copie, ni aucun opérateur d'affectation d'un itérateur renvoyé dans un conteneur standard ne déclenchent d'exception. Par exemple, un itérateur renvoyé par ***vector<T>::begin()*** peut être copié sans craindre le déclenchement d'une exception.

Notez que les deux opérations **++** et **--** sur un itérateur peuvent déclencher des exceptions. Par exemple, un ***istreambuf_ietrator*** (§ 19.2.6) pourrait déclencher une exception afin de signaler une erreur d'entrée tandis qu'un itérateur de contrôle de valeur pourrait déclencher une exception pour signaler une valeur hors de l'intervalle autorisé (§ 19.3). Ces opérations ne peuvent cependant pas déclencher d'exception pendant le déplacement d'un itérateur d'un élément d'une séquence vers un autre sans violer la définition de **++** et **--** sur un itérateur. Ainsi, ***uninitialized_fill()***, ***uninitialized_fill_n()*** et ***uninitialized_copy()*** s'appuient sur le fait que **++** et **--** sur leurs arguments itérateurs ne déclenchent pas d'exception. Si une exception est quand même déclenchée, soit ces "itérateurs" n'étaient pas des itérateurs conformes au standard, soit la "séance" spécifiée par ces derniers n'en était pas une. Une fois encore, les conteneurs standard ne protègent pas l'utilisateur contre ses propres erreurs (§ E.2).

E.4.5 Références d'éléments

Lorsqu'une référence, un pointeur ou un itérateur d'élément d'un conteneur est manipulé dans du code, ce code peut corrompre le conteneur en corrompant l'élément. Par exemple :

```
void f(const X& x)
{
    list<X> lst;
    lst.push_back(x) ;
    list<X>::iterator i = lst.begin() ;
    *i = x;                 // copie x dans list
    // ...
}
```

Si ***x*** est corrompu, le destructeur de la ***list*** pourrait ne pas être en mesure de détruire correctement ***lst***. Par exemple :

```
struct X {
    int* p;

    X() { p = new int; }
    ~X() { delete p; }
    // ...
};

void malicious()
{
    X x;
    x.p = reinterpret_cast<int*>(7) ;       // corrompt x
    f(x) ;
}
```

Quand l'exécution atteint la fin de ***f()***, le destructeur ***list<X>*** est appelé et ce dernier invoque à son tour le destructeur de ***X*** pour la valeur corrompue. L'exécution de ***delete p*** quand ***p*** n'est pas égal à ***0*** et qu'il ne pointe pas sur un *X* produit un effet indéfini, ce qui pourrait interrompre brutalement l'ordinateur. Cette opération pourrait aussi corrompre la mémoire dynamique de telle sorte que des problèmes très difficiles à identifier pourraient surgir ultérieurement dans une partie apparemment indépendante du programme.

Cette possibilité de corruption ne doit pas empêcher les programmeurs de manipuler les éléments de conteneur par l'intermédiaire de références et d'itérateurs. Cela représente souvent la méthode la plus simple et la plus efficace d'effectuer les opérations. Il sera sage cependant de prendre des précautions supplémentaires avec de telles références dans les conteneurs. Quand l'intégrité d'un conteneur est essentielle, nous pouvons envisager d'offrir des alternatives plus sécurisées aux utilisateurs les moins expérimentés. Par exemple, nous pourrions fournir une opération pour contrôler la validité d'un nouvel élément avant de le copier dans un conteneur important.

En général, si l'élément d'un conteneur est corrompu, les opérations ultérieures sur le conteneur peuvent échouer de façon désastreuse. Ce comportement n'est pas particulier au conteneur : tout objet abandonné dans un état inapproprié peut déclencher une panne.

E.4.6 Prédicats

Beaucoup d'algorithmes standard et de nombreuses opérations sur les conteneurs standard s'appuient sur des prédicats pouvant être fournis par les utilisateurs. Tous les conteneurs associatifs dépendent, en particulier, de prédicats pour les deux opérations de recherche et d'insertion.

Un prédicat utilisé par une opération de conteneur standard peut déclencher une exception. Dans ce cas, chaque opération de bibliothèque standard offre la garantie de base, et certaines opérations, telles que l'insertion d'un seul élément, offrent la garantie totale (§ E.4.1). Si un prédicat déclenche une exception au cours d'une opération sur un conteneur, le jeu d'éléments obtenu dans le conteneur pourrait ne pas être exactement le jeu demandé par l'utilisateur, mais ce sera un jeu d'éléments valides. Si **==** déclenche une exception, par exemple, lorsqu'elle est appelée dans ***list::unique()*** (§ 17.2.2.3), l'utilisateur doit s'attendre à retrouver des doublons dans la liste. Une seule chose est garantie : tous les éléments de la liste sont valides (§ E.5.3).

Heureusement, les prédicats ont rarement l'occasion de déclencher une exception. Il ne faut cependant pas oublier de prendre en compte les prédicats **<**, **==** et **!=** définis par l'utilisateur quand vous envisagez une gestion sécurisée des exceptions.

L'objet de comparaison d'un conteneur associatif est copié pendant un ***swap()*** (§ E.4.3). Par conséquent, il est préférable de garantir que les opérations de copie de prédicats pouvant être utilisés comme objets de comparaison ne déclenchent pas d'exceptions.

E.5 Les autres éléments de la bibliothèque standard

Le point essentiel en gestion sécurisée des exceptions est de maintenir la cohérence des objets. Nous devons donc maintenir les invariants de base pour les objets individuels et la cohérence des collections d'objets. Dans le contexte de la bibliothèque standard, les objets pour lesquels il est le plus difficile de fournir la gestion sécurisée des exceptions sont les conteneurs. Du point de vue de cette gestion sécurisée, les autres éléments de la bibliothèque standard sont moins intéressants. Notez cependant que du point de vue de la gestion sécurisée des exceptions, un tableau intégré est un conteneur susceptible d'être corrompu par une opération non sécurisée.

En général, les fonctions de la bibliothèque standard déclenchent uniquement les exceptions pour lesquelles elles ont été définies, plus toute exception déclenchée par des opérations fournies par l'utilisateur qu'elles sont susceptibles d'appeler. De plus, toute fonction qui alloue (directement ou indirectement) de la mémoire peut déclencher une exception pour signaler un manque de mémoire (typiquement, ***std::bad_alloc***).

E.5.1 Les chaînes

Les opérations sur les chaînes peuvent déclencher diverses exceptions. Cependant, ***basic_string*** manipule ses caractères par l'intermédiaire de fonctions fournies par ***char_traits*** (§ 20.2), et ces fonctions ne sont pas autorisées à déclencher des exceptions. Vous savez donc que les ***char_traits*** fournis par la bibliothèque standard ne déclenchent pas d'exception et qu'aucune garantie ne s'applique si une opération d'un ***char_traits*** défini par l'utilisateur déclenche une exception. Notez en particulier qu'un type utilisé comme type d'élément (caractère) pour une ***basic_string*** ne peut avoir ni constructeur de copie, ni affectation de copie définis par l'utilisateur. Cela supprime une source importante de déclenchements d'exceptions.

Une ***basic_string*** est très proche d'un conteneur standard (§ 17.5, § 20.3). En fait, ces éléments constituent une séquence à laquelle vous pouvez accéder *via* des ***basic_string<Ch,Tr,A>::iterator*** et des ***basic_string<Ch,Tr,A>::const_iterator***. Par conséquent, une implémentation de chaîne offre la garantie de base (§ E.2), et les garanties associées à ***erase()***, ***insert()***, ***push_back()*** et ***swap()*** (§ E.4.) s'appliquent aux ***basic_string***. Par exemple, ***basic_string<Ch,Tr,A>::push_back()*** offre la garantie totale.

E.5.2 Les flux

Si cela s'avère nécessaire, les fonctions de iostream déclenchent des exceptions pour signaler des changements d'état (§ 21.3.6). La sémantique de ce mécanisme est bien définie et ne pose aucun problème de sécurité face aux exceptions. Si un ***operator<<()*** ou un ***operator<<()*** défini par l'utilisateur déclenche une exception, un utilisateur peut avoir l'impression que l'exception a été déclenchée par la bibliothèque iostream. Cependant, cette exception n'affectera pas l'état du flux (§ 21.3.3). Les opérations suivantes sur le flux risquent pourtant de ne pas trouver les données attendues — parce que l'opération précédente a déclenché une exception au lieu de se terminer normalement —, mais le flux lui-même n'est pas corrompu. Comme toujours après un problème d'entrée-sortie, une opération ***clear()*** peut être nécessaire avant d'exécuter d'autres lectures/écritures (§ 21.3.3, § 21.3.5).

Comme les ***basic_string***, les iostream s'appuient sur les ***char_traits*** pour manipuler les caractères (§ 20.2.1, § E.5.1). Une implémentation peut donc supposer que les opérations sur les caractères ne déclenchent pas d'exception et qu'aucune garantie ne s'applique si l'utilisateur viole cette hypothèse.

Pour pouvoir effectuer des optimisations, les objets locaux (§ D.2) et les facets (§ D.3) sont supposés ne pas déclencher d'exception. S'ils le font, le flux qui les utilise pourrait être corrompu. L'exception la plus probable, une ***std::bad_cast*** dans un ***use_facet*** (§ D.3.1), ne peut cependant se produire que dans du code fourni par l'utilisateur en dehors de l'implémentation de flux standard. Au pire, cela produira une sortie incomplète ou provoquera l'échec d'une écriture, mais le flux ostream (ou istream) ne sera pas lui-même corrompu.

E.5.3 Algorithmes

En dehors des trois algorithmes ***uninitialized_fill()***, ***uninitialized_fill_n()*** et ***uninitialized_copy()*** (§ E.4.4), le standard ne propose que la garantie de base (§ E.2) pour les algorithmes. En supposant que les objets fournis par l'utilisateur aient le comportement approprié, les algorithmes maintiendront tous les invariants de la bibliothèque standard, et aucune fuite de ressources ne se produira. Pour éviter tout comportement indéfini, les opérations fournies par les utilisateurs devront toujours laisser leurs opérandes dans un état valide, et les destructeurs ne devront pas déclencher d'exception.

Les algorithmes eux-mêmes ne déclenchent pas d'exception. Ils signalent toute erreur ou panne par l'intermédiaire des valeurs renvoyées. Par exemple, ils retournent généralement la fin d'une séquence pour signaler "introuvable" (§ 18.2). Les exceptions déclenchées par un algorithme standard sont donc obligatoirement issues d'une opération fournie par l'utilisateur. Elles se produisent dans une opération sur un élément — comme un prédicat (§ 18.4), une affectation ou un ***swap()*** — ou dans un allocateur (§ 19.4).

Si une telle opération déclenche une exception, l'algorithme se termine immédiatement, et c'est la fonction ayant appelé l'algorithme qui doit gérer cette dernière. Pour certains algorithmes, il est possible que l'exception se produise lorsque le conteneur ne se trouve pas dans un état que l'utilisateur peut qualifier de bon. Par exemple, certains algorithmes de tri copient temporairement des éléments dans une mémoire tampon pour les replacer ensuite dans le conteneur. De tels ***sort()*** pourraient copier les éléments en dehors du conteneur (en prévoyant de les réintroduire plus tard dans le bon ordre), les remplacer, puis déclencher une exception. Du point de vue de l'utilisateur, le conteneur est corrompu, mais comme tous les éléments se trouvent dans un état valide, la récupération devrait être assez simple.

Soulignons que les algorithmes standard ont accès aux séquences par l'intermédiaire des itérateurs. Les algorithmes standard n'opèrent donc jamais directement sur les conteneurs, uniquement sur les éléments d'un conteneur. Le fait qu'un algorithme n'ajoute jamais ou ne supprime jamais directement des éléments dans un conteneur simplifie l'analyse de l'impact des exceptions. De même, si l'accès à une structure de données s'effectue uniquement par l'intermédiaire d'un opérateur, de pointeurs et de références de ***const***, (par exemple *via* un ***const Rec****), vérifier qu'une exception n'a aucun effet indésirable ne présente généralement aucune difficulté.

E.5.4 valarray et complex

Les fonctions numériques ne déclenchent pas explicitement les exceptions (Chapitre 22). Un ***valarray*** a cependant besoin d'allouer de la mémoire et est donc susceptible de déclencher une ***std::bad_alloc***. De plus, les ***valarray*** ou ***complex*** peuvent recevoir un type d'élément (type scalaire) qui déclenche des exceptions. Comme toujours, la bibliothèque standard fournit la garantie de base (§ E.2), mais aucune garantie spécifique n'est donnée concernant les effets d'un calcul se terminant par une exception.

Comme pour ***basic_string*** (§ E.5.1), ***valarray*** et ***complex*** peuvent supposer que leur type d'argument modèle ne comporte pas d'opération de copie définie par l'utilisateur de sorte qu'ils puissent être copiés bit à bit. Ces types numériques de bibliothèque standard sont typiquement optimisés en vitesse, en supposant que leur type d'élément (type scalaire) ne déclenche pas d'exception.

E.5.5 La bibliothèque standard C

Une opération de bibliothèque standard sans spécification d'exception peut déclencher des exceptions d'une façon contrôlée par l'implémentation. Les fonctions de la bibliothèque standard C ne déclenchent cependant pas d'exception, à moins qu'elles reçoivent un argument fonction qui le fasse. Après tout, ces fonctions sont partagées avec C, et C ne connaît pas les exceptions. Une implémentation pourrait déclarer une fonction C standard avec une *spécification-exception* vide, ***throw()***, pour aider le compilateur à générer un code de meilleure qualité.

Des fonctions telles que ***qsort()*** et ***bsearch()*** (§ 18.11) reçoivent en argument le pointeur d'une fonction. Elles peuvent donc déclencher une exception si leurs arguments en ont la possibilité. Ces fonctions sont couvertes par la garantie de base (§ E.2).

E.6 Implications pour les utilisateurs de bibliothèque

Dans le contexte de la bibliothèque standard, la gestion sécurisée des exceptions ne présente aucun problème, sauf si nous les créons : la bibliothèque fonctionnera correctement aussi longtemps que les opérations fournies par l'utilisateur répondront aux conditions de base de la bibliothèque standard (§ E.2). Aucune exception déclenchée par une opération de conteneur standard ne provoquera en particulier de fuites de mémoire dans les conteneurs ou ne laissera un conteneur dans un état invalide. Le problème pour l'utilisateur de bibliothèque est donc le suivant : comment définir les types pour qu'ils ne génèrent pas un comportement indéfini ou des fuites de ressources ?

Voici les règles de base :

- Au moment de mettre à jour un objet, ne détruisez pas son ancienne représentation avant que la nouvelle soit complètement construite et que le remplacement puisse s'effectuer sans risque d'exception. Examinez par exemple les implémentations de ***vector::operator=()***, ***safe_assign()*** et ***vector::push_back()*** en § E.3.
- Avant de déclencher une exception, libérez toute ressource acquise qui ne soit pas détenue par un (autre) objet.
  - La technique d'acquisition de ressource par initialisation (§ 14.4) et la règle de langage qui implique que des objets partiellement construits soient détruits (§ 14.4.) sont particulièrement intéressantes ici. Examinez par exemple la fonction ***leak()*** en § E.2.
  - L'algorithme ***uninitialized_copy()*** et ses cousins fournissent une libération automatique des ressources en cas d'échec de la construction d'un jeu d'objets (§ E.4.4).
- Avant de déclencher une exception, assurez-vous que chaque opérande se trouve dans un état valide. Vous allez donc laisser chaque objet dans un état qui permette d'y accéder et de le détruire sans engendrer de comportement indéfini ou sans qu'une exception soit déclenchée dans un destructeur. Examinez par exemple l'affectation de ***vector*** en § E.3.2.
  - Les constructeurs ont cela de particulier que lorsqu'une exception est déclenchée dans l'un d'entre eux, aucun objet n'est abandonné pour une destruction ultérieure. Cela signifie que nous n'avons pas besoin d'établir un invariant et que nous devons nous assurer de bien libérer toutes les ressources acquises au cours d'une construction ratée avant de déclencher une exception.

– Les destructeurs ont cela de particulier que lorsqu'une exception est déclenchée dans l'un d'entre eux, cela conduit presque toujours à la violation des invariants et/ou à l'appel de ***terminate()***.

Dans la pratique, le respect de ces règles peut se révéler très difficile, tout simplement parce que des exceptions peuvent être déclenchées là où on ne les attend pas. ***std::bad_alloc*** en est un bon exemple. Toute fonction qui utilise directement ou indirectement ***new*** ou un ***allocator*** pour acquérir de la mémoire peut déclencher ***bad_alloc***. Dans certains programmes, nous pouvons résoudre ce problème en prévoyant suffisamment de mémoire. Cependant, pour les programmes destinés à s'exécuter très longtemps, ou conçus pour recevoir une quantité arbitraire de données en entrée, il faut prévoir gérer divers problèmes concernant l'acquisition des ressources. Nous devons donc toujours supposer que toute fonction est susceptible de déclencher une exception, sauf si nous pouvons prouver le contraire.

Une façon très simple d'éviter les surprises consiste à utiliser des conteneurs d'éléments qui ne déclenchent pas d'exception (comme les conteneurs de pointeurs et les conteneurs de types concrets simples) ou des conteneurs liés (tels que ***list***) qui offrent la garantie totale (§ E.4). Une autre approche complémentaire consiste à utiliser principalement des opérations, telles que ***push_back***, qui offrent la garantie totale de réussir ou de ne produire aucun effet (§ E2). Ces approches sont cependant insuffisantes par elles-mêmes pour supprimer tout risque de fuite de ressources, et elles peuvent conduire à une approche de la gestion des erreurs et de la récupération trop restrictive et pessimiste. Par exemple, un ***vector<T*>*** ne présente aucun problème si les opérations sur T ne déclenchent pas d'exception. Cependant, à moins que les objets identifiés soient supprimés quelque part, une exception dans le ***sector*** conduira à une fuite de ressources. Par conséquent, vous améliorerez probablement la fiabilité du code en introduisant une classe Handle pour prendre en charge la libération des ressources (§ 25.7) et en utilisant un ***vector<Handle<T>>*** plutôt qu'un simple ***vector<T*>***.

Quand vous écrivez un nouveau programme, vous pouvez prendre une approche plus systématique et vous assurer que chaque ressource est représentée par une classe avec un invariant fournissant la garantie de base (§ E.2). A partir de là, il devient possible d'identifier les objets critiques dans une application et de fournir une sémantique de reprise (c'est-à-dire la garantie totale, éventuellement sous certaines conditions) pour les opérations sur de tels objets.

La plupart des applications contiennent des structures de données et du code qui n'ont pas été écrits dans une optique de gestion sécurisée des exceptions. Lorsque cela s'avère nécessaire, ce code peut être adapté dans une structure de gestion sécurisée des exceptions, soit en vérifiant qu'il ne déclenche pas d'exception (comme dans le cas de la bibliothèque standard C ; § E.5.5), soit par l'utilisation de classes interfaces pour lesquelles les possibilités d'exception et la gestion des ressources peuvent être précisément spécifiées.

Lorsque nous concevons des types destinés à être utilisés dans un environnement avec gestion sécurisé des exceptions, nous devons nous montrer particulièrement vigilants avec les opérations utilisées par la bibliothèque standard : les constructeurs, les destructeurs, les affectations, les comparaisons, les fonctions d'échange, les fonctions utilisées comme prédicat et les opérations sur les opérateurs. Le mieux est de définir un invariant de classe qui pourra être facilement établi par tous les constructeurs. Nous devons quelquefois concevoir nos invariants de classe de telle sorte de pouvoir placer un objet dans en état dans lequel il pourra être détruit même si une opération échoue dans un moment inapproprié. Dans l'idéal, cet état ne sera pas uniquement défini pour simplifier la gestion des exceptions, ce sera un état qui découle naturellement de la sémantique du type (§ E.3.5).

La définition d'états valides pour les objets (*invariants*) et la libération appropriée des ressources sont deux éléments très importants de la gestion sécurisée des exceptions. Il est de ce fait très important de représenter directement les ressources sous la forme de classes. Le ***vector_base*** (§ E.3.2) est un exemple simple de ce type de représentation. Les constructeurs de ces classes ressources acquièrent les ressources de bas niveau (comme la mémoire pour ***vector_base***) et établissent les invariants (comme les initialisations appropriées des pointeurs d'un ***vector_base***). Les destructeurs de ce type de classe libèrent implicitement les ressources de bas niveau. Les règles concernant la construction partielle (§ 14.4.1) et la technique d'acquisition de ressource par initialisation (§ 14.4) sont compatibles avec cette façon de gérer les ressources.

Un constructeur bien conçu établit l'invariant de classe pour un objet (§ 24.3.7.1). Cela signifie que le constructeur attribue une valeur à l'objet qui permet d'écrire simplement les opérations suivantes et de terminer le traitement sans problème. Cela implique qu'un constructeur a souvent besoin d'acquérir des ressources. S'il ne les obtient pas, il peut déclencher une exception pour que nous puissions traiter ce problème avant la création d'un objet. Cette approche est directement supportée par le langage et la bibliothèque standard (§ E.3.5).

Puisqu'il faut libérer les ressources et conserver les opérandes dans un état valide lorsqu'une exception est déclenchée, la charge de gestion de l'exception est partagée entre la fonction qui déclenche, les fonctions appartenant à la chaîne d'appel du gestionnaire et le gestionnaire. Déclencher une exception ne signifie pas confier le traitement de l'erreur à "quelqu'un d'autre". Les fonctions qui déclenchent ou qui transmettent une exception ont la responsabilité de la libération des ressources qu'elles ont acquises, et elles doivent laisser les opérandes dans un état valide. Si elles ne le font pas, un gestionnaire d'exception ne pourra pas faire grand-chose de plus qu'interrompre élégamment l'exécution.

E.7 Conseils

1. Vous devez connaître clairement le degré de gestion sécurisée des exceptions à atteindre. Voir § E.2.
2. La gestion sécurisée des exceptions doit s'insérer dans une stratégie globale de tolérance de panne. Voir § E.2.
3. Fournissez la garantie de base pour toutes les classes. Ce qui veut dire que vous devez maintenir un invariant et ne pas provoquer de fuite de ressources. Voir § E.2, § E.3.2, § E.4.
4. Si l'opération est possible sans entraîner un coût trop important, fournissez la garantie totale qu'une opération réussit ou laisse tous les opérandes inchangés. Voir § E.2, § E.3.
5. Ne déclenchez pas d'exception dans un destructeur. Voir § E.2, § E.3.2, § E.4.
6. Ne déclenchez pas d'exception pendant qu'un itérateur parcourt une séquence valide. Voir § E.4.1, § E.4.4.
7. La gestion sécurisée des exceptions s'obtient en examinant soigneusement toutes les opérations individuelles. Voir § E.3.
8. Concevez les modèles (***template***) pour qu'ils soient transparents vis-à-vis des exceptions. Voir § E.3.

9. Choisissez de préférence aux fonctions ***init()*** l'approche constructeur pour l'acquisition des ressources. Voir § E 3.5.
10. Définissez un invariant de classe pour établir clairement un état valide. Voir § E.2, § E.6.
11. Assurez-vous qu'il existe toujours la possibilité de placer un objet dans un état valide sans craindre de déclencher une exception. Voir § E.3.2, § E.6.
12. Les invariants doivent rester simples. Voir § E.3.5.
13. Tous les opérandes doivent se trouver dans un état valide au moment de déclencher une exception. Voir § E.2, § E.6.
14. Evitez les fuites de ressources. Voir § E.2, § E.3.1, § E.6.
15. Représentez directement les ressources. Voir § E.3.2, § E.6.
16. N'oubliez pas que ***swap()*** permet quelquefois de remplacer la copie des éléments. Voir § E.3.3.
17. Exploitez au maximum l'ordonnancement des opérations plutôt que l'utilisation explicite des blocs ***try***. Voir § E.3.4.
18. Ne détruisez pas les "anciennes" informations tant que les nouvelles n'ont pas été complètement enregistrées. Voir § E.3.3, § E.6.
19. Exploitez la technique d'acquisition de ressource par initialisation. Voir § E.3, § E.3.2, § E.6.
20. Assurez-vous que les opérations de comparaison destinées aux conteneurs associatifs peuvent être copiées. Voir § E.3.3.
21. Identifiez les structures de données critiques et fournissez-leur des opérations qui offrent la garantie totale. Voir § E.6.

E.8 Exercices

1. (*1) Etablissez une liste de toutes les exceptions qui pourraient se déclencher dans la fonction *f()* en § E.1.
2. (*1) Répondez aux questions à la suite de l'exemple en § E.1.
3. (*1) Définissez une classe ***Tester*** qui va déclencher des exceptions dans les opérations de base telles que les constructeurs de copie. Utilisez ***Tester*** pour tester vos conteneurs de bibliothèque standard.
4. (*1) Trouvez l'erreur dans la version "compliquée" du constructeur de ***vector*** (§ E.3.1), puis écrivez un programme dans lequel ce constructeur va se bloquer. Conseil : implémentez d'abord le destructeur du ***vector***.
5. (*2) Implémentez une liste simple fournissant la garantie de base. Soyez très précis concernant les conditions imposées aux utilisateurs par cette liste.
6. (*3) Implémentez une liste simple fournissant la garantie totale. Testez cette liste avec soin. Donnez une raison pour laquelle elle doit être considérée comme sécurisée.
7. (*2.5) Implémentez de nouveau la classe ***String*** de la § 11.12. pour la rendre aussi sûre qu'un conteneur standard.

8. (*2) Comparez les temps d'exécution des diverses versions d'affectation de ***vector*** et de ***safe_assign()*** (§ E.3.3).
9. (*1.5) Copiez un allocateur sans faire appel à l'opérateur d'affectation (pour améliorer ***operator=()*** en § E.3.3).
10. Ajoutez deux opérations ***erase()*** et ***insert()*** sur un et plusieurs éléments offrant la garantie de base à ***vector*** (§ E.3.2).
11. Ajoutez deux opérations ***erase()*** et ***insert()*** sur un et plusieurs éléments offrant la garantie totale à ***vector*** (§ E.3.2). Comparez la complexité de ces solutions par rapport à celles de l'Exercice 10.
12. Ecrivez une fonction ***safe_insert()*** (§ E.4.2) qui insère des éléments dans le ***vector*** existant (au lieu de les copier en mémoire temporaire). Quelles sont les contraintes que vous devez imposer aux opérations ?
13. Ecrivez une fonction ***safe_insert()*** (§ E.4.2) qui insère des éléments dans le ***map*** existant (au lieu de les copier en mémoire temporaire). Quelles sont les contraintes que vous devez imposer aux opérations ?
14. Comparez les fonctions ***safe_insert()*** des Exercices 12 et 13 (taille, complexité et performances) à celles de la § E.4.2.
15. Ecrivez une fonction ***safe_insert()*** plus simple et rapide, destinée uniquement aux conteneurs associatifs. Utilisez les caractéristiques des caractères pour écrire une ***safe_insert()*** qui sélectionnerait automatiquement la version optimale pour un conteneur spécifique. Voir § 19.2.3.
16. Essayez de réécrire ***uninitialized_fill()*** (§ 19.4.4, § E.3.1) pour gérer des destructeurs qui déclenchent des exceptions. Cette opération est-elle possible ? Si oui, à quel coût ? Sinon, pourquoi ?
17. Essayez de réécrire ***uninitialized_fill()*** (§ 19.4.4, § E.3.1) pour gérer des itérateurs qui déclenchent des exceptions pour **++** et **--**. Cette opération est-elle possible ? Si oui, à quel coût ? Sinon, pourquoi ?
18. Choisissez un conteneur dans une bibliothèque différente de la bibliothèque standard. Examinez sa documentation pour savoir quelle garantie elle fournit concernant la gestion sécurisée des exceptions. Effectuez quelques tests pour connaître son comportement en présence d'exceptions déclenchées par les opérations d'allocation de mémoire et par le code fourni par l'utilisateur. Comparez-le au conteneur de bibliothèque standard correspondant.
19. Essayez d'optimiser le ***vector*** de la § E.3 sans tenir compte des possibilités d'exception. Supprimez, par exemple, tous les blocs ***try***. Comparez les performances à celles de la version présentée en § E.3 et à celles de l'implémentation en bibliothèque standard. Comparez aussi la taille et la complexité du code source de ces différents ***vector***.
20. Définissez des invariants pour ***vector*** (§ E.3) avec ou sans la possibilité de ***v==0*** (§ E.3.5).
21. Lisez le code source d'une implémentation de ***vector***. Quelle garantie est implémentée pour l'affectation, l'insertion de plusieurs éléments et pour ***resize()*** ?
22. Ecrivez une version de ***hash_map*** (§ 17.6) aussi sécurisée qu'un conteneur standard.

Index

B

C

D

G

J

K

L

M

Achevé d'imprimer le 16 février 2001 sur les presses de l'imprimerie "La Source d'Or"
63200 Marsat - Dépôt légal : 1er trimestre 2001 - Imprimeur n° 9095